Paul von Hindenburg
und die deutsche Außenpolitik 1925–1934

Harald Zaun

Paul von Hindenburg

und die deutsche Außenpolitik
1925–1934

1999

BÖHLAU VERLAG KÖLN WEIMAR WIEN

Die Deutsche Bibliothek – CIP-Einheitsaufnahme

Zaun, Harald:
Paul von Hindenburg und die deutsche
Außenpolitik: 1925–1934 / Harald Zaun. –
Köln ; Weimar ; Wien : Böhlau, 1999
Zugl.: Köln, Univ., Diss., 1998
ISBN 3-412-11198-8

© 1999 by Böhlau Verlag GmbH & Cie, Köln
Alle Rechte vorbehalten
Umschlagabbildung: Hindenburg am Schreibtisch
seines Berliner Arbeitszimmers, 1931
(Foto: Felix H. Man, Bildarchiv Preussischer Kulturbesitz, Berlin)
Druck und Bindung: Strauss Offsetdruck, Mörlenbach
Gedruckt auf chlor- und säurefreiem Papier.
Printed in Germany
ISBN 3-412-11198-8

Vorwort

Es mag in der Tat ein besonderes Privileg und zugleich eine angenehme Pflicht eines jeden Autoren sein, am Ende einer langjährigen Forschungsarbeit all jenen zu danken, die ihm mit Rat und Tat zur Seite gestanden und die den Diskurs immerfort auf konstruktive Weise belebt haben. Auch ich möchte an diese Tradition anknüpfen, wohlwissend, daß ich mich schon im voraus bei all jenen entschuldigen muß, die ich mit Namen nicht genannt habe.

An erster Stelle möchte ich mich bei meinem Doktorvater, Herrn Prof. Dr. Herbert Hömig (Universität Dortmund/Universität zu Köln), recht herzlich bedanken, der auch der Erstgutachter dieser Dissertation war. Ohne sein Engagement, ohne seine hervorragende Betreuung und seine stets anregende Kritik wäre diese Arbeit in der vorliegenden Form wohl nicht zustande gekommen. Er hat mir einerseits viele Freiheiten gelassen; andererseits hat er es aber auch verstanden, mich immer dann zu motivieren oder zu zügeln, wenn dies vonnöten war.

Zweitgutachter dieser Arbeit war Herr Prof. Dr. Klaus Goebel (Universität Dortmund); die mündliche Prüfung fand am 29. Juni 1998 im Dekanat der Universität Dortmund statt.

Sehr dankbar bin den vielen Mitarbeitern/innen der in- und ausländischen Archive und Bibliotheken, die ich nahezu sechs Jahre lang aufgesucht habe. Deren Freundlichkeit und Hilfsbereitschaft wird mir stets in guter Erinnerung bleiben. Freilich kann ich nicht jeden von ihnen namentlich vorstellen; dennoch muß ich Herrn Günter Kischowski und Herrn Alexander Redlich vom Politischen Archiv des Auswärtigen Amts lobend herausstellen. Während meiner mehrjährigen und intensiven Recherchen im Auswärtigen Amt habe ich sie als wertvolle und geduldige Ansprechpartner kennen- und schätzengelernt; sie waren nie um eine fachkompetente Antwort verlegen.

Ein herzliches Dankeschön auch an meine Korrekturleser Frau Renate DaRin M.A., Herrn Dipl.-Kfm. Franz Küpper und an meinen Freund Dr. phil Stefan Weiss, deren *kreative* Art des Redigierens geradezu beispielhaft war.

Auch meiner Freundin Iris Salentin bin ich zu Dank verpflichtet. Gekonnt übersetzte sie einige ausgewählte italienische diplomatische Quellen und stand mir fernerhin bei meiner umfangreichen Archivrecherche in Harvard/USA zur Seite.

Für die professionelle Endredaktion und das Lektorat möchte ich mich bei meiner Freundin und Buchautorin Camilla van Heumen M.A. bedanken.

Bei alledem zolle ich meinen Eltern den größten Dank; sie haben mich in jeder Hinsicht unterstützt und angespornt. Ohne ihre Hilfe hätte ich diese Studie nicht vollenden können. Ihnen und meinem Bruder Hans-Joachim widme ich daher diese Arbeit.

Inhaltsverzeichnis

Abkürzungsverzeichnis 13

Einleitung
a) Die Fragestellung 17
b) Aufbau und methodisches Vorgehen 20
c) Die Quellenlage 25
d) Die Forschungslage 34

Erstes Buch: Die verfassungsmäßige Stellung des Reichspräsidenten in der Außenpolitik

A. Einflußmöglichkeiten auf die Gestaltung der Außenpolitik
   I. Staatsoberhaupt und völkerrechtlicher Vertreter des Reiches 39
   II. *Pouvoir neutre* und die außenpolitische Dimension des Artikels 48 der Reichsverfassung 42
   III. Reichspräsident und Reichsregierung
      1. Die Geschäftsordnungen des Reichskabinetts und die restriktive Dimension des ministeriellen Gegenzeichnungsrechts 46
      2. Partizipation an der Richtlinienkompetenz in der Außenpolitik 50
      3. Personalpolitische Einflußmöglichkeiten 52
   IV. Reichspräsident und Reichstag 56
B. Das Staatsoberhaupt und seine repräsentativen außenpolitischen Pflichten 58

Zweites Buch: Die Persönlichkeit

A. Mythos, Symbol und Legende 61
B. Mensch und Charakteristika
   I. Erste Berührungen mit Grundfragen außenpolitischer Couleur: Ein biographischer Überblick 1847-1925 66
   II. Charakter und Individualität 71
   III. *Senilität* als Politikum. Die Kontroverse um Hindenburgs geistige und körperliche Verfassung 77
C. Reichspräsident und *Politiker*
   I. Der Marschallpräsident und die Politik 94
   II. Anachronismen eines innen- und außenpolitischen Arbeitsstils 98
   III. Tagesablauf aus außenpolitischer Perspektive 109

Drittes Buch: Die Ratgeber und die Strukturen

A. Außenpolitische Obskuranten
   I. Die sogenannte *Kamarilla*   117
   II. Die Ineffizienz der *Kamarilla* in der Außenpolitik
      1. Die innenpolitische Ausrichtung   121
      2. Der Einfluß befreundeter Personen und ideologisch nahestehender Gruppen   127
B. Staatssekretär Otto Meissner   135
C. Legale verfassungsmäßige außenpolitische Berater   138
D. Das diffizile Schlüsselverhältnis Stresemann-Hindenburg
   I. Notizen zu Gustav Stresemann   142
   II. Ein Außenminister zwischen Abhängigkeit und Ehrfurcht   146
   III. Stresemann und die außenpolitische Dimension der Reichspräsidentenwahl   154
   IV. Erste Unterredungen und Abstimmung in außenpolitischen Grundfragen   157
E. Das *Büro des Reichspräsidenten* als Machtzentrale und Schaltstelle
   I. Der Staatssekretär des *Büros* - Amtsfunktion und Aufgabenbereich   159
   II. Aufbau, Organisation und Arbeitsweise des *Büros* unter besonderer Berücksichtigung auswärtiger Angelegenheiten   163
F. Die Kontinuität der Personalstruktur im Auswärtigen Amt bis 1934   169
G. Wilhelmstraße 73 und 76. Außenpolitik durch die *Gartentüre*. Ein Exkurs über die politische Bedeutung der Ministergärten   173

Viertes Buch: Funktion und Bedeutung der Außenpolitik für Hindenburg

A. Primat der Außenpolitik   179
B. Revisionist ohne Programm - Die außenpolitischen Zielvorstellungen   184

Fünftes Buch: Hindenburg und das Ausland

A. Der Soldat und sein lokales Weltbild   191
B. Im Fokus der ausländischen öffentlichen und politischen Meinung
   I. Die Auslandspresse   195
   II. Das Echo im Ausland auf die Nominierung und Reichspräsidentenwahl   199
   III. Das *neue* Hindenburgbild im Ausland   208
   IV. Die Tannenbergrede und die Aufarbeitung der *Kriegsschuldlüge*   216
C. Ausländische Proteste gegen die Judenverfolgungen in Deutschland: Fehleinschätzungen und Versäumnisse eines Staatsoberhauptes   227

Inhaltsverzeichnis

Sechstes Buch: Staatsoberhaupt und völkerrechtlicher Vertreter - Hindenburgs repräsentative außenpolitische Aufgaben

A. Courtoisie und Etikette
  I. Der präsente Akteur auf der repräsentativen Bühne
    1. Der Hauptdarsteller und seine Statisten ... 235
    2. Der Regisseur und seine antiquierten Requisiten ... 240
  II. Die Neuorganisation des Protokolls
    1. Die Aufwertung des Maître de plaisir und seiner Dienststelle ... 242
    2. Gezielte Konversation und präparierte Rede ... 246
B. Das unpolitische Staatsoberhaupt
  I. Das Diplomatische Korps
    1. Die Wilhelmstraße 73 ... 248
    2. Akkuratesse und Pedanterie - Die Neujahrsempfänge ... 250
    3. Einflußnahme auf die Besetzung des Doyenats ... 254
    4. Die Akkreditierung und Verabschiedung der ausländischen Missionschefs ... 256
  II. Von Staatsoberhäuptern, Monarchen, Diplomaten und Ministern beim Reichspräsidenten
    1. Noblesse oblige. Der deutsche Souverän und die ausländischen Monarchen ... 264
    2. Unpolitische Audienzen führender ausländischer Politiker und Diplomaten beim Generalfeldmarschall ... 282
C. Staatsoberhaupt und Gnadenerlaßrecht: Die *Skoblewski-Affäre* ... 291

Siebtes Buch: Hindenburgs Personalpolitik als instrumentaler Einflußfaktor in der Außenpolitik

A. Personalpolitik zwischen Konsens und Dissens ... 297
B. Stresemann als Adressat personalpolitischer Instruktionen ... 300
C. Die *Zweigert-Keudell-Kontroverse* ... 302
D. Engagement auf *außenpersonalpolitischem Terrain*
  I. Direkte Einflußnahme auf die Personalstruktur der deutschen Auslandsmissionen
    1. Kooperation als Lösung - Prittwitz und Gaffrons Entsendung in die USA ... 309
    2. Nadolny oder Rauscher? Hindenburg versus Stresemann. Ein Rencontre und seine Folgen ... 313
    3. Auf der Suche nach dem neuen Missionschef für London ... 346
    4. Zwischen Protektion und Nepotismus ... 351
  II. Einwirken auf die personelle Zusammensetzung der deutschen Delegationen für Genf ... 365

III. Die Ernennungen und Demissionen der Reichsaußenminister
   1. Die Nachfolge Stresemanns 369
   2. Curtius' Entlassung 373
   3. Die Berufung von Neuraths zum Außenminister und seine Übernahme ins Kabinett Hitler 377
   4. Die Demissionen der Botschafter Prittwitz und Gaffron und Nadolny 381

Achtes Buch: Hindenburgs aktives außenpolitisches Engagement in der Ära Stresemann

A. Vom Locarno-Pakt zum Berliner Vertrag
   I. Locarno und Völkerbundseintritt: Bedeutung und Folgen und Hindenburgs Position 387
   II. Im Spannungsfeld der Befürworter und Gegner der deutschen Locarnopolitik 392
   III. Einflußnahme auf die Locarnopolitik und den Völkerbundseintritt
      1. Erste Sondierungen und aktive Präsenz in den Kabinetts- und Ministerratssitzungen 410
      2. Die ‚Notizen des Reichspräsidenten für die Vorarbeiten zur Londoner Konferenz' und die Reaktionen 416
      3. Der Taktiker und seine Strategie zur Durchsetzung revisionistischer Forderungen 421
   IV. Hindenburgs Anteil am Zustandekommen des Berliner Vertrages .. 435
B. Einflußnahme auf die deutsche Völkerbundspolitik in Genf
   I. Der persönliche *Feldzug* gegen Polen 438
   II. Das Veto gegen die Investigationsbeschlüsse des Völkerbundsrates .. 447
   III. Von Kritikpunkten und Instruktionen an die deutsche Delegation in Genf 450
C. Hindenburgs Rückendeckung für Stresemann beim Briand-Kellogg-Pakt .. 457
D. Das Ringen des Reichspräsidenten um den Young-Plan
   I. Bedeutung und Konsequenzen des Young-Plans und die Position Hindenburgs 462
   II. Von fehlgeschlagenen Einflußversuchen der Young-Plan-Gegner
      1. Im Sog der Opponenten des Haager Abkommens 466
      2. Die Stellungnahme zum Volksbegehren 472
   III. Der Verfechter des Young-Plans und seine Forderungen und Konditionen 476
   IV. Der Advokat und sein Plädoyer 482
E. Temporisieren als Strategie – Der Taktiker und seine Rolle beim deutsch-polnischen Liquidationsabkommen und bilateralen Handelsvertrag .. 486

Inhaltsverzeichnis 11

Neuntes Buch: Hindenburg und der Niedergang der Weimarer Außenpolitik

A. Der *passive* Akteur der deutschen Reparations- und Abrüstungspolitik
   I. Hindenburg, Brüning und die qualitative Veränderung der deutschen Außenpolitik 497
   II. Der Statist beim Hoover-Moratorium. Von der Widerlegung einer Legende 503
   III. Hindenburgs *Beobachterstatus* bei der Lausanner Konferenz vor dem Hintergrund der Demission Brünings 511
B. Aktives Intermezzo beim Memelkonflikt 520
C. Primat der Innenpolitik: Das außenpolitische Interludium Papens und Schleichers 523
D. Hindenburgs außenpolitische Inaktivität in der Konsolidierungsphase des NS-Regimes
   I. Die außenpolitischen Konditionen an Hitler 525
   II. Hitlers taktisches außenpolitisches Kontinuitätskonzept 527
   III. Sukzessiver Kontroll- und Machtverlust
      1. Der schweigsame Vertragspartner und Unterzeichner des Reichskonkordats vom 20. Juli 1933 531
      2. Zustimmung zum Völkerbundsaustritt als Replik auf die fehlgeschlagene Genfer Abrüstungspolitik 532
      3. Die letzte Amtshandlung als Folge des ‚Röhm'- und ‚Juli'-Putsches 536

Resümee 541

I. Quellenverzeichnis 557
II. Forschungsliteratur 579
III. Bibliographische Hilfsmittel 593

Personenregister 595
Sachregister 605

Nachwort 609

Abkürzungsverzeichnis

AA	Auswärtiges Amt
a.a.O.	am angegebenen Ort
Abg.	Abgeordnete(r)
Abs.	Absatz
Abt.	Abteilung
ACDP	Archiv für Christlich-Demokratische Politik der Konrad-Adenauer-Stiftung Sankt Augustin
a.D.	außer Dienst
ADAP	Akten der Deutschen Auswärtigen Politik
AdR	Akten der Reichskanzlei
AdsD	Archiv der sozialen Demokratie (Friedrich-Ebert-Stiftung Bonn)
AHR	The American Historical Review (Periodikum)
a.m.	ante meridiem (morgens, vormittags)
amerik.	amerikanisch/e(er)
Anm.	Anmerkung
Art.	Artikel
Aufl.	Auflage
Ausw. Amt	Auswärtiges Amt
AZ	Aktenzeichen
BA	Bundesarchiv (Koblenz)
BA Abt	Bundesarchiv Abteilung (Potsdam)
BA-MA	Bundesarchiv-Militärarchiv (Freiburg i. Br.)
Bd.	Band
B.d.Rpräs.	Büro des Reichspräsidenten
Bearb.	Bearbeiter/in
Best.	Bestand
betr.	betreffend
bezgl.	bezüglich
brit.	britisch/e/r
BS	Botschafter
BSRat	Botschaftsrat
BVP	Bayerische Volkspartei
bzw.	beziehungsweise
C.d.P.	Chef des Protokolls
CEH	Central European History (Periodikum)
cf.	confer; vergleiche
DDP	Deutsche Demokratische Partei
Ders.	derselbe, der obengenannte Autor etc.
Dies.	dieselbe, die obengenannte Autorin etc.
Diss.	Dissertation
DNVP	Deutschnationale Volkspartei
Dok.-Nr.	Dokument-Nummer
DVP	Deutsche Volkspartei
Dt.	deutsch/Deutschland
ebd.	ebenda
engl.	englisch/e(er)
Engl.	England
f., ff.	folgende Seite, folgende Seiten

FO	Foreign Office (London)
frz.	französisch/e(er)
Frhr.	Freiherr
FRUS	Foreign Relations of the United States (Periodikum)
geb.	geboren
gez.	gezeichnet
Gh.	Geheimer
GhRat	Geheimrat
GS	Gesandter
GSRat	Gesandtschaftsrat
GStA	Geheimes Staatsarchiv (Berlin-Dahlem)
GWU	Geschichte in Wissenschaft und Unterricht (Periodikum)
H.	Hindenburg, Paul von
HA	Historisches Archiv der Stadt Köln
Hrsg.	Herausgeber/in
hschr.	handschriftlich
HZ	Historische Zeitschrift (Periodikum)
IfZ	Institut für Zeitgeschichte (München)
IMG	Internationaler Militärgerichtshof (Nürnberg)
IMKK	Interalliierte Militär-Kontrollkommission
incl.	inclusive
i.V.	in Vertretung
JCH	Journal of Contemporary History (Periodikum)
Jg.	Jahrgang
Kab.	Kabinett
Kl. Erw.	Kleine Erwerbungen (Bestand Bundesarchiv Koblenz)
LegRat	Legationsrat
lfd.	laufende (Meter)
LegS	Legationssekretär
MdR	Mitglied des Reichstages
MGM	Militärgeschichtliche Mitteilungen (Periodikum)
Mill.	Million/en
MinDir	Ministerialdirektor
MinDirig	Ministerialdirigent
MinRat	Ministerialrat
Mrd.	Milliarden
mschr.	Maschinenschriftlich
NSDAP	Nationalsozialistische Deutsche Arbeiterpartei
NDB	Neue Deutsche Biographie
N.N.	nomen nescio (Namen des Verfassers bzw. Autors unbekannt)
NL	Nachlaß
NS	Nationalsozialismus/nationalsozialistische(s)
o.A.	ohne (nähere/weitere) Angabe
o.D.	ohne Datumsangabe
o.J.	ohne Jahresangabe
o.O.	ohne Ortsangabe
o.P.	ohne Paraphe
o.U.	ohne Unterschrift
OB	Oberbürgermeister
OHL	Oberste Heeresleitung
ORegRat	Oberregierungsrat
PA AA	Politisches Archiv des Auswärtigen Amtes (Bonn)
PL	Pusey Library (Harvard-University-Archives, Cambridge, USA)

p.m.	post meridiem (nachmittags, abends)
Pol.	Polen, polnischer
PRO	Public Record Office (London)
RAM	Reichsaußenminister
RASM	Reichsarbeitsminister
Reg.	Regierung
RegRat	Regierungsrat
RFM	Reichsfinanzminister
RIM	Reichsinnenminister
RIMin.	Reichsministerium des Innern
RJM	Reichsjustizminister
RK	Reichskanzler
Rkei	Reichskanzlei
RM	Reichsminister/Reichsmark
RM a.D.	Reichsminister außer Dienst
RNM	Reichsernährungsminister
Rpräs.	Reichspräsident
RReg.	Reichsregierung
RTPräs.	Reichstagspräsident
russ.	russisch/e(er)
RVM	Reichsverkehrsminister
RWSM	Reichswirtschaftsminister
Sig.	Signatur
sowjet.	sowjetisch/e(er)
SPD	Sozialdemokratische Partei Deutschlands
SS	Schutzstaffel
StS	Staatssekretär
u.	und
u. a.	unter ander(e)m/unter ander(e)n
UdSSR	Union der Sozialistischen Sowjetrepubliken
US (A)	United States (of America)
UuF	Aus Ursachen und Folgen
v.	von
VfSW	Vierteljahresschrift für Wirtschafts- u. Sozialgeschichte (Periodikum)
VfZ	Vierteljahreshefte für Zeitgeschichte (Periodikum)
VLegRat	Vortragender Legationsrat
Vol.	Volume
VV	Versailler Vertrag
WRV	Weimarer Reichsverfassung
W.T.B.	Wolffsche Telegraphen Büro
WWW	World Wide Web (Internet)
z.B.	zum Beispiel
ZfG	Zeitschrift für Geschichtswissenschaft (Periodikum)
z. Hd.	zu Händen

Einleitung

a) Die Fragestellung

Die Auseinandersetzung mit der Geschichte der Weimarer Republik hat auch heute noch nichts von ihrer Faszination verloren. Der Trend, ihre Genese und ihren Zerfall wissenschaftlich zu dokumentieren und zu kommentieren, hält ungebrochen an und kommt nicht zuletzt durch den jährlich wachsenden Bücherberg zu dem am intensivsten erforschten Epochenabschnitt deutscher Geschichte zum Ausdruck[1]. Doch allem unermüdlichen wissenschaftlichen Eifer zum Trotz sind längst nicht alle Themenfelder abgedeckt; immer noch existieren auf dem breiten Feld der Ereignis-, Personen- und Strukturgeschichte überraschende Lücken, wovon eine die vorliegende Untersuchung schließen will. Hierbei geht es um die aktive und passive außenpolitische Rolle des zweiten deutschen Reichspräsidenten der Weimarer Republik, Paul von Hindenburg, ein Thema, das – gemessen an seiner Bedeutung – bemerkenswerterweise bis heute noch keinen wissenschaftlichen oder populärwissenschaftlichen Niederschlag gefunden hat. Denn ungeachtet der Tatsache, daß der Umfang der erschienenen zeitgenössischen und neueren Biographien und Monographien über ihn mittlerweile Bibliotheken füllen könnte, wurde der Einfluß des Reichspräsidenten auf die Außenpolitik in keiner Spezialpublikation untersucht[2]. Daß sich bislang kein Historiker mit diesem Aspekt näher befaßt hat, überrascht um so mehr, wenn man sich seine verfassungsrechtlich starke Stellung in der deutschen Außenpolitik und im speziellen die Amtsauffassung und den Amtsstil Hindenburgs vor Augen hält.

Sosehr die meisten Autoren seine militärischen Erfolge im Ersten Weltkrieg oder seine Rolle beim Aufstieg und der Konsolidierung der nationalsozialistischen Diktatur zur Genüge nachgezeichnet haben, sowenig wurde von ihnen

---

[1] Aus der „fast unübersehbar" gewordenen Jahrzehnten Literaturdichte zur politischen Geschichte der Weimarer Republik, die in den letzten herangewachsen ist (so Hans Mommsen: Das Scheitern einer Republik, in: *Die Zeit*, Nr. 41, 08.10.1993, S. 36), ragen die neueren Monographien von HEINRICH AUGUST WINKLER (Weimar 1918-1933. Die Geschichte der ersten deutschen Demokratie, München 1993) und von KLAUS HILDEBRAND (Das vergangene Reich. Deutsche Außenpolitik von Bismarck bis Hitler 1871-1945, Stuttgart 1995) hervor.

[2] Im übrigen trifft dies auch auf den ersten Reichspräsidenten der Weimarer Republik, Friedrich Ebert, zu.

etwa sein Einwirken auf die Außenpolitik Stresemanns jemals näher beschrieben. Wenn diese Arbeit darauf abzielt, diesem Defizit Rechnung zu tragen, dann liegt ihr die Prämisse zugrunde, daß Hindenburg sowohl auf innen- als auch auf außenpolitischem Gebiet der wichtigste Macht- und Entscheidungsträger der ersten deutschen Republik war, und daß er seinerzeit nicht ohne Grund zu den weltweit einflußreichsten und angesehensten Staatsoberhäuptern seiner Epoche zählte. So will die vorliegende Analyse *sine ira et studio* en detail ergründen, inwieweit er auf die Gestaltung und Entwicklung des außenpolitischen Prozesses konstruktiven oder obstruktiven Einfluß genommen hat, an welchen Punkten er agierender oder nur reagierender Entscheidungsträger war und inwiefern seine Politik retardierende Züge aufwies. Nicht nur seine erkennbaren außenpolitischen Aktivitäten sollen dabei herausgearbeitet werden, sondern auch seine teils bewußt dilatorische, teils passive Rolle verdient Beachtung. Ferner wird nachzuprüfen sein, wie massiv der Einfluß politischer Interessengruppen und gesellschaftlicher und wirtschaftlicher *pressure groups* auf seine außenpolitische Entscheidungen gewesen ist.

Da die zeitliche und räumliche Eingrenzung aus dem gestellten Thema implizit hervorgeht, orientiert sich diese Arbeit an dem vorgegebenen Rahmen; der Zeitraum vom Amtsantritt Hindenburgs [11. Mai 1925] bis zu seinem Ableben [2. August 1934] dient ebenso als Leitfaden wie die räumliche und thematische Fixierung auf die deutsche Außenpolitik. In Anbetracht der erforderlichen thematischen Eingrenzung muß auf eine vergleichende Gegenüberstellung der Außenpolitik Hindenburgs und Eberts, des ersten Reichspräsidenten der Weimarer Republik, ebenso verzichtet werden wie auf einen monographischen Abriß der deutschen Außenpolitik von 1925 bis 1934 oder die ausführliche Beschreibung des Werdegangs Hindenburgs vor 1925. Eine Einbeziehung derartiger Kriterien hätte zahlreiche Exkurse und detaillierte Erklärungen erforderlich gemacht, die den vorgegebenen Rahmen dieser Arbeit bei weitem gesprengt hätten. Wenn aber im zweiten Abschnitt dennoch Biographisches über ihn verwertet wird, dann erfolgt dies ausschließlich zur Beschreibung jener Stationen seiner Vita, die einen augenfälligen Einfluß auf seine spätere Einstellung zur Außenpolitik gewannen. Hin und wieder sind kleinere Exkurse notwendig – meist dann, wenn komplexe außenpolitische Zusammenhänge oder diffizile einzelne Sachfragen der Definition bedürfen. Dann wird entweder eine sachbezogene Einführung, eine verständliche Zusammenfassung oder eine Einordnung in den historischen Kontext vorgenommen. Um die Hintergründe von Konferenzen und Verträgen plastisch klarzulegen, werden zuerst deren Bedeutung und im Anschluß daran

Einleitung

die Position des Reichspräsidenten kurz umrissen[3]; ereignis- und strukturgeschichtlich wichtige Vorgänge oder Merkmale werden dabei korrelativ miteinbezogen.

Hindenburgs *res gestae* werden in Form seiner direkten und indirekten Einfluß- und Interventionsversuche auf ihre Tragweite hin überprüft. Umgekehrt soll seine passive Haltung Aufschluß geben über seine nach 1930 wachsende außenpolitische Entschlußlosigkeit. Des weiteren wird auch dem untrennbaren Zusammenhang von Innen- und Außenpolitik insofern Rechnung getragen, als innenpolitische Vorgänge nur dann reflektiert werden, wenn sie einen erkennbaren direkten Bezug zur Außenpolitik aufweisen[4]. Alle Facetten des gesamten politischen Wirkens des Reichspräsidenten können selbstverständlich nicht erfaßt und verwertet werden. Kontroversen wie etwa der *Flaggenstreit* oder die *Fürstenabfindung*[5], die mit seinem Namen eng verknüpft sind, müssen aufgrund ihrer primär innenpolitischen Dimension vom Thema ausgeklammert werden. Die Gewichtung mancher politischen Teilbereiche ergibt sich unmittelbar aus seinem außenpolitischen Selbstverständnis und Verhalten[6]. Wenn beispielsweise wirtschaftspolitische Themen mit auswärtigem Betreff stark in den Hintergrund treten, dann hängt dies mit der hierzu spärlichen Quellenlage zusammen, was wiederum aus Hindenburgs geringem Interesse für solche Fragen resultiert.

Diese Abhandlung zielt nicht darauf ab, das militärische und politische Wirken des Marschallpräsidenten[7] in irgendeiner Form zu würdigen oder zu verunglimpfen; dies haben andere Autoren in der Vergangenheit schon hinreichend getan. Eine annähernd korrekte historische Einordnung seiner Außenpolitik kann nur über den Mittelweg zwischen beiden Extremen erfolgen. Ihn aus seiner Zeit heraus zu beurteilen, könnte darauf hinauslaufen, ihn ein weiteres Mal zum Mythos zu erheben; dies wäre genauso falsch, wie über ihn ein voreiliges Verdikt

---

[3] Zusätzlich wurde versucht, in den jeweiligen Anmerkungen die wichtigste außenpolitische Basisinformation peu à peu miteinfließen zu lassen. Überflüssige Überschneidungen und Wiederholungen sollen im Text durch Querverweise ausgeschaltet werden.

[4] Beispielsweise sind derartige Verflechtungen sehr deutlich bei der Diskussion um den Young-Plan erkennbar.

[5] Näheres dazu bei ANDREAS DORPALEN: Hindenburg in der Geschichte der Weimarer Republik, Berlin/Frankfurt a. M. 1966, S. 105ff.

[6] Daß im Verlauf der Arbeit viele auf den ersten Blick unbedeutende Ereignisse (z.B. der *Fall Hentig* und seine Folgen auf S. 279ff.) Erwähnung finden, wurde notwendig, weil Hindenburg auch den scheinbar nebensächlichen Angelegenheiten genauso viel Aufmerksamkeit und Interesse entgegenbrachte wie komplexen Themenbereichen.

[7] Dieser von WOLFGANG RUGE übernommene Terminus, der den ambivalenten Charakter der Amtsführung Hindenburgs treffend umschreibt, wird aufgrund seiner Aussagekraft während dieser Arbeit mehrfach angeführt. Siehe DERS.: Hindenburg. Portrait eines Militaristen, (Ost-)Berlin 1981.

zu fällen. Der schmale Grat, auf dem der Historiker hier wandert, ist nur allzu offensichtlich.

b) Aufbau und methodisches Vorgehen

Jeder Versuch, das außenpolitische Wirken Hindenburgs nur unter ereignisgeschichtlichen Aspekten nachzeichnen zu wollen, wäre aufgrund der Komplexität der Materie unweigerlich zum Scheitern verurteilt. Ohne die Miteinbeziehung verfassungsrechtlicher, personenbezogener oder struktureller themenrelevanter Merkmale kann seine auswärtige Politik nicht umfassend und verständlich expliziert werden. Nur mittels einer multiperspektivischen Sichtweise erfährt der Betrachter das notwendige Einfühlungsvermögen für seine sehr charakterspezifische außenpolitische Denk- und Handlungsweise.

So bilden die ersten fünf Kapitel, in denen die interdependente Wechselwirkung des Reichspräsidentenamtes mit den biographischen und charakteristischen Merkmalen Hindenburgs aus verschiedenen Blickwinkeln durchleuchtet wird, die Basis für die folgenden drei Kapitel, die eine etwas stärkere ereignisgeschichtliche Ausrichtung aufweisen. Im Verlauf dieser Analyse hat sich für die methodische Erarbeitung und Darstellung der verschiedenen Kapitel und Unterkapitel – je nach der punktuellen Fragestellung – eine Aufteilung nach systematischen oder systematisch-chronologischen Kriterien bewährt.

Gleich zu Anfang wird die verfassungsmäßige Rolle des Reichspräsidenten in der Außenpolitik unter Berücksichtigung seines kohärenten Verhältnisses zur Reichsregierung und zum Reichstag erörtert. Auf die juristischen Zusammenhänge muß gerade deswegen eingegangen werden, weil der Reichspräsident nach der Weimarer Verfassung de jure die stärkste außenpolitische Instanz war und über etliche Prärogativrechte verfügte, die ihn zum bestimmenden Akteur in der deutschen Außenpolitik machten. Daß Hindenburg diese Rechte konsequent ausgenutzt hat, ist auch Ausfluß biographischer und charakterlicher Besonderheiten, die im zweiten Abschnitt aufgezeigt werden sollen. Hier wird den Fragen nachgegangen, wie es um sein politisches Selbstverständnis bestellt gewesen war, ob er bereits in der OHL „außenpolitische" Erfahrungen sammeln konnte, von denen er später als Reichspräsident profitiert hat. Um zu verstehen, wieso er dem Reichspräsidentenamt eine starke persönliche Note gab, ist die Heranziehung persönlicher Charakteristika zweckmäßig. Desgleichen soll ein kurzer Blick auf den Mythos und die Verklärung des Marschallpräsidenten zur lebenden

Einleitung

Legende geworfen werden, bevor dann die Beschreibung seines durchplanten Tagesablaufs und seines akribischen Amtsstils Konturen bekommen soll.

Großer Raum wird der kontroversen Debatte über seine vermeintliche *Senilität* zugestanden, da beim Quellenstudium auffiel, daß viele der in- und ausländischen Gesprächspartner des Reichspräsidenten dessen körperlichen und geistigen Zustand überraschend einmütig mit lobenden Worten bedachten. Untrennbar verknüpft mit der *Senilitätsdebatte* ist die Frage nach der korrelativen Wechselbeziehung zwischen den Strukturen und Personen um Reichspräsident von Hindenburg, die im dritten Kapitel im Mittelpunkt steht. Fokussiert werden soll hierbei aber nicht allein die Rolle der in der Literatur immer wieder beschriebenen *Kamarilla*. Vielmehr muß sich das Augenmerk auf alle anderen in Frage kommenden potentiellen Einflußfaktoren richten, die je nach Bedeutsamkeit aufzulisten und neu zu definieren oder zu relativieren sind. Mit den Personen um Hindenburg sind auch die legalen Berater gemeint, wie Staatssekretär Meissner und Außenminister Stresemann, die beide von Amts wegen und aufgrund ihres permanenten Kontaktes zum *Generalfeldmarschall*[8] gesonderte Behandlung verdienen. Zum besseren Verständnis des administrativen Ablaufs muß auch den behördlichen Strukturen, die ihn umgeben, Aufmerksamkeit gewidmet werden. Vermittelt werden soll deshalb zum einen der Aufbau und die *außenpolitische Arbeitsweise* des *Büros des Reichspräsidenten*, zum anderen wird ein Auge auf die Personalstruktur des Auswärtigen Amtes bis zum Jahre 1934 zu werfen sein. Daneben muß berücksichtigt werden, daß der Reichspräsident nicht alleine von Berlin aus seinen außenpolitischen Geschäften nachging; auch andere Lokalitäten spielten hierbei eine Rolle. Daß über die Bedeutung der Ministergärten spekuliert wird, ist dem Umstand zu verdanken, daß sich bislang kein Autor mit diesem interessanten Gesichtspunkt eingehender beschäftigt hat.

Um die Wurzeln des außenpolitischen Engagements Hindenburgs aufzuspüren, sind seine allgemeinen außenpolitischen Vorstellungen und seine partikularen Zielsetzungen zu reflektieren. Hierbei wird zu klären sein, welchen Stellenwert er der Außenpolitik zumaß und in welcher Intensität revisionistische Forderungen seine außenpolitischen Intentionen bestimmten. Bei alledem soll auch sein Weltbild nicht außer acht gelassen werden. Wie er über das Ausland dachte und wie er zum Völkerbund stand, sind nur einige von mehreren Punkten, die der Erörterung bedürfen. Im Vordergrund dieses Abschnittes stehen jedoch in erster Linie die Reaktionen des Auslands auf seine Nominierung und Wahl zum Reichspräsidenten, die aufzeigen sollen, daß er trotz seiner späteren Tannenberg-

---

[8] Nicht allein aus stilistischen Gründen und der Abwechslung halber soll seine militärische Rangbezeichnung in dieser Untersuchung Erwähnung finden. In erster Linie soll damit immer wieder an seine soldatische Provenienz erinnert werden, die von seinem militärisch geprägten Denken und Handeln als Reichspräsident nicht getrennt werden kann.

rede nichts von dem stetig wachsenden Vertrauen des Auslandes einbüßen mußte. Die Quellenlage bringt es mit sich, daß auch die delikate Frage nach seiner Haltung zu den Anfang 1933 immer stärker werdenden Pogromen gegen die deutschen Juden thematisiert wird. Wie stand er zu diesem Problem und wie hat er diese Ausschreitungen gegenüber dem Ausland gerechtfertigt – das sind zwei Gesichtspunkte, die nicht ignoriert werden können.

Große Aktivitäten entwickelte Hindenburg auf dem repräsentativen Sektor, wo er seinen Auftrag als völkerrechtlicher Vertreter des Reiches sehr eng interpretierte, zum Teil sogar neu definierte. Damit sein Übereifer auf diesem Gebiet angemessen dokumentiert werden kann, wurde ein separates Kapitel angelegt. Anhand diverser charakteristischer Fallbeispiele, wie dem Besuch des afghanischen Königs Aman Ullah Chan oder dem starren Ablauf des jährlichen Neujahrsempfangs des Diplomatischen Korps, soll sein Überengagement auf dem Gebiet der Etikette exemplifiziert werden. Von besonderem Interesse wird hierbei sein, ob er bei seinen Begegnungen mit hohen ausländischen Gästen den politischen Disput gesucht hat, um eventuell persönliche oder „nationale" Anliegen anzubringen, oder ob er sich dabei in Zurückhaltung übte. Die unter seiner Regie entstandenen strukturellen oder personellen Veränderungen auf dem Gebiet des Protokolls sollen gleichermaßen analysiert werden wie seine Rolle bei der Akkreditierung ausländischer Diplomaten. Die enge Wechselwirkung zwischen personellen und strukturellen Veränderungen manifestiert sich noch deutlicher in seiner auswärtigen Personalpolitik; mit jedem Revirement, an dem er partizipiert hatte, wurden personalpolitisch neue Konstellationen geschaffen, die innerhalb des Auswärtigen Amtes einen Strukturwandel bedingten. Daher soll exemplarisch vorgeführt werden, welchen großen Stellenwert er der Personalpolitik zumaß und wie weit er vor dem Hintergrund der *Zweigert-Keudell-Kontroverse* seine verfassungsmäßigen Rechte auf diesem Terrain auszuspielen gedachte. Wenn an dieser Stelle das in der Geschichte des Auswärtigen Amtes wohl einmalige Rencontre zwischen Hindenburg und Stresemann in der Frage der Besetzung der Moskauer Mission ausführlich beschrieben wird, dann hat dies seine Berechtigung. Bis auf den heutigen Tag wurde dieser Punkt in keiner Publikation herausgearbeitet. Auch in der neuesten umfassenden Stresemann-Biographie aus der Feder des französischen Historikers Christian Baechler wird diese schwere Fehde zwischen den beiden außenpolitischen Entscheidungsträgern nur in einigen Sätzen abgehandelt[9].

---

[9] CHRISTIAN BAECHLER: Gustave Stresemann (1878-1929). De l'impérialisme à la sécurité collective, Strasbourg 1996, S. 828. Dies trifft aber auch auf weitere biographische und monographische Werke über Stresemann und Hindenburg zu, die im Verlauf dieser Untersuchung noch aufgeführt werden sollen.

Da sich beim Studium der Quellen gezeigt hat, daß Hindenburgs außenpolitisches Engagement in zwei unterschiedliche Aktivitätsphasen zerfiel, ist das längste Kapitel auch zweiteilig gestaltet. So soll zuerst seine aktive und passive Rolle in der Ära Stresemann aus ereignisgeschichtlicher Perspektive dargestellt werden; im Vordergrund stehen hierbei die großen Stationen der Konferenzpolitik Stresemanns. Unter Einbeziehung aller Personen und Gruppierungen, die ihn unentwegt zu einer reaktionären Außenpolitik ermuntern wollten, soll vornehmlich sein aktiver Beitrag an den internationalen Vertragswerken Stresemanns – vom Locarno-Abkommen und dem Berliner Vertrag über den Briand-Kellogg-Pakt bis hin zum Haager Übereinkommen – herausgearbeitet werden.

Von großer Tragweite ist auch das Problem der direkten außenpolitischen Rückwirkungen des angespannten „Schlüsselverhältnisses" zwischen Stresemann und Hindenburg. Immerhin erstreckte sich ihre politische Zusammenarbeit auf einen Zeitraum von mehr als viereinhalb Jahren, just in einer Phase, in der die Kabinette der jungen Republik fraglos ihre stärksten außenpolitischen Aktivitäten entwickelten. Hieran knüpft sich die Frage, ob es dem Außenminister überhaupt gelang, Hindenburg seine außenpolitischen Schritte transparent zu machen. Bestand eine fortwährende Loyalität seitens des Reichspräsidenten, die Stresemann permanent in die Lage versetzte, eine Außenpolitik nach seinen Vorstellungen zu gestalten? Oder mußte er ihm gegenüber gelegentlich Kompromißbereitschaft zeigen, ja sich sogar seinem Diktum beugen? Hierauf eine Antwort zu finden, wird ein zentraler Bestandteil dieses Kapitels sein. Anhand vieler Beispiele aus der unmittelbaren politischen Praxis soll die bereits im dritten Kapitel angesprochene eingeschränkte Souveränität Stresemanns, die ihn in ein anderes Licht stellt, untermauert werden.

Wie es dazu kam, daß Hindenburgs Agilität und Entscheidungsfreudigkeit, die ihn unter Stresemann noch auszeichnete, in der Ära der Präsidialkabinette an Verve einbüßte, wird im zweiten Teil des achten Kapitels zu eruieren sein. Einleitend müssen einige Worte zum Verhältnis des Reichspräsidenten zu seinem neuen Reichskanzler, Heinrich Brüning, verloren werden, bevor dann das außenpolitische Konzept des ersten Reichskanzlers der Präsidialkabinette vorgestellt werden soll. Ausgehend von dem von Peter Krüger postulierten Niedergang der Weimarer Außenpolitik ab 1930[10] wird anhand konkreter Fallbeispiele zu klären sein, warum auch Hindenburgs Impetus für das Außenpolitische ab 1930 merklich nachließ, obgleich in dieser Phase mit der Reparations- und Abrüstungspolitik zwei Themenfelder im Vordergrund standen, die ihn sonst immer bewegt hatten. Angesichts der mythischen Verklärung seiner Person kann es nicht mehr überraschen, daß selbst in der einschlägigen Hindenburg-Literatur

---

10 PETER KRÜGER: Die Aussenpolitik der Republik von Weimar, Darmstadt 1985.

Legenden kolportiert wurden, die völlig in Widerspruch zu den Quellen stehen, wie etwa die oftmals falsche Darstellungsweise des Verhaltens des Reichspräsidenten beim Hoover-Moratorium. Gerade dieser Punkt wird etwas tiefergehend behandelt, nicht zuletzt deshalb, weil er fast repräsentativ Hindenburgs nachlassende Bereitschaft aufzeigt, in derselben Intensität in die Außenpolitik zu intervenieren wie vor 1930. Daß diese Entwicklung in den Kabinetten Papen und Schleicher ihre Fortsetzung fand, wird in dem sich anschließenden Teil nur am Rande Erwähnung finden. Detaillierter erläutert wird dagegen seine Rolle nach dem 30. Januar 1933. Geklärt werden muß in diesem Zusammenhang, ob er nach der „Machtergreifung" überhaupt noch an außenpolitischen Entscheidungen partizipierte oder ob er auf diesem Gebiet vom NS-Regime instrumentalisiert wurde. Wie groß war sein Anteil daran, daß in den 18 Monaten seiner Präsidentschaft in der Nomenklatura des Auswärtigen Amtes kaum Veränderungen auftraten? Wie lauten seine außenpolitischen Konditionen an Hitler und wie hatte der „Reichskanzler"[11] diese aufgenommen? Beleuchtet werden soll daneben, warum Hindenburg und Hitler Außenminister von Neurath in eine Vermittlerrolle drängten. Mittels seiner auffallend reaktiven Haltung bei der Unterzeichnung des Reichskonkordats, seiner zögerlichen Zustimmung zum Völkerbundsaustritt und seinem unterbliebenen Protest bei der Ermordung des österreichischen Bundeskanzlers Engelbert Dollfuß soll das resignative Moment seiner Außenpolitik aufgezeigt werden.

Eine dem historischen Kontext gerecht werdende Einordnung und Bewertung der kohärenten Fakten und Teilergebnisse zu seiner aktiven und passiven Rolle in der deutschen Außenpolitik bleibt dem Resümee, dem Schlußteil, vorbehalten.

---

[11] Wenn in dieser Arbeit von „Reichskanzler" Hitler, „der damals noch die Rolle des verfassungsmäßigen Reichskanzlers zu spielen sich bemühte" (so FRIEDRICH VON PRITTWITZ UND GAFFRON: Zwischen Petersburg und Washington. Ein Diplomatenleben, München 1952, S. 228) die Rede ist, dann soll besagter Amtstitel immer in Anführungszeichen gesetzt werden. Auch wenn Hitler verfassungsrechtlich gesehen der letzte „Reichskanzler" der Weimarer Republik gewesen ist, so wird er in dieser Untersuchung nicht ohne entsprechende Relativierung mit diesem traditionsreichen Amtstitel versehen. Einen degoutanten Demagogen wie ihn auf dieselbe Stufe seiner Amtsvorgänger zu heben, deren Integrität als Reichskanzler kaum in Frage gestellt werden kann, wäre historisch unangemessen. Hitler war de jure, zugleich aber auch pro forma Reichskanzler; de facto war er es nie.

c) Die Quellenlage

Wenn zur quellenmäßigen Erschließung dieses Themas in- und ausländische Archive aufzusuchen waren, um die themenspezifischen unveröffentlichten und ungedruckten Dokumente zusammenzutragen und zu verwerten, dann spiegelt dies ein grundsätzliches heuristisches Problem wider, dem viele Historiker begegnen: die beschwerliche Suche nach den relevanten weitverstreuten, teilweise nur bruchstückhaft vorhandenen Aktenstücken, die zu sammeln und mosaikgerecht zu komplementieren sind. Sie gestaltete sich auch für diese Arbeit aus vielerlei Gründen schwieriger als vorauszusehen war. Verantwortlich hierfür war unter anderem auch der im Zuge der Wiedervereinigung eingeleitete Regierungsumzug, der bewußte Aktenwanderung vom Koblenzer Bundesarchiv nach Berlin nach sich zog. Sehr zum Verdruß vieler Benutzer wurde neben diversen anderen Archivalien der gesamte Bestand der Akten der Reichskanzlei, dem Experten unter der R 43-Signatur geläufig, nach Berlin-Lichterfelde verfrachtet. Was von dem für die Erforschung der politischen Geschichte der Weimarer Republik wichtigsten Aktenbestand übrigblieb, war das dazugehörige unvollständig verfilmte Material, das aber nur für einen begrenzten Zeitraum genutzt werden konnte, da es kurze Zeit später selbst den Weg in die Hauptstadt antreten mußte[12]. Doch im Zuge dieser Aktion konnten immerhin die Akten aus dem *Büro des Reichspräsidenten* und der Präsidialkanzlei, wovon der kleinere Teil (Umfang: 11 lfm) im Koblenzer Bundesarchiv[13], der umfangreichere (Umfang: 42 lfm) und in politischer Hinsicht bedeutsamere in der ehemaligen, mittlerweile aufgelösten Potsdamer Abteilung aufbewahrt wurde, zusammengeführt und somit der Aktenzusammenhang wiederhergestellt werden.

Kamen die Amerikaner gegen Kriegsende zufällig in den Besitz von vereinzelten Aktenstücken der Präsidialkanzlei, die später dem Bundesarchiv übergeben wurden, so übernahm die Sowjetunion den aus der Registratur des *Büros* und aus dem Reichsarchiv konfiszierten größeren Teil dieser Aktengruppe, den sie kurz darauf dem Zentralen Staatsarchiv der DDR zur Verfügung stellte. Was jahrelang für bürgerliche konservative Historiker aus dem Westen mit größten Schwierigkeiten verbunden gewesen war, änderte sich mit der Maueröffnung und der Wiedervereinigung. Abseits der Axiome des historischen Materialismus wurde dort wieder ein quellenkritisches Arbeiten möglich. Von dieser Entwick-

---

[12] Hierzu siehe Nachwort dieser Arbeit.
[13] Für die Kenntnis der Außenpolitik waren diese Akten höchstens von sekundärer Relevanz. Sie dokumentieren primär Ehrungen, Glückwünsche, Empfänge oder persönliche Angelegenheiten des Reichspräsidenten. Siehe Gerhard Granier/Josef Henke/Klaus Oldenhage [Hrsg.]: Das Bundesarchiv und seine Bestände, Boppard am Rhein 1997 (3. Auflage), S. 25.

lung hat die vorliegende Arbeit profitiert; zum ersten Mal konnten beide Bestände der Präsidialkanzlei wissenschaftlich verwertet werden[14].

Leider wurde dagegen ein Einblick in den im Familienbesitz befindlichen Nachlaß Hindenburgs nicht gewährt. Auch Hubertus von Hindenburg, ein Enkelkind des Reichspräsidenten, bleibt in der Tradition seines Vaters, Oskar von Hindenburg, der schon seit dem Kriegsende tunlichst darauf bedacht war, die persönlichen Papiere seines Vaters aus Furcht vor einer allzu kritischen Bewertung vor der Nachwelt unter Verschluß zu halten[15].

Alle Bemühungen um Einsichtnahme schlugen fehl; weder eine schriftliche Anfrage[16] noch eine im persönlichen Gespräch vorgetragene Bitte[17] konnten den jetzigen Nachlaßverwalter umstimmen. Darum vermag es nicht zu überraschen, daß jenen beiden Forschern, die den Privatnachlaß des Reichspräsidenten seinerzeit zu Gesicht bekamen, schnell apologetische Tendenzen nachgesagt wurden. Sie haben – ganz im Sinne der Nachkommen Hindenburgs – in der Tat eine zu einseitig gefärbte Skizze vom zweiten deutschen Reichspräsidenten entworfen. So muß der Feststellung Gatzkes beigepflichtet werden, daß die Familie Hindenburg sich und der Forschung wirklich einen großen Dienst erweisen würde, wenn sie sich dazu entschließen könnte, die persönlichen Papiere ihres Ahnen endlich freizugeben[18].

---

[14] Beispielsweise konnte WOLFGANG KALISCHER damals in seiner Dissertation über Hindenburg nicht eine einzige Akte aus dem *Büro des Reichspräsidenten* heranziehen, da alle Dokumente zu dieser Zeit noch in England bzw. in der DDR unter Verschluß waren. Auch ein Blick in den Privatnachlaß Hindenburgs blieb Kalischer verwehrt. Hierzu siehe DERS.: Hindenburg und das Reichspräsidentenamt im „Nationalen Umbruch" (1932-1934) Diss. West-Berlin 1957, S. 7.

[15] Auf ein Schreiben von Walter Görlitz, der sich für einen Doktoranden einsetzte, der die Privatpapiere Hindenburgs sichten wollte, antwortete Oskar v. Hindenburg: „[...] Eine direkte Einsichtnahme [...] würde ich beistimmen, wenn – wie auch von Ihnen vorgesetzt wird – die Gewähr gegeben ist, dass bei der Benutzung objektiv und nicht herabsetzend kritisch verfahren wird. [...]". Schreiben Oskar v. Hindenburg an Walter Görlitz, Medingen, 09.11.1954 [Original], BA-MA Freiburg i. B., NL Görlitz, N 1753/36.

[16] Schreiben Harald Zaun an Hubertus von Hindenburg, Köln, 14.04.1994; Schreiben Hubertus von Hindenburg an Harald Zaun, Essen, 30.04.1994. Als Grund für seinen abschlägigen Bescheid führte Herr von Hindenburg an: „[...] Zu meinem Bedauern liegen z. Zt. Gründe vor, die es leider nicht möglich machen, in absehbarer Zeit Einsicht in die Akten zu nehmen. Dabei würde es zu weit führen, hier auf die Gründe im einzelnen einzugehen [...]."

[17] Das Zusammentreffen fand am 3. März 1996 im Hotel Excelsior in Köln statt. Hierbei betonte Herr von Hindenburg mehrfach, daß die wenigen im Nachlaß seines Großvaters befindlichen außenpolitisch relevanten Dokumente bereits veröffentlicht seien.

[18] „[...] The Hindenburg family would perform a real service to historical scholarship and to their illustrious forebear, if these papers were made freely available to qualified historians. [...]". HANS W. GATZKE: Rezension über das Werk von Walter Görlitz: Hindenburg, a.a.O., in: AHR, Vol. 60, No. 4 (July 1955), S. 892f.; WERNER CONZE indes stellt die Frage in den Raum,

Einleitung 27

Der im Bundesmilitärarchiv in Freiburg i. Br. lagernde Teilnachlaß Hindenburgs ist zwar für die wissenschaftliche Forschung problemlos zugänglich, aber im Hinblick auf die Thematik unergiebig; sein geringer Umfang von 0,10 laufenden Metern ist ebenso dürftig wie sein Inhalt, der nur aus politisch unbedeutenden Schriftstücken besteht[19]. Immerhin kamen im dortigen Archiv in diversen Nachlässen einige interessante Privatbriefe zum Vorschein, die Hindenburg an hochrangige, befreundete Militärs gerichtet hatte.

Ohne die in qualitativer und quantitativer Hinsicht einzigartigen Quellen des Politischen Archivs des Auswärtigen Amtes in Bonn wäre diese Untersuchung in der vorliegenden Form nicht zustande gekommen. Die Archivalien dort sind so umfassend und fundamental, daß trotz intensivster Nachforschung nur ein Ausschnitt von ihnen gesichtet werden konnte. Wenn die Recherche dennoch sehr breit angelegt wurde, dann resultierte dies aus der Beobachtung, daß viele auf den ersten Blick belanglos erscheinenden Aktenbände dennoch unvermutet relevantes Quellenmaterial beinhalteten. Hierbei haben sich neben der systematischen Analyse aller relevanten politischen Akten der einzelnen Abteilungen des Auswärtigen Amtes vor allem wahllose und gezielte Stichproben bewährt, dank derer mitunter interessante Dokumente aufgespürt wurden. Natürlich wurde dem Konnex Hindenburg und Außenpolitik bei allen augenscheinlich themenrelevanten Schriftstücken gesonderte Aufmerksamkeit geschenkt. Nicht allein Ministerratssitzungen, Aufzeichnungen, Vermerke oder Telegramme[20], sondern auch Dossiers von scheinbar sekundärer Relevanz entpuppten sich im nachhinein als wahre Fundgrube, wie etwa verschiedene Personalpapiere, deren politische Aussagekraft mitunter sogar größer war als so mancher Nachlaß des Auswärtigen Amtes[21]. Das 362-bändige politische Vermächtnis Gustav Stresemanns ist davon das mit Abstand bedeutsamste. Es wurde mit besonderer Sorgfalt recherchiert, nicht zuletzt deshalb, weil darin Hindenburgs Name mit bestimmter Regelmäßigkeit anzutreffen war. Allein die Hinweise, die sich dort fanden, hätten für

---

ob die Familie Hindenburg sich wirklich einen guten Dienst erwiesen hatte, indem sie sich damals mit Walter Görlitz für einen Historiker entschieden hatte, der in seiner Präsentation gänzlich auf das Anbringen von Quellenbelegen verzichtete. DERS.: Rezension über das Werk von Walter Görlitz: Hindenburg, a.a.O., in: Politische Literatur, Bd. 3, Heft 3/4 (1954), S. 230.

[19] Zum Beispiel lagern dort vereinzelte Korrespondenzen betreffend der Memoiren Hindenburgs und unbedeutende diverse Zeitungsausschnitte. BA-MA Freiburg i. Br., NL Paul v. Hindenburg, N 429. Hierzu siehe auch Wolfgang Mommsen (Bearb.): Die Nachlässe in deutschen Archiven (mit Ergänzungen aus anderen Beständen), in: Verzeichnis der schriftlichen Nachlässe in deutschen Archiven und Bibliotheken, Bd. 1, Teil I u. II., Boppard am Rhein, S. 840.

[20] Um die Wichtigkeit bestimmter Depeschen zu unterstreichen, wurden diese auch mir ihrer Telegrammnummer aufgeführt.

[21] Vgl. Quellenverzeichnis dieser Arbeit.

sich ausgereicht, um das Bild eines außenpolitisch aktiven Reichspräsidenten für die Zeitspanne von 1925 bis 1929 vorzeichnen zu können.

Sieht man einmal von jenen persönlichen Papieren ab, die sich immer noch in Privathand befinden[22], so wurden für diese Dissertation, soweit dies möglich war, alle der Forschung zur Verfügung stehenden Nachlässe der Reichsminister des Auswärtigen und der Reichskanzler der Weimarer Republik herangezogen. Um diesem Vorhaben Rechnung zu tragen, wurden Wege von Bonn über Berlin bis hin nach Boston (USA) in Kauf genommen, wo in der Pusey Library des Harvard-Archivs der bislang von der Historikerschaft fast in Vergessenheit geratene Nachlaß Heinrich Brünings, speziell dessen umfangreiche Korrespondenz, gesichtet wurde[23]. Darüber hinaus wurden etliche Dokumente verschiedener Reichsminister und Staatssekretäre aus diversen Archiven zusammengetragen und umfassend ausgewertet.

Vieles deutete auf eine kleinere wissenschaftliche Sensation hin, als Anfang 1995 ein größerer Teil des bis dahin verschollenen Nachlasses von Otto Meissner[24] im Archiv der Friedrich-Ebert-Stiftung in Bonn auftauchte. Doch bereits die erste Vorrecherche ergab, daß zur Euphorie wahrhaftig kein Anlaß bestand. Zwar war eine gründliche Erhebung wegen der unübersichtlichen Aktensystematik und des Fehlens eines Findbuches nahezu ausgeschlossen[25], was wohl auch damit zusammenhing, daß der mehrere *meterlange* Nachlaß zur Hälfte mit Nachlaßpapieren des Sohnes, Hans-Otto Meissner, durchmischt war[26]. Dennoch führten alle Stichproben – sieht man von den wenigen Ausnahmen ab, die verwertet wurden – ausschließlich zu privaten Dokumenten. Daß Otto Meissner unter Ebert, Hindenburg und Hitler jemals als Staatssekretär fungiert

---

[22] So konnte der Privatnachlaß von Julius Curtius nicht gesichtet werden. Der Sohn des Ex-Außenministers, Wolfgang Curtius, betonte in seinem Antwortschreiben hierzu: „[...] Nur ganz wenige Akten meines Vaters aus der Zeit seiner politischen Tätigkeit sind außer seinen Ihnen sicher bekannten Büchern erhalten geblieben. [...]". Schreiben Wolfgang Curtius an Harald Zaun, Krefeld, 07.07.1994.

[23] Der Nachlaß umfaßt cirka 50000 Briefe, von denen ungefähr 7000 aus Brünings Feder stammen. Hierzu siehe FRANK MÜLLER: Die „Brüning Papers". Der letzte Zentrumskanzler im Spiegel seiner Selbstzeugnisse, in: Europäische Hochschulschriften, Reihe III, Geschichte und ihre Hilfswissenschaften, Bd. 577, Frankfurt a. M./Berlin/New York/Paris/Wien 1993, S. 22.

[24] WOLFGANG MOMMSEN, Nachlässe, a.a.O., S. 330 [Nr. 2455]. Auch der Verbleib des Hauptnachlasses von Reichsaußenminister Julius Curtius ist unbekannt [„verloren gegangen"]. EBD., S. 94 [Nr. 698].

[25] Hierzu siehe WALTER MÜHLHAUSEN: Das Büro des Reichspräsidenten in der politischen Auseinandersetzung, in: Friedrich Ebert als Reichspräsident: Amtsführung und Amtsverständnis. Hrsg.: Eberhard Kolb. Schriftenreihe der Stiftung Reichspräsident-Friedrich-Ebert-Gedenkstätte, Bd. 4, S. 63 [u. Anm. 7].

[26] Nach dem Ableben Hans-Otto Meissners gelangten beide Nachlässe in das Archiv der Sozialen Demokratie in Bonn.

hatte, lassen diese Unterlagen kaum erkennen. Was mit den wertvollen politischen Akten Otto Meissners nun wirklich geschehen ist, ob hier vielleicht wieder einmal ein Beispiel für bewußte Geschichtsverfälschung durch willkürliche Aktenvernichtung vorliegt, mögen berechtigte sich geradezu aufdrängende Fragen sein; hierauf eine Antwort zu finden, ist wohl unmöglich. Nützlicher waren dagegen jene Nachlässe und Nachlaßsplitter, die dem Koblenzer Bundesarchiv, dem Institut für Zeitgeschichte in München, dem Geheimen Staatsarchiv in Berlin-Dahlem, den Parteiarchiven der Friedrich-Ebert-Stiftung und der Konrad-Adenauer-Stiftung oder dem Historischen Archiv der Stadt Köln entstammten.

Daß auch ein Blick auf ausländisches Archivmaterial geworfen wurde, ist vor allem als sinnvolle Ergänzung zu den manchmal lückenhaften anglo-amerikanischen Akteneditionen zu verstehen. Die Recherche im Public Record Office in London, einem wohl einmaligen Archiv seiner Art, war in jeder Hinsicht eine Bereicherung und hat zudem einige sehr informative, „verstaubte" Quellen ans Tageslicht gebracht, die einen direkten Bezug zum Thema aufwiesen.

Im Kontrast zum Althistoriker oder Mediävisten steht dem Forscher der deutschen Geschichte von 1919 bis 1945 ein solch immens großes Spektrum an Quellen zur freien Verfügung, daß er zwangsläufig eine der Aufgabenstellung angemessene Auswahl treffen muß. Und dennoch wird auch er immer mit dem irreversiblen Manko zu kämpfen haben, daß die themenspezifische Quellenbasis um einiges hätte breiter sein können, wären nicht große Aktenberge in den Wirren der Kriegsjahre durch Bombardements oder durch absichtliche Kassation vernichtet worden. Aber gerade dem Wechselspiel zwischen dem unkalkulierbaren Faktor *Zufall* und dem beabsichtigten Zerstören von Akten kommt bei der Quellenüberlieferung eine fast schicksalhafte Rolle zu, wie der Verlust einiger wichtiger Nachlaßpapiere Heinrich Brünings veranschaulicht. Denn fast alle politischen Dokumente, die Aufschluß über seine Reichskanzlerzeit gegeben hätten, gingen der Forschung durch Ausbombung und gezielte Vernichtung seitens der SS verloren[27]. Selbst Brüning hat höchstpersönlich Hand angelegt und einen Teil seines Schrifttums aus Angst vor dem NS-Regime den Flammen anvertraut[28]. Noch schwerer wiegt aber der Verlust des von ihm im Zuge seiner Immigration nach England verlagerten Restbestandes, weil unter den von einer deutschen V-1 Rakete zerstörten Papieren ausgerechnet der komplette Brief-

---

[27] Ein Teil von Brünings Nachlaß wurde von der SS vernichtet. Vgl. MOMMSEN, Nachlässe, a.a.O., S. 664 [Nr. 4702].

[28] „[...] In meinem Wanderleben sind so viele Dinge verloren gegangen! Als Hitler den Krieg an die U.S.A. erklärte, habe ich aus selbstverständlichen Gründen selbst viele Briefe und Aufzeichnungen vernichtet. [...]". Schreiben Heinrich Brüning an Hermann Dietrich, 17.01.1945, Cambridge, Massachusetts [Original], BA Koblenz, NL Dietrich, N 1004/569 [S. 75f.].

wechsel mit Hindenburg verzeichnet war[29]. Der vollständigen Korrespondenz zwischen Hindenburg und Adolf Müller erging es nicht anders; sie wurde von den Nationalsozialisten vernichtet[30]. Unschätzbare historische Quellen gingen auch durch die Hände des Reichspräsidenten höchstpersönlich verloren. Darum bemüht, der Nachwelt ein möglichst günstiges Bild seiner Präsidentschaft zu übermitteln, beließ er es nicht allein bei der Forderung, bei politisch kontroversen Sachverhalten seinen persönlichen Standpunkt in den Akten zu vermerken – nein, er vernichtete sogar eigenhändig alle seine persönlichen Notizblöcke, in denen so viele tagespolitische Details festgehalten waren[31]. Notiert und überliefert sind auch so gut wie keine seiner privaten oder familiären Unterhaltungen, weil er stets darauf bedacht war, deren Inhalte nicht der Presse und damit der Öffentlichkeit bekannt zu geben[32].

Vereinzelte historiographische Lücken entstanden gewiß auch durch die relative Schreibfaulheit bestimmter Minister oder Staatssekretäre. Dies traf zum einen auf Gustav Stresemann zu, der leider nur einen kleinen Teil seiner zahlreichen Unterredungen mit dem Reichspräsidenten protokolliert hat[33]; dies traf zum anderen aber auch auf Hindenburg zu, der sich selbst einmal als schreibfaul charakterisierte[34]. Zuweilen wurden sogar wichtige Sitzungen und Gespräche zwischen ihm und diversen Ministern von behördlicher Seite gar nicht oder nur unzureichend aufgezeichnet. So ging etwa aus Stresemanns Agenda hervor, daß für den 27. Juni 1929 gegen 11.30 Uhr ein Vortrag beim Reichspräsidenten angesetzt war; doch über dieses Treffen, das mit Sicherheit stattgefunden hat, gibt es keinen administrativen Vermerk[35].

---

[29] Hierbei muß es sich um vertrauliche Briefe des Reichspräsidenten gehandelt haben, denn sie waren laut Auskunft Brünings überwiegend handschriftlich verfaßt worden. Schreiben Heinrich Brüning an Wolfgang Mommsen, Hartland/Vermont, 10.03.1956 [Durchschlag], Harvard-University-Archives (PL), Cambridge/USA, NL Brüning, HUG FP 93.10, Box 21. Vgl. WILLIAM L PATCH, JR.: Heinrich Brüning and the Dissolution of the Weimar Republic, Cambridge 1998, S. 320.

[30] KARL HEINRICH POHL: Adolf Müller. Geheimagent und Gesandter in Kaiserreich und Weimarer Republik, Köln 1995, S. 366f.

[31] Hierzu siehe S. 106f. dieser Arbeit.

[32] W.T.B., Nr. 2038, Berlin, 14.11.1925, BA Berlin-Lichterfelde, R 601/3 [S. 9]. KALISCHER, Hindenburg, a.a.O., S. 6.

[33] So Stresemanns Privatsekretär HENRY BERNHARD (Hrsg.): Gustav Stresemann Vermächtnis. Der Nachlass in drei Bänden. Von Thoiry bis zum Ausklang, Bd. III, Berlin 1933, S. 448. HERBERT V. DIRKSEN: Moskau-Tokio-London. Erinnerungen und Betrachtungen zu 20 Jahren deutscher Außenpolitik 1919-1939, Stuttgart 1950, S. 56. FELIX HIRSCH: Stresemann. Ein Lebensbild, Göttingen/Frankfurt a. M./Zürich 1978, S. 192.

[34] Aktennotiz StS v. Schubert, Berlin, 07.11.1925, PA AA Bonn, Film-Nr. 4562/E 155776-777.

[35] Tagebuchnotiz [Original-Terminplaner liegt im grauen Umschlag, Notiz ist hschr. eingefügt], [o.O.] 27.06.1929, PA AA Bonn, NL Stresemann, Bd. 295, 7355 H/H 166154.

Einleitung

Leider konnten keine Zeitzeugeninterviews berücksichtigt werden. Befragungen dieser Art hätten angesichts der zeitlichen Distanz des Untersuchungsgegenstandes nur wenig Sinn gemacht; dafür sind die letzten noch lebenden Zeitzeugen inzwischen einfach zu alt[36].

Bei allen Archivrecherchen wurde bei wichtigen Dokumenten großer Wert auf exakte *äußere* Quellenkritik gelegt, das heißt, daß neben dem genauen Erfassen der jeweiligen Quellengattung insbesondere der Klärung der Frage Raum zugestanden wurde, ob hier ein Original, eine Kopie, eine Durchschrift usw. vorlag. Auf diese Weise konnte der administrative Dienstweg und Verbreitungsgrad einiger Akten genau verfolgt werden. Soweit dies realisierbar war, wurden primär Originale verwertet, da sie oft aussagekräftige Marginalien oder andere Vermerke des Adressaten aufweisen, die logischerweise auf dem archivierten Durchschlag des Adressanten nicht verzeichnet waren. Um späteren Forschern den Zugang zu vielen Quellen zu erleichtern, wurden in den Fußnoten neben dem Hauptfundort, wo das jeweilige Original gesichtet wurde, ganz bewußt noch jene Archive genannt, in denen die dazugehörigen Kopien, Durchschläge etc. zu finden sind. Gerade im Hinblick auf zu erwartende Aktenverluste oder Beschädigungen bzw. temporär bedingte Auflösungserscheinungen des Dokumentenmaterials kann der Hinweis auf alternative Fundorte durchaus nützlich sein, nicht zuletzt aus Gründen der Kosten- und Zeitersparnis, um unnötigen aufwendigen Fahrten in entlegene Archive vorbeugend entgegenzuwirken. Zudem muß bedacht werden, daß aufgrund des Berlin-Umzuges und der damit verbundenen Aktenwanderung einige Quellen möglicherweise neue Signaturen bekommen werden und so womöglich in entlegenen Regalen verstauben oder vielleicht beim Transport abhanden kommen. Hier können Durchschläge, Kopien etc. aus anderen Archiven Abhilfe schaffen.

Auf eine exakte *äußere* Quellenkritik mußte im übrigen bei der Auswertung der Akten der Reichskanzlei, die zum größten Teil nur auf Mikrofilm zur Verfügung standen, verzichtet werden. Denn trotz gründlichen Studiums der bis dato im Koblenzer Bundesarchiv verzeichneten Filmrollen ließ sich nicht zweifelsfrei bestimmen, ob ein Original oder nur eine Durchschrift vorlag. Auf vielen diplomatischen Quellen ist neben der Seitenzahl auch die Filmnummer angegeben. Beim Zitieren wurde hierbei den Filmnummern Präferenz eingeräumt; nur wenn sie fehlte, wurde die entsprechende Seitenzahl angegeben[37].

---

[36] Aufgrund des hohen Alters des neunzigjährigen Thomas Eschenburg, der bei Stresemann eine Art Privatsekretärstellung innehatte, wurde auf ein Zeitzeugeninterview bewußt verzichtet.

[37] Mit Ausnahme der „Akten der Reichskanzlei". Hier wurden grundsätzlich nur die Seitenzahlen angegeben.

Orthographische Fehler und Irrtümer bei der Interpunktion wurden nur dann stillschweigend korrigiert, wenn sie allzu offensichtlich waren; ansonsten erfolgte als Vermerk das gängige „*sic*".

Zum besseren Verständnis wurden einige weitere quellentechnische Besonderheiten und arbeitsstilistische Eigenarten in den laufenden Fußnoten punktuell näher erläutert.

Angesichts der zunehmenden Bedeutung des Internets, dem sich keine wissenschaftliche Disziplin mehr zu entziehen vermag, bot es sich an, im Quellenverzeichnis neben den angeführten Archiven auch die dazugehörige Homepage-Adresse anzugeben, sofern besagte Behörde auch im Word-Wide-Web *virtuell* präsent ist (vgl. Nachwort).

Aus der Vielzahl der zur Verfügung stehenden und verwendeten *außenpolitischen* Quelleneditionen für den Zeitraum 1925 bis 1934, die hier allerdings nicht allesamt aufgezählt werden sollen[38], war die Reihe der „Akten der Deutschen Auswärtigen Politik" die bei weitem ergiebigste[39]. Sie erwies sich als ideale Ergänzung zu den unveröffentlichten Akten des politischen Archivs des Auswärtigen Amtes und wurde daher ausführlich ausgewertet. Genauso verhielt es sich mit den vom Bundesarchiv veröffentlichten „Akten der Reichskanzlei", aus denen viele themenrelevante Fakten entnommen werden konnten. Neben diversen kleineren ausländischen Aktenpublikationen, die ausgewertet wurden, wurden vor allen Dingen den „Documents on British Foreign Policy" und den „Papers Relating to the Foreign Relations of the United States" besondere Aufmerksamkeit geschenkt, die beide einen wichtigen Einblick in die Denkweise und die Haltung der Alliierten über beziehungsweise zum Reichspräsidenten vermittelten. Bei der französischen Aktenpublikation „Documents Diplomatiques Français" (1re Série 1932-1935) ist von Nachteil, daß sie erst mit dem Jahr 1932 einsetzt; der Zeitraum vorher wird immer noch von keinem Band dieser Edition abgedeckt. Trotz allem haben die herangezogenen ausländischen Aktenpublikationen dazu beigetragen, die alliierte Position zum Reichspräsidenten transparent zu machen.

Von den mehreren hundert ermittelten und herangezogenen Autobiographien und Tagebüchern, die den Zeitraum von 1925-1934 behandelten oder wenigstens tangierten, hatten immerhin über 100 ausgewählte Werke substantiellen Wert. Meist erwiesen sich gerade jene Erinnerungswerke und Diarien[40] als in-

---

[38] Hierzu siehe Quellenverzeichnis dieser Arbeit.
[39] Siehe auch THEODOR SCHIEDER: Das Dokumentenwerk zur Deutschen Auswärtigen Politik 1918-1945, in: HZ, Bd. 218/1 (1974), S. 85-95.
[40] Auch bei der Auswahl von Tagebüchern war Vorsicht angesagt. So fand kein aus der Feder von Josef Goebbels stammendes Tagebuch Verwendung, da sich seine Notizen aufgrund ihrer pro-

Einleitung

formative Bereicherung, deren Verfasser wenigstens einmal einen direkten persönlichen Kontakt zum Reichspräsidenten gehabt hatten[41]. Richtungweisend für die Auswahl der Memoiren war aber nicht allein die Nähe der Autoren zu den außenpolitischen Akteuren; auch persönliche Verstrickungen in ereignisgeschichtliche Abläufe, die einen nur scheinbar indirekten Bezug zum Reichspräsidenten aufwiesen, fanden Berücksichtigung. Bei alledem wurde sehr darauf geachtet, daß die wissenschaftliche Dokumentierung wichtiger historischer Fakten nicht ausschließlich auf Memoiren fußte, weil deren subjektiv gefärber Quellenwert bekanntlich mit großer Vorsicht zu genießen ist[42]. Nicht umsonst werden sie gemeinhin als eigenständige Quellengattung zwischen den Primärquellen und der Sekundärliteratur klassifiziert. Zu oft haben in der Vergangenheit sogar renommierte Persönlichkeiten die Geschichte gezielt umgeschrieben und somit Fakten wissentlich gefälscht. Andere Autoren wiederum haben ihrem Erinnerungsvermögen Tribut zollen müssen und viele historische Details unbewußt auf den Kopf gestellt. Deshalb wurden kontroverse Memoiren, wie jene von Heinrich Brüning, deren Authentizität und Quellenwert diverse Forscher zu Recht anzweifeln[43], oder die neu überarbeiteten Lebenserinnerungen von Otto Meissner, die an einigen Stellen sehr apologetisch wirken[44], genaustens analysiert.

---

pagandistischen Diktion und ideologischen Färbung in bezug auf die Person des Reichspräsidenten als unbrauchbar entpuppten.
[41] Beispielsweise jene von Franz von Papen, Heinrich Brüning, Otto Meissner, Julius Curtius, Otto Braun oder Hans Luther [siehe Quellenverzeichnis].
[42] Erst wenn die Informationen aus dem jeweiligen Erinnerungswerk einem quellenkritischen Vergleich standhielten und wenn sie mit anderen Zeitzeugenaussagen korrespondierten, wurden sie als Beleg im Anmerkungsapparat angeführt.
[43] „[...] Denn das geflügelte Wort vom *hohen Quellenwert* der Brüning-Memoiren hat in der quellenkritischen Untersuchung kräftig Federn lassen müssen. [...]". Vgl. ANDREAS RÖDDER: Dichtung und Wahrheit. Der Quellenwert von Heinrich Brünings Memoiren und seine Kanzlerschaft, in: HZ, Bd. 265 (1997), S. 115. Siehe FRANK MÜLLER, Die „Brüning Papers", a.a.O., S. 18f.; RUDOLF MORSEY: Zur Entstehung, Authentizität und Kritik von Brünings *Memoiren 1918-1934*, in: Rheinisch-Westfälische Akademie der Wissenschaften (Hrsg.), Vorträge G 202, Opladen 1975, S. 49ff.; Nach FRANK MÜLLER ist jedoch der Quellenwert der Memoiren Brünings auf der *Faktizitätsebene* als „außerordentlich hoch zu veranschlagen". Siehe DERS., Die „Brüning Papers", a.a.O., S. 163.
[44] „[...] Meissner wirft in seinem Buch viele Dinge durcheinander [...]". Schreiben Heinrich Brüning an Gerhard Ritter, Hartland, Vermont, 08.09.1952 [Durchschlag], Harvard-University-Archives (PL), Cambridge/USA, NL Brüning, HUG FP 93.10, Box 26.

d) Die Forschungslage

Ein wirklich auffallendes Defizit in der wissenschaftlichen Diskussion über die Weimarer Zeit manifestiert sich in dem Ausbleiben einer *echten* Forschungskontroverse über die außenpolitische Rolle des zweiten deutschen Reichspräsidenten. Hierzu hat das Gros der Historiker maßgeblich beigetragen, indem sie in ihren wissenschaftlichen Analysen primär das innenpolitische Moment herausstellten und den *außenpolitischen* Reichspräsidenten außen vor ließen oder, wie Henry Turner dies in seiner Stresemann-Biographie getan hat, den außenpolitischen Part Hindenburgs klassisch unterschätzten und damit völlig verkannten[45]. Wenn man demzufolge überhaupt von einer richtigen Forschungskontroverse in bezug auf Hindenburg sprechen darf, dann beschränkt sich dies ausnahmslos auf den notorischen „Sieger von Tannenberg" und den innenpolitischen Reichspräsidenten, der Hitler den Weg zur Diktatur geebnet hat. Ansonsten behandelten die meisten Historiker sein außenpolitisches Wirken nur abstrakt und peripher. Keiner von ihnen hat je den Versuch unternommen, seine Außenpolitik in ihrer Gesamtheit zu erfassen und angemessen zu bewerten. Deshalb macht an dieser Stelle eine Gegenüberstellung der jeweiligen punktuellen Anmerkungen der diversen Autoren zur Außenpolitik des Reichspräsidenten nur wenig Sinn. Deren spärliche Kommentare zu diesem Thema werden im Verlauf dieser Untersuchung kapitelgerecht eingebaut[46].

Hervorgehoben werden muß die Monographie von Walter Hubatsch „Aus den Papieren des Generalfeldmarschalls und des Reichspräsidenten von 1878 bis 1934", weil selbiger Historiker seinerzeit das seltene Privileg hatte, eine Recherche in den persönlichen Nachlaßpapieren Hindenburgs anzustellen. Was dabei herauskam, stieß bei der Forschung allerdings auf wenig Gegenliebe. In erster Linie innenpolitisch fixiert, präsentierte Hubatsch dem Leser in der Tat wenig Neues, weil schon zu seiner Zeit viele der ausgewählten Quellen längst in diversen Akteneditionen oder auf Mikrofilm verfügbar waren. Doch nicht allein dieses Versäumnis wurde ihm von gelehrter Seite vorgehalten; ins Kreuzfeuer der

---

[45] Nach Turner enthielt sich Hindenburg „gewissenhaft jeden Eingriffs in die Regierungsgeschäfte und in die Außenpolitik". Vgl. HENRY ASHBY TURNER: Stresemann – Republikaner aus Vernunft, Berlin/Frankfurt a. M. 1968, S. 194f.

[46] Gesonderte Beachtung verdient in diesem Zusammenhang das bislang beste und wissenschaftlich fundierteste Standardwerk über das politische Wirken des zweiten Reichspräsidenten der Weimarer Republik, das aus der Feder Andreas Dorpalens stammt. Hier wurde dieser Aspekt immerhin auf mehreren Seiten behandelt. Siehe DORPALEN, Hindenburg, a.a.O., S. 152ff.; Dorpalens Ansichten und Kommentierungen hierzu finden sich in den jeweiligen Kapiteln wieder.

Kritik geriet sein Opus vor allem durch die zu einseitige Auswahl des Quellenmaterials und seine zu apologetisch gehaltenen Kommentierungen in dem längeren Vorspann[47]. Vieles deutet darauf hin, daß Hubatsch sich an den subjektiven „Familienbedürfnissen" der Nachkommen Hindenburgs orientiert hat, um den Nachlaß überhaupt sichten zu dürfen[48]. Zwangsläufig stellt sich hier die Frage, wie wohl das Arrangement mit der Familie Hindenburg ausgesehen haben mag, das Hubatsch die alleinige Verfügungsgewalt über das begehrte Schriftgut beschert hat. Für Winfried Scharlau hat Hubatsch sich jedenfalls zum Hofschreiber der Familie Hindenburg machen lassen. Daß Hubatsch das Hindenburg-Bild postum manipuliert hat, wertet Scharlau als wissenschaftlichen „Skandal", der geradewegs einen Hinweis darauf gibt, wie sehr die Nachkommenschaft des Reichspräsidenten eine kritische Auswertung seines Nachlasses anscheinend fürchtet[49].

Dabei versteht es sich schon fast von selbst, daß sämtliche zu Lebzeiten Hindenburgs veröffentlichten Werke in wissenschaftlicher Hinsicht zu relativieren sind, weil in ihnen – für unsere Verhältnisse kaum nachvollziehbare – glorifizierende Elemente mit der „Realität" vermischt werden. Dennoch haben diese „Hagiographien" aber – abgesehen von punktuellen Hinweisen – insofern einen gewissen Quellenwert, weil sie nicht nur den vielbeschworenen Zeitgeist widerspiegeln, sondern darüber hinaus Einblicke in die damalige Denkweise hinsichtlich des Hindenburg-Kults geben. Aus der Masse des zeitgenössischen Schrifttums über Hindenburg, das auch heute noch die Dimension einer Spezialbibliothek hat[50], ragen deshalb nur wenige Publikationen heraus. Zu den bedeutendsten zeitgenössischen Biographien über Hindenburg zählen die Exilwerke

---

[47] „[...] In fact, one of the most disappointing aspects of this book is that the author, despite his access to the Hindenburg papers, adds practically nothing to our knowledge of Hindenburg. About half of the documents reprinted here have been published before or are available on microfilm". ANDREAS DORPALEN: Rezension über das Werk von Walter Hubatsch: Hindenburg und der Staat, a.a.O., in: AHR, Vol. 72, (1966), S. 217. Hierzu siehe WINFRIED SCHARLAU: Mit ihm trug Preußen sich selber zu Grabe. Der Mythos Hindenburg und ein wissenschaftlicher Skandal, in: Der Monat, Nr. 268 (1971), S. 57ff.
[48] So auch JOACHIM PETZOLD: Franz von Papen. Ein deutsches Verhängnis, München/Berlin 1995, S. 11.
[49] WINFRIED SCHARLAU, Der Mythos Hindenburg und ein wissenschaftlicher Skandal, a.a.O., S. 64.
[50] Die Literaturflut vor 1945 zu Hindenburg hatte schon damals inflationäre Ausmaße. Siehe WALTER BLOEM: Hindenburg der Deutsche, Berlin 1932, S. V. Dito Hindenburg-Bibliographie. Verzeichnis der Bücher und Zeitschriftenaufsätze von und über den Reichspräsidenten Generalfeldmarschall von Hindenburg, Hrsg.: Deutsche Bücherei, Leipzig 1938; GERHARD ZWOCH: Gustav-Stresemann-Bibliographie, Düsseldorf 1953. MANFRED BERG: Gustav Stresemann. Eine politische Karriere zwischen Reich und Republik, Göttingen/Zürich 1992, S. 1.

von Emil Ludwig[51] und Rudolf Olden[52], die nicht ohne Grund nach 1945 durch eine Neuauflage eine angemessene Würdigung erfuhren. Von den meisten Schriften ihrer Epoche unterscheiden sie sich durch kritisches und distanzierendes Beschreiben. So vermittelt Oldens Buch die Sichtweise eines liberalen Publizisten und Zeitzeugen[53]. Daneben gab es aber auch biographische Nachdrucke, die ganz der Tradition der „klassischen" Hindenburgliteratur vor 1945 verhaftet blieben, wie beispielsweise der überarbeitete Lebensabriß von Erich Marcks, der damals anläßlich des 85. Geburtstages des Reichspräsidenten in einer Festschrift Veröffentlichung fand. So verwundert es kaum, daß Marcks seinerzeit die historischen Quellen völlig ignorierte und nicht den geringsten Ansatz einer kritischen Lebensbeschreibung Hindenburgs unternahm. Statt dessen ließ er, in Erinnerung an seine Zeit als Pressechef unter Hindenburg, seinen Gefühlen „freien Lauf" und plädierte in seinem 1932 erstmals erschienenen Werk offen für die Wiederwahl Hindenburgs. Nicht Marcks, sondern Herausgeber Walter Hubatsch muß sich nicht nur den Vorwurf gefallen lassen, eine offenkundige Verteidigungsschrift ohne jede kritische Kommentierung herausgegeben zu haben, sondern ihr sogar im Vorwort unberechtigterweise „bleibenden Wert" zugeschrieben zu haben[54]. Mit dem Anknüpfen an eine Tradition, die viele Hindenburg-Biographen in der Vergangenheit ausgiebig zu pflegen verstanden, verabschiedeten sich Hubatsch und viele seiner Kollegen aus dem Zirkel der *seriösen* Historikerschaft der Nachkriegszeit. Als hätten Historiker und Schriftsteller aus der Vergangenheit nichts gelernt, verfielen etliche von ihnen nach 1945 in dieselben Fehler, indem

---

[51] EMIL LUDWIG: Hindenburg. Legende und Wirklichkeit, Hamburg 1962. Ludwigs Werk wurde nicht in Deutschland, sondern 1935 in Amsterdam veröffentlicht, weil er den Machthabern und der Ideologie des „Dritten Reiches" weichen mußte. Sein umfangreiches Buch ist populärwissenschaftlich angelegt und stellt Hindenburg zwar in ein gutes Licht, ist jedoch im Vergleich zur restlichen „glorifizierenden" Literatur noch relativ moderat zu nennen.

[52] RUDOLF OLDEN: Hindenburg oder der Geist der preußischen Armee, Paris 1935.

[53] Olden arbeitete als politischer Redakteur beim liberalen *Berliner Tageblatt* und zählte zu den „bedeutendsten Intellektuellen der Weimarer Republik". Als Sekretär des PEN-Clubs und als einer der ersten Hitler-Biographen [„Hitler", Amsterdam 1935] mußte er nach dem Reichstagsbrand fliehen und blieb Mitarbeiter der wichtigsten Exilzeitschriften. Siehe Artikel „Niemand hörte zu, niemand glaubte uns" von Marco Finetti, in: *Die Zeit*, Nr. 39, 21.09.1990, S. 49. Der Augenzeuge Olden ergreift in seinem Buch Partei für Hindenburg, ohne jedoch seine Person zu verherrlichen. OLDEN, Hindenburg, a.a.O., S. Vff.

[54] ERICH MARCKS: Hindenburg-Feldmarschall und Reichspräsident, in: Persönlichkeit und Geschichte, Bd. 32, Göttingen/Berlin/Frankfurt a. M. 1963 [Berlin 1932 (1.Aufl.)], S. 1ff.; Hierzu siehe ALFRED MILATZ Rezension: „[...] Daß jedoch ein akademischer Lehrer – und nicht etwa ein Ignorant – diesen Band herausgab und zum Teil selbst schrieb, ist mehr als bedauerlich, es ist unverzeihlich. [...]". DERS.: Eine neue Hindenburg-Legende. Rezension über das Werk von Erich Marcks: Hindenburg. Feldmarschall und Reichspräsident, a.a.O., in: Neue Politische Literatur, Jg. 9, Heft 1 (1964), S. 290.

sie die historischen Taten Hindenburgs entweder würdigten oder sogar beschönigten. Mal wurden Fakten einfach ignoriert, mal wurden sie bewußt fehlinterpretiert – manchmal wurden selbst einfachste elementare historiographische Grundregeln nicht eingehalten, wie etwa im Falle des Biographen Walter Görlitz, der zwar als erster Forscher Zugang zum Nachlaß des Reichspräsidenten hatte, der aber ganz auf die Angabe von Quellenbelegen verzichtete. Insofern wird der wissenschaftliche Wert seiner flüssig geschriebenen, aber an einigen Punkten fehlerhaften Arbeit erheblich gemindert, obgleich seine handschriftlichen Auszüge seit geraumer Zeit für die Forschung freigegeben sind[55]. Man muß ihm jedoch zugute halten, daß die verwerteten Privatpapiere Hindenburgs inhaltlich mit den Originalen oder den Durchschlägen aus anderen Archiven übereinstimmen[56]. Wenn auch in der ausführlichen Biographie von John W. Wheeler-Bennett ebenfalls keine Anmerkungen anzutreffen sind, so ist seine Lebensskizze Hindenburgs gleichwohl unverzichtbare Pflichtlektüre. Sie zählt zu den besseren Werken, nicht zuletzt deswegen, weil sie aus der Perspektive eines englischen Zeitzeugen und Gesprächspartners etlicher deutscher Politiker geschrieben ist[57]. Durchzogen von unwissenschaftlicher polemischer Terminologie ist hingegen die Darstellung des damaligen DDR-Autors Wolfgang Ruge, die für die historisch-materialistische Interpretation der Reichspräsidentschaft Hindenburgs geradezu exemplarisch ist. So tendenziell diese Arbeit auch ist – dem Autor gelang es immerhin, viele interessante und hilfreiche Fakten sowie Details ans Tageslicht zu bringen[58]. Die überarbeitete Dissertation von Friedrich Lucas, die im Gegensatz zu den anderen vorgestellten Analysen vornehmlich die Präsidentschaftsjahre behandelt, ist einerseits sehr informativ. Andererseits fällt an ihr

---

[55] Auf eine Auswertung der „Nachlaßnotizen" von Görlitz wurde bewußt verzichtet. Aufgrund der Unleserlichkeit und stilistischen Eigenarten seiner Aufzeichnungen (die von Auslassungen und Abkürzungen geprägt sind) machte eine Transkription keinen Sinn. Sie wäre zwangsläufig fehlerhaft geworden. Ohnehin muß der Quellenwert seiner Abschriften relativiert werden, da die Privatpapiere des Reichspräsidenten z. Zt. immer noch unter Verschluß sind und somit ein quellenkritischer Vergleich nicht möglich ist. Vgl. NL Görlitz, BA-MA Freiburg i. B., N 1753 (insbesondere Bd. 36).

[56] HANS W. GATZKE: Rezension über das Werk von Walter Görlitz: Hindenburg, a.a.O., in: AHR, Vol. 60, No. 4 (July 1955), S. 892f.; Siehe auch KALISCHER, a.a.O., S. 9. WERNER CONZE: Rezension über das Werk von Walter Görlitz: Hindenburg, a.a.O., in: Politische Literatur, Bd. 3, Heft 3/4 (1954), S. 229.

[57] JOHN W. WHEELER-BENNETT: Der hölzerne Titan – Paul von Hindenburg, Tübingen 1969. Als eine wichtige Informationsquelle für Wheeler-Bennett entpuppte sich Heinrich Brüning, mit dem der Amerikaner zahlreiche Gespräche führen konnte. Schreiben Heinrich Brüning an Norman Ebbutt, Harvard, Cambridge, 11.06.1946. [Durchschlag], Harvard-University-Archives (PL), Cambridge/USA, NL Brüning, HUG FP 93.10, Box 8.

[58] WOLFGANG RUGE, Hindenburg, a.a.O.

negativ auf, daß ihr Verfasser Primärquellen unberücksichtigt ließ und sich zu sehr auf Belege und Hinweise aus der Memoiren- und Sekundärliteratur stützte[59]. Auf einem noch schlechteren Niveau bewegt sich die populärwissenschaftlich gehaltene und völlig unbedarfte Biographie von Wolf J. Bütow, der auf Kosten des Leseflusses auffallend wortarme Sätze kreierte[60]. An der Hindenburg-Biographie, die Werner Maser im Jahre 1989 abgeschlossen und veröffentlicht hat, stören der zu knappe, lückenhafte Anmerkungsapparat und einige überflüssige Rechtfertigungsversuche, obgleich Maser insgesamt eine gründlich recherchierte und gut lesbare Arbeit vorgelegt hat. Dagegen hat der österreichische Historiker Walter Rauscher in der jüngsten Vita über den Reichspräsidenten, die anläßlich des 150-zigsten Geburtstages Hindenburgs im Oktober 1997 erschienen ist[61], mehr Distanz geübt. Seine Interpretation ist ausgewogen und kritisch zugleich, basiert jedoch ausschließlich auf bereits veröffentlichtes Quellenmaterial.

Die Liste der wichtigsten direkten Veröffentlichungen über Hindenburg aus dem Bereich der Sekundärliteratur, die Berücksichtigung fanden, könnte weiter fortgesetzt werden, ohne daß dabei auch nur ein einziges Oeuvre – sieht man einmal von Dorpalens Ansätzen ab – den „außenpolitischen" Hindenburg herausgestellt hätte. Darüber hinaus fiel an dem bei weitem größeren Teil der herangezogenen Literatur auf, in dem die Außenpolitik der Weimarer Republik im Vordergrund stand, daß dort die außenpolitische Rolle Hindenburgs immer nur am Rande Erwähnung fand, wie beispielsweise in den jüngeren Monographien von Klaus Hildebrandt und Peter Krüger[62].

---

[59] Hierzu merkt HANS W. GATZKE an: „[...] Dr. Lucas brief book [...] is not only based entirely on published sources, but it often relies on secondary works of doubtful merit. [...]". Ders.: Rezension über das Werk von FRIEDRICH J. LUCAS: Hindenburg als Reichspräsident, a.a.O., in: AHR, Vol. 65, No. 4 (July 1960) S. 970.
[60] WOLF J. BÜTOW: Hindenburg. Heerführer und Ersatzkaiser, Bergisch-Gladbach 1984.
[61] WALTER RAUSCHER: Hindenburg – Feldmarschall und Reichspräsident, Wien 1997.
[62] KLAUS HILDEBRAND: Das vergangene Reich. Deutsche Außenpolitik von Bismarck bis Hitler 1871-1945, Stuttgart 1995; PETER KRÜGER: Die Aussenpolitik der Republik von Weimar, Darmstadt 1985.

Erstes Buch: Die verfassungsmäßige Stellung des Reichspräsidenten in der Außenpolitik

A. Einflußmöglichkeiten auf die Gestaltung der Außenpolitik

I. Staatsoberhaupt und völkerrechtlicher Vertreter des Reiches

Mit der Konzentration der auswärtigen Gewalt beim Reich und der gleichzeitigen Verdrängung der Länder als eigenständige Völkerrechtssubjekte avancierten die Organe auf der Reichsebene zu den eigentlichen Trägern der Außenpolitik in der Weimarer Reichsverfassung. Lediglich der Reichspräsident und die Reichsregierung sowie mit begrenzten Einflußmöglichkeiten der Reichstag wurden de jure zu außenpolitischen Akteuren.

Auffallend sind die engen, interdependenten Verflechtungen zwischen den obigen Reichsorganen, deren Kompetenzverteilung zwar einerseits formal ausgewogen wirkte, andererseits aber eine stärkere Gewichtung zugunsten der Exekutiven erkennen ließ. Der Reichspräsident war infolge seiner starken innenpolitischen Stellung und auswärtigen Befugnisse in außenpolitischer Hinsicht ein bestimmendes Moment[1]: Ihm fiel als einzigem Verfassungsorgan die Ausübung der gesamten auswärtigen Gewalt zu[2].

Nach Artikel 45 WRV vom 11. August 1919 vertritt der Reichspräsident das Reich völkerrechtlich[3]. Ihm obliegt die formelle Repräsentation des Reiches in den auswärtigen Beziehungen zu fremden Staaten[4]. Dabei ist er nicht derjenige,

---

[1] JOST DELBRÜCK: Reichsbehörden und ihre Aufgaben - § 2 Auswärtige Angelegenheiten, in: Deutsche Verwaltungsgeschichte. Das Reich als Republik und in der Zeit des Nationalsozialismus, Bd. 4, Hrsg.: JESERICH/POHL/V. UNRUH, Stuttgart 1985, S. 151.
[2] „[...] Ausdrücklich überträgt die Reichsverfassung an kein anderes Organ Funktionen der auswärtigen Gewalt. [...]". So FRITZ STEFFEN: Die Auswärtige Gewalt und der Reichspräsident, in: Internationale Abhandlungen, Hrsg.: HERBERT KRAUS, Bd. 15, Berlin 1933, S. 49 u. 110.
[3] WRV, Art. 45 (Abs. 1, Satz 1).
[4] HEINRICH POHL: Die Zuständigkeit des Reichspräsidenten, in: Handbuch des Deutschen Staatsrechts, Hrsg.: GERHARD ANSCHÜTZ/RICHARD THOMA, Bd. 1, Tübingen 1930, S. 492. Auf dem internationalen Parkett und aus der Perspektive des Auslands waren allein der Reichspräsident und die deutschen Diplomaten die offiziellen Repräsentanten des Reichs. Auch nach den Regeln des internationalen Völkerrechts war der deutsche Reichspräsident eindeutig das höchste Organ, das symbolisch die Einheit und Würde des Staates zu verkörpern hatte. Völkerrechtlich

der „im engen Sinne des Wortes" für eine andere Person oder Institution stellvertretend in Erscheinung tritt: Er ist vielmehr ein Organ des Reiches[5], das kraft seines Amtes Bündnisse und Verträge des Reiches mit auswärtigen Mächten abschließen und die Auslandsvertreter beglaubigen und empfangen kann[6].

In besonderem Maße partizipierte er am schriftlichen außenpolitisch relevanten Verkehr, indem er sowohl die Beglaubigungsschreiben für die deutschen Diplomaten ausstellte als auch die Vollmachten für die Delegierten bei den jeweiligen Vertragsunterzeichnungen erteilte und die Ratifikationsurkunden gegenzeichnete[7].

Unter Mitwirkung des zuständigen Außenministers war er legitimiert, anderen ausländischen Staaten gegenüber bindende Erklärungen über Bündnisabschlüsse respektive Verträge abzugeben, wovon vorwiegend bei den Audienzen der ausländischen diplomatischen Vertreter Gebrauch gemacht wurde. Völkerrechtlich wirksame Handlungen, wie beispielsweise der Abbruch von diplomatischen Beziehungen, Besitzergreifungen, militärische Gewaltakte, Vergeltungsmaßnahmen oder Neutralitätserklärungen, waren dem Reichspräsidenten ganz alleine vorbehalten[8], wobei er damit gemäß den völkerrechtlichen Leitsätzen beim Vertragsabschluß keine persönliche Willensäußerung vollzog. Unterschieden wurden dabei zwei Arten von Verträgen: erstens jene zwischen den Staatsoberhäuptern unmittelbar abgeschlossenen Staatsverträge, zweitens die von den Regierungen oder Verwaltungen der Staaten untereinander fixierten Kontrakte[9].

De jure und de facto war er in der Weimarer Republik alleiniges völkerrechtliches Staatsoberhaupt[10]. Durch Volkswahl legitimiert, durch die Verfas-

---

war er der Träger „der höchsten Zuständigkeit auch auf dem Gebiet der auswärtigen Politik", was zur Folge hat, daß ihm alle anderen außenpolitisch tätigen Organe untergeordnet waren.

[5] FRITZ STEFFEN, Die Auswärtige Gewalt und der Reichspräsident, a.a.O., S. 46.
[6] WRV, Art. 45 (Abs. 1, Satz 2 und 3).
[7] FRITZ STEFFEN, a.a.O., S. 84.
[8] GERHARD ANSCHÜTZ: Die Verfassung des Deutschen Reichs vom 11.08.1919. Ein Kommentar für Wissenschaft und Praxis, Berlin 1933 (14. Aufl.), S. 257.
[9] Formularbuch für die Behandlung von Staatsverträgen usw. [o.D., o.O.], PA AA Bonn, NL Hoyningen-Huene, Bd. 1. „[...] Bei der ersteren, feierlichen Form des Vertragschlusses erteilt der Reichspräsident dem Verhandlungsleiter eine Vollmacht und gibt später nach außen hin noch eine persönliche Willensäußerung dadurch ab, daß er die Ratifikationsurkunde vollzieht [...]".
[10] JOST DELBRÜCK, Reichsbehörden und ihre Aufgaben, a.a.O., S. 149. Direkt nach dem Reichspräsidenten rangierte als zweithöchster Repräsentant der Republik nach der internen Hierarchie im übrigen nicht der Reichskanzler oder Reichsaußenminister, sondern der Reichstagspräsident. Schreiben RAM Stresemann an RTPräs. Löbe, Berlin, 24.02.1928, in: HENRY BERNHARD (Hrsg.): Gustav Stresemann Vermächtnis. Der Nachlaß in drei Bänden, Bd. 3, Berlin 1932, S. 332. Siehe auch PA AA Bonn, NL Stresemann, Bd. 293, 7150 H/H 151366. Für den Fall einer vorübergehenden Verhinderung des Reichspräsidenten war allerdings der Reichskanzler als po-

sung dazu berechtigt und vom Völkerrecht dafür vorgesehen, war er zum Abschluß von völkerrechtlichen Verträgen die Instanz schlechthin[11]. Voraussetzung für die völkerrechtliche Bindung eines internationalen Vertragswerks war die Ratifikationserklärung durch den Reichspräsidenten[12].

Kraft seines völkerrechtlichen Alleinvertretungsanspruchs hatte das republikanische Staatsoberhaupt jedoch nicht nur die Interessen des Reiches, sondern auch die der Länder gegenüber dem Ausland zu vertreten[13]. Denn laut Artikel 6 (Ziffer 1) und Artikel 78 WRV kam dem Reich die ausschließliche Gesetzgebung über die Beziehungen und die Pflege zum Ausland zu[14]. Dennoch konnten die Länder bei Angelegenheiten, deren Regelung der Landesgesetzgebung zustand, mit auswärtigen Staaten Verträge abschließen[15]. Voraussetzung hierfür war die Zustimmung der Reichsregierung – die Billigung des Reichspräsidenten war hingegen nicht erforderlich[16]. Dagegen war seine Zustimmung einzuholen, wenn es um die Anerkennung neuer ausländischer Regierungen ging[17].

Eingeschränkt wurden seine Befugnisse jedoch, sobald potentielle Kriegserklärungen oder Friedensschlüsse zur Disposition standen. Sie durften nur durch Reichsgesetz erfolgen[18]. Kriegserklärungen und Friedensschlüsse konnten ausschließlich von der Legislative vollzogen werden. Er hatte nach Verkündigung des Kriegserklärungsgesetzes dann persönlich oder durch einen Beauftragten die Kriegserklärung beim Gegner zu notifizieren. Ihm stand jedoch das Recht zu,

---

litischer Vertreter vorgesehen. Nur wenn besagte Verhinderung längere Zeit andauerte, sollte die Vertretung durch ein Reichsgesetz geregelt werden. Vgl. WRV, Art 51 (Abs. 1, Satz 1 und 2). Unmittelbar nach Eberts Ableben trat dieses Gesetz in Kraft. Der Präsident des Reichsgerichtes Dr. Simons fungierte bis zum Antritt Hindenburgs als Stellvertreter des Reichspräsidenten.

[11] IGNAZ SEIDL-HOHENVELDERN: Völkerrecht, in: Academia Iuris. Lehrbücher der Rechtswissenschaft, Köln/Berlin/Bonn/München 1980 (4. Aufl.), S. 51.
[12] FRITZ STEFFEN, a.a.O., S. 112.
[13] GERHARD ANSCHÜTZ, Verfassung, a.a.O., S. 257.
[14] WRV, Art. 6 (Ziffer 1); Art. 78 (Abs. 1, Satz 1). Näheres hierzu siehe FRITZ STEFFEN, a.a.O., S. 27ff.; Erwähnenswert ist in diesem Zusammenhang das Recht der Länder, Länderkonkordate mit der römischen Kurie abzuschließen. Vgl. ANSCHÜTZ, a.a.O., S. 258.
[15] Wenn eine Landesregierung mit einem ausländischen Staat eine vertragliche Regelung treffen wollte, durfte sie selbst die bevollmächtigten Vertreter bestimmen und entsenden, ohne daß der Reichspräsident dies verhindern konnte. FRITZ STEFFEN, a.a.O., S. 33.
[16] Formularbuch für die Behandlung von Staatsverträgen usw. [o.D., o.O.], PA AA Bonn, NL Hoyningen-Huene, Bd. 1. WRV, Art. 78 (Abs. 1, Satz 2). FRITZ STEFFEN, a.a.O., S. 111.
[17] In der Regel ergaben sich hier kaum Schwierigkeiten. So erkannte Hindenburg im September 1930 die Regierungen in Peru und Argentinien ohne Verzögerung an. Aufzeichnung StS v. Bülow, Berlin, 15.09.1930 (Sofort!), in: ADAP, B-XV, Dok.-Nr. 217, S. 528f.
[18] WRV, Art. 45 (Abs. 2, Satz 1).

eine Kriegserklärung oder einen Friedensschluß jederzeit als völkerrechtliche Willenserklärung abzugeben[19].

Bei einem Friedensschluß war nach der Ratifikation des Friedensvertrages eine „besondere Ratifikationserklärung" von seiner Seite erforderlich[20]. Ferner bedurften Bündnisse und Verträge mit ausländischen Staaten, die sich auf Gegenstände der Reichsgesetzgebung beziehen, der Zustimmung des Reichstages[21], wobei der Reichspräsident als letzte Instanz den entsprechenden Vertrag gegenzeichnete[22].

Völkerrechtlich bindend und gültig waren jedoch nur jene Bündnisse und Verträge, die von der Legislative bestätigt und von ihm verabschiedet und unterschrieben worden waren[23]. Deshalb war der „völkerrechtliche Vertreter des Reiches nach außen" im Unterschied zum heutigen Bundespräsidenten auf außenpolitischem Gebiet keineswegs nur eine dekorative Figur mit bloßen formellen repräsentativen Pflichten, sondern eine aktive, politische führende Instanz[24].

II. *Pouvoir neutre* und die außenpolitische Dimension des Artikels 48 der Reichsverfassung

Ungeachtet seines hohen Alters war der vormalige Generalfeldmarschall Paul von Beneckendorff und von Hindenburg kraft seines Amtes als Reichspräsident und Oberbefehlshaber der Reichswehr bis zu seinem Lebensende „die mächtigste Figur im Kräftespiel der regierenden und herrschenden Gewalten"[25]. Mit Sicherheit war er, dessen Heimatland trotz aller Restriktionen von Versailles immer noch zu den Großmächten zählte, eines der einflußreichsten Staatsoberhäupter

---

[19] Näheres hierzu und vor allem zu den Rechten des Reichspräsidenten im Kriegsfall bei FRITZ STEFFEN, a.a.O., S. 50ff. u. 99ff.
[20] GERHARD ANSCHÜTZ, a.a.O., S. 260.
[21] EBD., S. 262. WRV, Art. 45 (Abs. 3, Satz 1)
[22] Waren Paraphierung und Ratifikation des Vertrags abgeschlossen, dann stellte der im Hintergrund agierende Reichspräsident für die Unterzeichnung des Vertrages in der Regel eine Bevollmächtigung aus. FRITZ STEFFEN, a.a.O., S. 47 u. 50.
[23] Die Ratifikation des durch die Bevollmächtigten des Deutschen Reiches und der Gegenpartei vereinbarten Vertragsentwurfs wurde durch den Austausch der Ratifikationsurkunden völkerrechtlich gültig. Daß der Reichspräsident die Ratifikation selbst vornehmen mußte, wurde allerdings nirgendwo vorgeschrieben. Er hätte auch entsprechend delegieren können. Vgl. ANSCHÜTZ, a.a.O., S. 258.
[24] JOST DELBRÜCK, a.a.O., S. 142; ANSCHÜTZ, a.a.O., S. 244.
[25] So der frühere Diplomat FRITZ GÜNTHER V. TSCHIRSCHKY in seiner Autobiographie: Erinnerungen eines Hochverräters, Stuttgart 1972, S. 132.

seiner Ära, woran der wohl bekannteste und zugleich strittigste Artikel der Weimarer Reichsverfassung essentiellen Anteil hatte.

Bekanntlich ermächtigte der Artikel 48 ihn, die Angelegenheiten aller deutscher Länder bei Verstößen gegen die Reichsverfassung und die Reichsgesetze notfalls mit Waffengewalt zu regeln[26]. Bei Gefährdung der „öffentlichen Sicherheit und Ordnung" lag es in seinem Ermessen, entsprechende Maßnahmen einzuleiten, was in praxi bedeutete, daß er die bewaffnete Macht einschalten und die Artikel 114, 115, 117, 118, 123, 124 und 153 der WRV vorübergehend ganz oder zum Teil außer Kraft setzen konnte[27]. Noch bevor er die anvisierten und getroffenen „Maßnahmen" in die Tat umsetzen konnte, war der Reichstag über Sinn und Zweck seiner Schritte zu unterrichten[28], der seinerseits den Maßnahmenkatalog durch sein Veto gleichsam zur Makulatur werden lassen konnte[29].

Wenngleich diese Diktaturgewalt ihn mit einem „Hauch cäsaristischer Akklamation"[30] versah, öffnete sie ihm dennoch kein Tor zu einer „Allein-Diktatur"[31]. Hatte die Anwendung dieses ominösen Artikels unter Reichspräsident Friedrich Ebert, der summa summarum 135 Notverordnungen erließ, für die junge deutsche Demokratie noch eine konstruktive Dimension, weil auf diesem Weg der Krise der frühen zwanziger Jahre effektiv Einhalt geboten werden konnte[32], ohne strukturelle Veränderungen im Regierungssystem zu bewirken[33], so hatte die Instrumentalisierung des Artikels 48 unter Hindenburg zur Zeit der

---

[26] WRV, Art. 48 (Abs. 1, Satz 1).
[27] WRV, Art 48 (Abs. 2, Satz 1 und 2). Art. 114 [Unverletzlichkeit der Freiheit der Person]; Art. 115 [Unverletzlichkeit der Wohnung]; Art. 117 [Brief-, Post-, Telegraphen- und Fernsprechgeheimnis]; Art. 118 [Meinungsfreiheit]; Art. 123 [Versammlungsrecht]; Art. 124 [Recht bezüglich Bildung von Vereinen und Gesellschaften] und Art. 153 [Eigentumsrecht].
[28] WRV, Art. 48 (Abs. 3, Satz 1).
[29] WRV, Art. 48 (Abs. 3, Satz 2).
[30] So sieht es HAGEN SCHULZE in seinem Werk: Weimar. Deutschland 1917-33, Berlin 1982, S. 98.
[31] ERNST RUDOLF HUBER: Deutsche Verfassungsgeschichte seit 1789, Bd. VI, Die Weimarer Reichsverfassung, Stuttgart/Mainz/Berlin/Köln 1981, S. 695.
[32] Zu berücksichtigen ist hierbei, daß Ebert diesen Artikel zu einer Notgesetzgebung ausweitete, was nicht von den Verfassungsgebern intendiert war. Hierzu GOTTHARD JASPER: Die verfassungs- und machtpolitische Problematik des Reichspräsidentenamtes in der Weimarer Republik. Die Praxis der Reichspräsidenten Ebert und Hindenburg im Vergleich, in: Friedrich Ebert und seine Zeit. Bilanz und Perspektiven der Forschung, Hrsg.: RUDOLF KÖNIG/HARTMUT SCHOLL/HERMANN WEBER, München 1990, S. 154f.; Vgl. HERMANN PÜNDER: Der Reichspräsident in der Weimarer Republik, in: Demokratische Existenz Heute. Schriften des Forschungsinstituts für Politische Wissenschaft der Universität Köln, Hrsg.: FERDINAND A. HERMENS, Heft 2, Frankfurt a. M./Bonn 1961, S. 18.
[33] ULRICH SCHEUNER: Die Anwendung des Art. 48 der Weimarer Reichsverfassung unter den Präsidentschaften von Ebert und Hindenburg, in: Staat, Wirtschaft und Politik in der Weimarer Republik. Festschrift für Heinrich Brüning, Berlin 1967, S. 250.

Präsidialkabinette für den Fortbestand der Republik eine weitgehend destruktive Komponente[34]. Innerhalb des Verfassungssystems vollzog sich nämlich in der Brüning-Ära eine Gewaltenverlagerung, eine Verschiebung der konstitutionellen Gewichte zugunsten des Kabinetts und der staatlichen Bürokratie. Da der deutsche Reichspräsident bei Anwendung seines Notverordnungsrechts die Legislative, sprich das Parlament, umgehen und somit ausschalten konnte, verfügte er über ein entscheidendes Moment der gesetzgebenden Gewalt[35]. Demzufolge beschränkte sich die Funktion des Parlaments auf eine passive, kontrollierende Ebene[36].

Wenn durch Artikel 48 WRV seine innenpolitische Stellung dermaßen gestärkt wurde, dann mußte dies auch die Außenpolitik tangieren. Bedenkt man, daß dieser Passus ihn zum Herrn über den Ausnahmezustand erhob[37], weil er nach Gutdünken das Parlament auflösen (Art. 25) und die Regierung (Art. 53) sowie die Reichsbeamten (Art. 46) ernennen und entlassen (Art. 53) konnte, so hätte ein Zusammenwirken dieser Befugnisse seinen innen- und außenpolitischen Einfluß erheblich gesteigert. Denn jede instrumentelle Anwendung dieser Ausnahme- und Notverordnungsgewalt hatte insbesondere für den Reichskanzler ein noch größeres Abhängigkeitsverhältnis zum Reichspräsidenten zur Folge, vor allem dann, wenn die Konstellationen so waren, wie sie sich zur Zeit der Präsidialkabinette ergaben[38]. Daß der Reichspräsident die Anwendung dieses kontroversen Artikels einige Jahre lang konsequent umsetzen und gegen den Willen des

---

[34] Hindenburg, der einmal den Artikel 48 der WRV als ihm „unheimlich" bewertete, hat, wie Pünder zu berichten weiß, vor der Anwendung von Notverordnungen regelrecht „zurückgeschreckt" und diesen Weg nur „sehr ungern und zögernd beschritten". Vgl. H. PÜNDER, Reichspräsident, a.a.O., S. 23ff.; Auf der anderen Seite duldete Hindenburg keinerlei Diskussionen, wenn es um sein potentielles Recht zur Ausübung bezüglich Art. 48 ging. Als man 1926 mit einem Ausführungsgesetz zu Art. 48 den Versuch unternahm, besagtes Notverordnungsrecht zu beschränken, protestierte Hindenburg vehement und lehnte eine Begrenzung des Artikels 48 kategorisch ab. Siehe GOTTHARD JASPER, Problematik, a.a.O., S. 158. Auch folgende Mitteilung von Otto Gessler ist aufschlußreich: „[...] Das Grundübel war, daß er [Rpräs. v. Hindenburg] mit dem Artikel der 48 der Reichsverfassung nicht mehr regieren wollte, weil er, wie er sagte, dafür nicht gewählt sei. Die Politik bestimmte nach der Verfassung der Kanzler. Er hat mir das sehr deutlich zum Ausdruck gebracht [...]". Schreiben Otto Gessler an Rudolf Pechel, Lindenberg, 13.08.1947 [Abschrift], Harvard-University-Archives (PL), Cambridge /USA, NL Brüning, HUG FP 93.35, Box 4, S. 3.
[35] KARL DIETRICH BRACHER: Die Auflösung der Weimarer Republik. Eine Studie zum Problem des Machtverfalls in der Demokratie, 1978, S. 47. SEBASTIAN HAFFNER: Von Bismarck zu Hitler. Ein Rückblick, München 1987, S. 214.
[36] KARL DIETRICH BRACHER, a.a.O., S. 277f.
[37] HANS BOLDT: Die Weimarer Reichsverfassung, in: Die Weimarer Republik 1918-1933, Hrsg.: BRACHER/FUNKE/JACOBSEN, a.a.O., S. 52.
[38] EBD., S. 53.

Parlaments eine Reichsregierung tragen konnte, bestätigte sich bekanntlich in der Praxis[39]. Da der Reichskanzler völlig auf sein Vertrauen angewiesen war, mußte er mit ihm nicht nur in ständiger Tuchfühlung bleiben, sondern gleichzeitig seine innen- und außenpolitischen Einwände mitberücksichtigen. Ebenso wie der Reichsaußenminister mußte er ständig ein offenes Ohr für seine außenpolitischen Anliegen haben. Ihm gegenüber mußten beide zu Konzessionen bereit sein und zugleich ihren Einfluß so gezielt dosieren, daß sie nicht seinen Unmut erregten. Gesetzt den Fall, der Reichspräsident wäre zur Ausübung der Diktaturgewalt entschlossen gewesen, dann hätte der Reichskanzler auch bei außenpolitisch strittigen Angelegenheiten gegenzeichnen müssen, andernfalls hätte er von ihm sofort entlassen werden können[40]. Wenn der Reichskanzler, ausgestattet mit präsidialen Vollmachten, aber am Reichstag vorbei regierte, begab er sich in noch tiefere Abhängigkeit zum Reichspräsidenten und war somit in besonderem Maße auf dessen Gutwilligkeit und Jovialität angewiesen[41].

Sicherlich stand für Hindenburg die Staatsautorität aufgrund seiner traditionellen Verbundenheit und monarchistischen Verwurzelung immer noch über der Autorität der Verfassung; dennoch legte er im Verlauf beider Legislaturperioden – gerade im Hinblick auf die Anwendung des Artikels 48 WRV – keinerlei diktatorisch oder monarchistisch tendenziellen Verhaltensweisen an den Tag. Er war in seinem Amt vielmehr die gleichsam schwebende Instanz über Demokratie und Diktatur, die, wie Gerhard Schulz es treffend akzentuierte, nur „quasimonarchistisch" war[42]. In Übereinstimmung mit dem juristischen Modell vom *pouvoir neutre* war er im politischen System die neutrale, vermittelnde, regulierende und bewahrende Figur, der „ruhende Pol der Verfassung" in persona[43]. Gemäß den Vorstellungen der Verfassungsväter kam ihm eine „vermittelnde" Rolle zwischen dem Parlament und der Regierung zu. Abgesehen

---

[39] OTTO KIMMINICH: Deutsche Verfassungsgeschichte, Frankfurt a. M. 1970, S. 504.
[40] ERNST RUDOLF HUBER, Deutsche Verfassungsgeschichte, a.a.O., S. 694.
[41] Der Reichspräsident hatte in verfassungstheoretischer Hinsicht immer die Möglichkeit, seine außenpolitischen Forderungen über den - auf den ersten Blick nur innenpolitisch bedeutsamen Umweg des Artikels 48 WRV - zur Geltung zu bringen. SIEGFRIED SCHÖNE: Von der Reichskanzlei zum Bundeskanzleramt. Eine Untersuchung zum Problem der Führung und Koordination in der jüngeren deutschen Geschichte, in: Beiträge zur Politischen Wissenschaft, Bd. 5, Berlin 1968, S. 106.
[42] GERHARD SCHULZ: Deutschland am Vorabend der Großen Krise, Berlin/New York 1987, in: Zwischen Demokratie und Diktatur. Verfassungspolitik und Reichsreform in der Weimarer Republik, Bd. II, Hrsg.: ERHARD SCHULZ, Berlin/New York 1987, S. 192.
[43] Staatsrechtlichen Überlegungen zufolge sollte dabei der Reichspräsident nicht über, sondern neben den anderen verfassungsmäßigen Gewalten sowohl als „Hüter der Verfassung" wie auch als neutrale dritte Gewalt fungieren. CARL SCHMID: Der Hüter der Verfassung, in: Beiträge zum Öffentlichen Recht der Gegenwart, Bd. 1, Tübingen 1931, S. 132ff.

von seinen repräsentativen Pflichten sollte er regelmäßige Beziehungen zu den deutschen Ländern, vor allem aber zu den auswärtigen Staaten unterhalten. Ungeachtet des konsequenten Gebrauchs des Artikels 48 WRV zur Zeit der Präsidialkabinette wurde Hindenburg, der den Eid auf die Verfassung loyal einhielt, seiner Rolle als „Hüter der Verfassung"[44] gerecht und blieb während seiner Amtszeit in seinen Handlungen und Entscheidungen auf dem Boden der Reichsverfassung.

III. Reichspräsident und Reichsregierung

1. *Die Geschäftsordnungen des Reichskabinetts und die restriktive Dimension des ministeriellen Gegenzeichnungsrechts*

Bei der Gestaltung der Außenpolitik konnte sich der Reichspräsident auf die *Geschäftsordnung der Reichsregierung*[45] und auf die *Gemeinsame Geschäftsordnung der Reichsministerien*[46] berufen, in denen neben seinen innen- auch die außenpolitisch relevanten Rechte und Ordnungsmittel gegenüber der Reichsregierung im Grundsatz geordnet und geregelt wurden[47]. Obige Geschäftsordnungen hatten zwar weder den Charakter von Reichsgesetzen noch waren sie Bestandteil der formellen Reichsverfassung, aber sie waren „als bestimmende interne Ordnung für die Ausübung der Regierungsgewalt ein Moment der materiellen Reichsverfassung"[48]. Sie dienten der rechtlichen Organisation und Planung des Geschäftsganges. Folglich stellten sie mehr dar als nur eine schriftliche Fixierung der internen Verfahrensregeln der Reichsregierung: Mit ihnen wurde zugleich ein „Stück Verfassungsrecht" geschrieben[49].

Von grundlegender Bedeutung für den Reichspräsidenten war diese Geschäftsordnung, weil sie ihm ein Recht auf regelmäßige Information und Berichterstattung durch den Reichskanzler und den Reichsaußenminister zubilligte und die beliebige Teilnahme an den Sitzungen des Reichskabinetts ermöglichte[50].

---

[44] „Wer ist der Hüter der Verfassung?", JOHANNES POPITZ, in: Germania, 17.04.1931.
[45] Geschäftsordnung vom 03. Mai 1924.
[46] Gemeinsame Geschäftsordnung der Reichsministerien vom September 1926.
[47] ERNST RUDOLF HUBER, a.a.O., S. 456.
[48] EBD., S. 457.
[49] SIEGFRIED SCHÖNE, Von der Reichskanzlei zum Bundeskanzleramt, a.a.O., S. 117.
[50] OTTO MEISSNER: Der Reichspräsident, in: Handbuch der Politik, Bd. 3, Berlin/Leipzig 1921, S. 43. WALTER MÜHLHAUSEN: Das Büro des Reichspräsidenten in der politischen Auseinanderset-

Der Reichspräsident konnte entweder in persona an den Sitzungen der Reichsregierung teilnehmen oder sich durch seinen Staatssekretär vertreten lassen, wobei allerdings beide im Kabinett kein Stimmrecht hatten[51].

Über die zentralen Vorgänge und Vorhaben der Reichsregierung und ihrer Behörden regelmäßig und rechtzeitig unterrichtet zu sein, war für den Reichspräsidenten in der Tat politisch existentiell, vor allem dann, wenn er „Beschlüsse von großer Tragweite" nicht unvorbereitet fällen wollte[52]. Andernfalls wäre ihm eine effektive Mitwirkung an der Außenpolitik nicht vergönnt gewesen. Die Geschäftsordnungen, deren Paragraphen ohne seine Zustimmung nicht verändert werden durften[53], bildeten das rechtliche Fundament und regelten den interadministrativen Informationsfluß, von dem Hindenburg, was das Außenpolitische anbelangte, stark profitieren sollte. Von allen Paragraphen der *Geschäftsordnung der Reichsregierung* vom Mai 1924 war Passus 4 der wichtigste. Er nahm den Reichskanzler und die Geschäftsführung der einzelnen Reichsminister in die Pflicht, den Reichspräsidenten durch „Übersendung der wesentlichen Unterlagen, durch schriftliche Berichte über Angelegenheiten besonderer Bedeutung sowie nach Bedarf mittels persönlichen Vortrags"[54] auf dem laufenden zu halten. Ferner schrieb Paragraph 25 der *Gemeinsamen Geschäftsordnung der Reichsministerien* vor, daß im Falle der Ausarbeitung eines wichtigen Gesetzentwurfes, oder wenn die Arbeit durch bedeutsame Vorgänge beeinflußt wird, der Reichspräsident und der Reichskanzler davon in Kenntnis gesetzt werden mußten[55]. Diese verordnete Unterrichtungspflicht bezog sich in erster Linie auf die außenpolitischen Zuständigkeitsbereiche des völkerrechtlichen Vertreters. Bevor überhaupt erst außenpolitisch wichtige Vorgänge und Vorhaben im Kabinett und in den

---

zung, in: Friedrich Ebert als Reichspräsident: Amtsführung und Amtsverständnis. Hrsg.: Eberhard Kolb. Schriftenreihe der Stiftung Reichspräsident-Friedrich-Ebert-Gedenkstätte, Bd. 4, S. 91.
[51] WALTER MÜHLHAUSEN, Das Büro des Reichspräsidenten in der politischen Auseinandersetzung, S. 83ff.
[52] „[...] Er kann seine weittragenden Rechte nicht unvorbereitet als ein deus ex machina ausüben und kann für seine Unterrichtung auch nicht auf Zeitungsberichte angewiesen sein. So ist es selbstverständlich, daß der Reichspräsident über die Geschäfte der Reichsregierung amtlich auf dem Laufenden [sic!] gehalten wird. [...]". Bund zur Erneuerung des Reiches (Hrsg.), Die Rechte des deutschen Reichspräsidenten, a.a.O., S. 62.
[53] So nach der damaligen herrschenden Staatsrechtslehre. GERHARD ANSCHÜTZ, a.a.O., S. 325.
[54] Geschäftsordnung vom 03.05.1924, a.a.O., § 4, S. 175.
[55] § 25 Gemeinsame Geschäftsordnung der Reichsministerien, abgedruckt in: FRITZ POETZSCH-HEFFTER: Vom Staatsleben unter der Weimarer Verfassung, in: Jahrbuch des öffentlichen Rechts der Gegenwart, Bd. XIII, Hrsg.: ROBERT PILOTY/OTTO KOELLREUTER, Tübingen 1925, S. 184.

jeweiligen Ministerien zur Erörterung gelangen konnten, war der Reichspräsident sachgemäß zu informieren[56].

Das *Büro des Reichspräsidenten* hatte als wichtige Schaltstelle zwischen dem Staatsoberhaupt und der Reichsregierung ebenfalls eine bedeutsame Unterrichtungsfunktion. Denn nach Paragraph 30 der *Geschäftsordnung der Reichsregierung* konnte der Leiter des *Büros* an allen Sitzungen der Reichsregierung[57] regelmäßig teilnehmen und somit seinem Vorgesetzten die im Reichskabinett behandelten Themen und Beschlüsse unverzüglich weiterleiten[58]. Die Unterrichtungspflicht sicherte dem Reichspräsidenten nicht nur einen ständigen Informationsfluß aus dem Kabinettsalltag, sondern er konnte im Bedarfsfall nach Prüfung des vorliegenden Sachverhaltes gezielt in die Regierungspolitik intervenieren. Bei ernsthaften Konfliktfällen konnte er sogar seinen völkerrechtlichen Alleinvertretungsanspruch geltend machen. Wenn für ihn eine Entscheidung unvereinbar mit dem Reichsinteresse war, konnte er gegen den vom Reichskanzler und vom Kabinett getroffenen Beschluß ein „vorbeugendes Veto"[59] einlegen. Direkt in die Regierungspolitik eingreifen konnte das *Büro* als außenstehendes Organ nicht, was wohl auch indirekt damit zusammenhing, daß diese Dienststelle in der Weimarer Reichsverfassung nicht „explizit erwähnt" worden war[60].

Standen innen- oder außenpolitische Entscheidungen von besonderer Tragweite an, konnte der Reichspräsident auch einen „Kabinettsrat" einberufen, der in der Regel dann in seinem Domizil zusammentrat. Diese „außerordentliche Form von Beschlußfassungen der Reichsregierung" kam unter Berücksichtigung der exponierten Stellung des Präsidenten in der Außenpolitik besonders zu Anfang der ersten Legislaturperiode Hindenburgs gleich mehrfach zur Anwendung, als es galt, diffizile außenpolitische Entscheidungen vorzubereiten[61].

Die dem deutschen Staatsoberhaupt nach Artikel 179 WRV übertragene Organisationsgewalt, die sich zugleich im Paragraph 8 der *Geschäftsordnung der*

---

[56] ERNST RUDOLF HUBER, a.a.O., S. 457.
[57] § 30 Geschäftsordnung der Reichsregierung, a.a.O., S. 178.
[58] ERNST RUDOLF HUBER, a.a.O., S. 456. Neben der Unterrichtungs- und Beratungspflicht im Bereich der Zuständigkeiten in auswärtigen und inneren Angelegenheiten oblag dem *Büro* noch die Pflege der Beziehungen zu den auswärtigen diplomatischen Missionen und die Vorlage der auszufertigenden Staatsverträge. Darüber hinaus wurden dort anstehende Personalentscheidungen vorbereitet und der Verkehr mit den Abgeordneten des Reichstages geregelt.
[59] ERNST RUDOLF HUBER, a.a.O., S. 457.
[60] WALTER MÜHLHAUSEN, Das Büro des Reichspräsidenten in der politischen Auseinandersetzung, a.a.O., S. 62.
[61] Bund zur Erneuerung des Reiches (Hrsg.): Die Rechte des deutschen Reichspräsidenten, a.a.O., S. 62f.; Hierzu siehe das Zustandekommen des Locarno-Vertragswerks ab S. 387 dieser Arbeit.

Reichsregierung widerspiegelt⁶², hatte auch eine außenpolitische Dimension, weil dadurch die strukturelle Organisation der auswärtigen Gewalt zum größten Teil in seine Hände gelegt wurde. Von der Einrichtung der Reichsbehörden und der Aufgabenzuteilung an die von ihm ernannten Reichsminister bis hin zum Aufbau der Gesandtschaften und Konsulate und anderer spezieller Dienststellen erstreckte sich sein weiterer Zuständigkeitsbereich⁶³.

Die starke verfassungsrechtliche Stellung des deutschen Staatsoberhauptes⁶⁴ auf dem Gebiet der auswärtigen Gewalt wurde am sichtbarsten durch Artikel 50 WRV limitiert, nach dem alle Verfügungen und Verordnungen des Reichspräsidenten nur dann Rechtsgültigkeit erlangten, wenn sie vom Reichskanzler oder dem zuständigen Ressortchef gegengezeichnet waren⁶⁵. Da dieser vielleicht „wichtigste" Passus auch für das Völkerrecht Gültigkeit hatte, restringierte er so zugleich die außenpolitische Handlungsfreiheit des Reichspräsidenten in formeller Hinsicht grundlegend⁶⁶. Das für alle seine Akte auferlegte ministerielle Gegenzeichnungsrecht setzte eine Kompromißbereitschaft beider Parteien voraus. Was wäre aber geschehen, wenn sich der Reichsminister des Auswärtigen geweigert hätte, eine Verordnung des Reichspräsidenten vorschriftsgemäß gegenzuzeichnen? In dem Fall wäre die Situation mit Sicherheit dahingehend eskaliert, daß der Reichspräsident unter Gegenzeichnung des Reichskanzlers die Entlassungsurkunde für den renitenten Außenminister ausgefertigt und übergeben hätte. Um seine Stellung zu wahren, mußte der Reichskanzler demnach sein Signum unter die Entlassungs- und unter die spätere Ernennungsurkunde des Nachfolgers setzen⁶⁷.

---

⁶² Paragraph 8 Geschäftsordnung der Reichsregierung vom 03.05.1924, abgedruckt in: FRITZ POETZSCH-HEFFTER, a.a.O., S. 175.

⁶³ FRITZ STEFFEN, a.a.O., S. 108. Bund zur Erneuerung des Reiches (Hrsg.): Die Rechte des deutschen Reichspräsidenten, a.a.O., S. 17.

⁶⁴ Hierzu resümiert FRITZ STEFFEN in seiner dezidierten Analyse: „[...] Wir sehen, daß die Reichsverfassung dem Reichspräsidenten die wichtigsten Zuständigkeiten auf dem Gebiet der auswärtigen Gewalt grundsätzlich zur Entscheidung nach freiem, pflichtmäßigen Ermessen nur gebunden an die Gegenzeichnung überläßt. Mit diesen Zuständigkeiten auf dem Gebiet der auswärtigen Gewalt verbindet sich auch ein starker Einfluß auf die Führung der Außenpolitik. [...]". DERS., a.a.O., S. 83.

⁶⁵ „[...] Durch Gegenzeichnung wird die Verantwortung übernommen [...]". WRV, Art. 50 (Abs. 1).

⁶⁶ FRITZ STEFFEN, a.a.O., S. 50.

⁶⁷ „[...] Liegt der Fall dagegen so, daß der Reichskanzler der Verweigerung der Gegenzeichnung durch einen Reichsminister zustimmt oder sogar selbst der Verweigernde ist, so wird sich der Vorgang auf jeden Fall politisch zur Person des Reichskanzlers zuspitzen [...]". Näheres hierzu siehe Bund zur Erneuerung des Reiches, Die Rechte, a.a.O., S. 13f.

Auch in einem anderen Punkt wurde der Handlungsspielraum des Reichspräsidenten merklich eingeengt. Wollte er nach dem Vorbild des amerikanischen Präsidenten Wilson als völkerrechtlicher Vertreter des Reiches in Versailles einem Vertragsabschluß vor Ort beiwohnen, so wäre dies ohne die Begleitung des zuständigen Ministers wenig sinnvoll gewesen; denn auch für diesen Fall war die Gegenzeichnung des Außenministers obligatorisch[68].

2. Partizipation an der Richtlinienkompetenz in der Außenpolitik

Obgleich sich im politischen System der Weimarer Republik ein „Führungsdualismus" zwischen dem Reichspräsidenten und dem Reichskanzler abzeichnete, mußte der Regierungschef mit der schwächeren Stellung vorliebnehmen. So gering seine Einflußmöglichkeiten auf den Präsidenten waren, so begrenzt war auch seine Position im parlamentarischen Regierungssystem. Inwieweit der im Vergleich zu seinen Kabinettsmitgliedern „qualitativ" nur geringfügig höherstehende Regierungschef aus der Rolle des primus inter pares herauswachsen konnte, hing in besonderem Maße von seiner Persönlichkeit und seinem Durchsetzungsvermögen ab[69]. Nur ein Reichskanzler, dem es gelang, trotz eingeschränkter Richtlinienkompetenz die Federführung im Kabinett zu wahren, konnte aus einer Position der Stärke agieren[70].

Auf das Vertrauen des Reichstags (Art. 54) und das des Reichspräsidenten angewiesen, wurde sein politisches Überleben von einem doppelten Abhängigkeitsverhältnis diktiert[71], das in Balance gehalten werden mußte. Der Reichskanzler bestimmte laut Artikel 56 WRV die Richtlinien der Politik und trug dafür gegenüber dem Reichstag die volle Verantwortung[72]. Obgleich ihm die Richtlinienkompetenz in der Außenpolitik[73] zufiel, hatte er auf diesem Gebiet keine entsprechenden Vollmachten. Er war kein Organ der auswärtigen Gewalt[74].

---

[68] FRITZ STEFFEN, a.a.O., S. 85.
[69] Bund zur Erneuerung des Reiches, a.a.O., S. 57.
[70] Da er jeglichem Druck seiner Koalitionspartner mit adäquaten Sanktionen begegnen konnte, hing seine Richtlinienkompetenz, so SIEGFRIED SCHÖNE, im „luftleeren Raum". Siehe DERS., a.a.O., S. 95ff. u. 138.
[71] EBD., S. 102.
[72] WRV, Art. 56 (Abs. 1, Satz 1).
[73] ERNST RUDOLF HUBER, a.a.O., S. 454. Vgl. auch DELBRÜCK, a.a.O., S. 150.
[74] FRITZ STEFFEN, a.a.O., S. 49.

Das Gesetz sah vor, daß jeder Reichsminister innerhalb dieser Richtlinien den ihm anvertrauten Geschäftszweig selbständig zu leiten hatte[75]. Für den jeweiligen Reichsaußenminister bedeutete dies, daß er gemäß der *Geschäftsordnung der Reichsregierung* vom 3. Mai 1924 die gegebenen Richtlinien der Politik in seinem Geschäftsbereich verwirklichen konnte und gegebenenfalls bei Zweifelsfällen die Entscheidung beim Reichskanzler einholen mußte[76]. In seinem Ressort verfügte er demnach über ausreichenden Handlungsspielraum, um auswärtige Angelegenheiten in eigener Verantwortung wahrzunehmen[77]. Zwar konnte der Kanzler jederzeit in die Verwaltung der einzelnen Dezernate eingreifen, doch andererseits konnte er seine Richtlinienkompetenz nicht instrumentell durchsetzen[78]. Wenn Grundsatzfragen der auswärtigen Politik die Geschäftsbereiche anderer Reichsministerien – zum Beispiel die der Wirtschaftspolitik – tangierten oder den politischen Gesamtkurs betrafen, dann waren sie als Kabinettssache der Beratung und Beschlußfassung der Gesamtregierung unterworfen[79].

Bei einem Kurswechsel oder selbst bei nur geringfügigen Veränderungen in der Außenpolitik mußte der Reichskanzler indes nicht nur auf die Reichstagsmehrheiten Rücksicht nehmen, er hatte sich vielmehr auch an den Auffassungen und Wünschen des Reichspräsidenten zu orientieren[80]. Für die politische Praxis bedeutete dies, daß er die Richtlinien der Außenpolitik letztlich nur im Einvernehmen mit ihm bestimmen konnte[81]. Da dieser auch über die Außenpolitik des Reichskanzlers und die des Reichsaußenministers durch „Übersendung der wesentlichen Unterlagen [...] und persönlichen Vortrag"[82] ständig informiert werden mußte, konnte er auch auf den außenpolitischen Kurs der Regierung Einfluß nehmen[83]. Schon gleich zu Anfang seiner ersten Legislaturperiode arbeitete Hindenburg mit dem designierten Kanzler einen Richtlinienkatalog aus. Der jeweili-

---

[75] WRV, Art. 56 (Abs. 1, Satz 2).
[76] Paragraph 1 der Geschäftsordnung der Reichsregierung vom 03.05.1924, abgedruckt in: POETZSCH-HEFFTER, a.a.O., S. 174.
[77] JOST DELBRÜCK, a.a.O., S. 150. Der entsprechende Reichswehr- bzw. Außenwirtschaftsminister war für seinen Bereich ebenfalls verantwortlich. Siehe HUBER, a.a.O., S. 467.
[78] Siehe Paragraph 2 der Geschäftsordnung der Reichsregierung, a.a.O., S. 174. Vgl. GERHARD ANSCHÜTZ, a.a.O., S. 328. SIEGFRIED SCHÖNE, Von der Reichskanzlei zum Bundeskanzleramt, a.a.O., S. 102. Dazu auch THEODOR ESCHENBURG: Chronik eines Richtlinienstreites zwischen dem Reichskanzler Luther und dem Reichsminister des Auswärtigen, Stresemann, 1925, in: VfZ, Bd. 36 (1988), S. 234.
[79] WRV, Art. 57 (Abs. 1, Satz 1).
[80] HEINRICH POHL, a.a.O., S. 492.
[81] ERNST RUDOLF HUBER, a.a.O., S. 454.
[82] § 4 der Geschäftsordnung der Reichsregierung, a.a.O., S. 175.
[83] F. J. WUERMELING: Die rechtlichen Beziehungen zwischen dem Reichspräsidenten und der Reichsregierung, in: Archiv des öffentlichen Rechts, Bd. 11 (1926), S. 385.

ge Reichskanzler mußte hierbei große Flexibilität an den Tag legen und zu Konzessionen bereit sein, da der Reichspräsident Abänderungen kraft seines Entlassungsrechtes durchsetzen konnte. Immerzu war die Gefahr gegeben, daß er die Pläne des Kanzlers oder seiner Ressortleiter dank seiner exponierten exekutiven Stellung durchkreuzen konnte. Wollten sie nicht einen Konflikt mit ihm herbeiführen, mußten sie auf seine Wünsche und Ansichten Rücksicht nehmen[84]. Beispielsweise nahm Hindenburg besonders zu Beginn seiner Amtszeit persönlich an mehreren Ministerrats- respektive Kabinettssitzungen der Reichsregierung aktiv teil[85], in denen er den Vorsitz hatte und direkt in den interministeriellen Entscheidungsprozeß eingriff, unter anderem auch deshalb, weil zu jener Phase primär außenpolitische Fragen auf der Tagesordnung standen. Ohne ersichtlichen Grund verloren jedoch seine anfänglichen Aktivitäten mit der Zeit zusehends an Impetus. Ähnlich wie sein Vorgänger, Friedrich Ebert, der am Anfang seiner Präsidentschaft nicht minder engagiert Kabinettssitzungen leitete, in denen auswärtige Angelegenheiten diskutiert wurden[86], zog sich Hindenburg im Laufe der Zeit von solchen Treffen auf Regierungsebene peu à peu zurück.

Wenn der Reichspräsident aus irgendwelchen Gründen verhindert war, ließ er sich von seinem Staatssekretär vertreten, der ihm wiederum über Inhalt und Ergebnis der Besprechung Bericht erstattete. Nicht zuletzt wirkte der Reichspräsident zumindest auf indirektem Wege an den Bestimmungen der Richtlinien der Kabinettspolitik mit, weil er es war, der die Regierung ernannte.

3. Personalpolitische Einflußmöglichkeiten

Der Artikel 53 WRV[87] schrieb dem Reichspräsidenten das Recht auf Ernennung und Entlassung des Reichskanzler und der Reichsminister zu, ohne daß dabei ein Mißtrauensvotum des Reichstages erforderlich oder eine offiziell nachgereichte Demission der Betroffenen notwendig gewesen wäre[88]. Mit diesem effektiven personalpolitischen Instrument konnte er auf die inhaltliche Gestaltung der Au-

---

[84] HARALD SCHINKEL: Zur Entstehung und Zerfall der Regierung Luther, Berlin 1959, S. 94f.
[85] MAX V. STOCKHAUSEN: Sechs Jahre Reichskanzlei, a.a.O., S. 102. Hierzu siehe WALTER MÜHLHAUSEN, Das Büro des Reichspräsidenten in der politischen Auseinandersetzung, a.a.O., S. 84.
[86] Näheres zu Friedrich Ebert bei WALTER MÜHLHAUSEN, a.a.O., S. 83f.
[87] WRV, Art. 53 (Abs. 1, Satz 1). Text: „Der Reichskanzler und auf seinen Vorschlag die Reichsminister werden vom Reichspräsidenten ernannt und entlassen".
[88] POETZSCH-HEFFTER, Staatsleben, a.a.O., S. 135.

ßenpolitik entscheidenden Druck ausüben[89]. Zum einen mußte das Programm der Regierung so konzipiert sein, daß er sich erst einmal zur Ernennung des neuen Reichskanzlers entschließen konnte. Zum anderen mußte der amtierende Reichskanzler sein Augenmerk ständig auf die innen- und außenpolitischen Vorstellungen des Reichspräsidenten richten, damit er überhaupt weiter in seinem Amt fungieren konnte[90]. Ergo wurde nur derjenige Kandidat von ihm zum Kabinettschef ernannt, der zum einen vertrauenswürdig und kompetent wirkte, der zum anderen das Vertrauen des Reichstages besaß[91] und dessen Programm und Regierungsmannschaft ihm zusagten[92]. Immerhin wurden dem Reichspräsidenten bei der freien Auswahl und Ernennung des Regierungschefs keine verfassungsrechtlichen Schranken auferlegt. Dennoch empfahl es sich für ihn aus politischen und taktischen Überlegungen, auch die Mehrheitsverhältnisse im Reichstag im Auge zu behalten[93]. Verfügte der Reichskanzler über das Vorschlagsrecht bei der Ernennung und Entlassung der Reichsminister seines Kabinetts[94], so hatte der Reichspräsident indirekt immer die Option, dieses Privileg mit seiner Entlassung oder mit der Kabinettsauflösung unwirksam zu machen.

Da Entlassungen innerhalb des Kabinetts nur auf Vorschlag des Reichskanzlers hin erfolgen durften, konnte er dem Kabinettschef formal weder einen Minister aufdrängen noch dessen Ernennung verhindern. Dieser konnte alleine durch Verweigerung der pflichtgemäßen Gegenzeichnung dem Reichspräsidenten trotzen und ihn vor die Alternative stellen, entweder nachzugeben oder einen Kabinettswechsel durchzuführen[95]. Ohnehin konnte der Reichspräsident weder ihm noch anderen Kabinettsmitgliedern dienstliche Weisungen erteilen, die auszuführen oder weiterzudelegieren waren, denn er war im juristischen Sinne nicht deren Vorgesetzter[96]. Gleichwohl mußte der Reichskanzler bei der Fixierung seines innen- und außenpolitischen Programmes und der Wahl seiner Minister seinen Vorstellungen entgegenkommen. Vor allem bei der Berufung des Außenministers ins Kabinett mußte der Regierungschef, war er wirklich an einer Fortführung seines Amtes interessiert, die Wünsche des Reichspräsidenten mitberücksichtigen[97].

---

[89] JOST DELBRÜCK, a.a.O., S. 150.
[90] EBD., S. 144.
[91] Dies gilt nur für die Zeit vor der Präsidialkabinettsära. Bund zur Erneuerung des Reiches, a.a.O., S. 50.
[92] F. J. WUERMELING, a.a.O., S. 385.
[93] HEINRICH POHL, a.a.O., S. 489.
[94] WRV, Art. 53 (Abs. 1, Satz 1). Bund zur Erneuerung des Reiches, a.a.O., S. 58.
[95] GERHARD ANSCHÜTZ, a.a.O., S. 317.
[96] FRITZ STEFFEN, a.a.O., S. 110.
[97] Bund zur Erneuerung des Reiches, a.a.O., S. 61.

Die Effektivität der Weimarer Außenpolitik stand und fiel mit dem Verhältnis des Reichspräsidenten zum amtierenden Außenminister, denn in der politischen Praxis wurden die theoretischen Verfassungsartikel zumeist von der Realität, das heißt von der politischen Entwicklung, eingeholt. Wenn es nach dem wichtigen Artikel 45 WRV gegangen wäre, dann hätte das deutsche Staatsoberhaupt als einziges außenpolitisches Organ die gesamte auswärtige Gewalt ausüben dürfen. Doch in Wahrheit übernahm davon den größten Teil der Außenminister mitsamt seiner Behörde und anderen Organen[98], die nun einmal das nötige „Know-how", das qualifizierte Personal sowie einen funktionierenden administrativen Apparat mitbrachten.

Innerhalb seiner Behörde handelte der Außenminister aus „eigenem Recht", was für die politische Praxis bedeutete, daß er beispielsweise ohne die Mitwirkung des Reichspräsidenten einseitige völkerrechtliche Willenserklärungen abgeben konnte[99].

Für den politischen Alltag erwies sich das Vorschlagsrecht des Reichskanzlers über die personelle Besetzung des Auswärtigen Amtes eher als problematisch[100]. Praktisch verhielt es sich so, daß Ebert und Hindenburg aus ihrer Stellung als völkerrechtliche Vertreter des Reiches den Anspruch ableiteten, zum Reichsaußenminister einen Mann ihres persönlichen Vertrauens zu ernennen. Deswegen mußte der Reichsaußenminister seinen außenpolitischen Anschauungen mit Nachsicht und Einfühlungsvermögen begegnen und um ein enges Einverständnis mit ihm bemüht sein[101]. Es hing demnach vom Fingerspitzengefühl des jeweiligen Außenministers ab, inwieweit er seinen Handlungsspielraum ausschöpfen und die außenpolitischen Richtlinien prägend durchsetzen, das heißt bestimmen oder mitbestimmen konnte[102].

Der Reichspräsident war nicht nur für die Organisation und Errichtung der Reichsbehörden zuständig, er nahm auch auf die Personalstruktur des Auswärtigen Amtes durch Artikel 46 WRV direkten Einfluß. Danach durfte er Reichsbeamte und Offiziere ernennen und entlassen oder gegebenenfalls eine andere Behörde entsprechend autorisieren[103].

Im Gegensatz zu Artikel 53 WRV hatte hier der Reichskanzler kein Vorschlagsrecht und der Reichspräsident somit freie Hand. Hervorzuheben ist au-

---

[98] FRITZ STEFFEN, a.a.O., S. 110.
[99] EBD., S. 98.
[100] Näheres hierzu bei der *Zweigert-Keudell-Kontroverse* ab S. 302 dieser Arbeit.
[101] ERNST RUDOLF HUBER, a.a.O., S. 457.
[102] Reichsaußenminister Gustav Stresemann tat dies bekanntlich mit Bravour. Anmerkungen zu Stresemann auf S. 142 dieser Arbeit.
[103] WRV, Art. 46 (Abs. 1, Satz 1 und 2).

ßerdem, daß er, soweit ihm dies erforderlich schien, den Geschäftsbereich des Außenministers durch Verordnungen in Grundzügen festlegen konnte[104].

Sowohl Ebert als auch Hindenburg verfügten bei der Auswahl der deutschen Auslandsvertreter über weitreichende rechtliche Kompetenzen, die sie konsequent auszuspielen verstanden. Denn sie leiteten aus dem geschriebenen Recht, die deutschen Diplomaten zu akkreditieren[105], ein Recht zur bestimmenden Einwirkung auf die Auswahl der Botschafter und Gesandten ab und handelten auch danach. In der politischen Praxis beschnitt dieses präsidiale Mitentscheidungsrecht die Richtlinienkompetenz des Reichskanzlers. Daneben wurde die Entscheidungsmacht des Kabinetts über außenpolitisch relevante Fragen begrenzt[106]. Dafür, daß das Bestellungsprocedere der Missionschefs und der Part der beteiligten Minister sowohl auf theoretischer als auch auf praktischer Ebene zu Konflikten führte, sollte vor allem Hindenburg sorgen[107].

Wer als Botschafter und somit als Repräsentant seiner außenpolitischen Vertretungsgewalt fungieren[108] durfte – jeder entsandte deutsche Auslandsvertreter übte auch auswärtige Gewalt auf dem Territorium des Empfangsstaates aus[109] –, hing einzig und allein von seiner persönlichen Entscheidung ab. Da es sein Anliegen sein mußte, zu den wichtigen politischen Brennpunkten der Welt einen Diplomaten seines Vertrauens zu beordern, wirkte er an der Entsendung der deutschen Auslandsvertreter mit[110].

Erwähnenswert erscheint in diesem Zusammenhang der Artikel 179 des Versailler Vertrages, der das souveräne Recht des Reichspräsidenten bei der Besetzung der deutschen Außenbehörden in einem Punkt auffallend einschränkte: Die Entsendung deutscher diplomatischer Militärmissionen des Landheeres, der Seemacht und der Luftstreitkräfte ins Ausland wurde strikt untersagt[111].

---

[104] Geschäftsordnung der Reichsregierung vom 03.05.1924, abgedruckt in: POETZSCH-HEFFTER, a.a.O., S. 175.
[105] WRV, Art 45 (Abs. 1, Satz 3). „Er beglaubigt und empfängt die Gesandten".
[106] ERNST RUDOLF HUBER, a.a.O., S. 454f.
[107] Siehe siebtes Buch dieser Arbeit.
[108] HEINRICH POHL, a.a.O., S. 495. Nach den Regeln des internationalen Völkerrechts galt jeder Botschafter auf seiner diplomatischen Mission im Empfangsstaat als direkter persönlicher Vertreter seines Staatsoberhaupts. Georg Dahm: Völkerrecht, Bd. 1, Stuttgart 1958, S. 315.
[109] FRITZ STEFFEN, a.a.O., S. 11.
[110] WRV, Art. 45 (Abs. 1, Satz 3).
[111] Siehe HEINRICH POHL, a.a.O., S. 493.

IV. Reichspräsident und Reichstag

Entscheidende Bedeutung gewann der Reichstag[112] hauptsächlich durch das verfassungsmäßig verankerte Recht, daß Bündnisse und Verträge mit fremden Staaten, die die Gegenstände der Reichsgesetzgebung berührten[113], seiner Zustimmung bedurften[114]. Hauptsächlich wurde seine Position im legislativen Bereich durch das ihm zukommende Entscheidungs-, Mitwirkungs- und Kontrollrecht auf außenpolitischer Ebene gestärkt[115]. Nach Artikel 45 der Reichsverfassung konnten Kriegserklärungen und Friedensschlüsse nur durch ein Reichsgesetz erfolgen[116]. Ohne die Zustimmung des Reichstages[117] konnte der Reichspräsident mit anderen Staaten keine völkerrechtlich bindenden Verträge abschließen, was seine im Artikel 45 WRV übertragene Vertretungsmacht spürbar einschränkte[118]. Seine Aufgabe reduzierte sich folglich auf die im Gesetzgebungsverfahren fixierte Funktion der Ausfertigung und Verkündung der vom Reichstag verbindlich in Gesetzesform getroffenen Entscheidungen[119]. Obwohl durch die Zustimmung des Reichstages der jeweilige Vertrag nicht ratifiziert wurde, war sie aber Voraussetzung seiner Gültigkeit[120]. So waren Reichstag und Reichspräsident, die unmittelbar aus den Wahlen des Volkes hervorgingen und deshalb in ihrer Einheit die Verkörperung der Volkssouveränität bildeten[121], politische „Gegenspieler"[122].

---

[112] Bei seiner Vereidigung am 12. Mai 1925 forderte das frisch designierte Staatsoberhaupt eindringlich die Anerkennung, daß er als Reichspräsident ebenso einen politischen Machtfaktor darstelle wie der Reichstag. Wortlaut der Rede ist abgedruckt in: Jahrbuch des öffentlichen Rechts der Gegenwart, Bd. 17 (1929), S. 82.

[113] Bündnisse und Verträge, die sich auf einen möglichen Kriegsfall beziehen, bedürfen allerdings stets der Zustimmung des Reichstages. Vgl. GERHARD ANSCHÜTZ, a.a.O., S. 262.

[114] WRV, Art. 45 (Abs. 3, Satz 1).

[115] JOST DELBRÜCK, a.a.O., S. 150. Jost spricht in diesem Zusammenhang von einer „echten Entscheidungskompetenz".

[116] WRV, Art. 45 (Abs. 3, Satz 2).

[117] Nach der alten Reichsverfassung, Art. 11 (Abs. 3), war bei Kriegs- und Friedensbeschlüssen auch die Zustimmung des Bundesrates erforderlich. Nach der WRV von 1919 wurde der Reichsrat in diesem Punkt „ausgeschaltet". Vgl. FRITZ POETZSCH-HEFFTER: Landkommentar der Reichsverfassung vom 11.08.1919. Ein Handbuch für Verfassungsrecht und Verfassungspolitik, Berlin 1928 (3. Aufl.), S. 220. Ebenso ANSCHÜTZ, a.a.O., S. 260.

[118] EBD., S. 263.

[119] JOST DELBRÜCK, a.a.O., S. 150. Alle verfassungsmäßig zustandegekommenen Gesetze - ausschließlich dem Reichspräsidenten oblag die Prüfung, ob das vorliegende Gesetz den verfassungsmäßigen Weg gegangen war oder nicht - hatte er dann gemäß Art. 70 der WRV „auszufertigen und binnen Monatsfrist im Reichsgesetzblatt zu verkünden".

[120] GERHARD ANSCHÜTZ, a.a.O., S. 263f.

[121] JOST DELBRÜCK, a.a.O., S. 14. PÜNDER, a.a.O., S. 15.

[122] Bund zur Erneuerung des Reiches, a.a.O., S. 45.

Von „schwerwiegendster Bedeutung für die Innenpolitik"[123] war Artikel 25 der WRV, der außenpolitische potentielle Rückwirkungen nach sich ziehen konnte[124]. Danach konnte der Reichspräsident die Wahlperiode des betreffenden Reichstages durch Auflösung des Parlaments vorzeitig beenden und Neuwahlen anordnen[125]. Wie jeder andere Regierungsakt seitens des Staatsoberhauptes mußte auch ein derartiger Beschluß ministeriell gegengezeichnet werden. Dabei brauchte er nur einen im Amte befindlichen Minister auf seiner Seite zu haben[126]. Insofern hatte er mit Artikel 25 WRV ein effektives Instrument in der Hand, das über dem Reichstag wie ein Damoklesschwert schwebte[127]. Darüber hinaus legitimierte ihn Artikel 73 WRV[128], ein vom Reichstag beschlossenes Gesetz binnen eines Monats vor seiner Verkündung zum Volksentscheid zu bringen, wovon allerdings in praxi nie Gebrauch gemacht wurde[129]. Andererseits erstreckten sich die Befugnisse des Reichstages vom Recht der Entgegennahme des Amtseides[130] über die Zustimmung zur strafrechtlichen Verfolgung des Reichspräsidenten[131], die Erhebung der Präsidentenanklage vor dem Reichsstaatsgerichtshof[132] bis hin zum Recht auf Antrag auf Absetzung des Reichspräsidenten[133] durch Volksabstimmung mit einem 2/3-Mehrheitsbeschluß im Parlament[134].

Bemerkenswert ist auch die Rolle des Ausschusses für auswärtige Angelegenheiten im Reichstag. Dieser war im Gegensatz zu den ad hoc einberufenen Untersuchungsausschüssen ein ständiges Reichsorgan[135], das unabhängig von Tagun-

---

[123] WILLIBALD APELT: Geschichte der Weimarer Verfassung, München 1946, S. 203.
[124] Da durch jede Reichstagsauflösung die alte Regierung nicht mehr zu halten war, hätte der neugebildeten Regierungsmannschaft auch ein neuer Außenminister mit anderer Programmatik und Zielsetzung angehören können. Die außenpolitischen Folgen wären beträchtlich gewesen.
[125] GERHARD ANSCHÜTZ, a.a.O., S. 195 u. 197. Wobei er den Reichstag nur einmal aus demselben Grund auflösen durfte.
[126] EBD., S. 195ff.
[127] In der Weimarer Republik wurden insgesamt sieben Reichstage vorzeitig aufgelöst. Vgl. HUBER, a.a.O., S. 356.
[128] WRV, Art. 73 (Abs. 1, Satz 1).
[129] WILLIBALD APELT. a.a.O., S. 205.
[130] WRV, Art. 42 (Abs. 1, Satz 1).
[131] WRV, Art. 43 (Abs. 3, Satz 1).
[132] WRV, Art. 59 (Abs. 1). Angeklagt werden konnte der Reichspräsident nur, wenn er nachweislich die Reichsverfassung oder ein Reichsgesetz schuldhaft verletzt hatte. Zu einem solchen Verfahren ist es jedoch nie gekommen. Vgl. HUBER, a.a.O., S. 314.
[133] ERNST RUDOLF HUBER, a.a.O., S. 313.
[134] WRV, Art. 43 (Abs. 2, Satz 1). „Vor Ablauf der Frist [7 Jahre] kann der Reichspräsident auf Antrag des Reichstages durch Volksabstimmung abgesetzt werden".
[135] GERHARD ANSCHÜTZ, a.a.O., S. 224. Das Fortbestehen des Ausschusses für Auswärtige Angelegenheiten außerhalb der Tagungen wurde dabei ausdrücklich vorgeschrieben.

gen, Wahlperioden oder Auflösungsbeschlüssen tätig werden konnte[136] und demnach permanent als Kontrollinstanz bereitstand[137]. Wie bei den anderen Parlamentsausschüssen bestand seine Aufgabe darin, die Beschlüsse des Reichstages vorzubereiten und hierüber Feststellungen zu treffen und Erklärungen abzugeben. Damit waren seine Befugnisse und Kompetenzen allerdings ausgeschöpft, denn auf die Exekutive, sprich die Arbeit der Regierung sowie die des Auswärtigen Amtes, konnte dieser Ausschuß keinen direkten Einfluß nehmen[138].

B. Das Staatsoberhaupt und seine repräsentativen außenpolitischen Pflichten

Als Staatsoberhaupt und völkerrechtlicher Vertreter des Reiches hatte der deutsche Reichspräsident auch im außenpolitisch repräsentativen Bereich zahlreiche *nichtschriftliche* Aufgaben wahrzunehmen. Nach Artikel 45 WRV hatte er die Gesandten und Botschafter zu empfangen und zu beglaubigen. Sicherlich boten die feierlichen Audienzen, bei denen die neuen auswärtigen Diplomaten ihre Beglaubigungsschreiben überreichten[139], auch für das deutsche Staatsoberhaupt eine willkommene Gelegenheit, mit den ausländischen Missionschefs in direkten Kontakt zu gelangen und eventuell bilaterale Fragen anzuschneiden. Beim jährlichen Neujahrsempfang des diplomatischen Korps oder bei der Überreichung der Akkreditierungsschreiben an deutsche Botschafter und Gesandten eröffnete sich für ihn zudem stets die Möglichkeit, seinen außenpolitischen Horizont zu erweitern[140]. Mitunter waren die zahlreichen Kontakte, Begegnungen und Gespräche mit ausländischen Diplomaten sowie Journalisten wirklich prägend für sein außenpolitisches Denken.

Sosehr die Weimarer Verfassung die außenpolitischen Rechte des Reichspräsidenten stärkte, in manchen Punkten beschnitt der Versailler Vertrag dagegen spürbar seinen Handlungsspielraum. So war er nach Artikel 279 des Versailler Vertrages zwar berechtigt, Konsuln bestimmter Mächte „nur an bestimmten Orten des deutschen Reichsgebietes zuzulassen und bestimmte Personen als nicht genehm abzulehnen"[141]. Dennoch konnte er nicht jeden ihm suspekten

---

[136] WRV, Art. 35 (Abs. 1, Satz 1).
[137] JOST DELBRÜCK, a.a.O., S. 151.
[138] Näheres zur Rolle der Untersuchungsausschüsse bei GERHARD ANSCHÜTZ, a.a.O., S. 224ff.
[139] Näheres hierzu ab S. 256 dieser Arbeit.
[140] HEINRICH POHL, a.a.O., S. 484.
[141] EBD., S. 493.

Diplomaten zur persona non grata erklären. Das Vetorecht bei der Entsendung und Akkreditierung der Generalkonsuln, Konsuln, Vizekonsuln und Konsularagenten der alliierten und assoziierten Mächte wurde ihm nämlich verwehrt. Konnte er nach eigenem Gutdünken das Agrément eines ausländischen Missionschefs jederzeit unbegründet ablehnen, so war er hier verpflichtet, die Ernennung der Generalkonsuln oder Konsuln widerspruchslos zu bestätigen[142].

Neben den obligatorischen repräsentativen Aufgaben „auf den verschiedenen Gebieten des öffentlichen Lebens" und denen auf innenpolitischer Ebene[143] hatte er im außenpolitischen Bereich den Auftrag, ausländischen Staatsoberhäuptern, Regierungschefs, Diplomaten oder Monarchen einen protokollgerechten, courtoisiegemäßen Empfang zu bereiten[144].

Erwähnung finden sollte schließlich auch noch das informelle, in der Verfassung nicht näher erläuterte Recht, das ihm erlaubte, durch persönliche Kundgebungen[145] „auf das deutsche Volk und seine Willensbildung wie auch auf das Ausland politischen Einfluß zu üben"[146].

Eine gewisse völkerrechtlich oktroyierte Einschränkung erfuhr er durch das Wiener Reglement von 1815, worin festgelegt wurde, daß nicht das deutsche Staatsoberhaupt, sondern der zuständige Außenminister den Empfang und die Akkreditierung der Konsuln und der Chargés d'Affaires vorzunehmen hatte[147].

Ein im politischen Alltag nicht zu unterschätzendes traditionsgeprägtes Hoheitsrecht, das den meisten Staatsoberhäuptern heute noch zugestanden wird, ist das Begnadigungsrecht, das auch dem deutschen Reichspräsidenten im Artikel 49 WRV zufiel[148]. Zwar war bei jedem Begnadigungsvorgang die ministerielle Gegenzeichnung verbindlich, doch ohne seine Einwilligung konnte kein Amnestieakt vollzogen werden[149]. Wie im *Fall Skoblewski* zu beweisen sein wird, konnte

---

[142] Siehe Wortlaut VV, Art. 279.
[143] FRITZ POETZSCH-HEFFTER, Staatsleben, a.a.O., S. 135.
[144] Siehe sechstes Buch dieser Arbeit.
[145] Wie im Falle der Tannenbergrede. Siehe S. 216-227 dieser Arbeit.
[146] HEINRICH POHL, Zuständigkeiten, a.a.O., S. 484. Voraussetzung war, daß in seinen Kundgebungen keine „Anordnungen" bzw. „Verfügungen" vorhanden waren.
[147] FRITZ STEFFEN, a.a.O., S. 86.
[148] Wortlaut: „Der Reichspräsident übt für das Reich das Begnadigungsrecht aus. Reichsamnestien bedürfen eines Reichsgesetzes". Bei Strafsachen und dergleichen, die direkt in die Kompetenz der Länder fielen, konnte der Reichspräsident mit seinem Begnadigungsrecht nicht intervenieren. Verfassungsrechtlich war sein Eingreifen in die Justizhoheit der Länder nicht zulässig. Siehe BA Berlin-Lichterfelde, R 601/0/0/8 [S. 173f.].
[149] Bund zur Erneuerung des Reiches (Hrsg.): Die Rechte des deutschen Reichspräsidenten, a.a.O., S. 18.

dieses Sonderrecht auch außenpolitische Implikationen mit sich bringen, vor allem dann, wenn es um Gnadengesuche ausländischer Angeklagter ging[150].

---

[150] Vgl. hierzu S. 291-295 dieser Arbeit.

Zweites Buch: Die Persönlichkeit

A. Mythos, Symbol und Legende

Den Grundstein für die Mythologisierung seiner Person legte Hindenburg mit der siegreichen Schlacht bei Tannenberg im August 1914 selbst. Binnen weniger Tage avancierte der Oberbefehlshaber der 8. Armee in Ostpreußen, der die nominelle Verantwortung für die Schlacht bei Tannenberg trug[1], zum Hoffnungsträger der damaligen deutschen Armee und Bevölkerung. Im *Tannenbergsieg* liegt eine Zäsur für eine erstaunliche Metamorphose. Praktisch von einem Moment auf den anderen wurde aus dem wenig bekannten Durchschnittsgeneral ein Nationalheros, der nicht nur als neues Symbol des „deutschen Siegeswillen" bewundert, sondern gleichzeitig auch „tausendfach" zum militärischen Genie hochstilisiert wurde[2]. Mag die Schlacht bei Tannenberg, die selbst informierten Zeitgenossen wie ein Wunder erschien[3], aus militärhistorischer Perspektive gesehen als größter deutscher militärischer Erfolg im Ersten Weltkrieg gelten, so hatte sie keine kriegsentscheidende, wohl aber eine enorme psychologische Wirkung, die hauptsächlich Hindenburg zugute kam[4]. Seine inländischen Zeitgenossen versa-

---

[1] Diesen Aspekt beliebte Hindenburg öfters zu hervorzukehren: „[...] Ich war der Verantwortliche. [...] Wäre die Schlacht verloren worden, so hätte keiner die Verantwortlichkeit mit mir teilen wollen [...]". Siehe HUGO VOGEL: Erlebnisse und Gespräche mit Hindenburg, Berlin 1935, S. 59. WINFRIED SCHARLAU: Mit ihm trug Preußen sich selber zu Grabe. Der Mythos Hindenburg und ein wissenschaftlicher Skandal, in: Der Monat, Nr. 268 (1971), S. 56. Vgl. auch DIETER V. DER SCHULENBURG: Welt um Hindenburg. Hundert Gespräche mit Berufenen, Berlin 1935, S. 28.

[2] GERHARD GRANIER: Der Reichspräsident Paul v. Hindenburg, in: GWU, Bd. 20 (1969), S. 535. Auch JOHN W. WHEELER-BENNETT: Der hölzerne Titan - Paul von Hindenburg, Tübingen 1969, S. 49. „[...] Die Legende von Tannenberg war über Nacht entstanden [...]". WOLFGANG RUGE: Grauer General, Kriegsverlierer und Ersatzkaiser. Die drei Leben des Paul von Hindenburg, in: Preußen. Legende und Wirklichkeit, Berlin 1983, S. 222. WILHELM J. BÜTOW: Hindenburg. Heerführer und Ersatzkaiser, Bergisch-Gladbach 1984, S. 91.

[3] HOLGER AFFLERBACH: Erst Dampfwalze...dann Sandkastenspiel, in: *Die Zeit*, Nr. 35 (26.08. 1994), S. 58.

[4] In militärhistorischer Perspektive lag die Bedeutung der Schlacht bei Tannenberg darin, daß die deutsche 8. Armee die zahlenmäßig überlegene russische Narew-Armee unter der Führung von Samsonow nach dem klassischen Vorbild der Cannaeschlacht 216 v. Chr. durch Flankenangriffe völlig einkreiste und besiegte. MARTIN LÜDERS ist nur einer von mehreren Autoren, der in die-

hen ihn fortan jedenfalls mit Attributen wie „Held von Tannenberg" oder „Retter Ostpreussens"[5]. Daß er nahezu alle Lorbeeren des *Tannenbergsieges* alleine ernten konnte, wenngleich Ludendorff als der aktivere Teil die Entscheidungen getroffen hatte[6], kann sicherlich auf sein charismatisches äußeres Erscheinungsbild zurückgeführt werden. Seine 1,83 Meter große, massige Gestalt[7], seine aufrechte soldatische Körperhaltung, seine „tiefe Baßstimme"[8], deren Timbre militärische Herkunft verriet, seine „großen klaren Augen"[9], denen man sich kaum zu entziehen vermochte, sowie sein „holzschnittartiges Gesicht"[10] formten ihn zu einer lebenden Legende, ließen ihn schon zu Lebzeiten aussehen wie sein eigenes Denkmal[11]. Für seine Zeitgenossen ging von ihm ein unerklärbarer

---

sem Zusammenhang von einem „Cannae in Ostpreußen" spricht. Siehe DERS.: Der Soldat und das Reich. Paul von Hindenburg - Generalfeldmarschall und Reichspräsident, Leoni am Starnberger See 1961, S. 87ff.; Näheres zu Tannenberg bei ROBERT B. ASPREY: The German High Command at War. Hindenburg and Ludendorff conduct World War I, New York 1991, S. 73ff.

[5] Mit der „Schlacht an den Masurischen Seen" [05.-15.09.1914] und der „Winterschlacht in den Masuren" [07.-27.02.1915] wurden die russischen Truppen endgültig aus Ostpreußen vertrieben und somit die Lage an der deutschen Ostgrenze stabilisiert.

[6] Ludendorff und Hoffmann waren die eigentlichen Strategen, denen letztlich der entscheidende Anteil am „Tannenbergsieg" zukam. Siehe auch HANS-OTTO MEISSNER: Junge Jahre im Reichspräsidentenpalais. Erinnerungen an Ebert und Hindenburg 1919-1934, München 1988, S. 183.

[7] Sowohl in den Memoirenwerken als auch in der Sekundärliteratur fallen die Angaben über Hindenburgs Körpergröße, die gewiß sein charismatisches Erscheinungsbild unterstrichen haben, sehr unterschiedlich aus. Von manchen Autoren wird Hindenburg zum Hünen stilisiert. Zechlin etwa maß dem „Koloß" eine Größe von 1.90 Meter zu. Um der Diskussion ein endgültiges Ende zu bereiten: Die offiziellen Maße waren laut Angabe seines Staatssekretärs, der dies vielleicht sogar besser beurteilen konnte als Hindenburg selbst, wie folgt: 1.83 Meter ohne Stiefel, 1.85 Meter mit Stiefel. Schreiben StS Meissner [B.d.Rpräs.] an Prof. Dr. Franz Stolle, Berlin, 12.03.1931 [Durchschlag], BA Berlin-Lichterfelde, R 601/47. WALTER ZECHLIN: Pressechef bei Ebert, Hindenburg und Kopf, Hannover 1956, S. 110.

[8] CARL SEVERING: Mein Lebensweg, Band II. Im Auf und Ab der Republik, Köln 1950, S. 57. ANDRÉ FRANÇOIS-PONCET: Als Botschafter in Berlin 1931-1938, Kupferberg 1949, S. 219.

[9] So HANS LUTHER: Politiker ohne Partei. Erinnerungen, Stuttgart 1960, S. 336.

[10] WALTER ZECHLIN, Pressechef, a.a.O., S. 110. OTTO GESSLER: Reichswehrpolitik in der Weimarer Zeit, Stuttgart 1958, S. 342. CARL SEVERING, a.a.O., S. 57. Nach Wilhelm Marx hatte Hindenburg „ein überaus reiches, gütiges und mildes Herzensempfinden, das in vollem Gegensatz stand zu seinen immerhin etwas harten und energischen Gesichtszügen". Erinnerungsbericht Wilhelm Marx: „Erinnerungen an Hindenburg. Aus der Zeit meiner Kanzlerschaft unter Reichspräsident von Hindenburg" (geschrieben Oktober 1934) [Original], HA Köln, NL Marx, Best. 1070/283 [S. 5]. GRANIER, a.a.O., S. 535. CARL V. OSSIETZKY hingegen beschrieb Hindenburgs Gesichtszüge als verwittert, golemhaft und unbewegt. DERS.: Ein Jahr Hindenburg, in: Die Weltbühne, Nr. 17, 27.04.1926, S. 639.

[11] ERNST FEDER: Heute sprach ich mit [...]. Tagebücher eines Berliner Publizisten 1926-1932, Hrsg.: Cécile Lowenthal-Hensel/Arnold Paucker, Stuttgart 1971, S. 38. An Pathos ließ es Walter Bloem wahrlich nicht fehlen, als er Hindenburg „die edelsten Tugenden für die Menschheit

Nimbus, von seiner Gegenwart ein „nicht zu beschreibendes Fluidum" aus, welches bei einigen seiner Gesprächspartner mitunter sogar Lampenfieber und ein „Gefühl starker Unsicherheit" auslöste[12]. In dem Bann dieser Ausstrahlungskraft wurden selbst seine politischen Gegner gezogen, die ihm „ehrlichen Respekt" entgegenbrachten[13]. Über den „Hölzernen Titanen" ergoß sich in Deutschland eine wahre Flut von Zeitungsartikeln, Anekdoten, Gedichten, Broschüren, öffentlichen Ehrungen etc., die seine Person, oft auch auf skurrile Art und Weise[14], bis „ins Magische steigernd"[15], „einem Gott gleich" zum Heiligtum verklärten[16]. Die zahlreichen Ehrendoktorwürden und Ehrenbürgerschaften von 3824 deutschen Städten und Gemeinden[17], die gewissermaßen die seriöse Seite des gro-

---

unentbehrlichen deutschen Wesens" zuschrieb. WALTER BLOEM: Hindenburg der Deutsche, Berlin 1932, S. 274.

[12] „[...] Noch aus den dreißiger Jahren weiß ich von manchen, die nicht gerade schüchtern waren oder leicht in Verlegenheit gerieten, daß sie gleichsam Lampenfieber hatten, ein Gefühl starker Unsicherheit spürten, wenn sie Hindenburg gegenübertraten [...]". THEODOR ESCHENBURG: Die Rolle der Persönlichkeit in der Krise der Weimarer Republik. Hindenburg, Brüning, Groener, Schleicher, in: VfZ, Bd. 1 (1961), S. 3. Siehe DERS.: Also hören Sie mal zu. Geschichte und Geschichten 1904 bis 1933, Berlin 1995, S. 269. WIPERT V. BLÜCHER: Gesandter zwischen Diktatur und Demokratie. Erinnerungen aus den Jahren 1935-1944, Wiesbaden 1951, S. 42. ANDREAS DORPALEN: Hindenburg in der Geschichte der Weimarer Republik, Berlin/Frankfurt a. M. 1966, S. 117. Schreibmaschinenmanuskript v. Gayl (1942) zum Buch „Mit Schwert und Feder. Erinnerungen an Front- und Verwaltungsdienst in den Jahren 1914/19" [Original], BA Koblenz, NL v. Gayl, N 1031/2 [S. 81].

[13] Arnold Brecht schreibt diesbezüglich: „[...] Mich trennt in Weltanschauung und politischer Einstellung eine tiefe Kluft von Herrn von Hindenburg. [...] Ich habe den Reichspräsidenten kennengelernt als einen Mann, auf dessen Wort man bauen kann, als einen Menschen reinen Wollens und abgeklärten Urteils, erfüllt von Kantischen Pflichtgefühl [...]". ARNOLD BRECHT: Mit der Kraft des Geistes. Lebenserinnerungen. Zweite Hälfte 1927-1967, Stuttgart 1967, S. 154. THEODOR ESCHENBURG, Die Rolle der Persönlichkeit, a.a.O., S. 3. „[...] Sein (Hindenburgs) mythologischer Nimbus war so stark, daß er sogar die Gegner des Hindenburgmythos erfaßte. [...]". So GERHARD SCHULTZE-PFÄLZER: Hindenburg. Ein Leben für Deutschland, Berlin 1934, S. 306.

[14] WALTER GÖRLITZ: Hindenburg. Ein Lebensbild, Bonn 1953, S. 111. Treffend pointiert Görlitz weiter: „[...] Die Wollust eines unselbständigen Volkes, anzubeten, tobt sich in Orgien aus [...]". In Restaurants wurden nach ihm Gerichte benannt. *Hindenburg*-Zigarren, -Schuhe oder -Krawatten usw. wurden zu Verkaufsschlagern. WHEELER-BENNETT, Der hölzerne Titan, a.a.O., S. 49f.

[15] So WINFRIED SCHARLAU, a.a.O., S. 57.

[16] JOHN WHEELER-BENNETT, Der hölzerne Titan, a.a.O., S. 17. RUDOLF OLDEN: Hindenburg oder der Geist der preußischen Armee, Hildesheim 1982, S. 111. SCHARLAU spricht in diesem Zusammenhang von einer „Lawine hysterischer Schmeichelei". DERS., a.a.O., S. 57.

[17] Siehe BA Berlin-Lichterfelde, R 601/189. Neben den zahlreichen Ehrenbürgerschaften wurden Hunderte von Straßen, Parks oder Brücken nach ihm benannt, die in diesem Dokument und weiteren Aktenbänden chronologisch erfaßt sind. GÖRLITZ, Hindenburg, a.a.O., S. 111.

tesken Kults um seine Person bildeten, nahm er nur scheinbar gelassen hin. Nach außen gab er sich sehr bescheiden[18], in Wahrheit aber wußte er „um das Geheimnis seiner Wirkung", war sich seiner Würde zutiefst bewußt[19]. Auch wenn er dem Kult um seine Person hier und da Einhalt gebot, so kann man ihm dennoch eine gewisse Eitelkeit nicht absprechen; er genoß es, sich feiern zu lassen und im Rampenlicht der Öffentlichkeit zu stehen[20]. Ja, er förderte überdies die mythische Verklärung seiner selbst, indem er den ganzen Rummel und Verehrungskult um seine Person kritiklos tolerierte und nur dann konsequent durchgriff, wenn sein Name etwa für unseriöse oder kommerzielle Zwecke mißbraucht wurde[21]. In den Bahnen dieser mythischen Idealisierung bewegte sich auch die reichhaltige populäre und wissenschaftliche Literatur. Bereits ein Blick in die 1938 erschienene Hindenburg-Bibliographie genügt[22], um die quantitative Dimension der zeitgenössischen Monographien und Biographien gebührend zu erfassen. Schon seinerzeit hatte das Schrifttum über Hindenburg im Jahre 1932 „den Umfang einer Spezialbibliothek" angenommen[23].

Sieht man einmal von der in Deutschland weit verbreiteten Hochschätzung seiner Person ab, dann fällt die verschwindend geringe Minorität kaum auf, die zu jener Zeit mit seinem Namen den Generalfeldmarschall des Ersten Weltkrie-

---

[18] „[...] Dabei ist er [Rpräs. v. Hindenburg] von einer sehr großen Bescheidenheit in bezug auf seine eigene Person [...]". Tagebucheintrag RAM Stresemann, 11.08.1925, in: HENRY BERNHARD (Hrsg.) Gustav Stresemann Vermächtnis. Der Nachlass in drei Bänden. Locarno und Genf, Bd. II, Berlin 1932, S. 166.
[19] So THEODOR ESCHENBURG, Die Rolle, a.a.O., S. 3. DERS.: Also hören Sie mal zu. Geschichte und Geschichten 1904 bis 1933, Berlin 1995, S. 269. Siehe Hinweise ZECHLIN, Pressechef, a.a.O., S. 113. HANS-OTTO MEISSNER, a.a.O., S. 245. WHEELER-BENNETT, Der hölzerne Titan, a.a.O., S. 50.
[20] FRITZ GÜNTHER V. TSCHIRSCHKY: Erinnerungen eines Hochverräters, Stuttgart 1972, S. 132.
[21] Häufig wurde auch Hindenburgs Name für Werbezwecke instrumentalisiert, wie im Fall der von ausländischen Investoren unterstützten Berliner Firma Beuthien & Schultz. Zusammen mit einem Portraitphoto Hindenburgs und seiner Unterschrift warben sie für ihr Produkt „Läkerol"-Hustentabletten. Nachdem die deutsche „Gesellschaft zur Bekämpfung des Kurpfuschertums" von Hindenburg verlangte, „geeignete Schritte" gegen den „Mißbrauch seines Namens zu Zwecken übelster Reklame" zu ergreifen, verwahrte Hindenburg sich gegen die „Ausnutzung" seines Namens durch ein ausländisches Unternehmen, das zudem deutsche Subventionen erhielt. Werbeannonce in Berliner Illustrierte Zeitung, 06.03.1927; Schreiben MinDir Doehle [B.d.Rpräs.] an Arthur Finke, Berlin, 17.09.1927 [Durchschlag]; Schreiben StS Meissner an Firma Beuthien & Schultz GmbH., Berlin, 27.11.1927 [Durchschlag]; Schreiben Firma Beuthien & Schultz GmbH. an B.d.Rpräs. [o.A.], Berlin, 10.12.1927 [Original], BA Berlin-Lichterfelde, R 601/9.
[22] Hindenburg-Bibliographie. Verzeichnis der Bücher und Zeitschriftenaufsätze von und über den Reichspräsidenten Generalfeldmarschall von Hindenburg, Hrsg.: Deutsche Bücherei, Leipzig 1938.
[23] WALTER BLOEM, a.a.O., S. V.

Die Persönlichkeit   65

ges assoziierte, der nach 1918 auf der Kriegsverbrecherliste der Entente ganz oben rangierte[24] und der de facto für den Tod von Millionen von Menschen mitverantwortlich war. Warum die Verehrung solch skurrile Ausmaße, der Kult um den neugewonnenen Ersatzmonarchen[25] religiöse Dimensionen annahm, bleibt jedoch ein eigentümliches sozialpsychologisches Phänomen dieser Zeit. Ebenso offen bleibt die Antwort auf die Frage, warum der Hindenburg-Mythos trotz des verlorenen Krieges und trotz der anschließenden Novemberrevolution 1918 sich unaufhörlich steigerte. Hindenburg büßte im Gegensatz zu Ludendorff und Kaiser Wilhelm II. mit Kriegsende keineswegs an Reputation ein, sondern überlebte wie „ein Fels in der unbegreiflichen Brandung des Zusammenbruches"[26]. Am Ende dieser Entwicklung stand bekanntlich seine Berufung ins höchste Amt der Weimarer Republik, die ganz gewiß nicht politisch oder programmatisch motiviert war.

Um das oft zitierte Wort vom *Ersatzkaiser* nochmals zu strapazieren: Das Votum der deutschen Wählerschaft für ihn war nichts anderes als ein Votum für das „Symbol einer scheinbar gestorbenen Vergangenheit"[27], eine Abstimmung über die mögliche Restauration der Monarchie, ohne daß irgendwelche außenpolitischen Erwägungen eine Rolle gespielt hätten.

---

[24] Nach Artikel 227-239 des Friedensvertrages wurde die Auslieferung von deutschen Militär- und Zivilpersonen zur Strafverfolgung wegen des Vorwurfs von Kriegsverbrechen verlangt. Wegen seiner „Kriegsverbrechen" wurde Hindenburg permanent von kommunistischen Blättern attakkiert. Unter der Überschrift: „Die Opfer des Massenmordes an Hindenburg!" schrieb etwa das Organ der Kommunistischen Partei Deutschlands „Ruhr-Echo" am 17.09.1925 anläßlich Hindenburgs bevorstehender Fahrt in das „befreite" Rheinland: „[...] Hindenburg, Ihr Name, das ist der Krieg, Ihr Name, das ist Elend und Hunger für Millionen [...] sie kommen zur *Befreiung* des Rheinlandes. [...]". AdsD Friedrich-Ebert-Stiftung Bonn, NL Severing, Mappe 127 [Preuß. Innenminister 39]. Hierzu siehe auch WALTER SCHWENGLER: Völkerrecht, Versailler Vertrag und Auslieferungsfrage. Die Strafverfolgung wegen Kriegsverbrechen als Problem des Friedensschlusses 1919/20, in: Beiträge zur Militär- und Kriegsgeschichte. Hrsg.: Militärgeschichtliches Forschungsamt, 24. Band, Stuttgart 1982, S. 200ff.

[25] WERNER CONZE: Die Krise des Parteienstaates in Deutschland 1929/30, in: HZ, Bd. 178 (1954), S. 54.

[26] FRIEDRICH J. LUCAS: Hindenburg als Reichspräsident, in: Bonner Historische Forschungen, Hrsg.: Max Braubach, Bd. 14, Diss. Bonn 1959, S. 14. Hierzu WALTER MÜHLHAUSEN: „[...] denn erstaunlicherweise war der in den Kriegsjahren zum nationalen Heros hochstilisierte Generalfeldmarschall aus dem von ihm entscheidend mitzuverantwortenden militärischen Desaster Deutschlands unbeschädigt hervorgegangen. [...]". DERS.: Das Büro des Reichspräsidenten in der politischen Auseinandersetzung, in: Friedrich Ebert als Reichspräsident: Amtsführung und Amtsverständnis. Hrsg.: Eberhard Kolb. Schriftenreihe der Stiftung Reichspräsident-Friedrich-Ebert-Gedenkstätte, Bd. 4, S. 119f.

[27] M. J. BONN: So macht man Geschichte. Bilanz eines Lebens, München 1953, S. 289.

Von der Intensität her war diese maßlose Idealisierung seiner Taten ein spezifisch deutsches Kuriosum, das wohl seinesgleichen in der Welt suchte. Nicht minder wurde er auch von ausländischen konservativen und militärischen Kreisen gehuldigt. Berichte hochrangiger Politiker und Diplomaten sowie gestandener Journalisten, die den Reichspräsidenten in natura erlebten, geben jedenfalls ein einmütiges Zeugnis darüber ab, wie sehr auch sie von seiner charismatischen Ausstrahlung geblendet und daher in ihrer Urteilskraft beeinträchtigt wurden[28]. Der Mythos um den Marschallpräsidenten drang bis in die fernste Provinz über alle Grenzen hinweg und faszinierte selbst jene, die ihn nie zu Gesicht bekommen hatten. Hierzu zählten gerade jene Politiker und Staatsoberhäupter, die fernab von Deutschland lebten und ihn aufgrund der geographischen Gegebenheiten nur vom *Hören-Sagen* kannten, die sowohl den Weltkriegsgeneral als auch den zweiten Reichspräsidenten der Weimarer Republik hoch verehrten[29].

B. Mensch und Charakteristika

I. Erste Berührungen mit Grundfragen außenpolitischer Couleur: Ein biographischer Überblick 1847-1925

Paul Ludwig Hans Anton von Beneckendorff und von Hindenburg[30] wurde am 2. Oktober 1847 als Sohn des preußischen Majors Robert von Hindenburg geboren und wuchs in Posen in relativ bescheidenen, ja schier „spartanischen" Ver-

---

[28] „[...] Diplomats have often told me how charmed they have been by his gentle and easy demeanor. [...]". HELENE V. NOSTITZ V. HINDENBURG: Hindenburg at home. An intimate biography, New York 1931, S. 72.

[29] Hierzu zählte beispielsweise der chinesische Präsident der Nationalregierung, Marschall Chiang-Kai-Shek, der in Gegenwart des deutschen Gesandten in Peking, Trautmann, Hindenburgs militärisches und staatsmännisches Wirken überschwenglich lobte. Siehe Schreiben Dt. GS Oskar Trautmann an AA [o.A.], Peping [sic! - Peking ist gemeint], 13.10.1931 [Original u. weitere Durchschläge], PA AA Bonn, Personalakte Trautmann, Bd. 85, Bd. 2.

[30] Hindenburg schreibt über seine Herkunft: „[...] Unser Geschlecht, die Beneckendorffs, entstammt der Altmark, wo es urkundlich im Jahre 1280 zum erstenmal auftritt. [...] Der Name Hindenburg trat erst 1789 zu dem unsrigen. Wir waren mit diesem Geschlecht in der neumärkischen Zeit durch Heiraten in Verbindung getreten [...]". Siehe GENERALFELDMARSCHALL PAUL V. HINDENBURG: Aus meinen Leben, Leipzig 1920, S. 3f.; Näheres hierzu bei WERNER MASER: Hindenburg. Eine politische Biographie, Rastatt 1989, S. 13ff.

Die Persönlichkeit 67

hältnissen auf³¹. In den Jahren 1859 bis 1866 durchlebte er in der preußischen Kadettenanstalt Wahlstatt bei Liegnitz eine „bewußt und gewollt rauhe Erziehung"³², die auf seine charakterliche und militärische Entwicklung großen Einfluß haben sollte³³. Neben insgesamt „vielseitigen" militärischen Aufgaben in Friedenszeiten³⁴ wurde er schon sehr früh mit der bitteren Realität des Krieges in der Schlacht bei Königgrätz 1866 und im deutsch-französischen Krieg 1870/71 konfrontiert³⁵. Seine Offizierslaufbahn vollzog sich in den Jahren 1871 bis 1911, als er auf der Karriereleiter vom Hauptmann bis zum Generalleutnant emporstieg³⁶. 1911 erfolgte auf eigenen Wunsch die Verabschiedung aus dem aktiven Militärdienst. Hindenburg, der im Innersten immer Soldat geblieben war, empfand schon bald „Sehnsucht nach den Reihen der Armee"³⁷. In dieser Phase hat er sich laut eigener Aussage unter anderem auch in die internationalen und außenpolitischen Vorgänge in Marokko und auf dem Balkan vertieft³⁸, bis ihn die Berufung zum Armeeführer der 8. Armee im Osten am 22. August 1914 aus der Rolle des passiven Beobachters „erlöste"³⁹. Nach der legendären Schlacht bei Tannenberg⁴⁰ und nach der Ernennung zum Generalfeldmarschall am 27. No-

---

[31] JOHN WHEELER-BENNETT, Der hölzerne Titan, a.a.O., S. 24. Ebenso ERNST V. EISENHART ROTHE: Hindenburg, in: Die Großen Deutschen. Neue Deutsche Biographie, Hrsg.: Willy Andreas/Wilhelm v. Scholz, Bd. IV, Berlin 1936, S. 607.
[32] „[...] Soldat zu werden war für mich kein Entschluß, es war eine Selbstverständlichkeit [...]". PAUL V. HINDENBURG, a.a.O., S. 4 u. 9.
[33] Generalfeldmarschall v. Hindenburg an Kommandeur des Kadettenhauses in Wahlstatt, 10.12.1914. Abgedruckt in: BERNHARD V. HINDENBURG: Feldmarschall von Hindenburg. Ein Lebensbild, Berlin 1917, S. 53f.
[34] Vielseitig war Hindenburgs Ausbildung nach Einschätzung Walter Zechlins, weil er neben den herkömmlichen militärischen Aufgaben auch als Referent im Kriegsministerium tätig gewesen war. Siehe Vortrag Walter Zechlin über „Hindenburg" im Deutsch-Englischen Club, Hannover, 08.02.1949, PA AA Bonn, NL Zechlin.
[35] Nach Kriegsende wohnte der damalige Bataillons- u. Regimentsadjutant der Kaiserkrönung Wilhelm I. in Versailles am 18. Januar 1871 bei. HINDENBURG, a.a.O., S. 42.
[36] JOHN WHEELER-BENNETT, Der hölzerne Titan, a.a.O., S. 24. Im einem Qualifikations-Bericht vom 01.01.1887 wird er als „vortrefflicher Generalstabsoffizier", mit „scharfen Verstand" und „schneller Auffassungsgabe" charakterisiert. Siehe WALTER HUBATSCH (Hrsg./Bearb.): Hindenburg und der Staat. Aus den Papieren des Generalfeldmarschalls und Reichspräsidenten von 1878 bis 1934, Göttingen/Berlin/Frankfurt a. M./Zürich 1966, Dok.-Nr. 1, S. 151.
[37] PAUL VON HINDENBURG, a.a.O., S. 64.
[38] EBD., S. 71.
[39] EBD., S. 74.
[40] Im *Deutschen Volksblatt* vom 07.04.1932 wurden, wie übrigens in vielen anderen Artikeln, die Hindenburgs militärischen Aufstieg fokussierten, die Stationen seiner Karriere und Biographie bis 1914 auf drei Schlagwörter reduziert. Dort heißt es: „[...] Königgrätz (1866), Versailles (1871) und Tannenberg (1914) sind die Marksteine des Soldaten, des Herrn Feldmarschall Paul von Hindenburg [...]". Auch in einer Broschüre mit dem Titel „Hindenburg unsere Rettung! Material

vember 1914 übernahm er am 29. August 1916 als Generalstabschef des Feldheeres mit Ludendorff die 3. Oberste Heeresleitung, in der er zum ersten Mal auch direkt mit außen- und innenpolitischen Entscheidungsfragen in Berührung kam[41]. Daß er jedoch in der OHL zur Figur im Hintergrund wurde und Ludendorff praktisch das alleinige Planen und Lenken gewährte[42], hing vornehmlich damit zusammen, daß er sich der Auseinandersetzung mit politischen Fragen – zumindest zu diesem Zeitpunkt – nur halbherzig stellte oder ihr bewußt auswich und meist nur seinen Intuitionen folgte[43]. Durch seine unpolitische Einstellung und passive Verhaltensweise entstand ein Entscheidungsvakuum, das Ludendorff geschickt auszunutzen verstand. Mehrheitlich waren die Entscheidungen und Verordnungen der OHL auf rein innen- sowie kriegspolitischer Ebene angesiedelt[44]. Bei kriegstaktischen und *außenpolitisch* obligaten Fragen und Resolutionen, wie beispielsweise der in seiner Tragweite sehr folgenschwere, sehr umstrittene OHL-Beschluß über die Eröffnung des deutschen uneingeschränkten U-Boot-Krieges gegen Amerika[45], der nicht nur das Ausscheiden des Reichskanzlers Bethmann-Hollweg, sondern auch den Kriegseintritt Amerikas bedingte[46],

---

für einen Vortrag, 1929" werden Hindenburgs Kriegserfahrungen überschwenglich kommentiert. ACDP Sankt Augustin, VI-051-225, Mitteilungsblätter, Broschüren, Wahlaufrufe 1925-1930, Archiv-Nr. 225, Broschüre „Hindenburg unsere Rettung!", S. 4.

[41] WERNER CONZE: Hindenburg, in: Neue Deutsche Biographie, Hrsg.: Historische Kommission bei der Bayerischen Akademie der Wissenschaften, Bd. 9, Berlin 1972, S. 179. Hindenburg selbst schrieb dazu: „[...] Bei einer der ersten politischen Fragen [...] handelte es sich um die Zukunft Polens [...]". Vgl. HINDENBURG, a.a.O., S. 201.

[42] „[...] Ich gebe zu, daß ich gar manche Äußerungen über politische Fragen mit meinem Namen und meiner Verantwortung deckte [...]". HINDENBURG, a.a.O., S. 201. Jahre später relativierte Hindenburg diesen Sachverhalt mit der Feststellung, Ludendorff würde seinen Anteil bei der Schlacht von Tannenberg überschätzen, „wenn er auch dabei mitgewirkt habe". PA AA Bonn, NL Stresemann, Bd. 60, 7370 H/H 166400. Mehr über die nach Hindenburgs Tod entfachte Diskussion zu der Diskrepanz zwischen dem Mythos Hindenburg und seinen tatsächlichen Kriegstaten bei KLAUS JÜRGEN MÜLLER: General Ludwig Beck. Studien und Dokumente zur politisch-militärischen Vorstellungswelt und Tätigkeit des Generalstabschefs des deutschen Heeres 1933-1938, in: Schriften des Bundesarchivs, Bd. 30, Boppard am Rhein 1980, S. 74ff.

[43] JOHN WHEELER-BENNETT, Der hölzerne Titan, a.a.O., S. 37.

[44] Beispielsweise das Hindenburgprogramm bzw. die Hilfsdienstgesetze. Eine Außenpolitik im herkömmlichen Sinne mit den obligatorischen diplomatischen Kontakten fand natürlich nicht statt. Hindenburgs erste *außenpolitische* Gehversuche müssen von daher relativ gesehen werden.

[45] Viele, unabhängig ihrer sozialen oder politischen Herkunft, sahen den U-Boot-Krieg als eklatanten „Fehler" an. Tagebucheintrag Dt. GS Ernst v. Weizsäcker (Dänemark), Kopenhagen, 03.05.1925, aus: E. LEONIDAS HILL (Hrsg.): Die Weizsäcker-Papiere 1900-1932, Berlin/Frankfurt a. M./Wien 1982, S. 369. ROBERT B. ASPREY, The German High Command at War, a.a.O., S. 231 u. 292ff.; WHEELER-BENNETT, Der hölzerne Titan, a.a.O., S. 109.

[46] Laut Aussage eines anwesenden Zeitzeugen soll Hindenburg die Information über den Eintritt der Vereinigten Staaten in den Krieg mit den Worten quittiert haben: „[...] Dieses Advokatenge-

herrschte zwischen ihnen Einvernehmen. Eine ebensolche Einigkeit demonstrierten beide mit der Zurückweisung der Friedensnoten beziehungsweise der Vermittlungsbemühungen seitens des amerikanischen Präsidenten Wilson[47]. Aber auch in ihrer oppositionellen Haltung zum Auswärtigen Amt fanden beide einen weiteren gemeinsamen Nenner[48]. Der Konflikt zwischen dem Auswärtigem Amt und der OHL verschärfte sich durch die wachsende Bedeutung des „Großen Hauptquartiers" als eine Art von zweitem Auswärtigen Amt. Waren die Beziehungen zum Auswärtigem Amt demzufolge eher von Konkurrenz geprägt, so gestaltete sich das persönliche Verhältnis beider Offiziere im *imperium in imperio* dank Hindenburgs reservierter Attitüde eher harmonisch. Berücksichtigt werden sollte aber grundsätzlich, daß beide die Verantwortung für eine insgesamt „ruinöse" Innen- und Außenpolitik tragen: Ihre Entscheidungen hatten sowohl für die Soldaten auf beiden Seiten als auch im besonderem Maße für die Zivilbevölkerung verheerende Konsequenzen[49].

Daß Hindenburg nach dem verlorenen Krieg in Deutschland nicht untergetaucht oder ins Ausland emigriert war, sondern sich für die Annahme der harten Waffenstillstandsbedingungen eingesetzt hatte[50], rechnete einer seiner Biographen ihm einmal als „größte und edelste Tat" an[51]. Eine weitere Leistung, die ansatzweise ein gewisses diplomatisches Geschick und Organisationstalent erforderte und die ihm mehrheitlich selbst von seinen Kritikern zugute gehalten wurde, stellte die von ihm nach Kriegsende organisierte Zurückführung der deutschen Truppen ins Reichsgebiet dar[52]. Vermutlich war dies die einzig wirklich sinnvolle *militärische* Großtat, die er je vollbracht hat.

---

sindel [...]". Erinnerungsmanuskript 1920-1945, Karl Schwarzkopf [Mikrofilm], BA Koblenz, Kl. Erw. 924 -2, S. 135.

[47] Hindenburg brachte in seinen Memoiren über Wilsons Friedensbemühungen folgendes zu Papier: „[...] Ich selbst hielt den Präsidenten Wilson nicht geeignet für eine parteilose Vermittlung [...]". Cf. HINDENBURG, Leben, a.a.O., S. 211. An einer anderen Stelle heißt es: „[...] Die Botschaft war für uns mehr eine Kriegserklärung als ein Friedensschritt [...]". EBD., S. 214.

[48] Der damalige Referent des AA, Rudolf Nadolny, äußerte sich diesbezüglich: „[...] Die [Hindenburg und Ludendorff] wollten einfach befehlen, und wir [das AA] hatten zu gehorchen". Siehe RUDOLF NADOLNY: Mein Beitrag. Erinnerungen eines Botschafters des Deutschen Reiches, Hrsg.: Günter Wollstein, Köln 1985, S. 108.

[49] So auch WINFRIED SCHARLAU, a.a.O., S. 57.

[50] GERHARD GRANIER, a.a.O., S. 538f.

[51] „[...] Das war seine größte und edelste Tat, größer als die Siege von Tannenberg [...]. Für diese Tat mögen ihm viele weniger edle Taten vergeben sein [...]". JOHN WHEELER-BENNETT, Der hölzerne Titan, a.a.O., S. 221.

[52] Tagebucheintrag Max v. Stockhausen, Berlin, 11.08.1927, BA Koblenz, NL v. Stockhausen, N 1057/38. Ausgesprochen pathetisch bewertete Stockhausen diese Tat Hindenburgs, die seiner Auffassung nach „für alle Zeiten zu den grössten Leistungen der Weltgeschichte gehören wird". Geradezu überschwenglich urteilte der ehemalige Reichsminister der Finanzen, Heinrich Köh-

Gerüchte über eine mögliche Kandidatur Hindenburgs kursierten zum ersten Mal bereits Anfang 1920 anläßlich der bevorstehenden Präsidentschaftswahl durch die deutsche Nationalversammlung. Diese Annahme sollte sich bekanntlich nicht bewahrheiten[53]. In den folgenden Jahren beschränkte sich sein Aktionsradius auf die Innenpolitik, wobei sein *Pakt* mit Ebert aus den bekannten Stationen seines weiteren Wirkens ein herausragendes und zugleich symbolisches Ereignis bildete[54]; hervorragend deswegen, weil das öffentlich nicht gemeinsam auftretende „Gespann" erfolgreich kooperierte[55], und symbolisch, da sich beide zum ersten Mal die Hand reichten[56], um der Republik militärischen Schutz zuzusichern, deren Staatsoberhäupter sie beide später werden sollten. Zwar hielt Hindenburg während seines Ruhestandes von 1919 bis 1925 den Kontakt zu Ebert aufrecht und verfolgte in „steter Verbindung mit der nationalen Bewegung"[57] die politische Entwicklung im Inland mit Interesse, doch widmete er sich in dieser Phase mehr privaten Interessen, wie der Malerei oder der Militärgeschichte und weniger tiefergehenden außenpolitischen Detailfragen[58]. Sich auf seine „alten Tage" nochmals mit Politik befassen zu müssen, hatte Hindenburg damals beileibe nicht eingeplant[59], – obgleich er noch vor dem Ableben Eberts Bereitschaft bekundet hatte, eventuell das Amt des Reichspräsidenten zu übernehmen.

Resümierend bleibt festzuhalten, daß Hindenburg seit 1916 in der OHL mit punktuellen außenpolitischen Entscheidungsfragen, die gesetzmäßig kriegstaktischer Natur waren, in Berührung kam und folglich in der formalen Führung

---

ler, über Hindenburgs Aktion. Für ihn war sie „eines der größten Wunder der politischen und sozialen Geschichte der Welt". HEINRICH KÖHLER: Lebenserinnerungen des Politikers und Staatsmannes 1878-1949, Hrsg.: Josef Becker, Stuttgart 1964, S. 324. Siehe auch HENRY BERNHARD: Aufzeichnungen und Betrachtungen, Stuttgart 1947, S. 23. ERICH V. MANSTEIN: Aus einem Soldatenleben 1887-1939, Bonn 1958, S. 59f.

[53] *Hannoversche Landeszeitung*, Nr. 14301, 14.03.1920, BA Koblenz, ZSg. 103/976.

[54] In einem Brief an Ebert vom 08.12.1918 versichert Hindenburg, daß er ihn „rückhaltlos" unterstützen werde, damit die „Gesundung des Staates" voranschreite. Der Brief ist abgedruckt vorzufinden in: WERNER MASER, Hindenburg, a.a.O., S. 176ff.; Zu den weiteren Stationen und wichtigen Begebenheiten von 1919 bis 1925 gibt Maser einen stichwortartigen Überblick. Vgl. DERS., a.a.O., S. 194ff.

[55] Zum Beispiel das „Gesetz zur Bildung einer vorläufigen Reichswehr". MASER, a.a.O., S. 182.

[56] Genauer gesagt war es Wilhelm Groener, der im Auftrage Hindenburg bzw. der OHL Ebert und der Reichsregierung die Loyalitätserklärung übergab. Zu einer Begegnung zwischen Hindenburg und Ebert kam es jedoch nie. Siehe Zeitungsartikel von Theodor Heuss: „Ebert oder Hindenburg?", Der Beamtenbund, Nr. 61, 09.08.1929, BA Koblenz, ZSg. 103/976.

[57] So RUDOLF OLDEN, Hindenburg, a.a.O., S. 212.

[58] WERNER MASER, a.a.O., S. 188.

[59] So Hindenburg im Gespräch mit StS Pünder. HERMANN PÜNDER: Von Preussen nach Europa. Lebenserinnerungen, Stuttgart 1968 (2. Aufl.), S. 80.

manche Erfahrungen sammeln konnte[60]. Insofern war er mit Beginn seiner Präsidentschaft auf der außenpolitischen Ebene durchaus kein homo novus mehr[61]. Es wäre aber vermessen, ihm aufgrund seiner früheren Funktion in der OHL irgendwelche diplomatischen Grunderfahrungen zu bescheinigen. Das klassische Gebiet der Diplomatie, mit all ihren völkerrechtlichen Regeln, Gesetzen und Finessen, war weder das Terrain des Generalfeldmarschalls noch das des späteren zweiten Reichspräsidenten der ersten deutschen Republik.

II. Charakter und Individualität

Zeit seines Lebens war Hindenburg in seiner Denkweise mit soldatischen Traditionen und Tugenden verwurzelt und blieb umgeben von den Bildern und Symbolen aus seiner Jugend und seinen Offiziersjahren[62]. Diese prägten seine militärische Gedankenwelt maßgeblich[63]. Primär orientierte er sich auch als Reichspräsident stärker an soldatischen Maßstäben und machte davor selbst in Ministerrats- und Kabinettssitzungen nicht halt[64]. Die Tatsache, daß er die im Friedensvertrag verbotenen und im Völkerbund diskreditierten paramilitärischen Verbände unterstützte, ist nur ein Beispiel dafür, wie sehr sein Denken selbst nach 1925 dem Militärischen verhaftet blieb. Unabhängig von allen Gesprächspartnern oder anstehenden Diskussionsthemen verknüpfte er geradezu turnusgemäß hochaktuelle politische Sachfragen mit ganz persönlichen militärischen Erinnerungen[65]. Wie auch immer ein Gespräch von ihm eingeleitet wurde, es endete

---

[60] THOMAS ESCHENBURG, Die Rolle, a.a.O., S. 4. HUBATSCH, Hindenburg und der Staat, a.a.O., S. 80.
[61] EBD., S. 82.
[62] CARL SEVERING, a.a.O., S. 57. Siehe auch ELARD V. OLDENBURG-JANUSCHAU: Erinnerungen, Leipzig 1936, S. 221. „[...] und blieb doch im Innern immer Soldat [...]". So HINDENBURG, a.a.O., S. 64 u. 219. GÖRLITZ, Hindenburg, a.a.O., S. 265 u. 394; OLDEN, Hindenburg, a.a.O., S. 74; SCHULTZE-PFÄLZER, a.a.O., S. 17; FRHR. WERNER V. RHEINBABEN: Viermal Deutschland. Aus dem Erlebten eines Seemanns, Diplomaten, Politikers 1895-1954, Berlin 1954, S. 177. „[...] Eingesponnen in die Vergangenheit, in Denkweise und Interessenkreis eines alten Offiziers lebt er dahin, ohne Anteilnahme am öffentlichen Geschehen. [...]". So CARL V. OSSIETZKY: Ein Jahr Hindenburg, in: Die Weltbühne, Nr. 17, 27.04.1926, S. 640f.
[63] So HANS LUTHER, Politiker, a.a.O., S. 337. Dito PAUL LÖBE: Der Weg war lang. Lebenserinnerungen von Paul Löbe, Berlin 1954 (3. Aufl.), S. 114f.
[64] So auch die Einschätzung von ANDREAS DORPALEN, a.a.O., S. 94.
[65] Aufzeichnung StS v. Schubert [AA], Berlin, 02.06.1925 [Durchschlag], PA AA Bonn, R 27369/D 826370. Dort betonte Hindenburg, bei der Lösung von politischen Sachverhalten müsse die „Handlungsfreiheit" bewahrt bleiben, wie in militärischen Situationen. Diese Quelle ist auch ediert vorzufinden in: ADAP, A-XIII (1995), Dok.-Nr. 77, S. 195f.; Aufzeichnung StS

stets mit einer militärischen Episode oder Anekdote, die er zum besten gab[66]. Sein politisches Handeln wurde von einer strengen Pflichtethik und von „vaterländischem Pflichtbewußtsein", vor allem aber von einer „tiefen Religiosität" diktiert[67]. All diese Faktoren haben ihn sicherlich während seiner Präsidentschaft davon abgehalten, radikalen politischen Ideen und Programmen Gehör zu schenken[68]. Andererseits haben sie aber zugleich auch seine apolitische Gesinnung konserviert und sein ohnehin sehr begrenztes Weltbild weiter gefestigt.

Den überzeugten Monarchisten[69] bedrückten die Ereignisse vom 9. November 1918[70] nicht weniger als die Kriegsniederlage und der Vertrag von Versailles. Vor allem seine Mitverantwortung für die Flucht Kaiser Wilhelms II. nach Holland verfolgte und quälte ihn sein Leben lang, und seine Furcht vor einer Auslieferung des Kaisers an die Ententemächte schwebte ständig wie ein Damokles-

---

Meissner über Ministerratssitzung, Berlin [Anlage], 15.03.1927, in: ADAP, B-IV-1, Dok.-Nr. 253, S. 565. Eine Durchschrift dieser Niederschrift wurde an die Reichskanzlei, eine andere an das Auswärtige Amt übersandt.

[66] THEODOR ESCHENBURG, Also hören sie mal zu, a.a.O., S. 270. Auch während Pünders einstündigen Antrittsbesuch beim Reichspräsidenten am 20.07.1926 wurden zu Anfang militärische Themen angeschnitten. HERMANN PÜNDER: Von Preussen nach Europa. Lebenserinnerungen, Stuttgart 1968 (2. Aufl.), S. 79f.; So CARL SEVERING, a.a.O., S. 57. HANS SCHLANGE-SCHÖNINGEN: Am Tage danach, Hamburg 1946, S. 56f.; Ferner hierzu Erinnerungen und Dokumente von Joh. Victor Bredt 1914 bis 1933, Bearb.: MARTIN SCHUMACHER, in: Quellen zur Geschichte des Parlamentarismus und der politischen Parteien. Dritte Reihe. Die Weimarer Republik, Hrsg.: Karl Dietrich Bracher/Erich Matthias/Rudolf Morsey, Bd. I, Düsseldorf 1970, S. 181.

[67] MAX V. STOCKHAUSEN: Sechs Jahre Reichskanzlei. Von Rapallo bis Locarno. Erinnerungen und Tagebuchnotizen 1922-1927, Bonn 1954, S. 159. ZECHLIN, Pressechef, a.a.O., S. 114. Erinnerungsbericht Wilhelm Marx: „Erinnerungen an Hindenburg", a.a.O., HA Köln, NL Marx, Best. 1070/283, [S. 5]. Zechlin wertet Hindenburgs religiösen Glauben jedoch als „etwas primitiv" ab. ZECHLIN, Pressechef, a.a.O., S. 114.

[68] GERHARD SCHULZ: Von Brüning zu Hitler. Der Wandel des politischen Systems in Deutschland 1930-1933, in: Zwischen Demokratie und Diktatur. Verfassungspolitik und Reichsreform in der Weimarer Republik, Bd. III, Hrsg.: Erhard Schulz, Berlin/New York 1992, S. 451.

[69] THEODOR HEUSS: Erinnerungen 1905-1933, Tübingen 1963, S. 328. „[...] Jedermann wußte, daß Hindenburg in seiner seelischen Substanz Monarchist war [...]". Auf seine monarchistische Grundeinstellung kam Hindenburg auch einmal in Anwesenheit seines Malers Hugo Vogel, der ihn portraitierte, zu sprechen: „[...] Ich bin für die alte Staatsform, die Monarchie. An die Republik, namentlich so wie sie heute besteht und von mir vertreten werden muß, kann ich mich nicht gewöhnen [...]". DERS.:, a.a.O., S. 109. CARL SEVERING, a.a.O., S. 314. GRANIER, a.a.O., S. 541. Nach SEBASTIAN HAFFNER war Hindenburg ein „Monarchist bis auf die Knochen". DERS.: Von Bismarck zu Hitler. Ein Rückblick, München 1987, S. 209. So auch CHRISTIAN BAECHLER: Gustave Stresemann (1878-1929). De l'impérialisme à la sécurité collective, Strasbourg 1996, S. 594.

[70] PAUL V. HINDENBURG, a.a.O., S. 402.

Die Persönlichkeit

schwert über seinem Haupt⁷¹. Seine Verbundenheit mit Kaiser Wilhelm II. ging so weit, daß er Anfang Juli 1919 dem französischen Marschall Ferdinand Foch das Angebot unterbreitete, von einer Auslieferung des deutschen Kaisers abzusehen und statt dessen ihn als verantwortlichen Offizier anzuklagen⁷².

Auch als Reichspräsident fühlte er sich seinem Kaiser zutiefst verpflichtet, wohingegen Wilhelm II. sich in Haßtiraden gegen ihn im privaten Kreis regelrecht ergoß⁷³. Demungeachtet beschränkte Hindenburg den außerdienstlichen

---

⁷¹ Markant dafür ist folgendes Beispiel. Als am 11.03.1932 in der *Kreuzzeitung*, dem Leiborgan Hindenburgs, General a.D. Otto v. Below in einem Aufruf, den er zusammen mit anderen Offizieren initiiert hatte, gegen die Wiederwahl Hindenburgs votierte und sein bisheriges Wirken als Reichspräsident heftig kritisierte, verteidigte Hindenburg nicht etwa sein Handeln als Reichspräsident, sondern nahm Bezug auf seine Treue zum Kaiser: „[...] Zu dem, was Sie über die abgelaufenen 7 Jahre meiner Amtszeit sagen, will ich mich nicht äussern. Das Urteil über meine Amtstätigkeit als Reichspräsident überlasse ich der Geschichte. Nur zu der ungeheuerlichen Behauptung, ich hätte mich von Seiner Majestät dem Kaiser und König getrennt, nehme ich durch folgende Erklärung Stellung: ‚Getreu dem letzten Befehl meines Kaisers und Königs, bin ich auf meinen Posten geblieben, um die Armee geschlossen in die Heimat zurückzuführen' [...]". Schreiben Rpräs. v. Hindenburg an General a.D. Otto v. Below, Berlin, 12.03.1932 [Durchschlag], BA Berlin-Lichterfelde, R 601/5 [zwischen S. 26 u. 27]. JOHN WHEELER-BENNETT, Der hölzerne Titan, a.a.O., S. 237 u. 250. ZECHLIN, Pressechef, a.a.O., S. 110. Schreiben Heinrich Brüning an Graf v. Brünneck, Cambridge, 12.10.1948 [Original], GStA Berlin-Dahlem, NL Brünneck, XX Rep. 300 Brünneck II, S. 40. Auf seinem Arbeitstisch plazierte er ein Bild des Kaisers. Cf. SCHULENBURG, a.a.O., S. 38. ZECHLIN, Pressechef, a.a.O., S. 110. Hindenburg hatte dem Kaiser bekanntlich zur Flucht nach Holland geraten. In einem öffentlichen Schreiben bekannte Hindenburg seine Mitverantwortung für die Flucht und Exilierung des Kaisers. Wheeler-Bennett bemerkt dazu: „ [...] Das Gespenst von Spa wurde ein fast unzertrennlicher Teil seines Daseins [...] und die wesentliche Politik seines späteren Lebens wurde von ihm bestimmt. [...]". WHEELER-BENNETT, Der hölzerne Titan, a.a.O., S. 253. Ferdinand Sauerbruch, der Hindenburg bis zu seinem Hinscheiden medizinisch betreute, schrieb, daß Hindenburg kurz vor seinem Tod im Delirium sich „im Geiste mit seinem ehemaligen Kaiser, mit Wilhelm II., unterhalten haben soll: „[...] Zwischen Traum und Wachen beschwor er den letzten deutschen Kaiser [...] ihm zu verzeihen, daß er ihn damals, 1918, verlassen habe, und daß er dazu beigetragen habe, ihn zur Reise nach Holland zu bewegen [...]". FERDINAND SAUERBRUCH: Das war mein Leben, Darmstadt 1976 (2. Aufl.), S. 407.

⁷² Auf dieses *offene* Schreiben von Hindenburg an Foch, das am 07.07.1919 im *Berliner Tageblatt* veröffentlicht wurde, reagierte die französische Regierung mit keinem Wort. Näheres hierzu bei WALTER SCHWENGLER, Völkerrecht, Versailler Vertrag und Auslieferungsfrage, a.a.O., S. 244ff.

⁷³ Folgende Äußerung des *Kaisers* auf ein Glückwunschtelegramm Hindenburgs anläßlich seines 73. Geburtstages, die für sich genommen noch sehr gemäßigt ist, offenbart den Grund seiner Feindseligkeit gegen den Reichspräsidenten: „[...] Legen Sie ihn zu den Akten, ich habe mit diesem Mann abgeschlossen, seitdem er den Ausweisungsparagraphen angenommen hat. [...]". So Tagebucheintrag SIGURD V. ILSEMANN, 28.01.1932, in: DERS.: Der Kaiser in Holland. Aufzeichnungen des letzten Flügeladjutanten Kaiser Wilhelms II., Hrsg.: HARALD V. KÖNIGSWALD, München 1968, S. 182.

Schriftverkehr auf Personen, die seiner Gesellschaftsschicht angehörten; ein privater Briefwechsel außerhalb dieser Sphäre fand bei ihm nicht statt[74].

Laut Aussagen vieler Zeitgenossen, die den Marschallpräsidenten persönlich gekannt und geschätzt hatten, soll er eine natürliche Offenheit, einen liebenswerten Charme und einen subtilen Sinn für Humor gehabt haben[75]. Ferner soll er ohne irgendwelche Allüren und Popularitätsbedürfnisse gewesen sein[76]. Seine stoische, ruhige, „nervenlose Art"[77], seine „gewaltige Ruhe"[78], die er ausgestrahlt haben soll, aber auch seine Fähigkeit bei politisch relevanten Vorträgen aufmerksam zuzuhören, um dann systematisch kritisch und exakt nachzufragen, hat vielen imponiert. Dabei soll der Reichspräsident, so ein deutscher Diplomat, bei den Gesprächen nicht nur „in überlegter Art sachliche Fragen" gestellt haben, sondern eine derartige „Interessiertheit und Aufgeschlossenheit" an den Tag gelegt haben, daß jede Berichterstattung beim ihm geradezu ein Vergnügen gewesen sei[79]. Auch seine „schnelle Auffassungsgabe"[80], seine „natürliche Schlauheit"[81], seine „politische" Klugheit[82], die freilich mehr auf gesundem Menschen-

---

[74] THEODOR ESCHENBURG, Also hören sie mal zu, a.a.O., S. 270f.
[75] DIETER V. DER SCHULENBURG, a.a.O., S. 89. Schreibmaschinenmanuskript v. Gayl (1942), a.a.O., BA Koblenz, NL v. Gayl, N 1031/2 [S. 85].
[76] EBD. [S. 81]. OTTO GESSLER, a.a.O., Reichswehrpolitik, S. 345.
[77] ZECHLIN, Pressechef, a.a.O., S. 110. In einem Schreiben an den deutschen Botschafter Rudolf Nadolny zeigte sich Hindenburgs Staatssekretär, Otto Meissner, über die „Ruhe und Abgeklärtheit" des Reichspräsidenten sehr erfreut. Siehe Schreiben StS Meissner [B.d.Rpräs.] an Dt. BS Nadolny, Berlin, 23.08.1927 [Original], PA AA Bonn, NL Rudolf/Änny Nadolny, Bd. 87.
[78] Ein Tag aus dem Leben des Reichspräsidenten [N.N.], Berlin 1925, S. 45. MAGNUS V. BRAUN: Von Ostpreußen bis Texas. Erlebnisse und zeitgeschichtliche Betrachtungen eines Ostdeutschen, Stollhamm 1955, S. 229.
[79] WIPERT V. BLÜCHER, Gesandter zwischen Diktatur und Demokratie, a.a.O., S. 42. Dito DERS.: Am Rande der Weltgeschichte. Marokko-Schweden-Argentinien, Wiesbaden 1958, S. 194. Auch GRAF JOHANN HEINRICH V. BERNSTORFF bestätigt dies in seinen Memoiren: „[...] Dann folgte eine längere Unterhaltung, in welcher der Reichspräsident mich eingehend über alle Fragen der auswärtigen Politik examinierte". Siehe DERS.: Erinnerungen und Briefe, Zürich [o.J.], S. 211. Dito ESCHENBURG, Die Rolle, a.a.O., S. 3; GESSLER, a.a.O., S. 346; MAGNUS V. FRHR. BRAUN, Von Ostpreußen bis Texas, a.a.O., S. 246.
[80] So RAM Stresemann im Gespräch mit THEODOR ESCHENBURG. Siehe DERS.: Die Rolle der Persönlichkeit, a.a.O., S. 3.
[81] So M. J. BONN, So macht man Geschichte, a.a.O., S. 288. HANS LUTHER, Politiker, a.a.O., S. 334. JOHN WHEELER-BENNETT spricht in diesem Zusammenhang von „Bauernschläue". Vgl. DERS., Der hölzerne Titan, a.a.O., S. 360.
[82] MinDir Doehle, der unter Hindenburg neun Jahre lang gearbeitet hatte, merkt hierzu an: „[...] Die Klugheit, Güte und Vornehmheit des alten Herrn werden mir stets ein unvergessliches Vorbild bleiben [...]". So HEINRICH DOEHLE: Lebenserinnerungen, Teil II, Weimarer Republik, Badenweiler 1963 (Privatdruck), BA Koblenz, Bibliothek Sig.: B I Doehle 1, S. 86. Erinnerungsbericht Wilhelm Marx: „Das Jahr 1925" [o.D.; geschrieben Sept. 1933], HA Köln, NL Marx, Best.

Die Persönlichkeit   75

verstand denn auf intellektueller Brillanz gründete[83], wird mehrheitlich anerkennend hervorgehoben[84]. In demselben Maße wurde sein Erinnerungsvermögen mit lobenden Worten bedacht; vor allem sein Gedächtnis für Personen und Begebenheiten soll exzellent gewesen sein[85]. Bemerkenswert ist auch das Urteil des

---

1070/66 [S. 25]. Gessler bezeugt Hindenburgs überdurchschnittlich „einseitig militärisch geschulte" Intelligenz. OTTO GESSLER, Reichswehrpolitik, a.a.O., S. 339.

[83] MAGNUS V. BRAUN, Von Ostpreußen bis Texas, a.a.O., S. 229. Dort attestiert Braun dem Reichspräsidenten einen „auffallend klaren gesunden Menschenverstand". Ähnlich äußerte sich Stresemann im Beisein Theodor Eschenburgs. DERS.: Also hören Sie mal zu. Geschichte und Geschichten 1904 bis 1933, Berlin 1995, S. 207. Selbst Heinrich Brüning, der sich im allgemeinen über Hindenburgs geistige Verfassung überwiegend abschätzig ausließ, bescheinigte ihm jedoch „gesunden Menschenverstand". Schreiben Heinrich Brüning an Rudolf Pechel [o.O., o.D.], abgedruckt in: Deutsche Rundschau, Bd. 70 (1947), S. 3. Cf. auch Schreiben Heinrich Brüning an Graf v. Brünneck, Warburg, 17.03. u. 26.03.1955, Harvard-University-Archives (PL), Cambridge/USA, NL Brüning, HUG FP 93.10, Box 5. Siehe auch WILHELM VERNEKOHL (Hrsg.): Heinrich Brüning. Reden und Aufsätze eines deutschen Staatsmannes, Münster 1968, S. 228. Vgl. auch HERMANN PÜNDER: Der Reichspräsident in der Weimarer Republik, in: Demokratische Existenz Heute-Schriften des Forschungsinstituts für Politische Wissenschaft der Universität Köln, Hrsg.: Ferdinand A. Hermens, Heft 2, Frankfurt a. M./Bonn 1961, S. 23. GRANIER, a.a.O., S. 534. Ex-Reichskanzler Luther relativierte Hindenburgs gesunden Menschenverstand mit der Bemerkung: „[...] Er (Hindenburg) verband *common sense* mit Sachunkenntnis. [...]". So Luther im Gespräch mit FELIX HIRSCH im Juli 1949. DERS.: Stresemann. Ein Lebensbild, Göttingen/Frankfurt a. M./Zürich 1978, S. 192 [Anm. 17, S. 194]. HANS LUTHER, Politiker, a.a.O., S. 334.

[84] Ein Zeitzeuge, der eine schier quantitative Methodik zur Erfassung charakterlicher Eigenheiten entwickelte, sollte in diesen Zusammenhang nicht unerwähnt bleiben. Hans Schäffer, der 1929 Staatssekretär im Reichsfinanzministerium wurde, legte seinerzeit über nahezu alle wichtigen Politikern, mit denen er in Kontakt gekommen war, Personenkarteien an, in denen er u.a. eine Notenskala für charakterliche Merkmale anlegte. Wenn ein Charakterzug besonders ausgeprägt war, erhielt er den Skalawert von 10, falls dieser nicht vorhanden war, die Punktzahl 0. Hindenburg hatte im Vergleich zu Schleicher [Schleichers Werte sind in eckiger Klammer gesetzt] folgende Werte: Wille 8 [8], Schlauheit 9 [7], Klugheit 9 [7], Weisheit 0 [7], Phantasie 3 [8], Feinfühligkeit 3 [2], Güte 5 [2], Zuverlässigkeit 5 [2], Eitelkeit 0 [5], Allgemeine Bildung 0 [4]. ECKHARD WANDEL: Hans Schäffer. Steuermann in wirtschaftlichen und politischen Krisen, Stuttgart 1974, S. 238.

[85] FRHR. WERNER V. RHEINBABEN, Viermal Deutschland. Aus dem Erlebten eines Seemanns, Diplomaten, Politikers, a.a.O., S. 178. Vgl. LUTZ GRAF SCHWERIN V. KROSIGK: Memoiren, Stuttgart 1977, S. 99ff.; SCHULENBURG, a.a.O., S. 80ff., 87ff. u. 193; OLDEN, Hindenburg, a.a.O., S. 238; ESCHENBURG, Die Rolle, a.a.O., S. 3. DERS.: Also hören Sie mal zu. Geschichte und Geschichten 1904 bis 1933, Berlin 1995, S. 207. „[...] Er besaß ein erstaunliches Gedächtnis [...]". Erinnerungsbericht WILHELM MARX: „Erinnerungen an Hindenburg, a.a.O., HA Köln, NL Marx, Best. 1070/283 [S. 5]. DERS.: „Das Jahr 1927", a.a.O., HA Köln, NL Marx, Best. 1070/72 [S. 76]. Schreibmaschinenmanuskript v. Gayl (1942), a.a.O., BA Koblenz, NL v. Wilhelm v. Gayl, N 1031/2 [S. 112f; dito S. 92]. ERICH V. MANSTEIN, a.a.O., S. 213f.; Artikel „Erinnerungen um

ehemaligen Reichskanzlers Wilhelm Marx, der Hindenburg bescheinigte, das so oft bei „klugen Politikern vermißte Fingerspitzengefühl [...] im vollsten Maße" besessen zu haben[86]. Erwähnenswerte rhetorische Qualitäten waren ihm zwar nicht zu eigen, gleichwohl hatte er eine verblüffende Begabung für überzeugende, eingängige Formulierungen. Das wenige, das der wortkarge, im Gespräch rezeptive Reichspräsident[87] mit vereinfachten Worten zum Ausdruck brachte, sprach er, so ein Zeitgenosse, dennoch mit einer „gewissen Würde" aus[88]. Gesteigert wurde dies alles durch seinen beachtlichen Sinn für populäre Effekte, welcher ihn befähigte, in wenigen Sätzen das gezielt zum Ausdruck zu bringen, was die Mehrheit seiner Zuhörer bewegte[89]. Hierbei hat sein markantes Äußeres gewiß das Seinige dazu beigetragen. Mit einer überdurchschnittlichen sozialen Intelligenz versehen, verstand er es, wie Brüning einmal bemerkte, seinen „alten, einfachen, aber guten Instinkt auf Menschenkenntnis" geschickt einzusetzen[90]. Trotz allem muß man jedoch den Aussagewert der Zeitzeugen und Personen, die ihn aus unmittelbarer Nähe erlebt haben und größtenteils sehr positiv darstellen, stark relativieren. Ihr Urteil und ihr persönlicher Eindruck läßt ihn, infolge ihrer Verehrung und für unsere Zeit kaum nachvollziehbaren Bewunderung für den Mythos und die lebende Legende, in einem günstigeren Licht erscheinen, als dieser es mit Sicherheit verdient hat. Diese Einschätzung findet vornehmlich durch den offenkundigen Mangel an inländischen kritischen Stellungnahmen und Kommentaren über ihn Bestätigung. Genaugenommen gab es kaum despektierliche Stimmen aus dem konservativen, bürgerlichen oder sozialdemokratischen Lager, die auf den deutschen Reichspräsidenten gezielt und dessen Mythos durchdrungen hätten, um ein völlig anderes Bild von ihm zu vermitteln. Auf

---

Hindenburg" von Prof. Münter, in: Deutsche Medizinische Wochenschrift, 29.03.1935 [Original], BA Koblenz, NL Schwertfeger, N 1015, Bd. 13 [S. 521f.].

[86] Erinnerungsbericht Wilhelm Marx: „Erinnerungen an Hindenburg", a.a.O., HA Köln, NL Marx, Best. 1070/283, [S. 1.].

[87] „[...] Wortkarg und rein rezeptiv; er gehörte wohl zu den Leuten, die erst ein wenig Vertrauen fassen müssen [...]. So FRANZ OLSHAUSEN in seinen Lebenserinnerungen [unveröffentliches, gebundenes Durchschlagexemplar] Bd. 2, BA Koblenz, Kl. Erw. 924 -2 [S. 327]. Ferner siehe ERNST LEMMER: Manches war doch anders. Erinnerungen eines deutschen Demokraten, Frankfurt a. M. 1968, S. 113. Reichsjustizminister Koch-Weser dagegen führte dies auf Hindenburgs „primitive" Denkweise zurück. Tagebucheintrag RJM Koch-Weser, Berlin, 07.12.1926, BA Koblenz, NL Koch-Weser, N 1012/34 [S. 169].

[88] THEODOR ESCHENBURG, Die Rolle, a.a.O., S. 4.

[89] JOHN WHEELER-BENNETT, Der hölzerne Titan, a.a.O., S. 28f.; GÖRLITZ, Hindenburg, a.a.O., S. 75. So LUCAS, a.a.O., S. 20.

[90] Schreiben Heinrich Brüning an Graf v. Brünneck, Cambridge, 12.10.1948 [Original], GStA Berlin-Dahlem, NL Brünneck, XX Rep. 300 Brünneck II, S. 21. Eine Abschrift dieser Zeilen ist im BA Koblenz bei den Kl. Erw. Nr. 242 -1 [S. 44f.] abgedruckt.

Die Persönlichkeit   77

seine Persönlichkeit und charakterliche Eigenarten vermochte das Präsidentenamt nicht mehr prägend zu wirken, dafür waren sein Weltbild und sein Denken zu sehr gefestigt und ausgereift; es war wohl eher umgekehrt, da er das Amt stark prägte[91].

III. *Senilität* als Politikum. Die Kontroverse um Hindenburgs geistige und körperliche Verfassung

Es scheint in der politischen Geschichte ein ungeschriebenes Gesetz zu sein, daß einen in Amt und Würden stehenden, hochbetagten Politiker oder Diplomaten im Verlauf seiner Amtszeit der Vorwurf der Unzurechnungsfähigkeit respektive *Senilität* trifft. Auch der zweite Reichspräsident der ersten deutschen Republik bekam dies zu spüren. Für Hindenburg wurde besagter Vorwurf gleichsam ein ständiger vertrauter Begleiter, der mit zunehmender Amtszeit sogar zu einem regelrechten Politikum heranreifte[92]. Was die Vielfalt derartiger Vorhaltungen gegen seine Person anbelangte, die vornehmlich rechts- oder linksradikaler Provenienz waren, so spiegelten sie sich meist in kolportierten Legenden wider[93], in denen er oft als müder alter Mann oder als Spielball in den Händen der *Kamarilla* abgestempelt wurde[94]. Höchstwahrscheinlich ist auch ihnen das Gerücht zuzuschreiben, dem zufolge er bereits Ende 1927 einen Schlaganfall erlitten haben soll. Jedoch wies die Presseabteilung der Reichsregierung das fragliche Gerede umgehend mit dem Hinweis zurück, der Reichspräsident erfreue sich bester Gesundheit[95]. Ohnehin muß das seit Ende 1931 vermehrte Aufkommen dieser

---

[91] GERHARD SCHULZ: Von Brüning zu Hitler, Bd. III, a.a.O., S. 348.
[92] Gleiches konstatiert WOLFGANG KALISCHER: Hindenburg und das Reichspräsidentenamt im „Nationalen Umbruch" 1932-1934, Diss. Berlin 1957, S. 18f.
[93] WALTER HUBATSCH, Hindenburg und der Staat, a.a.O., S. 124. OLDEN, Hindenburg, a.a.O., S. 236f.; Hierzu gezählt werden darf aber keinesfalls der Artikel von Carl von Ossietzky, der 1933 in der „Weltbühne" (Nr. 5, S. 153f.) den Konnex Hindenburg und *Kamarilla* kritisch unter die Lupe nahm. Der spätere Friedensnobelpreisträger, an dessen Integrität und politische Urteilskraft kein Zweifel besteht, bemerkte damals: „[...] Das ganze Land weiß es jetzt: der Reichspräsident wird von einer Kamarilla dirigiert [...]". Theodor Eschenburg schilderte hierzu, daß zwar ironische und diffamierende Anekdoten über politische Persönlichkeiten an der Tagesordnung waren, von denen Hindenburg jedoch - abgesehen von nationalsozialistischen und linksradikalen Kommentaren - ausgenommen wurde. ESCHENBURG, Die Rolle, a.a.O., S. 3.
[94] WALTER HUBATSCH, Hindenburg und der Staat, a.a.O., S. 95; MASER, a.a.O., S. 230.
[95] Schreiben v. Bodker (Reuter-Limited-Berlin) an AA z. Hd. Baligand [Pressabteilung], Berlin, 03.12.1927 [Orginal]. Schreiben AA [Presseabteilung] an v. Bodker (Reuter-Limited-Berlin), Berlin, 03.12.1927 [Durchschlag], PA AA Bonn, R 122390.

Flüsterpropaganda gegen ihn in Zusammenhang mit der Wiederwahl im Jahre 1932 gesehen werden[96]. Wann und wo immer es seinen Opponenten angebracht erschien, verunglimpften sie ihn mit Parolen und Schlagwörtern, die ihn in geistiger sowie körperlicher Hinsicht in ein denkbar schlechtes Licht stellten. Obgleich er sogar selbst die zunehmenden Gerüchte um seine Person durch Erklärungen, er fühle sich für eine weitere Amtszeit rüstig genug[97], immer wieder zu entkräften versuchte, und obwohl sein Staatssekretär das Gerede als „tendenziöse" Wahlpropaganda abqualifizierte[98] und auch die Reichsregierung seinen guten Gesundheitszustand bezeugte[99], haftete fortan das Stigma der *Senilität* unweigerlich an dem einstigen Generalfeldmarschall. Solcherlei Mutmaßungen wurden gerade von jenen Teilen der ausländischen Presse genährt, die der deutschen Außenpolitik generell mit Argwohn begegnete und das Handeln ihrer Akteure für gewöhnlich diffamierte. Daß er im Ausland zuweilen als

---

[96] Bereits vor Hindenburgs erster Wahl zum Reichspräsidenten tauchten vereinzelt Artikel, Kommentare und Stimmen auf, die seine geistige Souveränität stark in Frage stellten. Den Gerüchten stellte sich neben RAM Stresemann vor allem StS v. Schubert energisch entgegen. Dem italienischen Botschafter in Berlin, Graf Bosdari, erklärte er, daß Hindenburg zwar nicht mehr „der jüngste", dafür aber immer noch „frisch" genug sei, um das verantwortungsvolle Reichspräsidentenamt zu übernehmen. Aufzeichnung StS v. Schubert [AA], Berlin, 17.04.1925, in: ADAP, A-XII, Dok.-Nr. 262, S. 682.

[97] Schreiben Rpräs. v. Hindenburg an Generalfeldmarschall v. Mackensen, Berlin, 09.02.1932 [Original], BA-MA Freiburg i. Br., NL v. Mackensen, N 1039/272 [S. 65]. Der dazugehörige Durchschlag befindet sich im BA Berlin-Lichterfelde, 06.01/21 [S. 6]. Bereits zu Beginn seiner ersten Legislaturperiode erklärte Hindenburg in einem Interview, er fühle sich für das Amt des Reichspräsidenten rüstig und glaube daher, den zu erwartenden Aufgaben des künftigen Amtes gewachsen zu sein. Auszug aus der Unterredung Hindenburgs mit dem Berliner Vertreter des amerikanischen Hearstpresse-Konzerns, Berlin, 21.04.1925, in: FRITZ ENDRES (Hrsg.): Hindenburg. Briefe, Reden, Berichte, Ebenhausen 1934, S. 148.

[98] Schreiben StS Meissner [B.d.Rpräs.] an Frau Helene Ernst, Berlin, 08.12.1932 [Durchschlag], BA Berlin-Lichterfelde, R 601/6. In diesem Schreiben erklärte er des weiteren, Hindenburg habe weder einen Schlaganfall erlitten noch jemals ernsthaft in Erwägung gezogen, zurückzutreten. In einer anderen an die Reichsregierung gerichteten Zuschrift wird Meissner noch deutlicher: „[...] Alle in letzter Zeit zu leicht ersichtlichen Zwecken verbreiteten Gerüchte über den angeblich schlechten Gesundheitszustand des Herrn Reichspräsidenten sind völlig aus der Luft gegriffen. Der Reichspräsident erfreut sich der besten Gesundheit [...]". Schreiben StS Meissner [B.d.Rpräs.] an Presseabteilung der Reichsregierung, Berlin, 23.03.1932 [Durchschlag], BA Berlin-Lichterfelde, R 601/5 [S. 29].

[99] W.T.B.-Meldung, Berlin, 17.06.1933. „[...] Reichspräsident von Hindenburg erfreut sich guter Gesundheit; er erledigt in Neudeck nach wie vor seine Amtsgeschäfte und unternimmt in den freien Stunden Spaziergänge und Spazierfahrten in die nähere und weitere Umgebung [...]".

Die Persönlichkeit 79

„gebrechlich" und als „82-jährige Mumie" hingestellt wurde[100], störte ihn dabei selbst am wenigsten. Anders nahm dies sein Staatssekretär auf, der den kursierenden Gerüchten auf dienstlichem Weg entgegentrat. Als Anfang Juni 1933 kolportiert wurde, Hindenburg sei gesundheitlich schwer angeschlagen, beteuerte Meissner dem Reichsminister des Auswärtigen, von Neurath, das Gerede über den Gesundheitszustand des Reichspräsidenten sei „absolut frei erfunden", er sei „bei bestem Wohlsein"[101].

Eine Analyse der Fragen, inwieweit Hindenburg in seinem Entscheidungs- und Urteilsvermögen wirklich souverän war, inwiefern er überhaupt in der Lage war, seine politischen Vorstellungen autark zu verwirklichen, scheint aus zweierlei Gründen erforderlich. Zum einen, weil er gerade dem diffizilen Feld der Außenpolitik größere Aufmerksamkeit schenkte als dem innenpolitischen Ressort[102], für sie größere Anstrengungen in Kauf zu nehmen bereit war, zum anderen aufgrund der sehr widersprüchlichen und tendenziösen Aussagen über sein Denkvermögen. Wohl selten ist über die altersbedingte Geistesverfassung einer hochstehenden politischen Persönlichkeit so polemisch und kontrovers geurteilt worden, wie dies bei ihm der Fall gewesen war. Wie nuanciert die Bandbreite der verschiedenen Kommentare zu seinen vermeintlichen Altersleiden wirklich war, läßt sich anhand der auffallenden Kongruenz der ausländischen Stimmen anschaulich illustrieren. Denn gerade jene ausländischen Gäste, die mit dem zweiten deutschen Reichspräsidenten zusammengekommen waren, bedachten dessen geistige und körperliche Verfassung mit ebenso lobenden Worten wie das Gros der deutschen Politiker, Diplomaten und Journalisten. Hieraus ergibt sich aber die Frage, wie sich dieser offenkundige Widerspruch eruieren läßt. Der Schlüssel liegt bei Heinrich Brüning, der an der Kolportierung des Gerüchtes über Hindenburgs mutmaßliche *Senilität* einen nicht unerheblichen Anteil hatte.

Auch wenn die *Senilität* des betagten Marschallpräsidenten dokumentarisch sowohl verifiziert als auch falsifiziert werden kann[103], überwiegen dennoch er-

---

[100] Schreiben Dt. Generalkonsulat an AA [o.A.], Tiflis, 09.08.1930, PA AA Bonn, R 83638. Als Anlage sandte man in die Wilhelmstraße einen Zeitungsausschnitt, der aus dem sowjetischen Blatt *Molodoi Rabotschi* stammte.
[101] Aufzeichnung über Telefonat mit StS Meissner [B.d.Rpräs.], London, 12.06.1933 [Durchschlag; Paraphe unbekannt bzw. unleserlich. Nur der Stempel der deutschen Botschaft in London ist deutlich zu erkennen], PA AA Bonn, R 28035 [S. 82]. Wenn Hindenburg mal wirklich erkrankte, wurde dies auch offiziell verlautbart. So ist beispielsweise auch seine Anfang April 1929 eingetretene Grippeerkrankung aktenkundig. Auszug der Niederschrift der Ministerbesprechung, Berlin, 07.04.1929 [Mikrofilm-Nr. 139], BA Koblenz, R 43 I/582 [S. 192].
[102] Näheres über Hindenburgs Einstellung zur Außenpolitik (Primat der Außenpolitik) im vierten Buch dieser Arbeit. Siehe S. 179-184.
[103] So auch WOLFGANG KALISCHER, a.a.O., S. 19.

kennbar jene Berichte, die seine geistige Stabilität und damit sein souveränes Urteilsvermögen unterstreichen, was mittels ausländischer Zeitzeugenstimmen eindrucksvoll nachgezeichnet werden kann. Unter Berücksichtigung der zugänglichen Quellen und Memoiren scheint die Folgerung berechtigt, seinen allgemeinen Gesundheits- und Geisteszustand bis Mitte 1934 als verhältnismäßig gut zu bezeichnen, eine Beurteilung, die auch in der Sekundärliteratur überwiegt[104]. Der wichtigste Hinweis gegen die *Senilitätsthese* geht auf Hindenburgs Hausarzt Prof. Hugo Adam zurück, der ihn als Facharzt für innere Krankheiten seit 1926 medizinisch betreute:

> *„[...] Sein Gesundheitszustand blieb trotz des hohen Alters ein guter [...]. Bis zu den letzten Wochen seiner schweren Erkrankung war der Reichspräsident im Besitz seiner geistigen Kräfte und waren senile Erscheinungen an ihm in keiner Weise wahrzunehmen [...]"*[105].

Des weiteren konstatierte Adam in einem auf den 5. Mai 1953 datierten anderen ärztlichen Gutachten, bei Reichspräsident von Hindenburg seien „Absencen", also kurze Bewußtseinsstörungen, niemals aufgetreten. Mit Bezug auf Brünings Vorhaltungen wegen dessen geistigen und körperlichen Defizite, bekräftigte Adam seine schon zuvor skizzierte medizinische Diagnose und wies alle Spekulationen über Hindenburgs geistigen Niedergang zurück:

> *„[...] Von einer ernsteren Grippeerkrankung des Herrn Reichspräsidenten von Hindenburg, die ihn bettlägerig gemacht hätte, im Herbst 1931 ist mir als Hausarzt nichts bekannt. Solange ich ihn ärztlich betreute, war er niemals bettlägerig krank. Von einem Nachlassen der geistigen Spannkraft in den Nachmittagsstunden habe ich nichts bemerkt. Selbst im Jahre 1934, als seine Kräfte bereits stark reduziert waren, stand er bis in die allerletzten Tage täglich zur Teestunde auf [...]"*[106].

---

[104] JOHN WHEELER-BENNETT, Der hölzerne Titan, a.a.O., S. 360; OLDEN, Hindenburg, a.a.O., S. 219 u. 238; DORPALEN, a.a.O., S. 460; KALISCHER, a.a.O., S. 18ff.; BÜTOW, a.a.O., S. 245 u. 275; MASER, a.a.O., S. 315ff. WILHELM V. STERNBURG: „Es ist eine unheimliche Stimmung in Deutschland". Carl v. Ossietzky und seine Zeit, Berlin 1996, S. 175. THOMAS RUSSEL YBARRA: Hindenburg, the man with three lives, New York City 1932, S. 268f.

[105] Zusätzlich führte Adam noch aus: „[...] Ein Krankenlager im Jahre 1932 hat es nicht gegeben. Selbstgespräche, auch im Schlaf, hat der Reichspräsident niemals geführt [...]". Schreiben Prof. Dr. Hugo Adam an Walter Hubatsch, 01.07.1950, abgedruckt in: HUBATSCH, Hindenburg und der Staat, a.a.O., S. 130. Cf. auch GÖRLITZ, Hindenburg, a.a.O., S. 348. Auch Hindenburgs Kammerdiener Karl Putz bestätigt die Richtigkeit dieses Sachverhaltes. Siehe HANS-OTTO MEISSNER, Junge Jahre, a.a.O., S. 278.

[106] Schreiben Prof. Dr. Hugo Adam an Walter Görlitz, Göttingen, 05.05.1953 [Original], BA-MA Freiburg i. Br., NL Görlitz, N 1753/36. KLAUS REVERMANN datiert besagtes Gutachten in seiner juristischen Abhandlung [Die stufenweise Durchbrechung des Verfassungssystems der Weimarer Republik in den Jahren 1930 bis 1933. Eine staatsrechtliche und historisch-politische

Die Persönlichkeit   81

Ein anderer fachkundiger Zeitzeuge, der ihn in den letzten drei Monaten vor seinem Ableben fast täglich besuchte und ärztlich behandelte, war der schon zu seinen Lebzeiten legendäre Chirurg Ferdinand Sauerbruch. Was die Forschung bis dato übersehen hat, war, daß der weltweit anerkannte Mediziner Anfang 1950 dem Reichspräsidenten gute geistige Gesundheit attestiert hatte. Denn die Anfrage des Münchner Deutschen Instituts zur Erforschung des Nationalsozialismus, ob Hindenburg zu Beginn des Jahres 1933 angesichts seines hohen Alters und schlechten Gesundheitszustandes im „juristischen" Sinne überhaupt „zurechnungsfähig" gewesen sei, beantwortete Sauerbruch mit einem klaren „Ja"[107]. Und auch der frühere Leibarzt des Generalfeldmarschalls, Prof. Münter, der seinem prominenten Patienten für die Jahre 1917-1919 beste körperliche Gesundheit bescheinigte, fand seinen damaligen guten Eindruck bei späteren Besuchen im Palais bestätigt[108].

Nicht unerwähnt bleiben sollte auch das Krankenhausbulletin, das Hindenburgs behandelnden Ärzte Prof. Adam, Prof. Kaufmann, Prof. Sauerbruch und Dr. Krauß, am 31. Juli 1934 als erstes Kommuniqué über den Rundfunk durchgaben. Darin nahmen sie zwar Bezug auf seine somatischen Störungen, ließen aber zugleich verlautbaren, daß er „in völliger geistiger Frische" tags zuvor noch

---

Analyse, Münster 1959] allerdings auf den 21.08.55. Da das von Revermann zitierte Schreiben, das Prof. Adam seinerzeit aufgesetzt hatte, inhaltlich mit dem Originalschreiben völlig identisch ist, bleiben drei Erklärungsmöglichkeiten: Erstens könnte für die fehlende Konkordanz ein Übertragungsfehler verantwortlich sein; zweitens könnte Prof. Adam ein zweites oder weitere Schreiben mit demselben Text - jedoch mit dem neuen aktuellen Datum versehen haben; drittens könnte Adam einfach nur eine Kopie des Originalschreibens vom 05.05.1953 mit einem neuen Datum angefertigt und verschickt haben. So sah Hugo Adam 1931 aufgrund Hindenburgs stabilen Gesundheitszustand keinerlei Veranlassung, ihn einer Haustrinkkur zu unterziehen, wie jemand von ihm forderte. Siehe Aktennotiz [Paraphe unleserlich und unbekannt], Berlin, 22.08.1931 [Original], BA Berlin-Lichterfelde, R 601/48.

[107] „[...] Die Frage, ob v. Hindenburg 1933 trotz seines hohen Alters noch zurechnungsfähig gewesen sei, kann ich nur mit „Ja" beantworten. [...]". Schreiben Deutsches Institut zur Erforschung des Nationalsozialismus München an GhRat Sauerbruch, München, 08.02.1950 [Entwurf]; Schreiben GhRat Sauerbruch an Deutsches Institut zur Erforschung des Nationalsozialismus München, Berlin 22.05.1950 [Original], IfZ München, Zeugenschriften, ZS 134 [S. 00007]. In seinen nicht fehlerfreien Memoiren beschränkte Sauerbruch sich auf eine sehr allgemeine Darstellung der physischen „Altersleidens" seines Patienten, betonte dort aber zugleich, daß Hindenburg bei ihrem ersten Zusammentreffen noch nicht bettlägerig gewesen war. FERDINAND SAUERBRUCH, Das war mein Leben, a.a.O., S. 400.

[108] Sonst hätte er 1935 gewiß nicht Hindenburgs gesunde Organe, das Ausbleiben von Arteriosklerosen (die auch „offensichtlich in den allerletzten Lebensjahren" nicht in Erscheinung traten) und dessen „staunenswerte(s) Gedächtnis" so überschwenglich hervorgehoben. Artikel „Erinnerungen um Hindenburg" von Prof. Münter, in: Deutsche Medizinische Wochenschrift, 29.03.1935 [Original], BA Koblenz, NL Schwertfeger, N 1015, Bd. 13 [S. 519ff.]. Prof. Münter behandelte Hindenburg von Anfang 1917 bis zum Juli 1919.

in der Lage gewesen sei, alle anfallenden Arbeiten und Vorträge zu bewältigen. Außer Zweifel stehen jedoch die bei ihm seit 1932 zunehmenden körperlichen Leiden, deren Beschreibungen in der Literatur widersprüchlich ausfallen. Vereinzelt wurden kühne medizinische Befunde erstellt, in denen meist körperliche Verfallserscheinungen des Reichspräsidenten als Ursache für seine *Senilität* diagnostiziert wurden. Dazu zu zählen ist auch eine medizinische Schlußfolgerung Brünings, der als Ergebnis seiner Gespräche mit verschiedenen Ärzten resümierte, Hindenburgs beeinträchtigtes Erinnerungsvermögen sei auf dessen Prostata- respektive Harnröhrenleiden zurückzuführen[109]. In diese Kategorie fällt auch Treviranus' etwas moderatere Diagnose, der für Hindenburgs geistige Defizite eine „fortschreitende Gehirnsklerose" verantwortlich machte[110].

Viele hochkarätige deutsche, politisch aktive Zeitzeugen, die Hindenburg in unmittelbarer Nähe erlebt hatten, wie beispielsweise Adolf Müller[111], Wilhelm Dommes[112], Günther Franz[113], Wilhelm Keil[114], Gerhard Köpke[115], Max Liebermann[116], Hans Luther[117], Otto Meissner[118], Franz von Papen[119], Hermann

---

[109] Interview - Brüning on the Rise of the Nazis to power, Harvard-University-Archives (PL), Cambridge/USA, NL Brüning, HUG FP 93.10, Box 16, S. 4.

[110] GOTTFRIED REINHOLD TREVIRANUS: Das Ende von Weimar. Heinrich Brüning und seine Zeit, Düsseldorf/Wien 1956, S. 321 u. 310. Hierin bezeichnet er Hindenburgs Gesundheitszustand als „schwankend".

[111] Unmittelbar nach einer Audienz beim Reichspräsidenten berichtete Adolf Müller dem Berliner Publizisten Ernst Feder, Hindenburg sei für ihn ein „physiologisches Rätsel", denn er sei „frisch, klar und besonnen". So ERNST FEDER, a.a.O., S. 152.

[112] Der Generaladjudant und Hausminister des exilierten Kaisers in Doorn, Wilhelm Dommes, begegnete bei einer Audienz im Spätsommer 1933 einem „geistig wie körperlich besonders frischen" Reichspräsidenten. Tagebucheintrag SIGURD V. ILSEMANN, 01.10.1933, in: DERS.: Der Kaiser in Holland. Aufzeichnungen des letzten Flügeladjudanten Kaiser Wilhelms II., Hrsg.: HARALD V. KÖNIGSWALD, München 1968, S. 232.

[113] Bis zum Frühjahr 1934 war Hindenburg seiner Auffassung nach „geistig völlig frisch und gesund". Abgesehen vom Frühjahr 1929 wurde er nie ernsthaft krank. Falsch sei auch die Behauptung, so Franz, daß Hindenburg geistig umwölkt gewesen sei. Vermerk Prof. Dr. Günther Franz [mschr. Original; o.D.], BA Koblenz, NL Günther Franz, Kl. Erw. 940/1.

[114] Keil hebt hervor, daß er während seiner langjährigen Zeit als Reichstagsabgeordneter mit zahllosen führenden politischen Persönlichkeiten in Kontakt gekommen sei und dabei nie von einer bei Hindenburg vorhandenen Geistesschwäche gehört hatte. *Neue Zeitung*, 28.07.1947.

[115] „[...] der (Hindenburg) im übrigen entgegen allen anders lautenden Nachrichten durchaus gelassen, frisch und entschlossen ist [...]". Schreiben MinDir Köpke an Dt. GS Rümelin, Berlin, 02.06.1932, in: IMG, Bd. XL, Dok.-Nr. Neurath-8, S. 462.

[116] „[...]. Ein Achtzigjähriger mit der Elastizität eines Jungen. [...]". So der Maler Max Liebermann über Hindenburgs Vitalität. Ihn portraitierte er 1927. Siehe *Kölnische Volkszeitung*, 30.09.1927 (Artikel von Helmut Jaretzki in der Abend-Ausgabe).

[117] „[...] Persönlich konnte ich in meinen Unterredungen mit ihm bis zum März 1933 ein Nachlassen seiner Geisteskräfte nicht feststellen. [...]". HANS LUTHER: Vor dem Abgrund 1930-1933.

Die Persönlichkeit 83

Pünder[120], Hermann Rauschning[121], Carl von Schubert[122], Max von Stockhausen[123], Gustav Stresemann[124], Fritz Günther von Tschirschky[125] oder

---

Reichsbankpräsident in Krisenzeiten, Berlin 1964, S. 257. Siehe desgleichen Schreibmaschinenkonzept Luther (15a), BA Koblenz, NL Luther, N 1009/373.

[118] In zwei Briefen Otto Meissners an Rudolf Nadolny, datiert vom 10.07.1926 und 30.05.1929 Berlin, äußert sich der Staatssekretär über Hindenburgs allgemeinen Gesundheits- und Geisteszustand ausgesprochen positiv. PA AA Bonn, NL Rudolf/Änny Nadolny, Bd. 87. Insbesondere gegen den von Brüning beschriebenen zehntägigen geistigen Zusammenbruch Hindenburgs verwahrte sich Otto Meissner später auch in seinen Memoiren. Hindenburg habe nur an einer vorübergehenden Grippeerkrankung gelitten und war infolge dessen nicht mehr im Vollbesitz seiner geistigen Kräfte: „[...] Trotz Müdigkeit und Beschwerden führte der *alte Herr* auch in diesen Tagen seine Dienstgeschäfte weiter, und es ist nicht verwunderlich, daß er damals auf Besucher einen abgespannten und kranken Eindruck machte. [...] Die Behauptung von dem seit 1931 eingetretenen geistigen Verfall Hindenburgs [...] müssen als tendenziöse Erfindungen bezeichnet und abgelehnt werden [...]". OTTO MEISSNER: Ebert-Hindenburg-Hitler. Erinnerungen eines Staatssekretärs, München 1991 (2. Aufl.), S. 208. Aussage Otto Meissner, 23.07.1945, [Abschrift], IfZ München, Zeugenschrifttum, ZS 1726.

[119] „[...] Ich selbst habe seit dem Juni 1932 feststellen können, daß der Feldmarschall jederzeit im Vollbesitz seiner geistigen Kräfte war [...]". Cf. FRANZ V. PAPEN: Der Wahrheit eine Gasse, München 1952, S. 368. Conzes Einschätzung nach war Papen völlig im Recht, wenn er nur Gutes über Hindenburgs Urteilsfähigkeit zu berichten wußte. Siehe WERNER CONZE: Hindenburg, in: Das Parlament, Nr. 11. 18.03.1953, S. 3.

[120] Tagebucheinträge StS Pünder, 24.01.1932, 26.05.1932 u. 15.10.1932, in: HERMANN PÜNDER: Politik in der Reichskanzlei. Aufzeichnungen aus den Jahren 1929-1932, in: Schriftenreihe der Vierteljahrshefte für Zeitgeschichte, Nr. 5, Hrsg.: Hans Rothfels und Theodor Eschenburg, Stuttgart 1961, S. 113; 126 u. 153. DERS.: Von Preußen nach Europa. Lebenserinnerungen, Stuttgart 1968, S. 82. Während einer Unterredung Pünders mit Hindenburg am 03.02.1933 gewann dieser den Eindruck, daß sein Gegenüber „erfreulich frisch und bei völlig klarem Verstand" gewesen war. Alles andere, so Pünder, seien „Märchen". „Statements über Brüning und Hindenburg" von Hermann Pünder, 1964, HA Köln, NL Pünder, Best. 1304/852 [S. 5].

[121] Von seiner letzten Begegnung mit Hindenburg Anfang 1934 berichtet der ehemalige Senatspräsident: „[...] Ich selbst hatte ihn ungewöhnlich frisch gefunden. Er hatte sich lange mit mir über Danzig unterhalten. [...]". Vgl. HERMANN RAUSCHNING: Gespräche mit Hitler, Zürich/New York 1940, S. 163.

[122] Als der italienische König sich bei dem deutschen Botschafter in Rom, Carl v. Schubert, bei einer am Ende 1930 abgehaltenen „feierlichen" Audienz nach dem Wohlbefinden des deutschen Reichspräsidenten erkundigte, bezeichnete Schubert dieses als „sehr gut". Siehe Telegramm Dt. BS v. Schubert an AA [o.A.], Nr. 188, Rom, 25.11.1930 [Abschrift]; Aufzeichnung Dt. BS v. Schubert, Rom, 25.11.1930 [Original], PA AA Bonn, Personalakten v. Schubert, Nr. 483, Bd. 3 [S. 232ff.].

[123] Als „ungewöhnlich frisch" empfand Max v. Stockhausen den Reichspräsidenten Ende 1926 bei einem Empfang. Tagebucheintrag StS v. Stockhausen [Rkei], Berlin, 10.11.1926, BA Koblenz, NL v. Stockhausen, N 1057/38. „[...] trotz seiner 78 Jahre körperlich recht rüstig und im Wesen frisch und klar [...]"; „[...] Der alte Herr ist erstaunlich frisch und lebhaft [...]". Aus: Tage-

Walter Zechlin[126] erhärten tendenziell die medizinischen Gutachten der zuvor erwähnten Leibärzte des Reichspräsidenten. Doch damit nicht genug; in seinen 1955 publizierten Memoiren schrieb der damalige Reichsernährungsminister Magnus von Braun:

„[...] Ich hatte beim Reichspräsidenten auf seinen Wunsch einen dreiviertelstündigen Vortrag über unsere Agrarpolitik halten müssen, bei dem er sich eifrig Notizen machte und am Schluß höchst sachverständige Fragen stellte, die alle meine früheren Zweifel, ob der Alte Herr etwa durch sein hohes Alter geistig uninteressiert geworden sei, völlig zerstörten [...]"[127].

Und Ex-Reichskanzler Wilhelm März berichtete in Anspielung auf den obskuren Personenkreis um den Reichspräsidenten, der in der Literatur oft mit dem recht abstrakten Namen *Kamarilla* umschrieben wird[128], daß Hindenburgs Urteilsvermögen alles andere als eingeschränkt gewesen war. Vielmehr legte er in dieser Hinsicht eine große Souveränität an den Tag:

„[...] Oftmals war ich aufs Höchste überrascht, bei einem Manne, der doch bis dahin der Politik fern gestanden hatte, ein so treffliches Urteil über zum Teil doch recht schwierige Fragen, eine so wohl durchdachte Entscheidung über komplizierte Einzelfragen zu finden. [...] Ich habe niemals, auch nicht im geringsten bemerken können, daß Herr von Hinden-

---

bucheintrag StS v. Stockhausen [Rkei], Berlin, 28.04.1925 u. 10.11.1926, in: Sechs Jahre Reichskanzlei, a.a.O., S. 158 u. 234.

[124] „[...] Die letzten fünf Jahre sind spurlos an ihm vorübergegangen [...] ich finde ihn frischer als in der ersten Zeit nach dem Kriege [...]". Siehe Schreiben RAM Stresemann an US-BS Houghton, Baden-Baden, 04.06.1925, in: HENRY BERNHARD (Hrsg.): Gustav Stresemann Vermächtnis, a.a.O., S. 258. Hin und wieder äußerte sich Stresemann über Hindenburgs geistige Verfassung auch negativ. EBD., S. 71.

[125] „[...] Er hat [Hindenburg], wie aus Berichten der Ärzte hervorgeht und wie mir durch einige befreundete Herrn aus seiner Umgebung bekannt wurde, bis Mitte Juli 1934 in voller geistiger Frische an allem teilgenommen, das man ihm gestattete, wahrheitsgetreu zu erfahren. [...]". So FRITZ GÜNTHER V. TSCHIRSCHKY, Erinnerungen, a.a.O., S. 237. Aufzeichnung H. Krausnick über Unterredung mit Fritz Günther v. Tschirschky, München, 03.10.1954 [Original], IfZ München, Zeugenschriften, ZS 568 [S. 2].

[126] „[...] Er war durchaus nicht, wie man in Deutschland sagt, schon vertrottelt oder geistig nicht aufnahmefähig [...]". Ferner bescheinigte Zechlin Hindenburg bis Ende Mai, also bis zu seinem Ausscheiden aus dem Amt des Pressechefs, „geistige völlige Vitalität". Auch in den „entscheidenden Tagen des Jahres 1933" war Hindenburg „beinahe voll im Besitz seiner geistigen Kräfte". Siehe Vortrag Walter Zechlin, 08.02.1949, a.a.O., PA AA Bonn, NL Zechlin [S. 147].

[127] MAGNUS V. BRAUN, Von Ostpreußen bis Texas, a.a.O., S. 246.

[128] Zur *Kamarilla* ab S. 117 dieser Arbeit.

Die Persönlichkeit   85

burg sich bei seinen Entscheidungen von anderen, dritten Personen leiten oder beeinflussen ließ [...]"[129].

Diesen aufgeführten ostentativen Zeugnissen, die für einen insgesamt guten körperlichen und geistigen Gesundheitszustand Hindenburgs sprechen, was unter anderem auch von hochrangigen Offizieren und nicht zuletzt von Hitler selbst bestätigt wurde[130], stehen indes kritische und nachdenkliche Stimmen gegenüber, die keinesfalls unterschlagen werden sollen. Sie vermitteln ein völlig anderes Bild von Hindenburg. So notierte der DDP-Abgeordnete und spätere Justizminister Koch-Weser in seinem Tagebuch schon Anfang März 1926, daß „die Frische Hindenburgs ganz erheblich nachgelassen" habe[131]. Mitte 1927 erlebte der ehemalige Chef der Heeresleitung, Hans von Seeckt, während eines Vortrages beim Reichspräsidenten einen „müden alten Mann"[132]. Noch drastischer hierzu äußerte sich der sozialdemokratische preußische Ministerpräsident Otto Braun. Auf ihn machte Hindenburg, dessen körperlichen und geistigen Vitalitätsdefizite seiner Einschätzung nach in „geistiger Schwerfälligkeit" den stärksten Ausdruck fanden, sowohl bei seiner ersten, insbesondere aber letzten Audienz „einen erschütternd greisenhaften Eindruck"[133]. Für Paul Löbe, dem zweithöchsten Repräsentanten des Deutschen Reiches, schien ein vertieftes Gespräch mit dem Generalfeldmarschall praktisch unmöglich, da beim ihm sehr schnell der „Faden gerissen" sei, was „peinliche Verlegenheitspausen" zur Folge gehabt habe[134]. Ungleich deutlicher sprach der frühere Innenminister Carl Severing ihm sogar jegliches selbständiges Entscheidungsvermögen ab, weil er sich von den Einflüsterungen seines rechten Umfeldes „hin und her" zerren ließ[135]. Einem „stark angegriffenen und teilnahmslosen" Reichspräsidenten sah sich der DNVP-Abgeordnete

---

[129] Erinnerungsbericht Wilhelm Marx, a.a.O., HA Köln, NL Marx, Best. 1070/283, [S. 1.].
[130] ERICH V. MANSTEIN, a.a.O., S. 211 u. 213f.; Es hat den Anschein, als sei auch Hitler seinerzeit einem vitalen Reichspräsidenten begegnet. Schenkt man den Worten Friedrich Hossbachs Glauben, dann zeigte Hitler sich besonders von Hindenburgs „erstaunlicher Frische" und „klarer Urteilskraft" angetan. Zudem soll Hindenburg, so Hitler im Beisein Hossbachs, über solch einen festen Willen verfügt haben, daß er keineswegs zu allem „Ja und Amen" gesagt habe. FRIEDRICH HOSSBACH: Zwischen Wehrmacht und Hitler 1934-1938, Wolfenbüttel/Hannover 1949, S. 12.
[131] Tagebucheintrag RJM Koch-Weser, Berlin, 06.03.1926, BA Koblenz, NL Koch-Weser, N 1012/34 [S. 45].
[132] Vgl. Tagebuchähnliche Notizen von Hans v. Seeckt, 21.05.1927 [bleistiftgeschriebenes Original], BA-MA Freiburg i. Br., NL v. Seeckt, N 1247/53 [S. 37].
[133] OTTO BRAUN: Von Weimar zu Hitler, New York (2. Aufl.), S. 174, 204 u. 417.
[134] PAUL LÖBE: Erinnerungen eines Reichstagspräsidenten, Berlin 1949, S. 81.
[135] CARL SEVERING, a.a.O., S. 314. Schreiben Heinrich Brüning an Graf v. Brünneck, Cambridge, 24.10.1950 [Original], GStA Berlin-Dahlem, NL Brünneck, XX Rep. 300 Brünneck II, S. 60.

Graf Westarp bei einer Audienz im Mai 1932 gegenüber[136]. Doch auch Stresemann will Anzeichen eines beginnenden geistigen Abbaus bei ihm beobachtet haben. Zollte er ihm in körperlicher und geistiger Hinsicht zu Anfang wenigstens noch Respekt, so relativierte er mit den Jahren seinen ersten guten Eindruck. Zusehends beklagte er sich über dessen lückenhaftes Gedächtnis, das hin und wieder aussetze[137], und über dessen nachlassende geistige „Spannkraft"[138].

Zieht man indes die wenigen vorhandenen Aussagen jener ausländischen Diplomaten, Politiker und Journalisten in Betracht, die dem Reichspräsidenten persönlich begegnet waren, dann fällt die dort annähernd einmütige positive Beschreibung seiner Vitalität und Geistesgegenwärtigkeit ins Auge[139]. Durchweg wurde er mit lobenden Worten bedacht. So schrieb der britische Botschafter in Berlin, Sir Horace Rumbold, im November 1932 über ihn:

> „[...] *Various of my colleagues who have had occasion to be received by the President during the last few days have been struck by his appearance of vigour and freshness of mind. Indeed, the old Field-Marshal remains far more unperturbed by the constantly recurring political crises than the Ministers and others concerned in those crises. [...]*"[140].

Auch der italienische Botschafter bemerkte in einer an Mussolini gerichteten Botschaft Ende 1932 am Rande, daß sich der Reichspräsident anscheinend einer „blühenden Gesundheit" erfreue[141]. In gleicher Weise berichtete der amerikani-

---

[136] Aufzeichnung Kuno Graf v. Westarp, 01.06.1932, abgedruckt in: WERNER CONZE: Zum Sturz Brünings (Dokumentation), in: VfZ, Bd. 1 (1953), S. 287.

[137] Aufzeichnung RAM Stresemann, Berlin, 02.02.1929 [Original mit Paraphe Stresemanns], PA AA Bonn, NL Stresemann, Bd. 76, 7383 H/H 169125.

[138] „[...] Der Reichspräsident ist doch sehr müde, es mehren sich die Gerüchte, die davon sprechen [sic!], daß er geistig nicht mehr die große Spannkraft habe, mit der er sein Amt angetreten hätte. Anscheinend lastet stark die gesellschaftliche und repräsentative Inanspruchnahme auf ihn [...]". Tagebucheintrag RAM Stresemann, Berlin, 25.03.1926, PA AA Bonn, NL Stresemann, Bd. 279, 7138 H/H 149493-494.

[139] In den ausländischen Quellen etc. konnten keine konträren Positionen zu diesem Thema ausgemacht werden. In einer Aufzeichnung aus Lord D'Abernons Tagebuch vom 10.02.1926 äußert sich der englische Botschafter in Berlin zu Hindenburgs politischer Lernfähigkeit: „[...] Everyone who approaches him says that the President has learnt a great deal about political life during the last few months [...]". Vgl. VISCOUNT D'ABERNON: An Ambassador of Peace. Lord D'Abernon's Diary. The years of recovery January 1924-October 1926, Bd. III, London 1930, S. 223.

[140] Schreiben Engl. BS Rumbold an J. Simon, Berlin, 19.11.1932, in: Documents on British Foreign Policy, Series IV, Dok.-Nr. 38, S. 83.

[141] „[...] Ho presentato stamane credenziali presidente Hindenburg che appariva florente [...]", aus: Schreiben Ital. BS Cerruti an Mussolini, Berlin, 10.11.1932, in: I Documenti Diplomatici Italiani, Settima Serie: 1922-1935, Volume XII, Dok.-Nr. 412, S. 531.

sche Gesandte in Berlin, Gordon, seinem Außenminister, Hindenburgs Gesundheitszustand sei „despite his great age" bestens, da er in einer Unterredung „with vigor and directness" gesprochen habe[142]. Dies bestätigte ebenfalls US-Botschafter Frederic M. Sackett, der von Hindenburgs geistiger und körperlicher Verfassung nur Gutes zu erzählen wußte[143]. Desgleichen anerkennend äußerte sich der amerikanische Außenminister Henry Lewis Stimson, der sich anscheinend ebensowenig der charismatischen Ausstrahlungskraft des Marschallpräsidenten zu entziehen vermochte wie das Gros seiner „Kollegen"[144]. Mehr als erstaunt zeigte sich der holländische Gesandte John Stirum über die geistige Präsenz Hindenburgs, den er Ende Mai 1934 während eines Diners in kleinerem Kreis näher kennenlernte[145]. Und der tschechoslowakische Gesandte in Berlin, Mastny, begegnete im September 1932 bei der Übergabe seines Beglaubigungsschreibens einem „gesunden" und „kräftigen" Staatsoberhaupt[146]. Selbst der amerikanische Botschafter in Deutschland, William E. Dodd, unbestritten einer der wichtigsten Mitglieder des Berliner Diplomatischen Korps seiner Zeit, sah sich am 30. August 1933 bei einer Audienz im Palais einem äußerlich gesund wirkenden Reichspräsidenten gegenüber. Immerhin schien ihm diese Beobachtung einige Zeilen der Erwähnung wert, die für keinen geringeren als den amerikanischen Präsidenten, Franklin D. Roosevelt, bestimmt waren[147]. Von seiner erstaunlichen Rüstigkeit war ebenso der japanische Journalist Ikeda angetan, der ihn im Rahmen eines Empfanges zu Gesicht bekam[148]. Von gleicher Art waren die anerkennen-

---

[142] Telegramm US-BS Gordon to Secretary of State Philipps, Berlin, 09.04.1933, in: FRUS 1933, Vol. II, S. 217f.

[143] „[...] The ambassador said that Hindenburg was in excellent health and seemed very active mentally [...]". Memorandum by the Under Secretary Castle, Washington D. C., 18.10.1932, in: FRUS 1932, Vol. II, S. 317. Cf. auch JULIUS CURTIUS: Sechs Jahre Minister der deutschen Republik, Heidelberg 1948, S. 154.

[144] Über seine Begegnung mit Hindenburg notierte Stimson: „[...] He was an impressive, fine old man, who made a strong appeal to one's imagination [...]". Aufzeichnung US-Secretary of State Stimson, Berlin, 27.07.1931, in: FRUS, 1931, Vol. I, S. 553.

[145] FRITZ GÜNTHER V. TSCHIRSCHKY, a.a.O., S. 146, 237 u. 240. John Stirum war der Onkel des Sekretärs von Papen, Fritz Günther v. Tschirschky.

[146] Tagebucheintrag Camill Hoffmann, 10.09.1932, aus: WILHELM BRÜGEL/NORBERT FREI: Berliner Tagebuch 1932-1934. Aufzeichnungen des tschechoslowakischen Diplomaten Camill Hoffmann (Dokumentation), in: VfZ, 36. Jg., Heft 3 (1988), S. 153.

[147] „[...] His health seems to be good [...]". Schreiben US-BS William E. Dodd an US-Präsident Franklin D. Roosevelt, Berlin, 01.09.1933, in: EDGAR B. NIXON (Hrsg.): Franklin D. Roosevelt and Foreign Affairs. Vol. I: January 1933 - February 1934, Cambridge/Massachusetts 1969, S. 384.

[148] Auf den japanischen Vertreter der *Hochi-Shimbum* Zeitung, Ringi Ikeda, machte Hindenburg bei einem Empfang „ungeachtet seiner 81 Jahre" einen „sehr gesunden und rüstigen" Eindruck.

den Worte des Direktors der größten argentinischen Tageszeitung *La Nación*, D. Gorge A. Mitre. Ihm imponierte die „bewundernswürdige Rüstigkeit", die ihm während einer Visite beim Reichspräsidenten aufgefallen war[149]. Tief beeindruckt von der Vitalität des deutschen Staatsoberhauptes war auch der Chefredakteur der schweizerischen Basler Nachrichten, Dr. Oeri, auf den er wie „ein Monument äusserer und innerer Kraft" gewirkt hatte[150]. Während einer Audienz des japanischen Fürsten Tokugawa im Palais Ende 1933 strotzte der Gastgeber nur so vor Energie, was man auf dessen ausgezeichneten Gesundheitszustand zurückführte[151]. Verschwiegen werden sollte in diesem Zusammenhang aber keinesfalls das ambivalente Meinungsbild des früheren englischen Schriftstellers und Diplomaten Harold Nicolson, dessen Kommentare zum Reichspräsidenten mal geringschätziger, mal anerkennender Natur waren. Wenn Nicolson sich auch nicht direkt auf Hindenburgs mutmaßliche *Senilität* bezog, so notierte er jedoch nach einer Begegnung mit ihm Mitte 1928 mit ironischem Unterton in sein Tagebuch:

> *„[...] Der Präsident ist ein lieber alter Kerl; er hat die Angewohnheit, die Augenbrauen hochzuziehen und wie ein Schuljunge zu lachen. Er redet ganz schlicht, beinahe jungenhaft und unbekümmert pfiffig. Für sein Alter ist er großartig – weder taub noch blind. Es wundert mich nicht, daß alle ihn verehren. [...] Ein prächtiger alter Mann!"*[152].

Aber nur drei Jahre später sprach er ihm mit der Behauptung, daß seine Gedankengänge auf dem Niveau eines Kindes seien, sogar jegliche Intelligenz ab[153].

Weitaus moderater gestaltete sich das Urteil eines englischen Diplomaten, der die Inaktivität Hindenburgs damit zu erklären versuchte, daß sich bei diesem langsam eine gewisse Abgespanntheit einstelle[154].

Siehe Schreiben Dt. BS Voretzsch an AA [o.A.], Tokio, 10.04.1929. Anlageschreiben: Übersetzung aus der „Hochi-Shimbum" [Spezialtelegramm], 16.03.1929, PA AA Bonn, R 83638.

[149] Übersetzung eines Artikels aus der argentinischen Tageszeitung „La Nación", Buenos Aires, 08.08.1930 [Original], BA Berlin-Lichterfelde, R 601/146.

[150] Schreiben LegRat Ulrich Dt. Gesandtschaft Bern an Presseabteilung des AA [o.A.], Bern, 07.06.1927 [Original mit Hindenburgs Paraphe vom 11.06.1927], PA AA Bonn, R 122389.

[151] Aufzeichnung (N.N.), Berlin, 30.10.1933 [Abschrift], BA Berlin-Lichterfelde, R 601/153. W.T.B., Nr. 2686, Berlin, 26.10.1933.

[152] Tagebucheintrag HAROLD NICOLSON, Berlin, 25.06.1928, in: Harold Nicolson: Tagebücher und Briefe. Erster Band 1930-1941, Hrsg.: NIGEL NICOLSON, Frankfurt a. M. 1969, S. 13f.

[153] „[...] He is not intelligent. In fact, his mental processes are as simple as those of a child [...]". Siehe Kolumne von Harold Nicolson im „New Yorker American", 15.06.1931, PA AA Bonn, R 122392.

[154] „[...] I only once met Hindenburg the year before he died, at a time in his life when he could only give an appearance of weariness and descrepitude. He was a link with the past and may ha-

Die Persönlichkeit 89

Eine wirklich kontroverse Komponente, die nicht nur innerhalb der Geschichtswissenschaft Anlaß zu Diskussionen gab, bekam die Problematik um seine Gesundheitsverfassung durch das Schreiben Heinrich Brünings an Rudolf Pechel, das 1947 in deutscher Übersetzung in der *Deutschen Rundschau* veröffentlicht wurde[155]. Darin erwähnte der Ex-Kanzler unter anderem auch einen insgesamt zehn Tage anhaltenden „geistigen Zusammenbruch", den Hindenburg angeblich im September 1931 erlitten hatte[156]. Wirft man aber einen Blick in das englische Originalschreiben, so offenbart sich zum einen ein punktueller Übersetzungsfehler der Redaktion[157], zum anderen finden sich weitere widersprüchliche Formulierungen Brünings, die diesen Sachverhalt noch undurchsichtiger erscheinen lassen. Im Unterschied zur deutschen Version, die von einem „geistigen Zusammenbruch" Hindenburgs ausgeht, ist dagegen im englischen Original bloß von einem „temporary blackout" die Rede[158], was – entgegen der publizierten deutschen Ausführung – allenfalls nur eine zeitweilige gei-

---

ve thought in his muddled old head that he had honestly striven to serve his country. [...]". IVONE KIRKPATRICK: The Inner Circle - Memoirs, London/New York 1959, S. 60.

[155] Schreiben Heinrich Brüning an Rudolf Pechel [o.O., o.D.], abgedruckt in: Deutsche Rundschau, Bd. 79 (1947), S. 1-22. Das in englischer Sprache getippte Original, das Brüning - von einer Erkrankung in Mitleidenschaft gezogen - seiner Sekretärin Claire Nix diktiert hatte, konnte nicht ausfindig gemacht werden. Dafür fand sich im Nachlaß Pechel im Bundesarchiv immerhin ein Durchschlag des englischen Originals: Schreiben Heinrich Brüning an Rudolf Pechel c/o Alfred Schliess, Cambridge, 17.04.1947 [Sechsseitiger Durchschlag mit handschriftlichen Korrekturen], BA Koblenz, NL Pechel, N 1160/I, Bd. 51.

[156] Schreiben Heinrich Brüning an Rudolf Pechel [o.O., o.D.], abgedruckt in: Deutsche Rundschau, Bd. 79 (1947), S. 7. Auch JOHN WHEELER-BENNETT, der Brüning eine Zeitlang aus nächster Nähe erlebte, mit ihm sogar, wie er es selbst bezeichnete, „auf freundschaftlichem Fuß" stand, bestätigt den Zusammenbruch Hindenburgs. DERS.: Die Nemesis der Macht. Die deutsche Armee in der Politik 1918-1945, Düsseldorf 1954, S. 245 u. 253.

[157] Notgedrungen mußte Brüning infolge einer Krankheit seiner amerikanischen Sekretärin den Brief diktieren, der dann von der Redaktion der „Deutschen Rundschau" übersetzt wurde. Hierbei soll die erste Übersetzerin der amerikanischen Militärregierung in Berlin den entscheidenden Übersetzungsfehler gemacht haben. Siehe Schreiben Heinrich Brüning an Rudolf Pechel [o.O., o.D.], abgedruckt in: Deutsche Rundschau, Bd. 79 (1947), S. 7. Dito Schreiben Heinrich Brüning an Graf v. Brünneck, Cambridge, 12.10.1948 [Original], GStA Berlin-Dahlem, NL Brünneck, XX Rep. 300 Brünneck II, S. 20.

[158] „[...] During the two hours conversation I realized increasingly that the President's mental faculties were failing. Then came a mental black-out lasting, as I have said, for ten days, with the prospect of a presidential election at he height of the financial, economic, and internal political crisis [...]". Schreiben Heinrich Brüning an Rudolf Pechel c/o Alfred Schliess, Cambridge, 17.04.1947 [Sechsseitiger Durchschlag mit handschriftlichen Korrekturen], BA Koblenz, NL Pechel, N 1160/I, Bd. 51 [S. 5].

stige Beeinträchtigung vermuten läßt[159]. Ähnlich äußerte sich Brüning im übrigen 1954 in einem Zeitzeugeninterview, und drei Jahre später gestand er sogar dem Hindenburg-Biographen Andreas Dorpalen, daß der Text partiell fehlerhaft übersetzt war[160]. An zwei weiteren Stellen in der englischen Urfassung des *Pechel-Briefes* nahm Brüning direkten Bezug auf Hindenburgs defizitären Geisteszustand, indem er ihm zum einen einen „mental collapse", zum anderem einen „unclouded [...] mind" zuschrieb[161]. Doch schon kurze Zeit später bediente er sich wieder anderer Vokabeln, gestaltete sich seine grundsätzliche Bewertung über dessen Urteilskraft entschieden moderater. Der zuvor beschriebene „geistige Zusammenbruch" wurde nunmehr durch „Ermüdungs- und Erschlaffungserscheinungen" ersetzt und somit merklich abgeschwächt[162]. Überhaupt

---

[159] WALTER GÖRLITZ, Hindenburg, a.a.O., S. 348. Auch Görlitz konstatiert, daß Brünings Feststellungen hinsichtlich Hindenburgs „geistigem Verfall", über die er 1947 dem Schriftsteller Pechel berichtet hatte, aufgrund von „Übersetzungsfehlern" falsch interpretiert worden waren. Diesem Urteil schließt sich auch Werner Maser an. Vgl. MASER, a.a.O., S. 317. Über die Unzulänglichkeit der deutschen Übersetzung war sich Brüning übrigens selbst im klaren. Nur einige Monate nach Veröffentlichung des *Pechel-Briefes* nannte Brüning diese Translationsvariante als das wohl „krasseste Beispiel einer völlig entstellenden Übersetzung". Andeuten wollte er nur, daß Hindenburg den „ungewöhnlichen Anstrengungen" seines Amtes in körperlicher und geistiger Hinsicht nicht mehr gewachsen war. Schreiben Heinrich Brüning an Graf v. Brünneck, Cambridge, 12.10.1948 [Original], GStA Berlin-Dahlem, NL Brünneck, XX Rep. 300 Brünneck II, S. 20 (1-2).

[160] In einem Gespräch mit dem damaligen Doktoranden WOLFGANG KALISCHER erwähnte Brüning am 18.11.1954 die „Erschlaffungserscheinungen" Hindenburgs: „[...] Das war mal ein oder zwei Tage, dann war alles wieder gut. Bis mittags war er meistens ganz klar [...]". Siehe DERS., a.a.O., S. 19 [Anm. 31]. Am aufnahmefähigsten, so Brünings Eindruck, war Hindenburg zwischen 9.00 und 11.00 Uhr; nach 17.00 Uhr konnte man mit diesem seit September 1931 kein komplizierteres Sachgebiet mehr besprechen. Schreiben Heinrich Brüning an Graf v. Brünneck, Cambridge, 12.10.1948 [Original], GStA Berlin-Dahlem, NL Brünneck, XX Rep. 300 Brünneck II, S. 42. Schreiben Andreas Dorpalen an Heinrich Brüning, Canton, New York, 16.12.1956 [Original]; Schreiben Heinrich Brüning an Andreas Dorpalen, Hartland [Durchschlag], Vermont, 23.02.1957, Harvard-University-Archives (PL), Cambridge/USA, NL Brüning, HUG FP 93.10, Box 7.

[161] „[...] To make matters worse, the President suffered a mental collapse lasting ten days shortly after he returned to Berlin in September 1931 [...]". Schreiben Heinrich Brüning an Rudolf Pechel c/o Alfred Schliess, Cambridge, 17.04.1947 [Sechsseitiger Durchschlag mit handschriftlichen Korrekturen], BA Koblenz, NL Pechel, N 1160/I, Bd. 51 [S. 4f.].

[162] „[...] Ich wollte andeuten, daß Hindenburg den unglaublichen Anstrengungen, die meine Kanzlerzeit auch für ihn mitbrachte, körperlich und geistig nicht mehr gewachsen war. Seit dem September 1931 traten wiederholt schwere Ermüdungserscheinungen bei dem alten Herrn auf [...]". Schreiben Heinrich Brüning an Franz v. Galen, 12.10.1948, Harvard-University-Archives (PL), Cambridge/USA, NL Brüning, HUG FP 93.10, Box 11. Schreiben Heinrich Brüning an Philipp Dessauer, 16.03.1956, Harvard-University-Archives (PL), Cambridge/USA, NL Brüning, HUG FP 93.10, Box 24. Cf. auch KLAUS REVERMANN, Die stufenweise Durchbrechung des Verfas-

Die Persönlichkeit   91

waren die in dem *Pechel-Brief* gemachten Ausführungen Brünings nicht neu. Bereits Monate vor ihrer Veröffentlichung fanden diese in diversen anderen Schreiben des demissionierten Reichskanzlers ihren Niederschlag, teils in schärferer, teils in verkürzter Form. So nahm Brüning Ende 1945 zu Hindenburgs „Zusammenbruch" 1931 Stellung und führte dessen geistige Absenz auf eine Art Koma zurück, das vierzehn Tage angehalten haben soll[163]. Auch nach der Veröffentlichung der so kontroversen Zeilen bekräftigte er, wie etwa in seiner Zuschrift an Magnus von Braun Anfang Mai 1950, immer wieder seine alten Vermutungen über Hindenburgs geistigen Abbau[164]. In seinen 1970 publizierten Memoiren, in denen Brüning erwartungsgemäß die *Senilität* thematisierte, skizzierte er erneut ein negatives Bild, was Hindenburgs Zurechnungsfähigkeit anbelangte[165]. Daß dessen Gesundheit schon Ende Juli 1930 einen unerwarteten Rückschlag erlitten hatte, und er demzufolge praktisch über Nacht senil geworden sei[166], versuchte Brüning mittels eines Zusammentreffens mit demselben, bei dem ebenfalls Minister Treviranus zugegen war, zu veranschaulichen. Überrascht zeigten sich beide Politiker seinerzeit darüber, daß Hindenburg sie bei der Begrüßung zuerst nicht erkannte[167].

---

sungssystems der Weimarer Republik, a.a.O., S. 27. Hierin zitiert Revermann, der mit Brüning ein Zeitzeugen-Interview führen konnte, den Ex-Kanzler mit den Worten: „[...] Der alte Herr hat eben nicht mehr durchgeguckt [...]".

[163] „[...] In the spring of 1931 [...] the Old Man was bewildered and fell into a kind of coma for a fortnight, a fact we had carefully to conceal [...]". Schreiben Heinrich Brüning an Jacob Goldschmidt, Cambridge, 29.11.1945, Harvard-University-Archives (PL), Cambridge/USA, NL Brüning, HUG FP 93.10, Box 12.

[164] „[...] Sie müssen sich darüber kar werden, dass die geistigen Fähigkeiten und die körperliche Gesundheit von Hindenburg seit dem Sommer 1931 immer mehr nachliessen. Im September 1931 war er in einer Phase, die ungefähr 10 Tage dauerte, wo er überhaupt nichts mehr verstand, von dem, was ich vortrug [...]". Schreiben Heinrich Brüning an Magnus v. Braun, Cambridge, Massachusetts, 03.04.1950 [Durchschlag mit Brünings Signatur per Feder], BA Koblenz, NL Magnus Frhr. v. Braun, N 1085/50.

[165] HEINRICH BRÜNING: Memoiren 1918-1934, Stuttgart 1970, S. 148. Zum ersten Treffen mit dem Reichspräsidenten schreibt dieser: „[...] Hindenburg sah schrecklich alt aus [...]. Die Müdigkeit und Unbeholfenheit in seinem ganzen Auftreten erschütterten mich [...]". Ohnehin soll der Reichspräsident nach fünf Uhr nie „sehr aufnahmefähig" gewesen sein. Um diesen Sachverhalt zu untermauern, gibt Brüning ein signifikantes Beispiel. Als Hindenburg während einer Unterredung mit ihm eifrig Notizen machte und kurz darauf den Inhalt seiner Aufzeichnungen zur Gegenkontrolle repetierte, stellte Brüning fest, daß Hindenburg genau das Gegenteil von dem festgehalten hatte, was er ausgeführt hatte. Insgesamt mußte Brüning den Reichspräsidenten viermal korrigieren, bis Hindenburg annähernd seine Ansichten richtig wiedergab. EBD., S. 422f.

[166] „[...] Über Nacht war er greisenhaft geworden [...]". BRÜNING, Memoiren, a.a.O., S. 183.

[167] EBD.; Auch Treviranus bestätigt dieses Vorkommnis in seinen Erinnerungen. Vgl. TREVIRANUS, Das Ende von Weimar, a.a.O., S. 321. Brüning hatte auch Arnold Brecht von Hindenburgs

Doch alleine die Aufzählung und Gegenüberstellung der Pro- und Contrastimmen zu Hindenburgs geistiger Verfassung trägt mehr zur Konfusion denn zur Aufklärung bei. Unbestritten haben jene Berichte, in denen ihm Geistesschwäche vorgehalten und *Blackouts* zugeschrieben wurden, einen authentischen Kern, zumal er selbst durch ungeschickte Bemerkungen und Verhaltensweisen an der Debatte über seine Zurechnungsfähigkeit ungewollt mitgewirkt hat[168]. Wenngleich er seinem Alter zeitweilig Tribut zollen mußte, wenngleich er an altersbedingten körperlichen Beschwerden laborierte, wenngleich er an bestimmten Tagen oder Tageszeiten nur eine gelegentlich eingeschränkte Aufnahmefähigkeit besaß: In psychischer und geistiger Hinsicht muß sein Allgemeinbefinden mit *gut* bewertet werden. Ausgehend von der Prämisse, daß Hindenburgs geistiges Aufnahmevermögen wirklich tageszeitlichen Schwankungen unterlag, kommt gerade dem Zeitpunkt der jeweiligen Audienz oder des jeweiligen Minister- oder Referentenbesuches eine besondere Bedeutung zu. Auffallend war, wie der Hindenburg-Biograph Wheeler-Bennett treffend bemerkte, daß Hindenburgs Gehirn immer dann „klar und scharfsinnig" arbeitete, wenn man ihn zum „richtigen" Zeitpunkt aufsuchte und ansprach[169]. Von Bedeutung war hierbei aber nicht allein, wann er mit jemandem eine Unterredung führte, sondern

---

„beginnender Greisenhaftigkeit" berichtet. Hierzu siehe ARNOLD BRECHT, Mit der Kraft des Geistes, a.a.O., S. 152.

[168] Siehe HEINRICH BRÜNINGS Beschreibung über einen der schlimmeren „Blackouts" Hindenburgs. DERS.: Memoiren, a.a.O., S. 422f.; Allerdings findet sich in Stresemanns Nachlaß im PA AA Bonn eine Aufzeichnung vom 29.01.1929, die aus der Feder seines Sekretärs Henry Bernhard stammt, die auf eine bei Hindenburg zeitweise auftauchende Gedächtnisschwäche hinweist. Danach soll sich der Reichspräsident während eines anstehenden kleineren Revirements darüber beschwert haben, daß man ihn über die Entsendung des Gesandten Kardorff nach Athen nicht berichtet hätte. Stresemann konnte Hindenburgs dezente Kritik mit dem Hinweis entkräften, daß beide doch vor nicht allzu langer Zeit über Kardorff und seine Berufung nach Athen gesprochen hätten. Er [der Reichspräsident] habe betreffend Kardorff sogar daran erinnert, daß dieser seit 6 Jahren in Tirana sitze, obwohl er nach Sofia wolle. Da diese Unterredung nach Stresemanns Worten nur einige Tage zurücklag, sah sich der Reichsaußenminister - nachdem Hindenburg seinen Fehler eingestanden hatte - darin bestätigt, daß „das Gedächtnis des Herrn Reichspräsidenten manchmal aussetzt". PA AA Bonn, NL Stresemann, Bd. 76, 7383 H/H 169066 u. H 169125. Von einem dieser bei Hindenburg zeitweilig auftauchenden Blackouts weiß auch Schwerin v. Krosigk in seinem Erinnerungswerk zu berichten: „[...] Bei einem Presseabend, den der Ministerialdirektor Kiep, der Leiter der Presseabteilung, 1925 oder 1926 gab, erschien Hindenburg für kurze Zeit [...]. Als Kiep vorstellte: ‚Theodor Wolff' [...] fragte Hindenburg: ‚Welche Zeitung'?. Ich sah von der Seite, wie ihm der Schalk im Nacken saß. Mit gekränktem Gesicht tauchte der berühmte Leitartikler aus seiner Versenkung auf und sagte mit vor Empörung zitternder Stimme: ‚Das Berliner Tageblatt'. Die Falten in den Augenwinkeln des alten Herrn, der das natürlich genau wußte, vertieften sich. [...]". SCHWERIN V. KROSIGK, Memoiren, a.a.O., S. 100.

[169] JOHN WHEELER-BENNETT, Der hölzerne Titan, a.a.O., S. 360.

Die Persönlichkeit 93

vielmehr mit wem er zusammentraf. Daß er bei seinen Begegnungen mit ausländischen hohen Ministern oder Monarchen immer einen ausgeruhten und frischen Eindruck hinterließ, lag daran, daß er ihren Visiten höchste Priorität zugestand. Ergo konnte deren Eindruck von ihm nur anerkennender Natur sein.

Vielleicht hatten seine „Absencen" auch einen anderen Hintergrund, der im nachhinein jedoch kaum zu beweisen sein dürfte. So besteht die Möglichkeit, daß er deshalb nicht immer „präsent" war, weil er infolge seines Alters und seines überdurchschnittlichen Schlafbedürfnisses schneller ermüdete als seine Gesprächspartner[170]. Schier abenteuerlich klingt hingegen die Version von Hubertus von Hindenburg, einem Enkelkind des Reichspräsidenten. Er glaubt, daß sein Großvater den ein oder anderen Besucher, der sein Arbeitszimmer betrat, einfach nicht erkennen konnte, weil er, der trotz seiner Sehschwäche nachweislich höchst selten eine Brille trug, von seiner ungünstig plazierten Schreibtischlampe geblendet wurde[171].

Es muß Hindenburg indes zugute gehalten werden, daß diese „Filmrisse" nur vorübergehender Natur waren, die in derselben Intensität und Schnelligkeit wieder verschwanden wie sie aufgetaucht waren. Strenggenommen müßte eigentlich jede Zeitzeugenaussage über seine geistige und körperliche Verfassung relativ zur Tageszeit und zur sozialen und politischen Stellung des jeweiligen Beobachters gesehen werden. Nur so würde sich ermitteln und erklären lassen, wieso seine Gesprächspartner mal einen ausgesprochen dynamischen, mal einen ganz und gar lethargischen Reichspräsidenten erlebten.

Hindenburgs Handeln und Denken dagegen nur aus dem Blickwinkel einer senilen und unzurechnungsfähigen Marionette zu sehen und zu bewerten, wird wissenschaftlichen Ansprüchen kaum gerecht. Ja, dies widerspräche sogar den bereits angeführten medizinischen Gutachten, die den einzigen wissenschaftlich fundierten Hinweis darauf geben, daß die bei ihm seit Mitte 1933 vermehrt auftretenden Krankheitssymptome nur sein körperliches, aber nicht sein geistiges Befinden störten. Infolgedessen erscheint es unangebracht, seine *res gestae* alleine

---

[170] Schon als Offizier pflegte Hindenburg die Gewohnheit, pünktlich gegen 14.30 Uhr seinen Mittagsschlaf zu nehmen, eine Gepflogenheit, die er auch als Reichspräsident fortsetzte. Siehe SVEN HEDIN: Fünfzig Jahre Deutschland, Leipzig 1938, S. 167. FRIEDRICH MUCKERMANN: Im Kampf zwischen zwei Epochen. Lebenserinnerungen, Bearb.: Nikolaus Junk, in: Veröffentlichungen der Kommission für Zeitgeschichte, Hrsg.: Konrad Repgen, Reihe A: Quellen, Bd. 15, Mainz 1973, S. 552. Bestätigt wird dies auch von MARGARETE GÄRTNER: Botschafterin des guten Willens, Bonn 1955, S. 176.

[171] Diese höchst hypothetische Vermutung äußerte Hubertus v. Hindenburg in Gegenwart des Autors dieser Arbeit. Siehe Zeitzeugeninterview Hubertus v. Hindenburg, Köln, 03.03.1996. Ferner hierzu Erinnerungen und Dokumente von Joh. Victor Bredt 1914 bis 1933, Bearb.: MARTIN SCHUMACHER, a.a.O., S. 180. Besagte Lampe stand wirklich auf dem Arbeitstisch des Reichspräsidenten. Vgl. Cover-Foto dieser Arbeit.

unter dem Gesichtspunkt der *Senilität* zu analysieren, um ihn so etwa zu entschuldigen oder gar zu verurteilen. Seine Person mit dem Attribut „unzurechnungsfähig" zu versehen wäre ungemessen, weil man ihn so gleichzeitig aus der vollen politischen und moralischen Verantwortung nähme, wie dies Brüning versucht hat, der sich darum bemühte, der Geschichte „das bestmögliche Bild Hindenburgs" zu überliefern[172].

Eben weil Reichspräsident Paul von Hindenburg aufgrund der vorliegenden Indizien weder als unzurechnungsfähig noch senil bezeichnet werden sollte, trägt er allein die volle politische und historische Verantwortung für sein innen- und außenpolitisches Handeln.

C. Reichspräsident und *Politiker*

I. Der Marschallpräsident und die Politik

Als Hindenburg Ende 1916 das Bekenntnis ablegte, von Politik nichts zu verstehen und sich in seinen 1920 publizierten Memoiren als „unpolitische Natur" charakterisierte, wiederholte er nur das, was er bereits zuvor bei etlichen Gelegenheiten stets bekannt und betont hatte[173]. Seine prinzipielle Aversion gegen „alles Diplomatische" wurde maßgeblich von seinen Erfahrungen im Ersten Weltkrieg geprägt. Nicht nur Deutschland schien ihm in außenpolitischer Hinsicht rückständig[174], vor allem das „Hin und Her" mit dem Bündnispartner Bul-

---

[172] Hierzu notierte er noch ergänzend: „[...] Die einzige Möglichkeit, ein möglichst günstiges Bild Hindenburgs den nachfolgenden Geschlechtern zu überliefern, besteht darin, festzustellen, dass am Ende erfolgreicher Jahre seine geistigen Kräfte unter dem Einfluß einer sich langsam entwickelnden Krankheit immer mehr erschlafften. [sic!...]". Schreiben Heinrich Brüning an Graf v. Brünneck, Cambridge, 12.02.1949 [Original], GStA Berlin-Dahlem, NL Brünneck, XX Rep. 300 Brünneck II, S. 39f.

[173] Schreiben BS a.D. Graf Monts an den Gesandten a.D. Carl Grafen v. Pückler, 08.10.1918, in: Karl F. Novak/Friedrich Thimme (Hrsg.): Erinnerungen und Gedanken des Botschafters Anton Graf Monts, Berlin 1932, S. 455. Hindenburg, a.a.O., S. 199 und S. 277. Der eigentliche Verfasser der Memoiren war General v. Mertz; Hindenburg hatte nur die Richtlinien vorgegeben, anschließend korrigiert und unterzeichnet. EMIL LUDWIG: Hindenburg. Legende und Wirklichkeit, Hamburg 1962, S. 183.

[174] „[...] Ich hatte das Empfinden, als ob die diplomatische Beschäftigung wesensfremde Anforderungen an uns Deutsche stellt. Darin liegt wohl einer der Hauptgründe für unsere außenpolitische Rückständigkeit [...]". HINDENBURG, a.a.O., S. 207 u. 277.

Die Persönlichkeit 95

garien[175] wegen „zahlloser politischer Fragen und Gegenfragen" vertiefte seine Abneigung gegen Politik[176], insbesondere gegen die Parteipolitik[177], aber auch generell gegen Politiker[178]. Gerade bei den Berufspolitikern vermißte er elementare Führungsqualitäten. Ihnen fehlte es in seinen Augen an Autorität und Charisma[179].

Eine ausgesprochen unpolitische Attitüde, die sich vor allem in seiner Denkweise und Grundhaltung manifestierte, legte er selbst noch als Reichspräsident an den Tag, was viele Zeitzeugen und zeitgenössische wie auch spätere Autoren rundweg bestätigten[180], partiell sogar kritisierten[181]. Daß er gleich zu Anfang seiner Präsidentschaft die Diplomatie als „kein angenehmes und dankbares Ge-

---

[175] ERNST V. EISENHARDT-ROTHE, a.a.O., S. 619.
[176] „[...] Sie wissen, daß ich mir aus Politik nicht viel mache [...]". Schreiben Paul v. Hindenburg an Wilhelm Groener, 18.10.1921, abgedruckt in: REGINALD H. PHELPS: Aus den Groener Dokumenten. I. Groener, Ebert und Hindenburg, in: Deutsche Rundschau, Jg. 76, Heft 7 (1950), S. 540. Dito HINDENBURG, a.a.O., S. 207.
[177] HUGO VOGEL zufolge hatte ihm Hindenburg einmal anvertraut, daß er sein höchstes Ziel in der Bekämpfung der Parteien sehe, da sie mit ihrer Politik jedes erfolgreiche Zusammenarbeiten vereiteln: „[...] Wir können erst dann wieder emporkommen, wenn das Nationalgefühl bei allen Parteien im Vordergrund steht, selbst mit Zurückstellung der Einzelinteressen. Der Parteihader leitet ja nur unseren Feinden Vorschub. [...]". Siehe DERS., a.a.O., S. 63.
[178] ERNST V. EISENHART-ROTHE, a.a.O., S. 619f.
[179] „[...] Wenn meine Gegner erklären, daß ich kein Berufspolitiker sei, so macht gerade diese Behauptung auf mich keinen Eindruck; denn im In- und Auslande weiß man zur Genüge, daß die neuzeitlichen Berufspolitiker sich oft wenig zur wirklichen Führung eignen. Es fehlt an Autorität, wenn die Politik zu sehr als Geschäft betrieben wird [...]". Unterredung Hindenburgs mit dem Berliner Vertreter des amerikanischen Hearstpresse-Konzerns, Berlin, 21.04.1925, in: FRITZ ENDRES, Hindenburg, Briefe, Reden, a.a.O., S. 148.
[180] „[...] diplomatische Winkelzüge lagen ihm nicht [...]". OTTO MEISSNER, Erinnerungen eines Staatssekretärs, a.a.O., S. 371; D'ABERNON, Bd. III, a.a.O., S. 192; GÖRLITZ, Hindenburg, a.a.O., S. 47; OLDEN, Hindenburg, a.a.O., S. 191; SCHULENBURG, a.a.O., S. 83; RHEINBABEN, Viermal Deutschland, a.a.O., S. 173f.; OTTO BRAUN, a.a.O., S. 174; OTTO GESSLER, Reichswehrpolitik, a.a.O., S. 340. CARL SEVERING, a.a.O., S. 314. Hindenburg-Biograph und Zeitzeuge WHEELER-BENNETT dazu: „[...] Niemand war im Grunde unpolitischer als Hindenburg. [...]". A.a.O., S. 282.
[181] „[...] Die Polen haben in Paderewski den musikalischsten, die Tschechen in Masaryk den geistigsten, die Deutschen in Hindenburg den politikfernsten aller Außenseiter auf den Schild gehoben. [...]". So CARL V. OSSIETZKY: Ein Jahr Hindenburg, in: Die Weltbühne, Nr. 17, 27.04.1926, S. 640. Für THEODOR LESSING war Hindenburg schlechthin der „unpolitischste aller Menschen": DERS.: Hindenburg, aus: Prager Tagblatt, 25.04.1925, BA Koblenz, NL Schücking, N 1051/95.

schäft"[182] hinstellte, war für seine grundsätzliche Einstellung zu diesem Punkt symptomatisch.

Über ein ausgebildetes Gespür für Politik verfügte Hindenburg zu keiner Zeit; dafür war sein Politikverständnis zu einseitig militärisch ausgerichtet[183]. Eben dies kam in Ministerratssitzungen immer wieder zum Vorschein[184]. Disziplin und Gehorsam beschwor er als die größten staatsbürgerlichen Tugenden[185], dem politischen Kompromiß und den „Künsteleien des Verstandes" stellte er die „herzhafte Tat" entgegen[186]. Er, der als Reichspräsident die „Galionsfigur" schlechthin blieb, war in der Tat kein Staatsmann, „noch gab er jemals vor, einer zu sein"[187]. Gleichwohl verfügte er über eine realpolitische Urteilskraft, die meist dann, wenn wichtige außenpolitische Entscheidungen anstanden, zum Vorschein kam[188]. So abstrakt und patriarchalisch sein Staatsverständnis dennoch geartet war[189]: Den Eid auf die Weimarer Verfassung, deren Geist er selbst nach gründlichem Studium nicht erfaßen konnte, hat er mit soldatischem Pflichtbewußtsein und christlicher Frömmigkeit geleistet und die Amtsjahre hindurch eingehalten[190]. Mag er in verfassungstheoretischen Fragen laut eigenem Bekennt-

---

[182] Aufzeichnung StS v. Schubert [AA], Berlin, 02.06.1925 [Durchschlag], PA AA Bonn, R 27369/D 826370. Diese Quelle ist jetzt auch ediert vorzufinden in: ADAP, A-XIII (1995), Dok.-Nr. 77, S. 195f.

[183] Aus seinem Desinteresse an Politik machte Hindenburg überhaupt keinen Hehl. Siehe Artikel „Erinnerungen um Hindenburg" von Prof. Münter, in: Deutsche Medizinische Wochenschrift, 29.03.1935 [Original], BA Koblenz, NL Schwertfeger, N 1015, Bd. 13 [S. 521f.]. Walter Zechlin zitiert Hindenburg, der zum ihm gesagt haben soll: „[...] Was ich bin, Herr Zechlin, das können Sie sich denken. Ich bin Soldat, und politisch bin ich Monarchist [...]". Vortrag Zechlin im Deutsch-Englischen Club, Hannover 1949, PA AA Bonn, NL Zechlin [S. 140]. Cf. LÖBE, Erinnerungen eines Reichstagspräsidenten, a.a.O., S. 80f.; GESSLER, a.a.O., S. 345f.; ESCHENBURG, Die Rolle, a.a.O., S. 4.

[184] Hindenburgs Faible, politische Ereignisse oder Instruktionen mit Kriegserlebnissen bzw. allgemeinen militärischen Dingen zu verknüpfen und entsprechend zu kommentieren, sollte Überhand nehmen. MASER, a.a.O., S. 234.

[185] HUGO VOGEL, a.a.O., S. 62.

[186] PAUL V. HINDENBURG, a.a.O., S. 64f.; Ein Beleg für seine kompromißscheue Haltung findet sich u.a. auch in der Niederschrift der Ministerratssitzung, Berlin, 15. März 1927, in: HUBATSCH, Hindenburg und der Staat, a.a.O., Dok.-Nr. 60, S. 275.

[187] Siehe Schreiben Heinrich Brüning an Rudolf Pechel [o.O., o.D.], abgedruckt in: Deutsche Rundschau, Bd. 70 (1947), S. 5. Dazu auch SEBASTIAN HAFFNER, Von Bismarck zu Hitler, a.a.O., S. 215. WILHELM VERNEKOHL, a.a.O., S. 228.

[188] Vgl. Tagebucheintrag RAM Stresemann, 19.05.1925; Brief Stresemann an US-Botschafter Hougthon, 04.06.1925, in: HENRY BERNHARD (Hrsg.) Gustav Stresemann Vermächtnis, Bd. II, a.a.O., S. 60 u. 259.

[189] GERHARD GRANIER, a.a.O., S. 544.

[190] RUDOLF OLDEN, Hindenburg, a.a.O., S. 219. Hindenburg konstatierte nach dem Studium der Verfassung: „[...] Ist ja garnicht so schlimm [...]". Nicht nur die Reichsverfassung, sondern auch

Die Persönlichkeit 97

nis unbeholfen gewesen sein[191] – er, der am Wortlaut der republikanischen Verfassung statisch festhielt, orientierte sich strikt an den Spielregeln des parlamentarischen Regierungssystems. Sein in der „Osterbotschaft" vom 11. April 1925 geäußertes Versprechen, in der Amtsausübung „überparteilich" zu agieren[192], wurde von ihm in praxi eingehalten. Bis zum Ende seiner Amtszeit entsprach er ganz und gar seinem verfassungsmäßigen Auftrag und füllte die Rolle als *pouvoir neutre* vollends aus[193]. Wenn er einmal seine politische Autorität in die Waagschale warf, dann geschah dies meistens, um die notwendigen Voraussetzungen für Regierungsmehrheiten bei Kabinettsneubildungen, wie jene zu Beginn der Jahre 1925, 1926 und 1927, zu schaffen[194].

---

die juristischen Kommentare hat Hindenburg so gründlich studiert, wie die Dienstvorschriften der preußischen Armee. Siehe MARTIN LÜDERS, a.a.O., S. 205. GESSLER, a.a.O., S. 341. Dem Reichstagspräsidenten, Paul Löbe, versicherte Hindenburg bei Zusammentreffen immer wieder, daß er seinen Eid halten werde. Tagebucheintrag ERNST FEDER, 25.02.1930, in: DERS.: Tagebücher eines Berliner Publizisten, a.a.O., S. 244. Hindenburgs Verfassungstreue wird auch von PAUL LÖBE bezeugt: Erinnerungen eines Reichstagspräsidenten, Berlin 1949, S. 78f.; DERS.: Der Weg war lang, a.a.O., S. 112ff. u. OTTO BRAUN, a.a.O., S. 204; DORPALEN, a.a.O., S. 457; Cf. auch LUCAS, a.a.O., S. 60. WERNER CONZE, Die Krise des Parteienstaates, a.a.O., in: HZ, Bd. 178 (1954), S. 76.

[191] Diese Bemerkung soll Hindenburg im Beisein des damaligen Reichskanzlers gemacht haben. Schreiben Heinrich Brüning an Graf v. Brünneck, Cambridge, 12.02.1949 [Original], GStA Berlin-Dahlem, NL Brünneck, XX Rep. 300 Brünneck II, S. 40.

[192] Osterbotschaft des Generalfeldmarschalls v. Hindenburg an das deutsche Volk vom 11.04.1925, in: HUBATSCH, Hindenburg und der Staat, a.a.O., Dok-Nr. 26, S. 187. Im Beisein seines Malers, HUGO VOGEL, bekannte er: „[...] Ich will aber nach keiner Richtung hin Parteipolitik treiben. Ich sehe den einzigen Weg zur Hilfe für Deutschland in der Einigung der jetzt sich so schroff gegenüberstehenden Parteien. Dann wird sich alles andere auch ergeben. Nur Einigkeit macht stark. [...]". Siehe DERS., a.a.O., S. 43.

[193] OTTO MEISSNER, Erinnerungen eines Staatssekretärs, a.a.O., S. 370f.; Nachdem er zum Reichspräsidenten gewählt wurde, verdeutlichte Hindenburg seinen Standpunkt: „[...] Man soll sich nur nicht einbilden, daß ich mir jetzt von irgendeiner Partei Vorschriften machen lassen werde, auch nicht von denen, die mir im Wahlkampf besonders geholfen haben. Auch dem bisherigen Gegner [...] reiche ich die Hand [...]". SCHULTZE-PFÄLZER, Reichspräsident, a.a.O., S. 67. Vgl. ANDREAS DORPALEN, a.a.O., S. 92. Siehe auch GRAF KUNO WESTARP: Am Ende der Parteiherrschaft. Bilanz des deutschen Parlamentarismus von 1918-1932, Berlin 1932 (1. Aufl.), S. 106. PETER GAY: Republik der Außenseiter. Geist und Kultur der Weimarer Zeit in 1918-1933, Frankfurt a. M. 1989, S. 207.

[194] WERNER CONZE, Die Krise des Parteienstaates, a.a.O., in: HZ, Bd. 178 (1954), S. 53.

II. Anachronismen eines innen- und außenpolitischen Arbeitsstils

Obwohl Hindenburg neun Jahre lang als Staatsoberhaupt das Deutsche Reich im In- und Ausland völkerrechtlich vertreten hatte, unternahm er während seiner Amtszeit keinen einzigen offiziellen Auslandsbesuch und hat infolgedessen nie einen anderen Präsidenten oder Politiker jenseits der deutschen Grenzen in natura erlebt[195] oder einen bilateralen sowie internationalen Vertragsabschluß vor Ort paraphiert[196]. Sicher war seine Reisebereitschaft angesichts der Gegebenheit, daß sein Name immer noch auf der Auslieferungsliste der Alliierten verzeichnet war, indirekt eingeschränkt[197]. Zugleich muß man aber bedenken, daß er auch jene Länder nicht besucht hat, in denen er durchaus willkommen gewesen wäre. Trotz aller theoretisch möglichen Komplikationen wäre für ihn ein Auslandsaufenthalt keineswegs mit mehr Risiken verbunden gewesen als für jedes andere ausländische Staatsoberhaupt. Wie jeder völkerrechtliche Vertreter eines souveränen Staates konnte er sich auf das internationale Völkerrecht berufen, welches ihm als Repräsentant seines Landes Immunität zusicherte, seine Person somit in strafrechtlicher Hinsicht für unantastbar erklärte. Jeder Zugriff auf ihn, jede Verhaftung, Detention oder Strafverfolgung – unabhängig von ihrer Begründung – war völkerrechtswidrig[198]. Hinzu kam, daß sich bereits 1920 auf alliierter Seite so langsam die Erkenntnis durchsetzte, daß das in die Wege geleitete Auslieferungsverfahren gegen Hindenburg wohl ein politischer Fehler gewesen war[199].

Insofern kann die Frage, warum der gesunde und körperlich robuste Reichspräsident auf aktive Reisediplomatie keinen Wert gelegt hatte, mit seinem

---

[195] Alle Quellen hierzu, ob Akten, Zeitungen usw., zeigen einen reisefaulen, unbeweglichen Reichspräsidenten. Siehe auch Hinweis HANS-OTTO MEISSNER, a.a.O., S. 222. Hierzu ebenfalls MASER, a.a.O., S. 313. Hindenburgs längste Dienstreise [mit der Eisenbahn selbstverständlich] führte ihn in die befreiten Gebiete des Rheinlands. Cf. ferner Schulthess' Europäischer Geschichtskalender 1925-1934. Siehe Hinweis BÜTOW, a.a.O., S. 252. Infolge seiner Immobilität wurde er praktisch dazu gezwungen, Außenpolitik vom Schreibtisch aus zu machen, sich auf Informationen bzw. Quellen „aus zweiter Hand" zu verlassen. Dokumentiert sind hingegen Urlaubsreisen nach Innsburg und Venedig. Hierzu SVEN HEDIN, Fünfzig Jahre Deutschland, a.a.O., S. 167.

[196] Die persönliche Teilnahme des Reichspräsidenten an derartigen Vertragsverhandlungen wäre zwar ungewöhnlich, aber durchaus denkbar gewesen.

[197] In diesem Zusammenhang sind von Hindenburg allerdings keine Aussagen bzw. Quellenbelege ausfindig zu machen. Auf die Hintergründe der Auslieferungsnoten und die sich daran anschließenden Diskussionen geht WALTER SCHWENGLER ausführlich ein. Siehe DERS.: Völkerrecht, Versailler Vertrag und Auslieferungsfrage, a.a.O., S. 303ff. u. 334ff.

[198] GEORG DAHM: Völkerrecht, Bd. 1, Stuttgart 1958, S. 302.

[199] „[...] To demand Hindenburg was a political mistake of the first magnitude [...]". So der englische Außenminister Lloyd George Anfang 1920. Siehe WALTER SCHWENGLER, Völkerrecht, Versailler Vertrag und Auslieferungsfrage, a.a.O., S. 336.

„Kriegsverbrecherstatus" nicht hinreichend beantwortet werden. Gleichwohl mußte er einmal die Erfahrung machen, daß seine namentliche Erwähnung in der Auslieferungsliste der Alliierten nicht ganz unproblematisch war[200]. Doch im allgemeinen assoziierte das Ausland nach 1925 mit seiner militärischer Vergangenheit längst nicht mehr den „Kriegsverbrecher", sondern den mythisch verklärten Generalfeldmarschall des Ersten Weltkriegs. Spätestens mit dem Besuch Lavals und Briands beim Reichspräsidenten Mitte 1931 offenbarte sich auch die zwiespältige Haltung Frankreichs zu den nach wie vor existenten Auslieferungslisten[201]. Daß darin sein Name immer noch ganz oben rangierte, hielten die meisten Alliierten ohnehin für überholt. Letztlich unterstrichen die beiden Franzosen mit ihrer Visite beim deutschen Staatsoberhaupt nur den Makulaturcharakter des Registers[202].

Mag der Vergleich nur bedingt anwendbar sein, so kommt doch Hindenburgs Immobilität deutlich zum Vorschein, wenn demgegenüber die Reisefreudigkeit des späteren Bundeskanzlers Konrad Adenauer vor Augen geführt wird. Trotz seines hohen Alters – Adenauer schied ebenso wie Hindenburg mit 87 Jahren aus seinem Amt – hatte der erste Kanzler der Bundesrepublik Deutschland im Verlauf seiner fünf Jahre länger währenden Amtszeit bereits 78 Auslandsreisen unternommen[203]. Wenn auch Adenauers Reisediplomatie aus anderen Motiven zwingend notwendig gewesen war und dieser gewiß schneller, jedoch nicht bequemer reisen konnte, bleibt die „Null-Quote" des Reichspräsidenten unerklärlich. Mobiler zeigte Hindenburg sich nur, wenn es gen Süden zu seinem Jagddomizil nach Dietramszell und Richtung Osten zu seinem Gut Neudeck ging, wo er primär zur Erholung pausierte, obgleich gerade dort die Amtsgeschäfte routinemäßig weitergeführt wurden[204]. Dagegen bewegte er sich innerhalb Berlins nur gelegentlich in diplomatischer Mission. Seine sporadischen Besuche bei einigen ausländischen Gesandtschaften und Botschaften in der Hauptstadt geben einen recht deutlichen Hinweis darauf, daß er in dieser Frage sehr

---

[200] Hierzu siehe S. 65 u. 214 dieser Arbeit.
[201] Aufzeichnung StS Pünder [Rkei], Berlin, 27.09.1931 (Vertraulich!) [Original], BA Koblenz, R 43 I/69 [S. 174].
[202] Der ehemalige Reichskanzler Wilhelm Marx notierte hierzu: „[...] Aber steht Generalfeldmarschall v. Hindenburg nicht als erster auf der Liste der Kriegsverbrecher, deren Auslieferung Frankreich im Friedensvertrag verlangt hat? In großherziger Weise hat Ministerpräsident Laval diese Bestimmung des Friedensvertrages als veraltet und unbeachtlich durch seinen persönlichen Besuch hingestellt. [...]". Siehe Artikel „Frankreich besucht Deutschland. Laval und Briand in Berlin" von RK a.D. Wilhelm Marx, 01.10.1931 [mschr. Durchschlag], HA Köln, NL Marx, Best. 1070/47 [S. 237].
[203] JÖRG V. UTHMANN: Die Diplomaten. Affären und Staatsaffären von den Pharaonen bis zu den Ostverträgen, Stuttgart 1988, S. 108.
[204] Siehe S. 126ff. u. 133 dieser Arbeit.

wählerisch verfuhr. Nur bei wirklich wichtigen Anlässen bequemte er sich, den Wünschen seiner Gastgeber nachzukommen; den meisten Einladungen ging er indes nicht nach[205]. Daher beschränkte sich sein Kontakt mit ausländischen Diplomaten im Inland meist auf die obligatorischen Empfänge.

Bei offiziellen gesellschaftlichen Veranstaltungen der einzelnen Auslandsvertreter und Repräsentanten „glänzte" er genauso oft durch Abwesenheit wie bei den direkten Gesprächen mit ausländischen Diplomaten in ihren Konsulaten und Botschaften[206]. Gleichermaßen gelang es nur wenigen ausländischen Journalisten, das vielbegehrte Entree zum Reichspräsidenten zu finden; denn von wenigen Ausnahmen abgesehen folgte er dem selbst auferlegten Grundsatz, ausländischen Reportern keine Interviews zu geben[207]. Für das daraus entstandene distanzierte Verhältnis zur Presse gaben abgetane Maximen den Ausschlag, die mit den Amtsjahren die Gestalt von regelrechten Axiomen annahmen. So stellte er sich etwa zu Anfang seiner ersten Legislaturperiode noch für Interviews zur Verfügung, ging dann aber allmählich zu der Devise über, in seinem Hause keine Rundfunkübertragungen und Interviews mehr zu dulden[208]. Mit Anwendung dieser nicht näher begründeten Richtlinie entzog er sich den gängigen zeitgemäßen Spielregeln, die andere Staatsoberhäupter indes einzuhalten pflegten. War der Gebrauch von zeitgemäßen technischen Hilfs- und Kommunikationsmitteln für nahezu alle anderen Politiker oder Staatsoberhäupter eine Selbstverständlichkeit[209], so verzichtete er gänzlich darauf. Im Umgang mit den „Medien" seiner Zeit, sprich Presse und Rundfunk, zeigte er sich genauso unbeholfen wie im Umgang mit den „modernen" Verkehrsmitteln, sprich Flugzeug und Auto.

---

[205] Telegramm RAM Stresemann an Dt. BS Brockdorff-Rantzau, Berlin, 17.07.1925, Nr. 370 (Geheim!), in: ADAP, A-XIII (1995), Dok.-Nr. 208, S. 578.

[206] Weitaus beweglicher war Hindenburg immer dann, wenn ausländische Könige als Staatsgäste zu betreuen waren. Beispiele sind dafür die Empfänge beim afghanischem König Aman Ullah im Februar 1928 und beim schwedischen König am 21.04.1933 in deren Berliner Gesandtschaften. Vgl. Schulthess' Europäischer Geschichtskalender 1933, S. 99. SCHULENBURG, a.a.O., S. 105. Mehr hierüber im sechsten Buch dieser Arbeit.

[207] Hierzu siehe S. 195 dieser Arbeit.

[208] Schreiben StS Meissner [B.d.Rpräs.] an Studienrat Monzel, Berlin, 05.12.1930 [Durchschlag einer Abschrift], BA Koblenz, NL Pünder, N 1005/633 [S. 13].

[209] So nutzten im Gegensatz zu Hindenburg viele ausländische hochstehende Politiker, wie beispielsweise Laval, Stimson oder MacDonald, beinahe jede sich bietende Gelegenheit, um über das Radio politische Botschaften an die deutsche Bevölkerung zu verbreiten. Siehe HANS BAUSCH: Der Rundfunk im politischen Kräftespiel der Weimarer Republik 1923-1933, Tübingen 1956, S. 162.

Die Persönlichkeit

Hindenburgs Immobilität und sein distanziertes Verhältnis zur Presse waren wie seine „Technikfeindlichkeit"[210] für einen Politiker seiner Epoche auffallend anachronistisch. Kann Bismarcks grundsätzliche Aversion gegen technische Erneuerungen noch halbwegs nachvollzogen werden, so muß Hindenburgs antiquierte Haltung in diesem Punkt zu denken geben[211]. Im Gegensatz zu seinem Amtsvorgänger, Friedrich Ebert, verzichtete er auf das zeitsparende Reisen mit einem Flugzeug oder Luftschiff, mied das Auto und fuhr ausschließlich mit der altbewährten Eisenbahn[212]. Sein Salonwagen war zwar mit allem Komfort und aller Eleganz ausgestattet, verfügte aber noch nicht einmal über einen Telegraphenanschluß, der ihm permanenten Kontakt zu seiner Behörde und anderen Dienststellen ermöglicht hätte[213].

So gut wie in allen Bereichen sind „Hindenburgsche Anachronismen" anzutreffen. Bei Rundfunkreden etwa gelang es ihm kaum, seine Scheu vor dem Mikrophon abzulegen[214], was sicherlich darauf zurückzuführen ist, daß ihm generell das Rampenlicht der Öffentlichkeit nicht behagte[215]. Um seine Stimme aber

---

[210] So WERNER MASER, a.a.O., S. 68. HANS-OTTO MEISSNER, a.a.O., S. 221. Hindenburgs Ausspruch „Benzin verdirbt den Charakter" mag klarstellen, wie altmodisch und innovativfeindlich sein Weltbild im Endeffekt war.

[211] Bismarck Abneigung gegen das Telefon und die Schreibmaschine scheint da noch eher nachvollziehbar, zumal der politische Alltag vor 1900 von technischen Innovationen dieser Machart nahezu unberührt blieb. JÖRG UTHMANN, Diplomaten, a.a.O., S. 47.

[212] HANS-OTTO MEISSNER, a.a.O., S. 221. BÜTOW, a.a.O., S. 243. Dem Rpräs. wurde von der Reichsbahn eigens ein Salonwagen zur Verfügung gestellt, der hinsichtlich Bequemlichkeit und Komfort sicherlich mehr geboten haben dürfte als jedes andere Verkehrsmittel dieser Epoche. Siehe auch Vermerk MinDir Doehle, Berlin, 18.08.1928, PA AA Bonn, R 83638. Als Hindenburg im August des Jahres 1924 eine Reise nach Ostpreußen [Danzig] unternahm, benutzte er noch den „alternativen" Schiffahrtsweg, um nicht den Korridor zu berühren. Erst als er als Reichspräsident Ostpreußen besuchte, nahm er wie gewohnt den Schienenweg, nachdem die polnische Seite ihr Einverständnis signalisierte. Dazu HEINRICH SAHM: Erinnerungen aus meinen Danziger Jahren 1919-1930, Bearbeitung von Ulrich Sahm, Marburg/Lahn 1958, S. 93. Reichskanzler Luther war indes weitaus progressiver, da er zu den ersten deutschen Staatsmännern zählte, die das Flugzeug für Dienstreisen nutzten. Siehe MAX STOCKHAUSEN: Sechs Jahre Reichskanzlei, a.a.O., S. 202.

[213] Schreiben MinRat Doehle [B.d.Rpräs.] an Studienrat R. Georg Wenzig, Berlin, 10.09.1931 (inklusive eines beantworteten Fragebogen als Anhang) [Abschrift], BA Berlin-Lichterfelde, R 601/47.

[214] WHEELER-BENNETT, a.a.O., S. 275f.; Martin Lüders weiß in seiner Hindenburgbiographie von einer kleinen Anekdote zu berichten: „[...] Schließlich ringt man ihm eine Rede im Rundfunk ab - eine damals neue Einrichtung. Dabei gibt es einen technischen Zwischenfall: Als Hindenburg vor dem Mikrophon seine Ansprache verlesen hat, sagt er - ohne zu ahnen, daß das in allen Rundfunk-Apparaten mitgehört wird: ‚Gott sei Dank, daß das vorbei ist' ". Siehe MARTIN LÜDERS, a.a.O., S. 199. HANS BAUSCH, Der Rundfunk, a.a.O., S. 162ff.

[215] ANDREAS DORPALEN, a.a.O., S. 177.

erst einmal über den Äther verbreiten zu können, mußte man ihn meist regelrecht „beknien", bis „nach längerem Sträuben" seine Einwilligung erfolgte[216]. Hatte er sich dann dazu überwunden, seine Stimme dem Mikrophon anzuvertrauen, sprach er – begleitet von dem Trommeln seiner geballten Faust, mit dem er den Takt angab – so schleppend und unsicher, daß seine Ansprachen nicht *live*, sondern meist in Form von vorbereiteten Tonaufzeichnungen gesendet werden mußten[217].

Aus diesem Blickwinkel muß auch seine Absage an die amerikanische Tageszeitung *Chicago Tribune* gesehen werden, die ihn zu einer kurzen Radioansprache an das amerikanische Volk anläßlich des Geburtstags von George Washington am 22. Februar 1931 bewegen wollte. Der medienscheue Präsident blieb auch hier seiner Maxime treu, Radiointerviews und Schallplattenaufnahmen nach Möglichkeit zu vermeiden[218]. Mit dieser reservierten Grundhaltung überspielte er letzten Endes nur seine dürftige Rhetorik. Den rednerischen Anforderungen als Staatsoberhaupt, die infolge seiner Skepsis und Scheu vor dem Einsatz „moderner" Medien unterentwickelt waren, fühlte er sich beileibe nicht gewachsen[219]. Gleichwohl war seine Stimme auf dem amerikanischen Kontinent doch ein einziges Mal vernehmbar, dies obendrein noch „live" im Originalton. Selbstverständlich hatte er hierfür nicht etwa vorübergehend seine Reiseunlust, sondern nur seine Unsicherheit vor dem Mikrophon für einige Minuten abge-

---

[216] HANNS-JOCHEN HAUSS: Die erste Volkswahl des deutschen Reichspräsidenten. Eine Untersuchung ihrer verfassungspolitischen Grundlagen, ihrer Vorgeschichte und ihres Verlaufs unter besonderer Berücksichtigung des Anteils Bayerns und der Bayerischen Volkspartei, in: Münchener Universitätsschriften, Hrsg.: Karl Bosl, Bd. 2, Kallmünz 1965, S. 132f.

[217] So WHEELER-BENNETT, Hindenburg, a.a.O., S. 275.

[218] Aufzeichnung MinDir Dieckhoff, Berlin, 17.02.1931, PA AA Bonn, R 80149/K 323487-488 [Original]. In der schriftlichen Absage, die Vertreter des *Büros des Reichspräsidenten* formuliert und aufgesetzt hatten, wird als Hauptargument für Hindenburgs Ablehnung seine grundsatztreue Haltung bezüglich Radioansprachen angeführt: „[...] The President [...] has once and for all decided not to make addresses by way of the radio [...] [sic!]. Schreiben MinDir Dieckhoff an James Cosh Cecil, Berlin, 18.02.1931, PA AA Bonn, R 80149/K 323489. Daß nur wenige Tonaufnahmen existieren, die Hindenburgs Original-Baßstimme dokumentieren, erklärt sich mit dem von ihm eingehaltenen Grundsatz, für Schallplattenaufnahmen nicht zur Verfügung zu stehen. Schreiben StS Meissner [B.d.Rpräs.] an Ludwig Koch, Berlin, 23.12.1931 [Durchschlag], BA Berlin-Lichterfelde, R 601/48. Siehe auch Schreiben StS Meissner [B.d.Rpräs.] an MinDir Zechlin [AA], Berlin, 27.10.1931 [Original], PA AA Bonn, R 122392.

[219] Schreiben Rundfunk-Kommissar StS a.D. Bredow an StS Meissner [B.d.Rpräs.], [Original], Berlin, 27.11.1930; Schreiben StS Meissner [B.d.Rpräs.] an Rundfunk-Kommissar StS a.D. Bredow, Berlin, 28.11.1930 [Durchschlag], BA Berlin-Lichterfelde, R 601/47. Ferner Rundfunk-Silvesteransprache Rpräs. v. Hindenburg, 31.12.1931, in: HUBATSCH, Hindenburg und der Staat, a.a.O., Dok.-Nr. 77, S. 308. Zu seiner fehlenden Rhetorik und Wortkargheit siehe ab S. 246 dieser Arbeit.

Die Persönlichkeit   103

legt. Seine jährliche Sylvesterrede an das deutsche Volk wurde 1931 in den USA zeitgleich ausgestrahlt[220].

Geradezu unbegreiflich war die von Hindenburg nur sporadische Inanspruchnahme des für einen Politiker und Diplomaten so unabdingbaren Telefons. In den Chor der Telefonstimmen, verursacht von eineinviertel Millionen Ferngesprächen, die in der damaligen „telefonwütigsten Stadt der Welt"[221] tagtäglich geführt wurden, mischte sich Hindenburgs Stimme höchst selten, da er den Hörer nur ungerne zur Hand nahm[222]. Statt dessen ließ er den Mitarbeitern seiner Dienststelle, insbesondere seinem *Unterminister*, Otto Meissner, mit Vorliebe bleistiftgeschriebene Handzettel per Boten zukommen. Obwohl Meissner nur zwei Türen entfernt von seinem Vorgesetzten arbeitete, erreichten ihn im Verlauf der neun Jahre tausende Handzettel dieser Machart, mit denen der Reichspräsident mal Terminänderungen, mal Instruktionen delegierte[223].

Ob beim gewissenhaften Aktenstudium[224] oder bei der Formulierung von diplomatischen Noten[225]: Hindenburg befleißigte sich hinsichtlich Sprache, Stil,

---

[220] Der deutsche Botschafter in Washington D. C., Prittwitz und Gaffron, depeschierte nach Hindenburgs Radioansprache, daß seine Rede, die gleich von zwei Radiostationen gesendet wurde, „ausgezeichnet" übertragen worden war. Siehe Telegramm Dt. BS Prittwitz und Gaffron an AA [o.A.], 31.12.1931 [Abschrift], PA AA Bonn, R 122392.

[221] Mitte der zwanziger Jahre verfügte Berlin fast über eine halbe Million Telefonanschlüsse. PETER DE MENDELSSOHN: Zeitungsstadt Berlin. Menschen und Mächte in der Geschichte der deutschen Presse, Frankfurt a. M./Berlin/Wien 1983, S. 313.

[222] Vortrag Walter Zechlin, 08.02.1949, a.a.O., PA AA Bonn, NL Zechlin [S. 136]. In seinen 1956 veröffentlichten Memoiren nimmt er auch darauf Bezug. ZECHLIN, Pressechef, a.a.O., S. 108; SCHULENBURG, a.a.O., S. 205. Herr Hubertus v. Hindenburg bestätigte diesen Sachverhalt in einem Zeitzeugeninterview vom 03.03.1996 (Köln).

[223] Im Nachlaß Otto Meissner sind zwei Dutzend dieser DIN A5-formatigen bleistiftgeschriebenen Handzettel dokumentiert. Inhaltlich geben diese Notizen wenig her. Sie in den historischen Kontext einzuschließen oder einzelne Papiere einem bestimmten Ereignis zuzuordnen, ist aufgrund ihrer Textknappheit und infolge des Fehlens eines genauen Datums - Hindenburgs beschränkte diese Datumsangabe nur auf die Angabe des Tags und Monats - nahezu unmöglich. AdsD Friedrich-Ebert-Stiftung Bonn, NL Otto Meissner, Bd. 2 und Bd. 12. Hierin liegen allerdings nur Fotokopien. Überraschenderweise wurde einer dieser Zettel im Nachlaß v. Neurath gefunden (wo er eigentlich nicht hätte sein dürfen). Darin gab Hindenburg den Mitarbeitern seiner Dienststelle die Instruktion, ein Treffen mit v. Neurath einzufädeln. Siehe bleistiftgeschriebenen Handzettel Rpräs. v. Hindenburg, 12.05.1934 [hdschr. Original mit Paraphe], BA Koblenz, NL v. Neurath, N 1310/96. Desgleichen HANS-OTTO MEISSNER, a.a.O., S. 225ff.; Dort sind drei dieser Notizblätter abgedruckt. Siehe auch MASER, a.a.O., S. 68.

[224] WALTER GÖRLITZ, Hindenburg, a.a.O., S. 295.

[225] Cf. Niederschrift der Kabinettsratssitzung, Berlin, 24.09.1925, in: HUBATSCH, Hindenburg und der Staat, a.a.O., Dok.-Nr. 30, S. 194. „[...] Ferner schlug der Herr Reichspräsident vor, nach dem Worte *kann* auf Seite 3 Zeile 9 des Entwurfes ein Komma zu setzen. [...] endlich regte er

Grammatik und Interpunktion einer akribischen Vorliebe für das Detail[226]. Anhand zahlreicher Randbemerkungen in den von ihm bearbeiteten Dokumenten lassen sich neben stilistischer Kritik auch inhaltliche Wertungen nachweisen[227]. Wo immer er es für nötig erachtete, vereinfachte er Entwürfe, Reden oder Briefe, indem er sie entweder kürzte, Fremdwörter entfernte oder manche Textpassagen sogar durch Anwendung von veralteten Schreibweisen „antikisierte"[228]. In seinen Reden und Vorträgen wußte er mehr durch „soldatische Kürze und Präzision" als durch wortreiche Ausschmückungen oder rhetorische Mittel zu gefallen[229]. Jegliche übermäßige politische Wortklauberei wollte er auf einen Nenner verkürzt gebracht sehen[230]. In Anbetracht wichtiger auswärtiger Fragen und Angelegenheiten war seiner Auffassung nach „eine klare und kräftige Sprache" grundsätzlich einer übervorsichtigen Diktion vorzuziehen[231]. So mußte sich der verantwortliche Referent des Auswärtigen Amtes bei der Vorbereitung und Ausformulierung der Erwiderungsansprachen des Reichspräsidenten aus Anlaß der Empfänge der hiesigen ausländischen Botschafter oder Gesandten strikt an die von ihm erteilte Order halten, „möglichst übersichtliche, nicht zu lange Sätze" zu verwenden[232]. Selbstverständlich mied er die freie Rede. Stets darauf bedacht, die Texte seiner Ansprachen ohne Brille möglichst fehlerlos abzulesen, wurden seine Manuskripte von der Reichsdruckerei jedesmal mit extra großen Lettern

---

an, auf Seite 4 Zeile 1 das Wort *aber* durch das Wort *daher* zu ersetzen [...]". Aufzeichnung StS v. Schubert [AA], Berlin, 24.12.1925, in: ADAP, B-II-1, Dok.-Nr. 17, S. 61.

[226] WERNER MASER, a.a.O., S. 65f.; „[...] so prüfte er [...] jedes Wort mit der Genauigkeit eines Philologen". So FRITZ ENDRES (Hrsg.), Hindenburg. Briefe, Reden, a.a.O., S. 142.

[227] Aktennotiz StS Meissner [B.d.Rpräs.], Berlin, 05.02.1926, in: HUBATSCH, Hindenburg und der Staat, a.a.O., Dok.-Nr. 37 e, S. 224. Ein Durchschlag dieses Papiers findet sich im BA Berlin-Lichterfelde, R 601/695. Als Hindenburg den Entwurf einer geplanten Demarche an die sowjetische Regierung zu Gesicht bekam, verlangte er einige Formulierungsänderungen, wie beispielsweise den Austausch des Verbs „entgegentreten" durch „entgegenwirken". Siehe Aufzeichnung StS v. Schubert, Berlin, 24.12.1925 (Ganz geheim!) [Original, Paraphe Schubert mit Bleistift], PA AA Bonn, R 29250/E 156257f.

[228] FRIEDRICH LUCAS, a.a.O., S. 26. MASER, a.a.O., S. 319. HANS-OTTO MEISSNER, a.a.O., S. 279f; EMIL LUDWIG, a.a.O., S. 204f.; FRITZ ENDRES, a.a.O., S. 142.

[229] WIPERT V. BLÜCHER: Gesandter zwischen Diktatur und Demokratie, a.a.O., S. 42. SCHULENBURG, a.a.O., S. 93. OLDEN, Hindenburg, a.a.O., S. 219. „[...] Was er schrieb, war gut geformt [...]".

[230] Schreibmaschinenmanuskript v. Gayl (1942), a.a.O., BA Koblenz, NL v. Gayl, N 1031/2 [S. 112f.; ebenso S. 92].

[231] Schreiben StS Meissner [B.d.Rpräs.] an AA [o.A.], Berlin, 15.05.1928, in: ADAP, B-IX, Dok.-Nr. 20, S. 38.

[232] PA AA Bonn, R 70131.

versehen²³³. Übrigens durfte das *Büro* ihm auf seine Direktive hin nur Originalschreiben vorlegen²³⁴, da ihm das Lesen von Durchschlägen oder Kopien Schwierigkeiten bereitete²³⁵.

Seine Vorliebe für das Anbringen von Marginalien unter oder neben die ihm vorliegenden Aktenstücke erinnert an eine Gewohnheit, die schon Kaiser Wilhelm II. ausgiebig praktizierte, wobei jedoch dahingestellt bleiben soll, ob er hier bewußt einem Vorbild nacheiferte oder nur zufällig ähnlich verfuhr. Immerhin brachte er aus unterschiedlichen Gründen Randbemerkungen an. Mal verwandte er dieses probate Mittel, um Korrekturen, persönliche Kommentare und bestimmte Instruktionen Punkt für Punkt unter einem Dokument schriftlich zu fixieren, oder als Gedächtnisstütze zur persönlichen Kontrolle. Während andere Politiker oder Diplomaten seiner Zeit sparsamer mit Randbemerkungen haushielten²³⁶, versah er die Schriftstücke, die durch seine Hand gingen und die sein Interesse weckten, durchweg mit Vermerken und dies meist ad libitum. Kaum ein bedeutsames Aktenstück konnte sich seinen Bleistiftkorrekturen und Anmerkungen entziehen²³⁷. In gewisser Weise modifizierte er die Marginalien zu einem effektiven Instrument. Oft waren sie nur eine Orientierungshilfe, doch meistens enthüllten sie deutlich seine Ansichten und seine politische Entschlußkraft. Daß sie des öfteren über reine Vermerke hinausgingen und den Charakter von Instruktionen annahmen, war für den meist vom Schreibtisch aus agierenden Präsidenten in politischer Hinsicht existentiell²³⁸. Hinzu kam, daß er größ-

---

²³³ Schreiben StS Meissner [B.d.Rpräs.] an StS Pünder [Rkei], Berlin, 30.12.1926 [Durchschlag], BA Berlin-Lichterfelde, R 601/230. Im *Büro* stand aber auch eine sondergefertigte Schreibmaschine, die mit auffallend großen und starken Buchstaben versehen war. So HANS-OTTO MEISSNER, a.a.O., S. 280.

²³⁴ Angenommen werden darf, daß dafür eine Anweisung Hindenburgs verantwortlich war, denn bereits Anfang Juni 1925 wurde das Auswärtige Amt mit einer Instruktion konfrontiert, worin dieser die Übersendung von Berichten der deutschen Auslandsmissionen über seine Kandidatur und Wahl ausschließlich im „Original" verlangte. Aktennotiz StS v. Schubert [AA], Berlin, 02.0.1925 [Kopie eines Originals], PA AA Bonn, R 291050k/E 137137.

²³⁵ Internes Rundschreiben mit Betreff „Reichspräsidentensache", Berlin, 23.04.1931, LegRat Köster, PA AA Bonn, R 83638. Roland Köster wurde am 21.06.1931 zum Ministerialdirektor befördert.

²³⁶ Wie beispielsweise RAM Stresemann, RK Luther, RK Marx, RK Müller etc.

²³⁷ Seine Anmerkungen und Marginalien brachte Hindenburgs meist mit einem Bleistift, dessen Schriftzug ganz im Gegensatz zu der von ihm bevorzugten dickflüssigen Tinte recht dünn war, zu Papier (was auf Kosten der Leserlichkeit ging).

²³⁸ Im Verlauf dieser Arbeit werden in den jeweiligen Kapiteln noch Beispiele folgen, die die Wirksamkeit seiner Randbemerkungen untermauern. An einem Fall, der nur in diesem Zusammenhang vorgestellt werden soll [der sonst jedoch nicht weitergehend untersucht wurde], läßt sich gut illustrieren, auf welche Weise seine Marginalien hin und wieder auch auf das politische Tagesgeschäft direkten Einfluß gewannen. In einer an Hindenburg gerichteten Depesche berichte-

ten Wert darauf legte – wenn bei Problemfragen divergierende Standpunkte vorherrschten –, zumindestens seine „abweichenden Anschauungen" in den Akten zu vermerken[239]. Althergebracht war auch seine schwungvolle Handschrift, deren große Lettern und deren dickflüssige Tinte ins Auge sticht.

Sein akribischer Arbeitsstil fand in dem von ihm praktizierten Notizblocksystem seine Vollendung. Mit minutiöser Genauigkeit hielt er in fingerdicken Tage- und Notizbüchern die Gedanken, Fragen und Informationen fest, die ihn besonders bewegten[240]. Inwieweit er darin außenpolitisch relevante Sachfragen skizzierte und problematisierte, bleibt für die heutige Forschung nebulös, denn kein Exemplar hat die Zeiten überdauert.

Selbst seinen engsten Mitarbeitern gewährte er keinen Einblick in die „vielfarbigen" Schreibblöcke, die er meist in der Innentasche seines Jacketts verwahrte[241]. Der einzige, der einige dieser Kladden durchblättern konnte, war sein Sohn Oskar, der Jahre später hierzu anmerken sollte, daß die Schreibhefte sei-

---

te der deutsche Botschafter Rudolf Nadolny von einem nebensächlichen Vorfall, von dem er aber als Teilnehmer der Abrüstungskonferenz in Genf unmittelbar betroffen gewesen war. Danach hatte der Präsident der Sitzung, Sir Neville Henderson, offensichtlich eine Wortmeldung von Nadolny übersehen, was zur Folge hatte, daß der deutsche Botschafter zu einer geschäftsordnungsmäßigen Bemerkung nicht mehr das Wort erteilt bekam. Nachdem Nadolny einen Brief an Henderson gerichtet hatte, in dem er sein Bedauern über den Fauxpas äußerte, reagierte der Engländer unverzüglich und versprach, ihm in der folgenden Sitzung nunmehr als Erster das Wort zu erteilen. Auffallend ist an dem Telegramm, daß Hindenburg die Endpassage, wo besagtes Ereignis geschildert wurde, mit Rotstift unterstrichen hatte und am Ende des Dokuments mit schwarzem Bleistift die Frage in den Raum stellte: „Muß das nicht veröffentlicht werden?". Sein Anstoß blieb nicht ohne Wirkung. Am 23.02.1933 wurde dieser kurze Zwischenfall in einer W.T.B.-Meldung veröffentlicht. Siehe Telegramm Dt. BS Nadolny an StS Meissner [B.d.Rpräs.], Nr. 173 (Cito!) Genf, 23.02.1933 [Kopie einer Abschrift mit Paraphe Hindenburg], BA Berlin-Lichterfelde, 06.01/694 [S. 191ff.].

[239] „[...] Külz und namentlich auch Stresemann klagten mir in letzter Zeit, daß er fortwährend seine abweichenden Anschauungen zu den Akten zu bringen verlange, immerhin halten sie diese Methode noch für unschädlicher, als wenn er offen mit einer Gegnerschaft gegen die Reichspolitik hervorträte [...]". Tagebucheintrag RJM Koch-Weser, 06.03.1926, BA Koblenz, NL Koch-Weser, N 1012/34 [S. 45].

[240] Vgl. OTTO GESSLER, a.a.O., S. 347; MAGNUS V. BRAUN, Von Ostpreußen bis Texas, a.a.O., S. 246; PAUL LÖBE, Der Weg war lang, a.a.O., S. 116. HANS-OTTO MEISSNER, a.a.O., S. 280f.; Siehe auch SCHULENBURG, a.a.O., S. 178. Ferner MASER, a.a.O., S. 319f.

[241] Die Behauptung des damaligen DDR-Historikers WOLFGANG RUGE, Staatssekretär Otto Meissner wäre der einzige gewesen, der mitunter einen Blick in Hindenburgs Notizbücher werfen konnte (DERS., Hindenburg, a.a.O., S. 226f.), ist wissenschaftlich nicht haltbar und wird auch von ihm nicht belegt. In Otto Meissners Memoiren findet sich kein Hinweis darauf, und in dem Erinnerungswerk seines Sohnes, Hans-Otto Meissner, wird dieser Sachverhalt sogar korrigiert: „[...] Der Alte Herr ließ niemanden hineinschauen, auch meinen Vater hat er nicht gesagt, worum es sich handelte". Cf. HANS-OTTO MEISSNER, a.a.O., S. 280f.; MASER, a.a.O., S. 319.

Die Persönlichkeit

nem Vater mehr zur Gegenkontrolle denn als Gedächtnisstütze gedient hatten, um Fragen und Anregungen für anstehende Gespräche mit dem Reichskanzler und anderen politischen Beratern festzuhalten[242]. Vielleicht war es aber vielmehr Hindenburgs „Sorge um eine rechte historische Beurteilung seiner Person"[243], die ihn dazu veranlaßte, besagte Notizbücher und weitere persönliche Aufzeichnungen sowie Briefe turnusmäßig über Nacht in dem gepanzerten Safe seines Schlafzimmers zu deponieren und nach Gebrauch eigenhändig zu verbrennen[244]. Sosehr der Historiker angesichts dieses irreversiblen Quellenverlustes über die *wahren* Motive des Reichspräsidenten für die Vernichtung der Notizbücher rätseln mag: Letzten Endes waren es rein persönliche Papiere und keine dienstlichen Akten, die er den Flammen anvertraut hat, also ein – für sich genommen – durchaus legitimer Vorgang.

Kaum als zeitgemäß für ein republikanisches Staatsoberhaupt kann im übrigen seine Beziehung zu den einzelnen Ministern der jeweiligen Kabinette bezeichnet werden. Zu ihnen pflegte er zwar ein gutes persönliches und dienstli-

---

[242] „[...] Es gibt leider nicht mehr die farbigen Notizbücher meines Vaters. Wenn die Herrn die sehen würden, würden sie sich wundern, dass an der Seite teilweise mit Farbstiften Eintragungen gemacht wurden. Dieses bedeutete für ihn: Das sind Sachen, die will ich mit meinem Kanzler besprechen, die mit dem politischen Berater, das sind militärische Sachen. [...]". Siehe Protokoll der mündlichen Verhandlung in dem Entnazifizierungsverfahren gegen Generalleutnant a.D. Oskar v. Hindenburg, Uelzen, 14.03.1949 (1. Verhandlungstag) [Kopie], BA Koblenz, NL Schwertfeger, N 1015, Bd. 264 [S. 19]. Ein Kopie dieses Protokolls lagert im Niedersächsischen Hauptstaatsarchiv Magazin Pattensen (bei Hannover), Verfahrensakten Oskar v. Hindenburg, Nds. 171, Lüneburg, Nr. 689-694 / Paketnummer: 16691.

[243] So WOLFGANG KALISCHER, a.a.O., S. 7.

[244] Zeitzeugeninterview Wolfgang Kalischer mit Walter Zechlin, Hannover, Oktober 1953, in: Kalischer, a.a.O., S. 6 [Anm.4]. Die im Reichspräsidentenpalais tätige Hausangestellte Bertha Denecke erzählte SCHULENBURG hierüber: „[...] Im Berliner Palais stieg er sogar in den Keller zur Heizung hinab und blieb dabei vor der Feuerung stehen, bis der letzte Fetzen alter Briefe verbrannt war [...]". Schulenburgs Anmerkung, daß diese Aussage des „Hausmädchens" nur belege, wie „peinlich ordnungsliebend" Hindenburg war, ähnelt der von Walter Görlitz, der diesbezüglich konstatiert, daß Hindenburg diese Quellen ausschließlich aus „Bescheidenheit" eliminiert habe. Siehe SCHULENBURG, a.a.O., S. 138. GÖRLITZ, Hindenburg, a.a.O., S. 266. Schulenburgs und Görlitz' Argument der „Bescheidenheit" vermag indes nicht zu überzeugen. Es offenbart dagegen nur einen teils naiven, teils apologetischen Interpretationsansatz. Gegenteilig muß davon ausgegangen werden, daß Hindenburg besagte Aufzeichnungen bewußt und mit voller Absicht vernichtet hat. Zum einen hielt er seine Notizen für *seine* rein persönliche Angelegenheit, die - teils als Erinnerungsstützen teils als Argumentations- und Entscheidungshilfen dienend - keine anderen Personen zu Gesicht bekommen sollten. Zum anderen war er bemüht, so ein möglichst positives Bild seines politischen Wirkens der Nachwelt zu übermitteln. HANS-OTTO MEISSNER, a.a.O., S. 280f.; Dito MASER, a.a.O., S. 279f.

ches Verhältnis und gewährte ihnen in ihren Ressorts „absolut freie Hand"[245]. Dennoch dürfte seine innere Einstellung zum Kabinett, dem gegenüber er eine quasi „monarchenähnliche Stellung" einnahm, sich sogar als dessen „Feudalherr" fühlte und dessen Mitglieder er meist jovial als „seine Minister"[246] bezeichnete, den politischen Dialog mehr gehemmt als gefördert haben. Papens Einschätzung, daß er die Stellung des Reichskanzlers mit der eines Generalstabschefs, der mit der Planung und Organisation betraut war, gleichsetzte, kann in diesem Punkt nur beigepflichtet werden[247].

Strenggenommen war Hindenburg der buchstäblich klassische Antityp eines Politikers des 20. Jahrhunderts. Die Auseinandersetzung mit seinem persönlichen Arbeitsstil offenbart eine anachronistische Handlungs- und Denkweise, die getrost als archaisch bezeichnet werden darf. Daß ausgerechnet ihm, dem jegliche politische Eignung, Neigung und Ausbildung fehlte, das höchste Amt der ersten deutschen Republik anvertraut worden war, zählt in der Tat, wie der sozialdemokratische Reichstagsabgeordnete Friedrich Stampfer zu Recht konstatierte, zu den „großen Grotesken der Weltgeschichte"[248].

Der General des Ersten Weltkriegs, der sich selbst sogar als Reichspräsident weder von seinen monarchistischen Grundüberzeugungen noch von den veralteten moralischen und traditionsfixierten Wertvorstellungen des 19. Jahrhundert lösen konnte und wollte[249], paßte nicht, wie es der deutsche Diplomat Freiherr

---

[245] PETER HAUNGS: Reichspräsident und parlamentarische Kabinettsregierung. Eine Studie zum Regierungssystem der Weimarer Republik in den Jahren 1924-1929, in: Politische Forschungen, Bd. 9, Hrsg.: Dolf Sternberger, Köln 1969, S. 247.

[246] Auf Hindenburgs leutseligen Umgang mit etlichen Kabinettsmitgliedern weisen Otto Gessler und Magnus v. Braun in ihren Memoiren hin. Danach begrüßte Hindenburg nicht nur Gessler als „seinen Kriegsminister", sondern titulierte auch Reichskanzler Luther als „seinen Kanzler". GESSLER, a.a.O., S. 343; MAGNUS V. BRAUN, Von Ostpreußen bis Texas, a.a.O., S. 198. EMIL LUDWIG, a.a.O., S. 215; HAUNGS, a.a.O., S. 247. Nach Köhler zeichnete sich Hindenburg im Verkehr zu den Ministern durch Konzilianz aus. HEINRICH KÖHLER, Lebenserinnerungen, a.a.O., S. 329.

[247] FRANZ PAPEN: Vom Scheitern einer Demokratie 1930-1933, Mainz 1968, S. 148.

[248] „[...] Jedermann weiß heutzutage, daß man eine Blinddarmoperation nicht von einem Violinvirtuosen ausführen und eine Eisenbahnbrücke nicht von einem Philologen bauen lassen kann. [...]". FRIEDRICH STAMPFER: Die ersten vierzehn Jahre der Deutschen Republik, Offenbach-Main 1947, S. 454.

[249] Vielmehr bekannte er sich offen zu seiner monarchischen Gesinnung: „[...] Meine Herkunft aus einer monarchischen Welt verleugne ich ebensowenig, wie Herr Ebert seine Herkunft aus der alten sozialdemokratischen Kampfatmosphäre verleugnet hat [...]". Unterredung Hindenburgs mit dem Berliner Vertreter des amerikanischen Hearstpresse-Konzerns, Berlin, 21.04.1925, in: FRITZ ENDRES, S. 148. „[...] Er war aber ein typischer Vertreter der unter Wilhelm I. heranwachsenen Generation. [...]". ANDRÉ FRANÇOIS-PONCET, a.a.O., S. 219.

Die Persönlichkeit

Werner von Rheinbaben einmal treffend pointierte, in die Epoche, in die er als Politiker berufen wurde[250].

III. Tagesablauf aus außenpolitischer Perspektive

Hindenburgs Arbeitstag, der sich jahrelang im selben Rhythmus vollzog, war von bemerkenswert monotoner Regelmäßigkeit[251]. Gegen 10.00 Uhr wurde er täglich von seinem Staatssekretär Otto Meissner in einem 20 bis 30-minütigen Vortrag über neueste amtliche, innen- und außenpolitische Entwicklungen informiert, der zugleich aber auch zu Sachverhalten grundsätzlicher Art seine Entscheidung einholen mußte[252]. Dabei gewannen Meissners Ausführungen nicht nur durch den zeitlichen Vorsprung, sondern auch wegen seines Vertrauensverhältnisses zum Präsidenten erheblich an Gewicht[253]. Zweifelsfrei war Meissner als Leiter der Präsidentenkanzlei für seinen Vorgesetzten bei Fragen aller Art der erste, vielleicht auch der aus seiner Sicht wichtigste Ansprechpartner. Im Anschluß daran erfolgte ein kürzerer Vortrag des Vertreters des Auswärtigen Amtes im Reichspräsidentenbüro, wobei dieser hauptsächlich über außenpolitisch relevante Themen referierte[254]. Neben den täglichen Berichten wurde dem Reichspräsidenten wöchentlich ein detaillierter und differenzierter Überblick vorgelegt, in dem die wichtigsten innen- und außenpolitischen respektive internationalen Entwicklungen – nach Länderbetreff und Abteilungen geordnet – umrissen wur-

---

[250] WERNER FREIHERR V. RHEINBABEN, Kaiser, Kanzler, Präsidenten. Wie ich sie erlebte 1895/1934, Hrsg.: Hase/Koehler, Mainz 1972 (2. Aufl.), S. 301.
[251] „[...] Stets sitzt er mir zur gewohnten Zeit - aber mit der Uhr in der Hand; denn jede Minute des Tages ist berechnet. [...]". So Max Liebermann, der Hindenburg 1927 portraitierte. Siehe *Kölnische Volkszeitung*, 30.09.1927 (Artikel von Helmut Jaretzki in der Abend-Ausgabe). Siehe HUBATSCH, Hindenburg und der Staat, a.a.O., S. 86f.
[252] Manuskript bezgl. Rundfunkvortrag MinDir Hagenow, Berlin, 15.09.1928 [Mikrofilm-Nr. 139], BA Koblenz, R 43 I/582 [S. 180]. Siehe KURT REIBNITZ: Gestalten rings um Hindenburg. Führende Köpfe der Republik und die Berliner Gesellschaft von heute, Dresden 1928, S. 12f.; Meissner trug dabei zumeist die Quintessenz aller Neuigkeiten aus den eingehenden Akten etc. vor. Vgl. Ein Tag aus dem Leben des Reichspräsidenten [N.N.], Berlin 1925, S. 17. Oftmalig begann Meissner seinen Vortrag mit einen Überblick über die wichtigsten Ereignisse der Außenpolitik. *Bayerische Staatszeitung*, 19.11.1932.
[253] HEINRICH POHL: Die Zuständigkeit des Reichspräsidenten, in: Handbuch des Deutschen Staatsrechts, Hrsg.: GERHARD ANSCHÜTZ/RICHARD THOMA, Bd. 1, Tübingen 1930, S. 479f.; Mehr zu dem nicht ganz unproblematischen Verhältnis Meissner-Hindenburg auf S. 134-138 dieser Arbeit.
[254] Vgl. KURT REIBNITZ, a.a.O., S. 13. Ferner Ein Tag aus dem Leben des Reichspräsidenten [N.N.], Berlin 1925, a.a.O., S. 15.

den²⁵⁵. Die enge Kooperation und der permanente Informationsfluß zwischen dem *Büro* und dem Auswärtigen Amt waren geradezu vorbildlich²⁵⁶. Als nächster informierte der Leiter der „Vereinigten Pressestelle der Reichsregierung und des Auswärtigen Amtes" den Reichspräsidenten von 11.00 bis 11.30 Uhr über die wichtigsten Inlands- und Auslandsmeldungen aus diversen Zeitungen²⁵⁷. Mußte der langjährige Pressechef, Walter Zechlin²⁵⁸, bei seinem Vortrag beim Reichskanzler noch mit der Anwesenheit eines Staatssekretärs und eines Ministerialdirektors vorliebnehmen, so fand Zechlins halbstündiger täglicher Rapport beim Reichspräsidenten in der Regel unter vier Augen statt²⁵⁹. Der vertrauliche Charakter dieser Gespräche hinter verschlossenen Türen nährte zwangsläufig die Gerüchteküche und erweckte gegenüber Zechlins Person erhebliches Mißtrauen. So verwundert es kaum, daß der Reichspressechef in der rechtsnationalen Presse des öfteren als „sozialdemokratischer Liebling Hindenburgs" tituliert wurde²⁶⁰. Dennoch war er es, der dem Amt eine persönliche Note gab. Dank seines humorvollen Vortragsstiles²⁶¹, der stets anekdotenreich gewürzt war, hatte er beim Reichspräsidenten „einen Stein im Brett"²⁶². Anders als Friedrich Ebert, bei dem

---

²⁵⁵ BA Berlin-Lichterfelde, 06.01/740. Diese Akte soll stellvertretend als eine von mehreren angeführt werden.
²⁵⁶ Vor allem StS v. Schubert muß in diesem Zusammenhang angeführt werden. Sein Kontakt zu Hindenburg war ebenso eng wie regelmäßig. Schreiben StS v. Schubert [AA] an RAM Stresemann, Berlin, 30.06.1928, PA AA Bonn, R 28668/D 706855-856.
²⁵⁷ WALTER ZECHLIN, Pressechef, a.a.O., S. 105. HANS-OTTO MEISSNER, a.a.O., S. 201. PETER BAUER: Die Organisation der amtlichen Pressepolitik in der Weimarer Zeit (Vereinigte Presseabteilung der Reichsregierung und des Auswärtigen Amtes), Diss. Wuppertal 1962, S. 73ff.
²⁵⁸ MinDir Otto Kiep arbeitete als Reichspressechef vom 16.01.1925 bis zum 04.11.1926. Sein Nachfolger wurde Walter Zechlin, der bis zum 02.06.1932 dieses Amt bekleidete. Anschließend folgten Heinrich Ritter v. Kaufmann-Asser [bis zum 17.08.1932] und Erich Marcks [bis zum 30.01.1933]. Siehe PETER BAUER, Die Organisation der amtlichen Pressepolitik, a.a.O., S. 73ff.
²⁵⁹ Vortrag Walter Zechlin, 08.02.1949, a.a.O., PA AA Bonn, NL Zechlin. Aussage Walter Zechlin beim Spruchkammerverfahren gegen Oskar v. Hindenburg, 15.03.1949 [Abschrift], Niedersächsisches Hauptstaatsarchiv Magazin Pattensen (bei Hannover), Verfahrensakten Oskar v. Hindenburg, Nds. 171, Lüneburg, Nr. 689-694 / Paketnummer: 16691 [S. 94].
²⁶⁰ „Die Welt am Abend", Berlin, 20.09.1927, PA AA Bonn, R 27966 [S. 21]. Natürlich wurde Zechlins Rolle auch konservativen Politikern, wie etwa vom deutschnationalen OTTO SCHMIDT-HANNOVER (MdR) kritisch kommentiert: „[...] er [Zechlin] dürfte seine täglichen Vorträge beim Reichspräsidenten kaum zugunsten derer getönt haben, die Hindenburg auf den Schild hoben. [...]". DERS.: Umdenken oder Anarchie. Männer - Schicksale - Lehren, Göttingen 1959, S. 229.
²⁶¹ KURT V. REIBNITZ, a.a.O., S. 36.
²⁶² EDGAR STERN-RUBARTH: [...] aus zuverlässiger Quelle verlautet [...]. Ein Leben für Presse und Politik, Stuttgart 1964, S. 174. Ferner siehe HERMANN PÜNDER, Von Preussen nach Europa, a.a.O., S. 83. „[...] Hindenburg fand großen Gefallen an ihm, denn er wußte seine politischen Mitteilungen stets anekdotenreich einzukleiden [...]. Aufzeichnungen 1945-1968 von Hentig

Zechlin auch damals schon als Pressechef fungierte, hielt Hindenburg ihn keineswegs auf Distanz, übte sich vielmehr in der Rolle des „wohlwollenden Onkels"[263] und nahm seine anschaulichen Kommentierungen als konstruktive Anregungen entgegen[264]. Jedenfalls berücksichtigte der Pressechef in seinem Vortrag vornehmlich die Depeschen der ausländischen Vertreter und die Pressespiegel der Presseattachés[265]. Jedesmal stellte Zechlin einen ausgewogenen Zeitungsquerschnitt zusammen, der die Stimmungen von links bis rechts auffing und die Quintessenz der Meldungen vom Tage kurz und bündig skizzierte[266]. Da außenpolitische Themen für beide Beteiligten allemal Vorrang hatten, begann Zechlin sein Referat für gewöhnlich auch zuerst mit der Schilderung außenpolitischer aktueller Sachfragen[267]. Vor jedem Eintreffen Zechlins hatte Hindenburg neben seinem Leiborgan *Kreuzzeitung*[268] schon Zeitungen verschiedenster Couleur gelesen und sich fast regelmäßig eine Anzahl von Notizen gemacht[269]. Demnach war

---

über Walter Zechlin, IfZ München, NL v. Hentig, ED 113/3 [S. 58]. Siehe auch REIBNITZ, a.a.O., S. 36. HANS KROLL: Lebenserinnerungen eines Botschafters, Köln 1968 (7. Aufl.), S. 68. Kurz vor Zechlin Entsendung nach Mexiko, wo er für den Gesandtenposten vorgesehen war, bedankte sich Hindenburg noch für die „vielen Informationen", die ihm seine Pressevorträge im Verlauf der Jahre beschert hatten. Schreiben Rpräs. v. Hindenburg an MinDir Zechlin, Berlin, 02.06.1932 [Durchschlag], PA AA Bonn, Personalakte Zechlin, Nr. 114, Bd. 3 [S. 26]. Ein Abdruck des Originalschreibens findet sich in Zechlins Memoirenwerk: Pressechef bei Ebert, Hindenburg und Kopf, Hannover 1956, S. 127.

[263] Vortrag (Manuskript) gehalten vor Studenten der Pädagogischen Akademie, Celle, 18.12.1947, PA AA Bonn, NL Zechlin, [S. 72]. HANS-JÜRGEN MÜLLER: Auswärtige Pressepolitik und Propaganda zwischen Ruhrkampf und Locarno (1923-1925): Eine Untersuchung über die Rolle der Öffentlichkeit in der Außenpolitik Stresemanns, in: Moderne Geschichte und Politik, Hrsg.: Gerhard Schulz, Bd. 8, Frankfurt a. M./Bern/New York/Paris 1993, S. 35.

[264] Als die Deutschnationalen im Januar 1927 in das Kabinett Marx eintraten, versuchten sie den Posten Zechlin mit einem ihrer Männer zu infiltrieren. Ihr Vorstoß scheiterte am energischen Widerstand des Reichspräsidenten, der Zechlin für „unentbehrlich" erklärte. Cf. REIBNIZ, a.a.O., S. 36.

[265] WALTER ZECHLIN, Pressechef, a.a.O., S. 106.

[266] *Bayerische Staatszeitung*, 19.11.1932. Erdmannsdorff, a.a.O., S. 21.

[267] Vortrag Walter Zechlin, 08.02.1949, a.a.O., PA AA Bonn, NL Zechlin [S. 145].

[268] „[...] Bezeichnenderweise lag während der Unterhaltung [die vom selbigen Tag ist gemeint] nur die Kreuzzeitung auf dem Tisch [...]". Tagebucheintrag RAM Stresemann, Berlin, 19.05.1925, in: HENRY BERNHARD (Hrsg.) Gustav Stresemann Vermächtnis, Bd. II, a.a.O., S. 60 u. 179. OLDEN, Hindenburg, a.a.O., S. 211.

[269] Bei seinen morgendlichen Gartenspaziergängen pflegte er stets „allein und unauffällig durch eine kleine Gartenpforte für einige Minuten zu entwetzen", um beim nächsten Zeitungsstand „sämtliche wichtige Morgenblätter aller Richtungen" - darunter z.B. die Berliner Zeitung - zu kaufen und anschließend zu überfliegen. Dazu siehe Werbe-Artikel des Pressedienstes des Hindenburg-Ausschusses Bayern, München, 24.02.1932 [S. 244], BA Koblenz, NL Pünder, N

er für jedes Zusammentreffen mit dem Pressechef gut präpariert und hat konkrete Rückfragen anbringen können.

Laut Meissner, der hin und wieder dolmetschte, besaß Hindenburg zwar ausreichende Französisch- und passive Englischkenntnisse[270]; dennoch war sein Vokabular für eine selbständige Lektüre fremdsprachiger Zeitungen oder Akten zu begrenzt. Hierbei ähnelte er Stresemann, der für einen Außenminister – was überraschend sein mag – in der englischen und französischen Sprache eklatante Lücken hatte.

Neben den unterschiedlichsten Deputationen, die den Reichspräsidenten nahezu jeden Tag mit ihren Sorgen konfrontierten, suchten ihn auch die deutschen Botschafter und Gesandten auf, um ihm ihre Anliegen persönlich vorzutragen[271]. Aber nicht immer erfolgten diese Zusammenkünfte auf freiwilliger Basis, denn im Grunde genommen wurden sie von Hindenburg per Order förmlich ins Palais zitiert[272]. Genauer gesagt war es eine von ihm auferlegte Vorschrift, die alle in Berlin eingetroffenen deutschen Auslandsvertreter dazu verpflichtete, ihn in seinem Palais zwecks persönlichen Rapports beizeiten aufzusuchen[273]. Für den immobilen Präsidenten beinhaltete diese Form der Kontaktpflege mit seinen Missionschefs die vielleicht effektivste Möglichkeit, an brandneue Informationen aus erster Hand zu gelangen oder eigene Wünsche vorzubringen. Dabei mußten die „Referenten" sich in demselben Maße wie ihre ausländischen Kollegen in ihren Reden auf das Wesentliche beschränken, andernfalls hätte er ihren Vortrag abrupt unterbrochen[274]. Obwohl bei den täglichen Audienzen der Ge-

---

1005/98. Hierzu siehe auch ERNST FEDER, a.a.O., S. 320. ERNST LEMMER, Erinnerungen, a.a.O., S. 115. GÖRLITZ, Hindenburg, a.a.O., S. 266. LUDWIG, a.a.O., S. 213.

[270] HANS-OTTO MEISSNER, a.a.O., S. 209f.
[271] Vortragsmanuskript Archivrat Rogge über das *Büro des Reichspräsidenten*, Berlin, 13.12.1929 [Original], BA Berlin-Lichterfelde, 15.06./164 [S. 15]. GÖRLITZ, Hindenburg, a.a.O., S. 267. Natürlich nahm Hindenburg bei solchen Besuchen auch die Gelegenheit wahr, sich im Gespräch mit dem jeweiligen Diplomaten selbst ein Bild über die Lage vor Ort zu machen. Siehe: Ein Tag aus dem Leben des Reichspräsidenten [N.N.], Berlin 1925, S. 21. Manuskript bzgl. Rundfunkvortrag MinDir Hagenow, Berlin, 15.09.1928 [Mikrofilm-Nr. 139], BA Koblenz, R 43 I/582 [S. 181].
[272] So beorderte Rpräs. v. Hindenburg den gerade im Berliner Hotel „Kaiserhof" abgestiegenen Botschafter v. Neurath zu einem Gespräch für den 14.11.1928 ins Palais. Siehe Schreiben MinDir Hoyningen-Huene an Dt. BS v. Neurath, Berlin, 13.11.1928 [Original], BA Koblenz, NL v. Neurath, N 1310/96.
[273] Hierzu siehe Aufzeichnung MinDir Doehle [B.d.Rpräs.], Berlin, 28.09.1928 [Durchschlag], PA AA Bonn, R 28043a/H 226582.
[274] Nach FRANZ OLSHAUSEN war Hindenburg prinzipiell „wortkarg und rein rezeptiv". DERS.: Lebenserinnerungen [unveröffentliches, gebundenes Durchschlagexemplar] Bd. 2, BA Koblenz, Kl. Erw. 924 -2 [S. 327].

schäftsträger, die genauso von peinlich genauer Pünktlichkeit waren[275], selbstverständlich aktuelle außenpolitische Fragen im Vordergrund standen, gewährte Hindenburg den deutschen Missionschefs im Gegensatz zu seinem Vorgänger Friedrich Ebert nur knappe 10 bis 15 Minuten für ihre Ausführungen[276]. Da er gegen allzu lange wortreiche Ausschmückungen partout eine Antipathie hatte, zollte er hin und wieder jenen Gästen, die sich kurz faßten, ein Lob[277].

Ob reine Freundschaftsbesuche oder die Übergabe der Beglaubigungsschreiben der neuangekommenen Gesandten und Botschafter aus dem Ausland durch den Reichspräsidenten auf der Tagesordnung standen: In- und ausländische Diplomaten waren im Palais omnipräsent, was auch dadurch zum Ausdruck kam, daß Hindenburgs Mittagsessen meist in Gegenwart von Gästen aus dem In- und Ausland stattfanden, bei denen ganz zwanglos politische Fragen erörtert wurden[278].

Auf deutscher Seite bemühte man sich, jedem hochstehenden ausländischen Gast bei Anfrage die Chance auf ein Zusammentreffen mit dem deutschen Staatsoberhaupt im Rahmen einer Audienz zu ermöglichen. Natürlich öffnete sich das Portal der Wilhelmstraße 73 nicht ohne weiteres für jeden Interessenten. Der einfache Mann von der Straße – ob in- oder ausländischer Herkunft – zog im selektiven Prozeß, der aus zeitlichen Gründen gewiß unumgänglich war, immer den kürzeren. Die Chancen für führende Persönlichkeiten des öffentlichen und politischen Lebens standen ungleich günstiger. Aber auch diese mußten zunächst einmal mit ihrer Botschaft oder Gesandtschaft in Kontakt treten, bevor sie dann ihr Gesuch beim Auswärtigen Amt einreichen durften. Wurde ihr Antrag dort bewilligt, dann war noch die Zustimmung des Reichspräsidenten erforderlich. Nur im Falle seiner Einwilligung konnten sie in Gegenwart des jeweiligen Missionschefs an dem Empfang teilnehmen[279]. Der von Jahr zu Jahr zusehends dichter werdende Terminkalender zwang seine Dienststelle jedoch, alle zeitraubenden nebensächlichen Projekte auf ein Minimum zu reduzieren. Eine Konsequenz war die vom ihm Mitte 1930 abgegebene Erklärung, für Por-

---

[275] DIETER V. DER SCHULENBURG, a.a.O., S. 93. ZECHLIN, Pressechef, a.a.O., S. 107. ESCHENBURG, Also hören sie mal zu, a.a.O., S. 269f.
[276] OTTO GESSLER, Reichswehrpolitik, Stuttgart 1958, S. 348.
[277] Tagebucheintrag RJM Koch-Weser, Berlin, 07.12.1925, BA Koblenz, NL Koch-Weser, N 1012/32 [S. 169f.]. Dazu bemerkte auch Otto Gessler: „[...] In der Unterhaltung machte der Reichspräsident keine Phrasen, und er legte auch keinen Wert darauf, sie zu hören [...]". GESSLER, a.a.O., S. 345.
[278] Manuskript bezgl. Rundfunkvortrag MinDir Hagenow, Berlin, 15.09.1928 [Mikrofilm-Nr. 139], BA Koblenz, R 43 I/582 [S. 181]. Hierzu auch ERDMANNSDORFF, a.a.O., S. 27.
[279] Rundschreiben Auswärtiges Amt [N.N.], Berlin, 05.05.1926 [Abschrift], PA AA Bonn, R 120839. Siehe auch Schreiben MinRat Doehle an Theodor Berger, Berlin, 18.12.1929 [Durchschlag], BA Berlin-Lichterfelde, R 601/146.

traitsitzungen in- oder ausländischer Künstler – ob dies die Malerei oder Photographie betraf – nicht mehr zur Verfügung zu stehen[280].

Unterbrochen wurde die alltägliche Routine normalerweise nur dann, wenn Kabinettskrisen oder aktuelle hochbrisante politische Fragen respektive bedeutsame Staatsbesuche anstanden. In diesem Fall kümmerte sich Hindenburg in seiner Funktion als Repräsentant des Deutschen Reiches höchstpersönlich um das Wohl seiner Gäste. Oft konsultierte er bei außenpolitisch ungeklärten Sachverhalten entweder den Reichskanzler, Reichsaußenminister oder den Staatssekretär des Auswärtigen Amtes[281], die er mit kritischen Fragen „durchbohrte"[282]. Nach einem Hinweis Stresemanns achtete Hindenburg dabei nicht nur auf deren Antworten, sondern prüfte alle Vorträge auf Informationsgehalt und Argumentationsstringenz hin. Unter Zuhilfenahme seines Notizbuches und seiner ständig präsenten Arbeitsmappe machte er so gut wie vor keiner Frage halt[283]. Wer sich in seiner Gegenwart nicht klar auszudrücken verstand oder mit widersprüchlichen Argumenten aufwartete, lief Gefahr, von ihm zurechtgewiesen zu werden[284]. Natürlich suchten die Minister ihn zuweilen auch ohne Aufforderung auf[285], da es in ihrem Interesse lag, den Kontakt mit ihm aufrechtzuerhalten und

---

[280] Dazu siehe Schreiben StS Meissner [B.d.Rpräs.] an den hessischen Innenminister Wilhelm Leuschner Berlin, 05.11.1930 [Durchschlag], BA Berlin-Lichterfelde, R 601/47. Als Anfang Dezember 1930 der italienische Bildhauer Archimedes Giacomantonio den Wunsch äußerte, vom Reichspräsidenten eine Büste anzufertigen, ließ Hindenburg über MinDir Huene vermelden, daß er „grundsätzlich" keine Portraitsitzungen mehr gewähre, nachdem er in den letzten Jahren zahlreichen Künstlern „oft gesessen" habe. Mittlerweile sei sein Bildnis in jeder Form hinreichend der Nachwelt überliefert, erklärte Hindenburg. Siehe Schreiben StS v. Schubert an AA [o.A.], Rom, 03.12.1930 und Protokoll MinDir Huene, Berlin, 16.12.1930, PA AA Bonn, Pol 11 a. Auch für photographische Portraitaufnahmen stellte er sich nicht mehr zur Verfügung. Siehe Aktennotiz MinDir Huene, Berlin, 04.10.1930 [Abschrift], BA Berlin-Lichterfelde, R 601/47. Dito Schreiben StS Meissner [B.d.Rpräs.] an Schwedler [o.A.], Berlin, 26.01.1931, PA AA Bonn, R 122391. Auch die jahrelangen Anstrengungen des in Deutschland ansässigen Bilddienstes der seriösen New York Times, Hindenburg für einige Photoaufnahmen, die ihn bei seiner Tätigkeit als Reichspräsidenten zeigen sollten, zu gewinnen, fruchteten nicht. Hierzu Schreiben Lektor B. Wohlfeil (New York Times, Bilddienst GmbH) an AA [o.A.], Berlin, 13.01.1931 [Original], PA AA Bonn, R 122391.

[281] Schreiben StS v. Schubert an RAM Stresemann, Berlin, 21.05.1929 [Original], PA AA Bonn, NL Stresemann, Bd. 80, 7387 H/H 169904.

[282] THOMAS ESCHENBURG, Die Rolle, a.a.O., S. 3. Auch in den zu Anfang seiner Präsidentschaft häufig einberufenen Ministerrats- respektive Kabinettssitzungen, bei dem er den Vorsitz führte und die bisweilen auch im Reichspräsidentenpalais stattfanden, hat Hindenburg beide Minister hin und wieder zur Rede gestellt. DORPALEN, Hindenburg, a.a.O., S. 98.

[283] PAUL LÖBE, Der Weg war lang, a.a.O., S. 116. BÜTOW, Hindenburg, a.a.O., S. 245.

[284] THEODOR ESCHENBURG, Die Rolle, a.a.O., S. 3.

[285] StS v. Schubert nutzte kurz vor einem Diplomatenempfang die Gelegenheit, dem Reichspräsidenten einen „ausführlichen Vortrag" zu halten, in dem er auf eine Unterredung mit dem tsche-

so intensiv wie möglich zu pflegen. Andererseits war es auch Kalkül; denn das persönliche Vortragen bestimmter Anliegen, ohne daß eine Vorladung vorausgegangen wäre, verschaffte ihnen gelegentlich psychologische oder zwischenmenschliche Vorteile. So legte Reichskanzler Marx besonderen Wert auf eine enge Tuchfühlung zum Präsidenten und kontaktierte diesen regelmäßig zwei- bis dreimal in der Woche, wohingegen Brüning den Gang zum Palais gänzlich vernachlässigte[286].

Gegen Abend beschäftigte sich Hindenburg intensiv mit deutschsprachigen Akten und den Berichten der deutschen Auslandsvertretungen[287]. Ab und zu lagen zu später Stunde zudem noch dienstliche Besprechungen oder gesellschaftliche Verpflichtungen an, die ihm gewiß die letzten Energiereserven abgenötigt haben dürften[288].

---

choslowakischen Außenminister Edvard Beneš Bezug nahm. Aufzeichnung StS v. Schubert, Berlin, 24.05.1928 [Durchschlag], PA AA Bonn R 28551/D 618118. Siehe: Ein Tag aus dem Leben des Reichspräsidenten [N.N.], Berlin 1925, S. 27.

[286] Erinnerungsbericht Wilhelm Marx: „Erinnerungen an Hindenburg", a.a.O., HA Köln, NL Marx, Best. 1070/283 [S. 1 u. 22]. Interessanterweise führt Marx die Entfremdung zwischen Hindenburg und dem späteren Reichskanzler Brüning darauf zurück, daß dieser es versäumt habe, zum Reichspräsidenten eine „hinreichende Tuchfühlung" aufzubauen [S. 22.]. Ferner konstatierte Marx: „[...] Ich würde aber an Brünings Stelle dafür gesorgt haben, daß ich auch in Neudeck meine Vorträge hätte halten können [...]". A.a.O., S. 23. Eine Erklärung für Brünings distanziertes Verhältnis zu Hindenburg liegt nach Auffassung von Eschenburg darin, daß der Reichskanzler sich zu sehr an der strengen Etikettenvorstellung der monarchischen Zeit orientiert hatte. Anstatt selbst aktiv zu werden, hatte er immer so lange gewartet, bis Hindenburg ihn zu sich zitierte. ESCHENBURG, Die Rolle, a.a.O., S. 5.

[287] Hindenburg arbeitete oft bis in den Abend hinein. Cf. GÖRLITZ, Hindenburg, a.a.O., S. 267. REIBNITZ, a.a.O., S. 14. Viel Arbeit investierte Hindenburg auch in die Beantwortung der persönlichen Korrespondenz.

[288] Manuskript bezgl. Rundfunkvortrag MinDir Hagenow, Berlin, 15.09.1928 [Mikrofilm-Nr. 139], BA Koblenz, R 43 I/582 [S. 182]. Zum Arbeitstag des Reichspräsidenten siehe auch die neueste Hindenburg-Biographie von WALTER RAUSCHER: Hindenburg - Feldmarschall und Reichspräsident, Wien 1997, S. 236f.

Drittes Buch: Die Ratgeber und die Strukturen

A. Außenpolitische Obskuranten

I. Die sogenannte *Kamarilla*

In ein denkbar schlechtes Licht gerückt wurde Hindenburg bereits während seiner Präsidentschaft durch kolportierte Gerüchte über sein Urteils- und autarkes Entscheidungsvermögen. Seine *Senilität* wurde zum beliebten Angriffsziel. Die hieran anknüpfende Frage nach möglichen Hintermännern, die ihn mal subtil, mal ohne Umschweife indoktriniert haben sollen, wurde somit untrennbar mit der *Senilitätsdebatte* verknüpft.

Aus der Sicht Außenstehender mußte er in Anbetracht seiner notorischen apolitischen Grundhaltung und angesichts der Tatsache, daß er sich während seiner Amtszeit an keinem politischen Programm orientieren konnte, anfällig sein für externe Beeinflussung. Gerade dieser Aspekt hat in der Forschung und Memoirenliteratur Berücksichtigung erfahren. Im allgemeinen wird die Entstehung einer intrigierenden und lavierenden *Kamarilla* erst auf das Jahr 1930 datiert[1]. Konnte Hindenburg sich bis zur Bildung der Präsidialkabinette noch gegen alle Einflüsterungsversuche von rechts erfolgreich zur Wehr setzen, so war er danach unentwegt direkter und indirekter Beeinflussung aus seiner unmittelbaren und mittelbaren Umgebung ausgesetzt.

Nachweisbar pflegten einzelne Personen einen vertrauten Umgang mit ihm, der zeitweise so eng war, daß die Gerüchteküche verständlicherweise brodeln mußte. Wie massiv der faktische Einfluß auf ihn auch gewesen sein mag: Alle Zeitzeugenaussagen und Hinweise hierzu führen aufgrund ihres hypothetischen Charakters in eine Sackgasse. Denn es liegt in der Natur der Intrige, der subtilen Beeinflussung einer Person, daß sie nicht den aktenmäßigen, sondern den konspirativen Weg des psychologischen Taktierens und der verbalen Überredungs-

---

[1] CARL SEVERING: Mein Lebensweg, Band II. Im Auf und Ab der Republik, Köln 1950, S. 58. WOLFGANG KALISCHER: Hindenburg und das Reichspräsidentenamt im „Nationalen Umbruch" (1932-1934), Diss. West-Berlin 1957, S. 44. JOHN W. WHEELER-BENNETT: Der hölzerne Titan. Paul von Hindenburg, Tübingen 1969, S. 288. KARL-DIETRICH BRACHER: Die Auflösung der Weimarer Republik. Eine Studie zum Problem des Machtverfalls in der Demokratie, Düsseldorf 1984 (2. Nachdruck der 5. Aufl.), S. 449ff.

kunst nimmt. Die daraus resultierende defizitäre Quellenlage führt unweigerlich zu dem Dilemma, daß viele Fragen nach dem genauen Grad dieser versteckten „Manipulation" unbeantwortet bleiben[2]. Wie soll vor dem Hintergrund der seit 1930 immer häufigeren Abwesenheit des Reichspräsidenten von Berlin sachlich rekonstruiert werden, wann, wie, wo und durch wen auf ihn eingeredet und worüber en detail gesprochen wurde[3]. Folglich gleicht die Spurensuche nach den befreundeten Obskuranten, die aus dem Hintergrund außenpolitischen Einfluß zu nehmen versuchten, mehr einem unvollständigen Puzzlespiel, bei dem große Lücken das Endbild bestimmen, weil die überlieferten Akten nur bruchstückhaft sind[4]. Spiegeln sich die „legalen" Aktionen der verfassungsmäßigen Berater in vielen Akten wider, so existieren aber auch Dokumente, aus denen zu entnehmen ist, daß selbst die angeblichen Verschwörer manchmal den Dienstweg beansprucht haben, um Hindenburgs Aufmerksamkeit zu erregen. Eine deutliche Sprache sprechen die Quellen vor allem, wenn die vergeblichen Einflußversuche seiner ostelbischen Freunde analysiert werden.

Überhaupt sollte der in der Forschung immer wieder auftauchende Terminus *Kamarilla* in diesem Zusammenhang differenzierter verwendet werden[5]. Er wird einem wissenschaftlichen Anspruch nicht gerecht, weil seine genaue Bedeutung zu verschwommen ist und seine Existenz in der Weimarer Republik weder verifiziert noch falsifiziert werden kann. Wenn nämlich unter *Kamarilla* per defini-

---

[2] Dazu schrieb Heinrich Brüning: „[...] Es wird überhaupt nicht möglich sein, sicher festzustellen, von welcher Seite der Reichspräsident jeweils beeinflusst war [...]". Siehe Schreiben Heinrich Brüning an Graf Castell-Ruedenhausen, 25.10.1950, Hartland/Vermont [Durchschlag], Harvard-University-Archives (PL), Cambridge/USA, NL Brüning, HUG FP 93.10, Box 5. Siehe THEODOR HEUSS: Erinnerungen 1905-1933, Tübingen 1963, S. 438.

[3] „Nicht nachweisbar" ist, so Peter Haungs, wer Hindenburg im einzelnen auf seinem Gut in Neudeck besucht hat. PETER HAUNGS: Reichspräsident und parlamentarische Kabinettsregierung. Eine Studie zum Regierungssystem der Weimarer Republik in den Jahren 1924-1929, in: Politische Forschungen, Bd. 9, Köln 1969, S. 93. Siehe auch BRACHER, Die Auflösung der Weimarer Republik, a.a.O., S. 451. Vgl. auch HEUSS, Erinnerungen, a.a.O., S. 438f.

[4] Wertvoll sind die wenigen Privatbriefe Hindenburgs, die den Zweiten Weltkrieg unversehrt überstanden haben. Dagegen wurde der umfangreiche Briefwechsel zwischen Hindenburg und Brüning durch die Bombardements vollständig vernichtet. Genaueres hierzu siehe Einleitung S. 29f. dieser Arbeit.

[5] Nur wenige Autoren haben bislang die Existenz der *Kamarilla* in das Reich der Fabeln verwiesen. Einer der seriösen Hindenburg-Monographen, Andreas Dorpalen, negiert sogar das Vorhandensein irgendeiner *Kamarilla* um den Reichspräsidenten: „[...] Es trifft nicht zu, wie immer wieder behauptet worden ist, daß Hindenburg in den letzten Jahren seiner Präsidentschaft von einer *Kamarilla* [...] umgeben war, die alle Entschlüsse für ihn traf und ihn eigenmächtig von der Außenwelt abschloß. [...]". ANDREAS DORPALEN: Hindenburg in der Geschichte der Weimarer Republik, Berlin/Frankfurt a. M. 1966, S. 459. WOLF J. BÜTOW: Hindenburg. Heerführer und Ersatzkaiser, Bergisch Gladbach 1984, S. 273.

tionem eine einflußreiche, intrigierende, auf Macht- und Einflußzuwachs bestrebte Hofpartei verstanden wird[6], dann hätte es im Umfeld des zweiten deutschen Reichspräsidenten der Weimarer Republik überspitzt formuliert nicht nur eine, sondern gleich mehrere Kategorien von *Kamarillen* geben müssen. Denn die in der Literatur sooft beschriebene *Kamarilla* war keine homogene, strukturierte Gruppierung. Sie rekrutierte sich vielmehr aus einem „bunt zusammengesetzten" Konglomerat von Personen[7], deren einziger gemeinsamer Nenner höchstens in antidemokratischer Ideologie bestand. Bewiesen werden muß demnach nicht die Existenz der *Kamarilla* – sie hat nicht in Form eines homogenen Verbandes, sondern in Form von Einzelpersonen Gestalt angenommen –; analysiert werden muß die Intensität der Einwirkung besagter Individuen auf Hindenburg[8]. Eine der Gruppen, die oft mit der *Kamarilla* in Zusammenhang gebracht wurden, waren die ostelbischen Junker, die großagrarischen Standesgenossen des Generalfeldmarschalls. Zweifelsfrei haben sie ihn zur Durchsetzung ihres Siedlungsprogramms unter „erheblichen" wirtschaftspolitischen Druck gesetzt[9], ohne dabei jedoch detaillierte außenpolitische Forderungen voranzustellen. Neben den politisch nahestehenden Parteien wie der DNVP existierte auch ein militärischer Freundeskreis um den Reichspräsidenten, der „in wesentlich konkreterer Form" untersucht werden kann[10].

Erwartungsgemäß legt aber selbst die systematische Aufteilung der *Kamarilla* in Untergruppen keinen organisierten Kern zutage, da diese aufgrund unkoordinierter und konzeptloser Struktur keine Gruppendynamik ausbilden konnten. Ihre Inhomogenität erklärt sich mit dem unharmonischen Verhältnis ihrer Protagonisten zueinander[11]. Die Gefahr ging also weniger von organisierten Gruppen als vielmehr von kaum kontrollierbaren einzelnen Republikgegnern aus, denen eine Zerstörung oder Destabilisierung des demokratischen Systems vor-

---

[6] Als Diminutivform des lateinischen „camera" (Kämmerlein) hat der Begriff *Kamarilla* heute eine abwertende Bedeutung. Siehe KONRAD FUCHS/HERIBERT RAAB (Hrsg.): Wörterbuch zur Geschichte (dtv), Bd. 1, 1980 (4. Aufl.), S. 405.

[7] OTTO SCHMIDT-HANNOVER: Umdenken oder Anarchie. Männer - Schicksale - Lehren, Göttingen 1959, S. 199 u. 229.

[8] Am besten eruieren läßt sich dies zuerst durch eine methodische Unterteilung in verschiedene Gruppen, um dann induktiv auf die Rolle der Einzelpersonen zu schließen. Hiernach wird im Verlauf dieses Kapitels nur ansatzweise verfahren werden.

[9] Näheres zum Konnex *Kamarilla*-Großagrarier siehe BRACHER, Die Auflösung der Weimarer Republik, a.a.O., S. 449ff.

[10] FRIEDRICH J. LUCAS: Hindenburg als Reichspräsident, in: Bonner Historische Forschungen, Hrsg.: Max Braubach, Bd. 14, Bonn 1959, S. 70.

[11] Weil deren Verhältnis zueinander von „schwersten Meinungsverschiedenheiten" bestimmt war. Dito Schreiben Heinrich Brüning an Graf Castell-Ruedenhausen, 25.10.1950 [Durchschlag], Harvard-University-Archives (PL), Cambridge/USA, NL Brüning, HUG FP 93.10, Box 5.

schwebte. Insofern fallen jene Beamte und Politiker, die mit dem Reichspräsidenten von Amts wegen regelmäßigen politischen Kontakt hatten, aus dem Kreis der vermeintlichen Hintermänner heraus. Sie waren als Demokraten ein konsolidierender Faktor für die junge Republik. Ihre Suggestivkraft auf ihn war konstruktiver Art, vorausgesetzt man urteilte durch die demokratische Brille. Ebensowenig können die verfassungsmäßig legalen Berater, wie auch die deutschen Diplomaten, die dem Staatsoberhaupt außenpolitisch informierend und beratend zur Seite standen, zu seinem Schattenkreis gezählt werden.

Es ist immer auch eine perspektivische Frage, wen man zu den illegalen Beratern zählt und wen nicht. Diejenigen, die dies aus einem anderen Blickwinkel sahen, wie etwa rechtsnational-konservative Kreise, witterten einen anderen Typus von *Kamarilla* und klagten über die Dauerbeeinflussung von links, mit der ihre „Galionsfigur" zu kämpfen habe. Wenn der deutschnationale Politiker Otto Schmidt-Hannover von „einer bunt zusammengesetzten Gruppe von Menschen" sprach, die weder „die Weltanschauung noch die Kandidatur" Hindenburgs vertreten hatten, dann war dies nicht etwa auf Personen wie von Schleicher oder Meissner gemünzt. Gemeint waren damit die „Torwächter" der „Präsidentenburg", also jene legalen Berater wie Pressechef Walter Zechlin, die ihn angeblich ganz bewußt in politischer Abhängigkeit hielten[12]. Durchaus repräsentativ für das rechtsnationale Empfinden fiel die Äußerung von Großadmiral von Tirpitz aus, der nach seinem erfolglosen Vorstoß, Hindenburg von der Unterzeichnung des Young-Plans abzubringen[13], abschätzig über das demokratische Umfeld seines Gastgebers urteilte. Auch er sah ihn „völlig von den Leuten umgarnt", die ihn wegen seiner Wahl 1925 abgelehnt und attackiert hatten[14].

Insbesondere die Personen, die sich aus der „Berliner-Palast-*Kamarilla*" und der „Dietramszell-Neudeck-*Kamarilla*" rekrutierten, hatten zumindest zeitweilig versucht, ihn unter außenpolitischen Druck zu setzen. Nur dem Umstand, daß ihre Anstrengungen von keinem Erfolg gekrönt waren, ist es zu verdanken, daß diese dokumentarischen und autobiographischen Niederschlag gefunden haben.

---

[12] „[...] Einige der Herren wußten auch, daß man ihn durch viel Tagesarbeit, der er bei seiner Gewissenhaftigkeit leicht zu unterwerfen war, und durch Dauerbeeinflussung in Vorträgen (Pressechef mit Linksdrall) am sichersten in die Bahn führen konnte, auf der man selber kutschierte. [...]". OTTO SCHMIDT-HANNOVER, Umdenken oder Anarchie, S. 199 u. 229.
[13] Hierzu siehe S. 401, 468 u. 472 dieser Arbeit.
[14] So Tirpitz gegenüber OTTO SCHMIDT-HANNOVER. A.a.O., S. 257.

II. Die Ineffizienz der *Kamarilla* in der Außenpolitik

1. Die innenpolitische Ausrichtung

Schließt man den Kreis der auf den Präsidenten einwirkenden „Intriganten", dann reduziert sich die Berliner *Kamarilla* tatsächlich auf eine kleinere Personengruppe, zu der in erster Linie von Schleicher, von Papen, Hugenberg, Groener, Meissner und Hindenburgs Sohn Oskar zu zählen sind[15]. Aus dieser Clique ragten wiederum vier Akteure heraus, deren räumliche und private Nähe zum Reichspräsidenten oft Anlaß zu Spekulationen gegeben hatten: Otto Meissner, Franz von Papen, Kurt von Schleicher und Oskar von Hindenburg, die sogenannte „Palast-*Kamarilla*"[16]. Nicht nur zu Brünings Sturz hatte dieses Quartett durch geschickte Abschirmungspolitik beigetragen[17], sondern es hatte auch die innenpolitischen Entscheidungen des deutschen Souveräns mitgelenkt. Die hiermit verbundene Frage, wie es um ihren außenpolitischen Einfluß bestellt war, läßt sich bemerkenswerterweise relativ leicht beantworten. Denn abgesehen von Staatssekretär Otto Meissner, der gesonderten Ausnahme im Chor der außerverfassungsmäßigen Berater, beschränkte sich der Einfluß der „Palast-*Kamarilla*" – und dies kann nach Lage der Quellen explizit so gesagt werden – vornehmlich auf das Innenpolitische.

Ohnehin schien das außenpolitische Desinteresse der „grauen Eminenz der *Kamarilla*"[18], des Generals von Schleicher, der innenpolitischen Ausrichtung der Palast-*Kamarilla* quasi einen Stempel aufgedrückt zu haben. Mittels seiner „massiven" Einflußnahme auf seinen Duzfreund und Regimentskameraden Oskar von Hindenburg, den er für seine Politik gezielt einsetzte[19], gab er seiner obstruktiven Innenpolitik den zentralen Richtungsimpuls. Die Außenpolitik hatte von Schleicher, der als Spiritus Rector der Restaurationsbewegung einen

---

[15] PAUL LÖBE: Erinnerungen eines Reichstagspräsidenten, Berlin 1949, S. 141; André François-Poncet: Als Botschafter in Berlin 1931-1938, Mainz 1949, S. 32 u. 45. WOLFGANG KALISCHER spricht in diesem Zusammenhang von einem „Quintett". A.a.O., S. 35.

[16] JOHN W. WHEELER-BENNETT, Der hölzerne Titan, a.a.O., S. 308.

[17] Sie schirmten den Reichspräsidenten gegen den Einfluß des Reichskanzlers konsequent ab. Vgl. BRACHER, Die Auflösung der Weimarer Republik, a.a.O., S. 449ff.

[18] So WOLFGANG RUGE: Hindenburg. Portrait eines Militaristen, (Ost-) Berlin 1977, S. 230.

[19] HERMANN PÜNDER: Politik in der Reichskanzlei. Aufzeichnungen aus den Jahren 1929-1932, in: Schriftenreihe der Vierteljahrhefte für Zeitgeschichte, Nr. 5, Hrsg.: Hans Rothfels und Theodor Eschenburg, Stuttgart 1961, S. 118. EMIL LUDWIG: Hindenburg - Legende und Wirklichkeit, Hamburg 1962 [1. Aufl.: Amsterdam 1935], S. 221.

Staatsstreich von oben offen postulierte[20], im wahrsten Sinne des Wortes absichtlich links liegen gelassen[21]. Über seine Arglist und seinen seit 1930 zunehmenden politischen Einfluß auf den Reichspräsidenten ist viel geschrieben worden. Völlig zu Recht wurde dem Taktiker nachgesagt, auf Hindenburg in innen- und personalpolitischen Belangen eine erstaunliche Suggestivkraft ausgeübt zu haben[22]. Wenngleich er letztlich ohne politische Umsicht und Weitblick[23] operierte, so spielte er die Rolle des geborenen Intriganten auf der innenpolitischen Bühne in meisterlicher Manier und machte dabei seinem Namen alle Ehre[24]. Dagegen war er auf dem außenpolitischen Parkett ebenso unerfahren wie „der in der Verfassung nicht vorgesehene Sohn des Reichspräsidenten"[25], der die familiäre und amtliche Nähe zu seinem Vater nicht für außenpolitische Vabanquespiele genutzt hat. Der ihm in der Memoirenliteratur zugeschriebene und von der For-

---

[20] OTTO MEISSNER: Ebert - Hindenburg - Hitler. Erinnerungen eines Staatssekretärs 1918-1945, München 1991 (2. Aufl.), S. 249. SEBASTIAN HAFFNER: Von Bismarck zu Hitler - Ein Rückblick, München 1987, S. 221ff.

[21] THEODOR ESCHENBURG: Also hören Sie mal zu. Geschichte und Geschichten 1904 bis 1933, Berlin 1995, S. 289.

[22] So Otto Gessler in einem Schreiben an Rudolf Pechel, Lindenberg/Allg. 13.08.1947 [Abschrift], Harvard-University-Archives (PL), Cambridge/USA, NL Brüning, HUG FP 93.35, Box 4.

[23] „[...] Schleicher war inkonsequent, intrigant und letztlich ein völliger Dilettant auf dem Feld der Politik [...]". FRHR. WERNER V. RHEINBABEN, Viermal Deutschland, a.a.O., S. 288 u. 298. Aufzeichnung aus einem Interview Dr. v. zur Mühlen mit Dr. Adolf Carlowitz, 07.02.1949 [Durchschläge einer Abschrift], BA Koblenz, Kl. Erw., Bd. 242 -6 [S. 16f.] Henning Graf v. Borcke-Stargordt - Schriftwechsel mit General a.D. Hans-Henning v. Holtzendorff (1946) 1949-1956 [S. 12]. Abgedruckt auch in: WERNER CONZE: Zum Sturz Brünings (Dokumentation), in: VfZ, Bd. 1 (1953) S. 270f.

[24] Nach PAUL LÖBE trug von Schleicher seinen Namen „nicht zu Unrecht". DERS., Erinnerungen eines Reichstagspräsidenten, a.a.O., S. 140.

[25] Bis heute ist nicht eindeutig geklärt, von wem dieser Ausspruch stammt. Oft fällt der Name Kurt Tucholsky, doch es könnte nach den Worten eines wichtigen Zeitzeugen auch der Chefredakteur des *Berliner Tageblatts*, Theodor Wolff, gewesen sein. Kein geringerer als der damalige Reichspressechef Walter Zechlin, der nicht nur von Amts wegen ein beflissener Zeitungsleser war, hat dies einmal unter Eid bestätigt. Siehe Protokoll der mündlichen Verhandlung in dem Entnazifizierungsverfahren gegen Oskar von Hindenburg. Zeugenvernehmung Walter Zechlin [Kopie], 2. Verhandlungstag, Uelzen, 15.03.1949, Bundesarchiv Koblenz, NL Schwertfeger, N 1015, Bd. 264 (Heft 1) [S. 94]: „[...] Frage an Zechlin: ‚Wie hat Hindenburg auf den von ihm vorgelegten Artikel Theodor Wolffs reagiert, Oskar sei der in der Verfassung nicht vorgesehene Sohn des Reichspräsidenten?' Darauf antwortete Zechlin: ‚Der Reichspräsident hat mir bei meinem Vortrag - etwas befremdet oder etwas entrüstet - gesagt, daß er nach dem Tode seiner Frau nur noch seinen Sohn habe, mit dem er alles besprechen könne'. [....]". Dagegen spricht wiederum, daß der Berliner Historiker Prof. Dr. Bernd Sösemann, der sich u.a. auch eingehend mit Theodor Wolff beschäftigt hat, diese Worte „bis heute in keinem Artikel des *Berliner Tageblatts* gefunden hat". So Fax Sekretariat Prof. Sösemann an Harald Zaun, Berlin, 21.05.1999.

schung weitgehend bestätigte abträgliche Einfluß auf seinen Vater ab 1930[26] fand gleichwohl seine Grenzen im Innenpolitischen[27]. Daß Oskar sich auf dem schwierigen Terrain der Außenpolitik ohnedies nicht zurechtgefunden hätte, ließ sein wohl schärfster Kritiker, Heinrich Brüning, durchblicken, dessen vernichtendes Verdikt jedoch der Relativierung bedarf. Wenn Brüning zu Papier brachte, daß es seit dem Oktober 1931 in der Wilhelmstraße 73 nicht mit rechten Dingen zugegangen sei, daß dort „spiritistisch" gefärbte Stimmungen vorherrschten, wenn er Oskar als „total unfähig" und „gänzlich unbegabt" hinstellte, dann darf dies sicherlich nicht losgelöst von seiner vorzeitigen Amtsenthebung gesehen werden[28], über die er zutiefst indigniert war. In seinen durchweg negativen, teilweise von Zynismus geprägten Beschreibungen des Präsidentensohnes mokierte er sich mal über Oskars militärische[29], mal über seine unter-

---

[26] ANDRÉ FRANÇOIS-PONCET, Botschafter in Berlin, a.a.O., S. 44f.; StS Meissner bezeichnete einmal im Beisein Pünders den jungen Hindenburg als „recht töricht", aber „von ziemlichem Einfluß". Derselben Ansicht war im übrigen auch StS Hermann Pünder. So Tagebucheintrag StS Pünder, 28.05.1932, in: PÜNDER, Politik in der Reichskanzlei, a.a.O., S. 127. FRITZ GÜNTHER V. TSCHIRSCHKY: Erinnerungen eines Hochverräters, Stuttgart 1972, S. 208ff.; THEODOR ESCHENBURG, Also hören Sie mal zu, a.a.O., S. 271. Oskars Wirken in der Weimarer Republik wird von der Forschung einhellig negativ beurteilt. WOLFGANG RUGE bezeichnet ihn als „kleines Nüllchen", der unter anderem an „Hellseherei" glaubte. Siehe DERS., Hindenburg, a.a.O., S. 218.

[27] Und selbst dort war er nur der „Briefträger" Schleichers. So nach Zeugenaussage v. Papen, Bad Mondorf, 23.07.1945 [Abschrift], IfZ München, Zeugenschrifttum v. Papen, ZS 354 [S. 15].

[28] Schreiben Heinrich Brüning an Graf v. Brünneck, Cambridge, 12.10.1948 [Original], GStA Berlin-Dahlem, NL Brünneck, XX Rep. 300 Brünneck II, S. 21 (4). In Harvard existiert zu diesem Schreiben nur noch ein Durchschlagexemplar in Form eines einzelnen losen Blattes. Harvard-University-Archives (PL), Cambridge/USA, NL Brüning, HUG FP 93.10, Box 5, S. 3. Schreiben Heinrich Brüning an Frhr. Magnus v. Braun, Cambridge, 07.02.1951 [Durchschlag mit Signatur Brünings per Kugelschreiber], BA Koblenz, NL Magnus Frhr. v. Braun, N 1085/50.

[29] „[...] Die Rolle des jungen Hindenburg ist schwer zu charakterisieren, weil er schon im Feld als so beschränkt angesehen wurde, daß keiner der aktiven Offiziere in seiner Division es sich erklären konnte, wie er überhaupt Generalstabsoffizier geworden ist [...]". Schreiben Heinrich Brüning an August Berning, Köln, 08.02.1954 [Durchschlag], Harvard-University-Archives (PL), Cambridge/USA, NL Brüning, HUG FP 93.10, Box 3.

entwickelten geistigen Fähigkeiten[30] oder darüber, daß derselbige obendrein in illegalen Transaktionen involviert gewesen war[31].

Schenkt man Brünings Worten Glauben, so war in der Spätzeit selbst das Verhältnis zwischen Vater und Sohn infolge politischer Divergenzen angespannt. Wie Brüning glaubhaft versichert, hatte der Reichspräsident in seiner Gegenwart gleich zweimal über seinen Sohn „schärfste Worte" der Kritik geäußert[32]. Diesem hatte er mehrfach den dienstlichen Befehl gegeben, grundsätzlich die Hände aus „aller Politik" zu lassen[33]. Daß das beidseitige Klima eher kühl, bisweilen sogar gereizt war, geht aus einer weiteren Schilderung Brünings hervor, wonach Beamte der Reichskanzlei ihm „entsetzt" erzählt hätten, daß Hindenburg einmal von seinem Sohn so laut „angeschnauzt" worden war, daß sie das Streitgespräch sogar in ihren Büroräumen mitverfolgen konnten[34]. Über all dieses hätte Brüning hinwegsehen können, wäre da nicht Oskars unentwegter innenpolitischer Druck auf seinen Vater gewesen. Gleichwohl nahm Brüning ihn aus der historischen Verantwortung für all das Geschehene nach 1930 her-

---

[30] „[...] Über die geistigen Kapazitäten des Sohnes Hindenburgs brauche ich nichts weiter zu schreiben [...]". Schreiben Heinrich Brüning an Graf v. Brünneck, Köln, 19.01.1955 [Durchschlag], Harvard-University-Archives (PL), Cambridge/USA, NL Brüning, HUG FP 93.10, Box 5. „[...] Gelinde gesagt, Oskar wirkte dumm [...]". So Heinrich Brüning in einem Interview mit WOLFGANG KALISCHER, a.a.O., S. 36 [Anm. 108].

[31] Hierbei soll der ostpreußische Generallandschaftsdirektor Walther v. Hippel eine entscheidende Rolle gespielt haben. Oskar soll, so Brünings Vorwurf, unter seinem Einfluß gestanden haben. Siehe Schreiben Heinrich Brüning an Graf v. Brünneck, Köln, 19.01.1955 [Durchschlag], Harvard-University-Archives (PL), Cambridge/USA, NL Brüning, HUG FP 93.10, Box 5.

[32] Schreiben Heinrich Brüning an Graf v. Brünneck, Cambridge, 12.10.1948 [Original], GStA Berlin-Dahlem, NL Brünneck, XX Rep. 300 Brünneck II, S. 21 (-4-). In dem Interview mit Wolfgang Kalischer bestätigte Brüning diesen Sachverhalt: „[...] Auch sein Vater war mehrmals vor mir sehr ungehalten über ihn [...]". KALISCHER, a.a.O., S. 36 [Anm. 108]. Schreiben Heinrich Brüning an Dr. Joel, Hartland, Vermont, 30.12.1955 [Durchschlag], Harvard-University-Archives (PL), Cambridge/USA, NL Brüning, HUG FP 93.10, Box 16.

[33] Schreiben Heinrich Brüning an Graf v. Brünneck, Cambridge, 23.06.1949 [Durchschlag], GStA Berlin-Dahlem, NL Brünneck, XX Rep. 300 Brünneck II, S. 46. Schreiben Heinrich Brüning an Hans v. Raumer, 04.08.1958 [Durchschlag], Harvard-University-Archives (PL), Cambridge/USA, NL Brüning, HUG FP 93.10, Box 26. „[...] Der Reichspräsident hat seinen Sohn aus allen geschäftlichen Angelegenheiten ferngehalten. [...]". Aussage Otto Meissner, 31.01.1947 [Abschrift], IfZ München, Zeugenschrifttum, ZS 1726 [S. 220].

[34] Schreiben Heinrich Brüning an Graf v. Brünneck, Hartland/Vermont, 19.08.1949 [Original], GStA Berlin-Dahlem, NL Brünneck, XX Rep. 300 Brünneck II, S. 51. Eine Durchschrift hierzu liegt in Harvard-University-Archives (PL), Cambridge/USA, NL Brüning, HUG FP 93.10, Box 5, S. 3. „[...] There was a continuous struggle for decisive influence in the presidential household [...]". Interview - Brüning on the Rise of the Nazis to power, Harvard-University-Archives (PL), Cambridge/USA, NL Brüning, HUG FP 93.10, Box 16, S. 4.

aus, weil er ihn schlichtweg für unzurechnungsfähig hielt[35], wobei nicht unerwähnt bleiben sollte, daß sich auch Zeitzeugen zu Wort meldeten, die Oskars politischen Part völlig anders deuteten. Dazu zählte Graf Manfred von Brünneck-Bellschitz, ein dem Hause Hindenburg wohlgesonnener Freund, der die Rolle Oskars als die eines „politisch bedeutungslosen Haussohnes" herunterspielte[36].

Anhand der vorliegenden Quellen kann gefolgert werden, daß Oskar seinem Vater keineswegs außenpolitische Entscheidungen in irgendeiner Form jemals aufgedrängt hat, eine Tatsache, die ihm später im „Entnazifizierungsgutachten" zugute gehalten wurde[37]. Dafür fehlten ihm auch wirklich alle Grundvoraussetzungen. Im Gegensatz zu seinem Vater war er der außenpolitische homo novus in Reinkultur. Seine Rolle auf diesem Sektor ging kaum über die eines gehobenen Kammerdieners in Uniform hinaus. Zudem sollte dem Umstand Rechnung getragen werden, daß Oskar sich selbst in den Chor der Stimmen einreihte, die zum einen den eigenen Einfluß auf den Vater bagatellisierten, zum anderen die Existenz der *Kamarilla* gänzlich negierten[38].

Des weiteren sprechen gewisse Indizien dafür, daß Hindenburg sich von Familienmitgliedern in außenpolitischen Fragen ohnehin nicht behelligen ließ[39].

---

[35] Schreiben Heinrich Brüning an Johannes Dettmar, 13.08.1950 [Durchschlag], Harvard-University-Archives (PL), Cambridge/USA, NL Brüning, HUG FP 93.10, Box 6. „[...] Ich glaube aber noch immer, dass Oskar und seine Frau dem alten Mann dauernd zu gesetzt haben [sic!] - beide mehr aus Beschränktheit als wie aus Bosheit. [...]". Siehe Schreiben Heinrich Brüning an Frhr. v. Braun, Cambridge (Massachusetts), 07.02.1951 [Durchschlag mit Signatur Brünings per Kugelschreiber], BA Koblenz, NL Magnus Frhr. v. Braun, N 1085/50. „[...] Oscar Hindenburg changed his mind several times a day [...]". Interview - Brüning on the Rise of the Nazis to power, Harvard-University-Archives (PL), Cambridge/USA, NL Brüning, HUG FP 93.10, Box 16, S. 7.

[36] Schreiben Graf v. Brünneck an Heinrich Brüning, Bayerhof, 31.10.1949 [Durchschlag], Harvard-University-Archives (PL), Cambridge/USA, NL Brüning, HUG FP 93.10, Box 5. Dort schrieb er ferner: „[...] So kann ich Ihr Urteil [Brünings Urteil über Oskar ist gemeint] weder bestätigen, noch leider auch gegenüber dem von Ihnen Erlebten widerlegen [...]". Hierzu siehe auch Vermerk Prof. Dr. Günter Franz [mschr. Original; o.D.], BA Koblenz, NL Franz, Kl. Erw. 940/1.

[37] Protokoll der mündlichen Verhandlung in dem Entnazifizierungsverfahren gegen Generalleutnant a.D. Oskar v. Hindenburg, Uelzen, 14.03.1949 (1. Verhandlungstag) [Kopie], BA Koblenz, NL Schwertfeger, N 1015, Bd. 264 [S. 16 u. 41].

[38] Schreiben Oskar v. Hindenburg an *Die Zeit* (o.O., Anfang 1955 o.A.) [Abschrift], IfZ München, Zeugenschriftum Oskar v. Hindenburg, ZS 1551 [S. 18].

[39] Oskar v. Hindenburg sagte hierzu: „[...] Er (sein Vater) diskutierte in der Familie nicht. Er faßte Beschlüsse von sich aus und führte sie durch [...]". Siehe Protokoll der mündlichen Verhandlung in dem Entnazifizierungsverfahren gegen Generalleutnant a.D. Oskar v. Hindenburg, Uelzen, 14.03.1949 (1. Verhandlungstag) [Kopie], BA Koblenz, NL Schwertfeger, N 1015, Bd. 264 [S. 18]. Brüning hielt hierzu fest: „[...] Schließlich rief der Präsident mich eines Morgens zu sich,

Belegen läßt sich dies mit einem Fall, bei dem eine Cousine des Reichspräsidenten die Nerven des deutschen Botschafters in Rom so strapaziert hatte, daß dieser sich Anfang 1929 hilfesuchend an ihn wandte. Veranlaßt zum Handeln fühlte sich von Neurath, als bewußte Dame, die ihn schon seit längerem mehrfach zu „zeitraubenden" Besprechungen genötigt hatte, ernsthaft behauptete, daß ihr Vetter sie dazu ermächtigt habe, zusammen mit ihm die italienische Regierung „so schnell wie möglich" zu einem Bündnis zu bewegen. Besorgt zeigte sich von Neurath vor allem gerade darüber, daß die exaltierte Verwandte des Marschallpräsidenten ihre Mission auch in Gegenwart anderer Personen publik machte und sich dabei allzu offen auf ihren Vetter berief[40]. Für Hindenburg war dies immerhin Grund genug, um von Neurath zu seinem Jagddomizil nach Dietramszell zu zitieren, damit diese Bagatelle schnellstens aus der Welt geschaffen werden konnte[41].

---

um mir zu sagen, er hätte beschlossen, allein auf mich zu hören, und daß er sich entschieden geweigert hätte, Rat von anderen anzunehmen, seine Familienangehörigen eingeschlossen. [...]". Schreiben Heinrich Brüning an Rudolf Pechel [o.O., o.D.], abgedruckt in: Deutsche Rundschau, Bd. 79 (1947), S. 10. Bei alledem darf nicht verschwiegen werden, daß sich der Reichspräsident nach einer Aussage seines ehemaligen Pressechefs Zechlin ihm gegenüber wie folgt geäußert haben soll: „Sehen sie, Herr Zechlin, nachdem ich meine Gattin, die meine treue Lebensgefährtin war, durch den Tod verloren habe, mit der ich alles besprochen habe, - mit wem soll ich denn alles besprechen, wenn nicht mit meinem Sohn. [...]". Aussage Walter Zechlin beim Spruchkammerverfahren gegen Oskar v. Hindenburg, 15.03.1949 [Abschrift], Niedersächsisches Hauptstaatsarchiv Magazin Pattensen (bei Hannover), Verfahrensakten Oskar v. Hindenburg Nds. 171, Lüneburg, Nr. 689-694 / Paketnummer: 16691 [S. 94].

[40] Schreiben Dt. BS v. Neurath an Rpräs. v. Hindenburg, Rom, 16.01.1929 u. 24.07.1929 [beides mschr. Durchschläge], BA Koblenz, NL v. Neurath, N 1310/171.

[41] Aufzeichnung RAM Stresemann, Berlin, 29.09.1929 [Original], PA AA Bonn, NL Stresemann, Bd. 80, 7387 H/H 170004. Einen Tag nach seinem Treffen mit dem Reichspräsidenten begegnete v. Neurath dem Außenminister, dem er über den Vorfall mit Hindenburgs Cousine berichtete. Überrascht konnte Hindenburg von den etwas eigentümlichen politischen Ansichten seiner Cousine kaum sein, wurde er doch auch von ihr gelegentlich mit Visiten beehrt. Bei diesen Begegnungen lenkte die verwandte Dame immer wieder die Aufmerksamkeit auf die Notwendigkeit eines Bündnisabschlusses Deutschlands mit Italien. Von ihrem Vetter erwartete sie einerseits die Übertragung der Vollmacht und entsprechende Handlungsfreiheit an bzw. für v. Neurath, andererseits die Ausschaltung Stresemanns, der einem solchen Vertragswerk nur im Wege stehen würde. Sie bezeichnete die Italiener nicht nur als die „Einzigen", die „noch an uns glauben", sondern stilisierte Mussolini zum „Genie". Erst nach mehrfachen Standpauken Hindenburgs an seine Cousine, sich nicht weiter in seinem Namen als Beraterin und Abgesandte aufzuspielen, fand die Kampagne der exaltierten Dame ein Ende. Schreiben Sonny v. Hindenburg an Rpräs. v. Hindenburg, Bad Nauheim, 14.07.1929 [mschr. Abschrift]; Schreiben Rpräs. v. Hindenburg an Dt. BS v. Neurath (Rom), Berlin, 21.01.1929 (Vertraulich!) [hdschr. Original]; Schreiben Rpräs. v. Hindenburg an Dt. BS v. Neurath (Rom), Berlin, 17.07.1929 (Vertraulich!)

2. *Der Einfluß befreundeter Personen und ideologisch nahestehender Gruppen*

Die wohl größten Chancen, Hindenburg auf ihre außenpolitische Linie zu bringen, hatten jene mit ihm freundschaftlich verbundenen und in regelmäßigem Kontakt stehenden Personen, die seine soziale Provenienz, seinen militärischen Rang oder seine politische sowie ideologische Überzeugung teilten[42]. Hierzu zählten neben den ostelbischen Agrarlobbyisten und Junkern insbesondere etliche hochrangige Offiziere, die seine ab 1925 regelmäßigen Aufenthalte in Dietramszell und seine ab Mitte 1930 immer häufigere Einkehr in Neudeck zu schätzen wußten. Abseits von Berlin und jenseits behördlicher Kontrolle und journalistischer Aufmerksamkeit nutzten sie dort die Möglichkeit der ungestörten Kontaktaufnahme mit Hindenburg, dies im übrigen sehr zum Unwillen des Reichskanzlers[43].

Bereits kurz nach seinem Amtsantritt ergab sich für sie die Gelegenheit, ihn außerhalb der Hauptstadt zu treffen. Denn dieser hielt sich alljährlich, mal im Spätsommer, mal im Frühherbst, im bayerischen Dietramszell zur Gamsjagd auf, wo er keinen festen Wohnsitz hatte, sondern in der Regel auf verschiedenen Hofgütern als Gast einkehrte. Auf der Suche nach Ruhe und Erholung war für Hindenburg das abgelegene Dietramszell der ideale Ort, um dem politischen Trubel in Berlin zu entfliehen und mit vertrauten Persönlichkeiten zusammenzutreffen. Aber gerade diese Ruhe empfanden viele seiner Kritiker als trügerisch. Sie witterten hinter Dietramszell einen konspirativen Ort, an dem der Präsident unentwegt unkontrollierbaren politischen Einflüssen ausgesetzt war[44]. So etwa Heinrich Brüning, für den der Reichspräsident dort unablässig „von allerhand wilden Leuten" bearbeitet wurde[45].

Inwiefern hier, abseits des hektischen Treibens in der Berliner Metropole, wirklich tiefgründige politische oder gar außenpolitische Fragen erörtert wurden, kann quellenmäßig nicht aufgeschlüsselt werden. Fakt war aber, daß er im idyllischen Dietramszell hin und wieder vom politischen Alltag eingeholt wurde, spätestens dann, wenn Staatssekretär Meissner dort zum wöchentlichen Rapport

---

[hdschr. Original]; Schreiben Rpräs. v. Hindenburg an Dt. BS v. Neurath (Rom), Berlin, 30.07.1929 [hdschr. Original], BA Koblenz, NL v. Neurath, N 1310/171.

[42] Glaubt man den Worten des Reichspressechefs Walter Zechlin, dann hatte sich Hindenburg einmal sogar zu dem sehr freimütigen Bekenntnis hergegeben, er würde immer nur das tun, was seine Kameraden ihm rieten. So WALTER ZECHLIN: Pressechef bei Ebert, Hindenburg und Kopf, Hannover 1956, S. 122.

[43] Schreiben Heinrich Brüning an Graf v. Brünneck, , Warburg, 17.03.1955 [Durchschlag], Harvard-University-Archives (PL), Cambridge/USA, NL Brüning, HUG FP 93.10, Box 5.

[44] WALTER GÖRLITZ: Hindenburg - Ein Lebensbild, Bonn 1953, S. 292.

[45] Schreiben Heinrich Brüning an J. Borchmeyer, 26.07.1951 [Durchschlag], Harvard-University-Archives (PL), Cambridge/USA, NL Brüning, HUG FP 93.10, Box 4.

erschien[46]. Er konnte aber nicht verhindern, daß Hindenburg dort mit zahlreichen Briefen und Telegrammen, die aus rechtsnationalen Kreisen stammten, buchstäblich „eingedeckt" wurde. Immer wieder versuchten seine „Freunde", ihn zu einer obstruktiven Politik zu ermuntern[47].

Obgleich auf dem bayerischen Landsitz ungebetene Besucher unerwünscht waren[48], haben Hindenburgs „Freunde" den Abstecher nach Dietramszell als willkommene Gelegenheit wahrgenommen, um den sonst so schwer erreichbaren Reichspräsidenten ohne Meissners Gegenwart zum persönlichen Gespräch aufzusuchen. Dies nahm der Staatssekretär verständlicherweise nur widerwillig zur Kenntnis. Schon nach einem der ersten Aufenthalte Hindenburgs in Dietramszell 1925 klagte Meissner darüber, daß dieser nach all den Einflüsterungen seiner Kriegskameraden und junkerlichen Freunde so „befremdet" zurückgekehrt sei, daß es Wochen gedauert habe, bis wieder „etwas mit ihm zu machen" gewesen sei[49]. Dagegen mußte der Staatssekretär es geradezu als beruhigend empfinden, wenn Hindenburg nicht in Dietramszell, sondern in der märkischen Schorfheide am Werbellinsee auf die Pirsch ging. An diesem Ort, etwa eine Autostunde von der Berliner Metropole entfernt, war es für Meissner ungleich leichter, seinen *Chef* im Auge zu behalten. Hier, wo der Reichspräsident in einem angekauften Jagdhaus einigemal im Jahr über ein verlängertes Wochenende ausspannte[50], besuchten ihn in der Tat nur wenige *suspekte* Personen[51].

Ab dem Sommer 1930 verlagerte sich Hindenburgs politische Arbeit mehr und mehr nach seinem Gut Neudeck[52], wo er sich jährlich für zwei Sommermonate aufhielt[53]. Hierbei wurde aber weniger seine Abwesenheit von Berlin als

---

[46] Vermerk StS Pünder, Berlin, 20.08.1926 [Mikrofilm-Nr. 121], BA Koblenz, R 43 I/486/D 803467.
[47] HAGEN SCHULZE: Otto Braun oder Preußens demokratische Sendung. Eine Biographie, Frankfurt a. M./Berlin/Wien 1977, S. 668.
[48] Schreiben MinRat Doehle an Prof. Dr. Friedrich Hirth, Berlin, 28.08.1930 [Durchschlag], BA Berlin-Lichterfelde, R 601/146.
[49] Tagebucheintrag RJM Koch-Weser, Berlin, 14.08.1926, BA Koblenz, NL Koch-Weser, N 1012/34 [S. 305]. RUDOLF OLDEN: Hindenburg oder der Geist der preußischen Armee, Hildesheim 1982, S. 222.
[50] WALTER GÖRLITZ, Hindenburg, a.a.O., S. 293. THOMAS RUSSEL YBARRA: Hindenburg, the man with three lives, New York City 1932, S. 302.
[51] Ob Zufall oder nicht - auch Oldenburg-Januschau besaß in der Schorfheide ein Gut, so daß „Wochenend"-Kontakte mit Hindenburg vorprogrammiert waren. Siehe WOLFGANG RUGE, Hindenburg, a.a.O., S. 227.
[52] KURT REIBNITZ: Gestalten rings um Hindenburg. Führende Köpfe der Republik und die Berliner Gesellschaft von heute, Dresden 1928, S. 14f.; GÖRLITZ, Hindenburg, a.a.O., S. 293; JOHN W. WHEELER-BENNETT: Die Nemesis der Macht. Die deutsche Armee in der Politik 1918-1945, Düsseldorf 1954, S. 310ff.
[53] WERNER MASER: Hindenburg. Eine politische Biographie, Rastatt 1989, S. 313.

störend empfunden als vielmehr seine räumliche Nähe zum ostpreußischen Junkertum, in deren Einflußbereich er sich – wie viele Demokraten befürchteten – zusehends zu verlieren schien[54]. Für Heinrich Brüning etwa verhieß die häufige Abwesenheit Hindenburgs von Berlin nichts Gutes, weil er in Neudeck, getäuscht von „Lügen und Intrigen", permanentem Interessendruck ausgesetzt gewesen war[55]. Daß ihn alsbald der politische Alltag in Neudeck einholte, lag an seinem Tagesablauf, der annähernd vom gleichen Tempo und fast von derselben Intensität wie in Berlin diktiert wurde[56]. Für erholsame Ferienwochen blieb demnach nur wenig Raum, denn Neudeck avancierte zu einer Art zweiten Residenz des Reichspräsidenten, wo die Geschäfte in vollem Umfange von einem Teil des Berliner *Büros* weitergeführt wurden. Organisatorisch wurde dies so gehandhabt, daß man nach Neudeck einen Ministerialrat und eine Schreibkraft beorderte und dort einen ständigen Fernsprech- und Kurierdienst installierte, der eine regelmäßige Kommunikation zwischen dem Gut und dem Berliner Palais sicherte[57]. Diese Vorkehrungen konnten den Ansprüchen nicht immer gerecht werden. So mancher Botschafter mußte für seine Akkreditierung oder Entlassung extra den Weg nach Neudeck antreten, was nur eine von vielen negativen Begleiterscheinungen war, denen Tribut zu zollen war, um Hindenburgs Abwesenheit von Berlin zumindest halbwegs administrativ zu bewältigen[58]. Hierzu gehörte auch die „bahnpolitische" Lösung des Problems der Fahrten des Reichspräsidenten nach Neudeck, der, um dorthin zu gelangen, quer durch den polnischen Korridor fahren mußte, was Paul von Hindenburg nebenbei bemerkt höchst ungern tat[59]. Recht schnell fand aber die deutsche Seite mit Polen den erforderlichen modus vivendi, der durch ein Transitabkommen urkundliche Gestalt bekam[60]. Die häufigen Aufenthalte des Gutsbesitzers auf Neudeck riefen

---

[54] ERICH KORDT: Wahn und Wirklichkeit. Die Außenpolitik des Dritten Reiches. Versuch einer Darstellung, Stuttgart 1948 (2. Aufl.), S. 24 [Anm. 2].
[55] Schreiben Heinrich Brüning an Graf v. Brünneck, Warburg, 17.03.1955 [Durchschlag], Harvard-University-Archives (PL), Cambridge/USA, NL Brüning, HUG FP 93.10, Box 5.
[56] WALTER GÖRLITZ, Hindenburg, a.a.O., S. 294.
[57] Aufsatz mit dem Titel „Haus und Büro des Reichspräsidenten" ist als Anlage der folgender Zuschrift beigefügt: Schreiben StS Meissner [B.d.Rpräs.] an Beamten-Nachrichten-Dienst für Beamte der NSDAP, z. Hd. Herrn Dan, Berlin, 11.06.1934 [S. 184-190], BA Berlin-Lichterfelde, R 601/0/0/8 [S. 190].
[58] Vgl. hierzu den *Fall Dodd* auf S. 258-263 dieser Arbeit.
[59] Hierzu siehe Anm. 212 auf S. 101 dieser Arbeit.
[60] Zu diesem Zwecke kontaktierte man zunächst den polnischen Gesandten in Deutschland, der für die störungsfreie „Durchleitung" von Hindenburgs Zug Sorge tragen sollte. Daraufhin leitete der deutsche Botschafter v. Dirksen alles in die Wege. Unter anderem gab er gegenüber der polnischen Seite die Erklärung ab, daß bei der An- und Durchreise Hindenburgs von offiziellen Begrüßungen abzusehen sei. Angehalten werden durfte der staatseigene „versiegelte" Salonwa-

nicht allein technische Schwierigkeiten hervor, sie nährten auch das Mißtrauen gegen ihn.

Viele Zeitgenossen störten sich daran, daß Hindenburg zu seinem 80. Geburtstag das in der Provinz Ostpreußen gelegene frühere Familiengut Neudeck ausgerechnet von seinen „Freunden" geschenkt bekam. Ihrer Ansicht nach war zu befürchten, daß er aufgrund seiner Anwesenheit in Neudeck „räumlich" und „sachlich" zu sehr in die Interessensphäre des ostelbischen Großgrundbesitzertums gedrängt werden könnte[61]. Tatsache war, daß er, der dem grundbesitzendem westpreußischen Adel entstammte, sich gerade jenen Kreisen verbunden fühlte, die seine Wahl 1925 durch die Bereitstellung finanzieller Mittel ermöglicht hatten[62]. Die Spekulationen über potentielle unkontrollierbare Einflüsse aus seiner großagrarischen Umgebung sollten derart Überhand nehmen, daß die Angelegenheit sich bald zu einer *Affäre Neudeck* ausweitete. Wie die näheren Einzelheiten und Hintergründe dieser Dotation zu bewerten sind, welche Intention damit verknüpft war, inwiefern die Hintermänner später faktischen Einfluß auf ihn ausüben konnten, bleibt ein kontroverses Kapitel für sich[63].

Erschwert wird jedenfalls die Suche nach einem eng verstrickten Netzwerk oder nach vereinzelten Anstiftern, weil gerade die vermeintlichen Drahtzieher später die Flucht nach vorne antraten, indem sie die Behauptung aufstellten, auf den Reichspräsidenten nie suggestiven Druck ausgeübt zu haben. Hierbei tat sich besonders Hindenburgs Gutsnachbar, Oldenburg-Januschau, der Initiator der „Neudeck-Schenkung", hervor, von dem bekannt war, daß er „jederzeit freien

---

gen nicht, dessen Türen und Fenster verschlossen bzw. verdeckt waren. Ebensowenig durften von polnischer Seite Kontrollen durchgeführt werden. Vermerk MinRat Doehle, Berlin, 18.08.1928. Aufzeichnung Dt. BS Dirksen, Berlin, 21.08.1928, PA AA Bonn, R 83638. Mit der Zeit nahm die Kooperation zwischen den deutschen und polnischen verantwortlichen Stellen deutliche Konturen an. Beispielsweise leitete man gemeinsam umfangreiche Sicherheitsmaßnahmen ein, als Unbekannte einen Anschlag auf Hindenburg während seiner Reise von Neudeck nach Berlin ankündigten. Siehe Aufzeichnung [o.A.] Röhrecke [AA], Berlin, 09.08.1932 [Original], PA AA Bonn, R 118934 [besagtes Dokument wurde in einem Briefumschlag mit dem bleistiftgeschriebenen Vermerk „Neudeck-Berlin" versiegelt und verschlossen vorgefunden]. HANS-OTTO MEISSNER: Junge Jahre im Reichspräsidentenpalais. Erinnerungen an Ebert und Hindenburg 1919-1934, München 1988, S. 221f.

61 So WOLFGANG WEßLING: Hindenburg, Neudeck und die deutsche Wirtschaft. Tatsachen und Zusammenhänge einer ‚Affäre', in: VfSW, Nr. 64 (1977), S. 41.
62 DIETER V. DER SCHULENBURG: Welt um Hindenburg. Hundert Gespräche mit Berufenen, Berlin 1935, S. 67. CARL SEVERING, Mein Lebensweg, a.a.O., S. 313.
63 Zu Vorgeschichte und Ablauf der ‚Affäre Neudeck' siehe WEßLING, Hindenburg, Neudeck und die deutsche Wirtschaft, a.a.O., S. 41-73. Siehe auch GÖRLITZ, Hindenburg, a.a.O., S. 291f.; HANS-OTTO MEISSNER, Junge Jahre, a.a.O., S. 286ff.

Zutritt zum Reichspräsidenten besaß"[64]. In seinen Memoiren machte er aus seinen größtenteils ergebnislosen Einflußversuchen auf denselben allerdings keinen Hehl[65]. Dieser Sachverhalt fand durch Magnus von Braun Bestätigung, der selbst beobachtet haben will, daß Hindenburg von seinem Gutsnachbarn in politischen und wirtschaftlichen Fragen kaum behelligt worden war[66]. Die Liste der mit dem Generalfeldmarschall befreundeten Persönlichkeiten, die hierüber dasselbe berichten, läßt sich fortsetzen. Graf von Brünneck etwa will ihn seinerzeit niemals „in politischen Dingen" bedrängt haben, was seiner Aussage nach auch auf alle ihm bekannten übrigen Personen zutraf. In gleicher Weise äußerte sich Eulenburg-Wicken, der angeblich weder in Neudeck gewesen war noch jemals auf schriftlichem Wege versucht hatte, auf ihn politischen Druck auszuüben[67]. Von Gayl, dessen Name in der Literatur beim Stichwort *Kamarilla* stets Erwähnung findet, bestritt in aller Deutlichkeit ihr Vorhandensein[68]. Er bescheinigte dem

---

[64] So HAGEN SCHULZE, Otto Braun, a.a.O., S. 492.
[65] „[...] Meinen Versuchen, während der Reichspräsidentenjahre auf Hindenburg politischen Einfluß zu gewinnen, war nur in den wenigsten Fällen Erfolg beschieden. Alle Behauptungen, daß die vom Feldmarschall durchgesetzten politischen Maßnahmen großen Stils auf mich zurückzuführen seien, sind unzutreffend [...]". ELARD V. OLDENBURG-JANUSCHAU: Erinnerungen, Leipzig 1936, S. 218 u. 222. Vgl. LUTZ GRAF SCHWERIN V. KROSIGK: Memoiren, Stuttgart 1977, S. 134. HAGEN SCHULZE, Otto Braun oder Preußens demokratische Sendung, a.a.O., S. 505.
[66] „[...] Er hatte auch gar nicht den Versuch dazu gemacht, da der Feldmarschall mehrfach über seine Versuche, ihn zu belehren, ungehalten gewesen ist [...]". MAGNUS V. BRAUN: Von Ostpreußen bis Texas. Erlebnisse und zeitgeschichtliche Betrachtungen eines Ostdeutschen, Stollhamm 1955 (2. Aufl.), S. 227. Der sozialdemokratische Ministerpräsident Otto Braun bewertete dessen Rolle ganz anders: „[...] Dieser Junker von Oldenburg-Januschau, in dem sich militärisch-junkerliche Arroganz mit krassem großagrarischem Eigennutz und einer gehörigen Portion Bauernschlauheit vereinigte, wußte sein freundschaftliches Verhältnis zu Hindenburg mit der Zeit sehr zu intensivieren, ihn stark zu beeinflussen und seinen reaktionären Zwecken dienstbar zu machen. [...]". Siehe OTTO BRAUN: Von Weimar zu Hitler, New York 1940 (2. Aufl.) S. 296.
[67] Schreiben Wilhelm v. Gayl an Frhr. Magnus v. Braun, Potsdam, 07.09.1936 [Durchschlag], BA Koblenz, NL Magnus Frhr. v. Braun, N 1085/54. Hierin gibt v. Gayl den Gesprächsinhalt der Unterredungen mit Graf v. Brünneck und Eulenburg-Wickau wieder. Abgedruckt in: WERNER CONZE: Zum Sturz Brünings (Dokumentation), in: VfZ, Bd. 1 (1953), S. 278f.
[68] „[...] Hier sei nur gesagt, daß die Behauptung falsch ist, ich habe zu einer Klique gehört, welche den Sturz Brünings von langer Hand vorbereitet und im Mai 1932, gelegentlich des Erholungsaufenthalts des Reichspräsidenten in Neudeck herbeigeführt habe. Es gab eine solche Klique überhaupt nicht. [...] Ich habe durch persönliche Erkundigung bei allen in Frage kommenden Persönlichkeiten, vor allem bei Herrn v. Oldenburg-Januschau, festgestellt, daß niemand in den kritischen Wochen in Neudeck war und daß keine Denkschrift eingereicht wurde. Ich selbst schrieb in jenen Tagen einen nur zwei Seiten umfassenden Brief an den Feldmarschall, um auf gewisse Bedenken gegen einige Bestimmungen des Entwurfs einer Brüningschen Notverordnung aus praktischer Erfahrung in der ländischen Umschuldung aufmerksam zu machen [...]". Schreibmaschinenmanuskript v. Gayl (1942) zum Buch „Mit Schwert und Feder. Erinnerungen

Reichspräsidenten ein hohes Maß an Menschenkenntnis, weil dieser rasch einzuschätzen wußte, auf welche Personen er sich in seiner nächsten Umgebung verlassen konnte.

Hatte Hindenburg erst einmal Vertrauen gefaßt, dann hielt er sich in seinem Urteil merklich zurück und übertrug jene Entscheidungen, die seinen Sachverstand überforderten, an ebensolche „Männer seines Vertrauens"[69].

Bemerkenswert ist der Hinweis des Ex-Reichskanzlers Wilhelm Marx, der während seiner Kanzlerschaft kein Indiz dafür gefunden hatte, daß der Reichspräsident von irgendeiner Seite beeinflußt wurde[70]. Sosehr all diese Aussagen auf den ersten Blick ein in sich geschlossenes Bild projizieren, letzten Endes sind auch sie nicht frei von apologetischen Tendenzen. Ein Bekenntnis, auf das deutsche Staatsoberhaupt direkt oder auf Umwegen eingewirkt zu haben, ist keinem der in Frage kommenden Hintermänner jemals über die Lippen gegangen. Infolgedessen haben ihre Aussagen allenfalls Indiziencharakter, freilich jedoch keine Beweiskraft.

Unumgänglich ist daher die Analyse der privaten und dienstlichen Briefe Hindenburgs und die Auswertung der Gesprächsaufzeichnungen. Nur sie veranschaulichen, wer den Reichspräsidenten wann, wie und wo mit außenpolitischen punktuellen Verbesserungsvorschlägen torpediert hatte[71]. Zugleich dokumentieren sie auch die Erfolglosigkeit derartiger Unterfangen. Gerade anhand des Verhaltens Hindenburgs in der Vorbereitungs- und Verhandlungsphase des Locarno-Abkommens und Young-Plans läßt sich ablesen, wie chancenlos alle Anstrengungen der Rechten waren, ihn in ihrem Sinne festzulegen. Zum Beispiel fruchtete kein Vorstoß der DNVP, den Präsidenten für ihre außenpolitischen Ziele und Zwecke einzuspannen: In der heißen Phase des Kampfes um den Young-Plan ersuchte Hugenberg ihn gleich mehrfach ohne Erfolg um Audienz[72]. Kei-

---

an Front- und Verwaltungsdienst in den Jahren 1914/19" [Original], BA Koblenz, NL v. Gayl, N 1031/2 [S. 89f. u. 112f.].

[69] EBD., S. 92 u. 112f.

[70] „[...] Ich habe niemals, auch nicht im geringsten, bemerken können, dass Hindenburg sich bei seinen Entscheidungen von anderen, dritten Personen leiten und beeinflussen liess. [...]". So Ex-RK Marx gegenüber SCHULENBURG. Siehe DERS.: Welt um Hindenburg, a.a.O., S. 82.

[71] En detail wird hierauf im achten Buch dieser Arbeit eingegangen.

[72] Was zweifelsfrei auch damit zusammenhing, daß er mit den Jahren gegen Hugenberg eine Aversion entwickelte. HEINRICH CLAß: Lebenserinnerungen. Wider den Strom, Bd. II, Heft 8, BA Koblenz, Kl. Erw. -499 F [Mikrofilm-Nr. FC 1734 N], S. 884, 887 u. 906. Erst nach 1 1/2-jähriger Pause konnte Hugenberg wieder ein Treffen mit Hindenburg (am 01.08.1931) in die Wege leiten, das zwar vom Ergebnis her recht dürftig, dafür aber entschieden entspannter verlief als vorangegangene Zusammenkünfte. Aufzeichnung StS Meissner [B.d.Rpräs.], Berlin, 01.09.1931, aus: FRIEDRICH FRHR. HILLER V. GAERTRINGEN: Die Deutschnationale Volkspartei, in: Das Ende der Parteien 1933, E. Matthias/R. Morsey (Hrsg.), aus: Veröffentlichungen der

nen nennenswerten außenpolitischen Einfluß auf denselben hatte der antirepublikanisch nationalrevolutionär eingestellte *Stahlhelm*, der Bund der Frontsoldaten, in dem der Feldmarschall immerhin Ehrenmitglied war, oder der Deutsche Reichskriegerbund *Kyffhäuser*, bei dem er sogar als Ehrenpräsident fungierte[73]. Mit der Zeit mußte auch der Alldeutsche Verband einsehen, daß der Marschallpräsident seine Interessen in keiner Weise wahrzunehmen bereit war. Dies ging schließlich so weit, daß man nicht mehr selbst das persönliche Gespräch mit ihm suchte, sondern dies nur noch über Mittelsmänner arrangierte, weil man sich so mehr Aussichten auf Erfolg versprach. Doch Experimente dieser Kategorie mißglückten in der Regel. Generaloberst von Einem etwa, dem Reichspräsidenten aus früheren Tagen wohl bekannt, vermochte es trotz drei gewährter Audienzen nicht, der Bitte von Claß zu entsprechen und Hindenburg zu einer politischen Aussprache zu bringen[74]. Kläglich scheiterte der Versuch des „Reichsausschusses", ihn zur Ablehnung der Haager Gesetze zu bewegen.

Der vielleicht einzige dokumentierte Fall, bei dem ein Ansatz von gruppendynamischer Beeinflussung auf ihn erkennbar war, war der Appell von zweiundzwanzig hochrangigen ehemaligen kaiserlichen Offizieren, darunter Großadmiral Alfred von Tirpitz, Generalfeldmarschall August von Mackensen, Admiral von Schröder und die Generäle August von Cramon und Otto von Below. Selbst ihnen – einige von ihnen waren sogar Freunde und Korrespondenzpartner Hindenburgs – war es nicht vergönnt, den Ex-Generalfeldmarschall für eine öffentliche Stellungnahme gegen den Young-Plan zu gewinnen[75].

Hindenburgs Standhaftigkeit gegenüber den außenpolitischen Forderungen seiner omnipräsenten militärischen und junkerlichen Freunde ist um so höher anzurechnen, weil sie sich in seinen Domizilen in Neudeck und in Dietramszell die Türklinken in die Hand gaben. Offiziere und Adlige wie General von Cra-

---

Kommission für Geschichte des Parlamentarismus und der politischen Parteien, Düsseldorf 1960 (Dokumentenanhang), Dok.-Nr. 1, S. 623ff.

[73] Aus diesem Band gehen die zahlreichen Mitgliedschaften Hindenburgs anschaulich hervor, die hier im einzelnen aber nicht dokumentarisch aufgelistet werden sollen. BA Berlin-Lichterfelde, R 601/175.

[74] Heinrich Claß' Verbitterung und Enttäuschung über Hindenburgs verfassungskonformes Verhalten ging schließlich so weit, daß er ihm „Versagen" und „politische völlige Unbrauchbarkeit" vorhielt. HEINRICH CLAß, Lebenserinnerungen, a.a.O., BA Koblenz, Kl. Erw. -499 F [Mikrofilm-Nr. FC 1734 N], S. 918f. u. S. 891f. u. 895.

[75] Da zu diesem Brief weder eine Abschrift noch ein Abdruck vorliegt, muß auf die Angaben der bis heute einzigen Rechercheure des Hindenburg-Nachlasses (Walter Hubatsch u. Walter Görlitz), wo das Original unter der Signatur NL Hindenburg 11 Nr. 21 lagert, zurückgegriffen werden. WALTER HUBATSCH (Hrsg./Bearb.): Hindenburg und der Staat. Aus den Papieren des Generalfeldmarschalls und Reichspräsidenten von 1878 bis 1934, Göttingen/Berlin/Frankfurt a. M./Zürich 1966, S. 299. GÖRLITZ, Hindenburg, a.a.O., S. 310.

mon, Geheimrat von Berg-Markienen, Freiherr von Gayl, Admiral von Schröder oder August von Mackensen[76] oder Publizisten wie Heinrich Claß haben es nicht an Versuchen fehlen lassen, ihn auf ihre außenpolitische Linie zu bringen[77]. Letzten Endes waren ihre Bemühungen aber vergebens, da Hindenburg trotz aller Einwände unbeirrbar seinen Weg ging, wie sich anhand seiner unbeugsamen Haltung beim Locarno-Pakt und Young-Plan bestens beweisen läßt. Will man den Grad ihrer faktischen Einwirkung auf den Reichspräsidenten ermitteln, stößt man unweigerlich auf die Schwierigkeit, ihre freundschaftliche Verbundenheit und räumliche Nähe zum selbigen so aufzulösen, daß erkennbar wird, inwieweit seine außenpolitischen Entscheidungen Resultate ihrer Interventionsversuche gewesen waren. Verläßlich sind nur die spärlich überlieferten aktenkundigen Fälle. Sie geben zum einen Auskunft über die quantitative Dimension, also über die Häufigkeit der erfolgten *Kontaktierungen* Hindenburgs, zum anderen spiegeln sie ein qualitatives Moment wider: die Ineffektivität aller offiziellen, auf dem Dienstweg eingereichten Petitionen und Zuschriften, die einen außenpolitischen Bezug hatten.

Wie ausgeprägt auch immer der faktische innenpolitische Einfluß der Intriganten auf ihn gewesen war[78], auf außenpolitischem Feld vermochte kein außerverfassungsmäßiger Berater ihn nachhaltig zu dirigieren. Aufschlußreich sind in diesem Zusammenhang die Mutmaßungen verschiedener Autoren über die außenpolitische Rolle der alten Standesgenossen, Militärs und junkerlichen Gesinnungsfreunde des Generalfeldmarschalls. Unterstellte Otto Gessler ihnen ganz allgemein, den Reichspräsidenten in außenpolitischen Fragen behelligt zu haben[79], so stand für den damaligen englischen Botschafter in Berlin, Lord D'A-

---

[76] Mehr dazu siehe FRIEDRICH LUCAS, a.a.O., S. 70f.; OTTO BRAUN, Von Weimar zu Hitler, a.a.O., S. 201.

[77] „[...] namentlich sollen einige Heerführer, wie Mackensen, aber auch Leute wie der Admiral Schröder und General Cramon ihn [Hindenburg] fortgesetzt dahin bearbeiten, daß er eine andere Außenpolitik führen müsse. [...]". So Aufzeichnung RAM Stresemann, Berlin, 28.02.1926 [Original], PA AA Bonn, NL Stresemann, Bd. 36, 7634 H/E 546210. Tagebucheintrag RJM Koch-Weser, Berlin, 06.03.1926, BA Koblenz, NL Koch-Weser, N 1012/34 [S. 45]. Siehe ERNST FEDER: Heute sprach ich mit [...]. Tagebücher eines Berliner Publizisten 1926-1932, Hrsg.: Cécile Lowenthal-Hensel/Arnold Paucker, Stuttgart 1971, S. 42. Schreiben Heinrich Brüning an Rudolf Pechel, o.O., o.D., abgedruckt in: Deutsche Rundschau, Bd. 79 (1947), S. 20. HAGEN SCHULZE: Otto Braun oder Preußens demokratische Sendung. Eine Biographie, Frankfurt a. M./Berlin/Wien 1977, S. 505.

[78] Mehr zu den rein innenpolitischen Aspekten, die hier im einzelnen nicht erörtert werden können, findet sich in: FRIEDRICH LUCAS, Hindenburg, a.a.O., S. 60ff.

[79] „[...] In der Außenpolitik machte sich auch der Einfluß alter Standesgenossen und junkerlicher Gesinnungsfreunde bemerkbar, die den privaten Umgang des Reichspräsidenten in Berlin und besonders in Neudeck bildeten. [...]". OTTO GESSLER: Reichswehrpolitik in der Weimarer Zeit, Hrsg.: Kurt Sendtner, Stuttgart 1958, S. 349.

bernon, schon seit langem fest, daß Hindenburgs Vorbehalte gegen die Arbeit des Völkerbunds von besagten Hintermännern herrührten[80].

B. Staatssekretär Otto Meissner

Wenn es eine Person gab, die in der Lage war, aus dem geringen außenpolitischen Einfluß der Intriganten des Reichspräsidenten Kapital zu schlagen, dann war dies Otto Meissner, der Administrationsleiter in der Wilhelmstraße 73. Seine dortige Allgegenwart, seine von Amts wegen räumliche legitime, fast familiäre Nähe zu seinem Vorgesetzten[81] führte dazu, daß er das entstandene Machtvakuum mit solchem Impetus ausfüllte, daß ihn der deutsche Botschafter in Moskau, Graf Brockdorff-Rantzau, der sich für eine Zeitlang in Hindenburgs Domizil trefflich auskannte[82], einmal als die „Nr. 1" des Palais bezeichnete[83].

Vielleicht lag es in der Natur seines Amtes, daß er als Staatssekretär des Palais darum bemüht sein mußte, seine Einflußsphäre – so gut es ging – zu wahren. In gewisser Weise lebte Meissner aber auch von der Unwissenheit Hindenburgs, der sich ohne seine Expertisen im Dickicht der Präsidialbürokratie wohl kaum so schnell zurechtgefunden hätte. Daher konnte Meissner, der das präsidiale Handwerkszeug beherrschte wie kein anderer, seinen Einfluß auf ihn sukzessive vorantreiben[84]. Dennoch kann man sich des Eindrucks nicht erwehren, daß der ehrgeizige und überaus fachkompetente Beamte[85] seinen Auftrag als rechte Hand des Reichspräsidenten hin und wieder überstrapaziert hat. Zuweilen hat er eben auch seine „linke" Hand zur Hilfe genommen, was beispielsweise Staatssekretär von Schubert Mitte August 1928 bei seinem turnusgemäßen Rapport bei Hindenburg unangenehm aufgefallen war, als Meissner sich „ständig" in seinen Vortrag einmischte[86]. Meissner, der schon 1920 unter Ebert als *Chef* des *Büros* fun-

---

[80] „[...] He is supported in his scepticism (relating the League of Nations) by his old comrades in arms as well as by friends on the Right. These circles have an instinctive fear that Germany's claws will be drawn when she enters the League. [...]". Tagebucheintrag Engl. BS VISCOUNT D'ABERNON, 20.08.1926 in: DERS.: An Ambassador of Peace. Lord D'Abernon's Diary. The years of recovery January 1924-October 1926, Bd. III, London 1930, S. 257.
[81] FRANZ MENGES: Otto Meissner, in: NDB, Bd. 16, S. 702f.
[82] Zur Bedeutung Brockdorff-Rantzaus siehe S. 403-409 dieser Arbeit.
[83] MARTIN WALSDORFF: Westorientierung und Ostpolitik. Stresemanns Rußlandpolitik in der Locarno-Ära, Diss. Bremen 1971, S. 38.
[84] WOLFGANG RUGE, Hindenburg, a.a.O., S. 226.
[85] FRANZ MENGES, a.a.O., S. 702f.
[86] Aufzeichnung StS v. Schubert [AA], Berlin, 10.08.1928, in: ADAP, B-IX, Dok.-Nr. 225, S. 553.

gierte[87], war eben mehr als ein „getreuer Diener und guter Souffleur seines Herrn", wie Karl-Dietrich Bracher vermutet[88].

Daß dieser dem Reichsminister des Innern, Koch-Weser, einmal anvertraut hatte, daß er deshalb höchst ungerne auf Reisen gehe, weil in seiner Abwesenheit der Reichspräsident von anderen Seiten beeinflußt werden könnte, verdeutlicht, daß ihm ein gewisses Maß an Machtbewußtsein eigen war[89]. Sofern dies für ihn realisierbar war, versuchte er ihn tatsächlich von externen Einflüssen abzuschirmen[90]. In seiner offenen Kritik an Oskars permanenter politischer Einmischung manifestiert sich sein Bemühen, sogar interne Einflußfaktoren auszuschalten oder zumindest auf ein kontrollierbares Minimum zu limitieren[91].

Wurde Meissners jährlich wachsender Einfluß auf seinen Vorgesetzten von verschiedenen Biographen noch mit aller Distanz und Nüchternheit beschrieben[92], so werteten die unmittelbar beteiligten Zeitzeugen, wie etwa Stresemanns Privatsekretär, Henry Bernhard, seinen Part völlig anders[93]. Unliebsame Kritik etwa erntete Meissner nicht zuletzt wegen seines Verhaltens und Auftretens. So beschrieb ihn der damalige französische Botschafter in Berlin, François-Poncet, geradeheraus als „merkwürdige Erscheinung", die „apoplektisch, feist

---

[87] WALTER MÜHLHAUSEN: Das Büro des Reichspräsidenten in der politischen Auseinandersetzung, in: Friedrich Ebert als Reichspräsident: Amtsführung und Amtsverständnis. Hrsg.: Eberhard Kolb. Schriftenreihe der Stiftung Reichspräsident-Friedrich-Ebert-Gedenkstätte, Bd. 4, S. 81ff.

[88] KARL DIETRICH BRACHER, Die Auflösung der Weimarer Republik, a.a.O., S. 289.

[89] Bereits Mitte August 1926 hielt er die Gefahr für gegeben, daß Hindenburg von der extremen Rechten förmlich „überlaufen" werden könnte, andererseits glaubte er daran, Hindenburg „in der Hand zu halten". So StS Meissner gegenüber Koch-Weser. Siehe Tagebucheintrag RJM Koch-Weser, Berlin, 14.08.1926, BA Koblenz, NL Koch-Weser, N 1012/34 [S. 303 u. 309].

[90] Als Stresemann Anfang September 1927 den Besuch des preußischen Ministerpräsidenten Braun beim Reichspräsidenten in Dietramszell avisierte, drängte StS Meissner, den Empfang Brauns in Berlin und nicht im Jagdhaus Hindenburgs durchzuführen. Bei einem Treffen mit Braun in Dietramszell könnte der Reichspräsident, so Meissners Befürchtung, womöglich in der Frage der Schaffung einer Einheitsflagge „überrumpelt" werden. Schreiben StS Meissner [B.d.Rpräs.] an RAM Stresemann, Berlin, 03.09.1927 [Original], PA AA Bonn, NL Stresemann, Bd. 58, 7347 H/H 164971ff.

[91] In Anwesenheit StS Pünders kritisierte StS Meissner das Verhalten von Hindenburgs Sohn Oskar. Diesen könne er nicht mehr „länger aushalten", da er unentwegt seinen Vater gegen den Rat, den er als Staatssekretär gebe, beeinflusse. Schreiben Heinrich Brüning an Graf v. Brünneck, Hartland/Vermont, 19.08.1949 [Durchschlag]; Schreiben Heinrich Brüning an Graf v. Brünneck, Warburg, 17.03.1955 [Durchschlag], Harvard-University-Archives (PL), Cambridge/USA, NL Brüning, HUG FP 93.10, Box 5.

[92] RUDOLF OLDEN, Hindenburg, a.a.O., S. 237. WHEELER-BENNETT, Der hölzerne Titan, a.a.O., S. 280. Wheeler-Bennett charakterisiert das beidseitige Verhältnis als eine Art „Ehe".

[93] HENRY BERNHARD: Finis Germaniae. Aufzeichnungen und Betrachtungen, Stuttgart 1947, S. 26.

und steif, im Anzug irgendwie beengt, den Blick hinter Brillengläser verborgen"
wirkte, die es aber trotzdem verstanden habe, sich „allen Regierungsformen an-
zupassen"[94]. In der Tat verfügte Meissner über eine chamäleonartige „erstaunens-
werte Anpassungsfähigkeit"[95], die durch das Fehlen von „ausgeprägten politischen Ansichten" zusätzlich begünstigt wurde[96], was ihm das politische Überleben von Ebert über Hindenburg bis zu Hitler erleichterte. Wenn diese ideale
Assimilierung an die neuen „Umweltbedingungen" an die Mimikry in der Zoo-
logie erinnert, so muß diese Wandlungsfähigkeit in bezug auf das Politische
schlichtweg opportunistisch genannt werden.

Bezeichnete Theodor Heuss den Staatssekretär als „menschlich und geistig
völlig uninteressant"[97], so ging Heinrich Brüning noch weiter. Er bewertete Oskars Wirken in der Weimarer Republik insgesamt als „großes Unglück". Da
Meissner unter Hindenburg, so Brünings Feststellung, genauso viele Freiräume
hatte wie zu Eberts Zeiten[98], konnte er seinen „unheilvollen Einfluß" auf den
Reichspräsidenten voll zur Entfaltung bringen[99]. An Meissners Integrität zwei-
felte Brüning im übrigen auch aus anderen Gründen. Den letzten Kredit hatte
der Staatssekretär bei ihm durch seine Involvierung in undurchsichtige Transaktionen verspielt, woraus eine finanzielle Abhängigkeit zum Direktor der
Commerz- und Privatbank, Curt Sobernheim, erwuchs, die ihn manipulierbar
machte[100]. Überdies warf Brüning dem Staatssekretär noch vor, etliche politische

---

[94] ANDRÉ FRANÇOIS-PONCET, Botschafter in Berlin, a.a.O., S. 45.
[95] Erinnerungsmanuskript 1920-1945, Karl Schwarzkopf [Mikrofilm], BA Koblenz, Kl. Erw., S. 141.
[96] ANDREAS DORPALEN, Hindenburg, a.a.O., S. 93. „[...] Meissner [...] hatte schon bei Ebert in gleicher Stellung den Höfling gespielt, der sagt, was der Herr hören will. [...]". So LUDWIG, Hindenburg, a.a.O., S. 220.
[97] THEODOR HEUSS, Erinnerungen, a.a.O., S. 330.
[98] Schreiben Heinrich Brüning an Hans v. Raumer, 04.08.1958 [Durchschlag], Harvard-University-Archives (PL), Cambridge/USA, NL Brüning, HUG FP 93.10, Box 26.
[99] Heinrich Brüning an Graf v. Brünneck, Cambridge, 12.10.1948 [Original], GStA Berlin-Dahlem, NL Brünneck, XX Rep. 300 Brünneck II, S. 22 (6).
[100] Schwere Korruptionsvorwürfe richtete Brüning nicht nur gegen Meissner, sondern auch gegen Oskar v. Hindenburg, der desgleichen in unseriöse, „merkwürdige" Transaktionen verstrickt gewesen sein soll. Hierzu siehe RUGE, Hindenburg, a.a.O., S. 226. Gleich nach Hitlers Ernennung zum Reichskanzler soll dieser - so Brüning - besagtes Material gegen Oskar v. Hindenburg verwandt haben, um auf ihn Druck auszuüben. Näheres hierzu siehe Schreiben Heinrich Brüning an Graf v. Brünneck, Köln, 19.01/31.01.1953 [beides Durchschläge], Harvard-University-Archives (PL), Cambridge/USA, NL Brüning, HUG FP 93.10, Box 5. FRANK MÜLLER: Die „Brüning Papers". Der letzte Zentrumskanzler im Spiegel seiner Selbstzeugnisse, in: Europäische Hochschulschriften, Reihe III, Geschichte und ihre Hilfswissenschaften, Bd. 577, Frankfurt a. M./Berlin/New York/Paris/Wien 1993, S. 102f.; In seinen Memoiren verweist Brüning darauf, daß neben Meissner auch Außenminister Stresemann und weitere Perso-

für das Hindenburg-Archiv vorgesehene Berichte zugunsten des Reichspräsidenten umgeschrieben zu haben[101]. Diese dem gesamten Kabinett bekannte Praxis hätte sogar während der Verhandlungspausen sarkastische Bemerkungen provoziert, in denen oft darüber spekuliert wurde, inwieweit Meissner die aktuellen Beschlüsse und Diskussionen der Ministerrunde dieses Mal schönfärben würde[102].

Dennoch müssen die Aussagen Meissners über seinen Vorgesetzten behutsam und distanziert gewertet werden, denn er hatte ihn zu dessen Lebzeiten und in den Jahren danach immer wieder vor aller Kritik in Schutz genommen. Mal hatte er ernsthaft den faktischen Einfluß einer *Kamarilla* bestritten und Hindenburgs Autarkie herausgestellt, ein anderes Mal verwahrte er sich beharrlich gegen Anschuldigungen, wonach dieser senil gewesen oder in seiner Hand zu einem unbeholfenen „Meissner-Figürchen", zu seiner Marionette, geworden sei[103]. Auf jeden Fall muß der Möglichkeit Rechnung getragen werden, daß Meissners Urteilskraft über den Reichspräsidenten mit den Jahren stark an Objektivität eingebüßt hat.

C. Legale verfassungsmäßige außenpolitische Berater

Zu den eigentlichen verfassungsmäßigen Beratern des Reichspräsidenten bei außenpolitisch obligaten Fragen zählten keineswegs sein Staatssekretär oder andere Amtsträger seiner Dienststelle. Eine beratende Funktion kam laut Gesetz vielmehr dem Reichskanzler, dem Reichsaußenminister und den dazugehörigen Behörden mit ihren bestens ausgerüsteten wissenschaftlichen, administrativen und technischen Stäben zu[104]. Natürlich spielte im außenpolitischen Entschei-

---

nen des Reichspräsidentenhauses in die undurchsichtigen Bankgeschäfte verstrickt waren. HEINRICH BRÜNING: Memoiren 1918-1934, Stuttgart 1970, S. 522.

[101] StS Meissner soll hiernach nach „jeder Krise" einen Bericht geschrieben haben, der beweisen sollte, daß Hindenburg „immer Recht hatte". Brünings Behauptung kann allerdings anhand der vorhandenen Akten weder be- noch widerlegt werden. Schreiben Heinrich Brüning an Dr. Joel, Hartland, Vermont, 30.12.1955 [Durchschlag], Harvard-University-Archives (PL), Cambridge/USA, NL Brüning, HUG FP 93.10, Box 16.

[102] Schreiben Heinrich Brüning an Otto Eulerich, Norwich, Vermont, 03.06.1958 [Durchschlag], Harvard-University-Archives (PL), Cambridge/USA, NL Brüning, HUG FP 93.10, Box 9.

[103] Tagebucheintrag RJM Koch-Weser, Berlin, 14.08.1926, BA Koblenz, NL Koch-Weser, N 1012/34 [S. 309].

[104] „[...] Man wird durchaus sagen können, daß der Reichspräsident keiner großen und aufwendigen Büroorganisation bedurfte, weil er der Reichsregierung gegenüber eine so starke Stel-

dungsprozeß das Auswärtige Amt die essentielle Rolle[105]. Doch auch auf den ersten Blick unbedeutend wirkende Reichsbehörden, wie etwa das Reichsfinanzministerium, waren für ihn mitunter wichtige Anlaufstationen für Detailfragen außenpolitischer Natur[106]. Sie hatten ihn gemäß der *Geschäftsordnung der Reichsregierung* vom Mai 1924 über alle wichtigen außenpolitischen Vorgänge auf dem laufenden zu halten[107].

Zumindest indirekten außenpolitischen Einfluß übten auch die deutschen Botschafter und Gesandten aus, deren Bedeutung nicht unterschätzt werden darf, da für sie das Entree ins Palais stets offen war. Meist von sich aus agierend, manchmal aber auch auf Anforderung des Reichspräsidenten, waren es Diplomaten vom Schlage eines Brockdorff-Rantzau, die sich nicht mit ihrer beratenden, informatorischen Funktion begnügten, sondern obendrein auf kontrollierenden Einfluß abzielten[108]. Vertreter, wie der deutsche Gesandte in Bern, Adolf Müller[109], oder Botschafter Freiherr von Neurath[110], nutzten ihr freundschaftliches Verhältnis zu Hindenburg konsequent, um ihn für ihre Zwecke einzuspannen.

Zu allen Reichsministern des Auswärtigen und Reichskanzlern, mit denen Hindenburg im Verlauf seiner neunjährigen Amtsdauer außenpolitisch kooperiert hatte, entwickelte er ein konstruktives Verhältnis. Es war gewiß kein Zu-

---

lung inne hatte. [...]". So BERNHARD ZIMMERMANN: Das Bundespräsidialamt, Frankfurt a. M./Bonn 1968, S. 20.

[105] WERNER WEIDENFELD: Die Englandpolitik Gustav Stresemanns. Theoretische und praktische Aspekte der Außenpolitik, Mainz 1972, S. 143.

[106] In diesem Fall für Reparationsangelegenheiten etc.; PETER KRÜGER: Struktur, Organisation und außenpolitische Wirkungsmöglichkeiten der leitenden Beamten des Auswärtigen Dienstes 1921-1933, in: Klaus Schwabe (Hrsg.): Das diplomatische Korps 1871-1945, Boppard am Rhein 1985, S. 155.

[107] Geschäftsordnung vom 03.05.1924, a.a.O., 4, S. 175. OTTO MEISSNER: Der Reichspräsident, in: Handbuch der Politik, Bd. 3, Berlin/Leipzig 1921, S. 43.

[108] Mit Brockdorff-Rantzau pflegte Hindenburg einen sehr vertraulichen Umgang und zeitweilig trafen sich beide auch privat. Anfang Mai 1927 unterrichtete Brockdorff-Rantzau das Auswärtige Amt sogar über einen anstehenden Besuch des Reichspräsidenten auf seinem Gut in Schleswig auf der „Annettenhöhe". Telegramm Dt. BS Brockdorff-Rantzau an AA [o.A.], Nr. 630, Moskau. 02.05.1927 [Durchschlag einer Abschrift], PA AA Bonn, R 28042/K 170973. Hierzu schreibt der Zeitzeuge Theodor Eschenburg: „[...] Brockdorff verehrte Hindenburg. Andererseits gab es kaum einen deutschen Diplomaten, dem Hindenburg so starkes Vertrauen entgegenbrachte, wie gerade dem Moskauer Botschafter. [...]".

[109] Nach Pohl holte sich Hindenburg häufig bei Adolf Müller außenpolitischen Rat. Quellenmäßig läßt sich diese Feststellung jedoch nicht überprüfen, da derartige Zusammentreffen in der Regel nicht protokolliert wurden. Siehe KARL HEINRICH POHL: Adolf Müller. Geheimagent und Gesandter in Kaiserreich und Weimarer Republik, Köln 1995, S. 339.

[110] Zu v. Neurath siehe u.a. S. 370 dieser Arbeit.

fall, sondern nur Ausdruck seines Bestrebens um ein gutes Klima, daß von ihm alle Reichskanzler irgendwann einmal lobende Erwähnung fanden. So hob er die Tüchtigkeit der ersten beiden Reichskanzler seiner Amtsperiode, Hans Luther und Wilhelm Marx, anerkennend hervor[111], bezeichnete Reichskanzler Müller als „edelsten Menschen", dem er jemals begegnet war[112], und zollte Brünings Fachkompetenz mehrfach mit überschwenglichen Worten Anerkennung[113]. Dabei steht Hindenburgs notorische Schwäche für seinen „Lieblingskanzler" Franz von Papen für sich allein und bedarf keines ergänzenden Kommentars[114]. Sieht man von den Interimsaußenministern Julius Curtius und Heinrich Brüning ab, dann pflegte er während seiner Präsidentschaft nur mit zwei „wirklichen" Außenministern Umgang: Gustav Stresemann und Constantin von Neurath. So unterschiedlich deren Amtsauffassung und -führung gewesen war, so unterschiedlich gestaltete sich sein Verhältnis zu diesen. Es waren menschliche Faktoren wie Herzlichkeit, freundschaftliche Nähe und das vertrauensvolle Miteinander, die seine Beziehung zu von Neurath auszeichneten, während das Fehlen derselben das kühle Verhältnis zu Stresemann prägte[115]. Darüber hinaus entwickelte er zu den einzelnen Ministern der jeweiligen Kabinette ein in persönlicher und dienstlicher Hinsicht vertrauensvolles und gutes Verhältnis, was außerdem auch für den bereits erwähnten Nachfolger Stresemanns, Julius Curtius, galt[116]. Nicht ohne Grund gewährte er „seinen Ministern", wie er sie meist jovial titulierte[117], innerhalb ihrer Ressorts große Unabhängigkeit.

---

[111] HERMANN PÜNDER: Von Preussen nach Europa. Lebenserinnerungen, Stuttgart 1968 (2. Aufl.), S. 80. GÖRLITZ, Hindenburg, a.a.O., S. 268.
[112] WILHELM KEIL: Erlebnisse eines Sozialdemokraten, Bd. II, Stuttgart 1948, S. 371. Tagebucheintrag Dt. GS Ernst v. Weizsäcker (Dänemark), Kopenhagen, 21.03.1931, aus: E. LEONIDAS HILL (Hrsg.): Die Weizsäcker-Papiere 1900-1932, Berlin/Frankfurt a. M./Wien 1982, S. 430. Aussage Otto Meissner, 23.04.1945 [Abschrift], IfZ München, Zeugenschrifttum Otto Meissner, ZS 1726 [S. 24]. Der Sozialdemokrat FRIEDRICH STAMPFER (MdR) verweist zwar Hindenburgs Lob über Müller in das Reich der Legenden, bestätigt aber die Tatsache, daß es zwischen ihnen keinen Konflikt gegeben hat. DERS.: Die ersten vierzehn Jahre der Deutschen Republik, Offenbach-Main 1947, S. 515.
[113] Aufzeichnung StS Meissner [B.d.Rpräs.], Berlin, 01.09.1931, FRIEDRICH FRHR. HILLER V. GAERTRINGEN, a.a.O., Dok.-Nr. 1, S. 623. Vermerk StS Meissner [B.d.Rpräs.], Berlin, 11.12.1931, in: AdR, Kab. Brüning I u. II, Bd. II, Dok.-Nr. 599, S. 2092. Näheres zum Verhältnis Hindenburg-Brüning siehe S. 500-503 dieser Arbeit.
[114] Siehe FABIAN V. SCHLABRENDORFF: Begegnungen in fünf Jahrzehnten, Tübingen 1979, S. 114.
[115] Näheres zum Verhältnis Hindenburg-Stresemann siehe S. 145-154 dieser Arbeit.
[116] HELMUT LANGE: Julius Curtius (1877-1948). Aspekte einer Politikerbiographie, Diss. Kiel 1970, S. 198.
[117] Auf Hindenburgs leutseligen Umgang mit verschiedentlichen Kabinettsmitgliedern weisen Otto Gessler und Magnus v. Braun in ihren Memoiren hin. OTTO GESSLER, Reichswehrpolitik, a.a.O., S. 343; MAGNUS V. BRAUN, Von Ostpreußen bis Texas, a.a.O., S. 198. LUDWIG, Hinden-

Die Ratgeber und die Strukturen

Was für Meissner zutraf, galt auch für das Gros der anderen Staatssekretäre und Ministerialbeamten der Reichsbehörden: Ihren „Unterministern" konnten die Kabinettsmitglieder nicht immer das Wasser reichen. Sie, für die das Kommen und Gehen der Reichsminister ein vertrauter Vorgang war, waren der eigentliche „ruhende Pol" bei den häufigen Kabinettswechseln. Routiniert zogen sie hinter den Kulissen die Fäden[118] und waren für den Reichspräsidenten, soweit er mit ihnen zu tun hatte, wertvolle Ansprechpartner und Informationsquellen.

Unbestritten setzte Stresemann als Gestalter der deutschen Außenpolitik die entscheidenden Akzente. Aber er mußte im Verlauf seiner Amtszeit seinem labilen körperlichen Gesundheitszustand Tribut zollen. Infolge seiner häufigen Kuraufenthalte arrivierte der loyale Staatssekretär von Schubert in eine Schlüsselposition, die seinen Einfluß auf die auswärtige Politik noch erhöhte[119]. Phasenweise, insbesondere im Jahre 1928, war Schubert der eigentliche Leiter des Auswärtigen Amtes. Als wichtigster Ansprechpartner des Reichspräsidenten stellte er seine Loyalität zu demselben mehr denn einmal unter Beweis, indem er ihn beispielsweise vor ausländischer Kritik in Schutz nahm[120]. Auch wenn sein Verhältnis zu ihm einige Disharmonien aufwies[121], konnte er ihn doch auf Stresemanns außenpolitischer Linie halten. Desgleichen verstand es der langjährige Staatssekretär der Reichskanzlei, Hermann Pünder, der unberührt von den labi-

---

burg, a.a.O., S. 215; HAUNGS, a.a.O., S. 247. HEINRICH KÖHLER: Lebenserinnerungen des Politikers und Staatsmannes 1878-1949, Hrsg.: Josef Becker, Stuttgart 1964, S. 329.

[118] Siehe KURT REIBNITZ, Gestalten, a.a.O., S. 54.

[119] HERBERT V. DIRKSEN: Moskau, Tokio, London. Erinnerungen und Betrachtungen zu 20 Jahren deutscher Außenpolitik 1919-1939, Stuttgart 1950, S. 55. WERNER WEIDENFELD, Die Englandpolitik Gustav Stresemanns, a.a.O., S. 144f. u. 147.

[120] „[...] C'est d'autant plus invraisemblable, m'a dit M. von Schubert, que les relations entre ces deux personnalités sont plutôt tendues et que, en réalité, c'est le Maréchal von Hindenburg qui a fait, depuis quelques mois, la stabilisation de la République. [...]". Schreiben M. Vandervelde an M. Jaspar, Genf, 07.03.1927, in: Documents Diplomatiques Belges 1920-1940, Bd. II, Dok.-Nr. 149, S. 424.

[121] „[...] Schubert schätzt er nicht sehr [...]". So Graf Westarps Eindruck bei einer Unterredung mit dem Reichspräsidenten. Siehe Aufzeichnung Graf Westarp, [o.O.] 15.01.1930, in: Politik und Wirtschaft in der Krise 1930-1932. Quellen zur Ära Brüning, Bearb.: ILSE MAURER, UDO WENGST (eingeleitet von Gerhard Schulz), aus: Quellen zur Geschichte des Parlamentarismus und der politischen Parteien, Dritte Reihe: Die Weimarer Republik, Hrsg.: KARL DIETRICH BRACHER/ERICH MATTHIAS/RUDOLF MORSEY, Bd. 4/1, Düsseldorf 1980, Dok.-Nr. 7, S. 17. Im Umlauf waren insbesondere Gerüchte, wonach v. Schubert nur aufgrund bestehender Antipathien seitens Hindenburgs und Curtius nach Rom versetzt wurde. Bastiaan Schot: Stresemann, der deutsche Osten und der Völkerbund, [Leiden] Stuttgart 1948, in: Institut für Europäische Geschichte, Mainz Vorträge, Nr. 79, S. 45. Tagebucheintrag ERNST FEDER, 23.04.1930, in: DERS.: Tagebücher eines Berliner Publizisten 1926-1932, Hrsg.: Cécile Lowenthal-Hensel/Arnold Paucker, Stuttgart 1971, S. 256.

len Koalitionsregierungen „hinter den Kulissen" knapp sieben Jahre lang das Sagen hatte[122], mit dem Reichspräsidenten – meistens über die Zwischenstation Meissner – engen Kontakt zu halten. Daß so viele wertvolle Aufzeichnungen und Briefe überliefert sind – Schubert war im Gegensatz zu Stresemann ein eifriger Verfasser von Aufzeichnungen und Episteln –, ist diesen beiden Beamten zu verdanken.

Resümierend bleibt festzuhalten, daß Hindenburg den meisten wichtigen verfassungsmäßigen außenpolitischen Beratern, ob dies die Kabinettsmitglieder, die Referenten oder die Auslandsvertreter betraf, ein Mindestmaß an Wertschätzung und Vertrauen entgegengebracht hatte, wie dies umgekehrt genauso der Fall gewesen war. Die „klimatischen" Voraussetzungen für eine gute Atmosphäre und konstruktive Zusammenarbeit konnten nicht günstiger sein.

D. Das diffizile Schlüsselverhältnis Stresemann-Hindenburg

I. Notizen zu Gustav Stresemann

Wie kein anderer Politiker seiner Epoche hat Gustav Stresemann als „Reichsminister des Auswärtigen"[123] durch seine überragende Persönlichkeit über sechs Jahre lang die Geschicke der Weimarer Republik in außen- aber auch innenpolitischer Hinsicht bestimmt[124]. Seit Ende 1923 im Amt, war er bis zu seinem Lebensende unbestritten der zentrale Aktivposten der deutschen Außenpolitik, der als konsolidierender Faktor der parlamentarischen Demokratie der scheinbar „einzige feste Punkt im raschen Fluß der Kabinette" war[125]. Im In- und

---

[122] HERMANN PÜNDER: Politik in der Reichskanzlei, a.a.O., S. 51.
[123] In den Quellen heißt es mal „Reichsaußenminister", „Reichsminister des Auswärtigen", „Reichsminister des Äußeren" oder nur einfach „Außenminister". Im Verlauf dieser Arbeit wird aus stilistischen Gründen, aber auch der Abwechslung halber, ebenfalls so verfahren.
[124] In diesem Zusammenhang muß man in der Tat von einer „Ära Stresemann" sprechen. Daß Stresemann die Außenpolitik von 1923 bis 1929 – mit all ihren innenpolitischen Rückwirkungen – maßgeblich geprägt hat, findet auch in der Forschung Anerkennung. Siehe PETER KRÜGER: Die Aussenpolitik der Weimarer Republik, Darmstadt 1985, S. 207.
[125] So KLAUS SCHWABE (Hrsg.), Das Diplomatische Korps, a.a.O., S. 599. Vor Stresemanns sechsjähriger Amtsperiode sah die Republik in den Jahren 1919 bis 1923 acht Außenminister.

Die Ratgeber und die Strukturen 143

Ausland galt er als *Symbolfigur* der sich konsolidierenden Republik[126]. Sein Name wurde zum Synonym für Locarno[127].

Viele assoziieren auch heute noch mit ihm den weit vorausdenkenden realpolitisch eingestellten Staatsmann, der neben Willy Brandt bis dato der einzige deutsche Politiker ist, dessen politisches Wirken mit dem Friedensnobelpreis geehrt wurde. Unter seiner Ägide vollzogen sich durchgreifende Veränderungen auf dem internationalen Parkett, die Deutschlands weltpolitischer Stellung und seinem internationalen Ansehen dienlich waren[128]. Aus der Retrospektive mag Stresemann als der eigentliche Repräsentant der „goldenen zwanziger Jahre"[129] und „Schöpfer" der deutschen Außenpolitik erscheinen[130]; zeitlebens stand er jedoch oft im Kreuzfeuer der Kritik. Einerseits war er den permanenten Angriffen der Rechts- und Linkspresse ausgesetzt, andererseits war er als DVP-Vorsitzender selbst in der eigenen Partei umstritten[131]. Vor allem aufgrund seiner Wandlung vom extremen Annexionisten und Monarchisten der wilhelminischen Ära zum überzeugten Republikaner und „Europäer" der Weimarer Republik begegneten ihm viele Zeitgenossen und spätere Historiker mit Skepsis. Um seine

---

[126] MANFRED BERG: Gustav Stresemann. Eine politische Karriere zwischen Reich und Republik, in: Persönlichkeit und Geschichte, Bd. 36/36a, Göttingen/Zürich 1992, S. 111.

[127] „[...] Stresemann und Locarno sind für unsere historische Erinnerung fast synonyme Begriffe. [...]". KARL DIETRICH ERDMANN: Gustav Stresemann. Sein Bild in der Geschichte, in: HZ, Bd. 227 (1978), S. 611.

[128] EDGAR V. SCHMIDT-PAULI: Diplomaten in Berlin, Berlin 1930, S. 36. FELIX HIRSCH: Stresemann. Ein Lebensbild, Göttingen/Frankfurt a. M./Zürich 1978, S. 271.

[129] Das klischeereiche und mittlerweile überholte Bild von den „goldenen zwanziger Jahren" trifft höchstens noch auf kulturellem Gebiet zu. In wirtschaftlicher Hinsicht war diese Dekade keineswegs so rosig wie oft immer noch fälschlicherweise behauptet wird. Stresemann - der Europäer. Festansprache des Bundesministers des Auswärtigen HANS-DIETRICH GENSCHER anläßlich des 100. Geburtstages Stresemanns am 09.05.1978 in Mainz, aus: Gustav Stresemann 1878-1978, S. 37. MARTIN JENKE: Bonn - besser als Weimar?. Gustav Stresemann als Beispiel - In der Bundesrepublik wäre er nur ein Außenseiter, Göttingen 1985, S. 78. MANFRED BERG, Gustav Stresemann, a.a.O., S. 84.

[130] PETER GAY: Republik der Außenseiter. Geist und Kultur der Weimarer Zeit in 1918-1933, Frankfurt a. M. 1989, S. 210.

[131] Die abwertende Bemerkung „Stresemann, verwese man!", die von den Nationalsozialisten kreiert worden war, wurde oft noch von der Aufforderung bzw. dem Aufruf übertroffen, Stresemann zu ermorden. „Das Schwein muß gekillt werden". Siehe PA AA Bonn, NL Stresemann, Bd. 274, 7331 H/H 148343. ERICH EYCK: Geschichte der Weimarer Republik, Bd. II, Stuttgart 1972 (4. Aufl.), S. 76. RUDOLF OLDEN: Stresemann, Berlin 1929, S. 225. SEBASTIAN HAFFNER: Im Schatten der Geschichte. Historisch politische Variationen, Stuttgart 1985 (6. Aufl.), S. 280. HUBERTUS PRINZ ZU LÖWENSTEIN: Stresemann. Das deutsche Schicksal im Spiegel seines Lebens, Frankfurt a. M. 1952, S. 268. Siehe Tagebucheintrag von STS V. STOCKHAUSEN [Rkei], Berlin, 15.04.1925, in: Sechs Jahre Reichskanzlei. Von Rapallo bis Locarno. Erinnerungen und Tagebuchnotizen 1922-1927, Hrsg.: WALTER GÖRLITZ, Bonn 1954, S. 156.

schillernde Person rankten sich diese zwei gegensätzlichen Mythen[132], deren dualistisches Verhältnis zueinander immer wieder Zündstoff für Kontroversen lieferte. Am deutlichsten manifestierte sich dies innerhalb der wissenschaftlichen Diskussion, wo die nach dem Tode Stresemanns einsetzende romantisierende Verklärung seiner gewiß respektablen Leistungen mit kritischen Tönen zurechtgerückt wurde. Sein Wirken wurde in vielen wissenschaftlichen Werken von allen Seiten, auf allen Ebenen nuancenreich durchleuchtet. Die Kardinalfrage, die sich hierbei auftat, war, ob Stresemann die europäische Integration um ihrer selbst willen vorantreiben wollte oder ob die Bezeichnung *Europäer* ihn zu Unrecht mythisch verkläre[133], da seine Außenpolitik lediglich national ausgerichtet war. War er wirklich der friedliche Revisionspolitiker und überzeugte Demokrat, der neben Briand der entscheidene Protagonist der europäischen Idee war? Wie immer man die Frage auch formulieren und welche Quellen man heranziehen mag, eine gerechte Bilanz seines Gesamtwerkes wird wohl kaum gezogen werden können; dafür haben sich die Standpunkte in der Forschung zu stark polarisiert[134]. Moderate Stresemann-Biographen, wie beispielsweise Kurt Koszyk, die dem Außenminister ein gutes Gespür für taktische Wendungen bescheinigten[135], oder Manfred Berg, der in Stresemanns Verfassungsloyalität ein hervorstechendes Moment sieht[136], haben sich mit kritischen Forschern wie Anneliese Thimme auseinanderzusetzen, die dem Außenminister unterstellt, die Idee von einem waffenlosen, verbündeten Europa ganz und gar nicht vor Augen gehabt zu haben. Statt dessen habe dieser eine nationalistische Außenpolitik verfolgt, in der die Abrüstung zum Synonym für die Angleichung Deutschlands an den Rüstungsstandard der Alliierten erhoben wurde[137]. Henry Ashby Turner hingegen hebt mehr das innenpolitische Moment hervor und bezeichnet Stresemann pathetisch als „tragische" historische Gestalt[138]. Vielleicht hing dies damit zusammen, daß der umstrittene Außenminister, wie sein Sohn Wolfgang einmal

---

[132] KARL DIETRICH ERDMANN, Gustav Stresemann, a.a.O., S. 599.
[133] WERNER WEIDENFELD: Gustav Stresemann. Der Mythos vom engagierten Europäer, in: GWU, Nr. 24 (1973), S. 740ff.
[134] Nicht zuletzt zählen auch heutige Historiker Stresemann zum „umstrittensten" Politiker der Weimarer Republik. So CONSTANZE BAUMGART: Stresemann und England, Diss. Köln/Weimar/Wien 1996, S. 13.
[135] KURT KOSZYK: Gustav Stresemann. Der kaisertreue Demokrat. Eine Biographie, Köln 1989, S. 300.
[136] MANFRED BERG, Gustav Stresemann, a.a.O., S. 111.
[137] ANNELIESE THIMME: Gustav Stresemann. Legende und Wirklichkeit, in: HZ, Bd. 181 (1956), S. 322.
[138] HENRY ASHBY TURNER: Stresemann - Republikaner aus Vernunft, Berlin/Frankfurt a. M. 1968, S. 5 u. 11.

zu erklären versuchte, als „Europäer der ersten Stufe" nie über die zweite Stufe hinauskam[139].

Trotz aller Divergenzen attestierten sowohl Historiker als auch Zeitgenossen dem dynamischen Ausnahmepolitiker außergewöhnliches politisches Talent[140]. Honoriert wurden von ihnen vor allem Stresemanns Fähigkeit, politischen Instinkt mit ausgeprägtem Fingerspitzengefühl zu verbinden[141], eben das, was er selbst mal als „finassieren" abstrahiert hatte[142].

Daß Stresemann in den knapp sechs Jahren unter Ebert und Hindenburg über ein Dutzend internationale Verträge abschließen konnte[143], war nur möglich, weil ihm beide Reichspräsidenten genügend Handlungsspielraum gewährten und seine Politik guthießen. Doch unter Hindenburg mußte Stresemann sich seine außenpolitischen Erfolge im wahrsten Sinne des Wortes erkämpfen.

---

[139] WOLFGANG STRESEMANN: Mein Vater Gustav Stresemann, München 1979, S. 606.
[140] Nach SEBASTIAN HAFFNER war Stresemann „das stärkste politische Talent, das Deutschland zwischen Bismarck und Adenauer hervorgebracht hat". DERS., Im Schatten der Geschichte, a.a.O., S. 278. Auch Reichsaußenminister JULIUS CURTIUS äußert sich lobend über seinen Amtsvorgänger: „[...] Er war der beste Außenminister der Weimarer Republik. [...]". Siehe DERS.: Sechs Jahre Minister der Deutschen Republik, Heidelberg 1948, S. 108. Dem Chef-Dolmetscher PAUL SCHMIDT imponierte vor allem Stresemanns „phantastisch schnelle Auffassungsgabe". Cf. DERS.: Statist auf politischer Bühne 1923-45. Erlebnisse des Chefdolmetschers im Auswärtigen Amt mit den Staatsmännern Europas, Bonn 1949, S. 122. KRÜGER, Aussenpolitik, a.a.O., S. 207. LUTZ GRAF V. SCHWERIN V. KROSIGK bewunderte Stresemanns rhetorische Qualitäten und dessen Überzeugungskraft: DERS.: Es geschah in Deutschland. Menschenbilder unseres Jahrhunderts, Tübingen/Stuttgart 1951, S. 73f.; Die Liste der ausnehmend anerkennenden und lobenden Bemerkungen über Stresemann könnte fortgesetzt werden.
[141] SEBASTIAN HAFFNER, Im Schatten der Geschichte, a.a.O., S. 280.
[142] Stresemann hatte diesen aus dem Sprachvokabular der alten Diplomatie stammenden Begriff, mit dem ursprünglich das taktische Verzögern einer diplomatischen bzw. politischen Entscheidung gemeint ist, in seinem berühmten „Kronprinzenbrief" erwähnt. Viele Historiker haben bis heute unterschiedliche Interpretationsansätze geliefert, um die genaue Bedeutung dieses Ausdrucks zu entschlüsseln. Die wohl beste Definition stammt aus der Feder des Sohnes Stresemanns, Wolfgang. Seinen Worten zufolge war „finassieren" nichts anderes als das geschickte Ausbalancieren, das Ausweichen bzw. das Verzögern voreiliger großer Entscheidungen und Bindungen mit dem Westen oder Osten, um die eigene Handlungsfreiheit zu wahren. Hierzu schrieb er: „[...] Mein Vater verstand im gegebenen Einzelfall unter „finassieren" ein Hinhalten, Hinauszögern aus nicht stichhaltigen Gründen. [...]". Für die deutsche Außenpolitik im allgemeinen bedeutete das Metternich entlehnte Wort nichts anderes als, wie es gleich anschließend im „Kronprinzenbrief" heißt, „den großen Entscheidungen ausweichen". Siehe WOLFGANG STRESEMANN, Mein Vater, a.a.O., S. 377f.; Siehe FELIX HIRSCH, Stresemann, a.a.O., S. 201. ANNELIESE THIMME, Gustav Stresemann, a.a.O., S. 332. HUBERTUS PRINZ ZU LÖWENSTEIN, Stresemann, a.a.O., S. 281f.
[143] WERNER MASER, Hindenburg, a.a.O., S. 225.

II. Ein Außenminister zwischen Abhängigkeit und Ehrfurcht

Ein bis dato recht vernachlässigter Aspekt im außenpolitischen und menschlichen Verhältnis zwischen Hindenburg und Stresemann offenbart sich, wenn man sich vor Augen hält, daß der sonst so souveräne Außenminister in seiner Gegenwart zeitweise unsicher auftrat und sich gehemmt fühlte. Aus den zahlreichen im siebten und achten Kapitel dieser Arbeit aufgeführten außenpolitischen Fallbeispielen wird nicht nur ersichtlich, wieviel Kraftreserven er zur Durchsetzung seiner Außenpolitik gegenüber dem Reichspräsidenten mobilisieren mußte. Sie bestätigen zugleich, daß auch er sich seinem Fluidum nicht vollends zu entziehen vermochte, daß seine Ehrfurcht vor dem Präsidenten bisweilen so weit ging, daß er sogar den offenen Konflikt mit ihm scheute.

Einer der kundigen und zuverlässigen Zeitzeugen, der von Stresemanns „großen Respekt", ja sogar von seiner „Furcht" vor dem betagten Staatsoberhaupt zu berichten weiß, war Theodor Eschenburg. Seinen Worten zufolge war Stresemanns Unsicherheit mitunter so groß gewesen, daß er sich stundenlang für die Sitzungen beim Reichspräsidenten präpariert hatte[144], damit er allen aufkommenden Fragen sicher Rede und Antwort stehen konnte. Tunlichst darauf bedacht, keinen größeren Fehler zu begehen, registrierte Stresemann seine „leisesten" Reaktionen „in allen diplomatischen Fragen", um so hinreichend vor bösen Überraschungen gewappnet zu sein[145]. Nicht ohne Grund zählte er, wie er selbst unverhohlen einräumte, die Vorbereitungen für die Unterredungen mit Hindenburg zu seinen „zeitraubendsten und mühsamsten Aufgaben"[146].

Doch selbst dem Reichspräsidenten war die übertriebene, teilweise zu devote Ehrerbietung Stresemanns suspekt. Daß der Außenminister in seiner Gegenwart nicht aus sich herausgehe und statt dessen immer in Ehrfurcht erstarre[147], war ihm nicht ganz geheuer. Erklären läßt sich Stresemanns äußerliche Servilität möglicherweise damit, daß er als Ex-Monarchist bei seinen Zusammentreffen mit der lebenden Legende jedesmal von seiner Vergangenheit eingeholt wurde[148] und

---

[144] THEODOR ESCHENBURG, Also hören Sie mal, a.a.O., S. 208. DERS.: Die improvisierte Demokratie. Gesammelte Aufsätze zur Weimarer Republik, München 1963, S. 199.

[145] DERS./ULRICH FRANK-PLANITZ: Gustav Stresemann. Eine Bildbiographie, Stuttgart 1978, S. 99.

[146] So äußerte sich Stresemann einmal im Beisein THEODOR ESCHENBURGS. Siehe DERS.: Die Rolle der Persönlichkeit in der Krise der Weimarer Republik - Hindenburg, Brüning, Groener, Schleicher, in: VfZ, Bd. 1 (1961), S. 3.

[147] Hindenburg soll ferner geäußert haben: „[...] Er steht immer stramm vor mir und selbst das kann er nicht [...]". HEINRICH SAHM: Erinnerungen aus meinen Danziger Jahren 1919 - 1930, Bearbeitung von Ulrich Sahm, Marburg/Lahn 1958, S. 157.

[148] WILHELM V. STERNBURG: Gustav Stresemann, in: Die deutschen Kanzler. Von Bismarck bis Schmidt, Hrsg.: DERS., Frankfurt a. M. 1987, S. 265. EDGAR STERN-RUBARTH: Drei Männer su-

nicht nur den Reichspräsidenten, sondern zugleich auch den *Generalfeldmarschall* des Ersten Weltkrieges, den er bewunderte und zutiefst verehrte[149], vor sich stehen sah.

Bereits in den ersten Wochen der Präsidentschaft Hindenburgs zeichnete sich ihre konfliktgeladene Kooperation auf dem außenpolitischen Gebiet ab, als Stresemann mit der Übersendung aktueller Revirement-Pläne völlig unbeabsichtigt den Unmut des neugewählten Staatsoberhauptes provozierte. Einer vertraulichen englischen Quelle zufolge soll Stresemann nach dem Erhalt der Zeilen des Reichspräsidenten vom 4. Juni 1925, in dem dieser seine außenpolitische Führungsrolle unmißverständlich herauskehrte, derart „bestürzt" gewesen sein, daß schon zu diesem frühen Zeitpunkt in diplomatischen Kreisen schnell das Gerücht von einer baldigen Demission Stresemanns die Runde machte[150].

Schenkt man den Worten des damaligen Finanzministers Heinrich Köhler Glauben, dann kam es im Herbst 1927 während einer Kabinettssitzung im Palais zwischen Stresemann und Hindenburg zu einem heftigen Rencontre, bei dem der Reichspräsident dem Außenminister im wahrsten Sinne des Wortes die Leviten gelesen hatte. Auch wenn das Protokoll dieser Sitzung nicht ermittelt werden konnte, scheint Köhlers Beschreibung authentisch[151]. Danach hatte Stresemann ihn in dessen Gegenwart kurz nach seiner Rückkehr von der Genfer Völkerbundstagung vor versammeltem Kabinett indirekt getadelt. Dabei soll der Außenminister die Vorgehensweise des Reichspräsidenten, der ihn per Depesche vor den polnischen Offerten und Argumenten eindringlich gewarnt hatte, mit abwertenden Worten kommentiert haben. Der aufmerksame Hindenburg soll, so der Augenzeuge Köhler, darauf in einer „Schärfe, die an ihm noch nie gehört worden war", derart impulsiv gekontert haben, daß Stresemann einen „lahmen Rückzieher" machte. Im Verlauf der Besprechung soll er dann die Arbeit des Genfer Forums und die der deutschen Delegation so „hart und schonungslos" angegangen sein, daß der vor Aufregung transpirierende Außenminister nicht in

---

chen Europa. Briand - Chamberlain - Stresemann, München 1948 (2. Aufl.), S. 59. „[...] sein romantisches Gefühl sprach für den greisen Feldherrn [...]". OLDEN, Stresemann, a.a.O., S. 223.

[149] JOHN W. WHEELER-BENNETT, Der hölzerne Titan, a.a.O., S. 268. HENRY BERNHARD, der Privatsekretär des Außenministers, weist darauf hin, daß Stresemanns „ursprüngliche Bewunderung" für Hindenburg später einer „starken Zurückhaltung" gewichen sei. DERS., Aufzeichnungen und Betrachtungen, a.a.O., S. 24.

[150] Schreiben Chargé d'Affaires Joseph Addison an Sir Miles W. Lampson, Berlin, 16.06.1925 [hdschr. Original], PRO London, FO 371/10714, C 8248 [S. 146ff.]. Siehe Schreiben Rpräs. v. Hindenburg an RAM Stresemann, Berlin, 04.06.1925 [Original], PA AA Bonn, R 28034/E 255792f.

[151] Der hohe Authentizitätsgrad der Memoiren Köhlers spiegelt sich besonders in den von ihm präzise beschriebenen historischen Details etc. wider. Siehe KÖHLER, Lebenserinnerungen, a.a.O., S. 329f.

der Lage war, zur Verteidigung auch nur ein adäquates Gegenargument anzubringen[152].

Manchmal empfand Stresemann den Weg zum Reichspräsidenten sogar als Canossagang. So auch Mitte 1927, als er mit ihm über die Zusammensetzung der Deutschen Delegation für Genf sprechen mußte. Doch da Stresemann dieses Problem mit Hindenburg ungerne unter vier Augen erörtern wollte, beorderte er seinen Staatssekretär, die für ihn so „unangenehme" Aufgabe stellvertretend zu erledigen[153]. Ein weiteres indirektes Indiz für sein diffiziles Verhältnis zum Reichspräsidenten findet sich in der Tatsache, daß er, der in seiner Gegenwart immer eine gewisse Beklommenheit verspürte, auffallend wenige Unterredungen mit demselben protokolliert hatte[154]. Vielleicht hat Stresemann hier bewußt Zurückhaltung geübt, um der Nachwelt nicht das Bild eines zu energischen Gegenspielers überliefern zu müssen. Auf jeden Fall hat seine relative Schreibfaulheit irreversible Lücken auf dem historischen Forschungsfeld hinterlassen.

Längst nicht in dem Maße souverän, wie ihm dies oft zugeschrieben wurde, war Stresemann gleichfalls in anderen Bereichen der Tagespolitik. Wenn er etwa Vorträge vor größerem Publikum zu halten hatte, wurde er, der Rhetoriker par excellence, der sonst jederzeit in der Lage war, aus dem Stegreif brillante Reden zu komponieren, schon im Vorfeld solcher Veranstaltungen meist von heftigem Lampenfieber geplagt[155]. Seine stark ausgeprägte Sensibilität ließ ihn dermaßen „dünnhäutig bis zur Selbstquälerei" werden, daß jede noch so infam-respektlose Insultation ihn persönlich tiefer traf als ihm dies äußerlich anzusehen war[156]. Ein weiteres in der Literatur selten beschriebenes Manko Stresemanns resultierte aus seinen lückenhaften englischen und französischen Sprachkenntnissen, die nach Aussage eines Kabinettskollegen derart eklatant gewesen waren, daß stets die Anwesenheit eines qualifizierten Dolmetschers vonnöten war[157].

---

[152] EBD.; Daß Hindenburg gelegentlich seinem Zorn „freien Lauf" ließ und mit der „Faust auf den Tisch" schlug, wenn ihn bestimmte Maßnahmen nicht zusagten, wird vom Pressechef Walter Funk bestätigt. SCHULENBURG, a.a.O., S. 194.

[153] Aufzeichnungen StS v. Schubert, Berlin, 16.07. u. 18.07.1927 [Originale], PA AA Bonn, R 29381/E 178910-912. GRAF JOHANN HEINRICH BERNSTORFF: Erinnerungen und Briefe, Zürich 1936, S. 211.

[154] So HENRY BERNHARD (Hrsg.): Gustav Stresemann Vermächtnis. Der Nachlass in drei Bänden. Von Thoiry bis zum Ausklang, Bd. III, Berlin 1933, S. 448.

[155] THEODOR ESCHENBURG, Also hören Sie mal zu, a.a.O., S. 170 u. 189. So Henry Bernhard gegenüber FELIX HIRSCH. DERS., Stresemann. Ein Lebensbild, a.a.O., S. 276. WILHELM V. STERNBURG, Gustav Stresemann, a.a.O., S. 264.

[156] So HUBERTUS PRINZ ZU LÖWENSTEIN, Stresemann, a.a.O., S. 259. OLDEN, Stresemann, a.a.O., S. 271.

[157] Einer der ständigen Begleiter Stresemanns war der Chefdolmetscher des Auswärtigen Amtes PAUL SCHMIDT, ohne den der Außenminister im Ausland wohl auf verlorenem Posten gewesen

Der während seiner ganzen Amtszeit hindurch verfassungskonform agierende Reichspräsident unterstützte Stresemanns Außenpolitik nur pflichtgemäß. Ein überzeugter Anhänger seines außenpolitischen Kurses war er ganz gewiß nicht[158]. Er akzeptierte immerhin die Grundlinien der auswärtigen Politik Stresemanns und erkannte die Notwendigkeit, dessen außenpolitisches Langzeitkonzept – wenn ihm dies auch manchmal sehr schwer gefallen sein mag – loyal mitzutragen[159]. Doch die Kontinuität der deutschen Außenpolitik wurde nicht durch eine von ihm erstellte „Langzeit-Blankovollmacht" garantiert: Stresemann mußte ihn für jeden außenpolitischen Schritt immer wieder aufs neue gewinnen. Zugleich wurde er von Hindenburg wiederholt ermahnt, in Haag schärfer aufzutreten und sich nicht von den Alliierten einwickeln zu lassen[160].

Da Hindenburg weder eine fundierte außenpolitische Konzeption noch eigene verwertbare Ideen entwickeln und präsentieren konnte, die eine wirkliche, diskutable Alternative zu Stresemanns Kurs gewesen wären, konnte der Reichsaußenminister mit Geschick und Zähigkeit seinen Einfluß auf ihn derart subtil dosieren, daß *er* letztendlich doch der Außenpolitik seinen Stempel aufdrückte[161]. Dies lag nicht zuletzt daran, daß Stresemann die Ministerjahre hindurch erhebliche diplomatische Erfahrungen sammelte und auf diesem Gebiet mehr Souveränität an den Tag legte als der oft unbeholfen wirkende Marschallpräsident, der seinen rednerischen Fähigkeiten beileibe nicht gewachsen war[162]. Hinzu kam, daß Stresemann sich seiner starken Stellung im Kabinett, seiner führenden Rolle in der Außenpolitik zutiefst bewußt war[163]. Zugute kam ihm dabei

---

wäre. DERS., Statist, a.a.O.; „[...] Stresemann beherrschte die französische Sprache nur ganz unvollständig und seine englischen Kenntnisse waren trotz allem guten Willen eben doch mangelhaft [...]". So HEINRICH KÖHLER, Lebenserinnerungen, a.a.O., S. 210. Hierzu auch WALTER GÖRLITZ: Gustav Stresemann, Heidelberg 1947, S. 218.

[158] CHRISTIAN BAECHLER: Gustave Stresemann (1878-1929). De l'impérialisme à la sécurité collective, Strasbourg 1996, S. 594.

[159] „[...] Immerhin spricht es für Hindenburg – ein Eindruck, den mein Vater fast immer nach seinen Gesprächen mit dem Reichspräsidenten hatte –, daß er eigene Empfindungen seiner Stellung und ihren in Weimar fest umrissenen Möglichkeiten unterordnete [...]". WOLFGANG STRESEMANN, Mein Vater, a.a.O., S. 353f.; WALTER H. KAUFMANN: Monarchism in the Weimar Republic, New York 1973, S. 154.

[160] Siehe Aufzeichnung Graf Westarp, [o.O.] 15.01.1930, in: Politik und Wirtschaft in der Krise 1930-1932, Bearb.: ILSE MAURER, UDO WENGST, Bd. 4/1, a.a.O., Dok.-Nr. 7, S. 17.

[161] WALTER HUBATSCH, Hindenburg und der Staat, a.a.O., S. 108. Dito HAUNGS, a.a.O., S. 247f.; ERICH MARCKS: Hindenburg – Feldmarschall und Reichspräsident, Göttingen/Berlin/Frankfurt a. M. 1963, S. 38. Vgl. auch WOLFGANG STRESEMANN, Mein Vater, a.a.O., S. 348. WOLF J. BÜTOW, Hindenburg, a.a.O., S. 249.

[162] HERBERT V. DIRKSEN, Moskau-Tokio-London, a.a.O., S. 57.

[163] „[...] Es gibt keine Ostpolitik und Westpolitik, sondern nur eine Außenpolitik des Deutschen Reiches, die in der Hand des Reichsaußenministers liegt [...]". Schreiben RAM Stresemann an

freilich auch der Umstand, daß Hindenburg seinem komplizierten, kunstvoll konstruierten Vertragssystem intellektuell nur unter größten Mühen folgen konnte[164]; denn trotz dessen vielbeschworener schnellen Auffassungsgabe mußte Stresemann ihm – wie dies im übrigen auch Reichskanzler Brüning später praktizierte – öfters mit vereinfachten Worten langsam und deutlich referieren, damit dieser den elementaren Wesensinhalt seiner Ausführungen überhaupt erfassen konnte[165]. All dies soll aber nicht den Eindruck erwecken, Hindenburgs Argusaugen hätten etwa in bezug auf die Person Stresemanns an Sehschärfe eingebüßt: Im Gegenteil, er war nicht nur ein kritischer Beobachter und Kommentator der Stresemannschen Außenpolitik, sondern auch jemand, der sich nicht davor scheute, sein Veto einzulegen, wenn ihm dies erforderlich schien. Auf der anderen Seite vermochte er aber ein genauso großes Lob zu zollen, wenn Stresemann einen außenpolitischen Teilerfolg verbuchen konnte[166].

Herrschte in den praktischen Fragen der Außenpolitik eine auffallende Dissonanz zwischen beiden, so waren sie in ihren außenpolitischen Zielsetzungen oft konvergenter Meinung. Abgesehen davon, daß sie gemeinsam von einem *Primat der Außenpolitik* ausgingen[167], lehnten sie als überzeugte Revisionisten und Realpolitiker den Krieg als Mittel nationaler Außenpolitik kategorisch ab[168]. Ihr übergeordnetes nationales außenpolitisches Ziel war der Wiederaufstieg Deutschlands zur souveränen gleichberechtigten Großmacht, der nur über die friedliche Revision des Versailler Vertrages und durch eine geschlossene Front der deutschen Parteien nach außen zu erreichen war[169]. Dabei empfanden beide den Abzug der alliierten Truppen aus dem Rheinland[170] als das wichtigste außen-

---

Fritz Matthaei, Baden-Baden, 23.09.1928, PA AA Bonn, NL Stresemann, Bd. 292, 7149 H/H 151175. WALTER H. KAUFMANN, Monarchism in the Weimar Republic, a.a.O., S. 153.
[164] So urteilt auch KARL DIETRICH ERDMANN, Gustav Stresemann, a.a.O., S. 613.
[165] Dazu siehe THEODOR ESCHENBURG, Die Rolle der Persönlichkeit, a.a.O., S. 3. Siehe BÜTOW, Hindenburg, a.a.O., S. 250.
[166] So HENRY BERNHARD (Hrsg.), Gustav Stresemann Vermächtnis, Bd. III, a.a.O., S. 25.
[167] „[...] Für uns Deutsche gilt heute mehr als je und mehr als für andere Nationen die Forderung nach dem Primat der Außenpolitik vor der Innenpolitik [...]". Manuskript „Presse und Außenpolitik" von Gustav Stresemann, [o.D.], aus: PA AA Bonn, R 27984, Bd. 3 [S. 665].
[168] KARL DIETRICH ERDMANN, Gustav Stresemann, a.a.O., S. 612. Alle anderen Mitglieder des Auswärtigen Amtes waren derselben Auffassung und hielten eine „ruhige und stetige Aufwärtsentwicklung" der deutschen Außenpolitik für notwendig. ERNST V. WEIZSÄCKER: Erinnerungen, München/Leipzig/Freiburg i. Br. 1950, Hrsg.: Richard v. Weizsäcker, S. 81.
[169] Redemanuskript RAM Stresemann, Karlsruhe, 23.10.1925 [Durchschlag], PA AA Bonn, NL Stresemann, Bd. 31, 04809 H/H 160352. Weidenfeld bezeichnete dies als „Kernpunkt" seiner Außenpolitik. Siehe WEIDENFELD, Gustav Stresemann, a.a.O., in: GWU, Nr. 24 (1973), S. 743. JACQUES BARIÉTY: Der Versuch einer europäischen Befriedung: Von Locarno bis Thoiry, S. 44.
[170] JOHN W. WHEELER-BENNETT, Der hölzerne Titan, a.a.O., S. 284. WEIDENFELD, a.a.O., S. 747.

politische Nahziel[171]. Im Gegensatz zu Hindenburgs klischeebestimmtem, recht festgefahrenen Weltbild und seiner kompromißscheuen Grundhaltung[172] zeigte Stresemann sich in seinen außenpolitischen Ambitionen allerdings flexibler, anpassungsfähiger, phantasie- und optionsreicher[173]. Da Hindenburg ihm breiten Handlungsspielraum zugestand, konnte er alle potentiellen Wege in der Frage der Ost- oder Westorientierung abtasten und weiterentwickeln. Hieraus entwickelten sich bei ihm konkrete außenpolitische Zielsetzungen, wie etwa die Rückgabe Eupen-Malmedys oder die Vorverlegung der für 1935 vorgesehenen Abstimmung im Saarland[174].

Aber immer wieder – und dieser wichtige Aspekt sollte stets vor Augen gehalten werden – mußte Stresemann sich bei ihm für jeden außenpolitischen Schritt das Plazet einholen.

Dank seiner politischen Weitsicht vermochte er aber in globaleren Dimensionen zu denken, als dies beim Präsidenten, der keine Leidenschaft für Politik aufbrachte[175], jemals der Fall gewesen war. Ob er wirklich eine europäische Annäherung, eine politische Integration der wichtigsten Länder Europas im Visier hatte oder ob er nur pro forma mit revisionistischem Kalkül so taktierte, ist ein kontroverses Kapitel für sich und bleibt letzten Endes Ermessenssache. Sicherlich spielte von beidem etwas eine Rolle. Wie immer man seine außenpolitischen etwas drastischer prononcierten Darlegungen in dem sehr kontroversen „Kronprinzenbrief" auch exemplifizieren mag[176]: Stresemann war wirklich darum bemüht, Deutschland als gleichberechtigten Partner in das europäische Konzert der Großmächte einzuflechten. Doch die europäische Integration hatte seiner Vision nach nur auf dem wirtschaftlichen Sektor eine wirkliche Chance auf

---

[171] Wie v. Rheinbaben berichtet, hatte ihm Stresemann in Hunderten von Gesprächen anvertraut, in die Geschichte als „Befreier des Rheinlands" eingehen zu wollen. Siehe JACQUES BARIETY: Der Versuch einer europäischen Befriedung-Von Locarno bis Thoiry (Diskussion), in: Locarno und die Weltpolitik 1924-1932, Hrsg.: Hellmuth Rößler, Göttingen/Zürich/Frankfurt a. M. 1969, S. 47.
[172] Zum Weltbild Hindenburgs siehe S. 191-194 dieser Arbeit.
[173] WERNER WEIDENFELD, a.a.O., S. 746. THEODOR ESCHENBURG, Also hören Sie mal zu, a.a.O., S. 279.
[174] ANDREAS HILLGRUBER: Die gescheiterte Großmacht. Eine Skizze des Deutschen Reiches 1871-1945, Düsseldorf 1980, S. 69.
[175] WALTER GÖRLITZ: Gustav Stresemann, Heidelberg 1947, S. 246.
[176] Auf eine Darlegung der außenpolitischen Ziele Stresemanns mittels dieses sehr strittigen Dokuments wurde bewußt verzichtet. Besagten Privatbrief (Siehe Henry Bernhard [Hrsg.], Gustav Stresemann Vermächtnis, Bd. II, S. 553ff.) hatte Stresemann seinerzeit dem Kronprinzen Wilhelm übersandt. Seine Veröffentlichung im Jahre 1932 löste eine jahrzehntelange Kontroverse über Stresemanns wahren außenpolitischen Intentionen aus. Näheres hierzu bei CONSTANZE BAUMGART, Stresemann und England, a.a.O., S. 216ff.; MANFRED BERG, a.a.O., S. 85ff.

Realisation; für eine politische Einigung dagegen schien selbst ihm die Zeit noch nicht reif zu sein[177]. Zugleich war für ihn „Europa" aber auch Mittel zum Zweck, um eine nationale Außenpolitik zu forcieren, die auf eine Wiedererlangung der deutschen Souveränität und Stärke durch die Revision des Versailler Vertrages abzielte.

Menschlich standen Stresemann und Hindenburg einander fern. Daß Stresemann nie dem Militär angehört hatte, entpuppte sich für ihn als psychologischer Nachteil und erschwerte ihm zweifelsfrei den mentalen Zugang zum Reichspräsidenten[178]. Noch weiter trennend waren die zu großen Unterschiede in Herkunft und Erziehung[179]. Bemüht, im menschlichen und politischen alltäglichen Miteinander immer die Etikette zu wahren und korrektes Verhalten an den Tag zu legen, mangelte es ihrem Verhältnis aber an „jeglicher Herzlichkeit"[180]. Es war in der Tat reserviert und unterkühlt[181]. Aber trotzdem begegneten sie sich mit Respekt[182] und gingen vielleicht deshalb ernsthafteren Konfrontationen meist aus dem Weg. Dies mag auch daran gelegen haben, daß Stresemann schneller echauffiert war als der nervenstarke „hölzerne Titan"[183]. Hiermit ist zugleich ein anderes Problemfeld angesprochen, das einer störungsfreien, konzentrierten und kontinuierlichen außenpolitischen Arbeit Stresemanns im Wege gestanden hat. Es war dies der schwankende Gesundheitszustand des Außenministers. Erfreute sich Hindenburg bester Gesundheit, so waren es mal Nieren- oder Bronchienbeschwerden, mal rapide auftretende anginabedingte lebensgefährliche Oedeme in Rachen und Kehlkopf, die Stresemann tage-, gelegentlich wochenlang schach-

---

[177] Siehe Stresemanns „Europarede" - seine letzte Rede vor dem Völkerbund. HENRY BERNHARD (Hrsg.), Gustav Stresemann Vermächtnis, Bd. III, S. 570ff.; DERS.: Gustav Stresemann. Tatsachen und Legenden, in: Aus Politik und Zeitgeschichte. Beilage zur Wochenzeitung „Das Parlament" Bd. 41 (07.10.1959), S. 531. WEIDENFELD, Gustav Stresemann, a.a.O., S. 749. CONSTANZE BAUMGART, Stresemann und England, a.a.O., S. 296ff.

[178] Mitteilung Heinrich Brüning an Felix Hirsch in Norwich, Vermont von 29.08.1961, HIRSCH, Stresemann, a.a.O., S. 192.

[179] FRHR. WERNER V. RHEINBABEN, Viermal Deutschland, a.a.O., S. 170.

[180] HENRY BERNHARD, Aufzeichnungen und Betrachtungen, a.a.O., S. 24. Wenn Görlitz' Darstellung den Tatsachen entspricht und Hindenburg den Außenminister zu Anfang seiner Legislaturperiode wirklich als „reinen Erzberger", als „Novemberverräter" tituliert hatte, dann waren dies keine günstigen Voraussetzungen für ein gutes Arbeitsklima. WALTER GÖRLITZ: Gustav Stresemann, Heidelberg 1947, S. 212.

[181] THEODOR ESCHENBURG/ULRICH FRANK-PLANITZ, Bildbiographie, a.a.O., S. 99. MANFRED BERG, Gustav Stresemann, a.a.O., S. 118.

[182] FRHR. WERNER V. RHEINBABEN, Viermal Deutschland, a.a.O., S. 169. HIRSCH, Stresemann, a.a.O., S. 192.

[183] FRHR. WERNER V. RHEINBABEN berichtet: „[...] Ein Wort, eine einzige Bemerkung konnte ihm sogar im Gespräch mit Parteifreunden die Laune verderben, und manchmal ging er entrüstet davon [...]". DERS.: Viermal Deutschland, a.a.O., S. 182.

matt setzten und längere Kuraufenthalte nötig machten[184]. Mit Sicherheit hätte seine Außenpolitik noch effektiver sein können, wäre ihm nicht der tagtägliche politische Kampf wortwörtlich „an die Nieren" gegangen[185]. Während seiner Krankheitsphasen war er zeitweise physisch in solchem Ausmaß geschwächt, daß ihm sogar leichte körperliche Tätigkeiten, wie etwa das Telefonieren, schwer fielen[186]. All dies hat dem ohnehin nervlich angespannten Außenminister ein ausgeglichenes Seelenleben versagt.

Da Hindenburg von Natur aus mehr zur Vorsicht neigte und eine pessimistische Grundeinstellung pflegte[187], riß ihn dessen „oft bis zur Autosuggestion gesteigerte Optimismus"[188] nicht mit, sondern verstärkte nur seine „instinktive" Skepsis gegen Stresemanns europäisch angelegte Außenpolitik[189]. Die von Stresemann bewußt forcierte überstaatliche Ausrichtung seiner Außenpolitik korrespondierte nicht mit Hindenburgs revisionistisch-nationalen Zielvorstellungen[190]. Somit konnte Stresemanns Einfluß nicht allein auf ideeller respektive gefühlsmäßiger Ebene greifen. Hier stand der Reichspräsident zweifelsohne auf Seiten der nationalen Rechten. Um ihn für sich zu gewinnen, mußte er an seinen „gesunden Menschenverstand"[191] und an sein militärisch geprägtes Pflichtbewußtsein appellieren.

Trotz seiner unpolitischen und eher kompromißscheuen Grundhaltung erkannte er jedoch recht schnell, daß er die Politik Stresemanns mittragen mußte[192]. Folgerichtig konstatierte hierzu ein unbekannter amerikanischer zeitgenössischer Hindenburg-Biograph schon 1932:

„[...] He was not entirely converted to the Stresemann views; indeed, he could not bring himself for a long time really to like the pushing, nervous, voluble little man now confi-

---

[184] So Stresemanns Kur-Medikus auf der Bühlerhöhe, der in den Jahren 1928/29 ärztlich betreute. Siehe GERHARD STROOMANN: Aus meinem roten Notizbuch. Ein Leben als Arzt auf Bühlerhöhe, Frankfurt a. M. 1960, S. 133ff.; Stroomann verweist übrigens nachdrücklich darauf hin, daß Stresemann nicht an der Basedowschen Krankheit gelitten, wie auch heute noch fälschlicherweise von diversen Autoren angenommen wird.
[185] So der mit Stresemann befreundete THEODOR ESCHENBURG, Also hören Sie mal zu, a.a.O., S. 207.
[186] So Stresemanns Sohn WOLFGANG STRESEMANN: Zeiten und Klänge. Ein Leben zwischen Musik und Politik, Frankfurt a. M./Berlin 1994, S. 126. Auch FRHR. WERNER V. RHEINBABEN verweist darauf, daß Stresemann nur geringe körperliche Anstrengungen aushalten konnte, die ein gesunder Mensch „spielend" bewältigt hätte. So DERS., Viermal Deutschland, a.a.O., S. 182f.
[187] ANDREAS DORPALEN, Hindenburg, a.a.O., S. 97.
[188] PETER HAUNGS, a.a.O., S. 247.
[189] GERHARD SCHULTZE-PFÄLZER: Hindenburg. Ein Leben für Deutschland, Berlin 1934, S. 203.
[190] OTTO MEISSNER, Erinnerungen eines Staatssekretärs, a.a.O., S. 180.
[191] ANDREAS DORPALEN, a.a.O., S. 96f.
[192] RUDOLF OLDEN, Hindenburg, a.a.O., S. 231.

dently girding himself to shape Germany's destinies. But Hindenburg knew a man of action when he saw one, that, at least, his half century of soldiering had taught him. Behind Stresemann's nervousness volubilitiy, behind his seeming Utopianism, behind his reckless insistence on forcing Germany to a sacrifice which would cut German pride to the quick and infuriate German reactionaries, Hindenburg sensed capacity for success, audacity tempered by shrewdness. He saw, behind the commonplace, unimpressive exterior of Gustav Stresemann, the stuff of which greatness is made; and, leaping from Stresemann's eyes as the inspired Foreign Minister sought to argue away the old soldier's scruples, Hindenburg caught the flash of genius. 'Go ahead'! he told Stresemann. [...]"[193]

So erklärt sich auch zugleich, warum Hindenburg bei allen Kabinettsumbildungen immer größten Wert darauf legte, daß Stresemann weiterhin das Amt als Außenminister bekleidete[194]. Hier gaben freilich nicht emotionale, sondern rationale, pragmatische Überlegungen den Ausschlag.

III. Stresemann und die außenpolitische Dimension der Reichspräsidentenwahl

Bei den Reichspräsidentenwahlen 1925 hielt Stresemann mit seiner Partei bis zuletzt an der Nominierung des Gegenkandidaten Hindenburgs, Dr. Karl Jarres, fest[195]. Mußte sich der Außenminister in einem „gequält klingenden Aufsatz" in der „Zeit" aus Gründen der Parteiräson noch für die Kandidatur Hindenburgs aussprechen, so votierte er bei der Wahl aber für Wilhelm Marx[196]. Wie Stresemann hervorhob, war für ihn mit der anstehenden Wahl 1925 keine Entscheidung über die Grundsätze der deutschen Außenpolitik verbunden[197]; dennoch hegte er im Hinblick auf einen Wahlsieg Hindenburgs „größte Bedenken"[198]. Seiner Ansicht nach könne ein solcher auf die deutsche Außenpolitik und inter-

---

[193] THOMAS RUSSEL YBARRA, Hindenburg, the man with three lives, a.a.O., S. 252.
[194] So HENRY BERNHARD (Hrsg.), Gustav Stresemann Vermächtnis, Bd. III, a.a.O., S. 448. CHRISTIAN BAECHLER, Gustave Stresemann, a.a.O., S. 756.
[195] Tagebuch RAM Stresemann, 19.04.1925, a.a.O., S. 50. HENRY BERNHARD, Aufzeichnungen, a.a.O., S. 24.
[196] So FELIX HIRSCH, a.a.O., S. 191 [Anm. 16, S. 194]. Hirsch erhielt diese Information vom Konsul Bernhard im Verlauf eines Zeitzeugeninterviews im Jahre 1954. Die Sozialdemokraten einigten sich mit den Demokraten und dem Zentrum auf Ex-Reichskanzler Wilhelm Marx als Gegenkandidaten Hindenburgs.
[197] Zeitungskolumne RAM Stresemann in der „Zeit", in: HENRY BERNHARD (Hrsg.), Gustav Stresemann Vermächtnis, Bd. II, a.a.O., S. 51.
[198] Schreiben RAM Stresemann an US-BS Houghton, Baden-Baden, 04.06.1925, in: HENRY BERNHARD, Gustav Stresemann Vermächtnis, Bd. II, a.a.O., S. 258.

nationale Stellung des Reiches nachhaltig einwirken[199]. Die Berufung des Weltkriegsgenerals in das höchste Amt der Republik mußte seiner Einschätzung nach auf französischer und englischer Seite ablehnende Reaktionen hervorrufen, zumal beide alliierten Mächte noch fünf Jahre zuvor seine Auslieferung als Kriegsverbrecher gefordert hatten[200]. Er fürchtete, daß der Wahlsieg des Generalfeldmarschalls seine bis dahin erkämpften außenpolitischen Erfolge – auch was den Kreditfluß aus Amerika anbelangte – mit einem Schlag zunichte machen könnte[201]. In einem Tagebucheintrag von Harry Graf Kessler kommt Stresemanns Verzweiflung über die Kandidatur deutlich zum Vorschein. Mit düsterer Miene, so Kessler, habe ihm Stresemann eröffnet, daß die Wahl Hindenburgs katastrophale außenpolitische Folgen mit sich bringen werde. Trotzdem könne er, wenn er auch bis zum letzten Augenblick dagegen gekämpft habe, nicht als Reichsaußenminister gegen diese Kandidatur offiziell Stellung beziehen, weil dies möglicherweise den entgegengesetzten Effekt haben werde. Momentan könne er sich gar nicht vorstellen, erklärte Stresemann, wie er einen Vortrag über außenpolitische Fragen bei demselben halten solle[202]. Stresemanns anfängliche Sorge und Skepsis[203] wegen der Nominierung Hindenburgs wurde durch die heftigen ausländischen negativen Reaktionen auf seine Kandidatur spürbar verstärkt[204]. In seinen Vorbehalten bestätigt wurde er stündlich durch die eingehenden Depeschen der deutschen Auslandsdiplomaten, worin vor einer möglichen Kandida-

---

[199] Aufzeichnung [o.V; aller Wahrscheinlichkeit nach stammen diese Zeilen aus der Feder Stresemanns; der größte Textteil ist handgeschrieben, ein kleinerer Teil wurde per Schreibmaschine verfaßt, o.O.] April 1925 [o.D], PA AA Bonn, NL Stresemann, Bd. 24, 7313 H/H 158912.

[200] MARTIN LÜDERS: Der Soldat und das Reich. Paul von Hindenburg - Generalfeldmarschall und Reichspräsident, Leoni 1961, S. 196.

[201] MANFRED BERG, Gustav Stresemann und Amerika, a.a.O., S. 250. THEODOR ESCHENBURG, Die improvisierte Demokratie, a.a.O., S. 199. FRIEDRICH STAMPFER, Die ersten vierzehn Jahre, a.a.O., S. 453.

[202] Tagebucheintrag HARRY GRAF KESSLER, Berlin, 19.04.1925, aus: DERS.: Tagebücher 1918-1937, Frankfurt a. M. 1961, S. 435f.; In einer weiteren aus der Feder von Koch-Weser stammenden Tagebuchnotiz bezeichnete der Verfasser Hindenburgs Aufstellung als „furchtbaren Stoß" für das Prestige Stresemanns. Tagebucheintrag RJM Koch-Weser, Berlin, 08.04.1925, BA Koblenz, NL Koch-Weser, N 1012/32 [S. 71]. Hierzu vgl. Tagebucheintrag RAM Stresemann, 15.04.1925 [Original], NL Stresemann, Bd. 272, 7129 H/H 147779.

[203] Tagebucheintrag RAM Stresemann, 28.04.1925, in: HENRY BERNHARD (Hrsg.), Gustav Stresemann Vermächtnis, Bd. II, a.a.O., S. 56; HANS LUTHER: Politiker ohne Partei. Erinnerungen, Stuttgart 1960, S. 331.

[204] Aufzeichnung [N.N.; aller Wahrscheinlichkeit stammen diese Zeilen von RAM Stresemann], [o.O.] April 1925 [o.D], PA AA Bonn, NL Stresemann, Bd. 24, 7313 H/H 158911. Cf. auch KURT KOSZYK, Stresemann, a.a.O., S. 228.

tur des Generalfeldmarschalls explizit gewarnt wurde[205]. Die ausländischen Pressestimmen und die tendenziell meist negativen Fernschreiben, die von den deutschen Auslandsmissionen auf den Schreibtischen des Auswärtigen Amt en masse landeten, veranlaßten sowohl den Reichsaußenminister als auch den Reichskanzler, ernsthaft über die Rücknahme der beiden Wahlkandidaten zu diskutieren. Ihre Überlegungen, Hindenburg und Marx zum freiwilligen Rücktritt zu bewegen, hatten jedoch nur für kurze Zeit Bestand und wurden ebenso schnell wieder verworfen[206]. Schließlich schlug sich Stresemann notgedrungen auf Hindenburgs Seite, wenngleich er für dessen Kandidatur beileibe keine Begeisterung aufbringen konnte[207].

Die Wahl war unmittelbar beendet, als Stresemann eine Vereinheitlichung der Sprachregelung seiner Auslandsdiplomaten gegenüber der dortigen Regierung und Presse in die Wege leitete. Via Draht instruierte er die deutschen Missionschefs, dahingehend zu wirken, daß alle „persönlichen oder sachlichen ungehörigen Angriffe" im Ausland gegen den Reichspräsidenten aufzuhören hatten, da sonst die „Ehre und Würde des deutschen Volkes" verletzt werde. Hindenburg habe sich „klar und unzweideutig" zu den großen außenpolitischen Richtlinien der „jetzigen" Reichsregierung bekannt und werde auch künftig die Rechtsgültigkeit des Versailler Vertragssystems anerkennen. Da er gemeinsam mit dem Reichskanzler den von ihnen außenpolitisch eingeschlagenen Weg weiter fortsetzen werde, seien die Befürchtungen und Behauptungen, die man mit seiner Person in Verbindung gebracht habe, deplaciert[208]. Nur einen Tag später wurde Stresemann in seinem Optimismus bestätigt, als Reichskanzler Luther ihm von seinem ersten Gedankenaustausch mit Hindenburg berichtete. Danach hatte der

---

[205] Tagebucheintrag RAM Stresemann, Berlin, 15.04.1925, PA AA Bonn, NL Stresemann, Bd. 272, 7129 H/H 147779.
[206] Aufzeichnung StS Kempner, Berlin, 14.04.1925, in: AdR, Kab. Luther I u. II, Bd. 1, Dok.-Nr. 69, S. 243f.; Einen Tag später notierte Stresemann in seinem Tagebuch, daß ein Ausweg aus der Misere damit gefunden werden könnte, wenn Marx und Hindenburg gleichzeitig von der Kandidatur zurücktreten und für einen bürgerlichen Kandidaten Platz machen würden. Tagebucheintrag RAM Stresemann, Berlin, 15.04.1925, PA AA Bonn, NL Stresemann, Bd. 272, 7129 H/H 147779. Siehe auch HENRY ASHBY TURNER, Stresemann - Republikaner aus Vernunft, a.a.O., S. 192f.
[207] EBD., S. 193.
[208] Telegramm RAM Stresemann, Berlin, 27.04.1925, PA AA Bonn, R 28034 [Bd. 2, S. 141ff.]. Am selben Tag notiert Stresemann in sein Tagebuch: „[...] Nun wird alles darauf ankommen, wie Hindenburg sich selbst in seinem neuen Amte stellt, und ob die Folgen eintreten, die das Ausland teils befürchtet, teils erhofft". Tagebucheintrag RAM Stresemann, Berlin, 27.04.1925, PA AA Bonn, NL Stresemann, Bd. 272, 7129 H/H 147803.

Die Ratgeber und die Strukturen   157

Reichspräsident ihm versichert, während seiner Amtsperiode strikt konstitutionell regieren zu wollen[209].

IV. Erste Unterredungen und Abstimmung in außenpolitischen Grundfragen

Wie aus Stresemanns Tagebuchnotizen zu entnehmen ist, zeigte er sich nach dem ersten persönlichen Treffen mit dem Reichspräsidenten am 19. Mai 1925, bei dem primär außenpolitische Fragen zur Disposition standen, von dessen detaillierten außenpolitischen Kenntnissen beeindruckt. Vor allem seine unerwartet grundsätzliche objektive Einstellung zur Außenpolitik imponierte dem Reichsaußenminister. Daß das innerhalb rechtsnationaler Kreise sonst so beliebte ominöse Schlagwort vom „Verzicht auf Elsaß-Lothringen" nicht über Hindenburgs Lippen gegangen war, registrierte Stresemanns mit freudiger Überraschung.
In dieser Besprechung nutzte der Reichspräsident gleich die Gelegenheit, all jene außenpolitischen Themenkomplexe anzuschneiden, die seines Erachtens von Wichtigkeit waren. Dabei kam er zwangsläufig auf den Sicherheitspakt und den Völkerbund, dem er mit größter Reserve gegenüberstand, und auf die Kriegsschuldfrage zu sprechen[210]. Dementsprechend fielen Stresemanns Zeilen an den amerikanischen Botschafter Alanson B. Houghton aus, mit denen er den Wahlausgang aus innenpolitischer Perspektive als vorteilhaft hinstellte. Zugleich notierte er, daß diese Abstimmung auch ein „Plus für die außenpolitische Entwicklung" sein könne. Darüber hinaus wirke Hindenburg körperlich und geistig frischer denn je und sei keinem Einfluß irgendwelcher rechtsradikalen oder reaktionären Cliquen ausgesetzt. Er mache aus seiner Einstellung keinen Hehl, daß er als Reichspräsident konstitutionell zu denken und zu handeln beabsichtige[211].
Beim Studium des Tagebuches des Außenministers kommt dennoch dessen ambivalentes Urteil über den Wahlsieger recht deutlich zum Vorschein. Bereits

---

[209] Tagebucheintrag RAM Stresemann, 28.04.1925, a.a.O., S. 56. Vermerk StS Pünder, Berlin, 28.04.1925, BA Koblenz, NL Pünder, N 1005/95 [S. 41]. StS Pünder resümiert dort, daß die erste Begegnung zwischen Reichskanzler Luther und Hindenburg nicht nur die „wichtigsten schwebenden Fragen" tangiert, sondern darüber hinaus „volle Übereinstimmung" ergeben habe.
[210] Tagebucheintrag RAM Stresemann, 19.05.1925 u. 11.08.1925, in: Henry Bernhard (Hrsg.), Gustav Stresemann Vermächtnis, Bd. II, a.a.O., S. 60 u. 166. Siehe auch WOLFGANG STRESEMANN, Mein Vater, a.a.O., S. 349. CHRISTIAN BAECHLER, Gustave Stresemann, a.a.O., S. 595; LÖWENSTEIN, Stresemann, a.a.O., S. 239f.
[211] Schreiben RAM Stresemann an US-BS Alanson B. Houghton, Baden-Baden, 04.06.1925, in: Henry Bernhard (Hrsg.), Gustav Stresemann Vermächtnis, Bd. II, a.a.O., S. 258f.

nach seiner zweiten Unterredung mit dem Reichspräsidenten korrigierte Stresemann seinen ersten guten Eindruck; nunmehr erschien es ihm außerordentlich schwierig, mit Hindenburg über das verwickelte Gebiet der Außenpolitik zu diskutieren, „da er in bestimmten, natürlich einseitigen Anschauungen befangen ist"[212]. Daher rührten, so Stresemanns Vermutung, dessen große Schwierigkeiten, in die „außenpolitische Denkweise" hineinzufinden[213]. Allerdings lobte er zwei Monate später wiederum Hindenburgs Bemühungen, „sich unter allen Umständen ein objektives Bild über die seine Stellung berührenden Vorgänge" zu machen[214]. Im Beisein Theodor Eschenburgs bezeugte Stresemann aber auch, daß der Reichspräsident ihm anfangs kritische, teilweise „naive" Fragen gestellt hatte, wobei jede von ihm gegebene Antwort vom Präsidenten genaustens verfolgt und zum Teil notiert wurde[215]. An anderer Stelle mokierte Stresemann sich über Hindenburgs passives Verhalten in der Ministerbesprechung vom 5. Juni 1925, wo dieser einen „ziemlich müden und gequälten Eindruck" hinterlassen haben soll, was durch das Kabinettsprotokoll tatsächlich Bestätigung findet[216].

Worüber sich der Außenminister zusätzlich beklagte, war, daß alle Zeitungsmeldungen, die in ihrer Tendenz contra Auswärtiges Amt waren, dem Reichspräsidenten scheinbar gezielt in die Hände gespielt wurden[217]. Wohl deswegen wurde das länger als vier Jahre währende politische Miteinander beider Akteure mehr von Hindenburgs voreingenommener und skeptischer Grundhaltung zu Stresemann bestimmt. Sosehr der Generalfeldmarschall auf theoretischer Ebene in außenpolitischen Dingen ungewandt wirkte, in der außenpolitischen Praxis sollte Stresemann leibhaftig erfahren und erleben, daß der Reichspräsident in Wahrheit entschieden aktiver und unabhängiger war, als er es aufgrund seiner

---

[212] Tagebucheintrag RAM Stresemann, 09.06.1925, in: Henry Bernhard (Hrsg.), Gustav Stresemann Vermächtnis, Bd. II, a.a.O., S. 60f.; WOLFGANG STRESEMANN, der Sohn des Außenministers, berichtet in seinen Memoiren, daß sein Vater hierüber „ziemlich verzweifelt" gewesen war und deshalb keinen Hehl daraus gemacht hatte, wie sehr er sich nach seinen Unterhaltungen mit Ebert zurücksehne. DERS.: Mein Vater, a.a.O., S. 349f.

[213] Tagebucheintrag RAM Stresemann, 11.06.1925, in: Henry Bernhard (Hrsg.), Gustav Stresemann Vermächtnis, Bd. II, a.a.O., S. 103.

[214] Tagebucheintrag RAM Stresemann, 11.08.1925, in: Henry Bernhard (Hrsg.), Gustav Stresemann Vermächtnis, Bd. II, a.a.O., S. 166.

[215] THEODOR ESCHENBURG, Also hören Sie mal zu, a.a.O., S. 207.

[216] Aufzeichnung RAM Stresemann, Berlin, 06.06.1925, PA AA Bonn, Bd. 272, 7129 H/H 147837. Aus dem zugehörigen Kabinettsprotokoll geht hervor, daß Hindenburg, abgesehen von einer kurzen Eröffnungsansprache, kein einziges Mal in die Debatte eingegriffen hatte. Siehe Ministerrat beim Reichspräsidenten, 09.06.1925, in: AdR, Kab. Luther I u. II, Bd. 1, Dok.-Nr. 96, S. 310ff.

[217] Tagebucheintrag RAM Stresemann, 09.06.1925, in: Henry Bernhard (Hrsg.), Gustav Stresemann Vermächtnis, Bd. II, a.a.O., S.61; WOLFGANG STRESEMANN, Mein Vater, a.a.O., S. 349.

Die Ratgeber und die Strukturen 159

ersten Erfahrungen mit ihm erwarten konnte. Dabei sollte immer beachtet werden, daß auch Stresemanns Ansichten hierzu den Schwankungen des politischen Alltags unterworfen waren. Mal würdigte er sein Engagement, seine souveräne Urteilskraft, ein anderes Mal beklagte er sich über dessen unzureichende Unterstützung im außenpolitischen Kampf gegen die Rechte[218], wobei freilich seine anerkennenden Äußerungen ein deutliches Übergewicht gewannen[219].

E. Das *Büro des Reichspräsidenten* als Machtzentrale und Schaltstelle

I. Der Staatssekretär des *Büros* – Amtsfunktion und Aufgabenbereich

Nahezu ein Vierteljahrhundert stand das *Büro des Reichspräsidenten* unter der Leitung Otto Meissners[220], der dank seiner langjährigen Erfahrung für Hindenburg in jeder Hinsicht unentbehrlich war. Aufgrund des tagtäglichen berufsbedingt engen Kontakts und der privaten räumlichen Nähe zum Reichspräsidenten – Meissners Privatwohnung war im rechten Flügel des Palais gelegen, wohingegen sein Vorgesetzter im ersten Stock, links von den Empfangsräumen residierte[221] –, war er über seine Eigenarten und Gewohnheiten wie kein Zweiter im Bilde.

Dabei sah es anfangs nicht danach aus, als würde Meissner, der Ebert fünf Jahre lang als Staatssekretär begleitet hatte, von Hindenburg übernommen werden[222]. Denn zu diesem Zeitpunkt favorisierte der Reichspräsident völlig andere

---

[218] FRHR. WERNER V. RHEINBABEN, Viermal Deutschland, a.a.O., S. 170.
[219] Gegen die Aufstellung eines Nachfolgers für Hindenburg verwahrte Stresemann sich mit allem Nachdruck. Seiner Einschätzung nach war die Suche nach einen Kandidaten, der mit Hindenburgs „grosser nationaler und internationaler Popularität" und dessen „würdiger und repräsentativer Erscheinung" auch nur annähernd schritthalten konnte, aussichtslos. Schreiben RAM Stresemann an RM [N.N., o.O., o.D.], [Abschrift], PA AA Bonn, NL Stresemann, Bd. 48, 7337 H/H 163405-409.
[220] Am 13.04.1920 bestellte Friedrich Ebert den damaligen Geheimen Regierungsrat Otto Meissner zum Leiter des *Büros* und ernannte ihn zum Ministerialdirektor. Abschrift der Urkunde gez. von Rpräs. Ebert und RK Müller, Berlin, 13.04.1920 [Mikrofilm-Nr. 839], BA Koblenz, R 43 I/856 [S. 42].
[221] Cf. Ein Tag aus dem Leben des Reichspräsidenten [N.N.], Berlin 1925, S. 9ff.
[222] Gegenüber Graf v. Brünneck gestand Hindenburg, daß er anfangs durchaus bereit gewesen war, Meissner zu ersetzen. Schreiben Graf v. Brünneck an Heinrich Brüning [Durchschlag], GStA Berlin-Dahlem, NL Brünneck, XX Rep. 300 Brünneck II, S. 24.

Kandidaten: Namen wie Otto Schmidt, Ulrich von Hassell, Oberverwaltungsgerichtsrat von Dryander oder Oberstleutnant a.D. von Feldmann standen indes zur Diskussion[223], wobei letzterer zweifelsfrei über die besten Karten verfügte, weil er nur Wochen zuvor noch im Wahlbüro des Generalfeldmarschalls in Hannover gearbeitet hatte[224]. Unterstützung fand Meissner nur von der Reichsregierung, die ihn nicht zuletzt wegen seiner fachlichen Qualifikation und scheinbar demokratischen Loyalität bevorzugte. Die Notwendigkeit zur gegenseitigen Kompromißbereitschaft ergab sich aus dem Umstand, daß die Bestellung eines neuen Staatssekretärs nur unter Mitwirkung des Reichskabinetts möglich war. Bereits am 27. April 1925, einen Tag nach der Präsidentenwahl, führte Reichskanzler Luther mit Hindenburg auf dessen Gut Groß Schwülper in Hannover ein vertrauliches Gespräch, bei dem unter anderem die offene Staatssekretärfrage tangiert wurde. Daß der Feldmarschall sich hierbei für Meissner aussprach und von seinem ursprünglichen Vorhaben absah, seinen langjährigen politischen Berater, Oberstleutnant a.D. von Feldmann, die Leitung des *Büros* zu übertragen, war Luthers Verdienst. Doch nicht allein Luthers einfühlsames und geschicktes Plädoyer zugunsten Meissners überzeugte den Reichspräsidenten[225]. Es war speziell die politische und administrative Erfahrung des Staatssekretärs, die ihn veranlaßte, denselben nach Hannover vorzuladen[226]. Eigentlich blieb ihm

---

[223] OTTO SCHMIDT-HANNOVER, Umdenken oder Anarchie, a.a.O., S. 189f., 195 u. 199f.; Schmidts Worten zufolge soll Hindenburg über Meissner gesagt haben, dieser werde „natürlich gehen müssen".

[224] Allerdings wurde keiner der Wahlhelfer Hindenburgs in die Wilhelmstraße berufen. HEUSS, Erinnerungen, a.a.O., S. 330.

[225] Peter Haungs Hypothese, wonach Reichskanzler Luther derjenige war, der Hindenburg „wohl" zur Übernahme Meissners bewegen konnte, wird von Otto Schmidt-Hannover, der Kenntnis über den Ablauf der Zusammenkunft Hindenburg-Luther von hannoverschen Freunden erhielt, vollauf bestätigt. Während des Gesprächs soll Luther folgenden militärischen Vergleich gebracht haben: „[...] Ein Regimentskommandeur wechselt doch, wenn er ein Regiment übernimmt, nicht gleich den Adjutanten. Eine eventuelle Ablösung Meissners könne ja später geschehen [...]". Schreiben Heinrich Brüning an Graf v. Brünneck, Cambridge, 12.10.1948 [Original], GStA Berlin-Dahlem, NL Brünneck, XX Rep. 300 Brünneck II, S. 21 (-4-). OTTO SCHMIDT-HANNOVER, Umdenken oder Anarchie, a.a.O., S. 200f.; Dazu PETER HAUNGS: Reichspräsident und parlamentarische Kabinettsregierung, a.a.O., S. 270. Siehe auch DORPALEN, a.a.O., S. 92f.; Luther, Politiker ohne Partei, a.a.O., S. 337. NL Westarp, Dommes an Westarp, 11.05. u. 12.05.1925, BA Koblenz, R 43 I/579.

[226] Zum gleichen Zeitpunkt, an dem Hindenburg Oberstleutnant Feldmann nach Berlin beordert hatte, zitierte er Meissner nach Hannover, um ihn dazu zu bewegen, vorübergehend solange im Amt zu bleiben, bis eine definitive Regelung betreffend der Besetzung des Staatssekretärpostens gefunden sei. Aufzeichnung StS Pünder, Berlin, 27.04.1925 [Mikrofilm Nr. 138], BA Koblenz, R 43 I/579 [S. 6]. Aufzeichnung StS Pünder [o.O., o.D.], [Kopie], BA Koblenz, NL Pünder, N

aber nach seinem Amtsantritt nichts anderes übrig, als sich einer Person anzuvertrauen, die seine politische Unerfahrenheit nicht mißbrauchen würde. Früher oder später mußte er auf Meissner zurückkommen. Denn nur er brachte alle Voraussetzungen für die Bewältigung der diffizilen anstehenden Aufgaben mit; nur er garantierte einen zügigen reibungslosen administrativen Übergang.

Zu Anfang mag ihr Umgang miteinander eher distanziert gewesen sein; doch schon bald gewann das gegenseitige Vertrauen derart an Gewicht, daß sich Hindenburg sogar für seinen Untergebenen gegen rechtsnationale Angriffe verwahrte[227]. Trotzdem überkam ihn im Sommer 1926 ein Sinneswandel, als er seinen Staatssekretär für den Botschafterposten in Wien zur Disposition stellte[228]. Welchen definitiven Grund er dafür gehabt haben mag, bleibt nebulös und öffnete schon damals dem Feld der Spekulationen Tür und Tor[229].

An der Spitze des *Büros* stehend, oblag Staatssekretär Otto Meissner die gesamte Leitung der Dienststelle. Er fungierte als Mittelsmann, besser gesagt als eine Art *Schaltzentrale* zwischen seinem *Chef* und der Reichskanzlei respektive der Reichsregierung sowie dem Auswärtigen Amt. Ihm fiel die Aufgabe zu, den regelmäßigen Informationsfluß zwischen den zuständigen Instanzen – hierzu zählen in erster Linie der Reichstag und die Reichsregierung – aufrechtzuhalten[230]. Unabkömmlich war er für den Reichspräsidenten immer dann, wenn entscheidende Kabinettssitzungen oder Ministerbesprechungen angesetzt waren, denen er aus zeitlichen oder gesundheitlichen Gründen nicht beiwohnen konnte. In dem Fall konnte er auf Meissner zurückgreifen, der durch seine regelmäßige Anwesenheit bei den Ministersitzungen gewissermaßen zu

---

1005/95 [S. 21]. Dazu auch REIBNITZ, Gestalten rings um Hindenburg, a.a.O., S. 18. FRIEDRICH STAMPFER, Die ersten vierzehn Jahre, a.a.O., S. 455.

[227] So bat Hindenburg in einer Unterredung mit v. Gayl darum, dafür Sorge zu tragen, daß die Angriffe seiner Freunde gegen Meissner endlich ein Ende finden mögen. Dabei erklärte der Reichspräsident noch: „[...] Ich dachte ursprünglich daran, ihn nach einiger Zeit abzulösen. Ich habe aber stets den Kompaniechef für einen Esel gehalten, der bei der Übernahme der Kompanie sofort den Feldwebel wechselt. Jetzt aber, nachdem der Mann von Rechts dauernd mit Schmutz beworfen wird, ist es meine Pflicht, ihm Treue zu halten [...]". Schreibmaschinenmanuskript (1942) zum Buch „Mit Schwert und Feder", a.a.O., BA Koblenz, NL v. Gayl, N 1031/2 [S. 105f.]. Hierzu auch LUTHER, Politiker, a.a.O., S. 337.

[228] Aufzeichnung RAM Stresemann, Berlin, 11.06.1926, PA AA Bonn, R 28034/E 255810. Abdruck hierzu siehe HUBATSCH, Hindenburg und der Staat, Dok.-Nr. 43, S. 239f.; Tagebucheintrag RJM Koch-Weser, Berlin, 14.08.1926, BA Koblenz, NL Koch-Weser, N 1012/34 [S. 303].

[229] „[...] In diesem Zusammenhang sei erwähnt, daß der Abgeordnete Scheidemann jüngst in einer Versammlung das Gerücht verzeichnete, Staatssekretär Meissner werde als deutscher Gesandter nach Wien gehen und als seinen Nachfolger wolle man den ostpreußischen Frhr. v. Gayl präsentieren. [...]". *Vossische Zeitung*, Nr. 288, 21.06.1926.

[230] Siehe hierzu PAUL LÖBE: Der Weg war lang. Lebenserinnerungen von Paul Löbe, Berlin 1954 (3. Aufl.), S. 118.

einem „externen" Kabinettsmitglied – wenn auch ohne Stimmrecht – arrivierte[231]. So wurde Hindenburg von seinem Staatssekretär umfassend und regelmäßig mit allen wichtigen Kabinettsprotokollen oder Ministerratssitzungsberichten versorgt. Der omnipräsente Meissner wohnte des öfteren auch Anhörungen sowie vertraulichen Gesprächen bei, die der Marschallpräsident mit diversen Spitzenbeamten und Politikern führte, und war wohl auch deswegen immer auf dem neuesten Stand der Dinge[232]. Daneben fädelte er die zügige Abwicklung der sich anstapelnden Dienstpost ein und hielt ständigen Kontakt zu den ausländischen Missionschefs. Das Protokoll der Ministerratssitzungen, die im Reichspräsidentenpalais stattfanden, oblag seinem *Büro*[233]. Hinzu kam noch die Aufgabe, den unmittelbaren Verkehr – außerhalb der Kabinettssitzungen – mit den Reichsministern zu regulieren[234]. Stets über alle Vorgänge im Reichspräsidentenpalais informiert, waren ihm alle internen Abläufe und Strukturen sowie Besonderheiten des *Büros* bestens vertraut[235]. Kein anderer konnte dem Reichspräsidenten die „verschlungenen Fäden" der Wilhelmstraße so transparent machen wie Meissner[236], dessen langjährige Erfahrung sich auf diesem Sektor für Hindenburg auszahlte.

---

[231] WALTER MÜHLHAUSEN, Das Büro des Reichspräsidenten in der politischen Auseinandersetzung, a.a.O., S. 83f.
[232] Tagebucheintrag RJM Koch-Weser, Berlin, 07.12.1925, BA Koblenz, NL Koch-Weser, N 1012/32 [S. 167].
[233] So übersandte StS Meissner an die Reichskanzlei je eine Durchschrift von den beim Reichspräsidenten abgehaltenen Kabinettsratssitzungen am 19. u. 22.10.1925. Siehe Begleitschreiben StS Meissner [B.d.Rpräs.], Berlin, 20. u. 22.10.1925 [Mikro-Film-Nr. 310] u. Niederschrift des Kabinettsrats vom 19.10.1925 u. 22.10.1925, BA Koblenz, R 43 I/1405/D 766323-340 u. D 766344-347).
[234] Manuskript bezgl. „Geschäftsverteilung" [N.N., o.O., o.D.], BA Berlin-Lichterfelde, R 601/0/0/8 [S. 125].
[235] Aufsatz mit dem Titel „Haus und Büro des Reichspräsidenten" ist als Anlage der folgenden Zuschrift beigefügt: Schreiben StS Meissner [B.d.Rpräs.] an Beamten-Nachrichten-Dienst für Beamte der NSDAP, z. Hd. Herrn Dan, Berlin, 11.06.1934 [Durchschlag], BA Berlin-Lichterfelde, R 601/0/0/8 [S. 187f.].
[236] KURT V. REIBNITZ, Gestalten, a.a.O., S. 18. WHEELER-BENNETT, Der hölzerne Titan, a.a.O., S. 280.

II. Aufbau, Organisation und Arbeitsweise des *Büros* unter besonderer Berücksichtigung auswärtiger Angelegenheiten

Das zum größten Teil im südlichen Flügel des Palais in der Wilhelmstraße 73 untergebrachte *Büro des Reichspräsidenten* hatte gemäß der Verordnung vom 29. Juli 1922 die Funktion, alle präsidialen Aufgaben zu koordinieren, den amtlichen Verkehr mit den Reichs- und Staatsbehörden zu gewährleisten und als Informationszentrale den Reichspräsidenten permanent über die wichtigsten innen- und außenpolitischen Vorgänge zu unterrichten. Im Vergleich zum funktionalen, organisatorischen Aufbau und zur Personalstruktur des *Büros* unter Eberts Regie[237] kristallisierte sich dort im Verlauf der Präsidentschaft Hindenburgs aus einem recht bescheidenen Beraterstab[238] eine sehr differenzierte Dienststellenstruktur heraus. Dies war in Anbetracht der zunehmenden Amtsgeschäfte eine zwingende Notwendigkeit. Dabei profitierte Hindenburg vom „Know-how" eines eingespielten Teams, das schon zu Eberts Zeiten mit Erfolg kooperiert hatte[239].

Der neben Meissner vielleicht wichtigste Ansprechpartner des Reichspräsidenten für außenpolitische Angelegenheiten war der Büroleiter des Auswärtigen Referats. Vom Auswärtigen Amt berufen und ins *Büro des Reichspräsidenten* versetzt, sollte dieser den engen Kontakt und stetigen Informationsfluß zwischen dem Reichspräsidenten und der Wilhelmstraße 76 mittels täglicher Vorträge sichern[240]. Zu diesen Zwecke bediente man sich ausschließlich erfahrener Diplomaten. Hindenburg hatte in seinen beiden Amtsperioden nur mit zweien zu tun: Oberregierungsrat Otto von Erdmannsdorff und Ministerialrat Oswald

---

[237] Näheres zur Vorgeschichte des *Büros* und seiner strukturellen Organisation unter Ebert bei WALTER MÜHLHAUSEN, Das Büro des Reichspräsidenten in der politischen Auseinandersetzung, a.a.O., S.61ff.

[238] So BERNHARD ZIMMERMANN, Das Bundespräsidialamt, a.a.O., S. 19. Am Ende dieser Entwicklung standen neben dem Staatssekretär als wichtigste Beamte noch drei Ministerialräte und drei Ministerialamtsmänner zur Verfügung.

[239] Doehle schrieb in seinen unveröffentlichten Memoiren dazu: „[...] Für uns Beamte des B.d.Rpräs. war damit [bzgl. Wahl H.'s zum Rpräs.] die Frage gestellt, ob das Büro in seiner bisherigen Form bestehen bleiben oder ganz oder teilweise neu besetzt werden würde. Hindenburg befahl unseren Chef, Meissner, zur Meldung nach Hannover, wo ihm Meissner einen langen Vortrag über die verfassungsrechtliche Stellung und die Aufgaben und Rechte des Reichspräsidenten hielt. Anschließend lud er ihn zum Frühstück ein. Er entschloß sich, zunächst wie er sagte, keine Änderung in der Zusammensetzung des Büros vorzunehmen. [...] Er begrüßte uns mit den Worten: ‚Nun ist die Hauptsache, dass wir zu einander Vertrauen haben, dann werden wir mit Gottes Hilfe schon weiterkommen'. Mein Arbeitsgebiet blieb unter Hindenburg dasselbe [...]". HEINRICH DOEHLE: Lebenserinnerungen, Teil II, Weimarer Republik, Badenweiler 1963 [Privatdruck], BA Koblenz, Bibliothek Sig.: B I Doehle 1, S. 85.

[240] Cf. Ein Tag aus dem Leben, a.a.O., S. 15.

Baron von Hoyningen-Huene. Beiden oblag die Bearbeitung der Auslandspresse und Vorbereitung der diplomatischen Empfänge. Zudem mußten sie sich jederzeit für Sonderaufgaben zur Verfügung stellen. Mindestens einmal am Tag suchten sie den Reichspräsidenten zum Rapport auf, bei dem sie inhaltlich die aktuellen, wichtigsten außenpolitischen Entwicklungen und Presseveröffentlichungen vortrugen und kommentierten. Hinzu kam die wichtige Aufgabe, mit dem Auswärtigen Amt in ständiger enger Tuchfühlung zu bleiben[241].

Meissners offizieller Stellvertreter, Ministerialrat Doehle, der schon seit Ende 1919 im Innenreferat den Ton angab[242], hatte ein breites Arbeitsfeld zu bewältigen, das von Beleidigungsklagen über die Reaktionen der Inlandspresse bis hin zu den aktuellen Begnadigungsangelegenheiten reichte[243]. Das Kassen-, Haushalts- und Personalreferat, das für längere Zeit Ministerialrat Geilenberg zum Vorgesetzten hatte, befaßte sich mit fiskalischen, personellen und verwaltungsmäßigen Sachfragen sowie mit der Bearbeitung von Glückwunschschreiben und Ehrenpatenschaften an das Staatsoberhaupt[244]. War Ministerialrat von Riedel auf die zahllosen Gesuche alter Soldaten an ihren einstigen Heerführer spezialisiert, so übernahm Ministerialdirektor Koßmann die Leitung der allgemeinen Dienstaufsicht und Erledigung der Dienstgeschäfte. Von der Durchsicht und Verteilung der eingegangenen Post und Telegramme an die verantwortlichen Referate, der Erledigung der Registratur- sowie Kanzleiangelegenheiten bis hin zur Vorbereitung der von dem Reichspräsidenten zu vollziehenden Urkunden oblag ihm und seinem Vertreter, dem ersten Ministerialamtmann und Rechnungsrat Berger, inklusive seines Mitarbeiterstabes, die korrekte und zügige Abwicklung aller bürotechnischen Vorgänge[245]. Was die Posteingänge anbelangte, hatte dieses Referat

---

[241] Aufsatz „Haus und Büro des Reichspräsidenten" ist als Anlage folgender Zuschrift beigefügt: Schreiben StS Meissner [B.d.Rpräs.] an Beamten-Nachrichten-Dienst für Beamte der NSDAP, z. Hd. Herrn Dan, Berlin, 11.06.1934 [S. 184-190], BA Berlin-Lichterfelde, R 601/0/0/8 [S. 188]. Manuskript bezgl. „Geschäftsverteilung" [N.N., o.O., o.D.], BA Berlin-Lichterfelde, R 601/0/0/8 [S. 126].

[242] 1923 avancierte Doehle zum Ministerrat; 1932 wurde er Ministerialdirigent und von 1919 bis 1945 arbeitete er im Büro des Reichspräsidenten bzw. in der Präsidialkanzlei. Vgl. HEINRICH DOEHLE, Lebenserinnerungen [Privatdruck], a.a.O., 85 u. 113.

[243] Manuskript bezgl. „Geschäftsverteilung" [N.N., o.O., o.D.], BA Berlin-Lichterfelde, R 601/0/0/8 [S. 125]. Hierzu siehe DOEHLE, Lebenserinnerungen, a.a.O., S. 64.

[244] Manuskript bezgl. „Geschäftsverteilung" [N.N., o.O., o.D.], BA Berlin-Lichterfelde, R 601/0/0/8 [S. 126].

[245] Ergänzend zu den angeführten Aufgaben kamen noch folgende Funktionen hinzu: die Aufsicht über die Fernsprechzentrale und über das Vorzimmer; die Regelung des Sicherheitsdienstes; die Bearbeitung der eingehenden Gesuche um Anstellung, Titelverleihung; die Führung der Listen für die von dem Reichspräsidenten verschickten Einladungen und die Führung der Geheimakten. Der angesprochene ständige Vertreter des Bürodirektors, der im Wechseldienst mit der Wahrnehmung der laufenden Dienstgeschäfte seines unmittelbaren Vorgesetzten beauftragt

tatsächlich alle Hände voll zu tun; denn seit Hindenburgs Amtseintritt wuchs der Postberg kontinuierlich. Sah sich Reichspräsident Friedrich Ebert mit seinen Mitarbeitern im Palais während seiner Amtszeit pro Jahr schätzungsweise 30.000 Briefen, Petitionen, Gnadengesuchen und Anträgen etc. gegenüber, so mußte sich das *Büro des Reichspräsidenten* 1926 schon mit 102.000 und 1932 sogar mit 213.000 Zuschriften auseinandersetzen[246]. Verständlich wird deshalb, daß – bedingt durch die permanente Zunahme der Postsendungen – nur ein Bruchteil aller Briefe wirklich auf Hindenburgs Schreibtisch landete, da schon im Vorfeld fleißig selektiert und kassiert wurde. Dies war vonnöten, denn gerade mit Beginn der Präsidialkabinette erreichten den Reichspräsidenten Gesuche en masse, in denen seine Entscheidung als „Hüter der Verfassung" immer häufiger eingeholt wurde[247].

Ein Großteil der Papierflut wanderte als sogenannte „Weglegesache" – dies auf Anweisung Hindenburgs – meist sofort zu den Akten, das heißt ins Reichsarchiv, wo sie „streng sekretiert" wurde. „Weglegesachen" waren in der Regel Schriftstücke ohne nennenswerte politische Bedeutung oder fiskalischen und administrativen Betreff, also vornehmlich jene zahlreich eingehenden persönlichen Anfragen nach Patenschaften, Spenden oder reine Glückwunschschreiben, die den Reichspräsidenten von allen Kreisen und Schichten der Bevölkerung aus dem In- und Ausland tagtäglich erreichten[248]. Ad acta gelegt wurden weitgehend auch Zuschriften von vereinzelten Bürgern, die ihren persönlichen Kummer im Rahmen einer Audienz loswerden wollten[249].

Für die reibungslose Registrierung und Vorselektion der Wäschekörbe von Briefen, die tagtäglich eintrafen[250], sorgte vornehmlich der zweite Ministerialamtsmann, Rechnungsrat Schulz, der die Posteingänge nach Gruppen und anschließend nach Betreff einteilte, bevor er sie dann dem jeweiligen Referat zulei-

---

war, bearbeitete und verwaltete zudem noch die Personalakten. Manuskript bezgl. „Geschäftsverteilung" [N.N., o.O., o.D.], BA Berlin-Lichterfelde, R 601/0/0/8 [S. 127f.].

[246] Diese Zahlen beziehen sich auf den gesamten Eingang von Schriftstücken, die an den Reichspräsidenten direkt gerichtet waren. Schreiben StS Meissner [B.d.Rpräs.] an Gerichtsreferendar Hans Bergmann, Berlin, 23.02.1933 [Durchschlag], BA Berlin-Lichterfelde, R 601/0/0/8 [S. 169f.]. HEINRICH DOEHLE, Lebenserinnerungen, a.a.O., S. 86. Cf. Ein Tag aus dem Leben, a.a.O., S. 32f.

[247] Schreiben StS Meissner [B.d.Rpräs.] an Rkei [namentlicher Adressat unbekannt], Berlin, 15.04.1932 [Mikrofilm-Nr. 839/Eilt! Persönlich!], BA Koblenz, R 43 II/856 [S. 122].

[248] Vortragsmanuskript Archivrat Rogge über das *Büro des Reichspräsidenten*, Berlin, 13.12.1929, BA Berlin-Lichterfelde, 15.06./164 [S. 17]. Hierzu auch Hans-Otto Meissner, a.a.O., S. 245.

[249] Cf. Ein Tag aus dem Leben, a.a.O., S. 40.

[250] „[...] Der Präsident erhielt täglich Wäschekörbe von Briefen [...]. Der alte Herr brach darüber völlig zusammen. [...]". Schreiben Heinrich Brüning an J. Borchmeyer, 26.07.1951 [Durchschlag], Harvard-University-Archives (PL), Cambridge/USA, NL Brüning, HUG FP 93.10, Box 4.

tete. Er kümmerte sich um die systematische Erfassung und Weiterleitung aller ausländischen Briefeingänge und Pressemeldungen an Ministerialdirektor Huene. Um die spätere Arbeit zu erleichtern, wurden von ihm jene Zuschriften ohne behördlichen Adressanten nach der Registrierung mit Vor- und Zunamen des Einsenders und mit einer kurzen Inhaltsskizze versehen[251]. Eingänge, die Hindenburgs Interesse hätten erregen können, wurden, nachdem sie gesammelt und systematisiert worden waren, beim morgendlichen Vortrag Meissners dann zu seiner Kenntnisnahme vorgelegt. Auch wenn man im *Büro* darum bemüht war, die meisten Anfragen angemessen und binnen kürzester Zeit zu beantworten[252], war es in Anbetracht des stetig wachsenden Postberges unausbleiblich, daß proportional gesehen nur eine geringe Anzahl der Absender Antwort erhielt, weil ein großer Teil der Anfragen, Eingaben und Beschwerden sich außerhalb des Zuständigkeitsbereiches des Reichspräsidenten bewegte und so ausgesondert oder an die richtige Behörde weitergeleitet werden mußte[253]. Da so manch Retourschreiben weder mit Hindenburgs Unterschrift noch mit Meissners Paraphe versehen war, vermochte nicht jeder Adressant seine Enttäuschung über die knappe Antwort zu verhehlen[254].

Je nach Bedeutung, Betreff und Dringlichkeit wurden alle an den Reichspräsidenten adressierten Depeschen und Schreiben an die einzelnen Referenten des

---

[251] Ihm kam aber auch die Sonderaufsicht über die Registratur und die Aktenauszeichnung zu. Manuskript bezgl. „Geschäftsverteilung" [N.N., o.O., o.D.], BA Berlin-Lichterfelde, R 601/0/0/8 [S. 128f.].

[252] So Schreiben MinRat Doehle [B.d.Rpräs.] an Studienrat R. Georg Wenzig, Berlin, 10.09.1931 (inklusive beantworteten Fragebogen als Anhang) [Abschrift], BA Berlin-Lichterfelde, R 601/47.

[253] Schreiben StS Meissner [B.d.Rpräs.] an Gerichtsreferendar Hans Bergmann, Berlin, 23.02.1933 [Durchschlag], BA Berlin-Lichterfelde, R 601/0/0/8 [S. 170]. H. DOEHLE, Lebenserinnerungen, Teil II, a.a.O., S. 65.

[254] Beispielsweise fragte einmal der „Alldeutsche" Alfred Roth bei Meissner nach, ob Hindenburg sein Schreiben vom 08.09.1928 überhaupt zu Gesicht bekommen habe. Mit dem Hinweis, daß man grundsätzlich nicht über die internen Vorgänge im B.d.Rpräs. Auskunft gebe, schmetterte MinRat Doehle die Nachfrage Roths stellvertretend für StS Meissner ab. Desgleichen abgefertigt wurde ein weiteres Mitglied der „Alldeutschen", der StS Meissner persönlich dafür verantwortlich machte, daß man dem Reichspräsidenten bewußt und absichtlich Briefe vorenthalte und nach eigenem Gutdünken agiere: „[...] Wir legen vielmehr allergrößten Wert darauf, dass der Herr Reichspräsident selbst davon Einsicht nimmt. [...]". Vgl. Schreiben Alldeutscher Verband Ortsgruppe Stuttgart, 2. Vorsitzender Alfred Roth an B.d.Rpräs. [o.A.], Stuttgart, 28.09.1928 [Original]; Schreiben MinRat Doehle [B.d.Rpräs.] an Alldeutscher Verband Ortsgruppe Stuttgart, 2. Vorsitzender Alfred Roth, Berlin, 06.10.1928 [Durchschlag]; Schreiben Alldeutscher Verband Ortsgruppe Herrenberg, Vorsitzende Th. Klett an B.d.Rpräs. [o.A.], Herrenberg, 20.11.1928 [Original]; Schreiben StS Meissner [B.d.Rpräs.] an Alldt. V., Vors. Klett, Berlin, 23.11.1928 [Durchschlag], BA Berlin-Lichterfelde, R 601/689 [S. 130].

Büros verteilt und dort bearbeitet. Ausländische Begrüßungstelegramme oder Dankschreiben etc. waren im allgemeinen nur von sekundärer Relevanz und wurden deshalb durch Vermittlung der zuständigen Auslandsvertretungen gleich vor Ort erledigt[255]. Gängige Standardformulierungen, die immer wieder angewandten völlig identischen Sätze in den Antwortschreiben lassen den Schluß zu, daß Hindenburg nur einen Bruchteil solcher Episteln zu sehen bekam[256]. Dies wird dadurch bestätigt, daß diese Dokumente weder seine Unterschrift noch seine Paraphe tragen. Von einer Beantwortung bestimmter eingegangener Schriftstücke sah man im *Büro des Reichspräsidenten* vor allem dann ab, wenn sie politisch brisante Themen oder Anregungen zum Inhalt hatten oder einfach nur unseriöser Couleur waren. Dies trifft auch auf ein an den Reichspräsidenten gerichtetes 22-seitiges Schreiben zu, in dem der Verfasser, ein amerikanischer Bürger, unter anderem den prekären Vorschlag unterbreitete, Deutschland solle doch zwecks weltpolitischer Rehabilitierung einer „aggressiven antirussischen Koalition" beitreten. Obgleich die Dienststelle darum bemüht war, die Weiterleitung derartiger Zuschriften an ihren *Chef* auf ein Minimum zu reduzieren, hat Hindenburg einen täglichen repräsentativen Querschnitt der ausländischen Sendungen zu Gesicht bekommen. Diese Annahme erfährt angesichts der Tatsache, daß selbst das Auswärtige Amt über interne Postzugänge aus dem Hause des Reichspräsidenten Kenntnis hatte, indirekte Bestätigung[257]. Denn in der Regel wurde das Auswärtige Amt über die Postsendungen an den Reichspräsidenten vom *Büro* informiert, vor allem dann, wenn ein außenpolitischer nennenswerter wichtiger Bezug erkennbar war. Dazu bediente man sich des bereits erwähnten Versandes von Formblättern, in denen den Absendern eine „dankende Bestäti-

---

[255] Rundschreiben StS Meissner [B.d.Rpräs.], Berlin, 16.08.1927, PA AA Bonn, R 83638.

[256] Als ORegRat Hoffmann als Mitglied des Reichsverbandes der Heimattreuen Ost- und Westpreußen e.V. an Hindenburg schrieb, dieser solle doch anläßlich der anstehenden großen Abrüstungskonferenz dahingehend wirken, daß die deutschen Vertreter nur solch ein ausformuliertes Dokument unterzeichnen, das dem deutschen Volk „Recht und Freiheit" bringe, übermittelte StS Meissner nur die üblichen Dankesworte Hindenburgs. Da das Antwortschreiben weder von Hindenburg unterschrieben noch paraphiert vorliegt, scheint die Annahme berechtigt, daß er dieses Schreiben wohl erst gar nicht zu Gesicht bekommen hatte. Cf. Schreiben ORegRat Hoffmann, Reichsverband der Heimattreuen Ost -und Westpreußen e.V. an B.d.Rpräs. [o.A.], Berlin 17.12.1931 [Original]; Schreiben StS Meissner [B.d.Rpräs.] an ORegRat Hoffmann, Berlin, 19.12.1931 [Durchschlag], BA Berlin-Lichterfelde, R 601/694 [S. 36-41; 42].

[257] Dort wurde über die Eingabe des Absenders, eines gewissen Daniel J. Sharkey, scharf geurteilt. Seine Vorschläge für eine weltpolitische Rehabilitierung wurden als „krause Gedanken" abgetan, die inhaltlich „amateurhaft" und „drastisch" seien. Aktennotiz VLegRat Fuehr [AA], Berlin, 25.08.1930 [Original], PA AA Bonn, R 80149/K 323423.

gung" zukam, die allerdings so formuliert sein sollte, daß der Verfasser von weiteren Schreiben dieser Art künftig Abstand nahm[258].

Eigentlich hätte im Zuge des ständigen Anstiegs des Geschäftsverkehrs in Hindenburgs Behörde eine Personalerweiterung und eine Etaterhöhung – wie dies beispielsweise in der Reichskanzlei realisiert wurde – folgen müssen, was aber nicht geschah. Die Folgen der unpopulären Sparpolitik Brünings bekam sogar der Reichspräsident unmittelbar zu spüren, da auch er, wie alle anderen Beamten, seit dem 1. November 1930 mit einer Gehaltskürzung vorliebnehmen mußte[259]. Da rationelles Wirtschaften angesagt war, blieb der so dringend benötigte pekuniäre Aufschlag aus. Um hier Abhilfe zu schaffen, ergriff Hindenburg bereits im Sommer 1927 selbst die Initiative und beantragte eine neue Ministerialdirektorenstelle für seine Behörde[260]. Nach seiner Wiederwahl 1932 ging er noch einen Schritt weiter und ergänzte seine Forderung um zwei weitere Ministerialratsposten[261].

Nahezu alle militärischen Angelegenheiten wurden von der von ihm neu eingerichteten Nebenstelle der Adjutantur bearbeitet. Neben seinem Sohn Oskar arbeitete dort noch Rittmeister von der Schulenburg, dessen politischer Einfluß allerdings unerheblich war[262].

Ohne die Mitwirkung der Palaisbeamten, der vier Regierungsoberinspektoren und neun Stenotypistinnen sowie der zwei Telefonistinnen wäre aber eine einwandfreie Durchführung der Bürogeschäfte undenkbar gewesen. Ob die Zählung, Öffnung oder Abstempelung aller Eingänge, die Kontrolle der Termin- und Wiedervorlegesachen, die Verwaltung der Bücherei oder die vorläufige Aufbe-

---

[258] Schreiben MinDir Huene [B.d.Rpräs.] an Dt. BS Prittwitz und Gaffron [Washington D. C.], Berlin, 13.08.1930, PA AA Bonn, R 80149/K 323423.

[259] Infolge der „Brüningschen Notverordnungen" wurde das Jahresgehalt des Reichspräsidenten von 60 000 RM auf nunmehr 48 000 RM gekürzt. Um seinen dienstlichen repräsentativen Pflichten gerecht werden zu können, wurde ihm daneben noch ein Aufwandsgeld von 120 000 RM vergütet. Siehe Schreiben StS Meissner [B.d.Rpräs.] an die Heidelberger Neuesten Nachrichten, Berlin, 19.01.1931 [Durchschlag], BA Berlin-Lichterfelde, R 601/5. Hierzu siehe *Deutsche Zeitung*, Nr. 14, 02.04.1932, BA Koblenz, ZSg. 103/976.

[260] Zwar befürwortete das Reichsfinanzministerium die Stellenerweiterung, verwies aber zugleich darauf, daß das Budget erst 1929 erhöht werden könne. Schreiben StS Meissner [B.d.Rpräs.] an Rkei [Adressat unbekannt], Berlin, 15.04.1932 [Mikrofilm-Nr. 839/Vermerk: Eilt! Persönlich!], BA Koblenz, R 43 II/856 [S. 121ff.].

[261] EBD., S. 124.

[262] Sie wurden aber auf dem Etat des Reichswehrministeriums geführt. Vortragsmanuskript Archivrat Rogge über das *Büro des Reichspräsidenten*, Berlin, 13.12.1929, BA Berlin-Lichterfelde, 15.06./164 [S. 15]. „[...] Hindenburg hat mit dem Adjutanten keine politischen Gespräche geführt, vermutlich auch mit Oskar nur wenig. [...]". So Vermerk Prof. Dr. Günter Franz [mschr. Original; o.D.], BA Koblenz, NL Günther Franz, Kl. Erw. 940/1.

wahrung der „Weglegesachen" anstanden; der Reichspräsident war auf jeden einzelnen seiner Mitarbeiter in der Wilhelmstraße 73 angewiesen[263].

F. Die Kontinuität der Personalstruktur im Auswärtigen Amt bis 1934

Vollzog sich mit dem Beginn des nationalsozialistischen Terrorregimes ein struktureller sofortiger innenpolitischer Bruch, der gerade in personeller Hinsicht sehr starke Veränderungen bedingte, so blieb die Personalstruktur des Auswärtigen Amtes bis 1937 weitgehend unverändert[264]. Entscheidenden Anteil hieran hatte Hindenburg, der Hitlers außenpolitischen Spielraum gravierend eindämmte. Er knüpfte an seine Berufung zum Reichskanzler die Bedingung, weiterhin die alleinige Entscheidungskompetenz über die Kontrolle des Auswärtigen Amtes und die Entsendung der Botschafter und Gesandten zu behalten. Zweifellos drängte er den „Reichskanzler" mit seinen „außenpolitischen Konditionen"[265] so sehr in die Defensive, daß die anvisierte Einschleusung nationalsozialistisch gesinnter Beamte in den Auswärtigen Dienst auf einen späteren Zeitpunkt verschoben werden mußte[266].

An Homogenität büßte die Administration in der Wilhelmstraße 76 nicht das mindeste ein, weil die NSDAP anfangs nicht mit qualifiziertem, außenpolitisch geschultem Fachpersonal aufwarten konnte, das eine wirkliche Alternative zu

---

[263] Manuskript bezgl. „Geschäftsverteilung" [N.N., o.O., o.D.], BA Berlin-Lichterfelde, R 601/0/0/8 [S. 130f.]. Nicht vergessen werden sollte der Hausinspektor des Reichspräsidentenpalais, Wilhelm Tappe, der freilich in politischer Hinsicht keine Rolle spielte, der aber auf jahrzehntelange Erfahrungen im Umgang mit hochstehenden Politikern zurückblicken konnte. Schon zu den Reichskanzlern von Bülow und Bethmann-Hollweg hatte er in der Funktion als Haushofmeister ein ebenso besonderes Vertrauensverhältnis wie zu Friedrich Ebert, der ihn im Februar 1919 in das *Büro des Reichspräsidenten* als Hausinspektor und Haushofmeister berief. Während der Präsidentschaft Hindenburg blieb sein Arbeitsfeld unverändert. Vorrangig kümmerte er sich neben den obligatorischen Verwaltungsaufgaben auch um die äußeren Vorbereitungen von Empfängen und repräsentativen Veranstaltungen. Siehe Schreiben StS Meissner [B.d.Rpräs.] an StS Pünder [Rkei], Berlin, 01.05.1929 [Mikrofilm-Nr. 839], BA Koblenz, R 43 II/856 [S. 103f.].

[264] Hierzu siehe ERNST V. WEIZSÄCKER, Erinnerungen, a.a.O., S. 109. WALTER BUßMANN: Das Auswärtige Amt unter der Nationalsozialistischen Diktatur, in: Demokratie und Diktatur. Geist und Gestalt politischer Herrschaft in Deutschland und Europa. Festschrift für Karl Dietrich Bracher, Hrsg.: Funke/Jacobsen/Knütter/Schwarz, Bonn 1987, S. 252.

[265] Zu den weiteren Konditionen siehe S. 526ff. dieser Arbeit.

[266] HEINZ GÜNTER SASSE: Zur Geschichte des Auswärtigen Amtes, in: 100 Jahre Auswärtiges Amt 1870-1970, Hrsg.: Auswärtiges Amt Bonn 1970, S. 40.

den amtierenden Spitzendiplomaten gewesen wäre[267]. Selbst Hitler machte kurz nach der „Machtübernahme" das freimütige Geständnis, auf dem außenpolitischen Parkett unbewandert zu sein und über kein ausreichend ausgebildetes Personal zu verfügen, das auf diesem Sektor den nötigen Sachverstand mitbringe[268]. Langfristig gesehen war ein großes Revirement zugunsten nationalsozialistisch gesinnter Diplomaten und eine Dezentralisierung der Außenbehörde vorgesehen, was aber erst Jahre später vollends realisiert wurde[269]. So konzentrierte man sich zunächst auf die innenpolitische Konsolidierung des Regimes und überließ das außenpolitische Verhandlungsfeld den erfahrenen, angesehenen Diplomaten, die, solange sie die Revision des Versailler Vertrages vorantrieben, fürs erste geduldet wurden[270]. Bis auf die Eingliederung eines nationalsozialistischen Vertrauensmannes in die Personalabteilung blieb innerhalb des Auswärtigen Amtes faktisch „alles beim alten"[271]. Ganz gezielt verzichtete man aus innen- und außenpolitischen Überlegungen auf personelle und institutionelle größere Veränderungen. Vorläufig sollte das Auswärtige Amt, so Hitlers Kalkül, weder infiltriert noch seiner traditionellen Rolle beraubt werden. Vielmehr sollte es nach den „alten Regeln" verwaltet werden[272].

Im Grunde genommen gab es für das scheinbar tolerante Verhalten des Regimes ein rein zweckorientiertes Motiv. Geduldet wurden die deutschen Diplomaten nur aufgrund ihrer Beschlagenheit und ihrer langjährig aufgebauten Kontakte. Sie sollten dem Regime im Ausland gebührend Kredit verschaffen, seine

---

[267] WOLFGANG GANS PUTLITZ: Unterwegs nach Deutschland. Erinnerungen eines ehemaligen Diplomaten, Berlin 1956, S. 134. WOLFGANG MICHALKA: Ribbentrop und die deutsche Weltpolitik 1933-1940. Außenpolitische Konzeption und Entscheidungsprozesse im Dritten Reich, in: Veröffentlichungen des Historischen Instituts der Universität Mannheim, Bd. 5, München 1980, S. 40.

[268] Bereits im Dezember 1932 gestand Hitler, daß die nationalsozialistische Partei zwar über vier Auslandsabteilungen verfüge, von denen aber keine wisse, was die andere treibe. Siehe So HANS-ADOLF JACOBSEN: Nationalsozialistische Außenpolitik 1933-1938, Frankfurt a. M./Berlin 1968, S. 14.

[269] HANS E. RIESSNER weist darauf hin, daß Hitlers Absicht, „den Auswärtigen Dienst in seiner klassischen Form" ganz abzuschaffen, notorisch war. DERS.: Haben die deutschen Diplomaten versagt? Eine Kritik an der Kritik von Bismarck bis heute, Bonn 1959, S. 57. WIPERT V. BLÜCHER: Gesandter zwischen Diktatur und Demokratie. Erinnerungen aus den Jahren 1935-1944, Wiesbaden 1951, S. 287.

[270] HANS-ADOLF JACOBSEN, Nationalsozialistische Außenpolitik 1933-1938, a.a.O., S. 466.

[271] So HANS KROLL: Lebenserinnerungen eines Botschafters, Köln 1968 (7. Aufl.), S. 72. WILHELM HAAS: Lebenserinnerungen (unveröffentlicht), [o.O.] 1974, PA AA Bonn, Sig.: D 2004, S. 90.

[272] RUDOLF NADOLNY: Mein Beitrag. Erinnerungen eines Botschafters des Deutschen Reiches, Hrsg.: Günter Wollstein, Köln 1985, S. 239. HANS-JÜRGEN DÖSCHER: Das Auswärtige Amt im Dritten Reich. Diplomatie im Schatten der „Endlösung", Stade 1986, S. 85.

Reputation erhöhen und vor allem die „Appeasement-Illusion"[273] nähren. Obwohl Hitler eine tiefgreifende klischeehafte Aversion gegen die traditionelle Diplomatie hegte[274], ja sogar gegen alle „Karrierediplomaten" Haßgefühle entwikkelte[275], gelegentlich von den „Weihnachtsmännern in der Wilhelmstraße" sprach[276], darüber hinaus sogar angedroht hatte, daß er ein paar dieser „Verschwörer" hinter Schloß und Riegel bringen wolle[277], änderte sich bis 1937 kaum etwas an der Personalstruktur des Auswärtigen Amtes[278]. Dies lag gewiß auch an den Diplomaten selbst, die ihrerseits keine Konsequenzen zogen und davon absahen, gemeinsam zu opponieren oder ihren Dienst frühzeitig zu quittieren. Lieber verharrte die Mehrheit der Beamten des Auswärtigen Amtes in einer ungewohnt passiven Rolle, als gegen das Regime aufzubegehren. Man praktizierte eine „Politik des Abwartens und des Durchhaltens" und verblieb im Amt, „um Schlimmeres zu verhüten", manchmal aber einfach auch nur, weil man seinen guten Posten nicht verlieren wollte[279]. Andere wiederum glaubten in völliger Verkennung der nationalsozialistischen Dynamik ernsthaft an einen baldigen Zusammenbruch des ungeliebten Regimes[280] oder hofften auf eine ef-

---

[273] KARL DIETRICH BRACHER: Das Anfangsstadium der Hitlerischen Außenpolitik, in: VfZ, Bd. 5 (1957), S. 70.

[274] Bei einem seiner Tischgespräche charakterisierte Hitler die diplomatischen Vertreter in Genf als „Gruppe von Nichtstuern", deren Lebensinhalt sich „im pünktlichem Abkassieren von Diäten, im guten Essen und [...] in der freien Liebe" erfülle. Tagebucheintrag Henry Picker, 16.05.1942, in: Hitlers Tischgespräche im Führerhauptquartier 1941-1942, Hrsg.: Percy Ernst Schramm, Stuttgart 1963, S. 349f.; Dito HANS-JÜRGEN DÖSCHER, Das Auswärtige Amt im Dritten Reich, a.a.O., S. 85 u. HANS E. RIESSNER, a.a.O., Bonn 1959, S. 49.

[275] Schreiben Franz v. Papen an Frhr. v. Braun, Obersalzbach, 09.08.1959 [Original], BA Koblenz, NL Magnus Frhr. v. Braun, N 1085/62. Siehe ERICH KORDT: Wahn und Wirklichkeit, a.a.O., S. 98.

[276] Vgl. HERMANN RAUSCHNING: Gespräche mit Hitler, New York/Zürich 1940, S. 249f.

[277] H. G. SERAPHIM (Hrsg.): Das politische Tagebuch Alfred Rosenbergs aus den Jahren 1934/35 und 1939/40, Göttingen 1956, S. 28.

[278] HANS-ADOLF JACOBSEN, a.a.O., S. 24f., 466 u. 602f.; Cf. auch DIRKSEN, Moskau-Tokio-London, a.a.O., S. 120. Von 1933 bis 1938 wurden nur knapp 6% der Spitzendiplomaten aus politischen Gründen abgelöst. Siehe PETER KRÜGER: Struktur, Organisation und Wirkungsmöglichkeiten der leitenden Beamten des Auswärtigen Dienstes 1921-1933, in: KLAUS SCHWABE (Hrsg.): Das diplomatische Korps 1871-1945, a.a.O., S. 183.

[279] WOLFGANG GANS E. V. PUTLITZ, a.a.O., S. 66 u. 133f.; Siehe auch HEINZ GÜNTHER SASSE: 100 Jahre Botschaft in London. Aus der Geschichte einer Deutschen Botschaft, Bonn 1963, S. 56f.; LUTZ GRAF SCHWERIN V. KROSIGK, Es geschah in Deutschland, a.a.O., S. 306ff.

[280] ERNST V. WEIZSÄCKER, Erinnerungen, a.a.O., S. 106. Auch der deutsche Botschafter in Paris, Leopold v. Hoesch, glaubte nur an eine vorübergehende Kanzlerschaft Hitlers. Siehe SASSE, 100 Jahre Botschaft in London, a.a.O., S. 63. Noch am 19.01.1933 wagte StS v. Bülow die Prognose, daß die NSDAP einen „baldigen Zusammenbruch" erleiden werde. Schreiben StS v. Bülow an Dt. BS Prittwitz und Gaffron [Washington D. C.], 19.01.1933, in: ADAP, C-I-1, Dok.-Nr. 11, S.

fektive Abschirmungspolitik Außenminister von Neuraths und seines Staatssekretärs von Bülow, denen man zutraute, allzu radikale Einflüsse vom Außenressort fernzuhalten[281]. Der Devise und Maxime folgend, daß man sein Land nicht im Stich lassen dürfe, nur weil es eine schlechte Regierung habe[282], ordneten sich viele deutsche Diplomaten dem Hitlerschen Kontinuitätskonzept pro forma unter, ohne jedoch der nationalsozialistischen Ideologie und Politik übermäßig viel Sympathie entgegengebracht zu haben[283]. Sowenig das Auswärtige Amt unter Hitlers Diktatur eine Stätte der Opposition war, sowenig waren die meisten hohen Beamten dieser Behörde parteinah oder überzeugte Nationalsozialisten[284]. Denn die Majorität der höheren Staatsbediensteten, die eine weitgehend homogene und recht exklusive Gemeinschaft Gleichgesinnter bildete[285], rekrutierte sich primär aus Adels- und Offiziersfamilien, die schon allein aus traditionellen Gründen und Standesdünkel dem Regime und dem Auftreten ihrer Protagonisten keine Sympathien entgegenbringen konnten und wollten. Da ihr Denken und Fühlen sich in monarchistisch-obrigkeitsstaatlichen Bahnen bewegte, waren für sie Tugenden wie Loyalität, Pflichtbewußtsein und „Vaterlandsliebe" keine leeren Phrasen[286]. Offener Protest und Auflehnung gegen Hitler und sein Regime konnten aus diesen Gründen vom Auswärtigen Amt kaum erwartet werden, zumal sich das Gros der Diplomaten an das ungeschriebene Gesetz hielt, die Politik eines Reichskanzlers von Amts wegen nicht zu kritisieren[287].

---

22 [Anm. 2]. „[...] Wir lebten in der Erwartung, daß die Gewaltherrschaft nicht lange andauern, das Regime dem Druck der Mächte weichen werde [...]". So WILHELM HAAS, Lebenserinnerungen, a.a.O., S. 90.

[281] WIPERT V. BLÜCHER: Gesandter zwischen Diktatur und Demokratie. Erinnerungen aus den Jahren 1935-1944, Wiesbaden 1951, S. 288. Dito WILHELM HAAS, Lebenserinnerungen, a.a.O., S. 77. Zu Bülow siehe auch GÜNTER WOLLSTEIN: Vom Weimarer Revisionismus zu Hitler. Das Deutsche Reich und die Großmächte in der Anfangsphase nationalsozialistischer Herrschaft in Deutschland, Bonn/Bad Godesberg 1973, S. 29f.

[282] Hinweis MinDir Köpke, der in einer Rede nach dem 30.01.1933 gesagt haben soll, daß das AA so manchen Sturz überstanden habe und man deshalb auch diesen überstehen werde. Siehe PETER KRÜGER/ERICH HAHN: Der Loyalitätskonflikt des Staatssekretärs Bernhard Wilhelm v. Bülow im Frühjahr 1933, in: VfZ, Bd. 20 (1972), S. 410.

[283] „[...] Es gab nur wenige Überläufer, jedenfalls im höheren Dienst, und diese gehörten nicht zu den Besten [...]". Siehe HANS KROLL, Lebenserinnerungen, a.a.O., S. 72.

[284] Bis Ende 1933 waren von den ca. 430 im höheren Dienst tätigen Beamten des Auswärtigen Amtes etwa 60 der NSDAP beigetreten. DÖSCHER, Das Auswärtige Amt im Dritten Reich, a.a.O., S. 69.

[285] PETER KRÜGER: Struktur, Organisation, a.a.O., S. 182.

[286] ERICH KORDT: Nicht aus den Akten..., Stuttgart 1950, S. 59.

[287] PETER KRÜGER/ERICH HAHN, Loyalitätskonflikt, a.a.O., S. 377. Zu Recht verweisen beide Autoren auch darauf, daß infolge dieser Tradition keine Quellen entstehen konnten, die die faktische kritische Haltung der deutschen Diplomaten widerspiegeln.

G. Wilhelmstraße 73 und 76. Außenpolitik durch die *Gartentüre*? Ein Exkurs über die politische Bedeutung der Ministergärten

Den Augen aufmerksamer Journalisten konnte es nicht entgehen, wenn Minister, Diplomaten, Staatssekretäre oder Referenten das Reichspräsidentenpalais über die Hauptpforte in der Wilhelmstraße 73 aufsuchten. Freilich mußten sie sich genauso wie das Gros der Zaungäste, das die Wilhelmstraße täglich frequentierte, mit einem erhaschten Blick durch die Eisengitter in den Vorhof des Palais begnügen, weil das Portal zum Reichspräsidenten für ungeladene Besucher immer verschlossen war[288]. Was sich hinter den Regierungsgebäuden, wo Amtssitz und Wohnsitz der jeweiligen Behördenleiter Tür an Tür lagen[289], und was sich in der idyllischen Gartenanlage im einzelnen abspielte, blieb ihnen in der Regel verborgen[290]. Vermutlich dürfte ihnen trotz aller Beobachtungsgabe entgangen sein, daß nicht jeder Besucher des Reichspräsidenten den offiziellen Weg über die betriebsame Wilhelmstraße nahm, die eine „eigentümliche Intimität fußläufiger Nachbarschaften von Politik und Gesellschaft" hervorbrachte[291], und wo jeder dem anderen beim Regieren über die Schulter schauen konnte. Gänzlich unbekannt dürfte sogar umsichtigen Reportern die Existenz einer „geheimen Gartentür" gewesen sein, die den Park des Reichspräsidentenpalais mit den Gartenanlagen der benachbarten Ministerien verband[292]. Wer im Besitz des „goldenen" Schlüssels war oder das seltene Glück hatte, die Gartentüre zum Reichspräsidentenpark unverschlossen vorzufinden, konnte durch die „weitläufigen Ministergärten"[293] unbemerkt in die prachtvollen, mit majestäti-

---

[288] Cf. Ein Tag aus dem Leben, a.a.O., S. 5.
[289] WOLFGANG J. BÜTOW, Hindenburg, a.a.O., S. 240.
[290] „[...] Der Lärm der Stadt und der Politik drang in dieses Idyll nicht ein. [...]". WILHELM HAAS, Lebenserinnerungen, a.a.O., S. 77. BÜTOW, a.a.O., S. 240.
[291] BODO-MICHAEL BAUMUNK: Die Wilhelmstraße, in: *Die Zeit*, Nr. 43 (18.10.1991), S. 46.
[292] Vgl. HANS-OTTO MEISSNER, a.a.O., S. 323ff.; Eine übersichtliche Skizze, die die Wilhelmstraße mit ihren Ministerien und Gartenanlagen aus der Vogelperspektive zeigt, findet sich bei: THEODOR ESCHENBURG/ULRICH FRANK-PLANITZ, Bildbiographie, a.a.O., S. 78.
[293] BODO-MICHAEL BAUMUNK, a.a.O., S. 46. HELENE V. NOSTITZ V. HINDENBURG: Hindenburg at home. An intimate biography, New York 1931, S. 68. Einen Eindruck über die Weitläufigkeit der Parkanlage des Reichspräsidentenpalais vermittelt das Fotoalbum von Günther Beyer, der anläßlich des achtzigsten Geburtstags von Hindenburg das Palais inklusive seiner Gartenanlagen photographisch in 70 Bildern dokumentierte. Von dieser Jubiläumsausgabe wurden nur zehn Exemplare angefertigt. Im Nachlaß Marx findet sich eines dieser Alben. Es trägt die Nummer „2" und ist datiert auf den 2. Oktober 1927. Siehe HA Köln, NL Marx, Best. 1070/A2 (Alben). Die Bilder sind unnumeriert. Einige Privatbilder, auf denen die Gartenanlage und das Palais abgelichtet sind, finden sich auch im Nachlaß Otto Meissner. Siehe Fotoalbum mit 7 Bildern [siehe Album mit blumenmusterartigem Umschlag], AdsD Friedrich-Ebert-Stiftung Bonn, NL Otto Meissner, Bd. 2.

schen Baumkronen geschmückte Parkanlage gelangen und Hindenburg, je nach Absprache, direkt in seinem Arbeitszimmer kontaktieren[294], ohne den Umweg über Staatssekretär Meissner nehmen zu müssen. Auf jeden Fall waren seine ausgiebigen Morgen- und Mittagsspaziergänge[295] im Park des Palais allseits bekannt[296]. Manchmal in Begleitung seines Sohnes, meistens aber in Gesellschaft hochrangiger Politiker und Militärs[297] promenierte er in Abwesenheit von Leibwächtern – Personenschutz lehnte er kategorisch ab – durch die idyllische Grünanlage[298]. Da er aber von Zeit zu Zeit bei seiner entspannenden Tätigkeit sich selbst überlassen war, kann nicht ausgeschlossen werden, daß jene konspirativ anmutende Kontaktaufnahme auch für außenpolitische Belange genutzt wurde. Gleichwohl entschied sich die Mehrzahl seiner Gäste für den klassischen Weg über die Wilhelmstraße. Dies geschah zum einen aus protokollarischen Gründen, zum anderen aber auch, weil der „vertrauliche und nicht zu beobachtende Gang durch die Gärten" von Hindenburg höchstpersönlich untersagt worden

---

[294] „[...] In spring and summer Hindenburg uses the ground floor. [...] His writing room is on the ground floor. [...]". So die Zeitzeugin HELENE V. NOSTITZ V. HINDENBURG, Hindenburg at home, a.a.O., S. 68.

[295] Bei seinen morgendlichen Spaziergängen in der Grünanlage seines Amtssitzes hatte Hindenburg die Gewohnheit, eine kleine Mauertür mit seinem Schlüssel zu öffnen, um sich bei einer Zeitungsfrau, die unmittelbar daneben einen Zeitungsstand unterhielt, mit Lektüre einzudecken. Angenommen werden darf, daß Hindenburg hier regelmäßig die *Kreuzzeitung* gekauft hat, damit er noch vor dem Referat seines Pressechefs sein „Leiborgan" unbefangen studieren konnte. So LÜDERS, a.a.O., S. 210. Siehe auch Schreiben StS Meissner [B.d.Rpräs.] an Presseabteilung der Reichsregierung, Berlin, 22.01.1930, BA Berlin-Lichterfelde, R 601/211. Hierzu auch Artikel des Pressedienstes des Hindenburg-Ausschusses Bayern, München, 24.02.1932, BA Koblenz, NL Pünder, N 1005/98 [S. 244].

[296] Vgl. HUBATSCH, Hindenburg und der Staat, a.a.O., S. 86. Spätestens durch die Presse, die oftmals Hindenburgs allmorgendliche Spaziergänge thematisierte, dürfte jeder darüber informiert gewesen sein. So schreibt die *Bayerische Staatszeitung* am 19.11.1932: „[...] wenn die Glocke der nahen Kirche 8 Uhr schlägt, geht er in seinem großen Garten hinter dem Palais auf und ab. [...] immer allein beginnt er den Tag mit einem Morgenspaziergang [...]". Cf. Ein Tag aus dem Leben, a.a.O., S. 17. REIBNITZ, Gestalten, a.a.O., S. 12f.

[297] ALBERT SPEER: Erinnerungen, Frankfurt a. M./Berlin 1969, S. 38.

[298] „[...] Sorge um sein Leben, Furcht vor etwaigen Anschlägen, irgendeine Besorgnis um seine Person kannte er überhaupt nicht [...]". So SCHULENBURG, a.a.O., S. 122. Anfang 1927 kursierte das Gerücht, daß diverse Kommunisten im Begriffe seien, gegen den Reichspräsidenten Attentatspläne zu schmieden. Allerdings zeigten diese Gerüchte bei der Polizei, die ein etwaiges Attentat als „höchst unwahrscheinlich" einstuften, keine nennenswerte Wirkung. Siehe Schreiben Wilhelm Martin Schmitt [Adressat unbekannt], Zehlendorf, 19.02.1927 [Mikrofilm-Nr. 138], BA Koblenz R 43 I/580 [L 463374]. Schreiben Reichskommissar (für Überwachung der öffentlichen Ordnung) [Unterschrift unleserlich], Berlin, 28.02.1927 [Mikrofilm-Nr. 138], BA Koblenz, R 43 I/580 [L 463376]. HANS-OTTO MEISSNER, a.a.O., S. 198. HELENE V. NOSTITZ V. HINDENBURG, Hindenburg, An intimate biography, a.a.O., S. 69f.

war²⁹⁹. Zwar wurde diese Anordnung nicht näher begründet, dennoch liegt die Vermutung nahe, daß der Reichspräsident so ein Ausufern dieser diskreten Art der Kontaktaufnahme unterbinden wollte. Bestimmt wird ihm dabei auch vorgeschwebt haben, den Park, der für ihn persönlich mehr als nur ein Quell der Erholung war, auf diese Weise vor Mißbrauch und übermäßiger Abnutzung zu schützen. Daß für ihn hierbei historische Gründe eine tragende Rolle spielten, beweist sein Verhalten Ende 1926 und Anfang 1927. Damals ging es um das Projekt, die abgelegene Wilhelmstraße mit einer Durchgangsstraße infrastrukturell stärker an das Zentrum von Berlin zu binden³⁰⁰. Vorgesehen war zwecks Umsetzung des Plans, einen Streifen zwischen den Ministergärten und dem Auswärtigen Amt und der Reichskanzlei zu opfern, wogegen Hindenburg vehement protestierte. Eine Realisierung dieses Vorhabens, so seine Bedenken, würde ihn und andere nicht nur im Gebrauch des Parks „wesentlich" beeinträchtigen, sondern auch generell „altpreußischen und deutschen Traditionen" zuwiderlaufen³⁰¹.

Einen Höhepunkt fand seine Empörung, als er von der Reichskanzlei Maßnahmen gegen die Verwirklichung des Projektes verlangte mit der gleichzeitigen Androhung, den Vorfall zum Anlaß persönlicher „Konsequenzen" zu nehmen³⁰². Zu seinem Verdruß existierten aber auch noch Pläne, in denen sogar teilweise der Abriß des Reichspräsidentenpalais in Erwägung gezogen wurde. Daß Hindenburg aber noch keineswegs bereit war, sich „aufs Altenteil" ins Schloß Bellevue zu setzen, bewies er nach dem Bekanntwerden des Entwurfs, als er seine Amtsniederlegung erneut in Aussicht stellte. Der ganze Vorfall gewann ein derartiges Gewicht, daß sogar Außenminister Stresemann über besagte Neuigkeiten unterrichtet wurde³⁰³. Jedenfalls markierten beide Rücktrittsdrohungen nur allzu deutlich, wie sehr er die Ministergärten als Ruhepol und politische Begegnungsstätte schätzte³⁰⁴. Im übrigen stand auch die Reichskanzlei einer Realisierung dieses Vorhabens mit größter Reserve gegenüber. Befürchtet wurde dort, daß auch dem Reichskanzler so künftig die Option genommen werden

---

299 „[...] Auch ich mußte stets über die Wilhelmstrasse zum Palais gehen. So wurde allerdings jeder Gang, insbesondere von der Presse aus bemerkt und registriert [...]". So Ex-Reichskanzler Wilhelm Marx. Siehe HA Köln, NL Marx, Best. 1070/283 [S. 22].

300 Zur Vorgeschichte und den Hintergründen siehe LAURENZ DEMPS: Berlin-Wilhelmstraße. Eine Topographie preußisch-deutscher Macht, Berlin 1994, S. 185ff.

301 Vermerk StS Meissner [B.d.Rpräs.], Berlin, 02.11.1926; Niederschrift der Referentenbesprechung, Berlin, 17.01.1927, BA Koblenz, R 43 II/1011 [S. 88 u. 128]. Hiermit wäre auch eine Wertminderung des Reichspräsidentenpalais verbunden gewesen. LAURENZ DEMPS, Berlin-Wilhelmstraße, a.a.O., S. 185ff.

302 Vermerk MinRat Offermann, Berlin, 17.01.1927, BA Koblenz, R 43 II/1011 [S. 122].

303 Schreiben Henry Bernhard an RAM Stresemann, Berlin, 01.03.1927 [Original], PA AA Bonn, NL Stresemann, Bd. 51, M 114/M 004308.

304 LAURENZ DEMPS, a.a.O., S. 192f.

könnte, bei wichtigen Besprechungen oder Besuchen den Gang durch die Ministergärten zu nehmen[305]. Auch der reibungslose Ablauf der diplomatischen und sonstigen größeren Empfänge beim Reichspräsidenten würde dadurch in Mitleidenschaft gezogen[306], monierten einige Referenten der Reichskanzlei.

Unter Berücksichtigung der Tatsache, daß das Auswärtige Amt und die Reichskanzlei direkt neben dem Amtssitz des Reichspräsidenten lokalisiert waren, taucht die zwangsläufige Frage auf, wie intensiv und häufig eine Kontaktaufnahme über die ominöse Gartentür zwischen Vertretern des Auswärtigen Amtes und Hindenburg wohl stattgefunden haben mag[307]. Gefördert wird diese Spekulation durch ein Foto, auf dem man ihn zusammen mit von Papen vor fraglichem Gartentor im Ministerpark abgelichtet sieht, der sehr zum Unwillen Otto Meissners diesen direkten Weg zum selben des öfteren genommen haben soll[308]. Daß von Papen die Schlüssel für die hinter dem Auswärtigen Amt gelegene Gartentür besaß, sollte beim Sturz des Intermezzo-Reichskanzlers von Schleicher eine entscheidende Rolle spielen. In völliger Verkennung der Tatsachen hatte von Schleicher nämlich damals die Möglichkeit der direkten Kontaktaufnahme Hindenburgs über die Gartenanlagen nicht in Betracht gezogen. Sonst hätte er seinem Amtsvorgänger von Papen gewiß nicht gewährt, in der Wilhelmstraße 74, der offiziellen Amtswohnung des Innenministers, weiter wohnen zu dürfen. Da von Papen sein Quartier nicht räumen mußte, blieb er so in ständiger Reichweite des Reichspräsidenten. Ohne daß von Schleicher dies bemerkt hätte, bahnte sich der Ex-Kanzler seinerzeit mit Vorliebe den Weg zum Palais durch die hinter dem Auswärtigen Amt gelegenen Gärten[309]. Die täglichen Morgenpromenaden, die er während seiner Kanzlerschaft mit Hindenburg unternahm[310],

---

[305] BA Koblenz, R 43 II/1011 [S. 113f.].
[306] Niederschrift der Referentenbesprechung, Berlin, 17.01.1927, BA Koblenz, R 43 II/1011 [S. 88 u. 128].
[307] Viele Autobiographen, die mit Hindenburg in regelmäßigem Kontakt gestanden hatten, verloren über diese „Gartentüre" allerdings kein Wort.
[308] HANS-OTTO MEISSNER, a.a.O., S. 322f.; Das Bild mit Hindenburg und v. Papen findet sich auf S. 325. Das Photo konnte im Nachlaß von Otto Meissner nicht ermittelt werden. Es wurde aller Wahrscheinlichkeit nach von Hindenburgs Diener Karl Putz aufgenommen. Papens Einfluß auf Hindenburg gewinnt deshalb an Gewicht, weil er während Schleichers Kanzlerschaft über eine eigene Dienstwohnung in der Wilhelmstraße verfügte und so den Reichspräsidenten jederzeit über die Gartenanlagen unbeobachtet erreichen konnte. Siehe dazu HEINRICH AUGUST WINKLER: Weimar 1918-1933. Die Geschichte der ersten deutschen Demokratie, München 1993, S. 592. Auch wegen eines weiteren Umbaus im Palais hatte Hindenburg zeitweilig in von Papens Dienstwohnung Quartier bezogen. Siehe JOACHIM PETZOLD: Franz von Papen. Ein deutsches Verhängnis, München/Berlin 1995, S. 150.
[309] ERICH KORDT, Wahn und Wirklichkeit, a.a.O., S. 26f.
[310] WOLFGANG RUGE, Hindenburg, a.a.O., S. 395.

Die Ratgeber und die Strukturen 177

dienten mit Sicherheit nicht nur der Erholung. Von Papen wird die Gunst der Minuten genutzt haben, um auf ihn, aber auch auf dessen Sohn Oskar[311], systematisch einzureden. Unter diesem Aspekt erscheint sein damaliges generöses Verhalten, als er dem Reichspräsidenten die Reichskanzlei, die er als Reichskanzler nicht bezogen hatte, zur Verfügung stellte, in einem völlig anderen Licht[312].

Keiner der Diplomaten oder Beamten des Auswärtigen Amtes wird sich auf der großflächigen Grünanlage verlaufen haben, da ihnen Hindenburgs Park dank der dort häufig abgehaltenen Gartenfeste bestens vertraut war[313]. Wohlbekannt war ihnen auch dessen kräftiges Organ, das vor allem bei den „Terrassengesprächen" im Garten bis zu den angrenzenden Gebäuden drang[314].

Die Parkanlage war keinesfalls nur ein Ort, wo gefeiert oder promeniert wurde – hier wurden auch inhaltsschwere außenpolitische Beschlüsse gefaßt[315]. Manchmal wurden die Grünanlagen hinter den Regierungsgebäuden nicht ausschließlich von Referenten, sondern auch von Kabinettsmitgliedern frequentiert, was in einigen Fällen sogar quellenmäßig belegt werden kann. Beispielsweise nahm Hindenburg bei seinem Einzug ins Palais den Weg durch die Parkanlage des Innenministeriums, um so unbemerkt zu seinem neuen Domizil zu gelangen[316]. Genauso verfuhr Reichskanzler Marx, der am 8. Juni 1928 die Gartenanlage hinter den Regierungsgebäuden nutzte, weil er auf seinem Weg zum Reichspräsidenten von keinem gesehen werden wollte[317]. Auch Reichskanzler Luther nahm bei seinen zahlreichen dienstlichen Besuchen bei Hindenburg den Weg durch die Grünanlage. Um unerwünschten Begegnungen mit den Reportern der hauptstädtischen Boulevardblätter zu entgehen, benutzte er einen „besonderen Fußsteig", der die Ministergärten miteinander verband[318]. Doch auch Außenminister Stresemann soll, wenn er ihn aufsuchte, „grundsätzlich" den

---

[311] HEINRICH BRÜNING, Memoiren, a.a.O., S. 639.
[312] Hindenburgs Palais mußte aufgrund von Renovierungsarbeiten zeitweilig geräumt werden.
[313] Am 11. Mai 1925, dem Tag der Amtsübernahme und des feierlichen Einzugs Hindenburgs in Berlin mußten die Ministergärten offiziell als Notweg herhalten, da die Wilhelmstraße aufgrund der Festlichkeiten vorübergehend gesperrt war. Daher mußten die Beamten und Angestellten, wollten sie ins Auswärtige Amt gelangen, von der Budapesterstraße kommend durch den Park gehen. Am Gartenportal wurden sie kontrolliert und mußten dann laut Vorschrift den Garten ohne Aufenthalt durchschreiten. Siehe Rundschreiben MinDir Stohrer an die Beamten und Angestellten des AA, Berlin, 11.05.1925 [Kopie einer Abschrift], PA AA Bonn, R 118930.
[314] WILHELM HAAS, Lebenserinnerungen, a.a.O., S. 77.
[315] EDGAR V. SCHMIDT-PAULI: Diplomaten in Berlin, Berlin 1930, S. 29f.
[316] HANS-OTTO MEISSNER, a.a.O., S. 191.
[317] Erinnerungsbericht „Das Jahr 1928" von RK a.D. Marx [o.D.; geschrieben wohl im November 1942], [mschr. Original], HA Köln, NL Marx, Best. 1070/74 [S. 27].
[318] HANS LUTHER, Politiker ohne Partei, a.a.O., S. 337.

diskreten Gang durch die Ministergärten genommen haben[319]. Am Tag der Schlußsitzung des Wirtschaftsbeirates der Reichsregierung überschritt selbst Hindenburg „die Grenze des Grundstücks", wie er es nannte, um befreit vom Presserummel durch den Garten des Auswärtigen Amtes in die Reichskanzlei zu gelangen[320]. Nebenbei bemerkt wurde er auch am Morgen des schicksalsschweren 30. Januar 1933 auf diese Weise kontaktiert, als sich das neue Kabinett seinen Weg durch die Ministergärten bahnte, um ungestört die Vereidigung beim Reichspräsidenten leisten zu können[321].

Der theoretischen Möglichkeit, daß so manch außenpolitisch wichtiger Themenkomplex zwischen Hindenburg und seinen fiktiven Gesprächspartnern unter dem „Schmuck prachtvoller Kastanienbäume"[322] erörtert wurde, muß Rechnung getragen werden. Andernfalls würde ein vielleicht wichtiger Teilaspekt der *historischen Wahrheit*, wenn es sie denn geben sollte, für immer im Strom der Zeit verlorengehen.

---

[319] So laut Auskunft seines Sohnes WOLFGANG STRESEMANN, Zeiten und Klänge, a.a.O., S. 63.
[320] Tagebucheintrag StS PÜNDER, 23.11.1931, in: DERS: Politik in der Reichskanzlei, a.a.O., S. 108.
[321] Daß ihr Weg sie jedoch in die Wilhelmstraße 77 zur Reichskanzlei führte, wo Hindenburg seit dem Sommer 1932 residierte, hing damit zusammen, daß das Reichspräsidentenpalais zu dieser Zeit renoviert wurde. Dazu HEINRICH AUGUST WINKLER, Weimar 1918-1933, a.a.O., S. 592.
[322] KURT V. REIBNITZ, Gestalten rings um Hindenburg, a.a.O., S. 12.

Viertes Buch: Funktion und Bedeutung der Außenpolitik für
Hindenburg

A. Primat der Außenpolitik

Sämtliche von Hindenburg getroffenen außenpolitisch relevanten Entscheidungen wurden von einem übergeordneten Ziel diktiert, welches Kern und zugleich Movens all seiner außenpolitischen Aktivitäten darstellte. Es war dies die Revision des Versailler Vertrages, die genaugenommen die Prämisse seiner Ambitionen in der auswärtigen Politik bildete. Wenn es darum ging, das „unglückselige Versailler Diktat"[1] zugunsten Deutschlands zu modifizieren, was im Grunde genommen auch die Hauptantriebsfeder der Außenpolitik aller Regierungen der Weimarer Republik war[2], schaltete er sich in die politische Diskussion engagiert, gelegentlich sogar geradezu kämpferisch ein. Daran gemessen wird verständlich, warum er außenpolitischen Vorgängen größere Priorität zugestand als beispielsweise wirtschaftspolitischen Entwicklungen oder rein finanzpolitischen Angelegenheiten, mit deren Materie er ohnedies wenig anzufangen wußte[3]. Er, der mit nationalökonomischen Abläufen kaum vertraut war, lernte aber durch Brüning, deutsche Außenpolitik im Lichte der weltpolitischen und weltwirtschaftlichen Verflechtungen und Entwicklungen zu sehen[4], obgleich doch auf deutscher Seite

---

[1] Wenn Hindenburg den Versailler Vertrag thematisierte, bediente er sich oftmalig dieser Formulierung. Siehe HUGO VOGEL: Erlebnisse und Gespräche mit Hindenburg, Berlin 1935, S. 35. HERMANN PÜNDER: Von Preussen nach Europa. Lebenserinnerungen, Stuttgart 1968 (2. Aufl.), S. 81.
[2] So SÖREN DENGG: Deutschlands Austritt aus dem Völkerbund und Schachts „Neuer Plan". Zum Verhältnis von Außen- und Außenwirtschaftspolitik in der Übergangsphase von der Weimarer Republik zum Dritten Reich (1929-1934), Diss. Köln 1985, in: Europäische Hochschulschriften: Reihe 3, Geschichte und ihre Hilfsmittel, Bd. 309, Frankfurt a. M. 1986, S. 191. HENRY BERNHARD: Seeckt und Stresemann, Deutsche Rundschau, Jg. 79, Heft 5 (Mai 1953), S. 467.
[3] So auch FRHR. WERNER V. RHEINBABEN: Viermal Deutschland. Aus dem Erlebten eines Seemanns, Diplomaten, Politikers 1895-1954, Berlin 1954, S. 284f.; Schreiben Heinrich Brüning an Graf v. Brünneck, Cambridge, 12.10.1948 [Original], GStA Berlin-Dahlem, NL Brünneck, XX Rep. 300 Brünneck II, S. 40.
[4] Siehe GERHARD SCHULZ (Hrsg.): Von Brüning zu Hitler. Der Wandel des politischen Systems in Deutschland 1930-1933, in: Zwischen Demokratie und Diktatur. Verfassungspolitik und Reichsreform in der Weimarer Republik, Bd. III, Berlin/New York 1992, S. 25. Erste Sitzung

die „perspektivische Eigenart" vorherrschte, weltwirtschaftspolitische Themata völlig zu ignorieren, sie überhaupt erst gar nicht zur Kenntnis zu nehmen[5].

Wenngleich Hindenburg immer ein offenes Ohr für innen-, insbesondere aber für reichswehrpolitische Anliegen hatte[6], so dominierte doch die Außenpolitik augenfällig seinen Tagesablauf[7]. Dank seines unermüdlichen Eifers, kontrollierenden Einfluß auf die Außenpolitik zu gewinnen[8], wurde dieses politische Teilgebiet – wie es der ehemalige Pressechef der Reichsregierung und Hindenburg-Biograph, Erich Marcks, einmal auf den Punkt brachte, zum „eigentlichen Quell" seiner politischen Arbeit[9].

Zum Auswärtigen Amt, das bis zu seinem Tod seine Domäne war[10], bemühte Hindenburg sich stets um einen engen und intensiven Kontakt. Schon kurz nach seinem Amtsantritt konnten sich die Beamten in der Wilhelmstraße ein Bild davon machen, wie ausgeprägt das außenpolitische Interesse und Informationsbedürfnis ihres neuen Staatsoberhauptes sein sollte. Richtungweisend hierfür waren diverse Forderungen, mit denen er nur allzu deutlich zu verstehen gab, was er unter einer direkten Partizipation an der Außenpolitik verstand. Nicht einmal zwei Wochen nach seiner Amtseinführung zitierte er am 21. Mai 1925 Reichskanzler Luther und Reichsaußenminister Stresemann zu sich, um beiden zu verdeutlichen, wie sehr ihm die persönliche Orientierung über die „weitere außenpolitische Entwicklung" am Herzen lag[11]. Nur wenige Wochen später wurde der Staatssekretär des Auswärtigen Amtes, Carl von Schubert, von Hindenburgs Dienststelle telefonisch darüber in Kenntnis gesetzt, daß der Reichspräsident die „beschleunigte Vorlage" aller eingegangenen Berichte der deutschen Botschafter und Gesandten verlange, weil er sich ein Bild über die ausländischen

---

des Wirtschaftsbeirats am 29. Oktober 1931, in: AdR, Kab. Brüning I, Bd. 3, Dok.-Nr. 526, S. 1860.

[5] GERHARD SCHULZ (Hrsg.): Von Brüning zu Hitler, a.a.O., S. 24.
[6] Hierzu siehe JOHANNES HÜRTER: Wilhelm Groener. Reichswehrminister am Ende der Weimarer Republik (1928-1932), in: Beiträge zur Militärgeschichte. Hrsg.: Militärgeschichtliches Forschungsamt, Bd. 39, München 1993, S. 47f.
[7] Zum Tagesablauf Hindenburgs siehe S. 109-115 dieser Arbeit.
[8] Von der gleichen Annahme geht auch PETER HAUNGS aus: Reichspräsident und parlamentarische Kabinettsregierung. Eine Studie zum Regierungssystem der Weimarer Republik in den Jahren 1924 bis 1929, Hrsg.: Dolf Sternberger, Köln/Opladen 1968, S. 184f.
[9] ERICH MARCKS: Hindenburg. Feldmarschall und Reichspräsident, Göttingen/Berlin/Frankfurt a. M. 1963, in: Persönlichkeit und Geschichte, Bd. 22, S. 36.
[10] Vgl. HANS-ADOLF JACOBSEN: Nationalsozialistische Außenpolitik 1933-1938, Frankfurt a. M./Berlin, 1968, S. 466.
[11] Aufzeichnung StS v. Schubert [AA], Berlin, 21.05.1929 [Original], PA AA Bonn, NL Stresemann, Bd. 80, 7387 H/H 169904.

Reaktionen auf seine Kandidatur und Wahl machen wolle[12]. Um die Dringlichkeit und Ernsthaftigkeit seiner weiteren Ansprüche zu unterstreichen, bediente er sich zwei Tage später nicht mehr eines Mittelmannes, sondern wandte sich dieses Mal direkt an den Außenminister. Von ihm erwartete er in Zukunft eine umfassende und kontinuierliche Berichterstattung. En passant ließ er durchblicken, wie wichtig ihm jener politische Sektor war:

„Bei der großen Bedeutung, welche die Geschäftsführung des Auswärtigen Amtes für unsere gesamte Politik hat, lege ich besonderen Wert auf eine gute und eingehende Information dieses Ressorts [...]"[13].

In diesem Schriftstück insistierte er auch auf rechtzeitiger Vorlage aller politisch und wirtschaftlich bedeutungsvollen Telegramme inklusive aller Berichte der Missionschefs. Außerdem bestand er auf einer direkten Übermittlung der Abschriften jener Zirkulardepeschen und Weisungen, die vom Auswärtigen Amt für gewöhnlich in regelmäßigen Abständen an die Missionen übersandt wurden. Stresemann wurde von ihm obendrein dazu angehalten, ihn vor der Einleitung irgendwelcher diplomatischer Schritte mit Fremdstaaten zeitig zu unterrichten, damit er seine Meinung stets rechtzeitig anbringen konnte. Jegliche Personalveränderungen im Auswärtigen Amt, ob sie die Missionschefs-, Botschaftsrats- oder Generalkonsulposten betrafen, mußten ihm schriftlich oder mündlich avisiert werden[14]. Doch nicht nur der zeitliche Faktor spielte dabei eine tragende Rolle. Hindenburg legte zum anderen größten Wert auf persönlichen Rapport, der ihm die willkommene Gelegenheit bot, den gerade anwesenden Referenten die verschiedensten Fragen zu stellen[15]. Als er einmal darüber verspätet informiert wurde, daß Irland im Begriffe sei, einen Gesandten nach

---

[12] Aktennotiz StS v. Schubert [AA], Berlin, 02.06.1925 [Kopie eines Originals], PA AA Bonn, R 291050k/E 137137. Schubert wurde von ORegRat Otto v. Erdmannsdorff [B.d.Rpräs.] kontaktiert, der im Auftrag Hindenburgs handelte. Die angeforderten Telegramme wurden kurze Zeit später wunschgemäß übersandt. Schreiben LegS Strohm [AA] an ORegRat Erdmannsdorff, Berlin, 05.06.1925 [Kopie], PA AA Bonn, R 291050k/E 137138. Zwecks Gegenkontrolle befahl Hindenburg am 9. November 1925 die Vorlage einiger Depeschen, worin wichtige Instruktionen an die deutschen Auslandsvertreter betreffend der Rückwirkungen der Locarno-Verträge enthalten waren. Vermerk RAM Stresemann, Berlin, 09.11.1925 [Kopie], PA AA Bonn, R 29108k/E 130256.
[13] Schreiben Rpräs. v. Hindenburg an RAM Stresemann, Berlin, 04.06.1925 [Original], PA AA Bonn, R 28034/E 255792f.
[14] EBD., E 255792. Aktennotiz v. MinDir Grünau, Berlin, 11.11.1932 [Durchschlag einer Abschrift], PA AA Bonn, R 130174.
[15] „[...] Kürzlich war ich [StS v. Schubert] ungefähr eine Stunde beim Reichspräsidenten, der allerlei wissen wollte [...]". Schreiben StS v. Schubert [AA] an RAM Stresemann, Berlin, 30.06.1928 [Original], PA AA Bonn, R 28668/D 706855-856.

Berlin zu schicken und man deshalb auf deutscher Seite im Gegenzug plane, das Generalkonsulat in Dublin in eine Gesandtschaft umzuwandeln, wandte er sich an Reichskanzler Hermann Müller mit der Beschwerde, er dürfe solche Maßnahmen nicht „en parlant" erfahren. Bei künftigen gleichartig oder ähnlich gelagerten Fällen erwarte er, so seine mahnenden Worte, rechtzeitige Benachrichtigung[16]. Worauf er überdies ausdrücklich Wert legte, war die Aufrechterhaltung des direkten Kontaktes mit den deutschen Auslandsvertretern. Jeder deutsche Diplomat, der in der Reichshauptstadt – aus welchen Gründen auch immer – weilte, mußte seiner Weisung Folge leisten und mit ihm beizeiten das persönliche Gespräch suchen[17]. Hiermit wurde insbesondere der deutsche Botschafter in Moskau, Graf Brockdorff-Rantzau, in die Pflicht genommen. Von ihm erhoffte Hindenburg sich eine „fortlaufende und rasche" Unterrichtung über die Entwicklungen in den deutsch-sowjetischen Beziehungen[18]. Doch auch der Staatssekretär des Auswärtigen Amtes sah sich einem sehr weisungsfreudigen Reichspräsidenten gegenüber, der ihn, wenn sich den Kreml betreffende Rückfragen ergaben, des öfteren ins Palais zitierte[19]. Ganz besonders achtete Hindenburg bei außenpolitischen Geschäftsvorgängen auf die Einhaltung der Diskretion; unter seiner Ägide mußten alle Beamten über die internen Abläufe strengstes Stillschweigen bewahren. Wenn Veröffentlichungen durch das W.T.B. vorgesehen waren, die seine Person in irgendeiner Weise betrafen, beharrte er strikt auf die Vorlage des entsprechenden Textes, der erst nach seiner Einwilligung publiziert werden durfte[20]. Solange Hindenburg als Reichspräsident fungierte, war das

---

[16] Aufzeichnung RK Müller betr. Besprechung mit Rpräs. v. Hindenburg, Berlin, 26.11.1928 [Original; per Feder signiert], AdsD Friedrich-Ebert-Stiftung Bonn, NL Müller, Tr. 4/1, Mappe 1-27, Kassette Nr. III, Nr. 3.

[17] Hindenburgs Anordnung konnte in den Akten nicht ausfindig gemacht werden; jedoch soll es nach Auskunft eines Gesandten in Deutschland diplomatischer Usus gewesen sein, daß die Missionschefs auf Heimaturlaub sich beim Staatsoberhaupt zum Rapport meldeten. WIPERT V. BLÜCHER: Gesandter zwischen Diktatur und Demokratie. Erinnerungen aus den Jahren 1935-1944, Wiesbaden 1951, S. 42. Ferner siehe Aufzeichnung MinDir Doehle, Berlin, 28.09.1928 [Durchschlag], PA AA Bonn, R 28043a/H 226582.

[18] Schreiben Rpräs. v. Hindenburg an RAM Stresemann, Berlin, 28.11.1925, in: WALTER HUBATSCH (Hrsg./Bearb.): Hindenburg und der Staat. Aus den Papieren des Generalfeldmarschalls und Reichspräsidenten von 1878 bis 1934, Göttingen/Berlin/Frankfurt a. M./Zürich 1966, Dok.-Nr. 36, S. 220.

[19] Siehe auch Aufzeichnungen StS v. Schubert, Berlin, 21.11.1925 u. 23.11.1925 [Originale], PA AA Bonn, R 29248/E 155779-782.

[20] „Recht ungehalten" war Hindenburg beispielsweise über die Nachricht, daß die Presse Mitte November 1928 bereits über die Ernennung des neuen Botschafters v. Dirksen unterrichtet war. Schreiben StS Pünder an RK Müller, Berlin, 24.11.1928 [Mikrofilm-Nr. 596], BA Koblenz, R 43 II/1413 [S. 62]; Schreiben StS Meissner [B.d.Rpräs.] an MinDir Zechlin, Berlin, 24.01.1930 [Durchschlag], BA Berlin-Lichterfelde, R 601/4.

Auswärtige Amt an die Direktive gebunden, ihn zuerst auf dem Behördenweg zu informieren, bevor die Presse unterrichtet werden durfte. Schon bei den kleinsten Informationsdefiziten ließ er seinen Unmut durchblicken. Aufschluß darüber gibt eine weitere an Stresemann gerichtete Beschwerde, mit der Hindenburg dem Außenminister vorhielt, daß das Auswärtige Amt ihn nicht rechtzeitig über die „Bemerkungen der deutschen Regierung zu dem Arbeitsprogramm des Sicherheitskomitees" unterrichtet hatte[21]. Auch in scheinbar belanglose Vorgänge, die bestenfalls von sekundärer außenpolitischer Relevanz waren, wollte er eingeweiht werden. So zeigte er sich etwa über den deutschen Botschafter in London, Friedrich Sthamer, verärgert, der es versäumt hatte, ihm die von englischer Seite erbetene Teilnahme deutscher Offiziere an einer Pferde-Show rechtzeitig anzukündigen[22].

Wie konsequent Hindenburg die klassische Maxime vom Primat der Außenpolitik in die politische Praxis umsetzte, bekam auch Hitler zu spüren, dem er sogar die mündliche Versicherung abnötigte, daß alle das Auswärtige Amt und die Besetzung der Auslandsposten betreffenden Angelegenheiten weiterhin ausschließlich von seiner Entscheidung abhängig bleiben sollten[23]. Den Beweis, daß sein *außenpolitisches* Selbstbewußtsein auch unter der nationalsozialistischen Regierung keinen Schaden genommen hatte, daß er sich von Amts wegen den Fragen der internationalen Politik desgleichen nach der „Machtübernahme" verpflichtet fühlte, erbrachte er Mitte Juni 1934 im Beisein des späteren Außenministers Ribbentrop, dem er auf sehr eindringliche Art die Leviten las. Dem voran-

---

[21] „[...] Unter Hinweis auf die mir verfassungemäss [sic!] zustehende Mitwirkung bei der Entscheidung von Fragen aussenpolitischer und völkerrechtlicher Natur wäre ich dankbar, wenn Sie, Herr Reichsminister, in künftigen Fällen dieser Art, ehe eine Festlegung erfolgt, mich vorher in Kenntnis setzen wollten [...]". Schreiben Rpräs. v. Hindenburg an RAM Stresemann [Original], Berlin, 31.01.1928, PA AA Bonn, R 28035/E 255819. Gleiches Dokument [Durchschlag] lagert auch im Bundesarchiv Koblenz unter der Signatur: R 43 I/516 [S. 142]. Mehr zu den „Bemerkungen der Deutschen Regierung zu dem Arbeitsprogramm des Sicherheitskomitees", worin die Deutsche Regierung den Berichterstattern des Sicherheitskomitees „einige Bemerkungen allgemeiner Art zum Arbeitsprogramm" zugehen ließ. BA Koblenz, R 43 I/516 [Mikrofilm-Nr. 127], [S. 239ff.].

[22] Schreiben StS Meissner [B.d.Rpräs.] an AA Abt. VI [o.A.], Berlin, 01.04.1927 [Durchschlag einer Abschrift]; Anlageschreiben: Aufzeichnung betr. Schreiben der Dt. BS Sthamer [London] vom 14.03.1927 [Original], BA Berlin-Lichterfelde R 601/706 S. 172ff.; Siehe Hindenburgs Randbemerkung: „Diese [damit ist die Teilnahme der deutschen Offiziere an der Pferde-Show gemeint] will ich vorher wissen!". S. 172ff.; Besagte Aufzeichnung wurde an das AA übersandt.

[23] HENRY PICKER: Hitlers Tischgespräche im Führerhauptquartier 1941-1942, Hrsg.: Percy E. Schramm/Andreas Hillgruber/Martin Vogt, Stuttgart 1963, S. 368. Tagebucheintrag v. Quaatz, 21.01.1933, in: REINHOLD QUAATZ: Die Deutschnationalen und die Zerstörung der Weimarer Republik. Aus dem Tagebuch von Reinhold Quaatz 1928-1933, Hrsg.: Hermann Weiß u. Paul Hoser, in: Schriftenreihe der VfZ, Bd. 59 (1989), S. 224.

gegangen war ein Vortrag Ribbentrops im Arbeitszimmer des Reichspräsidenten über Fragen zur Abrüstungskonferenz. Dabei hatte der Außenminister in spe nach Darstellung eines englischen Diplomaten infolge seines arroganten Auftretens und seines belehrenden Tonfalls wohl ungewollt den Reichspräsidenten aus der Reserve gelockt. Ohne Umschweife zu machen soll Hindenburg ihn mit den Worten zurechtgewiesen haben, daß die internationale Politik ausschließlich sein Geschäft sei, bei dem nur der Reichskanzler und Außenminister ihm assistierend und beratend zur Seite stehen durften; er hingegen solle sich auf die Weiterleitung der Instruktionen beschränken, die man ihm gegeben habe[24].

Um zu verstehen, warum Reichspräsident von Hindenburg während seiner ganzen Amtszeit mit Argusaugen über die deutsche Außenpolitik wachte[25] – wenn auch mit unterschiedlicher Intensität – ist eine Analyse seiner außenpolitischen Zielsetzungen unerläßlich.

B. Revisionist ohne Programm – Die außenpolitischen Zielvorstellungen

An Hindenburgs heterogenen außenpolitischen revisionistischen Zielsetzungen und irreversiblen Grundüberzeugungen, denen er seine ganze Amtszeit hindurch treu blieb und an denen sich im Grundsatz de facto nichts änderte, ist die zueinander bestehende punktuelle Gewichtung auffällig. Egal welcher Sachverhalt debattiert wurde: Er gestand nahezu allen außenpolitischen Vorgängen und anstehenden Entscheidungen eine augenblickliche Priorität zu, sofern sie einen

---

[24] Besagte unedierte und nur im Foreign Office verzeichnete Quelle hierzu soll aufgrund ihrer Aussagekraft vollständig abgedruckt werden: „My dear Sargent, the following story about Ribbentrop and the President emanating from Papen's circles, may amuse you. Ribbentrop paid to visit to Neudeck recently, in order to report to the President on his recent strenuous efforts in the cause of disarmanent. After he had left, the old gentlemen is said to have thus described the interview to a member of his entourage: ‚That young Ribbentrop came to see me just now, he growled heavily. He made himself comfortable in an armchair; crossed his legs; folded his hands behind his head; and made me a speech about international affairs. I listened. When he had finished, I said to him: Young man (here the President made a long pause to allow this opening to sink in). Young man, international policy is the business of myself, assisted and advised by the Chancellor and the Minister for Foreign Affairs. Your duty is to carry out the instructions which may be given to you. God day' ". Schreiben Eng. BS Eric Phipps an Assistant Under-Secretary of State for Foreign Affairs Orme Garton Sargent, Berlin, 29.06.1934 [Original], PRO London, FO 371/17695, C 4443 [S. 72]. Siehe auch HEINZ GÜNTHER SASSE: 100 Jahre Botschaft in London. Aus der Geschichte einer Deutschen Botschaft, Bonn 1963, S. 66f.

[25] Siehe WERNER MASER: Hindenburg. Eine politische Biographie, Rastatt 1989, S. 266.

revisionistischen Bezug hatten. Aus diesem Konglomerat von Vorsätzen ragte nur ein übergeordnetes außenpolitisches Ziel hervor, das aber immerfort sein höchstes Interesse erweckte. Es war dies die von ihm forcierte Widerlegung des Kriegsschuldartikels 231 im Versailler Vertrag. Den Kampf gegen die sogenannte „Kriegsschuldlüge" hat er gerade als Reichspräsident – wann immer es ging, wann immer er es für nötig erachtete – stets gefördert[26].

Selbst vor der Wahl zum Reichspräsidenten, aber auch danach, konzipierte er keine klare innen- und außenpolitische Programmatik, so daß er aus dem Blickwinkel des neutralen Beobachters wie eine „Autorität ohne Programm" erscheinen mußte[27]. Ergo implizierten seine beiden Wahlreden im April 1925 kein durchdachtes außenpolitisches Programm[28]. In seiner ersten Wahlrede am 19.

---

[26] Stresemann hierzu: „[...] Für die Bekämpfung der Kriegsschuldlüge zeigte er großes Interesse [...]". Tagebucheintrag RAM Stresemann, 19.05.1925, in: HENRY BERNHARD (Hrsg.), Gustav Stresemann Vermächtnis. Der Nachlass in drei Bänden. Locarno und Genf, Bd. II, Berlin 1932, S. 60. Beispielsweise schweifte Hindenburg in einem Gespräch mit dem amerikanischen Staatssekretär Stimson, das am 27. Juli 1931 in seinem Palais stattfand, vom ursprünglichen Thema ab und kam wie so oft auf die Kriegsschuldfrage zu sprechen: „[...] wir alle hätten gewußt, welch große Gefahr ein solcher Krieg für Deutschland mit sich bringen würde, und niemand von uns wäre leichtfertig genug, Deutschland einer solchen Gefahr auszusetzen [...]". Stimson hingegen ging auf das Thema „Kriegsschuld" nicht näher ein. Siehe Aufzeichnung StS Meissner [B.d.Rpräs.], Berlin, 27. Juli 1931, in: ADAP, B-XVIII, Dok.-Nr. 80, S. 156. Gleiches Dokument liegt auch im BA Koblenz, R 43 I/98 [S. 278]. Cf. auch Aufzeichnung US-Secretary of State H. Stimson, Berlin, 27.07.1931, in: FRUS, 1931, Vol. I, S. 553. Siehe ebenfalls HENRY L./MCGEORGE BUNDY STIMSON: On active Service in Peace and War. New York 1971, S. 270. In einer Unterredung mit StS v. Schubert nahm Hindenburg Bezug auf das Aktenwerk, das für die Entsendung ins Ausland vorgesehen war. Dort gab er zu bedenken, daß die vielbändige Aktendokumentation aufgrund ihres Umfanges nur wenige Leser finden werde. Deshalb sei dem Aktenpaket, so seine Anregung, noch vor ihrer Entsendung ein kurz zuvor erschienener Band über das Gesamtwerk vorzulegen. Aufzeichnung StS v. Schubert [AA], Berlin, 25.02.1927 [Durchschlag], PA AA Bonn, R 27379/D 829582-583. Auch die Einbeziehung der „Kriegsschuldlüge" in das *Volksbegehren* hinsichtlich des Young-Plans hielt Hindenburg für bedenklich, weil ein voraussichtliches Scheitern den „Kampf gegen die Kriegsschuldfrage" nachhaltig beeinflussen könnte. Dazu Schreiben MinDir Walter Zechlin an RegRat Planck [Rkei], Berlin, 07.10.1929 [Mikrofilm-Nr. 373], BA Koblenz, R 43 I/1889 [S. 23f.]. Ferner FRIEDRICH V. PRITTWITZ UND GAFFRON: Zwischen Petersburg und Washington. Ein Diplomatenleben, München 1952, S. 195f. und ERICH MARCKS, a.a.O., S. 41. Augenscheinlich wurde dies insbesondere durch seine Tannenbergrede vom 18. September 1927. Siehe S. 216-227 dieser Arbeit.

[27] FRIEDRICH LUCAS: Hindenburg als Reichspräsident, in: Bonner Historische Forschungen, Hrsg.: Max Braubach, Bd. 14, Diss. Bonn 1959, S. 12 u. 58ff.; Zur inaktiven Rolle Hindenburgs bei der Wahlkampfkampagne 1925 siehe JOHN W. WHEELER-BENNETT: Der hölzerne Titan. Paul von Hindenburg, Tübingen 1969, S. 273ff.

[28] Die zweite Wahlrede erfolgte über den „Äther". Am 25.04.1925 hielt er eine Radioansprache, die inhaltlich sehr gemäßigt war. „[...] Hindenburg's statement was moderate and pacific. [...]".

April, die in der Stadthalle von Hannover abgehalten wurde, stellte er zwar den Wiederaufstieg Deutschlands mit friedlichen Mitteln als Grundlage der deutschen Außenpolitik voran, erläuterte aber den Anwesenden in außenpolitischer Beziehung wenig Konkretes. Signifikant hierfür war sein freimütiges Bekenntnis, daß man von ihm jetzt nicht eine kontroverse Darlegung des „Programms eines Parteimannes" erwarten könne. Ohne darauf näher einzugehen, determinierte er die „Wiederherstellung des deutschen Ansehens in der Welt" als wichtige Voraussetzung für die Sicherung der wirtschaftlichen und politischen Lebensfähigkeit Deutschlands und überließ es der Phantasie seiner Zuhörer, sich auszumalen, wie dies realisiert werden könnte[29].

Bei dem sich noch am selben Abend anschließenden Presseempfang wich er den Fragen der zahlreich erschienenen ausländischen Journalisten aus und gab noch nicht einmal eine kurze außenpolitische Stellungnahme ab[30]. Statt dessen legte er den Reportern nahe, daß er sich „heute" auf keine Einzelfragen einlassen werde, da sich für die „Aufgaben der Zukunft" keine festen Regeln aufstellen lassen[31]. Daß er den Fragen der Korrespondenten nach seinen fest umrissenen politischen Zielen notgedrungen ausweichen mußte[32], lag an seinen zusammenhanglosen punktuellen außenpolitischen Zielvorstellungen, deren fehlender konzeptioneller Rahmen seine ganze Politik bestimmte. Selbst in den „Richtlinien des Reichsblocks für den zweiten Wahlgang" sind ausschließlich innenpolitisch relevante Grundsätze fixiert; außenpolitische Themen wurden dort noch nicht

---

MARGARET GOLDSMITH/FREDERICK VOIGT: Hindenburg. The Man and the Legend, New York 1930, S. 286. WHEELER-BENNETT, Der hölzerne Titan, a.a.O., S. 274f.

[29] „Wahlrede Paul v. Hindenburg", Hannover, 19.04.1925, abgedruckt in: FRITZ ENDRES: Hindenburg. Briefe, Reden, Berichte, Ebenhausen 1934, S. 143ff.; Ebenso WHEELER-BENNETT, Der hölzerne Titan, a.a.O., S. 274.

[30] „[...] Nun wollen Sie gewiss von mir etwas über Aussenpolitik hören. Aber darüber kann ich nichts sagen, da ich ja noch nicht Reichspräsident bin, und nach der Verfassung der Reichskanzler dafür verantwortlich ist. Der steht mir aber noch nicht zur Verfügung [...]". Laut Oberstleutnant von Kügelgen soll Hindenburg diesen Kommentar während der Pressekonferenz von sich gegeben haben. DIETER V. DER SCHULENBURG: Welt um Hindenburg. Hundert Gespräche mit Berufenen, Berlin 1935, S. 68.

[31] Rede v. Hindenburg anläßlich des Presseempfanges, Hannover, 19.04.1925, abgedruckt in: FRITZ ENDRES, Hindenburg, a.a.O., S. 143ff.

[32] Als Hindenburg von einem amerikanischen Journalisten (mehr zu diesem Interview auf S. 197 dieser Arbeit) über seine Ansicht zum Garantiepakt gefragt wurde, entgegnete dieser: „[...] Über den Garantiepakt kann ich leider nichts Grundsätzliches sagen, weil es sich hier um eine Angelegenheit der Regierungen handelt und weil ich den Eindruck habe, daß die diplomatischen Verhandlungen über diesen hochbedeutsamen Plan sich noch im ersten Stadium der Entwicklung befinden. [...]". Siehe Unterredung Hindenburgs mit dem Berliner Vertreter des amerikanischen Hearstpresse-Konzerns, Berlin, 21.04.1925, in: FRITZ ENDRES, Hindenburg, a.a.O., S. 149.

einmal peripher angeschnitten³³. Tatsächlich setzte der „Reichsblock" seine Hoffnungen nicht auf eine ausgereifte Programmatik, sondern vertraute auf Hindenburgs charismatische Wirkung. Er sollte als Zugpferd den Wahlerfolg garantieren. Diese Rechnung ging auf, da das Gros der deutschen Wähler bei ihrem Votum für den Weltkriegsgeneral außenpolitische Kriterien völlig außer acht gelassen hatte. Nicht irgendwelche äußeren neueren Entwicklungen oder Erwägungen waren prägend für ihr Abstimmungsverhalten; vielmehr entschieden sie sich für den Mythos, für die lebende Legende schlechthin³⁴.

Selbst in seiner farblosen³⁵ „Osterbotschaft an das deutsche Volk", in der Walter Hubatsch Grundzüge des Regierungsprogrammes Hindenburgs zu erkennen glaubt³⁶, konkretisierte der „programmatikscheue"³⁷ Generalfeldmarschall kein außenpolitisches Konzept³⁸. Immerhin bezeichnete er den Wiederaufstieg Deutschlands zur souveränen und im internationalen System voll akzeptierten gleichberechtigten Großmacht als sein vorrangiges außenpolitisches Ziel. Doch im Kern blieb dies alles verschwommen und abstrakt, zumal er eine Diskussion der möglichen Wege zur Realisierung dieses Grobziels erst gar nicht in Betracht zog³⁹.

---

[33] Siehe Politische Richtlinien des Reichsblocks, Berlin, 10.04.1925 [Kopie einer Abschrift], PA AA Bonn, NL Stresemann, Bd. 23, 7312 H/H 158726ff.; Dort wurde u.a. nachdrücklich auf die überparteiliche Rolle des potentiell künftigen Reichspräsidenten verwiesen: „[...] Sein Kandidat [damit war Hindenburg gemeint] hat kein festes Mandat im Sinne einer parteipolitischen Koalition. Er ist als Kandidat des ganzen Volkes und als zukünftiges Oberhaupt des ganzen Staates völlig frei in seinen Entschliessungen [...] [sic!]". Näheres zur Wahl Hindenburgs bei HANNS-JOCHEN HAUSS: Die erste Volkswahl des deutschen Reichspräsidenten. Eine Untersuchung ihrer verfassungspolitischen Grundlagen, ihrer Vorgeschichte und ihres Verlaufs unter besonderer Berücksichtigung des Anteils Bayerns und der Bayerischen Volkspartei, in: Münchener Universitätsschriften, Hrsg.: Karl Bosl, Bd. 2, Kallmünz 1965.

[34] WALTER BLOEM: Hindenburg der Deutsche, Berlin 1932, S. 88. LUCAS, a.a.O., S. 20.

[35] Erinnerungen und Dokumente von Joh. Victor Bredt 1914 bis 1933, Bearb.: MARTIN SCHUMACHER, in: Quellen zur Geschichte des Parlamentarismus und der politischen Parteien. Dritte Reihe. Die Weimarer Republik, Hrsg.: Karl Dietrich Bracher/Erich Matthias/Rudolf Morsey, Bd. I, Düsseldorf 1970, S. 180.

[36] WALTER HUBATSCH, Hindenburg und der Staat, a.a.O., S. 71.

[37] Bezeichnend dafür ist Hindenburgs Wahlrede im Rundfunk vom 10.03.1932, in der er an einer Stelle erklärte, daß er bewußt auf eine politische Rede verzichte, da er sie für unangebracht halte. Mit seinem Streben und Wollen sage er doch mehr aus als mit Worten. Siehe HUBATSCH, Hindenburg, a.a.O., Dok.-Nr. 82, S. 318. Vgl. Fritz Endres, a.a.O., S. 175.

[38] Osterbotschaft des Generalfeldmarschalls v. Hindenburg an das deutsche Volk, Berlin, 11.04.1925, in: HUBATSCH, Hindenburg, a.a.O., Dok.-Nr. 26, S. 187.

[39] FRIEDRICH LUCAS, a.a.O., S. 12.

Sobald außenpolitische Themen ein wenig delikater und komplizierter wurden, zeigte sich seine theoretische Unbewandertheit und mangelnde Kompetenz in aller Deutlichkeit[40].

Spiegelten Hindenburgs revisionistische außenpolitische Zielsetzungen durchweg die Ansichten der Mehrheit der deutschen Bevölkerung wider, so war dagegen seine Ansicht über Methodik und Stil der Außenpolitik entschieden differenzierter. Für einen vom Selbstverständnis her unpolitischen Präsidenten zeigte er sich zumindest in dieser Hinsicht von seiner staatsmännischen Seite. Er favorisierte eine Außenpolitik der „kleinen Schritte", wobei sich hier sein Denken in auffallend realpolitischen Dimensionen bewegte[41]:

„Unser Aufstieg muß ein langsamer sein; mit einem Ruck kann es nicht in die Höhe gehen; wir müssen die Leiter mühsam emporklettern"[42].

Für ihn konnten die „Fesseln des Versailler Vertrages" nur „stufenweise" abgestreift werden[43]. Etappenweise sollte Deutschland seine volle politische und finanzielle Freiheit wiedererlangen, wobei dieser sukzessive Aufstieg nicht auf militärischem, vielmehr auf wirtschaftspolitischem Gebiet stattfinden sollte[44]. Er, der „kriegerische Abenteuer" als wirksames politisches Mittel partout ablehnte, sprach sich explizit für geordnete Rechtsbeziehungen zum Ausland aus[45]. Ob-

---

[40] ANDREAS DORPALEN: Hindenburg in der Geschichte der Weimarer Republik, Berlin/Frankfurt a. M. 1966, S. 97. THEODOR ESCHENBURG: Also hören Sie mal zu. Geschichte und Geschichten 1904 bis 1933, Berlin 1995, S. 207.

[41] Schreiben RAM Stresemann an US-Botschafter a.D. Alanson B. Houghton, Baden-Baden, 04.06.1925, in: HENRY BERNHARD (Hrsg.) Gustav Stresemann Vermächtnis, Bd. II, a.a.O., S. 259.

[42] Ministerratssitzung beim Rpräs. v. Hindenburg, Berlin, 17.11.1925, in: AdR, Kab. Luther II, Bd. 2, Dok.-Nr. 226, S. 871.

[43] Schreiben Rpräs. v. Hindenburg an Admiral Schröder, Berlin, 04.11.1929, in: HUBATSCH, Hindenburg, a.a.O., Dok.-Nr. 68, S. 294f.; Ein anderes Mal gestand Hindenburg gegenüber StS v. Schubert, daß man den „kommenden Ereignissen mit großer Ruhe entgegensehen" möge und man doch hoffen sollte, daß es mit Deutschland wieder langsam aufwärts gehe. Aufzeichnung StS v. Schubert, Berlin 02.06.1925 [Durchschlag], PA AA Bonn, R 27369/D 826370. Vgl. auch Schreiben Rpräs. v. Hindenburg an Dt. BS v. Neurath (Rom), Berlin, 30.04.1930 [hdschr. Original], BA Koblenz, NL v. Neurath, N 1310/171. Nach WALTER GÖRLITZ soll Hindenburg auch geäußert haben, der weiteste Weg sei oft der sicherste. DERS.: Hindenburg - Ein Lebensbild, Bonn 1953, S. 306.

[44] WERNER MASER, a.a.O., S. 226.

[45] Aufzeichnung StS Meissner [B.d.Rpräs.] betr. Empfang des US-Secretary of State H. Stimson beim Rpräs., Berlin, 27.07.1931, in: ADAP, B-XVIII, Dok.-Nr. 80, S. 155. Diese Niederschrift liegt auch im BA Koblenz, R 43 I/98 [S. 276]. Aufzeichnung US-Secretary of State H. Stimson, Berlin, 27.07.1931, in: FRUS, 1931, Vol. I, S. 553. Unterredung Hindenburg, 21.04.1925, a.a.O., in: FRITZ ENDRES, a.a.O., S. 147. Reichsaußenminister v. Neurath berichtet, daß Hindenburg

gleich Hindenburg das Stresemannsche Konzept der friedlichen Verständigungs- und Revisionspolitik auf diplomatischer Ebene – zumindest äußerlich – rückhaltlos unterstützte[46], trennte ihn merklich vieles von Stresemanns außenpolitischen Intentionen, die bei ihm in keiner Weise supranational oder ideologisch akzentuiert waren. Für ihn lag der Sinn der deutschen Außenpolitik nicht darin, die europäische Annäherung und damit auch die Errichtung entsprechender Institutionen zur Realisierung dieses Gedankens voranzutreiben. Ihm ging es mehr um die Durchsetzung aller deutschen revisionistischen Forderungen. Unvermindert setzte er sich deshalb für den Abzug der alliierten Truppen aus dem Rheinland, die Klärung der Entwaffnungsfrage sowie für die Beendigung der Tätigkeit der Interalliierten Militärkommission mit aller Entschlossenheit ein[47].

Hervorgehoben werden muß sein besonderes Augenmerk für die *Rheinlandbefreiung*, ein Ziel, das er einmal als „vornehmste Aufgabe der deutschen Politik" markierte[48].

Auch die Sorge um die deutschstämmigen Minderheiten im Ausland und die damit verbundene Verwirklichung der internationalen Verträge zum Schutze der dort lebenden Menschen verstand er als eine wichtige außenpolitische Mission[49]. Für mindestens genauso bedeutsam hielt er die Pflege und Intensivierung der bilateralen Beziehungen zu Rußland[50]. So mag es nicht verwundern, daß er, dessen Aversion gegen Polen kein Geheimnis war, das Prinzip über das Gefühl stellte und sich für eine friedliche Regelung der Korridorfrage einsetzte[51]. Gerade im Hinblick auf Locarno wollte er die seit dem Rapallo-Vertrag bestehende Rückversicherung mit Rußland nicht gefährden und nahm daher die Warnungen des

---

ihn noch vor der „Machtübernahme" mehrfach vor den verheerenden Konsequenzen eines neuen Krieges gewarnt hatte. Hierzu siehe auch Verhandlungsniederschrift betr. Vernehmung von Neurath, Nürnberg, 22.06.1946, in: IMG - Der Prozess gegen die Hauptkriegsverbrecher vor dem Internationalen Militärgerichtshof Nürnberg 14. November - 1. Oktober 1946, Nürnberg 1948, Bd. XVI, S. 659 u. 661.

[46] WALTER GÖRLITZ, Hindenburg, a.a.O., S. 269.
[47] Siehe u.a. Schreiben Rpräs. v. Hindenburg an RK Marx, Berlin, 30.11.1926, in: HUBATSCH, a.a.O., Dok.-Nr. 48, S. 247. Siehe auch ADAP, B-I-2, Dok.-Nr. 219, S. 509ff.; Hierzu auch GÖRLITZ, Hindenburg, a.a.O., S. 280.
[48] Rede Hindenburgs anläßlich der Feier seines 80. Geburtstages am 02.10.1927, in: Schulthess' Europäischer Geschichtskalender 1927, a.a.O., S. 162.
[49] Rede Hindenburgs zur Neujahrskundgebung 1931, in: Schulthess' Europäischer Geschichtskalender 1931, S. 2.
[50] Schreiben Rpräs. v. Hindenburg an Dt. BS Brockdorff-Rantzau, Berlin, 25.01.1926, PA AA Bonn, NL Brockdorff-Rantzau, Bd. AZ 38, H 224037. Siehe MASER, a.a.O., S. 231.
[51] Schreiben StS Meissner [B.d.Rpräs.] an MinDir Zechlin, Berlin, 24.01.1930 [Durchschlag], BA Berlin-Lichterfelde, R 601/4.

Moskauer Botschafters Graf Brockdorff-Rantzau vor einer allzu einseitigen Bindung an den Westen durchaus ernst⁵².

---

⁵² Schreiben Dt. BS Brockdorff-Rantzau an Rpräs. v. Hindenburg, 08.07.1926 (Geheim!) [Entwurf], in: ADAP, B-II-2, Dok.-Nr. 41, S. 99f. „[...] trotzdem bleibt ein gutes Verhältnis zu Rußland nach meiner Überzeugung das einzige Mittel, dem deutschen Volke die Weltgeltung wieder zu schaffen, die ihm gebührt und allmählich eine selbständige auswärtige Politik zu ermöglichen [...]".

Fünftes Buch: Hindenburg und das Ausland

A. Der Soldat und sein lokales Weltbild

Hindenburgs plakative Ansichten und Vorurteile gegenüber der Mentalität, den sozialen sowie politischen Besonderheiten anderer Nationen, rührten hauptsächlich daher, daß er während seiner Präsidentschaft kein einziges Mal im Ausland geweilt hatte[1]. Schon als oberster militärischer Berater des Kaisers verfügte er nur über unzureichende Erfahrungen und Kontakte mit dem Ausland[2] und setzte sich auch geistig nicht mit fremden Denkweisen und Kulturen auseinander[3]. Ohne andere Länder durch Reisen oder Staatsbesuche näher kennengelernt und die jeweiligen Völker eingehend studiert zu haben, ließ er sich auch als Staatsoberhaupt in seinem Urteil über fremde Nationen vordringlich von militärisch gewonnenen Erfahrungen leiten[4]. Sein Horizont erfuhr selbst durch die vielen Erlebnisberichte von Auslandsreisenden oder Expeditionsteilnehmern, die er gewiß mit großem Interesse verfolgt hat[5], keine einschneidende Erweiterung. Gehörtes und Gelesenes ohne militärischen Bezug reflektierte und vertiefte er selten. Nur sporadisch beschäftigte er sich mit Büchern, die über Militärhistorisches hinausgingen, ganz zu schweigen von klassischer oder belletristischer Literatur[6]. Einerseits hatte er ein Faible für die Geographie und bestach gerade auf

---

[1] Vgl. S. 98ff. dieser Arbeit.
[2] 1871 hielt sich Hindenburg anläßlich der Kaiserproklamation für kurze Zeit in Paris auf, lernte aber die Stadt nur oberflächlich kennen. GENERALFELDMARSCHALL PAUL V. HINDENBURG: Aus meinen Leben, Leipzig 1920, S. 43.
[3] WALTER HUBATSCH: Hindenburg und der Staat. Aus den Papieren des Generalfeldmarschalls und Reichspräsidenten von 1878 bis 1934, Göttingen/Berlin/Frankfurt a. M./Zürich 1966, S. 28.
[4] „[...] Fremde Völker zu analysieren lag ihm nicht [...]". EBD., S. 17.
[5] Sehr angetan war Hindenburg von den Ausführungen des Asienforschers Sven Hedin, der ihn in den Jahren 1926, 1928 und 1929 privat besuchte. Dort kamen beide u.a. auch auf die allgemeine politische Entwicklung in Asien zu sprechen. Siehe SVEN HEDIN: Fünfzig Jahre Deutschland, Leipzig 1938, S. 165ff.
[6] „[...] His favorite subject is Roman history and his hero is Scipio Africanus [...]". HELENE V. NOSTITZ V. HINDENBURG: Hindenburg at home. An intimate biography, New York 1931. So H. R. BERNDORFF: General zwischen Ost und West. Aus den Geheimnissen der Deutschen Republik, Hamburg 1952, S. 137. Als völlig „illiterat" wurde Hindenburg von THEODOR HEUSS eingeschätzt. DERS.: Erinnerungen 1905-1933, Tübingen 1963, S. 331.

diesem Gebiet durch beeindruckendes Wissen[7], andererseits blieb aber sein Weltbild auf den „engen nationalen Rahmen seines Heimatlandes" limitiert[8]. Hinzu kam, daß er das Weltgeschehen vorwiegend durch eine „deutschkonservative Brille" sah, wie ein Zeitzeuge zu bedenken gibt. Somit war auch seine politische Denkweise und Weltanschauung nicht europäisch oder gar universell, sondern primär national orientiert[9]. Er war der klassische Gegentyp zum „Großstädter". Er, der ja schon durch seine ostpreußische Herkunft provinziell geprägt war, fühlte sich innerlich mehr dem Land zugehörig[10]. Insofern konnte sich sein Denken nicht in globalen oder in europäischen Dimensionen bewegen[11], sondern es reduzierte sich zwangsläufig auf den rein lokalen, nationalen Bereich. Dieses eigentümliche Phänomen teilte er mit vielen Zeitgenossen. Wie er über eine fremde Nation urteilte, hing in der Tat meist von seinen persönlichen Kriegserlebnissen mit dem betreffenden Staat ab. Charakteristisch hierfür war sein Hinweis an Hitler, er möge den Italienern nicht zu sehr trauen[12], der allein auf seine negativen Kriegs- und Weltkriegserfahrungen mit Italien zurückgeführt werden kann[13]. In die gleiche Richtung zielte seine Bemerkung,

---

[7] Vortrag Zechlin im Deutsch-Englischen Club, Hannover, 08.02.1949, PA AA Bonn, NL Zechlin [S. 136]. Stets hatte er als Reichspräsident einen kiloschweren Atlas parat, vor dessen Gebrauch er sich auch in Anwesenheit anderer nicht scheute. Vgl. HANS-OTTO MEISSNER: Junge Jahre im Reichspräsidentenpalais. Erinnerungen an Ebert und Hindenburg 1919-1934, München 1988, S. 201. WALTER ZECHLIN: Pressechef bei Ebert, Hindenburg und Kopf. Erlebnisse eines Pressechefs und Diplomaten, Hannover 1956, S. 108.

[8] WALTER HUBATSCHS Ansicht nach konnte Hindenburg keine Beziehung zu einer deutschen Weltpolitik entwickeln, weil er keinen Drang zur Teilhabe an der Weltmacht besaß, weil ihm aber auch das „Denken in Kontinenten nicht lag". DERS., Hindenburg und der Staat, a.a.O., S. 31.

[9] RICHARD VON KÜHLMANN: Erinnerungen, Heidelberg 1948, S. 514.

[10] So auch die Einschätzung von MAGNUS V. BRAUN: Von Ostpreußen bis Texas. Erlebnisse und zeitgeschichtliche Betrachtungen eines Ostdeutschen, Stollhamm 1955 (2. Aufl.), S. 229. Seine häufigen Aufenthalte in Dietramszell und Neudeck oder sein Engagement bei der „Ostpreußenhilfe" können sicherlich auch partiell hierauf zurückgeführt werden.

[11] Siehe Aufzeichnung StS v. Schubert, Berlin, 21.05.1928 [Original], PA AA Bonn, R 29359/E 174218.

[12] In dieser Unterredung mit Hitler bekundete Hindenburg seine Skepsis im Hinblick auf die Annäherung Deutschlands an das faschistische Italien. Hitler gab er „kühl" zu verstehen, daß er Mussolini, trotz seiner Qualitäten als Politiker, nicht zutraue, „aus den Italienern gute Soldaten und aus Italien einen starken Bundesgenossen zu machen". So OTTO MEISSNER: Ebert – Hindenburg – Hitler. Erinnerungen eines Staatssekretärs 1918-1945, München 1991 (2. Aufl.), S. 341f.; LUTZ GRAF V. SCHWERIN V. KROSIGK: Es geschah in Deutschland. Menschenbilder unseres Jahrhunderts, Tübingen/Stuttgart 1951, a.a.O., S. 199.

[13] „[...] Auf eine wirksame Waffenhilfe Italiens zu rechnen, schien mir von jeher bedenklich. [...] Wir hatten Gelegenheit gehabt, die Schwächen des italienischen Heeres im Tripoliskrieg vollauf zu erkennen. [...]". HINDENBURG, Aus meinem Leben, a.a.O., S. 73.

man dürfe mit Österreich künftig niemals mehr gemeinsam Politik machen, weil sie seiner Meinung nach „nie durchhielten"[14]. Auch hier war es wieder das Weltkriegserlebnis mit dem einstigen *Waffenbruder*, das sein Meinungsbild entscheidend prägte[15].

Anspielungen dieser Art belegen anschaulich, wie stark Hindenburgs Denken und Urteilen selbst noch als Reichspräsident von vergangenen Kriegserlebnissen bestimmt wurde[16]. Sie haben seine klischeehafte Ansicht über England, sein blasses Amerikabild[17], seine negativ gefärbte Einstellung zu Frankreich und seine Beurteilung Rußlands aus der Sicht des Kriegsgegners grundlegend geformt[18].

In den wenigen bekannten Äußerungen Hindenburgs über bestimmte Nationen spiegeln sich indes weitere Aspekte seines schablonenartigen Meinungsbildes wider[19]. Seine banalen und teilweise sogar naiven Überzeugungen wurden dazu von tiefverwurzelten Vorurteilen übertroffen, die indizieren, daß ihm multikulturelle und supranationale Ideen gänzlich fremd waren, was er an einer Stelle seiner Memoiren ohne Umschweife bestätigt[20]. Seine abwertenden Kommentare

---

[14] Vgl. HEINRICH BRÜNING: Memoiren 1918-1934, Stuttgart 1970, S. 266. Von diesem Aspekt ausgehend wird Hindenburgs konsequentes Nein zu einem Anschluß Österreichs einleuchtend. Aufzeichnung StS v. Schubert, Berlin, 21.05.1928 [Original], PA AA Bonn, R 29359/E 174218f.; GREGORY F. CAMPBELL: Confrontation in Central Europe. Weimar Germany and Czechoslovakia, Chicago/London 1975, S. 191.

[15] „[...] Der Generalfeldmarschall war auf die Österreicher außerordentlich schlecht zu sprechen, wohl insbesondere weil die österreichische Armee, national bunt zusammengewürfelt, keineswegs ausreichend modern ausgerüstet und daher nicht schlagkräftig, den Heerführern manche bittere Enttäuschung bereitet haben mochte. [...]". So RICHARD VON KÜHLMANN über *den* Hindenburg des Jahres 1917/18. Siehe DERS.: Erinnerungen, Heidelberg 1948, S. 515.

[16] Schenkt man der Aussage eines unmittelbaren Beobachters Glauben, dann fehlte es dem Generalfeldmarschall bereits während seiner OHL-Zeit am rechten Maß, ein realistisches Werturteil über das Ausland abzugeben. Anstatt den Gegner eingehend und angemessen zu analysieren, schätzte er ihn in völliger Verkennung der tatsächlichen Lage meist falsch ein. Zuweilen malte er sich in seiner Phantasie den Kriegsgegner so aus, wie er in deutschen Magazinen und Zeitungen karikiert wurde. Erinnerungsmanuskript 1920-1945, Karl Schwarzkopf (Mikrofilm), BA Koblenz, Kl. Erw., S. 136.

[17] Hierzu siehe NICHOLAS MURRAY BUTLER: Across the busy years; recollections and reflections, First Edition, New York/London 1939, S. 152.

[18] Daß die Franzosen für ihr „vaterländisches Ideal" jegliche Art von „Sonderinteressen bis zur völligen Hinopferung" zurückgestellt hatten, beeindruckte ihn zutiefst. Siehe HUBATSCH, Hindenburg und der Staat, a.a.O., S. 28f.

[19] Assoziierte er mit Italien ein Land mit vielen Analphabeten, so bewunderte an der englischen Nation das über „allen Parteien stehende ausgeprägte Nationalbewußtsein" sowie das „in sich geschlossene, ruhige staatliche Kraftbewußtsein". HUGO VOGEL: Erlebnisse und Gespräche mit Hindenburg, Berlin 1935, S. 40, 44 u. 63. HINDENBURG, a.a.O., S. 200.

[20] „[...] So wenig ich geneigt bin einem Kosmopolitismus zu huldigen [...]". Ferner soll er geäußert haben: „[...] Lassen Sie mich mit Goethe; Kosmopolit - und dann die ewigen Weibergeschichten

und sein grundsätzlicher Pessimismus über die Arbeit des Völkerbundes[21], seine prinzipielle Aversion gegen ein mögliches Zusammenwachsen Europas[22] reflektieren im Grunde genommen nur seine vorurteilsreiche Gedankenwelt. Etwa seine unverhohlene Frage an Stresemann, warum sich dieser denn im Genfer Völkerbund mit „Negern, Gelben und Franzosen" an einen Tisch setzen müsse, gibt einen deutlichen Hinweis auf seine im ganzen sehr dogmatische, in vieler Hinsicht undifferenzierte Sicht der Welt, die in keinem Verhältnis zu seinem Amt stand und zu Recht archaisch anmutet[23]. Dadurch konnte ein antiquiertes Weltbild in seinem außenpolitischen Denken Platz gewinnen, das seine Wurzeln in der Bismarckära und wilhelminischen Epoche hatte[24].

[...]". Siehe EMIL LUDWIG: Hindenburg - Legende und Wirklichkeit, Hamburg 1962 [1. Aufl. Amsterdam 1935], S. 215. Ferner soll Hindenburg über den Dichter gesagt haben: Mit diesem Goethe habe es „moralisch" durchaus nicht gestimmt. So nach EDWIN REDSLOB: Von Weimar nach Europa. Erlebtes und Durchdachtes, Berlin 1972, S. 207. Siehe auch ZECHLIN, Pressechef, a.a.O., S. 112f.

[21] Bereits im November 1925 charakterisierte Hindenburg den Völkerbund in einem wichtigen an die Reichsregierung überreichten Aktenstück als „Phantom". Siehe Notizen des Reichspräsidenten für die Vorarbeiten zur Londoner Konferenz, 02.11.1925, in: AdR, Kab. Luther I u. II, Bd. 2, Dok.-Nr. 214, S. 826. Ferner gestand er im Mai 1928 im Beisein von StS v. Schubert, daß er der Genfer Institution „nach wie vor" nicht traue. Diese habe sich, so Hindenburg, in jüngster Vergangenheit zu oft blamiert, ganz einfach deshalb, weil dort im allgemeinen zu selten die Wahrheit gesagt werde. Aufzeichnung StS v. Schubert, Berlin, 21.05.1928 [Original], PA AA Bonn, R 29359/E 174218-221. ZECHLIN, Pressechef, a.a.O., S. 89. Auch in Anwesenheit des Außenministers äußerte sich Hindenburg mehrfach abfällig über den Völkerbund. Siehe WOLFGANG STRESEMANN: Mein Vater Gustav Stresemann, München 1979, S. 355f.

[22] Kennzeichnend hierfür ist der fehlgeschlagene Versuch, ihn 1928 zum Beitritt zur „Französischen Gruppe des Bundes für Europäische Verständigung" zu bewegen. Obgleich diesem Verband (Zielsetzung: Zusammenfassung der Kräfte auf „überparteilicher Grundlage", um die Verständigung zwischen den europäischen Ländern zu fördern) Persönlichkeiten wie beispielsweise Stresemann, Luther, Marx oder der frz. Präsident Doumergue angehörten, distanzierte Hindenburg sich von demselben. Schreiben Wilhelm Heile an StS Meissner [B.d.Rpräs.], Berlin-Zehlendorff, 28.03.1927 [Abschrift]; Vermerk ORegRat Erdmannsdorff an AA [o.A.], Berlin, 29.03.1927 [Abschrift], PA AA Bonn, R 96427.

[23] Wie RAM Stresemann berichtet, betonte Hindenburg in seinem Beisein, daß er sich mit der „Idee" eines deutschen Eintritts in den Völkerbund „sehr wenig" anfreunden könne. Tagebucheintrag RAM Stresemann, 11.08.1925, in: HENRY BERNHARD (Hrsg.) Gustav Stresemann Vermächtnis. Der Nachlass in drei Bänden. Locarno und Genf, Berlin 1932, Bd. II, S. 166. Ferner siehe HANS LUTHER: Politiker ohne Partei. Erinnerungen, Stuttgart 1960, S. 365 und WOLFGANG STRESEMANN, Mein Vater, a.a.O., S. 356.

[24] Siehe WILHELM V. STERNBURG: „Es ist eine unheimliche Stimmung in Deutschland". Carl v. Ossietzky und seine Zeit, Berlin 1996, S. 174.

B. Im Fokus der ausländischen öffentlichen und politischen Meinung

I. Die Auslandspresse

Eine weitere auffallende Besonderheit, die Hindenburg von den meisten Staatsoberhäuptern seiner Zeit unterschied, war sein sehr distanziertes Verhältnis zur in- und ausländischen Presse, das darin gipfelte, daß er Mitte 1928 zu der Maxime überging, ausländischen Reportern grundsätzlich keine Interviews mehr zu gewähren[25]. Hiervon waren alle journalistischen Sparten betroffen; ob Zeitungs- oder Rundfunkreporter, Film- oder Photojournalist: Die Mehrzahl der Korrespondenten, vor allem jene aus dem Ausland, sahen sich einem sehr medienscheuen Reichspräsidenten gegenüber, der während seiner neunjährigen Amtszeit nur wenigen Journalisten Interviews geben und der ab 1930 noch nicht einmal mehr für Portraitaufnahmen posieren sollte[26]. Daß er in der Wahlkampfphase dennoch „auserwählten" ausländischen Berichterstattern leutselig Rede und Antwort gestanden hatte, geschah nur, um die im Ausland lautwerdenden Zweifel an seiner Verfassungstreue und seiner Einstellung zum Sicherheitspakt zu zerstreuen. Gerade zu diesem sensiblen Zeitpunkt beruhte die Wahl seiner Interviewpartner nicht auf Zufall, sondern war das Ergebnis gut durchdachter und planmäßiger Vorbereitung. Bei seinem ersten direkten Kontakt mit Journalisten anläßlich seiner Nominierung für die anstehende Präsidentenwahl, der sich in Form eines Bierabends am 19. April 1925 vollzog[27], zeigte sich der Generalfeldmarschall gegenüber den in- und ausländischen geladenen Zeitungskorrespondenten von seiner schlagfertigen Seite[28]. Auf alle Fragen fand er eine treffsichere

---

[25] Hierzu siehe Schreiben MinRat Doehle [B.d.Rpräs.] an Salomon Neuwahl, Berlin, 26.07.1928 [Durchschlag], BA Berlin-Lichterfelde, R 601/3.
[26] Siehe Aktennotiz MinDir Huene, Berlin, 04.10.1930 [Abschrift], BA Berlin-Lichterfelde, R 601/47. Dito Schreiben StS Meissner [B.d.Rpräs.] an Schwedler [o.A.], Berlin, 26.01.1931, PA AA Bonn, R 122391. Auch die jahrelangen Anstrengungen des in Deutschland ansässigen Bilddienstes der seriösen *New York Times*, Hindenburg für einige Photoaufnahmen bei der Arbeit zu gewinnen, fruchteten nicht. Hierzu Schreiben Lektor B. Wohlfeil, *New York Times*, Bilddienst GmbH, Berlin, 13.01.1931 [Original], PA AA Bonn, R 122391. Ausgesprochen selten wurden die erforderlichen Sondergenehmigungen für Innenaufnahmen im Reichspräsidentenpalais erteilt. Statt dessen belieferte man die Auslandspresse in der Regel mit „geeignetem Bildmaterial". Reichszentrale für Verkehrswerbung [o.A.] an Presseabteilung AA z. Hd. LegRat Thomsen, Berlin, 08.08.1927 [Abschrift], PA AA Bonn, R 122389.
[27] Dieser Pressekonferenz war die erste und einzige Wahlkampfveranstaltung vorausgegangen, der Hindenburg je beigewohnt hatte.
[28] „[...] Ich habe Sie zu mir gebeten, um Ihnen zu zeigen, dass ich weder auf einer Kanone noch auf einem Rollstuhl zu Ihnen komme. [...]". Als während des Bierabends ein französischer Journa-

Antwort²⁹. Wer allerdings glaubte, daß er damit ein Fundament für eine fruchtbare Zusammenarbeit mit der Presse gelegt hatte, wurde schon kurze Zeit später eines Besseren belehrt. Denn das vielbegehrte Entree zum Reichspräsidentenpalais sollte zu einer schier unüberwindbaren Hürde werden. Die Erfahrung, daß das Gros der ausländischen Interviewgesuche meistens abgelehnt wurde, mußten selbst bekannte Reporter mit Rang und Namen machen. Beispielsweise wurde das Audienzgesuch des renommierten französischen Journalisten Jules Sauerwein Anfang Mai 1925 mit „zu starker Überlastung" des Reichspräsidenten abschlägig beantwortet³⁰. Mitte Juni 1925 sah sich der englische Korrespondent der Radiozeitschrift „Popular Wireless and Wireless Review", Ralph E. Zuar, der gleichen Absage gegenüber³¹.

Allem Anschein nach erfuhren die Journalisten aus den USA eine bevorzugte Behandlung. Ihnen stellte Hindenburg sich kurz vor und nach seiner siegreichen Wahl im April 1925 gleich für zwei Extra-Interviews zur Verfügung³². Fünf Tage

---

list einer großen Pariser Tageszeitung ihn darum bat, eine an den französischen Marschall Foch adressierte Postkarte zu signieren, antwortete Hindenburg: „[...] Dieser Herr hat vor einigen Jahren mich nicht kennen wollen, und ich schreibe nicht an Unbekannte. [...]". DIETER V. DER SCHULENBURG: Welt um Hindenburg. Hundert Gespräche mit Berufenen, Berlin 1935, S. 68f.; MARTIN LÜDERS: Der Soldat und das Reich: Paul von Hindenburg, Generalfeldmarschall und Reichspräsident, Leoni am Starnberger See 1961, S. 200.

²⁹ Presserede Paul v. Hindenburg, 19.04.1925, in: FRITZ ENDRES: Hindenburg. Briefe, Reden, Berichte, Ebenhausen 1934, S. 147. Besonders verwahrte Hindenburg sich gegen Vorwürfe, mit denen er als „Militarist" und „Massenmörder" abgestempelt wurde.

³⁰ Cf. Schreiben StS Meissner [B.d.Rpräs.] an Werner v. Alvensleben, Berlin, 02.05.1925 [Durchschlag], BA Berlin-Lichterfelde, R 601/211. Schreiben MinRat Doehle [B.d.Rpräs.] an Salomon Neuwahl, Berlin, 26.07.1928, BA Berlin-Lichterfelde, R 601/3. „[...] Der Herr Reichspräsident hat stets an dem Grundsatz festgehalten, keine Interviews zu geben [...]". Siehe Schreiben MinRat Doehle an H. Hirschberg [B.d.Rpräs.], Berlin, 09.09.1930, BA Berlin-Lichterfelde, R 601/211. Hierzu siehe auch Notiz mit dem Vermerk „Eilt!" von MinDir Hoyningen-Huene [Abschrift/Durchschlag], Berlin, 02.12.1931, BA Berlin-Lichterfelde, R 601/211 [S. 19]. Hierzu notierte Max v. Stockhausen in seinem Tagebuch folgende anekdotenähnliche, wohl wahre Begebenheit: „[...] Pressechef Kiep bringt es fertig, dem Reichspräsidenten einen französischen Pressevertreter vorzustellen. Hindenburg: Wer sind Sie? Der Franzose: Ich bin von Ihre Todfeind [sic!]. Hindenburg, wohlwollend: Na seh'n se mal zu, daß unsere Angelegenheit in Ordnung kommt [Sicherheitspakt]. Der Franzose: O, ich hoffen, daß wir kommen zu einem d'accord. Hindenburg: Gott geb's [...]". Tagebucheintrag StS v. Stockhausen [Rkei], 20.06.1925, Sechs Jahre Reichskanzlei. Von Rapallo bis Locarno. Erinnerungen und Tagebuchnotizen 1922-1927, Hrsg.: WALTER GÖRLITZ, Bonn 1954, S. 164. W.T.B., Nr. 196, 28.01.1930.

³¹ Dazu Schreiben ORegRat v. Erdmannsdorff [B.d.Rpräs.] an Ralph E. Zuar, Berlin, 17.06.1925 [Abschrift], BA Berlin-Lichterfelde, R 601/211.

³² Näheres zu den Hintergründen der Wahl bei HARALD SCHINKEL: Zur Entstehung und Zerfall der Regierung Luther, Berlin 1959, S. 100ff.; WERNER MASER: Hindenburg. Eine politische Bio-

vor der Wahlentscheidung kam es zu der ersten Unterredung des Feldmarschalls mit dem Berliner Vertreter des amerikanischen Hearst-Konzerns. Hierbei zeigte sich der Reichspräsident, der auf alle Fragen eine passende Antwort parat hatte, sehr aufgeschlossen. In dem in erster Linie zur Beruhigung des westlichen Auslands arrangierten Interview[33] legte er ein deutliches Bekenntnis zur republikanischen Verfassung ab und brachte auch die letzten Zweifel des US-Korrespondenten an seiner demokratischen Grundhaltung zum Verschwinden. Insbesondere sein Plädoyer gegen jede Form von kriegerischen Abenteuern, sein Eintreten für friedliche, geordnete Rechtsbeziehungen zum Ausland, das er in den Mittelpunkt seiner Außenpolitik stellte, und sein affirmatives Urteil über den Dawes-Plan verfehlten ihre beruhigende Wirkung nicht, zumal Hindenburg noch durchblicken ließ, daß er sich bei „allen Entschlüssen von gesetzlichen und vertraglichen Tatsachen" leiten lassen werde[34]. Auch mit dem Berichterstatter des *Chicago Daily Tribune*, Henry Clay Risner, der keine großen Anstrengungen unternehmen mußte, um die Zusage für ein Interview mit dem Reichspräsidenten zu erhalten, entwickelte sich am 23. September 1925 ein aufschlußreicher politischer Dialog, in dem Hindenburg neben dem Wunsch nach guten Beziehungen zu den Vereinigten Staaten noch die „Treue" und Wiederherstellung der deutschen Einheit als Fundament seiner Politik voranstellte. Darüber hinaus gab er zu verstehen, daß er keine Zweifel wegen des Sicherheitspaktes hege. Diesen begrüße er vielmehr in der Hoffnung, daß durch ihn das weltweite gegenseitige Mißtrauen systematisch abgebaut werden könne[35].

Daß bei der Wahl der Pressevertreter des Auslands keine alten Ressentiments gegenüber dem ehemaligen „Erbfeind" eine Rolle gespielt hatten, wird klar, wenn man sich vor Augen hält, daß Hindenburgs erstes amtliches Interview ausgerechnet mit einem französischen Reporter stattgefunden hatte. Freilich

---

graphie, Rastatt 1989, S. 201 ff.; WILHELM J. BÜTOW: Hindenburg. Heerführer und Ersatzkaiser, Bergisch-Gladbach 1984, S. 234 ff.

[33] So WOLFGANG RUGE: Hindenburg. Portrait eines Militaristen, (Ost-) Berlin 1977, S. 208.

[34] Unterredung Hindenburgs mit dem Berliner Vertreter des amerikanischen Hearstpresse-Konzerns, Berlin, 21.04.1925, in: FRITZ ENDRES, Hindenburg, a.a.O., S. 147 ff.; Zum Dawes-Plan merkte Hindenburg an: „[...] Ich wünsche mir von Herzen, daß die durch den Dawes-Plan erfolgte wirtschaftliche Annäherung zwischen Deutschland und Amerika sich, zum Nutzen der Weltwirtschaft, für uns und Amerika möglichst günstig auswirkt. [...]" Auf die Frage hin, wie er zur Abrüstungskonferenz in Amerika stehe, antwortete Hindenburg, daß er die Bemühungen des Präsidenten Coolidge würdige, daß aber die diesjährigen Beratungen über die Abrüstungsfrage keine Fortschritte mit sich gebracht hätten. A.a.O., S. 149.

[35] „[...] I see the idea of peace growing stronger in the minds of all people every day. I know it will grow until they will find the right way to solve the problem". [...] Lack of confidence in each other is the gulf that separates peoples. [...]". Chicago Daily Tribune, 23.09.1925, BA Berlin-Lichterfelde, R 601/211.

wurde dem Korrespondenten seinerzeit die Konzession abgenötigt, auf politische Fragen gänzlich zu verzichten[36]. Konnte der Chefredakteur der *Basler Nachrichten*, Dr. Oeri, mit dem Reichspräsidenten noch Mitte 1927 ein Interview führen[37], so mußte der britische Korrespondent Bruce Lockhart, ein wahrer Spezialist im Kontaktieren und Kennenlernen von hochrangigen Persönlichkeiten[38], mit Staatssekretär Meissner vorliebnehmen, der ihn mit mündlichen Auskünften und mit bereits veröffentlichten Materialien über Hindenburg abspeiste[39]. Da erging es dem amerikanischen Schriftsteller Alexander Powell, der vom liebenswürdigen Empfang seines hochbetagten Gastgebers nur Gutes zu berichten wußte[40], etwas besser.

Illusorisch waren die Hoffnungen diverser ausländischer Rundfunkanstalten, Hindenburg zu einem Radiointerview oder zumindest zu einer Ansprache zu überreden. So wurde die Anfrage der US-Tageszeitung *Chicago Tribune*, ob das deutsche Staatsoberhaupt an das amerikanische Volk anläßlich des Geburtstags von George Washington am 22. Februar 1931 eine Radioansprache halten könne, mit der lapidaren Begründung zurückgewiesen, daß der Reichspräsident mittlerweile zu der Maxime übergegangen sei, keine Hörfunkinterviews mehr zu geben[41].

---

[36] Telegramm Wertheimer an AA [o.A.], Paris, 10.08.1925 (10 Uhr), Nr. 4792, BA Berlin-Lichterfelde, R 601/3. Der französische Journalist, Octave Brissac, berichtet über sein kurzes privates Zusammentreffen mit dem ehemaligen Feldmarschall v. Hindenburg in der französischen *Excelsior*.

[37] Schreiben LegRat Ulrich Dt. Gesandtschaft Bern an Presseabteilung des AA [o.A.], Bern, 07.06.1927 [Original mit Rpräs. v. Hindenburgs Paraphe vom 11.06.1927], PA AA Bonn, R 122389.

[38] Der gebürtige Schotte traf während seiner Europareisen nicht nur mit zahlreichen Regenten und Politikern zusammen (z.B. mit dem König Karl II von Rumänien oder dem tschechoslowkischen Außenminister Edvard Beneš) -, sondern er unterhielt auch mit Persönlichkeiten wie dem Prince of Wales, Lloyd George, Winston Churchill oder H.G. Wells freundliche Beziehungen. Viele bedeutende Staatsmänner hatten ihm stets leutselig Rede und Antwort gestanden. Beim Reichspräsidenten und dem exilierten deutschen Kaisers in Doorn stand er jedoch vor verschlossenen Türen. Hierzu siehe Tagebucheintrag ROBERT BRUCE LOCKHART, 23.11.1928, in: The Diaries of Sir Robert Bruce Lockhart 1915-1938, Vol. 1, Editor: Kenneth Young, London 1973, S. 73f.

[39] Schreiben MinDir Dieckhoff an Presseabteilung des AA [o.A.], Berlin, 26.10.1928 [Original]; Aktennotiz MinDir Huene, Berlin, 10.11.1928 [Original]; PA AA Bonn, R 122390. Eine Abschrift dieses Vermerks findet sich auch im: BA Berlin-Lichterfelde, R 601/211.

[40] MARGARETE GÄRTNER: Botschafterin des Guten Willens, Bonn 1955, S. 261f.; Seinen Gast soll Hindenburg übrigens mit den Worten verabschiedet haben: „[...] Na, nun sagen Sie mal Ihren Amerikanern, daß ich kein so alter Trottel bin, wie sie zu glauben scheinen. [...]".

[41] Schreiben StS Meissner [B.d.Rpräs.] an Studienrat Monzel, Berlin, 05.12.1930 [Durchschlag einer Abschrift], BA Koblenz, NL Pünder, N 1005/633 [S. 13]. Aufzeichnung MinDir Dieck-

Anstatt die ausländischen Printmedien publizitätswirksam zum Sprachrohr seiner Anliegen und Vorstellungen zu nutzen, so wie dies bei Spitzenbeamten gang und gäbe war, entwickelte Hindenburg eigenwillige Spielregeln, an denen er unbeirrbar festhielt. Wo andere Politiker sich als Selbstdarsteller probten und ausländischen Reportern gekonnt Rede und Antwort standen, hielt Hindenburg die in- und ausländische Presse auf gehörige Distanz. Hier manifestierte sich einmal mehr die anachronistische Amtsauffassung des zweiten deutschen Reichspräsidenten, der sich, was mediengerechte Publicity und Eigenwerbung anbelangte, trotz seiner Ausstrahlungskraft nur schlecht „verkaufen" konnte.

II. Das Echo im Ausland auf die Nominierung und Reichspräsidentenwahl

Die Bandbreite der auswärtigen Kommentare zur Nominierung und erfolgten Wahl Hindenburgs zum Reichspräsidenten reichte von reservierter bis zu scharfer Kritik, wobei insbesondere auf französischer Seite nationale Ressentiments offen zum Ausdruck kamen[42]. Um eine Vorstellung vom Meinungsbild des Auslands in bezug auf seine Kandidatur und seinen Wahlsieg zu bekommen, bietet sich eine Analyse ausgewählter Zeitungsartikel und Telegramme an, da sich die ausländischen Regierungen in jenen Tagen mit offiziellen Verlautbarungen merklich zurückhielten[43].

Für die amerikanische Mehrheit war Hindenburg seinerzeit schlechtweg das Symbol der Restauration der deutschen Monarchie, und immer noch galt sein

---

hoff, Berlin, 17.02.1931 [Original], PA AA Bonn, R 80149/K 323487-488. In der schriftlichen Absage, die Vertreter des Büros des Reichspräsidenten formuliert und aufgesetzt hatten, wird als Hauptargument für Hindenburgs Ablehnung seine grundsatztreue Haltung bezüglich Radioansprachen angeführt: „[...] The President [...] has once and for all decided not to make addresses by way of the radio [...]". Schreiben MinDir Dieckhoff an James Cosh Cecil, Berlin, 18.02.1931, PA AA Bonn, R 80149/K 323489. Mit Ausnahme seiner Sylvesteransprache an das deutsche Volk von 1931, die zeitgleich in den USA von zwei Rundfunkstationen ausgestrahlt wurde, blieb Hindenburg dieser selbstauferlegten Maxime treu. Siehe Telegramm Dt. BS Prittwitz und Gaffron an AA [o.A.], 31.12.1931 [Abschrift], PA AA Bonn, R 122392.

[42] Zu berücksichtigen ist, daß die in diesem Kapitel analysierten Telegramme und Pressekolumnen zur Kandidatur und Wahl des zweiten deutschen Reichspräsidenten größtenteils von Hindenburg selbst mit Interesse studiert wurden. Über die ganze Entwicklung war er demnach nicht zuletzt dank des täglichen Vortrages seines „Pressechefs", Walter Zechlin, bestens im Bilde. Aktennotiz StS v. Schubert [AA], Berlin, 02.06.1925 [Kopie eines Originals], PA AA Bonn, R 291050k/E 137137.

[43] Hervorzuheben sind hierbei die Vereinigten Staaten. Siehe ROBERT GOTTWALD: Die deutschamerikanischen Beziehungen in der Ära Stresemann, Diss. Berlin 1965, S. 45.

Name als Synonym für Junkertum, Militarismus und Imperialismus[44]. Sein direkter Gegenspieler bei der Wahl, Wilhelm Marx, teilte mit vielen die Befürchtung, daß das Ausland mit dem neugewählten Präsidenten nichts anderes verbinde als einen „rauhen Krieger", einen „lorbeergeschmückten Sieger in gewaltigen Völkerschlachten", der an einer Aufrechterhaltung des Friedens nicht interessiert sei[45].

Selbstverständlich wurde im Ausland schon im Vorfeld der Reichspräsidentenwahlen über die kontroverse Persönlichkeit des Generalfeldmarschalls in allen Nuancen berichtet. Gemäßigte Stimmen sprachen im Hinblick auf die Wahl von einem innerdeutschen Votum über Republik oder Monarchie; schärfere Kommentatoren befürchteten eine Abstimmung über Krieg und Frieden in Europa, ja sogar in der ganzen Welt[46]. Wenn eine amerikanische Tageszeitung den weltpolitischen Stellenwert der anstehenden Wahl mit der Headline „The World watches Germany" akzentuierte[47], dann entsprach dies auch den Gegebenheiten. Die Augen der Welt waren in den ersten Aprilwochen des Jahres 1925 vornehmlich auf Deutschland gerichtet. Dies hing ausschließlich mit dem Bekanntwerden von Hindenburgs Kandidatur für die Reichspräsidentenwahl zusammen, das in vielen Ländern regelrechte Wellen des Mißtrauens auslöste[48]. Hervorzuheben ist in dieser Beziehung die öffentliche Meinung der Ententemächte zu seiner Nominierung und späteren Wahl, weil ihre Kritikansätze eine auffallende Affinität zueinander aufweisen. So war die Parallele zu General MacMahon in Frankreich, die dort ausgiebig gezogen wurde, förmlich vorpro-

---

[44] EBD., S. 35. Im übrigen spielte der auf dem Papier immer noch existente Kriegsverbrecherstatus Hindenburgs für die Reichspräsidentenwahl nur eine untergeordnete Rolle.

[45] So Ex-Reichskanzler Wilhem Marx in einem Gespräch mit DIETER V. DER SCHULENBURG, Welt um Hindenburg, a.a.O., S. 70f.; Zum Verhältnis Marx-Hindenburg - vor und während der Reichspräsidentenwahl - siehe ULRICH V. HEHL: Wilhelm Marx. Eine politische Biographie, in: Veröffentlichungen der Kommission zur Zeitgeschichte, Hrsg.: Konrad Repgen, Reihe B: Forschungen, Bd. 47, Mainz 1987, 340ff.

[46] Literary Digest, 25. April 1925. MANFRED BERG: Gustav Stresemann und die Vereinigten Staaten von Amerika, in: Nomos Universitätsschriften Geschichte, Bd. 3, Baden-Baden 1990, S. 248.

[47] Chicago Daily Tribune, 25.04.1925.

[48] So schrieb der deutsche Botschafter in England beispielsweise: „[...] Die Präsidentenwahl in Deutschland ist, seitdem die Kandidatur des Feldmarschalls von Hindenburg aufgetaucht ist, in England lebhaftestem Interesse begegnet [...]". Telegramm Dt. BS Sthamer, Nr. A. 973 [Abschrift], London, 16.04.1925, in: ADAP, A-XII, Dok.-Nr. 260, S. 677. HARRY GRAF KESSLER, der Schubert von seinen Eindrücken aus England und Frankreich berichtete, warnte vor den Folgen der Wahl Hindenburgs zum Reichspräsidenten. Sie könnte in einer „außenpolitischen Katastrophe" münden. Tagebucheintrag Harry Graf Kessler, Berlin, 18.04.1925, aus: Ders.: Aus den Tagebüchern 1918-1937, Hrsg.: WOLFGANG PFEIFFER-BELLI, Frankfurt a. M. 1961, S. 435.

grammiert. Doch auch in Amerika und England verkörperte Hindenburg vor und unmittelbar nach der Wahl das kriegerische Deutschland. Der unvermeidliche Vergleich mit dem französischen General blieb auch hier nicht aus[49]. Vergleichsweise negativ gestalteten sich anfangs ebenfalls die Kolumnen in den amerikanischen Blättern. Ein Wahlsieg Hindenburgs, so eine Washingtoner Zeitung, werde die Stabilität des deutschen demokratischen Systems, vor allem aber das internationale Vertrauen in die Republik erschüttern[50]. Bestärkt wurden solcherlei Befürchtungen überwiegend durch die tendenziösen antideutschen Berichte über die heimliche deutsche Aufrüstung[51]. Aber auch die Bank- und Finanzwelt hatte mit Blick auf die bilateralen wirtschaftspolitischen Beziehungen, den Anleiheabschlüssen und den Dawes-Plan große Bedenken[52]. Beinahe mit seismographischer Zuverlässigkeit registrierte vor allem die New Yorker Wall Street jede Meinungsregung zur Wahl[53].

Sosehr Ebert seinerzeit von der amerikanischen Presse als Inbegriff des demokratischen Deutschlands gefeiert wurde, sosehr wurde nun alles Negative an Hindenburg personifiziert[54]. Derweil wurden die Beamten in der Wilhelmstraße 76 von einer wahren Telegrammflut überschüttet, in denen die deutschen Gesandten und Botschafter der jeweiligen Auslandsvertretungen die Stimmung der *inländischen* Presse inklusive die der Regierungen ohne Beschönigung zu reflektieren versuchten. Aus dem Pressespiegel ragten überwiegend die negativen Reaktionen aus London, Paris, Washington D. C., Athen und Wien[55] heraus, wo-

---

[49] „[...] The characters of both men are remarkly similar. [...] like Mc Mahon [sic!] he has no experience of political life [...]". *Washington Post*, 14.04.1925. Siehe Telegramm Dt. BS Sthamer an AA [o.A.], London, Nr. 197, 24.04.25 [Abschrift]; Telegramm Dt. BS Sthamer an AA [o.A.], Nr. 28, London, 28.04.25 [Abschrift], PA AA Bonn, R 28034 [S. 117; 168].

[50] The Bulletin, Washington D. C., 09.04.1925.

[51] So ROBERT GOTTWALD, a.a.O., S. 28f.

[52] EBD., 34ff.; Seit Inkrafttreten des Dawes-Plans flossen aus Amerika Gelder nach Deutschland.

[53] EBD., S. 41. Daß die Vereinigten Staaten den Aufbau Europas nach dem Weltkrieg so forciert vorantrieben, erklärt sich aus wirtschaftspolitischen Gründen. Hier öffneten sich für Amerika neue Absatzmärkte und zukunftsträchtige Investitionsmöglichkeiten; inländische Überschüsse konnten so sinnvoll angelegt werden. Siehe ECKHARD WANDEL: Die Bedeutung der Vereinigten Staaten von Amerika für das deutsche Reparationsproblem 1924-1929 Diss. Tübingen 1971, S. 280.

[54] ROBERT GOTTWALD, a.a.O., S. 35.

[55] Zu den wichtigen Depeschen, die das Auswärtige Amt erhielt, zählen: Telegramm Dt. BS Sthamer an AA [o.A.], Nr. 173 [Abschrift], London, 09.04.1925 [E 255720]; Telegramm Dt. BS Maltzan an AA [o.A.], Nr. 133 [Abschrift], Washington D. C., 09.04.1925 [E 255734]; Telegramm Dt. BS Hoesch an AA [o.A.], Nr. 259 [Abschrift], Paris, 12.04.1925 [E 255746-748]; Telegramm Dt. BS Schoen an AA [o.A.], Nr. 28 [Abschrift], Athen, 11.04.1925 [E 255743]; Telegramm Dt. BS Pfeiffer an AA [o.A.], Nr. 20 [Abschrift], Wien, 09.04.1925 [E 255721], PA AA Bonn, R 28034.

hingegen Moskau und Stockholm nur verhaltene Kritik übten[56]. Die italienische Seite befürwortete sogar ganz offiziell Hindenburgs Kandidatur[57].

Aus London kabelte der deutsche Botschafter Friedrich Sthamer, alle englischen Gazetten würden in Hindenburgs Kandidatur mit Blick auf den geplanten Sicherheitspakt eine Gefährdung für die außenpolitischen Zielsetzungen Stresemanns sehen[58]. Ähnliches drahtete Missionschef Leopold von Hoesch aus der französischen Metropole. Danach habe Hindenburgs Kandidatur den sich mittlerweile stabilisierten bilateralen Beziehungen wieder „ein gutes Stück gewonnenes Terrain" genommen[59]. Hervorheben muß man in diesem Zusammenhang die Resonanz in den USA, wo schon alleine die Annahme der Kandidatur des Generalfeldmarschalls a.D. „teils wie eine Bombe, teils wie ein kalter Wasserstrahl"[60] einschlug. In den Pressebarometern, die der deutsche Botschafter in Washington D. C., Ago von Maltzan, dem Reichsminister des Auswärtigen laufend zukabelte, präzisierte der Diplomat die ablehnende Haltung der amerikanischen öffentlichen Meinung zu Hindenburgs Kandidatur in aller Offenheit. Unverblümt gab Maltzan zu verstehen, wie sehr in den Vereinigten Staaten mit dem Namen Hindenburgs der „Platzhalter" für den Kaiser oder Kronprinzen assoziiert werde[61], der radikale außenpolitische, revisionistische Ziele anvisiere, wie etwa den Bruch mit dem Versailler Vertrag oder die Annullierung aller bestehenden Verträge mit Amerika. Stimmungsberichte dieses Ausmaßes nahmen Stresemann und viele andere Beamte des Auswärtigen Amtes aus verständlichen Gründen mit Beunru-

---

[56] Telegramm Dt. BS Brockdorff-Rantzau an AA [o.A.], Nr. 263 [Abschrift], Moskau, 13.04.1925 [E 255753], Telegramm Dt. BS Kotze an AA [o.A.], Nr. 34, Stockholm, 11.04.25 [Abschrift], [E 255741], PA AA Bonn, R 28034. Schreiben Dt. BSRat Hey an Rpräs. v. Hindenburg, Moskau, 23.05.1925 [Durchschlag], PA AA Bonn, R 83638.

[57] Telegramm Dt. BS v. Neurath an AA [o.A.], Nr. 123, [Abschrift] Rom, 12.04.25, PA AA Bonn, R 28034/E 255744.

[58] Telegramm Dt. BS Sthamer an AA [o.A.], Nr. 173 [Abschrift], London, 09.04.1925. Akten des Referats, D, Po.5, R.P.W. 1925, Bd. 1. Siehe auch Telegramm Dt. BS Sthamer an AA [o.A.], Nr. 197 [Abschrift], London, 24.04.1925, PA AA Bonn, R 28034 [S. 117]. In einem weiteren Fernschreiben präzisierte Sthamer nochmals den englischen Standpunkt zu Hindenburgs Kandidatur. Seinen Worten nach herrsche in England die Meinung vor, daß ein Wahlerfolg Hindenburgs auf die allgemeine Politik eine „verhängnisvolle Rückwirkung" haben werde. Telegramm Dt. BS Sthamer an AA [o.A.], Nr. A. 973, London, 16.04.1925, in: ADAP, A-XII, Dok.-Nr. 260, S. 677f.

[59] Telegramm Dt. BS Hoesch an AA [o.A.], Nr. 259, Paris, 12.04.1925 [Abschrift], PA AA Bonn, R 28034/E 255747. Abgedruckt auch im neuesten Band der ADAP, A-XII, Dok.-Nr. 249, S. 640f.

[60] Schreiben Dt. BS Ago v. Maltzan an RAM Stresemann, Washington D. C., 01.05.1925, in: HENRY BERNHARD (Hrsg.): Gustav Stresemann Vermächtnis, Bd. II, a.a.O., S. 282f.

[61] Telegramm Dt. BS Maltzan an AA z. Hd. RAM Stresemann, Nr. 142, Washington D. C., 12.04.1925, in: ADAP, A-XII, Dok.-Nr. 250, S. 642f.

higung auf[62]. Gerade die „bedenklichen" Reaktionen aus den USA, von deren Entscheidung seiner Beurteilung nach ohnehin das „Schicksal" des deutschen Reiches abhing[63], nahm der Außenminister mit Bitterkeit zur Kenntnis. Ebenso dürfte er in seinem Pessimismus bestärkt worden sein, als der Gesandtschaftsrat, Graf Albrecht von Bernstorff, erläuterte, daß für England ein Wahlsieg Hindenburgs das vorzeitige Ende der anstehenden Sicherheitsverhandlungen bedeute[64]. Im Beschaffen und Weiterleiten von Informationen an ihre Heimatbehörden den deutschen Amtskollegen in nichts nachstehend, zeigten ebenso die in Berlin ansässigen Auslandsdiplomaten großen Arbeitseifer, die nach der Nominierung des Generalfeldmarschalls ihren Berichtschwerpunkt auf seine Siegchancen setzten. Ihre Prognosen, wie jene des englischen Geschäftsträgers in Berlin, Joseph Addison, der noch zehn Tage vor dem Wahltermin Wilhelm Marx zum eindeutigen Favoriten erklärte[65], waren oftmals wenig zielsicher.

Weitaus schärfer gestaltete sich die ausländische Kritik unmittelbar nachdem Hindenburg am 26. April 1925 im zweiten Wahlgang mit 48,3% die relative Mehrheit der Stimmen auf sich vereinigte und als Sieger hervorging[66]. Die heute im Politischen Archiv des Auswärtigen Amtes aufbewahrten Depeschen, die Ende April 1925 die Wilhelmstraße 76 aus allen Teilen der Welt erreichten, projizieren größtenteils auf anschauliche Art und Weise die Befürchtungen des Auslandes vor einer außenpolitischen Zäsur, vor einem von Hindenburg forcierten

---

[62] Aufzeichnung StS v. Schubert [AA] (Ganz geheim!), Berlin, 17.04.1925, in: ADAP, A-XII, Dok.-Nr. 262, S. 682.

[63] Tagebucheintrag RAM Stresemann, Berlin, 15.04.1925, PA AA Bonn, NL Stresemann, Bd. 272, 7129 H/H 147779. „[...] Schubert berichtete mir über die eingegangenen Telegramme. [...] das Telegramm von Maltzan ist viel bedenklicher (Stresemann vergleicht es mit jenem von Botschafter v. Hoesch, Paris) [...]".

[64] Außerdem werde so die „mühsame" diplomatische Annäherung zwischen Deutschland und England „nur allzu schnell in die Binsen gehen". Aufzeichnung Gh. LegRat de Haas, Berlin, 11.04.1925, in: ADAP, A-XII, Dok.-Nr. 246, S. 634.

[65] „[...] I am not going to indulge in prophecy, but I can only say that, so far as I can judge, Marx will be elected [...]. There may be a surprise but the odds are distinctly in favour of Marx. [...]". Schreiben Engl. Chargé d'Affaires Joseph Addison an Sir Miles W. Lampson, Berlin, 16.04.1925 [Original], PRO London, FO 371/10714, C 6057 [S. 32]. Nur drei Tage nach der Wahl gestand Addison in einem längeren Schreiben seine fehlerhafte Einschätzung offen ein. Siehe Schreiben Engl. Chargé d'Affaires Joseph Addison an Sir Miles W. Lampson, Berlin, 29.04.1925 [Original], PRO London, FO 371/10714, C 6048 [S. 16ff.].

[66] Zur Vorgeschichte und den innenpolitischen Hintergründen siehe HANS-JÜRGEN MÜLLER: Auswärtige Pressepolitik und Propaganda zwischen Ruhrkampf und Locarno (1923-1925): Eine Untersuchung über die Rolle der Öffentlichkeit in der Außenpolitik Stresemanns, in: Moderne Geschichte und Politik, Hrsg.: Gerhard Schulz, Bd. 8, Frankfurt a. M./Bern/New York/Paris 1993, S. 225ff. u. WOLFGANG KALISCHER: Hindenburg und das Reichspräsidentenamt im „Nationalen Umbruch" (1932-1934), Diss. West-Berlin 1957, S. 12ff.

Bruch der deutschen Außenpolitik. Mit großer Betroffenheit registrierte insbesondere Frankreich den Ausgang der Wahl, wo man die schlimmsten Befürchtungen mit einem Male bestätigt sah. Freimütig verdeutlichte dann auch Ministerpräsident Paul Painlevé dem deutschen Botschafter in Paris, von Hoesch, daß für alle Chauvinisten und die „grosse Masse" des französischen Volkes Hindenburgs Wahl zum Reichspräsidenten schlechtweg Krieg bedeute[67]. Der *Echo de Paris* sprach von einer „bedauerlichen Ungeschicklichkeit", die Deutschland „schwer zu stehen kommen werde"[68]. In der *Nation Belge* pointierten die Kolumnisten, ähnlich wie ihre Kollegen in Frankreich, die Situation kurz und bündig: „Aujourd'hui Hindenburg, demain le Kaiser"[69]. In der *Le Temps* spezifizierte man die Bedeutung der Reichspräsidentenwahl dahingehend, daß das deutsche Volk nun seinen früheren Heerführer gewählt habe und somit die Niederlage im Weltkrieg leugnen wolle. Außerdem habe Deutschland nun endlich seine demokratische Maske abgeworfen und zeige sein altes Gesicht[70]. In Anbetracht des Wahlausganges in Deutschland rechnete man in England schon mit dem vorzeitigen Ende des Fortgangs der Verhandlungen für den anvisierten Sicherheitspakt. Um dem entgegenzuwirken, wurde Botschafter D'Abernon vom Foreign Office mit der Order nach Berlin zurückgesandt, die dortige Lage zu sondieren[71]. Ein

---

[67] Ministerpräsident Painlevé gab aber auch zu verstehen, daß er die Person des Feldmarschalls achte und deshalb nicht glaube, daß von ihm eine „unmittelbare Gefahr" ausgehe. Telegramm Dt. BS Hoesch an RAM Stresemann, Nr. 291, (Strengstens vertraulich!) [Kopie], Paris, 27.04.1925, PA AA Bonn, R 28666/D 706320-321. Eine Kopie hierzu findet sich im Aktenband: R 28237/D 503163ff.; Siehe auch Telegramm Dt. BS Hoesch [Paris] an AA [o.A.] (Streng geheim!), Nr. 295, Paris, 29.04.1925, in: ADAP, A-XIII (1995), Dok.-Nr. 7, S. 20. Vgl. auch Telegramm RAM Stresemann an Dt. BS Sthamer [London] (Sofort! Geheim!), Nr. 167, 29.04.1925, in: ADAP, A-XIII (1995), Dok.-Nr. 5, S. 12ff.

[68] *Die Zeit*, 09.04.1925. Der deutsche Botschafter in Paris, Leopold v. Hoesch, der die ablehnenden französischen Reaktionen hautnah miterlebte, ließ in einem Telegramm sogar seine Meinung hinsichtlich Hindenburgs Kandidatur miteinfließen: „[...] Ich war und bin in der Tat der Ansicht, daß Aufstellung [sic!] Hindenburgs unserer Außenpolitik geschadet hat und Wahl Feldmarschalls sehr erheblich erschwerte [...] [sic!]". Telegramm Dt. BS Hoesch an RAM Stresemann, Nr. 307, Paris, 01.05.1925 [Abschrift], PA AA Bonn, R 28667/D 706335.

[69] Vgl. JOHN W. WHEELER BENNETT: Der hölzerne Titan. Paul von Hindenburg, Tübingen 1969, S. 286.

[70] *Le Temps*, 27.04.1925, in: UuF, Bd. 6, Dok.-Nr. 1306 b, S. 286. Hierzu auch Telegramm Dt. BS Hoesch [Paris] an AA [o.A.], Nr. 304, Paris, 30.04.1925, in: ADAP, A-XIII (1995), Dok.-Nr. 12, S. 33ff.

[71] Telegramm Dt. BS Sthamer [London] an StS v. Schubert [AA], Nr. 202, London, 28.04.1925 [Kopie einer Abschrift], PA AA Bonn, R 28367k/D 643132. Eine weitere Kopie des Fernschreibens lagert im Aktenband R 29089k/D 126668. Hierzu siehe ANGELA KAISER: Lord D'Abernon und die englische Deutschlandpolitik 1920-1926, in: Europäische Hochschulschriften, Reihe III, Bd./Vol. 362, Frankfurt a. M./Bern/New York/Paris 1990, S. 372f.

geteiltes Echo ergab sich in der Sowjetunion, wo viele hofften, daß mit Hindenburg nun jemand an die Macht gelangt war, der die Ostpolitik forcieren und das geplante Sicherheitsabkommen obstruieren würde. Andere wiederum rechneten fest mit seinem entschlossenen Festhalten am Sicherheitspakt[72]. Mit gemischten Gefühlen nahm man auch in Ungarn den Wahlausgang auf, wo die Konservativen und Liberalen den Erfolg des neuen Reichspräsidenten vollauf begrüßten, die Sozialdemokraten diesen dagegen mit großer Skepsis registrierten[73]. Vor allem Mussolinis Haltung zum Votum der deutschen Wählerschaft wurde von einem Zwiespalt getragen. Sosehr er der Person des Reichspräsidenten ehrliche Sympathie entgegenbrachte – was dem Diktator ernsthaft Sorgen bereitete, war ein mögliches Wiedererstarken der deutschen Agitation in Südtirol verbunden mit Rückwirkungen auf die Sicherheit der Brennergrenze[74]. In den Vereinigten Staaten, wo das Wahlergebnis als Gefährdung für den Weltfrieden aufgefaßt wurde, überboten sich die Schlagzeilen[75]. Selbst die seriöse *New York Times* wartete mit einem lancierten Gerücht auf, wonach Hindenburg angeblich in einem Interview zugegeben hätte, Deutschland nochmals gegen Frankreich ins Feld führen zu wollen[76]. Für die *New York World* diente seine Wahl nur dem Zweck, die Demokratie zugunsten des Kaisertums zu opfern und Revanche für die Kriegsniederlage zu nehmen[77]. Im *Literary Digest* tauchte die für die amerikanische Mehrheit repräsentative und zwangsläufige Frage auf: „Does von Hindenburg mean War or Peace?"[78]. Aus dem Chor der radikalen Skeptiker ragte insbesondere der einflußreiche Verband der amerikanischen Weltkriegsveteranen heraus, der vom amerikanischen Präsidenten ernsthaft die Verhaftung Hindenburgs und die Ansetzung anschließender Neuwahlen erwartete[79].

---

[72] Schreiben Generalkonsul Schlesinger an Botschafter Frhr. v. Maltzan, Berlin, 30.04.1925, in: ADAP, A-XIII (1995), Dok.-Nr. 11, S. 31.
[73] Schreiben Engl. BS R.C. Parr [Budapest] an FO London [o.A.], Budapest, 30.04.1925 [Original], PRO London, FO 371/10714, C 6030 [S. 10].
[74] VERA TORUNSKY: Entente der Revisionisten. Mussolini und Stresemann 1922-1929, Diss. Köln/Wien 1981, S. 73f.
[75] Näheres zu den amerikanischen Reaktionen bei ROBERT GOTTWALD, a.a.O., S. 46f.
[76] *New York Times*, 28.04.1925, Nr. 24566. Telegramm von Blankensee an Rpräs. v. Hindenburg, New York 28.04.1925, Nr. 526/28 [Original], BA Berlin-Lichterfelde, R 601/3. Dabei hatte Hindenburg nur wenige Tage zuvor einem amerikanischen Journalisten das direkte Gegenteil versichert.
[77] ROBERT GOTTWALD, a.a.O, S. 35.
[78] *The Literary Digest*, 09.05.1925.
[79] Siehe MANFRED BERG, Gustav Stresemann und die Vereinigten Staaten von Amerika, a.a.O., S. 248f.

Gerade die kleineren Staaten wie Lettland[80] oder Dänemark, wo die Angst vor einem Wiedererstarken Deutschlands besonders groß war[81], nahmen die Vorgänge in Berlin mit Unbehagen auf. Der deutsche Gesandte in Belgrad nahm mit seiner Depesche eine Analyse vorweg, aus der eine Dichotomie der vielen abschätzigen ausländischen Kommentare zum Wahlsieg Hindenburgs deutlich hervorgeht. Seine Beobachtung vor Ort, wonach die gesamte Presse das deutsche Votum für Hindenburg generell aufs schärfste kritisierte, die Person des neuen Reichspräsidenten dabei aber überhaupt nicht attackierte[82], traf auch für die meisten anderen Länder zu. Hindenburgs Integrität wurde im allgemeinen nicht angezweifelt, weil viele Korrespondenten vor Ort sich von Hindenburgs Charisma blenden und daher eventuelle programmatische Punkte vollkommen außer acht ließen[83].

Signifikant für dieses ambivalente Meinungsbild des Auslandes war, daß man seine militärischen Erfolge, den Mythos, die lebende Legende bewunderte[84], zugleich aber den militaristischen sowie monarchistischen Grundüberzeugungen des Reichspräsidenten skeptisch und ablehnend gegenüberstand[85]. Daß der japanische und der spanische Botschafter die Wahl Hindenburgs begrüßten, der französische Botschafter de Margerie hingegen seine Besorgnisse wegen des Aufkommens einer *Kamarilla* um das neue Staatsoberhaupt kaum verhehlen konnte, ist in gewisser Weise nur das Abbild der jeweiligen zwischenstaatlichen Bezie-

---

[80] Telegramm Dt. GS Adolf Köster (Riga) an das AA, Nr. Ko 103, Riga, 14.05.1925, in: ADAP, A-XIII, Dok.-Nr. 40, S. 112f.

[81] Tagebucheintrag Dt. GS Ernst v. Weizsäcker (Dänemark), Kopenhagen, 03.05.1925, aus: E. LEONIDAS HILL (Hrsg.): Die Weizsäcker-Papiere 1900-1932, Berlin/Frankfurt a. M./Wien 1982, S. 369.

[82] Telegramm Dt. GS Eisenlohr [Belgrad] an AA [o.A.], Nr. 30, Belgrad, 29.04.1925 [Kopie], PA AA Bonn, R 29149k/E 137057f.

[83] In Japan etwa gewannen die kritischen Kommentare zu Hindenburgs Wahlsieg ein erkennbares Übergewicht. Telegramm Dt. BS Solf [Tokio] an AA [o.A.], Nr. 30, Tokio, 02.05.1925 [Kopie], PA AA Bonn, R 29149k/E 137020.

[84] „[...] Wie die meisten Engländer war ich voll Bewunderung für den alten Feldmarschall [...]". Siehe WHEELER-BENNETT, Der hölzerne Titan, a.a.O., S. 16.

[85] In einem Telegramm an das AA schrieb der deutsche Botschafter in Paris, Leopold Hoesch: „[...] man findet es selbstverständlich, daß er als ehemaliger deutscher Heerführer keine anderen großen Ziele haben kann, als Deutschland für einen siegreichen Revanchekrieg vorzubereiten. Man nimmt dem greisen Feldmarschall dies nicht einmal übel, sieht aber in ihm den geborenen Feind [...]". Telegramm Dt. BS Hoesch an AA [o.A.], Nr. 259 [Abschrift], Paris, 12.04.1925, PA AA Bonn, R 28034/E 255746-747. Abgedruckt auch in: ADAP, A-XII, Dok.-Nr. 249, S. 640f.; Hierzu siehe Telegramm Dt. BS Maltzan an RAM Stresemann, Nr. 142 [Abschrift], Washington D. C., 12.04.1925, in: ADAP, A-XII, Dok.-Nr. 250, S. 642.

hungen[86]. Jene Staaten, deren Verhältnis zu Deutschland gut war, die darüber hinaus auch ein Königshaus hatten, begrüßten gesetzmäßig die Wahl Hindenburgs zum zweiten deutschen Reichspräsidenten der Weimarer Republik[87]. Umgekehrt brachten die Ententemächte schon im Vorfeld und kurz nach der Wahl ihren Argwohn unverhohlen zum Ausdruck, wenngleich dort der graduelle Unterschied zwischen der amtlichen und öffentlichen Meinung offensichtlich war[88].

Moderatere Töne im Chor des internationalen Presseechos waren zu diesem Zeitpunkt eher rar. Sympathie und Zustimmung waren in der Minorität und kamen nur – wie teilweise schon nach der Bekanntgabe seiner Kandidatur – in den Fernschreiben aus Rom, Stockholm und Buenos Aires zum Vorschein[89]. Auch im Vatikan wurde Hindenburgs Wahlerfolg mit Wohlwollen aufgenommen[90].

Auf der britischen Insel nahm die Zahl der Journalisten, die seine Präsidentschaft befürworteten, tagtäglich zu. In der englischen Zeitung *Daily Chronicle* etwa wurde zwar seine Wahl als Parameter für die Stimmung in Deutschland gesehen, wobei aber die Empfehlung folgte, Deutschland nicht nach seinen Stimmungen, sondern nach seinen Handlungen zu beurteilen[91]. Die *Sunday Times* schrieb sogar, Deutschland habe sein Gleichgewicht wiedergefunden, weil man nun einen Präsidenten „mit tausend guten Eigenschaften" gewählt habe, der nur dann zur Provokation werden könnte, „wenn die Franzosen und wir selbst eine solche daraus machen"[92]. Wenn auch der Großteil der englischen Presse das Votum in Deutschland fast mit derselben kritischen Intensität wie in Rußland deutete, so gab es trotz aller Affinitäten einen Unterschied. Im Gegensatz zu Moskau mahnte London gleichzeitig zu besonnenem Verhalten und forderte die anderen Staaten dazu auf, die weitere Entwicklung in Deutschland in aller Ruhe

---

[86] Aufzeichnung StS v. Schubert über Gespräch mit dem frz. BS de Margerie (Ganz geheim!), Berlin, 03.05.1925, PA AA Bonn, R 27368/D 825956-959.
[87] Die italienische Regierung schrieb dem Wahlsieg Hindenburgs große historische Bedeutung zu. Aufzeichnung StS v. Schubert [mit Anlageschreiben der offiziellen Regierungserklärung bezgl. Hindenburgs Wahlerfolg], Berlin, 01.05.1925, PA AA Bonn, R 27368/D 825964-968.
[88] Aufzeichnung (o.V; o.U.) über die voraussichtliche Einstellung Briands zum Sicherheitspakt, Berlin, 29.04.1925, in: ADAP, A-XIII (1995), Dok.-Nr. 6, S. 16.
[89] Telegramm Dt. BS v. Neurath an AA [o.A.], Nr. 132 [Abschrift], Rom, 27.04.25 [S. 162]; Telegramm Dt. GS Sinovievs an AA [o.A.], Stockholm, 27.04.1925; Telegramm [N.N] an AA [o.A.], Nr. 39, Buenos Aires, 27.04.25 [S. 145], [Abschrift], PA AA Bonn, R 28034 [S. 134 u. 145].
[90] STEWART A. STEHLIN: Weimar and the Vatican 1919-1933. German-Vatican Diplomatic Relations in the Interwar Years, Princeton 1983, S. 335.
[91] *Daily Chronicle*, Ende April 1925, in: UuF, Bd. 6, Dok.-Nr. 1306 a, S. 286.
[92] *Sunday Times*, 03.05.1925, in: UuF, Bd. 6, Dok.-Nr. 1306 c, S. 287.

abzuwarten⁹³. Weitaus optimistischer als ihre heimischen Pressekolumnisten schätzten übrigens die englischen Auslandsvertreter in Berlin die innenpolitische neue Konstellation in Deutschland ein. So kabelte der britische Geschäftsträger Addison voller Zuversicht in die Downing Street, daß die Wahl Hindenburgs zum Reichspräsidenten keine Veränderung des außenpolitischen Kurses der Regierung Luther nach sich ziehen werde⁹⁴.

III. Das *neue* Hindenburgbild im Ausland

Nachdem Hindenburg sich bei seinem Amtsantritt in der an 59 Staaten entsandten Notifikation für gegenseitige gute Beziehungen ausgesprochen hatte⁹⁵, und als die ersten positiven Lageberichte und Stellungnahmen der ausländischen Missionschefs, die den neugewählten Reichspräsidenten mittlerweile persönlich kennen- und schätzengelernt hatten, Richtung Heimat depeschiert worden waren, verflog die internationale Skepsis zusehends⁹⁶. Von Tag zu Tag wuchs das Vertrauen in Hindenburg, und schon bald erblickte man in ihm den Gewährsmann für die Kontinuität der deutschen Außenpolitik⁹⁷. Am deutlichsten läßt sich diese erstaunliche Entwicklung anhand der inländischen Reaktionen in den

---

⁹³ Telegramm Dt. BS Sthamer an AA [o.A.], Nr. 28 [Abschrift], London, 28.04.1925, PA AA Bonn, R 28034 [S. 168]. Telegramm Dt. BS Brockdorff-Rantzau an AA [o.A.], Nr. 302, Moskau, 28.04.25 [Abschrift], [S. 197], PA AA Bonn, R 28034.

⁹⁴ „[...] It is perfectly correct that according to such constitutional practise as may be said to exist, election of President should not alter the course of foreign policy provided of course that the Chancellor continues to command the approval of the Reichstag. [...] In short rightly or wrongly, competent opinion in official circles is that Hindenburg will change nothing in foreign policy [...]". Telegramm Engl. Chargé d'Affaires Joseph Addison an Secretary of State Austen Chamberlain, Nr. 175, Berlin, 28.04.1925, in: Documents on British Foreign Policy 1919-1939, First Series, Vol. XXVII (1925), Dok.-Nr. 612, S. 1000.

⁹⁵ „[...] Mein ernstes Streben wird darauf gerichtet sein, die zwischen unseren Ländern bestehenden guten Beziehungen zu pflegen und zu fördern [...]". Notifikation Rpräs. v. Hindenburg, Berlin, 12.05.1925, PA AA Bonn, Botschaft Paris 905 a. [Entwürfe hierüber liegen im Original und in Durchschlägen vor], PA AA Bonn, R 118931.

⁹⁶ Erinnerungsbericht Wilhelm Marx: „Aus der Zeit meiner Kanzlerschaft unter Reichspräsident von Hindenburg", Oktober 1934, HA Köln, NL Marx, Best. 1070/283 [S. 7].

⁹⁷ „[...] Allerdings weckte die Wahl des Generalfeldmarschalls zunächst die schlimmsten Befürchtungen im Ausland. [...] diese ungünstige Stimmung im Ausland schlug nach etwa vier bis sechs Monaten vollständig um, nachdem die Gesandten der versiedenen [sic!] Länder den neuen Reichspräsidenten persönlich kennen gelernt hatten [sic!]". Erinnerungsbericht „Das Jahr 1925" von RK a.D. Marx [o.D.; geschrieben Sept. 1933], [Original], HA Köln, NL Marx, Best. 1070/66 [S. 24]. Siehe auch SCHULENBURG, a.a.O., S. 71.

Vereinigten Staaten darlegen. Waren die offiziellen US-Regierungsstellen schon vor und während der Wahlen in Deutschland mit Verlautbarungen über Hindenburg sehr sparsam umgegangen[98], so bezogen sie nach der Wahl nun eindeutige Position. Einer von denen, der Farbe bekannte, war kein geringerer als der amerikanische Präsident John Calvin Coolidge, der Hindenburgs Wahl zum Reichspräsidenten aufrichtig begrüßte, ihr sogar eine konsolidierende und integrierende Wirkung zuschrieb[99].

Anstelle der zuvor sehr abschätzigen Kommentare gewannen auch bei den amerikanischen Zeitungen wohlwollende Stimmen mehr und mehr die Oberhand[100]. Bereits nach vier Monaten kam eine erstaunliche *Metamorphose* zum Abschluß, in der die öffentliche amerikanische Meinung sich von ihrem anfänglichen Mißtrauen gegen Hindenburg lossagte und ihm allmählich offenes Vertrauen entgegenbrachte[101]. Von da an galt der deutsche Weltkriegsgeneral, der väterlich mit „dear old Hindy"[102] tituliert und partout mit George Washington verglichen wurde[103], in den USA als Garant der Stabilität der Weimarer Republik[104]. Standen seine royalistischen und militaristischen Neigungen noch Monate zuvor im Brennpunkt der Kritik – hierbei tat sich die Presse im Gegensatz zur politischen Exekutiven besonders hervor –, so wurde nun seine verfassungskonforme Attitüde allgemein respektiert, teilweise sogar überschwenglich gelobt[105]. Hindenburgs beruhigende Ausstrahlung, seine verfassungsloyale Ein-

---

[98] ROBERT GOTTWALD, a.a.O., S. 38. MANFRED BERG, Gustav Stresemann und die Vereinigten Staaten von Amerika, a.a.O., S. 252.

[99] Maltzan, der diese streng vertrauliche Information über einen „hervorragenden Vertrauensmann" erhielt, bat darum, dieses Fernschreiben „unter allen Umständen" der Öffentlichkeit vorzuenthalten. Dt. BS Maltzan an AA [o.A.], Nr. 178 [Abschrift], Washington D. C., 29.04.1925, PA AA Bonn, R 28034/E 255781. Dieselbe Depesche ist auch im Aktenband R 29149k unter der Filmnummer E 137041 verzeichnet.

[100] Telegramm Dt. BS Maltzan an AA [o.A.], Nr. 193 [Abschrift], Washington D. C., 04.05.1925, PA AA Bonn, R 28034 [S. 254]. Die Provinzpresse blieb aber überwiegend kritisch eingestellt. Hierzu siehe GOTTWALD, a.a.O., S. 43.

[101] MANFRED BERG, Gustav Stresemann, a.a.O., S. 249 u. 251. GOTTWALD, a.a.O., S. 46. PETER GAY: Republik der Außenseiter. Geist und Kultur der Weimarer Zeit in 1918-1933, Frankfurt a. M. 1989, S. 207.

[102] Telegramm Dt. BS Maltzan an AA [o.A.], Nr. 185 (Ganz geheim!), Washington D. C., 02.05.1925 [Kopie], PA AA Bonn, R 29149k/E 137012.

[103] „[...] Er ist der Washington von Deutschland [...]". Rede des US-Botschafters Jacob Schurmann [Berlin] anläßlich der Steuben-Feier am 30.11.1927 in New York, in: Schulthess' Europäischer Geschichtskalender 1927, 43. Jg., S. 445. Siehe auch ENDRES, Hindenburg, a.a.O., S. 125.

[104] MANFRED BERG, a.a.O., S. 249.

[105] So schrieb die *Washington Post*: „[...] President message breaths spirit of Progress and contentment. [...] Truly von Hindenburg seems be as great in peace as in war. [...]". Telegramm [o.A] Baer an AA [o.A.], Nr. 329, Washington D. C. 25.08.1925 [Kopie einer Abschrift], PA AA

stellung und seine moderaten außenpolitischen Ansichten ließen ihn in den USA schnell zum „Inbegriff der Mässigung und Besonnenheit" werden[106]. Über die Grenzen der Vereinigten Staaten hinaus zollte man ihm für das Zustandekommen des Locarno-Paktes Anerkennung[107]. Hindenburgs mit Bravour gemeisterte erste außenpolitische Bewährungsprobe wurde desgleichen in Frankreich mit Zustimmung registriert, wo sich das Meinungsbild erkennbar zu seinen Gunsten verschob. Hatte die dortige Regierung den Sturm der Entrüstung anläßlich seiner Kandidatur und Wahl noch mitgetragen, so war sie diesmal darum bemüht, den Unmut zu „dämpfen"[108]. Fast repräsentativ für den allgemeinen Meinungsumschwung im Ausland steht auch eine Bemerkung des englischen Außenministers Austen Chamberlain. In einem Gespräch mit Stresemann gestand Chamberlain, er sei anfangs über Hindenburgs Wahl zum Reichspräsidenten erschrocken gewesen. Nun aber sei er der Meinung, daß diese Wahl für das Verhältnis Deutschlands zu den anderen Völkern von Vorteil sei[109]. Ähnlich äußerte sich auch der englische Botschafter in Berlin, Lord D'Abernon, in einem Gedankenaustausch mit Staatssekretär Schubert bereits zwei Jahre zuvor. Freimütig bekannte der Diplomat bei dieser Gelegenheit, daß Hindenburgs Wahl in England zuerst größtes Aufsehen bewirkt hätte, inzwischen habe sich die Lage wieder weitgehend beruhigt[110]. Eine Woche später präzisierte D'Abernon seinen Standpunkt mit den Worten, daß die ersten Befürchtungen der Pessimisten über Hindenburgs außenpolitische Linie mittlerweile verflogen seien und der Reichspräsident im Hinblick auf die Vertragsverhandlungen in Locarno als stabilisierender Faktor angesehen werde[111].

Bonn, R 28491/D 619787. Ein amerikanischer und zeitgenössischer Biograph lobte Hindenburgs überparteiliche Haltung und charakterisierte sie als *Hindenburg-Linie*. RUDOLPH WETERSTETEN/A.M.K. WATSON: The biography of President von Hindenburg, New York 1930, S. 259.

[106] Schreiben BSRat Kiep an StS Pünder, D. „Europa" (Brief wurde auf gleichnamigen Schiff verfaßt), 21.07.1930 [hdschr. Original], BA Koblenz, NL Pünder, N 1005, Bd. 626 [S. 9f.].

[107] ROBERT GOTTWALD, a.a.O., S. 45.

[108] Telegramm Dt. BS Hoesch [Paris] an AA [o.A.], Nr. 402, Paris, 04.06.1925 [Abschrift], in: ADAP, A-XIII, Dok.-Nr. 88, S. 239.

[109] Aufzeichnung RAM Stresemann, Genf, 16.09.1927, in: ADAP, B-VI, Dok.-Nr. 209, S. 458.

[110] Allerdings charakterisierte D'Abernon die „vom Standpunkt der äusseren Politik" gesehenen Folgen der Wahl Hindenburgs insgesamt als „großen Fehler". Aufzeichnung StS v. Schubert über Gespräch mit engl. BS Lord D'Abernon (Ganz geheim!), Berlin, 01.05.1925, PA AA Bonn, R 27368/D 825960-963. Vorliegendes Aktenstück ist jetzt abgedruckt in: ADAP, A-XIII (1995), Dok.-Nr. 15, S. 41f.

[111] Tagebucheintrag Engl. BS VISCOUNT D'ABERNON, Berlin, 08.05.1925, in: DERS.: An Ambassador of Peace. Lord D'Abernon Diary, Bd. III, London 1930, S. 164.

Eingeleitet wurde dieser Sinneswandel fraglos von den englischen Diplomaten in Berlin, die bereits nur wenige Tage nach der Wahl die Ereignisse in Deutschland so besonnen und sachlich kommentierten, daß sich im Foreign Office jegliche Anspannung löste. Seinen Anteil dazu beigetragen hatte gewiß auch der zuvor erwähnte britische Geschäftsträger Joseph Addison, der ein positives ausführliches Charakterbild von Hindenburg zeichnete und London mit der Prognose überraschte, daß der neue Reichspräsident in der deutschen Außenpolitik keine Veränderung bewirken werde[112]. Nicht vergessen werden darf selbstverständlich Lord D'Abernon, dessen taktisch geschickter Informationspolitik es zu verdanken war, daß sich die anfängliche Nervosität auf der Insel recht schnell „auf ein vernünftiges Maß" einpendelte[113]. Bezeichnend hierfür war insbesondere seine Mitteilung an Außenminister Chamberlain vom 3. Mai 1925, worin er diesem auseinandersetzte, daß das deutsche Kabinett und die Mehrheit der Diplomaten trotz des Wahlergebnisses keinen innen- und außenpolitischen Kurswechsel erwarten[114]. Doch D'Abernon konnte seinem Vorgesetzten nur wenige Stunden später noch Konkreteres depeschieren, denn Stresemann hatte ihm just danach die mündliche Zusicherung gegeben, daß der neugewählte Reichspräsident den Sicherheitspakt nicht gefährden werde. Dessen Unterschrift unter dem Vertragswerk werde für die Sicherheit des Friedens bedeutsamer sein als Marx' Signatur oder die irgendeines sozialdemokratischen Reichspräsidenten[115].

In gewisser Weise legte Hindenburg aber auch in persona den Grundstein für den Vertrauenszuwachs, der ihm widerfuhr. Hieran vermochten selbst seine pathetischen Reden gegen die „Kriegsschuldlüge" nichts zu ändern[116]. Im Gegenteil, seine außenpolitische Linie fand von Jahr zu Jahr größere Akzeptanz. Ablesen läßt sich diese Entwicklung an einer Bemerkung des englischen Königs Georg V. gegenüber dem deutschen Botschafter in London, Friedrich Sthamer. Ihm gestand der Monarch im Oktober 1930 auf überschwengliche Art seinen höch-

---

[112] „[...] Hindenburg has an immense reputation of being a good man who represents all that is best in the German character. [...] I do not think that - at any rate for the present - Hindenburg's election means that there will be any change whatsoever [sic!] in the main lines of German foreign policy. [...]". Siehe Schreiben Engl. Chargé d'Affaires Joseph Addison an Sir Miles W. Lampson, Berlin, 29.04.1925 [Original], PRO London, FO 371/10714, C 6048 [S. 20ff.].

[113] ANGELA KAISER, Lord D'Abernon und die englische Deutschlandpolitik 1920-1926, a.a.O., S. 476.

[114] Schreiben Engl. BS Lord D'Abernon an Secreatary of State Austen Chamberlain, Berlin, 03.05.1925 [Original], PRO London, FO 371/10714, C 6250 [S. 69].

[115] „[...] Stresemann does not anticipate any opposition to security pact from Hindenburg himself. [...]". Telegramm Engl. BS Lord D'Abernon (Berlin) an Secretary of State Austen Chamberlain, Berlin, 03.05.1925, in: Documents on British Foreign Policy 1919-1939, First Series, Vol. XXVII (1925), Dok.-Nr. 304, S. 476.

[116] Siehe folgendes Kapitel zur Tannenbergrede.

sten Respekt für die „Person, den Charakter und die Politik des Reichspräsidenten", der für den europäischen Frieden eine wirkliche „Hauptstütze" sei[117].

Daß sich das Blatt völlig zugunsten Hindenburgs wandte, hatte weitere Gründe. Gefördert wurde der Meinungsumschwung ebenso durch die offiziösen, inhaltlich sehr moderaten Rundschreiben der deutschen Missionschefs. Sie hatten entscheidenden Anteil daran, daß sich nahezu alle ausländischen Spekulationen über mögliche revanchistische und monarchistische Absichten des Nachfolger Eberts peu à peu in Luft auflösten. Vor allem Staatssekretär von Schubert, der sehr engen Kontakt zu den fremden Missionschefs in Berlin pflegte, nahm den neugewählten Reichspräsidenten vor Angriffen seiner auswärtigen Gesprächspartner in Schutz. Ihm war es zu verdanken, wenn deren anfängliche Vorbehalte schnell verflogen[118]. Maßgeblichen Anteil an dem stetig wachsenden Vertrauen des Auslands in Hindenburg hatte auch Gustav Stresemann, der den Missionschefs der wichtigsten Botschaften vor und nach der Reichspräsidentenwahl die Instruktion mit auf den Weg gab, darauf hinzuweisen, daß eine Wahl Hindenburgs zum Reichspräsidenten keine Kursänderung innerhalb der deut-

---

[117] Aufzeichnung Dt. BS Sthamer [London], London, 01.10.1930 [Durchschlag], PA AA Bonn, Personalakte Sthamer, Nr. 665 [o.A., S. 270-272]. Diese Niederschrift fertigte Sthamer anläßlich seiner Abschiedsaudienz beim englischen König, die im Buckingham Palace stattfand, ab. Ähnlich äußerten sich die italienischen Gazetten. Schreiben Dt. BS v. Neurath [Rom] an AA [o.A.], Rom, 11.01.1928 [Durchschlag], PA AA Bonn, R 122390.

[118] So versicherte StS v. Schubert dem italienischen Botschafter, Graf Bosdari, kurz vor der Reichspräsidentenwahl, daß Behauptungen aus dem Ausland über angebliche Pläne Hindenburgs, neue radikale außenpolitische Wege zu beschreiten, nicht nur inhaltlich falsch, sondern schlichtweg mit der Verfassungsrealität unvereinbar seien. Siehe Aufzeichnung StS v. Schubert (Ganz geheim!), Berlin, 17.04.1925, in: ADAP, A-XII, Dok.-Nr. 262, S. 682f.; Cf. Aufzeichnung StS v. Schubert (Geheim!) [Original], Berlin, 28.04.1925, PA AA Bonn, R 28666/D 706330. Ein Durchschlag desselben Dokuments findet sich auch unter der folgenden Signatur: R 27368/D 825984. Nach dem Wahlsieg Hindenburgs mußte StS v. Schubert anfangs noch intensivere Überzeugungsarbeit leisten, um den Ängsten und Irritationen im Ausland wegen Hindenburgs außenpolitischen Zielsetzungen effektiv entgegenwirken zu können. Aufzeichnung MinDir Köpke, Berlin, 29.04.1925, PA AA Bonn, R 27368/D 825972; Aufzeichnung StS v. Schubert über Gespräch mit engl. BS Lord D'Abernon (Ganz geheim!), Berlin, 01.05.1925, PA AA Bonn, R 27368/D 825960-963. Aufzeichnung StS v. Schubert über Gespräch mit frz. BS de Margerie (Ganz geheim!), Berlin, 03.05.1925, PA AA Bonn, R 27368/D 825956-959. Auch dem frz. General Wauchope eröffnete StS v. Schubert in einer kurzen Unterredung, daß Hindenburgs Wahl zum Reichspräsidenten keine Änderung der deutschen Außenpolitik zur Folge haben werde. Im Gegenteil werde sie für das Feld der äußeren Politik durchaus „gewinnbringend" sein. Vgl. Schreiben M. Vandervelde an M. Jaspar, Genf, 07.03.1927, in: Documents Diplomatiques Belges 1920-1940, Bd. II, Dok.-Nr. 149, S. 424.

schen Außenpolitik herbeiführen könne[119]. So legte Stresemann dem deutschen Botschafter in London, Sthamer, in einem gesonderten Telegramm nahe, mit Chamberlain das Gespräch zu suchen. Ihm sollte klargemacht werden, daß die bisherige deutsche Außenpolitik sich deshalb nicht verändern werde, weil die außenpolitischen Richtlinien, die nur das Kabinett bestimme, vom Reichspräsidenten, der im übrigen seinen Verfassungseid strikt einhalten werde, ungeteilt gebilligt worden waren. Vor Augen geführt werden sollte Chamberlain vor allem die Zielrichtung der deutschen Wählerschaft, die mit ihrem Votum für Hindenburg keine Restauration der Monarchie oder eine Änderung der deutschen Außenpolitik bezwecke, sondern sich gegen den „Zentrumskatholizismus" von Marx richte[120].

In seinem Bemühen, allen ausländischen Kassandrarufen zu trotzen, die sich infolge der Wahl Hindenburgs nun vollends Gehör zu verschaffen versuchten, wurde Stresemann aber noch von Reichskanzler Luther sekundiert. Anläßlich des Industrie- und Handelstags nahm Luther die Gelegenheit wahr, den künfti-

---

[119] Dort heißt es u.a.: „[...] Der Gedanke, daß Hindenburg im Falle seiner Wahl die von der Regierung getätigte Außenpolitik gefährden könnte, ist vollkommen absurd. Hindenburg würde auch als Präsident nur konstitutioneller Präsident sein können. Bitte stark zu betonen, daß Reichskanzler und Außenminister vollkommen einig sind, daß die von ihnen geführte Außenpolitik folgerichtig fortgesetzt werden muß und fortgesetzt wird. [...]". Schreiben RAM Stresemann an Dt. BS Maltzan [Washington D. C.], Berlin, 09.04.1925, in: ADAP, A-XII, Dok.-Nr. 244, S. 628. Dieses Fernschreiben wurde auch den Botschaften in London, Paris und Rom sowie den Gesandtschaften in Brüssel, Bern, Prag und Den Haag zugesandt. Am 27. April 1925 verschickte das Auswärtige Amt ein Rundschreiben Stresemanns an 31 deutsche Auslandsmissionen, in dem der Außenminister eine vereinheitlichte Sprachregelung anordnete. Danach sollten die jeweiligen Auslandsvertreter der inländischen Regierung verdeutlichen, daß der neue deutsche Reichspräsident sich „klar und unzweideutig" zur Außenpolitik der derzeitigen Reichsregierung bekannt habe und die Rechtsgültigkeit des Versailler Vertrages anerkenne. Telegramm/Rundschreiben RAM Stresemann an die deutschen Auslandsmissionen (Sofort!), Berlin, 27.04.1925 [Abschrift], PA AA Bonn, R 28034/E 255765-767. Jetzt auch abgedruckt in: ADAP, A-XIII (1995), Dok.-Nr. 2, S. 5ff.

[120] Telegramm RAM Stresemann an Dt. BS Sthamer [London] (Sofort! Geheim!), Nr. 167, 29.04.1925, in: ADAP, A-XIII (1995), Dok.-Nr. 5, S. 14. Das Ergebnis des Gesprächs mit Chamberlain kabelte Sthamer weisungsgemäß am 1. Mai nach Berlin. Daraus geht Chamberlains sehr reservierte Haltung hervor: „[...] Er selbst [Chamberlain] zog aber weder diese noch andere Konsequenz [sic!] und bedauerte nur die Verschlechterung der Atmosphäre. [...]". Telegramm Dt. BS Sthamer [London] an RAM Stresemann, London, 01.05.1925, Nr. 210, in: ADAP, A-XIII (1995), Dok.-Nr. 13, S. 35ff.

gen außenpolitischen Kurs der deutschen Regierung im Sinne Stresemanns zu bekräftigen[121].

Belegen läßt sich die veränderte Einstellung des Auslandes zu Hindenburg auch an den sehr gemäßigten Reaktionen der Alliierten auf seine Rheinlandreise. Daß es am 21. März 1926 zu einem triumphalen Einzug des Reichspräsidenten in die befreite Stadt Köln[122] kommen konnte, war nicht allein das Resultat exakter Vorplanung[123]. Dies wurde letzten Endes von den Alliierten ermöglicht, die nach kurzen anfänglichen Protesten dem deutschen Druck nachgaben. Nur vereinzelt meldeten sich – wie beispielsweise in England – Kritiker zu Wort, die Deutschland von dem ihrer Ansicht nach „regrettable step" abbringen wollten. Vor allem, daß Hindenburg als Präsident und angeblicher Kriegsverbrecher „occupied territory" betreten wollte, bewertete man in der Downing Street als „hardly [...] in the interests of peace"[124]. Wider Erwarten bewahrte Hindenburg beim Rheinlandbesuch aber Contenance und legte eine kaum vermutete Zurückhaltung an den Tag, die dem englischen Botschafter in Berlin, Lord D'Abernon, derart im-

---

[121] „[...] Ich betonte, daß die bisherige Sicherheitspolitik unter allen Umständen weitergeführt werde [...]". LUTHER, Politiker ohne Partei, a.a.O., S. 335. *Vossische Zeitung* (Morgenausgabe), 30.04.1925.

[122] JOHN W. WHEELER-BENNETT, Der hölzerne Titan, a.a.O., S. 291. Bei seiner Rede in Köln würdigte Hindenburg den Erfolg Stresemanns mit keinem Wort des Dankes oder Lobes. ENDRES, Hindenburg, a.a.O., S. 152ff.; HUBATSCH, Hindenburg und der Staat, a.a.O., S. 92ff.

[123] Dabei war der Gedanke einer Fahrt des Reichspräsidenten ins Rheinland nicht neu. Schon Mitte Mai 1925, nur wenige Tage nach Hindenburgs Amtsantritt, wurde dessen Teilnahme an der rheinischen Jahrtausendfeier in Erwägung gezogen. Daß man hiervon schnell wieder Abstand nahm, hatten Staatssekretär Meissner und Außenminister Stresemann bewirkt. Denn nach Meissner waren negative Rückwirkungen und mögliche Restriktionen von seiten der Besatzungsbehörden in Anbetracht der Visite Hindenburgs im Rheinland vorprogrammiert, weil der Reichspräsident immer noch auf der „Auslieferungsliste" stand. Schreiben StS Meissner [B.d.Rpräs.] an StS Pünder [Rkei], Berlin, 15.05.1925 [Mikro-Film-Nr. 351], BA Koblenz, R 43 I/1793 [S. 256]. Stresemanns Ratschlag, von einer derartigen Reise des Reichspräsidenten, die nur die Gefahr von frankreich- und englandfeindlichen Demonstrationen heraufbeschwöre, abzusehen, wurde nicht nur vom gesamten Kabinett, sondern auch von Hindenburg selbst gebilligt. Vermerk RegRat Richard Adalbert Wienstein, Berlin, 29./30.05.1925, BA Koblenz, R 43 I/1793. Vermerk „Ressortbesprechung im Rheinministerium 05.02.1926", Berlin, 09.02.1926 [Mikrofilm-Nr. 51], BA Koblenz, R 43 I/196 [S. 155ff.].

[124] Schreiben Sir Miles W. Lampson an Chargé d'Affaires Joseph Addison, 28.05.1925, Dok.-Nr. 627, S. 1030 [Anm. 2]; Telegramm Secretary of State Austen Chamberlain an Engl. BS (Berlin) Lord D'Abernon, London, 29.05.1925, Nr. 111, Dok.-Nr. 629, S. 1031f., in: Documents on British Foreign Policy 1919-1939, First Series, Vol. XXVII (1925).

ponierte, daß er ihm in seinem Bericht für das Foreign Office deswegen großes Lob zollte[125].

Moderate Töne kamen sogar aus Frankreich, wo nur Bedenken wegen möglicher inländischer Negativreaktionen laut wurden[126]. Auch den innerdeutschen Kontroversen, wie dem *Flaggenstreit*[127] oder der *Panzerkreuzeraffäre*, an deren Eskalation Hindenburg maßgeblichen Anteil hatte[128], begegnete man in Europa mit Gelassenheit. Sieht man einmal von diversen Zeitungskolumnen des Auslands ab, in denen diese innenpolitischen Vorgänge in Deutschland kritisch kommentiert wurden, so blieben außenpolitische Konsequenzen aus. Mag Hindenburgs verordneter „Koexistenz" der alten und neuen Reichsfarben die politisch motivierte Intention zugrunde gelegen haben, der leidigen Flaggendiskussion ein definitives Ende zu bereiten: Letzten Endes erwuchsen daraus nur neue innenpolitische Turbulenzen, die zwar den Sturz des Kabinetts Luther

---

[125] „[...] But once again Field Marshal von Hindenburg has shown his appreciation of his constitutional position and refrained from exploiting his personal prestige, or the enthusiasm of the Nationalists in an undesirable direction. His strictly constitutional attitude and restraint upon this occasion are deserving of praise and are in keeping with the sense of honour and impartiality he has exhibited since assuming his high office. [...]". Schreiben Engl. BS Lord D'Abernon an Secretary of State Austen Chamberlain, Berlin, 29.03.1926 [Original], PRO London, FO 371/11307, C 4183 [S. 114]. Ähnlich äußerte sich auch der Kommissar der „Inter-Allied Rhineland High Commission Koblenz (British Department)". Vgl. Schreiben Lord Kilmarnock an Secretary of State Austen Chamberlain, Koblenz, 23.03.1926 [Original], FRO London, FO 371/11307, C 3878 [S. 110ff.].

[126] Aufzeichnung MinDir Köpke, Berlin, 09.09.1925, PA AA Bonn, R 28667/D 706551. Diese Niederschrift, in der MinDir Köpke sich auf eine Unterredung mit dem französischen Botschafter in Berlin bezog, wurde auch an RAM Stresemann und StS v. Schubert weitergeleitet.

[127] In der Absicht, den seit Beginn der Weimarer Republik schwelenden *Flaggenstreit* zu beenden, erließ Hindenburg am 5. Mai 1926 eine Verordnung, nach der jene deutschen Auslandsvertretungen, die deutsche Handelsschiffe anlaufen, neben der schwarzrotgoldenen Reichsflagge auch die kaiserlichen schwarzweißroten Farben als Handelsflagge zu hissen hatten. Hierauf folgten heftige Proteste und Demonstrationen der Republikaner, die schließlich zum Sturz des zweiten Kabinetts Luthers führten. Über die Hintergründe und den genauen Ablauf des *Flaggenstreits* siehe AdR, Kab. Luther I u II, Bd. 2, S. 1334ff.; ANDREAS DORPALEN: Hindenburg in der Geschichte der Weimarer Republik, Berlin/Frankfurt a. M. 1966, S. 106ff.; WALTER GÖRLITZ: Hindenburg - Ein Lebensbild, Bonn 1953, S. 278. HEUSS, Erinnerungen, a.a.O., S. 364. WALTER RAUSCHER: Hindenburg - Feldmarschall und Reichspräsident, Wien 1997, S. 246.

[128] Näheres hierzu bei JOHN W. WHEELER-BENNETT: Die Nemesis der Macht. Die deutsche Armee in der Politik 1918-1945, Düsseldorf 1954, S. 208. Hierzu siehe JOHANNES HÜRTER: Wilhelm Groener. Reichswehrminister am Ende der Weimarer Republik (1928-1932), in: Beiträge zur Militärgeschichte. Hrsg.: Militärgeschichtliches Forschungsamt, Bd. 39, München 1993, S. 71ff.; Dito DORPALEN, Hindenburg, a.a.O., S. 146ff.; RUGE, Hindenburg, a.a.O., S. 267.

bedingten[129], für Hindenburg indes ohne Folgen waren. Zu Wort meldeten sich hierbei ebensowenig ausländische Kritiker wie beim Bau der „Panzerkreuzer A und B", den Hindenburg begeistert gefördert hatte und der mehr internationale Bewunderung als Kritik hervorrief[130]. Daß das Ausland auf Hindenburgs Rheinlandbesuch und seine Rolle bei der *Flaggenfrage* und beim *Panzerkreuzerbau* so verhalten reagierte, obgleich durchaus Anlaß zu Protest gegeben war, war Ausdruck seines Kredits, den er nach wie vor über die deutschen Grenzen hinweg hatte. Seinen Zenit erreicht zu haben schien der neue Enthusiasmus für den Reichspräsidenten, als François-Poncet, seines Zeichens Botschafter des größten kontinentalen Rivalen Deutschlands, der 1925 noch so vehement gegen seine Kandidatur opponiert hatte, dessen Wiederwahl am 10. April 1932 gleichwohl offen begrüßte[131].

IV. Die Tannenbergrede und die Aufarbeitung der *Kriegsschuldlüge*

Aus Anlaß der Einweihung des Tannenberg-Nationaldenkmals, das zu Ehren Hindenburgs in Hohenstein errichtet worden war[132], nahm der Reichspräsident am 18. September 1927 in einer offiziellen Erklärung Stellung zu dem in Deutschland hochbrisanten Thema der deutschen Schuld am Ausbruch des Ersten Weltkrieges. Auch wenn Hindenburg den Paragraphen in der Vergangenheit immer wieder mit Nachdruck angeprangert hatte, ohne dabei spektakuläre Reaktionen hervorgerufen zu haben, so markierte seine Rede zu Tannenberg

---

[129] Letztlich war Hindenburgs Verordnung sowohl auf die Wünsche der Auslandsdeutschen als auch der Republikaner zugeschnitten. Trotzdem ging Hindenburg aus dem *Flaggenstreit*, obgleich er während der ganzen Debatte nur „untätig im Hintergrund" gestanden hatte, als Sieger hervor. So DORPALEN, der auf Hindenburgs Part bei der *Flaggenfrage* en detail eingeht. DERS., a.a.O., S. 105ff.

[130] JOHN W. WHEELER-BENNETT, Die Nemesis der Macht, a.a.O., S. 208.

[131] Im Beisein Heinrich Sahms bekannte der französische Diplomat, daß er Hindenburgs Wiederwahl deshalb begrüße, da sie in Frankreich „große Entspannung auslösen" werde, denn Hindenburg sei nun mal der „ruhende Pol" in Deutschland. Siehe Auszug aus den Erinnerungen Dr. Heinrich Sahms [o.O; o.D.], in: THILO VOGELSANG: Reichswehr, Staat und NSDAP. Beiträge zur deutschen Geschichte 1930-1932, aus: Quellen und Darstellungen zur Zeitgeschichte, Bd. II, Stuttgart 1962, Dok.-Nr. 16, S. 435.

[132] „[...] Das Tannenbergdenkmal war ein bombastischer, festungsartiger Bau aus dunkelrotem Backstein, der, den architektonischen „Geschmack" des „Dritten Reiches" vorwegnehmend, eine germanische Zwingburg im eroberten Ostland symbolisieren sollte. Acht wuchtige quadratische „Wehrtürme" wurden durch eine riesige Mauer mit stilisierten Schießscharten verbunden, die einen „Ehrenhof" umschloß. [...]". So WOLFGANG RUGE, Hindenburg, a.a.O., S. 243.

unbestritten den Höhepunkt all seiner vorangegangenen Äußerungen zum Kriegsschuldvorwurf. Ob Hindenburg, wie Stresemann mutmaßte, mit dieser von ihm selbst initiierten Rede wirklich die letzte Gelegenheit vor seinem Tode wahrnehmen wollte, um seine Ansicht zum Kriegsschuldartikel offiziell kundzutun, findet zwar keine quellenmäßige Bestätigung[133], scheint mit Sicherheit aber auch eine Rolle gespielt zu haben. Zumindest wollte Hindenburg auf diesem Weg all jenen nochmals seinen Dank und Respekt zollen, über die er als früherer „Heerführer im Kriege und erster Soldat der alten Armee" den Oberbefehl gehabt hatte[134]. Den bewußt überparteilich gehaltenen offiziellen Rahmen der Feier nutzte der in Feldmarschalluniform erschienene Reichspräsident aus, um seinen Standpunkt zum Kriegsschuldvorwurf erstmals in der Öffentlichkeit zu präzisieren[135]. Hierbei bildeten folgende Worte den Kardinalsatz seiner Rede:

„[...] Die Anklage, daß Deutschland schuld sei an diesem größten aller Kriege, weisen wir, weist das deutsche Volk in allen seinen Schichten einmütig zurück [...]".

Um diesem Anliegen den nötigen emphatischen Nachdruck zu verleihen, ließ er in seine Ansprache miteinfließen, daß das deutsche Volk nicht aus Neid, Haß oder Eroberungssucht, sondern nur zur Verteidigung des Vaterlandes in den Krieg gezogen sei, was jederzeit von unparteiischen Richtern überprüft werden könne[136].

Daß Hindenburg die Widerlegung der „Kriegsschuldlüge" zu Lebzeiten für seine heilige Pflicht hielt, daß sie für ihn von grundlegender außenpolitischer Priorität war[137], war allgemein bekannt. Bestätigt in seiner Ablehnung des Versailler Vertragsartikels wurde er ja tagtäglich durch die Vielzahl der eingehenden Zuschriften, in denen er – gerade wenn bilaterale oder internationale Vertragswerke unmittelbar vor ihrer Ausfertigung standen – immer wieder auf die Problematik dieses folgenschweren Paragraphen hingewiesen wurde[138].

---

[133] So äußerte sich Stresemann in dem *Matin-Interview*. Aufzeichnung RAM Stresemann, Berlin, 17.10.1927, in: ADAP, B-VII, Dok.-Nr. 34, S. 88; Siehe auch Abdruck des *Matin-Interviews*, in: Gustav Stresemann Vermächtnis, a.a.O., S. 199.
[134] Schreiben StS Meissner [B.d.Rpräs.] an MinDir Köpke [AA], Berlin, 07.09.1927, PA AA Bonn, R 26553.
[135] Schreiben MinDir Hagenow an RK Marx, Berlin, 25.08.1927 [Original], HA Köln, NL Marx, Best. 1070/73 [S. 158-161].
[136] Tannenbergrede, Hohenstein (Ostpreußen), 18.09.1927, in: UuF, Bd. 7, Dok.-Nr. 1495, S. 38f.
[137] JOHN W. WHEELER-BENNETT, Der hölzerne Titan, a.a.O., S. 326.
[138] Z.B. Schreiben Deutscher Frauenausschuß zur Bekämpfung der Schuldlüge an Rpräs. v. Hindenburg, Berlin, 23.09.1925 [Original], BA Berlin-Lichterfelde, R 601/688 [S. 155].

Im Grunde genommen resümierte Hindenburg am 18. September 1927 nur das, wovon er und der Großteil der deutschen Bevölkerung seit langem überzeugt waren, und was er in der Vergangenheit schon mehrfach zum Ausdruck gebracht hatte[139]. Insofern enthielt seine Ansprache, die zuvor mit dem Reichskanzler und Reichsaußenminister bis ins kleinste Detail abgesprochen war[140] und die im Rundfunk übertragen wurde[141], nichts Neues. Allerorts war die Widerlegung der „Kriegsschuldfrage" seit Juli 1914 – besonders in den kriegsführenden Ländern – „Gegenstand heftiger historisch-politischer Kontroversen" gewesen, um die Unschuld der eigenen Staatsführung am Kriegsausbruch nachzuweisen[142]. Der Artikel 231 des Versailler Vertrages konfrontierte jedoch ausschließlich Deutschland mit dem „kollektiven Schuldvorwurf"[143] und machte es zugleich für den Ausbruch, die Verluste und Schäden des Ersten Weltkrieges alleine verantwortlich. Nicht zuletzt lieferte dieser Paragraph das Rechtsfundament, mit dem die Reparationspflicht Deutschlands begründet werden konnte[144]. Neben der Revision des Versailler Vertrages rückte somit die Widerlegung des Kriegsschuldvorwurfes in Deutschland ins zentrale Blickfeld des allgemeinen Interesses. Gleich welcher sozialen Schicht, politischen Partei, Berufsgruppe oder Bildungsschicht jemand angehörte: Über die Notwendigkeit der Zurückweisung der „Kriegsschuldlüge" herrschte in Deutschland Einigkeit auf allen Ebenen[145]. Sowohl liberale als auch konservative Geschichtsforscher forcierten den Kampf gegen die „Kriegsschuldlüge". Wenn sie die Vorgeschichte und Vorgänge während der Julikrise mit besonderem Eifer studierten, dann geschah dies ausschließ-

---

[139] Hindenburgs im November 1926 bewußt herausgestellte Aufforderung an das Auswärtige Amt, nun doch endlich gemeinsam die Beseitigung der Kriegsschuldbestimmungen des Versailler Vertrages voranzutreiben, verlief jedoch im Sande. Siehe Schreiben StS Meissner [B.d.Rpräs.] an AA [o.A.], Berlin, 19.11.1926 [Durchschlag], BA Berlin-Lichterfelde, R 601/688 [S. 243].

[140] Siehe Jahrbuch des öffentlichen Rechts der Gegenwart, Bd. 17 (1929), S. 89. HUBATSCH, Hindenburg und der Staat, a.a.O., S. 105.

[141] HANS BAUSCH: Der Rundfunk im politischen Kräftespiel der Weimarer Republik 1923-1933, Tübingen 1956, S. 163.

[142] WOLFGANG JÄGER: Historische Forschung und politische Kultur in Deutschland. Die Debatte 1914-1980 über den Ausbruch der Ersten Weltkrieges, Göttingen 1984, S. 14 u. 22.

[143] WALTER SCHWENGLER: Völkerrecht, Versailler Vertrag und Auslieferungsfrage. Die Strafverfolgung wegen Kriegsverbrechen als Problem des Friedensschlusses 1919/20, Stuttgart 1982, S. 116.

[144] Vgl. Art. 231 VV. Der Artikel beinhaltete zwar keine moralische Ächtung Deutschlands, zielte aber darauf ab, den Anspruch der Alliierten auf vollen Schadenersatz bzw. Reparationen zu untermauern. Siehe PETER KRÜGER: Die Aussenpolitik der Republik von Weimar, Darmstadt 1985, S. 63f.

[145] JULIUS CURTIUS, Sechs Jahre Minister der deutschen Republik, Heidelberg 1948, a.a.O., S. 111. HENRY BERNHARD (Hrsg.) Gustav Stresemann Vermächtnis, Bd. III, a.a.O., S. 581.

lich, um die Unschuld Deutschlands am Ausbruch des Ersten Weltkrieges wissenschaftlich zu untermauern[146]. Die Apologetik der deutschen Revisionspropaganda fand mit der Errichtung des „Kriegsschuldreferates" des Auswärtigen Amtes, das sich zum Ziel setzte, die deutsche Kriegsunschuldkampagne zu koordinieren und zu kontrollieren, ihren Höhepunkt[147].

Wurde Hindenburgs apodiktische Meinungsäußerung bei Tannenberg zum Kriegsschuldartikel von der Mehrheit der deutschen Bevölkerung durchweg begrüßt, so nahm das Ausland seine Rede mit Verärgerung auf. Die ablehnenden Reaktionen der alliierten Mächte beruhten aber weniger auf inhaltlichen Kriterien als vielmehr auf dem Umstand, daß Hindenburg diese Erklärung auf historischem Boden, ausschließlich vor Veteranen und monarchistisch rechtsnational gesinnten Anti-Demokraten abgegeben hatte[148]. Gerade der merklich militärische Schwerpunkt der Veranstaltung, der seine unverkennbare Prägung durch das stundenlange Defilieren der anwesenden Regiments- und Kriegsvereine fand[149], schürte das Mißtrauen im Ausland. Ganz und gar deplaciert erschien den Kritikern in erster Linie der Zeitpunkt der Rede[150]. Was das gewählte Datum für Hindenburgs Ansprache anbelangte, hätte es in der Tat nicht ungelegener ausfallen können, verhandelte doch Reichsaußenminister Stresemann zur selben Zeit im Genfer Völkerbund mit den Alliierten über die Reduzierung ihrer Besatzungstruppen in Deutschland[151]. Ausgerechnet in einem Augenblick, in dem Stresemann ausländischen Journalisten bei einem Empfang die friedlichen Absichten seines Landes zu konkretisieren versuchte und der Abgeordnete Rudolf Breitscheid in einem Ausschuß des Völkerbundes den Anwesenden erklärte, daß sich die „deutsche Jugend [...] vollkommen der Zukunft zugewandt" habe, platzte die Meldung von Hindenburgs Rede herein[152], die für Wochen das Verhandlungsklima in Genf denkbar verschlechterte und Stresemann in die Defensive

---

[146] ULRICH HEINEMANN: Die verdrängte Niederlage. Politische Öffentlichkeit und Kriegsschuldfrage in der Weimarer Republik, S. 106.
[147] IMMANUEL GEISS: Die manipulierte Kriegsschuldfrage, in: Militärgeschichtliche Mitteilungen, Bd. 33 (1983/1), S. 39. Ex-Außenminister JULIUS CURTIUS bemerkt hierzu in seinen Memoiren: „[...] Das Auswärtige Amt hat die Kriegsschuldfrage stets als eines der schwerwiegendsten außenpolitischen Probleme angesehen und behandelt. [...]". DERS.: Sechs Jahre Minister der Deutschen Republik, Heidelberg 1948, S. 110.
[148] Die Anwesenden dieser Veranstaltung rekrutierten sich vorwiegend aus militärischen und monarchistischen Kreisen. Selbst das preußische Staatsministerium blieb der offiziellen Feier fern.
[149] So THEODOR ESCHENBURG: Also hören Sie mal zu. Geschichte und Geschichten 1904 bis 1933, Berlin 1995, S. 172.
[150] Telegramm (Wertheimer), Paris, 23.09.1927, Nr. 6414 [Abschrift] u. Schreiben Dt. GS Fehrsetters an AA [o.A.], Barcelona, 04.10.1927, PA AA Bonn, R 26553.
[151] ANDREAS DORPALEN, a.a.O., S. 130.
[152] Telegramm (Wertheimer), Paris, 20.09.1927 [Abschrift], PA AA Bonn, R 26553.

zwang¹⁵³. Anstatt in Genf konstruktive Überzeugungsarbeit leisten zu können, mußte er zunächst einmal dem „beträchtlichen Mißtrauen", den nun laut werdenen Zweifeln an der Aufrichtigkeit seiner „Politik der Erfüllung" entgegentreten¹⁵⁴. Die mehrheitlich argwöhnischen Kommentare und damit verbundenen Bedenken der Völkerbundsdelegierten konnte die deutsche Delegation vor Ort nicht restlos ausräumen, weil auch sie die Ausführungen Hindenburgs bei der Feier zu Tannenberg mit ähnlichem Befremden aufgenommen hatten wie ihre ausländischen Kollegen¹⁵⁵. Immerhin gelang es Stresemann am Rande der Genfer Tagung, den nonchalanten französischen Außenminister Briand dazu zu bewegen, seinen Einfluß auf die französische Presse geltend zu machen, um die Wogen des Pressesturms etwas zu glätten¹⁵⁶. Doch nicht die Tannenbergrede alleine, sondern auch das Kaisertelegramm¹⁵⁷ erzeugte in Genf eine solch „unerfreuliche

---

¹⁵³ Die „Berliner Montagspost" berichtete darüber am 26.09.1927: „[...] Nach der gestrigen Rede Stresemanns in der Völkerbundversammlung habe es Briand absichtlich vermieden, ihm, wie gewöhnlich, beglückwünschend die Hand zu schütteln. [...] Überhaupt herrsche in Genf eine Stimmung, wie wenn man plötzlich mitten in der friedlichen Arbeit wieder in den Abgrund des Krieges geschaut habe [...]". Daß gerade die französische Seite auf Hindenburgs Ansprache entschlossen reagierte, geht aus einem Telegramm (Wertheimer) hervor, in dem die französische Zeitung „Gaulois" zitiert wird. Diese schrieb, daß der Geist von Locarno grausam von Tannenberg totgeschlagen worden sei und kritisierte auch Stresemanns Verhalten, der den „Optimismus" und die „naive Ruhe" der französischen Pazifisten nunmehr endgültig zerstört habe, weil er die Bürgschaft für die Erklärungen des deutschen Reichspräsidenten übernommen habe. Telegramm (Wertheimer), Paris, 25.09.1027, [Abschrift], PA AA Bonn, R 26553.
¹⁵⁴ „[...] Die Rede des Reichspräsidenten hat hier auch in Genf eine ziemliche Diskussion herbeigeführt [...]". Vgl. Schreiben RAM Stresemann an RK Marx, Genf, 21.09.1927, in: ADAP, B-VI, Dok.-Nr. 221, S. 482. Hierzu auch DORPALEN, a.a.O., S. 130.
¹⁵⁵ Telegramm (Wertheimer), Paris, 20.09.1927 [Abschrift], PA AA Bonn, R 26553.
¹⁵⁶ Nach Austen Chamberlain, der das Gespräch nur kurz verfolgte, versicherte Briand, er habe über dieses Problem bereits mit Poincaré gesprochen und entsprechende „Schritte" eingeleitet. Fritz Pick, Hrsg.: SIR AUSTEN CHAMBERLAIN. Englische Politik. Erinnerungen aus fünfzig Jahren, Essen 1938, S. 696f.
¹⁵⁷ In diesem an Hindenburg adressierten Telegramm vom 18.09.1927 anläßlich der Enthüllung des Tannenbergdenkmals brachte Wilhelm II. sich als Kaiser in Erinnerung. Er bedankte sich zwar bei Hindenburg und Ludendorff „für ihre überlegene Führung", stellte sie aber nur als bloße Vollstrecker kaiserlicher Instruktionen dar. Pathetisch gab er zu verstehen, daß die jetzige deutsche Führung ausgesprochen schwach sei und er auf die Rückbesinnung und Wiedererlangung alter Stärke und Größe hoffe. Text abgedruckt in: Schulthess' Europäischer Geschichtskalender 1927, a.a.O., S. 154. Die Depesche des Ex-Kaisers wurde von Hindenburg jedoch nur in Gegenwart seiner alten Kriegskameraden vorgetragen und nicht veröffentlicht, wollte man doch innenpolitische Kontroversen tunlichst vermeiden. Als die *Kreuzeitung* dieses Fernschreiben dennoch ein paar Tage später publizierte, gesellten sich zu den innerdeutschen Vorwürfen auch die des Auslandes. Vgl. Erinnerungsbericht Wilhelm Marx: „Erinnerungen an Hindenburg. Die Einweihung des Tannenbergdenkmals am 18.09.1927" (geschrieben September 1934), HA Köln,

Stimmung"¹⁵⁸, daß Stresemann sich schließlich genötigt sah, im französischen *Matin* den Sachverhalt zu relativieren und den Schaden – so gut es ging – zu begrenzen. Bei dem dortigen Interview gab er sich überrascht und verwundert über die seiner Auffassung nach überzogenen negativen Reaktionen in Frankreich¹⁵⁹. Dem französischen Reporter gegenüber beteuerte er, daß Hindenburg mit seiner Ansprache bei Tannenberg doch nur all das Bekannte wiederholt hätte, was er und der Reichskanzler in Vergangenheit schon mehrfach prononciert hätten¹⁶⁰. Vermutlich dürfte Stresemann zu diesem Zeitpunkt schon bereut haben, daß er auf die ihm nachweislich vorgelegten beiden Entwürfe der Rede Hindenburgs im Vorfeld nicht angemessen reagiert hatte¹⁶¹, zumal genügend Zeit vorhanden ge-

---

NL Marx, Best. 1070/283 [S. 14]. DORPALEN, a.a.O., S. 132. Die Veröffentlichung des Kaisertelegrammes empfand Hindenburg als das „Ungeschickteste" überhaupt, zumal er davon ausgegangen war, daß es sich hierbei um einen „an ihn adressierten Brief" gehandelt hatte. Aufzeichnung [N.N.], Berlin, 03.10.1927 [Original], PA AA Bonn, NL Stresemann, Bd. 60, 7370 H/H 166400.

¹⁵⁸ Aufzeichnung RegRat Planck bezüglich Ministerbesprechung vom 08.10.1927, in: ADAP, B-VII, Dok.-Nr. 16, S. 52.

¹⁵⁹ Siehe Abdruck *Matin-Interview*, in: Gustav Stresemann Vermächtnis, a.a.O., Bd. 3, S. 198f.; Der deutsche Botschafter in Paris, Leopold v. Hoesch, informierte RAM Stresemann persönlich via Kabel über die ablehnenden Reaktionen in Frankreich. Die Rede sei, so Hoesch, „wenig opportun" gewesen und habe „wieder allerhand Anfeindungen und Mißtrauen geschaffen". Telegramm Dt. BS Hoesch an RAM Stresemann, Paris, 22.09.1927 [Abschrift], PA AA Bonn, NL Stresemann, Bd. 59, 7369 H/H 166295. Dito *Tägliche Rundschau*, 24.09.1927, PA AA Bonn, R 27991 [S. 15].

¹⁶⁰ *Matin-Interview*, a.a.O., S. 198. Die Reaktionen auf besagtes Interview waren gerade in Frankreich erwartungsgemäß am heftigsten. Briand eröffnete Stresemann in einer Unterredung, er sei über den Inhalt des Interviews zuerst „erschrocken" gewesen, habe aber dann die Anweisung gegeben, die „Angelegenheit" nicht zu breit treten zu lassen, um einer möglichen Aufregung der französischen öffentlichen Meinung entgegenzuwirken. Cf. Aufzeichnung über Besprechung zwischen RAM Stresemann und Außenminister Briand, Genf, 26.09.1927, PA AA Bonn, NL Stresemann, Bd. 59, 7369 H/H 166324. Überdies informierte Stresemann Botschafter Hoesch in einer Depesche (Genf, 25.09.1927) über die näheren Hintergründe des Zustandekommens dieses Interviews. Siehe dazu PA AA Bonn, NL Stresemann, Bd. 59, 7369 H/H 166307-309.

¹⁶¹ Alle beteiligten Instanzen und wichtigen Amtsträger waren über den Inhalt der Rede Hindenburgs schon lange vorher informiert. Faktum ist, daß Hindenburg, obwohl dies in den Sekundärwerken mehrheitlich falsch wiedergegeben wird, nicht nur die Ansprache initiiert hatte, sondern daß der Inhalt seiner Rede von der Reichsregierung im voraus ausgefertigt und abgesegnet wurde. Schon am 07.09.1927 übersandte StS Meissner an MinDir Köpke [AA] ein Schreiben, das dem in Genf tagenden Außenminister zugeleitet werden sollte. Darin erklärte Meissner, daß Hindenburg mit dieser Rede primär bezwecke, den „gerade in letzter Zeit wieder auftretenden Anklagen deutscher Schuld am Kriege und grausamer deutscher Kriegsführung" entgegenzutreten. Meissner ließ weiter verlauten, daß er die vorgesehene Rede begrüße, da sie eine „günstige Gelegenheit" darstelle, um eine außenpolitische Meinungsäußerung zu artikulieren. Dem Brief legte StS Meissner dann einen ersten Entwurf der vorgesehenen Rede Hindenburgs

wesen wäre, um ihren Wortlaut etwas zu entschärfen. Wahrscheinlicher ist aber, daß er in gleichem Maße wie alle anderen Verantwortlichen auf deutscher Seite die mehr oder minder ablehnenden Reaktionen aus dem Ausland bei weitem unterschätzt und bewußte Rede wie der Reichskanzler zu leichtfertig gebilligt hatte[162]. Auch der um Schadensbegrenzung bemühte Reichskanzler versicherte dem Besitzer der französischen Tageszeitung *Matin* bei einer Unterhaltung, daß Deutschland die nun eingeleitete Diskussion der „Kriegsschuldlüge" nicht mit dem Ziel entfacht habe, um so das Ende der Reparationsverpflichtungen heraufzubeschwören[163].

Insgesamt gesehen war das Spektrum der ausländischen Pressestimmen zu Hindenburgs Tannenbergrede breit gefächert und erstreckte sich von kategori-

---

bei. Zudem richtete er an Köpke die Bitte, dem Reichsminister des Äußeren das Manuskript zur Prüfung zu übersenden, damit dieser beizeiten Stellung dazu beziehen könne. Köpke telegraphierte den Text noch am selben Tag nach Genf. Besagtes Fernschreiben wurde vervielfältigt und an alle wichtigen Amtsträger, darunter StS v. Schubert, StS Pünder, StS Weizmann, MinDir Gaus und GhRat v. Bülow ausgehändigt. Als das zweite Redekonzept ausgearbeitet war, das im übrigen vom ersten Entwurf inhaltlich kaum abwich, erhielt MinDir Köpke am 09.09.1927 von StS Meissner erneut ein Schreiben, über das er wiederum auch Stresemann informieren sollte. Da die Telefonleitung nach Genf für einige Stunden gestört war, kam es erst am nächsten Tag zu einem Telefongespräch mit Genf, in dem VLegRat Stieve den Wortlaut der Passage über die „Kriegsschuldfrage" diktierte. Nachdem die drei Delegationsmitglieder über die Veränderungen des Textes informiert worden waren und den Entwurf genehmigt hatten, wurde nach Berlin gedrahtet: „[...] Staatssekretär läßt Ihnen sagen, dass hier gegen den heute durchgegebenen Entwurf Rede Tannenberg keine Bedenken bestehen [...]". Selbst Stresemann ließ es sich nicht nehmen, MinDir Köpke telefonisch darüber zu unterrichten, daß er sowohl den Inhalt der Rede als auch die Absicht des Reichspräsidenten, eine solche halten zu wollen, in jeder Hinsicht begrüße. Unmittelbar danach machte MinDir Köpke dem StS im Hause des Reichspräsidenten, Otto Meissner, telefonische Mitteilung und betonte dabei, daß der Außenminister die geplante Rede „freudig und dankbar" begrüße. Schreiben StS Meissner [B.d.Rpräs.] an MinDir Köpke, Berlin, 07.09.1927 [bezgl. erster Fassung, ein weiterer Durchschlag des Schreibens Meissners vom 07.09.1927 an Köpke ist auch unter folgender Bestandnummer im PA AA Bonn zu finden: R 27380/D 830003-004]; Schreiben StS Meissner [B.d.Rpräs.] an MinDir Köpke, Berlin, 09.09.1927 [bezgl. zweiter Fassung], [Durchschlag hierzu in: R 27380/D 830007-008]; Telegramm Köpke an Dt. Delegation in Genf, Berlin, 07.09.1927 [Abschrift], R 26553 [Durchschlag: R 27380/D 830009-010]; Schreiben StS Meissner [B.d.Rpräs.] an MinDir Köpke, Berlin, 24.09.1927, R 26553. Aufzeichnung [o.U., o.P.], Berlin, 30.09.1927, R 27380/D 830000-002.

[162] Allerdings bedauerte Stresemann, daß in Hindenburgs Rede der erste im Entwurf fixierte Satz glatt übergangen wurde, wonach Hindenburg einleitend den Anlaß seiner Rede dergestalt relativiert hätte, daß er diese Erklärung nur deshalb halte, weil er sich „an der Schwelle des Grabes stehend" gegenüber dem deutschen Volk dazu verpflichtet fühle. Schreiben RAM Stresemann an RK Marx, Berlin, 21.09.1927, ADAP, B-VI, Dok.-Nr. 221, S. 482. Siehe auch ULRICH V. HEHL, Wilhelm Marx, a.a.O., S. 421.

[163] Aufzeichnung MinDir Hagenow, [o.O.] 17.10.1927, BA Koblenz, R 43 I/66 [580f.].

scher Ablehnung über Neutralität bis hin zu Zustimmung[164]. Ins Auge fällt der Kontrast zwischen offizieller politischer Stellungnahme und der Schilderung der ausländischen Reporter über das Ereignis bei Tannenberg[165]. In den USA fielen die Pressekommentare „durchweg objektiv, ausführlich und teilweise zustimmend" aus[166]. Ex-Senator Owen bemerkte sogar, daß Hindenburg im Recht sei, und daß er seine Forderung nach einem Urteil eines unabhängigen Gerichtes über die Kriegsschuldfrage unterstütze. Im englischen *Daily Mail* dagegen warf man Hindenburg vor, daß er eine Frage aufgeworfen habe, die besser unberührt geblieben wäre[167]. Wie zu erwarten war, fiel die Stellungnahme der französischen Presse, die Hindenburgs Rede „außerordentlich beunruhigt" aufgenommen hatte[168], am heftigsten aus. Der deutsche Botschafter in Paris, Hoesch, berichtet in einem sehr pathetisch gehaltenen Telegramm von den „wüsten Übertreibungen" der nationalen Presse, wobei das „giftige und schulmeisterliche Geschreibsel des Temps [...] besonders ekelhaft" sei[169]. Wenngleich die französischen Zeitungen der deutschen Regierung revanchistische Tendenzen vorhielten, dann gestaltete sich das offizielle politische Echo, insbesondere das von Ministerpräsident Raymond Poincaré und Außenminister Aristide Briand, im Unterschied dazu ungleich moderater, denn auf französischer Regierungsseite hielt man sich mit

---

[164] Schreiben Dt. Gesandter Fehrsetters [Spanien] an AA [o.A.] Barcelona, 04.10.1927, PA AA Bonn, R 26553. Der Gesandte bezieht sich hier auf das Blatt „Publicitat", das Hindenburgs gesprochene Worte als „voller Logik und Verstand" charakterisierte. Er habe das gesagt, „was er habe sagen müssen und nicht mehr". Die gesamte norwegische Presse dagegen gab den Sachverhalt „kommentarlos" wieder. Telegramm Dt. GS Jordan, Oslo, 28.09.1927 [Abschrift], PA AA Bonn, R 26553. Über die griechischen Reaktionen meldete der deutsche Gesandte in Athen, Immelen, daß die Ansprache des Rpräs. in der „hiesigen Presse einen lebhaften Widerhall und im allgemeinen eine günstige Besprechung gefunden" habe. Schreiben Dt. GS Immelen an AA [o.A.], Athen, 22.09.1927, PA AA Bonn, R 26553.

[165] Walter Hubatschs Bemerkung, nur in Frankreich wären ablehnende Kommentare auf die Tannenbergrede zu hören gewesen, entspricht nicht den Tatsachen. Zwar waren die französischen Reaktionen in ihrer Ablehnung am deutlichsten, dennoch wurde besagte Rede auch in vielen anderen Ländern verhältnismäßig negativ bewertet. Siehe HUBATSCH, Hindenburg und der Staat, a.a.O., S. 105.

[166] Telegramm BSRat Kiep, Washington D. C., 20.09.1927 [Abschrift], PA AA Bonn, R 26553. Im amerikanischen „Evening-Star" wird sogar der Zeitpunkt und der Textinhalt als „wohl erwogen" bezeichnet.

[167] Siehe Schulthess' Europäischer Geschichtskalender 1927, a.a.O., S. 155.

[168] Aufzeichnung LegRat Heberlein, Koblenz, 01.10.1927 [Anlage], in: ADAP, B-VII, Dok.-Nr. 8, S. 19.

[169] Nach Hoeschs Einschätzung kommentiere die Linkspresse „gleichfalls ablehnend", dennoch würden „persönliche Unflätigkeiten" gegen Hindenburg im allgemeinen ausbleiben. Telegramm Dt. BS Hoesch an AA [o.A.] Paris, 20.09.1927, Nr. 1006, in: HUBATSCH, Hindenburg und der Staat, a.a.O., Dok.-Nr. 61, S. 277.

offizieller Kritik merklich zurück[170]. Trotz des Ausmaßes und der Stoßrichtung der ausländischen Kritik und ungeachtet des extravaganten Gehabes Ludendorffs bei der Veranstaltung, freute sich Hindenburg wirklich aufrichtig über die positive Resonanz der nationalen Rechten[171]. Dem in Genf tagenden Außenminister ließ er per Depesche übermitteln, daß er „mit Befriedigung" von seiner Erklärung im *Matin* Kenntnis genommen habe[172]. Kurz darauf kam es dann auch zu einem Zusammentreffen mit dem Außenminister, bei dem Hindenburg Stresemanns Bemühungen in Genf nochmals mit Lob bedachte und sich ausdrücklich dafür dankbar zeigte, daß er ihn – trotz des ganzen „Spektakels" im Völkerbund wegen seiner Rede – „aus der Sache rausgehauen" hatte[173]. Hindenburg zeigte sich glücklich darüber, daß er so kurz vor seinem 80. Geburtstag ein solches öffentliches Bekenntnis ablegen konnte[174]. Daß er vier Jahre später sogar seine Medienscheu für einige Minuten vergaß, um für einen Wahlkampfwerbefilm

---

[170] Gegenüber Stresemann erklärte Poincaré, daß ihn manche „Details" der Rede irritiert hätten, daß er ungeachtet dessen aber an den Gedanken der „Annäherung" und der „Besserung" des Verhältnisses zu Deutschland „strikt" festhalte. Aufzeichnung RAM Stresemann, Berlin, 17.10.1927; Telegramm Dt. BS Hoesch an AA [o.A.] Nr. 1139, Paris, 22.10.1927, in: ADAP, B-VII, Dok.-Nr. 34, S. 87f. u. Dok.-Nr. 41, S. 107.

[171] ANDREAS DORPALEN, a.a.O., S. 130. Ludendorff wurde bei der Feier von Hindenburg mit den versöhnlichen Worten begrüßt: „[...] Ich werde nie vergessen, was sie für mich getan haben! [...]". Hindenburgs Worte ignorierend soll dieser entgegnet haben: „[...] Wenn der Kerl hier steht, bleibe ich nicht hier! [...]". Zirka fünfzig Meter entfernt von der Haupttribüne, wo Hindenburg stand, stellte sich Ludendorff dann auf. Hindenburg erklärte Stresemann kurz darauf, es könne mittlerweile kein Zweifel darüber bestehen, daß Ludendorff „völlig pathologisch" sei. Aufzeichnung [N.N.], Berlin, 03.10.1927 [Original], PA AA Bonn, NL Stresemann, Bd. 60, 7370 H/H 166399-400. Ex-Reichskanzler Wilhelm Marx weiß zudem von Ludendorffs antisemitisch motivierten Widerwillen gegen das Denkmal zu berichten: „[...] Schon beim Näherkommen wurde ich darauf aufmerksam gemacht, daß General Ludendorff außerordentlichen Haß gegen das Denkmal hege, weil es eine ganze Reihe jüdischer Zeichen aufweise [...]". Erinnerungsbericht Wilhelm Marx, Die Einweihung des Tannenbergdenkmals, a.a.O., HA Köln, NL Marx, Best. 1070/283 [S. 9]. Die deutsche Inlandspresse bewertete Ludendorffs Verhalten nicht nur als „rätselhaft", sondern verwies auch auf den Umstand, daß dessen exaltiertes Auftreten sogar von rechtsnationalen Kreisen mit Kopfschütteln quittiert wurde. Siehe *Berliner Tageblatt*, 27.09.1927, vor allem aber die *Deutsche Zeitung* vom 06.10.1927, die diesbezüglich von einem „rätselhaften Vorgang" sprach.

[172] Telegramm MinDir Köpke an RAM Stresemann, Nr. 170, Berlin, 26.09.1927 [Durchschlag einer Abschrift], PA AA Bonn, NL Stresemann, Bd. 284, 7143 H/H 150135. Eine Abschrift dieses Telegrammes findet sich auch im Aktenband: R 27991/E 222775. Tags darauf bedankte sich Stresemann beim Rpräs. für dessen lobende Worte. Telegramm deutsche Delegation an B.d.Rpräs. z. Hd. StS Meissner, Genf, 27.09.1927 [Abschrift], PA AA Bonn, R 26553.

[173] Aufzeichnung [N.N.; sehr wahrscheinlich verfaßte Stresemann diese Niederschrift], Berlin, 03.10.1927 [Original], PA AA Bonn, NL Stresemann, Bd. 60, 7370 H/H 166400.

[174] JOHN W. WHEELER-BENNETT, Hindenburg, a.a.O., S. 328.

seine Tannenbergrede Wort für Wort vor der Kamera zu wiederholen, gibt einen recht deutlichen Hinweis darauf, daß er den Entschluß, diese Erklärung abzugeben, zu keinem Zeitpunkt in irgendeiner Form bereut hatte[175].

Alles in allem entfachte die Tannenbergrede nur eine vorübergehende Verstimmung im Ausland und hatte auf das mehrheitlich positive Bild, das man von Hindenburg nach wie vor hatte, langfristig gesehen keinen nennenswerten Einfluß[176]. Die einzige negative Konsequenz der Tannenbergrede, die er unmittelbar zu spüren bekam, war das Ausbleiben der obligatorischen Glückwunschkarten der alliierten Staatsoberhäupter bei seinem achtzigsten Geburtstag, die ihn sonst jährlich erreicht hatten[177]. Veranlaßt zu diesem Protest sah man sich auf alliierter Seite vornehmlich aufgrund des pathetischen Tons der Darlegungen des Reichspräsidenten[178]. Doch dieses eher symbolische Veto blieb eine einmalige Ausnahme. Im Ausland lernte man mit der Zeit seine verfassungstreue Haltung schätzen und demonstrierte Gelassenheit, wenn er wieder einmal die Rechtsgültigkeit des Versailler Vertrages anfocht. Als er aber im Spätsommer 1928 während einer Oberschlesienreise in Gleiwitz hierzu ein weiteres Mal kritisch Stellung nahm[179], verurteilte die polnische Regierung und Presse seine Ausführungen

---

[175] Siehe auch Schreiben StS Meissner [B.d.Rpräs.] an MinDir Zechlin, Berlin, 27.10.1931 [Original], PA AA Bonn, R 122392. Hierbei handelte es sich um den Film „Leben und Taten Hindenburgs".

[176] Daß Hindenburgs Worte bei Tannenberg im Inland ohne nennenswerte Wirkung blieben, störte vor allem den Alldeutschen Bund: „[...] Rettung bringt allein die Erfüllung des von Euer Excellenz gegebenen feierlichen Versprechens, die wir erflehen, indem wir an Sie die Bitte richten, die Reichsregierung anzuweisen, die dazu erforderlichen Maßnahmen unverzüglich durchzuführen [...]". Schreiben Alldeutscher Verband, Ortsgruppe Stuttgart, 2. Vorsitzende Alfred Roth an Rpräs. v. Hindenburg, Stuttgart, 08.09.1928 [Original], BA Berlin-Lichterfelde, R 601/689 [S. 112f.]. Schreiben RAM Stresemann an Gesandtschaft in Brüssel, Berlin, 11.10.1927, in: ADAP, B-VII, Dok.-Nr. 20, S. 62f.

[177] Ein Blick in den Aktenband R 118 936 im PA AA Bonn veranschaulicht, wie beachtlich ansonsten die damalige Anteilnahme des Auslands an den Geburtstagen Hindenburgs gewesen war.

[178] Die Absendung von Glückwunschtelegrammen an ein ausländisches Staatsoberhaupt erfolgte in der Regel durch das inländische Staatsoberhaupt. Im Fall Hindenburg nahmen die ausländischen Verantwortlichen seine Tannenbergrede einvernehmlich zum Anlaß, um Abstand von der Entsendung der üblichen Fernschreiben zu nehmen. Siehe Telegramm Dt. BS Hoesch (Paris) an RAM Stresemann, Paris, 22.09.1927 [Abschrift], PA AA Bonn, NL Stresemann, Bd. 59, 7369 H/H 166295-296.

[179] Hindenburgs Aufenthalt erstreckte sich vom 17. bis 26.09.1928. Am selben Abend führte er bei einem Empfang in Oppeln noch aus: „[...] Aufstände, vom Auslande her geschürt und in das friedliche Land hineingetragen, haben die deutsche Bevölkerung an Leib und Leben, an Hab und Gut geschädigt, zahllose Existenzen vernichtet und dem wirtschaftlichen Leben schwersten Nachteil gebracht. [...]". Siehe Gleiwitzer (Frühstücks-) Ansprache Rpräs. v. Hindenburg, 17.09.1928, PA AA Bonn, R 83638.

mit aller Schärfe[180]. Hindenburgs Schlesienreise war der polnischen Seite eher unerwünscht als willkommen und stand daher unter einem schlechten Stern. Entsprechend gestalteten sich die Kommentare diverser polnischer Zeitungen, wo seine Rede tendenziell als provokativ und zu revanchistisch klassifiziert wurde, weil sie auf den Nationalitätenkonflikt und Unruhen in Oberschlesien eine verstärkende Wirkung haben könnte[181]. Doch nicht allein der antipolnische Beiklang der Gleiwitzer Rede wurde in den polnischen Blättern offen beanstandet. Befürchtet wurde, daß Hindenburgs Rede nur das Vorspiel einer möglichen Revision aller bis dahin unterzeichneten und anerkannten Verträge mit Deutschland sein könnte[182].

Doch mit den Jahren reagierten die meisten ausländischen Regierungsstellen gelassen, teilweise sogar verständnisvoll auf die verbalen Attacken des Reichspräsidenten gegen den Versailler Vertrag. Belegen läßt sich diese Entwicklung mit der Ansprache Hindenburgs bei der zehnten Jahrestagsfeier des Vertragsabschlusses von Versailles, die er am 28. Juni 1929 hielt. An diesem Tag nahm er die Gelegenheit wahr, um mit den fast gleichen Worten wie bei Tannenberg den „Kriegsschuldvorwurf" explizit zurückzuweisen, ohne dieses Mal auffällige ausländische Reaktionen zu provozieren[183]. Daß Deutschlands Nachbarn hier von übermäßigen Angriffen Abstand nahmen, untermauert, wie sehr sich mit den Jahren aus dem anfänglich skeptischen, überwiegend negativen Bild von Hindenburg ein weitgehend positives herauskristallisierte, auch wenn weiterhin vereinzelt despektierliche Pressestimmen zu vernehmen waren[184]. Gewiß, vielleicht hatte man sich auch an Hindenburgs pathetischen Ton zur Kriegsschuldfrage gewöhnt und legte deshalb seine Worte nicht mehr auf die Goldwaage. Gleichwohl stellte man nun aber nicht mehr so sehr die militärischen Handlungen des Weltkriegsgenerals in den Vordergrund, sondern begann, seine gewonnenen

---

[180] Zu den polnischen Reaktionen siehe Telegramm Dt. GS Rauscher an AA [o.A.], Warschau, 19.09.1928, Nr. 36 [Kopie einer Abschrift], PA AA Bonn, R 29330/E 169171.
[181] Schreiben Dt. Generalkonsul Grünau an AA [o.A.], Kattowitz, 21.09.1928 [Original], PA AA Bonn, R 122390. Ein Durchschriftexemplar dieser Zeilen ist unter der Signatur R 83638 archiviert.
[182] Schreiben Dt. Konsulat [Unterschrift nicht leserlich] an AA [o.A.], Krakau, 24.09.1928, PA AA Bonn, R 83638.
[183] *Deutsche Allgemeine Zeitung*, 28.06.1929.
[184] Siehe z.B. Presseauszug und Übersetzung aus Presseartikel der russischen Zeitung *Molotcci* (vom 15.01.1928), Berlin, 20.01.1928, PA AA Bonn, R 83638. „[...] diese alte Ruine des monarchischen Regimes, diese lebendige Verkörperung des Despotismus, des Militarismus auf dem Throne Wilhelms [...]".

politischen Erfahrungen, seine verfassungskonforme Grundhaltung, seine außenpolitischen Teilerfolge wie in Locarno zu honorieren[185].

C. Ausländische Proteste gegen die Judenverfolgungen in Deutschland: Fehleinschätzungen und Versäumnisse eines Staatsoberhauptes

Das wahre, für alle erkennbare menschenverachtende Gesicht des nationalsozialistischen Unrechtsregimes offenbarte sich spätestens am 1. April 1933, dem Tag des Judenboykotts, der all das vernichtete, „was in vierzehn Jahren an Vertrauen und Ansehen für Deutschland wiedergewonnen worden war"[186]. Wie Hindenburgs unmittelbare persönliche Reaktion auf diese organisierten Ausschreitungen ausgefallen war, ist nicht überliefert. Quellenmäßig abgesichert ist nur seine bekannte Forderung vom 4. April 1933 an „Reichskanzler" Hitler, sich der jüdischen Kriegsteilnehmer und derer Angehörigen „persönlich" anzunehmen und dafür Sorge zu tragen, daß „eine einheitliche Regelung für alle Zweige des öffentlichen Lebens" gefunden werde[187].

---

[185] So schreibt die italienische Tageszeitung *Tribuna* am 02.10.1932: „[...] Während der Politiker Hindenburg berechtigterweise noch in vorderster Linie steht, scheint er als Stratege und Heereskommandant bereits der Geschichte, sogar der Legende anzugehören [...]". Originaltext: „[...] Mentre come uomo politico Hindenburg è ancora validamente sulla breccia, come stratega e commandante di exerciti la sua figura appartiene ormai alla Storia, ansi alla leggenda [...]". Ebenso Aufzeichnung StS v. Schubert, Rom, 05.10.1932, PA AA Bonn, Pol 11a. Doch auch in zahlreichen Geschenken von ausländischen Staatsoberhäuptern kommt die Bewunderung für Hindenburg zum Ausdruck. Aufsehen erregte das Präsent des abessinischen Regenten, Ras Tafari Makonen, der dem deutschen Reichspräsidenten zwei Zebras schenkte, die, wie einige Photos dokumentieren, fürwahr photogen waren. BA Berlin-Lichterfelde, R 601/220. In diesem Aktenband sind Ehrungen en masse aus dem Ausland für Hindenburg abgeheftet. Wie man dort grundsätzlich über ihn urteilte, wußte Hindenburg nur zu gut, da er über alle Entwicklungen unterrichtet wurde. Schreiben Dt. BS Prittwitz u. Gaffron an AA [o.A.], Washington D. C., 18./19.06.1930, PA AA Bonn, R 76901.

[186] So nach Tagebucheintrag Harry Graf Kessler, Paris, 01.04.1933, in: Aus den Tagebüchern 1918-1937, Hrsg.: Wolfgang Pfeiffer-Belli, Frankfurt a. M. 1961. Ärgerlich war für Hindenburg, daß er vom eigentlichen Initiator des Aufrufes zum Boykott, Julius Streicher, durch die Formel „Es lebe [...] der Reichspräsident [...]" namentliche Erwähnung fand und so willkürlich als verantwortlicher „Mitwisser" hingestellt wurde. Siehe MASER, a.a.O., S. 337.

[187] Sichtlich erregt über die Auswüchse gegen die deutschen Juden war Hindenburg das erste Mal, als ihn am 3. April 1933 eine Zuschrift des Reichsbunds der jüdischen Frontsoldaten e.V. erreichte. Nachdem der Reichsbund an die bedeutsame Rolle der deutschen Juden im Ersten

Aus den Briefeingängen im *Büro des Reichspräsidenten* läßt sich indes entnehmen, daß Hindenburg in jenen Tagen für viele der letzte Hoffnungsträger gewesen war, dem auch aus außenpolitischen Erwägungen heraus zugetraut wurde, dem wachsenden Antisemitismus Einhalt zu gebieten[188]. Einer, der ihn auf die

---

Weltkrieg erinnerte, artikulierten die Autoren in ihrem Schreiben ihren „tiefen Schmerz" darüber, daß nunmehr „tausenden dem deutschen Vaterland ergebenen Juden" die wirtschaftliche Grundlage entzogen werde. Auf Hindenburgs apodiktische Bitte an den Reichskanzler, „eine einheitliche Regelung für alle Zweige des öffentlichen Lebens" zu finden, reagierte Hitler postwendend. Bereits einen Tag später verfaßte er ein Schreiben, das Kalischer nicht zu Unrecht als „Dokument von meisterlich abgefeimter Anpassung" bezeichnet. Hierin zeigte sich Hitler darum bemüht, einen Konsens mit dem Reichspräsidenten zu finden. Mit psychologischer und rhetorischer Finesse honorierte er dessen „menschlichen, großherzigen" Einsatz für jene jüdischen Angehörigen, die „infolge der allgemeinen Wehrpflicht gezwungen waren, Kriegsdienste zu leisten". Dennoch wies Hitler darauf hin, das vorliegende Gesetz so schnell wie möglich auszuarbeiten. Allerdings fand Hindenburgs Fürsprache in dem „Gesetz zur Wiederherstellung des Berufsbeamtentums" ihren Niederschlag. Dieses am 07.04.1933 verkündete Gesetz wurde zum Modell für weitere Gesetze, die zunächst zum Ziel hatten, Juden den Zutritt zu bestimmten Berufen zu verwehren, die kausal gesehen den Anfang der gesetzlichen bzw. „rechtlichen" Diskriminierung der deutschen Bevölkerung jüdischen Glaubens einleitete. Siehe Reichsbund jüdischer Frontsoldaten e.V. an Rpräs. v. Hindenburg, Berlin, 03.04.1933, BA Koblenz, R 43 II/600 [S. 41f.]. KALISCHER, Hindenburg, a.a.O., S. 205f.; Schreiben Adolf Hitler an Rpräs. v. Hindenburg, Berlin, 05.04.1933, in: ADAP, C-I-1, Dok.-Nr. 141, S. 253f.; PAPEN, Der Wahrheit eine Gasse, a.a.O., S. 322. Hierzu siehe auch Aufzeichnung Staatsrat Schultz (vom 27.04.1933) über Ministerbesprechung vom 25.04.1933, in: HANS MOMMSEN: Beamtentum im Dritten Reich. Mit ausgewählten Quellen zur nationalsozialistischen Beamtenpolitik, in: Schriftenreihe der Vierteljahrshefte zur Zeitgeschichte, Hrsg.: Hans Rothfels/Theodor Eschenburg, Nummer 13, Stuttgart 1966, S. 160ff.

[188] Siehe WOLFGANG BENZ (Hrsg.): Die Juden in Deutschland 1933-1945. Leben unter nationalsozialistischer Herrschaft, München 1988, S. 18. Schreiben StS Meissner [B.d.Rpräs.] an Frieda Friedmann, Berlin, 25.02.1933 [Abschrift], BA Koblenz, R 43 II/600 [S. 4]. Vorangegangen war ein an Hindenburg adressiertes Schreiben von Frau Frieda Friedmann. Dort verwies besagte Dame nicht nur auf ihr kriegsbedingtes familiäres Schicksal, sondern machte vor allem auf die zunehmenden Übergriffe gegen die deutschen Juden aufmerksam und bat den Reichspräsidenten um Hilfe: „[...] Sollte Ehrwürdige Exzellenz da nicht Abhilfe schaffen können und dessen eingedenk sein, was auch die Juden dem Vaterlande geleistet haben? Ist die Judenhetze Tapferkeit oder Feigheit, wenn es im deutschen Staat bei 60 Millionen Menschen 1% Juden gibt? Ich bitte Ehrwürdige Exzellenz um Abhilfe". Schreiben Frieda Friedmann an Rpräs. v. Hindenburg, Berlin, 23.02.1933. Wichtig ist, daß diese Zuschrift von StS Meissner - gemäß der Anweisung Hindenburgs - direkt an die Reichskanzlei weitergeleitet wurde. Auf Meissners Begleitschreiben findet sich nicht nur ein Stempelaufdruck mit der Direktive: „Dem Herrn Reichskanzler mit der Bitte um Kenntnisnahme vorgelegt. Der Staatssekretär in der Reichskanzlei", sondern auch folgende von Hitler fixierte Randbemerkung: „[...] Die Behauptungen dieser Dame sind ein Schwindel! Es ist selbstverständlich nicht eine Aufforderung zum *Progrom* [sic!] erfolgt! [...]". Übrigens veränderte sich das Wort Pogrom unter der Feder Hitlers oftmalig zu *Pro-*

nachteiligen außenpolitischen Konsequenzen der antijüdischen Maßnahmen aufmerksam machte, war der deutsch-jüdische Völkerbundsdelegierte Carl Melchior, der ein sehr düsteres Bild von der außenpolitischen Situation Deutschlands malte. Sein Versuch, dem Reichspräsidenten zu verdeutlichen, daß die in den Jahren zuvor mühevoll erzielten außenpolitischen Erträge seiner Ansicht nach durch die „Gewalttaten" gegen die Juden in Deutschland mit einem Schlag vernichtet worden waren, brachte gleichwohl nicht das erwünschte Resultat[189]. Hindenburg schenkte seinen Worten nur mäßige Aufmerksamkeit.

Wie ernst das Ausland den im März 1933 einsetzenden Verfolgungsterror gegen Kommunisten und Republiktreue nahm, vor allem gegen deutsche Bürger jüdischen Glaubens, bekam die deutsche Delegation, der neben von Neurath noch Hugenberg und Schacht angehörten, auf der Londoner Weltwirtschaftskonferenz im Juni 1933, aber natürlich auch im Völkerbund zu spüren[190]. Dort sah sich die deutsche Abordnung derart starker Kritik ausgesetzt, daß der Außenminister sich veranlaßt fühlte, den Reichspräsidenten darüber schriftlich zu benachrichtigen. Seinem Dafürhalten nach mußte von diesem Zeitpunkt an „alles" vermieden werden, „was den vorhandenen Eindruck noch verschlechtern könne". Sehr schwierig sei die momentane Situation, weil das Ausland die Ausschreitungen gegen die Juden ganz bewußt instrumentalisiere, um Deutschland international zu „isolieren und zu schädigen". Diese „vorwiegend stimmungsmäßige Ausbeutung der Judenfrage", so von Neuraths sehr eigenwillige Auslegung, sei durch die Teilnahme zahlreicher namhafter Juden an der Konferenz begünstigt worden, die den ausländischen Regierungsdelegationen angehörten[191].

Wenig hoffnungsvoll klangen ebenfalls die an ihn gerichteten Petitionen und Depeschen ausländischer Adressanten. „Außerordentlich beunruhigt und aufge-

---

grom. Siehe Schreiben StS Meissner [B.d.Rpräs.] an StS Lammers [Rkei], Berlin, 25.02.1933, BA Koblenz, R 43 II/600 [S. 2].

[189] Schreiben Carl Melchior an Rpräs. v. Hindenburg, Hamburg, 06.05.1933, in: AdR, Kab. Hitler, Bd. 1, Dok.-Nr. 120, S. 430ff.; Melchiors Originalschreiben wurde von Meissner an die Reichskanzlei übersandt und Hitler vorgelegt; weder das Büro des Reichspräsidenten noch die Reichskanzlei setzte ein Antwortschreiben auf. Siehe BA Koblenz, R 43 II/1399, Bl. 15ff.

[190] SÖREN DENGG: Deutschlands Austritt aus dem Völkerbund und Schachts „Neuer Plan". Zum Verhältnis von Außen- und Außenwirtschaftspolitik in der Übergangsphase von der Weimarer Republik zum Dritten Reich (1929-1934), Diss. Köln 1985, in: Europäische Hochschulschriften: Reihe 3, Geschichte und ihre Hilfsmittel, Bd. 309, Frankfurt a. M. 1986, S. 227f.

[191] „[...] Ich habe London kaum wiedererkannt. Ich fand eine Stimmung vor - zunächst in der englischen Welt, dann in den internationalen Kreisen - die einen Rückschritt der politischen und seelischen Einstellung Deutschland gegenüber aufzeigt, der nicht ernst genug zu nehmen ist. [...]". Schreiben RAM v. Neurath an Rpräs. v. Hindenburg, Berlin, 19.06.1933, in: IMG, Bd. XL, Dok.-Nr. Neurath-11, S. 465ff.; Ministerbesprechung/Kabinettssitzung, Berlin, 23.06.1933, in: AdR, Die Regierung Hitler I, Bd. 1, Dok.-Nr. 166, S. 578.

bracht" zeigte sich Hindenburg angesichts der heftigen Vorwürfe verschiedener Mitglieder des britischen Unterhauses, die die deutschen Übergriffe gegen die jüdische Bevölkerung mit deutlichen Worten verurteilten[192]. Immerhin reagierte der Reichspräsident postwendend, indem er vom Auswärtigen Amt eine „sofortige Unterrichtung" über die näheren Umstände anforderte. Was er jedoch unter einer „gebührenden Reaktion", wie er sich ausdrückte, gemeint hat, wurde von ihm nicht näher spezifiziert[193].

In Anbetracht der antisemitischen Übergriffe in Deutschland sah auch der amerikanische Präsident Roosevelt keinen anderen Ausweg mehr, als sich hilfesuchend an den Reichspräsidenten zu wenden. Dazu bediente er sich des deutschen Botschafters in Washington D. C., Prittwitz und Gaffron, von dem er in einer vertraulichen Unterredung verlangte, den Reichspräsidenten dazu zu bewegen, in einer offiziellen Erklärung den deutschen Juden explizit ihre staatsbürgerlichen Rechte zu garantieren. Im Gegenzug werde Amerika die antideutschen Demonstrationen unterbinden[194]. Prittwitz telegraphierte wie vorgesehen – eine Antwort blieb ihm jedoch versagt[195]. Wie Hindenburgs direkte Reaktion auf die Vorlage dieses Fernschreibens auch immer gewesen war, im Endeffekt war sein Stillschweigen dafür mitverantwortlich, daß viele der bis dahin in Amerika erarbeiteten Sympathien mit einem Male verspielt waren[196].

Ein sehr aufschlußreiches Dokument, aus dem Hindenburgs Einstellung zur Judenfrage ersichtlich wird, war sein Retourschreiben an den schwedischen

---

[192] „[...] We [...] Members of the British House in Common [...] therefore earnestly appeal to Your Excellency to take such action as may commend itself to you through your Government to bring to an end as speedily as possible the attacks upon the Jewish people and restore them to their rights of German citizenship [...]". Schreiben Philipp Dawson an Rpräs. v. Hindenburg, (o.O.) 03.04.1933, PA AA Bonn, R 76982 H/H 030607-610.
[193] Aufzeichnung MinDir Dieckhoff, Berlin, 14.04.1933, in: ADAP, C-I-1, Dok.-Nr. 158, S. 289.
[194] So nach FRIEDRICH PRITTWITZ UND GAFFRON: Zwischen Petersburg und Washington. Ein Diplomatenleben, München 1952, S. 222f.; Siehe auch WALTER BUßMANN: Das Auswärtige Amt unter der Nationalsozialistischen Diktatur, in: Demokratie und Diktatur. Geist und Gestalt politischer Herrschaft in Deutschland und Europa. Festschrift für Karl Dietrich Bracher, Hrsg.: Manfred Funke/Hans-Adolf Jacobsen/Hans-Helmuth Knütter/Hans-Peter Schwarz, 1987, S. 255.
[195] FRIEDRICH V. PRITTWITZ UND GAFFRON, a.a.O., S. 222f.; Besagtes Telegramm fand sich weder in den edierten Quellen noch im PA AA Bonn. Ob Hindenburg diese Depesche überhaupt zu Gesicht bekommen hat, kann aufgrund der lückenhaften Quellenlage mit hundertprozentiger Sicherheit nicht bestätigt werden. Angenommen werden darf aber, daß Prittwitz' Fernschreiben durch Hindenburgs Hände gegangen ist oder daß man ihn über den Sachverhalt persönlich informierte.
[196] ERICH KORDT: Wahn und Wirklichkeit. Die Außenpolitik des Dritten Reiches. Versuch einer Darstellung, Stuttgart 1948 (2. Aufl.), S. 35.

Prinzen Carl. Dieser nahm in seiner Funktion als Präsident des Schwedischen Roten Kreuzes unter Hinweis auf die humanitäre Hilfe, die Schweden den deutschen Kriegsgefangenen im Ersten Weltkrieg in Rußland geleistet hatte, explizit Stellung zum Judenboykott und den Verabschiedungen jüdischer Beamter in Deutschland. Auch wenn das Schreiben in puncto Diktion eher einen versöhnlichen Unterton hatte, so kritisierte der schwedische Prinz die seiner Auffassung nach zu „harte Behandlung der jüdischen Bevölkerung in Deutschland", die in Form eines rassistisch begründeten „ruinierenden" Boykotts und „zahlreicher Verabschiedungen" jüdischer Beamter vonstatten gegangen war, in aller Offenheit. Den Aspekt hervorhebend, daß auch die Juden in Deutschland einen Anspruch auf „schonende und rechtfertigende" Behandlung haben, appellierte er an Hindenburg mit den beschwörenden Worten:

„[...] Aber ich bitte Sie, Herr Reichspräsident, Ihr möglichstes zu tun, um die Welt von dem beklemmenden Schauspiel einer Rassenverfolgung innerhalb des wegen seiner hohen Kultur mit Recht bewunderten Volkes zu verschonen. Diese Verfolgung schädigt [sic!] dem deutschen Reich und Volk, das seit meiner Jugend meine tiefen Sympathien besitzt, mehr als es selbst ahnt. [...]"[197].

Wenn vom Eingang dieses Briefes bis zum Aufsetzen und Entsenden des Antwortschreibens Hindenburgs an den schwedischen Prinzen mehr als drei Wochen Zeit benötigt wurden, dann war dies auf eine Intervention Hitlers zurückzuführen, der Staatssekretär Meissners erstem konzipierten Entwurf die Zustimmung versagt hatte[198]. Denn den Vorstellungen Hitlers gemäß wurde die erste Abfassung nochmals vom *Büro* überarbeitet und „erheblich" verändert, das heißt an mehreren Stellen verkürzt. Nachdem Text und Form des Schreibens exakt den Vorgaben Hitlers angepaßt worden waren, wurde es am 26. April 1933 abgesandt[199]. All dies nahm Hindenburg ohne den Anflug eines Protestes zur Kenntnis. Ja, er schenkte dem Reichskanzler in dieser Frage sogar noch sein Vertrauen. Als Staatssekretär Meissner den abgeänderten Entwurf des Retourschrei-

---

[197] Schreiben Prinz Carl v. Schweden an Rpräs. v. Hindenburg, Stockholm, 04.04.1933 [Abschrift; Mikrofilm-Nr. 785], BA Koblenz, R 43 II/744, S. 11ff.
[198] Bereits am 13. April übersandte StS Meissner eine Abschrift des Schreibens des Prinzen Carl v. Schweden an die Reichskanzlei; dem Schriftstück beigefügt wurde der erste Entwurf des vorgesehenen Antwortbriefes. Unter Hinweis, daß das Auswärtige Amt bereits eingewilligt habe, bat Meissner, die Papiere dem Reichskanzler zwecks „Erteilung seiner Zustimmung" vorzulegen. Siehe Schreiben StS Meissner [B.d.Rpräs.] an StS Wienstein [Rkei], Berlin, 13.04.1933 [Mikrofilm-Nr. 785], BA Koblenz, R 43 II/744 [S. 10].
[199] Begleitschreiben StS Meissner [B.d.Rpräs.] an StS Lammers [Rkei], Berlin, 26.04.1933, BA Koblenz, R 43 II/744 [S. 21].

bens für Prinz Carl von Schweden an die Reichskanzlei zurücksandte, ließ Hindenburg in dem Begleitschreiben ausrichten, daß der „Reichskanzler" jederzeit weitere Änderungen vornehmen könne, falls er dies wünsche[200]. Beim Vergleich des Erstentwurfs und der „zensierten" Endfassung fallen in erster Linie aber die Gemeinsamkeiten auf, denn in beiden Briefversionen wies Hindenburg die Anschuldigungen des schwedischen Prinzen mit deutlichen Worten zurück und überspielte die innenpolitischen Probleme in bagatellisierender Form. Besonders wurde von ihm die Rolle des „Gesetzes zur Wiederherstellung des Berufsbeamtentums" hervorgehoben, das seinen Worten nach unbedingt nötig gewesen war, um die „nationale Umwälzung" in Deutschland in aller Ruhe und Ordnung vollziehen zu können. Da, wo Übergriffe Einzelner vorgekommen seien, sei behördlicherweise bereits eingeschritten worden, beteuerte er. Jene ausländischen Kommentare, die sich auf die Ausschreitungen in Deutschland bezögen, seien maßlos übertrieben und letztlich nur das Produkt „systematisch betriebener Greuelhetze". Die starke Zuwanderung „unerwünschter Elemente aus Osteuropa" sei infolge der geographischen Lage seit dem Umsturz von 1918 permanent gewachsen. Daß die deutschen Juden von dieser Entwicklung am meisten profitiert haben, dokumentiere bereits die Tatsache, daß sie „in der Besetzung öffentlicher Ämter und sonst im öffentlichen Leben" einen Platz eingenommen haben, der in keinem Verhältnis zu ihrem Anteil an der Gesamtbevölkerung stehe[201]. Wäre der im ersten Entwurf vorhandene Satz, in dem Hindenburg die Vorgehensweise der neuen Regierung gegen die Juden mit vorsichtigen Worten der Kritik tadelte[202], nicht ersatzlos gestrichen worden, dann hätte seine Zuschrift einen um eine Nuance moderateren Beiklang bekommen. So aber lesen sich die in seinem Namen geschriebenen und „zensierten" Zeilen von ihrer Dynamik und Diktion her wie eine nationalsozialistische Verteidigungsschrift, wenngleich dies von ihm so nicht intendiert gewesen war.

---

[200] Begleitschreiben StS Meissner [B.d.Rpräs.] an StS Lammers [Rkei] (Eilt!), Berlin, 24.03.1933 [Mikrofilm-Nr. 785], BA Koblenz, R 43 II/744 [S. 18]. Der modifizierte Entwurf, mit dem Hitler sich dieses Mal einverstanden erklärte, wurde schon einen Tag später ohne jegliche Veränderungen zurückgesandt. Begleitschreiben StS Lammers [Rkei] an StS Meissner [B.d.Rpräs.], Berlin, 25.04.1933 [Mikrofilm-Nr. 785], BA Koblenz, R 43 II/744 [S. 19].
[201] Schreiben Rpräs. v. Hindenburg an Prinz Carl v. Schweden, 26.04.1933, in: AdR, Die Regierung Hitler I, Bd. 1, Dok.-Nr. 109, S. 391f.
[202] „[...] Gewiß sind in dieser Zeit der nationalen Erhebung auch Dinge vorgekommen, die ich ebenso mißbillige und bedauere, wie dies die Reichsregierung tut. [...]". Erster Entwurf des Schreibens Rpräs. v. Hindenburg an Prinz Carl v. Schweden [o.D., o.O], BA Koblenz, R 43 II/744 [S. 14ff.]. Eine Abschrift der zensierten Fassung dieses Briefes wurde am 26.04.1933 an die Reichskanzlei übersandt.

Vergleichbar seinem plakativen und klischeebehafteten Weltbild war Hindenburgs Einstellung und Meinung zu Juden sicherlich auch von Vorurteilen und Stereotypen geprägt[203]. Ihn deshalb aber als antisemitisch zu bezeichnen wäre genauso weit verfehlt, wie in ihm einen beharrlichen Anwalt der Juden zu sehen. Diese Haltung Hindenburgs wird auch von den vorliegenden und zugänglichen Quellen widergespiegelt, weil sich weder eindeutige Beweise *für* noch *gegen* einen Antisemitismus Hindenburgs finden lassen. Dennoch liegen Indizien vor, die gegen eine antisemitische Gesinnung Hindenburgs sprechen. So scheint unter Berücksichtigung der Konstellation, daß auch zu Hindenburgs Familie und Freundeskreis Juden zählten, die Darstellung des Hindenburg-Biographen Emil Ludwig, wonach dieser nie ein judenfeindliches Wort geäußert habe, glaubwürdig[204]. Für ihn spricht auch seine spontane Gefühlsreaktion beim ersten Zusammentreffen mit dem Alldeutschen Heinrich Claß 1919. Als dieser bei ihm mit antisemitischen Äußerungen vorstellig wurde, konterte Hindenburg instinktiv, er sei kein Antisemit und gedenke auch nicht, jemals einer zu werden, da es ebensoviele anständige Juden wie anständige Christen gebe[205]. Außerdem soll er nach einer eidesstattlichen Erklärung Otto Meissners bereits während seines ersten Zusammentreffens mit Hitler im August 1932 die nationalsozialistischen Übergriffe gegen die deutschen Juden deutlich kritisiert haben[206].

Wie Hindenburg letztlich innerlich dazu auch gestanden haben mag – die zu seinen Lebzeiten gegen die deutschen Juden initiierten Pogrome mißbilligte und bedauerte er jedenfalls „lebhaft". Diese Tatsache war nicht nur Hitler bekannt, sondern wurde von ihm später sogar noch unumwunden bestätigt[207].

Zu klären bleibt dennoch, warum Hindenburg die ausländischen Interventionen und Beschwerden wegen der Ausschreitungen gegen die deutsche jüdische

---

[203] Der französische Journalist, dem Hindenburg für ein Interview zur Verfügung stand, berichtet: „[...] Über seine Meinung über Fritz v. Unruh befragt, habe der Reichspräsident lässig geantwortet, ein ‚verjudeter Deutscher' [...]". Telegramm (Wertheimer), Paris, 10.08.1925, Nr. 4792 [Abschrift], BA Berlin-Lichterfelde, R 601/3 [Bl. 6].

[204] EMIL LUDWIG: Hindenburg – Legende und Wirklichkeit, Hamburg 1962 [1. Aufl. Amsterdam 1935], S. 283.

[205] ALFRED KRUCK: Geschichte des Alldeutschen Verbandes 1890-1939, in: Veröffentlichungen des Instituts für Europäische Geschichte Mainz, Hrsg.: Josepf Lortz/Martin Göhring, Bd. 3, Wiesbaden 1954, S. 173.

[206] Eidesstattliche Erklärung Otto Meissner, 28.11.1945 [Abschrift], Niedersächsisches Hauptstaatsarchiv Magazin Pattensen (bei Hannover), Verfahrensakten Oskar v. Hindenburg, Nds. 171, Lüneburg, Nr. 689-694 / Paketnummer: 16689.

[207] „[...] Es sei durchaus nicht immer leicht gewesen, den Alten Herrn von einer Sache zu überzeugen; wenn es aber gelungen sei, habe er sich voll und ganz für die Sache eingesetzt. So habe er von Maßnahmen gegen die Juden gar nichts wissen wollen. [...]". HENRY PICKER: Hitlers Tischgespräche im Führerhauptquartier 1941-1942, Hrsg.: P.E. Schramm, Stuttgart 1963, S. 433.

Bevölkerung so energisch zurückgewiesen hatte. Vermutlich wollte er auf diese Weise klarstellen, daß die von ihm selbst verurteilten Übergriffe gegen die deutschen Juden rein innerdeutsche Angelegenheiten waren, in die sich kein Außenstehender einzumischen hatte. Schwer zu beantworten ist die Frage, weshalb Hindenburg, der die rücksichtslose Vorgehensweise der Nationalsozialisten gegen die Juden keineswegs befürworten konnte, eine solch bequeme Mittelposition bezogen hatte und, die innenpolitische Entwicklung abwartend, so passiv gewesen war. Seine Reaktion auf die an Hitler adressierte Warnung des schwedischen Königs Gustav V. während eines Festbanketts in dessen Gesandtschaft, weitere Boykottmaßnahmen gegen die Juden in Deutschland unbedingt zu unterbinden, ist dafür bezeichnend. Anstatt auf die Einwände des skandinavischen Regenten näher einzugehen, blockte er dessen Protest stellvertretend für den Reichskanzler – wenn auch aus anderen Erwägungen heraus als Hitler – kategorisch ab und gab zu verstehen, daß derlei Vorgänge doch innerdeutsche Angelegenheit seien und folglich nur intern, ohne Berücksichtigung ausländischer Klagen, geregelt werden müßten[208].

Allen Kassandrarufen verschloß sich Hindenburg. Selbst auf die Gefahr hin, daß die antijüdischen Maßnahmen in Deutschland für die deutsche Außenpolitik verheerende Konsequenzen haben mußten, protestierte er nicht gegen Hitlers menschenverachtende Politik[209]. In diesem Punkt wurde er seinem verfassungsmäßigen Auftrag als Staatsoberhaupt, als völkerrechtlicher Vertreter und *pouvoir neutre* nicht gerecht. Er, der beileibe kein Nationalsozialist gewesen war, der beileibe keine antisemitischen Äußerungen von sich gegeben hatte, die andere Rückschlüsse zulassen, der Zeuge der ersten Vorboten einer sich anbahnenden Katastrophe wurde, hat die Zeichen der Zeit entweder völlig verkannt oder sie nicht wahrhaben wollen.

---

[208] EBD.; Ferner siehe GÖRLITZ, Hindenburg, a.a.O., S. 413.
[209] So auch WOLFGANG RUGE, Hindenburg, a.a.O., S. 411f.

Sechstes Buch: Staatsoberhaupt und völkerrechtlicher Vertreter – Hindenburgs repräsentative außenpolitische Aufgaben

A. Courtoisie und Etikette

I. Der präsente Akteur auf der repräsentativen Bühne

1. Der Hauptdarsteller und seine Statisten

Wenn es je einen Schauplatz gegeben hat, auf dem Hindenburg es verstand, seine ihm zukommende Rolle als Staatsoberhaupt und völkerrechtlicher Vertreter des Reiches in aller Breite auszuspielen, dann war das die „repräsentative" Bühne. Hier hatten sogar Stresemann und alle anderen Minister, die sich mit dem Part der Komparsen begnügen mußten, das Nachsehen. Ob beim Diplomatenfrühstück, Souper oder beim Staatsdiner – Hindenburg bildete den unumstrittenen Mittelpunkt. Zugute kamen ihm hierbei die protokollarischen und völkerrechtlichen Reglements, die seine Stellung als Staatsoberhaupt und die damit verbundene bevorzugte Behandlung exakt definierten. Im übrigen ließ er aber selbst nie einen Zweifel daran aufkommen, daß ausschließlich ihm die alleinige Vertretung des Deutschen Reiches oblag. Was jegliche protokollarische Fragen anbelangte, mußte immerzu alles seinen Vorstellungen gebührend ausgerichtet sein. An vielen auf den ersten Anschein nur nebensächlich erscheinenden Aspekten manifestierten sich bei ihm Allüren, die kuriose Züge hatten. Gerade einen Tag in Amt und Würden, griff er bereits am 12. Mai 1925, dem Tag seiner Vereidigung, in das seit Jahren unverändert bestehende Protokoll ein. Im Rahmen einer Besprechung in der Reichskanzlei, in der er auf die Modalitäten seines ersten Empfangs des Diplomatischen Korps Bezug nahm, überraschte er alle Anwesenden mit der Erklärung, daß er künftig nach dem Ende seiner Ansprache nur noch mit dem Doyen des Diplomatischen Korps zu sprechen gedenke und sonst mit keinem anderen Geschäftsträger. Allgemeine Verwunderung dürfte eine weitere Direktive ausgelöst haben, die er am selben Tag verkündete. Danach durfte ihn beim Rundgang am Diplomatischen Korps entlang künftig nur noch der Protokollchef begleiten. Die restlichen Anwesenden mußten bis zum Ende der Audienz „festgewurzelt" auf ihren Plätzen stehen bleiben[1].

Faktisch war dies eine Desavouierung der geladenen Minister, die vorerst aber ohne Konsequenzen blieb. Im Verlauf seiner ersten Amtsperiode ging er aber noch weiter und strapazierte seine verfassungsmäßigen Prärogativrechte bis an die Grenze des Erlaubten. In einer aus seiner Feder stammenden Verfügung wurde dem damaligen *Chef des Protokolls*, Roland Köster, angetragen, daß es fortan allein dem Reichspräsidenten vorbehalten sei, sich beim Neujahrsempfang vor den Diplomaten, sowohl bei der Begrüßung als auch bei der Verabschiedung, zu verbeugen. Außerdem – so seine unverkennbare Handschrift – durfte von nun an das anwesende Kabinett, speziell der Reichsaußenminister und der Reichskanzler, bei der Neujahrsbegrüßung keine Gespräche mehr mit Diplomaten führen. Dazu war nur er als Staatsoberhaupt ermächtigt. Daß dieser doch recht gewagte Vorstoß seine Kritiker finden würde, war schier unvermeidbar. Kein geringerer als der Reichsminister des Auswärtigen brachte als Erster seine Empörung angesichts dieser „unmöglichen Bestimmung" nachhaltig zum Ausdruck. Stresemanns Protest gründete auf dem Argument, daß auch seine Zustimmung in der Frage des Zeremoniells vonnöten sei und daß sich das Präsidentenbüro folglich auch daran zu halten hatte. Schließlich seien der Reichskanzler und er „keine Figuren eines Panoptikums", die nach Belieben aufgestellt werden könnten[2]. Stresemanns Einwand kam nicht von ungefähr, denn kurz zuvor hatte Hindenburg auf jene alte Anordnung zurückgegriffen, die den „Herren des Gefolges" vorschrieb, sich während des ganzen Programms auf keinen Fall von der ihnen zugeteilten Stelle zu rühren[3]. Daß solche Anregungen bei den Ministern wenig Gegenliebe fanden, scheint einsichtig, zumal sie ohnehin nur in Gegenwart des Reichspräsidenten – und dies innerhalb seines Gefolges – chargieren durften. Daß der Reichspräsident nun in Erwägung zog, die anderen Mitglieder des Kabinetts gänzlich zu reinen Statisten zu degradieren, und daß er Stresemann einen symbolischen „Maulkorb" verpaßte, veranschaulicht eindrucksvoll sein

---

[1] Die besondere Ehre, dem Reichspräsidenten beim Rundgang zu assistieren, wurde dem damaligen Gesandten und *Chef des Protokolls* Ferdinand v. Gülich zuteil. Aktennotiz [Paraphe unbekannt], Berlin, 12.05.1925 [Original], PA AA Bonn, R 118930.

[2] Aufzeichnung RAM Stresemann, Berlin, 08.01.1928 [Original], PA AA Bonn, NL Stresemann, Bd. 63, 7373 H/H 167074-075. Der dazugehörige Durchschlag ist auch im Bd. 288 desselben Nachlasses unter der Mikrofilmnummer 7147 H/H 150769-771 zu finden.

[3] Vermerk des Auswärtiges Amtes [o.A.] über eine Anordnung Rpräs. v. Hindenburg. In diesem Dokument findet sich kein Hinweis auf das Datum, den Ort oder den Verfasser. Aus dem Quellenkontext bzw. -konnex geht aber hervor, daß dieses Papier Ende 1927 verfaßt worden sein muß. Siehe BA Koblenz, R 43 I/2647 [S. 107].

Bemühen, dem Reichsaußenminister zumindest die Grenzen auf dem repräsentativen Aufgabenfeld aufzuzeigen.

Renitentes oder fehlerhaftes protokollarisches Verhalten von seiten Stresemanns blieb beim Reichspräsidenten nicht ohne Folgen. In der Regel schreckte er keineswegs davor zurück, dem so beschlagenen Außenminister selbst unbedeutende protokollarische Fauxpas vorzuhalten[4]. Noch weiter in den Hintergrund gedrängt, ja um ein Haar der Bedeutungslosigkeit preisgegeben, wurden die Minister bei den Visiten der ausländischen Monarchen, bei denen sie ihrer dekorativen anonymen Funktion gemäß noch nicht einmal namentlich vorgestellt wurden[5]. Vielleicht war es kein Zufall, daß Stresemann, wenn die ausländischen Monarchen beim Reichspräsidenten einkehrten, anderweitig beschäftigt war und im Ausland sein Gastspiel gab, um womöglich so dem Ärger mit ihm aus dem Weg zu gehen.

Einen anderen Parameter, um den herausragenden protokollarischen Part des Reichspräsidenten zu ermitteln, stellten die jeweiligen Sitz- respektive Tischordnungen der Feierlichkeiten dar, denen Hindenburg beigewohnt hatte. Es bedarf in der Tat nur des direkten Vergleichs der Planskizzen, in denen bewußte Placements verzeichnet sind, um festzustellen, daß der ausländische Hauptgast mit seinem Anhang immer direkt neben dem Reichspräsidenten Platz gefunden hat, während sich sowohl der Reichskanzler wie auch der Reichsaußenminister meist mit einem Randplatz begnügen mußten. Ihre augenfällige räumliche Distanz zu den wichtigsten Staatsgästen dürfte dem *Small talk* beim Dinieren bestimmt alles andere als dienlich gewesen sein. Ex-Reichskanzler Luther weiß in diesem Zusammenhang davon zu berichten, daß es aufgrund der unvorteilhaften Sitzordnung zu peinlichen Situationen kommen konnte, vor allem dann, wenn zu Hindenburgs linker und rechter Seite ausländische Persönlichkeiten saßen, mit denen das Staatsoberhaupt mangels aktiver Fremdsprachenkenntnisse höchstens per Handzeichen kommunizieren konnte. Dann versuchte Luther zu dolmetschen, besser besagt „eine Unterhaltung vorzutäuschen", sofern die räumli-

---

[4] Als Stresemann anläßlich eines Empfangs eines ausländischen Gesandten, der zwecks Überreichung seines Beglaubigungsschreibens beim Reichspräsidenten vorstellig geworden war, in gewohnter Dienstkleidung erschien, maßregelte Hindenburg seinen Außenminister mit dem beiläufigen Hinweis, daß es eigentlich wünschenswert sei, bei derartigen Zusammentreffen „Orden" anzulegen. Aufzeichnung RAM Stresemann, Berlin, 15.04.1927 [Original], PA AA Bonn, NL Stresemann, Bd. 52, 9955 H/H 323266.
[5] Stellte der japanische Prinz Takamatsu beim Empfang durch den Reichspräsidenten am 18.10.1930 sein Gefolge noch namentlich vor, so mußten die anwesenden deutschen Büromitglieder im Hintergrund verweilen. Dabei hielten sie sich nur an eine Absprache, die schon im Vorfeld bis ins kleinste Detail festgelegt worden war. Aufzeichnung bezgl. „Zeremoniell" des Empfangs des japanischen Prinzenpaares Takamatsu beim Reichspräsidenten" [N.N.], Berlin, 18.10.1930 [Abschrift einer Kopie], PA AA Bonn, R 85928.

chen Gegebenheiten dies überhaupt zuließen⁶. Es war gewiß kein Zufall, wenn Julius Curtius, Reichsaußenminister seinerzeit, sich beim Frühstück zu Ehren des königlichen italienischen Botschafters Graf Aldrovandi Marescotti weitab am Tischende wiederfand⁷. Wenn man auch derartigen Gepflogenheiten keine übermäßige Bedeutung zuschreiben darf, so reflektierten sie aber indirekt protokollarische Gegebenheiten und weisen auch auf eine Hierarchie innerhalb des ganzen *Repräsentationsapparates* hin. Zumindest wurde auf diesem Wege – symbolisch und für jedermann sichtbar – der besondere Rang des Reichspräsidenten und die Nebenrolle seiner Untergebenen herausgestellt⁸. Auf den Umstand, daß damals das Verteilen der Placements wirklich eine „gewichtige Rolle" spielte, weist in seinen Lebenserinnerungen der ehemalige Staatssekretär der Reichskanzlei, Max von Stockhausen, hin, der eine Zeitlang mit den Fragen der Etikette betraut war. Danach hatte ihm früher das „Problem der Tischordnung" mehrmalig „Kopfzerbrechen" bereitet, weil eine Benachteiligung irgendeines wichtigen ausländischen Vertreters unter allen Umständen zu vermeiden war, was gegebenenfalls „unabsehbaren außenpolitischen Kummer" zur Folge gehabt hätte⁹. Gelegentlich konnte es vorkommen, daß so manch hoher Gast von seiner Positionierung wenig angetan war. Es lag eben in der Natur der Sache, daß sich jeder möglichst nah beim Reichskanzler, Reichsaußenminister, im Idealfall aber selbstverständlich direkt neben oder gegenüber dem Reichspräsidenten an den kulinarischen Genüssen erfreuen wollte¹⁰. Da nicht jeder in akustischer Reich-

---

⁶ HANS LUTHER: Politiker ohne Partei. Erinnerungen, Stuttgart 1960, S. 336.
⁷ Auch beim Frühstück zu Ehren des Nuntius Monsignore E. Pacelli dürfte Curtius' direkte Konversation mit dem italienischen Gast eingeschränkt gewesen sein. Pacelli saß zur rechten Seite, Curtius allerdings zwei Plätze weiter entfernt zur linken Seite Hindenburgs. Siehe entsprechende Sitzordnungsskizzen [o.D., o.O.], [Originale], BA Berlin-Lichterfelde, R 601/138. In diesem Aktenband finden sich noch weitere Belege und Beispiele, die veranschaulichen, daß die Sitzordnung nicht auf Zufälligkeiten beruhte, sondern zumeist durchdacht abgestimmt worden war -, dabei fast immer zum Nachteil des Reichsministers des Äußeren.
⁸ Die herausragende Stellung Hindenburgs stand, sieht man von gewissen Ausnahmen ab, ernsthaft auch nie zur Debatte.
⁹ MAX V. STOCKHAUSEN: Sechs Jahre Reichskanzlei. Von Rapallo bis Locarno. Erinnerungen und Tagebuchnotizen 1922-1927, Hrsg.: WALTER GÖRLITZ, Bonn 1954, S. 201ff.; Dazu siehe auch KURT REIBNITZ: Gestalten rings um Hindenburg. Führende Köpfe der Republik und die Berliner Gesellschaft von heute, Dresden 1928, S. 107f.; Auch WALTER ZECHLIN spricht in diesem Zusammenhang von „kopfzerbrechenden Tischordnungen". DERS.: Diplomatie und Diplomaten, Stuttgart/Berlin 1950 (2. Aufl./1. Aufl. von 1935), S. 45 u. 49. Nach WIPERT V. BLÜCHER konnten Tischordnungen Probleme verursachen, die mit der „Quadratur des Zirkels gewisse Ähnlichkeit" hatten. DERS.: Wege und Irrwege der Diplomatie, Wiesbaden 1953, S. 112.
¹⁰ Staatssekretär Max v. Stockhausen [Rkei] notierte dazu: „[...] Er [der *Chef des Protokolls*] hatte eine sehr verantwortungsvolle Aufgabe, da jeder Diplomat aufs äußerste darauf erpicht war, daß

weite Hindenburgs soupieren konnte, weil die Gäste prinzipiell strikt dem Rang nach placiert wurden[11], waren Frustrationen unausbleiblich. So manch erboster Diplomat der alten Schule, der sich nicht ranggerecht behandelt fühlte, griff in dem Fall auf ein probates und beliebtes Mittel zurück, um seiner Empörung Nachdruck zu geben. Er drehte einfach den Teller um und verweigerte so die Nahrungsaufnahme[12]. Mag diese Form des Protests auf die anwesenden Gäste eher erheiternd gewirkt haben, so beließen es andere ungehaltene Diplomaten nicht dabei; sie artikulierten ihren Unmut auf dem Amtsweg. Ein Beleg für die Bedeutsamkeit derartiger Platzzuweisungen stellt die Beschwerde des deutschen Missionschefs in Moskau, Brockdorff-Rantzau, dar. Der auf dem höfischen Parkett so bewanderte Botschafter[13], der immerhin zu den bedeutendsten deutschen Auslandsvertretern seiner Zeit zählte, der überdies als einziger deutscher Diplomat über das Immediatvorrecht beim Reichspräsidenten verfügte[14], beanspruchte einmal den Dienstweg, um seiner Verbitterung Ausdruck zu verschaffen. Anstoß hatte dieser daran genommen, daß man ihn anläßlich eines Diners, zu dem der Reichspräsident die deutschen und ausländischen Missionschefs geladen hatte, einen Platz zugeteilt hatte, der seiner Stellung und Anciennität nicht entsprach, was in der Tat ein klarer Verstoß gegen den diplomatischen Kodex war[15]. Jedenfalls war der Leiter der deutschen Mission in Moskau über diesen Zwischenfall dermaßen indigniert, daß er sogar damit drohte, bei einem abermaligen Fauxpas dieser Art „die persönliche Entscheidung" des Reichspräsidenten herbeiführen zu wollen[16].

---

  ihm eine seinem Range gemäße Behandlung zuteil wurde [...]". MAX V. STOCKHAUSEN: Sechs Jahre Reichskanzlei, a.a.O., S. 201.
[11] WIPERT V. BLÜCHER, Wege, a.a.O., S. 112.
[12] JÖRG V. UTHMANN: Die Diplomaten. Affären und Staatsaffären von den Pharaonen bis zu den Ostverträgen, Stuttgart 1988, S. 31.
[13] So WIPERT V. BLÜCHER, Wege, a.a.O., S. 40.
[14] Näheres hierzu S. 403-410 dieser Arbeit.
[15] Bei derartigen Festlichkeiten war es die Regel, die Sitzplätze dem Alter und Rang entsprechend zuzuteilen. Siehe STOCKHAUSEN, Sechs Jahre Reichskanzlei, a.a.O., S. 202.
[16] Schreiben Dt. BS Brockdorff-Rantzau an AA [o.A.], Moskau, 28.06.1926 [Durchschlag], PA AA Bonn, NL Brockdorff-Rantzau, Bd. A 238, H 224048-050. In diesem Schreiben wies Rantzau noch darauf hin, daß er nach früherer Tradition seiner Anciennität entsprechend placiert worden wäre. „[...] Keinesfalls wäre es möglich gewesen, mir den Platz unter dem bolivanischen Geschäftsträger zuzuweisen [...]" [H 224049]. Bei vorangegangenen Anlässen habe er immer unmittelbar hinter den Reichsministern Platz nehmen dürfen, so der deutsche Diplomat. Ob sein Protest etwas eingebracht hat, lassen die Quellen jedoch unbeantwortet.

2. Der Regisseur und seine antiquierten Requisiten

Hatten die Verfassungsgeber absichtlich noch jegliche Art pompösen Zeremoniells, jegliche Hofbälle, jegliche Galaempfänge, jegliche genaue Regelung für Neujahrsempfänge oder die der Akkreditierung der Diplomaten abgeschafft, die zu sehr an „verklungene Hofetikette" erinnert hätten[17], so blühte all dieses unter Hindenburg wieder auf. Noch stärker als Ebert legte er nämlich größten Wert auf die Einhaltung der traditionellen Etikette[18]. Unter dem ersten Reichspräsidenten der Weimarer Republik, Friedrich Ebert, herrschte zwar Einigkeit über die Unumgänglichkeit eines funktionierenden Repräsentationsapparates als Teilbestand der Außenpolitik, aber über den Weg dorthin, über die Umsetzung in die Praxis eben nicht[19]. Die Würde seines Amtes konnte Ebert schon allein mit Rücksichtnahme auf seine Parteigenossen, die partout alle protokollarischen Elemente der wilhelminischen Zeit verbannt sehen wollten, nicht zur Entfaltung bringen[20]. Doch durch den Zuwachs des diplomatischen Verkehrs nahm man schon recht bald Abschied von den Idealen der Verfassungsväter und beugte sich notgedrungen realpolitischen Gegebenheiten. Ging es bei Ebert auf diesem Terrain noch recht formlos zu, so nahm Hindenburgs Empfangspolitik nach Ansicht eines Beobachters Züge von „ans Mittelalter gemahnender zeremonieller Steifheit" an[21]. Um dem ganzen Schauspiel des repräsentativen Procederes einen angemessenen würdigen Rahmen zu verleihen, übte sich der Generalfeldmarschall nicht nur als Hauptdarsteller, sondern gefiel sich obendrein in der Rolle des Regisseurs. Seine Anordnungen und initiierten protokollarischen Maßnahmen waren dabei nur Ausdruck seines Bestrebens, nichts dem Zufall zu überlas-

---

[17] HERMANN PÜNDER: Der Reichspräsident in der Weimarer Republik, in: Demokratische Existenz heute, Bd. 2, Frankfurt a. M./Bonn 1961, S. 15f.; Siehe diverse Zeitungsausschnitte: PA AA Bonn, NL Hoyningen-Huene, Bd. 4.

[18] Nach Stresemanns Auffassung schnitt Ebert indes im persönlichem Gespräch mit Botschaftern und Gesandten meist besser ab. Aufzeichnung RAM Stresemann, Berlin, 14.05.1925, PA AA Bonn, NL Stresemann, Bd. 272, 7129 H/H 147817. Siehe auch WERNER MASER: Hindenburg. Eine politische Biographie, Rastatt 1989, S. 314. FRHR. WERNER V. RHEINBABEN: Viermal Deutschland. Aus dem Erleben eines Seemanns, Diplomaten, Politikers 1895-1954, Berlin 1954, S. 74. HANS-OTTO MEISSNER: Junge Jahre im Reichspräsidentenpalais. Erinnerungen an Ebert und Hindenburg 1919-1934, München 1988, S. 240ff.

[19] Schreiben RAM Hermann Müller an B.d.Rpräs. [o.A.], Berlin, 28.12.1919 [Original] u. Schreiben B.d.Rpräs. an AA [o.A.], Berlin, 10.11.1921 [Durchschlag], BA Berlin-Lichterfelde, R 601/229. Entwurf eines vorläufigen Zeremoniells für den Empfang ausländischer diplomatischer Missionschefs, Berlin, 22.02.1919, BA Berlin-Lichterfelde, R 601/150 [S. 1].

[20] Siehe HEINRICH KÖHLER: Lebenserinnerungen des Politikers und Staatsmannes 1878-1949, Hrsg.: Josef Becker, Stuttgart 1964, S. 330.

[21] WILHELM KEIL: Erlebnisse eines Sozialdemokraten, Bd. II, Stuttgart 1948, S. 416.

sen. Mit seinem Vorhaben, seine Rolle als Staatsoberhaupt beim Neujahrsempfang des Diplomatischen Korps auszubauen, griff er auch auf altbewährte Requisiten zurück. Darum bemüht, Rang und Dignität seines Amtes auch optisch zur Geltung kommen zu lassen[22], stattete er sein Personal mit privat finanzierten Livreen aus, die ihre Träger noch friderizianischer und versteinerter aussehen ließen als zuvor[23]. War unter Ebert das Angebot der kulinarischen Spezialitäten noch recht bescheiden, so servierte Hindenburg seinen Gästen Delikatessen vom Feinsten. Selbst die anspruchsvollsten Gourmets unter den Diplomaten kamen auf ihre Kosten, wenn sie der Hausherr mit seinen exquisiten Weinen und Champagner verwöhnte[24].

Der nach allen Kräften um das Wohlergehen seiner Gäste bemühte Reichspräsident hielt sich nicht nur vorbildlich an die ungeschriebenen internationalen Regeln der Höflichkeit[25], sondern setzte auch die Reglements des diplomatischen Protokolls mustergültig um[26]. Sein Anliegen war es, jedem ausländischen Staatsgast den Aufenthalt so angenehm wie möglich zu gestalten und den reibungslosen Ablauf der vorgesehenen Programmpunkte zu sichern. Seine repräsentativen Pflichten nahm Hindenburg sehr ernst, und wenn er aus unvorhersehbaren Gründen verhindert war – was bei wichtigen Empfängen höchst selten vorkam – dann ließ er sich nicht vom Reichsaußenminister oder vom in der Verfassung dafür vorgesehenen Reichstagspräsidenten vertreten, sondern von seiner Schwiegertochter, Margarete von Hindenburg. Ab und zu übernahm sie sogar Diplomatenempfänge, bei denen sie ihre Honneurs in gekonnter Manier machte und in der Rolle der „First Lady" zu gefallen wußte[27].

---

[22] BA Berlin-Lichterfelde, R 601/156. Siehe auch MARTIN LÜDERS: Der Soldat und das Reich. Paul von Hindenburg. Generalfeldmarschall und Reichspräsident, Leoni 1961, S. 211 und KURT V. REIBNITZ: Gestalten rings um Hindenburg, a.a.O., S. 96. PAUL LÖBE: Der Weg war lang. Lebenserinnerungen, Berlin 1954 (3. Aufl.), S. 120.

[23] WILHELM KEIL, Erlebnisse, a.a.O., S. 416f.; THEODOR ESCHENBURG: Also hören sie mal zu. Geschichte und Geschichten 1904 bis 1933, Berlin 1995, S. 270. Für den *Vorwärts* wirkte die neue Dienstkleidung der Palaisangestellten wie ein „kanariengelber Diplomatenfrack". *Vorwärts*, 09.03.1927.

[24] Siehe HEINRICH KÖHLER, Lebenserinnerungen, a.a.O., S. 330.

[25] WIPERT V. BLÜCHER, Wege, a.a.O., S. 109.

[26] Das seit dem Jahre 1815 bestehende „Reglement von Wien" hatte sich so gut bewährt, daß es 1961 durch die „Wiener Konvention über diplomatische Beziehungen" abermals bestätigt wurde. HEINZ L. KREKELER: Die Diplomatie, in: Geschichte und Staat, Bd. 110/111, München 1965, S. 112.

[27] Nur ausgesprochen selten fungierte Hindenburgs leibliche Tochter Irmengard (spätere Brockhusen-Justin) als „First Lady". HANS LUTHER, Politiker ohne Partei, a.a.O., S. 336. Bei wichtigen Empfängen war Hindenburg selbstverständlich zugegen. Wenn der Terminkalender oder der körperliche Gesundheitszustand es aber nicht gestatteten, dann ließ er - je nach Lage - besagten Empfang entweder verschieben oder schickte seine Schwiegertochter, Margarete v. Hinden-

Ein Höhepunkt des zumeist terminreichen Repräsentationsprogramms, das von Antritts- und Gegenbesuchen geprägt war, bildete das persönliche Gespräch der Staatsoberhäupter unter vier Augen[28], bei denen in der Regel keine weltpolitischen Themen vertieft wurden. Dies verhielt sich genauso, wenn Hindenburg hochrangigen Ministern, Botschaftern oder Gesandten Audienz gewährte[29]. Gleich welche offiziellen gesellschaftlichen Veranstaltungen in seinem Hause stattfanden; alle Bemühungen der in- oder ausländischen Gäste, ihn zu einem politischen Gespräch zu animieren, konnten nicht fruchten, da er im Einhalten von Prinzipien eisern war[30]. Am liebsten verkehrte er wohl deshalb standesgemäß mit seiner eigenen Gesellschaftsschicht, die mit ihm die Vorliebe teilte, über Militärhistorisches zu disputieren[31].

II. Die Neuorganisation des Protokolls

1. Die Aufwertung des Maître de plaisir und seiner Dienststelle

Während der Amtszeit Hindenburgs avancierte eine kleine Dienststelle des Auswärtigen Amtes, die zu Eberts Zeit nur ein Schattendasein gefristet hatte, zu der wichtigsten Behörde für Fragen der Etikette. Ihr Leiter, der den bezeichnenden Titel „Referent für Protokoll, fremdes, diplomatisches und Konsularkorps

---

burg, als Repräsentantin vor. Aktennotiz ORegRat v. Erdmannsdorff, Berlin, 03.12.1926, BA Berlin-Lichterfelde, R 601/137. Zudem verrichtete besagte Schwiegertochter noch ein Großteil der anfallenden Hausarbeit im Palais in der Wilhelmstraße und zeigte sich als Repräsentantin von ihrer charmanten Seite. OTTO GESSLER: Reichswehrpolitik in der Weimarer Zeit, Stuttgart 1958, S. 346. REIBNITZ, Gestalten rings um Hindenburg, a.a.O., S. 16f.; Ferner siehe MAGNUS V. BRAUN: Von Ostpreußen bis Texas. Erlebnisse und zeitgeschichtliche Betrachtungen eines Ostdeutschen, Stollhamm 1955, S. 197. MASER, Hindenburg, a.a.O., S. 315.

[28] Sieht man einmal vom obligatorischen Dolmetscher ab.
[29] Siehe S. 282-291 dieser Arbeit. Eine Ausnahme bildet hierbei der Empfang des amerikanischen Weltwirtschaftskonferenzteilnehmers Norman Davis, den Hindenburg am 08.04.1933 kennenlernte. Im Verlauf ihrer Unterredung berührten beide Fragekomplexe der internationalen Abrüstung.
[30] FRHR. WERNER V. RHEINBABEN, der zeitweise der deutschen Delegation in Genf angehörte, schrieb diesbezüglich in seinen Memoiren: „[...] Ich habe Hindenburg außer bei offiziellen Anlässen mehrfach auch auf gesellschaftlichem Boden gesehen und gesprochen. Freilich, meine Hoffnung, daß er einmal eine politische Frage an mich richten würde, hat sich nicht erfüllt. Seiner Gewohnheit entsprechend fragte er mich stets nach irgendwelchen älteren Verwandten, mit denen er vor vielen Jahren im Kadettenkorps zusammengewesen war oder mit denen er 1866 oder 1870 zusammen gekämpft hatte [...]". DERS., Viermal Deutschland, a.a.O., S. 177.
[31] THEODOR ESCHENBURG, Also hören sie mal zu, a.a.O., S. 270.

und Einführung des Reichspräsidenten" führte³², arrivierte nicht nur zum *Chef des Protokolls*, sondern zum „Zeremonienmeister der Republik"³³. Obgleich er den Amtstitel eines „außerordentlichen Gesandten und bevollmächtigten Ministers" innehatte³⁴, war er in gewisser Weise „Mädchen für alles"³⁵. Hauptsächlich kam ihm und seiner Abteilung die Aufgabe zu, den repräsentativen, formellen Verkehr mit dem gesamten Diplomatischen Korps und mit dem Ausland zu regeln. Was früher in der Verantwortung des „Introducteur des Ambassadors" und „Maître de plaisir" gelegen hatte, mußte der *Chef des Protokolls* nun in alleiniger Regie bewerkstelligen³⁶. Seine Aufgabe bestand darin, für das Diplomatische Korps als Verbindungs- und Betreuungsmann jederzeit zur Verfügung zu stehen und ansprechbar zu sein³⁷. Von der Anfertigung der Glückwunschtelegramme, der Regelung aller Wohnungsbeschaffungsfragen, dem Schutz der Auslandsmissionen über die Organisation von Staatsempfängen bis hin zum Ausfertigen wichtiger Tischordnungen erstreckte sich das vielfarbige Aufgabenfeld dieser Sektion. Auch was die Vorbereitung und Abwicklung der Audienzen und Zeremonien beim Reichspräsidenten anging, oblag diesem Ressort die eigentliche Hauptverantwortung³⁸. Aber infolge des wachsenden Aufgabenfeldes, der steigenden Etatkosten und nicht zuletzt aufgrund der starken Inanspruchnahme der Abteilung durch den Reichspräsidenten wurde ihre Umstrukturierung unumgänglich. Neu war nicht nur der Name „Sonderreferat E", sondern auch ihre Angliederung an das Auswärtige Amt, wo sie der Abteilung I für Personalien und Verwaltung unterstellt wurde und ihren alten Sonderstatus verlor³⁹.

---

[32] Am 17.04.1923 wurde Ferdinand v. Gülich zum Dirigenten des Sonderreferates E ernannt (ab 28.01.1924 lautete sein offizieller Amtstitel Gesandter). Siehe ADAP, Ergänzungsband zu den Serien A-E. Gesamtpersonenverzeichnis, Portraitphotos und Daten zur Dienstverwendung, Anhänge, Göttingen 1995, S. 444. Siehe REIBNITZ, Gestalten rings um Hindenburg, a.a.O., S. 95.

[33] EDGAR V. SCHMIDT-PAULI: Diplomaten in Berlin, Berlin 1930, S. 41. REIBNITZ, a.a.O., S. 95f.

[34] Anstellungsurkunde AA [N.N.], Berlin, 11.02.1926 [Original eines Konzepts], PA AA Bonn, Personalakten Roland Köster, Nr. 375, Bd. 2.

[35] HERMANN PÜNDER, Der Reichspräsident in der Weimarer Republik, a.a.O., S. 16. PA AA Bonn, NL Hoyningen-Huene, Bd. 4.

[36] HEINZ GÜNTER SASSE: Zur Geschichte des Auswärtigen Amtes, in: 100 Jahre Auswärtiges Amt 1870-1970, Hrsg.: Auswärtiges Amt Bonn 1970, S. 38.

[37] WALTER ZECHLIN, Diplomatie und Diplomaten, a.a.O., S. 68.

[38] Tagebucheintrag v. StS Stockhausen [Rkei], Berlin, 31.03.1927, BA Koblenz, NL v. Stockhausen, N 1057/38. Siehe auch SCHMIDT-PAULI, Diplomaten, a.a.O., S. 40ff.

[39] Von 1925 bis 1934, also während Hindenburgs Amtsperiode, fungierten als *Chef des Protokolls*: GS Ferdinand v. Gülich (Antrittsdatum: 17.04.1923); (VLegRat) GS Roland Köster (02.06.1925); (VLegRat) GS Graf Franz v. Tattenbach (01.03.1929; (VLegRat) GS Rudolf Graf v. Bassewitz (17.10.1932). Siehe ADAP, Ergänzungsband zu den Serien A-E, a.a.O., S. 444, 464 u. 517. Dito SCHMIDT-PAULI, Diplomaten, a.a.O., S. 42.

Hindenburg hatte erheblichen Anteil daran, daß die unter Ebert geschaffenen Grundstrukturen und Voraussetzungen für einen halbwegs funktionierenden Protokollapparat nun unter seiner Regie vollends ausgebaut und verfeinert wurden. Was sich im Gegensatz zu Ebert spürbar veränderte, war zum einen die Zentralisierung aller protokollarischen Fragen auf das *Büro*, zum andern die Fokussierung auf Hindenburg selbst. Nicht mehr das Auswärtige Amt, sondern das *Büro des Reichspräsidenten* kümmerte sich um sämtliche anfallenden Presseangelegenheiten und Telegramme sowie um Kundgebungen und Empfänge, die ihr „Arbeitgeber" zu bewältigen hatte. Sogar den organisatorischen Part und die „technische" Abwicklung der Audienzen für die ansässigen ausländischen Missionschefs, die den Reichspräsidenten für gewöhnlich zwecks Überreichung ihrer Beglaubigungs- oder Abberufungsschreiben aufsuchten, übernahm diese Dienststelle[40]. Auch die Presseberichterstattung über den Neujahrsempfang, welche zuvor im Aufgabenfeld der Pressestelle der Reichsregierung gelegen hatte[41], unterlag nun der Kontrolle des *Büros*. Ein Novum war das unter Hindenburgs Ägide zum ersten Mal genau geregelte Verfahren für den jährlichen Neujahrsempfang. Die Durchführung der Reformen vertraute er dem seit Anfang 1926 als *Chef des Protokolls* fungierenden Roland Köster an, der auf diesem Aufgabenfeld sein wichtigster Assistent war. Dank Kösters Mitwirkung entstand ein Merkbuch, das als sogenannte „Bibel" Verbreitung fand und in dem die wichtigsten, die Etikette betreffenden, normativen Grundsätze zusammengefaßt wurden[42]. Für das Funktionieren der immer weiter zunehmenden pedantisch formulierten etikettenreichen und protokollgenauen Programmpunkte war diese Behörde unentbehrlich. Ihr Aufgabenfeld erweiterte sich von Tag zu Tag. Neben der Pflege der gesellschaftlichen Beziehungen zu den auswärtigen Gästen, ihrer Betreuung, dem Registrieren und Korrigieren von protokollarischen Fehlern[43] fertigte sie auch die „Gesprächsvorlagen" an, in denen der Reichspräsident über die Lebensläufe und persönlichen Besonderheiten seiner künftigen Gesprächspartner informiert wurde. Daneben wurden alle ausländischen Anträge, in denen um

---

[40] Schreiben AA [unleserliche Namensangabe] an B.d.Rpräs. [o.A.], Berlin, 02.07.1928 [Original], BA Berlin-Lichterfelde, R 601/0/0/11 [S. 49]. Mehr zu den Aufgaben des *Büros* ab S. 163 dieser Arbeit.

[41] Schreiben StS Meissner [B.d.Rpräs.] an StS Pünder [Rkei], Berlin, 30.12.1926 [Durchschlag], BA Berlin-Lichterfelde, R 601/230.

[42] EDGAR V. SCHMIDT-PAULI, Diplomaten, a.a.O., S. 48.

[43] Dazu MAX V. STOCKHAUSEN, Sechs Jahre Reichskanzlei, a.a.O., S. 201. In einem Protokoll über ein Regierungsessen, an dem 96 Gäste teilgenommen hatten, wurde moniert, daß jeder Gast an der Hufeisentafel nur 50 Zentimeter Beinfreiheit hatte, was gerade das Servieren des Essens nachteilig verzögerte. Sogar „Kleidung und Frisuren der Gäste" sollen in „Gefahr" gewesen sein. Aufzeichnung betr. Regierungsessen zum 22.01.1932 [o.A.], [Original], BA Berlin-Lichterfelde, R 601/138.

einen Audienztermin beim deutschen Staatsoberhaupt ersucht wurde, vom *Chef des Protokolls* einheitlich erfaßt und bearbeitet[44]. Wichtige Staatsbesuche wurden mehrheitlich zwischen besagtem Referat und dem *Büro des Reichspräsidenten* in enger Kooperation vorbereitet. Stets mußte dabei der *Chef des Protokolls* dem Reichspräsidenten die ausgearbeiteten Programme für die jeweiligen Visiten vorlegen und sein Einverständnis abwarten. Aller Wahrscheinlichkeit nach stammten auch die „Richtlinien für die Aufstellung des Entwurfs einer Erwiderungsansprache des Herrn Reichspräsidenten bei Empfängen hiesiger fremder Botschafter und Gesandter" aus der Feder des Referenten dieser Stelle[45]. In diesem Papier wurde geregelt, daß „maßgebend" für den Wortlaut und den Ton der Erwiderungsansprache der „sachliche Inhalt" der Ansprache des jeweiligen Missionschefs und die „Art der Beziehungen" zu seinem Land sein sollen. Ferner wurde dort vorgeschrieben, mit welcher Anrede die einzelnen Botschafter begrüßt werden sollen. Somit war Hindenburg beim Empfang von Diplomaten, ausländischen Ministern oder anderen Repräsentanten wie Staatsoberhäuptern und Monarchen – sieht man einmal von wenigen Ausnahmen ab[46] – über den Anlaß und Zweck des Besuches wie auch über die persönlichen Daten und Eigenarten seines künftigen Gesprächspartners bestens im Bilde[47].

---

[44] Protokoll VLegRat Roland Köster [C.d.P.], Berlin, 02.07.1928, [Abschrift], PA AA Bonn, R 83638.

[45] Verfasser und Datum sind in diesem Dokument nicht verzeichnet. Näheres siehe PA AA Bonn, R 70131 [o.A.].

[46] Zu diesen erwähnten Ausnahmen ist der Empfang des persischen Gesandten am 17. Juli 1930 durch den Reichspräsidenten zu zählen. Verabredungsgemäß kam Hindenburg in dieser Unterredung auch auf das Wohlbefinden der Frau und das der drei Kinder seines Gastes zu sprechen. Anstatt jedoch darauf eine direkte Antwort zu geben, versuchte der peinlich berührte Diplomat das Gespräch, „sobald die Höflichkeit dies zuließ", in eine andere Richtung zu lenken. Dieser Vorfall veranlaßte StS v. Bülow immerhin zu einer Aufzeichnung (18. Juli 1930), in der er abschließend konstatierte: „[...] Ich bitte um Äußerung, ob es nach orientalischer Auffassung unschicklich ist, bei offiziellen Gelegenheiten oder überhaupt Familienangelegenheiten zu besprechen [sic!]". Aufzeichnung StS v. Bülow, Berlin, 18.07.1930 [Durchschlag], PA AA Bonn, R 29449/381464. Vermutlich war auch hier Rpräs. v. Hindenburg der Initiator, der über den für seinen Gast kompromittierenden Inhalt seiner Frage wohl selbst unangenehm überrascht gewesen sein dürfte.

[47] Cf. Aufzeichnung für den Herrn Rpräs. v. Hindenburg [N.N.], Berlin, 15.10.1931 [S. 3ff.], PA AA Bonn, R 70131.

2. Gezielte Konversation und präparierte Rede

Die Annahme, daß das Gros der Ansprachen des Reichspräsidenten vom Auswärtigen Amt und weniger von seiner Dienststelle – ganz zu schweigen von ihm selbst – vorbereitet und ausformuliert wurden, scheint berechtigt. Gegenteiliges kann deshalb ausgeschlossen werden, weil spektakuläre vom Manuskript abweichende Äußerungen von ihm nicht überliefert sind. Auch seine Begrüßungsrede, die er anläßlich des Galadiners am 22. Februar 1928 gehalten hatte, wurde schon am 18. Februar 1928 ausgefertigt. Vermutlich wurde der Text der Ansprache von einem namentlich nicht erwähnten Referenten des Auswärtigen Amtes verfaßt, da Form und Wortwahl nicht Hindenburgs Sprachschatz entsprachen.

Einen Trinkspruch mit politischen Aphorismen und versteckten Anspielungen auszuschmücken, wie dies Stresemann des öfteren zu extemporisieren verstand, war bei ihm dagegen undenkbar[48]. Der sprachliche Pedant erachtete es wohl nicht für notwendig, die unvermeidlichen Tischreden und Trinksprüche nochmals zu überarbeiten[49]. Aller Wahrscheinlichkeit nach hielt er deren Inhalte – ganz im Gegensatz zu politischen Reden[50] – auch für zu unbedeutend, als daß er bereit gewesen wäre, ihnen gesonderte Aufmerksamkeit zu schenken. Prinzipiell waren solcherlei Ansprachen tatsächlich nichts anderes als abstrakte Willensbekundungen und inhaltsarme Absichtserklärungen, mit denen jede Seite die politische und wirtschaftliche Bedeutsamkeit der anderen herausstellte und Interesse an einer Intensivierung der bilateralen Beziehungen bekundete. Solche Textkonzepte wurden primär vom Auswärtigen Amt verfaßt und reflektierten also ausschließlich ihre Linie und Meinung[51]. Ohnehin blieb dem Reichspräsidenten wenig Spielraum, um vom vorgelegten Konzept abzuweichen. Die Enge des Terminplanes tat ihr übriges und gewährte jeglicher Art von Spontanität oder Improvisation schon im Vorfeld keine Entfaltungsmöglichkeit. Da dies ganz im Sinne Hindenburgs gewesen war, dürfte ihm die gründliche Arbeit des Auswärtigen Amtes in puncto Empfangsvorbereitung ganz und gar zugesagt haben. Fraglos verfügte er, was die freie Rede anging, über ein gewisses Ge-

---

[48] Einmal spezifizierte Stresemann den Bedeutungsinhalt von Trinksprüchen. Seine Feststellung, Trinksprüche hätten mitunter eine „viel größere politische Bedeutung" als Verträge, war wohl eher eine bewußte rhetorische Überspitzung der Gegebenheiten. Siehe auch HEINZ L. KREKELER, Die Diplomatie, a.a.O., S. 50.
[49] Die inhaltlich unpolitischen Trinksprüche wurden im allgemeinen vorformuliert. Siehe Trinkspruch des Rpräs., 16.11.1931 [Original], BA Berlin-Lichterfelde, R 601/138.
[50] Auch die von Hindenburg am 12.05.1925 abgegebene Vereidigungsrede vor dem Reichstag wurde von ihm zuvor persönlich „durchgesehen und teilweise geändert". Tagebucheintrag RAM Stresemann, Berlin, 12.05.1925 [Original], PA AA Bonn, NL Stresemann, Bd. 272, 7129 H/H 147815. Tägliche Rundschau, 16.05.1925.
[51] Cf. Redemanuskript, 18.02.1928, aus: BA Berlin-Lichterfelde, R 601/156.

schick, das zeitweilig bei Tischreden, wenn es nun denn gefordert wurde, kurz aufblitzte. Hierbei dürfte ihm aber sein imposantes äußeres Erscheinungsbild mehr geholfen haben als seine unterentwickelten rhetorischen Fähigkeiten. Selbst das Jonglieren mit Worten oder Metaphern war ihm fremd. Gerade weil seine Sprache direkt, klar und einfach, seine Wortwahl und sein Wortschatz eher begrenzt waren, setzte er sich bei wichtigen Veranstaltungen oder Konversationen selten Situationen aus, in denen improvisatorische Gewandtheit gefragt war. Gleichgültig welche Art von offiziellen Veranstaltungen auch anstanden, in seiner Wortkargheit war Hindenburg, wenn er nicht vom Blatt ablesen konnte, kaum zu übertreffen[52]. Demgemäß waren seine Vorträge durchweg das Endresultat gründlicher Vorarbeiten, die entweder von seinem *Büro* oder von diversen Referenten des Auswärtigen Amtes geleistet worden waren. Akribisch bereitete er sich auch systematisch auf die Konversationen mit angemeldeten Besuchern vor. Ablesen läßt sich dies vor allem anhand seiner Order an das Auswärtige Amt, das ihm über jeden eingeladenen Missionschef „knappe, mit Stichwörtern versehene Notizen über aktuelle, unpolitische Begebenheiten"[53], quasi als Gesprächsgrundlage, zusenden sollte. Damit er für seine Kurzdialoge mit einzelnen Mitgliedern des Diplomatischen Korps beim Neujahrsempfang bestens gerüstet war, instruierte er das Außenministerium, ihm den „nötigen Gesprächsstoff in Form möglichst gedrängter Notizen über aktuelle Begebenheiten" zu übersenden[54], obgleich dies eigentlich nicht erforderlich gewesen wäre, da das Auswärtige Amt schon unter Ebert die Methode der informativen Gesprächsvorbereitung praktizierte[55]. Serviert wurde dieser Gesprächsstoff meistens Punkt für Punkt auf einem DIN-A5-Blatt[56]. Wenn diese Papiere weitgehend unpoliti-

---

[52] RTPräs. Löbe berichtet, daß mit Hindenburg ein tiefsinniges Gespräch unmöglich gewesen war, da bei ihm schnell der „Faden" gerissen wäre und „peinliche Verlegenheitspausen" die Folge gewesen seien. PAUL LÖBE, Erinnerungen eines Reichstagspräsidenten, Berlin 1949, S. 81.
[53] Rundschreiben GS Tattenbach (*Chef des Protokolls*), Berlin, 08.12.1931, PA AA Bonn, R 70131 [o.A.].
[54] Rundschreiben GS Tattenbach *(Chef des Protokolls)*, Berlin, 13.12.1929, PA AA Bonn, R 70131 u. R 76902 [o.A.].
[55] Noch bevor der frisch gewählte Hindenburg offiziell den Amtseid ableistete, verteilte StS v. Schubert ein Rundschreiben, in dem der Ablauf des Empfanges der hiesigen fremden Missionschefs durch den Rpräs. geregelt wurde. Schubert instruierte: „ [...] Bei der Fülle des Stoffes wird es erforderlich sein, außer persönlichen Angaben über den Chef und seine Gattin, soweit sie wesentlich sind, für jedes Land nur charakteristische Tatsachen unter Beachtung möglichster Kürze auszuwählen". Rundschreiben „Gesprächsstoff für den Reichspräsidenten" StS v. Schubert [AA], Berlin, 02.05.1925, PA AA Bonn, R 83639.
[56] Beispielsweise hatte der „Gesprächsstoff für den Neujahrsempfang des Spanischen Botschafters Dr. Espinosa de los Monteros beim Herrn Reichspräsidenten" im ersten und zweiten Punkt den Wortlaut: „1.) Frage nach dem persönlichen Befinden des Königs von Spanien und der Königin, 2.) Dank für die freundliche Aufnahme, welche die deutschen Kriegsschiffe bei ihren Übungs-

sche Inhalte hatten, so kam es zuweilen doch vor, daß das *Büro* und das „Referat" in bestimmten Unterpunkten bewußt politische Sachkomplexe problematisierten. Normative Kraft hatten derartige Gesprächsvorlagen aber nicht[57]. Der Reichspräsident konnte ad libitum vom Konzept abweichen.

B. Das unpolitische Staatsoberhaupt

I. Das Diplomatische Korps

1. Die Wilhelmstraße 73

Abgesehen von den offiziellen Empfängen und Arbeitsessen, bei denen Hindenburg prinzipiell das Gespräch über Politisches tunlichst mied[58], pflegte er den Brauch, gelegentlich Gäste in seinem Palais zu einem Frühstück willkommen zu heißen. Jenseits des üblichen Presserummels fanden diese Besuche öfters in der weitläufigen Gartenanlage der Wilhelmstraße 73 statt[59]. Inwieweit dort ernsthafte politische Sachverhalte zur Erörterung kamen, kann nur vermutet werden, weil solche Zusammentreffen – aufgrund ihres untergeordneten politischen Gehalts, ihres mehr zeremoniellen Charakters – nicht protokolliert oder stenographiert wurden. Gleiches gilt für die Gesprächsthemen der häufig abgehaltenen Tee-Empfänge und Gartenfeste im Präsidentenpalais, bei denen vielfach auch die wichtigsten Beamten des Auswärtigen Amtes und Mitglieder des Diplomatischen

---

reisen Jahr für Jahr in Spanien finden [...]". Entwurf [Paraphe unbekannt/unleserlich, o.O./o.D.], PA AA Bonn, R 70131 [o.A.]. Vgl. ebenso „Gesprächsstoff" anläßlich des Empfangs des amerikanischen Botschafters William E. Dodd am 30.08.1933 [Original], BA Berlin-Lichterfelde, R 601/152.

[57] Besonderen Wert legte Hindenburg darauf, seine Redemanuskripte kurzfristig abändern zu können. Schreiben StS v. Schubert [aller Wahrscheinlichkeit nach] an B.d.Rpräs. [o.A.], Berlin, 25.03.1929, PA AA Bonn, R 77717/L 309005.

[58] ERWEIN V. ARETIN schreibt in seinem Erinnerungswerk, daß er mit Hindenburg am Rande des Jahresessens des Deutschen Herrenclubs in Berlin im Dezember 1930 ein „nicht gerade aufregendes" Gespräch geführt hatte, wohingegen das Gespräch mit Brüning „beträchtlich interessanter" gewesen war. DERS.: Krone und Ketten. Erinnerungen eines bayerischen Edelmannes, Hrsg.: Karl Bucheim/K. Otmar v. Aretin, München 1955, S. 41f.

[59] Siehe diverse W.T.B.-Meldungen im BA Berlin-Lichterfelde, R 601/138. Siehe S. 173-178 dieser Arbeit, wo auch die außenpolitische Bedeutung der weitläufigen Gartenanlage des Palais behandelt wird.

Korps anzutreffen waren[60]. Genauso verhielt es sich mit den obligatorischen Abschiedsessen der jeweiligen Botschafter und Gesandten, bei denen nur selten politische Themen gestreift wurden[61]. Durch und durch zeremonieller Natur war der Ablauf bei der Überreichung der Beglaubigungsschreiben. Hier war die Wahl der „Gesprächsthemen" ausschließlich dem Reichspräsidenten vorbehalten[62]. Aus den in seinem Domizil sporadisch veranstalteten obligaten Bierabenden[63] ragt das jährliche Treffen mit Reportern und Offizieren heraus, bei dem die Gäste sich allerdings im *Small talk* übten und politische Inhalte außen vor ließen[64].

Die in seinem Hause zu Ehren der ausländischen Missionschefs zelebrierten traditionellen Diplomatendiners, bei denen einmal pro Jahr sämtliche in Berlin akkreditierten ausländischen Vertreter in Begleitung ihrer Frauen erschienen, hatten ausschließlich festlichen Charakter; politische Wortwechsel fanden dort nicht statt[65]. So hochrangig und auserlesen die Diplomaten und Politiker auch gewesen waren, die den Festlichkeiten im Reichspräsidentenpalais beiwohnten: Hindenburgs Domizil, wo Diplomaten und Politiker ein- und ausgingen, war in *repräsentativer* Hinsicht fürwahr der unpolitischste Ort der Wilhelmstraße.

---

[60] Bei den üblichen Gartenfesten sollte Hindenburgs Wunsch zufolge die Anzahl der Mitglieder des Auswärtigen Amtes bzw. des Diplomatischen Korps auf 35 limitiert sein. Aufzeichnung VLegRat v. Bülow, Berlin, 15.06.1927 [Original], PA AA Bonn, R 118850. Dort soll es ausnehmend „zwanglos" zugegangen sein. So KÖHLER, Lebenserinnerungen, a.a.O., S. 331.

[61] „[...] Vor der Abreise nach London kurzer Aufenthalt in Berlin [...] fand ein herzliches Abschiedsfrühstück bei Hindenburg mit langen politischen Unterhaltungen über unsere Beziehungen zu England und den besten Wünschen des Reichspräsidenten für den neuen Posten statt [...]". So „Notizen aus dem Leben des Reichsprotektors Constantin Hermann Frhr. v. Neurath", BA Koblenz, NL v. Neurath, N 1310/177 [S. XVII]. Siehe zudem W.T.B., Berlin, 08.10.1926/10.08.1926.

[62] HEINZ L. KREKELER, a.a.O., S. 116.

[63] Siehe Erinnerungen und Dokumente von Joh. Victor Bredt 1914 bis 1933, Bearb.: Martin Schumacher, in: Quellen zur Geschichte des Parlamentarismus und der politischen Parteien. Dritte Reihe. Die Weimarer Republik, Hrsg.: KARL DIETRICH BRACHER/ERICH MATTHIAS/RUDOLF MORSEY, Bd. I, Düsseldorf 1970, S. 184. HELENE V. NOSTITZ V. HINDENBURG: Hindenburg at home. An intimate biography, New York 1931, S. 73.

[64] GERHARD SCHULTZE-PFÄLZER: Hindenburg. Ein Leben für Deutschland, Berlin 1934, S. 212.

[65] MAX V. STOCKHAUSEN, Sechs Jahre Reichskanzlei, a.a.O., S. 245. Siehe Tischordnung, 15.01.1932 [Original], BA Berlin-Lichterfelde, R 601/140. *Vossische Zeitung*, 16.01.1032. Prinzipiell begnügte sich Hindenburg bei solchen Begegnungen damit, seinen Gast nach dem Wohlbefinden *seines* Staatsoberhauptes zu fragen.

2. Akkuratesse und Pedanterie – Die Neujahrsempfänge

Mit dem jährlichen Neujahrsempfang, bei dem das komplette Diplomatische Korps vom Reichspräsidenten höchstpersönlich empfangen wurde, führte Hindenburg einen Brauch fort, der unter Ebert entstanden war und der auch heute noch vom deutschen Bundespräsidenten gepflegt wird[66]. Doch unter seiner Regie erfuhr das ganze zeremonielle Procedere eine Umgestaltung[67]. Während seiner Amtszeit begrüßte er das Diplomatische Korps insgesamt neunmal in seinem Palais, um den Neujahrsempfang pflichtgemäß durchzuführen[68]. Markant an diesen Empfängen war der sich Jahr für Jahr wiederholende starre durchgeplante Ablauf[69]. In praxi sah dies so aus, daß er sich noch vor Weihnachten erst einmal die vorläufigen Entwürfe der Ansprachen des Reichskanzlers und Doyens zusenden ließ, damit er seine Erwiderungsrede in aller Ruhe darauf abstimmen konnte[70]. Der Doyen[71] übersandte darüber hinaus ein Verzeichnis der zu erwartenden anwesenden Missionschefs für den Neujahrsempfang. Danach bestimmte der zuständige Staatssekretär des Auswärtigen Amtes, welche Abteilung die Erwiderungsrede des Reichspräsidenten vorzuformulieren hatte. Zeitgleich wurde auch der Gesprächsstoff für die Feierlichkeiten ausgearbeitet. War diese bürokratische Vorprozedur beendet, wurden die erstellten Papiere an das *Büro* verschickt. Nun lag es im persönlichen Ermessen des Reichspräsidenten, inwieweit er die vorliegenden Entwürfe korrigierte oder veränderte. Doch prinzipiell verlief die Zusammenarbeit zwischen dem Auswärtigen Amt und der Dienststelle

---

[66] W.T.B., Berlin, 01.01.1925. BA Berlin-Lichterfelde, R 601/229.
[67] Allgemeines Rundschreiben, Berlin, 11.12.1924, PA AA Bonn, R 76902 [o.A.].
[68] Alle Neujahrskundgebungen, inklusive der Ansprachen aus dem Zeitraum 1926-1934, sind in Schulthess' Europäischem Geschichtskalender [41.-50. Jg.] nachzulesen.
[69] Für den Neujahrstag 1926 wurde der Ablauf der einzelnen Programmpunkte genau vorgeplant. Danach begannen um 10.00 Uhr die Feierlichkeiten; um 12.00 Uhr erfolgte der eigentliche Empfang des Diplomatischen Korps und für 12.30 Uhr war der Empfang der Reichsregierung vorgesehen. Gegen 12.45 Uhr begrüßte der Reichspräsident dann das Reichstagspräsidium im Botschafterzimmer. Bis zirka 14.00 Uhr dauerte das ganze Empfangszeremoniell. „Programm für den Neujahrsempfang 1926" [o.V; o.O.; o.D.], [Durchschlag], BA Berlin-Lichterfelde, R 601/230 u. R 601/231. Näheres zum tatsächlichen Hergang des Neujahrsempfangs am 01.01.1926 bei RUDOLPH WETERSTETEN/A.M.K. WATSON: The biography of President von Hindenburg, New York 1930, S. 210ff.
[70] Schreiben StS Pünder an Reichspressechef Zechlin, Berlin, 08.12.1927 [Mikrofilm-Nr. 139], BA Koblenz, R 43 I/580 [S. 151]; Schreiben StS Pünder an StS Meissner [B.d.Rpräs.], Berlin, 21.12.1927, BA Koblenz, R 43 I/2647 [S. 133]. SCHMIDT-PAULI, Diplomaten, a.a.O., S. 50.
[71] Nach dem Wiener Rang-Reglement vom 19.03.1815 galt für die katholisch bestimmten Länder die Regel, den Nuntius zum Doyen, also zum Sprecher und Leiter des Diplomatischen Korps, zu berufen. Nach diesem Prinzip wurde international verfahren. Siehe GEORG DAHM: Völkerrecht, Bd. 1, Stuttgart 1958, S. 317.

Hindenburg in der Vorbereitungsphase für die Neujahrsempfänge dermaßen kooperativ, daß Komplikationen von vornherein die Ausnahme blieben.

Über den für den Neujahrsempfang vorgesehenen Text und den protokollarischen Ablauf sollte im Vorfeld strengstes Stillschweigen herrschen. Jede Mißachtung dieser ungeschriebenen Vorschrift wurde von Hindenburg konsequent geahndet[72]. Nachdem alle Punkte des Empfangs bis ins kleinste Detail geregelt und sämtliche angekündigten Mitglieder des Diplomatischen Korps im Empfangssaal positioniert waren, betrat der Reichspräsident in schwarzem Frack den Saal, sekundiert vom Reichskanzler und vom Außenminister, den Staatssekretären des Auswärtigen Amtes und des Präsidentenbüros, den Referenten für auswärtige, innere sowie militärische Angelegenheiten seines Stabs. Daß der feierliche Akt seinem Diktat unterworfen war, geht aus der zuvor analysierten Anordnung hervor, wonach nur er in direkten Kontakt mit den anwesenden Diplomaten treten und mit ihnen Konversation pflegen konnte. Mit Ausnahme des Chefs des Protokolls, der dem Reichspräsidenten assistierte, mußten alle übrigen Begleiter bei seinem Rundgang auf ihren vorgeschriebenen Plätzen ausharren. Sie waren de facto nur Nebenfiguren dieser exakt geplanten Inszenierung. Dies mag verdeutlichen, wie peinlich genau er sich an den höfischen Gebräuchen der Kaiser-

---

[72] Als Beispiel hierfür soll der *Fall Konradus* angeführt werden, die ausgelöst wurde, als in der Berliner Zeitung am 30.12.1927 über den bevorstehenden Neujahrsempfang des Reichspräsidenten berichtet wurde, was für sich genommen ungewöhnlich genug war. Unter der Überschrift „Der Neujahrs-Empfang bei Hindenburg. Die große Gratulations-Tour. Das Zeremoniell. Diplomatie, Heer, Parlament und Regierung" beschrieb der verantwortliche Korrespondent (Konradus), das Szenario der Begrüßung des Diplomatischen Korps durch den Reichspräsidenten. Nicht inhaltliche Kritik meldete Hindenburg an; was ihn befremdete, war das freimütige Eingeständnis des Journalisten, daß sein Artikel auf Informationen beruhte, die ihm ein Reichskanzleibeamter telephonisch zugespielt hatte. Warum Hindenburg den Drahtzieher dieser „peinlichen Indiskretion" bestraft sehen wollte, bleibt unklar, zumal der Journalist mit diesen Zeilen eigentlich überhaupt nichts Neues oder Spektakuläres lanciert hatte. Trotzdem nahmen die Beamten in der Reichskanzlei Hindenburgs Anliegen, den Verantwortlichen für diesen Fauxpas ausfindig zu machen, sehr ernst. Seinem Wunsch entsprechend hielt man ihn über den aktuellen Stand der internen Recherchen ständig auf dem laufenden. Nach einigem Hin und Her stellte sich am Ende heraus, daß es überhaupt keinen Informanten in der Reichskanzlei gegeben hatte, was Hindenburg mit Befriedigung zur Kenntnis nahm. Dazu siehe folgende Quellen: BZ am Mittag, Nr. 331, 30.12.1927; Schreiben MinDir Doehle an StS Pünder [RKei], Berlin, 31.12.1927 [Durchschlag]; Schreiben StS Pünder [Rkei] an MinDir Doehle [B.d.Rpräs.], Berlin, 31.12.1927 [Original]; Schreiben MinDir Doehle [B.d.Rpräs.] an StS Pünder [Rkei], Berlin, 03.01.1928 [Durchschlag]; Schreiben Konradus an MinDir Doehle, Berlin, 02.01.1928 [Original]; Schreiben StS Pünder [Rkei] an MinDir Doehle [B.d.Rpräs.], Berlin, 03.01.1927 [Original]; Schreiben MinDir Doehle [B.d.Rpräs.] an StS Pünder [Rkei], Berlin, 04.01.1928 [Durchschlag]; Schreiben StS Pünder [Rkei] an StS Meissner [B.d.Rpräs.], Berlin, 28.01.1928 [Original]; Schreiben StS Meissner [B.d.Rpräs.] an StS Pünder [Rkei], 30.01.1928 [Durchschlag], BA Berlin-Lichterfelde, R 601/3. Hierzu siehe auch Aktenband R 122390 im PA AA Bonn.

zeit orientierte[73]. Bewußt entfernte er sich von den Zielen der Verfassungsväter, die eine Überakzentuierung des repräsentativen Auftrages des deutschen Staatsoberhauptes vermeiden wollten.

Eröffnet wurde der offizielle Teil der Feierlichkeit durch die in französisch gehaltene Ansprache des Doyen an das deutsche Staatsoberhaupt, die – abgesehen von den verbindlichen Neujahrsglückwünschen – gleichbleibend unpolitisch und allgemein formuliert war wie die Erwiderungsrede des Reichskanzlers und die des Reichspräsidenten[74], der erst danach seine offizielle Ansprache hielt[75]. Ohnehin waren alle drei Reden schon im Vorfeld zwischen dem „Büro", der Reichskanzlei sowie dem Auswärtigen Amt abgesprochen, so daß aufgrund der druckreif ausformulierten Reden keine beachtenswerten inhaltlichen Überraschungen zu erwarten waren[76]. Zwar ließ Hindenburg in seinem Vortrag die seiner Überzeugung nach wichtigsten Ereignisse des vergangenen Jahres Revue passieren, dennoch unternahm er in diesem Rahmen keine konkreten außenpolitischen Exkurse, die delikat gewesen wären und möglicherweise größere Reaktionen im Diplomatischen Korps provoziert hätten. Nur selten ergab es sich, daß ein Diplomat an seiner Neujahrsrede Anstoß nahm. Aus den Dokumenten geht ein Fall hervor, wobei eine Äußerung des Reichspräsidenten, die zugleich den Kern seiner Neujahrsrede 1929 bildete, kritisch kommentiert wurde. In bewußter Ansprache nahm Hindenburg Bezug auf die „Bitterkeit", welche das deutsche Volk angesichts des noch immer besetzten Rheinlands empfinde[77]. Gerade dieser Einwurf veranlaßte den französischen Botschafter de Margenie zu der Anmerkung, daß die offene Stellungnahme des deutschen Staatsoberhauptes zum Rheinlandproblem die anwesenden Vertreter der Besatzungsmächte in eine vermeidbare kompromittierende Situation gebracht hätte. Angemessener wäre es gewesen,

---

[73] So ANDREAS DORPALEN: Hindenburg in der Geschichte der Weimarer Republik, Berlin/Frankfurt a. M. 1966, S. 224.
[74] Tagebucheintrag v. StS Stockhausen [Rkei], Berlin, Anfang 1927 [o.D.], BA Koblenz, NL v. Stockhausen, N 1057/38.
[75] Aufstellungspapier zum Neujahrsempfang der hiesigen Missionschefs durch den Reichspräsidenten [o.D., o.O.], PA AA Bonn, NL Hoyningen-Huene, Bd. 1. Eine solche Skizze ist abgedruckt in: HUGO VOGEL: Erlebnisse und Gespräche mit Hindenburg, Berlin 1935, S. 45.
[76] Schreiben StS Meissner [B.d.Rpräs.] an StS Pünder [Rkei], Berlin, 30.12.1926 [Durchschlag], BA Berlin-Lichterfelde, R 601/230.
[77] Die wichtigste Passage lautet: „[...] Mit besonderer Bitterkeit empfindet es das gesamte deutsche Volk, gerade heute am Eintritt in das neue Jahr, daß einem großen Teil unseres Gebietes immer noch die Freiheit vorenthalten wird, auf die wir nach göttlichen und menschlichen Recht Anspruch haben und deren Wiedererlangung Deutschland längst erhoffte. Wir wollen trotz herber Enttäuschung hoffen, daß im neuen Jahre dem deutschen Volke die volle Selbstbestimmung zurückgegeben wird [...]".Schulthess' Europäischer Geschichtskalender 1929, a.a.O., S. 1.

meinte er, wenn der Reichspräsident anläßlich eines solchen Empfangs eine inhaltlich allgemeinere Rede gehalten hätte[78].

Nach den Ansprachen suchte Hindenburg in der Regel den persönlichen Kontakt und das direkte Gespräch mit den einzelnen Botschaftern. Nicht in Form eines Defilees, sondern eines Circles bahnte er sich seinen Weg an den postierten Geschäftsträgern vorbei und hielt nur dann an, wenn die vorgegebene Gesprächsthemenliste dies vorsah. Naturgemäß kamen dabei nicht alle anwesenden Diplomaten zum Zuge. Politische Gespräche mit seinen ausländischen Gästen fanden nicht statt. Der bescheidene Zeitrahmen und die ungeschriebenen Gesetze der Höflichkeit, vor allem aber sein statisches und unpolitisches Gebaren und seine konsequente Fixierung auf die vorgefertigten Konversationsrichtlinien blockierten ein mögliches Aufkommen solcher Wortwechsel[79].

Alles in allem verliefen die Neujahrsempfänge unter seiner Leitung ohne erwähnenswerte Zwischenfälle, was exakter Vorplanung zu verdanken war. En detail wurden beispielsweise alle Positionen der anwesenden Gäste[80] und der Dienerschaft festgelegt, wobei die unbestrittene zentrale Figur selbstverständlich der Reichspräsident war[81]. Der rein repräsentative zeremonielle Charakter dieser Neujahrsempfänge kam dabei nicht allein durch seine unpolitische Ansprache und die des Doyens zum Vorschein, sondern dieser dürfte auch durch die ebenfalls oberflächlichen Gespräche der Diplomaten untereinander seine Fortsetzung gefunden haben[82].

---

[78] Aufzeichnung StS v. Schubert, Berlin, 10.01.1929 (Vertraulich) [Durchschlag mit bleistiftgeschriebener Unterschrift Schuberts], PA AA Bonn, R 27382/D 830761. In dieser Unterredung verteidigte StS v. Schubert Hindenburgs Ausführungen damit, daß dieser doch nur eine Feststellung gemacht habe, die das ganze deutsche Volk teile und in der „nichts irgendwie Verletzendes" enthalten sei [D 830763].

[79] Für den Neujahrsempfang 1926 wurden allein sieben Aufzeichnungen für die „Unterhaltung des Herrn Rpräs. mit dem fremden Botschaftern" angefertigt, deren Inhalt durchweg unpolitisch war. Siehe Aufzeichnungen und Begleitschreiben VLegRat v. Bülow [AA] an StS Meissner [B.d.Rpräs.], [Original], Berlin 1925, BA Berlin-Lichterfelde, R 601/230.

[80] Wenn Mitglieder des Diplomatischen Korps beim Reichspräsidenten dinierten, achtete man auf deutscher Seite besonders darauf, daß sie in einem regelmäßigen Turnus mal direkt neben, in der Nähe oder weiter entfernt vom Reichspräsidenten saßen. Siehe hierüber die Tischordnungen vom 17.12.1929, 15.02.1932, 08.02.1933, 07.02.1934 [Originale]. Die einzige Ausnahme war der Doyen des Korps, Nuntius Pacelli, der Hindenburg immer um einen Platz versetzt gegenübersaß. BA Berlin-Lichterfelde, R 601/140.

[81] Wie aus den Planskizzen [Originale, o.D.] zu entnehmen ist, spielte auch hier Hindenburg die erste Geige. So wurde links hinter ihm der Reichsaußenminister postiert, rechts daneben der Reichskanzler und vor ihm im Halbkreis aufgestellt standen die Botschafter, Gesandten und die anderen Geschäftsträger. BA Berlin-Lichterfelde, R 601/230.

[82] Da aus Memoiren ehemaliger Diplomaten und diversen Zeitungen bzw. dem zeitgenössischen Schulthess-Geschichtskalender nichts Gegenteiliges zu entnehmen ist, kann davon ausgegangen

3. Einflußnahme auf die Besetzung des Doyenats

Wie eifrig Hindenburg seinen völkerrechtlichen Auftrag als Staatsoberhaupt wahrgenommen hat, auf welchen Teilgebieten sich unvermutet Spuren seines direkten oder indirekten Einflusses finden lassen, zeigen auch seine Anstrengungen bei der Nachfolgeregelung für das Doyenat. Als Ende 1929 der Doyen des Berliner Diplomatischen Korps, Nuntius Monsignore Pacelli, zum Kardinal kreiert wurde, griff der Reichspräsident in die entfachte Debatte um die Besetzung des vakant gewordenen Doyenats ein. In der Frage, ob der rangälteste Diplomat oder der päpstliche Gesandte die de facto und de jure rechtmäßigen Doyenatsnachfolger seien, bezog er zugunsten des Nuntius Stellung. Damit folgte er der traditionellen Lösung. Danach wurde dem apostolischen Nuntius „gewissermaßen als sentimentale Erinnerung an die heile Welt des Ancien régime" von nahezu allen Staaten – unabhängig von seinem Alter oder seiner Dienstzeit – das Doyenat automatisch übertragen[83]. Diese Verbeugungsgeste vor der überstaatlichen und geistigen Autorität des Heiligen Stuhles war ungeschriebenes Gesetz[84].

Nach dem Wiener Rang-Reglement vom 19. März 1815 galt für die katholisch bestimmten Länder die Regel, allein den päpstlichen Nuntius zum Sprecher und Leiter des Diplomatischen Korps zu berufen[85]. Demgegenüber stand aber auch eine andere diplomatische Tradition, nach der ausschließlich der rangälteste Diplomat dieses Amt bekleiden sollte. Zwar waren die Aufgaben des Doyens, der nicht als stellvertretendes Rechtsorgan für das Diplomatische Korps amtierte[86], bloß protokollarischer Natur, trotzdem entwickelte sich am 16. Dezember 1929

---

werden, daß sich die Konversation der Diplomaten mit Hindenburg und untereinander auf das Austauschen von Höflichkeiten, Anekdoten etc. beschränkte. Politische Themen dürften zudem aufgrund des dichten Tagesprogrammes noch nicht einmal oberflächlich angesprochen worden sein. Bestätigt wird dieser Eindruck auch indirekt von dem deutschen Diplomaten FRHR. WERNER V. RHEINBABEN: „[...] Ich habe Hindenburg [...] mehrfach auch auf gesellschaftlichem Boden gesehen und gesprochen. Freilich, meine Hoffnung, daß er einmal eine politische Frage an mich richten würde, hat sich nicht erfüllt. [...]". DERS.: Viermal Deutschland. Aus dem Erlebten eines Seemanns, Diplomaten, Politikers 1895-1954, Berlin 1954, S. 177. Zum genaueren Ablauf des Neujahrsempfangs siehe EDGAR V. SCHMIDT-PAULI, Diplomaten, a.a.O., S. 47ff.

[83] So JÖRG V. UTHMANN, a.a.O., S. 28. Es lag aber jeweils im Ermessen des Empfangsstaates, ob er den rangältesten Botschafter oder den päpstlichen Nuntius zum Doyen bestimmte. Hierzu WALTER ZECHLIN, Diplomatie und Diplomaten, a.a.O., S. 39.
[84] SCHMIDT-PAULI spricht in diesem Zusammenhang von einer „schönen, alten und allgemeinen Diplomatensitte". Siehe DERS., a.a.O., S. 55.
[85] Über die vielfältigen Aufgaben, die ihm als Vertreter des Diplomatischen Korps zukamen siehe WALTER ZECHLIN, Diplomatie und Diplomaten, a.a.O., S. 179f.
[86] EBERHARD MENZEL/KNUT IPSEN: Völkerrecht, München 1979 (2. Aufl.), S. 272.

Staatsoberhaupt und völkerrechtlicher Vertreter   255

eine lebhafte Diskussion, als der apostolische Nuntius Monsignore Pacelli – der nebenher bemerkt über den Zeitpunkt seiner Versetzung nicht begeistert war – zum Kardinal berufen wurde, und daher ein neuer Doyen gefunden werden mußte.

Speziell die sowjetische Regierung drängte auf eine Entscheidung zugunsten ihres Botschafters, Nikolaj Krestinski, der zu diesem Zeitpunkt in der Tat der dienstälteste Auslandsdiplomat in Berlin war. Hierbei spielten protokollarische Überlegungen jedoch eine untergeordnete Rolle. Längst hatte sich für den Kreml die Doyenatsfrage zu einem Politikum ausgeweitet[87]. Allerdings gab Moskau zu verstehen, es würde die Festsetzung des päpstlichen Nuntius als Doyen akzeptieren, seine de facto Bestellung aber nicht hinnehmen. Daß dort kritische Töne gegenüber dem Nuntius laut wurden, lag gewiß auch daran, daß die Sowjetunion als kommunistisch-atheistischer Staat keine diplomatischen Beziehungen zum Vatikan unterhielt und von daher andere Prämissen setzte.

Um zu gewährleisten, daß der Nuntius auch künftig als Doyen fungieren konnte, sollte Hindenburgs Vorstellung nach die deutsche Reichsregierung mit dem Diplomatischen Korps in Verhandlungen treten und zumindest für eine „de facto" Lösung plädieren. Ungeachtet der sowjetischen Position stellte er sogar die Überlegung an, den Nuntius auch de jure zum Doyen zu machen[88]. Doch von dieser Anregung wurde nicht übermäßige Notiz genommen. Unabhängig von seiner Haltung sympathisierte das Gros der Berliner Auslandsvertreter ohnehin mit der traditionellen Lösung und stellte sich auf die Seite des Nuntius[89]. Zum Ausdruck kam dies durch eine speziell zur Klärung dieser Frage einberufene Diplomatenkonferenz, in der sich eine deutliche Mehrheit für den Nuntius als Doyen aussprach[90]. Auch wenn die Doyenatsfrage in eine mehrwöchige Debatte

---

[87] Aufzeichnung StS v. Schubert, Berlin, 27.12.1929 [Durchschlag], PA AA Bonn, R 28468 [S. 174ff.].

[88] Siehe auch Aufzeichnung [o.A., o.O., o.D.] (Abschrift), PA AA Bonn, R 29375/E 177311. Aufzeichnung [o.A.] Klee, Berlin, 03.12.1929 [Original], PA AA Bonn, R 29375/E 177237-238. Aufzeichnung StS v. Schubert, Berlin, 13.12.1929 [Original], PA AA Bonn, R 29375/E 177261. Vermerk StS v. Bülow, Berlin, 24.12.1929 (Abschrift), PA AA Bonn, R 29375/E 177297-298. Aufzeichnung [Paraphe unbekannt/unleserlich], 24.12.1929 [Original], PA AA Bonn, R 29375/E 177299-302. Von 1926-1929 fungierte als Doyen Nuntius Monsignore Pacelli; 1930 wurde sein Nachfolger der französische Botschafter de Margerie; dann folgte von 1931-1934 Nuntius Monsignore Orsenigo. Siehe DAHM, Völkerrecht, a.a.O., S. 317. JÖRG V. UTHMANN, a.a.O., S. 29.

[89] Aufzeichnung RAM Curtius, Berlin, 09.12.1929 [Original], PA AA Bonn, R 28468 [S. 156ff.].

[90] Von den in Berlin 53 akkreditierten Missionschefs erschienen 37. Von ihnen votierten 34 für die traditionelle Lösung. Aufzeichnung [N.N.], Berlin, 28.12.1929 [Original], PA AA Bonn, R 29375/E 177319-321.

mündete, wozu auch Hindenburg beigetragen hatte, so wird er das Ergebnis mit Genugtuung zur Kenntnis genommen haben[91].

4. Die Akkreditierung und Verabschiedung der ausländischen Missionschefs
a) Vom Agrément über die Lettre de créance bis zur Beglaubigung

Nach dem Völkerrecht oblag dem Staatsoberhaupt die Aufgabe, den ausländischen Botschaftern und Gesandten eine ordentliche Akkreditierung zukommen zu lassen. Danach mußte der vorgesehene ausländische Diplomat, ehe er sein Amt wahrnehmen konnte, dem Staatsoberhaupt des Empfangsstaates seinen „Lettre de créance" übergeben, der ihn formell als Missionschef auswies[92]. Bevor der Gesandte und Botschafter in spe dem deutschen Staatsoberhaupt eine Abschrift seines Beglaubigungsschreibens überreichen konnte, mußte er jedoch noch mehrere bürokratische Hürden nehmen, die in der Regel jedesmal nach demselbem Modus zu überbrücken waren. Zunächst einmal war für den Auslandsvertreter die Nominierung und formelle Bestätigung in seinem Heimatland erforderlich. Um bevollmächtigt zu sein, mußte der neue Geschäftsträger zunächst vom Staatsoberhaupt seines Landes die Beglaubigungsurkunde in Empfang nehmen. Vorher aber mußte er dem völkerrechtlichen Vertreter des Empfangsstaates eine Abschrift des Abberufungsschreibens seines Vorgängers und den Wortlaut seiner in Aussicht genommenen Ansprache zuschicken. Gleichzeitig war er verpflichtet, in aller Form um eine offizielle Audienz beim Präsidenten nachzufragen[93]. War die ganze Vorprozedur beendet, dann konnte der künf-

---

[91] Eine quellenmäßig belegbare direkte oder indirekte Reaktion des Reichspräsidenten hierzu konnte nicht ermittelt werden.
[92] Voraussetzung hierfür war die gegenseitige völkerrechtliche Anerkennung der beteiligten Staaten. IGNAZ SEIDL-HOHENVELDERN: Völkerrecht, Köln/Berlin/Bonn/München 1980 (4. Aufl.), S. 184. EBERHARD MENZEL/KNUT IPSEN, Völkerrecht, a.a.O., S. 268.
[93] Der formelle Ablauf der Akkreditierung soll hier anhand der Beglaubigung des lettischen Gesandten Edgar Kreewinsch vorgestellt werden. Auch wenn Kreewinsch aufgrund seines Herkunftslandes „nur" Gesandtenstatus hatte, ändert dies nichts an dem starren Charakter der Akkreditierung, der für Gesandte und Botschafter fast nach denselben Regeln ablief: Protokoll [o.A.] Röhrecke [AA] an MinRat Doehle [B.d.Rpräs.], Berlin, 10.08.1932. Dort wird die Erbetung des Agréments durch die lettische Gesandtschaft angekündigt. Gleichzeitig wird ein Persönlichkeitsprofil des neuen Gesandten Edgar Kreewinsch gezeichnet: „Kreewinsch ist eine sehr umgängliche, vielseitig gebildete Persönlichkeit [...]. Das AA beabsichtigt, die Agrémentfrage bejahend zu beantworten, und bittet ergebenst, die Zustimmung des Herrn Reichspräsidenten hierzu einzuholen [...]". In dem Antwortschreiben des *Büros* vom 11.08.32 wird dann die Erteilung des Agréments durch Hindenburg bestätigt. Wegen des Empfangs des lettischen Gesandten

tige Gesandte oder Botschafter dem Staatsoberhaupt das Beglaubigungsschreiben zur Unterzeichnung vorlegen[94].

Um dem zur Designierung vorgesehenen Diplomaten kompromittierende Situationen zu ersparen, war es völkerrechtlicher Usus, zuvor das Agrément, das heißt das Einverständnis des Empfangsstaates, einzuholen[95]. Wenn der Empfangsstaat den betreffenden Missionsanwärter zur *persona non grata* erklärt hätte, was jederzeit ohne die Angabe von näheren Gründen möglich war, dann mußte der Entsendestaat den in Aussicht genommenen Vertreter wieder zurückziehen[96].

Alle völkerrechtlich anerkannten Staaten waren dazu angehalten, ihre diplomatischen Beziehungen, gerade wenn es um das Entsenden und das Empfangen der Botschafter und Gesandten ging, nach diesen internationalen völkerrechtlich fixierten Grundsätzen zu wahren.

Auf deutscher Seite – hierbei tat sich Reichspräsident von Hindenburg mit Eifer hervor – war man tunlichst darum bemüht, gemäß diesen Prinzipien zu verfahren. Daher kann von den zahlreichen Begegnungen zwischen ihm und vielen ausländischen Missionschefs, mit denen er während seiner Amtszeit als

---

Kreewinsch bei Hindenburg kontaktierte das Auswärtige Amt am 07.09.1932 die Dienststelle des Reichspräsidenten von neuem: „[...] Der neue Lettische Gesandte, Herr Edgar Kreewinsch, hat unter Vorlegung einer Abschrift seines Beglaubigungsschreibens, des Abberufungsschreibens seines Vorgängers Dr. Woit sowie des Wortlauts der von ihm in Aussicht genommenen Ansprache den Wunsch geäußert, zwecks Übergabe seines Beglaubigungsschreibens von dem Herrn Reichspräsidenten empfangen zu werden. In den Anlagen werden 1) eine Abschrift des Beglaubigungsschreibens, 2) eine Abschrift des Abberufungsschreibens seines Vorgängers, 3) der Wortlaut der Ansprache, 4) ein Entwurf für die Erwiderungsansprache des Herrn Reichspräsidenten und 5) eine Aufzeichnung, enthaltend die Angaben über die Persönlichkeit des Gesandten und die politischen und wirtschaftlichen Beziehungen zu Lettland nebst Vorschlägen für die Unterhaltung mit dem Gesandten mit der Bitte ergebenst übergesandt, bei dem Herrn Rpräs. eine offizielle Audienz für den Gesandten erwirken und den Zeitpunkt derselben gefälligst hiermit mitteilen zu wollen [...]". Nachdem es zum offiziellen Empfang mit der Überreichung des Beglaubigungsschreibens kam, erfolgte zuerst der Vortrag Kreewinschs und dann die Erwiderungsansprache Hindenburgs.

[94] GEORG DAHM, Völkerrecht, a.a.O., S. 320. Mit Übergabe dieses Dokuments galt der entsandte Auslandsvertreter völkerrechtlich als ordentlich beglaubigt.
[95] IGNAZ SEIDL-HOHENVELDERN, Völkerrecht, a.a.O., S. 183. EBERHARD MENZEL/KNUT IPSEN, a.a.O., S. 271. Näheres dazu bei ZECHLIN, Diplomatie und Diplomaten, a.a.O., S. 90.
[96] GEORG DAHM, a.a.O., S. 320. Vgl. auch SEIDL-HOHENVELDERN, a.a.O., S. 183. Solange Hindenburg im Amt war, hatte es von seiner Seite keinen nennenswerten offenen Protest gegen die Entsendung eines wichtigen Auslandsvertreters gegeben. Ein Fall ist aber dokumentiert, bei dem Hindenburg seine anfänglichen Bedenken gegen die Entsendung des polnischen Militärattachés Morawski nach Deutschland zurückzog. Aktennotiz StS v. Schubert, Berlin, 31.03.1928 [Original], PA AA Bonn, R 29330/E 169084. Eine Kopie davon befindet sich im Aktenband R 28316k/D 573569.

Präsident Bekanntschaft gemacht hatte, nur wenig Spektakuläres berichtet werden. Auch während dieser Audienzen, die er meist zum Meinungsaustausch und direktem Gespräch unter vier Augen nutzte[97], spielten politische Themen gewohnheitsgemäß eine nur untergeordnete Rolle, da – abgesehen von gutgemeinten Absichtserklärungen und optimistischen gegenseitigen Beschwörungsformeln hinsichtlich der vergangenen und künftigen bilateralen Beziehungen – zwischenstaatliche Probleme und alle daraus sich ergebenen offenen Fragen aus naheliegenden Gründen ganz bewußt nicht angeschnitten wurden[98].

b) Der Fall Dodd

Normalerweise vollzog sich das formale, routinemäßige Inszenario der ordentlichen Akkreditierung unter Hindenburg – und dies gilt ebenso für die Abschiedsaudienzen der jeweiligen Auslandsdiplomaten – ohne große Komplikationen[99]. Nur einmal ergab es sich aber, daß gleich drei Botschafter und fünf Gesandte in Berlin annähernd sechs Wochen warten mußten, bis sie ihre Beglaubigungsdokumente dem deutschen Reichspräsidenten ordnungsgemäß überreichen konnten. Neben dem englischen und spanischen Botschafter und den Gesandten aus Ungarn, Griechenland, Irland, Finnland und Siam[100] wurde be-

---

[97] HENRY BERNHARD (Hrsg.): Gustav Stresemann Vermächtnis. Der Nachlass in drei Bänden. Von Thoiry bis zum Ausklang, Bd. III, Berlin 1933, S. 123.

[98] Siehe Überreichung des Beglaubigungsschreibens durch den neuen italienischen Botschafter, Cerruti, am 10.11.1932 bei Hindenburg, in: Schreiben Ital. BS Cerruti an Mussolini, Berlin, 10.11.1932, in: I Documenti Diplomatici Italiani, Settima Serie: 1922-1935, Volume XII, Dok.-Nr. 412, S. 531. Vgl. auch Besuch des amerikanischen Botschafters Schurmann am 29.06.1925 (Schulthess 1925, S. 116f.) bzw. Überreichung des Beglaubigungsschreibens durch den britischen Botschafter Rumbold am 10.08.1928 (Schulthess 1928, S. 144). Näheres zum Empfang Schurmanns beim Reichspräsidenten bei RUDOLPH WETERSTETTEN/A.M.K. WATSON: The biography of President von Hindenburg, New York 1930, S. 205ff.; JÖRG V. UTHMANN, Diplomaten, a.a.O., S. 93.

[99] Mustergültig war die Verabschiedung des französischen Botschafters de Margerie. Der Franzose, der nach neun Jahren Arbeit in Berlin die Heimreise antrat, wurde von Hindenburg mit besonderen Dankesworten und einem kunstvollen Geschenk entlassen. Außerdem bekannte Hindenburg sich in der Unterredung – was selten vorkam – zur deutsch-französischen Annäherung. Aufzeichnung StS Meissner [B.d.Rpräs.], Berlin, 15.09.1931 [Mikrofilm-Nr. 19], BA Koblenz, R 43 I/69 [K 553480]. Siehe auch Schulthess' Europäischer Geschichtskalender (1925-1934), wo die jeweiligen Empfänge und Akkreditierungs- und Abschiedsaudienzen chronologisch aufgeführt sind.

[100] Namentlich handelte es sich hierbei um: BS Sir Eric Phipps [England]; BS de Zulueta [Spanien]; GS Phya Subarn Sompati [Siam]; GS v. Masirevich [Ungarn]; GS Rizo-Rangabe [Griechenland]; GS Bewley [Irland]; GS Wuorimaa [Finnland]. Schreiben [o.A.] Röhrecke [AA] an MinRat v.

sonders die Geduld des neuen amerikanischen Vertreters William E. Dodd strapazierte, der auf seine vorschriftsmäßige Bevollmächtigung am längsten warten mußte. Erst nach längerem Hin und Her kam es am 30. August 1933 zu seiner usancegemäßen Akkreditierung, obgleich Dodd schon am 14. Juli in seiner Mission in Berlin Quartier bezogen hatte[101]. Völkerrechtlich entsprach dies überhaupt nicht den Gepflogenheiten, eine Tatsache, die auch dem Auswärtigen Amt und dem Reichspräsidenten geläufig war. Einen Diplomaten derart lange warten zu lassen, war – welche Gründe dafür auch immer verantwortlich gewesen waren – eine Brüskierung sondergleichen. Daß hierbei die Schuld ausschließlich auf deutscher Seite gelegen hatte, zeigt der Ablauf der Ereignisse, der zugleich ein Paradebeispiel für unkoordiniertes Zeitmanagement ist.

Über die sich anbahnende Verzögerung des Empfangs Dodds beim Reichspräsidenten hatte der US-Gesandte das State Department in drei Telegrammen in Kenntnis gesetzt. Wie er aus einer „confidential and authoritative source" vernommen habe, werde sich bereits der Empfang des englischen Botschafters verschieben. Hindenburg, der von seinem Gut möglicherweise erst Anfang September nach Berlin zurückkehren werde, könne in Neudeck, so Gordons Hinweis, nach Angaben des Auswärtigen Amtes aufgrund fehlender Räumlichkeiten keine Diplomatenempfänge abhalten[102]. Gordons Depeschen zeigten Wirkung. Washington konnte der Behandlung, die ihr neuer Repräsentant in Berlin erfuhr, nur wenig Verständnis entgegenbringen. Daß ihr Abgesandter ohne angemessene Beglaubigung und protokollgerechten Empfang durch den Reichspräsidenten sein Amt in Berlin antreten sollte, empfand man als kompromittierend, als „anomalous". In Amerika beschränkte sich dabei die Verärgerung nicht nur auf Mitglieder des State Departments. Desgleichen insistierte US-Präsident Franklin D. Roosevelt auf Dodds baldige Akkreditierung, als er von den sonderbaren Vorgängen in Deutschland unterrichtet wurde. Vom Reichspräsidenten erwarteten alle Verantwortlichen in Washington D. C., daß er den Empfang Dodds in Neudeck und die zügige Entgegennahme seines „letter of credence" umgehend in die Wege leiten werde[103]. Doch das Auswärtige Amt ließ in seiner Replik vermel-

---

Hoyingen-Huene [B.d.Rpräs.], Berlin, 11.08.1933 [Original incl. Abschrift]; Aufzeichnung [N.N.], Berlin, 11.08.1933 [Original], BA Berlin-Lichterfelde, R 601/152.

[101] Tagebucheintrag US-BS Dodd, Berlin, 14.07.1933, in: William E. (jr.) u. MARTHA DODD (Hrsg.): Diplomat auf heißem Boden. Tagebuch des US-Botschafters William E. Dodd in Berlin 1933-1938, Berlin 1963, S. 38f.

[102] „[...] the new British Ambassador [...] is likely not to come here until September [...]". Telegramm Chargé Gordon to Acting Secretary of State Philipps, Berlin, 26.06.1933, Nr. 110/28.06.1933, Nr. 111/30.06.1933, Nr. 114, in: FRUS, 1933, Vol. II, S. 381ff.

[103] Telegramm Acting Secretary of State Philipps to Chargé Gordon, Washington D. C., 27.06.1933, in: FRUS, 1933, Vol. II, S. 381. Auszug: „[...] The President is keenly desirous of having the Ambassador enter upon his duties as quick as possible [...]". Übrigens traf Roosevelt

den, ein Empfang in Neudeck sei „augenblicklich" nicht möglich, weil dort die adäquaten „facilities" für eine vorschriftsmäßige Begrüßung des Botschafters nicht vorhanden seien[104]. Das traf zwar auf das Haus des Reichspräsidenten in Berlin zu, wo Renovierungsarbeiten in vollem Gange waren, aber Hindenburgs Gut Neudeck, das regelmäßig von Diplomaten frequentiert wurde, hätte als akzeptable Alternative zur Verfügung gestanden. Wenngleich auch der amerikanischen Seite der Umstand bekannt gewesen sein dürfte, daß der englische Botschafter Sir Horace Rumbold – trotz der angeblich unzureichenden Räumlichkeiten – am 29. Juni 1933 zu einer Abschiedsaudienz in Neudeck eingeladen worden war[105], unternahm diese keinen weiteren Vorstoß mehr und übte sich in Geduld.

Unmittelbar nachdem Dodd in Deutschland eingetroffen war, kam es zu einer Unterredung mit Außenminister von Neurath, der sogleich Hindenburgs Anwesenheit auf seinem Gut in Neudeck damit zu rechtfertigen versuchte, dieser sei momentan gesundheitlich angeschlagen und werde deshalb nicht vor dem 1. September zurückerwartet[106]. Was der amerikanische Botschafter dabei nicht wissen konnte, war der Umstand, daß von Neurath ihm mit dieser bewußten Desinformation die volle Wahrheit vorenthalten hatte. In Wirklichkeit hatte der Außenminister dem Reichspräsidenten noch kurz zuvor versichert, eine Unterbrechung seines Urlaubes erübrige sich, weil er die Beglaubigungsschreiben des amerikanischen Botschafters und der anderen Gesandten auch nach seiner

---

mit Dodd eine wohlüberlegte persönliche Auswahl; denn am 08.06.1933 telefonierte dieser mit Dodd und bat ihn um seine Zusage für den Botschafterposten in Berlin. Zwar verfügte Dodd über keine politische Erfahrung; dennoch zählte der Professor für Geschichte der Universität Chicago zu den renommiertesten Historikern seines Landes. Als Deutschland-Experte schien er dem US-Präsidenten für diese Aufgabe prädestiniert. Siehe DODD, Diplomat auf heißem Boden, a.a.O., [Vorwort] S. 7 u. 27.

[104] Telegramm Chargé Gordon to Acting Secretary of State Philipps, Berlin, 28.06.1933, in: FRUS, 1933, Vol. II, S. 382. Mit „facilities" waren in diesem Zusammenhang die räumlichen Gegebenheiten gemeint, die für den protokollgerechtem Empfang unzureichend schienen.

[105] Wie aus dem Programm zu Rumbolds Abschiedsaudienz zu entnehmen ist, war dieser Empfang keineswegs spontan oder kurzfristig angesetzt worden. Vielmehr wurde jedes Detail seiner Visite in Berlin im Vorfeld geklärt. Der gegen 11.15 Uhr zelebrierten Abschiedsaudienz folgte noch ein gemeinsames Frühstück. Hierzu siehe „Programm" bezgl. Empfang BS Sir Horace Rumbold und Lady Rumbold in Neudeck, [N.N.], Berlin, 28.06.1933 [Durchschlag], BA Berlin-Lichterfelde, R 601/152. Im übrigen wurde Rumbolds Empfang in Neudeck keineswegs geheimgehalten (das W.T.B. informierte darüber am 29.06.1933). Zum Ablauf dieses Procederes anhand der Verabschiedung des englischen Botschafters in Berlin (Lord D'Abernon) siehe auch RUDOLPH WETERSTETEN/A.M.K. WATSON: The biography of President von Hindenburg, New York 1930, S.207f.

[106] Tagebucheintrag US-BS Dodd, 15. Juli 1933, a.a.O., S. 39.

Rückkehr in Empfang nehmen könne[107]. Noch am selben Tag wurde Dodd von Staatssekretär Meissner kontaktiert, der die Abwesenheit des deutschen Staatsoberhauptes von Berlin völlig anders begründete. Im Gegensatz zu von Neurath stellte Meissner für die Abwesenheit seines *Chefs* von Berlin nicht akute gesundheitliche Beschwerden voran, sondern machte dafür seinen geäußerten Wunsch nach einem ungestörten Urlaub verantwortlich[108].

Um den Reichspräsidenten, der der ganzen Angelegenheit wohl nicht den nötigen Ernst entgegenbringen konnte oder wollte, endlich zum Handeln zu bewegen, schalteten sich das Auswärtige Amt und auch Hitler ein. Zuerst spannte sich der Faden der Ungeduld im Auswärtigen Amt. Nicht mehr gewillt, die Vorkommnisse länger unkommentiert zu überspielen, entschloß man sich in der Wilhelmstraße 76, den Präsidentensohn einzuschalten. Mittels einiger Zeilen machte man Oskar von Hindenburg auf die zwischenzeitlich ungeduldig werdenden neuernannten Botschafter und Gesandten in Berlin aufmerksam, die das Außenministerium regelrecht „bestürmten", weil sie an dem „grossen Parteitag der NSDAP" in Nürnberg als bevollmächtigte Diplomaten teilnehmen wollten. Alleine deshalb hielt man im Auswärtigen Amt eine baldige Entscheidung von seiten des Reichspräsidenten für dringend geboten[109]. Zu diesem Zeitpunkt wurden die zuständigen Stellen in der Wilhelmstraße 76 tatsächlich von den Anfragen der neuernannten Missionschefs bedrängt. Die ganze Angelegenheit gewann an Dringlichkeit, als Hitler sich mit der Bitte zu Wort meldete, den Empfang der Missionschefs so zu terminieren, daß ihr Eintreffen am 1. September 1933 in Nürnberg gewährleistet werde[110]. Daher arbeitete das Auswärtige Amt zu dieser Zeit fleißig an einer termingerechten Lösung, wobei man möglichst darum bemüht war, dem Reichspräsidenten nicht zuzumuten, alle vorgesehenen Empfänge an einem Tag abzuspulen[111]. Nach den mahnenden Worten des Auswärtigen Amtes und Hitlers bequemte Hindenburg sich schließlich zu der Entscheidung, die neuernannten Auslandsvertreter am 30. und 31. August zu empfangen[112]. Beide Seiten verständigten sich darauf, den amerikanischen Botschafter als den

---

[107] Aktennotiz RAM v. Neurath, Berlin, 17.07.1933 [Original], PA AA Bonn, R 28002 [S. 236]. Der Durchschlag dieses Dokuments lagert im BA Koblenz unter dem Standort: R 601/152.
[108] EBD.
[109] Als mögliche Termine standen der 30. und 31. August bzw. der 1. September zur Diskussion. Schreiben AA [o.A] an Oberst Oskar v. Hindenburg, Berlin, 14.08.1933 [Original], BA Berlin-Lichterfelde, R 601/152.
[110] Aufzeichnung StS Meissner [B.d.Rpräs.], Berlin, 18.08.1933 [Original], BA Berlin-Lichterfelde, R 601/152.
[111] Aufzeichnung [N.N.], Berlin, 11.08.1933 [Original]; Aktenvermerk StS Meissner [B.d.Rpräs.], Berlin, 17.08.1933 [Original], BA Berlin-Lichterfelde, R 601/152.
[112] Schreiben StS v. Bülow an RAM v. Neurath, Berlin, 19.08.1933, [Original], PA AA Bonn, R 28469 [S. 53].

ersten der zu akkreditierenden Diplomaten vorzuladen[113]. Obgleich Dodd allen Grund hatte, angesichts der großen Konfusion und der sich widersprechenden Ausreden indigniert zu sein, nahm er die Vorgänge mit stoischer Ruhe zur Kenntnis[114]. Er verständigte sich mit Staatssekretär Meissner darauf, den obligatorischen Empfang erst nach dem Wiedereintreffen Hindenburgs in Berlin durchzuführen[115].

Ein Beweis für die Diskordanz der Verantwortlichen untereinander ist dieses Vorkommnis deshalb, weil sowohl das Auswärtige Amt als auch Staatssekretär Meissner dem neuen Botschafter, sprich der amerikanischen Regierung, gleich drei verschiedene Erklärungen für Hindenburgs Aufenthalt in Neudeck zur Wahl anboten, die aufgrund ihrer Widersprüchlichkeit an Peinlichkeit kaum zu überbieten waren. Ob es nun wirklich gesundheitliche Gründe oder der Wunsch nach ungestörtem Urlaubsgenuß oder vielleicht auch nur die für einen adäquaten Empfang zu begrenzten Räumlichkeiten in Neudeck waren: Der wirkliche Grund für die Terminschwierigkeiten läßt sich im nachhinein nicht mehr eruieren und ist im übrigen nur von untergeordneter Bedeutung. Größere Beachtung sollte dem Umstand geschenkt werden, daß die Verantwortlichen auf deutscher Seite entgegen allen diplomatischen Gepflogenheiten hier in erster Linie ein völkerrechtliches Prinzip – wenn auch einmalig – bewußt außer acht gelassen hatten. Welcher Grund für die verspätete Akkreditierung letztlich ausschlaggebend gewesen war: Faktum war, daß acht ausländische Gesandte und Botschafter nach dem Papier für mehrere Wochen ohne reguläre Beglaubigung und hinreichenden Immunitätsschutz in Deutschland in diplomatischer Mission waren. Von daher betrachtet scheint die vorgeschobene Entschuldigung von Hindenburgs vermeintlicher Krankheit sehr konstruiert und wenig glaubhaft. Unter Berücksichtigung der vorliegenden Quellen muß angenommen werden, daß man auf deutscher Seite – trotz des amerikanischen Protestes – die Dringlichkeit bei weitem verkannte, Dodd in Berlin oder Neudeck zu empfangen. Vermutlich stufte man den Sachverhalt wohl alles in allem doch nur als nebensächlich ein. Dies kam

---

[113] Schreiben [o.A.] Röhrecke [AA] an B.d.Rpräs. [o.A.], Berlin, 21.08.1933 [Original], BA Berlin-Lichterfelde, R 601/152.

[114] Aus Dodds ediertem Tagebuch und aus der Quellenedition FRUS läßt sich jedenfalls nichts Gegenteiliges entnehmen. Dem amerikanischen Präsidenten berichtete Dodd nur am Rande von den Vorkommnissen in Berlin; für waren die Vorgänge nichts anderes als ein „long delay". Schreiben US-BS William E. Dodd an US-Präsident Franklin D. Roosevelt, Berlin, 13.10.1933, in: EDGAR B. NIXON (Hrsg.): Franklin D. Roosevelt and Foreign Affairs. Vol. I: January 1933 - February 1934, Cambridge/Massachusetts 1969, S. 424.

[115] StS Meissner informierte den Reichspräsidenten jedoch nicht nur über den Inhalt seines Gespräches mit Dodd. Zugleich schlug er vor, Dodds Beglaubigungsschreiben und die der anderen wartenden Gesandten nach der Rückkehr von seinem Urlaub entgegenzunehmen. Aktennotiz RAM v. Neurath, Berlin, 17.07.1933 [Original], PA AA Bonn, R 28002 [S. 236].

auch darin zum Ausdruck, daß der Reichspräsident dem neuen US-Botschafter am 30. August für den offiziellen Akkreditierungsakt nur die üblichen fünfzehn Minuten zugestand[116]. Darüber hinaus sah er keine Veranlassung, vom vorgesehenen Gesprächsstoff abzuweichen. Auch wenn dieser zu Beginn ihrer Unterredung dem Botschafter wegen des „verspäteten Empfangs" sein Bedauern versicherte[117], hätte man als Ausgleich für diese Verzögerung mindestens eine symbolische Entschuldigung in Form einer längeren Audienz erwarten dürfen. Dies wäre um so angebrachter gewesen, da Dodd als Repräsentant der führenden Großmacht zu den wichtigsten Auslandsvertretern des Diplomatischen Korps in Berlin zählte. Wie auch immer, allem Ärger zum Trotz schien Dodd mit dem Ablauf und den Gesprächsinhalten der Audienz in der Wilhelmstraße 73 zufrieden; wenigstens kommt dies durch seinen einen Tag später verfaßten Brief an den amerikanischen Präsidenten Roosevelt deutlich zum Vorschein, in dem er die Begrüßung durch Hindenburg mit einigen Sätzen umriß und sie im ganzen als „extraordinarily cordeal [sic!]" bezeichnete[118]. Nebenbei bemerkt wurden die anderen wartenden Botschafter und Gesandten an drei verschiedenen Tagen Ende August respektive Anfang September empfangen. Dies geschah mit Rücksichtnahme auf den Reichspräsidenten, dem man nicht zumuten wollte, mehrere Stunden im engen Frack verweilen zu müssen[119].

---

[116] Tagebucheintrag US-BS Dodd, 30.08.1933, S. 54f.; Das Gespräch verlief zwar „freundlich", wie Dodd versichert, aber dennoch schien er froh, als alles „überstanden" war.

[117] Laut des „Gesprächsstoffs für den heutigen Empfang" (30.08.1933) sollte dieser Punkt zuerst zur Sprache gebracht werden. Siehe BA Berlin-Lichterfelde, R 601/152.

[118] Ferner heißt es da: „[...] the Reichspresident [sic!] showed a keen interest in and appreciation of your great undertaking. I inferred from all that was said that he is in full sympathy with your attitudes as to the futility of war and the necessity of freer international exchanges [...]". Schreiben US-BS William E. Dodd an US-Präsident Franklin D. Roosevelt, Berlin, 01.09.1933, in: Edgar B. Nixon (Hrsg.): Franklin D. Roosevelt and Foreign Affairs. Vol. I: January 1933 - February 1934, Cambridge/Massachusetts 1969, S. 383f.

[119] Aufzeichnung [N.N.], Berlin, 11.08.1933 [Original], BA Berlin-Lichterfelde, R 601/152.

II. Von Staatsoberhäuptern, Monarchen, Diplomaten und Ministern beim Reichspräsidenten

1. Noblesse oblige. Der deutsche Souverän und die ausländischen Monarchen
a) Ausländische Regenten

Die repräsentativen Verpflichtungen des Reichspräsidenten in seiner Funktion als völkerrechtlicher Vertreter des Reiches und als Staatsoberhaupt waren vielfältig. Neben den obligatorischen Empfängen von Gesandten und Botschaftern der ausländischen Missionen mußte er vor allem bei Staatsbesuchen zugegen sein[120]. Gerade wenn der Besuch von Staatsoberhäuptern anderer Länder auf dem Programm stand, lief die Maschinerie des Protokolls auf Hochtouren[121]. Insbesondere für die ausländischen Monarchen, die ihm die Aufwartung machten, scheute Hindenburg weder Kosten noch Mühe. Bei Anlässen dieser Art achtete er gewissenhaft auf die Einhaltung der Etikette und Courtoisie. Wie stark sein Arbeitseifer auf diesem Sektor war, bezeugen mehrere seiner Zusammentreffen mit Monarchen und Mitgliedern ausländischer Königshäuser. Verlief der Besuch des ägyp-

---

[120] In diesem Zusammenhang sei darauf hingewiesen, daß Hindenburg nur selten andere Missionen aufsuchte. Sein Antrittsbesuch beim schwedischen König in dessen Botschaft am 21.04.1933 war eine von wenigen Ausnahmen. Schulthess' Europäischer Geschichtskalender 1933, a.a.O., S. 99.

[121] Professor HUGO VOGEL, der Hindenburg porträtierte, beschreibt an einer Passage seines Werkes „Erlebnisse und Gespräche mit Hindenburg", Berlin 1935, den Ablauf des Empfangs des persischen Gesandten, dem er beiwohnte. Wie durchgeplant, starr und feierlich selbst der Empfang eines „Nur-Gesandten" [in der Hierarchie der Diplomaten bzw. Staatsbesucher rangierte ein Gesandter hinter dem Botschafter] bei Hindenburg war, soll mit einem kurzen Textauszug veranschaulicht werden: „[...] Inzwischen konnte ich von hier aus die Vorbereitungen zum Empfang des Gesandten beobachten. Eine Ehrenwache zog auf und stellte sich in Reih und Glied. Das Portal wurde geöffnet. Der Haushofmeister mit dem langen Stabe, in feierlichem Schwarz, die Diener in Blau und Silber, wurden sichtbar, zwei Chauffeure traten vor. Das erste Auto rollte heran, Stresemann, gefolgt von einem Geheimpolizisten auf dem Motorrad. Fünf Minuten darauf im großen offenen Wagen der persische Gesandte, allein. Das Gefolge in einem zweiten Auto [...]. An der Freitreppe empfingen ihn die Herren des Reichspräsidenten und geleiteten ihn hinauf durch den großen Saal, in die Botschaftskammer, wo er von dem Reichspräsidenten, neben ihm Stresemann, erwartet wurde. Es war mir ermöglicht worden, unter dem Gefolge dieser Begegnung beizuwohnen, um meine Beobachtungen zu machen. Die Begrüßung war äußerst feierlich und zeremoniell. Die Reden wurden beiderseits in deutscher Sprache gehalten. Dann nahmen die beiden Herren nebeneinander Platz, während das Gefolge sich zurückzog. Nach einer Viertelstunde der Unterhaltung erhob sich der Gesandte und verabschiedete sich in den gleichen überaus feierlichen Formen [...]". Siehe VOGEL, Erlebnisse, a.a.O., S. 62.

tischen Königs Fuad beim Reichspräsidenten ebenso protokollgemäß[122] wie der des liberianischen Präsidenten King (21. September 1927)[123], der des irakischen Königs Faisal (8. August 1930)[124], der des japanischen Prinzen und Thronnachfolgers Takamatsu (18.10.1930)[125], der des bulgarischen Königs Boris (28. Februar 1934)[126] und der des japanischen Prinzenpaares (7. Juli 1934)[127], so hatte der Empfang von König Aman Ullah Chan, der im folgenden Unterabschnitt ausführlicher behandelt werden soll, eine unterhaltsame Note. Vergleichend betrachtet weisen alle *königlichen* Staatsbesuche, was Organisation, Ablauf und Etikette angeht, auffallende Gemeinsamkeiten und Überschneidungen auf. Beispielsweise kümmerte sich Hindenburg jedesmal eigenhändig um die Bestellung geeigneter Persönlichkeiten, die die jeweiligen Monarchen *einholen* und während ihres Aufenthaltes in Deutschland betreuen sollten[128].

Selbst als Hindenburg schon vom Tod gezeichnet war, fühlte er sich von seinem völkerrechtlichen Auftrag noch nicht entbunden. Anstatt sich zu schonen, mobilisierte er seine letzten Energiereserven, um mit Billigung des konsultierten

---

[122] *Berliner Tageblatt*, 11. Juni 1929. Siehe auch Schreiben Dt. GS Stohrer (Kairo) an AA [o.A.], Ramleh, 18.09.1929, in: ADAP, B-XIII, Dok.-Nr. 24, S. 55ff.; Telegramm MinDir Köpke [AA] an Dt. Delegation, Berlin, 14.06.1929, PA AA Bonn, R 77717/L 309167.

[123] Siehe entsprechende Dokumente im BA Koblenz Aktenband R 601/137. Das in Klammern gesetzte Datum bezieht sich auf den Zeitpunkt der Visite beim Reichspräsidenten.

[124] Schulthess' Europäischer Geschichtskalender 1930, S. 188.

[125] Der Empfang der Kaiserlichen Hoheiten des Prinzen u. Prinzessin Takamatsu aus Japan, die sich auf einer Europareise befanden und Deutschland in der zweiten Hälfte des Jahres 1930 gleich mehrmals bereisten, hatte inoffiziellen Charakter. Siehe Aufzeichnung bezgl. „Zeremoniell" des Empfangs des japanischen Prinzenpaares Takamatsu beim Reichspräsidenten" [N.N.], Berlin, 18.10.1930 [Abschrift einer Kopie], PA AA Bonn, R 85928. Siehe Zeitplan zum Zeremoniell [o.A.], [Kopie], BA Berlin-Lichterfelde, R 601/138.

[126] Schulthess' Europäischer Geschichtskalender 1934, S. 79.

[127] Siehe entsprechende Dokumente im BA Berlin-Lichterfelde, R 601/154.

[128] Nur allzu gerne erfüllte das *Büro des Reichspräsidenten* den Wunsch des Auswärtigen Amtes, Dr. Rosen erneut mit der Leitung der Ehrendienste zu beauftragen. Die gute Arbeit des früheren Ministers während des Aufenthaltes Aman Ullahs in Berlin haftete allen - besonders Hindenburg - noch gut im Gedächtnis. In demselben Maße schien auch Rosen diese Aufgabe noch in guter Erinnerung behalten zu haben, denn Hindenburgs erneute Anfrage wurde von ihm abermals bestätigt. Siehe Schreiben AA [o.A] an StS Meissner [B.d.Rpräs.], Berlin, 07.06.1929; Schreiben Rpräs. v. Hindenburg an RM a.D. Rosen, Berlin, 07.06.1929; Schreiben RM a.D. Rosen an Rpräs. v. Hindenburg, Berlin, 08.06.1929, BA Berlin-Lichterfelde, R 601/161. So wurde von ihm z.B. Stohrer für die Einholung und Betreuung des ägyptischen Königs vorgesehen. Schreiben Rpräs. v. Hindenburg an Dt. GS v. Stohrer, Berlin, 04.06.1929, BA Berlin-Lichterfelde, R 601/161.

Professors Sauerbruch das siamesische Königspaar protokollgerecht auf seinem Gut Neudeck zu empfangen[129].

Nebenbei bemerkt ereigneten sich praktisch alle mehrheitlich inoffiziellen Begegnungen und sich daran anschließenden Gespräche zwischen dem Reichspräsidenten und seinen königlichen Gästen in Abwesenheit des Außenministers, der sich, wenn Hindenburg seinen repräsentativen Pflichten nacheiferte, aktuelleren, wichtigeren politischen Fragen zuwandte[130]. Den daraus gewonnenen Freiraum hat er jedoch nie ausgenutzt, um eventuell eigene politische Anliegen vorzutragen, die nicht für die Ohren des Reichsaußenministers bestimmt waren. Nahezu alle Unterredungen, die er mit ausländischen Monarchen geführt hatte, waren inhaltlich ebenso unpolitisch wie die mit hochrangigen Politikern[131]. Mögen viele Regenten, die mit ihm gerne politische Fragen erörtert hät-

---

[129] Bei dem Treffen verdeutlichte Hindenburg seinem Gast, daß Berlin zwecks Intensivierung der bilateralen Beziehungen für eine „baldige" Wiedereinrichtung der Siamesischen Gesandtschaft eintrete. Neben wirtschaftspolitischen Themen sollte Hindenburg auf besonderen Wunsch des Auswärtigen Amtes den König auf besagte Angelegenheit aufmerksam machen. Vorangegangen war die Abberufung des siamesischen Prinzen Pridi Debyavongs Devakula im Januar 1932, der aus „Ersparnisgründen" abziehen mußte. Anfang 1933 wurde dann der bei der Königlich Britischen Regierung beglaubigte Phya Subarn Sompati vom Reichspräsidenten akkreditiert. Problematisch war aber, daß Sompati seinen Wohnsitz in London hatte, was relativ ungewöhnlich war. Das Auswärtige Amt jedenfalls verwies darauf, künftig das Agrément für einen fremden Missionschefs nur dann zu erteilen, wenn er seinen Wohnsitz wirklich in Berlin hatte. Mit Hilfe des Reichspräsidenten glaubte man im Auswärtigen Amt, das Problem möglichst bald aus der Welt zu schaffen. Auf die „weitergeleitete" Anfrage des Reichspräsidenten artikulierte der König sein Bedauern über den Umstand, daß sein Land in Europa zur Zeit aus „Sparsamkeitsgründen" nur in London und Paris Gesandtschaften unterhalten könne, versicherte aber, daß die geplante Gesandtschaft in Berlin bald Quartier beziehen werde. Siehe Schreiben GS Graf v. Bassewitz (*Chef des Protokolls*) an AA [o.A.], Berlin, 28.06.1934 [Original]; Aufzeichnung für den Empfang des Königs Siam bei dem Herrn Reichspräsidenten, Berlin, 02.07.1934 [Original]. Besagte Angelegenheit, die Hindenburg ansprechen sollte, wurde in dem Dokument unter Punkt 3 rot unterstrichen. Schreiben MinDir v. Huene an AA [o.A.], Berlin, 07.07.1934 [Durchschlag], BA Berlin-Lichterfelde, R 601/163. Siehe auch MARTIN LÜDERS, Hindenburg, a.a.O., S. 244 u. 247.

[130] Beispielsweise weilte Reichsaußenminister Stresemann während des Besuches von König Fuad aus Ägypten bei einer Völkerbundstagung in Madrid. Telegramm RAM Stresemann an ägyptischen Außenminister Hafaz Afifi-Bey, Ort u. Datum [o.A.], PA AA Bonn, R 77717/L 309168.

[131] König Faisal führte seine politischen und wirtschaftlichen Gespräche ausschließlich mit LegRat Fritz Grobba und StS v. Bülow. Beide Aufzeichnungen dieser Besprechungen sind diesem Schreiben als Anlagen beigefügt. In ihnen wird Hindenburg kein einziges Mal namentlich erwähnt. Schreiben MinDir de Haas [AA] an B.d.Rpräs. [o.A.], Berlin, 16.08.1930 [Original], BA Berlin-Lichterfelde, R 601/163. In einer Depesche berichtet MinDir Köpke, daß zwischen dem Reichspräsidenten und seinem Gast, König Fuad aus Ägypten, keinerlei „politische Unterhaltungen" geführt wurden. Telegramm MinDir Köpke an Dt. Delegation, Berlin, 14.06.1929, PA AA Bonn, R 77717/L 309167.

ten, dies aus Höflichkeit stillschweigend übergangen haben, so war der dänische König Christian X. zumindest nach einer Visite beim Reichspräsidenten darüber pikiert, daß er dort einige politisch relevante „dänische Wünsche" nicht anbringen konnte. Dem deutschen Gesandten in Kopenhagen, von Hassell, vertraute der dänische Monarch bei einer Audienz an, daß es ihm beim Zusammentreffen mit Hindenburg nicht gelungen war, diesen zu einem politischen Gespräch zu bewegen. Zu seinem Hauptanliegen, den Marschallpräsidenten auf die problematische Behandlung der dänischen Minderheit in Schleswig, insbesondere in der Schuldfrage hinzuweisen, habe er überhaupt keine Gelegenheit gehabt, da Hindenburg mit dem Hinweis abgeblockt habe, hierbei würde es sich ausschließlich um einen Fall handeln, der in die Kompetenz des preußischen Staatsministeriums fiele und dort vorgetragen werden müsse. Wie der König weiter berichtete, hatte er in seiner Replik darauf hingewiesen, daß er in den noch verbleibenden sechs Stunden, die er in Berlin weilen werde, kaum in der Lage sei, „bei allen möglichen Stellen herumzulaufen", um sein Anliegen an den richtigen Adressaten zu bringen. Danach habe er den deutschen Präsidenten darauf aufmerksam gemacht, daß er es nun einmal gewöhnt sei, über solche Angelegenheiten nur mit dem Staatsoberhaupt zu sprechen. Dieser habe seinen taktvoll anklingenden Vorwurf kaum zur Kenntnis genommen und die Unterhaltung einfach mit militärischen Themen fortgesetzt und so den politischen Dialog gänzlich blockiert[132].

Viele ausländische Monarchen nutzten auch die Gunst der Gelegenheit und unterbrachen ihre Reisen durch deutsches Staatsgebiet, um dem Reichspräsidenten ihre Aufwartung zu machen[133]. Vornehmlich die nordeuropäischen Könige, die sich auf ihren anstrengenden Bahnfahrten gen Süden befanden, entwickelten eine besondere Vorliebe für diese willkommene, zugleich aber auch praktikable Form der Reiseunterbrechung. Machte der dänische König zweimal auf seiner Hinreise nach Cannes Station beim deutschen Staatsoberhaupt[134], so fanden dagegen der schwedische König und der deutsche Reichspräsident gleich viermal auf diese Weise zusammen[135]. Die erste Begegnung beider Staatsoberhäupter er-

---

[132] Schreiben Dt. GS v. Hassell an VLegRat Bassewitz, Kopenhagen, 24.03.1927, PA AA Bonn, R 24968.
[133] Auch König Boris v. Bulgarien ließ es sich nicht nehmen, die Durchreise durch deutsches Terrain dazu zu nutzen, um Hindenburg einen Besuch abzustatten. W.T.B., 28.02.1934.
[134] Die Besuche des dänischen Königs beim deutschen Reichspräsidenten am 07.02.1933 und 07.02.1934 waren ausschließlich privater Natur.
[135] Die erste Begegnung war am 07.04.1932. Dort empfing Hindenburg inoffiziell den schwedischen König, der sich auf seiner Rückreise aus dem Süden befand. Auf die dort abgehaltende etwa halbstündige private Unterhaltung der beiden Staatsoberhäupter folgte dann noch ein Frühstück. W.T.B., 07.04.1932. Das zweite Zusammenkommen ereignete sich am 07.02.1933 und das dritte am 08.02.1933; das letzte Treffen war am 06.02.1934. Wiederum befand sich der König auf Durchreise gen Süden. W.T.B, 06.02.1934.

eignete sich im Reichspräsidentenpalais, und die zweite Visite erfolgte turnusgerecht in der schwedischen Botschaft. Beide Zusammenkünfte waren geschickterweise so abgestimmt, daß der schwedische König sowohl die Hinfahrt als auch die Rückreise, die ihn über Berlin führte, für eine Stippvisite bei ihm unterbrechen konnte[136]. Auf den ersten Blick scheint Hindenburgs Antrittsbesuch in der Schwedischen Gesandtschaft, wo sich der auf der Rückreise befindliche schwedische König nur für einen Tag aufhielt, recht ungewöhnlich[137]. Beim genauerem Hinsehen fällt dagegen auf, daß er in bezug auf Monarchen wohl anderen protokollarischen Regeln folgte als bei gewöhnlichen Staatsbesuchen[138]. Für die Anliegen und Wünsche ausländischer Regenten hatte er im Gegensatz zu ausländischen Diplomaten oder Ministern stets ein offenes Ohr[139]. Wenn auch Begegnungen solcher Art nur inoffiziellen Charakter hatten und ausnahmslos rein „privat" blieben, so waren sie jedoch keineswegs das Resultat spontaner Eingebung, sondern von langer Hand genaustens vorbereitet[140]. Weitgehend waren es aber die ausländischen Monarchen, die initiativ wurden und den Reichspräsidenten um eine Audienz ersuchten[141].

b) Der Staatsbesuch von König Aman Ullah Chan

Ein Paradebeispiel für die Diskrepanz zwischen perfekter Vorplanung und tatsächlichem Verlauf, um den klassischen Unterschied zwischen Theorie und Praxis im politischen Alltag vor Augen zu führen, stellt der Besuch des afghanischen

---

[136] W.T.B., 08.02.1933. Bei der Unterredung war auch der *Chef des Protokolls*, Graf v. Bassewitz, zugegen. *Deutsche Allgemeine Zeitung*, 08.02.1933.
[137] W.T.B., 21.04.1933. Hindenburgs Besuch bei fremden Gesandtschaften ergab sich nur anläßlich besonderer Feierlichkeiten.
[138] Am 14.06.1929 nahm Hindenburg auf Einladung des ägyptischen Königs an einem Festessen in der ägyptischen Gesandtschaft teil. W.T.B., 14.06.1929.
[139] Als die japanische Regierung ihn darum bat, den deutschen Botschafter in Tokio, Wilhelm Solf, der als dortiger Doyen unmittelbar vor seiner Ablösung stand, nicht vor November abzuberufen, akzeptierte Hindenburg diesen Wunsch. Schreiben StS v. Schubert [AA] an RAM Stresemann (Streng vertraulich!), [Original], Berlin, 21.02.1928, PA AA Bonn, R 28043 a/H 226637 [zuvor im NL Brockdorff-Rantzau, Bd. 15/1].
[140] Die im Vorfeld avisierten privaten Visiten der Monarchen wurden vom *Büro des Reichspräsidenten* allesamt - ohne Ausnahme - genehmigt. Siehe Genehmigungsverfahren anläßlich des Besuchs des dänischen Königs. Siehe Schreiben [o.A.] Röhrecke [AA] an MinRat Hoyningen-Huene [B.d.Rpräs.], [Original]; Schreiben MinRat Hoyningen-Huene an AA [o.A.], Berlin, 03.02.1933 [Durchschlag], BA Berlin-Lichterfelde, R 601/163.
[141] Aufzeichnung RAM v. Neurath, Berlin, 26.02.1934, PA AA Bonn, R 28003/356478. So wurden die inkognito durchreisenden hohen Gäste vom *Chef des Protokolls* am Bahnhof empfangen und zu Hindenburg ins Palais geleitet. Siehe PA AA Bonn, NL Hoyningen-Huene [Nr. 1184].

Königs Aman Ullah Chan in Berlin Ende Februar 1928 dar. Wirkten der festliche Rahmen und der Ablauf des ganzen Staatsbesuches aus heutiger Perspektive mit Recht überzogen, so kommentierten bereits Zeitgenossen den aufwendigen Rahmen des Festaktes mit nicht minder kritischen Tönen. Ungewollt nahm das Schauspiel operettenhafte Züge an[142]. Zudem spiegelt das nicht ganz protokollgemäße Zusammentreffen der beiden Staatsoberhäupter den leicht überspannten Charakter dieses Spektakels nur allzu deutlich wider.

Auf die Bedeutsamkeit des Besuches Aman Ullahs für die bilateralen Beziehungen zwischen Deutschland und Afghanistan machte schon Botschafter Hoesch zwei Wochen vor dem Eintreffen des Königs per Telegramm aufmerksam. Hierin kündigte der deutsche Missionschef in Paris an, daß der afghanische König sich auf einer Art „Forschungs- und Entdeckungsexpedition" durch Europa befände und deshalb wohl kaum Altertümer und Kunstwerke sehen wolle. Vielmehr sei er an einer Vertiefung der wirtschaftlichen Kontakte mit deutschen Firmen und dem Kennenlernen der dortigen technischen Innovationen sowie dem Studieren der betriebsinternen Abläufe interessiert. Dementsprechend sollte sein Aufenthalt in Deutschland gestaltet werden, damit ein „möglichst günstiger Eindruck" zurückbleibe, depeschierte der Botschafter[143].

Infolge eines Ischiasleidens und einer leichten Lungenentzündung indisponiert, konnte Reichskanzler Marx an den Feierlichkeiten zu Ehren Aman Ullahs nicht teilnehmen[144]. Auch Gustav Stresemann, der dem Staatsbesuch große Bedeutung zumaß, mußte das hektische Treiben in Deutschland aus der Ferne betrachten, denn seit dem 6. Februar befand er sich in Cap St. Martin zur Kur. Dem Missionschef der afghanischen Gesandtschaft übermittelte er aber sein Bedauern über die „ärztlich aufgezwungene" Abwesenheit von Berlin[145]. Auch dem Staatssekretär der Reichskanzlei, Hermann Pünder, verdeutlichte Stresemann, wie sehr es ihm leid täte, während Aman Ullahs Berlin-Visite außerhalb von Deutschland bleiben zu müssen. Als Ausgleich sollte Pünder aber „all die tiefen

---

[142] „[...] Während Stresemann in Cap Martin weilte, fand ein Ereignis in Berlin statt, das, stark an Operette ermahnend, einiges Aufsehen erregte [...]". So EDGAR STERN-RUBARTH: Drei Männer suchen Europa. Briand - Chamberlain - Stresemann, München 1948 (2. Aufl.), S. 169. KURT ZIEMKE: Als deutscher Gesandter in Afghanistan, Stuttgart/Berlin 1939.
[143] Telegramm Dt. BS Hoesch an AA [o.A.], Nr. 137 [Kopie], Paris, 04.02.1928, PA AA Bonn, R 77943.
[144] Erinnerungsbericht „Das Jahr 1928" von RK a.D. Marx [o.D.; geschrieben wohl im November 1942], [mschr. Original], HA Köln, NL Marx, Best. 1070/74 [S. 7f.]. Schreiben StS Pünder [AA] an RAM Stresemann, Berlin, 16.02.1928 [Original], PA AA Bonn, NL Stresemann, Bd. 64, H 167361f.; Ferner Schreiben RAM Stresemann an RK Marx, Cap St. Martin, Februar 1928 [o.A.], [Durchschlag], PA AA Bonn, NL Stresemann, Bd. 64, 7374 H/H 167291ff.
[145] Entwurf des Schreibens RAM Stresemann an Afgh. GS Ghulam Siddiq, Berlin, Februar 1928 [o.A.], [Durchschlag], PA AA Bonn, NL Stresemann, Bd. 65, 7338 H/H 165100.

Eindrücke dieses Besuches stark in sich aufnehmen", um ihm nach seiner Rückkehr von „all dem Schönen" zu erzählen, was er verpaßt habe. Außerdem solle er dem König seine Grüße übermitteln und ihn für seine Abwesenheit entschuldigen. Zu guter Letzt, und dies war sein eigentliches Anliegen, sollte dahingehend gewirkt werden, daß die deutsche Presse Aman Ullahs Aufenthalt in Berlin mit höflichen und taktvollen Kommentaren begleite[146]. In der Tat war Pünder für den Außenminister zu diesem Zeitpunkt der vielleicht wertvollste Verbindungsmann in Berlin. Er hielt ihn über alle Aktivitäten der in der Vorbereitungsphase beteiligten Instanzen auf dem laufenden[147].

Wie Stresemann zu Recht erwartet hatte, geriet die deutsche Presselandschaft infolge Aman Ullahs bevorstehenden Deutschlandaufenthalts dann auch in Bewegung. Betonte die Inlandspresse vor allen Dingen den Umstand, daß nun zum ersten Male seit der Errichtung der Republik ein offizieller Besuch eines fremden Staatsoberhauptes in Berlin stattfände und daß die Reichshauptstadt „ein festliches Gepräge" sähe, wie sie es „seit den kaiserlichen Tagen nicht mehr erlebt habe", so wurde zugleich auch die internationale Stellung Afghanistans akzentuiert[148]. Um die Öffentlichkeit auf die politische und wirtschaftliche Bedeutsamkeit dieses „Pufferstaates" zwischen den Interessensphären Rußlands und Großbritanniens[149] einzustimmen, konzentrierten sich die meisten Zeitungen auf eine schwerpunktmäßige Berichterstattung über Afghanistan[150]. Anhand von geographischen und historisch-politischen Exkursen bereiteten sie ihre Leser auf Aman Ullahs Antrittsbesuch dermaßen gezielt und geschickt vor, daß die von Stresemann befürchteten innenpolitischen „Schwierigkeiten" und Proteste wegen der Kosten des ausgesprochen „pompösen" Rahmens im großen und ganzen ausblieben[151]. Sieht man einmal von einigen kommunistischen Blättern ab, so mischten sich in der Tat beachtlich wenig negative Kommentare in den Chor der Pressestimmen, die sich mit den enormen finanziellen Aufwendungen dieses

---

[146] Schreiben RAM Stresemann an StS Pünder, Cap St. Martin, 20.02.1928 [Durchschlag], PA AA Bonn, NL Stresemann, Bd. 288, 7147 H/H 150866-873. Eine weitere Durchschrift ist im Band 64, H 167364-371 abgeheftet.

[147] Zwar mache Aman Ullahs Besuch „viel Arbeit", aber dies sei ja „mal was anders", so Hermann Pünder. Siehe Schreiben StS Pünder [AA] an RAM Stresemann, Berlin, 16.02.1928 [Original], PA AA Bonn, NL Stresemann, Bd. 64, H 167361f.; Das dazugehörige Durchschlagexemplar befindet sich im BA Koblenz, NL Pünder, N 1005/29 [S. 12f.].

[148] *General-Anzeiger* (Frankfurt a. M.), 21.02.1928.

[149] *Hannover Kurier*, 22.02.1928.

[150] Auch der sozialdemokratische *Vorwärts* behandelte Aman Ullahs Staatsbesuch in aller Ausführlichkeit (z.B. 23.02.1928)

[151] Schreiben RAM Stresemann an RTPräs. Paul Löbe, 24.02.1928, HENRY BERNHARD (Hrsg.) Gustav Stresemann Vermächtnis, Bd. III, a.a.O., S. 332. Siehe KÖHLER, Lebenserinnerungen, a.a.O., S. 277.

Staatsbesuches kritisch auseinandersetzten¹⁵². Daß sich selbst die Sozialdemokratische Partei mit Tadel merklich zurückhielt, hing möglicherweise damit zusammen, daß ausgerechnet ihr Parteiführer Paul Löbe den afghanischen Monarchen „in Ermangelung eines anwesenden Außenministers" persönlich willkommen heißen mußte. Dabei übernahm Reichstagspräsident Löbe keineswegs eine reine Statisten- und Vertreterrolle, sondern fungierte kraft seines Amtes als zweithöchster Amts- und Würdenträger der Republik¹⁵³.

Reichspräsident von Hindenburg jedenfalls nahm in der Vorbereitungsphase das Heft selbst in die Hand und setzte sich für den reibungslosen Aufenthalt des afghanischen Potentaten höchstpersönlich ein. In seinem Bestreben, den Empfang und den Verbleib seines Gastes so feierlich wie möglich zu gestalten, konnte er mit der vollen Unterstützung der Reichsregierung rechnen; aber im Gegensatz zum Kabinett spielten dabei in seinen Überlegungen weder politische noch wirtschaftliche Gründe eine tragende Rolle¹⁵⁴. Für ihn kam mit Aman Ullah nicht ein neuer politischer Verbündeter oder potentieller Wirtschaftspartner, sondern schlichtweg ein in völkerrechtlicher Hinsicht gleichwertiges Staatsoberhaupt in Gestalt eines Monarchen¹⁵⁵. Infolgedessen hatte der Regent in seinem geregelten autoritär und hierarchisch geprägten Weltbild den ihm gebührenden Platz inne, der eine zuvorkommende Behandlung garantierte. Daher beorderte er am 14. Februar 1928 den Chef der Heeresleitung und General der Infanterie Heye, Generalmajor Severin, seinen Sohn Oskar und den *Chef des Protokolls*, Roland

---

¹⁵² Summa summarum beliefen sich die Ausgaben dieses Staatsbesuches auf 45 000 Reichsmark. BA Berlin-Lichterfelde, R 601/156. Schon am 22.02.1928 fiel in der Deutschen Zeitung der signifikante Satz: „[...] Heute spielt die Kostenfrage keine Rolle [...]". In dem auflagenstärksten kommunistischen Blatt „Rote Fahne" hieß es an einer Stelle: „[...] Das, was sich in diesen Tagen abspielt, - die knechtselig bündische Schweifwedelei all der biederen Republikanerseelen vor dem fremden König, nur weil man keinen eigenen mehr hat, vor dem man auf dem Bauche rutschen könnte, - das verdient den heftigsten Widerstand der deutschen Arbeiter [...]". Die Kritik dieses Blattes richtete sich vornehmlich gegen die immens hohen Ausgaben des Schauspiels. Rote Fahne, 23.02.1928.

¹⁵³ In einem Schreiben an Paul Löbe vom 24.02.1924, das Stern-Rubarth als „scherzhaften Dankesbrief" bezeichnet, weist Stresemann auf die Bedeutung des Reichstagspräsidentenamtes hin: „[...] Zudem wissen Sie, daß nach der neuen Rangordnung des Deutschen Reichs der Präsident des Reichstags nach dem Präsidenten vor dem Reichskanzler und Außenminister rangiert [...]". Schreiben RAM Stresemann an RTPräs. Paul Löbe, 24.02.1928, in: BERNHARD, Bd. 3, a.a.O., S. 332. EDGAR STERN-RUBARTH, Drei Männer, a.a.O., S. 171.

¹⁵⁴ *Der Tag* (Nachtausgabe) schrieb am 06.02.1928 darüber: „[...] Die deutsche Regierung ist der Ansicht, daß der Besuch eines Souveräns in Berlin aus naheliegenden politischen und wirtschaftlichen Gründen mit besonderen äußeren Feierlichkeiten verbunden sein müsse [...]".

¹⁵⁵ Nach den Regeln des internationalen Völkerrechts bestand zwischen einem Monarchen und Präsidenten hinsichtlich ihrer Stellung als Staatsoberhaupt kein Unterschied. Sie waren völlig gleichrangig. DAHM, Völkerrecht, a.a.O., S. 299.

Köster, in sein Arbeitszimmer, um mit ihnen wegen des bevorstehenden Besuches gemeinsam die Einzelheiten der Beteiligung der Reichswehr an den Feierlichkeiten zu regeln[156]. Stets um die bestmögliche Betreuung seiner monarchischen Staatsgäste bemüht, wurde er auf der Suche nach jemandem, der den König beim Betreten deutschen Bodens als Vertreter des Reiches *einholen* und die Leitung der Ehrendienste übernehmen sollte, beim ehemaligen Reichsaußenminister Dr. Rosen fündig. Seine Anfrage, ob er sich für die Dauer des Staatsbesuches „zur Verfügung stellen" könne, bejahte der gelernte Orientalist sofort und ohne Vorbehalte[157]. Nunmehr war die Kompetenz des Protokolls gefordert. Zwischen dem Büro des Reichspräsidenten und dem Auswärtigen Amt entbrannten fieberhafte Aktivitäten. Alle Programmpunkte wurden minutiös ausgearbeitet[158]. Von der Kleiderordnung des Personals bis hin zu den Positionen, die jeder Anwesende bei dem Empfang des Regenten auf dem Bahnhof einzunehmen hatte, wurden alle Einzelheiten bis ins kleinste Detail abgesprochen[159]. Für vier Tage schien die deutsche Außenpolitik eingefroren zu sein. Annähernd alle wichtigen politischen Persönlichkeiten waren dazu angehalten, ihre ganze Aufmerksamkeit diesem Ereignis zuzuwenden.

---

[156] Aktennotiz StS Meissner [B.d.Rpräs.], Berlin, 10.02.1928, BA Berlin-Lichterfelde, R 601/156. Bei heutigen Staatsempfängen durch den Bundespräsidenten undenkbar, wurde dem afghanischen Monarchen damals während seines Aufenthaltes in Deutschland ein militärisches Schauspiel sondergleichen geboten. Vor seinen Augen fand ein Reichswehrmanöver mit Gefechtsübungen und Paraden statt, das Hindenburg nicht nur initiierte, sondern auch in Absprache mit den gerade angeführten Personen vorbereitete. Cf. *Der Tag* (Nachtausgabe), 25.02.1928.

[157] Schreiben Rpräs. v. Hindenburg an RM a.D. Rosen, Berlin, 15.02.1928 [Durchschlag], BA Berlin-Lichterfelde, R 601/156 [RP 793/28]. Für gewöhnlich wurde jeder offizielle Staatsgast von dem zugeteilten Gefolge - bestehend aus dem zivilen und militärischen Ehrendienst und einem älteren sowie jüngeren Diplomaten - empfangen bzw. „eingeholt". In der Regel wurde auch ein Sonderzug (inklusive Speisewagen) gestellt. Siehe Aufzeichnung [N.N., o.O., o.D.], PA AA Bonn, R 83638/L 211041.

[158] Schuberts Einschätzung zufolge schlug Aman Ullahs Besuch aufgrund des „reichhaltigen" Programms schon allein im Vorfeld die „wildesten Wogen". Schreiben StS v. Schubert an RAM Stresemann, 21.02.1928, Berlin, PA AA Bonn, R 28043 a. Erinnerungsbericht „Das Jahr 1928" von RK a.D. Marx, a.a.O., HA Köln, NL Marx, Best. 1070/74 [S. 9f.].

[159] Aus einem Dokument [Kopie] mit der Bezeichnung „Zeremoniell für das Essen beim Reichskanzler am Donnerstag den 23.02.1928" soll folgende kurze Passage einen kleinen Einblick vermitteln: „[...] Hinter dem Stuhl S.M. steht ein Diener und ein Dolmetscher [...] Hinter dem Stuhl des Herrn Reichspräsidenten steht ein Diener [...]. Die Stühle sind zurückgezogen und werden im Augenblick des Hinsetzens durch die Diener herangezogen [...]". BA Berlin-Lichterfelde, R 601/157. Die Aufmerksamkeit eines jeden Dieners war somit aufs Höchste gefordert und eventuelle Unkonzentriertheiten hätten üble Folgen gehabt - für beide Seiten wohlgemerkt.

Auch wenn Stresemanns Kururlaub aus gesundheitlichen Gründen berechtigt gewesen war, kann man sich des Eindrucks nicht erwehren, daß seine Wahl für den abgeschiedenen ruhigen Kurort Cap St. Martin an der Riviera zu diesem Zeitpunkt bewußt getroffen war, um so dem Spektakel in Deutschland auf elegante Art und Weise zu entfliehen. Jedenfalls vermißte Staatssekretär von Schubert seinen Vorgesetzten so sehr, daß er sich für die Dauer des Aufenthalts Aman Ullahs in Berlin persönlich „ausgeschaltet" fühlte[160].

Derweil ließ sich der König auf seiner Europareise[161] nicht nur von einer seiner 29 Frauen begleiten, sondern auch von all seinen intimen Feinden, die er absichtlich mit auf die Reise genommen hatte, „damit sie ihn in seiner Abwesenheit nicht absetzten, was sie dann 1929 in seiner Anwesenheit taten"[162]. Die auf den ersten Blick ungewohnte Präsenz Hindenburgs im Empfangskomitee[163] läßt sich damit erklären, daß mit Aman Ullah erstmals auch ein König die junge deutsche Republik besuchte, der genau wie er Staatsoberhaupt und völkerrechtlicher Repräsentant seines Landes war. Gewiß traten hierbei auch seine latent vorhandenen monarchistischen Neigungen erneut zum Vorschein. Seine Anwesenheit im Empfangskomitee war für ihn indes eine reine Selbstverständlichkeit, entsprach aber auch den internationalen Gepflogenheiten.

Nachdem König Aman Ullah von der Berliner Bevölkerung begeistert empfangen worden war[164], folgte ein vertrauliches persönliches Gespräch zwischen beiden Staatsoberhäuptern, dem – was allerdings atypisch war – die Staatssekretäre Meissner und Schubert nicht beigewohnt hatten. Wenn sich auch ihr Dialog – zeitweise monologisierte Aman Ullah über das Verhältnis Afghanistans zu Rußland und England – durch keine nennenswerten politischen Themen aus-

---

[160] Schreiben StS v. Schubert an RAM Stresemann, Berlin, 21.02.1928, PA AA Bonn, R 28043 a.
[161] Aman Ullah hatte zuvor Station in Frankreich und England gemacht.
[162] So HEINRICH KÖHLER, Lebenserinnerungen, a.a.O., S. 278.
[163] Am Bahnhof wurde der König zuerst von Hindenburg in Empfang genommen, bevor dann Staatssekretär Meissner und Hindenburgs Sohn, Oskar, den Gast ihrerseits willkommen hießen. Siehe Skizze betreffend Empfangskomitee [o.A., o.O., o.D.], PA AA Bonn, R 77943. Vgl. Schulthess 1928, S. 63. *Vossische Zeitung*, 22.02.1928.
[164] Hierzu bemerkte HEINRICH KÖHLER in seinen Memoiren: „[...] Beim Brandenburger Tor stand eine Gruppe Kommunisten, die den König mit dem unfreundlichen Rufe ‚Nieder!' begrüßten. Auf die Frage des Königs an Botschafter Rosen, was der von geballten Fäusten begleitete Ruf bedeute, erwiderte dieser geistesgegenwärtig: ‚Gott schenke Eurer Majestät ein langes Leben'. Freudig wendete sich der König im Auto um und winkte dafür den überraschten Kommunisten freundlich zu [...]". Ders., a.a.O., S. 277. Über die Einzelheiten des Empfangs durch den Reichspräsidenten berichteten die Tageszeitungen in aller Ausführlichkeit. Siehe *Kreuzzeitung*, 22.02.1928; *Berliner Tageblatt*, 22.02.1928; *Deutsche Allgemeine Zeitung*, 22.02.1928.

zeichnete[165], so nahm der Afghane dennoch die Gelegenheit wahr, den Reichspräsidenten um finanzielle Unterstützung für sein Land zu ersuchen. In dieser Hinsicht zeigte Hindenburg kein Entgegenkommen. Er wiegelte die Anfrage seines Gastes mit dem Hinweis ab, Deutschland verfüge selbst zur Zeit über keine besonderen Geldmittel, stellte aber die Entsendung von deutschen qualifizierten Beratern nach Afghanistan in Aussicht[166]. Erfolgreicher hingegen verliefen die wirtschaftspolitischen Verhandlungen auf diplomatischer Ebene[167]. So mußte der König nicht mit leeren Händen Richtung Heimat abreisen, zumal das Auswärtige Amt ihm ein Souvenir der besonderen Art schenkte: ein *hochmodernes dreimotoriges Flugzeug vom Typ Junkers G 24*. Daß man für seinen Gast keine Kosten und Mühen scheute und die Summe von 140 000 Reichsmark für das Luftgefährt und die zusätzlichen Überführungs- und Wartungskosten bereitwillig übernahm[168], sollte sich später nach Aman Ullahs erzwungener Abdankung als Fehlinvestition erweisen.

Neben zahlreichen Veranstaltungen zu Ehren des „asiatischen Despoten"[169] stellte das Staatsdiner beim Reichspräsidenten den unumstrittenen Höhepunkt dar[170]. Im Repräsentieren sehr geübt und souverän, war Hindenburg indes im

---

[165] Wie Hindenburg im Beisein Wilhelm Marx' erzählte, hatte ihn Aman Ullah im Verlauf ihrer Unterredung die Frage gestellt, wie Schlachten am besten zu gewinnen seien. Daraufhin habe er [Hindenburg] geantwortet, „man dürfe nicht zu rasch vorgehen und müsse den Feind umfassen und dann verhauen". Siehe Erinnerungsbericht „Das Jahr 1928" RK a.D. Marx, a.a.O., [S. 9f.].

[166] Aufzeichnung StS v. Schubert, Berlin, 22.02.1928 (Geheim!), in: ADAP, B-VIII, Dok.-Nr. 107, S. 225.

[167] Um die Industrialisierung in seinem Land voranzutreiben, führte der König vorrangig mit führenden Personen aus der deutschen Wirtschaft, unter anderem auch mit Curtius, intensive Verhandlungen, wofür der Vertragsabschluß über die Errichtung einer kompletten Zuckerfabrik unter deutscher Beteiligung in Afghanistan nur ein Beispiel darstellt. Siehe JULIUS CURTIUS: Sechs Jahre Minister der deutschen Republik, Heidelberg 1948, S. 55. Überdies interessierte sich König Aman Ullah auch lebhaft für die deutschen Junkers-Flugzeugwerke. Ihn faszinierte der Gedanke, Afghanistan könnte künftig eine bedeutsame Rolle im transkontinentalen Luftverkehr spielen. So ganz abwegig war dies nicht, da die Route über Afghanistan tatsächlich eine wichtige Flugetappe nach China war, die außerhalb des kontrollierten Luftraums Rußlands und Englands lag. BA Berlin-Lichterfelde, R 601/156.

[168] Schreiben Junkers-Flugzeugwerk A.G. Dessau an AA [o.A.], Berlin, 06.06.1928 [Original], PA AA Bonn, R 77943.

[169] So HEINRICH KÖHLER, Lebenserinnerungen, a.a.O., S. 278. Näheres über Aman Ullahs Vorgeschichte und Werdegang und über die verfassungsrechtliche Stellung des afghanischen Königs bei KURT ZIEMKE, Als deutscher Gesandter in Afghanistan, a.a.O., S. 130f., S. 283 u. S. 383ff.; Ziemke weist im übrigen den Vorwurf, daß Aman Ullah ein Despot mit grausamen Zügen gewesen war, deutlich zurück.

[170] Cf. *Deutsche Allgemeine Zeitung* u. *Berliner Tageblatt*, 23.02.1928. Die einzelnen Stationen des Staatsbesuches wurden von den deutschen Tageszeitungen en detail verfolgt und kommentiert. Aman Ullah beherrschte für einige Tage die Schlagzeilen und Titelseiten der meisten Blätter.

direkten Umgang mit anderen Staatsoberhäuptern, teils wegen seiner geringen aktiven Fremdsprachenkenntnisse[171], teils aber auch wegen seiner Unfähigkeit, sich in andere Mentalitäten und Denkweisen hineinzufühlen[172], unbeholfen und dadurch reservierter als gewohnt. Als jedenfalls der „alkoholfeindliche" König auf Hindenburg mit einem Glas reinen Wassers zum Toast anstieß, bedankte sich der Reichspräsident postwendend mit einem Schluck Wasser, spülte aber unmittelbar darauf mit „einem kräftigen Schluck Wein" nach, genauso wie es die Begleiter des Königs heimlich taten[173]. Am nächsten Tag, dem 25. Februar 1928, fand dann protokollgemäß der Gegenbesuch in der afghanischen Botschaft statt, der den Worten des Berliner Journalisten Ernst Feder zufolge „sehr ulkig" gewesen ist[174]. Dort kam der Reichspräsident allerdings – obwohl er im Gegensatz zum afghanischen König nur „Zivil" trug[175] – wegen der Enge des Raumes und der sich anstauenden Hitze sprichwörtlich ins „Schwitzen"[176]. Der gerade zum Dr. honoris causa promovierte afghanische König jedoch[177], der nach Feders Beschreibung ausgesehen haben soll „wie ein in Uniform gesteckter Pferdedieb"[178], und dessen Frau in ihrem „tropentauglichen" Staatskostüm[179] zeigten sich von dem nicht ganz protokollgemäßen Ablauf der Soiree kaum irritiert. Auch das Problem, daß es hier und da an Dolmetschern mangelte und somit erhebliche Verständigungsschwierigkeiten entstanden, löste man einfallsreich

---

[171] Auch wenn seine Englisch- und Französischkenntnisse immerhin passiver Art gewesen sein mögen: Hindenburg war immer dann, wenn sein ausländischer Gast der deutschen Sprache nicht mächtig war, auf einen Dolmetscher angewiesen.

[172] Vgl. S. 191-194 dieser Arbeit.

[173] HEINRICH KÖHLER, Lebenserinnerungen, a.a.O., S. 278.

[174] Tagebucheintrag Ernst Feder, Berlin, 27.02.1928, in: ERNST FEDER: Heute sprach ich mit [...]. Tagebücher eines Berliner Publizisten 1926-1932, Hrsg.: Cécile Lowenthal-Hensel/Arnold Paucker, Stuttgart 1971, S. 162.

[175] *Berliner Tageblatt*, 26.02.1928.

[176] An dem Festessen und dem darauf folgenden Empfang nahmen zirka 200 Personen teil. Die Räumlichkeiten der kleinen afghanischen Gesandtschaft konnten deshalb dem Ansturm der Gäste kaum gewachsen sein. W.T.B., 25.02.1928.

[177] Die Technische Hochschule Charlottenburg verlieh Aman Ullah diesen Titel angesichts der wachsenden Beziehungen beider Staaten auf technischem und wissenschaftlichem Gebiet. *Vossische Zeitung*, 25.02.1928.

[178] Tagebucheintrag Ernst Feder, Berlin, 27.02.1928, ERNST FEDER, Heute sprach ich mit, a.a.O., S. 162. Wenngleich diese Bemerkung überzogen und relativierungsbedürftig ist, so hat das *Berliner Tageblatt* Aman Ullahs Äußeres nicht minder übertrieben beschrieben. Danach soll der König „breitschultrig, stark und hoch" gewesen sein, was jedoch zahlreiche Fotos, auf denen er in natura zu sehen ist, recht anschaulich widerlegen. Siehe *Berliner Tageblatt*, 22.02.1928. Gewiß wurde Feders Eindruck durch die „farbenfrohe" Komposition der Uniform des Königs geprägt. Dazu siehe STERN-RUBARTH, Drei Männer, a.a.O., S. 170.

[179] HEINRICH KÖHLER, Lebenserinnerungen, a.a.O., S. 335.

mit einer improvisierten Zeichen- und Gebärdensprache[180]. Da aber noch ausgerechnet das Servieren des Soupers „endlos lang" dauerte[181], kam zusätzlich ein furchtbares Gedränge auf, das den Empfangsteilnehmern die letzten Energiereserven abnötigte[182].

All diese Vorgänge fanden aber in der Presse kaum Notiz und wurden in der Mehrzahl schlichtweg übergangen[183]. Nur die monotonen programmatischen Tischreden dagegen, in denen sich beide Seiten ausnahmslos über die guten bilateralen Beziehungen ausließen und routinemäßig auch gegenseitige Höflichkeitsfloskeln austauschten, wurden in den Gazetten in voller Länge abgedruckt[184]. Dies mag verwundern, denn im allgemeinen wurde jede Bewegung des afghanischen Königs von emsigen Reportern en detail kommentiert, wie beispielsweise der peinliche Wäscheeinkauf Aman Ullahs, bei dem der König seine Hemden und Pyjamas nicht bar bezahlen konnte, weil er überhaupt keine deutschen Devisen zur Hand hatte[185].

Von Malheurs dieses Ausmaßes erhielt Stresemann in der Regel keine Kenntnis. Statt dessen präsentierte Pünder ihm am 27. Februar sein persönliches positives Fazit über die Visite des asiatischen Machthabers. Insbesondere Pünders Annahme, der afghanische König werde mit dem vom Auswärtigen Amt „in mustergültigerweise aufgestellten" offiziellen Programm sehr zufrieden sein, wird Stresemann mit Genugtuung zu Kenntnis genommen haben[186].

---

[180] Laut *Weltbühne* (Anton Kuh) vollzog sich hier ein „Monarchenempfang ohne Worte", Heft 9, Jg. 24 (1928), S. 344f.

[181] JULIUS CURTIUS, Sechs Minister der deutschen Republik, a.a.O., S. 56.

[182] Schreiben RK Marx an RAM Stresemann, Berlin, Februar/März 1928 (o.D.), PA AA Bonn, NL Stresemann, Bd. 288, 7147 H/H 150896-898.

[183] So geht zum Beispiel die *Kreuzzeitung* am 29.02.1929 mit keinem Wort auf protokollarische Fehler etc. ein; wie die meisten Blätter tendierte auch sie zu einer einseitigen Berichterstattung, um dann Aman Ullahs Besuch mit überschwenglichen Worten zu kommentieren. Unter der Überschrift „Afghanischer Fasching" kommentierte Anton Kuh in der „Weltbühne" den Besuch Aman Ullahs mit kritisch-ironischen Tönen. Heft 9, Jg. 24 (1928), S. 343ff.

[184] *Deutsche Allgemeine Zeitung, Kreuzzeitung, Berliner Tageblatt*, 23.02.1928.

[185] *Der Tag*, 24.02.1928. Unter der Überschrift „Der König kauft Wäsche" wurde über den Hergang der Ereignisse nüchtern berichtet, und es scheint so, als hätten die damaligen Redakteure dieser Begebenheit keine Ironie abgewinnen können. Auf jeden Fall löste der König das Problem im kaufmännischen Stil. Da der Verkäufer nicht bereit war, dessen englisches Geld entgegenzunehmen, kaufte Aman Ullah schließlich die „Hemden und Pyjamas" gegen Rechnung. Der König hatte aufgrund seiner enormen Kauflust seinen Geldbeutel so überstrapaziert, daß ihm alle deutschen Devisen ausgegangen waren. Hierzu siehe auch KÖHLER, Lebenserinnerungen, a.a.O., S. 278.

[186] Schreiben StS Pünder an RAM Stresemann, Berlin, 27.02.1928 [Durchschlag], BA Koblenz, NL Pünder, N 1005/29 [S. 15ff.]

Nochmals richtig in Bewegung geriet der deutsche Blätterwald mit dem Aufkommen des Gerüchtes, der afghanische König habe in Berlin mehrere tausend Orden und Ehrenzeichen anfertigen lassen, die dem Reichspräsidenten und anderen hohen Staatsbeamten verliehen werden sollten[187]. Unmittelbar nachdem der afghanische Ordenssegen offiziell geworden war, wies die deutsche Presse verstärkt auf die möglichen verfassungsrechtlich zu erwartenden Komplikationen eines solchen Vorhabens hin[188]. In den Mittelpunkt des öffentlichen Interesses rückte nun die Bestimmung des Artikel 109 der WRV, der allen deutschen Staatsbeamten die Annahme ausländischer Orden strikt untersagte[189]. Problematisch war vor allem, daß auch Reichspräsident von Hindenburg in gleicher Weise wie Reichskanzler Marx von dieser Regelung betroffen war. Die Frage lautete nun: Wie konnte man einen Weg finden, der eine Annahme der Orden bei gleichzeitiger Befolgung des Reichsverfassungsartikels ermöglichte? Um den König nicht zu brüskieren, und aus Gründen der internationalen Höflichkeit, erinnerte man sich an eine praktikable Lösung, die schon zu Eberts Zeiten Anwendung gefunden hatte. Aman Ullahs Ordensregen wurde einfach nicht als offizielle Ordensverleihung deklariert, sondern als reiner „Höflichkeitsakt" uminterpretiert[190]. Die Umgehung dieser verfassungsmäßigen Vorschrift fand ihre elegante Vollendung mit der Erklärung, Hindenburg und Marx würden den Orden nur als Privatpersonen in Empfang nehmen[191] und demnach nicht Mitglied einer Ordensgemeinschaft, sondern nur um ein weiteres „Erinnerungsstück" reicher werden[192]. So war die Kritik im sozialdemokratischen *Vorwärts*, das die Annahme des Ordens und des Herzogmantels als Erinnerungszeichen durch den Reichspräsidenten und den Reichskanzler als glatten Verstoß gegen die WRV darstell-

---

[187] Berliner Zeitung [Mittagsausgabe], 29.02.1928.
[188] *Deutsche Zeitung*, 17.03.1928.
[189] „[...] Kein Deutscher darf von einer ausländischen Regierung Titel oder Orden annehmen". WRV, Art. 109 (Abs. 5, Satz 1).
[190] Ministerbesprechung, Berlin, 14.04.1928, in: AdR, Kab. Marx III u. IV, Bd. 2, Dok.-Nr. 459, S. 1429f.; Bereits anläßlich einer bevorstehenden Ordensverleihung durch den jugoslawischen König wies RIM Keudell auf die Problematik hin, daß eine amtliche Ablehnung solcher Ehrenzeichen möglicherweise als ein „Akt nicht zu verantwortender internationaler Unhöflichkeit" ausgelegt werden könnte. Im Verlauf dieser Sitzung stimmten alle Anwesenden den Ausführungen Keudells zu. Hiernach kam man überein, daß die Annahme ausländischer Orden überhaupt nicht in Widerspruch zur Reichsverfassung stände, sofern besagte Orden nicht offen zur Schau gestellt würden. Siehe auch *Deutsche Zeitung*, 17.03.1928: „[...] Eine Ordensverleihung an den Reichspräsidenten hätte nur in der Form vor sich gehen können, daß der König selbst bei seiner Anwesenheit in Berlin den Orden verliehen hätte [...]". BA Koblenz, R 43 I/600, Bl. 70-75.
[191] Berliner Börsen-Zeitung, 17.03.1928.
[192] Schreiben StS Meissner [B.d.Rpräs.] an StS v. Bülow [AA], Berlin, 06.02.1931 [Durchschlag], BA Berlin-Lichterfelde, R 601/220.

te, über die keine juristischen Sophismen hinwegtäuschen könnten[193], zwar zutreffend, aber deplaciert, weil schon Friedrich Ebert in seiner Präsidentenzeit mehrere Orden, darunter das Großkreuz „Die Sonne Perus", nach denselben Spielregeln erhalten hatte[194]. Jedenfalls beglückten die Orden schätzungsweise 100 Adressaten mit dem Herzogs- oder Fürstentitel[195], ohne weitere nennenswerte Diskussionen zu bewirken. Ob Hindenburg aber über den Orden „Almar-e-Ala", der ihn zum „Herzog von Afghanistan" machte, wirklich so begeistert war, wie aus seinen persönlichen Dankesworten an König Aman Ullah hervorgeht, bleibt wohl sein Geheimnis[196]. Zwar bewährte sich das schon unter Ebert angewandte Raffinement auch hier bestens, dennoch zogen der Reichspräsident und das Auswärtige Amt aus ihren gewonnenen Erfahrungen mit Ordensverleihungen Konsequenzen. Man faßte den Beschluß, die Annahme von weiteren ausländischen Orden durch den Reichspräsidenten in Zukunft nicht mehr an die große Glocke zu hängen, sondern unter dem Deckmantel der Verschwiegenheit diskreter abzuwickeln. Künftig sollte bei solchen Vorgängen die Presse nicht mehr eingeschaltet werden[197].

---

[193] *Vorwärts*, 17.03.1928. Zudem wies der *Vorwärts* darauf hin, daß „die Herzöge von Afghanistan", Marx und Hindenburg, auch mit der Entgegennahme der Orden als Privatpersonen gegen die Reichsverfassung verstoßen würden.

[194] Schreiben StS Meissner [B.d.Rpräs.] an StS v. Bülow [AA], Berlin, 06.02.1931 [Durchschlag], BA Berlin-Lichterfelde, R 601/220. *Tägliche Rundschau*, 20.03.1928. Auch der damalige österreichische Bundeskanzler Ramek überreichte Ebert einen Orden als „Erinnerungszeichen". *Germania*, 19.03.1928.

[195] Erinnerungsbericht „Das Jahr 1928" RK a.D. Marx, a.a.O., [S. 12]. CURTIUS, Sechs Minister der Deutschen Republik, a.a.O., S. 56; KÖHLER, Lebenserinnerungen, a.a.O., S. 278. Die gleichen Orden, die Hindenburg und Marx entgegengenommen hatten, wurden auch an etliche Mitglieder des Kabinetts ausgehändigt.

[196] Schreiben Rpräs. v. Hindenburg an König Aman Ullah, Berlin, 16.03.1928 [Durchschlag], BA Berlin-Lichterfelde, R 601/156.

[197] An dieser Ausführung änderte sich unter Hindenburgs Präsidentschaft de facto nichts mehr. Völlig ohne Komplikationen verliefen die späteren Verleihungen des chilenischen Großkreuzes „Al Merito" [23.09.1926] oder des bolivianischen „Condor-Ordens" [02.08.1927] an Hindenburg, der beide Medaillen als Privatperson, also wiederum als „Erinnerungsstück" entgegennahm. Summa summarum erhielt Paul v. Hindenburg während seiner Präsidentschaft elf ausländische Orden. Siehe Schreiben Dt. BS Welczeck (Madrid) an AA [o.A.], Berlin, 30.01.1931; Schreiben StS Meissner [B.d.Rpräs.] an StS v. Bülow [AA], Berlin, 06.02.1931; Zusammenstellung der Orden und Ehrenzeichen des Herrn Reichspräsidenten [Teil C], Berlin, 31.12.1933, BA Berlin-Lichterfelde, R 601/220. Als die litauische Regierung anläßlich des zehnjährigen Bestehens ihrer Armee Hindenburg den höchsten Orden des Landes überreichen wollte, machte das deutsche Staatsoberhaupt die Annahme dieser Auszeichnung von einer Bedingung abhängig. Danach sollte die Verleihung deshalb vertraulich und geheim, d.h. ohne Hinzuziehung der Presse abgewickelt werden, weil Hindenburg ähnliche Vorgänge und „unerfreuliche Kommentare der Presse", wie sie sich im Anschluß an die Ordensverleihungen durch den afghanischen Emir

Mit der Verabschiedung und Abreise König Aman Ullahs am 6. März 1928 durch den Reichspräsidenten galt zwar der offizielle Teil dieses Staatsbesuches als abgeschlossen[198], dennoch fühlte sich Hindenburg noch nicht ganz von seinem repräsentativen Auftrag entbunden. Seine Beschwerde an das Auswärtige Amt, warum Generalkonsul von Hentig, der „mit dem afghanischen König doch am längsten von allen deutschen Persönlichkeiten bekannt sei"[199], nicht zusätzlich zu den Ehrendiensten herangezogen worden war, wurde kurz darauf von seinem Vorwurf übertroffen, Hentig sei „aus irgendwelchen Gründen absichtlich im Hintergrund gehalten worden"[200]. Veranlaßt zu dieser Einschätzung sah sich Hindenburg durch das ihm zu Ohren gekommene Gerücht, der afghanische König, der wiederholt den Wunsch geäußert habe, Hentig privat zu sehen, sei wegen dessen Absenz verärgert gewesen. Um diesen Sachverhalt aufzuklären, verlangte der Reichspräsident vom Auswärtigen Amt eine Stellungnahme für die Gründe des Fernhaltens Hentigs. Es dauerte über eine Woche, bis man in der Außenbehörde angemessen reagierte und ein Antwortschreiben aufsetzte. Darin erfolgte die Versicherung, daß eine persönliche Begegnung des Königs mit Herrn Generalkonsul v. Hentig durchaus ernsthaft in Erwägung gezogen worden war. Nur mit Rücksicht darauf, daß der afghanische Außenminister Ghulam Siddiq auch auf wiederholtes Erinnern seitens des Vertreters des Auswärtigen Amtes eine offizielle Audienz Hentigs beim König mehrmals zugesagt hatte, sei von einer Zuziehung Hentigs zu den offiziellen Veranstaltungen vor der Audienz Abstand genommen worden. Vielmehr sei für die Einteilung des Ehrendienstes maßgebend gewesen, dem König einen Beamten zuzuweisen, der über die schwebenden politischen und wirtschaftlichen Fragen genaustens unterrichtet war. Ungeachtet dieser Auskunft glaubte Hindenburg jedoch immer noch, daß Hentig „aus irgendwelchen Gründen absichtlich im Hintergrund" gehalten worden war. Als ihm darüber hinaus noch zu Ohren kam, König Aman Ullah habe Generalkonsul v. Hentig bei einem zufälligen Zusammentreffen „freundliche Vorwürfe wegen seines Fernhaltens" gemacht, bat er auch Hentig um eine persönliche Stellungnahme. Auf die von Hindenburg angeforderte Aufklärung des nebulösen Sachverhalts reagierte Hentig umgehend. Er erläuterte, daß der afghanische König ihm bei einem Zusammentreffen mitgeteilt hatte, er habe mehrfach

---

ereignet hatten, unbedingt vermeiden wollte. Aufzeichnung Dt. BS v. Dirksen, Berlin, 23.11.1928, PA AA Bonn, R 83638/L 211029-030].

[198] Schreiben RK Marx an RAM Stresemann, Berlin, Februar/März 1928 (o.D.), PA AA Bonn, NL Stresemann, Bd. 288, 7147 H/H 150896-898. *Der Tag* (Nachtausgabe), 06.03.1928.

[199] Schreiben StS Meissner [B.d.Rpräs.] an AA [N.N./o.A.], Berlin, 02.03.1928, BA Berlin-Lichterfelde, R 601/156.

[200] Schreiben StS Meissner [B.d.Rpräs.] an [N.N.], Berlin, 21.03.1928, BA Berlin-Lichterfelde, R 601/156.

nach ihm gefragt. Ebenso habe ihm Außenminister Ghulam Siddiq Khan gesagt, der König habe sich wiederholt dringend nach ihm erkundigt. Beide hätten ihrem Erstaunen darüber Ausdruck gegeben, daß sie ihn, den Generalkonsul, bisher nicht gesehen hätten. Desgleichen wies Staatssekretär von Schubert den Vorwurf der absichtlichen Fernhaltung Hentigs entschieden zurück und rechtfertigte die Vorgehensweise seiner Behörde mit der Begründung, daß man nach reiflicher Prüfung den Generalkonsul wegen „gewisser familiärer Vorkommnisse" nicht berücksichtigen konnte. Obgleich Reichspräsident von Hindenburg mit Kenntnisnahme dieser Ausführungen die Angelegenheit für „erledigt" hielt, versäumte er es nicht, von neuem darauf hinzuweisen, daß es gleichwohl besser gewesen wäre, Hentig zu den Veranstaltungen zu Ehren des Königs einzuladen. Nach längerem Hin und Her[201] schaltete sich auch der mittlerweile von seiner Kur zurückgekehrte Reichsaußenminister in die Diskussion ein und kam sogar mit dem afghanischen Außenminister Siddiq in einer vertraulichen Unterredung unter vier Augen auf Hentig zu sprechen. Bei diesem Zusammentreffen fragte Stresemann unter anderem auch, ob man auf afghanischer Seite die Vorkommnisse betreffend Hentig als Fauxpas des Auswärtigen Amtes bewerten würde. Für Außenminister Khan lag jedoch kein protokollarischer Fehler vor. Die ganze Aufregung um die Person Hentigs sei vielmehr überzogen, erläuterte Khan, zumal der König letztendlich doch höchstpersönlich mit dem Generalkonsul gesprochen und sich darüber gefreut habe, ihn wiederzusehen. Der König habe zwar tatsächlich Interesse bekundet, eine Reihe von deutschen Persönlichkeiten – darunter auch Hentig – zu begrüßen, aber einen speziellen Wunsch, den Generalkonsul alleine zu sehen, habe dieser nie ausgesprochen[202].

Da sowohl Stresemann als auch Hindenburg den *Fall Hentig* für „erledigt" hielten, konnten sie Aman Ullahs Staatsbesuch mit seinem Nachspiel nun ein für allemal den Akten anvertrauen. Doch als einige Monate später die Entmachtung Aman Ullahs der deutschen Öffentlichkeit bekannt wurde, entbrannte abermals eine kleinere Diskussion wegen der immensen Ausgaben des Staatsbesuches, die

---

[201] Siehe nachstehende Dokumente aus dem BA Berlin-Lichterfelde, R 601/156: Schreiben StS Meissner [B.d.Rpräs.] an AA [o.A.], Berlin, 02.03.1928; Schreiben AA [o.A.] an B.d.Rpräs. z. Hd. StS Meissner, Berlin, 10.03.1928; Schreiben StS Meissner [B.d.Rpräs.] an AA [o.A.], 21.03.1928; Schreiben StS v. Schubert [AA] an StS Meissner [B.d.Rpräs.], Berlin, 31.03.1928; Sitzungsprotokoll, Berlin 30.03.1928; Schreiben StS Meissner [B.d.Rpräs.] an StS v. Schubert [AA], Berlin, 31.03.1928; Schreiben RAM Stresemann an ORegRat v. Erdmannsdorff [B.d.Rpräs.] Berlin, 21.04.1928.
[202] Schreiben RAM Stresemann an ORegRat v. Erdmannsdorff, [B.d.Rpräs.], Berlin, 21.04.1928, BA Berlin-Lichterfelde, R 601/156.

bis auf eine Million Reichsmark veranschlagt wurden[203]. Sämtliche Kosten und Energien, die alle Beteiligten – insbesondere das Auswärtige Amt und Hindenburg – für diesen Staatsbesuch investiert hatten, die ja auch der Festigung und Vertiefung der deutsch-afghanischen Beziehungen galten, entpuppten sich im nachhinein als Sisyphusarbeit. Nach Aman Ullahs Sturz stellte sich natürlich die Frage, ob der beträchtliche Aufwand wirklich gerechtfertigt gewesen war, ob die Republik den ersten offiziellen ausländischen Staatsbesuch nur um ihrer selbst willen so exzessiv gefeiert hatte. Kritische Töne hierzu waren jedoch rar[204].

Für den deutschen Reichspräsidenten und die Regierung war der Staatsbesuch Aman Ullahs keine Generalprobe, sondern die lange erwartete Premiere. Gemessen an dem Aufwand, den extrem hohen Ausgaben für den Staatsbesuch, war das Ergebnis mehr denn unbefriedigend. Auch wenn dem afghanischen Potentaten keine zusätzlichen Kreditmittel zur Verfügung gestellt wurden – den Vorwurf, das rechte Maß zum Pekuniären verloren zu haben, mußten sich Hindenburg und alle Beteiligten gefallen lassen. Gewiß sah man sich dem Handlungszwang ausgesetzt, Aman Ullah in Anbetracht seiner vorangegangenen Auslandsvisiten in Paris und London einen würdigen, vielleicht sogar besseren Empfang und Aufenthalt zu bereiten[205]. So groß hierbei der Erwartungs- und Erfolgsdruck auch gewesen sein mag, angesichts eines unsicheren autokratischen Machthabers wie König Aman Ullah, dessen wenige Monate später erfolgter Sturz absehbar war[206], scheint aus heutiger Perspektive nur schwer verständlich, warum Hindenburg und alle anderen Verantwortlichen auf deutscher Seite politisch so kurzsichtig handelten.

---

[203] So die *Frankfurter Zeitung* vom 20.01.1929. Der *Vorwärts* indes schrieb hierzu am 19.01.1929: „[...] Das Deutsche Reich hat also infolge des freudigen Ereignisses [...] über 600 000 Mark ausgegeben [...]".

[204] Eine dieser wenigen Stimmen kam aus dem berufenen Munde Reichskanzler Müllers, für den das ganze Spektakel viel zu überzogen war. Vermerk StS Pünder [Rkei] an AA [o.A.], Berlin, 22.03.1929 [Durchschlag], PA AA Bonn, R 29361/E 174857f.

[205] Schreiben StS Pünder an RAM Stresemann, Berlin, 27.02.1928 [Durchschlag], BA Koblenz, NL Pünder, N 1005/29 [S. 15ff.]

[206] Näheres zu Aman Ullah Chan bei FRITZ GROBBA: Männer und Mächte im Orient. 25 Jahre diplomatischer Tätigkeit im Orient, Göttingen/Zürich/Berlin/Frankfurt a. M. 1968, S. 33ff.

2. Unpolitische Audienzen führender ausländischer Politiker und Diplomaten beim Generalfeldmarschall

Die meisten hochstehenden ausländischen Politiker oder Diplomaten, die in Deutschland zu offiziellen Gesprächen und Verhandlungen bei der Reichsregierung weilten, nutzten parallel zu ihrem dichten Terminplan die Gelegenheit, dem Reichspräsidenten ihre Aufwartung zu machen. Freilich, für die politischen Amtsträger aus dem Ausland hatten die politischen und wirtschaftlichen Gespräche mit der Reichsregierung Vorrang. Ihren *Stippvisiten* beim deutschen Staatsoberhaupt kam daher lediglich der Charakter von *Freundschaftsbesuchen* zu. Abgesehen vom symbolischen Gehalt dieser Treffen lag für Außenstehende immer die Vermutung nahe, daß hier auch brisante politische Themen zur Disposition stehen mußten. Doch in Wahrheit war dies völlig anders.

Infolge der Zunahme des diplomatischen Verkehrs ab Mitte 1931, der „Ära der gegenseitigen Ministerbesuche"[207], die eine logische Konsequenz der Vorbereitungsphase der Abrüstungskonferenz war, kam es in Hindenburgs Palais zu einer kurzfristigen Anhäufung von Visiten hochkarätiger Politiker. Innerhalb von nur drei Monaten konnte er gleich fünfmal hohe politische Gäste aus jenen Ländern, die zu den Hauptpartnern der deutschen Außenpolitik zählten[208], in seinem Hause willkommen heißen. Daß bei diesen Treffen weder aktuelle politische Tagesthemen noch speziell bilaterale Sachfragen tangiert wurden, war ein Versäumnis, das zum größten Teil auf sein Konto ging.

Ganz gewiß war der Generalfeldmarschall a.D. aufgrund seiner charismatischen Erscheinung, seines Mythos, der ihm nach wie vor vorauseilte, für die Majorität der ausländischen Staatsgäste, die zu politischen Gesprächen in Berlin einkehrten, eine begehrte Anlaufstation, eventuell sogar ein Programmhöhepunkt. Ein Besuch beim einstigen Generalfeldmarschall zählte nicht nur zum „freiwilligen" Pflichtprogramm, sondern bot darüber hinaus zuweilen auch eine willkommene Atempause in Anbetracht vorangegangener enervierender politischer Dispute und Verhandlungen mit der Reichsregierung. So gesehen waren auch besagte ausländische Minister und andere bedeutsame politische Entscheidungsträger weniger an einer übermäßigen Politisierung der Gesprächsinhalte mit dem deutschen Staatsoberhaupt interessiert. Teils aus Höflichkeit, teils wohlkalkuliert, akzeptierten sie den unpolitischen Charakter der Audienzen im Palais und unterließen es in der Regel, ihrem Gastgeber politisch brisante Themen aufzudrängen. Falls es sich aber einmal ergab, daß einer seiner Gäste die Unterredung auf aktuelle Themen zu lenken versuchte, dann intervenierte Hin-

---

[207] So HEINRICH BRÜNING: Memoiren 1918-1934, Stuttgart 1970, a.a.O., S. 434.
[208] AdR, Kab. Brüning I u. II, Bd. 1, S. LXXIX [Einleitung].

denburg seinerseits entschieden. Ihn in einen politischen Wortwechsel zu involvieren, wurde für jeden Besucher ein schwieriges Unterfangen. Ganz systematisch trennte er den politischen Alltag, also jene Angelegenheiten, die seiner politischen Entscheidung als Reichspräsident bedurften, von den rein repräsentativen Aufgaben und Verpflichtungen, die er als Staatsoberhaupt und völkerrechtlicher Vertreter wahrzunehmen hatte. Mit anderen Worten faßte er seinen Part als Repräsentant des Deutschen Reiches vornehmlich als unpolitische Aufgabe auf und machte diese Auslegung auch zum Prinzip seiner gesamten Empfangspolitik. Diverse ausländische Politiker von Rang und Namen sahen sich einem Staatsoberhaupt gegenüber, das sich bei den Empfängen zu ihrem Leidwesen ausnahmslos auf seinen völkerrechtlichen Auftrag beschränkte.

Zu den ersten bedeutenden auswärtigen Politikern, die mit Hindenburg zusammentrafen, zählten der sowjetische Außenminister Georgi Wassiljewitsch Tschitscherin, der von Botschafter Nikolaj Nikolajewitsch Krestinski assistiert wurde. Infolge des auffälligen Umstandes, daß die beiden Russen ausgerechnet zu einem Zeitpunkt eintrafen, an dem die Ratifizierung des Locarno-Vertragswerkes durch den Reichstag und die Vollziehung durch den Reichspräsidenten kurz bevorstand, war ein politischer Disput geradezu vorprogrammiert, zumal die sowjetische Seite den Vereinbarungen in Locarno mit größter Reserve begegnete und das Scheitern der Verträge allemal begrüßt hätte[209]. Um so überraschender mutet jedoch der faktische Verlauf der 30-minütigen Unterredung an, bei der neben Staatssekretär Meissner noch Ministerialdirektor Erich Wallroth zugegen war. Bevor überhaupt eine Diskussion über die anstehende Entscheidung in Locarno aufkommen konnte, lenkte Hindenburg die Konversation in unpolitische Bahnen. Versuchte Tschitscherin während des Dialogs bei „jeder" sich ihm bietenden Gelegenheit diesen auf die Bedeutung und Notwendigkeit enger politischer Beziehungen zwischen beiden Ländern aufmerksam zu machen, so war der Reichspräsident seinerseits darum bemüht, das Thema konsequent abzublocken. Nur die Floskel, er selbst lege großen Wert auf „friedliche Beziehungen und wirtschaftliche Wiederverbindung mit Rußland", ließ er sich entlocken. Mehr ins Detail ging er lediglich, als er die Unterredung geschickt auf die Themenkomplexe russische Infrastruktur, Eisenbahnbau, Verkehrswesen und Landwirtschaft führte. Allerdings vertiefte er diesen wirtschaftspolitischen Exkurs nicht und verlor sich statt dessen mehr in belanglosen Plaudereien über einige persönliche Kriegserlebnisse[210]. Alles in allem kamen die beiden sowjetischen Gäste

---

[209] Zur sowjetischen Position siehe Presseinterviews Außenminister Tschitscherin, 02.10. u. 15.10.1925, in: Soviet Documents on Foreign Policy (Bearb. u. Hrsg.: Jane Degras, London/New York/Toronto 1952) 1925-1932, Volume II, S. 57f. u. 60f.

[210] Aufzeichnung StS Meissner [B.d.Rpräs.], Berlin, 07.10.1925, PA AA Bonn, R 83638/210988-990. Meissners Niederschrift wird durch den zweiten Augen- und Ohrenzeugen, MinDir Wallroth,

nicht dazu, ihren Gastgeber in ihrem Sinne zu beeinflussen. Die Vermutung, daß sie sich von der Begegnung mit dem deutschen Präsidenten mehr versprochen hatten, erscheint deshalb nicht abwegig, weil sie es waren, die schon einen Monat vorher ihr Interesse an einer Zusammenkunft mit Hindenburg nachdrücklich bekundet hatten[211].

Konkreter und in politischer Hinsicht ertragreicher hätte das Gespräch zwischen Hindenburg und dem amerikanischen Außenminister Henry Lewis Stimson sein können, der in Begleitung von Botschafter Frederic M. Sackett am 27. Juli 1931 zu einem Höflichkeitsbesuch in der Wilhelmstraße 73 erschien, wenn der Hausherr nicht permanent auf die Kriegsschuldfrage zu sprechen gekommen wäre. Dabei leitete er das Gespräch noch recht diplomatisch ein, als er nach der förmlichen Begrüßung seinem Gast für die im Rahmen des Hoover-Moratoriums[212] geleistete „wertvolle Unterstützung" des amerikanischen Präsidenten seinen besonderen Dank aussprach[213]. Darüber hinaus brachte er in dem halbstündigen Gedankenaustausch die anstehende Abrüstungskonferenz zur Sprache und gab der Hoffnung nach einem erfolgreichen Abschluß der Verhandlungen Ausdruck, da, wie er es betonte, die Abrüstung das wirksamste Mittel zur Erhaltung des Friedens sei[214]. Doch Hindenburgs politischer Abstecher währte nur kurz, denn unmittelbar darauf verfiel er wieder in alte Platitüden, indem er

---

insgesamt bestätigt und nur durch einige persönliche Anmerkungen abrundet. In seiner Schilderung über den Ablauf der Zusammenkunft zwischen Hindenburg, Tschitscherin und Krestinski betont Wallroth, daß die Unterhaltung sich „fast nur auf alle allgemeinen Gebiete" bewegt hatte und daß „aktuelle politische Fragen" von beiden Seiten bewußt „vermieden" wurden. Siehe Telegramm MinDir Wallroth an Dt. BS Brockdorff-Rantzau, Berlin, 06.10.1925 (Geheim!), PA AA Bonn, R 83638/L 210986. Obgleich Tschitscherin den Reichspräsidenten nicht in ein politisches Thema verstricken konnte, zeigte sich der Russe rückblickend über seinen Besuch bei Hindenburg sehr zufrieden und bedankte sich für den „freundlichen und ungewöhnlich warmen Empfang". Siehe Telegramm Dt. BS Brockdorff-Rantzau an AA [o.A.], Moskau, 16.10.1925, PA AA Bonn, R 83638/L 210997.

[211] Telegramm Dt. BS Brockdorff-Rantzau [Moskau] an AA [o.A.], Nr. 746, Moskau, 24.09.1925 (Vertraulich!), PA AA Bonn, R 29249/E 155849. Telegramm Dt. BS Brockdorff-Rantzau, Moskau, 28.09.1925 (Ganz geheim!), in: ADAP, A-XIV, Dok.-Nr. 94, S. 241f.

[212] Mehr hierzu und zur Rolle Hindenburgs beim Hoover-Moratorium siehe S. 503-511 dieser Arbeit.

[213] Aufzeichnung StS Meissner [B.d.Rpräs.], Berlin, 27.07.1931, in: ADAP, B-XVIII, Dok.-Nr. 80, S. 154. Aus der Tatsache, daß dieses Dokument auch in den Akten der Reichskanzlei verzeichnet ist, geht hervor, daß Brüning über den Inhalt dieses Meinungsaustausches unterrichtet war. Siehe BA Koblenz, R 43 I/98 [S. 275ff.].

[214] Originalpassage: „[...] Der Herr Reichspräsident hoffe, daß dieser Konferenz [Abrüstungskonferenz] ein Erfolg beschieden sei, denn die Abrüstung sei das beste Mittel zur Erhaltung des Friedens [...]". Aufzeichnung StS Meissner [B.d.Rpräs.], Berlin, 27.07.1931, in: ADAP, B-XVIII, Dok.-Nr. 80, S. 155.

seinen Gast nach dessen militärischen Erfahrungen als Soldat im Ersten Weltkrieg befragte. Wie die meisten hohen ausländischen Vertreter, die ihn mit einer Visite beehrten, wurde auch Stimson von ihm mit der Kriegsschuldproblematik direkt konfrontiert. Warum der Reichspräsident ausgerechnet dem amerikanischen Außenminister die deutsche Position in dieser Frage besonders emphatisch vortrug[215] und die Alleinschuld der deutschen Armee am Ausbruch des Ersten Weltkrieges abermals zurückwies[216], bleibt sein Geheimnis. Vom deutschen Botschafter in Washington D.C., Prittwitz und Gaffron, der dem Meinungsaustausch als Dolmetscher beiwohnte, erntete er jedenfalls keine gute Note. Für diesen nahm die Unterredung einen „unglücklichen" Verlauf. Während Stimson noch die Anstrengung auf sich genommen hatte, dem Reichspräsidenten ein klares Bild von der gegenwärtigen Situation, „dem Problem der internationalen Zusammenarbeit" zu vermitteln, habe Hindenburg unablässig die Kriegsschuldfrage und den deutschen Einmarsch in Belgien angesprochen[217]. Wie berechtigt die Kritik des deutschen Botschafters gewesen war, geht aus den Akten des einstmaligen Staatssekretärs des Auswärtigen Amtes Bernhard Wilhelm von Bülow hervor. Dieser hatte nur zwei Tage zuvor das Büro des Reichspräsidenten davor gewarnt, die Begegnung Hindenburgs mit Stimson dazu zu nutzen, die Kriegsschuldproblematik und die Frage des Kriegseintrittes der Vereinigten Staaten zu thematisieren. Vergebens hatte von Bülow dem Leiter des *Büros* Meissner auseinanderzusetzen versucht, warum der amerikanische Gast diese Angelegenheit mittlerweile längst für überholt halte. Von dessen Hinweis, daß Stimson nicht von einer deutschen Kriegsschuld am Ausbruch des Ersten Weltkrieges ausgehe und vorrangig an der Erörterung wirtschaftlicher Sachfragen interessiert sei[218], nahm man jedenfalls im Büro des Reichspräsidenten keine Notiz.

---

[215] „[...] He then launched into the question of war guilt, defending the army the charge of having made the war. [...] He was very emphatic, saying that the army had not been responsible for it [...]". Memorandum Acting US-Secretary of State H. Stimson, Berlin, 27.07.1931, in: FRUS, 1931, Vol. I, S. 553.

[216] Dazu auch HENRY STIMSON L./MCGEORGE BUNDY: On active Service in Peace and War, New York 1971, S. 270.

[217] Diesbezüglich bemerkte Prittwitz in seinen Memoiren, Botschafter Sackett habe ihm hinterher den „freundschaftlichen" Vorwurf gemacht, daß er nicht ganz wortgetreu übersetzt habe, weil er Hindenburgs Ausdrücke „geflissentlich gemildert" wiedergegeben habe. FRIEDRICH PRITTWITZ U. GAFFRON: Zwischen Petersburg und Washington. Ein Diplomatenleben, München 1952, S. 196.

[218] Schreiben StS v. Bülow [AA] an StS Meissner [B.d.Rpräs.], Berlin, 25.07.1931 [Durchschlag], PA AA Bonn, R 29468/E 192349-354. Dem Schreiben ist als Anhang eine Vorlage beigefügt. Hierbei handelte es sich um den vorgesehenen Gesprächsstoff des Reichspräsidenten mit US-Außenminister Stimson. Erst nachdem StS v. Bülow sich mit dem Inhalt der beabsichtigten Ausführungen Hindenburgs auseinandergesetzt hatte, schrieb er seine Zeilen an Meissner.

Fast auf einem ähnlichen Konversationsniveau bewegte sich auch die Unterhaltung des Reichspräsidenten mit dem englischen Premierminister James Ramsay MacDonald, der in Begleitung von Außenminister Sir Neville Henderson und des englischen Botschafters in Berlin, Sir Horace Rumbold, am 28. Juli 1931 im Palais erschien. Hindenburg, der von Staatssekretär Meissner, der an dem Gespräch als Übersetzer teilnahm, sekundiert wurde, beschränkte sich zu Anfang des Wortwechsels auf das übliche Austauschen von Höflichkeiten[219]. Nachdem er ganz allgemein die deutsch-englische Kooperation mit lobenden Worten bedacht hatte, widmete er sich in den verbleibenden Minuten des wiederum nur 30-minütigen Meinungsaustausches nebensächlichen Themen, wovon eines selbstverständlich einen militärischen Bezug aufwies. Diesmal waren es aber nicht persönliche Kriegserlebnisse, die er zum Ausdruck brachte, sondern seine Freude über den Mitte Juli in Kiel erfolgten englischen Flottenbesuch[220]. Anstatt die auf der Hand liegende Revision des Young-Plans anzuschneiden und seinen Standpunkt zu präzisieren, verpaßte er es einmal mehr, seinen Gesprächspartner in eine politische Diskussion zu verstricken. Von dieser Eigenart des Reichspräsidenten nahm vor allem der an der Unterredung teilnehmende englische Botschafter Rumbold Notiz, der zwar seine Herzlichkeit zu würdigen wußte, den inhaltslosen, oberflächlichen Charakter der dort geführten Gespräche indes rundweg bestätigte[221].

Aus den Begegnungen des Reichspräsidenten mit ausländischen Spitzenpolitikern ragt der Empfang des französischen Ministerpräsidenten Laval und dessen Außenminister Briand im Berliner Palais vom 28. September 1931 heraus. Abgesehen von der Tatsache, daß mit Laval und Briand nach dem Berliner Kongreß von 1878 zum ersten Mal ein französischer Ministerpräsident und Außenminister zu einem offiziellen Besuch in die deutsche Hauptstadt eintrafen[222], kam es auch zu der delikaten Situation, daß erstmals ein „Staatsoberhaupt" der Alliierten dem Reichspräsidenten, der immer noch auf der Liste der auszuliefernden Kriegsverbrecher stand, persönlich begegnete. Allerdings wurde diese Barriere

---

[219] Aufzeichnung StS Meissner [B.d.Rpräs.], Berlin, 28.07.1931, in: AdR, Kab. Brüning I u. II, Bd. 2, Dok.-Nr. 412, S. 1437. So ließ Hindenburg dem englischen König seinen „ehrerbietigsten Dank" dafür ausrichten, daß er seinerzeit den deutschen Ministern während ihrer London-Visite einen überaus freundlichen Empfang bereitet hatte.

[220] EBD., S. 1438. Der Abstecher der englischen Kreuzer „Dorsetshire" und „Norfolk" nach Kiel (04.07.-11.07.1931) hatte ausschließlich inoffiziellen Charakter.

[221] „[...] The President greeted the guests with much cordiality, but the conversation was confined to generalities [...]". Schreiben Engl. BS Horace Rumbold an Sir R. Vansittart, Berlin, 29.07.1931, in: Documents on British Foreign Policy, Second Series, Vol. II, 1931, Dok.-Nr. 230, S. 242.

[222] Schulthess' Europäischer Geschichtskalender 1931, S. 208. FERDINAND SIEBERT: Aristide Briand 1862-1932. Ein Staatsmann zwischen Frankreich und Europa, Stuttgart 1973, S. 620.

von französischer Seite bewußt durchbrochen. Laval und Briand signalisierten schon im Vorfeld mit ihrem spontanen Wunsch nach einer persönlichen Begegnung mit dem ehemaligen Generalfeldmarschall des Ersten Weltkrieges[223], daß sie diese Liste aufgrund ihres anachronistischen Charakters als nicht mehr rechtswirksam betrachteten[224]. Auf deutscher Seite stufte man den Gegenbesuch Lavals und Briands als ein „politisches Ereignis ersten Ranges" ein und engagierte sich entsprechend in den Verhandlungen über die bilateralen Beziehungen und wirtschaftlichen Probleme beider Länder[225]. Verlief die Zusammenkunft nach Bekunden des französischen Botschafters in Berlin, François-Poncet, insgesamt „ohne Zwischenfälle und ohne Wärme", so wurde die „kurze und uninteres-

---

[223] Siehe Aufzeichnung StS v. Bülow, Berlin, 23.09.1931 [Original], BA Koblenz, NL Pünder, N 1005/53 [S. 68]. Ein Durchschlag dieser Niederschrift findet sich auch im: PA AA Bonn, R 29451/384948. Hierzu auch CURTIUS, Sechs Jahre Minister der deutschen Republik, a.a.O., S. 225. Daß ihr Wunsch nach einer persönlichen Begegnung mit Hindenburg in der Tat spontan gewesen war, geht aus einer weiteren Aufzeichnung Bülows hervor. Danach war selbst eine Woche vor dem geplanten Deutschlandbesuch der beiden Franzosen eine Stippvisite beim Reichspräsidenten nicht vorgesehen -, da die Besprechungen „ernsten und geschäftlichen Charakter haben sollten. Aufzeichnung StS v. Bülow über Unterredung mit frz. BS François Poncet, Berlin, 21.09.1931 [Original], BA Koblenz, NL Pünder, N 1005/53 [S. 84f.].

[224] Im Beisein Brünings witzelte Laval sogar über seine Kritiker, die ihm immer noch seinen Wunsch nach einer Begegnung mit Hindenburg übel nähmen. Mittlerweile habe aber sogar sein „Kriegsminister", Maginot, den bevorstehenden Besuch beim deutschen Reichspräsidenten gutgeheißen. Dieser sei, so Laval, wie er selbst der Auffassung, daß Hindenburg im Krieg eigentlich nur seine „Pflicht und Schuldigkeit getan" habe und dafür nicht bestraft werden könne. Aufzeichnung StS Pünder [Rkei], Berlin, 27.09.1931 (Vertraulich!) [Original], BA Koblenz, R 43 I/69 [S. 174]. Ein Durchschlag dieser Niederschrift findet sich auch im Nachlaß Pünder. Siehe BA Koblenz, NL Pünder, N/1005/53 [S. 41]. Siehe auch CURTIUS, Sechs Jahre Minister der deutschen Republik, a.a.O., S. 225. Hierzu siehe auch Artikel „Frankreich besucht Deutschland. Laval und Briand in Berlin" von RK a.D. Wilhelm Marx, 01.10.1931 [mschr. Durchschlag], HA Köln, NL Marx, Best. 1070/47 [S. 237]. FERDINAND SIEBERT, Aristide Briand 1862-1932, a.a.O., S. 621. Vgl. auch PHILIPP HEYDE: Das Ende der Reparationen. Deutschland, Frankreich und der Youngplan 1929-1932, Diss. Paderbron/München/Wien/Zürich 1998, S. 272.

[225] Laval und Briand waren auf Gegenbesuch, da RAM Curtius und RK Brüning kurz vor Beginn der Londoner Konferenz in Paris gewesen waren. Siehe CURTIUS, Sechs Jahre, a.a.O., S. 225. Zu den Hintergründen siehe LUDWIG ZIMMERMANN: Deutsche Aussenpolitik in der Ära der Weimarer Republik, Göttingen/Berlin/Frankfurt a. M. 1958, S. 420ff.; So empfing der Reichskanzler beispielsweise den frz. Ministerpräsidenten Laval um 11.30 Uhr zu einer 1 ½-stündigen Aussprache, die in französischer Sprache - ohne die Anwesenheit eines Dolmetschers - abgehalten wurde. Besagte Unterhaltung gestaltete sich aber nach Ansicht Brünings nicht so „inhaltsreich", obgleich man dazu überging, sowohl schwierige internationale Wirtschaftsfragen als auch zwischenstaatliche Themenfelder anzusprechen. Vgl. Aufzeichnung RAM Curtius, Berlin, 28.09.1931 [Abschrift], BA Koblenz, NL Pünder, N 1005/53 [S. 14-17]; Aufzeichnung StS Pünder, Berlin, 27.09.1931 [Abschrift], BA Koblenz, NL Pünder, N 1005/53 [S. 35f.]. Schulthess' Europäischer Geschichtskalender 1931, a.a.O., S. 208ff.

sante" Audienz beim Reichspräsidenten beinahe zur Farce. Anstelle von politischen Themen sprach man „vom Regen und vom schönen Wetter"[226], und anstatt naheliegende, aktuelle Fragen zu erörtern, wie beispielsweise die von Frankreich zum Scheitern gebrachte deutsche Zollunion mit Österreich, sorgte sich der Reichspräsident mehr um die Hotelunterkunft seiner Gäste und um Briands Gesundheitszustand[227]. Daß die nur 15-minütige Unterredung ausgesprochen unpolitische Inhalte hatte, ist wiederum auf Hindenburg zurückzuführen, der direkt am Anfang des Gespräches einleitend anmerkte, daß er als alter Soldat jetzt nicht über Politik reden wolle[228]. Wer bei ihm von der Voraussetzung ausgegangen war, er würde seine französischen Gäste wenigstens dieses Mal mit Politischem, sie vielleicht sogar mit persönlicher Kritik oder revisionistischen Forderungen konfrontieren, mußte sich eines Besseren belehren lassen. Wie im Falle der Landesgruppe Oberschlesien, die vom Reichspräsidenten vor dem Treffen gegenüber den Franzosen ein deutliches Veto gegen ein mögliches „Ost-Locarno" erwartete, verliefen derartige Vorstöße im Sande, da er seinem apolitischen Repräsentationsstil unbeirrbar treu blieb[229].

Daß Briand und Laval peu à peu ihre anfängliche Zurückhaltung ablegten und sogar am Ende des Empfangs das eigentliche Motiv für ihren Kurzbesuch offen eingestanden, – ihnen ging es darum, einen endgültigen Schlußstrich unter das Vergangene zu ziehen[230] –, war letzten Endes, so ein mittelbarer Zeitzeuge, Hindenburgs Verdienst:

„[...] angetan waren sie [...] vor allem durch den Empfang beim Reichspräsidenten und die Würde und Vornehmheit, mit der dieser bei aller Liebenswürdigkeit ihnen gegenübertrat und ihnen erklärte, daß auch er ein Zusammenarbeiten zwischen Deutschland und Frank-

---

[226] ANDRÉ FRANÇOIS-PONCET: Als Botschafter in Berlin 1931-1938, Mainz 1949, S. 26f.
[227] Aktennotiz StS Meissner [B.d.Rpräs.], Berlin, 28.09.1931, in: ADAP, B-XVIII, Dok.-Nr. 215, S. 474ff.; Siehe CURTIUS, Sechs Jahre, a.a.O., S. 225f.
[228] Aktennotiz StS Meissner [B.d.Rpräs.], Berlin, 28.09.1931, in: ADAP, B-XVIII, Dok.-Nr. 215, S. 474. Meissner sandte einen Durchschlag des bewußten Dokuments an die Reichskanzlei, BA Koblenz, R 43 I/69 [Mikrofilm-Nr. 19], [S. 162ff.]. Siehe auch AdR, Kab. Brüning I u. II, Dok.-Nr. 491, S. 1751.
[229] Besagte Landesgruppe, die immerhin über 65.000 Mitglieder zählte, telegraphierte dem Reichspräsidenten einen Tag vor dem Empfang, er möge der Forderung Nachdruck verleihen, „„dass die Verhältnisse des oberschlesischen Grenzlandes neugeordnet werden, unabhängig von der Macht der Bajonette und Diktate". Hindenburg sollte dafür Sorge tragen, daß die deutsche Regierung gerade diesen Gesichtspunkt in ihrer Besprechung thematisiere. Telegramm Dt. BS Melchior an Rkei [o.A.], Nr. 10299, Gleiwitz, 27.09.1931 [Mikrofilm-Nr. 19], [Abschrift], BA Koblenz, R 43 I/69 [S. 143].
[230] Telegramm RAM Curtius an Dt. BS Paris, Nr. 542, Berlin, 30.09.1931, PA AA Bonn, 5724/H 026 415-419.

reich unter der Voraussetzung der vollen Wahrung der Unabhängigkeit Deutschlands begrüße [...]"[231].

Ganz und gar apolitischen Inhalts war auch die Begrüßung des italienischen Außenministers Grandi und die seines Botschafters Orsini-Baroni durch den Reichspräsidenten Ende Oktober 1931. Zugegeben, wieder einmal eröffnete er das Gespräch recht geschickt, indem er sich nach dem Befinden des italienischen Königs erkundigte und zugleich bedauerte, daß „Ministerpräsident" Mussolini nicht mit nach Berlin gekommen war. Gleichwohl gingen beide Seiten über den Austausch von Höflichkeitsfloskeln kaum hinaus. Anstelle naheliegender Fragen politischer Couleur wurden Themen wie die aktuelle Situation im italienischen Königshaus oder die militärischen Beziehungen beider Staaten zur Sprache gebracht. Daran änderte selbst Hindenburgs Dank an Grandi nichts, dem er höchsten Respekt für die Genfer Arbeit während der Abrüstungskonferenz zollte[232]. Anliegende Themen, wie etwa die Weltwirtschaftskrise oder Aktuelles zur Reparations- oder Abrüstungsfrage, berührte Hindenburg im Gegensatz zum vorangegangenen Treffen des italienischen Außenministers mit Reichskanzler Brüning[233] überhaupt nicht.

Mitte 1933 wurde dem englischen Unterstaatssekretär im Foreign Office, Anthony Eden, eine „seltene Ehre" zuteil. Einer Einladung des Reichspräsidenten folgend wurde er zusammen mit dem englischen Botschafter in Berlin, Sir Eric Phipps, vom selbigen im Palais mit „militärischer Höflichkeit" empfangen. Nach einigen „konventionellen Fragen und Antworten" übernahm Hindenburg wieder die Regie und glänzte einmal mehr in der Rolle des militärgeschichtlichen

---

[231] Schreiben GS Ritter an v. Preger (Bayerische Staatsministerium des Äußeren), 02.10.1931, in: Politik und Wirtschaft in der Krise 1930-1932. Quellen zur Ära Brüning, Bearb.: ILSE MAURER/UDO WENGST (eingeleitet von Gerhard Schulz), aus: Quellen zur Geschichte des Parlamentarismus und der politischen Parteien, Dritte Reihe: Die Weimarer Republik, Hrsg.: Karl Dietrich Bracher/Erich Matthias/Rudolf Morsey, Bd. 4/2, Düsseldorf 1980, Dok.-Nr. 333, S. 1015.

[232] Zu der einzig konkreten außenpolitisch relevanten Bemerkung Hindenburgs hierzu notierte StS Meissner: „[...] Der Reichspräsident sprach alsdann seine Genugtuung aus, daß Grandi in Genf in der Abrüstungsfrage die geistige Führung übernommen habe, und daß er mit Deutschland auf diesem Gebiet so eng zusammengearbeitet habe. [...]". Aufzeichnung StS Meissner [B.d.Rpräs.], Berlin, 26.10.1931, BA Koblenz, R 43 I/82 [S. 76ff.]. Besagte Niederschrift übersandte Meissner am selben Tag noch an StS Pünder. Aufzeichnung StS Meissner [B.d.Rpräs.], Berlin, 26.10.1931 [Mikrofilm-Nr. 22], BA Koblenz, R 43 I/82 [S. 76ff.].

[233] Zum Inhalt der 45-minütigen politischen Unterredung zwischen Reichskanzler Brüning und seinen Gästen, Außenminister Grandi und BS Orsini-Baroni siehe Aufzeichnung RK Brüning, Berlin, 25.10.1931, in: ADAP, B-XVIII, Dok.-Nr. 521, S. 1836f.; Brüning zählt Grandis Besuch in seinen Memoiren zu den „angenehmsten Erinnerungen" seiner ganzen Amtszeit. Mehr hierzu siehe BRÜNING, Memoiren, a.a.O., S. 434f.

Experten. Dieses Mal fand er aber bei seinen Gästen keinen Anklang, denn sein Exkurs wurde von ihnen mit wenig Begeisterung aufgenommen[234]. Auch der amerikanische Publizist Nicholas Murray Butler zeigte sich bei seinem Zusammentreffen mit dem Marschallpräsidenten Anfang Mai 1930 über dessen Faible für das Einbringen von persönlichen Episoden aus dem Ersten Weltkrieg mehr irritiert denn beeindruckt[235].

Während der Audienz des italienischen Staatssekretärs des Außenministerium Fulvio Suvich und des italienischen Missionschefs Ende 1933 blieb Hindenburg seinem antipolitischen Kodex treu. Hatte Suvich noch einen Tag zuvor mit Reichsaußenminister von Neurath und Staatssekretär von Bülow über den deutschen Austritt aus dem Völkerbund und über die Abrüstungskonferenz diskutiert, so nahm Hindenburg, der über Inhalt und Ablauf dieser Unterredung im Bilde war, auf die aktuellen Themen mit keinem Wort Bezug. Indem er sich nach dem Wohlbefinden des Königs erkundigte und Mussolinis innenpolitischen „Erfolge" anerkennend würdigte, ebnete er gleich zu Beginn den Weg für einen inhaltlich belanglosen *Small talk*. Politik wurde außen vor gelassen. Dafür plauderte er im Verlauf des 25-minütigen Zusammentreffens über Archäologie und Reitsport in Italien[236].

All diese Begegnungen sind geradewegs signifikant für den unpolitischen Repräsentationsstil Hindenburgs; denn dieser mied bewußt den politischen Dialog unter vier Augen und erhob das Parlieren über Banales zum Prinzip seiner „Empfangspolitik". Zweifelsohne hat er, und dies kann ihm hier gleichzeitig vorgehalten werden, seine Chancen zum politischen Streitgespräch mit ausländischen Diplomaten, Ministern und Staatsoberhäuptern nie bis zur letzten Konsequenz genutzt. Ebensowenig hat er seinen Einfluß, den er eigentlich aufgrund seiner innenpolitisch starken Stellung hätte zur Geltung bringen müssen, direkt zur Entfaltung gebracht. Nie hat er seine Autorität, die er auch in ausländischen Kreisen hatte, in die Waagschale geworfen. Dabei hätte ein Machtwort seinerseits durchaus Aussichten auf Erfolg gehabt. Denn selbst seinen hochrangigen ausländischen Gästen gelang es nicht, sich seiner charismatischen Ausstrahlung

---

[234] ANTHONY EDEN: Angesichts der Diktatoren. Memoiren 1923-1938, Köln/Berlin 1964, S. 96f.; Eden bewertete das Treffen insgesamt als „bedrückendes Erlebnis".

[235] „[...] We talked very freely of the problems which confronted Germany, and frequently mentioned various episodes of the war which bore some relation to the matters of which we were speaking. [...]". NICHOLAS MURRAY BUTLER: Across the busy years; recollections and reflections, First Edition, New York/London 1939, S. 151f.

[236] Aktennotiz StS Meissner [B.d.Rpräs.], Berlin, 13.12.1933 [Original], BA Berlin-Lichterfelde, R 601/153. Eine Niederschrift über die einen Tag zuvor stattgefundene Unterredung zwischen Suvich und v. Neurath wurde Hindenburg noch am selben Tag von StS v. Bülow übersandt. Aufzeichnung StS v. Bülow, Berlin, 12.12.1933 [Original], BA Berlin-Lichterfelde, R 601/153.

gänzlich zu entziehen. Vielleicht vermochten sie es deshalb nicht, dem deutschen Reichspräsidenten politische Fragen und Anliegen dezidiert vorzutragen und vereinzelt politische Themenkomplexe zu vertiefen, um so einen offenen politischen Dialog zu eröffnen. Insofern haben auch sie – bedingt durch ihre zu nachgiebige, manchmal auch zu servile Haltung – den unpolitischen Charakter dieser Begegnungen indirekt gefördert und mitgestaltet.

C. Staatsoberhaupt und Gnadenerlaßrecht: Die *Skoblewski-Affäre*

Auf den ersten Blick erscheint das dem Reichspräsidenten nach Artikel 49 der Weimarer Reichsverfassung zustehende Begnadigungsrecht[237] nur auf innenpolitischer Ebene von Relevanz und läßt der Vermutung, dieses Gesetz habe auch auf außenpolitische Abläufe einen erkennbaren Einfluß gehabt, nur unzureichenden Freiraum. Dennoch läßt sich anhand der *Affäre Skoblewksi*, mit der Hindenburg schon zu Anfang seiner Amtszeit konfrontiert wurde, anschaulich das Gegenteil beweisen. Mit Skoblewski, über den der deutsche Staatsgerichtshof am 22. April 1925 wegen „führender Beteiligung an kommunistischen Umsturzvorbereitungen im Herbst des Jahres 1923"[238] die Todesstrafe verhängte, versuchte man auf deutscher Seite zunächst ein Exempel zu statuieren[239]. Diplomatische Verwicklungen ergaben sich vor allem durch die Zuflucht Skoblewskis in das Gebäude der sowjetischen Botschaft in Berlin. In einer formellen deutschen De-

---

[237] Wortlaut: „Der Reichspräsident übt für das Reich das Begnadigungsrecht aus. Reichsamnestien bedürfen eines Reichsgesetzes". WRV, Art. 49 (Abs. 1, Satz 1 u. 2). Bei Strafsachen und dergleichen, die direkt in die Kompetenz der Länder fielen, konnte der Reichspräsident mit seinem Begnadigungsrecht nicht intervenieren. Siehe BA Berlin-Lichterfelde, R 601/0/0/8 [S. 173f.].

[238] Ferner wurden ihm „Anstiftung zum Mord" in fünf Fällen vorgeworfen und man sah in ihm den „Hauptschuldigen" aller Verbrechen der sogenannten „Tscheka", einer geheimen Mordorganisation, die von Felix Naumann gegründet worden war. Auch wenn in der 88 Seiten starken Anklageschrift 16 weitere Angeklagte aufgeführt wurden, war Skoblewski zweifelsohne der eigentliche Leiter der militärischen Abteilung des Zentralen-Revolutions-Komitees, der sogenannten „Operativen Abteilung". Er wurde nach Berlin entsandt, um die Gründung bzw. Ausbildung der deutschen „Roten Armee" zu initiieren bzw. zu organisieren. Siehe Anklageschrift gegen Felix Naumann und Genossen, 17.10.1924 (Geheim), PA AA Bonn, Botschaft Moskau, Fach 46, A 2e.

[239] Außerdem wurde Skoblewski noch zu einer Zuchthausstrafe von 12 Jahren und zur Ausweisung aus dem Reichsgebiet verurteilt. ADAP, B-II-2, Dok.-Nr. 31, S. 75. Hierzu siehe auch GUSTAV HILGER: Wir und der Kreml. Deutsch-sowjetische Beziehungen 1918-1941. Erinnerungen eines deutschen Diplomaten, Frankfurt a. M./Berlin 1955, S. 142ff.

marche, die in Form einer Verbalnote an die UdSSR übergeben wurde, verlangte man vom Kreml Maßnahmen, um eine „Wiederholung derartiger Vorgänge unbedingt auszuschliessen". Damit war nicht allein Skoblewskis Aufenthalt in der sowjetischen Botschaft gemeint[240], vielmehr die Anwesenheit weiterer Angehöriger einer „hochverräterisch tätigen Gruppe", die dort tatsächlich mit Geldern und Waffen unterstützt wurden[241].

Im Kreml erkannte man schnell, daß Skoblewskis weiteres Schicksal Präzedenzcharakter haben konnte, weil neben ihm noch andere sowjetische Staatsangehörige in deutschen Gefängnissen inhaftiert waren, denen aufgrund ihrer Spionagetätigkeiten die Todesstrafe drohte. Wohl deshalb packte der sowjetische Botschafter in Berlin, Krestinsky, in einer Unterredung mit Reichsaußenminister Stresemann die Gelegenheit beim Schopf und verdeutlichte den Standpunkt Moskaus zum gefällten Todesurteil gegen Skoblewski. An Bestimmtheit ließ der Russe es dabei nicht fehlen, als er das Auswärtige Amt mit der Forderung konfrontierte, für ein Gnadengesuch zu intervenieren. Dabei resultierte seine Warnung vor einer Vollstreckung des Todesurteils aus wirklicher Besorgnis vor einer Beeinträchtigung der beidseitigen freundschaftlichen Beziehungen[242]. Krestinski ging aber noch einen Schritt weiter. Einige Wochen später äußerte er gegenüber Stresemann den Wunsch, den Reichspräsidenten als Gast in seiner Botschaft willkommen heißen zu dürfen. Aber Stresemann kam dieser Bitte unter Hinweis auf Hindenburgs grundsätzlich reservierte Einstellung zu Einladungen fremder Missionen nicht nach. Genaugenommen hatte seine Replik auch einen taktischen Hintergrund, denn im Hinblick auf den delikaten *Fall Skoblewski* konnte ihm zu diesem Zeitpunkt an einem Zusammentreffen mit Hindenburg wohl kaum gelegen sein, weil Krestinsky diese Gelegenheit fraglos dazu genutzt hätte, um ihn in seinem Sinne zu beeinflussen[243].

Bis zum 31. September 1925 sollte es dauern, bis der Reichspräsident die Todesstrafe gegen Skoblewski aufhob und durch einen Gnadenerlaß in lebenslange

---

[240] Skoblewski wurde noch vorgehalten, in der sowjetischen Botschaft in Berlin in einem eigens dafür vorgesehenem Zimmer mit seinem Stabe gearbeitet zu haben. Anklageschrift (Geheim) 17.10.1924 45 (S. 16), PA AA Bonn, Botschaft Moskau, Fach 46, A 2e.

[241] Verbalnote, Moskau, 09.11.1925, PA AA Bonn, Botschaft Moskau, Fach 46, A 2e. Die Demarche, die der RAM für „unvermeidlich" hielt, ist auf seine Initiative hin entstanden. Siehe Schreiben RAM Stresemann an Dt. BS Brockdorff-Rantzau, Berlin, 09.11.1925, PA AA Bonn, Botschaft Moskau, Fach 46, A 2e.

[242] Aufzeichnung RAM Stresemann, Berlin, 21.04.1925, PA AA Bonn, NL Stresemann, Bd. 272, 7129 H/H 147923.

[243] Telegramm RAM Stresemann an Dt. BS Brockdorff-Rantzau, Berlin, 17.07.1925, Nr. 370 (Geheim!), in: ADAP, A-XIII (1995), Dok.-Nr. 208, S. 577f.

Zuchthausstrafe umwandelte[244]. Doch damit war diese Angelegenheit noch längst nicht aus der Welt geschafft. Zu einer politischen Affäre „erster Ordnung", von der die weitere Bereinigung der deutsch-sowjetischen Haftfälle abhing, entfaltete sich die Kontroverse, als Rußland auf Skoblewskis sofortige Herausgabe insistierte[245]. Um der neuen Situation Rechnung zu tragen, wurde eigens eine Sondersitzung des Ministerrates einberufen, die am 19. Juli 1926 stattfand und in der man sich auf die Modalitäten seiner Begnadigung im einzelnen verständigte. Man beschloß, die Angelegenheit nicht „lediglich" durch Ausweisung, sondern durch einen offiziellen Gnadenakt des Reichspräsidenten zu „erledigen"[246]. Der dem Reichspräsidenten vorzulegende Gnadenakt sollte dabei vom Reichsminister der Justiz so formuliert werden, daß die Zuchthausstrafe Skoblewskis so lange nicht vollstreckt werde wie dieser sich im Ausland befinde[247].

Über die Haltung Moskaus zur *Skoblewski-Affäre* wurde Hindenburg auch vom deutschen Missionschef in Moskau Brockdorff-Rantzau regelmäßig unterrichtet. Abgesehen von den üblichen Informationen versäumte der Botschafter nicht, seine Bedenken und Anmerkungen angesichts der Vorgänge um Skoblewski vorzubringen. Während einer dreiviertelstündigen Unterredung, in der ausschließlich der *Fall Skoblewski* besprochen wurde, artikulierte Brockdorff-Rantzau gegenüber Hindenburg seinen Unmut über das Gebaren von Reichswehrminister Gessler, der mit seiner kategorischen Ablehnung von Skoblewskis bevorstehender Begnadigung die „Sache bis zum äußersten treibe", um einen „guten Abgang" zu haben. Doch anstatt seinen Standpunkt zu teilen, gab Hindenburg nur zu verstehen, daß er verfügen werde, die „Sache im Sinne der Auffassung des Auswärtigen Amtes" zu erledigen[248]. Da Hindenburg vorab signalisiert hatte, daß er dem Votum des Reichskabinetts nicht im Wege stehen werde, wurde diese Angelegenheit in der Kabinettssitzung vom 12. August erneut zur

---

[244] Vgl. Kabinettsvorlage RJM [unterschrieben von i.V. Joel], BA Koblenz, R 43 I/1242 [S. 513-526].
[245] Aufzeichnung [o.A], 12.08.1926 betr. Kabinettssitzung vom 12.08.1926, in: ADAP, B-II-2, Dok.-Nr. 83, S. 185ff.; Eine Kopie dieser Aufzeichnung ist auch unter der Signatur R 27377/D 828643 im PA AA Bonn zu finden. Näheres zu den Rückwirkungen dieser Affäre auf die deutsch-sowjetischen Beziehungen bei HANS W. GATZKE: Russo-German Military Collaboration during the Weimar Republic, in: AHR, Vol. LXIII (April 1958), S. 582f.
[246] An der Ministerbesprechung nahmen weder Hindenburg noch Meissner teil; dafür aber Zechlin, der Hindenburg wohl auch persönlich über den Ablauf und das Ergebnis der Sitzung unterrichtet haben dürfte. Ministerbesprechung, Berlin, 19.07.1926, in: AdR., Kab. Marx III, Bd. 1, Dok.-Nr. 63, S. 141.
[247] EBD.
[248] Aufzeichnung RAM Stresemann, Berlin, 11.08.1926 [Original], PA AA Bonn, NL Stresemann, Bd. 278, 7137 H/H 149293-295. Dito Aufzeichnung StS v. Schubert, Berlin, 10.08.1926 [Original], PA AA Bonn, R 29292/E 163720.

Sprache gebracht²⁴⁹. Was die Entwicklung und den Fortgang der Angelegenheit Skoblewski anbelangte, zeichnete sich der Reichspräsident weniger durch Eigeninitiative aus. Die überließ er Brockdorff-Rantzau, dem es immerhin gelang, ihn von der Notwendigkeit des Gefangenenaustauschs mit Moskau zu überzeugen²⁵⁰.

Auffallend ist, daß nahezu alle beteiligten Akteure bemüht waren, Hindenburg die Tragweite dieses Vorfalles zu präzisieren, da dieser den politischen Kern des ganzen Vorfalls wohl bei weitem unterschätzte. Nahegelegt werden mußte ihm deshalb, daß es bei dem *Fall Skoblewski* nicht um einen persönlichen Gnadenakt ging, sondern um einen politischen Akt, der „lediglich aus formellen Gründen" einen Gnadenerlaß erforderte²⁵¹. Die politische Akzentuierung, die Politisierung dieser ganzen Affäre, sollte ein potentielles Veto des deutschen Staatsoberhauptes von vornherein ausschließen. Ein Einlenken Hindenburgs, das möglicherweise eine Ablehnung des Gnadenerlasses nach sich gezogen hätte, lag zwar im Bereich des theoretisch Möglichen, wäre aber im Hinblick auf den Berliner Vertrag²⁵² politisch höchst inopportun gewesen. Ernsthaft war damit ohnehin nicht zu rechnen, weil dieser selbst an guten Beziehungen zu Rußland interessiert war und gegen den Ratschlag Brockdorff-Rantzaus kaum opponiert hätte. Folglich war die von ihm geleistete Unterschrift – am 20. August 1926 unterzeichnete er den Gnadenerlaß, der Skoblewskis Exilierung nach sich zog²⁵³ – nicht mehr als ein Routineakt. Zog das Auswärtige Amt als eigentlicher Akteur im Hintergrund die Fäden, so maß Hindenburg dieser Angelegenheit nur einen untergeordneten Stellenwert bei. Dies offenbarte er bei einem Empfang des sowjetischen Außenministers Tschitscherin und des Moskauer Botschafters in Berlin, Krestinsky, Anfang Oktober 1925 in seinem Hause, wo er mit keinem Wort auf Skoblewski einging²⁵⁴.

In der Tat wurde der *Fall Skoblewski* in erster Linie durch das Auswärtige Amt politisiert. Bezeichnend dafür ist auch die routinemäßig vorgelegte Ge-

---

²⁴⁹ Aufzeichnung der Kabinettssitzung vom 12.08.1926 [o.A], in: ADAP, B-II-2, Dok.-Nr. 83, S. 185ff.
²⁵⁰ Tagebucheintrag Ernst Feder, Berlin, 16.08.1926, in: ERNST FEDER: Heute sprach ich mit, a.a.O., S. 67.
²⁵¹ Aufzeichnung Dt. BS Brockdorff-Rantzau, „Stichworte für die Kabinettsberatung über den *Fall Skoblewski*", [o.D./o.O.], PA AA Bonn, NL Brockdorff-Rantzau, Bd. 15/1, H 226261. Eine Kopie dieser Aufzeichnung ist auch unter der Signatur R 27377/D 828643 im PA AA Bonn zu finden.
²⁵² Zum Berliner Vertrag und Hindenburgs Part siehe S. 387-392 dieser Arbeit.
²⁵³ Schreiben MinDir Doehle [B.d.Rpräs.] an RAM Stresemann, Berlin, 20.8.1926 [Kopie], PA AA Bonn, R 31945 k/K 107270.
²⁵⁴ Aufzeichnung StS Meissner [B.d.Rpräs.], Berlin, 07.10.1925, PA AA Bonn, R 83638/L 210988-990.

sprächsstoffvorlage des Referats E des Auswärtigen Amtes, in der Hindenburg nicht nur auf den bevorstehenden Besuch des sowjetischen Volkskommissars des Auswärtigen Tschitscherin vorbereitet wurde, sondern darüber hinaus auch gezielt auf einen möglichen Exkurs über den *Fall Skoblewski*. Danach sollte er, falls der Kreml-Minister diesen Punkt berühren würde, in seiner Replik einerseits hervorheben, daß er persönlich die Angelegenheit prüfen werde. Anschließend sollte er mit der Frage kontern, „wann und in welchem Sinne" die UdSSR eine Entscheidung über das Gnadengesuch der deutschen Studenten Wolscht und Kindermann treffen würde, denen in Moskau die Hinrichtung drohte[255].

Bei all dem darf nicht vergessen werden, daß Hindenburg bis zum Ende seiner Amtszeit wirklich an guten Beziehungen zur Sowjetunion interessiert war, auch wenn er hin und wieder eine energischere Sprache gegen die von Moskau gesteuerten kommunistischen „Umtriebe" in Deutschland forderte[256]. Wohl deshalb verwahrte er sich 1929 strikt gegen die Übersiedlung des exilierten russischen Revolutionärs und Politikers Leo Trotzki nach Deutschland, der mit seinem Gesuch um politisches Asyl allen Verantwortlichen in der Wilhelmstraße für einige Wochen Kopfzerbrechen bereitete[257].

---

[255] Gesprächsstoff für die Unterredung mit Volkskommissar Tschitscherin [russischer Außenminister] (Ganz geheim!), Berlin, 01.10.1925, PA AA Bonn, R 83639/L 211054.

[256] Aufzeichnung StS v. Schubert [AA], Berlin, 25.02.1927 [Durchschlag mit Originalunterschrift v. Schubert], PA AA Bonn, R 27379/D 829582.

[257] Hindenburg widmete dem *Fall Trotzki* große Aufmerksamkeit. Hierfür zitierte er eigens Botschafter Dirksen nach Berlin. Aufzeichnung LegS Strohm, Berlin, 18.03.1929 [Original], PA AA Bonn, R 29274/E 160261. Trotzki hatte als unerwünschte Person in Moskau unter dem falschen Namen Seloff im sowjetischen Generalkonsulat Unterschlupf gesucht. Sein Asylgesuch an das deutsche Konsulat erstreckte sich auch auf seine Familie. Sein Ansuchen wurde aber nach längerer „Prüfung aller Umstände" vom Reichskabinett gemäß Hindenburgs Wunsch abgelehnt. Telegramm Dt. BS Nadolny an AA [o.A.], [Abschrift], Nr. 27, Pera, 18.02.1929; Telegramm RAM Stresemann an Dt. BS Nadolny „zur Weitergabe an Herrn Trotzki", Nr. 24 [Abschrift], Berlin, 11.04.1929, PA AA Bonn, R 29274/E 160276.

Siebtes Buch: Hindenburgs Personalpolitik als instrumentaler
              Einflußfaktor in der Außenpolitik

A. Personalpolitik zwischen Konsens und Dissens

Personalentscheidungen von außenpolitischer Relevanz erforderten ein funktionierendes Zusammenspiel zwischen dem Reichspräsidenten und dem jeweils amtierenden Außenminister. Daß beide Akteure auf dem Gebiet der Außenpolitik aufeinander angewiesen waren, fiel besonders bei anstehenden brisanten personellen Angelegenheiten ins Gewicht. Ohne die Bereitschaft zum Kompromiß, ohne die Fähigkeit zum offenen Disput wäre auf diesem Sektor eine konstruktive Zusammenarbeit beider Entscheidungsträger undenkbar gewesen. Grundlegend war dabei zum einen ihr persönliches und politisches Verhältnis zueinander, zum anderen ihre generelle Einstellung zur Personalpolitik. Wer wie Stresemann in dem Ernennungsrecht über die hohen Beamten des Auswärtigen Amtes, vor allem mit Blick auf die Entsendung der deutschen Missionschefs ins Ausland, ein einflußreiches außenpolitisches Instrument sah, mußte notgedrungen mit den Interessen Hindenburgs kollidieren, der gleiches dachte[1]. Daß beide bei der Ernennung und Entsendung der deutschen Missionschefs in einigen Fällen nur unter größten Schwierigkeiten den erforderlichen modus vivendi fanden, war aufgrund ihrer dogmatischen Haltung zur Personalpolitik vorprogrammiert. Da sie jeweils ihren Einfluß auf der personalpolitischen Ebene wahren und sichern wollten und daher in der Praxis einen weniger konzilianten Umgang miteinander pflegten, waren nahezu alle ihre gemeinsamen Entscheidungen Resultate vorangegangener Diskussionen, die sich im Vorfeld weitgehend zwischen Konsens und Dissens bewegt hatten.

Neben unproblematischen Fällen und kleineren Meinungsverschiedenheiten gab es auch Konfliktsituationen, die durch ihre Heftigkeit auffielen[2]. Hatten

---

[1]   Schreiben StS Meissner an RAM Stresemann, Berlin, 17.11.1928 [Original], PA AA Bonn, NL Stresemann, Bd. 73, 7380 H/H 168480-081. Ein Durchschlag dieses Briefes befindet sich außerdem im Bd. 291, 7148 H/H 150928-930. Ferner siehe Schreiben RAM Stresemann an MinDir Zechlin, Berlin, 13.02.1929 [Kopie einer Abschrift], PA AA Bonn, NL Stresemann, Bd. 77, 7384 H/H 169196.
[2]   Henry Bernhard, der als Privatsekretär Stresemanns zu den unmittelbaren Zeitzeugen zu zählen ist, bemerkt hierzu in seinem Erinnerungswerk: „[...] Zwischen Hindenburg und Stresemann hat es auch in der Personalpolitik des Auswärtigen Amtes oft Differenzen gegeben, die ehrlich

Hindenburg und Stresemann entgegen vieler Widerstände im *Fall Prittwitz und Gaffron*[3] noch Einigkeit und Standvermögen bewiesen, so markierte die *Nadolny-Rauscher-Kontroverse*[4], bei der beide mit ihrem Rücktritt drohten, um auf den jeweils anderen gezielt Druck auszuüben, den Höhepunkt ihrer dualistischen Beziehung. Einerseits verteidigte Hindenburg sein personalpolitisches Prärogativrecht mit Vehemenz, andererseits akzeptierte er den Part des Außenministers bei der Bestellung der deutschen Auslandsvertreter. Ausschließlich ihm gestand er ein Mitwirkungsrecht zu. Bei ihren Streitigkeiten ging es nicht darum, dem anderen seine Rechte, was die Bestellung der höheren Beamten anbelangte, in irgendeiner Form abzusprechen. Erörtert wurde lediglich die Intensität der Einflußnahme, besser gesagt die Handlungsbreite, die man dem anderen auf dem personalpolitischen Sektor zugestand. Außenstehende, die den Versuch unternahmen, in diese Entscheidungssphäre einzudringen, stießen in der Regel auf das unnachgiebige Veto des Außenministers und das des Reichspräsidenten[5]. Wenn auch zwischen beiden hin und wieder Differenzen aufkamen, so herrschte doch Einvernehmen darin, auf dem Gebiet der Bestellung der Missionschefs keiner anderen Person ein Mitspracherecht zu gewähren[6]. Doch auch hier mußte Stresemann mehr Abstriche machen, als ihm lieb gewesen sein dürfte, denn der Reichspräsident behielt es sich vor, in der Regel erst nach dem Vortrag des Außenministers definitive personalpolitische Entscheidungen bekanntzugeben[7]. Zumindest theoretisch mußte sich Stresemann mit dem Vorschlagsrecht begnü-

---

ausgepaukt worden sind. [...]". HENRY BERNHARD: Aufzeichnungen und Betrachtungen. Stuttgart 1947, S. 26.
[3] Siehe S. 309-313 dieser Arbeit.
[4] Siehe S. 313-346 dieser Arbeit.
[5] Als RIM Wilhelm Külz zum Vertreter des Deutschen Reiches nach Genf zur Weltkonferenz entsandt werden sollte, wurde im Kabinett Protest laut. Der über diesen Vorfall informierte Hindenburg ließ durch seinen Staatssekretär ausrichten, daß er Stresemanns Standpunkt durchaus teile, „wonach Angelegenheiten der vorliegenden Art lediglich ihn und den Reichsaußenminister etwas angehen". Aufzeichnung MinDir Köpke [AA], Berlin, 09.05.1927 [Kopie], PA AA Bonn, R 35583/E 296832. Auch Stresemann verwies mehrfach auf sein Recht, bei der Ernennung von Botschaftern etc. den Reichspräsidenten als einzigen konsultieren zu dürfen. Schreiben RAM Stresemann an Fritz Matthaei, Baden-Baden, 23.09.1928 [Original], PA AA Bonn, NL Stresemann, Bd. 292, 7149 H/H 151174-177. Siehe aber auch die Haltung Hindenburgs und Stresemanns in der *Zweigert-Keudell-Kontroverse* auf S. 302-308 dieser Arbeit.
[6] Stresemann sah noch nicht einmal die Notwendigkeit für gegeben, den Reichskanzler oder seinen Vertreter bei personalpolitischen Veränderungen zu informieren. Siehe Telegramm RAM Stresemann an StS v. Schubert, Nr. 2, Marseille, 16.02.1928 [Kopie einer Abschrift], PA AA Bonn, R 29338/E 170131.
[7] Schreiben RAM Stresemann an MinDir Zechlin, Berlin, 13.02.1929 [Kopie einer Abschrift], PA AA Bonn, NL Stresemann, Bd. 77, 7384 H/H 169196. Dito Schreiben RJM Hergt an RK Marx, Berlin, 01.11.1927 [Mikrofilm-Nr. 596], BA Koblenz, R 43 II/1413 [S. 28-30].

gen und ihm die letzte Entscheidung überlassen. Im politischen Alltag waren somit Spannungen unvermeidlich.

Signifikant für Hindenburgs Arbeitsmethodik war, daß er personalpolitische Entscheidungen von geringerem Stellenwert, wie beispielsweise die Regelung der internen Personalangelegenheiten des Auswärtigen Amtes, voll und ganz seinem Außenminister anvertraute. Auch die Bestellung der ihm unbedeutend erscheinenden Diplomaten überließ er bereitwillig dem Leiter des Außenministeriums[8]. Sosehr er sich auch den wichtigen Personalfragen des Auswärtigen Amtes mit aller Energie widmete – wenn die Besetzung der zweiten oder dritten Garnitur zur Debatte stand, schwand sein Interesse rapide[9]. Bei derartig gelagerten Fällen übernahm er die vorgeschlagenen Kandidaten des Auswärtigen Amtes meist widerspruchslos[10]. Selten ergaben sich zudem hausinterne personalpolitische Konstellationen im Auswärtigen Amt, die für ihn Anlaß genug gewesen wären, persönlich zu intervenieren. Eine davon ereignete sich Mitte 1928, als der Referatsleiter der Personalabteilung des Auswärtigen Amtes, Ministerialdirektor Oswald Schneider, eine von der Universität Königsberg angetragene ordentliche Professur übernehmen wollte. Gemeinsam plädierten Hindenburg und Stresemann für dessen Verbleib in der Wilhelmstraße 76, wobei sich der Reichspräsident hierbei an den preußischen Minister für Wissenschaft, Kunst und Volksbildung, Staatsminister Becker, wandte und sich besonders nachhaltig für Schneider einsetzte. Anstelle von Stresemann veranschaulichte er den akuten personellen Engpaß im Auswärtigen Amt, der Schneiders Verbleiben unabdingbar mache, zumal dort ein „den schwierigen Aufgaben dieses Postens in jeder Hinsicht gewachsener

---

[8] Als Anfang 1928 das bevorstehende Revirement zwischen Hindenburg und Stresemann erörtert wurde, äußerte Hindenburg zu den namentlich unbekannteren Aspiranten: „[...] Ich kenne ja die Herrn nicht, das müssen Sie ja am besten wissen. [...]". Telegramm RAM Stresemann an StS v. Schubert, Nr. 2, Marseille, 16.02.1928 (Ganz geheim!) [Kopie einer Abschrift], PA AA Bonn, R 29338/E 170135.

[9] Mit dieser Gegebenheit konfrontiert wurde auch Graf v. Westarp, als er den Reichspräsidenten davon zu überzeugen versuchte, dem Reichstagsabgeordneten und ehemaligen Gesandten v. Kemnitz doch einen adäquaten diplomatischen Posten zu übertragen. Anstatt seinen persönlichen Standpunkt darzulegen, berief sich Hindenburg in seiner Replik auf die „politischen Bedenken" des Reichsaußenministers und legte dem Grafen nahe, seinen Vorschlag mit Stresemann persönlich zu erörtern. Schreiben Graf v. Westarp an Rpräs. v. Hindenburg, Berlin, 31.10.1927 [Abschrift]; Schreiben Rpräs. v. Hindenburg an Graf v. Westarp, Berlin, 01.11.1927. Den Briefwechsel übersandte StS Meissner an RAM Stresemann „zur vertraulichen Kenntnisnahme". Schreiben StS Meissner an RAM Stresemann, Berlin, 02.11.1927, PA AA Bonn, R 28668/D 706718-720.

[10] Daß die Versetzung des deutschen BSRat in Japan, Herbert v. Borch, nach Peking reibungslos vonstatten ging, war auf StS v. Schubert zurückzuführen, der Hindenburg zu diesem Schritt überreden konnte. Schreiben Dt. BSRat v. Borch an StS v. Schubert, Tokio, 1928 (o.A.) [Durchschlag einer Abschrift], PA AA Bonn, R 29327/E 168132.

Beamter" gegenwärtig nicht zur Verfügung stände. An Deutlichkeit ließ Hindenburg es nicht fehlen, als er die Forderung voranstellte, daß gerade im Interesse des Reiches versucht werden müsse, diesen „besonders geeigneten Beamten" noch eine Zeitlang zu halten. Seine energischen Zeilen verfehlten ihre Wirkung nicht; der preußische Minister gab Schneider wieder in die Obhut des Auswärtigen Amtes, wo ihm die Leitung der Personalabteilung wieder übertragen wurde[11].

B. Stresemann als Adressat personalpolitischer Instruktionen

Gleich zu Beginn seiner ersten Legislaturperiode geriet Hindenburg mit dem amtierenden Außenminister aneinander. Vorausgegangen war die routinemäßige Übersendung einer längeren Liste durch Stresemann an das *Büro des Reichspräsidenten*, in der neben den beabsichtigten diplomatischen Schritten auch die aktuellen Revirement-Pläne der Reichsregierung verzeichnet waren. Wie ein englischer Zeitzeuge seinerzeit einer vertraulichen Quelle zufolge erfahren hatte, fühlte sich der Reichspräsident nach Erhalt dieser Zeilen vom Außenminister überrumpelt, der intern an dessen Rolle bei diesem fait accompli heftige Kritik geübt haben soll[12]. Mit deutlicher Kritik versuchte Hindenburg zwar seinem Ärger Ausdruck zu verschaffen, hielt sich dabei aber in Wortwahl und Diktion eher bedeckt. Dezidiert zu verstehen gab er hingegen, daß ihm eine „gute und eingehende Information" seitens des Auswärtigen Amtes sehr wichtig sei[13]. Im Klartext bedeutete dies für seine Entourage, daß ihm alle bevorstehenden Perso-

---

[11] Zum 01.08.1930 verließ Schneider definitiv den Auswärtigen Dienst und übernahm eine ordentliche Professur als Staatswissenschaftler. Schreiben Rpräs. v. Hindenburg an Staatsminister Oswald Becker, Berlin, 18.05.1928 [Durchschlag]; Schreiben Rpräs. v. Hindenburg an Staatsminister Becker, Berlin, 04.08.1928 [Abschrift]; Schreiben MinDir Schneider an Rpräs. v. Hindenburg, Berlin, 30.09.1928 [Abschrift/Durchschlag], PA AA Bonn, Personalakte Oswald Schneider, Nr. 558, Bd. (o.A.).

[12] „[...] Stresemann recently sent in to Hindenburg, as if it were a mere question of routine, a long list of diplomatic moves and appointments. Hindenburg refused to approve the list and sent it back to Stresemann. [...] ‚How dare he do a thing like that'? - What did he mean by assuming that the President, - to whom the constitution had confided the duty and right to select proper persons etc. was a mere cypher who was bound to put his name to whatsover the Herr doctor chose to put before him'? ‚Take you list back and don't let me have this sort of thing again'. [...]". Schreiben Chargé d'Affaires Joseph Addison an Sir Miles W. Lampson, Berlin, 16.06.1925 [hdschr. Original], PRO London, FO 371/10714, C 8248 [S. 146ff.].

[13] Schreiben Rpräs. v. Hindenburg an RAM Stresemann, Berlin, 04.06.1925 [Original], PA AA Bonn, R 28034/E 255792f.

nalveränderungen beizeiten mündlich vorgetragen oder schriftlich avisiert werden mußten:

„[...] Schließlich lege ich noch Wert darauf, daß beabsichtigte Personalveränderungen mir rechtzeitig – d.h., ehe den in Frage kommenden Beamten Eröffnungen gemacht werden – zur Entscheidung vorgelegt werden [...], daß nicht nur bei den Herren Chefs der Missionen, sondern auch bei den Botschaftsräten und Generalkonsuln in dieser Weise verfahren wird"[14].

Zu einer weiteren Stellungnahme sah sich Hindenburg veranlaßt, als ihm zu Ohren kam, daß verschiedene Abgeordnete des Reichstages und einige Redakteure des *Berliner Tageblattes* über den Inhalt des Schreibens vom 4. Juni anscheinend bestens orientiert waren[15]. Dies entsprach ganz und gar nicht seinen Vorstellungen, erwartete er doch von allen eingeweihten Kabinettsmitgliedern über vertrauliche Mitteilungen strengstes Stillschweigen[16]. Auf seine Aufforderung hin, „mit allem Nachdruck" zu untersuchen, ob hier „eine beabsichtigte Indiskretion oder eine Fahrlässigkeit" als Ursache vorgelegen hatte[17], reagierte Reichsaußenminister Stresemann ohne Umschweife. Zwei Tage später informierte er den Reichspräsidenten über das Ergebnis seiner internen Recherche. Danach war sein Ressort für das Bekanntwerden der vertraulichen Nachricht nicht verantwortlich gewesen[18]. Dies hat Hindenburg allem Anschein nach kommentarlos zur Kenntnis genommen, denn weitere Äußerungen von seiner Seite sind hierzu nicht dokumentiert. Auf alle Fälle dürfte der Außenminister unmittelbar nach dem Amtsantritt des Reichspräsidenten einen ersten Eindruck davon bekommen haben, wie konsequent und gewissenhaft dieser künftig bei Personalfragen zu verfahren gedachte.

---

[14] EBD.
[15] Das *Berliner Tageblatt* berichtete erst am 28.06.1925 über den Inhalt des Schreibens. Vermutet werden darf, daß hierbei der Bitte Hindenburgs entsprochen wurde, diese Zeilen mit Verzögerung zu veröffentlichen. Vgl. Schreiben Rpräs. v. Hindenburg an RAM Stresemann, Berlin, 16.06.1925 [Original], PA AA Bonn, R 28034/E 255796.
[16] Schreiben RJM Hergt an RK Marx, Berlin, 01.11.1927 [Mikrofilm-Nr. 596], BA Koblenz, R 43 II/1413 [S. 28ff.].
[17] Schreiben Rpräs. v. Hindenburg an RAM Stresemann [Original], Berlin, 16.06.1925 [Original], PA AA Bonn, R 28034/E 255796.
[18] Schreiben RAM Stresemann an Rpräs. v. Hindenburg, Berlin, 18.06.1925 [Durchschlag], PA AA Bonn, R 28034/E 255797.

C. Die *Zweigert-Keudell-Kontroverse*

Auf die Personalstruktur der deutschen diplomatischen Vertreter im Ausland konnte Hindenburg weitreichenden Einfluß nehmen, weil er alle ihm zukommenden verfassungsmäßig verankerten personalpolitischen Rechte bis zur letzten Konsequenz ausschöpfte. So leitete er automatisch aus seinem Akkreditierungsrecht das Recht zur bestimmenden Einwirkung auf die Auswahl der Botschafter und Gesandten ab[19]. Wer als Missionschef und folglich als Repräsentant seiner außenpolitischen Vertretungsgewalt fungieren durfte[20], machte er ausschließlich von seiner Entscheidung abhängig. Prinzipiell beorderte er nur Diplomaten seines Vertrauens zu den wichtigen politischen Brennpunkten der Welt[21]. Des weiteren spielte auch das seit Ebert bestehende und praktizierte, per Geschäftsordnung geregelte Nominierungsverfahren der deutschen Beamten eine bedeutsame Rolle. Danach war der Reichspräsident speziell bei der Bestellung und Entsendung der deutschen Missionschefs nur von der Gegenzeichnung des Reichsaußenministers abhängig und brauchte auf das Reichskabinett keine Rücksichten zu nehmen. Zur Wahrung seiner personalpolitischen Einflußsphäre scheute er selbst mit dem Auswärtigen Amt und dem Reichskanzler keine Kraftprobe. So kam es gleich zweimal im Verlauf seiner Amtszeit zu einem solchen Kräftemessen, bei dem über die Kompetenzgewichtung zwischen dem Reichspräsidenten und der Reichsregierung in der Frage der Ernennung von deutschen Geschäftsträgern kontrovers debattiert wurde. Beide Fälle, die hier mit der Überschrift *Zweigert-Keudell-Kontroverse* versehen werden, geben Zeugnis von Hindenburgs apodiktischem Denken und konsequentem Handeln beim Nominierungs- und Bestellungsverfahren der deutschen Missionschefs im Ausland.

Die Debatte über die Art und Weise des alten Nominierungsverfahrens der Botschafter und Gesandten entzündete sich an der konträren Frage, wie weit die Befugnisse der Reichsregierung auf personalpolitischer Ebene reichen, inwiefern sie die Prärogativrechte des deutschen Staatsoberhauptes tangieren durften. Ihren Anfang nahm die Kontroverse durch eine Initiative des Reichskanzlers Luther.

---

[19] WRV, Art. 45 (Abs. 1, Satz 3). Huber, a.a.O., S. 454. Siehe auch Aufzeichnung RAM Stresemann, Berlin, 18.11.1928, in: ADAP, B-X, Dok.-Nr. 141, S. 359. Darauf wies auch StS Pünder in einer Ministerbesprechung vom 03.05.1930 hin. Siehe AdR, Kab. Brüning I-1, Bd. 1, Dok.-Nr. 26, S. 94.

[20] HEINRICH POHL: Die Zuständigkeit des Reichspräsidenten, in: Handbuch des Deutschen Staatsrechts, Hrsg.: GERHARD ANSCHÜTZ/RICHARD THOMA, Bd. 1, Tübingen 1930, S. 495. Nach den Regeln des internationalen Völkerrechts fungiert jeder Botschafter - damals wie heute - als direkter persönlicher Vertreter seines Staatsoberhauptes vor Ort. GEORG DAHM: Völkerrecht, Bd. 1, Stuttgart 1958, S. 315.

[21] WRV, Art. 45 (Abs. 1, Satz 3).

Zum Handeln veranlaßt fühlte sich der Reichskanzler, als er von Außenminister Stresemann belehrt wurde, daß noch vor dem Entsenden der neuen Vertreter für die deutschen Missionen in Budapest und Athen die „Entscheidung des Herrn Reichspräsidenten" einzuholen sei. Erst nach der Erteilung seines Agréments könne die offizielle Ernennung erfolgen[22]. Anscheinend fühlte sich Luther in diesem Punkt übergangen. Wie anders läßt es sich sonst erklären, daß die Reichskanzlei mehrfach das Auswärtige Amt dazu aufforderte, die Unterlagen über die beiden Gesandten zu übersenden. Als die gewünschten Papiere nicht zugestellt wurden, beraumte man ein Treffen zwischen Reichsaußenminister Stresemann und Staatssekretär Kempner an. Hierbei nahm Stresemann die Gelegenheit wahr, den Staatssekretär über die strikten personalpolitischen Grundsätze des Reichspräsidenten aufzuklären. Danach lege dieser großen Wert auf den Umstand, daß nur ihm als Staatsoberhaupt die Entscheidung über die Wahl der Auslandsvertreter obliege. Was das Ernennen und Entsenden der Beamten des Außendienstes anbelange, so Stresemann, gehe der Reichspräsident davon aus, daß Fragen dieser Art kraft seines Prärogativrechts in seinen Zuständigkeitsbereich fallen und nicht in den des Kabinetts[23]. Doch Stresemanns Ausführungen bestärkten den Reichskanzler in seiner Skepsis. Nicht gewillt, den „falschen Standpunkt" des Reichspräsidenten unkommentiert zu lassen, verwahrte sich Luther gegen jeden Versuch, dessen völkerrechtlichen Status als Legitimation für die Praxis der Besetzung der Außenposten anzuführen. Darauf bedacht, bei dem machtpolitischen Ränkespiel nicht ins Hintertreffen zu geraten[24], begab sich Luther bewußt in Opposition zum Reichspräsidenten und zu Stresemann, der ebenso gegen eine Miteinbeziehung der Reichskanzlei bei der Berufung der diplomatischen Vertreter war[25]. Aber gerade die Tatsache, daß Stresemann als ein-

---

[22] Schreiben RAM Stresemann an RK Luther, Berlin, 03.03.1926, BA Koblenz, R 43 I/553 [S. 223]. Für die deutsche Auslandsmission in Budapest war der deutsche Gesandte in Athen, Hans v. Schoen, vorgesehen, der dann auch am 20.03.1926 den Posten in Ungarn antrat. Sein Nachfolger in Athen wurde Botschaftsrat Martin Renner, der das Amt am 27.05.1926 übernahm.

[23] Weiter führte Stresemann noch aus, daß er als Kabinettsmitglied dem Reichskanzler künftig zwar über jede bevorstehende Ernennung eines Gesandten oder Botschafters schriftlich in Kenntnis setzen werde, daß aber jeder weitere Schritt dann allein dem Reichskanzler überlassen bleibe. Aufzeichnung StS Kempner [Rkei], Berlin, 29.03.1926 [Mikrofilm-Nr. 134], BA Koblenz, R 43 I/553 [S. 224].

[24] Vor allem Reichskanzler Luther kritisierte Hindenburgs starke Position. Dieser würde aufgrund seiner engen Kooperation mit dem Außenminister betreffend Personalia des Auswärtigen seinen Einfluß als Reichskanzler unterminieren. Aktennotiz StS Kempner, Berlin, 20.04.1926 [Mikrofilm-Nr. 134], BA Koblenz, R 43 I/553, K 266396f.

[25] „[...] Das Auswärtige Amt steht auf dem Standpunkt, dass die Ernennungen der diplomatischen Vertreter des Reichs auf Vorschlag des Auswärtigen Amts durch den Herrn Reichspräsidenten

ziges Kabinettsmitglied bei der Bestellung der Auslandsbeamten das Gegenzeichnungsrecht hatte, mißfiel dem Reichskanzler. Im Glauben, seine Richtlinienkompetenz könnte aufgrund der starken Position Stresemanns eine Beeinträchtigung erfahren, wurden die Reichsminister des Innern und der Justiz von ihm beauftragt, eine juristische Prüfung zur „Klärung der Sachlage" in Form eines gemeinsamen Gutachtens einzuleiten. Untersucht werden sollte, ob das seit Ebert in der politischen Praxis angewandte Ernennungsprocedere der diplomatischen deutschen Vertreter durch das Staatsoberhaupt wirklich ohne Beschlußfassung der Reichsregierung vonstatten gehen durfte. Ferner war zu klären, inwieweit das Beglaubigungsrecht den Reichspräsidenten dazu ermächtigte, nur unter Gegenzeichnung des Außenministers personalpolitische Änderungen zu vollziehen. In besagter Expertise sollte aber auch der Frage nachgegangen werden, inwiefern das dem Reichspräsidenten zugestandene personalpolitische Ernennungsrecht der Reichsbeamten durch die *Geschäftsordnung der Reichsregierung*, wonach jegliche Vorschläge zur Ernennung von Beamten der Reichsregierung „zur Beratung und Beschlußfassung" zu unterbreiten waren, restringiert wurde[26].

Etwas mehr als drei Wochen benötigte der Staatssekretär des Innern, Zweigert, für die Ausarbeitung des bestellten Gutachtens. Darin kam er zu dem Fazit, daß bei der Ernennung der Beamten des Außendienstes auch dem Reichskabinett ein Mitspracherecht zukam. Indem Zweigert anführte, der Reichspräsident habe seine personalpolitischen Rechte selber einer „gewissen kollegialen Kontrolle unterworfen", da er seinerzeit die Geschäftsordnung genehmigt habe, sprach er der langjährigen bis dato gängigen Praxis gewissermaßen die rechtliche Grundlage ab[27]. Obgleich Zweigerts Darlegungen keine normative Kraft hatten – eine Änderung des alten Verfahrens wäre ohnehin nur durch Kabinettsbeschluß und

---

ohne Beteiligung des Reichskanzlers oder des Kabinetts erfolgen könnten. [...]". Aufzeichnung MinRat Offermann, Berlin, 28.06.1926 [Mikrofilm-Nr. 134], BA Koblenz, R 43 I/553 [S. 241].

[26] Aktennotiz StS Pünder, Berlin, 16.04.1926 [Mikrofilm-Nr. 134]; Aktennotiz StS Kempner, Berlin, 20.04./21.04.1926 [Mikrofilm-Nr. 134], BA Koblenz, R 43 I/553 [S. 241]. Geschäftsordnung vom 03.04.1924, a.a.O., Paragraph 18 Ziffer 2c.

[27] Obgleich Zweigert argumentierte, daß das Gutachten betreffend der Ernennung der Beamten des Außendienstes vornehmlich das Verhalten der Minister zueinander kommentiere, daß für den Reichspräsidenten keine rechtlichen, sondern nur politische Folgen diskutiert werden, war die Zielrichtung dieser Untersuchung offensichtlich. Schreiben StS Zweigert [RIMin.] an StS Kempner [Rkei], Berlin, 29.03.1926, in: AdR, Kab. Marx III u. IV, Bd. 2, Dok.-Nr. 333, Anlage 1, S. 1046f.; Zweigert konstatiert ferner: „[...] Der Reichspräsident hat durch Genehmigung dieser Geschäftsordnung zweifellos nicht nur die freie Aktivität der einzelnen Minister, sondern auch seine eigene in Dingen der Personalpolitik wesentlich beschränkt und einer gewissen kollegialen Kontrolle unterworfen. [...]". Zwei Tage später erhielt auch RAM Stresemann eine Abschrift des Gutachtens. Schreiben StS Pünder [Rkei] an RAM Stresemann (Eilt sehr!), Berlin, 01.04.1926 [Mikrofilm-Nr. 134], R 43 I/553 [S. 227].

mit Einverständnis des Reichspräsidenten möglich gewesen –, provozierten sie erwartungsgemäß seinen heftigen Widerstand. Über Meissner ließ Hindenburg ausrichten, daß für ihn überhaupt keine Notwendigkeit gegeben sei, etwas an der seit sieben Jahren ausgeübten Praxis zu ändern. Er habe mit der damaligen Genehmigung der Geschäftsordnung keineswegs intendiert, seine ihm verfassungsmäßig zustehenden personalpolitischen Rechte in irgendeiner Form zu begrenzen oder der Reichsregierung ein Vorschlagsrecht bei derlei Fragen zu gewähren. Mit der gleichen Entschiedenheit wie sein Amtsvorgänger halte er an dem Prinzip fest, bei der Bestellung und Ernennung der Beamten nur die Gegenzeichnung des dafür zuständigen Reichsministers zu berücksichtigen. In puncto Ernennungsvorschläge lasse er sich seine verfassungsmäßigen Rechte und daraus resultierenden Freiheiten per Kabinettsbeschluß nicht nehmen oder einschränken[28]. Spätestens mit Kenntnisnahme der Ausführungen Hindenburgs[29], der der Reichsregierung bei der Ernennung von Beamten des auswärtigen Dienstes explizit jegliches Mitwirkungsrecht absprach, dürfte Luther klar geworden sein, was der Reichspräsident unter einem präsidialen Prärogativrecht verstand.

Daß die *Zweigert-Keudell-Kontroverse* nicht weiter eskalierte, mag einerseits das zweite vom Justizminister erstellte Gutachten bewirkt haben, in dem Zweigerts Rechtsauslegung nur in abgeschwächter Form bestätigt wurde[30]. Andererseits lag dies an dem Regierungswechsel vom 17. Mai 1926, der der weiteren Diskussion ein abruptes Ende bereitete, weil nun völlig andere Fragen und Probleme in den Vordergrund rückten.

Damit hatte aber die von Staatssekretär Zweigert ausgelöste Debatte noch nicht ihren endgültigen Abschluß gefunden. Anderthalb Jahre später begann sie durch den Vorstoß des Innenministers Keudell von neuem. Dem vorausgegangen

---

[28] Aus der Tatsache, daß Artikel 45 der Reichsverfassung ihm explizit das Beglaubigungsrecht der Auslandsvertreter zusicherte, leitete er automatisch das Recht ab, die Beamten für den auswärtigen Dienst alleine ernennen zu dürfen. Schreiben StS Meissner [B.d.Rpräs.] an StS Pünder [Rkei], Berlin, 10.04.1926, in: AdR Kab. Marx III u. IV, Bd. 2, Dok.-Nr. 333 (Anlage 2), S. 1047f.

[29] StS Pünder sandte dem Reichskanzler eine Durchschrift des Schreiben Meissners vom 10.04.1926 zu. Hierzu Stellung beziehend, sprach er von einem „Mißverständnis" Meissners, der den Sachverhalt falsch wiedergebe. Es gehe nicht darum, dem Reichspräsidenten seine Rechte abzusprechen, da die Geschäftsordnung der Reichsregierung nur das Verhalten der Reichsminister untereinander regele. Begleitschreiben StS Pünder an RK Luther, Berlin, 15.04.1926 [Mikrofilm-Nr. 134], BA Koblenz, R 43 I/553 [S. 232f.]. Über Hindenburgs kritische Haltung zu ihrem Gutachten wurden beide Verfasser von Staatssekretär Pünder informiert, der ihnen je eine Kopie von Meissners Schreiben (10.04.1926) übersandte. Schreiben StS Pünder [Rkei] an RIM u. RJM (Abschrift), Berlin, 23.04.1926 [Mikrofilm-Nr. 367], BA Koblenz, R 43/I/856 [S. 93] u. R 43 I/1814 [S. 587].

[30] Anlage des Schreibens RIM Wilhelm Külz an StS Pünder, Berlin, 19.06.1926, in: AdR, Kab. Marx III u. IV, Bd. 2, Dok.-Nr. 333, S. 1049.

waren Vorwürfe verschiedener Zeitungen betreffend „merkwürdiger Vorgänge"[31] bei der Ernennung des deutschen Diplomaten Prittwitz und Gaffron zum Missionschef für die Vereinigten Staaten. Zwecks Beruhigung der Gemüter ließ das Reichskabinett durch das W.T.B[32] amtlich mitteilen, daß die Ernennung der Beamten des auswärtigen Dienstes nur durch den Reichspräsidenten unter Gegenzeichnung des Reichsministers des Auswärtigen, also ohne Mitwirkung des Reichskabinetts, erfolgen werde. Anläßlich einer Kabinettsbesprechung, in der die Besetzung des Botschafterpostens in Washington D. C. thematisiert wurde[33], postulierte Innenminister von Keudell eine stärkere Partizipation der Reichsregierung bei Ernennungen der Botschafter und Gesandten. Seiner Auffassung nach mußte der Reichspräsident gemäß der Geschäftsordnung vom 3. Mai 1924 noch stärker an das Vorschlagsrecht der Reichsregierung gebunden werden. Mit Bezug auf das von seinem Amtsvorgänger anderthalb Jahre zuvor erstellte Gutachten, dessen Ergebnis Keudell gleichwohl vorbehaltlos teilte, bat er die Reichsregierung um eine klare Stellungnahme[34]. Staatssekretär Hermann Pünder antwortete einen Tag später, daß mit einer Erklärung des Reichskanzlers erst dann zu rechnen sei, wenn der Reichspräsident eine Abschrift seiner Analyse erhalten habe[35]. Noch am selben Tag leitete er Keudells Analyse an Staatssekretär Meissner weiter, der sogleich darum bat, ihm die Reaktionen und Anmerkungen des Reichspräsidenten auf das Dokument des Innenministers mitzuteilen[36]. Zwei Tage später entsprach Meissner dieser Bitte und verdeutlichte dem Staatssekretär, daß der Reichspräsident über das Diskussionspapier des Reichsministers des Innern sehr „entrüstet" sei. Der Reichspräsident, so Meissners deutliche Worte, halte an seinem Recht bei der Ernennung der Mis-

---

[31] Sehr heftig wurde Stresemann kritisiert, als er - entgegen sonstiger Gewohnheit - die Einholung des Agréments für Prittwitz u. Gaffron beim amerikanischen Botschafter Schurmann erwirkte. *Berliner Lokal-Anzeiger*, 03.11.1927.

[32] W.T.B.-Meldung, Berlin, 03.11.1927. Das Wolffsche Telegraphenbüro wurde in Berlin am 27.11.1849 gegründet und war die erste deutsche Nachrichtenagentur, die zum offiziösen Sprachrohr der preußischen Regierung und der jeweiligen Weimarer Regierungen aufstieg. 1933 wurde das W.T.B. mit der Telegraphen-Union Hugenbergs zum Deutschen Nachrichtenbüro (GmbH) vereinigt.

[33] Ministerbesprechung vom 03.11.1927, in: AdR, Kab. Marx III u. IV, Bd. 2, Dok.-Nr. 332, S. 1038f.

[34] „Zur Erörterung und Prüfung" übersandte Keudell an die Reichskanzler alle Unterlagen über den ein Jahr zuvor diskutierten selbigen Vorgang. Schreiben RIM Keudell an RK Marx, Berlin, 04.11.1927, in: Kab. Marx III u. IV, Bd. 2, Dok.-Nr. 333, S. 1044f.

[35] Schreiben StS Pünder an RIM Keudell, Berlin, 05.11.1927 [Mikrofilm-Nr. 596], BA Koblenz, R 43 II/1413 [S. 18].

[36] Begleitschreiben StS Pünder an StS Meissner [o.O; o.D.], [Mikrofilm-Nr. 596], BA Koblenz, R 43 II/1413 [S. 18/K 266424].

sionschefs nach wie vor kategorisch fest. In diesem Punkt gedenke er nicht, sich irgendwelche Restriktionen auferlegen zu lassen; er werde Außenminister Stresemann, Gessler und anschließend Reichskanzler Marx in dieser „Angelegenheit" noch empfangen, kündigte Meissner an[37].

Das eingelegte Veto des Reichspräsidenten breitete sich wie ein Lauffeuer aus. Nahezu alle wichtigen Persönlichkeiten, darunter auch Stresemann[38], wurden in den Disput involviert. Reichswehrminister Gessler, dessen Verhältnis zum Reichsinnenminister ohnehin nicht das herzlichste war[39], wurde als einer der ersten von Hindenburgs abschlägigem Bescheid zu Keudells Gutachten unterrichtet. In der Hoffnung, daß der Reichswehrminister sein Anliegen gutheißen und unterstützen würde, ließ der Reichspräsident über Meissner ausrichten:

„[...] Der Herr Reichspräsident ist fest entschlossen, mit allem Nachdruck diesen Vorstoss des Herrn von Keudell abzuwehren und die seit 8 Jahren bestehende Staatspraxis festzuhalten, die dahin geht, dass Personalien des Auswärtigen Dienstes und der Reichswehr im Hinblick auf die Sonderbestimmungen der Reichsverfassung über die völkerrechtliche Vertretung des Herrn Reichspräsidenten und seinen Oberbefehl über die Reichswehr lediglich zwischen ihm und dem Herrn Ressortminister behandelt werden, ohne der Beschlussfassung des Kabinetts [...]"[40].

Die dissonanten Töne in der Frage der Mitwirkung der Reichsregierung bei der Besetzung diplomatischer Posten kamen erst zum Verstummen, als der Reichspräsident am 9. November 1927 mit Außenminister Stresemann und einen Tag später mit Reichskanzler Marx zusammentraf. Hierbei bedurfte es von Seiten

---

[37] Vermerk MinDir Hagenow, Berlin, 07.11.1927 [Mikrofilm-Nr. 596], BA Koblenz, R 43 II/1413 [S. 22]. Aus diesem Papier geht auch hervor, daß Hindenburg besorgt war, die Reichsregierung könnte Keudells Anregung nachgeben und so indirekt sein Recht schmälern, die Offiziere zu ernennen.

[38] Schreiben StS Pünder an RAM Stresemann, Berlin, 05.11.1927 [Original], PA AA Bonn, NL Stresemann, Bd. 61, 7371 H/H 166 577.

[39] OTTO GESSLER schreibt in seinen Memoiren über Keudell: „[...] Der Innenminister v. Keudell [...] führte sich gleich mit einem größeren Personal-Revirement ein, bei dem Freunde nicht zu kurz kamen. [...]". DERS.: Reichswehrpolitik in der Weimarer Zeit, Hrsg.: Kurt Sendtner, Stuttgart 1958, S. 401.

[40] Weiter führt Meissner dort aus: „[...] Der Herr Reichspräsident hat hauptsächlich die Sorge, dass, wenn dem Schreiben des Herrn von Keudell nachgegeben würde, dann heute oder morgen dasselbe Verlangen für die Beförderung der höheren Offiziere erhoben wird. Eine solche Beschlussfassung hielte der Herr Reichspräsident aber für ganz unträglich. Der Herr Reichspräsident rechnet daher bei der Angelegenheit auf Ihre Unterstützung und will in den nächsten Tagen auch gern mit Ihnen mündlich darüber sprechen [...]". Schreiben StS Meissner [B.d.Rpräs.] an RWM Otto Gessler, Berlin, 07.11.1927 [Durchschlag], BA Berlin-Lichterfelde, R 601/38 [S. 150-150a].

Hindenburgs keiner Anstrengung, beiden Ministern seinen Standpunkt zu präzisieren; denn sowohl Stresemann als auch Marx gaben zu verstehen, daß auch sie Keudells Darlegungen rundum ablehnten. Beide sprachen sich dahingehend aus, an dem seit acht Jahren bestehenden Verfahren nichts zu verändern[41]. Im Anschluß daran empfing Hindenburg schließlich den Urheber des zweiten Rechtsstreites, Reichsinnenminister von Keudell, der sich – gemessen an dem zuvor betriebenen großen Aufwand – nun in seiner Gegenwart überraschend servil verhielt und einen Rückzieher machte. Anstandslos distanzierte er sich von seinem ursprünglichen Vorhaben und kündigte an, die Angelegenheit vorerst auf sich beruhen zu lassen[42]. Nach Kenntnisnahme dieses Aktenvermerks hakte Hindenburg die ganze Affäre als „erledigt" ab[43].

Um den wahren Gewinner beider Zerreißproben ausfindig zu machen, muß nicht lange gesucht werden. Effektvoll hatte der Reichspräsident durch sein hartnäckiges und teilweise inkonziliantes Auftreten unterstrichen, daß er in der Personalpolitik seine eigenen Vorstellungen hatte. Alle beteiligten Ministern, die Gegenteiliges angenommen hatten, wurden von ihm eines Besseren belehrt. Sosehr Keudell selber gerne Einfluß auf die diplomatischen Ernennungen genommen hätte[44], sein Vorstoß wurde nicht zuletzt durch Hindenburgs apodiktisches Veto regelrecht „abgeschmettert", auch wenn Stresemann und Marx das Ihrige dazu beigetragen hatten.

---

[41] Aktennotiz StS Meissner (Anlage), 10.11.1927, in: AdR, Kab. Marx III u. IV, Bd. 2, Dok.-Nr. 343, S. 1079f.; Abschließend kam es noch zu einem Gespräch zwischen dem Reichskanzler und Reichsinnenminister Keudell. Hierbei bekundete der Innenminister zwar Bereitschaft, die eingereichte Kabinettsvorlage vorerst nicht weiter verfolgen zu wollen. Andererseits zeigte Keudell aber kein Entgegenkommen, als ihm vom Kanzler angetragen wurde, eine noch weitergehende Erklärung abzugeben, aus der die explizite Zurücknahme des besagten Diskussionspapiers noch deutlicher hervorgehen sollte. Dazu sei er „zu seinem Bedauern" nicht in der Lage, weil er sonst gegen seine „innere Überzeugung handeln" würde, argumentierte der Innenminister. Der Absender fand seinen Adressaten, denn dieser Vermerk ist in den Akten des *Büros des Reichspräsidenten* anzutreffen. Vermerk StS Pünder [Rkei], Berlin, 21.12.1927 [Abschrift], BA Berlin-Lichterfelde, R 601/38 [S. 156]. Die Grundlage der Aussprache bildete die von StS Meissner fixierte Aktennotiz vom 10.11.1927, die Meissner allen beteiligten Personen übersandt hatte. Dieselbe Niederschrift ist auch in den Akten der Reichskanzlei dokumentiert: BA Koblenz, R 43 II/1413 [Mikrofilm-Nr. 596], [S. 33].
[42] Aktennotiz StS Meissner (Anlage), 10.11.1927, in: AdR, Kab. Marx III u. IV, Bd. 2, Dok.-Nr. 343, S. 1080.
[43] Schreiben StS Meissner [B.d.Rpräs.] an StS Pünder [RKei], Berlin, 22.12.1927 [Mikrofilm-Nr. 596], BA Koblenz, R 43 II/1413 [S. 39].
[44] OTTO GESSLER, Reichswehrpolitik, a.a.O., S. 401.

D. Engagement auf *außenpersonalpolitischem* Terrain

I. Direkte Einflußnahme auf die Personalstruktur der deutschen Auslandsmissionen

1. Kooperation als Lösung – Prittwitz und Gaffrons Entsendung in die USA

Als am 23. September 1927 der deutsche Botschafter in Washington D. C., Freiherr Ago von Maltzan, der durch sein „geschicktes Eingehen auf die amerikanische Mentalität"[45] im Genuß höchster Reputation stand[46], durch einen Flugzeugabsturz[47] ums Leben kam, entbrannte in Deutschland um den vakanten Botschafterposten eine lebhafte Diskussion, die zu einer regelrechten „Affäre Washington" eskalieren sollte[48]. Begünstigt wurde die ganze Auseinandersetzung nicht nur durch den Umstand, daß Washington in der Hierarchie der Botschaften nach wie vor eine herausragende Stellung einnahm und der de facto bestbezahlte Posten im diplomatischen Dienst war. Weitaus brisanter wurde die Affäre, weil die USA als führende politische Weltmacht und als wichtigster Wirtschaftspartner Deutschlands angesehen wurden. Praktisch jede Partei, jede politische oder wirtschaftliche Gruppierung glaubte zu dieser Zeit, einen eigenen loyalen Kandidaten ins Feld schicken zu müssen. Das Trommelfeuer, das sie dabei zur Durchsetzung ihrer Wunschkandidaten entfachten, war jedoch nur das Vorspiel[49].

---

[45] EDGAR STERN-RUBARTH: […] aus zufälliger Quelle verlautet […]. Ein Leben für Presse und Politik, Stuttgart 1964, S. 156.

[46] WOLFGANG GANS PUTLITZ: Unterwegs nach Deutschland. Erinnerungen eines ehemaligen Diplomaten, Berlin 1956, S. 67. LORD D'ABERNON bezeichnete ihn in seinen Memoiren sogar als den klügsten seit dem Kriege in der Wilhelmstraße tätigen Diplomaten. DERS., a.a.O., Bd. 2, S. 56.

[47] Die mit der Ergründung der Absturzursache beauftragte Untersuchungskommission konnte alle kursierenden Sabotagegerüchte widerlegen. Als Unfallursache wurde ein Materialfehler am linken Flügel ausfindig gemacht. Vgl. Stadt-Anzeiger für Köln und Umgebung, 24.09.1927.

[48] Schreiben MinDir Köpke [AA] an von Dt. BS Neurath, Berlin, 03.01.1928 [Original], BA Koblenz, NL v. Neurath, N 1310/120.

[49] MinDir Köpke wertete diese Diskussion wie folgt: „[…] Das geradezu kaleidoskopartige Bild dieser sich rapide abwechselnden Kandidaturen, die bald von dieser, bald von jener Seite entweder unter oppositionelles Trommelfeuer oder auch unter befürwortendes Scheinwerferlicht aller nur möglichen Protektoren genommen wurden, läßt sich tatsächlich im einzelnen brieflich nicht wiedergeben […]". Schreiben MinDir Köpke [AA] an von Dt. BS Neurath, Berlin, 03.01.1928 [Original], BA Koblenz, NL v. Neurath, N 1310/120. Dazu auch Stadt-Anzeiger für Köln und Umgebung, 15.10.1927.

Daß in Berlin Anfang November 1927 eine latente Nervosität zu spüren war, ging auf das Konto Hindenburgs und Stresemanns, die sich zunächst nicht auf einen Nachfolger für den seit über fünf Wochen vakanten Posten in Washington zu verständigen vermochten. Von den zahlreichen Namen, die mit einem Mal in aller Munde waren, klangen nur wenige vielversprechend. Einer der ernstzunehmenden Kandidaten war der Staatssekretär des Auswärtigen Amtes, von Schubert, der sich aber gegen den angebotenen Botschafterposten „mit Händen und Füßen" sträubte. Des weiteren standen so honorige Namen wie Leopold von Hoesch, Constantin Freiherr von Neurath und Johannes Graf von Welczek zur Disposition, wobei von Neurath zeitweilig über die besten Karten verfügte[50].

Was sich in jenen Tagen im einzelnen hinter den Kulissen abgespielt hat, hat allerdings keine quellenmäßige Notiz gefunden und entzieht sich somit einer Bewertung[51].

Obgleich Stresemann sich über die fortwährenden Spekulationen in den Zeitungskolumnen im Hinblick auf Washington beklagte, weil sie den „Eindruck einer völligen Hilfslosigkeit hier im Amt erwecken", wurde Prittwitz und Gaffron zu diesem Zeitpunkt vom Auswärtigen Amt längst als Nachfolger Maltzans gehandelt[52]. Spätestens mit Prittwitz' Reise nach Dresden, wo dieser mit Stresemann zusammentraf, bevor sie gemeinsam am nächsten Tag wieder nach Berlin fuhren[53], dürfte vielen klar geworden sein, daß hier schon eine Vorentscheidung gefallen war. Ausgehend von der Prämisse, daß es höchste Zeit sei, einen jüngeren, zugleich aber erfahrenen Diplomaten nach Washington zu entsenden, fiel Stresemanns ebenso intuitiv wie rational begründete Entscheidung[54] zugunsten Prittwitz' aus. Auch wenn Prittwitz und Gaffron, der alle erforderlichen Qualifikationen mitbrachte, mit seinen 47 Jahren zu den jüngsten Aspiranten zählte,

---

[50] Gemeinsam einigten sich StS v. Schubert, MinDir Schneider, MinDir Köpke [AA] und RK Marx auf BS Neurath und brachten ihn als ersten Kandidaten in die Diskussion. „[...] Die Personalabteilung ist, wie ich zugeben muß, in einer gewissen Zwangslage Ihnen gegenüber [...]". Schreiben MinDir Köpke [AA] an von Dt. BS Neurath, Berlin, 03.01.1928 [Original], BA Koblenz, NL v. Neurath, N 1310/120.

[51] Den Worten des damaligen Reichskanzlers zufolge hatte Hindenburg am 26. Oktober Stresemann zu sich zitiert, um auch die Botschafterfrage anzusprechen. Erinnerungsbericht RK Marx a.D. [o.D., geschrieben 1942] „Das Jahr 1927" [Original], HA Köln, NL Marx, Best. 1070/72 [S. 74]. Inhalt und Ablauf des Gesprächs wurden nicht protokolliert.

[52] Schreiben RAM Stresemann an Krupp v. Bohlen u. Halbach, Berlin, 02.11.1927 [Durchschlag], PA AA Bonn, NL Stresemann, Bd. 60, 7370/H 166557. Im Entwurf dieses Schreibens steht u.a., daß Hindenburg den Außenminister um Vortrag über den Stand der Dinge gebeten hat. PA AA Bonn, NL Stresemann, Bd. 284, H 150235-237.

[53] Siehe *Magdeburgische Zeitung*, 01.11.1927.

[54] Schreiben StS Meissner [B.d.Rpräs.] an Dt. BS Nadolny, Berlin, 29.11.1927, PA AA Bonn, NL Rudolf/Änny Nadolny, Bd. 87.

schien er für diese Aufgabe geradezu prädestiniert. Dies war auch dem Außenminister nicht entgangen, der von dessen fachlichen Fähigkeiten dermaßen angetan war, daß er ihn einmal als „besten unter den jüngeren Beamten"[55], an anderer Stelle als „eines unserer besten Pferde im Stall" lobend erwähnte[56].

Um über den aktuellen Stand der Dinge aus erster Hand informiert zu sein, zitierte Hindenburg den Außenminister in sein Domizil, wo Stresemann den persönlichen Vortrag dazu nutzte, den Reichspräsidenten von seinem Kandidaten zu überzeugen. Dabei hielt es Stresemann für zweckmäßig, „unter Ausschaltung jeder Zwischenstelle" ein fait accompli zu schaffen. Vor vollendete Tatsachen gestellt, sollte der Reichspräsident erst gar nicht in die Versuchung kommen, sein notorisches Faible für die Personalpolitik zu entfalten. Prittwitz' Designation für Washington war nicht allein Stresemanns Verdienst, sondern ist auf den Einfluß von Graf Welczek zurückzuführen, der auch als möglicher Nachfolger Maltzans im Gespräch war. Zu Ohren gekommen war dem Reichspräsidenten, daß Welczek, den er persönlich schätzte, als erster den „jungen" Prittwitz als Kandidaten ins Spiel gebracht und ihn mit lobenden Worten bedacht hatte[57]. Gefolgert werden kann deshalb, daß Welczek und nicht Stresemann derjenige war, der Hindenburgs letzte Zweifel ausgeräumt und seine endgültige Entscheidung für Prittwitz herbeigeführt hatte. Die eigentlichen Schwierigkeiten ergaben sich aber erst, als am 3. November 1927 etliche Zeitungen verlautbarten, die Reichsregierung habe inzwischen um das Agrément der amerikanischen Regierung für den Botschaftsrat Prittwitz und Gaffron als neuen deutschen Botschafter in Washington nachgesucht[58], worauf ein heftiger Sturm der Entrüstung bei den Parteien und Zeitungen der Rechten einsetzte[59]. Prittwitz' Eintreten für

---

[55] Schreiben RAM Stresemann an Fritz Matthaei, Baden-Baden, 23.09.1928, PA AA Bonn [Original], NL Stresemann, Bd. 292, 7149 H/H 151174-177. Obgleich dieser Brief nie abgeschickt worden war, gibt er doch Aufschluß über Stresemanns ehrliche Meinung zu Prittwitz.

[56] Schreiben RAM Stresemann an Krupp v. Bohlen u. Halbach, Berlin, 02.11.1927 [Durchschlag], PA AA Bonn, NL Stresemann, Bd. 60, 7370/H 166557.

[57] Von Bedeutung war aber, daß Prittwitz u. Gaffron ebenso wie Johannes Graf von Welczek ein „Bonner Borusse" und Garde-Kürassier war und in diesem Regiment bei Übungen unter dem Befehl von Welczek gestanden hatte. Schreiben StS Meissner an Dt. GS Nadolny, Berlin, 29.11.1927, PA AA Bonn, NL Rudolf/Änny Nadolny, Bd. 87. In diesem Schreiben bringt auch StS Meissner seine Sympathien für den neuen Botschafter zum Ausdruck. Er verweist darauf, daß er die Ernennung des „intelligenten" und „gewandten" junges Mannes, obgleich genauso geeignete ältere Diplomaten zur Verfügung gestanden hätten, „beschleunigt" habe.

[58] *Berliner Lokal-Anzeiger* [Abendausgabe], 03.11.1927.

[59] PETER KRÜGER/ERICH HAHN: Der Loyalitätskonflikt des Staatssekretärs Bernhard Wilhelm von Bülow im Frühjahr 1933, in: VfZ, Bd. 20 (1972), S. 403.

die demokratische Republik im November 1918[60] und seine liberale republikanische Grundüberzeugung erwiesen sich schnell als beliebtes Angriffsziel der rechten Presse. So hielt Stresemann es für unumgänglich, in einer Ministerbesprechung zu den entstandenen Spekulationen Stellung zu nehmen, um sogleich die bevorstehende Ernennung des Botschaftsrates Prittwitz zum Botschafter in Washington zu dementieren[61]. Als in der *Niederdeutschen Zeitung* der Vorwurf laut wurde, Reichsaußenminister Stresemann habe die Einholung des Agréments, ohne die Entscheidung des Reichspräsidenten abzuwarten, selbständig durchgeführt, handelte Hindenburg umgehend und wandte sich an Stresemann mit der Bitte, diese Meldung offiziell zu dementieren. Explizit solle er betonen, daß er mit seinem Wissen und seiner Genehmigung gehandelt habe[62]. Ergänzend verlangte Hindenburg von demselben Blatt die Richtigstellung der Behauptung, Prittwitz' Nominierung sei nur deshalb vollzogen worden, weil er mit ihm entfernt verwandt sei[63]. Aller Kritik und allen Unkenrufen zum Trotz hielt er unbeirrbar an Prittwitz fest. An dessen politischer Einstellung und persönlicher Vergangenheit störte er sich nicht im geringsten[64]. Selbst als der DNVP-Vorsitzende Graf Westarp bei ihm mit dem Vorwurf intervenierte, Prittwitz sei doch Demokrat, konterte er lapidar, daß dieser deswegen doch sehr gut nach Amerika passe, weil dort ja alle Demokraten seien[65].

---

[60] Prittwitz u. Gaffron richtete zusammen mit anderen politisch Gleichdenkenden am 16.11.1918 einen Appell an die deutsche Jugend, in dem ein klares Bekenntnis zum sozialen Volksstaat auf demokratischer Grundlage postuliert wurde. Daraus resultierte die „Gesellschaft vom 16.11." auch „Novemberclub" genannt, die in ihrer Satzung als Ziel fixierte, „bei der Neugestaltung des Deutschen Reichs und der Erneuerung des Volksgeistes in demokratischem Sinne tätig mitzuhelfen". Siehe FRIEDRICH WILHELM V. PRITTWITZ U. GAFFRON: Zwischen Petersburg und Washington. Ein Diplomatenleben, München 1952, S. 125f. u. 238.

[61] Ministerbesprechung vom 03.11.1927, in: AdR, Kab. Marx III u. IV, Bd. 2, Dok.-Nr. 332, S. 1038f.; Zudem wies er die Bedenken seitens des Reichsjustizministers mit der Bemerkung zurück, parteipolitische Gesichtspunkte würden bei der Auswahl des diplomatischen Korps unter keinen Umständen berücksichtigt.

[62] Schreiben StS Meissner [B.d.Rpräs.] an RAM Stresemann, Berlin, 05.11.1927 [Original], PA AA Bonn, NL Stresemann, Bd. 61, 7371 H/H 166575. Ein Durchschlag des gleichen Dokuments findet sich auch im Koblenzer Bundesarchiv unter der Signatur R 601/3. Siehe auch *Vorwärts*, 05.11.1927, Nr. 260.

[63] Schreiben StS Meissner [B.d.Rpräs.] an die Hauptschriftleitung der Niederdeutschen Zeitung [o.A.], Berlin, 08.11.1927 [Durchschlag], BA Berlin-Lichterfelde, R 601/3 [S. 40].

[64] Ministerbesprechung, Berlin, 03.11.1927, in: AdR, Kab. Marx III u. IV, Bd. 2, Dok.-Nr. 332, S. 1039. Schreiben RAM Stresemann an Fritz Matthaei, Baden-Baden, 23.09.1928, PA AA Bonn [Original], NL Stresemann, Bd. 292, 7149 H/H 151175.

[65] ERNST FEDER: Heute sprach ich mit [...]. Tagebücher eines Berliner Publizisten 1926-1932, Hrsg.: Cécile Lowenthal-Hensel/Arnold Paucker, Stuttgart 1971, S. 206. Prittwitz selber empfand diese Entrüstung insofern für komisch als „[...] sie eigentlich darauf beruhte, daß der Reich-

Hindenburg und Stresemann bescherten dem jungen Diplomaten mit der Ernennung zum Botschafter in Washington die „größte Überraschung" seines Lebens[66], weil sie in ihrem gemeinsamen Festhalten an seiner Kandidatur – trotz heftiger Proteste und wütender Kommentare der Rechtspresse – Einigkeit und Standhaftigkeit bewiesen[67]. Ihre kooperative Unterstützung für Prittwitz sollte sich schon bald als Volltreffer entpuppen. Der Diplomat akklimatisierte sich in den USA sehr schnell, wobei er nahtlos an seine Erfahrungen als früherer Attaché in Washington anknüpfen konnte. Ebenso schnell wuchs er in die Rolle des Sympathieträgers[68].

2. Nadolny oder Rauscher? Hindenburg versus Stresemann. Ein Rencontre und seine Folgen

Mit dem Ableben des deutschen Botschafters Brockdorff-Rantzau in Moskau am 9. September 1928 wurde der neben Washington wichtigste und zugleich auch schwierigste Auslandsposten vakant[69]. Die anschließende Diskussion um das

---

spräsident von Hindenburg es wagen könne, nach Amerika einen Diplomaten zu entsenden, der als Demokrat bekannt war [...]". Siehe PRITTWITZ-GAFFRON, Zwischen Petersburg, a.a.O., S. 172.

[66] EBD., S. 175. Doch nicht allein für Prittwitz war diese Benennung sensationell. Auch die Presse wartete mit ähnlichen Kommentaren auf. So wurde Prittwitz' Ernennung im Stadt-Anzeiger für Köln und Umgebung als unerwarteter „Überraschungscoup des Auswärtigen Amtes" bezeichnet (06.11.1927).

[67] Den Vorwürfen, Prittwitz habe das Botschafteramt in Washington nur aufgrund seiner innenpolitischen Einstellung, seiner republikanischen Gesinnung erhalten, trat Stresemann entschieden entgegen, um zugleich den Reichspräsidenten in Schutz zu nehmen: „[...] Sie werden wohl kaum annehmen, daß der Herr Reichspräsident von Hindenburg der Ernennung des Herrn von Prittwitz zugestimmt hat, weil dessen sichere republikanische Einstellung dabei ausschlaggebend gewesen ist [...]". Schreiben RAM Stresemann an Fritz Matthaei, Baden-Baden, 23.09.1928 [Original], PA AA Bonn, NL Stresemann, Bd. 292, 7149 H/H 151175-176.

[68] Besonders die amerikanischen Pressereaktionen auf Prittwitz' Demission dokumentieren die Beliebtheit des deutschen Botschafters in den USA. In der *Herald Tribune* wurde er sogar mit dem Attribut: „[...] one of the most distinguished members of the Washington diplomatic corps [...]" versehen. *Herald Tribune*, New York, 18.03.1933. Selbst US-Präsident Hoover zeigte sich von Prittwitz' Persönlichkeit beeindruckt. PA AA Bonn, NL Stresemann, Bd. 82, 7389 H/H 170313-314. PRITTWITZ U. GAFFRON, Zwischen Petersburg, a.a.O., S. 198 u. 233.

[69] Telegramm Ernst Brockdorff-Rantzau an RK Müller, Ort u. Datum [o.A.], [Mikrofilm-Nr. 596], BA Koblenz, R 43 II/1413 [S. 42]. Dirksen und Doß datieren Brockdorffs Todestag fälschlicherweise auf den 08.09.1928. Vgl. HERBERT V. DIRKSEN: Moskau-Tokio-London. Erinnerungen und Betrachtungen zu 20 Jahren deutscher Außenpolitik 1919-1939, Stuttgart 1950, S. 86f.; KURT DOSS: Zwischen Weimar und Warschau. Ulrich Rauscher. Deutscher Gesandter in Polen

bevorstehende Revirement, verbunden mit der Suche nach einem geeigneten Kandidaten für die Moskauer Mission, eskalierte zu der schärfsten Auseinandersetzung zwischen Hindenburg und Stresemann, die in ihrer Art und Weise in der Geschichte des Auswärtigen Amtes wohl einmalig war[70]. Analog dem *Fall Prittwitz-Gaffron* schürte die Frage nach dem fähigsten Auslandsvertreter für die diplomatische Mission in der russischen Hauptstadt die Diskussion dergestalt, daß sogar völlig unbeteiligte Personen mit eigenen Schützlingen vorstellig wurden, die alles andere als qualifiziert waren[71]. Was den Anreiz für viele Interessengruppen und einzelne Personen zur Durchsetzung eines eigenen Kandidaten für das Amt in Moskau erhöhte, war das Immediatsvorrecht des dortigen Botschafters beim deutschen Reichspräsidenten. Nicht zuletzt die Tatsache, daß der Vertreter in der Hauptstadt der Sowjetunion infolge seines Sonderrechts den fraglos größten potentiellen Einfluß aller Missionschefs auf den Reichspräsidenten hatte, machte diesen Posten so attraktiv[72].

Im allgemeinen herrschte Einigkeit darüber, daß die Lücke, die Brockdorff-Rantzau hinterlassen hatte, nur schwer zu schließen sein würde und jeder Nachfolger sich dem „unentrinnbaren Schicksal" ausgesetzt sehen würde, vom „Schatten seines großes Vorgängers verdunkelt zu werden"[73]. Einen kompeten-

---

1922-1930. Eine politische Biographie, Düsseldorf 1984, S. 89. Siehe auch MARTIN WALSDORFF: Westorientierung und Ostpolitik. Stresemanns Rußlandpolitik in der Locarno-Ära, [Diss.] Bremen 1971, S. 35. Walsdorff spricht in diesem Zusammenhang auch von dem „unerfreulichsten" Botschafterposten.

[70] Zu dem gleichen Fazit kommt auch MARTIN WALSDORFF, a.a.O., S. 52. KURT DOß, Zwischen Weimar und Warschau, a.a.O., S. 92f.

[71] Vom politischen Schriftleiter des *Hannoveranischen Kuriers*, Fritz Matthaei, bekam Stresemann beispielsweise den ernstgemeinten Ratschlag, ein Vorstandsmitglied des Raiffeisenverbandes, das jedoch über keine diplomatische Vorerfahrung verfügte, zum Missionschef in Moskau zu bestimmen. Schreiben Fritz Matthaei an RAM Stresemann, Berlin, 21.09.1928 [Original], PA AA Bonn, NL Stresemann, Bd. 292, 7149 H/H 151168-170.

[72] Dazu hatte auch Hindenburg einen Beitrag geleistet, als er dem Außenminister Anfang 1926 versicherte, daß diese Sonderregelung ausschließlich auf Moskau beschränkt bleibe, und daß alle anderen Missionschefs nicht in den Genuß dieses Privilegs kommen werden. Schreiben Rpräs. v. Hindenburg an RAM Stresemann, Berlin, 25.01.1926 [Original], PA AA Bonn, R 29248/E 155800f.

[73] So die Worte seines Nachfolgers HERBERT V. DIRKSEN, a.a.O., S. 86. Als Prophet erwies sich RAM Stresemann, der die Schwierigkeiten völlig richtig einschätzte: „[...] Für Moskau war Brockdorff-Rantzau unzweifelhaft der beste Vertreter, den wir haben konnten. Die Wahl des Nachfolgers wird eine sehr schwere sein [...]". Schreiben RAM Stresemann an StS Pünder [Rkei], Baden-Baden, 10.09.1928 [Original], BA Koblenz, NL Pünder, N 1005/29 [S. 80]. Dazu auch Tagebucheintrag MAX V. STOCKHAUSEN, 16.04.1925, Sechs Jahre Reichskanzlei. Von Rapallo bis Locarno. Erinnerungen und Tagebuchnotizen 1922-1927, Hrsg.: WALTER GÖRLITZ, Bonn 1954, S. 156. Max v. Stockhausen zählte Nadolny zu den besten deutschen Diplomaten.

ten Kandidaten zu finden, der gleichermaßen über hinreichende diplomatische Erfahrung und Begabung verfügte, der darüber hinaus sowohl ein Kenner des Ostens sein mußte als auch das Vertrauen der russischen Regierung haben sollte, dessen Bestellung aber auch deutsche rußlandorientierte Militärs und Industrielle mit Beifall quittierten würden[74], war schon allein in bürokratischer Hinsicht gesetzmäßig mit Hürden und Schwierigkeiten verbunden. Hinzu kam, daß die beiden entscheidenden Akteure, Hindenburg und Stresemann, auf der Suche nach dem geeignetsten Nachfolger für Brockdorff-Rantzau eigene Vorstellungen entwickelten und verschiedene Anwärter protegierten.

Die „Schlacht" um den Moskauer Posten[75] wurde eingeleitet, als beide jeweils völlig gegensätzliche Kandidaten ins Feld führten. Daß der Reichspräsident hierbei etwas schneller schaltete als der Reichsminister des Auswärtigen, hing wohl damit zusammen, daß er über den labilen Gesundheitszustand Brockdorffs ständig auf dem laufenden war und sich auf dessen absehbares Hinscheiden frühzeitig einstellen konnte[76]. Wohl deshalb kam er während einer Unterredung mit seinem Staatssekretär ganz gezielt auf den Posten in Moskau zu sprechen. Bei dieser Gelegenheit stellte Meissner dem Reichspräsidenten die in Frage kommenden Bewerber vor, wobei er Rudolf Nadolny aus dem engeren Kreis hervorhob. Obgleich Hindenburg nur zu gut wußte, daß Meissners Vorschlag aufgrund seiner Freundschaft zu Nadolny parteiisch war, folgte er dennoch seiner Empfehlung. Er stellte aber die Bedingung, daß Nadolny an der Ausübung eines solchen Amtes wirklich interessiert sein mußte[77]. Was Nadolnys fachliche Qualifikation betraf, herrschte Einvernehmen. Er, der bereits 1905 als junger Vizekonsul in St. Petersburg tätig gewesen und infolgedessen der russischen Sprache mächtig war, schien für diesen Posten förmlich prädestiniert zu sein, zumal er sein Interesse für diese Tätigkeit schon vor Jahren bekundet hatte[78]. Aus diesen Gründen durf-

---

[74] KURT DOSS, Zwischen Weimar und Warschau, a.a.O., S. 90.
[75] So Herbert Dirksen, der bei dem Streit der lachende Dritte war, da er als Kompromißkandidat mit der Mission in Moskau betraut wurde. Siehe Schreiben Herbert v. Dirksen an Felix Hirsch, 27.02.1947 [o.O.], in: FELIX HIRSCH: Stresemann. Ein Lebensbild, Göttingen/Frankfurt a. M./Zürich 1978, S. 294.
[76] Hindenburg hielt auch enge Tuchfühlung zu Ernst Graf zu Rantzau, dem Bruder des deutschen Botschafters in Moskau. Von ihm wurde der Reichspräsident mit wichtigen Informationen versorgt. Siehe THEODOR ESCHENBURG: Also hören Sie mal zu. Geschichte und Geschichten 1904 bis 1933, Berlin 1995, S. 269.
[77] Über den Inhalt dieses Gedankenaustausches informierte StS Meissner seinen Freund aus erster Hand. Dazu siehe Auszug aus dem Schreiben StS Meissner an Dt. BS Nadolny, Berlin, 14.09.1928 [Abschrift], in: Aufzeichnung Dt. BS Nadolny [o.O., o.D.], [Durchschlag eines tagebuchähnlichen Eintrages], PA AA Bonn, NL Rudolf/Änny Nadolny, Bd. 89.
[78] Nadolny, der in Ankara zwar mit Erfolg operierte, sich dort aber politisch „kaltgestellt" fühlte, hoffte mit einem Wechsel nach Moskau die politische Isolation zu durchbrechen, um den politi-

te Hindenburg mit seiner Zusage rechnen[79]. Derweil hatte Stresemann mit seiner Suche nach einen fähigen Nachfolger für Moskau noch nicht einmal begonnen. Aktiv werden konnte er ohnehin erst, nachdem er von Brockdorff-Rantzaus plötzlichem Ableben, womit er nicht gerechnet hatte, benachrichtigt wurde[80].

Am 24. September 1928 wurde der Personalchef des Auswärtigen Amtes, Ministerialdirektor Oswald Schneider, von Stresemann nach Baden-Baden zitiert, wo er ihm unter anderem auch jene Diplomaten vorstellte und charakterisierte, die für den Botschafterposten in Moskau in Frage kamen[81]. Schneider präsentierte neben Ulrich Rauscher noch Eugen Rümelin, Adolf Köster und Herbert von Dirksen, bevor er dann auf Botschafter Nadolny zu sprechen kam. Dabei stellte der Ministerialdirektor Nadolnys diplomatische Fähigkeiten überhaupt nicht in Abrede, sondern distanzierte sich von ihm nur wegen seiner „Persönlichkeit und seiner politischen Einstellung". Unbestritten zählte Nadolny zu den erfahrenen Diplomaten des Auswärtigen Amtes, der neben dem nötigen Fachwissen auch eine lückenlose Beamtenlaufbahn vorweisen konnte[82]. Schneiders Plädoyer für Rauscher basierte daher auf dessen außergewöhnlicher politischer Begabung und intimen Kenntnisreichtum in Ostfragen. Durch seine erfolgreiche Tätigkeit in Warschau schien Rauscher Schneiders Einschätzung nach für die überaus schwierigen Aufgaben in Rußland wie geschaffen zu sein. Schneiders Argumentation weckte Stresemanns ohnehin schon latent vorhandenen Zweifel an Nadolnys Qualifikation für Moskau. Wenngleich er den Botschafter persönlich durchaus schätzte, so war ihm doch sein öffentliches Auftre-

---

schen „Schaltstellen" in Deutschland wieder näher zu kommen. GÜNTER WOLLSTEIN: Rudolf Nadolny: Außenminister ohne Verwendung, in: VfZ, 28. Jg., Heft 1 (1980), S. 55.

[79] Hierzu siehe Botschaftsrat a.D. GUSTAV HILGER: Wir und der Kreml. Deutsch-sowjetische Beziehungen 1918-1941. Erinnerungen eines deutschen Diplomaten, Berlin 1955, S. 251. Siehe auch KURT DOSS: Das deutsche Auswärtige Amt vom Kaiserreich zur Republik. Die Schülersche Reform, Düsseldorf 1977, S. 262ff.

[80] Die wenigsten - hierzu ist auch Stresemann zu zählen - hatten mit Brockdorffs Ableben zu diesem Zeitpunkt überhaupt ernsthaft gerechnet. „[...] Die Mitteilung von dem Tode Brockdorff-Rantzaus hat mich vollkommen überrascht, da ich nichts von irgend einer Erkrankung wußte [...]". Schreiben RAM Stresemann an StS Pünder [Rkei], Baden-Baden, 10.09.1928 [Original], BA Koblenz, NL Pünder, N 1005/29 [S. 80].

[81] Aufzeichnung MinDir Schneider, Berlin, 01.10.1928 [Original], PA AA Bonn, R 28043 a/H 226585 [Alte Signatur: NL Brockdorff-Rantzau, Bd. 15/1, H 226585]. Vgl. ADAP, B-X, Dok.-Nr. 63, S. 170 (Anm. 1).

[82] Mehr zur Vorgeschichte Nadolnys bei GÜNTER WOLLSTEIN, Außenminister ohne Verwendung, a.a.O., S. 54f.; Stockhausen zählte Nadolny zu den „besten" deutschen Diplomaten. Tagebucheintrag MAX V. STOCKHAUSEN, Berlin, 16.04.1925, in: Sechs Jahre Reichskanzlei, a.a.O., S. 156.

ten und seine zu konservative Gesinnung ein Ärgernis[83]. Im Gegensatz dazu konnte der Außenminister sich mit der reservierten, bescheidenen Art Rauschers besser anfreunden. Von dessen diplomatischer Begabung[84] zutiefst überzeugt, favorisierte er ihn als „geeignetsten" Kandidaten für Moskau[85]. Hierbei spielten persönliche Motive eine tragende Rolle. Beide waren vor Jahren nicht nur in Heidelberg in ihrer Studentenzeit gemeinsam bei den „Bonner Borussen" gewesen – die Korpszugehörigkeit entschied besonders im Auswärtigen Amt oft über Karriere und Ansehen[86] –, sondern sie verkehrten hin und wieder auch auf privater Ebene[87]. Von ihm konnte Stresemann größere Loyalität erwarten als vom früheren deutschen Botschafter in Moskau, Brockdorff-Rantzau, dessen eigenmächtiger diplomatischer Kurs gegen Locarno ihm schon immer ein Dorn im Auge gewesen war. So findet sich eine Teilerklärung für den beharrlichen Widerstand Stresemanns gegen Nadolny, über den Hindenburg wiederum seine schützende Hand gestreckt hatte. Zu erwarten war seiner Befürchtung nach, daß

---

[83] Noch bevor die Moskauer Botschafterfrage akut und amtlich war, hatte Nadolny sich selbst als potentiellen Nachfolger ins Spiel gebracht. Aufzeichnung MinDir Schneider, Berlin, 01.10.1928 [Original], PA AA Bonn, R 28043 a/H 226587. [Alte Signatur: NL Brockdorff-Rantzau, Bd. 15/1, H 226587]; Vgl. ADAP, B-X, Dok.-Nr. 63, S. 170 (Anm. 1). Nadolny selber stellte den Sachverhalt später so dar, als hätte ihm Personaldirektor Schneider die bewußte Offerte noch vor Hindenburgs Einlenken unterbreitet. Siehe Aufzeichnung „Meine amtliche Laufbahn" Dt. BS Nadolny [o.O.; o.D.], [Original], PA AA Bonn, NL Rudolf/Änny Nadolny, Bd. 17/1447 [S. 11]. KURT DOß, Zwischen Weimar und Warschau, a.a.O., S. 91.

[84] Für Eschenburg war Rauscher einer der „begabtesten Außenseiter im Auswärtigen Amt". THEODOR ESCHENBURG/ULRICH FRANK PLANITZ: Gustav Stresemann. Eine Bildbiographie, Stuttgart 1978, S. 143.

[85] Aufzeichnung MinDir Schneider [AA], Berlin, 01.10.1928 [Original], PA AA Bonn, R 28043 a/H 226587ff. [Alte Signatur: NL Brockdorff-Rantzau, Bd. 15/1, H 226585ff.]; Vgl. ADAP, B-X, Dok.-Nr. 63, S. 170 (Anm. 1)]. Schon in einer Zuschrift vom 15.02.1928 an das *Büro des Reichspräsidenten* schrieb RAM Stresemann von Rauschers guter Reputation in Warschauer Kreisen. Selbst der polnische Marschall Pilsudski betonte in Genf während einer Unterhaltung mit Stresemann von sich aus, daß Rauscher „den ersten Platz in der Diplomatie der polnischen Hauptstadt einnehme". PA AA Bonn, NL Stresemann, Bd. 288, 7147 H/H 150846-848.

[86] Näheres hierzu bei PETER KRÜGER: Struktur, Organisation und Wirkungsmöglichkeiten der leitenden Beamten des auswärtigen Dienstes 1921-1933, in: Klaus Schwabe (Hrsg.): Das diplomatische Korps 1871-1945, in: Deutsche Führungsschichten in der Neuzeit, Bd. 16, Boppard am Rhein 1982, S. 125f.; LUTZ GRAF V. SCHWERIN V. KROSIGK: Es geschah in Deutschland. Menschenbilder unseres Jahrhunderts, Tübingen/Stuttgart 1951, S. 74f.

[87] Ihr vertraulicher Umgang untermauert ein Photo, auf dem beide biertrinkend abgelichtet sind. Besagte Aufnahme entstand in Heidelberg bei ihrer „berühmten Pfingstbegegnung" 1929. So KURT DOß, Zwischen Weimar und Warschau, a.a.O., S. 90. Zum Photo siehe THEODOR ESCHENBURG, Also hören sie mal zu, a.a.O., S. 156 u. 224. Siehe DERS./ULRICH FRANK PLANITZ, Bildbiographie, a.a.O., S. 143. „[...] Er war Burschenschafter. Noch als Minister trug er gerne Band und bunte Mütze. [...]". So RUDOLF OLDEN: Stresemann, Berlin 1929, S. 253.

der neue deutsche Geschäftsträger in Moskau, dem automatisch das Recht der immediaten Berichterstattung beim Reichspräsidenten zufallen würde, ähnlich lavieren könnte, wie Brockdorff-Rantzau dies in der Vergangenheit getan hatte. Stresemann war nicht gewillt, dies noch einmal miterleben zu müssen[88].

Der eigentliche Konflikt zwischen Stresemann und Hindenburg nahm seinen Anfang, als Legationsrat Baron von Huene, der im *Büro* angestellt war, Ministerialdirektor Schneider über den Inhalt einer kurz zuvor stattgefundenen Unterredung zwischen dem Reichspräsidenten und dem Reichskanzler informierte, den dieser wiederum „in Anbetracht der Bedeutung der Angelegenheit" stenographisch festgehalten hatte[89]. Demzufolge soll Hindenburg das vertrauliche Gespräch dazu genutzt haben, dem Reichskanzler seinen in Aussicht genommenen Kandidaten für Moskau, den designierten Botschafter in Konstantinopel, Rudolf Nadolny, näher vorzustellen. Seine anschließende Frage an Reichskanzler Müller, ob er Nadolnys Ernennung zum deutschen Botschafter in Moskau befürworte, soll der Reichskanzler prompt bejaht haben. Daraufhin soll es dann zu dem vereinbarten Treffen[90] mit Nadolny gekommen sein, bei dem Hindenburg dem Diplomaten geradeheraus den freigewordenen Botschafterposten in der russischen Hauptstadt offerierte. Ohne zu zögern habe dieser den Posten unter der Vorbedingung angenommen, daß die Reichsregierung dazu auch ihr Einverständnis gebe[91]. Wie aus einer aus der Feder Nadolnys stammenden sechs-

---

[88] So auch Botschaftsrat a.D. GUSTAV HILGER, Wir und der Kreml, a.a.O., S. 138f.

[89] MinDir v. Huene handelte im Auftrage Meissners und dieser dürfte wiederum von Hindenburg entsprechend instruiert worden sein. Jedenfalls notierte Schneider den Inhalt und übersandte ihn an Minister Stresemann.

[90] Das Treffen wurde zuvor sorgfältig geplant, da Hindenburg im Begriffe war, Berlin am nächsten Tag zu verlassen (er reiste in die Schorfheide zur Jagd). Cf. Aufzeichnung MinDir Doehle, Berlin, 28.09.1928 [Durchschlag], R 28043a/H 226582.

[91] Schreiben MinDir Schneider [AA] an RAM Stresemann, Berlin, 27.09.1928 [hschr. Original] incl. Anlageschreiben: Aufzeichnung MinDir Schneider [AA], Berlin, 27.09.1928, PA AA Bonn, R 28668/D 706949-950. Ein weitere Durchschrift liegt im Aktenband R 28043a/H 226580. MinDir Köpke [AA] übersandte besagte Aufzeichnung auf Anforderung des Reichskanzlers an StS Pünder, die dieser wiederum zurückschickte, nachdem eine Abschrift angefertigt worden war. Siehe Begleitschreiben MinDir Köpke [AA] an StS Pünder [Rkei], Berlin, 02.10.1928 mit Anlage: Aufzeichnung MinDir Schneider [AA], 27.09.1928 [Abschrift]; Schreiben StS Pünder [Rkei] an MinDir Köpke [AA], Berlin, 02.10.1928 [Mikrofilm-Nr. 596], BA Koblenz, R 43 II/1413 [S. 47ff.]. Ferner siehe Vermerk StS Pünder [Rkei] bezgl. Telefonat mit RAM Stresemann, Berlin, 28.09.1928, in: ADAP, B-X, Dok.-Nr. 50, S. 133f.; Dieser Vermerk ist auch in den Akten der Reichskanzlei dokumentiert: BA Koblenz, R 43 II/ 1413 [S. 45ff.] Mikrofilm-Nr. 596. Dito RUDOLF NADOLNY: Mein Beitrag, Wiesbaden 1955, Hrsg.: GÜNTER WOLLSTEIN, S. 198. Schreiben MinDir Köpke [AA] an StS Pünder [Rkei], Berlin, 03.10.1928 [Mikrofilm-Nr. 596], BA Koblenz, R 43 II/1413 [S. 50]; Aufzeichnung MinDir Köpke (Geheim!), Berlin, 02.10.1928 [Mikrofilm-Nr. 596], BA Koblenz, R 43 II/1413 [S. 51f.]. Ein Durchschlag hierzu

seitigen geheimen Aufzeichnung hierzu hervorgeht, hatte Hindenburg ihm den Botschafterposten aber nur „unter Betonung der Unverbindlichkeit seiner Anfrage und Auferlegung strengster Diskretion" angeboten[92], an die sich der Botschafter im übrigen auch hielt[93].

Dabei war in Wahrheit die Vorgeschichte noch um einiges verwickelter, wie der aktenkundige Ablauf der Ereignisse, den die Beteiligten seinerzeit minuziös dokumentierten, beweist. Daß diese scheinbare Bagatelle doch von größerem Gewicht war als zunächst angenommen, zeigt allein die Tatsache, daß es am 28. September 1928 zwecks Aufklärung dieses undurchsichtigen Sachverhalts zu einem Treffen auf Ministerialdirektorenebene zwischen Heinrich Doehle vom *Büro des Reichspräsidenten* und Gerhard Köpke sowie Oswald Schneider vom Auswärtigen Amt kam. Doch trotz aller Anstrengungen vermochten auch die drei Beamten das Geschehene nicht mehr lückenlos zu rekonstruieren; denn ihnen stand damals nicht das Aktenmaterial zur Verfügung, das heute im Politischen Archiv des Auswärtigen Amtes gesichtet werden kann. Aus diesen Quellen ergibt sich folgender Ablauf: Seinerzeit leitete Oswald von Hoyningen-Huene im Auftrage seines Vorgesetzten, Paul von Hindenburg, jene „Mitteilungen" ans Auswärtige Amt weiter, die dann Ministerialdirektor Schneider an Reichsaußenminister Stresemann nach Baden-Baden übersandte. Nach Kenntnisnahme des Inhalts telefonierte der sichtlich erregte Außenminister mit

---

findet sich im PA AA Bonn, R 29327/E 168246f.; Siehe Begleitschreiben MinDir Köpke [AA] an StS Pünder [Rkei], Berlin, 02.10.1928 mit Anlage: Aufzeichnung MinDir Schneider [AA], 27.09.1928 [Mikrofilm-Nr. 596], BA Koblenz, R 43 II/1413 [S. 47f.]. Daß er Hindenburgs Anfrage nur unter dem Vorbehalt zugestimmt habe, daß die Reichsregierung ihm das Vertrauen aussprechen müsse, hob Nadolny in einem späteren Brief an Stresemann abermals hervor. Schreiben Dt. BS Nadolny an RAM Stresemann, Berlin, 14.10.1928 [hschr. Original], PA AA Bonn, NL Stresemann, Bd. 72, 7350 H/H 165576-579. Aufzeichnung MinDir Doehle [B.d.Rpräs.], Berlin, 28.09.1928 [Durchschlag], PA AA Bonn, R 28043 a/H 226581-584 [Alte Signatur: NL Brockdorff-Rantzau, Bd. 15/1]. Eine weitere Durchschrift liegt in Aktenband R 29327/E 168238-241. Aufzeichnung MinDir Köpke [AA], Berlin, 08.10.1928 [Original], PA AA Bonn, R 28043 a/H 226592ff.; Ein Durchschlag hiervon findet sich unter der Signatur R 29327/E 168248ff.; Eine Abschrift dieser Niederschrift lagert in den Akten der Reichskanzlei. Siehe BA Koblenz, R 43 II/1413 [S. 53ff.] Mikrofilm-Nr. 596.

[92] Aufzeichnung Dt. BS Nadolny (Geheim!), Berlin, 14.10.1928, PA AA Bonn, NL Stresemann, Bd. 73, 7380 H/H 168482-487. In diesem Papier schreibt sich Nadolny etwas anmaßend selber „besondere Kompetenz für den Osten" zu. Die Durchschrift dieser Notizen ist im PA AA im Nachlaß Nadolny unter Band 89 vorzufinden. Übrigens schickte Nadolny noch am selben Tag, an dem diese Niederschrift zu Papier gebracht worden war, einen Brief an Stresemann, worin er u.a. auch Hindenburgs Angebot bestätigte. Schreiben Dt. BS Nadolny an RAM Stresemann, 14.10.1928 [hschr. Original], PA AA Bonn, NL Stresemann, Bd. 72, 7350 H/H 165577.

[93] Aufzeichnung MinDir Doehle [B.d.Rpräs.], Berlin, 28.09.1928 [Durchschlag], PA AA Bonn, R 28043 a/H 2265833.

Köpke und brachte über den ganzen Vorgang sein Befremden zum Ausdruck. Stresemann, der sich vor vollendete Tatsachen gestellt fühlte, weil ihm überhaupt keine Gelegenheit zur Stellungnahme gegeben worden war, beauftragte denselbigen, sich umgehend mit Staatssekretär Meissner in Verbindung zu setzen, um gegen dieses Verfahren seinen energischen Protest weiterzuleiten. Dazu bedurfte es einiger Geduld, da Meissner zu diesem Zeitpunkt in Meran seinen Urlaub verbrachte und folglich nur mit einer zeitlichen Verzögerung erreicht werden konnte. Schließlich führte Doehle ein längeres Telefongespräch mit seinem Chef, Otto Meissner, über dessen Inhalt er Köpke gleich unterrichtete. Demzufolge hatte Meissner ausgeführt, daß er zwar dem Gespräch zwischen Hindenburg, Nadolny und Müller nicht beigewohnt hatte, dennoch aber mit Bestimmtheit sagen könne, daß der Reichspräsident das Angebot an Nadolny „mit allem Vorbehalt" gestellt habe. Die Mission Huenes, versicherte Meissner, sei nur deshalb erfolgt, um das Auswärtige Amt und den Außenminister über diese Angelegenheit frühzeitig zu informieren. Restlos aufgeklärt werden konnte der Passus der Huene'schen Mitteilung jedoch nicht, zumal Reichskanzler Müller gegenüber Ministerialdirektor Schneider den Ablauf der Unterredung völlig gegenteilig darstellte. Schenkt man Müllers Version Glauben, dann hatte er gegen Nadolnys Verwendung für Moskau Bedenken angemeldet. Im gegenseitigen Einvernehmen legte man den Fall Nadolny bis zur Rückkehr Meissners ad acta, um dann die „vorhandene Diskrepanz" definitiv aufzulösen. Aber die einander widersprechenden Darstellungen von Huene und Pünder vermochten weder Meissner, der gerade aus dem Urlaub zurückgekehrt war, noch Köpke auf Anhieb aus der Welt zu schaffen. Zuerst kontaktierte Meissner Schneider telefonisch, um näheres über die Affäre Nadolny zu erfahren. Hierbei bestätigte der Staatssekretär nochmals, daß Huene ganz in seinem und im Sinne des Reichspräsidenten gehandelt hatte. Außerdem hätte auch der Reichskanzler während dieser Unterredung gegen Nadolny nichts einzuwenden gehabt. Da er aber nur zwei Stunden nach seinem Gespräch mit Hindenburg abgereist sei, sei ihm in der Eile des Aufbruchs „etwas ausgerutscht". Im Beisein Köpkes stellte Meissner dann nochmals klar, daß Huene exakt seinen und damit den Anweisungen Hindenburgs gefolgt war. Der Reichspräsident habe ihn selbst darüber informiert, daß der Reichskanzler gegen Nadolny keine Einwände geltend gemacht hatte. Damit sich der Reichsminister des Auswärtigen jedoch nicht über mangelnden Informationsfluß beklagen konnte, habe man die beiden Aussprachen Hindenburgs mit Nadolny und dem Reichskanzler an Stresemann übersandt. Es sei aber „infolge der Stilisierung des Hueneschen Auftrags" bei Stresemann irrtümlich der Eindruck entstanden, als hätte es sich hierbei um die Verlautbarung einer definitiven Entscheidung gehandelt. De facto war es aber nur eine Mitteilung. Jedenfalls werde er, versicherte der Staatssekretär, Hindenburg aufsuchen, um klarzustellen, daß der Reichskanzler über die Kandidatur doch nicht so erbaut gewesen war, wie dies fälschlicherweise angenommen wurde. Interessant erscheint die Tatsache, daß ein Großteil der Dokumente Müllers Paraphe trägt. Folglich war Reichskanzler Müller über die Diskrepanzen bestens unterrichtet. Warum dieser sich seinerseits so bedeckt hielt und den Streit, der sich ja primär um seine Haltung und Äußerungen drehte, nur aus der zweiten Reihe verfolgte, bleibt nebulös.

Jedenfalls eskalierte die Angelegenheit, nachdem Stresemann von den Ereignissen, wie Baron von Huene sie geschildert hatte, telegraphisch Kenntnis bekam und kurzerhand Pünder, den Staatssekretär der Reichskanzlei, anrief, um über den Sachverhalt weitergehende Informationen zu erhalten. Zu diesem Zeitpunkt blieb dem Außenminister auch nichts anderes übrig, denn die drei Hauptakteure Hindenburg, Müller und Meissner befanden sich just zu dieser Zeit zufälligerweise nicht in Berlin, worauf Pünder den Außenminister in dem Telefonat dezent hinwies. Ergänzend bemerkte er, daß der Reichskanzler bei seiner letzten Unterredung mit dem Reichspräsidenten von diesem keineswegs zu einer sofortigen Zustimmung genötigt worden war. Anstatt einzuwilligen, hatte der Reichskanzler gegen Nadolny erhebliche Bedenken angemeldet[94]. Über die „unverständliche Vorgehensweise" des Reichspräsidenten war besonders Stresemann pikiert. Daß er in solch einer wichtigen Personalfrage von demselben und dem Reichskanzler, der noch kurz zuvor versichert hatte, er werde gegen Nadolny votieren, vor vollendete Tatsachen gestellt worden war, mobilisierte seinen Kampfgeist um so mehr[95]. Vor allem konnte er sich nicht mit dem Gedanken anfreunden, daß der Reichspräsident scheinbar daran Gefallen gefunden hatte, die Auslandsposten nach Gutdünken zu verteilen[96]. Darüber hinaus richtete sich seine Kritik sowohl gegen das von Hindenburg geschaffene fait accompli als auch direkt gegen die Person des Botschafters, der seiner Ansicht nach keineswegs der ideale Mann war, um die deutsche Politik in Moskau glaubwürdig zu vertreten[97]. Nadolnys politische Einstellung zu Rußland, die er selber einmal

---

[94] Aufzeichnung StS Pünder [Rkei] bezgl. Telefonat mit RAM Stresemann, Berlin, 28.09.1928, in: ADAP, B-X, Dok.-Nr. 50, S. 134f.
[95] EBD., S. 134.
[96] RUDOLF NADOLNY, Mein Beitrag, a.a.O., S. 198.
[97] Aufzeichnung StS Pünder [Rkei] bezgl. Telefonat mit RAM Stresemann, Berlin, 28.09.1928, in: ADAP, B-X, Dok.-Nr. 50, S. 134; Stresemann berief sich in diesem Telefongespräch u.a. auch auf die ablehnende Haltung des sowjetischen Botschaftsrates Bratman-Brodowski zu Nadolny. Erwähnenswert erscheint, daß Stresemann nicht die fachliche Kompetenz Nadolnys anzweifelte – er hielt ihn sogar für einen der tüchtigsten Diplomaten im Auswärtigen Amt –, sondern ausschließlich dessen überzogene konservative Gesinnung ablehnte. Vgl. KURT DOß, Zwischen Weimar und Warschau, a.a.O., S. 91. Hierzu siehe auch Aufzeichnung RAM Stresemann („?") [Fragezeichen ist im Dokument genau so vorzufinden; laut Stresemann-Findbuch des PA AA

in Anlehnung an das klassische Cato-Zitat höchst eigenwillig mit „*Ceterum censeo Russiam esse delendam*"[98] umschrieben hatte, war nämlich sowohl Stresemann als auch der sowjetischen Regierung bekannt[99]. Insofern war die ablehnende Stellungnahme des Botschaftsrates Stefan Bratman-Brodowski, der wegen Nadolny eigens bei Ministerialdirektor Gerhard Köpke vorstellig geworden war, eine logische Konsequenz. Der sowjetische Diplomat legte dem deutschen Referenten eindringlich nahe, daß für die sowjetische Regierung Nadolny von allen bisher genannten Diplomaten „der am wenigsten angenehme" wäre. Von seiner Entsendung nach Moskau sei besser Abstand zu nehmen. Anstelle seiner Person würde der sowjetischen Regierung ein Mann wie von Dirksen als neuer Missionschef weitaus genehmer sein, führte Bratman-Brodowski abschließend aus[100]. Nur drei Wochen sollten vergehen, bis Moskau seine Einwände gegen Nadolny allesamt revidierte. Was dafür letztlich auch immer ausschlaggebend gewesen sein mag: Fortan wurde Hindenburgs Aspirant, Rudolf Nadolny, nicht nur als möglicher Nachfolger Brockdorff-Rantzaus akzeptiert, sondern auch auffallend höher gehandelt als der von Stresemann protegierte Gesandte Rauscher, den die russische Seite denkbar ungerne als Missionschef in Moskau willkommen geheißen hätte[101].

---

waren es: „Anweisungen Stresemann (?) für Kockelhoven"], Berlin, 15.09.1928, PA AA Bonn, NL Stresemann, Bd. 71, 7349 H/H 165391.
[98] Schreiben MinDir Köpke an StS v. Schubert [AA], Berlin, 22.09.1928 [Kopie eines Originals], PA AA Bonn, R 28954 k/E 101413.
[99] MARTIN WALSDORFF, Westorientierung, a.a.O., S. 52.
[100] Aufzeichnung MinDir Köpke [AA], Berlin, 25.09.1928, PA AA Bonn, R 28668/D 706947-948. Ein Durchschlag hierzu findet sich auch im Aktenband R 29327/E 168236f.; Aufzeichnung MinRat Doehle [B.d.Rpräs.], Berlin, 28.09.1928 [Durchschlag], PA AA Bonn, R 28043 a/H 226582. [Alte Signatur: NL Brockdorff-Rantzau, Bd. 15/1, H 226581-584]. Durchschlag hierzu siehe R 29327/E 168238-241. Vgl. auch Aufzeichnung StS Pünder [Rkei] bezgl. Telefonat mit RAM Stresemann, Berlin, 28.09.1928, in: ADAP, B-X, Dok.-Nr. 50, S. 134. Bratman-Brodowsky hatte kurz nach der Beerdigung des Grafen dem deutschen BSRat Hilger vertrauensvoll mitgeteilt, daß die sowjetische Regierung v. Dirksen als neuen Botschafter für Moskau favorisiere. GUSTAV HILGER, Wir und der Kreml, a.a.O., S. 213. Mitte November 1928 brachte der russische Botschafter Krestinsky den Namen Köpke ins Spiel. Dieser werde als deutscher Missionschef in Rußland „eine sehr gute Aufnahme" finden. Aufzeichnung RWSM Curtius, Berlin, 14.11.1928 [Original], PA AA Bonn, R 29327/E 168235.
[101] Aufzeichnung VLegRat v. Moltke (AA) [Original], Berlin, 17.10.1928 [H 226608-610]; Aufzeichnung MinDir Köpke [Durchschlag], Berlin, 19.10.1928 [H 226604-607]. Von beiden Niederschriften erhielt Stresemann je eine Fassung. Schreiben MinDir Schneider an RAM Stresemann, Berlin, 20.10.1928 [Original], PA AA Bonn, R 28043 a/ H 226602-603. [zuvor im NL Brockdorff-Rantzau, Bd. 15/1]. Rauschers Zugehörigkeit zur Sozialdemokratischen Partei entpuppte sich, wie Dirksen in seinem Erinnerungswerk zu Recht vermutet, wohl als Hindernis, da die Sowjets in einem Sozialdemokraten einen „Verräter am Proletariat" sahen. HERBERT V. DIRKSEN, Moskau-Tokio-London, a.a.O., S. 87.

Kurz darauf wurde Stresemann von seinem „Unterminister", Staatssekretär von Schubert, kontaktiert, der für eine baldige Entsendung Rauschers nach Moskau plädierte, da dieser für diese Aufgabe der „weitaus beste Kandidat" sei[102]. Stresemann wurde auf diese Nachricht hin sofort aktiv. Umgehend instruierte er Schubert, den Reichspräsidenten in seinem Palais aufzusuchen, um ihn im Gespräch unter vier Augen von Rauschers Eignung zu überzeugen[103]. Doch alle Argumente Schuberts stießen bei Hindenburg auf taube Ohren. Für ihn war Nadolny nach wie vor der bei weitem beste Kandidat[104]. In diesem ausführlichen und sehr lebhaften Wortwechsel betonte er fast beschwörend, daß er sich aus persönlichen Gründen mit der Kandidatur des „Sozialdemokraten"[105] Rauscher nicht anfreunden könne[106]. Da er aber seine sachlichen Einwände respektiere, solle das Auswärtige Amt sich auf die Suche nach einem geeigneten qualifizierten dritten Kandidaten begeben[107]. Die unbeugsame Haltung des Reichspräsidenten verfehlte auch ihre Wirkung auf Staatssekretär Schubert nicht, der zu dem Resümee kam, daß dieser einen viel größeren Widerstand geleistet habe, als er dies jemals erwartet hätte[108]. Zwar war Hindenburg mit Rauschers Arbeit in Warschau durchaus zufrieden, wie er dem Reichskanzler später aufrichtig gestand, dennoch konnte er seine Entsendung nach Moskau nicht gutheißen, weil es nun

---

[102] Schreiben StS v. Schubert [AA] an RAM Stresemann, Berlin, 20.09.1928 (Persönlich!) [Original], PA AA Bonn, NL Stresemann, Bd. 292, 7149 H/H 151212. Schuberts Prognose, daß die „groteske Geschichte" um Nadolny „sehr bald liquidiert" werde, sollte sich nicht bewahrheiten.

[103] Siehe auch KURT DOSS, Zwischen Weimar und Warschau, a.a.O., S. 91.

[104] Schreiben StS v. Schubert [AA] an RAM Stresemann, Berlin, 12.10.1928, in: ADAP, B-X, Dok.-Nr. 63, S. 170. Die dort angegebene Signatur (9101/H 226 595-600) ist mittlerweile veraltet. Das Originalschreiben ist nunmehr in folgendem Aktenband des PA AA in Bonn archiviert: R 28043 a/H 226595-600.

[105] WOLFGANG STRESEMANN: Mein Vater Gustav Stresemann, München 1979, S. 541. Als Rauscher im Februar 1926 für den Posten des Vizegeneralsekretärs des Völkerbundgeneralsekretariats zur Diskussion stand, erschien Hindenburg der Gedanke „unerträglich", daß solch ein wichtiges Amt ein Sozialdemokrat bekleiden könnte. Sein Protest war ausschließlich parteipolitisch und ideologisch motiviert. Siehe Aktennotiz StS Meissner, Berlin, 22.02.1926 [Durchschlag], BA Berlin-Lichterfelde, R 601/695 [S. 81f.].

[106] Schreiben StS v. Schubert [AA] an RAM Stresemann, Berlin, 12.10.1928, in: ADAP, B-X, Dok.-Nr. 63, S. 171. Schubert geht in diesem Schreiben aber nicht näher auf die „persönlichen Gründe" ein. Was Hindenburg mit Sicherheit am meisten an Rauscher störte, war dessen sozialistische Gesinnung. Nach KURT DOSS war dem Reichspräsidenten wohl aber auch Rauschers atypische Außenseiterkarriere suspekt. DERS.: Zwischen Weimar und Warschau, a.a.O., S. 92.

[107] Schreiben StS v. Schubert [AA] an RAM Stresemann, Berlin, 12.10.1928, in: ADAP, B-X, Dok.-Nr. 63, S. 171.

[108] EBD., S. 172.

mal nicht üblich sei, jemanden – „in Anbetracht der Beziehungen Rußland-Polen" – aus einem benachbarten Land wie Polen nach Moskau zu schicken[109].

Vorerst blieben die Fronten unverändert, da beide von der Grundüberzeugung, den jeweils besseren Diplomaten vorweisen zu können, kein Stück abrückten[110]. Nur kurze Zeit später zeigte sich Hindenburg wieder einmal von seiner resoluten Seite, als er explizit zu verstehen gab, daß er sich keinen Kandidaten aufzwingen lasse und bei dem potentiellen dritten Anwärter genauso kritisch verfahren wie im „jetzigen" Fall[111]. Inwieweit der Reichspräsident von anderen Personen wegen seines Wunschkandidaten Nadolny, der im übrigen neben Botschafter Friedrich Sthamer[112] zu den wenigen deutschen Diplomaten bürgerlicher Herkunft zählte, beeinflußt wurde, kann nur vermutet werden und läßt sich anhand des zugänglichen Quellenmaterials nicht rekonstruieren. Aktenkundig ist dagegen der Versuch von Rudolf Nadolny, Außenminister Stresemann zu einem persönlichen Treffen und klärenden Gespräch zu überreden, damit der „Kreis von Legenden" um seine Person – so die Formulierung des Botschafters in Konstantinopel – sein Ende finde[113].

Als Hindenburg Botschafter von Neurath den Moskauer Außenposten in Aussicht stellte, dieser jedoch aus persönlichen Gründen ablehnte[114], schien sein Widerstand vorübergehend am Nullpunkt angelangt zu sein. Wenn er von Neurath fast schon resignierend mitteilte, er habe Nadolny mittlerweile

---

[109] Aufzeichnung RK Müller betr. Besprechung mit Rpräs. v. Hindenburg, Berlin, 26.11.1928 [Original; von Müller per Feder signiert], AdsD Friedrich-Ebert-Stiftung Bonn, NL Hermann Müller, Tr. 4/1, Mappe 1-27, Kassette Nr. III, Nr. 3.

[110] In Anwesenheit Meissners bekräftigte Hindenburg, daß er an Nadolny festhalten und auch nicht nachgeben werde. Schreiben StS Meissner [B.d.Rpräs.] an Dt. GS Nadolny, Berlin, 01.11.1928 [Abschrift], PA AA Bonn, NL Rudolf/Änny Nadolny, Bd. 89.

[111] „Outsider" - hierzu zählte der Reichspräsident Kandidaten wie Rümelin und anfangs sogar von Dirksen - sollten von vornherein ausgeschlossen werden. Siehe Schreiben StS v. Schubert [AA] an RAM Stresemann, Berlin, 12.10.1928, in: ADAP, B-X, Dok.-Nr. 63, S. 171.

[112] Näheres zu Botschafter Sthamer siehe S. 346-352 dieser Arbeit.

[113] Mit diesem Schreiben wollte er sich wohl Klarheit über den aktuellen Stand der Diskussion zwischen dem Auswärtigen Amt und dem *Büro des Reichspräsidenten* verschaffen. Schreiben Dt. BS Nadolny an RAM Stresemann, Wiesbaden, 14.10.1928 [Abschrift], PA AA Bonn, NL Rudolf/Änny Nadolny, Bd. 89. Siehe dazu auch Schreiben MinDir Schneider an RAM Stresemann [Durchschlag], Berlin, 15.10.1928 [Original], PA AA Bonn, R 28043 a/H 226601.

[114] Neurath lehnte zudem die deutsche Rußlandpolitik kategorisch ab. Schreiben StS Meissner [B.d.Rpräs.] an Dt. BS Nadolny, Berlin, 21.11.1928 [Abschrift], PA AA Bonn, NL Rudolf/Änny Nadolny, Bd. 89.

"abgeschrieben" und wäre jetzt mit der Berufung von Dirksen einverstanden[115], so überrascht um so mehr, wie vehement er kurz darauf Stresemann attackierte.

Die erste persönliche Begegnung zwischen Hindenburg und Stresemann zur Regelung der Moskauer Botschafternachfolge markiert den Höhepunkt eines „schweren" Streites[116], der die beidseitigen Beziehungen – wenn auch nur temporär – sichtlich belastete. Kurzerhand hielt Hindenburg dem Reichsminister des Auswärtigen bei ihrem Zusammentreffen vor, daß sich seines Erachtens alle Vorwürfe und Kritiken in bezug auf Nadolny als unrichtig erwiesen hätten. Mittlerweile eskaliere diese Angelegenheit, so seine Feststellung, zu einer Kraftprobe zwischen ihm und dem Auswärtigen Amt. Anknüpfend an den alten *Zweigert-Keudell-Streitpunkt* führte er aus, daß er weiterhin an seinem verfassungsmäßigen Recht, alle Botschafter und Gesandten alleine zu benennen, festhalten werde. Da er am Ende nicht als der Blamierte dastehen wolle und man Nadolny eine Kompromittierung dieses Ausmaßes ersparen möge, solle er in seiner Funktion als Reichsaußenminister nun bitte gegenzeichnen[117]. Doch Stresemann zeigte in dieser Hinsicht kein Entgegenkommen. Anstatt seinen Forderungen Folge zu leisten, wie er es schon einmal im Februar 1926 getan hatte, als er sich dessen Widerstand beugte und von der Bestellung Rauschers zum Vizegeneralsekretär des Völkerbundsgeneralsekretariats Abstand nahm, konterte er diesmal[118]. Er hielt ihm entgegen, daß für ihn eine mögliche Bloßstellung Nadolnys kein ausreichender Grund darstelle, um dessen Avancement zu befürworten. Wenn er aber an seinem Entschluß, Nadolny zum Missionschef nach Moskau zu beordern, festhalte, so der Außenminister, dann solle er ihn von seinem Amt entbinden[119]. Über das Rencontre berichtet auch Staatssekretär Meissner, der Augen- und Ohrenzeuge der Auseinandersetzung zwischen Hindenburg und Stresemann war. Seinen Beobachtungen zufolge hatte der Reichspräsident den Außenminister während des Dialogs tatsächlich gedrängt, die Ernennungsurkunde Nadolnys sofort gegenzuzeichnen. Daraufhin habe Stresemann erregt

---

[115] Aufzeichnung RAM Stresemann, Berlin, 18.11.1928, in: ADAP, B-X, Dok.-Nr. 141, S. 358. Bei dieser Gelegenheit ließ Neurath durchblicken, daß Nadolny seiner Auffassung nach für diesen Posten ungeeignet sei.
[116] WOLFGANG STRESEMANN, Mein Vater, a.a.O., S. 540.
[117] Aufzeichnung RAM Stresemann, Berlin, 18.11.1928, in: ADAP, B-X, Dok.-Nr. 141, S. 358f.
[118] Neben Rauschers sozialdemokratischer Parteigesinnung hielt Hindenburg den Diplomaten primär deshalb für ungeeignet, weil damit zu rechnen sei, daß dieser sich in der formell vom Reichsdienst unabhängigen Stellung im Völkerbundsekretariat nicht als „quasi-Reichsbeamter" fühlen und den Weisungen der deutschen Regierung direkt Folge leisten werde. Als RK Luther diese Bedenken teilte, gab Stresemann bereitwillig nach und verdeutlichte sogar, daß er „niemals" beabsichtigt habe, Rauscher dieses Amt zu übertragen. Cf. Aktennotiz StS Meissner [B.d.Rpräs.], Berlin, 22.02.1926 [Durchschlag], BA Berlin-Lichterfelde, R 601/695 [S. 81f.].
[119] Aufzeichnung RAM Stresemann, Berlin, 18.11.1928, in: ADAP, B-X, Dok.-Nr. 141, S. 359.

entgegnet, daß er dem nicht entsprechen werde, weil sonst sein Prestige und seine Autorität im Auswärtigen Amt „dahin" wären. Im Verlauf dieser „sehr lebhaften Auseinandersetzung" habe dann Stresemann wirklich seinen Rücktritt offeriert, so Meissner[120]. Wie ernstgemeint seine Demissionsabsicht dieses eine Mal war[121], geht auch aus den Memoiren seines Sohnes hervor, der berichtete, daß sein Vater an jenem Mittag „voller Empörung" nach Hause gekommen war und daß danach über nichts anderes gesprochen wurde als über seine Fehde mit Hindenburg[122]. Immerhin konterte der Reichspräsident auf Stresemanns direkte Rücktrittsandrohung recht geschickt, indem er seine eigene Demission zur Disposition stellte. Er halte sich durchaus nicht für unersetzlich, und deshalb ziehe er ebenfalls eine Amtsniederlegung in Betracht, erläuterte er kurz und bündig. Als Reichspräsident lasse er sich die wenigen Rechte, die er noch habe, nicht nehmen. Im übrigen kenne er viele Personen im Auswärtigen Amt, die Nadolny für befähigt hielten, worauf Stresemann allerdings sofort widersprach. Daß Hindenburg immer wieder in „einem beinahe flehenden Ton" auf die Notwendigkeit zu sprechen kam, Nadolny zum Botschafter zu bestellen[123], demonstriert, wie er mit aller Macht und Energie[124] versuchte, dessen Versetzung nach Moskau zu erzwingen.

War die *Zweigert-Keudell-Kontroverse* eher ein grundsätzlicher Streit, der verfassungstheoretische Debatten hervorbrachte, so zeichnete sich diese Auseinandersetzung durch ihre realpolitische Dimension aus. Jetzt wurde die Agenda

---

[120] Schreiben StS Meissner [B.d.Rpräs.] an Dt. BS Nadolny, Berlin, 21.11.1928 [Abschrift], PA AA Bonn, NL Rudolf/Änny Nadolny, Bd. 89.

[121] In gewisser Weise verfügte Stresemann - was Rücktrittsandrohungen anbelangte - über hinreichende Erfahrungen. Dem damaligen Reichskanzler Luther hatte er beispielsweise gleich mehrfach kleine Zettel zugesteckt, auf denen er seine Demission anbot. Doch derartige Offerten hatten damals [wie teilweise auch heute noch] fast ausschließlich instrumentellen Charakter. Man glaubte, so seinen Forderungen einen wirksamen Impuls geben zu können. Vgl. HANS LUTHER: Politiker ohne Partei, Stuttgart 1960, S. 363.

[122] WOLFGANG STRESEMANN, Mein Vater, a.a.O., S. 540. Überhaupt hatte Wolfgang Stresemann durch sein permanentes Einwirken auf seinen Vater entscheidenden Anteil an der wachsenden Auseinandersetzung; denn seine Bedenken gegen die zur Diskussion stehenden Kandidaten für die Moskauer Nachfolge prägten gewiß auch das Meinungsbild des Reichsaußenministers. Hierzu Schreiben Wolfgang Stresemann an RAM Stresemann, Berlin, 15.10.1928, PA AA Bonn, NL Stresemann, Bd. 72, 7350/165593.

[123] Aufzeichnung RAM Stresemann, Berlin, 18.11.1928, in: ADAP, B-X, Dok.-Nr. 141, S. 360. Aufzeichnung RK Müller betr. Besprechung mit Rpräs. v. Hindenburg, Berlin, 26.11.1926 [Original; von RK Müller per Feder signiert], AdsD Friedrich-Ebert-Stiftung Bonn, NL Müller, Tr. 4/1, Mappe 1-27, Kassette Nr. III, Nr. 3.

[124] Tagebucheintrag ERNST FEDER, 04.01.1928, in: Ders.: Heute sprach ich mit [...]. Tagebücher eines Berliner Publizisten 1926-1932, Stuttgart 1971, S. 206.

nicht mehr von theoretischen Streitpunkten über Kabinettsvorlagen[125], sondern von personalpolitischen Entscheidungsfragen bestimmt. Trotzdem mußte Stresemann sich noch einmal mit der verfassungstheoretischen Frage auseinandersetzen, wem bei der Ernennung der Außenbeamten die letzte Entscheidungskompetenz zukam. Vorausgegangen war, daß Stresemann das Streitgespräch mit dem Reichspräsidenten wegen einer anberaumten Kabinettssitzung kurzzeitig abbrechen mußte. Gleich zu Anfang der Ministersitzung wurde dem Außenminister durch den nicht zufällig anwesenden Staatssekretär Meissner ein Schriftstück seines Vorgesetzten, das als Anlage eine weitere Aufzeichnung hatte, überreicht. Nachdem Stresemann die Papiere gleich an Ort und Stelle studiert hatte, begab er sich während der laufenden Besprechung zu Meissner und bat diesen, den Reichspräsidenten davon in Kenntnis zu setzen, daß er ihn gegen 17.00 Uhr aufsuchen werde, um seine Demission zu überreichen. Woran Stresemann sich am meisten störte, war der von Hindenburg zur Durchsetzung seines Kandidaten wiederholt angeführte und instrumentalisierte Fingerzeig auf seine staatsrechtlichen Prärogativrechte bei Ernennungsfragen[126].

Mit vereinten Kräften gelang es Reichskanzler Müller und Staatssekretär Meissner jedoch, den Außenminister von seinem Vorhaben rechtzeitig abzubringen. Um ihn im Amt zu halten, bemühten sie sich um einen Kompromiß, einen Ausgleich ohne „Sieger und Besiegte", mit dem beide leben konnten[127].

Doch es gab noch einen anderen auslösenden Faktor, der den Außenminister zu diesem Schritt bewogen hatte. Verantwortlich hierfür war ein hinter den Kulissen ausgetragener Streit, der zum Teil erklärt, warum Stresemanns persönliche Animosität gegen die Person Nadolnys solche Dimensionen annahm. Zur Verschlechterung des Verhandlungsklimas beigetragen hatte ein dubioses Erlebnis des Sohnes des Reichsaußenministers, Wolfgang Stresemann[128]. Dieser hatte laut eigenem Bekunden auf einer Gesellschaft eine Unterhaltung mit jemandem geführt, der sich nach dem Gespräch als Bruder des in Konstantinopel amtierenden Botschafters Rudolf Nadolny ausgab. Bei dem zwanglosen Plausch machte der

---

[125] Zur *Zweigert-Keudell-Kontroverse* ab S. 302 dieser Arbeit.
[126] Aufzeichnung StS Meissner, PA AA Bonn, K 1013/K 266455f.; Aufzeichnung RAM Stresemann, Berlin, 18.11.1928, in: ADAP, B-X, Dok.-Nr. 141, S. 361. Eigentlich hatte Hindenburg sich vorgenommen, Stresemann die bewußten Papiere noch während der Audienz auszuhändigen; hierzu kam es jedoch nicht. Im Kabinettsprotokoll erhielt dieser Vorfall übrigens kein Vermerk. Siehe Niederschrift RegRat Planck der Ministerratssitzung 17.11.1928, in: AdR, Kab. Müller II, Bd. 1, Dok.-Nr. 68, S. 155.
[127] Schreiben StS Meissner [B.d.Rpräs.] an Dt. BS Nadolny, Berlin, 21.11.1928 [Abschrift], PA AA Bonn, NL Rudolf/Änny Nadolny, Bd. 89. Aufzeichnung RAM Stresemann, Berlin, 18.11.1928, in: ADAP, B-X, Dok.-Nr. 141, S. 361f.
[128] Schreiben StS Meissner an Dt. BS Nadolny, Berlin, 08.11.1928 [Abschrift], PA AA Bonn, NL Rudolf/Änny Nadolny, Bd. 89.

angebliche Bruder Nadolnys en passant darauf aufmerksam, daß sein Bruder den Posten in Moskau bereits angenommen habe. Dem völlig überraschten Sohn des Reichsaußenministers soll dieser obendrein anvertraut haben, sein Bruder habe diese Zusage von der Bedingung abhängig gemacht, daß der sowjetische Außenminister Tschitscherin von seinem Posten zu entfernen sei, andernfalls werde er nicht zur Verfügung stehen. Prekär und taktlos war diese Äußerung deswegen, weil der deutsche Botschafter in Moskau, Graf Brockdorff-Rantzau, zu diesem Zeitpunkt noch nicht ernsthaft erkrankt war und sein Posten überhaupt nicht zur Diskussion stand[129]. Der eigentliche Streit jedoch entfachte, als der Bruder Nadolnys, Rechtsanwalt Walter Nadolny, später kategorisch bestritt, diese Äußerung je gemacht und den Sohn des Reichsaußenministers je getroffen zu haben[130]. Auch wenn Hindenburg und Stresemann in den persönlichen Zwist zwischen Walter Nadolny und Wolfgang Stresemann nicht unmittelbar involviert waren, so verschärfte dieser doch die Kontroverse um einen angemessenen Nachfolger für Brockdorff-Rantzau. Nachdem Wolfgang Stresemann und Walter Nadolny miteinander korrespondiert hatten, kam es dann auch zu einer privaten Zusammenkunft, bei dem man die „rätselhafte Angelegenheit" aus der Welt zu schaffen versuchte. Doch ihrer honorigen Absicht war kein Erfolg beschieden. Glaubte Wolfgang Stresemann, sein Gegenüber deutlich wiederzukennen, so stritt Walter Nadolny dagegen energisch ab, diesen jemals zuvor gesehen zu haben. Da der Sohn des Reichsaußenministers nicht ausschließen konnte, damals mit einem weiteren Bruder Nadolnys gesprochen zu haben, und da beide von ihrer Version der geschilderten Ereignisse nicht abließen, verabschiedete man sich ergebnislos. Als der Rechtsanwalt nach der fruchtlosen Begegnung den Außenminister mit der Bemerkung, sein Sohn habe ihn bei dem Treffen nicht erkannt, bewußt desinformierte und gleichzeitig die Forderung stellte, daß die gegen ihn vorgebrachten Äußerungen nun auch in Gegenwart des Reichspräsidenten zurückgenommen werden müssen, andernfalls werde er rechtliche Schrit-

---

[129] Brockdorff-Rantzaus späterer Nachfolger notierte in seinen Memoiren hierzu: „[...] Nach dem alten Wort: ‚Le roi est mort, vive le roi', das ebenso für den Auswärtigen Dienst gilt wie für die königliche Erbfolge, ging das Rennen um die Nachfolge los, kaum das der Sarg in die Grube gesenkt worden war [...]". HERBERT V. DIRKSEN, Moskau-Tokio-London, a.a.O., S. 86.

[130] Schreiben RAM Stresemann an Rpräs. v. Hindenburg, Berlin, 17.11.1928, PA AA Bonn, NL Stresemann, Bd. 73, 7380 H/H 168488-490. Aufzeichnung Dt. BS Nadolny über Rücksprache mit RAM Stresemann, Berlin, 03.12.1928, PA AA Bonn, NL Rudolf/Änny Nadolny, Bd. 89. Nachdenklich stimmt auch der Umstand, daß Wolfgang Stresemann sich nicht mehr genau erinnern konnte, wann, wo bzw. bei welcher Festlichkeit er den Bruder Nadolnys getroffen hatte. Jedenfalls beharrten die Söhne Stresemanns und Nadolnys auf ihre jeweilige Version der Ereignisse. Genaueres hierzu siehe Aufzeichnung Wolfgang Stresemann [Original], Berlin, 20.11.1928; Schreiben Walter Nadolny an RAM Stresemann, Berlin, 20.11.1928 [Original], PA AA Bonn, NL Stresemann, Bd. 73, 7380 H/H 168541-546.

te einleiten, verlor Stresemann seine Contenance. Gegenüber Walter Nadolny stellte er eindringlich klar, daß er keineswegs an der Aussage seines Sohnes zweifle und deshalb auch dem Reichspräsidenten gegenüber nichts „zurücknehmen" werde. Im übrigen werde er einer gerichtlichen Aufklärung aus verschiedenen Gründen mit Interesse entgegensehen[131].

Der Reichspräsident hatte sich während des ganzen Streits in vornehmer Zurückhaltung geübt, obgleich er über den Stand der Dinge durch Meissner bestens orientiert war[132]. Zwar bewertete er das Zerwürfnis als „häßliche Giftmischerei", die im Interesse des Auswärtigen Amtes zu bereinigen sei, überließ es aber den beteiligten Protagonisten, die Affäre aufzuklären[133]. Nachdem er Walter Nadolnys Stellungnahme hierzu gelesen hatte, in der der Rechtsanwalt die vorgeworfenen Anschuldigungen entschieden zurückwies, war für ihn der Fall „erledigt"[134].

Auch wenn diese Bagatelle keinen direkten Einfluß auf die Wahl der Kandidaten gehabt haben mag, so dürfte sie jedoch in den bereits bestehenden psychologischen Graben zwischen Hindenburg und Stresemann eine noch tiefere Furche geschnitten haben. Unter keinen Umständen war Hindenburg gewillt, seinen Kandidaten für Moskau in diesen persönlichen Konflikt mithineinziehen zu lassen. Daß er die gegen Walter Nadolny vorgelegten Vorwürfe für widerlegt hielt und sich überhaupt nicht mit Wolfgang Stresemanns Argumenten auseinandersetzte, gibt Zeugnis über seine einseitige parteiische Haltung. Über den aktuellen Stand der Auseinandersetzung um seine Person war Nadolny dank der fleißigen Korrespondenz seines Duz-Freundes Otto Meissner bestens im Bilde[135]. Von ihm erhielt er auch die Information über den unentschiedenen Ausgang der

---

[131] Schreiben RAM Stresemann an Walter Nadolny, Berlin, 21.11.1928, PA AA Bonn, NL Stresemann, Bd. 73, 7380/168561.

[132] Schreiben Walter Nadolny an RAM Stresemann, Berlin, 16.11.1928, PA AA Bonn, NL Stresemann, Bd. 73, 7380 H/H 168476-477.

[133] Siehe Schreiben StS Meissner an Dt. BS Nadolny, Berlin, 21.11.1928, PA AA Bonn, NL Rudolf/Änny Nadolny, Bd. 89.

[134] Schreiben StS Meissner an RAM Stresemann, Berlin, 17.11.1928 [Original], PA AA Bonn, NL Stresemann, Bd. 73, 7380 H/H 168480-481. Ein Durchschlag dieses Briefes befindet sich außerdem im Bd. 291, 7148 H/H 150928-930. Damit war dieser Zwischenfall allerdings noch längst nicht aus der Welt geschafft. Am 03.12.1928 fragte LegRat Baron v. Huene [Büro d. Rpräs.], ob es denn nicht möglich und sinnvoll sei, einen Vermittler einzuschalten, um die schwebende Angelegenheit „etwa durch einen Dritten" zu erledigen. Zwar fielen im Verlauf des Gesprächs die Namen v. Schubert, Meissner und Goldschmidt, dennoch fand Huenes Vorschlag keine nennenswerte Resonanz. Siehe Aufzeichnung RAM Stresemann, Berlin, 03.12.1928, PA AA Bonn, NL Stresemann, Bd. 291, 7148 H/H 150963-964.

[135] Siehe Schreiben StS Meissner an Dt. BS Nadolny, Berlin, 08.11.1928 u. 21.11.1928 [Abschriften], PA AA Bonn, NL Rudolf/Änny Nadolny, Bd. 89.

Besprechung des Reichspräsidenten mit Stresemann. Zugleich betonte er, daß der Außenminister sich immerhin zu der Konzession hergegeben habe, ihn, Nadolny, für die Mission in Rom vorzusehen.

Auf ausdrücklichen Wunsch Hindenburgs jedoch, der konsequent an Nadolny festhielt und auf einen neuen Vorschlag von Stresemann wartete, kam es unmittelbar darauf zu einem kurzen Gespräch zwischen dem Staatssekretär und dem Außenminister, in dem Meissner den Aspiranten seines Chefs, Rudolf Nadolny, ebenfalls in Schutz nahm und seine Eignung für Moskau explizit unterstrich[136].

Überhaupt fand Nadolny in Staatssekretär Otto Meissner und Ministerialdirektor Heinrich Doehle zwei Verbündete, deren Unterstützung er sich sicher sein konnte. Daß Nadolny Jahre zuvor einmal deren Vorgesetzter und Förderer war – am 1. März 1920 war der damalige Geheime Legationsrat von Reichspräsident Ebert zum Berater für auswärtige Angelegenheiten bestellt worden[137] – und daß darüber hinaus alle drei ein enges freundschaftliches Verhältnis verband, wirkte sich auf die Ausgangssituation des deutschen Botschafters in der Türkei günstig aus[138]. Infolgedessen verfügte Nadolny – im Gegensatz zu seinem direkten Mitkonkurrenten Rauscher – zweifelsfrei über eine größere Lobby und war im Hinblick auf Moskau scheinbar im Besitz der besseren Karten. Insofern mußte Stresemann nicht nur gegen den energischen Widerstand des Reichspräsiden-

---

[136] Siehe Schreiben StS Meissner an Dt. BS Nadolny, Berlin, 08.11.1928 [Abschrift], PA AA Bonn, NL Rudolf/Änny Nadolny, Bd. 89.

[137] Vortrag Archivrat Rogge: Das Büro des Reichspräsidenten, Berlin, 13.12.1929, BA Berlin-Lichterfelde, 15.06./164 [S. 13]; Cf. Ein Tag aus dem Leben des Reichspräsidenten [N.N.], Berlin 1925, S. 15. Am Aufbau und der strukturellen Organisation des *Büros* war Nadolny maßgeblich beteiligt. Näheres zu Rudolf Nadolny unter Ebert bei WOLLSTEIN, Außenminister ohne Verwendung, a.a.O., S. 52f. u. WALTER MÜHLHAUSEN: Das Büro des Reichspräsidenten in der politischen Auseinandersetzung, in: Friedrich Ebert als Reichspräsident: Amtsführung und Amtsverständnis. Hrsg.: Eberhard Kolb. Schriftenreihe der Stiftung Reichspräsident-Friedrich-Ebert-Gedenkstätte, Bd. 4, S. 72ff.

[138] In seinen unveröffentlichten Memoiren kommt Doehle häufiger auf seinen „Freund Meissner" zu sprechen, dem er auch letztendlich die Anstellung im *Büro des Rpräs.* zu verdanken hatte. Auf Einladung Rudolf Nadolnys hin besuchte Doehle im Sommer 1927 seinen früheren Chef, der inzwischen vom Gesandten in Stockholm zum Botschafter in Konstantinopel aufgerückt war. Siehe HEINRICH DOEHLE: Lebenserinnerungen, Teil II, Weimarer Republik, Badenweiler 1963 [Privatdruck]. BA Koblenz, Bibliothek Sig.: B I Doehle 1, S. 63, 66 u. 90. Wie aus dem regen Briefwechsel zwischen StS Meissner und BS Nadolny zu entnehmen ist, hielten die Duz-Freunde jahrelangen engen Kontakt. Siehe PA AA Bonn, NL Rudolf/Änny Nadolny, Bd. 89. Im Beisein MinDir Köpkes bekannte sich Meissner zwar zu seiner Freundschaft mit Nadolny, versicherte aber zugleich, daß er während der ganzen Diskussion sich in zurückhaltender Objektivität üben werde. Aufzeichnung MinDir Köpke [AA], Berlin, 08.10.1928 [Original], PA AA Bonn, R 28043 a/H 226594.

ten im Alleingang ankämpfen, sondern auch gegen die führenden Köpfe in der Wilhelmstraße 73, namentlich Meissner und Doehle, die ihrerseits ihren *Chef* in seinem Festhalten an Nadolny bestärkten. Daraus aber abzuleiten, daß Hindenburg nur aufgrund ihres Plädoyers und ihrer Unterstützung Nadolny als Kandidaten befürwortet hätte, wäre deshalb verfehlt, weil er ihn – unabhängig von deren Votum – für diesen Posten schon lange vorher anvisiert hatte.

Der Konflikt um die Nachfolge Brockdorff-Rantzaus und die damit verbundene Konfrontation zwischen dem Reichspräsidenten und dem Außenminister wurden aber nicht zwischen seiner Dienststelle und dem Auswärtigen Amt ausgetragen. Zwar konnte Hindenburg ebenso wie Stresemann auf die Loyalität und Einsatzbereitschaft seiner Mitarbeiter zählen – Staatssekretär Meissner verteidigte Nadolny genauso vehement wie Ministerialdirektor Schneider den Kandidaten Rauscher –; dennoch vollzog sich dieser Disput keineswegs auf Referatsebene. Vielmehr nahm die ganze Debatte um den Botschafterposten in Moskau den Charakter einer dualistischen Auseinandersetzung zwischen Hindenburg und Stresemann an, deren antagonistische Haltung nur noch von ihrer Dickköpfigkeit übertroffen wurde. Doch schon bald zerplatzte die Hoffnung auf ein für beide Seiten akzeptables Arrangement wie eine Seifenblase, da Nadolny die Anfrage seines Freundes Meissner, ob er bereit sei, als Ausgleich den Botschafterposten in Rom zu übernehmen, in einer knappen Depesche zurückwies. Noch am selben Tag konkretisierte Nadolny in einer längeren Zuschrift an Meissner den ausschlaggebenden Grund für seine Absage. Danach lehne er – ungeachtet der Solidaritätserklärung Stresemanns – dieses „sehr wichtige" Amt ab, weil er keine Neigung verspüre, sich mit solch einem „Trinkgeld, einem Trostpreis" abspeisen zu lassen. Im übrigen habe ihn der Wortlaut der Besprechung zwischen Hindenburg und Stresemann dermaßen „deprimiert", daß er darüber „erschüttert" sei. Für so „klein" habe er Stresemann dann doch nicht gehalten. Früher habe er diesen immer hoch geschätzt; nun aber würde der Außenminister bei der Diskussion um seine Qualifikation für die Moskauer Mission überhaupt keine sachlichen und politischen Argumente ins Feld führen, sondern nur den „Klatsch" auftischen, den er schon von etlichen „kleinen Leuten" vorgeredet bekommen habe[139]. Obgleich Hindenburg den Ausführungen Nadolnys Verständnis entgegenbrachte, gab er aber sogleich zu verstehen, daß er nicht nachvollziehen könne, warum dieser jetzt auch den Posten in Rom abgelehnt hatte; von nun an könne er sich für den Botschafter nicht mehr so ohne weiteres einsetzen[140]. Doch wie der weitere Ablauf der Ereignisse zeigt, hatte Nadolny seinen alten Stand-

---

[139] Schreiben Dt. BS Nadolny an StS Meissner, Berlin, 12.11.1928 [Abschrift], PA AA Bonn, NL Rudolf/Änny Nadolny, Bd. 89.
[140] Schreiben StS Meissner an Dt. BS Nadolny, Berlin, 21.11.1928 [Original], PA AA Bonn, NL Rudolf/Änny Nadolny, Bd. 89.

punkt schon kurz darauf revidiert und die Mission in Rom als ernsthafte Alternative in Erwägung gezogen.

Der Weisung Hindenburgs folgend wurde Stresemann auf seiner Suche nach weiteren Nachfolgern mit den Botschaftern von Neurath und von Dirksen fündig. Sicherlich war von Neurath eine gute Wahl, und wenn dieser die Aufgabe in Moskau nicht aus persönlichen sowie politischen Motiven partout abgelehnt hätte, dann wäre vielleicht der so nötige modus vivendi früher gefunden worden, denn Hindenburg hätte sowohl von Neurath für Moskau als auch Nadolny für Rom ohne Zögern akzeptiert[141]. Andererseits hielt er den in die Diskussion miteinbezogenen Diplomaten Herbert von Dirksen in Anbetracht seiner unzureichenden Auslandserfahrung und seiner „Jugend" eher für ungeeignet[142].

Angesichts der nach wie vor existenten Rücktrittsofferte Stresemanns ergriff Staatssekretär Meissner die Initiative und versuchte, seinen *Chef* in einem persönlichen Gespräch zu einer Konzession zu bewegen, ihm den längst überfälligen Kompromiß förmlich abzuringen. Dank seines Einlenkens legte er sich – wenn auch nur „knurrend und widerwillig" – definitiv auf einen neuen Amtsnachfolger Brockdorff-Rantzaus fest. Daß im Endeffekt doch noch ein für beide Seiten annehmbarer Ausgleich zustande kam, war Hindenburgs und nicht Meissners Verdienst. Er sah ein, daß die bis dahin so erfolgreiche Außenpolitik auch in Zukunft nur gemeinsam mit Stresemann fortgeführt werden konnte. Für dieses Ziel galt es aber, zunächst einmal seine drohende Demission abzuwenden[143]. Geholfen haben wird ihm dabei der Umstand, daß selbst der Außenminister von Rauschers Kandidatur mittlerweile Abstand genommen hatte[144]. Um der längst fälligen Benennung des neuen Botschafters für Moskau endlich gerecht zu werden, starteten beide einen erneuten Versuch und trafen am 22. November 1928 zu einer weiteren Aussprache zusammen. Die Vorzeichen für eine akzeptable Übereinkunft waren insofern günstig, weil Dirksen zu diesem Zeitpunkt von

---

[141] Zumindest erläuterte dies Hindenburg in Anwesenheit von StS Meissner und RAM Stresemann. Siehe Schreiben StS Meissner an Dt. BS Nadolny, Berlin, 21.11.1928 [Abschrift], PA AA Bonn, NL Rudolf/Änny Nadolny, Bd. 89. In diesem Brief wird als Neuraths politisches Hauptmotiv für die Ablehnung des angebotenen Moskauer Missionspostens seine divergierende Haltung zur deutschen Rußlandpolitik angeführt. Als Ersatz für Moskau bot Stresemann Washington an. Neurath lehnte jedoch beide Offerten ab. Dazu ebenfalls „Notizen aus dem Leben des Reichsprotektors Constantin Hermann Frhr. v. Neurath" [Durchschlagexemplar eines Manuskripts], BA Koblenz, NL v. Neurath, N 1310/177 [S. XV].

[142] Im übrigen hielt der Reichspräsident Dirksen für den diplomatischen Dienst für zu „weich". Vgl. Schreiben StS Meissner an Dt. BS Nadolny, Berlin, 21.11.1928, PA AA Bonn, NL Rudolf/Änny Nadolny, Bd. 89.

[143] Schreiben StS Meissner an Dt. BS Nadolny, Berlin, 21.11.1928, PA AA Bonn, NL Rudolf/Änny Nadolny, Bd. 89.

[144] KURT DOß, Zwischen Weimar und Warschau, a.a.O., S. 92.

beiden als letzte Alternative ins Feld geführt wurde. Aufs neue kam es zu einem sehr direkten Wortwechsel, bei dem Stresemann sich aller zur Verfügung stehenden rhetorischen Mittel bediente, Nadolny die Qualifikation für die Moskauer Mission abermals absprach und seinen eigenen Rücktritt ein weiteres Mal in Aussicht stellte, falls dieser den Außenposten erhalten sollte. Nachdem Stresemann dem Reichspräsidenten beinahe resignierend beteuerte, er kenne außer Dirksen derzeit wirklich keinen geeigneten Kandidaten für Moskau mehr, taktierte Hindenburg zwar noch ein wenig zögerlich, gab dann aber das so langersehnte Plazet. Irgendwie beeinflußte er, der darum bemüht war, seinem gescheiterten Kandidaten wenigstens einen annähernd angemessenen Ausgleich zu verschaffen, den Gesprächsverlauf dann doch noch so geschickt, daß sich sogar Stresemann zu Versprechungen hergab. Als dieser versicherte, von Neurath werde auf alle Fälle im nächsten Frühjahr die Londoner Mission und Nadolny den dann freiwerdenden Botschafterposten in Rom übernehmen, nagelte ihn Hindenburg just an diesem Punkt fest und verlangte hierzu einen schriftlichen Vermerk[145]. Zur Auflage machte er außerdem, daß Dirksens Ernennung zum neuen Missionschef für Moskau eine halbe Woche lang geheimzuhalten war[146]. Um jegliche Mißdeutung und weitere Verzögerung auszuschließen, kontaktierte er den Außenminister noch am selben Tag von neuem und drängte darauf, die getroffene mündliche Vereinbarung über die vorher stattgefundene Unterredung binnen kurzer Zeit schwarz auf weiß auszufertigen.

Doch es sollte noch eine weitaus delikatere Forderung folgen, die gerade für Stresemann kompromittierend sein mußte. Dieser wurde nämlich vom Reichspräsidenten dazu angehalten, Botschafter Nadolny „baldmöglichst" nach Berlin zu zitieren, um ihm persönlich kundzutun, daß er für den Botschafterposten in Rom im nächsten Frühjahr vorgesehen werde, daß darüber hinaus seine unterbliebene Berufung nach Moskau keine „Disqualifizierung" bedeute und daß sie nichts mit seinen diplomatischen Fähigkeiten zu tun habe. Die von Hindenburg erwünschte Aussprache sollte Stresemann ferner dazu nutzen, mit einer Erklärung zur „Sachlage" alle „Mißverständnisse und Mißdeutungen" zu beseitigen, um Nadolny von seinen Rücktrittsgedanken abzubringen[147]. Postwendend folgte

---

[145] Schreiben StS Meissner an Dt. BS Nadolny [Abschrift], Berlin, 22.11.1928, PA AA Bonn, NL Rudolf/Änny Nadolny, Bd. 89. Ebenso Aufzeichnung RK Müller betr. Besprechung mit Rpräs. v. Hindenburg, Berlin, 26.11.1928 [Original; von Müller per Feder signiert], AdsD Friedrich-Ebert-Stiftung Bonn, NL Hermann Müller, Tr. 4/1, Mappe 1-27, Kassette Nr. III, Nr. 3.

[146] Tagebucheintrag ERNST FEDER, 23.11.1928, in: DERS.: Heute sprach ich mit [...]. Tagebücher eines Berliner Publizisten 1926-1932, Stuttgart 1971, S. 203.

[147] Interessant ist, daß Hindenburg, bevor das Schreiben ausformuliert war, in das Reinkonzept des Briefes eine handschriftliche Notiz einfügte, mit der er Stresemann ein weiteres Mal in die Pflicht nahm, das verabredete Revirement endlich schwarz auf weiß zu bestätigen. „[...] Aus

Stresemanns Veto. Am meisten störte ihn, daß der Reichspräsident unter Berufung auf seine verfassungsrechtliche Stellung von ihm erwartete, das kleine Revirement, welches den Wechsel des deutschen Botschafters in Rom von Neurath nach London und die Übernahme der römischen Mission durch Nadolny vorsah, nunmehr zu Papier zu bringen[148]. Letztlich akzeptierte Stresemann dennoch seine Forderung, mit Nadolny in Berlin zusammenzutreffen und ihm mündlich zu unterbreiten, daß er für die Aufgabe in Rom in Aussicht genommen sei. Daß er dabei offensichtlich Schwierigkeiten hatte, Hindenburgs Weisung Folge zu leisten, geht sehr klar aus dem Vormanuskript seines geplanten Antwortschreibens hervor, das inhaltlich und tendenziell weitaus schärfer und in mancher Hinsicht sogar provokanter ausfiel als die noch am gleichen Tag abgesandte ausformulierte Endfassung an den Reichspräsidenten. Dessen Mitwirkungsrecht bei der Besetzung der diplomatischen Stellen im Ausland dort bestätigend, erinnerte der Außenminister gleichwohl an sein Gegenzeichnungsrecht. Eindrucksvoll ist seine explizit verfassungsrechtlich begründete Zurückweisung der Anordnung Hindenburgs, den Gesprächsinhalt der letzten gemeinsamen Unterredung aufzu-

---

Gründen der Wahrung meiner verfassungsrechtlichen Stellung muß ich an einer bindenden Zusage vorstehender beiden Forderungen festhalten und Sie ersuchen, mir hierüber eine schriftliche Erklärung abzugeben [...]. Diese Aussprache mit Herrn Botschafter Nadolny würde dann Gelegenheit sein [sic!], die in persönlicher Beziehung bezüglich seines Verhaltens erhobenen Beanstandungen festzustellen und Mißverständnisse und Mißdeutungen zu beseitigen [...]". Schreiben Rpräs. v. Hindenburg an RAM Stresemann, Berlin, 22.11.1928 [Original], PA AA Bonn, Personalakten Nadolny, Nr. 56, Bd. 5 [S. 074-075]. Als Überraschung entpuppte sich der Fundort des von Hindenburg signierten Originalschreibens. Besagter Brief, der in einem guterhaltenen Zustand vorgefunden wurde, ist nicht - wie man etwa vermuten könnte - im Nachlaß Stresemann, sondern in den Personalakten Nadolnys dokumentiert. Zwar sind diese Zeilen auch in der großen Aktenpublikation des Auswärtigen Amtes (ADAP) abgedruckt vorzufinden; allerdings spürten die Editoren seinerzeit nur eine Abschrift (Fundort K 1013/K 266 458-59) des Papiers auf. Da dieser Brief dort in einem unscheinbaren Kurier steckte, wurde er wohl oft übersehen. Das edierte Schreiben findet sich: ADAP, B-X, Dok.-Nr. 149, S. 385f.; Übrigens liegt eine weitere Abschrift des Briefes ebenfalls in Nadolnys Personalakten im Bd. 4 [S. 211ff./ungebunden im Umschlag]. Kenntnis über den Inhalt dieses Schreibens erhielt Reichskanzler Müller am 24.11.1928, als StS Meissner ihm nebst eines Begleitschreibens eine Abschrift des Briefkonzeptes, worin Hindenburg den Schlußpassus hschr. eingefügt hatte, übersandte. BA Koblenz, R 43 II/1413 [S. 58ff.] Mikrofilm-Nr. 596. Hierzu siehe auch Aufzeichnung Henry Bernhard, Berlin, 24.11.1928 [Original], NL Stresemann, Bd. 74, 7381 H/H 168587.

[148] Schreiben Rpräs. v. Hindenburg an RAM Stresemann, Berlin, 22.11.1928 [Original], PA AA Bonn, Personalakten Nadolny, Nr. 56, Bd. 5 [S. 074-075]. Siehe auch ADAP, B-X, Dok.-Nr. 149, S. 385f.; Damals fanden die Editoren nur eine Abschrift des Originals. Ferner cf. Schreiben StS Meissner an Dt. BS Nadolny, Berlin, 22.11.1928, PA AA Bonn, NL Rudolf/Änny Nadolny, Bd. 89.

zeichnen¹⁴⁹. Vom Stil und Inhalt her gestaltete sich dagegen die eigentliche Zuschrift an den Reichspräsidenten moderater. Dort orientierte sich der Außenminister an seiner Order und faßte das Ergebnis der vorangegangenen Aussprache zusammen, wobei er den Vermerk einfügte, daß er dieses Schriftstück nur auf seinen ausdrücklichen Wunsch anfertige. Dennoch ließ Stresemann es sich nicht nehmen, seinen Unmut angesichts der von Hindenburg geäußerten verfassungsrechtlichen Bedenken und Einwände zu explizieren¹⁵⁰. Übrigens legte er ebenso großen Wert auf eine diskrete Behandlung der Abmachungen zwischen den Häusern in der Wilhelmstraße 73 und 76 wie der Reichspräsident¹⁵¹.

Aber als das Revirement sich weiter verzögerte und Stresemann die erwünschte Bestätigung der mündlichen Absprache immer noch nicht protokolliert hatte, war Hindenburgs Geduld am Ende. Nunmehr wandte er sich direkt an den Reichskanzler, der seinem Kabinettskollegen ausrichten sollte, das überfällige Dokument „baldigst" auszustellen¹⁵².

Welchen hohen Stellenwert Hindenburg der ganzen Angelegenheit beimaß, offenbart sein eigentliches Motiv für diesen Schritt. Ihm ging es in erster Linie darum, einen schriftlichen Beleg über das vorgesehene kleinere Revirement vorweisen zu können, um nachher nicht mit leeren Händen dazustehen, falls Stresemann vorzeitig aus dem Amt scheiden sollte. Der prophylaktische Charakter dieses Schrittes offenbart eine unkonventionelle Art der Absicherung, die gerade im Hinblick auf einen Diplomatenwechsel ungewöhnlich anmutet. Zugleich findet sich ein Beleg für das bei ihm noch vorhandene Engagement für seinen ehemals gescheiterten Kandidaten, für den er zumindest einen halbwegs akzeptablen Ausgleich erreichen wollte. Wenigstens waren seine Anstrengungen nicht

---

¹⁴⁹ „[...] Ich vermag nicht einzusehen, auf welche Vorschriften sich ein solches Begehren stützt [...]". Vorkonzept eines Briefes RAM Stresemanns an Rpräs. v. Hindenburg, Berlin, 26.11.1928 [Abschrift], PA AA Bonn, NL Stresemann Bd. 291, 7148 H/H 150952-954. Eine Abschrift hiervon ist im Bd. 74, 7381 H/H 168601f. verzeichnet.

¹⁵⁰ „[...] fühle ich mich vor meinem Gewissen verpflichtet, Ihnen, Herr Reichspräsident, zu erklären, daß ich aus dem klaren Sinn und Wortlaut der Reichsverfassung keine Möglichkeit ersehen kann, in bezug auf diese Fragen an mich eine verfassungsrechtlich begründete Forderung zu stellen". Schreiben RAM Stresemann an Rpräs. v. Hindenburg, Berlin, 26.11.1928 [Abschrift], PA AA Bonn, NL Stresemann, Bd. 291, 7148 H/H 150958-959. Hierzu gibt es eine weitere Abschrift, die auch in den Stresemann-Papieren im Band 74 [7381 H/H 168601f.] abgeheftet ist. Auch in den Personalakten Nadolnys im PA AA Bonn (Nr. 56) findet sich in Band 4 eine Abschrift dieser Zeilen [S. 211ff./ungebunden im Umschlag]. Des weiteren bekam der Reichskanzler einen Durchschlag dieser Zuschrift zu Gesicht. Siehe BA Koblenz, R 43 II/1413 [S. 63f.] Mikrofilm-Nr. 596.

¹⁵¹ Aufzeichnung Henry Bernhard, Berlin, 30.11.1928 [Original], PA AA Bonn, NL Stresemann, Bd. 74, 7381 H/H 168625.

¹⁵² Schreiben StS Pünder an RK Müller (Vertraulich!), Berlin, 24.11.1928 [Mikrofilm-Nr. 596], BA Koblenz, R 43 II/1413 [S. 62].

umsonst, denn das geplante Revirement fand doch noch seinen schriftlichen Vermerk[153]. Obendrein kam es zu dem vom Reichspräsidenten erwünschten Zusammentreffen, bei dem beide Parteien – Gustav Stresemann und Rudolf Nadolny – wirklich um ein konstruktives Gespräch bemüht waren und auf gegenseitige Schuldzuweisungen verzichteten. Allerdings konnten sie nicht davon ablassen, den undurchsichtigen Vorfall zwischen ihren Söhnen ein weiteres Mal aufzugreifen. Auch wenn Nadolny darum bemüht war, die Ereignisse als Folge von Erinnerungslücken und Mißverständnissen zu bagatellisieren, vermochte er Stresemanns Vorbehalte nicht aus der Welt zu schaffen. Zu sprechen kamen beide auch auf die Auslandsmission in Rom, die Nadolny im Zuge des kleinen Revirements auf Anordnung Hindenburgs zugeteilt werden sollte. Der Botschafter wandte sich an Stresemann mit der Bitte, seine Versetzung nach Rom zu „beschleunigen", da er sich sonst wie ein „durchgefallener Kandidat" fühlen müsse, was Stresemann als „machbar" bezeichnete. Zuvor aber müsse er, Nadolny, damit das Revirement in Gang komme, mit dem Londoner Missionschef Sthamer „korrekt und in aller Schonung" umgehen[154]. Eine Woche war gerade verstrichen, als Nadolny dann auch mit einigen versöhnlichen Zeilen an Stresemann den vorangegangenen Streit allein auf „aufgestaute Mißverständnisse" zurückführte, die nun aber – dank ihrer Aussprache – definitiv beseitigt seien. Daß er über die Entscheidung für Dirksen etwas verbittert sei, resultiere daher, daß er von Beginn seiner diplomatischen Karriere an auf den Posten in Moskau hingearbeitet habe. Nicht Dirksen, sondern er verfüge über die bessere diplomatische Qualifikation, versicherte der exaltierte Botschafter abschließend[155]. Er schien nach seinem Treffen mit Stresemann jedenfalls felsenfest davon auszugehen, bald die Mission in Rom beziehen zu können; sonst hätte er wohl kaum den ita-

---

[153] Schreiben RAM Stresemann an Rpräs. v. Hindenburg, Berlin, 26.11.1928 [Abschrift], PA AA Bonn, NL Stresemann, Bd. 291, 7148 H/H 150958-959. Eine Abschrift dieses Briefes findet sich in den Personalakten Nadolnys. PA AA Bonn, Personalakten Nadolny, Nr. 56, Bd. 4 [S. 211ff./ungebunden im Umschlag]. RK Müller bestätigt die Entgegennahme des Stresemannschen Papiers durch Hindenburg: „[...] Während der Besprechung wurde der Brief hereingereicht, den der Herr Reichsaußenminister dem Herrn Reichspräsident geschrieben hatte, und der die schriftliche Bestätigung der mündlichen Abmachungen enthalten sollte [...]". Aufzeichnung RK Müller betr. Besprechung mit Rpräs. v. Hindenburg, Berlin, 26.11.1928 [Original; von RK Müller per Feder signiert], AdsD Friedrich-Ebert-Stiftung Bonn, NL Hermann Müller, Tr. 4/1, Mappe 1-27, Kassette Nr. III, Nr. 3. Auch Nadolny bestätigt den Ablauf der Ereignisse. Vgl. Aufzeichnung „Meine amtliche Laufbahn" Dt. BS Nadolny, a.a.O., Bd. 17/1447 [S. 11].

[154] Aufzeichnung Dt. BS Nadolny, Berlin, 03.12.1928, PA AA Bonn, NL Rudolf/Änny Nadolny, Bd. 89.

[155] Schreiben Dt. BS Nadolny [Türkei] an RAM Stresemann, Konstantinopel, 09.12.1928 [hdschr. Original], PA AA Bonn, NL Stresemann, Bd. 74, 7381 H/H 168716-722. Eine Abschrift hierzu findet sich im NL Rudolf Nadolny, Bd. 89.

lienischen Geschäftsträger über sein neues in Aussicht gestelltes Arbeitsgebiet persönlich unterrichtet[156].

Was die Suche nach einem neuen Mann für Moskau anbelangte, war eine Übereinkunft getroffen worden, mit der beide Seiten „leben" konnten. Womit Hindenburg sich allerdings nicht anfreunden konnte, war das Fragezeichen, das immer noch hinter Nadolnys Zukunft stand; seine weitere Verwendung war trotz allem noch offen. Hinzu kam, daß sich beim Anblick des wirklichen Siegers, dem Leiter der Ost-Abteilung des Auswärtigen Amtes, Herbert von Dirksen, der als „Kompromiß" der lachende Dritte war[157], wie ein Verlierer vorkommen mußte.

Nachdem Dirksen die Ausstellungsurkunde am 28. November 1928 ausgehändigt bekam[158], wurde die langsam ungeduldig werdende sowjetische Regierung über den offiziellen Status von Dirksen avisiert[159]. Mit Dirksen, der sich laut eigenem Bekenntnis für die Aufgabe in Moskau zu jung und unerfahren fühlte[160], glückte Hindenburg und Stresemann zu guter Letzt eine akzeptable Übereinkunft. Insbesondere der Reichspräsident konnte über den Ausgang der

---

[156] Schreiben Dt. GS Rauscher an RK Hermann Müller, Warschau, 22.12.1928 [Original], AdsD Friedrich-Ebert-Stiftung Bonn, NL Hermann Müller, Tr. 4/1, Kassette Nr. III, Mappe 61-83, Nr. 69. RK Müller Antwort folgte kurze Zeit später: „[...] Was Du über Nadolny schreibst, war mir sehr interessant. Es ist ein Beweis dafür, dass ich ihn richtig beurteilt habe [sic!] [...]". Schreiben RK Müller an Dt. GS Rauscher, Berlin, 28.12.1928 [Durchschlag], AdsD Friedrich-Ebert-Stiftung Bonn, NL Hermann Müller, Tr. 4/1, Kassette Nr. III, Mappe 61-83, Nr. 70.

[157] „[...] Schließlich ließen beide Parteien [...] ihre Kandidaten fallen und sahen sich nach einem Kompromiß um. Der Kompromiß war ich [...]". HERBERT V. DIRKSEN, Moskau-Tokio-London, a.a.O., S. 88.

[158] Sein definitives Einverständnis bezüglich der Einholung des Agréments für Dirksen gab Hindenburg zwei Tage zuvor auf Anfrage der Personalabteilung des Auswärtigen Amtes. Aufzeichnung MinDir Schneider, Berlin, 26.11.1928 [Original], PA AA Bonn, Personalakten v. Dirksen, Nr. 130, Bd. 1. Rpräs. v. Hindenburg sicherte dem neuen Botschafter für Moskau während dieser Audienz seine Unterstützung zu. So DIRKSEN, a.a.O., S. 88.

[159] Schreiben Dt. BSRat Hey an Dt. BS v. Dirksen, Moskau, 08.12.1928, BA Berlin-Lichterfelde, NL v. Dirksen, 90 Di1/51 [S. 1f.]. Dort heißt es u.a.: „[...] Mit der Nachricht Ihrer Ernennung erheiterten sich hier alle amtlichen Gesichter, die in den letzten Wochen durch das lange Warten auf die Entscheidung über die Nachfolge des verstorbenen Brockdorff-Rantzau recht griesgrämig geworden waren [...]". Zehn Tage später übersandte Stresemann dem neuen Botschafter das ausgefertigte Beglaubigungsschreiben und übertrug ihm gleichzeitig für das gesamte sowjetische Gebiet konsularische Befugnisse. Schreiben Rpräs. v. Hindenburg an den Vorsitzenden des Zentral-Exekutiv-Komitees der Union der Sozialistischen Sowjetrepubliken, Berlin, 21.12.1928; Schreiben RAM Stresemann an Dt. BS v. Dirksen, Berlin, 31.12.1928, BA Berlin-Lichterfelde, NL v. Dirksen, 90 Di 1/15 [S. 309 u. 308].

[160] Dirksen fürchtete, zu schnell Karriere zu machen, sich „tot zu avancieren". Außerdem konnte er sich mit dem Gedanken nicht anfreunden, ausgerechnet die Nachfolge seines Vorbildes, Brockdorff-Rantzau, antreten zu müssen. DIRKSEN, Moskau-Tokio-London, a.a.O., S. 87.

heftigen Auseinandersetzung zufrieden sein, hatte er doch mit Dirksen einen „Hauptexponenten der Rantzauschen Politik im Auswärtigen Amt" gefunden, dem alle Seiten Vertrauen entgegenbrachten[161]. Konnte die *Rauscher-Nadolny-Kontroverse* nun getrost den Akten anvertraut werden, so entstanden infolge des eingeleiteten Revirements Probleme anderer Art.

Als Stresemann am 3. Oktober 1929 verstarb, neigte sich eine außenpolitische Ära ihrem Ende entgegen; sein Ableben sollte tiefgreifende Konsequenzen nach sich ziehen. Mit dem Zerfall der großen Koalition unter Reichskanzler Hermann Müller leitete die letzte parlamentarische Regierung den Beginn der Präsidialregierungen ein. Neben einer sich verhärtenden revisionistischen deutschen Außenpolitik ergaben sich vor allem erste Störungen im bürokratischen Apparat des Auswärtigen Amtes. Geradezu repräsentativ für den innen- und außenpolitischen Wandel in Deutschland steht das Revirement von 1930, das in gewisser Weise auch als Folge der ganzen Krisenentwicklung und des Umbruchs gesehen werden sollte[162]. Stresemanns Fehlen machte sich in allen außenpolitischen Bereichen bemerkbar. Hauptsächlich entstanden Verzögerungen in der Personalpolitik des Auswärtigen Amtes, die von der deutschen Presse in allen Einzelheiten registriert und gebührend kommentiert wurden.

Anfang April 1930 schien der Siedepunkt der Gerüchteküche um die Personalpolitik des Auswärtigen Amtes erreicht zu sein, als die *Berliner Zeitung* mit der Schlagzeile „Staatssekretäre, Botschafter und Gesandte – wer wird's wo? Ostereier für die Diplomaten" ein Großteil der in Frage kommenden Diplomaten – darunter auch Nadolny – auflistete und vorstellte[163]. So journalistisch geschickt das Revirement auf den Titelseiten der Tageszeitungen mit wilden Spekulationen und lancierten Gerüchten präsentiert wurde – Nadolny durfte diesmal zu Recht davon ausgehen, daß ihm im Zuge des großen Revirements endlich der von Stresemann versprochene adäquate Auslandsposten übertragen werden würde. Doch als sich abzeichnete, daß er erneut leer ausgehen würde, riß bei ihm der Geduldsfaden endgültig. Seinen ganzen Unmut über die Vorgehensweise des Auswärtigen Amtes brachte er in einer Unterredung mit Außenminister Julius Curtius zum Ausdruck, die am 16. Mai 1930 am Rande der Abrüstungskonferenz in Genf stattfand. Verstimmt war Nadolny vor allem deshalb, weil er erst durch die Presse vom beabsichtigten Revirement für London und Rom erfahren und vor Hindenburgs Entscheidung keinerlei Gelegenheit bekommen hatte,

---

[161] So GUSTAV HILGER, Wir und der Kreml, a.a.O., S. 213. Hilgers Einschätzung verdient deshalb Beachtung, weil dieser schon unter Brockdorff-Rantzau in der deutschen Mission als Botschaftsrat tätig gewesen war und daher auch Dirksen kannte.

[162] PETER KRÜGER, Struktur, Organisation und Wirkungsmöglichkeiten der leitenden Beamten des auswärtigen Dienstes 1921-1933, a.a.O., S. 158.

[163] *Vossische Zeitung*, 07.04.1930; *Berliner Zeitung* (Mittagsausgabe), 08.04.1930.

dazu Stellung zu nehmen. Im Verlauf des Gesprächs ging Curtius aber auf seine Vorwürfe überhaupt nicht ein und überraschte den Botschafter statt dessen mit der Frage, ob er grundsätzlich noch an der Übernahme des Moskauer Botschafterpostens interessiert sei. Vermutlich hatte Nadolny genau mit diesem Angebot gerechnet, denn seine im Anschluß daran prompt vorgelegte Forderung, daß gleichzeitig mit der Neubesetzung der Mission in Rom auch seine Amtsübernahme in Moskau erfolgen sollte, dürfte schon im Vorfeld von ihm so geplant gewesen sein. Darauf ließ sich Curtius aber nicht ein und verwies auf den Status des in Moskau akkreditierten Botschafters Dirksen, der nach wie vor „mit voller Autorität" in diplomatischer Mission in der sowjetischen Hauptstadt sei. In Anbetracht der vorangegangenen leeren Versprechungen mußte Nadolny auf Curtius mündliche Zusicherung, den beabsichtigten Wechsel nach Moskau zu einem späteren Zeitpunkt auch wirklich durchzuführen[164], mit Zurückhaltung reagieren. Aus gutem Grund bestand er darauf, daß man ihm mit der Besetzung des römischen Postens zeitgleich die Mission in Moskau übertragen solle, andernfalls sähe er sich in seiner Ehre verletzt und werde ergo seinen vorzeitigen Abschied nehmen. Dennoch gelang es dem Außenminister, den Botschafter zunächst einmal von seinem Vorhaben abzubringen. Trotz seiner beschwichtigenden Worte, er gedenke, mit dem Reichspräsidenten alsbald zusammenzutreffen, um ihm darüber Vortrag zu halten, war Nadolny gewillt, seine Rücktrittsandrohung solange aufrecht zu erhalten, bis seine Ernennung erfolgt war[165].

Derweil hatte Nadolny bei Hindenburg jeglichen Kredit verspielt, was dieser bei einer Zusammenkunft mit seinem „neuen" Schützling von Neurath auch deutlich zum Ausdruck brachte. Dort kritisierte er einerseits die zu egoistische Grundhaltung des ehrgeizigen Botschafters, andererseits das Verhalten seines Staatssekretärs, der ihn in bezug auf Nadolny und dessen vorgesehene Ernennung zum Botschafter in Rom „hereingelegt" habe[166]. Im übrigen trug Nadolny für den Vertrauensbruch und die beidseitig zunehmende Distanzierung ein hohes Maß an Mitverantwortung. An Seriosität und Reputation büßte der im Auswärtigen Amt nicht sonderlich beliebte Diplomat ein[167], als er dem Reichspräsiden-

---

[164] Siehe Aufzeichnung „Meine amtliche Laufbahn", a.a.O., NL Rudolf/Änny Nadolny, Bd. 17/1447 [S. 12].
[165] Aufzeichnung RAM Curtius, Berlin, 19.05.1930 [Original], PA AA Bonn, Personalakten Nadolny, Nr. 56, Bd. 4 [S. 211ff./ungebunden im Umschlag].
[166] Aufzeichnung RAM Stresemann, Berlin, 29.09.1929 [Original], PA AA Bonn, NL Stresemann, Bd. 80, 7387 H/H 170004. Stresemann gibt dort hauptsächlich den Inhalt einer Unterredung wieder, die er mit BS Neurath gehabt hatte, der seinerseits auf ein mit Hindenburg geführtes Gespräch Bezug nahm.
[167] So Botschaftsrat a.D. GUSTAV HILGER, Wir und der Kreml, a.a.O., S. 251. Ähnlich äußerte sich JULIUS CURTIUS in seinen Memoiren: Sechs Jahre Minister der deutschen Republik, Heidelberg 1948, S. 146. Auch Ex-Reichskanzler Müller war Nadolny nicht besonders gewogen. Dito

ten und dem Außenminister den von seiner Seite ernstgemeinten Vorschlag unterbreitete, die 20.000 in Südtirol ansässigen Bauern „zur Erhaltung ihres Deutschtums"[168] nach Ostpreußen umzusiedeln, bevor die italienische Regierung die vorgesehene Enteignung der Landwirte vornehmen konnte. Auf diese Weise könne, so Nadolnys Vision, nicht nur eine mögliche Verschlechterung der deutsch-italienischen Beziehungen frühzeitig verhindert, sondern auch ein Schutzwall gegen Polen errichtet werden[169]. Dieser damals auf Bitte Hindenburgs um „strenge Geheimhaltung" absolut vertraulich behandelte Vorfall[170] wäre vielleicht nie bekannt geworden, hätten ihn nicht der *Berliner Börsen-Courier* und der *Vorwärts* publik gemacht. Daß beide Zeitungen ausgerechnet zu diesem Zeitpunkt sich der Indiskretion bedienten, den zurückliegenden unbedarften Plan des Botschafters aus ihren Archiven hervorzuholen, hing primär mit dem aufkommenden Gerücht zusammen, daß in der „Umgebung des Reichspräsidenten" Nadolnys Name als Nachfolger für den deutschen Botschafter in Moskau gefallen war[171]. Wie bei allen Indiskretionen mußte man auf eine konkrete und

---

Schreiben RK Müller an Dt. GS Rauscher, Berlin, 28.12.1928 [Durchschlag], AdsD Friedrich-Ebert-Stiftung Bonn, NL Hermann Müller, Tr. 4/1, Kassette Nr. III, Mappe 61-83, Nr. 70. RUDOLF RAHN, der unter Nadolny in Konstantinopel als Attaché gearbeitet hatte, führt dessen Unbeliebtheit auf charakterliche Merkmale zurück. Vor allem aufgrund seines „starken Unabhängigkeitsdrangs" und „eigenwilligen kritischen Selbstbewußtseins" sahen viele aus dem Auswärtigen Amt in ihm einen Einzelgänger". DERS.: Ruheloses Leben. Aufzeichnungen eines Diplomaten, Düsseldorf 1949, S. 83.

[168] Ernst Feders Kommentar zu Nadolny: „[...] Nadolny begeht immer neue Dummheit [sic!]. [...]. Tagebucheintrag ERNST FEDER, 08.10.1926, in: DERS.: Heute sprach ich mit [...]. Tagebücher eines Berliner Publizisten 1926-1932, Stuttgart 1971, S. 211. Siehe Tagebucheintrag RJM Koch-Weser, Berlin, 20.03.1929, BA Koblenz, NL Koch-Weser, N 1012/39 [S. 31].

[169] Schreiben Dt. BS Nadolny an RAM Stresemann, 29.12.1928 [Original], PA AA Bonn, NL Stresemann, Bd. 75, 7382 H/H 168854. Eine Abschrift findet sich im Aktenband R 28043 unter der Signatur K 171133. Nadolny hatte auf jeden Fall beim Verfassen dieser Zeilen nicht seinen besten Tag, denn ihm unterlief zusätzlich noch ein auffallender sprachlich-logischer Fehler, als er schrieb, er habe dies im „Radio gelesen".

[170] Hindenburg hatte über den Inhalt seiner Unterredung mit Nadolny seinerzeit mit keiner anderen Person gesprochen. Schreiben StS Meissner an RAM Curtius, Berlin, 18.05.1930 [Original], PA AA Bonn, R 28043/K 171125. Ohne Nadolny beim Namen zu nennen, berichtete er in der Ministerratssitzung vom 20.03.1929 vom Vorschlag des „Diplomaten". Dabei ließ er durchblicken, daß er den Gedanken, Tiroler ins Flachland zu verpflanzen, außerordentlich komisch fände. Tagebucheintrag RJM Koch-Weser, Berlin, 20.03.1929, BA Koblenz, NL Koch-Weser, N 1012/39 [S. 31].

[171] Im *Vorwärts* wurde insbesondere die damalige Reaktion auf Nadolnys Vorschlag hervorgehoben, wonach dessen „Patentlösung" im Auswärtigen Amt mit ausgesprochener Erheiterung registriert wurde. Stresemann soll sogar von einem regelrechten Lachkrampf geschüttelt worden sein: „[...] In jenen Tagen konnte der Name Nadolny in den eingeweihten Kreisen des Auswärtigen Amtes gar nicht ausgesprochen werden, ohne daß die anwesenden Herrn sofort in ver-

klare Replik des Reichspräsidenten nicht lange warten. Schon einen Tag später wurde Außenminister Curtius von Meissner über das Befremden seines Dienstherrn zum Bekanntwerden dieser extraordinären „Idee" unterrichtet. Um die verantwortliche Person, die Quelle für die „bedauerliche Angelegenheit" ausfindig zu machen, wurde Curtius von Hindenburg angewiesen, umgehend eine Untersuchung einzuleiten, dessen Ergebnis er ihm dann zum Rapport bringen sollte[172]. Zweieinhalb Wochen nahm die interne Recherche in Anspruch; doch der Verantwortliche, der das Schweigen gebrochen hatte, konnte nicht präsentiert werden. Dagegen wurde das Resultat der internen geheimen Nachforschungen vom Auswärtigen Amt offen vorgelegt. Danach konnte von einer Indiskretion nicht im geringsten mehr die Rede sein, weil Stresemann seinerzeit mit einer großen Anzahl von Personen außerhalb des Amtes über Nadolnys Idee gesprochen und somit den Fall vorab bekannt gemacht hatte[173]. Im Auswärtigen Amt schenkte man dieser Bagatelle nur wenig Aufmerksamkeit. Insofern war Hindenburgs Anfrage, wieso ihm das Ergebnis der angeforderten internen Untersuchung noch immer nicht übermittelt worden war, fast schon die logische Konsequenz. Besorgt um seinen guten Ruf und ernsthaft darum bemüht, mit dem ridikülen Vorschlag Nadolnys nicht näher in Verbindung gebracht zu werden, erinnerte er den Außenminister nochmals daran, die undichte Stelle im Auswärtigen Amt so schnell wie möglich zu lokalisieren[174].

Einige Wochen zuvor wurde Curtius schon mit zwei Schreiben konfrontiert, die nur allzu deutlich illustrieren, wie wenig der unselige Disput um den Moskauer Botschafterposten an Aktualität eingebüßt hatte. Zuerst ging ein Fernschreiben Nadolnys durch seine Hände, in dem der Botschafter seine ganze Verärgerung über die tagtäglich eingehenden Zeitungsausschnitte der deutschen Linkspresse zum Ausdruck brachte. Woran Nadolny sich am meisten störte, waren die Kommentare, in denen er in „beleidigender Weise als Postenjäger"

---

gnügtes Lachen ausbrachen. [...]". *Vorwärts* u. *Berliner Börsen-Courier*, 17.05.1930, PA AA Bonn, R 28043/K 171127f.

[172] Schreiben StS Meissner an RAM Curtius, Berlin, 18.05.1930 [Original], PA AA Bonn, R 28043/K 171125f.; Auch Nadolny wehrte sich einige Tage später gegen die Vorwürfe des *Vorwärts*, indem er die dort verfaßten „Schmähartikel" als absolut „unwahr und rein aggressiv" bezeichnete. Schreiben Dt. BS Nadolny an RAM Curtius, Ankara, 23.05.1930 [Original], PA AA Bonn, R 28043.

[173] Schreiben RAM Curtius an StS Meissner, Berlin, 05.06.1930 [Durchschlag], PA AA Bonn, R 28043/K 171141f.; StS v. Bülow hatte einen Tag zuvor den Außenminister über die Echtheit des Schreibens Nadolnys an Stresemann vom 29.12.1928 in Kenntnis gesetzt. Siehe Schreiben StS v. Bülow an RAM Curtius, Berlin, 04.06.1930 [Original], PA AA Bonn, R 28043/K 171131-132.

[174] Vom Außenminister forderte Hindenburg „baldige Rückäußerung". Schreiben StS Meissner an RAM Curtius, Berlin, 04.06.1930 [Original], PA AA Bonn, R 28043/K 171140.

verhöhnt wurde[175]. Dabei dürfte er sich über einen Artikel im *Vorwärts* am meisten aufgeregt haben. Darin wartete das sozialdemokratische Blatt am 21. Mai mit der Meldung auf, sein Rückzieher sei eigentlich nur die Folge der Kritik des *Vorwärts* an der „geplanten Schiebung", dem anvisierten Austausch Nadolnys gegen Dirksen[176].

Noch eindringlicher verwahrte sich aber Dirksen gegenüber Curtius angesichts der Angriffe der gesamten deutschen „Provinzpresse", die seine Abberufung und Ablösung durch Nadolny einheitlich ankündigten. Ihn habe es „schmerzlich berührt", daß man im Auswärtigen Amt diesen Spekulationen nicht rechtzeitig Einhalt geboten und ihn in Schutz genommen habe, erklärte Dirksen. Nicht länger gewillt, die Rolle eines „Platzhalters" zu mimen, verlangte Dirksen eine Gegendarstellung, aus der hervorgehen sollte, daß alle kursierenden Gerüchte über einen Wechsel auf dem Botschafterposten in Moskau unbegründet seien. Falls dies unterbleibe, werde er daraus „unmittelbare Konsequenzen" ziehen[177]. Schon am nächsten Tag depeschierte der Außenminister nach Moskau. Dirksen dürfte seine Funknachricht mit Befriedigung zur Kenntnis genommen haben, denn dort kündigte der Außenminister das baldige Wolff-Dementi an[178].

Wenn es zu diesem Zeitpunkt bei dem ganzen Personalkarussell einen wirklichen Verlierer gab, dann war dies Botschafter Nadolny. Ohne die Unterstützung des Reichspräsidenten, der ihn buchstäblich fallengelassen hatte und ohne jegliche Lobby im Auswärtigen Amt stand er auf verlorenem Posten. Sowenig er früher auf Stresemanns Beistand hoffen durfte, sowenig konnte er jetzt auf Curtius zählen. Mag sein Engagement für die Moskauer Mission so verständlich gewesen sein wie sein Ärger über die Anfeindungen diverser Mitglieder des Auswärtigen Amtes – letzten Endes war er allein dafür verantwortlich, daß sich sein Verhältnis zur Außenbehörde und zum Reichspräsidenten zusehends verschlechterte[179]. Der ganze Wirrwarr um seine weitere diplomatische Verwendung mußte

---

[175] Telegramm Dt. BS Nadolny an RAM Curtius (Ganz geheim! Eilt sehr!), Pera, 28.05.1930 [Kopie einer Abschrift], PA AA Bonn, Personalakte Nadolny, Nr. 56, Bd. 4 (Depesche liegt in hellbraunem Kuvert).

[176] *Vorwärts*, 21.05.1930.

[177] Schreiben Dt. BS v. Dirksen [Moskau] an RAM Curtius, Moskau, 19.05.1930 [Original]; Telegramm Dt. BS v. Dirksen an AA [o.A.] z. Hd. RAM Curtius, Nr. 348 (Ganz Geheim!) [Kopie einer Abschrift], PA AA Bonn, Personalakten v. Dirksen, Nr. 130, Bd. 1.

[178] Telegramm RAM Curtius an Dt. BS v. Dirksen [Moskau], Berlin, 20.05.1930, Nr. 212 (Geheim!) [Durchschlag einer Abschrift], PA AA Bonn, Personalakten Dirksen, Nr. 130, Bd. 1.

[179] Als Beispiel hierfür soll eine auf den ersten Blick völlig unbedeutende Diskussion angeführt werden, die zwar nur von untergeordneter außenpolitischer Tragweite war, mit der sich aber Nadolnys gespanntes Verhältnis zum Auswärtigen Amt gut demonstrieren läßt. Ende 1931 schrieb Nadolny dem Auswärtigem Amt, daß er seinen Diensturlaub ganz „nach alter Manier" beim deutschen Reichspräsidenten erwirken wolle. Dieses veraltete Verfahren korrespondierte

bei allen Beteiligten einen bitteren Beigeschmack hinterlassen, speziell bei Hindenburg. Beinahe desinteressiert an der weiteren diplomatischen Karriere seines früheren Lieblingsdiplomaten, ignorierte er die mit Stresemann schriftlich fixierte Vereinbarung, Nadolny zum Missionschef nach Rom zu bestellen. Anstatt ihm wie vorgesehen das Amt in Rom zu übertragen, sandte er den bisherigen Staatssekretär des Auswärtigen Amtes, von Schubert, in die italienische Hauptstadt. Seinen verständlichen Zorn quittierte der Reichspräsident mit dem beiläufigen Kommentar, er sehe in dieser Entscheidung eine sachliche Notwendigkeit und könne überhaupt nicht einsehen, warum er sich angesichts der Entsendung Schuberts nach Rom in seiner Ehre verletzt fühle[180]. Wie Nadolnys unmittelbare Reaktion auf diese Äußerung gewesen war, hat keine quellenmäßige Überlieferung gefunden. Aufschlußreich ist jedoch sein Schreiben an den Reichsminister des Auswärtigen, Julius Curtius, in dem er seinen ganzen aufgestauten Ärger auf acht Seiten Papier „komprimierte" und betonte, daß er seinerzeit noch nicht einmal angedeutet hatte, das Amt des Botschafters in Moskau übernehmen zu wollen. Ohne sein Dazutun hatte ihm der Reichspräsident angesichts seiner „Vorbildung und Eignung" die Leitung der Moskauer Mission in Aussicht gestellt[181]. Der längst überfällige und zugesagte Wechsel nach Rom, so seine Beschwerde, werde wohl deshalb nicht angegangen, weil gegen ihn ein regelrechter „Feldzug" im Gange sei, der in „den Annalen des Auswärtigen wohl kaum sei-

---

natürlich nicht mehr mit der gesetzlich aktuellen Regelung, wonach dem Reichsminister des Auswärtigen die Urlaubsanträge seiner Beamten zur Einsicht vorzulegen waren. Die Tatsache, daß nun Nadolny seinen Urlaub in der alten „würdigen Form" bewilligt sehen wollte, rief ungläubiges Staunen hervor. Insbesondere die beiden Referenten des Auswärtigen Amtes, MinDir Friedrich Gaus und VLegRat Roland Köster, wiesen dies schroff zurück. Es bedurfte dennoch zahlreicher Wochen, bevor Nadolny das vorliegende Rechtsgutachten im großen und ganzen akzeptierte. Nadolnys Seitenhieb auf das Auswärtige Amt änderte nichts an dem Procedere. Seine künftigen Urlaubsanträge reichte er auf dem althergebrachten dienstbehördlichen Weg ein. Vermerk MinDir v. Grünau, Berlin, 23.09.1931 [Original]; Schreiben Dt. BS Nadolny an MinDir Roland Köster [AA], Berlin, 14.09.1931 [Auszug/Abschrift]; Schreiben Nadolny an AA [o.A.], Therapia, 12.10.1931 [Original]; Schreiben MinDir Roland Köster an Dt. BS Nadolny, Berlin, 17.10.1931 [Original]; Schreiben Dt. BS Nadolny [Konstantinopel] an AA [o.A.], Ankara, 30.10.1931 [Original]; Schreiben Dt. BS Nadolny an AA [o.A.], Berlin, 13.12.1931 [Original], Berlin; Schreiben Dt. BS Nadolny an AA [o.A.], Genf, 31.01.1932 [Original], PA AA Bonn, Personalakten Nadolny, Nr. 56, Bd. 4 [S. 199-237].

[180] Schreiben RAM Curtius an Dt. BS Nadolny, Berlin, 23.05.1930 [Original], PA AA Bonn, NL Rudolf/Änny Nadolny, Bd. 89. Eine allerdings auf den 22.05.1930 datierte Abschrift dieses Schreibens liegt in den Personalakten Nadolnys. Siehe PA AA Bonn, Personalakten Nadolny, Nr. 56, Bd. 5 [S. 211ff./ungebunden im Umschlag].

[181] Inhaltlich bezog er sich auf Curtius Zuschrift vom 23. Mai 1930. Schreiben Dt. BS Nadolny an RAM Curtius, Therapia, 09.06.1930 [Original], PA AA Bonn, R 28044/K 171150.

nesgleichen" fände¹⁸². In seinem Bemühen, dem neuen Außenminister die Hintergründe der damaligen Ereignisse transparent zu machen, rekapitulierte Nadolny den Inhalt der früheren Übereinkunft zwischen Hindenburg mit Stresemann, die ihm damals den Posten für Rom versprochen hätten¹⁸³.

Nur das Anführen von „widersinnigen" Gründen, die in erster Linie sein Gegenspieler, Staatssekretär von Schubert, zu verantworten hatte, hätten Stresemann, der ihm anfangs sogar zugeneigt gewesen wäre, davon abgebracht, für ihn zu votieren, rügte Nadolny. Allen Versprechungen und Abmachungen zum Trotz habe man ihn mit geradezu „naiver Begründung" hingehalten und das vorgesehene Revirement immer weiter hinausgeschoben, klagte der sichtlich unzufriedene Botschafter¹⁸⁴. In der Tat mußte er sich übergangen fühlen, zumal ausgerechnet sein Rivale von Schubert unvermutet die Mission in Rom erhalten sollte. Denn genau dieser hatte seiner Ansicht nach entscheidenden Anteil an seiner Nicht-Versetzung nach Moskau, weil er den Reichspräsidenten dahingehend dirigierte, *ihn* ganz fallen zu lassen¹⁸⁵. Daß er von Curtius nunmehr eine gerechte Entschädigung forderte, ein „Mindestmaß an Genugtuung", wie er sich ausdrückte, war angesichts der ganzen Konfusion nur allzu verständlich¹⁸⁶. Curtius Replik mußte in seinen Augen enttäuschend gewesen sein, da dieser mit Hinweis auf persönliche Kenntnis der Aktenlage den Vorwurf eines „Feldzuges von Intrigen" dementierte und ihn wegen seiner nächsten Verwendung auf eine spätere Entscheidung vertröstete¹⁸⁷. Offensichtlich spielte er eine Zeitlang wirklich mit dem Gedanken, dem diplomatischen Dienst den Rücken zu kehren und nach Ostpreußen überzusiedeln, wo er unter anderem auch politisch aktiv werden wollte¹⁸⁸.

---

¹⁸² „[...] Der Feldzug wurde im einzelnen geschickt geführt, im ganzen war er um so erbärmlicher, als er sich gegen einen in 2000 km Entfernung Abwesenden richtete [...]". Schreiben Dt. BS Nadolny an RAM Curtius, Therapia, 09.06.1930 [Original], PA AA Bonn, R 28044/K 171153. Ein mit Bleistift korrigiertes Duplikat dieses Originals findet sich im PA AA im Nachlaß Rudolf/Änny Nadolny, Bd. 89.

¹⁸³ Schreiben Dt. BS Nadolny an RAM Curtius, Therapia, 09.06.1930 [Original], PA AA Bonn, R 28044/K 171151.

¹⁸⁴ EBD., K 171152ff.

¹⁸⁵ So Aufzeichnung „Meine amtliche Laufbahn", a.a.O., NL Rudolf/Änny Nadolny, Bd. 17/1447 [S. 11].

¹⁸⁶ Schreiben Dt. BS Nadolny an RAM Curtius, Therapia, 09.06.1930 [Original], PA AA Bonn, R 28044/K 171156.

¹⁸⁷ Schreiben RAM Curtius an Dt. BS Nadolny, Berlin, 11.07.1930 [Durchschlag], PA AA Bonn, R 28044/K 171159f.

¹⁸⁸ Aufzeichnung RAM Curtius, Berlin, 10.11.1930 [Durchschlag], PA AA Bonn, R 28044/K 171175f.; In der Unterredung kam Nadolny erneut auf seine alten Vorwürfe gegen Schubert und das Auswärtige Amt zu sprechen. Nadolnys Aussage zufolge konnte nur StS v. Bülow ihn

Schließlich fand man doch eine adäquate Verwendung für Nadolny, der – unter anderem dank der tatkräftigen Unterstützung Hindenburgs – die deutsche Delegation nach Lausanne zur dortigen Abrüstungskonferenz als geschäftsführender Vertreter begleitete. Seine Entsendung in die Schweiz als „Abrüstungsdiplomat" hat er aber anfänglich mit wenig Begeisterung aufgenommen, zumal dieser Bereich im allgemeinen zu den „mühseligsten und undankbarsten Geschäften" zählte, die das Auswärtige Amt zu vergeben hatte[189].

Die Ernennung zum deutschen Delegationsleiter der Abrüstungskonferenz, die auf Vorschlag des Reichspräsidenten und Reichskanzlers in die Wege geleitet worden war, vermochte seinen ganzen Unmut über das Hin und Her um seine Person erwartungsgemäß nicht restlos auszuräumen[190]. Mitte 1932 hatte es für einen kurzen Moment den Anschein, als könnte Nadolny unter der Regierung Papen mit dem Amt des Außenministers rechnen. Angetragen wurde ihm diese Offerte von Otto Meissner, der fest mit Hindenburgs weiterer Protektion für seinen Duz-Freund rechnete. So groß dessen Freude über die langersehnte und nun endlich in den Bereich des Möglichen gerückte Berufung zum Außenminister gewesen war[191], so groß muß die Ernüchterung darüber gewesen sein, daß seine Zusage von Berlin mit wenig Beifall bedacht wurde. Dies lag primär daran, daß die Pläne des Reichspräsidenten dem diametral entgegenliefen. Meissners voreiliger Vorschlag konnte nicht fruchten, da Hindenburgs rational wie auch emotional bedingte Abwendung von Nadolny längst Faktum war. Anstelle des nicht mehr tragbar gewordenen Auslandsvertreters protegierte er nun Botschafter von Neurath, für den er nicht nur eine besondere Vorliebe hegte[192], sondern mit dem er sogar freundschaftlichen Umgang pflegte[193]. Es fand in ge-

---

von seiner beabsichtigten Demission abbringen. Siehe Aufzeichnung „Meine amtliche Laufbahn", a.a.O., NL Rudolf/Änny Nadolny, Bd. 17/1447 [S. 12].

[189] JÖRG V. UTHMANN: Die Diplomaten. Affären und Staatsaffären von den Pharaonen bis zu den Ostverträgen, Stuttgart 1988, S. 153.

[190] Als Chef der Delegation sollte er, wenn der Reichskanzler und der Reichswehrminister abwesend waren, dies übrigens auf Anraten Hindenburgs, beide Minister vertreten und die Delegation führen. Dank Hindenburgs Zustimmung arrivierte Johannes Graf v. Welczeck zum Stellvertreter Nadolnys und zweiten Führer der Delegation. Am 18.12.1931 gab das W.T.B. die Zusammensetzung der Vertretung Deutschlands für die bevorstehende Abrüstungskonferenz bekannt. Vermerk StS Pünder [Rkei], Berlin, 16.12.1931; Aktennotiz StS v. Bülow, Berlin, 15.12.1931, BA Koblenz, R 43 I/518 [S. 326f.] Mikrofilm-Nr. 127.

[191] RUDOLF RAHN, Ruheloses Leben, a.a.O., S. 83.

[192] So FRIEDRICH J. LUCAS: Hindenburg als Reichspräsident, in: Bonner Historische Forschungen, Hrsg.: Max Braubach, Bd. 14, Bonn 1959, S. 88.

[193] Näheres zu ihrem freundschaftlichen Verhältnis siehe JOHN L. HEINEMAN: Hitlers first foreign minister: Constantin Freiherr von Neurath. Diplomat and Statesman, Berkeley/London 1979, S. 36f.

wisser Weise ein Austausch zwischen Nadolny und von Neurath statt. So hatte einmal mehr Nadolnys Wunsch nach einer adäquaten diplomatischen Verwendung ein unrühmliches Ende. Darüber dürften ihn selbst Hindenburgs mehr oder weniger aufmunternden Worte, er sei halt für die Arbeit in Genf „unentbehrlich", kaum hinweggetröstet haben[194].

Als im Spätsommer 1932 ein Revirement auf der Botschafter- und Gesandtenebene abzusehen war, brachte sich Nadolny für die Moskauer Mission nochmals in Erinnerung. Dafür wurde er eigens bei Außenminister von Neurath vorstellig und verlangte die Übertragung des Missionspostens in Moskau, wobei er besonders scharf kritisierte, daß seine schon mehrfach in Aussicht gestellte Versetzung immer wieder verschoben worden war. Sich weiterhin der Abrüstungskonferenz als Delegierter zur Verfügung zu stellen hielt er für unangebracht, da dort ein baldiges Ende der Verhandlungen nicht abzusehen sei. Allen Ernstes schlug er aber vor, man könne *ihm* Moskau und dem dortigen Botschafter von Dirksen als Ausgleich Tokio übertragen. Auch diesen Vorschlag lehnte von Neurath mit der lapidaren Feststellung ab, in Tokio sei bereits Botschafter Ernst Arthur Voretzsch im Amt[195].

3. Auf der Suche nach dem neuen Missionschef für London

Bei dem auffälligen personalpolitischen Engagement Hindenburgs und Stresemanns konnte es natürlich nicht ausbleiben, daß sich neben der *Nadolny-Rauscher-Kontroverse* weitere Konfliktsituationen einstellten, die ihren Dualismus auf diesem Sektor vertieften.

Schon Mitte 1925 ergab sich das erste schwierige personalpolitische Problem, als es galt, für den deutschen Botschafter in London, Friedrich Sthamer, einen kompetenten Nachfolger zu finden. Obgleich die Ablösung des populären Botschafters Sthamer, der auf Abruf bereitstand[196], längst überfällig war – dieser

---

[194] Aufzeichnung Dt. BS Nadolny [o.O., o.D.] „Mein Streben nach dem Außenministerium" [Durchschlag], PA AA Bonn, NL Rudolf/Änny Nadolny, Bd. 177/1431a. Siehe auch Aufzeichnung „Meine amtliche Laufbahn", a.a.O., NL Rudolf/Änny Nadolny, Bd. 17/1447 [S. 13].

[195] Aufzeichnung RAM v. Neurath, Berlin, 16.09.1932 [Original], PA AA Bonn, R 28045/K 171222. Ein Durchschlag hierzu liegt im Aktenband R 28002 [S. 62].

[196] Aufzeichnung RAM Stresemann, Berlin, 30.11.1928, PA AA Bonn, NL Stresemann, Bd. 291, 7148 H/H 150962. Henry Bernhard, Stresemanns Sekretär, bestätigt, daß Botschafter Sthamer ernsthaft Bereitschaft signalisiert hatte, sein Amt „jederzeit" niederzulegen. Aufzeichnung Henry Bernhard, Berlin, 30.11.1928 [Original], PA AA Bonn, NL Stresemann, Bd. 74, 7381 H/H 168625.

hatte mit seinen 69 Jahren die gesetzlich fixierte Altersgrenze bei weitem überschritten –, behandelten Hindenburg und Stresemann diese Angelegenheit sehr dilatorisch[197].

Wie aus dem Tagebuch Stresemanns zu entnehmen ist, kam es schon kurz nach der Amtsübernahme Hindenburgs zu einer Unterredung, in der beide auch die Nachfolgeregelung der Londoner Botschafterfrage zur Sprache brachten. Hierbei ergaben sich erste Schwierigkeiten, da Stresemann mit einem eigenen Kandidaten für die Nachfolge Sthamers vorstellig wurde, der jedoch dem Dafürhalten des Reichspräsidenten nach ganz und gar nicht der richtige, mit dem nötigen Selbstbewußtsein ausgestattete Mann war, um auch einmal mit der „Faust auf den Tisch" zu schlagen[198]. Kurze Zeit später unternahm der Außenminister einen neuen Anlauf. Am 22. Juni 1925 kontaktierte er Fürst Hermann von Hatzfeldt-Wildenburg in der Hoffnung, ihn zur Übernahme des Londoner Botschafterpostens überreden zu können. Seinem Unterfangen war aber kein Erfolg beschieden, denn der Fürst lehnte mit der seltsamen Begründung ab, er habe neben „psychologischen Bedenken" in erster Linie die Verpflichtung, sich um die Verwaltung des Vermögens seiner Familie und um die Testamentsvollstreckung eines gewissen verstorbenen Freiherrn von Stumm zu kümmern. Auch wenn es ihm unangenehm sei, materielle Gründe voranzustellen, könne er beim besten Willen, so die Entgegnung des Fürsten, zum jetzigen Zeitpunkt keine Zusage geben. Trotz Stresemanns Einwurfs, man lege aber dennoch „großen Wert" darauf, daß er nach London gehe, speiste der Fürst ihn lapidar mit dem Hinweis ab, den Posten lieber mit jemandem wie Graf Hugo von und

---

[197] Vorerst mußte man jedoch mit der „Inthronisierung" von Sthamers potentiellem Nachfolger warten, denn der englische König setzte sich für das Verbleiben des deutschen Botschafters in England höchstpersönlich ein. Sein Plädoyer für Sthamer erklärt sich nicht allein damit, daß der deutsche Botschafter am englischen Hof im Genuß hohen Ansehens stand. Vielmehr erachtete der König den Botschafterwechsel in Anbetracht der bestehenden Differenzen zwischen Sthamer und Churchill zu diesem Zeitpunkt als höchst inopportun. Aufzeichnung Dt. BS Nadolny, Berlin, 03.12.1928, PA AA Bonn, NL Rudolf/Änny Nadolny, Bd. 89. FELIX HIRSCH, Stresemann, a.a.O., S. 197.

[198] Um wen es sich hier namentlich handelte, konnte nicht ermittelt werden. Tagebucheintrag RAM Stresemann über Besprechung mit dem Reichspräsidenten, Berlin, 09.06.1925, PA AA Bonn, NL Stresemann, Bd. 272, 7129 H/H 147840-841. Abgesehen von dieser und einer weiteren Stelle, die im Originaldokument blau eingeklammert ist, findet sich ein Abdruck dieses Briefes in: HENRY BERNHARD (Hrsg.): Gustav Stresemann Vermächtnis. Der Nachlass in drei Bänden. Von Thoiry bis zum Ausklang, Bd. III, Berlin 1933, 60f.; Auch HENRY ASHBY TURNER konnte den Namen der fraglichen Person nicht ausfindig machen. DERS.: Stresemann - Republikaner aus Vernunft, Berlin/Frankfurt a. M. 1968, S. 194.

zu Lerchenfeld auf Köfering und Schönberg zu besetzen[199]. Er jedenfalls bleibe strikt bei seiner Haltung[200]. Zwei Tage später kam Hindenburg in einer Unterredung mit dem Reichsaußenminister auf die Nachfolgeproblematik des Botschafterpostens in London zu sprechen. An Stresemann gerichtet bemerkte er tadelnd, im Auswärtigen Amt hätte man die Absage von Hatzfeldt-Wildenburg zu früh ad acta gelegt. Seiner Auffassung nach wäre es wünschenswert, eine Person wie den Fürsten auf alle Fälle weiterhin zu berücksichtigen, da sein Name an „Traditionen der alten Zeit" anknüpfe[201]. Wieder einmal hielt er es für unangebracht, den Erfordernissen zu entsprechen und einen jüngeren, dynamischen Diplomaten nach London zu senden, so wie es Sthamer selber bei seiner Rücktrittserklärung als Empfehlung mit auf dem Weg gegeben hatte. Stresemann hingegen instruierte seinen Staatssekretär, den Fürsten zu veranlassen, mit Hindenburg privatim über die Londoner Nachfolgeregelung zu sprechen[202]. Aber auch dieser Versuch schlug fehl, weil der von ihm favorisierte Fürst von seinem Standpunkt nicht abrückte. Nur allzu deutlich bekundete er Desinteresse an einem offenen Gespräch mit dem deutschen Staatsoberhaupt[203]. Dennoch kam es kurze Zeit später am Rande des Rheinlandbesuches des Reichspräsidenten in Köln zu einem Zusammentreffen zwischen den beiden[204], bei dem Hindenburg dem Fürsten tatsächlich eine Zusage für London abringen konnte. Welcher Argumente und Mittel er sich dabei bediente, wie er es genau schaffte, Hatzfeldt-Wildenburg doch noch umzustimmen, ist nicht überliefert. Geholfen haben wird ihm sicherlich die Autorität seines Namens und wohl gleichermaßen seine

---

[199] Besagter Diplomat war diesem Zeitpunkt noch ohne Beschäftigung im AA; er übernahm im Juli 1925 die Leitung der deutsch-spanischen Handelsvertragsverhandlungen und fungierte ein Jahr später als dt. Gesandter in Wien. Vgl. Personenregister.

[200] Aufzeichnung RAM Stresemann, Berlin, 22.06.1925, PA AA Bonn, Bd. 272, 7129 H/H 147882-883. Aufzeichnung RAM Stresemann, Berlin, 26.06.1925 [Durchschlag], PA AA Bonn, R 28042/K 170886f.

[201] Vgl. Aufzeichnung RAM Stresemann, Berlin, 24.06.1925 [Original], PA AA Bonn, R 28034/E 255798-800. Zwei Durchschläge und eine Kopie dieser Niederschrift liegen im PA AA Bonn unter der Signatur R 27369/D 826227-229; R 28042/K 170883-885 u R 28369 k/D 643658ff.

[202] Schreiben StS v. Schubert [AA] an Fürst v. Hatzfeldt-Wildenburg [Abschrift], Berlin, 07.07.1925, PA AA Bonn, R 28043 a/H 226694.

[203] In seinem Retourschreiben an StS v. Schubert erinnerte Hatzfeldt-Wildenburg nochmalig daran, daß sein Verzicht auf dieses Amt ausschließlich auf „bitteren Realitäten und Notwendigkeiten" beruhe. Ferner betonte der Fürst: „[...] Mein ‚nein' nun nochmals dem Herrn Reichspräsidenten gegenüber wiederholen zu sollen, ist unter diesen Umständen eine recht harte Zumutung, nicht nur für mich auch für den Herrn Reichspräsidenten [...] [sic!]". Schreiben Fürst v. Hatzfeldt-Wildenburg an StS v. Schubert [AA], Sommerberg, 10.07.1925 [Abschrift], PA AA Bonn, R 28043 a/H 226695. Ein Durchschlag dieser Abschrift lagert im Aktenband R 29325/E 167688.

[204] Diese Begegnung beruhte im übrigen nicht auf einen Zufall. Aufgrund Hatzfeldt-Wildenburgs Status als Reichskommissar in Koblenz mußten sich ihre Wege automatisch kreuzen.

charismatische Ausstrahlungskraft, mit der Stresemann, dessen Überredungskünste dem Fürsten weniger imponiert hatten, kaum konkurrieren konnte. Vielleicht erklärt sich Hatzfeldt-Wildenburgs plötzlicher Sinneswandel auch damit, daß er sich scheute, dem Reichspräsidenten, dem er noch kurz zuvor eine Absage gab, nunmehr von Angesicht zu Angesicht eine weitere Abfuhr erteilen zu müssen.

Nur wenig später empfing der Reichspräsident Außenminister Stresemann und erzählte von seiner jüngsten Begegnung mit Hatzfeldt-Wildenburg[205]. Hierbei beschränkte sich ihr Gespräch nicht allein auf den Austausch von Informationen, sondern Stresemann wurde von ihm beauftragt, dem Fürsten nunmehr offiziell die künftige Verwendung für London in Aussicht zu stellen. Stresemanns Anfrage an Hatzfeldt-Wildenburg, ob er immer noch zu dem Angebot des Reichspräsidenten stehe[206], wurde von demselben schon drei Tage später affirmativ beantwortet. Alles in allem konnte Hindenburg über Hatzfeldt-Wildenburgs positives Echo zufrieden sein, zeigte sich dieser doch mit einem Male über die ihm „erwiesene Ehre" und über das in ihn „gesetzte Vertrauen" für die Aufgabe in London sehr erfreut. Zwar sei der Wiedereintritt in den Reichsdienst für ihn mit einem „schmerzlichen persönlichen Opfer" in Anbetracht der Verlagerung seines Wohnsitzes ins Ausland verbunden, so der Fürst, dennoch werde er das Amt in England mit all seinen zur Verfügung stehenden Kräften ab dem Herbst wahrnehmen, wenn ihm vor der Ernennung noch eine „gewisse Frist zwecks entsprechender Regelung [...] persönlicher Geschäfte" zugestanden werde[207].

Hindenburg und Stresemann hätten mit seiner sofortigen Zusage die Akte London mit dem Gefühl schließen können, einen akzeptablen Nachfolger für Sthamer gefunden zu haben. Doch seine Bestellung zum Missionschef verlief im Sande, was weniger mit dessen Aufschubgesuch als vielmehr mit dem darauffolgenden Erholungsurlaub Stresemanns zusammenhing, der ihn für längere Zeit von Berlin fernhielt[208].

---

[205] Aufzeichnung RAM Stresemann, Berlin, 11.06.1926 [Original], PA AA Bonn, R 28034/E 255811. Ein Durchschlag dieser Aufzeichnung findet sich im Aktenband R 28042/K 170929-931. Diese Niederschrift findet sich auch bei Hubatsch, Hindenburg und der Staat, Dok.-Nr. 43, S. 239f.
[206] Schreiben RAM Stresemann an Fürst v. Hatzfeldt-Wildenburg, Berlin, 14.06.1926 [Durchschlag], PA AA Bonn, R 28042/K 170932. Eine weitere Durchschrift findet sich auch im Aktenband R 28042/K 170932-933.
[207] Schreiben Fürst v. Hatzfeldt-Wildenburg an RAM Stresemann, Schloss Crottorf, 17.06.1926 [hschr. Original], PA AA Bonn, R 28042/K 170934-935.
[208] Schreiben RAM Stresemann an Fürst v. Hatzfeldt-Wildenburg, Berlin, 30.06.1926 [Durchschlag], R 28042/K 170937-938. Eine weitere Durchschrift dieses Schreibens liegt in Band: R 28042/K 170937f.

Erneut konfrontiert mit der immer noch offenen Londoner Botschafterproblematik wurde Stresemann Mitte Oktober 1926, als der noch amtierende deutsche Botschafter in London, Sthamer, seinen Posten dieses Mal unwiderruflich zur Verfügung stellte. Seine Rücktrittsofferte begründete der altgediente Diplomat damit, daß sein Ausscheiden aus dem Amt in London angesichts des deutschen Eintritts in den Völkerbund unabwendbar sei, da zur Bewältigung der daraus resultierenden Aufgaben *neue* Männer erforderlich seien[209]. Anstatt nun Hatzfeldt-Wildenburgs Namen ins Spiel zu bringen, bat Stresemann den Botschafter darum, von seiner beabsichtigten Demission Abstand zu nehmen und seinen Pflichten in London einstweilen weiterhin nachzugehen. Aufgrund seiner Besprechung in Thoiry mit Briand seien „Dinge im Flusse", bei denen ein Botschafterwechsel zu diesem Zeitpunkt eher inopportun sei, erläuterte Stresemann[210].

Über ein halbes Jahr mußte vergehen, bis der Außenminister wieder etwas von Hatzfeldt-Wildenburg hörte. Obwohl der Fürst allen Grund zum Groll hatte, da die ihm zugesicherte Versetzung nach London immer noch nicht erfolgt war, bewies er Nonchalance, als er Stresemann in stoischer Ruhe nahelegte, daß er nach „reiflicher Überlegung" den unumstößlichen Entschluß gefaßt habe, das ihm offerierte Angebot auszuschlagen. Von seiner Seite bestände an dem Londoner Posten kein Interesse mehr. Er erhoffe sich von ihm, daß er seine Entscheidung nicht nur dem Reichspräsidenten zur Kenntnis bringe, sondern ihn auch dahingehend beeinflusse, daß er von seiner ursprünglichen Zusage entbunden und für eine weitere Verwendung im auswärtigen Dienst künftig nicht mehr eingeplant werde. Zwar begründete Hatzfeldt-Wildenburg seinen definitiven Entschluß gegen London wieder mit Pflichten gegenüber Familie und Besitz sowie gesundheitlichen Problemen; dennoch war offenkundig, daß er über die ihm zuteil gewordene auffallend dilatorische Behandlung vom Auswärtigen Amt und vom Reichspräsidenten indigniert war[211].

Beim genaueren Hinsehen offenbart sich der eigentliche Grund für die sechsmonatige Verzögerung, die letzlich aus einem Mißverständnis resultierte. Während nämlich Hindenburg davon ausgegangen war, Stresemann würde sich Hatzfeldt-Wildenburgs Bestellung mit allem Nachdruck annehmen, wartete der

---

[209] Schreiben Dt. BS Sthamer (London) an RAM Stresemann, London, 14.10.1926 [Abschrift], PA AA Bonn, R 28042/K 170952. Eine weitere Durchschrift hiervon liegt in Band: R 28042/K 170952f.

[210] Schreiben RAM Stresemann an Dt. BS Sthamer (London), Berlin, 21.10.1926 (Streng vertraulich! Sofort!) [Abschrift], PA AA Bonn, R 28042/K 170950-951.

[211] Schreiben Fürst v. Hatzfeldt-Wildenburg an RAM Stresemann, Crottorf, 28.01.1927 [Durchschlag einer Abschrift], PA AA Bonn, R 28042/K 170972. Eine weitere Durchschrift liegt im Aktenband R 29338/E 170044.

Außenminister seinerseits vergeblich auf eine Reaktion des Fürsten. Dieser wiederum wartete vergebens auf eine Antwort Stresemanns beziehungsweise Hindenburgs. Mit anderen Worten warteten alle drei auf eine Aktion oder Reaktion des jeweils anderen. Da man so logischerweise nichts voneinander hören konnte, wurde die Angelegenheit unwissentlich auf die lange Bank geschoben[212]. Welch gewichtiger Grund Hindenburgs und Stresemanns Abkehr von Hatzfeldt-Wildenburg auch immer bedingt haben mag – im Oktober 1928 verständigten sich beide nach langer erfolgloser Suche auf einen gemeinsamen Kandidaten, ohne jedoch den Zeitpunkt seines Amtsantrittes exakt zu fixieren. So kam es, daß Constantin von Neurath erst Anfang Mai 1930 nach Berlin gerufen wurde, um dort den längst überfälligen Posten übertragen zu bekommen, den er nebenbei bemerkt höchst ungern annahm[213].

Wie auch immer, wieder einmal setzte sich der Reichspräsident gegenüber Stresemann mit einem seiner Schützlinge durch; wieder einmal zog der Außenminister, der sich noch 1927 gegen von Neuraths Entsendung nach London mit aller Kraft zur Wehr gesetzt hatte, in personalpolitischer Hinsicht den kürzeren[214].

4. *Zwischen Protektion und Nepotismus*
   a) Der Patron und seine Schützlinge

Was die Ernennung und Bestellung der deutschen Auslandsdiplomaten anbelangte, so zeichnete sich dieses Verfahren durch Routine aus, denn dank der von Hindenburg und Stresemann an den Tag gelegten kollegialen Disziplin konnte

---

[212] Schreiben RAM Stresemann an Fürst v. Hatzfeldt-Wildenburg, San Remo, Anfang Februar 1927 [Durchschlag], PA AA Bonn, R 28042/K 170968-971. Dieser auf den 14. Februar 1927 datierte Brief wurde von StS v. Schubert aufgesetzt, der das Konzept zwecks Korrektur an Stresemann übersandte, der aber seinerseits keine Veränderungen vornahm. Ein weiterer Durchschlag ist archiviert im Aktenband R 29338 [S. 79-80]. Siehe auch Begleitschreiben StS v. Schubert an RAM Stresemann, Berlin, 14.02.1927 [Original], PA AA Bonn, R 28042/K 170968f.
[213] „Notizen aus dem Leben des Reichsprotektors", a.a.O., BA Koblenz, NL v. Neurath, N 1310/177 [S. XVI].
[214] KURT V. REIBNITZ: Gestalten rings um Hindenburg. Führende Köpfe der Republik und die Berliner Gesellschaft von heute, Dresden 1928, S. 138f. JOHN L. HEINEMAN, Hitlers first foreign minister, a.a.O., S. 36ff.

diese Aufgabe relativ störungsfrei abgewickelt werden[215]. Angesichts ihrer konstruktiven Zusammenarbeit, die größtenteils vorbildlich funktionierte, wird der Ausnahmecharakter der zuvor skizzierten spannungsgeladenen Konflikte augenscheinlich. Daß sie sich etwa ohne Mühe darauf festlegen konnten, von Ulrich von Hassell für einen Gesandtenposten in Bukarest oder Kopenhagen vorzusehen und zum Beispiel die Besetzung für den Wiener Posten vorläufig hinausschoben, ist Ausdruck ihres Bemühens um gute Kooperation[216].

Infolge der strukturellen Verflechtung zwischen dem Auswärtigen Amt und dem *Büro des Reichspräsidenten* war indes eine frappant schnelle Bereitschaft zum Kompromiß erkennbar, die nepotistische Züge aufwies. So wurde etwa der vom Auswärtigen Amt ins Palais entsandte und dort tätige Referent, Oberregierungsrat Otto von Erdmannsdorff, von beiden einvernehmlich zum Botschaftsrat der Gesandtschaft in Peking ernannt[217]. Auch der langjährige Pressechef der Reichsregierung, Walter Zechlin, wurde nach seinem Ausscheiden am 1. Juni 1932 dank Hindenburgs tatkräftiger Unterstützung in den Auswärtigen Dienst übernommen, obgleich dieser keine klassische Diplomatenlaufbahn aufweisen konnte. Zechlin, mit dem der Reichspräsident im Laufe der Jahre einen beinahe freundschaftlichen Umgang pflegte[218], verdankte seine Versetzung zum deutschen Gesandten nach Mexiko dem Umstand[219], daß Hindenburg es ihm „für

---

[215] GERHARD SCHULZ: Von Brüning zu Hitler. Der Wandel des politischen Systems in Deutschland 1930-1933, in: Zwischen Demokratie und Diktatur. Verfassungspolitik und Reichsreform in der Weimarer Republik, Bd. III, Hrsg.: Erhard Schulz, Berlin/New York 1992, S. 396 [Anm. 4].

[216] Aufzeichnung RAM Stresemann, Berlin, 11.06.1926 [Original], PA AA Bonn, R 28034/E 255810. Störungsfrei vollzog sich auch die Ernennung Koch-Wesers zum Mitglied des ständigen Schiedsgerichtshofes in Haag (Koch-Weser hatte vom 28.06.1928 bis zum 13.04.1929 das Amt des Reichsjustizministers inne), die zwischen dem AA und Hindenburg ausgehandelt worden war. Aufzeichnung MinDir Doehle [B.d.Rpräs.], Berlin, 23.04.1929 [Original], BA Berlin-Lichterfelde, R 601/699/9 [S. 66].

[217] Aktennotiz StS Meissner [B.d.Rpräs.], Berlin, 15.08.1928, BA Koblenz R 43 I/856 [S. 101]. Otto v. Erdmannsdorff trat sein Amt als BSRat in Peking am 03.12.1928 an. Bereits ein halbes Jahr später fand er sich als kommissarischer BSRat in Tokio wieder. Vgl. Personenregister.

[218] Siehe S. 110f. dieser Arbeit.

[219] Über seinen Missionsposten in Mexiko schien Zechlin nicht gerade begeistert zu sein. An Schleicher gewandt gab er mit kritischem Unterton zu verstehen: „ [...] Herr Reichskanzler, ich melde mich ab als deutscher Gesandter nach Mexiko, wohin mich Herr von Hindenburg geschickt hat [...]". So Zechlin bei einem Vortrag vor Studenten in Celle, 18.12.1947, PA AA Bonn, NL Walter Zechlin. In Mexiko verblieb Zechlin jedoch nur für einen kurzen Zeitraum, denn nach der „Machtübernahme" wurde er umgehend zurückbeordert. Hierüber siehe PETER BAUER: Die Organisation der amtlichen Pressepolitik in der Weimarer Zeit, Diss. Wuppertal 1962, S. 78. Hierzu auch WALTER ZECHLIN: Pressechef bei Ebert, Hindenburg und Kopf. Erlebnisse eines Pressechefs und Diplomaten, Hannover 1956, S. 127ff.

seine Witze" versprochen hatte²²⁰. Auch dem früheren Reichskanzler Hans Luther, der auf Druck Hitlers am 16. März 1933 seinen Abschied als Reichsbankpräsident einreichte, fühlte Hindenburg sich verpflichtet. Daß Luther die Nachfolge des freiwillig demissionierten deutschen Botschafters in Washington D. C., Prittwitz und Gaffron, antreten konnte, ist auch auf ihn zurückzuführen, der Hitler das Zugeständnis abrang, dem Ex-Reichskanzler als Ausgleich für das Reichsbankpräsidium einen bedeutenden Auslandsposten zu übertragen²²¹.

Bei der Wahl der Botschafter oder Gesandten ließ sich der Reichspräsident jedoch nicht alleine von deren diplomatischen Referenzen und Qualifikationen leiten; diese erachtete er schon als wichtig²²². Nein, für ihn spielte auch die soziale Provenienz der zur Disposition stehenden Aspiranten eine gewichtige Rolle.

Doch es waren auch *vetternwirtschaftliche* Kriterien, die sein Urteil prägten. Weder aus reiner Nächstenliebe noch als Folge spontaner Eingebung oder zufallsbedingter Entscheidung fand das Gros seiner Aspiranten vorbehaltlos seine Unterstützung. Favorisiert wurden von ihm dabei jene für hochkarätige Auslandsposten in Aussicht gestellten Kandidaten, die eine militärische Vergangenheit vorweisen konnten, die aristokratischer Herkunft waren oder mit denen er irgendwann einmal persönlich näher zu tun gehabt hatte. So setzte Hindenburg sich nachhaltig für Oberstleutnant a.D. Feldmann ein, dem er eine Stelle als Vertreter des W.T.B. in Konstantinopel vermitteln wollte. Dem Oberstleutnant fühlte er sich deswegen verpflichtet, weil er ihn seinerzeit nach seinem Wahlsieg nicht ins Berliner *Büro* übernommen hatte, obgleich dieser im Hannoverschen Wahlbüro mit Tat und Kraft gewirkt hatte²²³.

---

[220] Tagebucheintrag Ernst Feder, Heute sprach ich mit, a.a.O., a.a.O., S. 318.
[221] Hitler hatte Luther schon am 3. März 1933 kontaktiert und „in durchaus höflicher Form" zu verstehen gegeben, er solle doch sein Amt als Reichsbankpräsident niederlegen. So HANS LUTHER in seinem Erinnerungswerk: Vor dem Abgrund 1930-1933. Reichsbankpräsident in Krisenzeiten, Berlin 1964, S. 304ff.; Allerdings sollte Hitler einige Jahre später den Sachverhalt bei seinen „Tischgesprächen" anders darstellen. Danach hatte ihm StS Meissner den Rat gegeben, Luthers freiwillige Rücktrittserklärung mit der Offerte des Botschafteramtes in Washington D. C. zu verknüpfen. Hitler hatte laut eigenem Bekunden Meissners „schlauen Rat" befolgt, da Luther in den USA ohnehin nichts „verderben" konnte. HENRY PICKER: Hitlers Tischgespräche im Führerhauptquartier 1941-1942, Hrsg.: Percy Ernst Schramm, Stuttgart 1963, S. 286.
[222] „[...] Im übrigen ziehe ich Berufsdiplomaten dem Laien vor [...]". So Rpräs. v. Hindenburg nach KARL DIETRICH BRACHER, der sich auf eine Aufzeichnung Westarps vom 18.03.1929 beruft: Siehe DERS.: Die Auflösung der Weimarer Republik. Eine Studie zum Problem des Machtverfalls in der Demokratie, 1978, S. 288; Besagte Niederschrift konnte nicht ermittelt werden.
[223] Schreiben StS Meissner [B.d.Rpräs.] an Dt. BS Nadolny, Berlin, 23.08.1927, PA AA Bonn, NL Rudolf/Änny Nadolny, Bd. 87. Schreiben Heinrich Brüning an Graf v. Brünneck, Cambridge, 12.10.1948 [Original], GStA Berlin-Dahlem, NL Brünneck, XX Rep. 300 Brünneck II, S. 21 (4).

Sehr zum Unwillen des damaligen Reichskanzlers Müller machte sich der Ex-Generalfeldmarschall auch für rechtskonservativen Lindeiner-Wildau[224] stark, der im Zuge eines großen Revirements für den freigewordenen Gesandtenposten in Prag vorgesehen war. Genau diesem Kandidaten, dessen rechtsnationale Gesinnung und freundschaftliche Nähe zu Hindenburg kein Geheimnis war, begegnete Müller voller Argwohn, zumal Lindeiner-Wildau nur wenige Wochen vorher noch gegen die Annahme der Young-Gesetze gestimmt hatte[225].

Stresemanns Amtsnachfolger, Julius Curtius, mußte keine große Überzeugungsstrategie entwickeln, um Hindenburg zu bewegen, den deutschen Gesandten in Norwegen, Roland Köster, zum neuen Direktor der Personalabteilung des Auswärtigen Amtes zu bestellen. Um den Anreiz für Köster zu erhöhen, sollte ihm nach seiner zweijährigen Amtszeit als Personalchef ein hochkarätiger Botschafterposten offeriert werden. Daß der Reichspräsident den von Curtius vorgeschlagenen Aspiranten glattweg akzeptierte, hing damit zusammen, daß er mit Köster, mit dem er vormals als *Chef des Protokolls* beste Erfahrungen gemacht hatte, eine Person seines Vertrauens auf einem der wichtigen Posten in der Verwaltung der Wilhelmstraße 76 wußte[226]. Als im Zuge des von Curtius in die Wege geleiteten Revirements im Frühjahr 1930 der Posten des Staatssekretärs des Auswärtigen Amtes zur Disposition stand, meldete sich auch Hindenburg zu Wort, der sich offen zu Bernhard Wilhelm von Bülow bekannte[227]. Er hatte dazu beigesteuert, daß sein Wunschkandidat die Nachfolge des unbequemen Carl von

---

[224] Der deutschnationale Hans-Erdmann Lindeiner-Wildau fungierte zu diesem Zeitpunkt als Reichstagsabgeordneter (1924-1930). Vgl. Personenregister.

[225] Aufzeichnung RK Müller, Berlin, 25.03.1930 [Durchschlag ohne Unterschrift etc.], AdsD Friedrich-Ebert-Stiftung Bonn, NL Hermann Müller, Tr. 4/1, Kassette Nr. III, Mappe 1-27, Nr. 4 [S. 2]. Aus einer streng vertraulichen Niederschrift von StS v. Schubert geht indes hervor, daß man im Auswärtigen Amt von Hindenburgs Plan, Lindeiner-Wildau zum Gesandten nach Prag zu bestellen, keine Kenntnis hatte. Vielmehr wertete man dies als reine Spekulation, als „leeres Gerücht". Aufzeichnung StS v. Schubert, Berlin, 05.04.1930 [Durchschlag; allerdings unterschrieben mit Feder], PA AA Bonn, R 28043/K 171096.

[226] Vermerk StS Meissner [B.d.Rpräs.], Berlin, 12.05.1931 [Durchschlag einer Abschrift], PA AA Bonn, Personalakten R. Köster, Nr. 375, Bd. 2. Eine beglaubigte Abschrift dieses Schreibens wurde dem Außenminister (dies auf Wunsch Hindenburgs) schon einen Tag später zugeleitet.

[227] Siehe Aufzeichnung Graf Westarp, [o.O.] 15.01.1930, in: Politik und Wirtschaft in der Krise 1930-1932. Quellen zur Ära Brüning, Bearb.: ILSE MAURER/UDO WENGST (eingeleitet von Gerhard Schulz), aus: Quellen zur Geschichte des Parlamentarismus und der politischen Parteien, Dritte Reihe: Die Weimarer Republik, Hrsg.: KARL DIETRICH BRACHER/ERICH MATTHIAS/RUDOLF MORSEY, Bd. 4/1, Düsseldorf 1980, Dok.-Nr. 7, S. 17. Vgl. ANDREAS RÖDDER: Stresemanns Erbe: Julius Curtius und die deutsche Außenpolitik 1929-1931, in: Sammlung Schöningh zur Geschichte und Gegenwart, Hrsg.: Kurt Kluxen, München/Paderborn/Wien/Zürich 1996, S. 81.

Schubert, dem letzten entschiedenen Exponenten der Stresemannschen Linie, antreten konnte.

Ein im wahrsten Sinne des Wortes eingefädelter Fall von Vetternwirtschaft ergab sich zudem Ende 1927, als ein gewisser Herbert von Hindenburg, ein Vetter des Reichspräsidenten, aufgrund der Fürsprache Fürst Bülows und des tatkräftigen Einsatzes Stresemanns als wissenschaftlicher Mitarbeiter in der Abteilung für Kriegsschuldfragen des Auswärtigen Amtes angestellt wurde[228].

So gesehen finden Hindenburgs personalpolitische Aktivitäten eine relativ simple Auflösung, vorausgesetzt man vergegenwärtigt sich, daß das Verteilen von Posten auch unter seiner Regie – gleichsam dem heutigen politischen Usus – menschlichen Schwächen und *Manus-manum-lavat*-Prinzipien unterworfen war. Hierzu zählt auch sein gleich zu Anfang der ersten Legislaturperiode gemachtes Angebot an Otto Meissner, den Wiener Botschafterposten zu übernehmen, damit dieser im Falle seines freiwilligen Ausscheidens aus dem Amt des Staatssekretärs nicht mit leeren Händen dastehen würde[229].

Jene Personen, denen Hindenburg unbedingtes Vertrauen entgegenbrachte, hatten es ungleich leichter als beispielsweise Stresemann, bei ihm mit persönlichen Anliegen vorstellig zu werden oder mit Vorschlägen aufzuwarten. Ihre direkte Einflußnahme läßt sich mittels diverser Beispiele verfolgen. Beispielsweise hätte Hindenburg beinahe den Vortragenden Legationsrat Heinrich Ritter von Kaufmann-Asser auf Anraten des Pressechefs, Walter Zechlin, anstelle des vorgesehenen Gesandten Albert von Baligand zum Chef der deutschen Mission in Lissabon bestellt. Auch wenn zu guter Letzt Baligand die Reise nach Portugal antreten durfte, so konnte sich Kaufmann-Asser doch dank Zechlins Fürsprache und Hindenburgs Protektion zumindest über einen halbwegs adäquaten Ersatz-

---

[228] Über eine Reaktion des Reichspräsidenten hierzu ist nichts bekannt. Vermutlich wird er Stresemanns Engagement wohlwollend zur Kenntnis genommen haben. Zu diesem Fall siehe folgende drei Briefe, die im PA AA Bonn im NL Stresemann unter der Signatur Bd. 63, 7373 H lagern: Schreiben Fürst v. Bülow [o.A.] an RAM Stresemann, Rom, 30.11.1927 [Original] H 166990ff.; Schreiben RAM Stresemann an Fürst v. Bülow, Berlin, 28.12.1927 [Durchschlag] H 166993ff.; Schreiben Fürst v. Bülow an RAM Stresemann, Rom, 03.01.1928 [Original] H 167042-046.

[229] Aufzeichnung RAM Stresemann, Berlin, 05.08.1925, PA AA Bonn, NL Stresemann, Bd. 272, 7129 H/H 147947. Ganz anders stellt Koch-Weser das Geschehen in seinem Tagebuch dar. Danach hatte Staatssekretär Meissner ihm gegenüber eröffnet, Hindenburgs Vorschlag wäre aus völlig anderen Motiven erfolgt. Irgendjemand sei an denselben während seines fünfwöchigen Urlaubs herangetreten, um die ohnehin schmale Vertrauensbasis zwischen ihm und Hindenburg zu erschüttern und seinen Sturz zu initiieren. Auch künftig sei zu befürchten, daß sich Hindenburg während seiner Abwesenheit von „anderen Seiten" beeinflussen lasse, klagte der Staatssekretär. Tagebucheintrag RJM Koch-Weser, Berlin, 14.08.1926, BA Koblenz, NL Koch-Weser, N 1012/34 [S. 303f.].

posten freuen, da er mit den Dirigentengeschäften der Vereinigten Presseabteilung der Reichsregierung und des Auswärtigen Amtes beauftragt wurde[230].

Problemlos vonstatten verlief auch ein größeres Revirement, bei dem von Neurath dem Reichspräsidenten seine Vorschläge erfolgreich vortragen konnte[231]. Schwieriger verhielt es sich bei den Kandidaten, die dem Reichspräsidenten entweder namentlich unbekannt waren oder denen er in irgendeiner Form mit Mißtrauen begegnete. So mußte Stresemann wirkliche Überzeugungsarbeit leisten, um bei ihm einen Vermerk zugunsten seines Kandidaten, Geheimrat Reuter, zu erwirken. Mit diesem, der für die Leitung des Generalkonsulats in Dublin beauftragt werden sollte, konnte Hindenburg zunächst kaum etwas anfangen[232].

Unkompliziert hingegen war die Ernennung Joachim von Ribbentrops zum „Beauftragten der Reichsregierung für Abrüstungsfragen", der in seiner Eigenschaft dem Reichsaußenminister unterstellt war. Hierbei folgte Hindenburg bereitwillig dem Vorschlag des Reichskanzlers und verzichtete auf einen eigenen Kandidaten[233]. Dies war aber auch nur möglich, weil Hitler, der von Hindenburgs Aversion gegen Ribbentrop unterrichtet war[234], sich der Unterstützung von Neuraths bediente, dem es aufgrund seines Vertrauensverhältnisses zu Hindenburg ein leichtes war, dessen anfängliche Skepsis zu zerstreuen.

---

[230] Schreiben StS v. Schubert an RAM Stresemann, Berlin, 14.07.1928 [Original], PA AA Bonn, R 28043a/H 226650 u. H 226658. Akten zur deutschen Auswärtigen Politik - Ergänzungsband zu den Serien A-E. Gesamtpersonenverzeichnis, Portraitphotos und Daten zur Dienstverwendung, Anhänge, Göttingen 1995, S. 457 und Anhang III (Portugal).

[231] Neben der Abberufung des deutschen Botschafters in Rom, Carl v. Schubert, wurde auch Botschafter Leopold v. Hoesch von Paris nach London beordert (02.11.1932); der Botschafterposten in Paris fiel an MinDir Roland Köster (14.11.1932). Näheres hierzu siehe Ministerbesprechung vom 12.09.1932, in: AdR, Kab. Papen, Bd. 1, Dok.-Nr. 132, S. 540f.

[232] Schreiben StS Pünder [Rkei] an RK Marx, Berlin, 18.04.1928 [Original], HA Köln, NL Marx, Best. 1070/285 [S. 22]. Eine Durchschrift dieses Schreibens, das allerdings nur als Entwurf vorliegt, findet sich im BA Koblenz, NL Pünder, N 1005/29 [S. 28].

[233] Schreiben RAM v. Neurath an die Botschaften Paris und London, Berlin, 18.04.1934, in: ADAP, C-II-1, Dok.-Nr. 405, S. 734f.; ERICH KORDT: Nicht aus den Akten..., Stuttgart 1950, S. 61.

[234] Hierzu siehe 183f. dieser Arbeit.

b) Die Bestellung Seeckts zum Kommissar für internationale Abrüstungsfragen

Der *Fall Seeckt*[235] hatte neben seiner innen- und reichswehrpolitischen Bedeutung auch eine außenpolitische Dimension. Während bekanntlich Stresemann Freundschaftsverträge mit Frankreich und England abschloß, beschritt Generaloberst Hans von Seeckt einen höchst eigenwilligen außenpolitischen Weg, der eine intensive geheime Kooperation mit der Roten Armee implizierte[236], die Stresemann schlaflose Nächte bereitete und sein Verhältnis zum selben maßgeblich prägte[237]. Wenngleich Seeckts militärisches Unterstützungsprojekt, dessen Endziel ein deutsch-russisches Bündnis zur Zerschlagung Polens war, jenseits der offiziellen Regierungspolitik stattfand, so erfolgte doch die von ihm vor Ort forcierte Zusammenarbeit der Reichswehr mit der Roten Armee mit Wissen und Billigung des Außenministers und der Reichsregierung[238]. Selbstredend unterstützte vor allem Reichspräsident von Hindenburg das militärische Zusammen-

---

[235] Hintergrund war, daß der Chef der Heeresleitung General v. Seeckt im Herbst 1926 den ältesten Sohn des Kronprinzen Wilhelm v. Preußen gestattet hatte, in Uniform an den Herbstübungen des Infanterie-Regiments 9 in Süddeutschland teilzunehmen. Die republikanische Presse bewertete Seeckts Verhalten als Beweis für bestehende monarchistische Tendenzen innerhalb der Reichswehr. Vor allem die Tatsache, daß Stresemann just zu diesem Zeitpunkt über den Rückzug der alliierten Besatzungstruppen aus dem Rheinland verhandelte, und Reichswehrminister Otto Gessler in dieser Angelegenheit einfach übergangen wurde [man informierte ihn überhaupt nicht], stieß auf lebhafte Kritik. Hindenburg hingegen wurde über die bevorstehende Teilnahme des Kronprinzen rechtzeitig unterrichtet. Vgl. GESSLER, Reichswehrpolitik, a.a.O., S. 303ff. u. ANDREAS DORPALEN: Hindenburg in der Geschichte der Weimarer Republik, Berlin/Frankfurt a. M. 1966, S. 112 u. WALTER GÖRLITZ: Hindenburg. Ein Lebensbild, Bonn 1953, S. 282. THEODOR HEUSS: Erinnerungen 1905-1933, Tübingen 1963, S. 368ff.

[236] WERNER MASER: Hindenburg. Eine politische Biographie, Rastatt 1989, S. 248. Es wurden Vereinbarungen über die Herstellung von Flugzeugen und Granaten in Rußland getroffen. Außerdem übernahmen deutsche Offiziere die Ausbildung russischer Flieger. Dito MANFRED ZEIDLER: Reichswehr und Rote Armee 1920-1933. Wege und Stationen einer ungewöhnlichen Zusammenarbeit. Beiträge zur Militärgeschichte, Bd. 36, Diss. München 1993, S. 148ff.

[237] KURT KOSZYK: Gustav Stresemann. Der kaisertreue Demokrat. Eine Biographie, Köln 1989, S. 312. HENRY BERNHARD: Seeckt und Stresemann, Deutsche Rundschau, Jg. 79, Heft 5 (Mai 1953), S. 473.

[238] „[...] An der Spitze des Auswärtigen Amtes haben Gustav Stresemann und sein Staatssekretär Carl von Schubert die Militärbeziehungen über Jahre hinweg gedeckt und im Rahmen ihrer außenpolitischen Ziele zu instrumentalisieren gewußt. Ähnliches galt für ihre Nachfolger Julius Curtius und Bernhard v. Bülow. [...]".MANFRED ZEIDLER, Reichswehr und Rote Armee 1920-1933, a.a.O., S. 272. Siehe auch S. 148 u. 210. ESCHENBURG/FRANK-PLANITZ, Bildbiographie, a.a.O., S. 111.

gehen mit Moskau. Stets wurde er von den verantwortlichen Offizieren über den aktuellen Stand der Kooperation beider Armeen auf dem laufenden gehalten[239].

Binnen kurzer Zeit geriet der Generaloberst jedoch ins Kreuzfeuer der Kritik. Der erste, der seine Kompetenzüberschreitungen zum Anlaß einer Beschwerde nahm, war Reichswehrminister Otto Gessler. Vor dem Hintergrund des schon seit längerem sehr angespannten Verhältnisses Gessler-Seeckt verwundert es kaum, daß der Reichswehrminister sich hilfesuchend an Hindenburg wandte und ultimativ mit seinem Rücktritt drohte, falls Seeckt nicht innerhalb weniger Wochen wegen seines eigenmächtigen Handelns zur Rechenschaft gezogen werde[240]. Bei seinem Vorhaben konnte er sich einer breiten Rückendeckung innerhalb des Kabinetts sicher sein, denn alle Minister fühlten sich von Seeckts unberechtigten Aktionen „überrumpelt" [241]. Insbesondere Stresemann, der die Vorgehensweise des exzentrischen Offiziers in keiner Weise guthieß, war einer der Protagonisten, der sich für dessen Entlassung stark machte[242].

Gesslers Rücktrittsankündigung brachte Hindenburg in eine diffizile Lage[243]. Zum einen war er Seeckt, obwohl er seine militärischen Verdienste durchweg honorierte, nicht besonders gewogen[244], zum anderen wollte er aber in dieser personalpolitischen Frage einen General nicht auf Drängen und Wunsch eines Zivilisten entlassen. So groß die Einflüsterungsversuche von rechter Seite auch gewesen waren, die auf eine weitere Protektion Seeckts abzielten[245], – Hindenburg selbst hielt die geforderte Entmachtung Seeckts aus politischen Gründen für

---

[239] HERMANN PÜNDER: Von Preussen nach Europa. Lebenserinnerungen, Stuttgart 1968 (2. Aufl.), S. 81. Ferner siehe MANFRED ZEIDLER, Reichswehr und Rote Armee 1920-1933, a.a.O., S. 272.

[240] „[...] Die Verabschiedung des Generalobersten v. Seeckt ist ausschließlich auf meine Initiative, ausschließlich auf meine Forderung zurückzuführen. Ich trage dafür die Verantwortung [...]". So Otto GESSLER, Reichswehrpolitik, a.a.O., S. 301ff.; FELIX HIRSCH, Stresemann, a.a.O., S. 186f.

[241] Vgl. WOLFGANG STRESEMANN, Mein Vater, a.a.O., S. 453.

[242] Mehr zum Verhältnis Stresemann-Seeckt siehe HENRY BERNHARD, Seeckt und Stresemann, S. 465ff. u. KURT KOSZYK, Gustav Stresemann, a.a.O., S. 312ff. Dito CHRISTIAN BAECHLER: Gustave Stresemann (1878-1929). De l'impérialisme à la sécurité collective, Strasbourg 1996, S. 710.

[243] So auch WALTER GÖRLITZ, Hindenburg, a.a.O., S. 282. Hierzu stellt WOLFGANG STRESEMANN fest: „[...] Hindenburg hat, wie mir mein Vater sagte, lange gezögert [...]. Es wäre zur Kabinetts- oder Staatskrise gekommen, wenn Hindenburg an Seeckt festgehalten hätte. [...]". DERS.: Mein Vater, a.a.O., S. 453.

[244] OTTO-ERNST SCHÜDDEKOPF: Das Heer und die Republik. Quellen zur Politik der Reichswehrführung 1918 bis 1933, Hannover/Frankfurt a. M. 1955, S. 196.

[245] Siehe Schreiben RAM Stresemann an RM a.D. H. v. Raumer, Berlin, 13.10.1926 [Durchschlag], PA AA Bonn, NL Stresemann, Bd. 45, 7334 H/H 162734-738. Auf Seeckts Entlassung soll besonders der exilierte Kaiser in Doorn sehr heftig reagiert haben. Siehe Tagebucheintrag SIGURD V. ILSEMANN, 01.11.1926, in: DERS.: Der Kaiser in Holland. Aufzeichnungen des letzten Flügeladjudanten Kaiser Wilhelms II., Hrsg.: Harald v. Königswald, München 1968, S. 41.

inopportun. Um seine drohende Amtsenthebung noch abzuwenden, stellte er sogar seine eigene Demission in Aussicht. Erst nach erfolgreichen Überredungsversuchen der Kabinettsmitglieder nahm er – ohne Mitwirkung der Regierung oder des Auswärtigen Amtes[246] – von seinem angekündigten Rücktritt Abstand und verabschiedete den General am 7. Oktober 1926 schweren Herzens[247]. In einer kurz darauf verfaßten eigenhändigen Notiz bestätigte er diesen Sachverhalt. Nicht die unangemeldete Teilnahme des Prinzen an der Reichswehrübung oder irgendwelche Rücksichten oder gar Besorgnisse gegenüber der Entente hatten ihn zu diesem Schritt bewogen – Seeckts Entlassung sei ausschließlich zur Vermeidung einer Ministerkrise beziehungsweise einer möglichen Demission des gesamten Kabinetts erfolgt[248].

Er war entschlossen, Seeckt in dieser Zwangslage Beistand zu leisten. Mehrfach wandte er sich mit der Bitte an Stresemann, den General für den höheren diplomatischen Dienst einzuplanen[249]. Doch sein scheinbar selbstloser Einsatz für Seeckt hatte einen triftigen Grund; seinem „alten Kriegskameraden" hatte er nämlich kurz vor seiner Entlassung das Versprechen gegeben, ihm nach seinem Ausscheiden eine adäquate neue Stellung zu verschaffen[250]. Unter diesem Aspekt leuchtet sein hartnäckiges Eintreten für seinen langjährigen Korrespondenzpartner ein[251]. So bot er dem General als Ausgleich für die oktroyierte Abdankung mehrmals verschiedene Botschafterposten an. Schenkt man den Worten Wolf-

---

[246] Schreiben RAM Stresemann an Helmut Franke, Berlin, 18.10.1926 [Durchschlag]; Schreiben RAM Stresemann an Frhr. v. Lersner, Berlin, 19.10.1926 [Abschrift], PA AA Bonn, NL Stresemann, Bd. 45, 7334 H/H 162746-765.

[247] Notiz Rpräs. v. Hindenburg, Berlin, 13.10.1926 (eigenhändige Aufzeichnung aus dem Nachlaß Hindenburg), in: HUBATSCH, Hindenburg und der Staat, a.a.O., Dok.-Nr. 45, S. 242 (S. 103). Cf. WOLFGANG STRESEMANN, Mein Vater, a.a.O., S. 453. Tagebucheintrag ERNST FEDER, 08.10.1926, in: DERS.: Heute sprach ich mit [...]. Tagebücher eines Berliner Publizisten 1926-1932, Stuttgart 1971, S. 78.

[248] „[...] Eine Ministerkrise, wahrscheinlich verbunden mit einer Einmischung des Parlaments, kann aber das Vaterland z. Zt. nicht vertragen; die Erschütterung wäre gegenwärtig zu groß gewesen [...]". Notiz Rpräs. v. Hindenburg, Berlin, 13.10.1926 (eigenhändige Aufzeichnung aus dem Nachlaß Hindenburg), in: HUBATSCH, Hindenburg und der Staat, a.a.O., Dok.-Nr. 45, S. 241f.

[249] Im Verhältnis zu Stresemann trat allerdings eine kurze vorübergehende Störung ein, weil Hindenburg das Gerücht zu Ohren bekam, die Entlassung Seeckts wäre ein kalkuliertes und taktisches Mänover Stresemanns gewesen, um die außenpolitischen Beziehungen zu Frankreich zu verbessern. Siehe DORPALEN, a.a.O., S. 113.

[250] Aufzeichnung StS v. Schubert [AA], Berlin, 25.02.1927 [Durchschlag mit Originalunterschrift v. Schubert], PA AA Bonn, R 27379/D 829583.

[251] In einem Band des Nachlasses von Seeckt sind etliche Briefe verzeichnet, die dokumentieren, daß nicht nur Paul v. Hindenburg, sondern auch sein Sohn Oskar mit Seeckt in ständiger Tuchfühlung war. Siehe BA-MA Freiburg i. Br., NL v. Seeckt, N 1247/169.

gang Stresemanns Glauben, dann brachte Hindenburg von diesem Zeitpunkt Seeckts Namen immer dann ins Spiel, wenn ein diplomatischer Posten vakant wurde[252]. Aktenkundig ist jedenfalls sein Bemühen, Seeckt die Leitung der Missionen in Tokio, London oder Madrid zu übertragen[253].

Um sein Versprechen gegenüber Seeckt einzulösen, besann Hindenburg sich auf sein Mitwirkungsrecht an der Bestellung des Kommissars für internationale Abrüstungsfragen, das er auch sogleich wirkungsvoll handhabte[254]. In Anbetracht der anstehenden Abrüstungskonferenz des Völkerbundes[255] hielt er die Entsendung eines Kommissars für geboten, der neben der erforderlichen Sachkenntnis und politischen Erfahrung auch „militärische Autorität" mitbrachte. Aus diesem Grunde regte er an, den verabschiedeten Chef der Heeresleitung „aufgrund seiner besonders geeigneten Persönlichkeit" für das Amt des Kommissars für internationale Abrüstungsfragen zu bestellen. Ohne nähere und ein-

---

[252] So WOLFGANG STRESEMANN, Mein Vater, a.a.O., S. 453.
[253] Aus tagebuchähnlichen Notizen von Hans v. Seeckt geht hervor, daß der Generaloberst zu diesem Zeitpunkt selbst keine konkreten Vorstellungen über seine weitere diplomatische Verwendung hatte. Hinter *Tokio* setzte er ein Fragezeichen. Siehe Tagebucheintrag Hans v. Seeckt, 19.05.1927 [bleistiftgeschriebenes Original], BA-MA Freiburg i Br., NL v. Seeckt, N 1247/53 [S. 37]. „[...] Dann frug der Reichspräsident, ob ich wohl einen Botschafterposten in Tokio oder London oder Madrid annehmen würde. Ich bejahte die Frage entschieden. [...]". So Seeckt gegenüber seiner Frau Dorothee. Siehe FRIEDRICH V. RABENAU: Hans von Seeckt. Aus seinem Leben 1918-1936, Bd. 2, Leipzig 1940, S. 554. Diese Aussage erfährt durch Reibnitz' Hinweis, zu dieser Zeit seien Gerüchte im Umlauf gewesen, Seeckt wäre an dem Botschafterposten in London interessiert, Bestätigung. Dazu siehe KURT V. REIBNITZ, Gestalten rings um Hindenburg, a.a.O., S. 192. Im übrigen bestätigt Reichsminister Stresemann gleich zweimal, daß er mit Hindenburg über die Möglichkeit, Seeckt nach Tokio zu entsenden, tatsächlich ernsthaft gestritten hatte. Siehe Aufzeichnung RAM Stresemann, Cap St. Martin, 15.02.1928 [Abschrift], PA AA Bonn, NL Stresemann, Bd. 64, 7374/H 167278. Telegramm RAM Stresemann an StS v. Schubert, Nr. 2, Marseille, 16.02.1928 [Kopie einer Abschrift], PA AA Bonn, R 29338/E 170135. Vgl. auch DORPALEN, a.a.O., S. 112.
[254] PETER HAUNGS: Reichspräsident und parlamentarische Kabinettsregierung. Eine Studie zum Regierungssystem der Weimarer Republik in den Jahren 1924 bis 1929, Hrsg.: Dolf Sternberger. Köln/Opladen 1968, S. 248f.; Wenn es um das Entsenden von „unabhängigen" Sachverständigen ging, erteilte die Reichsregierung und nicht der Reichspräsident die Vollmacht, weil der Sachverständige keine Willenserklärungen für das Deutsche Reich abgeben sollte. FRITZ STEFFEN: Die Auswärtige Gewalt und der Reichspräsident, in: Internationale Abhandlungen, Hrsg.: Herbert Kraus, Bd. 15, Berlin 1933, S. 49.
[255] Die vom Völkerbund im Dezember 1925 eingesetzte Abrüstungskommission sollte Vorschläge erarbeiten, die gemäß Art. 9 der Völkerbundsatzung alle nationalen Rüstungen auf ein Mindestmaß herabsetzen sollten. Doch da die deutschen Delegierten in Genf auf ihr Gleichberechtigungsrecht hinsichtlich der qualitativen und quantitativen Abrüstung im Vergleich zu den Siegermächten pochten, waren Streitigkeiten vorprogrammiert. PETER KRÜGER: Die Aussenpolitik der Republik von Weimar, Darmstadt 1985, S. 344f.

gehende Begründung erklärte Hindenburg dem Reichskanzler, daß er für seine Person keinen besseren Kandidaten als Seeckt finden könne und diesen deshalb zum Reichskommissar ernennen wolle[256]. Doch sein Vorschlag, den im übrigen auch der Außenminister billigte, erforderte gleichwohl die Zustimmung des gesamten Kabinetts und mußte folglich bis zur Neubildung der Reichsregierung ad acta gelegt werden. Als Reichskanzler Marx mit seiner neuen Regierungsmannschaft die Geschäfte wieder aufnahm, kam der Reichspräsident auf seine alte Anregung zurück und ersuchte das Kabinett, die Einsetzung Seeckts zum Reichskommissar „jetzt [...] zur Erörterung und Entscheidung zu bringen"[257]. Zwar wurde Hindenburgs Ansuchen in der Ministerbesprechung vom 8. Februar 1927 noch kurzfristig auf die Tagesordnung gesetzt, dennoch kam es zu keiner definitiven Entscheidung, weil das Kabinett Meissners Abwesenheit zum Anlaß nahm, den eigentlich vorgesehenen Verhandlungspunkt auf die nachfolgende Sitzung zu vertagen. Doch als die Reichsregierung diese Angelegenheit in den anschließenden Kabinettssitzungen immer noch nicht behandelt hatte[258], beraumte Hindenburg eine Besprechung mit Stresemanns rechter Hand, Staatssekretär von Schubert, an. Dort erfuhr er zu seiner Überraschung, daß Schubert den General für das Amt des Abrüstungskommissars nicht etwa für unter-, sondern für überqualifiziert hielt. Zusätzlich blockte der Staatssekretär seine Initiative ab, dem General die Leitung der deutschen Mission in Tokio anzuvertrauen. Obgleich er ihn für einen „klugen Mann" halte, verfüge er wohl kaum über notwendige diplomatische Fähigkeiten, um den Ansprüchen eines derartigen Außenpostens gerecht zu werden, präzisierte der Staatssekretär. Schuberts Argumentation, Seeckts Ernennung zum Botschafter in Tokio werde in Anbetracht der „außerordentlich" delikaten Lage im Osten die Situation dort nur unnötig verkomplizieren, weil seine Entsendung nach Japan aufgrund seines Bekanntheitsgrades im Ausland zwangsläufig neues Mißtrauen wecken werde, schien Hindenburg einleuchtend. In dem Gedankenaustausch mit dem Staatssekretär des Auswärtigen Amtes urteilte er über den General im ganzen sehr nüchtern und gab im Verlauf des Gespräches offen zu, daß viele andere diplomatische Auslandsposten, wie beispielsweise jener in Paris, für seine Person in der Tat nicht in Frage kämen. In seinem Bemühen, ein für Seeckt angemessenes neues Arbeitsfeld

---

[256] Schreiben Rpräs. v. Hindenburg an RK Marx, 22.12.1926, in: HUBATSCH, Hindenburg und der Staat, a.a.O., Dok.-Nr. 53, S. 255f.; Ebenso in ADAP, B-I-2, Dok.-Nr. 276, S. 643f.; Über den Inhalt dieses Papiers war man selbstverständlich auch im AA informiert. Eine Kopie davon ist im PA AA Bonn unter der Signatur R 27378/D 828988-990 vorzufinden.
[257] Schreiben Rpräs. v. Hindenburg an RK Marx, Berlin, 04.02.1927, in: HUBATSCH, Hindenburg und der Staat, a.a.O., Dok.-Nr. 59, S. 269. Ebenso in BA Koblenz, R 43 I/516 [S. 97f.].
[258] Ministerbesprechung, Berlin, 08.02.1927, in: AdR, Kab. Marx III u. IV, Dok.-Nr. 182, S. 532.

zu finden, bestand der Reichspräsident aber darauf, daß dafür Sorge getragen werde, ihm möglichst bald eine Stelle im Auswärtigen Dienst zu übertragen[259].

Schließlich kam es dann zu der obligatorischen Zusammenkunft zwischen Hindenburg und dem Außenminister, bei der Stresemann jedoch konkretisierte, daß er Seeckts Entsendung als deutscher Bevollmächtigter für die Abrüstungskommission aus politischen Gründen ablehne. Sinnvoller sei es, die militärische Erfahrung des routinierten Offiziers dahingehend zu nutzen, um ihn zum „besonderen militärischen Sachverständigen für die Abrüstungsfragen beim Auswärtigen Amt" zu bestellen[260]. Darunter verstand man in der Wilhelmstraße 76 nicht seine ständige Präsenz im Hause, vielmehr eine gelegentliche beratende Tätigkeit, die zu „gewissen" praktischen Ergebnissen führen sollte[261]. Gewiß spielten hierbei auch Überlegungen eine Rolle, dem General auf diesem Weg die politische Einflußsphäre zu verbauen. Dies dürfte ganz im Sinne Stresemanns gewesen sein, dem das destruktive außenpolitische Gebaren Seeckts und das extravagante Auftreten seiner Frau ohnedies gehörig gegen den Strich ging[262].

Anfang April stellte der Reichsaußenminister dem General dann den Posten des Sachverständigen für internationale Abrüstungsfragen zur freien Wahl, was Seeckt auch ohne Zögern begrüßte[263]. Seine Überraschung, daß ausgerechnet das Auswärtige Amt ihn für diesen Posten vorgesehen hatte, konnte er gegenüber

---

[259] Aufzeichnung StS v. Schubert [AA], Berlin, 25.02.1927 [Kopie mit Originalunterschrift v. Schubert], PA AA Bonn, R 27379/D 829583-584. Über Verlauf und Inhalt des Gespräches informierte StS v. Schubert den Reichskanzler am folgenden Tag. Im Fall Seeckt versprach RK Marx, sich der Sache „persönlich" anzunehmen.

[260] Schreiben Rpräs. v. Hindenburg an RAM Stresemann, Berlin, 07.04.1927 [Original], PA AA Bonn, R 29326/E 167955ff.; Diese Zuschrift wurde auch auf Mikrofilm archiviert. Siehe BA Koblenz, R 43 I/516 [S. 104].

[261] In einer von Köpke angefertigten Niederschrift präzisierte der MinDir die vorgesehene Funktion Seeckts wie folgt: „[...] Hierbei käme [...] eine beratende Tätigkeit von Fall zu Fall, in erster Linie in Gestalt von Gutachten über bestimmte größere Fragenkomplexe militär-politischen Inhalts, zu denen das Auswärtige Amt das politische bzw. das sich aus der Genfer Abrüstungskonferenz ergebende Material liefern würde [...]". Aufzeichnung MinDir Köpke [AA], Berlin, 12.04.1927, PA AA Bonn, L 365/L 109501-503. Aufzeichnung MinDir Köpke [AA], 04.07.1927, L 365/L 109498-499.

[262] An Exzentrik waren die „Seeckts" wohl kaum zu überbieten. So überraschte Seeckts Frau bei einem ihrer Empfänge den Außenminister mit dem spöttischen Hinweis: „[...] Aus Locarno wird nichts, das duldet mein Mann nicht. [...]". Aufzeichnung RAM Stresemann, Berlin, 03.07.1926 [Original], PA AA Bonn, NL Stresemann, Bd. 281, 7140 H/H 149756. Nicht minder exaltiert soll zudem Stresemanns Frau (Käthe) gewesen sein, die sich permanent und „mit viel Arroganz" in die Führung der Personalgeschäfte des Auswärtigen Amtes eingemischt haben soll. So nach HEINRICH KÖHLER: Lebenserinnerungen des Politikers und Staatsmannes 1878-1949, Hrsg.: Josef Becker, Stuttgart 1964, S. 212.

[263] Vermerk MinDir Hagenow, Berlin, 07.04.1927, BA Koblenz, R 43 I/516 [S. 103].

Hindenburg kaum verhehlen. Ihm gestand er offen ein, daß seine Bestellung zum Delegierten der Abrüstungskonferenz für Stresemann und sein Ministerium in der Tat delikat gewesen sein mußte. Dennoch, so versicherte Seeckt, sei das Tätigkeitsfeld des Sachverständigen auf ihn so zugeschnitten, daß er dort seine Erfahrungen gewinnbringend umsetzen könne. Nachdem Hindenburg den Außenminister über den Ausgang der Unterredung mit Seeckt in Kenntnis gesetzt hatte, forderte er Stresemann zum unverzüglichen Handeln auf. Der Außenminister sollte dem Generaloberst nun formell das zuvor besprochene Angebot in schriftlicher Form unterbreiten und ihm später darüber Rapport erstatten[264]. Zwei Wochen sollten aber noch vergehen, bevor Stresemann das von Hindenburg gewünschte Schreiben an Seeckt aufsetzte. Dem vorangegangen war eine kurze Unterredung mit Gessler, bei der der Reichswehrminister zu verstehen gab, daß er die Beweggründe des Reichspräsidenten für ein Festhalten an Seeckt durchaus nachvollziehen könne. Trotzdem könne er nicht einsehen, warum dieser so explizit für eine Verwendung des Generals im diplomatischen Dienst plädiere[265].

Im Auftrag des Außenministers kontaktierte Staatssekretär von Schubert den deutschen Botschafter in Rom, Constantin von Neurath, der besagtes Schriftstück dem Generaloberst, der in der italienischen Hauptstadt auf Urlaubsreise war, persönlich übergeben sollte, was dann am 26. April 1927 auch geschah. Hierin präzisierte Stresemann das in Absprache und voller Übereinstimmung mit Hindenburg beschlossene Angebot an Seeckt. Dem Generaloberst a.D. wurde nahegelegt, daß für ihn zwar eine formelle Eingliederung in die bestehenden Abteilungen oder Referate des Auswärtigen Amtes aufgrund seines Ranges und Aufgabenbereiches nicht in Frage käme, daß er aber für eine beratende Tätigkeit vorgesehen sei, die sich auf „die großen Linien des Gesamtproblems der Abrüstung" erstrecke[266]. Über Seeckts erste positive Reaktion konnte dann von Neurath weisungsgemäß nach Berlin kabeln[267]. Daß er das Angebot zu guter Letzt

---

[264] Schreiben Rpräs. v. Hindenburg an RAM Stresemann, Berlin, 07.04.1927, BA Koblenz, R 43 I/516 [S. 105f.].
[265] Aufzeichnung RAM Stresemann, Berlin, 12.04.1927 [Original], PA AA Bonn, NL Stresemann, Bd. 52, 9955 H/H 323258. Auf die angesprochenen Beweggründe Hindenburgs ging Gessler laut Niederschrift indes mit keinem Wort näher ein.
[266] Weiter heißt es dort: „[...] Ihre beratende Tätigkeit würde sich nach meinen Vorschlägen auf die großen Linien des Gesamtproblems der Abrüstung erstrecken und die Abfassung von Gutachten über größere Fragenkomplexe militärpolitischen Inhalts umfassen [...]". Begleitschreiben RAM Stresemann an Generaloberst v. Seeckt [Abschrift], Berlin, 21.04.1927, BA Koblenz, NL v. Neurath, N 1310/120.
[267] Schreiben StS v. Schubert [AA] an Dt. BS v. Neurath [Rom], Berlin, 22.04.1927, BA Koblenz, NL v. Neurath, N 1310/120. Schreiben Dt. BS v. Neurath [Rom] an StS v. Schubert [AA], Rom, 27.04.1927 [Durchschlag], BA Koblenz, NL v. Neurath, N 1310/120. Hierin erwähnte v.

akzeptierte[268], war aus Hindenburgs Perspektive mehr als ein Erfolg, denn zum einen hatte er sein an Seeckt gegebenes Versprechen eingelöst, zum anderen hatte er in personalpolitischer Hinsicht wieder einmal den längeren Atem bewiesen.

Nachdem Seeckt mit Stresemann am 20. Mai 1927 schließlich die letzten offenen Fragen seiner neuen Beratertätigkeit geklärt hatte[269], traf er noch am selben Tag mit dem Reichspräsidenten zusammen, der ihm während ihrer „farblosen und allgemeinen" Unterredung immerhin weitere Unterstützung bei eventuellen „Schwierigkeiten" zusagte[270]. Ende Mai 1927 wurde Seeckt dann endlich zum Berater der Reichsregierung in Fragen der Abrüstung und anderer militärpolitischer Angelegenheiten ernannt[271]. In seinem Arbeitsfeld wurde er nur selten aktiv, was nicht zuletzt daran lag, daß ihn das Auswärtige Amt nur dann konsultierte, wenn theoretische Fragen der internationalen Abrüstung zur Erörterung standen[272]. Obgleich Seeckt sich auch dem Reichspräsidenten als Berater zur freien Verfügung gestellt hatte[273], nahm dieser seine Dienste aller Wahrscheinlichkeit nach kein einziges Mal in Anspruch[274].

Freilich fand die Diskussion über den eigenwilligen Generaloberst damit nicht ihr Ende. Noch im Dezember 1930 kontaktierte Kurt von Schleicher den Reichspräsidenten und stellte dabei die diplomatische Eignung Seeckts insgesamt

---

Neurath, daß Seeckt beabsichtige, Stresemanns Schreiben persönlich zu beantworten. Wann dieser Brief jedoch formuliert und weitergeleitet wurde, ist unklar. Weder in Stresemanns noch Seeckts Nachlaß konnte dieses Schreiben ermittelt werden.

[268] Schreiben Generaloberst v. Seeckt an RAM Stresemann, Rom, 27.04.1927 [Abschrift], PA AA Bonn, R 31990/L 109504f.

[269] Neben allgemeinen außenpolitischen Fragen wurde auch über die Höhe der Aufwandsentschädigung für Seeckt diskutiert. Als Gehalt legte man sich auf 20.000 Reichsmark fest, eine Summe, die Seeckts Pension bei weitem übertraf. Siehe tagebuchähnlicher Eintrag Hans v. Seeckt, 19.05.1927 u. 20.05.1927 [bleistiftgeschriebenes Original], BA-MA Freiburg i. Br., NL v. Seeckt, N 1247/53 [S. 37f.].

[270] Tagebuchähnlicher Eintrag Hans v. Seeckt, 21.05.1927 [bleistiftgeschriebenes Original]; Schreiben Hans v. Seeckt an Dorothee v. Seeckt, 22.05.1927 [hdschr. Original], BA-MA Freiburg i. Br., NL v. Seeckt, N 1247/53 u. 63.

[271] FRIEDRICH V. RABENAU, Hans von Seeckt, a.a.O., S. 627.

[272] Vermerk Reichskanzlei [o.A.], Berlin, 02.06.1927, BA Koblenz, R 43 I/516 [S. 107]. Dies geschah primär deswegen, weil man keine Kompetenzstreitigkeiten mit dem „aktiven Chef" der Heeresleitung heraufbeschwören wollte. Siehe Schreiben Generaloberst a.D. v. Seeckt an StS [N.N. - aller Wahrscheinlichkeit nach v. Bülow], Berlin, 15.11.1930 [Abschrift], BA Koblenz, R 43 I/517 [S. 272f.], Mikrofilm-Nr. 127.

[273] Seeckt sah seine primäre Aufgabe darin, den Außenminister und Reichspräsidenten „in allen Fragen der europäischen, allgemeinen Rüstungspolitik" zu beraten. Vgl. Schreiben Hans v. Seeckt an Dorothee v. Seeckt, 22.05.1927 [hdschr. Original], BA-MA Freiburg i. Br., NL v. Seeckt, N 1247/63.

[274] Diese Annahme stützt sich darauf, daß keine Quellen ermittelt werden konnten, aus denen gegenteiliges hervorgeht.

in Frage. Dieser verfüge, so der Generalmajor, für einen deutschen Delegierten der Genfer Abrüstungskonferenz nur über unzureichende rhetorische Fähigkeiten und sei ohnedies im Debattieren sehr ungeübt[275].

II. Einwirken auf die personelle Zusammensetzung der deutschen Delegationen für Genf

Dank seiner unermüdlichen personalpolitischen Aktivitäten hat der zweite deutsche Reichspräsident auch auf die Auswahl und Bestellung der deutschen Delegationen für Genf seinen Einfluß spürbar zur Geltung bringen können. Allerdings vermochte er hierbei nicht in dem Maße auf Stresemann einzuwirken, wie er es im allgemeinen bei der Ernennung der deutschen Missionschefs äußerst effektiv handhabte. Wählerisch wie er war, fanden nur jene Bewerber seine Zustimmung, denen er ein Mindestmaß an Vertrauen entgegenbringen konnte, auch wenn hierbei seine Einflußsphäre verfassungsrechtlich restringiert war. Denn nicht ihm, sondern dem Außenminister oblag als verfassungsrechtlich dafür vorgesehener Instanz die Entscheidung über die personelle Zusammensetzung der Delegation. Daß er daran gleichwohl mit Erfolg partizipieren konnte, lag an Stresemann, der es versäumte, seinen Zuständigkeitsbereich gegen ihn wirksam abzuschirmen. Das Gegenteil war der Fall, denn anstatt das Gespräch mit dem Reichspräsidenten zu suchen, mied Stresemann ganz bewußt diese Thematik. Bezeichnend hierfür war sein Verhalten während einer Audienz Mitte 1927 im Palais, bei der er, entgegen einer Verabredung mit Staatssekretär von Schubert, die drängende Frage, wer in Genf mit dabei sein sollte, überhaupt nicht zur Sprache brachte. Schenkt man Stresemanns Version Glauben, dann hatte er es einfach nur „verschwitzt", den Punkt verabredungsgemäß anzuführen[276]. In Wahrheit hat er aber dieses Thema bewußt übergangen. Ihm haftete noch zu gut im Gedächtnis, wie sehr sich Hindenburg gegen seine vorjährigen Personalvorschläge gesträubt hatte[277]. Damals gelang es ihm nur mit Mühe, dem Reichspräsidenten seinen Kandidaten Graf Bernstorff „schmackhaft" zu machen[278].

---

[275] Schreiben Generalmajor v. Schleicher an StS Meissner [B.d.Rpräs.], 05.12.1930 [Mikrofilm], BA-MA Freiburg i. Br., NL v. Schleicher, N 1042/33 [S. 80].
[276] Aufzeichnung StS v. Schubert, Berlin, 16.07.1927 [Original], PA AA Bonn, R 29381/E 178910.
[277] Aufzeichnung StS v. Schubert, Berlin, 18.07.1927 [Original], PA AA Bonn, R 29381/E 178911f.
[278] GRAF JOHANN HEINRICH BERNSTORFF: Erinnerungen und Briefe, Zürich 1936, S. 211. Hierin schreibt Bernstorff, daß er genaugenommen nur dank Stresemanns „Überzeugungskraft" nach Genf gehen konnte, weil Hindenburg sich anfangs gegen seine Nominierung gesträubt haben soll. WALTER GÖRLITZ: Gustav Stresemann, Heidelberg 1947, S. 230.

Doch dieses Mal zeigte sich der Außenminister nicht gewillt, das Versäumte persönlich nachzuholen. Da es ihm ausgesprochen unangenehm war, mit Hindenburg über diesen verwickelten Sachverhalt zu reden, mußte sein Staatssekretär den „Canossagang" antreten. Ungefähr eine Woche später präsentierte Schubert dem Reichspräsidenten die für Genf vorgesehenen deutschen Vertreter. Zwar beschloß man im beidseitigen Einvernehmen, die Abordnung vom Vorjahr in die Schweiz zu entsenden; gleichzeitig warnte Hindenburg aber vor einer übermäßigen Präsenz von Parlamentariern in der Delegation. Gerade bei internationalen Konferenzen empfand er es als angebracht, die Anzahl der Parlamentarier auf ein Minimum zu reduzieren, andernfalls könnten sonst die Interessen der Reichsregierung zu kurz kommen[279]. Erst als Schubert seine Frage bejahte, ob die soeben einberufenen Abgeordneten, die in derselben Konstellation schon ein Jahr zuvor nach Genf gereist waren, sich damals auch „bewährt" hätten, stimmte er endgültig zu[280]. An Informationen über alle potentiellen Völkerbundsdelegierten mangelte es ihm wahrlich nicht. Dafür sorgte nicht Schubert allein. Auch Pressechef Zechlin, der vielen Ratssitzungen und Vollversammlungen in Genf beigewohnt hatte, nutzte seinen guten Draht zum Reichspräsidenten, um seine Eindrücke direkt weiterzugeben[281]. Bei Informationsbedarf über die Aktivitäten der Genfer und Haager Delegationen bestellte Hindenburg gewöhnlich Staatssekretär Schubert, hin und wieder aber auch den Außenminister zum Rapport[282]. Zudem fungierte auf seine Bitte hin Staatssekre-

---

[279] Aufzeichnung StS v. Schubert [AA], Berlin, 25.07.1927, in: ADAP, B-VI, Dok.-Nr. 63, S. 132. Aufzeichnungen StS v. Schubert, Berlin, 16.07.1927 [Original] u. 18.07.1927 [Original], PA AA Bonn, R 29381/E 178910-912.
[280] Danach gehörten der Delegation folgende Personen an: Drei Hauptdelegierte: RAM Stresemann, StS v. Schubert, MinDir Gaus; Fünf Parlamentarier fungierten als Ersatzdelegierte: Graf Bernstorff (Demokrat), Dr. Breitscheid (SPD), Prälat Kaas (Zentrum) und Frhr. v. Rheinbaben (Volkspartei), Prof. Hoetzsch (DNVP). Aufzeichnung StS v. Schubert [AA], Berlin, 25.07.1927, in: ADAP, B-VI, Dok.-Nr. 63, S. 132f.; HERMANN PÜNDER, Von Preussen nach Europa, a.a.O., S. 85. Als beispielsweise Brüning Mitte 1929 für den erkrankten Prälaten Kaas den Part des parlamentarischen Ersatzdelegierten übernehmen sollte, billigte dies Hindenburg ohne den Anflug eines Zögerns. Brüning zeigte sich in keiner Weise geneigt, dieses Amt wahrzunehmen. Aufzeichnung StS v. Schubert [AA], Berlin, 03.07.1929 [Original]; Vermerk [Paraphe unbekannt?], Berlin, 20.07.1929 [Durchschlag], PA AA Bonn, R 29385/E 179524; E 179564. Ein Durchschlag der Niederschrift vom 03.07.1929 befindet sich im Aktenband R 27383/D 831273.
[281] Ihn hatte Hindenburg vor jeder Abreise nach Genf mit dem Segenswunsch verabschiedet: „[...] Reisen Sie mit Gott und frühstücken Sie wenigstens gut [...]". Anschließend sei ihm hin und wieder der „Stoßseufzer" entfahren: „[...] Hoffentlich läßt sich die Delegation nicht einseifen [...]". WALTER ZECHLIN, Pressechef, a.a.O., S. 89.
[282] Hauptsächlich war es aber StS v. Schubert, der den Reichspräsidenten über jede nominelle Veränderung der deutschen Delegation in Genf Bericht erstattete. Am 20.01.1930 referierte StS v. Schubert dem Reichspräsidenten beispielsweise über den aktuellen Stand in Genf, tags darauf

tär Pünder als Verbindungsmann zwischen der deutschen Delegation in Genf und den Reichsbehörden[283].

Nur einmal, als er durch die Presse über die Zuweisung des preußischen Staatssekretärs Weismann zur Genfer Delegation Kenntnis erhielt, machte sich bei ihm Empörung breit. Der Kommission ließ er durch Ministerialdirektor Köpke ausrichten, daß er nicht einsehen könne, „was Preußen gerade bei dieser Tagung das Vorrecht verleihe, in Genf besonders vertreten zu sein". Zu befürchten sei nun der Einwand und der Anspruch der anderen Länder – insbesondere Bayerns, – auch eigene Gesandte nach Genf zu delegieren. Deshalb wäre er Stresemann äußerst verbunden, wenn dieser dafür eintrete, daß sich die Tätigkeit Weismanns „allerhöchstens auf Fragen wie die der Verminderung der Polizei in Preußen etc." beschränke[284]. „Sehr starke Bedenken" wegen der Mitnahme von Weismann nach Genf hegte er zudem aufgrund der Möglichkeit, daß der Parlamentarier seinen Einfluß vor Ort geltend machen könnte, um eine gegen die Reichsregierung gerichtete preußische Politik zu „inspirieren"[285]. An anderer Stelle verzichtete Hindenburg gänzlich auf eine Erläuterung der Gründe, die seines Erachtens gegen Weismann sprachen. Er beließ es bei der polemischen Feststellung, Weismann gehöre nicht nach Genf, weil dies kein Ort zum „Amüsement" sei[286].

Ähnlich rigoros verfuhr Hindenburg bei der Bestellung des neuen deutschen Vertreters für das Büro des Völkerbundsekretariats. Die Kontroverse um Dr. Egon Wertheimer, dessen politische Vergangenheit schon während seiner einjährigen Genfer Probezeit oft Grund zur Beanstandung gegeben hatte, erreichte ihren Höhepunkt durch die Ankündigung, Wertheimer sei vom Generalsekretär

---

erstattete RAM Curtius dem Reichspräsidenten einen ausführlichen Bericht über die Haager Konferenz. Siehe W.T.B.-Meldung, 20.01./21.01.1930.

[283] HERMANN PÜNDER, Von Preussen nach Europa, a.a.O, S. 84. Näheres zur Bedeutung und Rolle Pünders bei SIEGFRIED SCHÖNE: Von der Reichskanzlei zum Bundeskanzleramt. Eine Untersuchung zum Problem der Führung und Koordination in der jüngeren deutschen Geschichte, in: Beiträge zur Politischen Wissenschaft, Bd. 5, Berlin 1968, S. 130f.

[284] Schreiben MinDir Köpke [AA] an StS v. Schubert [AA], Berlin, 07.12.1927, in: ADAP, B-VII, Dok.-Nr. 182, S. 443. Siehe auch Schreiben StS v. Schubert [AA] an RAM Stresemann, Berlin, 16.02.1928 [Original], PA AA Bonn, NL Stresemann, Bd. 64, 7374 H/H 167352-354. Ein Durchschlag dieses Briefes liegt im folgenden Aktenband im PA AA Bonn: R 29338/E 170125-127.

[285] Schreiben StS v. Schubert [AA] an RAM Stresemann, Berlin, 16.02.1928 [Original], PA AA Bonn, NL Stresemann, Bd. 64, 7374 H/H 167352-354. In seinem entschlossenen Vorgehen gegen Weismann wurde Hindenburg auch durch den Justizminister und Vizekanzler Oscar Hergt bestärkt.

[286] Schreiben StS v. Schubert [AA] an RAM Stresemann (Streng vertraulich!) [Original], Berlin, 21.02.1928, PA AA Bonn, R 28043 a/H 226644 [zuvor im NL Brockdorff-Rantzau, Bd. 15/1].

des Völkerbundes dazu auserkoren worden, bewußten Posten für sieben Jahre zu übernehmen. Dies war aber nur das auslösende Moment, denn in Wahrheit geriet Wertheimer wegen seiner angeblichen kommunistischen Aktivitäten während der Münchener Räteregierung ins Kreuzfeuer der Kritik. Daneben erwies sich seine frühere Tätigkeit als Korrespondent in London für den *Vorwärts* als ebenso unvorteilhaft wie seine damalige Zugehörigkeit zur SPD. Dessen politisches Vorleben schien Hindenburg jedenfalls Anlaß genug, Staatssekretär von Bülow und Reichsminister Curtius auszurichten, er sähe allein schon in Wertheimers Ernennung zum deutschen Mitglied der Informationsabteilung des Völkerbundes einen „sehr bedauerlichen Mißgriff". Seine Präsenz dort könne doch, so seine Befürchtung, „das im deutschen völkerbundspolitischen Interesse erwünschte Zusammenwirken [...] mit den Vertretern der deutschen Presse erheblich beeinträchtigen". Lieber solle man im Auswärtigen Amt alle Möglichkeiten ausschöpfen, um Wertheimer aus dem Büro des Völkerbundes, wenigstens aber aus der Informationsabteilung zurückzuziehen[287]. In der Regel war es Staatssekretär Meissner, der die Vorbehalte und Einwände seines Vorgesetzten gegen die personelle Zusammensetzung der Genfer Delegationen auftragsgemäß weiterleitete. So verhielt es sich auch, als über die Möglichkeit sinniert wurde, Reichskanzler Marx der deutschen Delegation als Begleiter für Genf zuzuordnen und deutsche Parlamentarier zu bevollmächtigten Delegierten zu ernennen. Hindenburg, der dieses Vorhaben entschieden ablehnte, instruierte seinen Staatssekretär, die Verantwortlichen über die Gründe seines Vetos aufzuklären. Danach begrüße er zwar die frühere Praxis, nach der die Abordnung aus paritätischen Vertretern aller großen Parteien rekrutierte wurde, andererseits mangele es seinem Dafürhalten nach an Vertretern, die dem Völkerbund „skeptisch oder ablehnend" gegenüberständen[288]. Erst nach „längeren Auseinandersetzungen" und nachdem Staatssekretär Meissner den Ministern in seinem Auftrag dargelegt hatte, daß man nun entweder von einer Heranziehung aller Parlamentarier absehen oder zumindest dafür Sorge tragen müsse, daß solche Personen der Delegation

---

[287] StS v. Bülow übersandte die „vertrauliche" Aufzeichnung, die über die neueste Entwicklung im Fall Wertheimer Aufschluß geben sollte, nachdem StS Meissner ihn telefonisch dazu aufgefordert hatte. Als v. Bülow Hindenburg darüber Vortrag gehalten hatte, bekam er von ihm die entsprechenden Instruktionen. Schreiben StS v. Bülow an StS Meissner [B.d.Rpräs.], Berlin, 08.06.1931 [Original] u. Anlageschreiben Aufzeichnung [o.O.,o.D., o.V., Abschrift]; Schreiben StS Meissner [B.d.Rpräs.] an StS v. Bülow, Berlin, 07.07.1931 [Durchschlag], BA Berlin-Lichterfelde, R 601/694/1 [S. 172-176].

[288] Aufzeichnung StS Meissner [B.d.Rpräs.], Berlin, 01.09.1926 [Original mit der Paraphe Hindenburgs], BA Berlin-Lichterfelde, R 601/695 [S. 192f.]. Den beiden Ministern erläuterte Meissner noch, daß man dem Reichspräsidenten doch nicht zumuten könne, „für Breitscheid und Graf Bernstorff eine Vollmacht als deutsche Delegierte und vollberechtigte Mitglieder der deutschen Delegation zu unterschreiben".

im Höchstfall nur als inoffizielle Vertreter zugeordnet werden dürften, erklärten sich sowohl der Reichskanzler als auch Stresemann bereit, die gegebenen Zusagen „rückgängig zu machen". Reichskanzler Marx beugte sich seinem Druck und verzichtete sogar auf die Mitfahrt nach Genf. Darüber hinaus versicherten beide Minister, solche Vertreter zukünftig nicht mehr als offizielle vom Reichspräsidenten bevollmächtigte Delegierte in Genf auftreten zu lassen[289]. Wieder einmal hatte Hindenburg ein personalpolitisches kleineres Kräftemessen zu seinen Gunsten entscheiden können.

III. Die Ernennungen und Demissionen der Reichsaußenminister

1. Die Nachfolge Stresemanns

Im Frühjahr 1929, zu einem Zeitpunkt, an dem der schwerkranke Stresemann noch offiziell im Amt war, stellte Hindenburg bereits erste Überlegungen an, wer der qualifizierteste Nachfolger für den zwar noch amtierenden, aber gesundheitlich angeschlagenen Außenminister sein könnte. Veranlaßt zu diesem Schritt sah er sich durch den von Tag zu Tag instabiler werdenden Gesundheitszustand Stresemanns, der immer längere Regenerationspausen nötig machte. Ohne aufwendige Suche fand er mit Botschafter von Neurath den ihm genehmsten Kandidaten. Daß er diesen vorbehaltlos favorisierte, kam nicht von ungefähr. Entscheidend war, daß sich zwischen beiden seit Mitte der zwanziger Jahre ein „harmonisches und freundschaftliches Verhältnis"[290] entwickelt hatte, das dem Botschafter den direkten Zugang zum Reichspräsidenten ebnete. Daß Hindenburg den erfahrenen Diplomaten, dessen profunde Expertise ihm oft von Nutzen gewesen war[291], als besten Auslandsvertreter erachtete und dementsprechend förderte, erklärt sich nicht allein mit dessen Fachkompetenz. Was von Neurath für Hindenburg so verläßlich und vertrauenswürdig machte, hing mit seinen biographischen und charakterlichen Merkmalen zusammen[292]. Seine kon-

---

[289] Aufzeichnung StS Meissner [B.d.Rpräs.], Berlin, 01.09.1926 [Original mit der Paraphe Hindenburgs], BA Berlin-Lichterfelde, R 601/695 [S. 194].
[290] HANS-JÜRGEN DÖSCHER: Das Auswärtige Amt im Dritten Reich. Diplomatie im Schatten der „Endlösung", Stade 1986, S. 61.
[291] JOHN L. HEINEMAN, Hitlers first foreign minister, a.a.O., S 37.
[292] „[...] Dem aus dem Osten stammenden Reichspräsidenten gefiel der Süddeutsche Frhr. v. Neurath mit [...] seiner geraden, offenherzigen, warmen und vornehmen Art, fern von allen Intrigen [...]". Darstellung v. Bülow-Schwantes, IfZ München, Zeugenschriften, ZS 1021. Zum politischen Werdegang Neuraths siehe GÜNTER WOLLSTEIN: Vom Weimarer Revisionismus zu Hit-

servative Gesinnung, seine aristokratischen Wurzeln, aber auch seine während der Kaiserzeit erworbene diplomatische Sachkenntnis[293] waren mitunter die maßgeblichen Faktoren für seine exponierte Stellung beim Reichspräsidenten. Eine „erstklassige Empfehlung" bei demselben verschaffte sich von Neurath auch 1926 durch die Vermählung seiner einzigen Tochter mit dem Sohn des Generalfeldmarschalls a.D. August von Mackensen[294]. Von Vorteil war diese Verbindung für von Neurath freilich deshalb, weil die freundschaftlichen Beziehungen des Marschallpräsidenten zum fast gleichaltrigen und militärisch gleichrangigen Mackensen, auf dessen Meinung er großen Wert legte, ab 1929 noch intensiver und vertrauensvoller wurden[295].

Bereits im März 1929 ventilierte Hindenburg mit dem DNVP-Abgeordneten Graf Kuno von Westarp die Frage, wer in einem Rechtskabinett die Leitung der Außenbehörde übernehmen könnte. Während Hindenburg sich mit der Bemerkung, er wolle doch „keinen Richelieu machen", strikt gegen den von Westarp vorgeschlagenen Prälaten Ludwig Kaas als kommenden Außenminister wandte, zogen beide indes eine Reaktivierung Frederic Hans von Rosenberg, seines Zeichens Außenminister vom 22. Dezember 1922 bis 12. August 1923, ernsthaft in Erwägung. Doch von Neurath, dessen Name auch hier fiel, war für Hindenburg längst außer Konkurrenz[296]. Wohl deshalb wurde ihm Ende Juli 1929 eine Ehre zuteil, die anderen Diplomaten bis dato versagt geblieben war, als der Reichspräsident ihn zu sich nach Dietramszell zur Jagd einlud[297]. Ganz ohne Hintergedan-

---

ler. Das Deutsche Reich und die Großmächte in der Anfangsphase nationalsozialistischer Herrschaft in Deutschland, Bonn/Bad Godesberg 1973, S. 28f.

[293] Hierzu siehe GORDON A. CRAIG/FELIX GILBERT (Hrsg.): The Diplomats 1919-1939, Princeton, New Jersey 1994 (First Princeton Paperback printing, 1. Aufl.: 1953), S. 408.

[294] THEO SCHWARZMÜLLER: Zwischen Kaiser und „Führer". Generalfeldmarschall August v. Mackensen. Eine politische Biographie, Diss. Paderborn/München/Wien/Zürich, S. 211f.

[295] Besonders intensiv gestaltete sich der Briefwechsel zwischen Hindenburg und Mackensen ab der Young-Plan-Debatte. Siehe NL Mackensen, BA-MA Freiburg i.Br., N 1039/272. Hierzu konstatiert THEO SCHWARZMÜLLER: „[...] Je mehr alte Kameraden von ihm abrückten, desto mehr Wert legte er auf die Verbindung zu Mackensen [...]". DERS.: Zwischen Kaiser und „Führer". Generalfeldmarschall August von Mackensen. Eine politische Biographie, Diss. Paderborn/München/Wien/Zürich, S. 236.

[296] Bei diesem Treffen sprach sich Hindenburg auch gegen Hans von Seeckt als potentiellen Nachfolger Stresemanns aus. So nach KARL DIETRICH BRACHER, der sich auf eine Aufzeichnung Westarps vom 18.03.1929 beruft: Siehe DERS.: Die Auflösung der Weimarer Republik. Eine Studie zum Problem des Machtverfalls in der Demokratie, 1978, S. 287f.; Besagte Niederschrift konnte nicht ermittelt werden.

[297] „[...] Sehr würde es mich freuen, Sie in Dietramszell wiederzusehen, wenn dadurch nicht ihr Erholungsgeist zu sehr beeinträchtigt wird. Vorherige Anfrage ist aber nöthig, weil ich wiederholt abwesend sein werde [...]". Schreiben Rpräs. v. Hindenburg an Dt. BS v. Neurath (Rom), Berlin, 30.07.1929 [hdschr. Original], BA Koblenz, NL v. Neurath, N 1310/171. Dito

ken taktierte er hierbei aber nicht, denn seine Intention war es, den Botschafter mit der Offerte zu überraschen, im Falle des Ausscheidens Stresemanns das Außenressort zu übernehmen. Doch ihre erste Zusammenkunft zwecks Regelung der Stresemann-Nachfolge nahm für ihn einen enttäuschenden Ausgang. Anstatt der erhofften Zusage handelte er sich von Neurath eine überraschende Absage ein. So schmeichelhaft sein Angebot für den Botschafter auch gewesen sein mag, von Neurath befürchtete infolge seiner Parteilosigkeit und der Parteienkonstellation im Reichstag, die notwendige Mehrheit zur Durchsetzung einer konstruktiven Außenpolitik nicht aufbringen zu können[298].

Im Verlauf ihrer zweiten Begegnung, die nach dem Hinscheiden Stresemanns stattfand, zeigten seine beschwörenden Worte an von Neurath erste Wirkung, denn er konnte dem Freiherrn immerhin das Versprechen abringen, die Leitung des Außenministeriums zu übernehmen, falls „das Vaterland in Not kommen sollte"[299].

Nicht mehr allein darauf aus, die Frage der Nachfolgeschaft Stresemanns ausschließlich von Neuraths Entscheidung abhängig zu machen, traf Hindenburg aber schon kurze Zeit später mit Reichskanzler Müller zusammen. Diesem berichtete er von seinem Vorhaben, die Amtseinführung eines neuen Außenministers möglichst bald in die Wege zu leiten. Hindenburg ging aber noch weiter und stellte Müller, den er persönlich schätzte[300], die einstweilige Führung des Auswärtigen Amtes in Aussicht. Hierbei gaben in erster Linie pragmatische Überlegungen den entscheidenden Ausschlag. Nicht vergessen hatte er, wie prägnant, informativ und gut strukturiert Müllers Vorträge über außenpolitische Entwicklungen gewesen waren[301]. So vielversprechend sein Angebot auch klang,

---

HEINEMAN, Hitler's First Foreign Minister, a.a.O., S. 38. Der Zeitpunkt war gut gewählt, da v. Neurath just zu dieser Zeit zur Kur in Bad Wildungen war.

[298] Verhandlungsniederschrift betr. Vernehmung v. Neurath, Nürnberg, 22.06.1946, in: IMG - Der Prozess gegen die Hauptkriegsverbrecher vor dem Internationalen Militärgerichtshof Nürnberg 14. November - 1. Oktober 1946, Nürnberg 1948, Bd. XVI, S. 655. „Notizen", a.a.O., BA Koblenz, NL v. Neurath, N 1310/177 [S. XVI]. Siehe auch Zeitzeugen-Interview JOHN L. HEINEMAN mit Constantin von Neurath und Frau von Mackensen vom 02. u. 03.07.1968. DERS.: Hitlers first foreign minister, a.a.O., S 38.

[299] Verhandlungsniederschrift betr. Vernehmung v. Neurath, Nürnberg, 22.06.1946, in: IMG, Bd. XVI, S. 655. Daß v. Neurath das Angebot wirklich ernsthaft aufgenommen und sondiert hatte, zeigt die Erwartungshaltung seiner Familie, die, nachdem er sie über Hindenburgs Offerte informiert hatte, fest mit seiner baldigen Designation zum Außenminister rechnete. So nach Aussage von Vicco v. Bülow bei einem Zeitzeugeninterview vom 24.05.1968, aus: JOHN L. HEINEMAN, Hitlers first foreign minister, a.a.O., S. 258 [Anm. 11].

[300] Siehe S. 140 dieser Arbeit.

[301] OTTO GESSLER, Reichswehrpolitik, a.a.O., S. 349.

Reichskanzler Müller mußte es aus gesundheitlichen Gründen ablehnen[302]. Kurzerhand verständigten sich beide auf Reichswirtschaftsminister Julius Curtius, der nebenbei bemerkt als loyaler Gefolgsmann Stresemanns und als DVP-Mitglied allgemeine Akzeptanz fand[303]. Curtius wurde aber nur mit der einstweiligen Führung der Geschäfte betraut; auf besonderen Wunsch des Reichspräsidenten sollte für die langfristige Leitung des Außenressorts ein anderer Kandidat ausfindig gemacht werden[304]. An einem provisorischen Status als Interimsminister konnte Curtius sich verständlicherweise kaum erfreuen[305]. In Wahrheit erfolgte seine offizielle Ernennung zum Reichsaußenminister durch Hindenburg am 11. November 1929 nur, weil zur bevorstehenden Haager Schlußkonferenz ein „echter" Außenminister mit entsprechender Vollmacht als Vertreter der Reichsregierung entsandt werden mußte[306]. Nichtsdestotrotz brachte Curtius für diese Aufgabe auch wertvolle Vorerfahrung mit. Zum einen kannte er sich auf dem diffizilen Terrain der Reparationsverhandlungen trefflich aus[307], zum anderen hatte er auch einen guten Draht zum Reichspräsidenten. Gewissenhaft wie Brüning[308] und im Aktenstudium noch gründlicher als sein dynamischer Vorgänger und Parteikollege[309], gelang ihm der reibungslose Übergang in die außenpolitische Praxis. Gleichwohl vermochte der „kühle", etwas unzugängliche bis-

---

[302] Kabinettssitzung, 10.10.1929, in: AdR, Kab. Müller II, Bd. 2, Dok.-Nr. 316, S. 1028. Tagebucheintrag Hermann Pünder, 07.11.1929, aus: HERMANN PÜNDER: Politik in der Reichskanzlei. Aufzeichnungen aus den Jahren 1929-1932, Hrsg.: Thilo Vogelsang, Stuttgart 1961, S. 16 [Anm. 23].

[303] Näheres hierzu und zur Person Curtius bei ANDREAS RÖDDER, Stresemanns Erbe: Julius Curtius, a.a.O., S. 40ff. und HELMUT LANGE: Julius Curtius (1877-1948). Aspekte einer Politikerbiographie, Diss. Kiel 1970, S. 23ff.

[304] Kabinettssitzung, 10.10.1929, in: AdR, Kab. Müller II, Bd. 2, Dok.-Nr. 316, S. 1028. Gleich zu Anfang der Sitzung setzte RK Müller alle Anwesenden über den Inhalt seiner Unterredung mit Hindenburg in Kenntnis. HELMUT LANGE, Julius Curtius, a.a.O., S. 197.

[305] „[...] Ich gestehe, daß ich das Amt nicht freiwillig einem anderen überlassen, sondern darum gekämpft hätte [...]". Vgl. JULIUS CURTIUS, Sechs Jahre Minister der deutschen Republik, a.a.O., S. 107.

[306] „[...] erforderte von unserer Seite die Teilnahme ‚erster Garnituren'. [...] Als vorläufiger Außenminister konnte ich nicht nach Haag gehen". CURTIUS, Sechs Jahre, a.a.O., S. 106f.

[307] HELMUT LANGE, Julius Curtius, a.a.O., S. 197. ANDREAS RÖDDER, Stresemanns Erbe, a.a.O., S. 69.

[308] So ERNST V. WEIZSÄCKER: Erinnerungen, München/Leipzig/Freiburg i. Br. 1950, Hrsg.: Richard v. Weizsäcker, S. 90. MAGNUS V. BRAUN: Von Ostpreußen bis Texas. Erlebnisse und zeitgeschichtliche Betrachtungen eines Ostdeutschen, Stollhamm 1955 (2. Aufl.), S. 210.

[309] ERICH KORDT, Nicht aus den Akten, Stuttgart 1950, S. 44f.

herige Wirtschaftsminister mit dem Temperament und dem „idealistischen Schwung" Stresemanns kaum zu konkurrieren[310].

Ob unbewußt oder instinktiv, der gerade zum Außenminister arrivierte Curtius entledigte sich jedenfalls mit der Entsendung von Neurath nach London eines potentiellen Nebenbuhlers für das Amt des Außenministers. Vielleicht hatte von Neurath zu diesem Zeitpunkt seine Absage an Hindenburg schon längst bereut, da er lieber in Rom geblieben wäre, als das ihm abträgliche Klima in London erdulden zu müssen[311]. So mußte von Neurath in den sauren Apfel beißen. Daran konnte selbst seine exponierte Stellung, sein stark ausgeprägtes Vertrauensverhältnis zum Reichspräsidenten[312] nicht mehr viel ändern. Im Gegenteil, Hindenburg, der seine abschlägige Antwort sichtlich enttäuscht aufnahm, bewilligte Curtius Revirement-Pläne. Für von Neurath bedeutete dies, dem Ruf nach London Folge zu leisten, damit Staatssekretär Schubert den vakant gewordenen Posten in Rom antreten konnte[313].

2. Curtius' Entlassung

Hindenburgs „instinktive Ablehnung" des Wirtschafts- und Zollunionsvertrages mit Österreich resultierte wieder einmal aus seinen Weltkriegserfahrungen mit dem ehemaligen Waffenbruder, dem er auch auf außenpolitischer Ebene keinen Kredit mehr einräumte und in politischer Hinsicht generell für unzuverlässig

---

[310] WALTER ZECHLIN, Pressechef, a.a.O., S. 85. Ein ausführliches Profil zu Curtius Persönlichkeit und seinem Bild in der Memoirenliteratur vermittelt HELMUT LANGE in seiner Dissertation über Julius Curtius: A.a.O., S. 18ff.

[311] „Notizen", a.a.O., BA Koblenz, NL v. Neurath, N 1310/177 [S. XIX]. Sein Wunsch nach italienischen Verhältnissen dürfte sich mehr auf die dortige klimatische und kulturelle Lage bezogen haben; hinsichtlich der politischen Situation war er keineswegs so „italienfreundlich". CHARLES BLOCH: Das Dritte Reich und die Welt. Die deutsche Außenpolitik 1933-1945, Hrsg.: Hans-Adolf Jacobsen und Klaus- Jürgen Müller, Paderborn/München/Wien/Zürich 1993, S. 56. HEINZ GÜNTHER SASSE: 100 Jahre Botschaft in London. Aus der Geschichte einer Deutschen Botschaft, Bonn 1963, S. 58.

[312] „Interview - Brüning on the Rise of the Nazis to power", Harvard-University-Archives (PL), Cambridge/USA, NL Brüning, Box 16, HUG FP 93.10, S. 17. Ferner auch KORDT, Nicht aus den Akten, a.a.O., S. 51. „Notizen", a.a.O., BA Koblenz, NL v. Neurath, N 1310/177 [S. XXXIX]. FRITZ GÜNTHER V. TSCHIRSCHKY: Erinnerungen eines Hochverräters, Stuttgart 1972, S. 111.

[313] Schubert war für viele aufgrund seines apodiktischem Bekenntnisses zur Locarno-Politik nicht mehr tragbar. PETER KRÜGER, Struktur, Organisation, a.a.O., S. 160.

hielt³¹⁴. Nachdem der deutsch-österreichische Wirtschafts- und Zollunionsplan³¹⁵ mit nur einer Stimme Mehrheit vom Haager Internationalen Gerichtshof abgelehnt worden war, konnte sich der bereits zuvor angeschlagene Reichsaußenminister Curtius nicht mehr halten. Das Scheitern des Zollunionsvertrages bedeutete aber nicht nur für Curtius eine persönliche schwere außenpolitische Niederlage, sondern führte auch zu einem erheblichen Prestigeverlust des Kabinetts Brünings³¹⁶.

Einer der ersten, der aus dem Zollunionsfiasko personelle Konsequenzen zog und auf Curtius' Entlassung insistierte, war kein geringerer als der Reichspräsident³¹⁷. Seinerzeit hatte er ihn, als seine Position im Kabinett und in der eigenen Partei zusehends schwächer wurde, monatelang den Rücken gestärkt und so sein politisches Überleben überhaupt erst ermöglicht³¹⁸. Und partiell war es seiner Protektion zu verdanken gewesen, daß Curtius nach dem Ende der Großen Ko-

---

[314] Brüning schrieb hierüber: „[...] Seine Erfahrungen aus dem Kriege gingen dahin, daß man mit Österreich niemals gemeinsam Politik machen dürfe, da die Österreicher nie durchhielten. [...] Der Reichspräsident hatte mit dieser Auffassung, wie die Zukunft bewies, recht [...]". Cf. HEINRICH BRÜNING: Memoiren 1918-1934, Stuttgart 1970, S. 266.

[315] In den Gesprächen zwischen dem österreichischen Kanzler und Reichsaußenminister Curtius ging es vornehmlich um die Erweiterung der bilateralen Handelsbeziehungen, die in gewisser Weise den von den Alliierten verbotenen Anschluß auf wirtschaftlicher Ebene kompensieren sollte. Mit der Zollunion sollte der wirtschaftliche Einfluß Deutschlands in Südosteuropa vollkommen zur Geltung gebracht werden. So KRÜGER, Aussenpolitik, a.a.O., S. 535. Auf deutscher wie österreichischer Seite ging man davon aus, daß man sich durch die Einbindung der Zollunion in die Pan-Europapläne Briands ausreichend abgesichert hatte. Einerseits waren sich alle über das außenpolitische Risiko im klaren; andererseits ging man davon aus, ein etwaiges Verfahren vor dem Haager Gerichtshof problemlos zu bestehen. „[...] Unsere Aktion war ein Wagnis. [...]". So CURTIUS, Sechs Jahre, a.a.O., S. 190f.; Da die Großmächte diese Geheimdiplomatie als fait accompli aufnahmen, reagierten sie skeptisch. So empfand man es auf französischer Seite als besondere Dreistigkeit, daß die beiden Vertragspartner das Ganze als einen Schritt zum Wohl der europäischen Wirtschaftseinheit im Sinne des Briand-Plans deklarierten. Als Frankreich und England wegen der beabsichtigten Union den Völkerbundsrat einschalteten, kam es am 3. September 1931 zur entscheidenden Abstimmung. Siehe GERHARD SCHULZ, Von Brüning zu Hitler, Bd. III, Verfassungspolitik, a.a.O., S. 309.

[316] So auch WALTER GÖRLITZ, Hindenburg, a.a.O., S. 338.

[317] HEINRICH BRÜNING, Memoiren, a.a.O., S. 424. DORPALEN, a.a.O., S. 214. LANGE, Curtius, a.a.O., S. 286.

[318] Nach der Septemberwahl 1930 stand Curtius nicht nur „unter dauerndem Beschuß der extremen politischen Rechten. Sogar seine eigene Partei forderte seine Demission. Hindenburg war für Curtius eine Zeitlang die „politische Lebensversicherung" schlechthin. So RÖDDER, Curtius und die deutsche Außenpolitik, a.a.O., S. 24 u. 79. Ferner siehe Aktenvermerk StS Meissner [B.d.Rpräs.], Berlin, 27.06.1930; Schreiben Rpräs. v. Hindenburg an RAM Curtius, Neudeck, 27.06.1930, in: Politik und Wirtschaft in der Krise 1930-1932, Bearb.: ILSE MAURER/UDO WENGST, Bd. 4/1 a.a.O., Dok.-Nr. 100 u. 101, S. 263 u. 264.

alition am 27. März 1930 im Kabinett Brüning auch weiterhin die Leitung der Außenbehörde innehatte[319].

Doch nur ein halbes Jahr später sah sich Hindenburg bereits wieder zum Handeln veranlaßt. Im Dezember 1930 ergriff er in eigener Sache die Initiative und begab sich auf die Suche nach einem geeigneten, ihm genehmen Ersatzkandidaten für Curtius. Nachdem er sich auf den kurz vor der Pensionierung stehenden deutschen Botschafter in London, Sthamer, festgelegt hatte, beauftragte er den Gesandten Roland Köster[320], den Missionschef aufzusuchen und ihm das Amt des Außenministers zu offerieren. Doch Kösters Anfrage wurde vom Botschafter abschlägig beschieden[321]. Aller Voraussicht nach hätte eine Zusage Sthamers zu diesem Zeitpunkt ohnehin nicht viel verändert, denn Curtius' Amtsenthebung mußte angesichts des bevorstehenden Reparationsmoratoriums[322] verschoben werden. Daß der Reichspräsident den Plan befürwortete, wonach Curtius' Status als ordentlicher Außenminister und Vertreter Deutschlands zumindest bis zum Ende der Konferenz aufrechterhalten werden sollte, war letzten Endes Brünings Verdienst. Denn als Hindenburg an ihn bereits Anfang Juni 1931 das Gesuch richtete, „die für die Rechte schwer tragbaren Reichsminister" Joseph Wirth, Theodor von Guérard und Curtius durch andere Persönlichkeiten zu ersetzen, überzeugte Brüning ihn davon, daß es taktisch besser wäre, eine günstigere Gelegenheit abzuwarten[323]. Wie schon zu Anfang seines Außenministerdaseins mußte Curtius abermals für kurze Zeit als *provisorischer* Reichsaußenminister herhalten, bevor dann mit dem Fehlschlag des Zollunionsprojektes der von Brüning erwünschte günstige Zeitpunkt erreicht war: Am 3. Oktober 1931 konnte Curtius dann sein Demissionsgesuch einreichen[324],

---

[319] „[...] Der Reichspräsident setzte sich für Curtius ein, und auch Brüning bat ihn, unbedingt zu bleiben, weil er den Eindruck nach außen vermeiden wollte, als ob der Kurs Stresemanns geändert werde. [...]". Siehe Bericht RFM Paul Moldenhauer (Lebenserinnerungen, Ministerzeit), in: Politik und Wirtschaft in der Krise 1930-1932. Quellen zur Ära Brüning, Bearb.: ILSE MAURER,/UDO WENGST, Bd. 4/1, a.a.O., Dok.-Nr. 43, S. 101. Wem es letzten Endes wirklich zuzuschreiben war, daß Curtius ins Kabinett Brüning übernommen wurde, bleibt jedoch unklar. Näheres hierüber bei ANDREAS RÖDDER, Stresemanns Erbe, a.a.O., S. 70f.

[320] Näheres zu den nunmehr aufgeführten Politikern siehe Personenregister dieser Arbeit.

[321] KURT DOß, Das deutsche Auswärtige Amt, a.a.O., S. 281.

[322] Näheres zur Rolle Hindenburgs beim Hoover-Moratorium siehe ab S. 503-511 dieser Arbeit.

[323] Niederschrift über die Entwicklung der Krise und Demission des Kabinettes Brüning, HUBATSCH, Hindenburg und der Staat, a.a.O., Dok.-Nr. 85, S. 324. HEINRICH BRÜNING: Ein Brief, in: Deutsche Rundschau, Bd. 79 (1947), S. 8. Von allen Kandidaten, die um die Nachfolgeschaft Stresemanns buhlten, hatte Josef Wirth, der Anspruch auf den Chefsessel des Auswärtigen Amtes anmeldete, beim Reichspräsidenten die ungleich schlechtesten Karten. HELMUT LANGE, Julius Curtius, a.a.O., S. 197.

[324] Der Form halber händigte Curtius dem Reichspräsidenten sein Entlassungsschreiben aus. Am 09.10.1931 bedankte er sich in einem internen Rundschreiben bei allen Mitarbeitern des Aus-

was nebenbei bemerkt gerade der englische Botschafter in Berlin, Sir Horace Rumbold, mit Bedauern zur Kenntnis nahm[325].

Nach dieser Übergangsregelung wurde mit Brünings Übernahme des Außenressorts die nächste Phase eingeleitet. Als Interimsaußenminister setzte sich der Reichskanzler für mehrere Monate einem wahren Arbeitsmarathon aus, um die Chancen auf weitere außenpolitische Optionen zu wahren. Ohne die professionelle Mithilfe des Staatssekretärs des Auswärtigen Amtes Bernhard Wilhelm von Bülow jedoch, der fraglos mehr war als nur ein bloßer Assistent seines Vorgesetzten, hätte Brüning diese Doppelbelastung wohl kaum bewältigen können[326].

Erneut ins Rollen kam die Frage nach dem künftigen *echten* Außenminister durch eine Initiative des Auswärtigen Amtes – hierbei gaben Staatssekretär von Bülow und Ministerialdirektor Roland Köster den entscheidenen Anstoß. Unversehens wurde der Name des deutschen Botschafters in Japan, Wilhelm Solf, für das Amt des neuen Außenministers ins Spiel gebracht. An diesem Vorschlag fand vor allem Brüning Gefallen, der, nachdem Solf seine Bereitschaft zur Übernahme des Amtes bestätigt hatte, im Grunde nur noch die Entscheidung des Reichspräsidenten einholen mußte. Doch Hindenburgs Begeisterung hielt sich in Grenzen. Solf erschien ihm ganz und gar nicht der richtige Anwärter zu sein, der seine und Brünings Stellung gegenüber der Rechten in irgendeiner Weise hätte festigen können. Hiermit begab er sich aber in direkte Opposition zu Brüning, der seinerseits Neuraths Kompetenz in Frage stellte[327]. Ergo sollte die Außenministerfrage bis zum Ausscheiden Brünings offen bleiben.

---

wärtigen Amtes für deren „hingebungsvolle Mitarbeit". Rundschreiben RAM Curtius, Berlin, 09.10.1931 [Kopie], PA AA Bonn, Personalakten Curtius, Nr. 113, Bd. 2.; JULIUS CURTIUS, Sechs Jahre, a.a.O., S. 207.

[325] „[...] My principal colleagues and I regret Dr. Curtius' departure from the Ministry for Foreign Affairs. [...] he was a level headed man, whilst his quiet and courteous manner made him pleasant to deal with. [...]". Schreiben Engl. BS Sir H. Rumbold an Lord Reading, Berlin, 06.10.1931 [Original], PRO London, FO 371/15216 [o.A.].

[326] Zu StS v. Bülow siehe S. 498 dieser Arbeit.

[327] Schreiben Dt. BS a.D. Wilhelm Solf [Tokio] an Graf Metternich, [o.O.], 29.10.1931 [Durchschlag], BA Koblenz, NL Solf, N 1053/85 [S. 29-31]. Aller Wahrscheinlichkeit nach erhielt Solf von StS Pünder Kenntnis über die Vorgänge betreffend seiner geplanten Nominierung für den Posten des Außenministers. EBERHARD V. VIETSCH: Wilhelm Solf. Botschafter zwischen den Zeiten, Tübingen 1961, S. 302f.; Vietsch stellt den Sachverhalt ein wenig anders dar. Seiner Version nach war die Diskussion um Solf nie über das Anfangsstadium hinausgekommen, was letzten Ende zur Folge hatte, daß selbst Hindenburg über diese Entwicklung keine Informationen zugespielt bekam. Hierzu RM Groner: „[...] Er (Brüning) fürchtet, mit Neurath ginge es ähnlich wie mit Curtius, bloß mit umgekehrtem Vorzeichen. [...] Brüning ist wohl im Zweifel, ob Neurath seine Politik wirklich mitmachen wird oder ihm nicht in Bälde den Karren vor die Füße schmeißt. [...]". Schreiben RM Groener an Generalmajos a.D. v. Gleich, 20/21.09.1931, in:

3. Die Berufung von Neuraths zum Außenminister und seine Übernahme ins Kabinett Hitler

Als Hindenburg am 2. Juni 1932 Botschafter von Neurath zu sich mit der Absicht zitierte, ihn für das Amt des Außenministers „im neuen rechtsgesinnten Ministerium" zu gewinnen[328], konnte er nicht wissen, daß dieser zu diesem Zeitpunkt überhaupt keine Lust verspürte, seinen Londoner Posten gegen den Chefsessel des Auswärtigen Amtes einzutauschen[329]. Womit er indes rechnen durfte, war, daß von Neurath sein altes Versprechen, im Notfall das Außenministeramt anzutreten, vorbehaltlos erfüllen würde. Diesen Notfall hielt Hindenburg nach Brünings Sturz Anfang Juni 1932 für gegeben, weswegen er an von Neurath den dringenden Appell richtete, seine früher gegebene Zusage nunmehr einzulösen und „in dieser schweren Stunde" das Außenministerium der neuen Präsidialregierung zu übernehmen[330].

In dieser Phase war Hindenburg völlig auf von Neurath fixiert und widmete anderen Kandidaten für das Außenministeramt wie etwa Botschafter Nadolny, den er trotz Meissners Empfehlung kurzerhand „abserviert" hatte[331], keinerlei Aufmerksamkeit mehr. Nach einer längeren Aussprache, in der von Neurath seine Vorstellungen und Ziele über eine künftige deutsche Außenpolitik unter seiner Führung erläuterte, folgte er schließlich, wenn auch ohne große Begeisterung, seinem Appell. Allen Anschein nach hatte von Neurath nicht einkalkuliert, daß er ihn so zeitig in die Pflicht nehmen würde. Das gegebene Versprechen an den Reichspräsidenten und auch persönliche Bedenken manövrierten ihn in eine Sackgasse, aus der es kein Zurück gab, wollte er seinen guten Ruf

---

Politik und Wirtschaft in der Krise 1930-1932, Bearb.: ILSE MAURER/UDO WENGST, Bd. 4/2, Dok.-Nr. 320, S. 984.

[328] „[...] Trotz des großen Diplomatendiners am selben Abend bei dem Deutschen Botschafter reist Neurath sofort ab, da er sich mündliche Antwort an Hindenburg ausbedungen hat und noch niemand weiß, wer Reichskanzler wird [...]". „Notizen", a.a.O., BA Koblenz, NL v. Neurath, N 1310/177 [S. XXIII].

[329] LUTZ GRAF SCHWERIN V. KROSIGK, Es geschah in Deutschland, a.a.O., S. 312.

[330] „[...] Der Herr Reichspräsident richtet dringenden Appell an Sie, ihre Dienste dem Vaterland in dieser schweren Stunde nicht zu versagen. [...]". Telegramm StS v. Bülow an Dt. BS v. Neurath, Nr. 2141, Berlin 31.05.1932, in: IMG, Bd. XL, Dok.-Nr. Neurath 6, S. 460f.

[331] Allerdings hatte der sichtlich verblüffte Nadolny ohne jeden Anflug eines Zögerns grundsätzliche Bereitschaft bekundet, das Außenministerium zu übernehmen: „[...] Ich war einfach sprachlos [...]". So Nadolny Äußerung auf Meissners Offerte. Siehe RUDOLF NADOLNY: Mein Beitrag, a.a.O., S. 217. Offen bleibt nur, ob Meissner im Auftrage Hindenburgs oder in eigener Initiative gehandelt hat. Siehe auch Schreiben MinDir Köpke an Dt. GS Rümelin, Berlin, 02.06.1932, in: IMG, Bd. XL, Dok.-Nr. v. Neurath-8, S. 462ff.; RUDOLF PFEIFFER: Die deutsch-britischen Beziehungen unter den Reichskanzlern von Papen und von Schleicher, Diss. Würzburg 1971, S. 3.

bei demselben nicht gänzlich verspielen. So fügte er sich den Gegebenheiten und übernahm eine Aufgabe, die er eigentlich gar nicht haben wollte[332].

Am 10. Juni 1932 nahm von Neurath die Amtsgeschäfte in der Wilhelmstraße 76 auf[333]. Aufbauend auf ihrem jahrelangen guten Verhältnis gelang es beiden, die gegenseitigen Beziehungen zu vertiefen. Stets hatte Hindenburg ein offenes Ohr für die Anliegen von Neuraths, der seinerseits keine Mühe hatte, zu ihm vorzudringen[334]. Offensichtlich verfügten beim Reichspräsidenten Diplomaten adliger Provenienz, die obendrein monarchistischer Tradition verhaftet waren[335], über die besseren Karten. In seinen Augen zählte von Neurath zu diesen Vertrauenspersonen, denen er im Gegensatz zu Stresemann zutraute, eine Außenpolitik in seinem Sinne zu vertreten.

Ohne Hindenburgs energisches Insistieren auf die Übernahme des designierten Außenministers in das Kabinett Hitler wäre von Neurath möglicherweise nicht Außenminister dieser Regierung geworden[336]. Aber gerade seine Nominierung markiert zugleich eine spürbare qualitative Veränderung in der Hindenburgschen Außenpolitik während der Ära der Präsidialkabinette. Außer auf dem

---

[332] Von einer Begegnung mit v. Neurath weiß Ex-Finanzminister LUTZ GRAF SCHWERIN V. KROSIGK zu berichten. Das Zusammentreffen erfolgte unmittelbar, nachdem v. Neurath sein Versprechen beim Reichspräsidenten eingelöst hatte, also frisch designierter Außenminister geworden war: „[...] Als Neurath erschien, fragte ich ihn, ob ich gratulieren dürfe. Nein, sagte er, ich solle ihm kondolieren, er habe annehmen müssen. [...]". DERS., Es geschah in Deutschland, a.a.O., S. 142.

[333] Verhandlungsniederschrift betr. Vernehmung von Neurath, Nürnberg, 22.06.1946, in: IMG, Bd. XVI, S. 656. Zu berücksichtigen ist, daß es v. Neurath war, der Hindenburg den Wunsch der Regierung übermittelte, daß er sich für eine zweite Präsidentschaft zur Verfügung stellen möge. „Notizen", a.a.O., BA Koblenz, NL v. Neurath, N 1310/177 [S. XXII]. GERHARD L. WEINBERG: The Foreign Policy of Hitler's Germany. Diplomatic Revolution in Europe 1933-1936, Chicago/London 1970, S. 33. In Gegenwart des englischen Botschafters in Berlin Rumbold bestätigte v. Neurath den Ablauf der Ereignisse. Siehe Schreiben Engl. BS H. Rumbold (Berlin) an J. Simon, Berlin 02.06.1932, Documents on British Foreign Policy, Second Series, Vol. III, 1931-32, Dok.-Nr. 120, S. 149f.

[334] Kurz vor seiner Entsendung als Botschafter nach London bat Reichspräsident v. Hindenburg den Botschafter um den Gefallen, ihn bei der nächsten Berlin-Visite aufzusuchen, um über seine ersten Eindrücke und Beobachtungen in England zu berichten. Schreiben Dt. BS v. Neurath [London] an StS v. Bülow [AA], Carlton House Terrace, 09.01.1931 [Durchschlag einer Abschrift], PA AA Bonn, Personalakten v. Neurath, Nr. 53, Bd. 4 [S. 159]. ERICH KORDT, Nicht aus den Akten, a.a.O., S. 51. FRIEDRICH LUCAS, Hindenburg, a.a.O., S. 88.

[335] Hierzu siehe GÜNTER WOLLSTEIN: Eine Denkschrift des Staatssekretärs Bernhard von Bülow vom März 1933. Wilhelminische Konzeption der Außenpolitik zu Beginn der nationalsozialistischen Herrschaft, in: MGM, Bd. 1 (1973), S. 77-93.

[336] Verhandlungsniederschrift betr. Vernehmung von Neurath, Nürnberg, 22.06.1946, in: IMG, Bd. XVI, S. 664f.; HEINEMAN, Hitlers First, a.a.O., S. 36ff.; Constantin v. Neuraths Schilderung zufolge nahm er das Außenministeramt nur an, weil Hindenburg ihn dazu gedrängt hatte.

personalpolitischen Ressort sollte Hindenburgs außenpolitischer Einfluß ab Mitte 1930 von Monat zu Monat peu à peu an Intensität einbüßen. Daß er sich so nachhaltig für von Neurath eingesetzt hatte und ihm eine fast „unangreifbare" Stellung" verschaffte[337], war nicht allein Ausdruck freundschaftlicher Verbundenheit. Hierbei spielten genauso pragmatische Überlegungen eine Rolle. Um die bis dahin friedliche deutsche Revisionspolitik nicht zu gefährden, sollte von Neurath, so sein Kalkül, den ungestümen neuen Reichskanzler vor unüberlegten außenpolitischen Schritten abhalten[338]. In ihm sah er den vielleicht einzigen kompetenten und verläßlichen Garanten, der der Hitlerschen Dynamik auf dem außenpolitischen Feld wirksam Paroli bieten konnte[339]. Wie von Neurath vor dem Internationalen Militärgerichtshof zu Nürnberg zu Protokoll brachte, hatte der Reichspräsident ihn seinerzeit geradezu beschworen, dieses „Opfer zu bringen", da er sonst keine „ruhige Stunde" mehr zu haben glaubte. So mußte er ihm damals gleich mehrfach versichern, auch nach dessen Lebensende für eine friedliche Außenpolitik ohne jegliche kriegerische Intention einzutreten[340]. Wenn von Neuraths Verbleiben im Amt erst durch Hindenburgs unermüdliche Überzeugungsarbeit ermöglicht wurde, so konnte Hitler diese Entwicklung nur recht sein. In seinen außenpolitischen Plänen spielte der alte und neue Außenminister eine essentielle Rolle. Hitler war keineswegs entgangen, daß sich der Ex-Botschafter beim Reichspräsidenten großer Beliebtheit erfreute. Zwar war von Neurath nicht sein Wunschkandidat gewesen, dennoch begrüßte er dessen Berufung zum Außenminister seines Kabinetts – wie er dies im übrigen bereits Anfang Juni 1932 auch getan hatte[341]. Im Ministerrat sollte von Neurath seine exponierte Stellung und sein Vertrauensverhältnis zum Reichspräsidenten dahingehend nutzen, um dessen Zustimmung bei unpopulären außenpolitischen Schrit-

---

[337] So SÖREN DENGG: Deutschlands Austritt aus dem Völkerbund und Schachts „Neuer Plan". Zum Verhältnis von Außen- und Außenwirtschaftspolitik in der Übergangsphase von der Weimarer Republik zum Dritten Reich (1929-1934), Diss. Köln 1985, in: Europäische Hochschulschriften: Reihe 3, Geschichte und ihre Hilfsmittel, Bd. 309, Frankfurt a. M. 1986, S. 422.

[338] Verhandlungsniederschrift betr. Vernehmung v. Neurath, Nürnberg, 22.06.1946, in: IMG, Bd. XVI, S. 665.

[339] „[...] As an aristocrat and a conservative, Neurath enjoyed considerble trust from the ‚old gentleman' Hindenburg. [...]". So MARSCHALL M. LEE/WOLFGANG MICHALKA: German Foreign Policy. Continuity or Break?, Leamington Spa/Hamburg/New York 1987, S. 138. KARL-DIETRICH BRACHER: Das Anfangsstadium der Hitlerschen Außenpolitik, in: VfZ, Bd. 5 (1957), S. 69.

[340] Verhandlungsniederschrift 22.06.1946, a.a.O., S. 666. GERHARD L. WEINBERG, The Foreign Policy of Hitler's Germany, a.a.O., S. 32.

[341] Schreiben Engl. BS H. Rumbold (Berlin) an J. Simon, Berlin 02.06.1932 u. Schreiben J. Simon an Newton (Berlin), London, 06.06.1932, in: Documents on British Foreign Policy, Second Series, Vol. III, 1931-32, Dok.-Nr. 120, S. 149f. u. Dok.-Nr. 124, S. 152f.

ten einzuholen. Constantin von Neuraths Beteiligung an einer nationalsozialistischen Regierung könne den Widerstand des Reichspräsidenten – so Hitlers Überlegung – in vielerlei Hinsicht schneller brechen. Außerdem konnten mit von Neuraths Hilfe die anfänglichen Bedenken Hindenburgs gegen seine Kanzlerschaft ein für allemal ausgeräumt werden[342]. Sein Hinweis, ihm würde von Neuraths „wohlwollendes Gesicht" vorläufig mehr nutzen als „alles andere"[343], verdeutlicht, daß er ihn lediglich duldete, weil es vorerst keine personelle Alternative gab.

Nach der „Machtübernahme" und von Neuraths Designierung zum Ressortchef der Außenbehörde entwickelte sich sein Verhältnis zu Hitler „von Anfang an sehr günstig", weil beide in wichtigen militärischen und außenpolitischen Fragen konvergierten[344]. So groß Hitlers Aversion gegen die Diplomatie auch gewesen sein mag, von der „Gutwilligkeit von Neuraths" schien er indes fest überzeugt zu sein[345], zumal dieser sich nicht nur ausgesprochen anpassungsfähig zeigte, sondern auch in ständiger Tuchfühlung mit ihm blieb. Losgelöst von den Instruktionen Hindenburgs beschritt von Neurath indes eigene Wege. Statt der außenpolitischen Dynamik Hitlers als „Bremser" entgegenzuwirken, so wie es Hindenburg von ihm erwartete, ließ er sich ganz von karrieristischen Motiven leiten[346] und übertraf in mancherlei Hinsicht sogar den „Reichskanzler" in seinen revisionistischen Ambitionen[347]. Worüber Hindenburg kaum erfreut gewesen sein konnte, war die häufige Abwesenheit von Neuraths vom Auswärtigen Amt, dessen Zügel ihm dort sogar zusehends aus den Händen glitten. Derweil gelang es einer anderen Person, das entstandene Machtvakuum auszufüllen. Nach von Neuraths Avancement zum Außenminister stieg dessen Staatssekretär, Bernhard Wilhelm von Bülow, ein hochqualifizierter Beamter, ab dem Frühjahr 1933 zum eigentlichen Leiter der Wilhelmstraße 76 auf[348]. Vielleicht wurde von Neurath zu Recht einmal nachgesagt, der „geschickteste Verräter an dem ihm vertrauenden

---

[342] HANS-JÜRGEN DÖSCHER, Das Auswärtige Amt, a.a.O., S. 62f.
[343] HERMANN RAUSCHNING: Gespräche mit Hitler, Wien 1973, S. 252f.
[344] So v. Neuraths Bewertung in „Notizen", a.a.O., BA Koblenz, NL v. Neurath, N 1310/177 [S. XXXf.].
[345] So Hitler in einem Gespräch mit Alfred Rosenberg im Mai 1934. Siehe H. G. SERAPHIM (Hrsg.): Das politische Tagebuch Alfred Rosenbergs aus den Jahren 1934/35 und 1939/40, Göttingen 1956, S. 18ff.
[346] PETER KRÜGER/ERICH HAHN, Loyalitätskonflikt, a.a.O., S. 377.
[347] JOHN L. HEINEMAN, Hitlers first foreign minister, a.a.O., S. 36.
[348] GORDON A. CRAIG/FELIX GILBERT, The Diplomats, a.a.O., S. 407f.; KRÜGER/HAHN, Loyalitätskonflikt, a.a.O., S. 377. Die Autoren berufen sich auf ein Gespräch mit Frau Marielouise v. Prittwitz u. Gaffron und Botschafter a.D. Emil v. Rintelen. Ernst v. Weizsäcker titulierte v. Neurath einmal ironisch als „Neurätle", ein anderes Mal als „Constantin den Großen". LEONIDAS E. HILL (Hrsg.): Die Weizsäcker-Papiere 1900-1932, Berlin 1982, S. 407 u. 431.

Reichspräsidenten" gewesen zu sein, da er ihn, der auf seine Informationen wirklich angewiesen war, bewußt desinformierte. Ihm gegenüber verschleierte er selbst die wahren außenpolitischen Zielsetzungen Hitlers[349].

4. Die Demissionen der Botschafter Prittwitz und Gaffron und Nadolny

Ausgerechnet jene beiden Kandidaten, zu deren Durchsetzung Hindenburg seinerzeit noch alle Energiereserven mobilisieren mußte, sollten zu den zwei Diplomaten zählen, die als Reaktion auf die nationalsozialistische „Machtübernahme" ihren vorzeitigen politisch motivierten Rücktritt einreichten. Ihr Ausscheiden war insofern spektakulär, weil beide als Missionschefs von Washington D. C. und Moskau zu den wichtigsten deutschen Spitzenbeamten zählten. Hatten sie einst im Reichspräsidenten ihren Mentor gefunden, ohne dessen Unterstützung und Fürsprache sie wohl kaum zu ihren Missionen gelangt wären, so reagierte derselbe auf ihre Amtsniederlegungen unerwartet zurückhaltend. Warum er deren Rücktrittsgesuche ohne jeden Anflug einer „offiziellen" Regung zur Kenntnis nahm, steht völlig im Gegensatz zu dem Aufwand, den er Jahre zuvor noch betrieben hatte, um sie durchzufechten[350]. Daß die öffentliche Meinung von beiden Demissionen kaum Notiz nahm, vermag angesichts der bereits zu diesem Zeitpunkt „gleichgeschalteten" Presse kaum überraschend sein. Das erste Abschiedsgesuch, mit dem Hindenburg konfrontiert wurde, stammte aus der Feder des deutschen Botschafters in den Vereinigten Staaten Prittwitz und Gaffron. Erwähnung finden muß in diesem Zusammenhang, daß Prittwitz das Ergebnis der Reichstagswahlen vom 5. März 1933 nur zum Anlaß nahm, um seinen schon längst feststehenden Entschluß publik zu machen[351]. Ausgerechnet seinen ehemaligen langjährigen Mitarbeiter in Rom, den befreundeten Reichsminister des Äußeren von Neurath, mit dem Prittwitz keine außenpolitischen Differen-

---

[349] FRITZ GÜNTHER V. TSCHIRSCHKY, Erinnerungen, a.a.O., S. 233.

[350] Nur einmal hatte Hindenburg den Versuch unternommen, einen ihn genehmen Diplomaten von seinem vorzeitigen Schritt in den Ruhestand abzubringen. Hierbei drehte es sich um den Gesandten Adolf Müller, der zur seiner Enttäuschung mit „Hinweis auf den Umschwung in Deutschland" den Dienst quittierte. KARL HEINRICH POHL: Adolf Müller. Geheimagent und Gesandter in Kaiserreich und Weimarer Republik, Köln 1995, S. 359 u. 371 [Anm. 1].

[351] Schon Anfang Februar 1933 kündigte Prittwitz u. Gaffron in Gegenwart des amerikanischen Undersecretary of State W.R. Castle seinem vorzeitigen Rücktritt an, falls die NSDAP bei den Wahlen am 5. März die absolute Mehrheit der Stimmen erhalten sollte. Aufzeichnung Undersecretary of State Castle, Washington D. C., 02.02.1933, FRUS 1933, Vol. II, S. 187. PRITTWITZ U. GAFFRON, Petersburg, a.a.O., S. 222. Obgleich am 5. März 1933 die NSDAP mit 43,9% der Stimmen die absolute Mehrheit verfehlte, zog Prittwitz u. Gaffron seine Konsequenzen.

zen hatte, mußte er von seinem beabsichtigten Schritt als ersten in Kenntnis setzen. Dem sichtlich konsternierten Außenminister eröffnete der Botschafter, daß er wegen der „innenpolitischen Entscheidung" in Deutschland von seinem Botschafteramt zurücktreten werde. Tags darauf antwortete von Neurath und gab zu verstehen, daß er mit dem Vortrag beim Reichspräsidenten so lange warten werde, bis ein passender Moment gefunden sei[352]. Sodann erhielt er die offizielle Stellungnahme des deutschen Missionschefs in Washington D. C., in der als eigentliches Motiv für seinen irreversiblen Schritt „Gründe des persönlichen Anstandes sowie der sachlichen Aufgaben" voranstellte[353]. Gewiß hat von Neurath die Zeilen des befreundeten Botschafters mit Bitterkeit zur Kenntnis genommen, wußte er doch nur zu gut, daß dieser in den USA zu den „angesehensten" Diplomaten zählte[354] und daß der Zeitpunkt seines Abganges darüber hinaus nicht ungelegener sein konnte. Nun lag es am Reichspräsidenten, ob er dem Ersuchen Prittwitz' nachgeben oder ob er dessen Demissionsofferte zurückweisen würde. Im Falle eines ablehnenden Bescheids hätte er wohl oder übel noch für einige Zeit in Washington D. C. fungieren müssen. Darüber war sich der Missionschef im klaren, der über den Ausgang seiner Entscheidung selbst nur mutmaßen konnte[355]. Schon am folgenden Tag setzte von Neurath seinen Freund per Kabel über Hindenburgs Zustimmung in Kenntnis[356]. Nach seinem Wiedereintreffen in Deutschland wurde Prittwitz zwar bei Außenminister von Neurath zwecks eines „freundschaftlichen Abschiedsgesuchs" vorstellig,

---

[352] Telegramm Dt. BS Prittwitz u. Gaffron [Washington D. C.] an RAM v. Neurath, Nr. 79, Washington, 06.03.1933; Telegramm RAM v. Neurath an Dt. BS Prittwitz u. Gaffron, Nr. 66, Berlin, 07.03.1933 [Abschriften], PA AA Bonn, R 28045/E 603503ff.

[353] Schreiben Dt. BS Prittwitz u. Gaffron an RAM v. Neurath, Washington D. C., 11.03.1933 [Original], PA AA Bonn, R 28045/E 603504f.; Ein Durchschlag hierzu befindet sich im ACDP Sankt Augustin, NL Prittwitz u. Gaffron, I-138-001/1. Siehe ADAP, C-I-1, Dok.-Nr. 75, S. 145 [Anm. 3]. Eine Antwort auf dieses Schreiben von RAM v. Neurath blieb jedoch aus.

[354] So RAM a.D. Curtius gegenüber StS v. Bülow: Schreiben StS v. Bülow an RAM v. Neurath, Berlin, 14.12.1932 [Durchschlag], PA AA Bonn, Personalakte Prittwitz u. Gaffron, Nr. 138, Bd. 3.

[355] „[...] Es ist aber, wie ich Ihnen persönlich gegenüber nicht bestreiten möchte, richtig, dass ich selbstverständlich dem Herrn Reichspräsidenten mein Amt zur Verfügung gestellt habe. Welche Entscheidung er trifft, weiss ich nicht [...]". Schreiben Dt. BS Prittwitz u. Gaffron an James Speyer, Washington D. C., 15.03.1933 [Durchschlag], ACDP Sankt Augustin, NL Prittwitz u. Gaffron, I-138-001/1A.

[356] Telegramm RAM Frhr. v. Neurath an Dt. BS Prittwitz u. Gaffron [Washington D. C.], Nr. 85, Berlin, 16.03.1933 [Abschrift], PA AA Bonn, Personalakten Friedrich W. Prittwitz u. Gaffron, Nr. 138, Bd. 3. Noch am 12.05.1933 bedankte sich RAM v. Neurath bei dem ihm immer noch freundlich verbundenen Prittwitz für dessen „langjährige und hingebende Tätigkeit". Schreiben RAM v. Neurath an Dt. BS a.D. Prittwitz u. Gaffron, Berlin, 12.05.1933 [Original], ACDP Sankt Augustin, NL Prittwitz u. Gaffron, I-138-001/2.

doch die bei solchen Gelegenheiten übliche persönliche Abmeldung beim deutschen Staatsoberhaupt kam auf dessen Wunsch nicht zustande. Zu seinem „Erstaunen" zitierte ihn aber Hitler in die Reichskanzlei, wo er reserviert, aber dennoch in aller Form verabschiedet wurde[357].
Als man Hindenburg am 14. Juni 1934 mitteilte, daß es aus „besonderen Gründen" erforderlich sei, den Botschafter in Moskau, Rudolf Nadolny, in den einstweiligen Ruhestand zu versetzen, da für diesen kein anderer Posten „verfügbar" sei, wußte dieser nur zu gut, daß diese bewußte Desinformation lediglich ein Vorwand war[358]. Was der Reichspräsident zu lesen bekam, war in der Tat nichts anderes als ein überarbeiteter Entwurf, welcher der handschriftlich angefertigten Urfassung, worin allgemein von „politischen Gründen" die Rede war, diametral gegenüberstand. In Wahrheit überlagerten „schwerste politische Meinungsverschiedenheiten" das ohnehin angespannte Verhältnis zwischen Hitler und Nadolny. Das Ausscheiden des politisch isolierten Botschafters rückte von Tag zu Tag näher und war demnach nur noch eine Frage der Zeit[359]. Aufgebracht über Nadolny war Hitler aber nicht allein wegen dessen Versuch, Hindenburg von der Notwendigkeit des Verbleibens Deutschlands in der Abrüstungskonferenz zu überzeugen[360]. In einer vom Ablauf her sehr spannungsgeladenen Unterredung, die zugleich ihre letzte sein sollte, weil Nadolny tags darauf entlassen wurde, riet der Botschafter zu einer stärkeren deutsch-sowjetischen Kooperation, um der Gefahr einer politischen und militärischen Isolierung Deutschlands vorzubeugen, worauf Hitler energisch protestierte[361]. Als Nadolny

---

[357] So kam es zu der ausgesprochen delikaten Situation, daß Prittwitz von „Reichskanzler" Hitler persönlich verabschiedet wurde. Prittwitz notierte diesbezüglich: „[...] Hitler [...] empfing mich in Zivil. Er begrüßte mich mit den Worten: ‚Sie haben eine schwere Zeit in Amerika hinter sich!' Ich konnte dies - allerdings in einem anderen Sinne, als mein Gegenüber es wohl meinte - nur bestätigen [...]". PRITTWITZ U. GAFFRON, Petersburg, a.a.O., S. 228.
[358] Schreiben MinDir v. Grünau [AA] an B.d.Rpräs. [o.A.], Berlin, 14.06.1934 [Original], PA AA Bonn, Personalakten Nadolny, Nr. 56, Bd. 5 [S. 49].
[359] Schreiben Änny Nadolny an das PA AA Bonn, Düsseldorf, 18.12.1961 [Original], PA AA Bonn, Personalakten Nadolny, Nr. 56, Bd. 5 [S. 48a - 49b]. Über das weitere Leben und Wirken Nadolnys siehe GÜNTER WOLLSTEIN, Außenminister ohne Verwendung, a.a.O., S. 64ff.
[360] Hitler hielt Nadolny prosowjetische Tendenzen vor; außerdem störte er sich an der Tatsache, daß sich der Botschafter seinerzeit den Moskauer Posten regelrecht „erschlichen" habe. Siehe Aufzeichnung Dt. BS a.D. Nadolny, [o.O., o.D.], [Original], PA AA Bonn, NL Rudolf/Änny Nadolny, Bd. 17/1447 [S. 24].
[361] Wie Rudolf Rahn, seinerzeit Diplomat und Untergebener Nadolnys, in seinen Memoiren berichtet, hatte ihn sein Vorgesetzter über den Ablauf der „dramatischen" Unterredung mit Hitler nur wenige Tage später persönlich unterrichtet. „[...] ‚Ich irre mich nicht', rief Hitler aus, ‚vierzehn Jahre habe ich die Entwicklung richtig vorausgesagt'. ‚Und ich', antwortete Nadolny, ‚habe zweiunddreißig Jahre lang Außenpolitik gemacht, und der muß noch geboren werden, der mir dabei einen Fehler nachweisen kann'. Darauf Hitler: ‚Das Gespräch ist für mich been-

anschließend aus freien Stücken aufgrund einer „politischen Meinungsverschiedenheit"[362] seinen Posten zur Verfügung stellte, versetzte Hitler ihn in den einstweiligen Ruhestand und ernannte den deutschen Gesandten in Bukarest, Friedrich Werner Graf von der Schulenburg, zum neuen Botschafter in Moskau[363]. Nachdem Nadolny auch an das Auswärtige Amt mehrere Denkschriften gesandt hatte, ohne auf gebührende Resonanz zu stoßen, konsultierte er verschiedene andere politische und militärische Persönlichkeiten. Auf von Neuraths Unterstützung konnte er derweil nicht bauen, da ihr Verhältnis zueinander schon seit längerem getrübt war[364]. Auch mit Hitler, dem er die Denkschriften persönlich überreichte, traf er zusammen. Von seiner Begegnung mit Hindenburg weiß Nadolny nur zu berichten, daß der mittlerweile kranke Präsident mehr über die Abwesenheit der deutschen Minister von Berlin als über seine Denkschrift gereizt reagierte[365].

So unterschiedlich die Rücktrittsmotive von Prittwitz und Gaffron und Nadolny auch gewesen waren, so artikulierten doch beide ihre Opposition gegen den neuen politischen Kurs des Regimes[366]. Gab der liberal-demokratisch gesinnte Botschafter in Washington D. C. mit seiner Demission noch ein unübersehbares Zeichen gegen das nationalsozialistische Regime[367], so darf Nadolnys Rücktritt nicht als „unmittelbares Votum für die Demokratie"[368] verstanden werden.

---

det'. Und Nadolny: ‚Für mich fängt es erst an', und dann begründete er nochmals ausführlich seine Auffassung [...]". So nach RUDOLF RAHN, Ruheloses Leben, a.a.O., S. 83f.

[362] Schreiben Dt. BS Nadolny an StS v. Bülow [AA], Moskau, 07.06.1934, in: ADAP, C-II-1, Dok.-Nr. 488, S. 864. Zu den Hintergründen seiner Demission siehe RUDOLF NADOLNY, Mein Beitrag, a.a.O., S. 280ff.; Nadolny selbst legte größten Wert auf die Bekanntmachung, daß er nicht von Reichspräsident von Hindenburg zur Disposition gestellt worden war, sondern freiwillig abtrete. Um den Fall vollends richtig zu stellen, ging er sogar zu StS v. Bülow und nahm Einfluß auf die Formulierung der offiziellen Presseerklärung. Tatsächlich wurde dieser Text in den Zeitungen veröffentlicht. Vgl. NADOLNY, Mein Beitrag, a.a.O., S. 284. Übrigens meldete sich Nadolny beim Reichspräsidenten schriftlich ab und bekam von ihm laut eigenem Bekunden „ein sehr nettes Antwortschreiben". Indes hielt es der scheidende Botschafter nicht für „notwendig", sich in gleicher Form vom Reichskanzler und Außenminister zu verabschieden. A.a.O., S. 287.

[363] Presseerklärung mit Paraphe v. Neurath, 21.06.1934, PA AA Bonn, 9452/E 666917.

[364] ERICH KORDT, Nicht aus den Akten, a.a.O., S. 49.

[365] Hierzu Legationssekretär a.D. GUSTAV HILGER, Wir und der Kreml, a.a.O., S. 254.

[366] GÜNTER WOLLSTEIN, Außenminister ohne Verwendung, a.a.O., S. 47. KLAUS MEYER: Nadolny und Russland, in: Russland-Deutschland-Amerika, in: Frankfurter Historische Abhandlungen, Hrsg.: Lothar Gall u.a., Bd. 17, Wiesbaden 1978, S. 275ff.

[367] Zu den Hintergründen der Demission Prittwitz' siehe KRÜGER/HAHN, Loyalitätskonflikt, a.a.O., S. 401ff.

[368] GÜNTER WOLLSTEIN, Außenminister ohne Verwendung, a.a.O., S. 53. Wollstein geht auf die näheren Hintergründe des Rücktrittes Nadolnys ausführlich ein (S. 57ff.).

Mit seiner Amtsniederlegung intendierte er in erster Linie, ein symbolisches Zeichen gegen die deutsche Rußlandpolitik zu setzen. Da sein Glaube an eine Normalisierung der deutsch-sowjetischen Beziehungen geschwunden war, zog er die für ihn einzig logische Konsequenz und verschaffte sich mit seinem Rücktrittsgesuch Mitte Juni 1934 noch einen „guten Abgang"[369]. Prittwitz indes ging aber noch einen Schritt weiter, indem er seiner Demission politische und menschliche Motive zugrunde legte. Sein Votum gegen die nationalsozialistische Diktatur war nicht das Resultat außenpolitischer Differenzen; sein abgegebenes Credo gegen das menschenverachtende Regime Hitlers erfolgte vielmehr aus moralischer Grundüberzeugung. Es war ein Signal, das ohne Echo blieb.

---

[369] KLAUS MEYER, Nadolny und Russland, a.a.O., S. 277.

Achtes Buch: Hindenburgs aktives außenpolitisches Engagement in der Ära Stresemann

A. Vom Locarno-Pakt zum Berliner Vertrag

I. Locarno und Völkerbundseintritt: Bedeutung und Folgen und Hindenburgs Position

Mit der Paraphierung des Locarno-Vertragswerkes am 16. Oktober 1925 in dem gleichnamigen schweizerischen Ort und der feierlichen Unterzeichnung am 1. Dezember 1925 im Londoner Foreign Office durchbrach Deutschland die moralische und politische Isolierung der ersten Nachkriegsjahre und kehrte gleichzeitig wieder in das Konzert der europäischen Mächte zurück. In der Geschichte der multilateralen Beziehungen der Staaten und Völker sollte mit diesem Pakt, so Stresemann bei seiner Abschlußrede in Locarno, der „Anfang einer Periode vertrauensvollen Zusammenlebens der Nationen" eingeleitet werden[1]. Voller Zuversicht artikulierten die Vertreter der beteiligten Konferenzmächte im Schlußprotokoll des Locarno-Abkommens ihren gemeinsamen Willen, „Mittel zum Schutze ihrer Völker vor der Geißel des Krieges zu suchen"[2], um einen „wahren Frieden in Europa" zu realisieren[3].
Ein Novum der Nachkriegsgeschichte war, daß Deutschland fortan nicht als besiegter Feind, sondern zum ersten Mal als gleichberechtigter Verhandlungspartner angesehen und behandelt wurde[4]. Daß der vielbeschworene „l'esprit de

---

[1] Protokoll der 9. Sitzung vom 16.10.1925 in Locarno (Ganz geheim) [Kopie], BA Koblenz, NL Luther, N 1009/362 [S. 97]. Näheres zu den Feierlichkeiten siehe HUBERTUS PRINZ ZU LÖWENSTEIN: Stresemann. Das deutsche Schicksal im Spiegel seines Lebens, Frankfurt a. M. 1952, S. 265f.
[2] Vgl. Schlußprotokoll des Locarno-Vertrages vom 16. Oktober 1925, in: Locarno-Konferenz 1925. Eine Dokumentensammlung, Hrsg.: Ministerium für auswärtige Angelegenheiten der DDR, Ost-Berlin 1962, Dok.-Nr. 26, S. 197. Zu den anwesenden Konferenzmächten zählten: Deutschland, Belgien, England, Frankreich, Italien, Polen u. Tschechoslowakei.
[3] So JACQUES BARIETY: Der Versuch einer europäischen Befriedung. Von Locarno bis Thoiry, in: Locarno und die Weltpolitik 1924-1932, Hrsg.: Hellmuth Rößler, Göttingen/Zürich/Frankfurt a. M. 1969, S. 32.
[4] So SIR AUSTEN CHAMBERLAIN. Englische Politik. Erinnerungen aus fünfzig Jahren, Hrsg.: Fritz Pick, Essen 1938, S. 676. K. F. BIELIGK holt wohl etwas zu weit aus, wenn er schreibt, daß

Locarno"⁵ in den Jahren nach 1925 erkennbare Konturen annahm, äußerte sich auch in dem wachsenden Vertrauen der Staatsmänner zueinander, deren Kontakt dank der allgemeinen Entspannung im Vergleich zu den vorangegangenen Jahren nun eine unmittelbarere Qualität bekam⁶. Was Locarno von nahezu allen anderen früheren und späteren großen Konferenzen trennte, war das dortige in politischer und menschlicher Hinsicht gute Verhandlungsklima, das auch durch die kluge Wahl des pittoresken Ortes am Lago Maggiore begünstigt wurde⁷.

Der „nachträgliche Friedensvertrag im Westen", so Sebastian Haffner⁸, der als Ergänzung und nicht als Korrektiv zum Versailler Vertrag gedacht war⁹, verpflichtete Deutschland einerseits dazu, den Status quo im Westen aufrechtzuerhalten und somit die im Versailler Vertrag fixierten Westgrenzen zu bestätigen. Andererseits wurde Deutschland angehalten, dem Völkerbund als vollberechtigtes Mitglied beizutreten¹⁰. Dies schmälerte Stresemanns großen diplomatischen Erfolg in Locarno jedoch in keiner Weise. Im Gegenteil: Die dort von den Vertragspartnern unterzeichnete Kollektivnote über den Artikel 16 der Völkerbund-

---

Deutschland durch diesen Vertrag wieder in den Rang einer Weltmacht erhoben wurde. Siehe DERS.: Stresemann - The German Liberals Foreign Policy, London/New York/Melbourne 1943, S. 83.

⁵ Ex-Reichskanzler Luther stellte dazu fest: „[...] An dem in der Zeit der Hoffnung viel gebrauchten Wort vom *Geist von Locarno* war schon etwas daran, wenn der Ausdruck selbst mir auch immer zu pathetisch klang [...]". Vortrag RK a.D. Luther, Holzhausen 1950, BA Koblenz, NL Luther, N 1009/483 [S. 9]. FELIX HIRSCH: Stresemann. Ein Lebensbild, Göttingen/Frankfurt a. M./Zürich 1978, S. 211. HUBERTUS PRINZ ZU LÖWENSTEIN, Stresemann, a.a.O., S. 257.

⁶ So laut Einschätzung von einem der wichtigsten Konferenzteilnehmer: SIR AUSTEN CHAMBERLAIN: Erinnerungen aus fünfzig Jahren, a.a.O., S. 676. Dito HENRY BERNHARD (Hrsg.): Gustav Stresemann Vermächtnis. Der Nachlass in drei Bänden. Von Thoiry bis zum Ausklang, Bd. III, Berlin 1933, S. 3.

⁷ HAGEN SCHULZE: Weimar. Deutschland 1917-1933, Berlin 1982, S. 278. WOLFGANG STRESEMANN, Mein Vater Gustav Stresemann, München 1979, S. 380. Hierzu siehe auch die Beschreibung von GEORGES BONNET: Vingt ans de vie Politique 1918-1938 de Clemenceau à Daladier, Fayard 1969, S. 91ff.

⁸ SEBASTIAN HAFFNER: Von Bismarck zu Hitler. Ein Rückblick, München 1987, S. 210.

⁹ PETER KRÜGER: Die Aussenpolitik der Republik von Weimar, Darmstadt 1985, S. 301.

¹⁰ Dieser Vertrag wurde gemäß der Völkerbundsatzung beim Völkerbund eingetragen. Damit dieses Abkommen allerdings in Kraft treten konnte, mußten alle Ratifikationsurkunden im Archiv des Völkerbundes hinterlegt werden. Art. 10 des Locarno-Vertrages vom 16.10.1925, in: Locarno-Konferenz, a.a.O., Dok-Nr. 26, Anlage A, S. 202.

satzung¹¹ machte den Weg nach Genf frei. Die Gefahr einer deutschen Teilnahme an einer möglichen Exekution gegen Rußland schien somit gebannt¹².

Mit diesem Kontrakt, in dessen Mittelpunkt der Rhein- und Westpakt stand, übernahm Deutschland durchaus nicht die moralisch-politische Verpflichtung, auf die verlorenen Westgebiete definitiv zu verzichten – bindend war nur die Entmilitarisierung des Rheinlands. In Übereinstimmung mit den Garantiemächten Großbritannien und Italien wurde die gewaltsame Veränderung der im Versailler Vertrag gezogenen Grenzen der Teilnehmerstaaten Deutschland, Frankreich und Belgien offen geächtet. Grenzstreitigkeiten mußten fortan auf dem Weg der internationalen Schiedsgerichtsbarkeit geklärt werden¹³, womit auch gleichzeitig dem Krieg als potentiellem Mittel zur Lösung territorialer Probleme eine Absage erteilt wurde¹⁴. Um eine gewaltsame Revision der Ostgrenzen zu erschweren, wurden noch mit Polen und der Tschechoslowakei Schiedsverträge abgeschlossen, die jedoch auf keiner Garantieerklärung basierten¹⁵. Flankiert wurden diese Verträge durch zwei weitere Schiedsabkommen, die Deutschland mit Frankreich und Belgien abgeschlossen hatte, um regionalen Konflikten vorzubeugen¹⁶. Obendrein wahrte sich Deutschland mit Abschluß des Sicherheitspaktes auch die Chance auf zusätzliche Anleihen aus den USA; denn nur seine Ratifikation sicherte die so dringend benötigten Kredite¹⁷.

Glaubt man den Worten seines ehemaligen Staatssekretärs Otto Meissner, dann wollte Reichspräsident von Hindenburg mit dem Locarno-Abkommen eine Beruhigung der politischen Atmosphäre innerhalb Europas und eine wirk-

---

[11] Zur Bedeutung des Art. 16 und zur Bewertung desselben durch Hindenburg siehe S. 415f. u. 426ff. dieser Arbeit.

[12] HANS W. GATZKE: Von Rapallo nach Berlin. Stresemann und die deutsche Russland-Politik, in: VfZ, Bd. 1 (1956), S. 19.

[13] KLAUS HILDEBRAND: Das vergangene Reich. Deutsche Außenpolitik von Bismarck bis Hitler 1871-1945, Stuttgart 1995, S. 454.

[14] ANDREAS HILLGRUBER: Kontinuität und Diskontinuität in der deutschen Außenpolitik von Bismarck bis Hitler, Düsseldorf 1969, S. 18. Diese Ächtung war aber nicht so zielgerichtet und kategorisch formuliert wie im Briand-Kellogg-Pakt.

[15] MARIA OERTEL: Beiträge zur Geschichte der deutsch-polnischen Beziehungen in den Jahren 1925-1930, Diss. Berlin 1968, S. 129. THEODOR ESCHENBURG/ULRICH FRANK-PLANITZ: Gustav Stresemann. Eine Bildbiographie, Stuttgart 1978, S. 102. Zudem fixierte Frankreich für den Fall eines deutschen Angriffs mit Polen und der Tschechoslowakei Beistandsverträge. KURT KOSZYK: Gustav Stresemann. Der kaisertreue Demokrat, Köln 1989.

[16] KLAUS HILDEBRAND, Das vergangene Reich, a.a.O., S. 454.

[17] K.F. BIELIGK, Stresemann - The German Liberals Foreign Policy, a.a.O., S. 59. FELIX HIRSCH, Stresemann, a.a.O., S. 209. THEODOR ESCHENBURG/ULRICH FRANK-PLANITZ, Eine Bildbiographie, a.a.O., S. 101.

same Vorbeugung gegen eine eventuelle Einkreisung Deutschlands erreichen[18]. Zum Problem der deutschen Mitgliedschaft im Völkerbund ging Hindenburg aber weder ein deutliches Pro noch Contra über die Lippen, obgleich er die Gefahr für gegeben hielt, daß Deutschland um die Option beraubt werden könnte, mit anderen Staaten nach freiem Ermessen Verträge abzuschließen[19]. So eng das Abkommen von Locarno auch mit dem deutschen Völkerbundseintritt verzahnt war, und sosehr es den Ausgleich zu den Westalliierten förderte – Hindenburg subsumierte diesen Vertrag mitnichten losgelöst vom Verhältnis Deutschlands zum Osten. Ihm war es ein besonderes Anliegen, daß der neue Kontrakt so formuliert war, daß daraus für die deutsch-russischen Beziehungen keine Nachteile erwachsen konnten[20].

Wenn auch Hindenburg mit der oft zitierten Äußerung gegenüber seinem Freund Oldenburg-Januschau Farbe bekannte und zu verstehen gab, daß die „Suppe von Locarno [...] jetzt ausgegessen werden müsse", und ferner bekundete, er wäre von Locarno wenig erbaut und mehr darum bemüht, dem „Übel innerhalb der verfassungsmäßigen Grenzen vorzubeugen"[21], so triumphierte letzten Endes doch seine Kompromißbereitschaft über alle latent vorhandene Skepsis[22]. Hieran hatte auch Stresemann Anteil, der seine Stellung als erster außenpolitischer Ansprechpartner des Reichspräsidenten konsequent dazu nutzte, um denselben auf seinen Locarnokurs zu trimmen. Mit großem Aufwand gelang es ihm, die letzten Zweifel Hindenburgs zu zerstreuen und ihn davon zu überzeugen, daß nur über den Weg der Verknüpfung des Locarno-Abkommens mit dem Eintritt Deutschlands in den Völkerbund ein dauerhafter Frieden zu erreichen war[23].

Den Kampf gegen den Kriegsschuldartikel 231 des Versailler Vertrages hat Hindenburg stets gefördert, was sich auch auf die Locarnopolitik auswirkte;

---

[18] OTTO MEISSNER: Ebert - Hindenburg - Hitler. Erinnerungen eines Staatssekretärs 1918-1945, München 1991 (2. Aufl.), S. 154.
[19] Aufzeichnung StS v. Schubert [AA], Berlin, 23.11.1925 [Original], PA AA Bonn, R 29248/E 155783-787.
[20] Ministerrat beim Rpräs. v. Hindenburg, 17.11.1925, in: AdR, Kab. Luther I u. II, Bd. 2, Dok.-Nr. 226, S. 870. HERMANN PÜNDER: Von Preussen nach Europa. Lebenserinnerungen, Stuttgart 1968 (2. Aufl.), S. 81.
[21] Abdruck eines Schreibens des Rpräs. v. Hindenburg an Oldenburg-Januschau, 1925, in: ELARD V. OLDENBURG-JANUSCHAU: Erinnerungen, Leipzig 1936, S. 219.
[22] OTTO GESSLER: Reichswehrpolitik in der Weimarer Zeit, Hrsg.: Kurt Sendtner, Stuttgart 1958, S. 349f.; ANDREAS DORPALEN: Hindenburg in der Geschichte der Weimarer Republik, Berlin 1966, S. 96. RUDOLF OLDEN: Hindenburg oder der Geist der preußischen Armee, Hildesheim 1982, S. 232.
[23] Interview RAM Stresemann mit der Daily-Express- Korrespondentin Lady Drummond Hay, 05.03.1926 [Abschrift], PA AA Bonn, R 27987 [S. 234f.].

denn unter keinen Umständen wollte er die Kriegsschulddiskussion vom Locarno-Vertragswerk getrennt sehen. Zuversichtlich stimmte ihn vor allem, daß durch Locarno eines seiner wichtigsten außenpolitischen Ziele in greifbare Nähe rückte: der Abzug der alliierten Truppen aus dem Rheinland[24].

Mit der Ratifizierung des Locarno-Paktes wurde die Reichsregierung automatisch ermächtigt, in den Völkerbund einzutreten. Doch Hindenburgs Mißtrauen gegenüber dem Völkerbund verzögerte den Eintritt. Dabei war diese Antipathie, die während seiner ganzen Amtszeit unterschwellig vorhanden blieb, nicht rational motiviert, sondern sie war instinktiver Natur[25]. Wie die Mehrheit der deutschen Bevölkerung betrachtete auch er den Völkerbund nur als ein Kontrollinstrument der Siegermächte, das zur Durchsetzung eigener nationaler politischer Ziele errichtet worden war[26]. Aus seiner persönlichen Aversion gegen die Genfer Institution, die er oft als eine von ehemaligen Feindmächten beherrschte „internationale Quatschgesellschaft" hinstellte, machte er kein Geheimnis[27]. Freimütig bekannte er sogar im Beisein Stresemanns, sich mit der Idee des Völkerbundes nur wenig anfreunden zu können, wobei er einschränkend hinzufügte, daß es auf seine Meinung aber nicht ankäme[28]. Sein Urteil über den Völkerbund war mehr Ausfluß seiner gefühlsmäßig engen alten Bindungen, seines preußisch-konservativen und „lokal" ausgerichteten, militärisch geprägten Welt-

---

[24] Aufzeichnung RAM Stresemann, Berlin, 11.06.1926 [Original], PA AA Bonn, R 28034/E 255811. JOHN W. WHEELER-BENNETT: Der hölzerne Titan - Paul von Hindenburg, Tübingen 1969 (1. Aufl. 1936), S. 284. HUGO VOGEL: Erlebnisse und Gespräche mit Hindenburg, Berlin 1935, S. 32.

[25] „[...] Hindenburgs instinktive Abneigung war nicht ganz unverständlich; denn im Völkerbund gab es noch manche deutschfeindliche Elemente, wie sich bald zeigen sollte. [...]". So FELIX HIRSCH, Stresemann, a.a.O., S. 217.

[26] CHRISTOPH KIMMICH: Germany and the League of Nations, in: The League of Nations in retrospect. Proceeding of the Symposium, aus: United Nations Library, Genf, Serie E: Guides and Studies, Nr. 3, Berlin/New York 1983, S. 118. THEODOR ESCHENBURG: Chronik eines Richtlinienstreites zwischen dem Reichskanzler Luther und dem Reichsminister des Auswärtigen, Stresemann, 1925. Zur Technik des Regierens im parlamentarischen System, in: VfZ, Bd. 36 (1988), S. 240.

[27] WOLFGANG STRESEMANN, Mein Vater, a.a.O., S. 355f. u. 373; DIETER V. DER SCHULENBURG: Welt um Hindenburg. Hundert Gespräche mit Berufenen, Berlin 1935, S. 157. In einer Besprechung mit Hindenburg über außenpolitische Fragen vom 19. Mai 1925 festigte sich Stresemanns Eindruck über Hindenburgs Aversion gegen den Völkerbund: „[...] Dem Völkerbund steht er mit größter Reserve und wohl innerlicher Abneigung gegenüber. [...]".Tagebucheintrag RAM Stresemann, 19.05.1925, in: BERNHARD, Gustav Stresemann Vermächtnis, Bd. II, a.a.O., S. 60. WILHELM J. BÜTOW: Hindenburg. Heerführer und Ersatzkaiser, Bergisch-Gladbach 1984, S. 314.

[28] Tagebucheintrag RAM Stresemann, 11.08.1925, in: HENRY BERNHARD (Hrsg.), Gustav Stresemann Vermächtnis. Der Nachlass in drei Bänden. Locarno und Genf, Bd. II, S. 166.

bildes²⁹. Aber auch hier zeigt sich, wie doppelbödig seine Aussagen zu bestimmten außenpolitischen Themen waren. Mal ließ er seine Geringschätzung für den Völkerbund nur allzu deutlich durchblicken, mal folgte er realpolitischen Eingebungen und setzte sich für den Eintritt Deutschlands in den Völkerbund ein³⁰. Dann verknüpfte er mal wieder die Aufnahme Deutschlands in den Völkerbund an bestimmte Bedingungen, die er zum kategorischen Imperativ erhob, wie beispielsweise die Aufrechterhaltung der guten Beziehungen zu Rußland³¹. Wenn es allein nach ihm gegangen wäre, dann durfte der Weg Deutschlands nach Genf nicht darin enden, die letzten übriggebliebenen Souveränitätsrechte dort abzugeben. Ein „Phantom" wie den Völkerbund, eine Organisation, die noch nicht einmal in der Lage war, sich wie andere Staaten selbst zu verteidigen³², schien ihm wenig vertrauenswürdig. Bis zum Ende seiner Amtszeit sollte sich bei ihm eine affirmative Einstellung zur supranationalen Genfer Behörde nicht mehr einstellen.

II. Im Spannungsfeld der Befürworter und Gegner der deutschen Locarnopolitik

Schon vor dem Empfang in Berlin am 11. Mai 1925 konnte der damals amtierende Reichskanzler Hans Luther erste Tuchfühlung mit dem frisch gewählten Staatsoberhaupt nehmen. Seine persönlichen Beziehungen zu ihm, die er selbst einmal als „recht glücklich" charakterisierte³³, konnte er in einer zweistündigen

---

[29] RAM Stresemann bemerkte dazu in Gegenwart des englischen Botschafters Lord D'Abernon: „[...] Hindenburg is not opposed to the League of Nations, but like most military men, he is sceptical as to the efficacy of any alternative to war [...]". Tagebucheintrag Engl. BS D'ABERNON, 28.09.1926, in: DERS.: An Ambassador of Peace. Lord D'Abernon's Diary. The years of recovery January 1924-October 1926, Bd. III, London 1930, S. 169.
[30] In Anwesenheit seines Malers, der ihn porträtierte, gestand Hindenburg: „[...] Und nun der Völkerbund. Wir werden eintreten müssen. Aber wenn es sich für uns als unhaltbar erweist, wieder austreten. [...]". HUGO VOGEL, Erlebnisse, a.a.O., S. 32.
[31] Vgl. auch Ministerratssitzungen beim Reichspräsidenten, Berlin, 16.11. u. 17.11.1925, in: AdR, Kab. Luther I u. II, Bd. 2, Dok.-Nr. 223, S. 863 u. Dok.-Nr. 226, S. 870. Hier wird der Einfluß des deutschen Botschafters in Berlin, Brockdorff-Rantzau, offenkundig. Als Gegner der deutschen Westorientierung war er darum bemüht, sein Immediatsvorrecht beim Reichspräsidenten zu wahren, um weiterhin auf ihn einwirken zu können.
[32] Notizen des Reichspräsidenten für die Vorarbeiten zur Londoner Konferenz, 02.11.1925, in: AdR, Kab. Luther I u. II, Bd. 2, Dok.-Nr. 214, S. 826.
[33] Siehe HANS LUTHER: Politiker ohne Partei - Erinnerungen, Stuttgart 1960, S. 337.

Unterredung³⁴ vertiefen, in der Hindenburg beteuerte, er werde „lediglich konstitutionell" regieren und ansonsten „keine Schwierigkeiten" machen³⁵. Hier wurde der Grundstein gelegt für ein von gegenseitigem Respekt geprägten guten Verhältnis zueinander³⁶. Schon nach dem ersten Zusammentreffen zeigte sich Luther beeindruckt von dessen aufrichtigem Bemühen, die anfallenden Aufgaben möglichst objektiv lösen zu wollen. Daß Luther trotz des Protestes einiger Kabinettsmitglieder nach Locarno reiste und dort zusammen mit Stresemann, der lieber alleine gefahren wäre³⁷, die deutschen Interessen vertrat, ist hauptsächlich dem Reichspräsidenten zuzuschreiben, der persönlich „größten Wert" darauf legte, daß der Reichskanzler bei einer eventuellen späteren Ministerkonferenz in Locarno Präsenz zeigte³⁸. Seine Rolle und sein Verhältnis zu Hindenburg während der Verhandlungstage in der Schweiz ist nicht zu unterschätzen, zumal er gleich mehrmals mit dem französischen Außenminister Aristide Briand direkte Konsultationen unter vier Augen führen konnte. Luther nutzte dort seinen durch zufällige Ereignisse gewonnenen Spielraum – Stresemann war aufgrund einer Halsentzündung und nicht infolge einer Vergiftung, wie zahlreiche Zeitungen spekulierten, für einen Tag ans Bett gefesselt – vollends aus³⁹. Trotz allem

---

³⁴ Die *Vossische Zeitung* vom 30.04.1925 (Morgenausgabe) bestätigte, daß das Gespräch beider Politiker von „erheblicher Dauer" gewesen sein soll. WALTER GÖRLITZ: Hindenburg. Ein Lebensbild, Bonn 1953, S. 262.

³⁵ Tagebucheintrag RAM Stresemann, 28. April 1925, in: BERNHARD, Gustav Stresemann Vermächtnis, Locarno und Genf, Bd. II, a.a.O., S. 56.

³⁶ Aufschlußreich hierzu sind folgende Dankeszeilen Luthers an Hindenburg, die er anläßlich des deutschen Eintrittes in den Völkerbund, der nahezu realisiert war, niedergeschrieben hatte: „[...] Ich darf diese Gelegenheit benutzen, um Ihnen meinen aufrichtigen Dank dafür auszusprechen, dass ich bei Ihnen, auch wo Sie in den Einzelfragen anderer Meinung waren als ich, doch stets den starken Rückhalt und das Vertrauen gefunden habe, ohne das ich mein Amt zu führen überhaupt nicht imstande wäre [...]". Schreiben RK Luther an Rpräs. v. Hindenburg, Berlin, 10.02.1926 [Original], BA Berlin-Lichterfelde, R 601/695 [S. 57]. Der Durchschlag hierzu findet sich im BA Koblenz, NL Luther, N 1009/362 [S. 2]. Abgedruckt in: Locarno-Konferenz 1925, a.a.O., S. 235ff.; Koch-Wesers Worten zufolge soll ihm Otto Meissner erzählt haben, daß dieser auf Luther „große Stücke" halte. Tagebucheintrag RJM Koch-Weser, Berlin, 14.08.1926, NL Koch-Weser, N 1012/34 [S. 311]. KARL GEORG ZINN: Hans Luther, in: Die deutschen Kanzler. Von Bismarck bis Schmidt, Frankfurt a. M. 1987, S. 300.

³⁷ HANS LUTHER, Politiker, a.a.O., S. 365f.; HANS LUTHER: Stresemann und Luther in Locarno, in: Politische Studien, Jg. 8, München (April 1957), S. 4. ESCHENBURG, Chronik eines Richtlinienstreites, a.a.O., S. 252f.

³⁸ Schreiben MinRat Doehle [B.d.Rpräs.] an RK Luther, Berlin, 28.08.1925 [Kopie eines Entwurfs], BA Berlin-Lichterfelde, R 601/687/1 [S. 36].

³⁹ Mehr dazu siehe EDGAR STERN-RUBARTH: Drei Männer suchen Europa. Briand - Chamberlain - Stresemann, München 1948 (2. Aufl.), S. 95. KURT KOSZYK, Gustav Stresemann, a.a.O., S. 303. Luthers außenpolitische Ambitionen stimmten Koch-Weser nachdenklich, weil dies schnell zu

war der Kanzler, ungeachtet seiner verhandlungssicheren Sprachkenntnisse, nicht die tonangebende Figur, allenfalls nur ein wertvoller Sekundant Stresemanns[40]. Die Federführung in Locarno übernahm indes das Triumvirat der Außenminister Austen Chamberlain, Aristide Briand und Gustav Stresemann, die menschlich schnell zueinanderfanden, nicht zuletzt aufgrund ihrer gemeinsamen Zugehörigkeit zur Freimaurerloge[41].

So fundamental ihr Beitrag für das Zustandekommen des Locarno-Abkommens auch gewesen war – ihr Enthusiasmus war jeweils patriotisch motiviert. Allen schönen Legenden über Locarno zum Trotz wurde gerade hier der europäische Gedanke von handfesten pragmatischen nationalen Interessen überlagert. Das Nationalgefühl beherrschte augenfällig deren Agenda.

Über die Ereignisse in der Schweiz und den Stand der Verhandlungen wurde Hindenburg ständig auf dem laufenden gehalten. Hierbei tat sich insbesondere Reichskanzler Luther hervor, der ihm aus Locarno gleich dreimal depeschierte. Daneben erfolgte auch eine tägliche Berichterstattung an die Reichskanzlei, die wiederum ihrerseits den Reichspräsidenten mit Informationen über die aktuelle Situation vor Ort versorgte. Doch die Informationsquellen für den Reichspräsidenten waren noch unmittelbarer; denn der zur deutschen Locarno-Delegation gehörige Staatssekretär Kempner, der mit Staatssekretär Meissner korrespondierte[42], reiste während der laufenden Konferenz eigens nach Berlin und unter-

---

einer Vernachlässigung der Innenpolitik führen könnte. Tagebucheintrag RJM Koch-Weser, Berlin, 30.10.1925, BA Koblenz, NL Koch-Weser, N 1012/32 [S. 123]. Siehe auch HANS LUTHER, Politiker, a.a.O., S. 376. WOLFGANG STRESEMANN, Mein Vater, a.a.O., S. 380. WALTER GÖRLITZ: Gustav Stresemann, Heidelberg 1947, S. 218. FELIX HIRSCH, Stresemann, a.a.O., S. 188.

[40] EBD., S. 188f.; Dito RUDOLF OLDEN: Stresemann, Berlin 1929, S. 221f.

[41] HEINRICH KÖHLER: Lebenserinnerungen des Politikers und Staatsmannes 1878-1949, Hrsg.: Josef Becker, Stuttgart 1964, S. 211. MARTIN JENKE: Bonn – besser als Weimar? Gustav Stresemann als Beispiel – In der Bundesrepublik wäre er nur ein Außenseiter, Göttingen 1985, S. 75. RÜDIGER GOTTSCHALK: Großbritannien und der Völkerbund 1918-1926, Diss. Köln 1991, S. 153.

[42] In diesem Zusammenhang sei auf ein Schreiben Meissners aufmerksam gemacht, der seinem Adressaten von Hindenburgs sorgenvoller Reaktion auf einen Bericht eines Offiziers einer „neutralen Macht" unterrichtete. Darin berichtete der namentlich nicht erwähnte Offizier von „sehr lebhaften" militärischen Aktivitäten, die ihm während seiner Studienreise durch England aufgefallen waren. Überall würden Rekruten angeworben und London mache einen Eindruck, wie zur Zeit des Weltkriegs. Daß Hindenburg diese Meldung mit Besorgnis aufnahm, kommt durch seine Order an den Reichskanzler zum Ausdruck, wonach die Frage des deutschen Eintrittes in den Völkerbund jetzt noch behutsamer angegangen werden müsse. Der deutsche Botschafter in London, Friedrich Sthamer, korrigierte im übrigen den unzutreffenden Eindruck des Offiziers, indem er telegraphierte, daß in England keine kriegsvorbereitende, sondern vielmehr eine pazifistische Stimmung vorherrsche. Cf. Schreiben StS Meissner [B.d.Rpräs.] an StS Kemp-

richtete den Reichspräsidenten aus erster Hand⁴³. Dabei sollte Kempner auch das in Berlin verbliebene Rumpfkabinett, das sich im Gegensatz zu Hindenburg unzureichend unterrichtet fühlte, über den Stand der Gespräche orientieren⁴⁴. Selbstverständlich erreichten die in der Schweiz tagende deutsche Delegation auch diverse Telegramme aus der Hauptstadt, in denen inländische Reaktionen und Anmerkungen zum Sicherheitspakt zusammengestellt wurden⁴⁵. Das zu diesem Zeitpunkt wohl wichtigste von Kempner aufgesetzte Fernschreiben an die Delegation vor Ort bezog sich auf ein Gespräch, das er mit dem Reichspräsidenten geführt hatte. Auch wenn der von Lampenfieber leidgeprüfte Kempner den Gang zu ihm gelegentlich als Canossagang empfunden hatte⁴⁶, verlief die Besprechung wider Erwarten „sehr gut", da dessen Hauptbedenken zum Völkerbund scheinbar „abgeschwächt" waren⁴⁷. Bemerkenswert war, daß Reichskanzler Luther, und nicht Stresemann, die zügige und direkte Weiterleitung der Fernschreiben über die aktuelle Entwicklung in Locarno an den Reichspräsidenten arrangierte. Mit detaillierten Nachrichten versorgt wurde er dabei nicht allein, um der vorgeschriebenen Informationspflicht Genüge zu tun; vielmehr lag es auch in Luthers Absicht, dem daheimgebliebenen Reichspräsidenten ein Gefühl von *Wichtigkeit* zu vermitteln. Andererseits spekulierte er auch darauf, ihm auf

---

ner, Berlin, 09.10.1925 [Abschrift], BA Berlin-Lichterfelde, R 601/687/1 [S. 105]; Telegramm Dt. BS Sthamer an Rpräs. v. Hindenburg, Nr. A. 2519, London, 15.10.1925 [Abschrift], BA Berlin-Lichterfelde, R 601/706 [S. 139]. Dieses Fernschreiben trägt die Paraphe Hindenburgs mit dem Datum vom 17.10.1925.

⁴³ Tagebucheintrag RK Luther, 13.10. [S. 15] u. 15.10.1925 [S. 17], BA Koblenz, NL Luther, N 1009/362. Kempner weilte nur für einen Tag in Berlin. Tags darauf traf er wieder in Locarno ein und erstattete dem Reichskanzler Rapport über Hindenburgs Reaktionen.

⁴⁴ Tagebucheintrag MAX V. STOCKHAUSEN, Berlin, 13.10.1925, in: DERS.: Sechs Jahre Reichskanzlei. Von Rapallo bis Locarno. Erinnerungen und Tagebuchnotizen 1922-1927, Hrsg.: Walter Görlitz, Bonn 1954, S. 182f.; Hindenburg dagegen zeigte sich über den Informationszufluß aus Locarno sehr zufrieden und ließ seinen Dank an StS Kempner ausrichten. Schreiben StS Meissner [B.d.Rpräs.] an StS Kempner, Berlin, 09.10.1925, BA Berlin-Lichterfelde, R 601/687/1 [S. 105.]. Die Ministerbesprechung, in der StS Kempner das Kabinett über den Stand der Verhandlungen in Locarno informierte, erfolgte unmittelbar nach seiner Ankunft in Berlin am selben Tag. Siehe Ministerbesprechung, 13.10.1925, in: AdR, Kab. Luther II, Bd. 2, Dok.-Nr. 187, S. 735ff.

⁴⁵ Mit besonderem Eifer wirkte hier auch StS Pünder. THEODOR ESCHENBURG, Chronik eines Richtlinienstreites, a.a.O., S. 254.

⁴⁶ Schreiben MinDir Köpke an StS v. Schubert, Berlin, 14.10.1925, in: ADAP, A-XIV, Dok.-Nr. 148, S. 402.

⁴⁷ Telegramm StS Kempner an RK Luther, Nr. 50, Berlin 14.10.1925 [Kopie einer Abschrift], PA AA Bonn, R 29107k/E 129826.

diesem Wege die Notwendigkeit dieses Vertrages ans Herz zu legen und alle verbleibenden Befürchtungen abzubauen[48].

Nicht ohne Grund war Luther der erste, der ihn nach der Paraphierung des Sicherheitspaktes per Telex über den neuesten Verhandlungsstand unterrichtete und die Vorgehensweise der Delegation vor Ort rechtfertigte. Die Wahl seiner Worte war ebenso besonnen wie geschickt. Sie setzten den Reichspräsidenten weder unter Druck noch schränkten sie seine Entscheidungsfreiheit nennenswert ein[49]. Ihm mußte zu Bewußtsein gebracht werden, daß es alleine in seiner Macht lag, das Locarno-Abkommen zu paraphieren oder zur Makulatur werden zu lassen. Neben Stresemann ist es gerade Luthers politischem Instinkt und seiner Menschenkenntnis zu verdanken, daß er sich sogar seine Argumente in diversen Kabinettssitzungen zu eigen machte[50]. Einerseits hatten Luther und Stresemann durch ihr konstruktives politisches Kooperieren dazu beigetragen, daß Hindenburgs Konsensbereitschaft zu ihrer Locarnopolitik zur Entfaltung kommen konnte. Andererseits haben es der Reichspräsident und Reichskanzler ihrerseits verstanden, die außenpolitischen Freiräume Stresemanns nicht zu sehr zu beschneiden.

Die Diskussion um Locarno entzweite auch Hindenburg und die Deutschnationalen. Folgte dieser unbeirrbar dem Kurs Stresemanns, so beschwor die DNVP mit ihrem Austritt aus dem Kabinett eine Regierungskrise herauf, die die

---

[48] „[...] Mit aller Kraft versuchte ich durch persönliche Fühlungnahme und die ständige Betonung, daß Locarno keine Option zwischen Ost und West bedeutet, den Reichspräsidenten zu einer positiven Haltung zu bewegen. [...]". HANS LUTHER, Politiker, a.a.O., S. 398. Während dieser Phase hielt RK Luther insbesondere zu StS Pünder engen Kontakt, der als Verbindungsmann zwischen der Wilhelmstraße und Locarno fungierte. Siehe HERMANN PÜNDER, Von Preussen nach Europa, a.a.O., S. 74.

[49] „[...] Die völlige Freiheit der Entschließung und die endgültige Beratung der hier verfolgten Außenpolitik ist Ihnen, Herr Reichspräsident, und der Reichsregierung gewahrt [...]". Telegramm RK Luther an Rpräs. v. Hindenburg, Nr. 73, Locarno, 16.10.1925 [Durchschlag einer Abschrift], PA AA Bonn, R 29107k/E 129897-898. CHRISTIAN BAECHLER: Gustave Stresemann (1878-1929). De l'impérialisme à la sécurité collective, Strasbourg 1996, S. 632.

[50] Über Luthers wirkungsvolles „Eingehen" auf Hindenburg in der Frage der Locarnoverhandlungen äußert sich Stresemann wie folgt: „[...] Eine besondere Schwierigkeit bot noch die Stellung des Reichspräsidenten. Hier hat Luther unzweifelhaft das große Verdienst, den alten Herrn bei der Stange gehalten zu haben [...]". Aufzeichnung RAM Stresemann [o.D., o.O.], PA AA Bonn, NL Stresemann, Bd. 274, 7131 H/H 148048. Siehe dazu auch ANDREAS DORPALEN, Hindenburg, a.a.O., S. 98. Auch Jürgen Spenz hebt den außenpolitischen Part Luthers hervor, ohne dessen Mithilfe Stresemanns Außenpolitik nicht durchzusetzen gewesen wäre. JÜRGEN SPENZ: Die diplomatische Vorgeschichte des Beitritts Deutschlands zum Völkerbund 1924-1926. Ein Beitrag zur Außenpolitik der Weimarer Republik, Diss. Göttingen/Berlin/Frankfurt a. M./Zürich 1966, S. 126.

deutsche Politik für eine Zeitlang lähmte[51]. Bei dem Versuch, dem Reichspräsidenten darzulegen, daß das Locarno-Abkommen nichts anderes als den „Verzicht auf deutsches Land und Volk" bedeute, scheiterte sie desgleichen kläglich wie die anderen rechtsnationalen Parteien und Gruppierungen[52]. Dem monarchistisch gesinnten erzkonservativen Ex-Feldmarschall hatte man noch am ehesten zugetraut, eine unvermittelte außenpolitische Kursänderung einzuschlagen. Insbesondere die DNVP, der sich Hindenburg gefühlsmäßig zugehörig fühlte[53], setzte große Hoffnungen auf den „Ersatzkaiser", der für die Durchsetzung staatsrechtlicher Veränderungen prädestiniert schien[54]. Doch Hindenburg hielt sich an seine in der Osterbotschaft vom 11. April 1925 ausgesprochene Maxime und agierte „überparteilich". Daher empfand er den auf Druck von Hugenberg vollzogenen Austritt der DNVP aus der Regierungskoalition am 22. Oktober 1925[55] als „starke Disziplinlosigkeit" und politisch großen Fehler[56]. Er fühlte sich von seinen alten deutschnationalen Getreuen im Stich gelassen und machte daraus keinen Hehl[57]. Als Folge dieses „Schildbürgerstreiches", der ihn in „arge Bedrängnis" brachte[58], büßten die deutschnationalen Kabinettsmitglieder bei ihm unwiderruflich an Kredit ein[59]. Andererseits litt er wirklich darunter, daß die Deut-

---

[51] Ex-Reichskanzler HANS LUTHER schreibt in seinen Memoiren den Deutschnationalen die Hauptschuld für die innenpolitischen Schwierigkeiten um Locarno zu. Vgl. DERS., Politiker ohne Partei, a.a.O., S. 338.
[52] Aus dem „Beschluß der Deutschnationalen", in: BERNHARD, Gustav Stresemann Vermächtnis, Bd. III, a.a.O., S. 207. Hierzu auch GRAF KUNO WESTARP: Am Grabe der Parteiherrschaft. Bilanz des deutschen Parlamentarismus von 1918-1932, Berlin 1932, S. 73ff.
[53] HANS-OTTO MEISSNER: Junge Jahre im Reichspräsidentenpalais. Erinnerungen an Ebert und Hindenburg 1919-1934, München 1988, S. 186.
[54] MARTIN VOGT: Die Entstehung des Young-Plans - dargestellt vom Reichsarchiv 1931-1933, in: Schriften des Bundesarchivs, Nr. 15, Boppard am Rhein 1970, S. 146.
[55] Hierzu siehe WALTER H. KAUFMANN: Monarchism in the Weimar Republic, New York 1973, S. 154f.
[56] Tagebucheintrag RAM Stresemann, 27. Oktober 1925, in: BERNHARD, Vermächtnis, Bd. II, a.a.O., S. 206. Cf. aber auch HANS LUTHER, Politiker, a.a.O., S. 388. WOLFGANG STRESEMANN, Mein Vater, a.a.O., S. 398. Vgl. ROBERT P. GRATHWOL: Stresemann and the DNVP. Reconciliation or Revenge in German Foreign Policy 1924-1928, The Regents Press of Kansas 1980, S. 151.
[57] So der ehemalige DNVP-Vorsitzende GRAF KUNO WESTARP, Am Grabe der Parteiherrschaft, a.a.O., S. 77.
[58] HANS LUTHER, Politiker, a.a.O., S. 397; DORPALEN, Hindenburg, a.a.O., S. 97.
[59] Als die Deutschnationalen Graf Westarp und Lindeiner-Wildau Anfang Juli 1926 dem Reichspräsidenten bei einer Audienz die Offerte machten, ihre Fraktion für die anstehende Regierungsbildung zur Verfügung stellen zu wollen, zeigte sich Hindenburg wider Erwarten reserviert und konterte mit der Frage, wie denn die DNVP nunmehr die Politik des Außenministers bewerte. Als Westarp erklärte, daß die DNVP die deutsche Außenpolitik im Sinne Stresemann fortführen wolle und daß man ohnehin nichts gegen die Person Stresemanns hätte, bemerkte

schnationalen ihm gegenüber „in stiller Gegnerschaft" verharrten[60]. Besonders seine ehemaligen Armee- und Kriegskameraden erwarteten nun von ihrem einstigen Vorgesetzten, daß er kraft seines Amtes den Reichstag auflösen und sich mit einem Aufruf an die Nation wenden würde, um das gesamte Vertragswerk zu Fall zu bringen. Einer von ihnen war sein früherer OHL-Intimus General a.D. Erich Ludendorff, der in einem Artikel des *Völkischen Kuriers* vom 20. November 1925 den Versuch startete, ihn von der Unterzeichnung der Locarno-Verträge abzuhalten. Wenn Ludendorff auch körperlich schwer krank und darum „doppelt reizbar" war[61], mußte der Reichspräsident die Wahl seiner Worte als zynisch und beleidigend empfinden. In dem Artikel war vom „Dokument der Schande und Unehre" die Rede und davon, daß der Generalfeldmarschall im Begriffe stehe, „seinen Ruhm zu opfern". Dieser dürfe den Locarno-Kontrakt unter keinen Umständen unterschreiben, weil sonst „jeder deutsche Mann [...] sein Haupt verhüllen müsse". Mit dem abschließenden Satz: „Wir erwarten, daß der Generalfeldmarschall nicht unterschreibt, sondern kämpft", appellierte der exaltierte Ludendorff an die militärischen Instinkte des Marschallpräsidenten[62]. Doch Hindenburg ließ sich von den Provokationen Ludendorffs, für den er trotz des nach 1918 zunehmend gespannten Verhältnisses[63] immer noch insgeheim Bewunderung hegte[64], nicht weiter irritieren und unterschrieb am 28. November 1925 den Vertrag.

Weitere Einflußfaktoren finden sich sicherlich auch in der Presselandschaft. Hauptsächlich die frontalen Angriffe der rechtsnationalen Zeitungen auf das Locarno-Vertragswerk sensibilisierten einen großen Teil der Öffentlichkeit für dieses delikate Thema. Wenn nach den Worten Stresemanns die Situation schon vor Locarno so verzwickt war, daß sogar dem Reichspräsidenten alle Zeitungs-

---

Hindenburg lapidar, aber zugleich mokant: „[...] So, so, das hat sich also nun geändert. [...]". Aufzeichnung RAM Stresemann, Berlin, 03.07.1926 [Original], PA AA Bonn, NL Stresemann, Bd. 39, 7328 H/H 161908. Stresemann wurde über den Verlauf der Unterredung von StS Meissner informiert.

[60] Aufzeichnung RAM Stresemann, Berlin, 28.02.1926 [Original], PA AA Bonn, NL Stresemann, Bd. 36, 7634 H/E 546210. Vgl. JÜRGEN SPENZ, Die diplomatische Vorgeschichte des Beitritts Deutschlands zum Völkerbund, a.a.O., S. 126.

[61] So WALTER GÖRLITZ' Einschätzung: DERS., Hindenburg, a.a.O., S. 217.

[62] General a.D. Ludendorff über den Locarno-Pakt, November 1925, in: UuF, Bd. 6, Dok.-Nr. 1346f, S. 399. Der folgende Artikel wurde in der *Berliner Börsenzeitung* am 21.11.1925 und im Münchener *Völkischen Kurier* abgedruckt.

[63] OTTO GESSLER, Reichswehrpolitik, a.a.O., S. 344. Es kam schließlich so weit, daß Hindenburg ihn später einmal als „völlig pathologisch" bezeichnete. Aufzeichnung RAM [o.U.], Berlin, 03.10.1927 [Original], PA AA Bonn, NL Stresemann, Bd. 60, 7370 H/H 166399.

[64] WALTER GÖRLITZ, Hindenburg, a.a.O., S. 272. Ungeachtet aller Streitigkeiten hing in Hindenburgs Arbeitszimmer ein Portrait Ludendorffs.

meldungen, die ungünstig gegen das Auswärtige Amt ausfielen, in die Hände gespielt wurden[65], dann wird verständlich, daß er sich dem Einfluß des deutschnationalen Hugenberg-Pressekonzerns, der sich aus annähernd 1.600 Zeitungen zusammensetzte, nicht gänzlich entziehen konnte[66]. Da er als eifriger Leser der altpreußisch konservativen *Kreuzzeitung* galt[67] und den Berichten seines Pressechefs Walter Zechlin, der ihm täglich einen Pressespiegel der wichtigsten Aktualitäten präsentierte[68], konzentriert folgte, war er stets gut unterrichtet. Speziell dann, wenn Geheimrat Dr. Alfred Hugenberg zur Feder griff und seine mokanten Kommentare bezüglich Locarno zum besten gab[69]. Zwar störte sich Hindenburg weniger am Inhalt derartiger Meinungsäußerungen, doch was ihm hieran mißfiel, war deren impertinenter Unterton. Gerade diesen Aspekt verband er in der Ministerratssitzung am 17. November 1925 mit der Forderung, die Öffentlichkeit in geeigneter Weise über die fortwährenden Presseangriffe aufzuklären und diese gleichzeitig zu widerlegen, „damit die bösen Anfeindungen aufhören"[70].

Der 1891 gegründete Alldeutsche Verband, die von Heinrich Claß angeführte Kerngruppe jener reaktionären Kräfte, denen eine systematische Zerstörung der Weimarer Republik vorschwebte[71], versuchte desgleichen, Hindenburg für eigene Pläne und Aktionen zu instrumentalisieren. Jedoch mußte der „Claßsche Apparat" schon bald erkennen, daß der frühere Generalfeldmarschall nicht der ersehnte nationale Hoffnungsträger war[72]. Die erhoffte psychologische Wirkung

---

[65] Siehe Besprechung mit Hindenburg über außenpolitische Fragen vom 09.06.1925, in: BERNHARD, Gustav Stresemann Vermächtnis, Bd. II, a.a.O., S. 61.

[66] KURT KOSZYK: Deutsche Presse 1914-1945. Geschichte der deutschen Presse Teil III, in: Abhandlungen und Materialien zur Publizistik, Hrsg.: Fritz Eberhard, Bd. 7, Berlin 1972, S. 232. Diese relativ hohe Zahl kommt daher zustande, weil sich - bedingt durch die zahlreichen Materndienste und Korrespondenzen der Telegraphen-Union, die ebenfalls zum Hugenberg-Konzern zählte, - zu den städtischen Tageszeitungen auch etliche Provinzblätter gesellten. Die 1600 Zeitungen waren dem Korrespondenz-Dienst der Telegraphen-Union angeschlossen.

[67] Tagebucheintrag RAM Stresemann, 19.05.1925, in: HENRY BERNHARD, Gustav Stresemann Vermächtnis, Bd. II, a.a.O., S. 60. Siehe RUDOLF OLDEN, Hindenburg, a.a.O., S. 211.

[68] WALTER ZECHLIN: Pressechef bei Ebert, Hindenburg und Kopf. Erlebnisse eines Pressechefs und Diplomaten, Hannover 1956, S. 105f.

[69] „[...] Locarno [...] bedeutet [...], daß Deutschland in dem Gegensatz Westmächte-Rußland optiert und damit, waffenlos wie es ist, sich leichtsinnig mitten in Gegensätze hineinspielt, bei deren Austragung es nur die Rolle des furchtbar Leidenden spielen kann [...]". *Berliner Lokal-Anzeiger*, 15.11.1925. ESCHENBURG/FRANK-PLANITZ, Bildbiographie, a.a.O., S. 104.

[70] Ministerrat beim Rpräs. v. Hindenburg, 17.11.1925, in: AdR, Kab. Luther I u. II, Bd. 2, Dok.-Nr. 226, S. 868ff.

[71] KURT KOSZYK, Deutsche Presse 1914-1945, a.a.O., S. 245. DORPALEN, Hindenburg, a.a.O., S. 153.

[72] EBD., S. 103.

ihrer en masse abgesandten suggestiven Petitionen, privaten Zuschriften und Telegramme gegen den Locarno-Pakt stellte sich nicht ein[73]. Trotz mehrfacher Audienztermine beim Reichspräsidenten blieben solche Aktionen ebenso erfolglos wie der an Hindenburgs Sohn Oskar gerichtete Appell, seinen Vater gegen Stresemanns Locarnopolitik aufzuwiegeln[74]. Ohne Wirkung waren auch die vielfach unternommenen Vorstöße des *Stahlhelms*, den Reichspräsidenten von der Unterzeichnung des Locarno-Vertragswerkes abzubringen[75]. Daß der *Stahlhelm* den Garantiepakt letztendlich akzeptierte, wurde intern damit gerechtfertigt, daß die Diskussion um Locarno ad acta gelegt werden müsse, weil dem Beschluß des „ersten Soldaten" Folge zu leisten sei[76].

Daß Hindenburg sehr großen Wert auf das Urteil seiner Standesgenossen, der hohen Militärs und der Führer der nationalen Parteien, legte und für ihre Anliegen immer ein offenes Ohr hatte[77], bedeutete aber nicht zugleich, daß er ihrem permanenten Einfluß unterlag. Sicherlich registrierte er mit Betroffenheit und Verunsicherung, auf welchem Niveau seine alten „Freunde" gegen *seine* Locarnopolitik polemisierten. Solche nachdenklichen Momente waren jedoch meist nur vorübergehend und verflogen genauso schnell, wie sie gekommen waren[78].

---

[73] Siehe RUDOLF OLDEN, Hindenburg, a.a.O., S. 233f.

[74] Der politische Einfluß seines Sohnes war zu dieser Zeit gering und beschränkte sich - wenn überhaupt - mehr auf militärische Fragen. Vgl. JOHN WHEELER-BENNETT, Der hölzerne Titan, a.a.O., S. 288. Während seines *Entnazifizierungsprozesses* bestätigte Oskar v. Hindenburg, daß der Claßsche Apparat auf seinen Vater keinen politischen Einfluß hatte. Siehe Protokoll der mündlichen Verhandlung in dem Entnazifizierungsverfahren gegen Generalleutnant a.D. Oskar v. Hindenburg, Uelzen, 14.03.1949 (1. Verhandlungstag) [Kopie], BA Koblenz, NL Schwertfeger, N 1015, Bd. 264 [S. 14].

[75] „[...] Nicht Frankreich, Deutschland braucht Sicherheiten, nicht wir, die andern haben endlich abzurüsten! Rütteln Herr Generalfeldmarschall das deutsche Volk auf, das ebenso unaufgeklärt wie teilnahmslos in die zukunftsentscheidenden Tage hineintaumelt wie einst bei den Unterschriften von Versailles, London, Spa und den Dawes-Gesetzen [...]". Schreiben Stahlhelm-Landesverband Halle/Merseburg an Rpräs. v. Hindenburg, Halle, 13.09.1925 [Original], BA Berlin-Lichterfelde, R 601/687/2 [S. 3].

[76] *Berliner Tageblatt*, 28.11.1925.

[77] HERMANN PÜNDER, Von Preussen nach Europa, a.a.O., S. 81. PETER HAUNGS: Reichspräsident und parlamentarische Kabinettsregierung. Eine Studie zum Regierungssystem der Weimarer Republik in den Jahren 1924-1929, in: Politische Forschungen, Bd. 9, Hrsg.: Dolf Sternberger, Köln 1969, S. 182.

[78] Während eines Gespräches mit einem gewissen Forstrat Dr. Escherich überraschte Hindenburg seinen Gast mit der Frage, was er denn von Locarno halte. Nachdem dieser erwiderte, er halte Locarno für „richtig", soll Hindenburg bemerkt haben: „[...] Wenn die Politik richtig ist, warum wird sie denn dann immer angegriffen?". Als Escherich daraufhin erklärte, daß dies mit einer typischen deutschen „Nationaleigentümlichkeit" zusammenhänge, klagte der Reichspräsident, daß man mittlerweile vor nichts mehr halt mache und ihn immerfort angreife. Forstrat

Hätte er den Sicherheitspakt sowie den Völkerbundseintritt und damit die Außenpolitik Stresemanns gegen seine alten Kriegskameraden und junkerlichen Standesgenossen nicht so resolut verteidigt, hätte er ihren Einflüsterungen tatsächlich Gehör geschenkt, dann wäre das Vertragswerk von Locarno buchstäblich zur Makulatur geworden. In deren Augen setzte er mit der Unterzeichnung dieses Abkommens seinen historischen Namen aufs Spiel[79]. Bezeichnend waren die erfolglosen Interventionen von Großadmiral Tirpitz und Generalfeldmarschall Mackensen, die ihn nicht davon abhalten konnten, das Vertragsdokument zu signieren[80]. Angriffe und Vorwürfe gegen seine Locarno- und Völkerbundspolitik mochten ihn persönlich gekränkt haben – richtungändernden Einfluß auf seine realpolitischen Entscheidungen gewannen sie nicht[81]. Obwohl er solchen Bedenken und Argumenten innerlich durchaus folgen konnte, sie partiell sogar teilte[82], wurde er zum loyalen Advokaten des Locarno-Paktes.

Stresemanns Feststellung vom 12. Mai 1925, er glaube nicht, daß der Reichspräsident unter dem Einfluß „irgendeiner politischen *Kamarilla* stehe, wenigstens nicht bewußt"[83], war zwar nur ein zeitlich punktueller, aber im Kern ein durchaus richtiger Eindruck. Die Personen, die faktischen Einfluß auf Hindenburg ausübten und die später der *Kamarilla* zugeordnet werden sollten, waren für das Zustandekommen des Locarno-Paktes konstruktive Akteure, wie beispielsweise Staatssekretär Otto Meissner oder Reichswehrminister Otto Gessler,

---

Escherisch riet ihm, künftig doch seinen politischen Einfluß stärker zur Geltung zu bringen, um solchen „Maulhelden" noch effektiver entgegentreten zu können. Aufzeichnung RAM Stresemann, Berlin, 04.02.1926 [Original], PA AA Bonn, NL Stresemann, Bd. 35, 7325 H/H 161126f.

[79] Ernst Feder bezieht sich in seinem Diarium auf eine Darstellung Meissners, der ihm davon berichtet hatte, wie Hindenburg sich gegen die Einwände Admiral Schröders und General v. Heeringens in bezug auf Locarno unter Zuhilfenahme eigenhändiger „präparierter" Materialien zur Wehr gesetzt hatte. Tagebucheintrag ERNST FEDER, 25.02.1926, in: DERS.: Tagebücher eines Berliner Publizisten 1926-1932, Hrsg.: Cécile Lowenthal-Hensel/Arnold Paucker, Stuttgart 1971, S. 42. Koch-Weser notierte dazu: „[...] Es wird in der letzten Zeit mehr als früher über die Eigenwilligkeit Hindenburgs geklagt. Mackensen und andere suchen ihn fortwährend auf und versuchen, ihn dahin zu beeinflussen, daß er den Eintritt in den Völkerbund und ähnliche pazifistische Dinge nicht mitmache [...]". Tagebucheintrag RJM Koch-Weser, Berlin, 06.03.1926, BA Koblenz, NL Koch-Weser, N 1012/34 [S. 45]. Siehe auch GERHARD GRANIER: Der Reichspräsident Paul v. Hindenburg, in: GWU, Bd. 20 (1969), S. 541.

[80] OTTO GESSLER, Reichswehrpolitik, a.a.O., S. 349f.

[81] DORPALEN, Hindenburg, a.a.O., S. 102.

[82] Siehe z.B. Schreiben Rpräs. v. Hindenburg an Oldenburg-Januschau, Berlin 1925, abgedruckt in: ELARD V. OLDENBURG-JANUSCHAU, Erinnerungen, a.a.O., S. 219.

[83] Tagebucheintrag RAM Stresemann, 12.05.1925, in: BERNHARD, Gustav Stresemann Vermächtnis, Bd. II, a.a.O., S. 59.

die in den ersten Jahren seiner Amtsperiode omnipräsent schienen[84]. Sie standen, wie auch Pressechef Walter Zechlin, während der ganzen Locarnoverhandlungsphase in sehr engem Kontakt zum Reichspräsidenten und hielten ihn auf Stresemanns Kurs. Bestätigung für die Richtigkeit seiner außenpolitischen Entscheidungen erfuhr Hindenburg gewiß auch durch die vielen Briefe, worin die Adressanten meist für eine Annahme des Locarno-Paktes plädierten[85]. Insofern konnte er zumindest hier die Erfahrung machen, daß selbst unter seinen Standesgenossen und konservativen Freunden die Locarnopolitik kontrovers diskutiert wurde.

In gleicher Weise scheiterten die Versuche der Gruppen und Parteien des linken bis linksradikalen Spektrums, Hindenburgs gesteigerte Aufmerksamkeit durch scharfe Kritik am Locarno-Vertragswerks zu wecken. Sein einstiger Wahlkonkurrent Ernst Thälmann warnte vergeblich in seiner Reichstagsrede vom 24. November 1925 vor den Folgen des Sicherheitspaktes. Er erachtete diese Abmachung als eine Bedrohung für den Friedensprozeß, da sie ganz bewußt auf eine Forcierung der wirtschaftlichen Notlage und Verstärkung der Feindschaft der deutschen „Bourgeoisie" gegen die Sowjetunion abziele[86]. Doch was Hindenburg bei der täglichen Zeitungslektüre[87] und den Vorträgen des Pressereferenten unangenehm auffiel, war in seinen Augen die Schärfe der Kritik und die überzogene Diktion, mit der die Kommunisten operierten. Schlagwortartige Formulierungen wie „Locarno bedeutet [...] die Auslieferung der Rheinlande [...] ein Verschenken preußisch-deutschen Gebietes"[88] oder Überschriften wie „Zum

---

[84] Nach eigenem Bekunden hatte Gessler den Reichspräsidenten zur Annahme des Locarno-Paktes ermuntert: „[...] Ich glaube, daß meine Fürsprache erheblich dazu beigetragen hat, die ursprünglich sehr starken und von außenpolitischer Seite genährten Bedenken Hindenburgs zu beheben [...]". OTTO GESSLER, Reichswehrpolitik, a.a.O., S. 318. Dazu auch OLDEN, Hindenburg, a.a.O., S. 237 u. PETER HAUNGS, Reichspräsident und parlamentarische Kabinettsregierung, a.a.O., S. 246. Zu Meissners Part beim Locarno-Abkommen siehe Tagebucheintrag ERNST FEDER, 23.02.1926, in: DERS., Heute sprach ich mit, a.a.O., S. 42.

[85] Z.B. Schreiben Rpräs. v. Hindenburg an Fürst zu Hohenlode-Oehringen, Berlin, 02.11.1925 [Kopie eines Entwurfs], BA Berlin-Lichterfelde, R 601/687/2 [S. 15]. Die in diesem Aktenband befindlichen weiteren Befürworter der Locarno-Verträge sollen hier im einzelnen ebensowenig aufgelistet werden wie die gegnerischen Stimmen.

[86] Reichstagsrede des Abg. Thälmann (KPD), 24.11.1925, in: UuF, Bd. 6, Dok.-Nr. 1353 e, S. 424ff.

[87] WALTER GÖRLITZ' Behauptung (Hindenburg, a.a.O., S. 253), wonach Hindenburg Zeitungen aller Couleur gelesen haben soll, ist völlig aus der Luft gegriffen. Aller Wahrscheinlichkeit nach hat Hindenburg keines der 36 existierenden KPD-Blätter je gelesen, - wovon die *Rote Fahne* mit einer Auflage von 130 000 die größte Publikation stellte. Mehr hierzu siehe KURT KOSZYK, Deutsche Presse 1914-1945, a.a.O., S. 325.

[88] Rede des Abgeordneten im Preußischen Landtag, Bartels [KPD], 30.10.1925, in: UuF, Bd. 6, Dok.-Nr. 1346 b, S. 396.

Londoner Sklavenpakt" oder „Verschacherer Deutschlands"[89] machten auf ihn aber keinen nachhaltigen Eindruck[90]. Gegenüber dem kommunistischen Treiben war er gleichgültig. Wenn jedoch seiner Meinung nach der Ton in der kommunistischen Presse zu scharfzüngig war, scheute er sich nicht davor, gegen die „Beleidiger" Strafantrag zu stellen[91].

Einer, der auf ihn nachweislich Einfluß hatte, war der deutsche Botschafter in Moskau, Graf Brockdorff-Rantzau, der bekanntlich über das besondere Privileg des Immediatsrechtes verfügte. Es war kein Geheimnis, daß der Graf die Verträge von Locarno in der vorliegenden Form ablehnte, weil sie seiner Auffassung nach die deutsch-russischen Beziehungen um Jahre zurückwarfen. Am liebsten wäre dem entschlossenen Gegner der Westorientierung eine engere deutsch-russische Kooperation gewesen, um den Versailler Vertrag aus den Angeln zu heben[92]. Obgleich er immerfort vor einer Beeinträchtigung der bilateralen Beziehungen warnte, konnte er die Paraphierung des Vertragswerkes Mitte Oktober nicht mehr verhindern. Seine letzte Chance, die für den November 1925 vorgesehene Ratifizierung des Abkommens doch noch abzuwenden, nahm der Botschafter Anfang November wahr, als er formell um einen Audienztermin bei Hindenburg anfragte, der auch gewährt wurde. Um sich auf das Zusammentreffen angemessen vorzubereiten, forderte Hindenburg vom Botschafter zuvor allerdings noch die Übersendung aller zuletzt eingegangenen und abgesandten Moskauer Depeschen[93]. So formell Brockdorffs Gesuch gewesen war, so entkrampft verlief ihre Unterhaltung, die nicht in Form eines Immediatvortrages in seinem Arbeitszimmer, sondern am Rande eines „Bierabends" im Palais stattfand[94]. Als der Botschafter wieder einmal schwere Bedenken gegen das Locarno-Vertragswerk vorbrachte, erntete er von seinem Gastgeber zu seiner Über-

---

[89] Deutlich wird die Position der KPD von Ernst Thälmann in der Reichstagsdebatte vom 24.11.1925. Dort heißt es an einer Stelle: „[...] Locarno ist nicht der Friede, Locarno ist nicht der Weg zum Frieden [...]". Siehe UuF, Bd. 6, Dok.-Nr. 1353 e, S. 427.
[90] Im „Innersten seines Herzens" war Hindenburg dem „Linkskurs" in außen- u. innenpolitischer Hinsicht abgeneigt. So das Fazit von OLDENBURG-JANUSCHAU, a.a.O., S. 219.
[91] RUDOLF OLDEN, a.a.O., Hindenburg, S. 237.
[92] THEODOR ESCHENBURG, Chronik eines Richtlinienstreites, a.a.O., S. 243. HANS W. GATZKE, Von Rapallo nach Berlin, a.a.O., S. 19.
[93] Aktennotiz StS v. Schubert, Berlin, 04.11.1925 [Durchschlag], PA AA Bonn, R 29248/E 155778.
[94] Dieser Bierabend wird wohl am 17.11.1925 stattgefunden haben. Tagebucheintrag MAX V. STOCKHAUSEN, Berlin, 17.11.1925, in: DERS., Sechs Jahre Reichskanzlei, a.a.O., S. 189. Im übrigen wurde der unpolitische Charakter dieser Zusammenkünfte schon allein durch die Mischung der Gäste vorgegeben. Den im Hause Hindenburgs abgehaltenen Bierabenden wohnten für gewöhnlich neben Generälen noch Künstler und diverse Beamte bei. Erinnerungsbericht RK Marx a.D. [o.D., geschrieben 1942] „Das Jahr 1927" [Original], HA Köln, NL Marx, Best. 1070/72 [S. 11].

raschung jedoch keinen Beifall. Im Gegenteil, anstatt Stresemanns Locarnopolitik abzuwerten, nahm Hindenburg den Außenminister in Schutz, weil dieser ihm noch kurz zuvor versichert hatte, daß Moskau an weiteren Verhandlungen mit Berlin ernsthaft interessiert sei[95]. Um den Widerspruch zwischen der optimistischen Version Stresemanns und pessimistischen Einschätzung Brockdorff-Rantzaus aufzulösen, instruierte Hindenburg das Auswärtige Amt, ihm neben ergänzenden Informationen zum aktuellen Stand der deutsch-russischen Beziehungen eine Stellungnahme zu den Bedenken des deutschen Botschafters in Moskau zu übermitteln[96]. Sein Interesse bezog sich auf die Frage, ob Brockdorff-Rantzaus Befürchtung, Rußland könnte wegen der deutschen Locarnopolitik „abspringen", auch wirklich vom Auswärtigen Amt geteilt wurde. Die erwünschte Erklärung erfolgte bereits zwei Tage später durch Staatssekretär von Schubert, der das neue russische Angebot als „unannehmbar" bezeichnete, da es zu offenkundig auf ein zu „starkes Neutralitätsabkommen" abzielte. Trotzdem könne man mit Moskau, so Schuberts optimistischer Einwurf, zu einem befriedigenden Ergebnis kommen[97].

Obgleich der Missionschef den Reichspräsidenten nicht von der Vertragsgegenzeichnung abhalten konnte, so hat er jedoch seine Einstellung und Haltung zu Rußland entscheidend mitgeprägt. Aufgrund seines Vorrechtes der immediaten Berichterstattung, das ihm schon von Ebert zugestanden worden war, konnte Brockdorff-Rantzau als einziger Botschafter[98] jederzeit am Außenminister und am Auswärtigen Amt „vorbei"[99] unmittelbar das direkte Gespräch mit Hindenburg unter vier Augen suchen und führen[100]. Dabei war es für den deutschen Botschafter in Moskau noch nicht einmal nötig, ihn jedesmal persönlich aufzusuchen. An vertrauliche Informationen aus erster Hand konnte er nämlich über seinen in Berlin lebenden Zwillingsbruder, Ernst Brockdorff-Rantzau, gelangen, der in der Metropole, wie es die Historikerin Christiane Scheidemann treffend pointiert, „zum treuesten und zuverlässigsten Informationszuträger und Vermittler zwischen den höchsten Amtsinhabern des Reiches"

---

[95] Aufzeichnung StS v. Schubert, Berlin, 21.11.1925 [Original], PA AA Bonn, R 29248/E 155779.
[96] Aufzeichnung StS v. Schubert, Berlin, 23.11.1925 [Original], PA AA Bonn, R 29248/E 155782.
[97] EBD., E 155783ff.
[98] MARTIN WALSDORFF: Westorientierung und Ostpolitik. Stresemanns Rußlandpolitik in der Locarno-Ära, Bremen 1971, S. 34.
[99] WILHELM JOOST: Botschafter bei den roten Zaren. Die deutschen Missionschefs in Moskau 1918 bis 1941, Wien 1967, S. 177. Dazu auch MARTIN WALSDORFF, a.a.O., S. 34.
[100] Dieses Privileg, von dem er nur gelegentlich Gebrauch machte, bot ihm allerdings keine sonderlichen Vorteile. Siehe MARTIN WALSDORFF, a.a.O., S. 34.

avancierte[101]. Quasi als „Berliner Botschafter seines Bruders", mit dem er regelmäßig korrespondierte, stand Ernst Brockdorff-Rantzau wiederum in direktem Kontakt zu Meissner, der ihm den Weg zum Präsidenten mehr denn einmal ebnete[102].

Über die Ausnahmestellung des Botschafters zeigte sich Stresemann natürlich besorgt, da der Graf seinen priviligierten Status gezielt dazu nutzte, Hindenburg von der Unterzeichnung des Vertragswerkes abzubringen. Doch dem Außenminister blieben die Hände gebunden, denn eine Abberufung oder Versetzung seines größten politischen Gegenspielers beim Sicherheitspakt[103] war angesichts der schützenden Hand des Reichspräsidenten undenkbar[104], der allen Beschneidungsversuchen und Widerständen des Auswärtigen Amtes wegen Brockdorff-Rantzaus Immediatrecht trotzte, weil er weiterhin aus erster Hand über die Ereignisse in Rußland unterrichtet bleiben wollte[105]. Stresemann zeigte aber keine Neigung, diese Situation kommentarlos hinzunehmen. Wenn es ihm schon nicht gelang, den Botschafter zu zügeln[106], so wollte er doch zumindest über den Inhalt seiner Vorträge beim Reichspräsidenten informiert werden. Sein Gesuch an Hindenburg, ob er den Grafen dazu bewegen könne, ihm je eine Kopie seiner Immediatberichte zuzusenden[107], wurde überraschend schnell in die Tat umge-

---

[101] So CHRISTIANE SCHEIDEMANN: Ulrich Graf Brockdorff-Rantzau (1869-1928). Eine politische Biographie, Diss. Frankfurt a. M./Berlin/Bern/New York/Paris/Wien 1998, in: Europäische Hochschulschriften, Reihe III: Geschichte und ihre Hilfswissenschaften, Bd. 788, S. 20.

[102] So THEODOR ESCHENBURG: Also hören Sie mal zu. Geschichte und Geschichten 1904 bis 1933, Berlin 1995, S. 266. DERS./FRANK PLANITZ, Eine Bildbiographie, a.a.O., S. 111. WALSDORFF, a.a.O., S. 34.

[103] WOLFGANG STRESEMANN, Mein Vater, a.a.O., S. 354.

[104] THEODOR ESCHENBURG, Chronik eines Richtlinienstreites, a.a.O., S. 243. DERS./FRANK PLANITZ, Bildbiographie, a.a.O., S. 111.

[105] Schreiben Rpräs. v. Hindenburg an Dt. BS Brockdorff-Rantzau, Berlin, 25.01.1926, PA AA Bonn, NL Brockdorff-Rantzau, Bd. AZ 38, H 224037. Jeweils eine Durchschrift und eine Abschrift dieser Zeilen findet sich im PA AA Bonn unter der Signatur R 29248/E 155801. WILHELM JOOST, Botschafter bei den Roten Zaren, a.a.O., S. 177.

[106] Am 14. Dezember kam es zu einem Zusammentreffen zwischen Stresemann und Brockdorff-Rantzau, bei dem sich der deutsche Botschafter sehr reserviert und kontrolliert zeigte. Gegenüber dem Außenminister gestand er, daß ihm das Mißtrauen der Reichsregierung sehr nahegehe, und daß er in Moskau nur agieren könne, wenn er ihm auch weiterhin sein Vertrauen schenke. Tagebucheintrag RAM Stresemann, 15.12.1925 [Original], PA AA Bonn, NL Stresemann, Bd. 272, 7129/148095ff.

[107] Schreiben RAM Stresemann an Rpräs. v. Hindenburg, Berlin, 20.01.1926 [Abschrift], PA AA Bonn, R 29248/E 155799ff.

setzt. Schon kurze Zeit später leistete Brockdorff-Rantzau der Order Hindenburgs Folge und übersandte die angeforderten Abschriften[108].

Immer wieder mahnte Brockdorff-Rantzau, das Verhältnis zur Sowjetunion angesichts der Entwicklung in Locarno zu intensivieren. Dies war bei seinem am 7. November verfaßten Memorandum nicht anders, mit dem er auf Weisung des Reichspräsidenten die russische Reaktion auf den Locarno-Pakt und den damit verbundenen Eintritt Deutschlands in den Völkerbund skizzierte[109]. Darin unterstrich er dezidiert seine Sorge, daß im deutsch-russischen Verhältnis durch den Eintritt Deutschlands in den Völkerbund eine grundlegende negative Veränderung eintreten werde. Zu befürchten sei zum einen, daß die Verantwortlichen im Kreml die vertraglichen Regelungen von Locarno als eine Orientierung Deutschlands zum Westen interpretieren. Zum anderen könne hieraus neben wirtschaftlichen Nachteilen auch eine spürbare Verschlechterung des politischen Verhältnisses beider Staaten erwachsen[110]. Grundsätzliche Bedenken gegen einen späteren deutschen Eintritt in den Völkerbund hegte Brockdorff-Rantzau allerdings nicht. Was er beanstandete, war das in zeitlicher Hinsicht vorschnelle Vorgehen auf deutscher Seite[111].

Die Folgen der Denkschrift zeigten sich in der Ministerratssitzung vom 17. November 1925, als die Notizen des Botschafters zur Diskussion gestellt wurden[112]. An Stresemann und Luther gewandt machte Hindenburg auf die Bedeutung der Aufzeichnungen aufmerksam, deren Inhalt beiden Ministern be-

---

[108] Schreiben Rpräs. v. Hindenburg an Dt. BS Brockdorff-Rantzau [Moskau], Berlin, 25.01.1926, PA AA Bonn, NL Brockdorff-Rantzau, Bd. AZ 38, H 224037.
[109] Schreiben Dt. BS Brockdorff-Rantzau an Rpräs. v. Hindenburg, 28.11.1925, in: Locarno-Konferenz 1925, a.a.O., Dok.-Nr. 30, S. 223. In diesem Brief jedenfalls explizierte der Botschafter kurz und bündig seinen divergierenden Standpunkt zur deutschen Ostpolitik und stellte seinen Rücktritt in Aussicht. Inhaltliche Besonderheiten weist dieses Papier im Vergleich zu seiner Aufzeichnung über die Aussprache mit Hindenburg nicht auf. Näheres zum Promemoria des Grafen bei CHRISTIANE SCHEIDEMANN, Ulrich Graf Brockdorff-Rantzau (1869-1928). Eine politische Biographie, a.a.O., S. 667f.
[110] Aufzeichnung Dt. BS Brockdorff-Rantzau [Moskau], Berlin, 07.11.1925, in: Locarno-Konferenz, a.a.O., Dok.-Nr. 29, S. 220.
[111] EDGAR STERN-RUBARTH: Graf Brockdorff-Rantzau. Wanderer zwischen zwei Welten, Berlin, 1951 (2. Aufl.), S. 145. CHRISTIANE SCHEIDEMANN, Ulrich Graf Brockdorff-Rantzau (1869-1928), a.a.O., S. 667.
[112] „[...] The Foreign Minister's relations with Brockdorff-Rantzau [...] received a further shock when Hindenburg referred to Brockdorff-Rantzau's memorandum about Germany and the League during a Cabinet session on November 17. [...]". KURT ROSENBAUM: Community of fate. German-Soviet Diplomatic Relations 1922-1928, New York 1965, S. 189.

kannt war¹¹³. Der Einwand Stresemanns, daß sich das Verhältnis zur Sowjetunion durchaus nicht geändert habe und daß man im Kreml ohnehin dazu neige, zu „bluffen", wirkte auf Hindenburg wenig überzeugend. Den anwesenden Kabinettsmitgliedern erläuterte er, daß es seines Erachtens „wünschenswert" sei, die deutschen Beziehungen zu Moskau wegen des Eintrittes in den Völkerbund nicht nachhaltig zu beeinträchtigen¹¹⁴. Für ihn war – ungeachtet der Ergebnisse in Locarno – eine Intensivierung der deutsch-sowjetischen Beziehungen unumgänglich, damit Deutschland „zwei Eisen im Feuer" behalte¹¹⁵.

Um seine Kassandrarufe gegen Locarno an den richtigen Adressaten zu bringen, bediente sich der Moskauer Missionschef gerade in der „heißen" Phase vor der Ratifikation des Abkommens sehr zielbewußt seines Immediatrechts, wohlwissend, daß Hindenburg ihn nie abweisen würde, weil er auf seine Meinung höchsten Wert legte¹¹⁶. So verhielt es sich auch am Tag der Vertragsunterzeichnung. Nur wenige Stunden vor dem Ausfertigen und Verkünden des Vertragswerkes unternahm der Botschafter einen letzten Versuch, den Reichspräsidenten doch noch umzustimmen. Seinen Protest gegen den Locarno-Pakt brachte er dabei auf sehr eindringliche Weise zum Ausdruck, indem er zum ersten Mal offen seinen Rücktritt andeutete¹¹⁷. Doch als Brockdorff-Rantzau mit Hindenburg am Tag der Abstimmung zusammentraf, hatte das Gesetzwerk den Reichstag längst passiert. Die Ratifikation des Sicherheitspaktes durch das Parlament war für den Botschafter schließlich Anlaß genug, seinen Rücktritt als „selbstverständliche Konsequenz" zu offerieren. Vor allem störte er sich daran, daß ihm keine Gelegenheit gegeben worden war, an den entscheidenden Beratungen über das Locarno-Vertragswerk und dem Eintritt in den Völkerbund mitzuwirken. Nur so hätte er seine Bedenken rechtzeitig artikulieren können, bemerkte er resignativ. Jetzt, da der Reichstag den Vertragsentwurf von Locarno

---

¹¹³ Schreiben Rpräs. v. Hindenburg an Dt. BS Brockdorff-Rantzau [Moskau], Berlin, 25.01.1926, PA AA Bonn, NL Brockdorff-Rantzau, Bd. AZ 38, H 224037. Die Übersendung der Immediatsberichte des Botschafters an den RK und RAM sollte Hindenburgs Bitte gemäß, und um „sachliche Schwierigkeiten" zu vermeiden, regelmäßig nach jedem Besuch Brockdorffs erfolgen.

¹¹⁴ Daran anknüpfend führte Hindenburg noch aus: „[...] Ich bitte jedenfalls, diese unsere Auslegung und diesen unseren Grundsatz bezüglich Rußland in den Begleitreden besonders zu betonen [...]". Ministerratssitzung beim Reichspräsidenten, 17.11.1925, in: AdR, Kab. Luther I u. II, Bd. 2, Dok.-Nr. 226, S. 870.

¹¹⁵ Aufzeichnung StS v. Schubert, Berlin, 23.11.1925 [Original], PA AA Bonn, R 29248/E 155783ff.

¹¹⁶ Auch später kam es zu gegenseitigen Privatbesuchen. Siehe Schreiben Rpräs. v. Hindenburg an Dt. BS Brockdorff-Rantzau, Berlin, 02.06.1927, PA AA Bonn, NL Brockdorff-Rantzau, Bd. AZ 38, H 224062. Siehe ESCHENBURG, Also hören Sie mal zu, a.a.O., S. 269.

¹¹⁷ Schreiben Dt. BS Brockdorff-Rantzau an Rpräs. v. Hindenburg, 28.11.1925, in: Locarno-Konferenz, a.a.O., Dok.-Nr. 30, S. 223.

genehmigt habe, sähe er keine Möglichkeit mehr, in der Sowjetunion als Botschafter weiterhin mit Erfolg zu agieren.

Hindenburgs Betroffenheit über Brockdorffs Worte war nicht gespielt. Seine aufrichtige Zusicherung, daß er nach wie vor sein „unbedingtes und unerschütterliches Vertrauen" habe, war in der Tat Ausdruck seiner tiefsten Grundüberzeugung[118]. Um den Botschafter von einem voreiligen Schritt abzubringen, legte er ihm in Anspielung auf Stresemann und Staatssekretär von Schubert ans Herz, die „Streitaxt" mit den „Herrn drüben" ein für allemal zu begraben[119]. Da nunmehr darauf hingearbeitet werden müsse, die Russen zu beruhigen, würde sein Rücktritt die Situation nur unnötig komplizieren, lenkte er beschwichtigend ein. Mit Wohlgefallen wird der Missionschef zumindest seine Worte vernommen haben, daß er seine Promemoria in der Kabinettssitzung erfolgreich vorgetragen habe.

Auf Hindenburgs Offerte hin, den Inhalt dieser Besprechung schriftlich fixieren und dem Reichskanzler sowie dem Reichsaußenminister zukommen zu lassen, entgegnete der Botschafter erleichtert, daß seine Mitteilungen ihm eine Genugtuung seien und er eventuell seinen Entschluß rückgängig machen werde, vorausgesetzt, er räume ihm eine gewisse Bedenkzeit ein. Daß Brockdorff-Rantzau in dieser Unterredung die deutsche Ostpolitik generell tadelte, dürfte selbst für den Reichspräsidenten kaum etwas Neues gewesen sein: Seine ablehnende Haltung zur Rußlandpolitik des Auswärtigen Amtes war gleichermaßen notorisch wie seine persönliche Kritik an Staatssekretär von Schubert, dessen „unzureichende" Informationspolitik und fortwährenden Versuche, sein Immediatrecht zu beschneiden, er offen beanstandete[120]. Zwar zeigten die Argumente und Einwände des Moskauer Missionschefs bei Hindenburg durchaus Wirkung[121], dennoch engagierte er sich für einen Ausgleich mit dem Außenmini-

---

[118] Anfang 1928 gestand Hindenburg dem Zwillingsbruder des deutschen Botschafters in Moskau am Rande eines Diners in seinem Palais, daß er mit der hiesigen Rußlandpolitik des Grafen völlig konform gehe. Siehe Schreiben Dt. BS Brockdorff-Rantzau an Ernst Brockdorff-Rantzau, Moskau, 27.01.1928 [Original], PA AA Bonn, NL Brockdorff-Rantzau, Bd. 13/2.

[119] Aufzeichnung Dt. BS Brockdorff-Rantzau über seinen Besuch beim Rpräs. v. Hindenburg am 28.11.1925, in: Locarno-Konferenz, a.a.O., Dok.-Nr. 31, S. 224f.; Das Original hierzu findet sich im PA AA Bonn, NL Brockdorff-Rantzau, Bd. AZ 38, H 224024-027 [H 224024]. Siehe WILHELM JOOST, Botschafter bei den roten Zaren, a.a.O., S. 176. Bei ihrem Zusammentreffen händigte der Botschafter dem Reichspräsidenten sein Schreiben vom 28.11.1925 aus.

[120] Aufzeichnung Dt. BS Brockdorff-Rantzau [Moskau], Berlin, 28.11.1925, PA AA Bonn, NL Brockdorff-Rantzau, Bd. AZ 38, H 224025. Zu seiner Kritik an StS v. Schubert siehe auch Tagebucheintrag RAM Stresemann, 15.12.1925 [Original], PA AA Bonn, NL Stresemann, Bd. 272, 7129/148095ff.

[121] Brockdorff-Rantzaus Beschwerde, StS v. Schubert hätte sein Immediatrecht offen kritisiert, kommentierte Hindenburg gelassen mit den Worten: „ [...] Lassen Sie den nur kommen [...]".

ster. Als Kompromiß schlug er dem Botschafter vor, dem Wunsch Stresemanns nachzukommen und ihm je eine Durchschrift des Immediatberichtes „zur Vermeidung sachlicher Schwierigkeiten" zwischen der Wilhelmstraße 73 und 76 zuzusenden[122]. Nach anfänglichem Zögern zog der deutsche Diplomat sein Rücktrittsgesuch zurück und beugte sich dem Willen Hindenburgs[123]. Ganz gewiß spielte hierbei das beidseitige gute Verhältnis eine tragende Rolle, denn Brockdorffs „Rückzieher" darf nicht losgelöst von seiner großen Verehrung für den Generalfeldmarschall des Ersten Weltkrieges gesehen werden. Daß dieser ihn von seinem eigentlichen Vorhaben abhalten konnte, erklärt sich damit, daß der wählerische Botschafter nur ihn als Vorgesetzten akzeptierte[124]. Sein Vertrauen in Hindenburg schien sich für ihn schon bald auszuzahlen. Kurze Zeit später setzte der Reichspräsident dem Reichskanzler auseinander, daß er Brockdorff-Rantzaus Sorgen nicht nur teile[125], sondern genauso davon ausgehe, daß der Locarno-Pakt eine Verschlechterung des außenpolitischen Klimas zwischen Deutschland und Rußland nach sich ziehen werde. Dem Wunsch Brockdorff-Rantzaus entsprechend erläuterte er, daß er dem Botschafter weiterhin das Immediatrecht gewähre, weil *ihm* daran gelegen sei, auch künftig über die Entwicklung der deutsch-russischen Beziehungen „fortlaufend und rasch" unterrichtet zu bleiben. Gerade deshalb habe er, so sein abschließender Kommentar, seinem Ansuchen um Amtsenthebung nicht entsprochen[126].

Aufzeichnung Dt. BS Brockdorff-Rantzau über Besuch beim Rpräs. v. Hindenburg am 28.11.1925 in Berlin, PA AA Bonn, NL Brockdorff-Rantzau, Bd. AZ 38, H 224026.

[122] Siehe Schreiben Rpräs. v. Hindenburg an Dt. BS Brockdorff-Rantzau, Berlin, 25.01.1926, PA AA Bonn, NL Brockdorff-Rantzau, Bd. AZ 38, H 224037.

[123] Vgl. CHRISTIANE SCHEIDEMANN, a.a.O., S. 670.

[124] HERBERT V. DIRKSEN: Moskau-Tokio-London. Erinnerungen und Betrachtungen zu 20 Jahren deutscher Außenpolitik 1919-1939, Stuttgart 1950, S. 60. EDGAR STERN-RUBARTH, Graf Brockdorff-Rantzau, a.a.O., S. 161.

[125] Schreiben Rpräs. v. Hindenburg an RAM Stresemann, 28.11.1925, in: WALTER HUBATSCH (Hrsg./Bearb.): Hindenburg und der Staat. Aus den Papieren des Generalfeldmarschalls und Reichspräsidenten von 1878 bis 1934, Göttingen/Berlin/Frankfurt a. M./Zürich 1966, Dok.-Nr. 36, S. 219f.; StS Meissner leitete eine Abschrift dieses Schreibens an Brockdorff-Rantzau weiter. Siehe HERBERT HELBIG: Die Moskauer Mission des Grafen Brockdorff-Rantzau, in: Forschungen zur Osteuropäischen Geschichte, Bd. 2 (1955), S. 322.

[126] „[...] Ich verkenne aber nicht, daß durch den Abschluß des Locarno-Pakts unser Verhältnis zu Rußland auch für die nächste Zeit einer gewissen Belastung ausgesetzt sein wird [...]". Schreiben Rpräs. v. Hindenburg an RAM Stresemann, 28.11.1925, in: HUBATSCH, Hindenburg und der Staat, a.a.O., Dok.-Nr. 36, S. 219. Näheres zu Brockdorff-Rantzau, seine Rolle beim Berliner Vertrag und sein Verhältnis zu Stresemann bei KURT ROSENBAUM, Community of fate, a.a.O., S. 188ff. u. bei CHRISTIANE SCHEIDEMANN, a.a.O., S. 658ff.

So geschickt die Beschwörungsformeln diverser Personen und Gruppen auch verfaßt waren, um Hindenburgs Renitenz gegen Locarno doch noch zu aktivieren, einen Sinneswandel heraufbeschwören konnten sie nicht. Im Gegenteil, der Reichspräsident, der am 28. November 1925 seinen Namenszug unter das Dokument setzte, hielt an seinem selbstauferlegten Credo fest und blieb, wie er es einmal mit seiner Vorliebe für militärische Analogien beschrieb, bis zuletzt auf dem „*Schlachtfeld*"[127].

III. Einflußnahme auf die Locarnopolitik und den Völkerbundseintritt

1. *Erste Sondierungen und aktive Präsenz in den Kabinetts- und Ministerratssitzungen*

Der Weg nach Locarno erwies sich wirklich als beschwerlich. Es war ein „weiter" und „dornenreicher" Weg, wie Stresemann es unmittelbar nach der Locarnokonferenz auf den Punkt brachte[128]. Ohne den englischen Botschafter in Berlin, Lord Edgar Vincent Viscount D'Abernon, dem in der Tradition der britischen Gleichgewichtspolitik stehenden eigentlichen Initiator des Locarno-Abkommens, wäre diese Vereinbarung wohl nicht zustande gekommen[129]. Wenn Stresemann, Briand und Chamberlain als die Architekten des Locarnoabkommens gelten[130], dann war Lord D'Abernon der geistige Vater des Paktes, den er

---

[127] „[...] Hindenburg selbst sagte mir: ‚[...] Entweder mache ich die Sache (die Unterzeichnung des Sicherheitspakts) oder ich bringe sie zum Scheitern. Aber man darf von mir als altem Soldaten nicht verlangen, daß ich im kritischen Augenblick das Schlachtfeld verlassen soll. [...]' ". So OTTO GESSLER, Reichswehrpolitik, a.a.O., S. 350.
[128] Redemanuskript RAM Stresemann, Karlsruhe, 23.10.1925 [Durchschlag], PA AA Bonn, NL Stresemann, Bd. 31, 04809 H/H 160352.
[129] HENRY ASHBY TURNER: Stresemann - Republikaner aus Vernunft, Berlin/Frankfurt a. M. 1968, S. 181. Zur Vorgeschichte des Abkommens und näheres zur Rolle Lord D'Abernons bei ANGELA KAISER: Lord D'Abernon und die Entstehungsgeschichte der Locarno-Verträge (Miszelle), in: VfZ, 34 Jg., Heft 1 (1986), S. 85ff. u. Locarno-Konferenz 1925 (Einleitung). Eine Dokumentensammlung, Hrsg.: Ministerium für auswärtige Angelegenheiten der DDR, Ost-Berlin 1962, S. 7ff.
[130] MARSCHALL M. LEE/WOLFGANG MICHALKA: German Foreign Policy. Continuity or Break?, Leamington Spa/Hamburg/New York 1987, S. 84.

auch folgerichtig liebevoll als sein „Kind" betrachtete[131]. Seine Abberufung im Oktober 1926 nahm selbst Hindenburg mit Bedauern zur Kenntnis[132].

Ein weiterer Spiritus Rector fand sich mit Aristide Briand, der die Ernsthaftigkeit seines eingeschlagenen Versöhnungskurses mit Deutschland nach langem „Hin und Her" [133] durch seine Einladung an die deutsche Reichsregierung zur Ministerkonferenz in Locarno unter Beweis stellte[134].

Als in der Vorbereitungsphase immer noch Unklarheit über den Konferenzmodus und den Verhandlungsort herrschte, meldete sich Hindenburg zu Wort, der die Frage in den Raum stellte, ob vor dem Treffen der Politiker erst eine reine Zusammenkunft der Juristen abgehalten werden oder ob von deutscher Seite nicht eine Außenministerkonferenz initiiert werden sollte[135]. Die Idee einer reinen Juristenkonferenz löste beim Reichspräsidenten keine Begeisterung aus. Doch nachdem wenige Wochen später der deutsche Delegierte Friedrich Gaus in der Londoner Vor-Konferenz[136] entscheidende vertragstextliche Veränderungen zugunsten Deutschlands erreichte, war er über ihn voll des Lobes. Nach Gaus' Vortrag im Palais bedankte er sich bei seinem Referenten für die an den Tag gelegte resolute Verhandlungsführung in London und für das Durchfechten einer so guten Verhandlungsposition für Deutschland[137]. Nunmehr, so seine beschwörenden Worte, käme es darauf an, den „Feind" an der „Gurgel zu packen"[138]. Kämpferische und militärische Töne dieser Couleur entglitten dem Präsidenten bei den sich nun häufenden Kabinettssitzungen jedoch nur gelegentlich. Wenn das Locarno-Abkommen und der Eintritt Deutschlands in den Völ-

---

[131] FELIX HIRSCH, Stresemann, a.a.O., S. 185. WALTER GÖRLITZ, Stresemann, a.a.O., S. 209.

[132] RUDOLPH WETERSTETEN/A.M.K. WATSON: The biography of President von Hindenburg, New York 1930, S. 207.

[133] So HERMANN PÜNDER, Von Preussen nach Europa, a.a.O., S. 74.

[134] KLAUS HILDEBRAND, Das vergangene Reich, a.a.O., S. 477.

[135] Aufzeichnung StS v. Schubert, Berlin, 03.08.1925, PA AA Bonn, R 27370/D 826477. Schubert verwies Hindenburg darauf, daß weder das Auswärtige Amt noch die Reichsregierung entsprechendes angeregt habe. Abgedruckt in: ADAP, A-XIII (1995), Dok.-Nr. 247, S. 676f.

[136] Bei den Besprechungen in der englischen Hauptstadt, die vom 31.08. bis 04.09.1925 dauerten, erzielte man aber nicht in allen Punkten eine Einigung. Mehr hierzu bei CHRISTIAN HÖLTJE: Die Weimarer Republik und das Ostlocarnoproblem 1919-1934. Revision oder Garantie der deutschen Ostgrenze von 1919, in: Marburger Ostforschungen, Hrsg.: Erich Keyser, Bd. 8, Diss. Würzburg 1958, S. 80ff.

[137] Aufzeichnung StS v. Schubert, Berlin, 09.09.1925 (Geheim!), in: ADAP, A-XIV, Dok.-Nr. 55, S. 147. FELIX HIRSCH, Stresemann, a.a.O., S. 198f.

[138] Im Verlauf der Unterredung wurde noch darüber diskutiert, ob neben dem Außenminister und einigen Staatssekretären noch der Reichskanzler zur Ministerkonferenz geladen werden sollte. Aufzeichnung StS v. Schubert, Berlin, 09.09.1925 (Geheim!), in: ADAP, A-XIV, Dok.-Nr. 55, S. 148.

kerbund auf der Tagesordnung standen, führte er höchstpersönlich den Vorsitz bei den Ministerrats- und Kabinettssitzungen[139] und befleißigte sich in der Regel einer besonneneren Diktion.

Die außenpolitische Praxis und die Arbeit mit der Regierung begann für ihn eigentlich erst mit der Sitzung des Kabinettsrats am 24. September 1925[140]. Denn bei der am 5. Juni 1925 in seinem Hause unter seinem Vorsitz abgehaltenen Kabinettsratssitzung fungierte er vorerst nur in der Rolle des passiven Zuhörers und griff kein einziges Mal mit einer Wortmeldung in die Debatte ein[141]. Seine anfängliche Zurückhaltung resultierte daher[142], weil er während der Vorbereitungsphase der Locarnoverhandlungen zum Reichspräsidenten gewählt worden war und sich folglich erst einmal einen Überblick über die Vorverhandlungen des anstehenden Locarno-Paktes verschaffen mußte. Inhaltlich und substantiell mußte er sich auf die Schnelle mit dem vorangegangenen intensiven Notenwechsel auseinandersetzen, insbesondere mit dem deutschen Memorandum vom 9. Februar und der deutschen Antwortnote vom 20. Juli 1925[143]. Viel Zeit blieb dem neuen Staatsoberhaupt somit nicht, denn nach nur wenigen Amtswochen traf die langersehnte französische Antwortnote in Berlin ein. Das viermonatige Warten, zu dem die Diskussionen im Ausland aufgrund des Wahlsieges Hindenburgs beigetragen hatten[144], wurde belohnt; der Weg nach Locarno war endlich frei[145].

Ganz zu Anfang seiner Präsidentschaft übernahm Hindenburg den Part des Zuhörers, verzichtete vorerst auf außenpolitische Interventionen und ging mit

---

[139] ANDREAS DORPALEN, Hindenburg, a.a.O., S. 98. Weder in der Reichsverfassung noch in den Geschäftsordnungen vorgesehen, fanden die Ministerratssitzungen als eine Art „Forum der kollegialen Regierungsarbeit" in der Regel unter dem Vorsitz des Reichspräsidenten statt. Siehe AdR, Kab. Luther I u. II, Bd. 1, S. X.
[140] Cf. auch HUBATSCH; Hindenburg und der Staat, a.a.O., S. 95.
[141] Niederschrift der Ministerratssitzung, Berlin, 05.06.1925 [Durchschlag; von Meissner per Bleistift unterschrieben], BA Berlin-Lichterfelde, R 601/682 [S. 81-88].
[142] „[...] der [Rpräs. v. Hindenburg] sich seltsamerweise nicht an die Diskussion beteiligte. [...]". So WOLFGANG STRESEMANN, Mein Vater, a.a.O., S. 351.
[143] Zum Notenwechsel siehe auch: UuF, Bd. 6, Dok.-Nr. 1319 a/b/c/d, S. 317ff.; Zur Vorgeschichte des Memorandums FELIX HIRSCH, Stresemann, a.a.O., S. 184ff.
[144] Ein weiterer Grund für die Verzögerung lag in der französischen Regierungskrise, die durch den Sturz des Kabinetts Herriots ausgelöst wurde. VERA TORUNSKY: Entente der Revisionisten. Mussolini und Stresemann 1922-1929, Diss. Köln/Wien 1981, S. 72f.; HENRY ASHBY TURNER, Stresemann, a.a.O., a.a.O., S. 195.
[145] Note der französischen Regierung an die deutsche Regierung vom 16.06.1925, in: Locarno-Konferenz, a.a.O., Dok.-Nr. 14, S. 100ff.

dem Außenminister in der Behandlung der Briand-Note konform[146]. Für lange Diskussionen blieb ihm, der angehalten war, sich mit den diffizilen Abläufen der Außenpolitik schnellstens vertraut zu machen, zu Beginn seiner Amtsperiode ohnehin keine Zeit. Daß ihm der Einstieg in den politischen Alltag so mühelos gelang, hing weniger mit politischem Talent als vielmehr mit der alten ihn bewegenden Kardinalfrage der deutschen Außenpolitik zusammen: der Frage nach der Schuld Deutschlands am Ausbruch des Ersten Weltkrieges. Da er sich für diese Materie nicht sonderlich vorbereiten mußte, wurde ihm der Start in die außenpolitische Praxis erleichtert. Die Kriegsschuldfrage stellte er sogleich in den Mittelpunkt der Kabinettssitzung vom 24. September 1925, in der ausschließlich über die Vorgehensweise bei der Annahme der Einladung zur Locarno-Konferenz debattiert wurde. Daß Hindenburg die Minister für die Besprechung eigens in sein Palais zitierte, kam nicht von ungefähr. Den „Heimvorteil" nutzend ging es ihm bei dieser und den folgenden Sitzungen darum, dem Ministerrat seinen Standpunkt und die nötigen Voraussetzungen für eine deutsche Beteiligung an der internationalen Konferenz in der Schweiz darzulegen. So wurden die Mitglieder des Kabinetts Zeugen, wie Hindenburg die Annahme der Einladung zur Locarno-Konferenz und die deutsche Verbalnote über die „Kriegsschuldfrage" untrennbar miteinander verknüpfte und den Komplex „Kriegsschuldartikel" und Sicherheitspakt offen thematisierte[147]. Ergo war seiner Auffassung nach die neu zu verfassende Erklärung, die auf dem Memorandum vom September 1924 und der öffentlichen Kundgebung des Reichskanzlers Marx vom 30. August 1924 über die Schuld am Kriege basieren sollte, noch deutlicher und schärfer zu formulieren. Ihr Inhalt sollte sowohl den Konferenzteilnehmern als auch der deutschen Öffentlichkeit zur Kenntnis gebracht werden. Sein energisches Insistieren auf die Überreichung einer politisch selbstbewußten und diplomatisch ordentlichen Note an die teilnehmenden Ententemächte der Konferenz[148] galt dem Zweck, den Kriegsschuldartikel ein weiteres Mal explizit zurückzuweisen[149]. Eine Übergabe des deutschen Memorandums ohne eine implizi-

---

[146] „[...] Der Reichspräsident stimmte meinen Darlegungen zu, insbesondere erkläre er es auch für falsch, jetzt etwa eine Ablehnung der Briand'schen Note vorzunehmen, man solle vielmehr in der Form von Rückfragen die Streitpunkte zur öffentlichen Diskussion stellen [...]". Aufzeichnung RAM Stresemann, Berlin, 24.06.1925 [Original], PA AA Bonn, R 28034/E 255798.
[147] WALTER GÖRLITZ, Hindenburg, a.a.O., S. 269. ERICH MARCKS: Hindenburg - Feldmarschall und Reichspräsident, in: Persönlichkeit und Geschichte, Bd. 32, Göttingen/Berlin/Frankfurt a. M. 1963 [Berlin 1932 (1.Aufl.)], S. 41.
[148] So WERNER MASER: Hindenburg. Eine politische Biographie, Rastatt 1989, S. 230.
[149] „[...] Was die abzugebende Erklärung anlangt, so hätte ich sehr gewünscht, daß wir eine deutlichere und schärfere Sprache in unserer Erklärung gesprochen hätten [...]. Auf alle Fälle bitte ich aber, daß die klare und deutliche Erklärung des Reichskanzlers Marx vom 30. August 1924 in

te Mißbilligung des Artikels 231 des Versailler Vertrages hätte er vermutlich nicht hingenommen[150]. Obgleich sein Wunsch nach einer verschärften Sprachregelung keine Berücksichtigung mehr fand, wurde die Note auf seine Veranlassung hin an einer Stelle verändert. Hinzugefügt wurde der Vermerk „etwaig", weil Deutschland sich nur auf diese Weise, so Hindenburgs Auffassung, beim Völkerbundseintritt eine Option auf Handlungsfreiheit bewahren konnte[151].

Im ersten Kabinettsrat nach der Konferenz vom 19. Oktober 1925 resümierten Stresemann und Luther die politischen Entscheidungen und persönlichen Eindrücke von Locarno. Läßt man die näheren Einzelheiten außer acht, dann war Hindenburg mit ihren Ausführungen insgesamt zufrieden. Anstatt die Paraphierung des Vertragswerkes an irgendeinem Punkt anzufechten, gestand er, daß manche Bedenken, die er gehabt hatte, nun geschwunden seien[152]. Mit seinem Dank an die Konferenzteilnehmer Luther und Stresemann brachte er zugleich

---

diesem Zusammenhang mit dieser Note in der deutschen Öffentlichkeit bekanntgegeben wird. Ferner bitte ich, daß wir in der Note, wenn von dem Eintritt in den Völkerbund die Rede ist, hier das Wort *etwaig* beifügen, um uns die Freiheit des Handelns zu wahren. [...]". Kabinettsrat beim Rpräs. v. Hindenburg, Berlin, 24.09.1925, in: AdR, Kab. Luther I u. II, Bd. 1, Dok.-Nr. 161, S. 570f.; Siehe auch Tagebucheintrag MAX V. STOCKHAUSEN, Berlin, 24.09.1925, in: DERS., Sechs Jahre Reichskanzlei, a.a.O., S. 175. Größere Auszüge der von Reichskanzler Marx abgegebenen Erklärung wurden am 30.09.1925 in etlichen Zeitungen abgedruckt. Der englische Botschafter in Berlin, Lord D'Abernon, bestätigt dies in seinem Tagebuch: „[...] I hear from a confidential source that the declaration regarding war guilt was inserted owing to Hindenburg's persistent pressure. He made a special point on the maintenance of this clause [...]". Tagebucheintrag Engl. BS D'ABERNON, Berlin, 28.09.1926, in: DERS., An Ambassador of Peace, Bd. III, a.a.O., S. 191f.

[150] WALTER GÖRLITZ, Hindenburg, a.a.O., S. 269.

[151] Kabinettsrat beim Rpräs. v. Hindenburg, Berlin, 24.09.1925, in: AdR, Kab. Luther I u. II, Bd. 1, Dok.-Nr. 161, S. 570. An der entscheidenden Stelle in der Endfassung des deutschen Memorandums vom 26. September 1925 lautet es: „[...] Sie [die RReg.] wiederholt aus diesem Memorandum [Siehe Memorandum vom 29.09.1924, in: Locarno-Konferenz, a.a.O., S. 75, Anm. 24] die Erklärung, daß der etwaige Eintritt Deutschlands in den Völkerbund nicht so verstanden werden darf, als ob damit die zur Begründung der internationalen Verpflichtung Deutschlands aufgestellten Behauptungen anerkannt würden, die eine moralische Belastung des deutschen Volkes in sich schließen. [...]". Vgl. Deutsche Verbalerklärung zur Note vom 29.09.1925, in: Locarno-Konferenz, a.a.O., Dok.-Nr. 22, S. 140.

[152] Kabinettsrat beim Rpräs. v. Hindenburg, Berlin, 19.10.1925, in: AdR, Kab. Luther I u. II, Bd. 2, Dok.-Nr. 201., S. 788f.; Dort führte er weiterhin noch aus: „[...] Ich stelle mit Befriedigung fest, daß jetzt schon das Verhalten der Delegation durchaus gebilligt und dankbar anerkannt wird, ebenso, daß auch für die Paraphierung grundsätzlich die Zustimmung gegeben ist. Ich hoffe, daß wir auch weiterhin zu gutem Resultate kommen. Dazu wird nun gehören, daß der Pressechef geschickt manövriert, und ich möchte auch die Minister bitten, bei ihren Parteien und auf die Presse in diesem Sinne einzuwirken [...]". ESCHENBURG, Chronik eines Richtlinienstreites, a.a.O., S. 255. HANS LUTHER, Politiker, a.a.O., S. 386f.

zum ersten Mal seine volle Zufriedenheit mit der Locarnodiplomatie des Kabinetts – ohne Wenn und Aber – zum Ausdruck[153]. Nun schienen auch seine letzten Zweifel beseitigt. Vergessen waren die noch vor wenigen Wochen von ihm gehegten ernsthaften Rücktrittsabsichten, falls seine Auffassungen beim Abschluß der Locarno-Verträge keine Berücksichtigung fänden[154]. So sah es eine Zeitlang danach aus, als könnten Luther und Stresemann sich seiner „unerschütterlichen Unterstützung" für die Ratifizierung des Locarno-Abkommens sicher sein[155]. Doch am 16. November 1925 änderte sich die Situation schlagartig, als Hindenburg das Kabinett jeweils zu einer Vormittags- und einer Abendsitzung ins Palais zitierte, um unter anderem auch Themenkomplexe anzusprechen, die ihm Brockdorff-Rantzau kurz zuvor ans Herz gelegt hatte. Gleich zu Anfang der ersten Besprechung führte er aus, daß es nun darauf ankäme, die Verhandlungen weiterzubringen und aus der eingegangenen allgemeinen Rheinlandnote vom 14. November[156] den größtmöglichen Nutzen zu ziehen. Gegen Ende der Sitzung griff er wieder in die Debatte ein, als er die deutsche Locarnopolitik ganz im Sinne des deutschen Botschafters in Moskau tadelte. Mit den Vereinbarungen in Locarno, so seine Worte, sei nicht „das Beste" für Deutschland erreicht worden. Die Basis der Abmachungen sei „eine sehr ungleiche", zumal man selbst „vollständig abgerüstet" habe, aber die Ententemächte eben nicht. Mit einer vertraglich vorgesehenen „neutralen Zone" sei Deutschland ebensowenig gedient wie mit dem Kündigungsrecht gegenüber dem Sicherheitspakt und dem Völkerbund. Als störend empfand er zudem die französische Garantieerklärung für Polen; außerdem werde in bezug auf Artikel 16 der Völ-

---

[153] Tagebucheintrag RAM Stresemann, 27.10.1925, BERNHARD, Gustav Stresemann Vermächtnis, Bd. II, a.a.O., S. 205.
[154] HANS LUTHER, Politiker, a.a.O., S. 398. In der Kabinettssitzung vom 22. Oktober 1925 wurde im Einvernehmen mit Hindenburg der Beschluß gefaßt, die außenpolitische Linie, also die weiteren Verhandlungen zum Locarno-Pakt, konsequent fortzusetzen. Während der Sitzung hatte Hindenburg sich laut Protokoll übrigens kein einziges Mal zu Wort gemeldet. Protokoll Kabinettsratssitzung, Berlin, 22.10.1925 [Kopie einer Abschrift], PA AA Bonn, R 29107k/E 130012f.
[155] JOHN W. WHEELER-BENNETT, Der hölzerne Titan, a.a.O., S. 293.
[156] In der französischen Note wurden für das besetzte Reichsgebiet bestimmte Erleichterungen zugesichert. Zum Beispiel gewährte man die Wiedereinsetzung eines Reichskommissars. Außerdem sollte die Rheinlandkommission eine Amnestie erlassen und die Besatzungstruppen auf eine „annähernd normale Stärke" reduziert werden. Beseitigt werden sollten ferner noch die Delegierten, die für die Überwachung der Presse und der Bevölkerung im Rheinland zuständig waren: „[...] Die Verwirklichung dieser Reformen wird für die deutsche Bevölkerung sehr wertvolle Vorteile mit sich bringen und einen günstigen Einfluß auf die Beziehung zwischen ihr und den Besatzungstruppen ausüben. [...]". Note der Botschafterkonferenz über Erleichterungen im besetzten Gebiet, Paris, 14.11.1925, in: UuF, Bd. VI, Dok.-Nr. 1350, S. 404f.

kerbundsatzung zu wenig Rücksicht auf „Rußland" genommen und die Zusage für den Wegfall der Interalliierten Kontrollkommission stehe immer noch aus[157].

Am nächsten Tag kam es zu einem abermaligen Treffen der Minister im Palais, bei dem Hindenburg die in der Nacht eingegangene allgemeine Räumungsnote vom 16. November 1925 zur Sprache brachte. Nachdem er die Presseangriffe kurz erwähnte, ging er auf die Niederschrift des Botschafters Graf Brockdorff-Rantzau ein, der durch den Sicherheitspakt das Verhältnis zu Moskau gestört sah[158]. Wichtig schien ihm eine angemessene Aufklärung der deutschen Bevölkerung, um ein populäres Klima und Verständnis für die Locarno- respektive Völkerbundspolitik der Regierung zu schaffen. Er hätte sich auch manches anders gewünscht, „aber im ganzen ist wohl nun nichts mehr zu ändern" und „Gott möge seinen Segen dazu geben"[159].

2. Die ‚Notizen des Reichspräsidenten für die Vorarbeiten zur Londoner Konferenz' und die Reaktionen

Am 2. November 1925 übersandte Hindenburg der Reichskanzlei die sogenannten *Notizen für die Vorarbeiten der Londoner Konferenz*[160], ein Papier, in dem er insgesamt zehn Verbesserungsvorschläge für das in Locarno paraphierte Vertragswerk unterbreitete. Tatsächlich zählt dieses Schriftstück zu dem wichtigsten Dokument, aus dem hervorgeht, wie und an welchen Punkten der Reichspräsident auf die Entwicklung und Formulierung des Sicherheitspaktes von Locarno

---

[157] „[...] Jedenfalls bitte ich [Rpräs. v. Hindenburg], heute noch nicht die Öffentlichkeit dahin zu unterrichten, daß wir einen zustimmenden Entschluß gefaßt haben. [...]". Ministerrat beim Rpräs. v. Hindenburg, 16.11.1925 (11.30 Uhr), in: AdR, Kab. Luther I u. II, Bd. 2, Dok.-Nr. 223, S. 863.

[158] Ministerrat beim Rpräs. v. Hindenburg, 17.11.1925, in: AdR, Kab. Luther I u. II, Bd. 2, Dok.-Nr. 226, S. 870.

[159] EBD., S. 871f.

[160] Notizen des Reichspräsidenten für die Vorarbeiten zur Londoner Konferenz, Berlin, 02.11.1925, in: AdR, Kab. Luther I u. II, Bd. 2, Dok.-Nr. 214, S. 825ff.; Am schreibmaschinengetippten dreiseitigen Original, das im Koblenzer Bundesarchiv auf Mikrofilm verzeichnet ist, fällt die von Hindenburg eigenhändig geschriebene Überschrift [s.o.] wegen ihrer markant großen Buchstaben besonders auf. Sonstige Vermerke, Paraphen oder Marginalien trägt das Dokument, zu dem kein Begleitschreiben ermittelt werden konnte, nicht. Ohne Zweifel dürfte Hindenburg dieses Papier initiiert und selbst formuliert haben. Mit seiner schwarz auf weiß fixierten Über- und Unterschrift auf dem Aktenstück wollte er sicherlich auch die Wichtigkeit und Dringlichkeit seiner „Notizen" optisch zum Ausdruck bringen. Vgl. BA Koblenz, R 43 I/429 [S. 95ff.].

Einfluß zu gewinnen versuchte und das zudem indirekt belegt, wie gründlich er die Bestimmungen der Übereinkunft von Locarno Punkt für Punkt studiert haben muß. Sicherlich spekulierte er darauf, die DNVP durch eine Modifikation des Locarno-Paktes zugunsten Deutschlands wieder in die Regierungsverantwortung zu bringen. Aber die von ihm eingereichte Vorlage muß vor allem im Zusammenhang mit der bevorstehenden Londoner Konferenz, wo die paraphierten Locarno-Verträge offiziell und feierlich unterschrieben werden sollten, gesehen werden. In Gestalt einer detaillierten Liste stellte er seine Forderungen zum Sicherheitspakt punktuell vor und brachte sich so kurz vor dem Beginn der Verhandlungen in der englischen Hauptstadt vehement in Erinnerung.

Gleich zu Anfang seines Maßnahmenkatalogs richtete Hindenburg die Aufmerksamkeit auf Artikel 1 des in der Schweiz ausgehandelten Vertrages[161], der seinem Dafürhalten nach einer deutlicheren Sprachregelung bedurfte. Textlich mußte er so präzise ausformuliert werden, daß aus ihm kein automatischer Verzicht auf Elsaß-Lothringen und die anderen abgetretenen Gebiete mehr abgeleitet werden konnte. Spätere Vorhaltungen von seiten der Alliierten sollten so prophylaktisch ausgeschlossen werden[162]. Im zweiten Punkt seiner Notizen ließ er indirekt seinen Unmut über den Artikel 6 des Locarno-Vertragswerkes[163] durchblicken. Daß die darin bestätigte Rechtsgültigkeit des Versailler Vertrages solange Bestand haben sollte, bis England und Frankreich freiwillig auf ihre zugeschriebenen Rechte verzichteten, war ihm zutiefst suspekt. Wenig plausibel erschien ihm, daß das Locarno-Abkommen nunmehr den Fortbestand der Artikel 227 und 228 des Versailler Vertrages[164] garantiere, auch dann, wenn die französische

---

[161] „[...] Die Hohen Vertragsschließenden Teile garantieren [...] die Unverletzlichkeit dieser Grenzen, wie sie durch den in Versailles am 28. Juni 1919 unterzeichneten Friedensvertrag oder in dessen Aufführung festgesetzt sind [...]". Art. 1 des Locarno-Vertrages vom 16.10.1925, in: Locarno-Konferenz 1925. Eine Dokumentensammlung, Hrsg.: Ministerium für auswärtige Angelegenheiten der DDR, Ost-Berlin 1962, S. 199.

[162] Notizen des Reichspräsidenten für die Vorarbeiten zur Londoner Konferenz, Berlin, 02.11.1925, in: AdR, Kab. Luther I u. II, Bd. 2, Dok.-Nr. 214, S. 825.

[163] „Die Bestimmungen dieses Vertrages lassen die Rechte und Pflichten unberührt, die sich für die Hohen Vertragsschließenden Teile aus dem Vertrag von Versailles sowie aus den ergänzenden Vereinbarungen, einschließlich der in London am 30. August 1924 unterzeichneten, ergeben". Art. 6 des Locarno-Vertrages vom 16.10.1925, in: Locarno-Konferenz 1925. Eine Dokumentensammlung, Hrsg.: Ministerium für auswärtige Angelegenheiten der DDR, Ost-Berlin 1962, S. 201.

[164] Im Art. 227 VV wurde Wilhelm II. unter internationale Anklage gestellt, die Einsetzung eines allgemeinen Gerichtshofs gefordert und ein Auslieferungsgesuch an die holländische Regierung gestellt. Im Artikel 228 VV wurde Deutschland verpflichtet, die Strafverfolgung und Aburteilung der wegen Kriegsverbrechen angeklagten deutschen Bürger durch allgemeine Militärgerichte zuzulassen. Genaueres hierüber bei WALTER SCHWENGLER: Völkerrecht, Versailler Vertrag

Regierung keinen Gebrauch von den „Strafbestimmungen" mache. Drittens verlangte er die „Präzisierung" der deutschen schriftlichen Erklärung vom 20. September 1925 und der verbalen Erklärung, in denen der Kriegsschuldartikel 231 des Versailler Vertrages erneut zurückgewiesen wurde[165]. Seine vierte Anmerkung tangierte die dort aufgeführten Artikel 42, 43 und 44, die seiner Ansicht nach zu beseitigen waren, weil die darin angeordnete permanente Entmilitarisierung des Rheinlands, Badens und der Pfalz, beziehungsweise die Beschränkung der deutschen Hoheitsrechte, insultierenden Charakters war[166]. Sein fünfter Kritikpunkt richtete sich wieder gegen Artikel 16 der Völkerbundsatzung. Angesichts der im Locarno-Pakt verankerten bindenden Bestimmung[167] hielt er es für fraglich, ob die Kollektivnote dieses Vertrags vom 16. Oktober 1925[168] wirklich gewährleiste, daß Deutschland gegenüber Rußland jederzeit Neutralität wahren kann. Außerdem sei eine einseitige Westorientierung zu vermeiden, weil Deutschland sonst in wirtschaftliche und politische Abhängigkeit der Westmächte und Amerikas gerate[169]. Mit Punkt sechs brachte er seine notorische Aversion gegen den Völkerbund schwarz auf weiß zu Papier, indem er erneut vor der bevorstehenden deutschen Öffnung nach Genf warnte. Gerade die Bereitschaft, die Selbständigkeit Deutschlands für ein „Phantom" zu opfern, war ihm immer noch unverständlich, zumal alle anderen Staaten trotz ähnlicher Beschränkungen in der Lage seien, sich militärisch selbst „durchzusetzen".

Siebtens sei das Kündigungsrecht nach Artikels 8 des Locarno-Kontraktes[170] „rein illusorisch", weil sich im Völkerbundsrat kaum eine Zweidrittelmehrheit

---

und Auslieferungsfrage. Die Strafverfolgung wegen Kriegsverbrechen als Problem des Friedensschlusses 1919/20, Stuttgart 1982.

[165] Siehe deutsches Memorandum in der Kriegsschuld- und Räumungsfrage, in: AdR, Luther I u. II, Dok.-Nr. 159 [Anm. 1]; Notizen des Reichspräsidenten für die Vorarbeiten zur Londoner Konferenz, Berlin, 02.11.1925, in: AdR, Kab. Luther I u. II, Bd. 2, Dok.-Nr. 214, S. 825f.

[166] Beispielsweise lautete der Artikel 42: „Deutschland ist es untersagt, Befestigungen sowohl auf dem linken Ufer des Rheins wie auch auf dem rechten Ufer westlich einer 50 Kilometer östlich dieses Flusses gezogenen Linie zu unterhalten oder zu errichten. Zu diesem und den beiden folgenden Artikeln siehe: Der Vertrag von Versailles. Mit Beiträgen von SEBASTIAN HAFFNER/GREGORY BATESON/J.M. KEYNES/HAROLD NICOLSON/ARNOLD BRECHT/W.I. LENIN u.a., München 1978, S. 122ff.

[167] Der Artikel 16 ist auch abgedruckt vorzufinden in: Der Vertrag von Versailles, a.a.O., S. 128.

[168] Cf. Anlage F zum Locarno-Vertrag vom 16.10.1925, in: Locarno-Konferenz, a.a.O., Dok.-Nr. 26, S. 214f.

[169] Zum Inhalt und kontroversen Charakter dieses Artikels siehe S. 426 dieser Arbeit.

[170] „Dieser Vertrag soll gemäß der Völkerbundsatzung beim Völkerbund eingetragen werden. Er bleibt solange in Kraft, bis der Rat auf den drei Monate vorher den anderen Signaturmächten anzukündigenden Antrag einer der Hohen Vertragschließenden Teile, mit einer Mehrheit von mindestens zwei Dritteln der Stimmen feststellt, daß der Völkerbund den Hohen Vertrags-

finden lasse, erklärte er¹⁷¹. Im achten Punkt seiner Ausführungen konstatierte Hindenburg mit polemischem Unterton, man habe in Locarno zwar in „gesellschaftlicher, aber nicht in sachlicher Beziehung eine Gleichberechtigung" erfahren. Außerdem sei an Briand zu kritisieren, daß er bezüglich der Erleichterungen für die besetzten deutschen Gebiete „keinerlei bindende Verpflichtung" übernommen, sondern nur „persönliche Versprechungen allgemeiner Art" abgegeben habe. Im letzten und zehnten Punkt sprach er sich dafür aus, eine Reichstagsauflösung unter allen Umständen zu vermeiden, um der Gefahr eines Linksrutsches bei Neuwahlen und außenpolitischen Rückwirkungen zuvorzukommen¹⁷².

Hindenburgs Vorstoß schlug fehl. In der Stellungnahme zu seinen *Notizen*, die weder mit einer Überschrift noch mit einem Datum respektive einer Unterschrift versehen worden waren¹⁷³, lehnte der anonyme Adressant¹⁷⁴ alle von ihm dezidiert aufgeführten Verhandlungsrichtlinien desgleichen ausführlich Punkt für Punkt ab¹⁷⁵ und ließ es an deutlicher Zurückweisung seiner Auffassungen

---

schließenden Teilen hinreichende Garantien bietet. Der Vertrag tritt alsdann nach Ablauf einer Frist von einem Jahre außer Kraft". Vgl. Locarno-Vertrag vom 16.10.1925, Anlage A, Art. 8, in: Locarno-Konferenz, a.a.O., Dok.-Nr. 26, S. 201f.

¹⁷¹ „[...] weil sich im Völkerbundsrat kaum eine Zweidrittelmehrheit finden wird, die bei einem Widerspruch Frankreichs den Locarnoer-Vertrag [sic!] für entbehrlich und den Völkerbund für hinreichend erklären wird. [...]". Notizen des Reichspräsidenten für die Vorarbeiten zur Londoner Konferenz, Berlin, 02.11.1925, in: AdR, Kab. Luther I u. II, Bd. 2, Dok.-Nr. 214, S. 826.

¹⁷² „[...] Deshalb muß Reichstagsauflösung vermieden und in London versucht werden, durch feste Haltung Klärung der strittigen Fragen im Sinne des Vorstehenden zu erreichen [...]" EBD., S. 827.

¹⁷³ Siehe Stellungnahme zu den Notizen des Reichspräsidenten für die Vorbereitung zur Londoner Konferenz [aller Wahrscheinlichkeit von StS Kempner angefertigt], in: AdR, Kab. Luther I u. II. Bd. 2, Dok.-Nr. 215, S. 827ff.; Der Originaltext weist neun maschinenschriftliche Seiten auf. Siehe auch BA Koblenz, R 43 I/429 [S. 98ff.].

¹⁷⁴ Handschriftliche Korrekturen im mschr. Original weisen auf StS Kempner als Verfasser hin. Wenn er es wirklich war, dann stellt sich die Frage, warum er sich nicht als Adressant zu erkennen gegeben hat. Scheute er etwa den direkten Konflikt mit dem Reichspräsidenten?

¹⁷⁵ Um einen Eindruck zu bekommen, wie gewissenhaft bewußter Verfasser auf Hindenburgs Kritik an Art. 16 antwortete, mag folgende gekürzte Passage dienen: „[...] In der Kollektivnote der vier Mächte haben diese dem deutschen Standpunkt Rechnung getragen und sich verpflichtet, den Art. 16 im Völkerbunde dementsprechend auszulegen. Eine bindende Erklärung für den Völkerbund selbst, in dem auch zahlreiche andere Mächte vertreten sind, konnten diese Mächte selbstverständlich in Locarno nicht abgeben. Angesichts der Tatsache aber, daß der ganze Art. 16 vorläufig nur ein Rahmen ohne Inhalt ist, genügt diese Note für unsere praktischen Zwecke. Wir können uns danach in der Tat in jedem Falle Rußland gegenüber neutral verhalten. Eine einseitige Westorientierung Deutschlands wird also durch den Eintritt in den Völkerbund nicht erfolgen. [...]". Stellungnahme zu den Notizen des Reichspräsidenten für die Vorarbeiten zur Londoner Konferenz, in: AdR, Kab. Luther I u. II. Bd. 2, Dok.-Nr. 215, S. 829.

nicht fehlen¹⁷⁶. Der ungenannte Verfasser verteidigte nicht nur die Arbeit der deutschen Delegation vor Ort mit anerkennenden Worten, sondern er stellte in seinem Resümee voran, daß das „gesamte Vertragswerk" nicht nur „kleine augenblickliche", sondern „beträchtliche Vorteile" von Dauer beinhalte. Überdies sei London, so seine Meinungsäußerung, ganz bewußt als Ort der Unterzeichnung des Locarno-Vertragswerkes gewählt worden; dort könne nicht ein Diskussionsforum für ungeklärte Fragen eröffnet werden¹⁷⁷.

Über die ablehnenden Reaktionen aus der Reichskanzlei dürfte der Reichspräsident wohl kaum überrascht gewesen sein, hatte er doch seine *Notizen* in erster Linie nur als Diskussionspapier verstanden und dementsprechend ausformuliert. So bestimmend und nachdrücklich die einzelnen Forderungen in diesem Schriftstück auch klangen, Hindenburg schien just zu diesem Zeitpunkt selbst noch wankelmütig über den Ausgang und die Nachwirkungen des Locarno-Paktes¹⁷⁸. Gleichwohl steuerte er den von Stresemann eingeschlagenen außenpolitischen Kurs an¹⁷⁹, wenngleich man im Auswärtigen Amt, wo er nach wie vor als Unsicherheitsfaktor der Völkerbundspolitik Stresemanns gehandelt wurde, nur allzu gut wußte, daß bei ihm „noch so mancher Widerstand" zu brechen war¹⁸⁰.

Zeit seines Außenministerdaseins unter Hindenburgs Ägide sah sich Stresemann einem weisungsfreudigen, auf Kontrolle bedachten Reichspräsidenten gegenüber, der fast über jeden außenpolitischen Schritt unterrichtet werden wollte. Besonders in der sensiblen Phase zwischen Paraphierung und offizieller Unterzeichnung des Sicherheitspaktes begegnete Stresemann einem fordernden omnipräsenten Reichspräsidenten, der nur wenige Tage nach dem Absenden seines Katalogs die Vorlage jener Instruktionen verlangte, die an die deutschen Auslandsvertreter hinsichtlich der Rückwirkungen des Kontraktes von Locarno depeschiert worden waren¹⁸¹.

Auch wenn Hindenburgs *Notizen* an den Realitäten von Locarno nichts mehr änderten, da seine einzelnen Forderungen von der Reichsregierung zwar zur

---

176 So PETER HAUNGS, Reichspräsident und parlamentarische Kabinettsregierung, a.a.O., S. 195.
177 Stellungnahme zu den Notizen, a.a.O., AdR, Kab. Luther I u. II. Bd. 2, Dok.-Nr. 215, S. 831.
178 Am selben Tag, an dem Hindenburg die „Notizen" der Reichskanzlei übersandt hatte, schrieb er seinem Freund S.D. Chr. Kraft Fürst zu Hohenlode-Oehringen: „[...] aber ich kann im gegenwärtigen Zeitpunkt noch nicht ersehen, wie diese Lösung möglich sein wird, insbesondere jetzt nicht, wo alles noch in der Entwicklung und im Flusse ist [...]". Schreiben Rpräs. v. Hindenburg an Fürst zu Hohenlode-Oehringen, Berlin, 02.11.1925 [Kopie eines Entwurfs], BA Berlin-Lichterfelde, R 601/687/2 [S. 15].
179 HANS LUTHER, Politiker, a.a.O., S. 398.
180 Schreiben MinDir Köpke an StS v. Schubert, 15.10.1925, PA AA Bonn, Büro StS, E.S., Bd. 16.
181 Die angeforderten Telegramme wurden dem Reichspräsidenten zugesandt. Hierzu siehe Vermerk RAM Stresemann, Berlin, 09.11.1925 [Kopie], PA AA Bonn, R 29108k/E 130256.

Kenntnis genommen, aber nicht weitergehend konferiert wurden, so hatte er jedoch allen Beteiligten mit Übersendung dieses Dokuments frühzeitig vor Augen geführt, daß mit ihm in außenpolitischer Hinsicht in Zukunft ernsthaft zu rechnen war.

3. Der Taktiker und seine Strategie zur Durchsetzung revisionistischer Forderungen

Quellenmäßig ist nicht überliefert, wie der Reichspräsident den Fehlschlag seiner *Notizen*, von denen er sich bestimmt größere Resonanz versprochen hatte, aufgenommen hat. Welches persönliche Fazit er hieraus auch immer gezogen hat – eine kritische Reflexion der Gründe seines Mißerfolges oder eine genauere Analyse der Argumente des ungenannten Reichskanzleibeamten, der seine Punkteliste so drastisch zurückgewiesen hatte, nahm er nicht vor. Dafür ging er wieder in medias res an die außenpolitische Arbeit.

Nur einen Tag bevor Luther und Stresemann von ihm die Ermächtigung zur Unterzeichnung des paraphierten Locarno-Abkommens erhielten[182], unternahm er in der Frage des deutschen Völkerbundseintrittes kurzfristig einen direkten Vorstoß. Laut offizieller Version hatte ihn dazu ein während der schwebenden Reichstagsverhandlungen unterbreiteter Vorschlag inspiriert, der eine Aufspaltung der gesetzgeberischen Behandlung der Locarno-Verträge vorsah. Über den Locarno-Pakt zuerst abzustimmen, den Eintritt in den Völkerbund aber einem besonderen Gesetz vorzubehalten, war eine Überlegung, die seinen Vorstellungen sehr entgegenkam. Auf den Gedanken, diese „beachtliche Idee", wie er dem Reichskanzler nur wenige Stunden vor der Ratifikationsdebatte im Reichstag nahelegte, noch am selben Tag zu prüfen[183], hatten ihn aber in Wahrheit „inoffizielle Ratgeber"[184] gebracht. Neben dem Grafen Brockdorff-Rantzau durfte sich noch Adolf Müller, der deutsche Gesandte in Bern, zu den freundschaftlich verbundenen Vertrauten des Reichspräsidenten zählen[185], die ihren direkten

---

[182] Vollmacht Rpräs. v. Hindenburg, Berlin, 28.11.1925 [Abschrift], PA AA Bonn, R 27374/D 827696.
[183] Schreiben Rpräs. v. Hindenburg an RK Luther, Berlin, 27.11.1925, in: HUBATSCH, Hindenburg und der Staat, a.a.O., Dok.-Nr. 37 a, S. 220. Ein von Hindenburg paraphierter Briefdurchschlag liegt im BA Berlin-Lichterfelde, R 601/695 [S. 2].
[184] Dieser von ANDREAS DORPALEN vermutete Sachverhalt findet durch die vorliegenden Quellen Bestätigung. Siehe DERS., Hindenburg, a.a.O., S. 99.
[185] KARL HEINRICH POHL: Adolf Müller. Geheimagent und Gesandter in Kaiserreich und Weimarer Republik, Köln 1995, S. 222 u. 286. Brockdorff-Rantzau und Müller waren übrigens „gute Bekannte". Siehe HUBATSCH, Hindenburg und der Staat, a.a.O., S. 96f.

Draht zu ihm zu nutzen verstanden. Auch er war als konsequenter Opponent der Stresemannschen Außenpolitik gegen den deutschen Völkerbundseintritt. Mehr als einmal hatte der deutsche Gesandte in der Vergangenheit versucht, den Reichspräsidenten vom Locarnokurs abzubringen. Ausgerechnet Müller kam eine Schlüsselfunktion zu, da er gewissermaßen das „Zentrum der Fronde" war, das für einen späteren Eintritt Deutschlands in den Völkerbund plädierte[186]. In besonderem Maße aber hatte Brockdorff-Rantzaus Memorandum die Aufmerksamkeit Hindenburgs erregt. Dessen Warnung vor einer Verquickung des Völkerbundseintrittes mit dem Sicherheitspakt und möglichen daraus resultierenden negativen irreversiblen Folgen für die deutsch-russischen Beziehungen[187] gab dem Taktiker den richtungweisenden Impuls, die zeitliche Trennung der Abstimmung über beide Verhandlungspunkte zu fordern.

Wenn Adolf Müller und Brockdorff-Rantzau ihn für diese Problematik sensibilisiert hatten, dann war es die am 26. November im Reichstag eingebrachte Idee über die gesetzgeberische Trennung des Locarno-Paktes vom Völkerbundseintritt, die Hindenburg ermutigte, selbst die Initiative zu ergreifen. Doch seine nur einen Tag vor der Reichstagsabstimmung ins Rollen gebrachte Aktion setzte alle Beteiligten unter so großen Zugzwang, daß für eine konstruktive Diskussion keine Zeit mehr blieb. Die hektische Atmosphäre und der enge Zeitrahmen spiegelten sich auch in Reichskanzler Luthers fieberhaftem Bemühen wider, das Kabinett über die kurz zuvor eingetroffene Zuschrift des Reichspräsidenten wunschgemäß zu unterrichten. Improvisatorisches Geschick war vonnöten, da die Debatte über die Abstimmung des Gesetzespakets schon im vollen Gange war und somit eine ordnungsgemäße Ministersitzung nicht mehr einberufen werden konnte. Selbst Luther bekam Hindenburgs Zeilen erst im Reichstag zu Gesicht[188]. Notgedrungen wurde kurzfristig eine Besprechung arrangiert, die im Reichstagsgebäude stattfand und der neben Staatssekretär Meissner nur sechs Kabinettsmitglieder beiwohnten, die jedoch allesamt Hindenburgs geforderte separate Abstimmung aufgrund außen- wie innerpolitischer „Erwägungen" einstimmig ablehnten[189].

Nachdem das Locarno-Vertragswerk im November 1925 in Deutschland ratifiziert und im Dezember in London unterzeichnet worden war, oblag die Ent-

---

[186] KARL HEINRICH POHL, Adolf Müller, a.a.O., S. 328 u. 333.
[187] Aufzeichnung Dt. BS Brockdorff-Rantzau, 07.11.1925, Locarno-Konferenz 1925, a.a.O., Dok.-Nr. 29, S. 220.
[188] ROBERT P. GRATHWOL, Stresemann and the DNVP, a.a.O., S. 151.
[189] Besagte Ministerbesprechung fand am 27.11.1925 im Reichstagsgebäude gegen 16.00 Uhr statt, in: AdR, Kab. Luther I, Bd. 1, Dok.-Nr. 234, S. 905f.; Siehe Aktennotiz StS Meissner [B.d.Rpräs.], Berlin, 27.11.1925 [Durchschlag einer Abschrift], BA Berlin-Lichterfelde, R 601/695 [S. 222].

scheidung über den Zeitpunkt des Völkerbundseintrittes nicht dem Reichspräsidenten – nach dem Reichsgesetz war hierfür die Reichsregierung zuständig[190]. Ungeachtet dieser Gegebenheit nutzte der Reichspräsident seine Machtbefugnisse dennoch konsequent aus, um der Reichsregierung noch kurz vor dem bevorstehenden Eintritt seine Bedenken und letzten Verbesserungsvorschläge und Anmerkungen nahezulegen, die selbstverständlich revisionistisch gefärbt waren.

Während dieser Phase führte er eine rege Korrespondenz mit dem Reichskanzler und nahm darüber hinaus an etlichen Ministerbesprechungen teil. Sein Arbeitseifer sollte sich schon bald auszahlen, weil er die Reichsregierung davon überzeugen konnte, parallel zur Veröffentlichung des Kabinettsbeschlusses über die Annahme des Völkerbundseintrittes auch eine „Sachdarstellung" bekanntzugeben, in der die Vorteile des Völkerbundes für Deutschland herausgestellt werden sollten[191].

Ein äußerst eindrucksvolles Aktenstück aus dieser Zeit stellt das am 4. Dezember 1925 aufgesetzte Schreiben des Reichspräsidenten an Reichskanzler Luther dar, das ebenfalls Stresemann zugeleitet wurde. Bemerkenswert an diesem Schriftstück, das gesonderte Beachtung verdient, ist die dezidierte Auflistung von acht Punkten, mit denen Hindenburg zu den bereits diskutierten Voraussetzungen für den Völkerbundseintritt urteilsfreudig und kommentierend Stellung nahm[192]. Zwar erwartete er von der Reichsregierung eine sorgfältige Prüfung seiner vorgelegten Forderungen, gleichwohl waren seine angeführten Anregungen weder normativ noch als Bedingung gedacht. Vielmehr wollte er mit diesem Papier der Reichsregierung „in Form eines Ersuchens" jene außenpolitischen Sachfragen vor Augen führen, die seinem Dafürhalten nach einer Korrektur bedurften[193].

Hierin bedankte er sich gleich zu Anfang mit einigen Zeilen beim Reichskanzler für das Zustandekommen der so kurzfristig einberufenen Ministersitzung vom 28. November. Den dort gefaßten Mehrheitsbeschluß, mit dem sein

---

[190] Schreiben Rpräs. v. Hindenburg an RK Luther, 03.02.1926, in: HUBATSCH, Hindenburg und der Staat, a.a.O., Dok.-Nr. 37 d, S. 223. Auch BA Berlin-Lichterfelde [Durchschlag], R 601/695 [S. 39-41].

[191] Schreiben StS Kempner [Rkei] an MinDir Gaus, Berlin, 03.02.1926, PA AA Bonn, R 27375/D 828184. Niederschrift der Ministerratssitzung, Berlin, 08.02.1926, in: AdR, Kab. Luther I u. II, Bd. 2, Dok.-Nr. 284, S. 1091ff.

[192] Schreiben Rpräs. v. Hindenburg an RK Luther, 04.12.1925, in: ADAP, B-I-1, Dok.-Nr. 6, S. 15ff.; Abgedruckt auch in: HUBATSCH, Hindenburg und der Staat, a.a.O., Dok.-Nr. 37 c, S. 221. Ferner siehe Locarno-Konferenz, Dok.-Nr. 33, S. 228ff.

[193] Schreiben StS Otto Meissner an RAM Stresemann, Berlin, 07.12.1925 [Durchschlag], BA Berlin-Lichterfelde, R 601/695 [S. 15].

Ansuchen auf Trennung der Locarnogesetze vom Völkerbundseintritt abschlägig beschieden worden war, nahm er verständnisvoll zur Kenntnis, ohne Anzeichen von Enttäuschung durchblicken zu lassen. Wohlwissend, daß der Locarno-Kontrakt inzwischen in Kraft getreten war, bat er Luther um aktive Mithilfe, „die bisher noch nicht erreichten Gegenleistungen noch vor dem Beitritt Deutschlands in den Völkerbund" durchzusetzen. Im Hauptteil des Briefes listete er dann katalogartig jene als Voraussetzung für den Völkerbundseintritt Deutschlands gedachten Punkte auf, die aus seiner Sicht noch nicht in „befriedigender Form" erfüllt worden waren.

In Artikel 10 der Völkerbundsatzung[194] sah Hindenburg die erste zu nehmende Hürde für Deutschland auf dem Weg nach Genf. Zunächst einmal mußte vor dem Beitritt geklärt werden, ob Deutschland mit diesem Schritt nicht automatisch den territorialen Status quo der Grenzen bestätige. Gerade Artikel 10 der Völkerbundsatzung durfte keine weitergehenden Auflagen enthalten[195]. Zum Ausdruck brachte er zudem seine Ungehaltenheit über die von den Alliierten abgegebene Kollektivnote zum Artikel 16 der Völkerbundsatzung, in der eine hinreichende Sicherung gegen eine anderweitige Auslegung der deutschen Verpflichtungen fehlte. Erreicht werden müsse deshalb die formelle Anerkennung der deutschen Interpretation durch die Gegenseite. Was die versprochenen „Rückwirkungen" des Locarno-Abkommens und Völkerbundseintrittes anbelangte, wie etwa die Abkürzung der Räumungsfristen für die zweite und dritte Zone, sah er noch Handlungsbedarf, da sie bislang nur unzureichend umgesetzt worden waren. Desgleichen war der vorjährige Investigationsbeschluß des Völkerbundsrats aufzuheben, und zwar in der Form, daß „erneute spätere Investigationsbeschlüsse" wegfielen. Für ausgesprochen bedenklich hielt er den Artikel 213 des Versailler Vertrages, der den Völkerbundsrat ermächtigte, durch eine einfache Mehrheit Untersuchungen gegen Deutschland zu beschließen. Somit konnte dieser die Entwaffnungsfrage immer wieder aufs neue aufrollen. Schon im Vorfeld müsse eine Wiederholung „irgendeines" Investigationsbeschlusses

---

[194] „[...] Die Bundesmitglieder verpflichten sich, die territoriale Unversehrtheit und die gegenwärtige politische Unabhängigkeit aller Bundesmitglieder zu achten und gegen jeden Angriff von außen her zu wahren. Im Fall eines Angriffes, einer Bedrohung oder einer Angriffsgefahr trifft der Rat die zur Durchführung dieser Verpflichtung geeigneten Sicherheitsmaßnahmen. [...]" DIETER RIESENBERGER: Die Satzung des Völkerbundes, in: GWU, Bd. 35 (1984), S. 381.

[195] „[...] Es müßte daher vor unserem Eintritt in den Völkerbund festgestellt werden, daß auch Artikel 10 der Völkerbundsatzungen keine weitergehende Verpflichtung enthält als die, keinen Angriff zum Zwecke der Änderung der Grenzen zu unternehmen, daß dagegen die friedliche Entwicklung der Dinge durch unseren Eintritt in den Völkerbund und Anerkennung der Völkerbundsatzungen in keiner Weise berührt wird. [...]". Schreiben Rpräs. v. Hindenburg an RK Luther, 04.12.1925, in: ADAP, B-I-1, Dok.-Nr. 6, S. 16.

verhindert werden. Außerdem sei die Erledigung der Entwaffnungs- und Luftfahrtsfrage längst fällig. Eine faktische Gleichberechtigung, so sein Kalkül, könne nur unter der Voraussetzung realisiert werden, wenn vorher das Problem der allgemeinen Abrüstung gemäß Artikel 8 der Völkerbundsatzung effektiv angegangen und gelöst werde. Darüber hinaus müsse im Hinblick auf eine mögliche Kündigung der deutschen Völkerbundsmitgliedschaft klargestellt werden, daß mit „internationalen Verpflichtungen" nicht künftige Reparationsleistungen gemeint seien. Dann sprach er ein Problem an, das ihm besonders am Herzen lag. Als weitere Voraussetzung für die deutsche Mitgliedschaft im Völkerbund verlangte er den Schutz der deutschen Minderheiten auf fremden Territorien. Zwangsausweisungen, kulturelle, politische und wirtschaftliche Unterdrückungen, wie sie sich in den letzten Jahren zugetragen hatten, sollten fortan rigoroser geahndet werden. Mit dem letzten Punkt äußerte Hindenburg den Wunsch, daß Deutschland beim Eintritt in den Völkerbund auch Zusagen über die Zuteilung ausreichender Kolonialmandate erhalte. Am Ende bezog er sich erwartungsgemäß auf die Kriegsschuldproblematik und forderte die Reichsregierung auf, vor oder beim Eintritt die anderen Völkerbundsmitglieder in die Pflicht zu nehmen, den mittlerweile erfolgten Widerruf „des uns abgepreßten Schuldbekenntnisses" zu notifizieren[196].

Immerhin konnte Hindenburg mit den Anmerkungen vom 4. Dezember 1925 im Gegensatz zu seinen mißglückten *Notizen* einen Teilerfolg verbuchen, da seine Ausführungen innerhalb der oberen Etagen der Reichskanzlei dieses Mal wirklich eine Diskussion entfachten. Wie anders läßt es sich sonst erklären, daß Stresemann von seinen Erläuterungen erst nach fünf Tagen Kenntnis hielt, wobei ihm, was ungewöhnlich genug war, gleich das an Luther adressierte Originalschreiben übersandt wurde. Außerdem bat Kempner den Außenminister im Auftrage des Reichskanzlers um einen Bescheid, ob er eine Erörterung dieser Zeilen im Kabinett für angebracht halte. Daß die Überlegungen des Reichspräsidenten dann auch im Auswärtigen Amt mit Interesse aufgenommen und kontrovers erörtert wurden, ergibt sich aus der Tatsache, daß das Originalschreiben für mehrere Wochen zurückgehalten wurde, obwohl die Reichskanzlei gleich mehrfach auf „beschleunigte Rücksendung" insistiert hatte[197].

Vor dem Eintritt Deutschlands in den Völkerbund verlangte Hindenburg die Erörterung und Klärung mehrerer schwebender Fragen. Konkretisiert man diese Streitpunkte, so fällt ins Auge, wie dogmatisch seine revisionistischen Vorstel-

---

[196] Schreiben Rpräs. v. Hindenburg an RK Luther, 04.12.1925, in: ADAP, B-I-1, Dok.-Nr. 6, S. 17.
[197] Schreiben StS Kempner (Rkei) an RAM Stresemann, Berlin, 09.12.1925 [Kopie eines Originals], PA AA Bonn, R 29113k/E 130896. Schreiben StS Kempner an StS v. Schubert, Berlin, 08.01. u. 23.01.1926 [Kopien von Originalen], R 29113k/E 130897f.

lungen im einzelnen gewesen waren. Den euphorischen Befürwortern des deutschen Völkerbundseintrittes hielt er gravierende Argumente entgegen, die im einzelnen im folgenden noch detailliert aufgeführt werden sollen. Auf keinen Fall durften dem neuen Völkerbundsmitglied Pflichten oktroyiert werden, die auf ein „zweites Versailles" hinausliefen[198].

Sowohl aus seinem als auch aus dem Blickwinkel der Reichsregierung[199] stellte insbesondere der Artikel 16 des Versailler Vertrages respektive der Völkerbundsatzung[200] ein hochbrisantes Problemfeld dar. In dem betreffenden Paragraphen gingen die Unterzeichnerstaaten die bindende Verpflichtung ein, bei Beschluß des Völkerbundsrates an wirtschaftlichen und kriegerischen Maßnahmen teilzunehmen und den Durchzug von Streitkräften eines jeden Völkerbundsmitgliedes durch Deutschland zu ermöglichen[201]. Hiermit war für Deutschland fraglos die Gefahr verbunden, als Völkerbundsmitglied zwischen die Fronten zu geraten. Die in diesem Passus implizite theoretische Möglichkeit, daß der Völkerbund im Falle einer russischen Aggression als militärische Sanktion einen Durchmarsch französischer Truppen durch deutsches Territorium anordnen könnte, schreckte vor allem Hindenburg auf. In Anbetracht der deutschen Rüstungsbeschränkungen lag für ihn ein möglicher Mißbrauch dieses undurchsichtigen Artikels nahe. Er befürchtete, daß eine derartige Gesetzespassage Deutschland eine „Schlinge um den Hals" legen[202] und seine Souveränität rigoros beschneiden könne. Mit seiner Forderung nach einer Modifikation des dubiosen Paragraphen folgte er dem Kurs der Regierung. Die Präzisierung des abstrakten Sanktionsartikels, der zwar eine moralische, aber keine juristische Verpflichtung beinhaltete[203], wurde zur Bedingung des deutschen Eintrittes in den Völkerbund.

Die Anmeldung Deutschlands zum Völkerbund wäre zeitlich früher und organisatorisch problemloser vonstatten gegangen, hätte der Reichspräsident das

---

[198] WERNER MASER, a.a.O., S. 232.
[199] Hierzu siehe Ministerratssitzung, 08.02.1926, in: ADAP, B-I-1, Dok.-Nr. 87, S. 209.
[200] Inhalt und Wortlaut des Art. 16 sind identisch.
[201] „Wenn ein Bundesmitglied unter Verletzung der durch die Artikel 12, 13 oder 15 übernommenen Verpflichtungen zum Kriege schreitet, so wird es ohne weiteres so angesehen, als hätte es eine kriegerische Handlung gegen alle anderen Bundesmitglieder begangen. Diese verpflichten sich, unverzüglich mit ihm alle Handels- und finanziellen Beziehungen abzubrechen, ihren Staatsangehörigen jeden Verkehr mit den Angehörigen des vertragsbrüchigen Staates zu verbieten und alle finanziellen, Handels- oder persönlichen Verbindungen zwischen den Angehörigen dieses Staates und denjenigen jedes anderen Staates abzubrechen, gleichviel, ob er dem Bunde angehört oder nicht. [...]". Art. 16, abgedruckt in: Der Vertrag von Versailles, a.a.O., S. 128f. (zu den Art. 12, 13 u. 15 siehe S. 126ff.).
[202] Schreiben MinDir Pünder an StS Kempner, Locarno, 12.10.1925, in: AdR, Kab. Luther I u. II, Bd. 2, Dok.-Nr. 183, S. 722.
[203] So auch RÜDIGER GOTTSCHALK, Großbritannien und der Völkerbund 1918-1926, a.a.O., S. 148.

ganze Procedere nicht absichtlich hinausgeschoben. Obgleich die Reichsregierung über den Zeitpunkt des Eintritts zu entscheiden hatte, plädierte er für eine Verschiebung, um die nicht erreichten Gegenleistungen doch noch durchzusetzen. Bevor es zu einer definitiven Entscheidung von deutscher Seite kommen konnte, zitierte er den Außenminister ins Palais, weil er zum „gesamten Fragenkomplex" noch einige Anmerkungen anbringen wollte[204]. Kurz darauf konkretisierte er noch dem Reichskanzler, daß er einen Beitritt zum „jetzigen" Zeitpunkt einfach für verfrüht halte. Von diesem Schritt sei abzusehen, weil die Gegenseite ihre künftigen Absichten in der Frage der Herabsetzung der Besatzung auf Friedensgarnisonsstärke und der vorzeitigen Räumung der zweiten und dritten Zone sowie des Saargebietes immer noch nicht hinreichend aufgedeckt habe. Auch die übergebene Kollektivnote betreffend Artikel 16 bedurfte seiner Ansicht nach einer „Ergänzung oder unanfechtbaren Auslegung"[205], wobei er es versäumte, mögliche Wege oder Alternativen zur Erlangung dieses Zieles aufzuzeigen[206].

Nachdem Reichskanzler Luther auf Bitte des Reichspräsidenten die Neuigkeiten an das Kabinett weitergeleitet hatte, entwickelte sich unter den Ministern eine lebhafte Diskussion. Insbesondere Stresemann betonte, daß die Ausführungen Hindenburgs umgehend adäquat beantwortet werden müssen, weil ihr Bekanntwerden „schädlich" sei. Besonders „verhängnisvoll" wäre eine offizielle Erklärung seiner Ansichten über Artikel 16, mit denen er nicht nur gegen die Überzeugung der Delegierten in Locarno argumentiere, sondern darüber hinaus noch suggeriere, daß er auf Distanz zur Regierung gehe. Schließlich meldete sich auch der Reichskanzler mit der Bemerkung zu Wort, daß der Reichspräsident mit seinen Ausführungen lediglich seinen persönlichen Standpunkt dargelegt habe, mehr aber auch nicht. Deshalb sei eine Veröffentlichung unangebracht. Auch der Reichswirtschaftsminister glaubte, daß aufgrund dieser Darlegung der unzutreffende Eindruck entstehen könne, der Reichspräsident billige die Politik des Kabinetts nicht völlig. Staatssekretär Meissner hingegen ließ erkennen, daß sein „Vorgesetzter" mit den Zielen der Reichsregierung durchaus im Einklang stehe. Ihm käme es aber vorrangig auf den taktisch richtigen Zeitpunkt des Eintritts an, lautete sein Erklärungsversuch. Dessenungeachtet bewertete der Reichsminister des Innern, Wilhelm Külz, besagte Überlegungen als Desavouie-

---

[204] „[...] Der Herr Reichspräsident bittet, ehe eine endgültige Entscheidung deutscherseits erfolgt, um Vortrag [...]". Siehe Schreiben StS Meissner [B.d.Rpräs.] an RAM Stresemann, Berlin, 30.01.1926 [Durchschlag], BA Berlin-Lichterfelde, R 601/695 [S. 36].

[205] Schreiben Rpräs. v. Hindenburg an RK Luther, Berlin, 03.02.1926, in: HUBATSCH, Hindenburg und der Staat, a.a.O., Dok.-Nr. 37 d, S. 223. Siehe auch BA Berlin-Lichterfelde, [Durchschlag] R 601/695 [S. 39-41]. Abgedruckt auch in: Locarno-Konferenz, Dok.-Nr. 34, S. 231f.

[206] Siehe Niederschrift der Ministerratssitzung (Geheim), Berlin, 08.02.1926, in: AdR, Kab. Luther I u. II, Bd. 2, Dok.-Nr. 284, S. 1093.

rung der Kabinettspolitik und verlangte als Ausgleich, daß Hindenburg sich in einer öffentlichen Stellungnahme mit der Reichsregierung solidarisch erkläre. Für besonders bedenklich hielt auch der Reichsminister der Finanzen, Peter Reinhold, Hindenburgs interpretationsbedürftigen Ausführungen. Einerseits betone er, an der Entscheidung unbeteiligt zu sein, andererseits warne er davor, eine Entscheidung im Sinne des Eintritts zu treffen. Meissner blieb allerdings bei seiner Darstellung und resümierte, daß der Reichspräsident das zur Diskussion stehende Schriftstück keineswegs für eine Veröffentlichung verfaßt und vorgesehen habe. Natürlich werde er schon alleine deshalb seine Worte nicht zurücknehmen. Die Reichsregierung jedenfalls habe freie Hand, über den Zeitpunkt des Eintritts zu bestimmen, da der Reichspräsident den Reichskanzler nach seinem Vortrag nicht abberufen habe[207]. In Anbetracht der Tatsache, daß Hindenburg das Aufnahmegesuch in den Völkerbund partout nicht unterzeichnen wollte, war dieser Kompromiß zwar dürftig, aber dennoch akzeptabel.

Hauptsächlich bewegte ihn die Frage, ob Deutschland als Folge seines Eintritts in den Völkerbund dazu gezwungen werden könne, auf Geheiß fremder Mächte Krieg zu führen[208], womit er wieder den ominösen Artikel 16 des Versailler Vertrages ins Spiel brachte. Als Kanzler Luther den Reichspräsidenten Anfang 1926 persönlich darüber unterrichtete, daß die deutsche Anmeldung zum Völkerbund durch die Reichsregierung unmittelbar bevorstände[209], reagierte er erwartungsgemäß postwendend. Noch am selben Tag forderte er den Reichskanzler auf, dafür Sorge zu tragen, daß der abstrakte Artikel 16 der Völkerbundsatzung in Zukunft dergestalt zu interpretieren sei, daß ein „Durchmarsch durch unser Gebiet gegen unseren Willen niemals gefordert werden kann"[210]. Nachdrücklich stellte er die seiner Ansicht nach ungerechte Kündigungsregelung des

---

[207] EBD., S. 1091 u. 1093ff.
[208] Schreiben Rpräs. v. Hindenburg an RK Luther, Berlin, 04.12.1925, in: ADAP, B-I-1, Dok.-Nr. 6, S. 15ff.; Schreiben Rpräs. v. Hindenburg an RK Luther, Berlin, 03.02.1926, in: Walter HUBATSCH, Hindenburg und der Staat, a.a.O., Dok.-Nr. 37 d, S. 223. Siehe auch Locarno-Konferenz 1925, a.a.O., S. 39.
[209] Schreiben RK Luther an Rpräs. v. Hindenburg, Berlin, 08.02.1926, in: HUBATSCH, Hindenburg und der Staat, a.a.O., Dok.-Nr. 37 f, S. 224f.; AdR, Kab. Luther I u. II, Bd. 2, Dok.-Nr. 284, S.1091. Abgedruckt auch in: Locarno-Konferenz, a.a.O., Dok.-Nr. 35, S. 233.
[210] Außerdem forderte er: „[...] daß sowohl das *Ob* und *Wie* das *Maß* einer etwaigen Teilnahme Deutschlands an Völkerbundexecutionen von uns selbst bestimmt wird [sic!]". Siehe Schreiben Rpräs. v. Hindenburg an RK Luther, 08.02.1926, in: HUBATSCH, Hindenburg und der Staat, a.a.O., Dok.-Nr. 37 h, S. 225f.; Ein Durchschlag dieses Briefes liegt im BA Berlin-Lichterfelde, R 601/695 [S. 56].

Sicherheitspaktes und die des Völkerbunds in den Mittelpunkt der Debatte[211]. Doch schon zu diesem Zeitpunkt war klar, daß er sich mit der Tatsache abgefunden hatte, daß der Antrag Deutschlands auf Eintritt in den Völkerbund längst seinen Adressaten gefunden hatte[212]. Erst als Reichskanzler Luther ihm zwei Tage später konkretisierte, daß eine Verzögerung der deutschen Anmeldung unter anderem die erhoffte Herabsetzung der Auslandstruppen im „zugesagten Rahmen" gefährde, fügte er sich den Gegebenheiten. Luthers Ausführungen zufolge hätte eine zeitliche Verschiebung des Völkerbundseintrittes nur dann Sinn gehabt, wenn die Gegenseite sich durch den Bruch eines gegebenen Versprechens selbst vor der Weltöffentlichkeit diskreditiert hätte, was de facto nicht der Fall gewesen war. In der Frage der Abkürzung der Besatzungsfrist sei sie keineswegs als Bedingung für den Eintritt vorangestellt worden. Diese Befürchtung sei ebenso deplaciert wie seine Frage zu Artikel 16 der Völkerbundsatzung, da die in Locarno gegebene Kollektivnote Deutschland rechtlich und politisch hinreichend absichere[213].

Um ein Haar wäre der seit Wochen überfällige Völkerbundseintritt Deutschlands durch Hindenburg allerdings noch weiter hinausgeschoben worden, hätte es Staatssekretär von Schubert nicht verstanden, den Gesprächsverlauf bei einem seiner Vorträge im Palais so geschickt zu steuern, daß dessen anfänglicher Ärger schnell wieder verflog. Den Mißmut des Reichspräsidenten hatte Schubert sich aber selbst mit der beiläufigen Bemerkung eingehandelt, daß das Auswärtige Amt den deutschen Völkerbundseintritt schon auf den Monat September terminieren wolle. Hindenburg jedoch gab zu verstehen, daß er dies in Anbetracht der Haltung der Engländer und Franzosen nicht „mitmachen" wolle[214], worauf Schubert erwiderte, daß man ihn über die Absichten des Auswärtigen Amtes

---

[211] Nach Art. 1 der Völkerbundsatzung kann ein Bundesmitglied erst nach zweijähriger Kündigung aus dem Bunde austreten, vorausgesetzt, daß es seine Verpflichtungen aus der Mitgliedschaft bis dahin voll erfüllt hat.

[212] Schreiben Rpräs. v. Hindenburg an RK Luther, 08.02.1926, in: HUBATSCH, Hindenburg und der Staat, a.a.O., Dok.-Nr. 37 h, S. 225f.; Abgedruckt auch in: Locarno-Konferenz, a.a.O., Dok.-Nr. 36, S. 234. Am selben Tag reichte die Reichsregierung den Antrag über die Aufnahme Deutschlands in den Völkerbund beim Generalsekretär ein. Siehe Dt. Note gez. RAM Stresemann an Generalsekretär des Völkerbundes, Sir James Eric Drummond, Berlin, 08.02.1926, in: HUBATSCH, Hindenburg und der Staat, a.a.O., Dok.-Nr. 38 g, S. 225.

[213] „[...] Zu der von Ihnen, hochverehrter Herr Reichspräsident, an dritter Stelle aufgeworfenen Frage des Artikel 16 der Völkerbundsatzung darf ich der Auffassung Ausdruck geben, dass die uns in Locarno gegebene Kollektivnote uns rechtlich und politisch hinreichend sichert. [...]". Schreiben RK Luther an Rpräs. v. Hindenburg, Berlin, 10.02.1926 [Original], BA Berlin-Lichterfelde, R 601/695 [S. 57]. Ein Durchschlag findet sich im BA Koblenz, NL Luther, N 1009/362 [S. 2]. Abgedruckt auch in: Locarno-Konferenz, a.a.O., S. 235ff.

[214] Aufzeichnung StS v. Schubert [AA], Berlin, 03.08.1926, in: ADAP, B-I-2, Dok.-Nr. 2, S. 1.

anscheinend falsch informiert habe. Keineswegs wolle man um jeden Preis in den Völkerbund eintreten. Notwendig sei der Eintritt, damit man auf dem „Genfer Kampfplatz" direkt in Erscheinung treten könne, ohne das umständliche Procedere des Antichambrierens noch länger hinnehmen zu müssen. Nur so, führte Schubert aus, könne man den Gegner „an der Gurgel packen", ihm an die „Kehle fahren", um die deutschen Interessen nachhaltig zu vertreten. Wenngleich Schuberts Worte seine Zweifel nicht restlos zerstreuen konnten, war ihm dennoch ein Teilerfolg beschieden; denn der Reichspräsident bemerkte im Anschluß an seinen Vortrag bestätigend, daß auch er versucht habe, die radikalen Gegner mit dem Einwand zu beruhigen, Deutschland könne ja nicht immer „wie ein armes Kind im kalten Korridor stehen", ohne in die „warme Stube hineinzukommen"[215].

Auf den ersten Blick mag es verblüffend erscheinen, wie der apolitische Marschallpräsident beim Völkerbundseintritt politisch wohlüberlegt retardierend taktierte[216]. Beim genaueren Hinsehen wird indes klar, warum er nicht anders handeln konnte. In erster Linie hätte er – wenn es hart auf hart gekommen wäre – die deutsche Anmeldung zum Völkerbund aufgrund verfassungsrechtlicher Barrieren nicht verhindern können, da diese in den Zuständigkeitsbereich der Reichsregierung fiel[217]. Mit anderen Worten war hier sein Wirkungskreis an die Grenzen gelangt. Eine dilatorische Politik betrieb er aber nicht zuletzt aus Standesdünkel, um einem drohenden „politischen" Gesichtsverlust entgegenzuwirken. Dabei sollte dies nicht der einzige Vorfall bleiben, bei dem er seine Fertigkeiten auf dem Gebiet des Temporisierens demonstrativ unter Beweis stellte[218].

Als Stresemann Mitte April 1926 im Auftrag der Reichsregierung an den Generalsekretär des Völkerbundes, Avenol, eine Note übersandte, in der die deutsche Regierung Bereitschaft bekundete, einen Vertreter zur Teilnahme an den Beratungen der Kommission für die Neugestaltung des Völkerbundes zu entsenden[219], intervenierte Hindenburg erneut: Er wollte die Note an „einigen Punkten" abgeändert sehen. Stärker akzentuiert werden sollte vornehmlich der Sachverhalt, daß der vorgesehene deutsche Vertreter nur Beobachterstatus haben

---

[215] EBD., S. 2.
[216] Zu diesem Ergebnis kommt auch JÜRGEN SPENZ, Die diplomatische Vorgeschichte des Beitritts Deutschlands zum Völkerbund, a.a.O., S. 126.
[217] Diesen Umstand hob StS Meissner in folgendem Brief besonders hervor: Schreiben StS Meissner [B.d.Rpräs.] an Major a.D. Loibl, MdR, Berlin, 13.02.1926 [Abschrift], BA Berlin-Lichterfelde, R 601/695 [S. 85].
[218] Vgl. Hindenburgs dilatorisches Einwirken auf das deutsch-polnische Liquidationsabkommen auf 486-495 dieser Arbeit.
[219] Schreiben StS v. Schubert an das Konsulat in Genf, Berlin, 13.04.1926, in: ADAP, B-I-1, Dok.-Nr. 194, S. 462ff.

sollte. Er wollte das für den nächsten Tag anberaumte Zusammentreffen mit dem Regierungschef nutzen, um seine Anregung dem Reichskanzler nicht nur schriftlich, sondern auch mündlich vor Augen zu führen[220]. Aber noch bevor Meissner das mittlerweile aufgesetzte Schreiben an den Reichskanzler weiterreichte, telefonierte er mit Staatssekretär Pünder, dem er die formellen Abänderungswünsche seines Vorgesetzten nochmals mit eigenen Worten kurz skizzierte. Doch Pünders Antwort zufolge konnten Hindenburgs Wünsche so kurzfristig nicht mehr berücksichtigt werden, da die Note unmittelbar vor ihrer Absendung stand. Erst mit der obligatorischen Erteilung der Vollmacht an den deutschen Vertreter erhalte der Reichspräsident eine letzte Chance, die ihm wichtig erscheinenden Verbesserungsvorschläge anzubringen[221], so Pünder. Der Zufall wollte es, daß dieses Mal der enge Zeitrahmen ein dilatorisches Taktieren Hindenburgs verhinderte.

Nur wenige deutsche Politiker konnten Hindenburg das Wasser reichen, wenn es darum ging, die Konditionen und Grundvoraussetzungen für den deutschen Eintritt in den Völkerbund auf den Punkt zu bringen. Hier zählte er unbestritten zu den Aktivposten in der deutschen Außenpolitik. Besonders beflissen zeigte sich der Generalfeldmarschall, wenn die Herabsetzung der fremden Besatzungstruppen und die „Entwaffnungsfrage" zur Disposition standen. Zu einer zentralen Forderung für den Völkerbundseintritt machte er diese beiden Punkte Anfang August 1926, als er vom Reichskanzler verlangte, vor der Anmeldung zum Völkerbund zunächst die Herabsetzung der fremden Besatzung auf „mindestens unsere Friedensgarnisonsstärke" zu sichern[222]. Nur zwei Tage später kam er in einer Unterredung mit dem Außenminister von neuem auf diesen

---

[220] Schreiben StS Meissner [B.d.Rpräs.] an RK Luther, Berlin, 13.04.1926, BA Berlin-Lichterfelde, [Durchschlag], R 601/695 [S. 81f.]. Dieser Brief ist verfilmt vorzufinden im IfZ München, MA 810/D 803419 u. BA Koblenz, R 43 I/486 [S. 211].

[221] Aus dem Quellenzusammenhang ergibt sich, daß Meissners Anruf vor dem Absenden des Präsidentenschreibens an Luther erfolgt sein muß: „[...] Meissner erwiderte, dann sei natürlich nichts mehr zu machen; Bedenken lägen selbstverständlich nicht vor, da die Abänderungswünsche nur geringfügiger Natur seien, immerhin wolle er, um dem Wunsche des Herrn Reichspräsidenten Genüge zu tun, uns die Abänderungswünsche übersenden. Die Wünsche des Herrn Reichspräsidenten sind in der Anlage enthalten. [...]". Vermerk StS Pünder, Berlin, 13.04.1926 [Mikrofilm-Nr. 120], BA Koblenz, R 43 I/486 [S. 214]. Siehe auch den entsprechenden Mikrofilm im IfZ München, MA 810/D 803 422.

[222] Schreiben Rpräs. v. Hindenburg an RK Marx, 09.08.1926, in: HUBATSCH, a.a.O., Dok.-Nr. 44, S. 240. Abgedruckt auch in: ADAP, B-I-2, Dok.-Nr. 22, S. 39. Staatssekretär Pünder übersandte besagten Brief an Stresemann „zur vorläufigen vertraulichen Kenntnisnahme". Begleitschreiben StS Pünder an RAM Stresemann, Berlin, 09.08.1926 [Original], PA AA Bonn, NL Stresemann, Bd. 278a, 7134 H/H 149271. Dieses Schreiben findet sich auch auf Mikrofilm im IfZ München unter der Signatur MA 811/D 803464.

Sachverhalt zu sprechen und wiederholte seine Forderung, den Eintritt Deutschlands erst dann zu vollziehen, wenn die zugesagte Truppenreduktion auch de facto durchgeführt sei[223]. Für ihn war die Existenz fremder Truppen auf deutschem Territorium ein unhaltbarer Zustand, dem dringend Abhilfe geschaffen werden mußte. Daß ihm die Abkürzung der Besetzungsfristen im Rheinland zu zögerlich vonstatten ging[224], und daß ihn das bis dahin erzielte dürftige Ergebnis über die Verminderung der Besatzungstruppen wurmte[225], gab er Mitte August 1926 dem Außenminister geradeheraus zu verstehen. Indessen waren nicht nur diese Punkte für ihn von besonderer Relevanz. Gerade die Aufrechterhaltung der „militärischen Zwangsmaßnahmen" der Alliierten im Rheingebiet hielt er mit dem vielgerühmten „Geist von Locarno" für unvereinbar. Ohne eine befriedigende Lösung dieses Problems war für ihn der Eintritt Deutschlands in den Völkerbund völlig indiskutabel[226]. Genauso energisch nahm er daneben die ungelöste „Entwaffnungsfrage" ins Kreuzfeuer seiner Kritik. Seiner Einschätzung nach empfänden alle Deutschen die Noten der Interalliierten Militärkontrollkommission und die der Botschafterkonferenz als „Demütigungen und entwürdigende Schikanen":

„[...] Diesen unzulässigen Einmischungen in unsere inneren Angelegenheiten [...] muß ein Ende gemacht werden. Ich ersuche, auch hier vor unserer Anmeldung bindend festzulegen, daß die Entwaffnung Deutschlands im Sinne des Versailler Vertrages durchgeführt und die Tätigkeit der Interalliierten Militärkontrollkommission beendet ist. [...]"[227].

Als Reichskanzler Marx die Zuschrift des Reichspräsidenten vier Tage später in einer Ministerbesprechung verlas[228], entfachte dort eine lebhafte Diskussion, wobei Stresemann die von Hindenburg erwünschte Zurückziehung der Anmeldung zum Völkerbund als völlig deplaciert hinstellte. Die Lage hinsichtlich der Besatzungsstärke und der Entwaffnungsnote stelle sich bei weitem nicht so negativ dar, wie sie beschrieben wurde, und rechtfertige keine Zurückziehung der Anmeldung, hielt der Außenminister entgegen. Andererseits müsse die Reichsregierung, so sein abschließender Einwurf, nunmehr alles daran setzen, um zumindest der Forderung des Reichspräsidenten nach einer starken Herabsetzung der

---

[223] Aufzeichnung RAM Stresemann, Berlin, 11.06.1926 [Original], PA AA Bonn, R 28034/E 255811.
[224] Aufzeichnung StS v. Schubert [AA], Berlin, 03.08.1926, in: ADAP, B-I-2, Dok.-Nr. 2, S. 1.
[225] Tagebucheintrag ERNST FEDER, 14.08.1926, in: DERS., Heute sprach ich mit, a.a.O., S. 67.
[226] Schreiben Rpräs. v. Hindenburg an RK Marx, 09.08.1926, in: HUBATSCH, Hindenburg und der Staat, a.a.O., S. 240f.
[227] EBD., S. 241.
[228] Ministerbesprechung, 13.08.1926, Berlin, in: AdR, Kab. Marx I, Dok.-Nr. 69, S. 163.

fremden Besatzungstruppen zu entsprechen. Gegen Ende der Sitzung wurde zwar kein näherer Beschluß gefaßt; dennoch verständigten sich die Minister darauf, den Reichspräsidenten in der darauffolgenden Woche über die Ansicht des Kabinetts zu unterrichten; dafür waren der Reichskanzler und Außenminister vorgesehen[229]. Am 20. August 1926 kam es dann zu dem angekündigten Gespräch zwischen Hindenburg und Marx, dem Stresemann aus unbekannten Gründen fernblieb. So lag es in der Verantwortung des Regierungschefs, dem Reichspräsidenten die Einzelheiten der Kabinettsaussprache transparent zu machen. Daß ihm dies offensichtlich gelang, zeigt die Reaktion des Reichspräsidenten: Er machte keine Einwände geltend und verzichtete auch auf die Einberufung eines Kabinettsrates unter seinem Vorsitz[230].

Hatte Hindenburg schon Anfang des Jahres 1926 die von ihm angeforderte Regierungserklärung mit Randbemerkungen versehen, mit denen er eine deutliche „Abkürzung der Besatzungszeit" und eine grundsätzlich „kräftigere Sprache" in außenpolitischen Belangen forderte[231], so ging er im Spätsommer noch einen Schritt weiter. Am Vormittag des 1. September 1926 kam es zu zwei getrennten vertraulichen Unterredungen, in denen Staatssekretär Meissner dem Reichskanzler und dem Reichsaußenminister in „längeren und nachdrücklichen" Ausführungen die Einstellung und Meinung seines *Chefs* zur aktuellen Völkerbundspolitik der Reichsregierung zur Kenntnis brachte. Fraglos folgte Meissner in seinem Vortrag nicht persönlichen Eingebungen und Ansichten, sondern handelte ausschließlich auf Weisung Hindenburgs und dürfte sich auch strikt an den von ihm vorgegebenen Rahmen gehalten haben. Den beiden Reichsministern stellte er jedenfalls in schonungsloser Offenheit dar, wie sehr der Reichspräsident in der Entwaffnungs- und Räumungsfrage, der Besatzungsminderung sowie der Zusammensetzung der Deutschen Delegation mit der Reichsregierung divergierte.

In der Tat hatte Hindenburg im Beisein seines Staatssekretärs nur kurze Zeit vorher die Entwaffnungsfrage angesprochen und sich kritisch über das zu schnel-

---

[229] StS Meissner, der an der Besprechung vom 13. August 1926 nicht teilgenommen hatte, wurde von StS Pünder über den Verlauf der Ministersitzung unterrichtet. „[...] Er [StS Meissner] erklärte gleich, dass der Gang dieser Beratungen zweifellos ganz im Sinne des Reichspräsidenten gewesen sei. Wir haben daraufhin gleich den Termin für einen Vortrag des Herrn Reichskanzlers und des Herrn Aussenministers bei dem Herrn Reichspräsidenten vereinbart, und zwar auf Freitag, den 20.08., 11.30 Uhr vormittags". Vermerk StS Pünder [Rkei], Berlin, 14.08.1926 [Mikrofilm-Nr. 120], BA Koblenz, R 43 I/486 [S. 257f.]. Ministerbesprechung, 13.08.1926, Berlin, in: AdR, Kab. Marx I, Dok.-Nr. 69, S. 162f.
[230] Vermerk StS Pünder, Berlin, 20.08.1926 [Mikrofilm-Nr. 120], BA Koblenz, R 43 I/486 [S. 257].
[231] Trotz Meissners ergänzendem Vortrag beim RK änderte sich jedoch hieran nicht viel. Aktennotiz StS Meissner [B.d.Rpräs.], Berlin, 04.02.1926 [Original], BA Berlin-Lichterfelde, R 601/695 [S. 45].

le Nachgeben der Reichsregierung geäußert und alsdann gefordert, auf eine bindende Zusage im Falle des deutschen Eintritts in den Völkerbund konsequent hinzuarbeiten. Die Einstellung aller „Schikanen" und Noten in der Entwaffnungsfrage und der Abzug der Interalliierten Militärkontrollkommission waren seiner Order nach schnellstens in die Wege zu leiten[232]. Besonders was die Herabsetzung der Besatzungsstärke und die Räumungsfrage anbelangte, wertete Hindenburg das Ergebnis als insgesamt recht dürftig. Zu schnell habe man sich wieder durch allgemeine Versprechungen „abspeisen" lassen, die sowieso nicht eingehalten würden, repetierte Meissner die Worte seines Vorgesetzten. Zudem stufe er die momentane Herabminderung der Besatzungsstärke und die Diskussion um die Räumung in jeder Hinsicht als unzureichend ein[233].

Im großen und ganzen fruchtete dieser „Forderungskatalog". Zwar fanden nicht alle Einwände die Zustimmung der beiden Minister, dennoch nahmen sie sich seiner Kritik wirklich an und gelobten insgesamt „Besserung". Nur einen Tag später wurden seine Ausführungen in einer Ministerbesprechung verlesen und diskutiert[234].

Viele Forderungen des Reichspräsidenten zogen sich wie ein roter Faden durch die ganze Völkerbundsdiskussionsphase. Ob vor oder nach dem deutschen Völkerbundseintritt – immer wieder thematisierte er die Revision des Versailler Vertrages, indem er Punkte wie die Truppenreduzierung und Abkürzungen der Besatzungsfristen im Rheinland oder die Notwendigkeit des Widerrufes des Kriegsschuldparagraphen voranstellte[235]. Peu à peu artikulierte er diese gesonderte Kritik auf schriftlichem und mündlichem Wege – mal dezent, mal eindringlich[236].

---

[232] „[...] Der Herr Reichspräsident wies darauf hin, dass wir im letzten Halbjahre allein 10 Noten von der Entwaffnungskommission und der Botschafterkonferenz erhalten hätten, die eine Fülle von Schikanen und Demütigungen enthielten [...]". Aufzeichnung StS Meissner [B.d.Rpräs.], Berlin, 01.09.1926 [Original mit Paraphe Hindenburgs], BA Berlin-Lichterfelde, R 601/695 [S. 190].

[233] Aufzeichnung StS Meissner [B.d.Rpräs.], Berlin, 01.09.1926, BA Berlin-Lichterfelde [Original; dazugehörige Durchschläge ab S. 240ff.], R 601/695 [S. 191].

[234] Hinsichtlich der Frage der Herabsetzung der Besatzungsstärke betonte Stresemann überdies, daß ihm die Kritik Hindenburgs sehr gelegen käme, weil er damit beim englischen Botschafter, den er heute noch sehen werde, „operieren könne". Aufzeichnung StS Meissner [B.d.Rpräs.], Berlin, 01.09.1926 [Original mit Paraphe Hindenburgs], BA Berlin-Lichterfelde, R 601/695 [S. 192]. Ministerbesprechung, Berlin, 02.09.1926, in: AdR, Kab. Müller II, Dok.-Nr. 75, S. 181ff.

[235] Aufzeichnung StS v. Schubert, Berlin, 03.08.1926, in: ADAP, B-I-2, Dok.-Nr. 2, S. 1.

[236] Schreiben Rpräs. v. Hindenburg an RK Luther, Berlin, 03.02.1926, in: HUBATSCH, Hindenburg und der Staat, a.a.O., Dok.-Nr. 37 d, S. 223. Gleiches Schreiben liegt im BA Berlin-Lichterfelde [Durchschlag], R 601/695 [S. 39-41]. Schreiben Rpräs. v. Hindenburg an RK Luther, Berlin, 04.12.1925, in: ADAP, B-I-1, Dok.-Nr. 6, S. 15ff.; HUBATSCH, Hindenburg und der Staat, a.a.O.,

IV. Hindenburgs Anteil am Zustandekommen des Berliner Vertrages

Dem deutschen Botschafter in Moskau, Graf Brockdorff-Rantzau, kam zur Zeit der Verhandlungsphase in Locarno, insbesondere aber danach in den außenpolitischen Beziehungen zur Sowjetunion eine Schlüsselrolle zu. Ohne sein aktives Ost-Engagement und seinen unbeirrbaren Glauben an die Notwendigkeit einer Intensivierung der Beziehungen zur Sowjetunion, um einer zu einseitigen deutschen Westorientierung vorzubeugen[237], wäre der Berliner Vertrag in der vorliegenden Form nicht abgefaßt worden. Sowohl an dem noch kurz vor Abschluß der Locarnokonferenz unterzeichneten Handels-, Konsular- und Schiffahrtsvertrag mit der Sowjetunion am 12. Oktober 1925 als auch am Zustandekommen des politischen Korrelats, des Berliner Vertrages[238], hatte der Graf maßgeblich mitgestrickt[239].

In dem am 24. April 1926 von den Außenministern Stresemann und Krestinski in Berlin fixierten deutsch-sowjetischen Freundschaftsvertrag bekundeten beide Seiten in der Präambel, „alles zu tun, was zur Aufrechterhaltung des allgemeinen Friedens beitragen kann"[240]. Im ersten von insgesamt vier Artikeln wurde als Grundlage der Beziehungen beider Mächte der Vertrag von Rapallo bestätigt. Beide Länder garantierten gegenseitige Neutralität für den Fall, daß einer der vertragschließenden Teile von einer dritten Macht oder mehreren Mächten angegriffen würde. Darüber hinaus verpflichteten sich beide Parteien in dieser bilateralen Neutralitätszusicherung zugleich, sich einem möglichen wirt-

---

Dok.-Nr. 37 c, S. 222. Dasselbige Dokument als Durchschlag ist auch zu finden im BA Berlin-Lichterfelde, R 601/695.

[237] Sein Wirken in Moskau kommentierte Brockdorff-Rantzau selbst wie folgt: „[...] Ganz umsonst, glaube ich, ist meine Arbeit trotzdem nicht gewesen, und ich tröste mich in dem Gedanken, daß mich für manches, was nicht so gelungen ist, wie ich es gewollt hätte, kein Verschulden trifft. Es sind Fehler intra et extra muros begangen, für die ich mit gutem Gewissen die Verantwortung ablehnen kann [...]". Schreiben Dt. BS Brockdorff-Rantzau an RK Marx (Geheim!), Nr. 231 Moskau, 07.02.1927 [hdschr. Original], HA Köln, NL Marx, Best. 1070/73 [S. 102].

[238] HERBERT HELBIG, Die Moskauer Mission des Grafen Brockdorff-Rantzau, a.a.O., S. 320. Cf. folgendes Unterkapitel. STERN-RUBARTH, Graf Brockdorff-Rantzau, a.a.O., S. 145. Zu den Vorverhandlungen über den Berliner Vertrag und zur Rolle des Protokolls („Gausscher Entwurf"), das dem Vertragsentwurf beigefügt wurde, siehe HANS W. GATZKE, Von Rapallo nach Berlin, a.a.O., S. 22f.; Dito CHRISTIAN HÖLTJE, Die Weimarer Republik und das Ostlocarnoproblem 1919-1934, a.a.O., S. 170ff.

[239] HERBERT HELBIG, Die Moskauer Mission des Grafen Brockdorff-Rantzau, a.a.O., S. 320. HANS W. GATZKE, Von Rapallo nach Berlin, a.a.O., S. 24.

[240] Freundschaftsvertrag zwischen Deutschland und der Union der sozialistischen Sowjetrepubliken vom 24. April 1926 und Notenaustausch vom gleichen Tage, in: ADAP, B-II-1, Dok.-Nr. 168, S. 402.

schaftlichen und finanziellen Boykott gegen den Vertragspartner nicht anzuschließen[241]. Am 29. Juni 1926 trat der in der Tradition des deutsch-russischen Rückversicherungsvertrags stehende Kontrakt mit dem Austausch der Ratifikationsurkunden für fünf Jahre in Kraft. Aus dem neuen Arrangement glaubte die Regierung Luther vielfachen Nutzen ziehen zu können. Zum einen galt es, das Verhältnis zur Sowjetunion zu konsolidieren und eine insgesamte Verbesserung der Stellung Deutschlands im internationalen Konzert der Großmächte zu erreichen, besonders im Hinblick auf die ungünstige geographische Mittellage Deutschlands[242]. Zum anderen sollte der Berliner Vertrag die deutsche Position zwischen West und Ost so geschickt ausbalancieren[243], daß eine Rückgewinnung der verlorenen Ostgebiete wieder in greifbare Nähe rücken konnte. Als Kompensation und Komplement zu Locarno gedacht, sollten der Sowjetunion mit dieser Vereinbarung die irrationalen Ängste vor einer zu westlich ausgerichteten deutschen Außenpolitik genommen werden. In der Tat implizierte besagte Abmachung unabhängig von ihrem komplexen Wortlaut „nichts Doppelzüngiges, nichts Zweideutiges, nichts Unvereinbares"[244]. Höchstens die Tatsache, daß beide Parteien in dem Freundschafts- und Neutralitätspakt – ob bewußt oder unbewußt – auf die Verankerung einer Nichtangriffsklausel verzichteten, war für sich genommen ungewöhnlich[245].

Daß es sich hierbei keineswegs um das so oft überbewertete „Ost-Locarno" handelte, weil sich Stresemann nicht auf eine Festschreibung der Grenzen mit Polen und der Tschechoslowakei eingelassen hatte, war evident. Gerade im Hinblick auf die polnische Westgrenze wollte er wie Hindenburg einem sowjetisch-polnischen Arrangement zuvorkommen, um so weitere Optionen für eine wirksame Ost-Revisionspolitik zu wahren[246].

---

[241] EBD., S. 403.
[242] PETER KRÜGER, Die Aussenpolitik der Republik von Weimar, a.a.O., S. 318. CONSTANZE BAUMGART: Stresemann und England, Diss. Köln/Weimar/Wien 1996, S.312.
[243] WERNER CONZE: Deutschlands weltpolitische Sonderstellung in den zwanziger Jahren, in: VfZ, Bd. 9 (1961), S. 174. Näheres hierzu bei MARTIN WALSDORFF, Westorientierung und Ostpolitik, a.a.O., S. 157ff.
[244] So KLAUS HILDEBRANDT, Das vergangene Reich, a.a.O., S. 470.
[245] CHRISTIAN HÖLTJE, Ostlocarnoproblem, a.a.O., S. 174.
[246] Deshalb wurde im Vertrag bei einem Konflikt zwischen Polen und der Sowjetunion ein französischer Durchmarsch durch deutsches Gebiet ausgeschlossen. Vgl. hierzu WOLFGANG MICHALKA: Deutsche Außenpolitik 1920-1933, in: Die Weimarer Republik 1918-1933. Politik-Wirtschaft-Gesellschaft, Hrsg.: Bracher/Funke/Jacobsen, Bonn 1987, S. 316. HILDEBRANDT, Das vergangene Reich, a.a.O., S. 460.

Nicht nur die russische Regierung drängte auf den Vertragsabschluß[247], sondern auch der Reichspräsident legte größten Wert auf seine Verwirklichung. In demselben Maße wie Botschafter Brockdorff-Rantzau würdigte er die Vereinbarung als „wertvollen Fortschritt" für die deutsche Außenpolitik, weil Deutschland dadurch wieder an der europäischen Großmachtpolitik partizipieren konnte. Außerdem beseitige das Abkommen viele Bedenken und Schwierigkeiten, die durch die Diskussion über den Eintritt Deutschlands in den Völkerbund hervorgerufen worden waren[248]. Doch den Berliner Vertrag begrüßte Hindenburg im übrigen aus einem militärisch pragmatischen Grund, da er Deutschland den Weg nach Osten freihielt und der Reichswehr auf dem militärischen Ausbildungsbereich neue Perspektiven eröffnete[249]. Seine überaus anerkennenden Dankesworte an den Moskauer Missionschef wiederum, dessen „Anregungen" und „Tatkraft" er lobend hervorhob, entsprachen seiner aufrichtigen Grundüberzeugung[250]. Für den russischen Standpunkt entwickelte er eine erstaunliche Sensibilität, die ihn befähigte, die insgeheimen Befürchtungen in Moskau richtig einzuschätzen. Ihm war klar, daß dort aufgrund des Westpaktes und des deutschen Völkerbundseintrittes damit gerechnet wurde, Deutschland ganz an die antisowjetischen „kapitalistischen" Status-quo-Mächte Westeuropas zu verlieren[251]. Versehen mit dieser Erkenntnis, unterstützt von Brockdorff-Rantzau, den Staatssekretären Meissner, Pünder und vielen anderen sowie dank diplomatischem Beistand Eng-

---

[247] Nach dem Scheitern der Aufnahme Deutschlands in den Völkerbund drängte Moskau auf den Abschluß der Vertragsverhandlungen. Besonders wegen des undurchsichtigen Art. 16 der Völkerbundsatzung sah man großen Handlungsbedarf. Näheres hierzu bei HELMUT GRIESER: Die Sowjetpresse über Deutschland in Europa 1922-1932. Revision von Versailles und Rapallo-Politik in sowjetischer Sicht, in: Kieler Historische Studien, Hrsg.: Braunert/Erdmann u.a., Bd. 10, Diss. Stuttgart 1970, S. 156.
[248] Schreiben Rpräs. v. Hindenburg an Dt. BS Brockdorff-Rantzau, Berlin, 14.07.1926, PA AA Bonn, NL Brockdorff-Rantzau, Bd. AZ 38, H 224053-054.
[249] „[...] Aber, wissen Sie, was mir an Locarno am besten gefallen hat? Das ist der Berliner Vertrag. Diese Verabredung mit den Russen ist sehr wichtig, wir haben den Rücken nach dem Osten frei, und vor allem unsere junge Reichswehr hat jetzt ganz andere Ausbildungsmöglichkeiten. [...]". So Hindenburg gegenüber HERMANN PÜNDER. Siehe DERS., Von Preussen nach Europa, a.a.O., S. 81.
[250] Schreiben Rpräs. v. Hindenburg an Dt. BS Brockdorff-Rantzau, Berlin, 14.07.1926, PA AA Bonn, NL Brockdorff-Rantzau, Bd. AZ 38, H 224054.
[251] AdR, Kab. Luther I u. II, Bd. 1, S. XXXI. KLAUS HILDEBRANDT, Das vergangene Reich, a.a.O., S. 466.

lands²⁵², forcierte er eine auch von der Reichsregierung in der Form intendierte, rußlandfreundliche Politik.

Wie sooft erreichten ihn während der laufenden deutsch-russischen Vertragsverhandlungen und danach Zuschriften von Personen, denen sehr daran gelegen war, ihn von der Unterzeichnung des anstehenden Kontraktes abzuhalten. Einer der Protagonisten, der in diesem Zusammenhang repräsentative Erwähnung finden soll, war General von Seeckt. Er wurde unmittelbar nach der Unterzeichnung des Vertragswerkes bei Hindenburg vorstellig. Sein insgesamt abwertendes Urteil über den Berliner Vertrag resultierte aus dem seiner Ansicht nach ambivalenten Charakter dieser Übereinkunft. Einerseits sei diese Abmachung ein „geschickter Schachzug", weil man so ein Druckmittel gegen die „unerhörten Ansprüche" der Entente habe, andererseits werde man dafür „teuer bezahlen" müssen, denn das Entgegenkommen Berlins könnte der „bolschewistischen Propaganda" in Deutschland „Tor und Tür" öffnen²⁵³. Doch Seeckts Einwände fanden – wie die vieler anderer Adressanten – bei Hindenburg keinen Widerhall.

B. Einflußnahme auf die deutsche Völkerbundspolitik in Genf

I. Der persönliche *Feldzug* gegen Polen

Was im Westen noch konzedierbare Revisionspolitik gewesen war, wo die Westgrenze durch den Locarno-Pakt bestätigt wurde, galt nicht für die Ostgrenze. Die erheblichen territorialen Gebietsabtretungen an Polen erwiesen sich für viele Deutsche in emotionaler Hinsicht als eine zu große auferlegte Bürde des Versailler Vertrages²⁵⁴. Verstärkt wurde das Ganze durch ohnehin bestehende latente

---

[252] Einer der wichtigsten Wegbereiter des Locarno-Abkommens, der englische Botschafter D'Abernon, konnte an dem Vertrag nichts „Bedenkliches" finden. Aufzeichnung StS v. Schubert [AA] (Geheim!), Berlin, 28.04.1926 [Original], PA AA Bonn, R 29256/E 157321.

[253] Schreiben General v. Seeckt an Rpräs. v. Hindenburg, Oels, 14.05.1926, BA-MA Freiburg i. Br., NL v. Seeckt, N 1247/118 [S. 22].

[254] GREGOR SCHÖLLGEN: Die Macht in der Mitte Europas. Stationen deutscher Außenpolitik von Friedrich dem Großen bis zur Gegenwart, München 1992, S. 93. Als „eine der bittersten Bestimmungen des Vertrages von Versailles" wurde von den Deutschen der Verlust der Ostgebiete empfunden. So MARIA OERTEL, Beiträge zur Geschichte der deutsch-polnischen Beziehungen, a.a.O., S. 21.

historisch bedingte Ressentiments gegen den polnischen Nachbarn. Schon allein aus diesem Grund war Polen für Hindenburg kein Staat wie jeder andere. Tief verwurzelte Aversionen verbauten ihm eine vorurteilsfreie Konversation mit polnischen Diplomaten, so daß der von ihm so oft geäußerte Wunsch nach Verbesserung der diplomatischen Beziehungen beider Länder auf seine Gäste nur phrasenhaft wirkte[255]. Noch deutlicher kam aber sein gestörtes Verhältnis zum polnischen Staat durch emotionelle Reaktionen und private Äußerungen zum Ausdruck. So soll Hindenburg über den polnischen Korridor, wenn er ihn zum Pendeln zwischen Berlin und seinem Gut Neudeck durchquerte, immerzu aufgebracht gewesen sein. Diese Aufregung sei mitunter so stark gewesen, daß er sich tagelang nicht beruhigen konnte[256]. Äußerte sich der Reichspräsident einmal ganz privatim zum polnischen Staat, wie im Januar 1931, als er zu verstehen gab, daß er, obwohl die Zeit dafür noch nicht reif sei, „den Polen [...] ja zu gerne eines versetzen" würde[257], dann erfolgte dies meist nur in vertrautem und kleinerem Kreise vor Gleichgesinnten[258]. Nach außen hingegen befleißigte er sich eines diplomatischen Tones, obgleich er nicht an harter Kritik sparte, wenn sich in den deutsch-polnischen Beziehungen oder im Völkerbund Konstellationen ergaben, die ihm mißfielen.

Diese Voreingenommenheit gegenüber Polen kam während seiner Präsidentschaft erstmals drastisch zum Vorschein, als Anfang 1926 in Genf darüber sinniert wurde, Polen gleichzeitig mit Deutschland einen Ratssitz zuzuteilen. Eigentlich war vorgesehen, daß nur Deutschland zu den vier permanenten Ratsmitgliedern England, Frankreich, Italien und Japan als fünfte Nation hinzustoßen sollte. Doch was erst nach dem Aufnahmegesuch Deutschlands in den Völkerbund publik wurde, war, daß Frankreich vor dem Locarnoabschluß insgeheim schon Polen einen Ratssitz versprochen und England seinerseits Spanien Beistand zugesichert hatte[259]. Auf das Bekanntwerden des von langer Hand vorbereiteten Vorhabens, Polen einen ständigen Sitz im Völkerbundsrat zu übertra-

---

[255] Tagebucheintrag Camill Hoffmann, 13.02.1932, aus: WILHELM BRÜGEL/NORBERT FREI: Berliner Tagebuch 1932-1934. Aufzeichnungen des tschechoslowakischen Diplomaten Camill Hoffmann (Dokumentation), in: VfZ, 36. Jg., Heft 3 (1988), S. 140.

[256] „[...] In my conversations with German officials, primarily with President Hindenburg, they stressed the necessity of relaxing and improving our relations. These, however, were just empty words. [...]". JÓZEF LIPSKI: Diplomat in Berlin. Papers and Memoirs of Józef Lipski, Ambassador of Poland, Hrsg.: Waclaw Jedrzejewicz, New York/London 1968, S. 140.

[257] HERMANN TESKE (Bearb.): General Ernst Köstring. Der militärische Mittler zwischen dem Deutschen Reich und der Sowjetunion 1921-1941, in: Profile bedeutender Soldaten, Hrsg.: BA-MA Freiburg i. Br., Bd. 1, Frankfurt a. M. [o.J.], ca. 1966), S. 55.

[258] Hierzu siehe auch LUTZ GRAF SCHWERIN V. KROSIGK: Memoiren, Stuttgart 1977, S. 126.

[259] FELIX HIRSCH, Stresemann, a.a.O., S. 217.

gen, wovon in Locarno in der Tat überhaupt keine Rede gewesen war, formierte sich in Deutschland erwartungsgemäß großer Widerstand. Mit einem Male sah man alle Chancen auf eine Bereinigung der ungeklärten deutsch-polnischen Grenzfrage in weite Ferne gerückt. Die Verärgerung auf deutscher Seite war begreiflicherweise sehr groß, denn die Zuteilung eines Ratssitzes an Warschau wäre auf eine Anerkennung Polens als Großmacht hinausgelaufen und hätte den Stellenwert des deutschen Beitritts merklich gemindert[260]. Einer solchen Entwicklung konnte Berlin schon allein aus Prestigegründen nicht untätig zusehen[261].

Die neue Konstellation wurde Hindenburg alsdann am 15. Februar 1926 vom deutschen Gesandten in Bern, Adolf Müller, en detail erläutert. Zum Eintritt in den Völkerbund und zu der Neuverteilung der Ratssitze Stellung nehmend[262], machte Müller den Reichspräsidenten auf den jüngsten Vorschlag aufmerksam, wonach Polen mit Deutschland gleichzeitig einen Ratssitz, besser gesagt das Versprechen eines solchen erhalten sollte. Hindenburg reagierte postwendend. Müllers Ausführungen fanden bei ihm insoweit Anklang, als auch er eine Prolongierung des deutschen Vorhabens für unumgänglich hielt. Um dies wirksam anzugehen, ersuchte er den Reichskanzler[263], den Gesandten Adolf Müller sofort zum Rapport zu bestellen, um sich über die neue Lage zu orientieren[264]. Ende Februar 1926 unterrichtete er den Reichskanzler, Hans Luther, dann persönlich darüber, daß er den Gedanken für „unerträglich" halte, mit Polen zum selben Zeitpunkt in den Völkerbund respektive den Rat einzuziehen. Kategorisch lehne er den Kompromiß in der vorliegenden Fassung ab, weil dieser die Glaubwür-

---

[260] Die Aufteilung in ständige und nicht-ständige Völkerbundsratssitze und die ausschließliche Zuteilung der ständigen Ratssitze an Großmächte provozierte erwartungsgemäß den Widerstand der Mittelmächte. CONSTANZE BAUMGART, Stresemann und England, a.a.O., S. 232ff.; MANFRED BERG: Gustav Stresemann. Eine politische Karriere zwischen Reich und Republik, in: Persönlichkeit und Geschichte, Bd. 36/36a, Göttingen/Zürich 1992, S. 100.

[261] So MARIA OERTEL, Beiträge zur Geschichte der deutsch-polnischen Beziehungen, a.a.O., S. 91.

[262] Diesem Gedankenaustausch kommt insofern eine besondere Bedeutung zu, weil besagter Diplomat mit Hindenburg freundschaftlich verbunden war.

[263] Bereits vier Tage zuvor hatte Luther bei einer Ministerbesprechung im Hause des Reichspräsidenten über die neuesten Entwicklungen in der Völkerbundsfrage referiert und den Sachverhalt gewissermaßen antizipiert. Luther betonte, daß mehrere Mächte die Erlangung eines Ratssitzes ernsthaft anstreben, insbesondere Polen und Spanien, wobei mit Polen als potentiellem Anwärter auf einen Ratssitz eine völlig neue „unerträgliche" Lage geschaffen werde. Siehe Aufzeichnung StS Kempner, Berlin, 11.02.1926, in: ADAP, B-I-1, Dok.-Nr. 90, S. 224.

[264] Aktennotiz StS Meissner, Berlin, 16.02.1926, in: HUBATSCH, Hindenburg und der Staat, a.a.O., Dok.-Nr. 37 m, S. 228f.; Ein Durchschlag dieses Vermerks lagert im BA Berlin-Lichterfelde, R 601/695 [S. 64f.]. Zu dem Treffen, bei dem Müller dem Kanzler seine Vorbehalte darlegte, kam es am 17.02.1926. KARL HEINRICH POHL, Adolf Müller, a.a.O., S. 334.

digkeit der deutschen Locarno- und Völkerbundpolitik nachhaltig beeinträchtige und zudem innenpolitisch negative Konsequenzen heraufbeschwöre[265]. Durch den einmütigen Beschluß der Reichsregierung, den Völkerbundseintritt davon abhängig zu machen, daß mit Deutschland nicht gleichzeitig auch Polen einen Ratssitz zugesprochen bekomme, kam überraschend schnell Bewegung in die ganze Angelegenheit. Dazu hatte Hindenburg selbst beigesteuert, denn schließlich war er es, der praktisch jede sich ihm bietende Gelegenheit nutzte, um dem Reichskanzler immerfort vor Augen zu führen, daß die Zuteilung eines Ratssitzes an Polen „sehr bedenklich und von schlechtester Wirkung auf die öffentliche Meinung" sei[266]. So auch Mitte März 1926, als er dem Kanzler und weiteren Ministern über Staatssekretär Meissner ausrichten ließ, daß er einen Tausch Schweden-Polen für inakzeptabel halte. Polen dürfe überhaupt erst gar nicht in den Völkerbundsrat kommen. Wenn es den deutschen Delegierten nicht gelingen sollte, die Übertragung eines ständigen Ratssitzes an Polen zu blockieren, dann müßten eben, wie Meissner es mit den Worten seines *Chefs* in der Ministerbesprechung vom 15. März 1926 wiedergab, mehrere Ratsmitglieder aus Protest ihre Sitze räumen, um eine Neuwahl zu erzwingen[267]. Unmittelbar nach der Ministersitzung telefonierte Staatssekretär Pünder mit Genf. Der deutschen Delegation vor Ort setzte er auseinander, daß der Reichspräsident den Eintritt Polens rundweg ablehne und einen Tausch Schweden-Polen für „völlig unerträglich" halte, dafür aber eine Konstellation Schweden-Polen und Tschechoslowakei-Holland durchaus akzeptiere[268]. Genau zu diesem Zeitpunkt fanden die streitenden Parteien in Genf mit der Vorlage des vierten Lösungsvorschlages den

---

[265] Schreiben Rpräs. v. Hindenburg an RK Luther, 27.02.1926 (Ganz vertraulich!), in: HUBATSCH, Hindenburg und der Staat, a.a.O., Dok.-Nr. 37 n, S. 229f.; Ein Durchschlag hierzu findet sich im BA Berlin-Lichterfelde, R 601/695 [S. 87f.]. Am nächsten Tag wurde im Auftrage des Reichskanzlers eine Abschrift des Schreibens an das Auswärtige Amt gesandt. Siehe Begleitschreiben StS Pünder [Rkei] an StS v. Schubert [AA], Berlin, 28.02.1926 [Mikrofilm], IfZ München, MA 810/D 803318.
[266] Aktennotiz StS Meissner [B.d.Rpräs.], Berlin, 15.02.1926 [Original], BA Berlin-Lichterfelde, R 601/695 [S. 63 u. Abschrift auf S. 240]. Übrigens datiert Walter Hubatsch, der aus dem Nachlaß Hindenburgs die entsprechenden Quellen auflistet, diese Aktennotiz um genau einen Monat falsch. Zu folgern ist deshalb, daß im Nachlaß Hindenburgs eine nicht korrigierte Kopie des Originals lagert. Im Original jedenfalls hat Meissner die Korrektur mit Bleistift vollzogen und - wie der chronologische Aktenzusammenhang bestätigt - mit dem 15.02.1926 das richtige Datum angegeben. Vgl. HUBATSCH, Hindenburg und der Staat, a.a.O., Dok.-Nr. 37 p, S. 231.
[267] Ministerbesprechung, Berlin, 15.03.1926, in: AdR, Kab. Luther I u. II, Bd. 2, Dok.-Nr. 315, S. 1208.
[268] Aufzeichnung ORegRat Grävell, Genf, 15.03.1926 [Mikrofilm Nr. 121], BA Koblenz, R 43 I/487 [S. 292].

längst überfälligen modus vivendi²⁶⁹. Mit dem Ergebnis konnte Hindenburg zufrieden sein, wurde doch sein Vorschlag durch die Übertragung des nichtständigen Ratssitzes der Tschechoslowakei an Polen partiell umgesetzt. Deutschland bekam seinen ständigen Ratssitz – dies sogar als einziger Neuling – und Warschau durfte sich über den nichtständigen Ratssitz freuen²⁷⁰.

Als am 8. September 1926 das erwartete Telegramm den Außenminister erreichte, worin der Generalsekretär des Völkerbundes, Sir James Eric Drummond, Deutschland den ständigen Ratssitz zuteilte²⁷¹, und Deutschland zwei Tage später dem Völkerbund beitrat, wurde die Diskussion um den polnischen Ratssitz wieder akut. Nur wenige Stunden vor der Ratswahl in Genf brachte der Reichspräsident sich nochmals in Erinnerung. Via Draht wurde die deutsche Abordnung darüber informiert, daß er in der Frage des polnischen Ratssitzes eine Stimmenthaltung für sinnvoll erachte, um eventuellen „Schwierigkeiten" aus dem Weg zu gehen²⁷². Einen Tag später referierte Stresemann vor versammelter deutscher Delegation in Genf²⁷³ in einer dafür eigens einberufenen Sitzung und erwähnte die Bedenken Hindenburgs, die im übrigen von allen Anwesenden einhellig geteilt wurden. Am Ende der Besprechung verständigte man sich in voller Übereinstimmung mit dem Reichspräsidenten darauf, bei der anstehenden Wahl von einem Eintreten für Polen Abstand zu nehmen²⁷⁴. Auch wenn Hindenburg mit seinem direkten Protest gegen den anvisierten polnischen Genfer Ratssitz vollkommen die Regierungslinie traf, hatte er maßgeblichen

---

[269] Näheres zu den Lösungsvorschlägen bei JÜRGEN SPENZ, Die diplomatische Vorgeschichte, a.a.O., S. 140ff.

[270] „[...] Es [Deutschland] mußte nicht *Arm in Arm* mit Polen in den Rat einziehen. [...]". So CONSTANZE BAUMGART, Stresemann und England, a.a.O., S. 251.

[271] FELIX HIRSCH, Stresemann, a.a.O., S. 222f.

[272] „Staatssekretär Meissner teilt mit, daß Reichspräsident Schwierigkeiten voraussieht, wenn deutsche Delegation für polnische Sitze stimme. Er hält zum mindesten Stimmenthaltung für richtig. Reichskanzler glaubt Entscheidung hierüber der Delegation überlassen zu müssen. Ich wäre zum Zweck Unterrichtung Reichspräsidenten für möglichst umgehende Orientierung dankbar". Telegramm MinRat Offermann an deutsche Delegation in Genf (Sofort!), Nr. 16, Berlin, 15.09.1926 [Abschrift]; BA Berlin-Lichterfelde, R 601/695/1 [S. 37]. Ferner siehe Vermerk StS Pünder, Berlin, 15.03.1926 [Mikro-Film Nr. 121], BA Koblenz, R 43 I/487/D 803909.

[273] Zu den Hauptdelegierten zählten neben Stresemann noch MinDir Friedrich Gaus und StS v. Schubert; die teilnehmenden parlamentarischen Abgeordneten waren: Johann-Heinrich Graf von Bernstorff, Rudolf Breitscheid, Prälat Ludwig Kaas u. Werner Freiherr v. Rheinbaben. Anwesend waren auch Robert Weismann und Otto Kiep.

[274] Telegramm StS Pünder [Rkei] an AA [o.A.], Genf, 16.09.1926, in: ADAP, B-I-2, Dok.-Nr. 87, S. 187f.; Eine Abschrift dieser Depesche, die Hindenburg noch am selben Tag zur Einsicht vorgelegt wurde, ist auch in den Akten des *Büro des Rpräs.* verzeichnet und trägt seine Paraphe. Siehe BA Abt, Potsdam, R 601/695/1 [S. 38ff.].

Anteil daran, daß die deutsche Position in dieser Angelegenheit klar und deutlich zum Ausdruck kam[275]. Letztendlich konnte er aber nur einen relativen Prestigeerfolg verbuchen, da seine Intervention lediglich einen dilatorischen Effekt hatte: Polen zog nur eine Woche nach Deutschland in den Völkerbundsrat ein[276].

Kennzeichnend für Hindenburgs Außenpolitik war auch sein Augenmerk für die Belange der deutschen Minderheiten im Ausland. Nicht ohne Grund brachte er einer deutschen Aktion „wärmstes Interesse" entgegen, als es um finanzielle Unterstützung für die in Rumänien angesiedelten Siebenbürger Sachsen ging[277]. Ebenfalls drängte er auf eine Lösung in der „Optantenfrage", die mit der Ausweisung von 20.000 deutschen Optanten im August 1925 politische Aktualität gewann[278].

Auch scheinbar belanglosere polnische Aktivitäten, die nicht unmittelbar die beidseitigen Beziehungen tangierten, konnten seinen Unmut erregen, wie etwa bei der Ernennung des polnischen Außenministers Zaleski zum Berichterstatter in der griechisch-albanischen Minderheitenbeschwerde. Daß Hindenburg sich gegen seine Berufung stellte, daß seine Haltung gegenüber dem polnischen Außenminister mit den Jahren geradezu feindselige Züge annahm, hing zum einen mit der polnischen Minderheitenpolitik, zum anderen mit den hierzu unversöhnlichen Kommentaren Zaleskis zusammen.

Um seinem Ärger Luft zu verschaffen, traf Hindenburg mit Staatssekretär Gerhard Köpke zusammen, dem er sogleich die Instruktion mit auf dem Weg gab, den deutschen Delegierten in Genf zu übermitteln, wie ungeeignet Zaleski in seinen Augen für eine Erledigung der Aufgaben im Völkerbund sei, zumal dessen eigene Minderheitenpolitik in der jüngsten Vergangenheit doch immer wieder Anlaß zur Beschwerde gegeben habe. Außerdem halte er die Reaktion der deutschen Delegation auf Zaleskis Ernennung für unzureichend. Sie habe es versäumt, hiergegen ein offenes Veto einzulegen. Trotz Köpkes Rechtfertigungsversuch, wonach die deutsche Delegation in dieser Frage, bevor sie entsprechend handeln konnte, vor ein fait accompli gestellt worden war, blieb Hindenburg bei seiner Version. Als „Großmacht und Ratsmitglied" müsse man sich nicht alles

---

[275] „[...] Massgebend ist etwas aber auch die Haltung Hindenburgs, der in Genf unter allen Umständen eine Schlacht gewinnen will [...]". Tagebucheintrag RJM Koch-Weser, Berlin, 13.03.1926, BA Koblenz, NL Koch-Weser, N 1012/34 [S. 53].
[276] MARIA OERTEL, Beiträge zur Geschichte, a.a.O., S. 96.
[277] Aufzeichnung Freytag [o.A.], 30.09.1927. Hierbei ging es primär um die Erhaltung des „deutschen Schulwesens" im Ausland. Die finanzielle Unterstützung für die annähernd 500 000 Menschen belief sich auf cirka 600 000 Mark. Schreiben RAM Stresemann an RFM Heinrich Köhler, Berlin, 07.10.1927, in: ADAP, B-VII, Dok.-Nr. 15, S. 48ff.
[278] Aufzeichnung RAM Stresemann, Berlin, 03.08.1925, in: BERNHARD, Gustav Stresemann Vermächtnis, Bd. II, a.a.O., S. 544.; Cf. KRÜGER, Aussenpolitik, a.a.O., S. 304.

gefallen lassen und dürfe in einer solchen Angelegenheit nicht überrumpelt werden[279]. Nachdem Ministerialdirektor Köpke wie vorgesehen nach Genf telegraphiert hatte, versuchte Staatssekretär Schubert die Gründe für das Ausbleiben des offiziellen deutschen Protestes aufzuzeigen. Danach kam die Ernennung Zaleskis durch Generalsekretär Drummond sowohl für die deutschen als auch für die Mehrheit der anderen Ratsmitglieder zu überraschend, weil sich dessen Berufung vor dem Hintergrund der französischen und italienischen Differenzen vollzogen hatte und somit höchstens sekundäre Relevanz hatte[280]. Doch Schubert beließ es nicht allein bei dieser Stellungnahme. Darum bemüht, Hindenburgs Beschwerde an den richtigen Adressaten zu bringen, kontaktierte er geradewegs den Hauptverantwortlichen für Zaleskis Designation, Sir James Eric Drummond, dem er von den ablehnenden deutschen Reaktionen auf Zaleskis Nominierung berichtete. Ohne den Versuch, eine Ausflucht zu machen, gestand der Brite offen ein, mit der Berufung Zaleskis einen „sehr bedeutenden Schnitzer" begangen zu haben. Künftig wolle er, so seine Versicherung, vorsichtiger verfahren und bei Ernennungen von Berichterstattern mehr Rücksicht auf Deutschland nehmen[281].

Wie stark Hindenburgs „destruktive" Polenpolitik auf vielen Ebenen der deutschen Außenpolitik durchschimmerte, manifestiert sich auch an einer völkerrechtlichen Sonderabmachung. Hierbei handelte es sich um die Fakultativklausel zum Statut des Ständigen Internationalen Gerichtshofes in Haag, mit der Deutschland die Verpflichtung einging, sich bei zukünftigen Rechtsstreitigkeiten mit anderen Staaten der Schiedsgerichtsbarkeit des Internationalen Gerichtshofes zu unterwerfen. Obgleich die faktische Bedeutung dieser Klausel eher gering war[282], zumal das deutsche Schiedsvertragssystem die Regelungen des Internatio-

---

[279] Telegramm MinDir Köpke an Dt. Delegation in Genf z. Hd. StS v. Schubert, Nr. 11, Berlin, 06.06.1928 [Abschrift], PA AA Bonn, R 28035/E 255820f.; Hindenburg hierüber: „[...] Sagen Sie das alles aber unseren Herrn in Genf in freundlicher Form [...]". Abgedruckt auch in: HUBATSCH, Hindenburg und der Staat, a.a.O., Dok.-Nr. 65, S. 289.

[280] Zu den Einzelheiten siehe Telegramm StS v. Schubert an MinDir Köpke, Nr. 18, Genf, 07.06.1928, PA AA Bonn, R 28035/E 255822-824.

[281] Aufzeichnung StS v. Schubert, Genf, 08.06.1928, in: ADAP, B-IX, Dok.-Nr. 68, S. 154f.; Ferner versprach Drummond, Zaleski zwei weitere Ratsmitglieder zur Bildung des sonst üblichen Dreierkomitees zuzuteilen. Siehe Telegramm StS v. Schubert an MinDir Köpke, Nr. 18, Genf, 07.06.1928, PA AA Bonn, R 28035/E 255822-824. Ungeachtet der getroffenen Absprache im Völkerbundsrat hielt Zaleski am 15. Dezember 1928 eine „drohende Rede" gegen die deutschen Minderheiten, die selbst innerhalb der Westmächte auf Kritik stieß. So KRÜGER, Aussenpolitik, a.a.O., S. 471.

[282] „[...] Für uns bedeutet diese Unterzeichnung keine wesentliche Einschränkung unserer Bewegungsfreiheit [...]". Vgl. Schreiben RAM Stresemann an RK Marx, Genf, 21.09.1927, in: ADAP,

nalen Gerichtshofes ohnehin implizierte[283], hoffte man trotzdem auf diese Weise den polnischen Vorschlag hinsichtlich eines „Ost-Locarnos" abzublocken[284], um so eine „geeignete Basis" für den Kampf um den Minderheitenschutz zu schaffen[285].

Nachdem am 9. September 1927 die deutsche Delegation in Genf das Reichskabinett um die Ermächtigung für die Vollziehung der Unterschrift unter die Fakultativklausel ersucht hatte, wurde zur Klärung dieser Frage noch am selben Tag eine Ministerbesprechung einberufen, zu der Hindenburg seinen Staatssekretär mit der Order entsandte, allen anwesenden Ministern seinen Standpunkt zur Genfer Sondervereinbarung zu übermitteln. Seine grundsätzlichen Vorbehalte gegen den praktischen Nutzen der Fakultativklausel wurden dem Kabinett von Meissner weisungsgerecht zur Kenntnis gebracht. Danach hege der Reichspräsident Bedenken gegen die Erteilung einer Vollmacht, weil Ostpreußen dies womöglich als Konzession gegenüber Polen auslegen könne. Außerdem frage sich der Reichspräsident, so der Staatssekretär, warum ausgerechnet Deutschland als erste Großmacht diese Entscheidung zu fällen habe.

Tatsächlich fanden Hindenburgs mahnenden Worte, die Meissner auftragsgemäß vorgetragen und Köpke an die Delegation weitergeleitet hatte, ihren entsprechenden Niederschlag in einem vom Reichskabinett formulierten Papier. Danach sollte die Delegation nur unterschreiben, wenn „jeder Schein eines Zusammenhangs mit den polnischen Vorschlägen ausgeschlossen sei"[286]. Unmittelbar nach der Ministersitzung informierte Ministerialdirektor Köpke, der an der Besprechung teilgenommen hatte, den in Genf eingetroffenen Staatssekretär des Auswärtigen Amtes über den Kabinettsbeschluß und in besonderem über Hindenburgs Haltung zur Fakultativklausel. Aufschlußreich sind Köpkes Zeilen deshalb, weil er Meissners Ausführungen noch detaillierter repetierte als Regierungsrat Erwin Planck dies in seiner Aufzeichnung getan hatte. Köpke beließ es

---

B-VI, Dok.-Nr. 221, S. 481. Das Originalschreiben findet sich im Nachlaß Wilhelm Marx unter der Signatur: HA Köln, NL Marx, Best. 1070/90 [S. 74-77].

[283] PETER KRÜGER, Aussenpolitik, a.a.O., S. 388.

[284] Polen legte der Vollversammlung des Völkerbundes im September 1927 einen Resolutionsentwurf vor, in dem der Abschluß eines Nichtangriffspaktes zwischen den Mitgliedstaaten postuliert wurde. Deutschland vermutete hinter diesem „Vorstoß" den Versuch Warschaus, die Anerkennung und Garantie der deutsch-polnischen Nachkriegsgrenze zu erreichen. Siehe AdR, Kab. Marx, III u. IV, Bd. 1., S. LVI.

[285] LUDWIG ZIMMERMANN: Deutsche Aussenpolitik in der Ära der Weimarer Republik, Göttingen/Berlin/Frankfurt a. M. 1958, S. 350.

[286] Aufzeichnung RegRat Planck [Rkei], Berlin, o.D.] über die Ministerbesprechung vom 09.09.1927, in: ADAP, B-VI, Dok.-Nr. 184, S. 411f.; Erinnerungsbericht RK Marx a.D. [o.D., geschrieben 1942] „Das Jahr 1927" [Original], HA Köln, NL Marx, Best. 1070/72 [S. 68].

aber nicht allein dabei, den Standpunkt des Reichspräsidenten zur Fakultativklausel zu präzisieren. Ihm ging es auch um eine genaue Wiedergabe der von Meissner in der Ministerbesprechung so dezidiert vorgetragenen Sorge seines *Chefs*, daß eine Befürwortung der Klausel in Ostpreußen eine unnötige Beunruhigung nach sich ziehen könnte. Da England und Frankreich in Anbetracht der Fakultativklausel ohnehin völlig unbeteiligt blieben, hätte ein deutsches Angebot momentan den falschen Eindruck erwecken können, daß man eine einseitige Bindung anstrebe. Bevor das deutsche Staatsoberhaupt eine definitive Entscheidung fälle, sei zuerst zu garantieren, daß Deutschland durch diesen Schachzug „wirkliche Vorteile" erlange, erklärte Köpke[287]. Um den widerstrebenden Reichspräsidenten doch zur Annahme der strittigen Klausel zu überreden, wurde Reichskanzler Marx bei ihm vorstellig. Sein Besuch zeigte Wirkung. Hindenburg erklärte sich zur Erteilung der Vollmacht bereit, stellte aber zugleich klar, daß daran drei Bedingungen geknüpft waren. Danach sollte erstens jede Verbindung mit den „polnischen Vorschlägen" vermieden werden, zweitens sollte die Form der Unterzeichnung der Fakultativklausel in der belgischen Fassung erfolgen, und zu guter Letzt sollte diese Vollmacht auf fünf Jahre limitiert werden[288]. Schon am nächsten Tag übersandte der Reichskanzler dem Außenminister die von Hindenburg unterzeichnete Vollmacht, wonach die Fakultativklausel nun „zum Zeichnungsprotokoll des Status des Ständigen Internationalen Gerichtshofs in Haag vorbehaltlich der Ratifikation" zur Unterzeichnung vorlag[289]. Zudem unterrichtete er seinen Kabinettskollegen nicht nur über den Verlauf und den Beschluß der Reichsregierung[290], sondern wies nochmals darauf hin, daß der Reichspräsident die Vollmacht nur unter der Voraussetzung vollzogen habe, daß die Genfer Delegation nach dem Beschluß der Reichsregierung verfahre und entsprechend agiere[291]. Stresemann zeigte sich dem Regierungschef außerordent-

---

[287] Schreiben MinDir Köpke an StS v. Schubert [AA], Berlin, 09.09.1927, in: ADAP, B-VI, Dok.-Nr. 185, S. 414.
[288] Aufzeichnung StS Pünder [Rkei], Genf, 10.09.1927 [Kopie eines Originals], PA AA Bonn, R 28412k/D 658895.
[289] Vollmacht für RAM Stresemann, gez. von Rpräs. v. Hindenburg und RK Marx, Berlin, 11.09.1927 [Abschrift], BA Berlin-Lichterfelde, R 601/699/9 [S. 40].
[290] „[...] Unter der Voraussetzung, dass jeder Schein eines Zusammenhangs mit den polnischen Vorschlägen ausgeschlossen ist, ist das Reichskabinett damit einverstanden, das Herr Reichsminister Dr. Stresemann die Zustimmung der Deutschen Regierung zur Unterschrift unter die Fakultativ-Klausel in der belgischen Form mit fünfjähriger Befristung erklärt [...]". Schreiben RK Marx an RAM Stresemann, Berlin, 10.09.1927 [Original], PA AA Bonn, R 28668/D 706687. Vgl. Aufzeichnung RegRat Planck [Rkei], Berlin, [o.D.] über die Ministerbesprechung vom 09.09.1927, in: ADAP, B-VI, Dok.-Nr. 184, S. 412.
[291] Schreiben RK Marx an RAM Stresemann, Berlin, 10.09.1927 [Original], PA AA Bonn, R 28668 /D 706687-688.

lich verbunden dafür, daß er ihn für die Unterzeichnung der Fakultativklausel gewonnen hatte und gab eine insgesamt sehr optimistische Prognose über die Auswirkungen dieser Sonderabmachung[292].

II. Das Veto gegen die Investigationsbeschlüsse des Völkerbundsrates

Basierend auf der im Versailler Vertrag festgelegten Entwaffnung Deutschlands etablierten die Alliierten ein weitgefächertes Kontroll- und Inspektionssystem, von dessen Auswirkungen kein Teilbereich der deutschen Politik verschont blieb[293]. Allerorts in Deutschland wurde dabei das rigorose Vorgehen der Alliierten auf dem Gebiet der Rüstungskontrolle als anmaßend und erniedrigend empfunden[294]. So auch Ende 1926, als die französische Presse in Umlauf brachte, daß die eigene Regierung beabsichtige, an die Stelle der Entwaffnungskontrolle und der Interalliierten Militärkontrollkommission ein Völkerbundsorgan zu setzen. Dieses Vorhaben empfand Hindenburg als so skandalös, daß er sich zum ersten Mal lautstark in die Debatte einschaltete. Daß das geplante Organ mit den Befugnissen der Investigationsbeschlüsse des Völkerbundsrates vom 27. September 1924 und 14. März 1925 versehen werden sollte, war für ihn derart indiskutabel, daß er den Reichskanzler in die Pflicht nahm, den Kampf gegen die Investigationsbeschlüsse aus „rechtlichen und politischen Gründen" gezielt zu forcieren. Ihm versuchte er seine „ernste Besorgnis" über die aktuelle Entwicklung in Genf zu veranschaulichen. Von ihm und dem Reichsminister des Auswärtigen erhoffte er bei den folgenden Genfer Verhandlungen als Ergebnis „eine klare Entscheidung". Die in den Investigationsbeschlüssen des Völkerbundes enthaltenen Bedingungen stellte Hindenburg als unhaltbar hin, weil sie ohne Grundlage im Versailler Vertrag seien. Zudem erlaube Artikel 213 nur „von Fall zu Fall" eine Untersuchung auf begründeten Verdacht hin. Allerdings würden die Beschlüsse des Völkerbundsrates dagegen eine kontinuierliche Kontrolle zur Folge haben. Aus dem Artikel 213 könne wohl kaum abgeleitet werden, daß eine ständige Kontrolle in den entmilitarisierten Zonen rechtens sei. „Klar und deutlich" müs-

---

[292] „[...] Der Vorschlag der Polen für ein Ost-Locarno ist zurückgewiesen. Das Zusammenwirken der großen Locarnomächte hat sich als fest und sicher erwiesen. Die allzu geräuschvolle polnische Art hat mit einer Niederlage geendet, die dem Prestige Polens sehr abträglich gewesen ist [...]". Schreiben RAM Stresemann an RK Marx, Genf, 21.09.1927, in: ADAP, B-VI, Dok.-Nr. 221, S. 481.
[293] PETER KRÜGER, Aussenpolitik, a.a.O., S. 137.
[294] Eine sehr eindrucksvolle persönliche Beschreibung hierzu gibt HOIMAR V. DITFURTH: Innenansichten eines Artgenossen. Meine Bilanz, Düsseldorf 1989, S. 52ff.

se demzufolge in Genf ausgeführt werden, daß eine derartig vertragswidrige Ausnahmeregelung, die die staatliche Selbständigkeit und nationale Ehre Deutschlands verletze, die deutsche Beteiligung am Völkerbund ernsthaft gefährde[295]. Nachdem Reichskanzler Marx Anfang Dezember 1926 das Kabinett über die Forderungen des Reichspräsidenten unterrichtet hatte, entwickelte sich eine Diskussion, in der Stresemann präzisierte, daß er die dort konkretisierten Anregungen zwar teile, die Besorgnisse Hindenburgs dagegen für unbegründet halte, weil bereits im Januar desselben Jahres gegen die Investigationsbeschlüsse klar votiert wurde. Staatssekretär Meissner verteidigte hingegen besagte Bedenken und erinnerte an die noch bestehende Rechtsgültigkeit der beiden Ratsbeschlüsse von September 1924 und März 1925. Meissner nahm die Gelegenheit wahr, um auch Hindenburgs Verstimmtheit über das Ausbleiben eines rechtzeitig erfolgten Protests, der die Beschlüsse des Völkerbundsrats zumindest abgeblockt hätte, anzubringen. In seinem Auftrag müsse er nochmals wiederholen, daß bei den bevorstehenden Beratungen im Völkerbundsrat „von vornherein unzweideutig" zu klären sei, daß die deutsche Regierung diese Investigationsbeschlüsse rundum ablehne. In Genf müsse außerdem die Wahl des Vorsitzenden des Investigationsausschusses Priorität haben.

Schließlich fand man doch noch einen modus vivendi und verständigte sich darauf, bei den Beratungen des Völkerbundsrates eine formulierte Erklärung abzugeben, aus der Hindenburgs Haltung zu den Investigationsbeschlüssen deutlich hervorgehen sollte[296]. Zwei Tage danach erläuterte Reichskanzler Marx dem Reichspräsidenten den Ministerbeschluß, wonach seine Einwendungen noch vor der Absendung des Aufnahmeantrags in den Völkerbund in einer formellen Note an den Generalsekretär des Völkerbundes, „in der Ihnen, Herr Reichspräsident, bekannten Note vom 12. Januar dieses Jahres" niedergelegt werden[297]. Wie Marx eindringlich versicherte, hatte die deutsche Reichsregierung seine Stellung-

---

[295] Schreiben Rpräs. v. Hindenburg an RK Marx, Berlin, 30.11.1926, in: HUBATSCH, Hindenburg und der Staat, a.a.O., Dok.-Nr. 48, S. 247f.; Siehe auch ADAP, B-I-2, Dok.-Nr. 219, S. 509ff.; In dem Brief kündigte Hindenburg außerdem noch an, dem Reichsminister des Auswärtigen und dem Reichswehrminister jeweils eine Abschrift seines Schreibens zukommen zu lassen. Hierzu siehe auch Begleitschreiben StS Meissner [B.d.Rpräs.] an RAM Stresemann [Kopie einer Abschrift], Berlin, 30.11.1926, PA AA Bonn, R 28520/D 680207. Ausfindig gemacht werden konnten zudem zwei Aktenbände, in denen je eine Durchschrift dieses Briefes vorzufinden ist: PA AA Bonn, NL Stresemann, Bd. 47, 7336 H/H 163213-218 und BA Berlin-Lichterfelde, R 601/697/1 [S. 39-44]. Siehe auch Schreiben StS Pünder an RAM Stresemann, Berlin, 01.12.1926 [Kopie eines Originals], PA AA Bonn, R 29038 k/E 117744.
[296] Ministerbesprechung, Berlin, 02.12.1926, in: HUBATSCH, Hindenburg und der Staat, a.a.O., Dok.-Nr. 49, S. 250f.
[297] Note Stresemanns an Sir James Eric Drummond, ADAP, B-I-1, Dok.-Nr. 34 [Anm. 7].

nahme zum Artikel 213 des Versailler Vertrages und zur Einrichtung eines ständigen Kontrollorgans im Rheinland genaustens berücksichtigt[298]. Schon kurze Zeit später forderte Hindenburg als Reaktion auf diverse Artikel der Linkspresse, in denen von zahlreichen Verstößen Deutschlands gegen die Versailler Bestimmungen die Rede war, die Vorlage eines Gesetzes zum Schutz des Reiches vor Behauptungen von angeblichen Verletzungen völkerrechtlicher Abmachungen[299]. Da Frankreich auf solche Nachrichten empfindlich reagiere, bestehe die reelle Gefahr von weiteren „Denunziationen und Verleumdungen"[300] dieser Art, die Investigationen aufgrund des Artikels 213 nach sich ziehen könnten. Bedenkt man, daß Stresemann schon im Januar 1926 dem Generalsekretär des Völkerbundes die Bereitschaft der deutschen Regierung signalisiert hatte, die Durchführung der Investigationen gemäß Artikel 213 des Versailler Vertrages zu gewährleisten, dann wird Hindenburgs konträre Position zu Stresemann – zumindest in diesem Punkt – nur allzu deutlich[301].

Auch das Vorhaben, ein Liquidationskomitee einzusetzen, welches aus Militärattachés oder Militärbevollmächtigten bestehen und über den rechten Ablauf der Liquidation wachen sollte, rief großen Widerspruch beim Reichspräsidenten hervor. In der Ministerbesprechung vom 11. Dezember 1926, die Stresemanns Telefonate und chiffrierte Depeschen über den aktuellen Verhandlungsstand in Genf zum Hauptpunkt hatte[302], teilte dann der Staatssekretär mit, daß der „Herr Reichspräsident [...] einen solchen Vorschlag durchaus ablehne", weil dies aus seiner Sicht doch nichts anderes wäre als die Fortdauer der Interalliierten Kontrollkommission in anderer Form, aber mit gleichen Rechten und auf unbe-

---

[298] Schreiben RK Marx an Rpräs. v. Hindenburg, Berlin, 04.12.1926, HUBATSCH, Hindenburg und der Staat, a.a.O., Dok.-Nr. 51, S. 253.
[299] Schreiben Rpräs. v. Hindenburg an RK Marx, 04.02.1927, HUBATSCH, Hindenburg und der Staat, a.a.O., Dok.-Nr. 58, S. 266.
[300] EBD., S. 268.
[301] Schreiben RAM Stresemann an Generalsekretär des Völkerbundes Sir James Eric Drummond, Berlin, 12.01.1926 [Durchschlag], PA AA Bonn, R 96722/L 067985ff.
[302] Stresemanns Vorschlag, wonach in Genf nach dem Muster von Locarno Schiedsgerichte eingesetzt werden sollten, wurde mit wenig Begeisterung aufgenommen. Unter Zeitdruck [die Ministerbesprechung begann vormittags um 9.45 Uhr, weil Stresemann für die Genfer Sitzung, die noch am selben Tag um 11.15 Uhr eröffnet wurde, eine Entscheidung des Kabinetts benötigte] lehnte das Reichskabinett Stresemanns Vorschlag ab und instruierte ihn noch rechtzeitig, „in der Frage des Verbots der Ein- und Ausfuhr von Kriegsmaterial keinerlei Konzessionen zu machen und an der engeren Auslegung des Begriffs *Kriegsgerät* festzuhalten". Niederschrift der Ministerbesprechung [Durchschlag mit Paraphe StS Meissner], Berlin, 11.12.1926, BA Berlin-Lichterfelde, R 601/697/1 [S. 61-64].

stimmte Dauer. Insofern bleibe nichts anderes übrig, als dieses vorbehaltlos abzuweisen und Stresemann darüber entsprechend zu telegraphieren[303].

III. Von Kritikpunkten und Instruktionen an die deutsche Delegation in Genf

Mit großer Aufmerksamkeit registrierte Hindenburg alle Bewegungen und Aktivitäten der deutschen Vertreter im Genfer Völkerbund[304]. Von ihnen erwartete er eine nüchterne und ausgewogene Einschätzung der eigenen möglichen Erfolgsaussichten vor Ort. Vonnöten sei, so seine besonnenen Worte, die ganze Lage in Genf weder durch eine zu „graue" noch durch eine zu „rosenrote Brille" zu sehen[305]. Seine skeptische Grundhaltung zur Genfer Institution nährte zwar seinen Pessimismus über mögliche Erfolgsaussichten der Abrüstungskonferenz[306], schärfte aber zugleich seinen Blick für die Arbeit der deutschen Abgesandten in Genf. Neben seinem Interesse an der personellen Zusammensetzung der Delegation für die vorbereitende Abrüstungskonferenz in Genf[307] scheute er sich nicht davor, ihre Mißerfolge „hart und schonungslos" zu tadeln[308]. Auffal-

---

[303] Niederschrift der Ministerbesprechung [Durchschlag mit Paraphe StS Meissner], Berlin, 11.12.1926, BA Berlin-Lichterfelde, R 601/697/1 [S. 62].
[304] Zu den Hauptdelegierten zählten im Jahre 1927: RAM Stresemann, StS v. Schubert und MinDir Gaus. Die Ersatzdelegierten waren: Johann Heinrich Graf v. Bernstorff (MdR), Rudolf Breitscheid (MdR), Prälat Ludwig Kaas (MdR) und Werner Frhr. v. Rheinbaben (MdR).
[305] Aufzeichnung StS v. Schubert, Berlin, 25.02.1927 [Durchschlag], PA AA Bonn, R 27379/D 829580. Ein Auszug hierzu findet sich im Aktenband R 28922 k/E 094302 [Kopie einer Abschrift].
[306] Der ehemalige StS [AA] Ernst v. Weizsäcker hierzu: „[...] Hindenburg empfing einige für Genf bestimmte Offiziere und sagte ihnen: ‚Erreichen werden Sie nichts, aber wahren Sie die Würde' [...]". ERNST V. WEIZSÄCKER: Erinnerungen, München/Leipzig/Freiburg i. Br. 1950, Hrsg.: Richard v. Weizsäcker, S. 74.
[307] Siehe folgende Beispiele, die in diesem Unterkapitel aufgeführt werden.
[308] HEINRICH KÖHLER, Lebenserinnerungen, a.a.O, S. 329f.; Auch wenn Hindenburg generell mit Kritik nicht sparsam haushielt, entsprach die Darstellung in der Deutschen Wählerzeitung vom 16.05.1928, wonach er energisch betont haben soll, daß man mit dem „fortwährenden Nachgeben" gegen die Ententemächte jetzt endlich aufhören müsse, um die deutschen Belange rücksichtsloser vertreten zu können, nicht den Tatsachen. Hindenburgs Dementi erfolgte zwar nicht postwendend, dafür aber um so bestimmter. „Derartige skrupellose Agitationslügen", so Meissner, verurteile der Reichspräsident „aufs Schärfste". Abschrift aus Deutsche Wählerzeitung, Darmstadt, 16.05.1928; Schreiben StS Meissner [B.d.Rpräs.] an RAM Stresemann, Berlin, 11.08.1928, PA AA Bonn, NL Stresemann, Bd. 69, 7378 H/H 168174-177. Zu diesem Punkt siehe auch ERNST V. WEIZSÄCKER, Erinnerungen, a.a.O., S. 78.

lend ist in der Tat die Anhäufung seiner überaus kritischen Bemerkungen zur Arbeit der deutschen Delegierten in der Schweiz.

Wie wachsam er den Beratungen der verschiedenen Gremien des Völkerbundes folgte, läßt sich anhand diverser Fallbeispiele aufführen. So verlangte er auf ein ihm Mitte 1928 vorgelegtes Telegramm, worin offen über die Möglichkeit eines Rückzugs der alliierten Militärexperten aus dem Reichsgebiet diskutiert wurde, umgehend nähere Informationen vom Auswärtigen Amt, vorausgesetzt, die Delegation beabsichtige, die Erledigung bestimmter „Restpunkte" zuzusichern[309]. Ging es etwa um die deutsch-italienischen Beziehungen, dann kam sein Mißtrauen zu Rom wesentlich deutlicher zum Vorschein als bei Stresemann, der am liebsten mit Mussolini noch enger kooperiert hätte, was der Reichspräsident nach den Worten seines Staatssekretärs jedoch zu „bremsen" wußte[310]. Hinzu kam, daß er in der Anfangsphase mit der fruchtlosen Arbeit der deutschen Delegation vor Ort wenig zufrieden war. Erst als sich greifbare Verhandlungsergebnisse abzeichneten, wie etwa bei der „Rheinlandbefreiung", fand Hindenburg Worte der Anerkennung für die deutschen Deputierten in der Schweiz[311]. Dennoch zeigte er sich häufiger von seiner kritikfreudigen Seite. Dabei beschränkte er sich in seinem Urteil und in seinen Instruktionen vornehmlich auf punktuelle Aspekte, die jedoch auf Stresemanns Arbeit in Genf nur geringen Einfluß gewannen[312]. Unzufrieden war er im besonderen mit der von der deutschen Delegation in Genf ausgehandelten Übereinkunft in der Saarfrage. Die in der Ministerbesprechung vom 15. März 1927 behandelte Regelung der Saarfrage hielt er inhaltlich wegen ihres zu großen Kompromißcharakters und ihrer zu schmalen

---

[309] Besagtes Fernschreiben wurde von Hindenburg am 19.07.1928 mit Bleistift paraphiert und mit folgender Marginalie versehen: „Welche Restpunkte gibt es denn noch? Wozu immer wieder hinausschieben? Ersuche um Vortrag im Auswärtigen Amt!" (Diese Notiz wurde aber mit demselben Bleistift, also vermutlich von Hindenburg, diagonal durchgestrichen). Telegramm Dt. BS Hoesch [Paris], Nr. 768, Paris, 17.07.1928 [Kopie einer Abschrift], PA AA Bonn, R 33599/H 294273ff.

[310] Schreiben StS Meissner [B.d.Rpräs.] an Dt. BS Nadolny, Berlin, 02.04.1927, PA AA Bonn, NL Rudolf/Änny Nadolny, Bd. 87.

[311] So zeigte sich Hindenburg mit Müllers Haltung und dem Verhalten der deutschen Delegation in der Frage der Räumung der besetzten Gebiete „sehr einverstanden". Vgl. Telegramm MinDir Hagenow, Berlin, 14.09.1928, Nr. 71 [Mikrofilm-Nr. 124], BA Koblenz, R 43 I/502 [S. 112] und R 43 I/504 [S. 82]. Telegramm MinDir Köpke an RAM Stresemann (bzw. an die Dt. Delegation in Genf), 05.09.1929 [Geheim], PA AA Bonn, R 28362 k. W.T.B., 05.09.1929; Schreiben MinDir Doehle [B.d.Rpräs.] an StS Pünder [Rkei], Berlin, 28.08.1929 [Original]; Schreiben StS Pünder an MinDir Doehle, Scheveningen, 23.08.1929 [Durchschlag], BA Koblenz, NL Pünder, N 1005/82 [S. 51f.].

[312] PETER HAUNGS, Reichspräsident, a.a.O., S. 251.

Rechtsbasis für unzureichend[313]. Hatte er noch Anfang 1926 versucht, die DNVP auf die Linie des Reichskanzlers zu bringen[314], so gewannen nun bei ihm Zweifel die Oberhand, ob Stresemanns Strategie des geduldigen und kompromißbereiten Verhandelns vor Ort überhaupt noch effizient genug war.

Ein Vorfall ganz anderer Art, in den auch die deutschen Deputierten in Genf involviert waren, ereignete sich Mitte September 1926, als der sozialdemokratische Pressedienst mit der Meldung aufwartete, daß die deutsche Delegation in Genf trotz eines telegraphischen Einspruchs des Reichspräsidenten für den polnischen Sitz gestimmt hatte[315]. Sehr bissig kommentierte die sozialdemokratische *Volksstimme* am selben Tag den Ablauf der Ereignisse. Dort verglich man bewußtes Fernschreiben sogar mit der *Krüger-Depesche* von Kaiser Wilhelm II. und apostrophierte Hindenburgs Vorgehen mit dem Attribut „unerhört", bezeichnete seinen Rat, gegen Polen zu optieren, als „töricht", als „naive Schrullen eines militärisch eingestellten Präsidenten"[316]. So anmaßend die Strafpredigt äußerlich wirkte – in der Wilhelmstraße 73 wurde von dieser Pressekolumne kaum Notiz genommen. Dort richtete sich das Interesse mehr auf jene Person, die für die Indiskretion verantwortlich war. In der festen Absicht, den dubiosen Vorfall aufzuklären, setzte Hindenburg gleich mehrere Hebel in Bewegung und forderte Staatssekretär Pünder auf, sich der Affäre durch eine Untersuchung anzunehmen[317]. Außerdem betraute er Meissner mit der Aufgabe, dem Außenminister *seinen* persönlichen Standpunkt kundzutun. Unmittelbar darauf kam es

---

[313] Wegen der „Saarfrage" forderte die Delegation: 1. Fixierung eines Termins von 3 Monaten für den Abzug der frz. Truppen; 2. Bahnschutz soll nur der Regierungskommission der Saar unterstellt werden; 3. Bahnschutz soll international, nicht interalliiert zusammengesetzt sein; 4. Der Bahnschutz solle eine geringere Stärke als 800 Mann haben. Punkt 1) und 2) wurden akzeptiert, Punkt 4) zur nochmaligen Nachprüfung zurückgestellt, wohingegen Punkt 3) abgelehnt wurde. Mehr dazu in Niederschrift die Ministerratssitzung im Hause des Rpräs. v. Hindenburg, Berlin, 15.03.1927, in: ADAP, B-IV, Dok.-Nr. 253, S. 561ff.

[314] Auf Weisung Hindenburgs kam es Ende Januar 1926 zu einer Unterredung zwischen dem Reichskanzler und den DNVP-Abgeordneten Kuno Graf von Westarp und Martin Schiele, die inhaltlich jedoch ergebnislos verlief. Aufzeichnung RAM Stresemann, Berlin, 27.01.1926 [Original], PA AA Bonn, NL Stresemann, Bd. 279, 7138 H/H 149458f.

[315] Vermerk Twardowski, (o.O.) 17.09.1926 [Durchschlag einer Abschrift], BA Berlin-Lichterfelde, R 601/695/1 [S. 42]. Vermerk RegRat Planck, 17./18.09.1926; Schreiben MinDir Kiep an StS Meissner [B.d.Rpräs.], Genf, 20.09.1926, in: AdR, Kab. Marx I u. II, S. 213 [Anm. 14].

[316] *Frankfurter Volksstimme*, Organ der Sozialdemokratie für Südwestdeutschland, 17.09.1926. Überschrift: „Hindenburg telegraphiert genau wie Wilhelm II.". Auch die *Rheinische Zeitung* übte harsche Kritik am Reichspräsidenten wegen seines Versuches der direkten Einflußnahme auf die deutsche Delegation in Genf.

[317] Schreiben Presseabteilung der Reichsregierung im AA [o.A.] an StS Meissner [B.d.Rpräs.], Genf, 20.09.1926 [Original], BA Berlin-Lichterfelde, R 601/695/1 [S. 52].

dann zu einem Telefonat zwischen Meissner und Stresemann, bei dem der Staatssekretär Hindenburgs „lebhaftes" Befremden über die unterlaufene Indiskretion und dessen Forderung nach einem unverzüglichen Dementi der Reichsregierung weisungsgerecht weiterleitete. Stresemann blieb nichts anderes übrig, als sich auf die Suche nach den Verantwortlichen für den vorliegenden Vertrauensbruch zu begeben. Meissners Vermutung nach hatte die „passierte Indiskretion" ihren Anfang in einer Delegiertensitzung genommen, in der Stresemann die ihm zu Ohren gekommene Meinungsäußerung des Reichspräsidenten ansprach. Dabei bekamen neben den bevollmächtigten Abgeordneten sowohl der Staatssekretär im preußischen Staatsministerium, Robert Weismann, als auch vier weitere parlamentarische Vertreter, darunter der Sozialdemokrat Rudolf Breitscheid, direkte Kenntnis von Hindenburgs Ausführungen. Wenn auch Meissner sich nicht in weiteren Spekulationen verlor und seinen gegen Breitscheid geäußerten Verdacht nicht konkretisierte, so gab er jedoch Stresemann zu verstehen, daß der Reichspräsident es überhaupt nicht dulde, wenn seine Ansichten, die nur für die Ohren der Genfer Bevollmächtigten bestimmt waren, im Beisein von Parlamentariern zur Erörterung kämen[318]. Daß Hindenburg dem ganzen Geschehen selbst nicht tatenlos zusehen wollte, belegen seine Worte an den in Genf tagenden Reichsminister des Auswärtigen. Über die „bedauerliche Indiskretion" empörter als über die Tatsache, daß man für Polen votiert habe, führte er an:

„[...] Dieser Vertrauensmißbrauch [...] hat mein lebhaftes Befremden erregt und veranlaßt mich, Sie, Herr Reichsminister, zu bitten, mit allem Nachdruck zu untersuchen, wer der Schuldige ist, und mir das Ergebnis bekanntzugeben [...]"[319].

Unter Berücksichtigung des belastenden Faktenmaterials soll der Verantwortliche genaustens befragt werden. Wenn die betreffende Person ihre Urheberschaft zugebe, solle ihr eröffnet werden, daß sie „mangels genügender Vertrauenswür-

---

[318] Aufzeichnung StS Meissner [B.d.Rpräs.], Berlin, 18.09.1926 [Original], BA Berlin-Lichterfelde, R 601/695/1 [S. 48].
[319] Ferner führte er noch aus: „[...] Wie Sie in Ihrem Telegramm vom 16. September meldeten, haben Sie es für notwendig erachtet, meine Meinungsäußerung zum Gegenstand der Erörterung mit den 4 parlamentarischen Mitgliedern der Delegation und dem Preußischen StS [Weismann] zu machen. Es entspricht dies nicht meiner Auffassung, die dahin geht, daß eine Meinungsäußerung, die ich als Vollmachtgeber an die von mir bevollmächtigten Herren gebe, nur von diesen zu erörtern ist und nur diesen zu etwaiger Gegenäußerung Veranlassung geben kann [...]". Schreiben Rpräs. v. Hindenburg an RAM Stresemann, Berlin, 20.09.1926, PA AA Bonn, NL Stresemann, Bd. 43, 7332 H/H 162530-532. Ein Durchschlagexemplar ist ebenso vorzufinden im BA Berlin-Lichterfelde, R 601/695/1 [S. 49f.].

digkeit" für eine künftige Delegation nicht mehr vorgesehen werde[320]. Inwiefern Stresemann dieser Order wirklich Folge geleistet hat und welchen Anteil er an den internen Recherchen gehabt hat, ist unklar. Jedenfalls übermittelte noch am selben Tag die Presseabteilung der Reichsregierung des Auswärtigen Amtes dem *Büro des Reichspräsidenten* das Endergebnis der internen Nachforschungen. Die dort anzutreffenden Ausführungen und Erklärungsversuche waren aber insgesamt sehr dürftig, teilweise sogar spekulativ. Zwar konnte man keinen Hauptschuldigen für den vorliegenden Vertrauensbruch ausmachen, dafür schloß man aber für den illegalen Informationstransfer eine Beteiligung des Büropersonals oder anderer Organe und Delegationsmitglieder aus. So kam man, nachdem alle in Frage kommenden Faktoren analysiert worden waren, zu dem Fazit, daß die Meinungsäußerungen des Reichspräsidenten durch eine „zufällige Mitanhörung eines Gesprächs oder einer telefonischen Besprechung" Verbreitung gefunden hatten, zumal dies durch die „räumlichen Verhältnisse", die „enge Unterbringung der deutschen Delegation" begünstigt wurde[321]. Der sozialdemokratische Pressedienst sah keine Veranlassung, von seiner Position abzurücken. Nach wie vor störten sich Teile der Presse daran, daß der Reichspräsident in eigener Regie den Versuch gewagt hatte, „in ablehnendem Sinne auf die deutsche Delegation einzuwirken"[322].

Wer letzten Endes die Informationsquelle war, die Hindenburgs *Meinungsäußerung* so wirkungsvoll kolportierte, konnten die Verantwortlichen schon damals nicht enthüllen. Gleichfalls geben die heutigen Quellen hierzu keine Auskunft.

Überlagert wurde dieses kurze Intermezzo alsbald von anderen wichtigen politischen Alltagsfragen. Auf ihrer gemeinsamen Suche nach einem Konsens verzichteten Hindenburg und Stresemann bei einem nur zwei Tage später erfolgten Zusammentreffen auf eine Vertiefung der noch verbliebenen störenden Streitpunkte. Anstatt sie ein weiteres Mal aufzugreifen, kehrten sie die Bagatelle

---

[320] Schreiben Rpräs. v. Hindenburg an RAM Stresemann, Berlin, 20.09.1926, PA AA Bonn, NL Stresemann, Bd. 43, 7332 H/H 162531. Ob der sozialdemokratische Delegierte Breitscheid, wie Hindenburg vermutete, derjenige war, der die Presse informierte, geht aus den Quellen nicht schlüssig hervor.

[321] Schreiben Presseabteilung der Reichsregierung im AA an B.d.Rpräs. z. Hd. StS Meissner [B.d.Rpräs.], Genf, 20.09.1926 [Original], BA Berlin-Lichterfelde, R 601/695/1 [S. 52-54].

[322] „[...] Die Frankfurter Volksstimme hat an dieses angebliche Telegramm des Herrn Reichspräsidenten sehr scharfe Angriffe auf den Herrn Reichspräsidenten geknüpft. Eine Widerlegung dieser Angriffe sowie sonstiger Kommentare in sozialdemokratischen Blättern erübrigt sich, weil die Voraussetzung dieses Angriffes, nämlich der Einspruch des Herrn Reichspräsidenten nicht besteht [...]". Vermerk bezgl. Sozialdemokratischen Pressedienst, Berlin, 21.09.1926 [Abschrift], BA Berlin-Lichterfelde, R 601/695/1 [S. 54f.].

nunmehr stillschweigend unter den Teppich. So nahm der Reichspräsident mit keinem Wort mehr Bezug auf das jüngste Ungeschick der Regierung; statt dessen überschüttete er den Außenminister mit Worten des Lobes wegen seiner erfolgreichen Arbeit in Genf und Thoiry[323].

Hindenburgs Augenmerk richtete sich schon kurze Zeit später wieder auf andere Genfer Themen, deren außenpolitische und aktuelle Bedeutsamkeit in jeder Hinsicht größer war. Eines davon war die Debatte um die Schiedsrichterrolle Deutschlands im italienisch-südslawischen Streitfall[324]. Bei dieser Auseinandersetzung geriet das tunlichst um eine behutsame Ausgleichspolitik in Ost- und Südosteuropa bemühte Deutsche Reich zwischen die Fronten. Bis dahin hatte man in der Wilhelmstraße 76 in dieser Auseinandersetzung eine recht bequeme, sprich neutrale Mittelposition bezogen, die nach den dortigen Ereignissen aber kaum noch aufrechtzuerhalten war. Einerseits pflegte Berlin mit fast allen Staaten dieser Region enge wirtschaftliche Beziehungen, andererseits hielt es sich angesichts der internen Balkanauseinandersetzungen bedeckt, sofern dort das Gleichgewicht nicht durch eine zu übermächtige Großmacht gestört wurde. Die Kardinalfrage, der sich deutsche Südost-Experten nun gegenübersahen, lautete: Welche Position sollte Deutschland angesichts eines drohenden Krieges beider Länder beziehen? Eine Entscheidung mußte zwischen zwei Lösungen fallen. Die einfachste Antwort wäre gewesen, den zusehends eskalierenden Konflikt aus der Distanz des unparteiischen Beobachters zu verfolgen. Doch diese scheinbare Neutralität war mit der deutschen Locarnopolitik unvereinbar, zumal Berlin sich mit einem solchen Vorgehen – insbesondere vor dem Hintergrund der Erfahrungen mit dem Balkan vor 1914 – aus der europäischen Verantwortung für eine Ausgleichs- und Entspannungspolitik gestohlen hätte[325]. Am 24. März 1927 fand eine Ministerratssitzung statt, in der die Frage zur Erörterung kam, inwieweit Deutschland an der Seite Frankreichs und Englands im italienisch-südslawischen Streitfall vermittelnd eingreifen sollte. Nachdem Stresemann für ein Einlenken Deutschlands plädiert hatte, verdeutlichte Staatssekretär Meissner den anwesenden Ministern die Position des Reichspräsidenten zum Streitfall in Südosteuropa. Demzufolge war er nach „der ersten flüchtigen Unterrichtung" von einer mögli-

---

[323] HENRY BERNHARD (Hrsg.), Gustav Stresemann Vermächtnis, a.a.O., Bd. III, S. 25.
[324] Vorausgegangen war der italienische Protest über umfangreiche militärische Vorbereitungen Jugoslawiens gegen Albanien. An Brisanz gewann die ganze Angelegenheit infolge der expansionistischen Einstellung Italiens, das intendierte, Albanien unter seinen Einfluß zu bringen, um auf diese Weise die Position Jugoslawiens zu schwächen. Deutschland sollte zusammen mit England und Frankreich im besagten Konflikt vermitteln. Näheres zur Vorgeschichte des Konfliktes bei MARIE-LUISE RECKER: England und der Donauraum 1919-1929. Probleme einer europäischen Nachkriegsordnung, Stuttgart 1976, S. 245ff.
[325] So auch PETER KRÜGER, Aussenpolitik, a.a.O., S. 364f.

chen Beteiligung Deutschlands „nicht sehr erbaut". Davon ausgehend, daß Deutschland sich auf diese Weise nur den Unmut der unterliegenden Partei zuziehen werde, hielt er sich in dieser Angelegenheit mit einer endgültigen Stellungnahme vorerst zurück[326], obwohl seine Sorge vor einer Involvierung Deutschlands in den Balkankonflikt sichtbar hervortrat[327]. Als er nach der Kabinettssitzung durch Meissner von den Bedenken einiger Minister[328] erfuhr, fühlte er sich in seiner tiefen Skepsis gegenüber der deutschen Beteiligung an Investigationen in Jugoslawien bestätigt und bestärkt. Schon am nächsten Tag wurde Stresemann ein Papier vorgelegt, in dem Hindenburg nicht nur große persönliche Zweifel anmeldete, sondern erneut darum bat, in diesem Punkt solange keine Erklärung abgeben zu müssen, bis eine gemeinsame Sprachregelung gefunden sei[329]. Wie Stresemann seinem Staatssekretär von Schubert noch am gleichen Tag kurz nach der Begegnung mit dem Reichspräsidenten streng vertraulich mitteilte, hegte sein Gesprächspartner nach wie vor große Vorbehalte gegen eine deutsche Teilnahme an der „Chamberlainschen Aktion"[330].

Es lag in der Natur seines Amtes und an seinem Interesse für außenpolitische Vorgänge, daß Hindenburg im Verlauf seiner Amtszeit auch zu scheinbar peripheren außenpolitischen Themen oder aktuellen Kontroversen Stellung bezog. So auch im Sommer 1926, als Staatssekretär Schubert bei einem Referat die Eupen-Malmedy-Frage aufgriff. Zum Verständnis muß vorausgeschickt werden, daß die deutsche Regierung unmittelbar nach der Locarnophase ernsthaftes Interesse an einem Rückkauf der an Belgien abgegebenen Gebiete signalisierte. Mag für Belgien die in Aussicht gestellte Finanzspritze eine willkommene Gelegenheit gewesen sein, die marode Wirtschaft halbwegs zu sanieren – die deutsche Reichsregierung verfolgte dagegen ein handfestes revisionistisches Ziel. Sie wollte aus der neuen Verständigungspolitik Kapital schlagen. Mit dem geplanten gewaltlosen Wiedererwerb ehemaligen deutschen Territoriums hätte zum ersten Mal eine „Bresche in das territoriale System des Versailler Vertrages" geschlagen und so-

---

[326] Ministerbesprechung, 24.03.1927, in: AdR, Kab. Marx III u. IV, Bd. 1, Dok.-Nr. 209, S. 654.
[327] Hierzu siehe auch CHRISTIAN BAECHLER, Gustave Stresemann (1878-1929). De l'impérialisme à la, a.a.O., S. 727.
[328] Namentlich waren dies RJM Oskar Hergt, RWSM Julius Curtius und RASM Heinrich Brauns.
[329] Aufzeichnung Henry Bernhard, Berlin, 24.03.1927 [Original] (unterzeichnet von Bernhard mit Bleistift), PA AA Bonn, R 29341/K 170618. Diese Aufzeichnung kam auf telefonische Weisung Meissners zustande, der im Auftrag Hindenburgs handelte.
[330] Aufzeichnung ohne Unterschrift [stammt aller Wahrscheinlichkeit nach aus der Feder von StS v. Schubert], Berlin, 25.03.1927, in: ADAP, B-V, Dok.-Nr. 29, S. 64. Zum weiteren Verlauf dieser Krise siehe PETER KRÜGER, Aussenpolitik, a.a.O., S. 365.

mit ein richtungweisender Präzedenzfall geschaffen werden können³³¹. Wer aber davon ausgegangen war, daß Hindenburg diesem Vorhaben rückhaltlos seine Zustimmung geben würde, sah sich getäuscht. Während nämlich die verantwortlichen Minister und Staatssekretäre bei den deutsch-belgischen Sondierungsgesprächen großes Engagement zeigten, beließ es der Reichspräsident bei einer Warnung vor allzu großem Optimismus. Mit seinem Einwurf, daß er mit einem Einspruch Frankreichs und Englands rechne³³², nahm er die weitere Entwicklung vorweg; der Plan scheiterte in der Tat am apodiktischen Veto des französischen Ministerpräsidenten Poincaré³³³.

C. Hindenburgs Rückendeckung für Stresemann beim Briand-Kellogg-Pakt

Der am 27. August 1928 nach verwickelten Verhandlungen und diplomatischen Manövern in Paris unterzeichnete Briand-Kellogg-Pakt³³⁴, der außerhalb des Völkerbundes zustande kam³³⁵, verurteilte den Krieg als legitimes Mittel zur Lösung internationaler Streitfälle" apodiktisch³³⁶. Gemessen an seiner Zeit, war dieser multilaterale Vertrag „eines der spektakulärsten Ereignisse der zwanziger Jahre"³³⁷, der sich durch hohen moralischen Anspruch³³⁸ und großen symboli-

---

³³¹ Schreiben StS v. Schubert an Dt. GS Keller (Brüssel), Berlin, 28.07.1926 (Streng geheim!), in: ADAP, B-I-1, Dok.-Nr. 292, S. 678f.; KRÜGER, Aussenpolitik, a.a.O., S. 357f.; MANFRED BERG: Gustav Stresemann. Eine politische Karriere zwischen Reich und Republik, a.a.O., S. 97.
³³² Aufzeichnung StS v. Schubert, Berlin, 03.08.1926, in: ADAP, B-I-2, Dok.-Nr. 1, S. 1.
³³³ PETER KRÜGER, Aussenpolitik, a.a.O., S. 358.
³³⁴ Hierzu siehe Dokumente in UuF, Bd. VII, Dok.-Nr. 1473; 1474; 1475 u. 1476, S. 2ff.
³³⁵ PETER KRÜGER, Aussenpolitik, a.a.O., S. 410. Benannt ist dieser Vertrag nach seinen beiden Initiatoren: dem französischen Außenminister Aristide Briand und dem amerikanischen Staatssekretär Frank B. Kellogg. ALFRED PFEIL, Der Völkerbund, a.a.O., S. 97. Zur Vorgeschichte des Kriegsächtungspakts siehe ZIMMERMANN, Deutsche Aussenpolitik, a.a.O., S. 355f.
³³⁶ „[...] Die Hohen Vertragsschließenden Parteien erklären feierlich im Namen ihrer Völker, daß sie den Krieg als Mittel für die Lösung internationaler Streitfälle verurteilen und auf ihn als Werkzeug nationaler Politik in ihrem gegenseitigen Beziehungen verzichten. [...]". Artikel I Briand-Kellogg-Pakt, 27.08.1928, in: UuF, Bd. 7, Dok.-Nr. 1477, S. 8.
³³⁷ PETER KRÜGER: Friedenssicherung und deutsche Revisionspolitik. Die deutsche Außenpolitik und die Verhandlungen über den Kellogg-Pakt, in: VfZ, Bd. 22 (1974) Heft 3/Juli, S. 227.
³³⁸ „[...] Dass der Kellogg-Pakt in der Hauptsache moralischen Wert hat, darüber sind sich alle Schriftgelehrten einig. [...]". Schreiben RK Müller an Preußischen Ministerpräsidenten Otto

schen Gehalt auszeichnete[339]. In diesem sogenannten *Kriegsächtungspakt* verpflichteten sich die fünfzehn vertragsschließenden Nationen, künftig alle Konflikte und potentiellen Streitigkeiten nur unter Anwendung friedlicher Mittel zu lösen[340]. Ungeachtet der sehr progressiven supranationalen Zielsetzung offenbarte dieses Vertragssystem doch ein beträchtliches Manko. Jenseits vom Katalog anwendbarer völkerrechtlich restriktiver Sanktionen wurde jeder Verstoß gegen die bestehenden Vertragsklauseln zur Farce, da keine übergeordnete Instanz existierte, die ermächtigt war, maßregelnd einzugreifen. Eine weitere grundlegende Problematik dieser „Kriegserklärung an den Krieg"[341] lag darin, daß sie das Selbstverteidigungsrecht eines jeden Staates gegen einen äußeren Aggressor überhaupt nicht einschränkte und somit die Grenzen zwischen einem Angriffs- und Verteidigungskrieg völlig verwischte[342]. Zugegeben, der Krieg wurde symbolisch und deklamatorisch geächtet, aber seine Wurzeln, seine Ursachen wurden hierbei nicht tiefergehend angegangen – sie blieben unverändert bestehen[343]. Dennoch konnte die deutsche Regierung mit den Pariser Verträgen einen „strategischen Sieg erster Ordnung"[344] verbuchen. Deutschland, das bei potentiellen kriegerischen Verwicklungen infolge seines geringen Militärpotentials bis dahin wie kein anderer Staat in Europa verwundbar war, profitierte in puncto Sicherheit am stärksten von dieser Übereinkunft[345]. Ruhigen Gewissens konnte Berlin mit aller Kraft für den Kontrakt werben, was auch weltweit gewürdigt wurde[346]. Großen Anteil daran hatten auf deutscher Seite in erster Linie Außenminister Stresemann und Staatssekretär von Schubert[347]. Gleichwohl sollte Hin-

---

Braun, Berlin, 27.08.1928 [Durchschlag], AdsD Friedrich-Ebert-Stiftung Bonn, NL Müller, Tr. 4/1, Bd. IV, Nr. 61.

[339] So auch CONSTANZE BAUMGART, Stresemann und England, a.a.O., S. 278.

[340] „[...] Die Hohen Vertragsschließenden Parteien vereinbaren, daß die Regelung und Entscheidung aller Streitigkeiten oder Konflikte, die zwischen ihnen entstehen könnten, welcher Art oder welchen Ursprungs sie auch sein mögen, niemals anders als durch friedliche Mittel angestrebt werden soll". Art. II Briand-Kellogg-Pakt, in: UuF, Bd. 7, Dok.-Nr. 1477, S. 8.

[341] So HUBERTUS PRINZ ZU LÖWENSTEIN, Stresemann, a.a.O., S. 263.

[342] ERICH EYCK: Geschichte der Weimarer Republik, Bd. 2, Stuttgart 1972, S. 227. OTTO MEISSNER, Erinnerungen eines Staatssekretärs, a.a.O., S. 165.

[343] So ERNST V. WEIZSÄCKER, Erinnerungen, a.a.O., S. 79.

[344] JOHN W. WHEELER-BENNETT, Der hölzerne Titan, a.a.O., S. 294.

[345] Als wichtig wurde auch die Tatsache eingestuft, daß Deutschland durch diesen Kontrakt nicht in die Pflicht genommen wurde, die Revision der Ostgrenzen ausschließlich friedlich anzugehen. CHRISTIAN HÖLTJE, Ostlocarnoproblem, a.a.O., S. 201.

[346] PETER KRÜGER, Friedenssicherung und deutsche Revisionspolitik, a.a.O., S. 228.

[347] In der wichtigen Vorverhandlungsphase vom Dezember 1927 bis August 1928 vertrat meist Staatssekretär v. Schubert den erkrankten Außenminister. Siehe KRÜGER, Friedenssicherung, a.a.O., S. 245f.

denburgs Rolle nicht unterschätzt werden, denn er wurde in der Präambel als Vertragspartner namentlich angeführt und war als zuständige völkerrechtliche Instanz unmittelbar am Vertragsabschluß beteiligt[348].

Obwohl körperlich noch angeschlagen – Stresemann hatte nur acht Tage vor Beginn der Pariser Konferenz einen Schlaganfall erlitten, der leichte Sprach- und Bewegungsstörungen nach sich zog[349], – reiste er zur feierlichen Vertragsunterzeichnung eigens nach Frankreich[350]. Mit allen Vollmachten des Reichspräsidenten versehen[351], nahm der schwerkranke Außenminister entgegen den Ratschlägen seiner Ärzte[352] die Strapazen rund um das feierliche Zeremoniell auf sich, was ihm die anderen Vertragsparteien hoch anrechneten[353]. Daneben war die historische Dimension seines Besuches in Paris kaum zu übersehen. Seit über 71 Jahren hatte kein deutscher Außenminister mehr die französische Hauptstadt in offizieller Funktion betreten[354]. Wohl deshalb fokussierte sich das Interesse der französischen Öffentlichkeit so stark auf seine Person, daß sogar der Initiator des Paktes, Frank Kellogg, für eine Zeitlang nur noch die zweite Geige spielte. Ob-

---

[348] Briand-Kellogg-Pakt, 27.08.1928, Art. I u. II, in: UuF, Bd. 7, Dok.-Nr. 1477, S. 7. Um festzustellen, ob der Reichspräsident an einem Kontrakt überhaupt mitgewirkt hatte, kann die Präambel des jeweiligen Vertragstextes nützlich sein. Wird dort sein Name angeführt, dann kann daraus gefolgert werden, daß er für das Zustandekommen des jeweiligen Abkommens einen aktiven Beitrag geleistet hatte: „[...] Jedoch ist der Gegenschluß, daß Verträge, die in der Präambel nicht den Reichspräsidenten nennen, [...] ohne Mitwirkung des Reichspräsidenten abgeschlossen sind, nicht zulässig. [...]". So FRITZ STEFFEN: Die Auswärtige Gewalt und der Reichspräsident, in: Internationale Abhandlungen, Hrsg.: Herbert Kraus, Bd. 15, Berlin 1933, S. 86.

[349] GERHARD STROOMANN: Aus meinem roten Notizbuch. Ein Leben als Arzt auf Bühlerhöhe, Frankfurt a. M. 1960, S. 135f.; Vgl auch Schreiben RAM Stresemann an MinDir v. Schubert, Bühlerhöhe, 26.06.1928 [Original], R 29338/E 170145f.

[350] Näheres hierzu bei PAUL SCHMIDT: Statist auf politischer Bühne 1923-45. Erlebnisse des Chefdolmetschers im Auswärtigen Amt mit den Staatsmännern Europas, Bonn 1949, S. 150ff.

[351] Über die Einzelheiten des Kellogg-Paktes und der Reise Stresemanns wurde Hindenburg von StS v. Schubert unterrichtet. In allen Punkten zeigte sich der Reichspräsident mit dessen Ausführungen „einverstanden". Auch ein eventueller Beitritt Rußlands und Spaniens zum Pakt fand seine ungeteilte Billigung. Aufzeichnung StS v. Schubert, Berlin, 07.08.1928 [Kopie], PA AA Bonn, R 29078k/E 123824f.

[352] GERHARD STROOMANN, Aus meinem roten Notizbuch, a.a.O., S. 136f.; WOLFGANG STRESEMANN, Mein Vater, a.a.O., S. 521ff.; Vgl. DERS.: Zeiten und Klänge. Ein Leben zwischen Musik und Politik, Frankfurt a. M./Berlin 1994, S. 128f.

[353] Ausgesprochen gerührt über Stresemanns Anwesenheit in Paris war besonders der amerikanische Außenminister Kellogg. Aufzeichnung StS v. Schubert, Baden-Baden, 29.08.1928 [Kopie], R 29078k/E 123943. Auch die französische Regierung rechnete es Stresemann „hoch an", daß er trotz seines angegriffenen Gesundheitszustandes die Reise nach Paris angetreten hatte. Siehe Telegramm Dt. BS Hoesch (Paris) an AA [o.A.], 28.08.1928, in: ADAP, B-IX, Dok.-Nr. 266, S. 648.

[354] KURT KOSZYK, Gustav Stresemann, a.a.O., S. 332.

gleich Kellogg der erste amerikanische Außenminister in der Geschichte war, der in Europa an einer derartigen internationalen Konferenz und Zeremonie teilnahm, und obwohl seine Anwesenheit in Frankreich auf ein Ende der amerikanischen Maxime des „Non-Entanglement" hindeutete, stand Stresemann im Rampenlicht. Seine Aufnahme durch die französische Bevölkerung war jedenfalls überwältigend. Überall wo er erschien, spendete man ihm spontanen und warmherzigen Beifall, worüber besonders der deutsche Botschafter in Paris, Leopold von Hoesch, zutiefst überrascht war[355].

Hindenburgs Kritik am Briand-Kellogg-Pakt war interessanterweise nicht grundsätzlicher Art, da er das geplante Abkommen in der vorliegenden Form überhaupt nicht in Frage stellte. Beanstandet wurde von ihm neben rein formalen Kriterien[356] hauptsächlich die Wahl des Verhandlungsortes. Warum das Arrangement ausgerechnet auf französischem und nicht etwa auf neutralem Genfer Boden stattfinden sollte, war für ihn nur schwer nachvollziehbar[357]. Die beabsichtigte Reise Stresemanns nach Paris hielt er für inopportun, weil Poincaré den Außenminister vor Ort dazu drängen könnte, zum Problemfall Elsaß-Lothringen eine abermalige Verzichterklärung abzugeben oder wieder damit anfangen könnte, von einem Ost-Locarno zu reden. Genau diese Bedenken präzisierte er dem Staatssekretär des Auswärtigen Amtes, von Schubert, während eines Treffens Anfang August 1928[358]. Eine knappe Woche später unterrichtete Schubert den Reichspräsidenten über das Ergebnis seiner Unterredung mit dem Außenminister. Befriedigt reagierte Hindenburg auf Stresemanns Zusicherung,

---

[355] Telegramm Dt. BS Hoesch (Paris) an AA [o.A.], 28.08.1928, in: ADAP, B-IX, Dok.-Nr. 266, S. 647. Siehe auch WOLFGANG STRESEMANN, Mein Vater, a.a.O., S. 524f.

[356] Bereits im Vorfeld forderte Hindenburg, nachdem er den Entwurf der deutschen Erwiderungsnote studiert hatte, eine etwas schärfere sprachliche Akzentuierung. Erst nachdem Stresemann einen Verbesserungsvorschlag unterbreitet hatte, gab Hindenburg seine Einwilligung, die Erwiderungsnote an US-Botschafter Schurmann abzusenden. Der Inhalt dieses Schriftstücks wurde am 30.04.1928 vom W.T.B. veröffentlicht. Aktennotiz StS Meissner [B.d.Rpräs.], Berlin, 27.04.1928 [Original mit Paraphe StS Meissner]; Schreiben AA [o.A.] an US-BS Schurmann, Berlin 27.04.1928 [Durchschlag eines Briefentwurfs], BA Berlin-Lichterfelde, R 601/699/10 [S. 45; S. 46-50].

[357] Aktennotiz betr. telefonischer Mitteilung ORegRat v. Erdmannsdorff [B.d.Rpräs.] (Paraphe unbekannt), Berlin, 25.07.1928, PA AA Bonn, R 29077k/E 123662.

[358] Im Verlauf dieser Unterredung konnte Schubert den Reichspräsidenten davon überzeugen, daß Stresemann im Auftrage von Kellogg in Paris ausschließlich für die Vertragsunterzeichnung eingeladen worden war. Gespräche wie beispielsweise in Genf seien nicht zu erwarten, dafür sei der zeitliche Rahmen zu begrenzt. Aufzeichnung StS v. Schubert [AA], Berlin, 10.08.1928, in: ADAP, B-IX, Dok.-Nr. 225, S. 552ff.

sich gegenüber Poincaré in Zurückhaltung üben zu wollen[359]. Als Hindenburg daraufhin dem Staatssekretär einen Zeitungsartikel überreichte, worin die beabsichtigte Frankreichreise des Außenministers kritisch kommentiert wurde, erkannte Schubert, woher seine Vorbehalte resultierten[360].

Trotz allem hatte der deutsche Reichspräsident die Arbeit der Regierung am *Kriegsächtungspakt* weder obstruiert noch durch irgendwelche gesonderten Forderungen verzögert. Daher kann Wheeler-Bennetts Einschätzung, Hindenburg habe Stresemann beim Briand-Kellogg-Pakt den Rücken freigehalten, getrost beigepflichtet werden[361]. Dies ist um so erstaunlicher, weil er offensichtlich eine latente Abneigung gegenüber Briand hegte und ihm schon alleine wegen der Investigationsfrage mißtraute[362]. Dennoch spielte er beim Briand-Kellogg-Pakt die Rolle des passiven Beobachters hinter den Kulissen. Erklären läßt sich dieser Umstand damit, daß er die Unumgänglichkeit einer deutschen Beteiligung an diesem Abkommen einsah und den weltpolitischen „moralischen" Stellenwert des Kontraktes erkannte[363]. So gibt seine reservierte Haltung und unterbliebene Intervention zugleich Aufschluß darüber, daß er mit Verlauf und Ergebnis der Konferenz zufrieden war, andernfalls wäre sein Protest kaum zu überhören gewesen. Untermauert wird seine Zustimmung zum *Kriegsächtungspakt* auch durch seine Dankesbotschaft an den amerikanischen Präsidenten, Herbert Hoover, anläßlich der Ratifizierung des supranationalen Vertragssystems. Hoovers Anteil an dem Abkommen würdigend, äußerte sich der Reichspräsident dort auch zu der aus seiner Sicht künftigen Tragweite und Zielrichtung dieser Übereinkunft:

---

[359] Aufzeichnung StS v. Schubert [AA], Berlin, 16.08.1928 [Kopie], PA AA Bonn, R 29078 k/E 123874f.

[360] Aufzeichnung StS v. Schubert [AA], Berlin, 16.08.1928, PA AA Bonn, R 29078 k/E 123874f.

[361] JOHN W. WHEELER-BENNETT, Der hölzerne Titan, a.a.O., S. 294. Dagegen ist MANFRED BERGS Behauptung, wonach Hindenburg den Besuch Stresemanns in Paris anläßlich der Unterzeichnung des Briand-Kellogg-Paktes verhindern wollte, unzutreffend. DERS., Gustav Stresemann. Eine politische Karriere zwischen Reich und Republik, a.a.O., S. 103 u. 119.

[362] Aufzeichnung StS v. Schubert [AA] (Streng vertraulich), Berlin, 18.02.1928, PA AA Bonn, R 28668/D 706815. Im Mai 1928 bestellte Hindenburg StS v. Schubert zu sich, um ihn vor möglichen politischen Manövern des tschechoslowakischen Außenministers Edvard Beneš und des französischen Außenministers Aristide Briand zu warnen. Siehe Aufzeichnung StS v. Schubert, Berlin, 21.05.1928 [Original], PA AA Bonn, R 29359/E 174218f.; Näheres hierzu bei GREGORY F. CAMPBELL: Confrontation in Central Europe. Weimar Germany and Czechoslovakia, Chicago/London 1975, S. 192ff.

[363] „[...] Mit dem Pakte, der den Krieg als Instrument der nationalen Politik zu einem Verbrechen stempelt [...], ist für die Entwicklung des Völkerrechts eine neue Grundlage geschaffen worden [...]". Statement RAM Stresemann, Berlin, 24.07.1929, PA AA Bonn, R 27995. Vorschlagsmanuskript für Vortrag beim Reichspräsidenten, 02.08.1928 [Kopie], BA Koblenz, NL Pünder, N 1005/29 [S. 73].

„[...] Ich hege die Hoffnung, daß dieser Pakt bei der Gestaltung der Beziehungen zwischen den Völkern seine Kraft bewähren und dazu beitragen wird, den Weltfrieden auf der Grundlage der Gerechtigkeit zu sichern. [...]"[364].

D. Das Ringen des Reichspräsidenten um den Young-Plan

I. Bedeutung und Konsequenzen des Young-Plans und die Position Hindenburgs

Nach dem Inkrafttreten des Locarno-Vertragswerks mit dem sich anschließenden Eintritt Deutschlands in den Völkerbund und nach der Ratifizierung des Berliner Vertrages wurde die endgültige Liquidierung der Reparationsfrage wieder akut, zumal sich auch auf alliierter Seite allmählich die Erkenntnis durchsetzte, daß die im Dawes-Plan angeordneten Auflagen für Deutschland unerfüllbar waren. Man hatte seine Zahlungsfähigkeit schlichtweg überschätzt[365].

Unter dem Vorsitz des amerikanischen Finanzspezialisten Owen D. Young[366] erarbeitete die in Paris tagende Sachverständigenkommission nach komplizierten Verhandlungen[367] mit dem sogenannten „Young-Plan"[368] die endgültige Grundla-

---

[364] Telegramm Rpräs. v. Hindenburg an US-Präsident Hoover, Berlin, 24.07.1929 [Entwurf], BA Berlin-Lichterfelde, R 601/699/10 [S. 110]. Über den Briand-Kellogg-Pakt hatte Hindenburg sich bei seiner Neujahrsansprache 1929 ähnlich geäußert: „[...] ist während des vergangenen Jahres mit der von Ihnen [der Doyen des diplomatischen Korps, Eugen Pacelli, war angesprochen] erwähnten, von Deutschland aufrichtig begrüßten Unterzeichnung des Paktes über den Verzicht auf den Krieg eine neue Grundlage geschaffen worden. Es gilt, auf dieser Grundlage zu arbeiten, um die gesunden Gedanken dieses Abkommens zu verwirklichen [...]". Schulthess' Europäischer Geschichtskalender 1929, a.a.O., S. 2.

[365] WALTER HUBATSCH, Hindenburg und der Staat, a.a.O., S. 108. FRIEDRICH J. LUCAS: Hindenburg als Reichspräsident, in: Bonner Historische Forschungen, Hrsg.: Max Braubach, Bd. 14, Diss. Bonn 1959, S. 53.

[366] „[...] Seinem persönlichen Verhandlungsgeschick war es zu verdanken, daß trotz zahlreicher Schwierigkeiten eine Einladung zustande kam. [...]". ECKHARD WANDEL: Die Bedeutung der Vereinigten Staaten von Amerika für das deutsche Reparationsproblem 1924-1929, Diss. Tübingen 1971, S. 284.

[367] ANDREAS DORPALEN, Hindenburg, a.a.O., S. 151. Die komplizierten Beratungen für die Erarbeitung und Vorbereitung des Young-Plans, die vom 11. Februar bis zum 7. Juni 1929 stattfanden, wurden von teilweise heftigen Auseinandersetzungen und Krisen begleitet. Näheres zur Entstehung und Vorgeschichte des Young-Plans bei ECKHARD WANDEL, Die Bedeutung der Vereinigten Staaten, a.a.O., S. 222ff.

ge für die Neuregelung der deutschen Reparationszahlungen zu einem Zeitpunkt, an dem niemand ahnen konnte, daß eine tiefgreifende Weltwirtschaftskrise bevorstand. Erstmals wurde die Reparationssumme auf definitiv 112 Milliarden Reichsmark festgelegt und die zeitliche Grenze der finanziellen deutschen Belastung fixiert. Bis zum Jahre 1988 hatte die deutsche Regierung regelmäßige Zahlungen an die Alliierten zu entrichten[369]. Da dies zeitlich mit dem Ende der Rückzahlung der interalliierten Schulden zusammenfiel, war die faktische Verknüpfung von Reparationen und Schulden offensichtlich[370]. 59 Jahre lang sollte Deutschland anstatt der bislang 2,5 Milliarden fortan eine Durchschnittsannuität von fast 2 Milliarden Reichsmark leisten. Freilich lag der entscheidende Vorteil des Young-Plans gegenüber dem vorangegangenen Dawes-Plan in der Annuitätsentlastung der ersten Jahre; denn vom 1. April 1929 bis 31. März 1932 mußte Deutschland ungefähr 1,7 Milliarden Reichsmark weniger ableisten, als dies beim Dawes-Plan der Fall gewesen war[371]. Neben dem Wegfall der ausländischen Kontrollorgane, das heißt dem Wegfall des Reparationsausschusses und das des Reparationsagenten sowie der alliierten Berater der deutschen Reichsbank und Reichsbahn[372], brachte vor allem die Konzession der Alliierten, das ganze Rheinland inklusive der dritten Zone fünf Jahre vor der im Versailler Vertrag angesetzten Frist zu räumen, eine spürbare Erleichterung mit sich. Voraussetzung dafür war allerdings die Annahme und Ratifizierung des Young-Plans durch Deutsch-

---

[368] Die darauf folgenden Beratungen über den Young-Plan verliefen in zwei Phasen. Die „Erste Haager Konferenz" fand vom 06.-31.08.1929 statt. Dort erreichte Deutschland für die Annahme des Young-Plans die Räumung des ganzen Rheinlands vor der Versailler Frist. In der „Zweiten Haager Konferenz", die vom 03.-20.01.1930 dauerte, wurde besagter Plan angenommen. Vgl. ZIMMERMANN, Aussenpolitik, a.a.O., S. 361ff.

[369] PETER KRÜGER, Aussenpolitik, a.a.O., S. 483. Siehe auch ZIMMERMANN, Aussenpolitik, a.a.O., S. 368f.; KLAUS HILDEBRAND, Das vergangene Reich, a.a.O., S. 499f.

[370] Diese fand ihren stärksten Ausdruck in dem Sonder-Memorandum des Sachverständigengutachtens, worin der enge Zusammenhang zwischen den interalliierten Schulden und den deutschen Reparationen zum ersten Mal klar und unmißverständlich zum Ausdruck gebracht wurde. ECKHARD WANDEL, Die Bedeutung der Vereinigten Staaten, a.a.O., S. 265ff.

[371] Im einzelnen gestalteten sich die Bestimmungen des Haager Abkommens noch etwas differenzierter. Die Erleichterungen gegenüber dem Dawesplan galten vor allem für die ersten Jahre. Betrug die Durchschnittsannuität für den Dawesplan cirka 2,5 Mrd. RM, so belief sich die von Deutschland zu entrichtende jährliche Kontribution (inklusive Zinsen und Tilgung der Dawes-Anleihe) bis zum Jahre 1965/66 auf 2,05 Mrd. RM. Ab 1966 bis 1988/89 bewegte sie sich zwischen 1,6 u. 1,7 Mrd. RM. Weitere Informationen zum Dawes-Plan bei ECKHARD WANDEL, Die Bedeutung der Vereinigten Staaten, a.a.O., S. 262ff.; KRÜGER, Aussenpolitik, a.a.O., S. 229ff.

[372] Die Aufhebung aller Kontrollen und der Maßnahmenkatalog zum Schutze der deutschen Wirtschaft wurden als bedeutsamer außenpolitischer Erfolg gefeiert. Hierzu PETER KRÜGER, Aussenpolitik, a.a.O., S. 484. WANDEL, Die Bedeutung der Vereinigten Staaten, a.a.O., S. 265.

land. Die Vorarbeiten hierzu hatte Stresemann geleistet, der zur Erlangung dieses Ziels selbst in seinen letzten Lebensmonaten nochmals große Energiereserven aktivierte. Dank seines Einsatzes konnte auf der ersten Haager Konferenz nach anstrengenden politischen Verhandlungen der verbindliche Termin für den Abzug der belgischen, englischen und französischen Besatzungstruppen fixiert werden[373].

Ohne Frage war dieses Abkommen für die Wiedererlangung der deutschen Souveränität ein wichtiger Schritt nach vorn[374], was auch Hindenburg und sein neuer Außenminister, Julius Curtius, erkannten[375]. Welch hohen Stellenwert der Young-Plan für den Generalfeldmarschall a.D. hatte, geht sehr eindrucksvoll aus seinem ausführlichen Retourschreiben an Admiral von Schröder vom 4. November 1929 hervor[376]. Darin verteidigte er den Young-Plan ebenso detailliert wie dezidiert und überzeugte durch stichhaltige Argumente:

„[...] Auch die erbittertsten Gegner der Regierungspolitik können nicht bestreiten, daß die Annahme des Youngplans politisch einen erheblichen Schritt vorwärts bedeutet auf dem Wege, stufenweise die politischen Fesseln des Versailler Vertrages abzustreifen und die finanziellen Lasten desselben zu erleichtern. Der Youngplan beseitigt das System der Kontrollen und Pfänder, das der Dawesplan vorsah. [...]"[377].

Als einen sichtbaren politischen Fortschritt bezeichnete er die im Young-Plan vorgesehene bedingungslose Räumung des Rheinlands, auf deren Durchführung er immer schon gepocht hatte[378]. Endlich konnte die Befreiung des Rheinlands,

---

[373] Näheres zur Vorbereitungsphase und zur Rolle Stresemanns bei MARTIN VOGT, Die Entstehung des Young-Plans, a.a.O., S. 45ff.; WOLFGANG STRESEMANN, Mein Vater, a.a.O., S. 581ff.
[374] ANDREAS DORPALEN, a.a.O., S. 152.
[375] JULIUS CURTIUS, SECHS JAHRE, S. 112.
[376] Am 11.10.1929 versuchten zweiundzwanzig ehemalige kaiserliche Generäle und Admiräle, darunter auch Admiral v. Schröder, den Ex-Generalfeldmarschall zu einer öffentlichen Stellungnahme gegen den Young-Plan zu bewegen. Ihr Vorstoß schlug jedoch fehl.
[377] Schreiben Rpräs. v. Hindenburg an Admiral v. Schröder, Berlin, 04.11.1929, in: HUBATSCH, Hindenburg und der Staat, a.a.O., Dok.-Nr. 68, S. 294f. Weiter schreibt Hindenburg: „[...] Es verschwinden der Generalagent mit seinem ganzen Stabe, die Kommissare für die Reichsbank, für die Reichsbahn und für die verpfändeten Einnahmen, die Treuhänder für die Eisenbahn-Obligationen [...]".
[378] In einer fünfseitigen Niederschrift des Staatssekretärs des Auswärtigen Amtes über ein Gespräch mit dem Reichspräsidenten stellte jener das besonderes Interesse Hindenburgs an der Räumung des Rheinlands in den Vordergrund: „[...] Der Reichspräsident fragte mich sodann nach der Räumungsfrage. Ich setzte ihm den augenblicklichen Stand auseinander und sagte ihm, ich hätte vor, dem Herrn Reichsminister wegen der Behandlung dieser Frage folgenden Vorschlag zu machen. Ich hielte es für falsch, die Räumung jetzt forciert zu betreiben. [...] Ich sei der Ansicht,

die Beseitigung der Kontrollkommissionen und der Abbau der Reparationslasten vertraglich fixiert und realisiert werden[379]. Im Gegensatz zum Dawes-Plan, der zeitlich unbeschränkt war und bei dem keine „Schuldsumme" festgesetzt wurde, sollte das zu modifizierende neue Vertragssystem entschieden mehr pekuniäre Entlastung mit sich bringen. Komme es nicht zu einem neuen Kontrakt, dann würde der Dawes-Plan unbegrenzt weiterlaufen, warnte Hindenburg[380]. Seiner Überzeugung nach würde auch der neue Plan nur eine kurze Laufzeit haben und einer baldigen Neuregelung unweigerlich Platz machen[381]. Damit die Vorzüge des Young-Plans zum Tragen kämen, müsse aber eine Erhöhung der anfänglichen Gesamtannuität vermieden werden[382].

Wenn jedoch innen- wie außenpolitisch brisante Fragen zur Debatte standen, dann hatte der Marschallpräsident bekanntlich neben der offiziellen immer auch eine private Meinung, die meist eine konträre Nuance zum Vorschein brachte. Sie diente mal als Ventil, um aufgestauten Druck und politische Frustrationen zu verarbeiten, mal als Entschuldigung gegenüber seinen Standesgenossen dafür, daß ihm keine andere Wahl zum Handeln geblieben war[383]. Davon konnte sich August von Cramon selbst ein Bild machen, dem Hindenburg kurz nach dem Bekanntwerden des Offenen Briefes an Admiral Schröder versicherte, er wäre trotz seines Votums für den Young-Plan kein „blinder Verehrer" dieses

---

daß man die Franzosen etwas schmoren lassen müsse. Auf der anderen Seite müsse aber unbedingt von der Räumungsfrage gesprochen werden, um den Faden nicht abreißen zu lassen. [...] Der Reichspräsident erklärte sich hiermit einverstanden [...]". Aufzeichnung StS v. Schubert, Berlin, 25.02.1927 [Durchschlag], PA AA Bonn, R 27379/D 829581.

[379] Schreiben Rpräs. v. Hindenburg an GhRat Friedrich v. Berg-Markienen, Berlin, 25.02.1932 [Original], BA Koblenz, Kl. Erw. Nr. 332 -1 [S. 7]. Das neunseitige Originalschreiben, das separat und ungebunden in einer Mappe archiviert ist, zählt mit zu den längsten Briefen, die Hindenburg je verfaßte respektive hat verfassen lassen. Zum Schreiben liegen zwei Editionsversionen vor. Hatte WALTER HUBATSCH (Hindenburg und der Staat, a.a.O., Dok.-Nr. 81, S. 312ff.) dieses wichtige Dokument seinerzeit in ungekürzter Form vorgelegt, so präsentierte ERICH MATTHIAS einen Abdruck, der um einen Abschnitt kürzer ausfiel, ohne dies jedoch mit einem Auslassungszeichen oder Hinweis angemessen kenntlich gemacht zu haben. Vgl. DERS.: Dokumentation - Hindenburg zwischen den Fronten, in: VfZ, Bd. 8 (1960), Dok.-Nr. 1, S. 78ff.

[380] Schreiben Rpräs. v. Hindenburg an Admiral v. Schröder, Berlin, 04.11.1929, HUBATSCH, Hindenburg und der Staat, a.a.O., S. 295.

[381] Schreiben Rpräs. v. Hindenburg an GhRat Friedrich v. Berg-Markienen, Berlin, 25.02.1932 [Original], BA Koblenz, Kl. Erw. Nr. 332 -1 [S. 7].

[382] Schreiben MinRat Doehle [B.d.Rpräs.] an StS Pünder, Berlin, 28.08.1929 [Original], BA Koblenz, NL Pünder, N 1005/82 [S. 51f.]. Ein kopierter Entwurf dieses Papiers ist im BA Berlin-Lichterfelde unter der Signatur R 601/691 [S. 10] zu finden.

[383] FRIEDRICH J. LUCAS, Hindenburg, a.a.O., S. 310.

Abkommens[384]. Noch emphatischer drückte er sich gegenüber seinem Freund Graf Manfred von Brünneck-Bellschitz aus, dem er schrieb, daß für ihn der Dawes- und der Young-Plan „beide von Übel" seien. Sein Hinweis, daß man zwar nicht als der schuldige, aber als der besiegte Teil bezahlen müsse, weist auf den inneren Konflikt hin, dem er während der ganzen Haager Debatte ausgesetzt war[385].

II. Von fehlgeschlagenen Einflußversuchen der Young-Plan-Gegner

1. Im Sog der Opponenten des Haager Abkommens

Die heftige Debatte und Diskussion um den Young-Plan und das damit verbundene *Volksbegehren* glichen einer Mißtrauenskundgebung gegen den Reichspräsidenten[386] und drängten ihn in eine Rolle, die ihm bis dahin gänzlich unbekannt war. Von einem Tag auf den anderen mußte er gegen seine alten Standesgenossen und Militärs, deren Grundüberzeugungen er bis dato immer geteilt hatte und denen er auf gefühlsmäßiger Ebene eng verbunden war, zugunsten des Young-Plans Stellung beziehen. Durchaus verständlich erscheint es daher, wieso er über die ablehnenden Reaktionen seiner alten Anhänger, die sich von ihm peu à peu privat und öffentlich distanzierten, echauffiert war[387]. Ausgerechnet jene Kreise, denen er sich stets zugehörig gefühlt hatte, überschütteten ihn nun mit persönlichen und verletzenden Schmähungen sowie Verleumdungen, die er als desavouierend empfinden mußte[388]. Darüber konnte auch nicht der Meinungsumschwung im republikanisch-demokratischen Lager hinwegtrösten, wo man das alte Bild vom oft kritisierten „MacMahon Deutschlands" buchstäblich über Nacht ad acta legte und dazu überging, mit ihm den eigentlichen Vorkämpfer

---

[384] Schreiben Rpräs. v. Hindenburg an Generalleutnant v. Cramon, Berlin, 01.12.1929 [hschr. Original], BA-MA Freiburg i. Br., NL v. Cramon, N 1266/22 [S. 20f.].

[385] Schreiben Rpräs v. Hindenburg an Graf v. Brünneck, 01.01.1930. Abgedruckt in: DIETER V. DER SCHULENBURG, Welt um Hindenburg, a.a.O., S. 159. Siehe auch WALTER GÖRLITZ, Hindenburg, a.a.O., S. 314ff.

[386] So auch WERNER CONZE: Die Krise des Parteienstaates in Deutschland 1929/30, in: HZ, Bd. 178 (1954), S. 78.

[387] FRANZ PAPEN: Vom Scheitern einer Demokratie 1930-1933, Mainz 1968, S. 146. Dazu auch JULIUS CURTIUS Der Young-Plan, a.a.O., S. 109f.

[388] So WALTER HUBATSCH, Hindenburg und der Staat, a.a.O., S. 108. WHEELER-BENNETT konstatiert hierzu: „[...] Der Sturm der Beleidigungen wurde zum Tornado [...]". DERS., Der hölzerne Titan, a.a.O., S. 342.

der Verfassung und „Retter der Republik" zu feiern[389]. Ebensowenig dürfte er über die Flut von Petitionen, Briefen und Depeschen erbaut gewesen sein, die in ihrer Tendenz vornehmlich contra Young-Plan waren und die den psychischen Druck auf ihn nur noch erhöhten. Wie schon bei der Propagandakampagne gegen das Locarno-Vertragswerk wurde der private Ansturm auf ihn hauptsächlich vom Claßschen Apparat organisiert[390]. Jene, die noch kurz zuvor einen Macht- und Kompetenzzuwachs für den Reichspräsidenten gefordert hatten, meldeten sich nun zu Wort und verhöhnten ihr ehemaliges Vorbild als „Verräter und Feigling"[391]. Ganz auf diesem Niveau bewegten sich ihre weiteren verbalen und schriftlichen Attacken, die an Zynismus kaum zu übertreffen waren. In diese Kategorie fällt auch die Meinungsäußerung des Weltkriegsgenerals Litzmann, der einst unter dem Kommando Hindenburgs gestanden und an der Ostfront eine Division befehligt hatte. Litzmann ließ sich während einer Versammlung zu der Bemerkung hinreißen, es wäre doch bedauerlich, daß man kein geheimes Femegericht habe, um diese Unterzeichner, und damit war auch der Generalfeldmarschall gemeint, unschädlich zu machen[392].

Ein weiterer Versuch des „Reichsausschusses", Hindenburg zur Ablehnung der Haager Gesetze zu drängen, endete genauso in einer Sackgasse. Am 11. Oktober 1929 richteten zweiundzwanzig ehemalige kaiserliche Generäle und Admiräle, darunter Großadmiral von Tirpitz, Generalfeldmarschall von Mackensen, Admiral von Schröder und die Generäle von Cramon, von Gallwitz, von François und von Below, ein vom „Reichsausschuß" initiiertes Gesuch an Hindenburg, in dem sie den Ex-Generalfeldmarschall zu einer öffentlichen Stellungnahme gegen den Young-Plan zu bewegen versuchten. Ein Machtwort von ihm würde genügen, so ihr zielorientierter Rat, um die deutsche Mehrheit gegen den Young-Plan zu mobilisieren[393]. Doch auf Anraten seines Staatssekretärs distan-

---

[389] EBD., S. 345.
[390] RUDOLF OLDEN, Hindenburg, a.a.O., S. 200 u. 234.
[391] JOHN WHEELER-BENNETT, Der hölzerne Titan, a.a.O., S. 342.
[392] Wie aus einer Paraphe Hindenburgs [„Erledigt!"] hervorgeht, nahm er Litzmanns Zynismus gelassen hin. Siehe Paraphe Rpräs. v. Hindenburg, Berlin, 22.06.1930 unter Zeitungsausschnitt (Deutsche Zeitung, 20.06.1930) mit dem Titel „General Litzmanns Mordandrohungen", BA Berlin-Lichterfelde, R 601/4. Siehe WHEELER-BENNETT, Der hölzerne Titan, a.a.O., S. 342; OLDEN, Hindenburg, a.a.O., S. 237. Hierzu auch Äußerung Litzmanns vom 06.12.1932, Reichstagsprotokolle, S. 1ff., HOHLFELD, DRD IV, Nr. 155 (418).
[393] Da zu diesem Brief weder eine Abschrift noch ein Abdruck vorliegt, muß auf die Angaben der bis dato einzigen Rechercheure des Hindenburg-Nachlasses (Walter Hubatsch u. Walter Görlitz), wo das Original unter der Signatur NL Hindenburg 11 Nr. 21 lagert, zurückgegriffen werden. HUBATSCH, Hindenburg und der Staat, a.a.O., S. 299. WALTER GÖRLITZ, Hindenburg, a.a.O., S. 310.

zierte sich Hindenburg von diesen Empfehlungen[394]. Was folgte, war ein für seine Verhältnisse ungewöhnlich langes Retourschreiben an Admiral Schröder, bei dessen Anfertigung mit Sicherheit Meissner und andere Berater des *Büros* tatkräftig mitgewirkt hatten[395]. Mit Bezug auf die Zuschrift der 22 hohen Offiziere explizierte er dort en detail seine Gründe für die Notwendigkeit einer Ratifikation des Young-Plans in der vorliegenden Fassung. Mit seinem Hinweis, daß er sich die Argumente der „schärfsten Gegner" des Young-Plans angehört habe und trotzdem mit einer Stellungnahme solange warte, bis „alle noch offenen Fragen" vom Komitee geklärt worden seien, stellte er gegenüber den Rechtsnationalen klar, daß sie ihn nicht so ohne weiteres zu ihrem Sprachrohr instrumentalisieren konnten[396]. Über sein grundsätzliches Pro zum Young-Plan ließ er indes keine Unklarheiten aufkommen. Politisch und finanziell erachtete er ihn in Kontrast zum Dawes-Plan als wirklichen Fortschritt[397].

Natürlich schenkte gerade die Presse dem Thema Young-Plan große Aufmerksamkeit. Beispielsweise nahm die alldeutsch-völkische *Deutsche Zeitung* in einem mit großem Trauerrand erschienenen Artikel auf zynische Art „Abschied von dem Sieger von Tannenberg", der in ihren Augen als Verfechter des Young-Plans zum „Vollstrecker marxistischer Erfüllungspolitik" geworden war[398]. Verantwortlich für das zunehmende öffentliche Trommelfeuer waren hauptsächlich die Blätter des Hugenbergschen Pressekonzerns, die den Young-Plan als „Verewigung der Versklavung des deutschen Volkes", der zwingend rechtlicher Regelung bedurfte, hinstellten[399], wohingegen Hindenburg von der Linkspresse und dem Zentrum zum Retter der Republik stilisiert wurde.

---

[394] So ANDREAS DORPALEN, a.a.O., S. 155.
[395] WOLFGANG RUGE: Hindenburg. Portrait eines Militaristen, (Ost-) Berlin 1977, S. 280.
[396] Schreiben Rpräs. v. Hindenburg an Admiral v. Schröder, Berlin, 04.11.1929, in: HUBATSCH, Hindenburg und der Staat, a.a.O., Dok.-Nr. 68, S. 294. Ähnlich äußerte sich Hindenburg in einem Schreiben an Graf v. Brünneck vom 01.01.1930. Abgedruckt in: SCHULENBURG, Welt um Hindenburg, a.a.O., S. 159.
[397] Auf über fünf Seiten entfaltete Hindenburg in vier Punkten die seiner Ansicht nach wichtigen Vorteile des Young-Plans. Cf. Schreiben Rpräs. v. Hindenburg an Admiral v. Schröder, Berlin, 04.11.1929, HUBATSCH, Hindenburg und der Staat, a.a.O., Dok.-Nr. 68, S. 294.
[398] ALFRED KRUCK: Geschichte des Alldeutschen Verbandes 1890-1939, in: Veröffentlichungen des Instituts für Europäische Geschichte Mainz, Hrsg.: Joseph Lortz/Martin Göhring, Bd. 3, Wiesbaden 1954, S. 173. WALTER H. KAUFMANN, Monarchism in the Weimar Republic, a.a.O., S. 203.
[399] *Völkischer Beobachter*, Artikel Ludendorff. 30.03.1930. Erinnerungen und Dokumente von Joh. Victor Bredt 1914 bis 1933, Bearb.: MARTIN SCHUMACHER, in: Quellen zur Geschichte des Parlamentarismus und der politischen Parteien. Dritte Reihe. Die Weimarer Republik, Hrsg.: Karl Dietrich Bracher/Erich Matthias/Rudolf Morsey, Bd. I, Düsseldorf 1970, S. 227.

Nach der barschen Attacke des völkisch-antisemitisch eingestellten Publizisten Graf Ernst von Reventlow auf Stresemann und Hindenburg in der rechtsorientierten Zeitung „Reichswart"[400] schien sein Geduldsfaden ein für allemal gerissen zu sein. Gegenüber Hugenberg, dem DNVP-Vorsitzenden, verwahrte er sich mit deutlichen Worten gegen Angriffe dieser Machart. Ihn bat er darum, seine „Reichsausschußkollegen" zur Räson zu bringen, andernfalls werde er höchstpersönlich in aller Öffentlichkeit dazu Stellung nehmen[401]. Von diesen mahnenden Worten sichtlich beeindruckt, antwortete Hugenberg noch am selben Tag und erklärte, daß auch er Reventlows Äußerungen mißbillige und ihn zur Rede stellen wolle. Alles in allem war Hindenburg über den fruchtbaren Ausgang seiner Intervention zufrieden, zumal Hugenberg noch ergänzend zusicherte, ihm über das Ergebnis der Unterredung persönlichen Rapport zu erstatten[402].

Daß ihn aber selbst sein Lieblingsblatt, die monarchistisch gesinnte *Kreuzzeitung*, in ungewohnter Direktheit angriff, enttäuschte ihn gleichermaßen wie der Versuch seines langjährigen Freundes Oldenburg-Januschau, ihn während eines privaten Besuches in Neudeck umzustimmen[403]. Wie aussichtslos derartige Bemühungen waren, mußte auch der Fraktionsvorsitzende der DNVP, Graf Westarp, erkennen, dessen schroffe Kritik an der „Tributkonferenz" beim Reichspräsidenten auf taube Ohren stieß. Zu seiner Überraschung nahm Hindenburg den Young-Plan in Schutz und würdigte diesen, wie er es schon mehrfach zuvor getan hatte, im Vergleich zum Dawes-Abkommen als einschneidenden Fortschritt[404]. Aber auch der Reichstagsabgeordnete und Zentrumspolitiker Joseph Wirth lernte im Spätherbst 1929 bei seinem Besuch im Palais in Hinden-

---

[400] Reventlow gehörte dem Reichsausschuß für das Volksbegehren an. WALTER GÖRLITZ, Hindenburg, a.a.O., S. 307. Auch wenn in Görlitz' Werk weder Quellenhinweise noch weitere Anmerkungen vorhanden sind, halten die meisten Angaben einem direkten Quellenvergleich stand.
[401] Schreiben Rpräs. v. Hindenburg an GhRat Hugenberg, Berlin, 12.10.1929 [Durchschlag], BA Berlin-Lichterfelde, R 601/4 [S. 19].
[402] Schreiben GhRat Hugenberg an Rpräs. v. Hindenburg, Berlin, 12.10.1929, BA Berlin-Lichterfelde, R 601/4 [S. 19].
[403] ANDREAS DORPALEN, a.a.O., S. 152f.; In seinen Memoiren gesteht Januschau auch ein, daß seine Interventionsversuche zu diesem Zeitpunkt weniger erfolgreich waren. Vgl. OLDENBURG-JANUSCHAU, a.a.O., S. 218.
[404] Siehe Aufzeichnung Graf Westarp, [o.O.] 15.01.1930, in: Politik und Wirtschaft in der Krise 1930-1932. Quellen zur Ära Brüning, Bearb.: ILSE MAURER/UDO WENGST (eingeleitet von Gerhard Schulz), aus: Quellen zur Geschichte des Parlamentarismus und der politischen Parteien, Dritte Reihe: Die Weimarer Republik, Hrsg.: Karl Dietrich Bracher/Erich Matthias/Rudolf Morsey, Bd. 4/1, Düsseldorf 1980, Dok.-Nr. 7, S. 17. Vgl. auch GRAF KUNO WESTARP, Am Grabe der Parteiherrschaft, a.a.O., S. 92.

burg einen beherzten Verfechter des Haager Abkommens kennen. Als Wirth dem Reichspräsidenten seine Bedenken gegen die Annahme des Young-Plans konkretisierte und dabei vor möglichen schweren psychologischen, finanzpolitischen und politischen Konsequenzen warnte, konterte Hindenburg beinahe beschwichtigend, daß es nunmehr in erster Linie darum gehe, daß Rheinland zu befreien; was danach komme, müsse man abwarten[405].

Relativ kurz vor der Annahme des Haager Abkommens durch den Reichstag intervenierten Geheimrat Alfred Hugenberg und Dr. Oberfohren als Vertreter der DNVP beim Reichspräsidenten im Rahmen einer Audienz aufs neue. Wie Hugenberg später selbst bestätigte, hatte er bei diesem Gedankenaustausch ausreichend Gelegenheit, dem Reichspräsidenten in Ruhe die nachteiligen Konsequenzen des Young-Plans aufzuzeigen[406]. Als Hauptargument führte der „Pressezar" wieder einmal die Unerfüllbarkeit der Zahlungsforderungen an. Außerdem schien ihm dieser Kontrakt im Gegensatz zum Dawes-Plan keine spätere Revision mehr zuzulassen[407]. Trotz aller Anstrengungen konnte er seinen Gastgeber nicht bekehren. Der Mißerfolg seiner Aktion zeigte sich deutlich am Ende des Empfangs, als Hindenburg ihn bei der Verabschiedung mit der Ankündigung überraschte, daß er zunächst einmal andere Politiker und Wirtschaftler konsultieren werde, bevor er dazu eine definitive Entscheidung bekanntgebe[408].

Eine abermalige Abfuhr handelte sich Hugenberg ein, als er ihn kurz vor der dritten Lesung der Young-Gesetze um eine weitere Unterredung ersuchte[409]. Ohne Umschweife gab der Reichspräsident jedoch zu verstehen, daß er von einer nochmaligen Besprechung mit ihm absehen werde; nur wenn er wirklich

---

[405] ULRIKE HÖRSTER-PHILIPPS: Joseph Wirth 1879-1956. Eine politische Biographie, in: Veröffentlichungen der Kommission für Zeitgeschichte. Hrsg.: Ulrich von Hehl, Reihe B: Forschungen, Bd. 82, Paderborn/München/Wien/Zürich, S. 379.

[406] HEINRICH CLAß: Lebenserinnerungen. Wider den Strom, Bd. II, Heft 8, BA Koblenz, Kl. Erw. - 499 F [Mikrofilm-Nr. FC 1734 N], S. 906.

[407] Vermerk StS Pünder [Rkei] über Mitteilungen von StS Meissner [B.d.Rpräs.] am 15.02.1930, in: AdR, Kab. Müller II, Bd. 2, Dok.-Nr. 445, S. 1458. Siehe auch WALTER GÖRLITZ, Hindenburg, a.a.O., S. 316.

[408] Hindenburg stellte Hugenberg noch vor der Vertragsunterzeichnung einen weiteren Audienztermin in Aussicht. Zu einer Unterredung zwischen beiden kam es aber nicht mehr. Siehe HEINRICH CLAß, Lebenserinnerungen, a.a.O., S. 906.

[409] Im Auftrage Hindenburgs faßte StS Meissner die Darlegungen Hugenbergs zusammen und übersandte sie Curtius mit dem Hinweis: „[...] Der Herr Reichspräsident nimmt an, daß diese von der Opposition hervorgehobenen Schutzbestimmungen des Dawesplan bei der zweiten Lesung von seiten der Reichsregierung auf ihre tatsächliche Bedeutung zurückgeführt werden [...]". Siehe Schreiben GhRat Hugenberg an Rpräs. v. Hindenburg, Berlin, 22.02.1930; Schreiben StS Meissner [B.d.Rpräs.] an RAM Curtius, Berlin, 26.02.1930 [Durchschlag], BA Berlin-Lichterfelde, R 601/693 [S. 131ff.].

wichtige Rückfragen haben sollte, werde er ihm eine zusätzliche Audienz gewähren. Vorerst lasse aber sein dichter Terminkalender keine anderen Empfänge mehr zu; außerdem habe er gegenwärtig nicht das Bedürfnis „nach weiterer Information"[410].

Selbst noch im Januar und Februar 1930 fand die Kampagne gegen Hindenburg ihre Fortsetzung. Die Versuche von General Krafft von Dellmensingen und von dem *Alldeutschen*, dem Fürsten Salm-Horstmar, ihn zu einer Stellungnahme gegen den Young-Plan zu bewegen[411], schlugen ebenso fehl, wie der Vorstoß rechtsgerichteter Jugend- und Studentenverbände, die dem *Feldmarschall* unter der Beschwörung der „Toten von Langenmarck" nahezulegen versuchten, nach der letzten „zur Verfügung stehenden Möglichkeit" zu greifen und die Unterzeichnung des Haager Abkommens zu unterbinden sowie eine Volksabstimmung herbeizuführen[412]. Mehr Aussicht auf Erfolg hatte sich gewiß auch Großadmiral Tirpitz mit seinen beiden Visiten beim Generalfeldmarschall versprochen. Aber selbst ihm, dem es Jahre zuvor noch gelungen war, seine Kandidatur in die Wege zu leiten, war es nun nicht vergönnt, ihn noch einmal umzustimmen. Tirpitz' Einwände gegen die Haager Abmachungen und sein beschwörender Appell an die militärischen Instinkte des „Offiziers", den Vertrag nicht zu unterzeichnen[413], fanden beim Marschallpräsidenten kein Verständnis. Er blieb

---

[410] Schreiben Rpräs. v. Hindenburg an GhRat Hugenberg, Berlin, 08.03.1930 [Durchschlag], BA Berlin-Lichterfelde, R 601/693 [S. 168]. Fast identisch war Hindenburgs Reaktion auf Hugenbergs abermaliges Ersuchen um einen Audienztermin kurze Zeit später. Auch dieses Mal handelte es sich der GhRat einen Korb ein, als Hindenburg deutliches Desinteresse an einer weiteren Begegnung mit ihm bekundete. Aufzeichnung (o. A.) über ein Telefonat mit MinRat Doehle, 02.09.1930, [Abschrift], BA Berlin-Lichterfelde, R 601/4.

[411] Siehe WALTER GÖRLITZ, Hindenburg, a.a.O., S. 315. Besagte Schriftstücke (Originale) konnten nicht gesichtet werden, da sie sich noch immer im Privatbesitz der Familie v. Hindenburg befinden.

[412] Schreiben Kyffhäuser-Verband der Vereine Deutscher Studenten an Rpräs. v. Hindenburg, Berlin, 18.02.1930 [Original], BA Berlin-Lichterfelde, R 601/693 [S. 309f.]. Immerhin nahm Hindenburg die Mühe auf sich und sandte einige Zeilen an den Kyffhäuser-Verband. Beschwörend schrieb er: „[...] Ihnen aber [...] glaube ich in Ergänzung dieser meiner Verlautbarung noch besonders sagen zu müssen, dass gerade die Erinnerung an die opfermutig für das Vaterland gefallenen jungen Freiwilligen der neuen Generation die Pflicht auferlegt, auch selbst Opfer dafür zu bringen, dass das deutsche Gebiet frei wird und dass Deutschland durch pflichttreue Arbeit und einigenden Zusammenhalt seiner Bürger wieder hochkommt [...]". Schreiben Rpräs. v. Hindenburg an Kyffhäuser-Verband der Vereine Deutscher Studenten, Berlin, 14.03.1930 [Durchschlag], BA Berlin-Lichterfelde, R 601/693 [S. 311f.].

[413] Um den Reichspräsidenten von der Signierung des Young-Plans abzuhalten, nahm der zu diesem Zeitpunkt bereits schwerkranke Tirpitz die Strapaze in Kauf, Hindenburg persönlich aufzusuchen. Nach seiner letzten Audienz beim Feldmarschall a.D. traf der sichtlich enttäuschte Tirpitz mit dem deutschnationalen Politiker Otto Schmidt-Hannover zusammen, auf dem der

strikt bei seinem Ja zum Young-Plan[414]. Mit dem Verlauf der zweiten Haager Konferenz zur definitiven Regelung der Reparationsfrage war Hindenburg dermaßen zufrieden, daß er den deutschen Delegationsmitgliedern größten Dank zollte und die „mannhafte Sprache" des neuen Reichsminister des Auswärtigen, Julius Curtius, anerkennend herausstellte[415].

Die Liste der Zuschriften der Young-Plan-Gegner, die den Vertrag mal dezent, mal lautstark attackierten und die den Reichspräsidenten mit allen Mitteln von der Unterzeichnung abhalten wollten, könnte unentwegt fortgesetzt werden[416]. Letzten Endes haben die behandelten ausgewählten Beispiele aber repräsentativen Charakter. Sie dokumentieren einen standhaften Reichspräsidenten, der allen Kampagnen gegen das Haager Abkommen, ob sie nun von Freunden, Feinden oder Familienangehörigen[417] gestartet worden waren, trotzte.

2. Die Stellungnahme zum Volksbegehren

Mit dem vom „Reichsausschuß für das Volksbegehren"[418] initiierten und vom DNVP-Pressezaren Hugenberg forcierten Referendum gegen den Young-Plan erreichte die innenpolitische Kontroverse um die Klärung der Reparationsfrage ihren vorläufigen Höhepunkt. Die Intention des „Reichsausschusses" lag weniger darin, mit dem *Volksbegehren* die Undurchführbarkeit des neuen Repara-

---

Großadmiral einen geradezu „gebrochenen und verzweifelten" Eindruck machte. Ihm erzählte er von seinem erfolglosen Vorstoß beim Reichspräsidenten: „[...] Es ist trostlos. [...] Er (Hindenburg) sieht die Wirklichkeit nicht mehr, oder er will sie nicht sehen. [...]". Otto Schmidt-Hannover: Umdenken oder Anarchie. Männer - Schicksale - Lehren, Göttingen 1959, S. 257.

[414] Heinrich Claß, Lebenserinnerungen, a.a.O., S. 908.
[415] Telegramm [Abschrift o. N.], Berlin, 14.01.1930 [mit Vermerk: „Ausschließlich für Reichsminister"], PA AA Bonn, R 24042. Julius Curtius, Der Young-Plan, a.a.O., S. 107.
[416] Der wohl prominenteste Gegner des Young-Plans war Ex-Kaiser Wilhelm II., der den Beschluß Hindenburgs als „Unglück" hinstellte: „[...] Jetzt kommt das Chaos. [...]". Tagebucheintrag Sigurd v. Ilsemann, 15.03.1930, in: Ders.: Der Kaiser in Holland. Aufzeichnungen des letzten Flügeladjudanten Kaiser Wilhelms II., Hrsg.: Harald v. Königswald, München 1968, S. 137.
[417] Eine Cousine Hindenburgs versuchte ihren Vetter Mitte 1929 erfolglos zu einem Votum gegen den Young-Plan zu ermuntern: „[...] und darfst nicht ohne weiteres den Youngplan, wie er jetzt ist, zustimmen und Du kannst und musst verhindern, dass das Deutsche Volk zum Sklavenvolk verdammt wird [...]". Schreiben Sonny v. Hindenburg an Rpräs. v. Hindenburg, Bad Nauheim, 14.07.1929 [mschr. Abschrift], BA Koblenz, NL v. Neurath, N 1310/171.
[418] In diesem Bündnis waren neben der DNVP noch die NSDAP, der *Stahlhelm* und die *Alldeutschen*.

tionsabkommens zu demonstrieren. Ihm ging es vielmehr um den systematischen Generalangriff auf das „Weimarer System", das, wenn es schon nicht beseitigt werden konnte, zumindest doch diskreditiert werden mußte[419]. Hindenburgs Widerstand galt es zu aktivieren, damit sein Name als Zugpferd herhalten konnte[420]. Sein Veto sollte die Verkündung des vom Reichstag ratifizierten Gesetzes um zwei Monate verschieben und somit den Weg für ein *Volksbegehren* freimachen. Wie illusorisch dieses Unterfangen jedoch war, kommt dadurch zum Ausdruck, daß selbst der Generalfeldmarschall a.D. als ihr Idol seine Treffen mit Hugenberg gezielt dazu nutzte, um den Pressezaren in seinem Sinne zu beeinflussen[421].

Nachdem die erforderlichen zehn Prozent der Wähler den Antrag für ein *Volksbegehren* über das sogenannte „Freiheitsgesetz" unterschrieben hatten[422], lag es nun in der Verantwortung des Reichstags, hierüber zu beraten und zu entscheiden[423]. Doch das Parlament lehnte das Gesetz in zwei Lesungen ab[424], woraufhin Reichsinnenminister Severing es zum Volksentscheid weiterreichte[425]. Wenn auch die Gegner des Young-Planes ihrem Antrag keine reelle Chance auf Erfolg eingeräumt hatten, so dürfte das Ergebnis des Plebiszits vom 22. Dezember 1929 ihre Erwartungen gleichwohl enttäuscht haben. Daß nur 13,8 Prozent der Wahlberechtigten für ihr „Freiheitsgesetz" votierten[426], ist auch indirekt auf die unnachgiebige Haltung Hindenburgs zurückzuführen, der kurz zuvor allen Parteien und Gruppen, die seine Unterstützung für das *Volksbegehren* zu gewin-

---

[419] WOLFGANG RUGE, Hindenburg, a.a.O., S. 276.
[420] Siehe ANDREAS DORPALEN, a.a.O., S. 155.
[421] Schreiben MinDir Zechlin an RegRat Planck [Rkei], Berlin, 07.10.1929 [Mikrofilm-Nr. 373], BA Koblenz, R 43 I/1889 [S. 23f.].
[422] Allerdings wurden die obligatorischen 10% nur um 0,02% überschritten, was Staatssekretär Pünder als eine reine „Zufallsmehrheit" deutete. Siehe Tagebucheintrag StS Pünder, Berlin, 02.11.1929, in: HERMANN PÜNDER: Politik in der Reichskanzlei. Aufzeichnungen aus den Jahren 1929-1932, in: Schriftenreihe der Vierteljahrshefte für Zeitgeschichte, Nr. 5, Hrsg.: Hans Rothfels und Theodor Eschenburg, Stuttgart 1961, S. 21.
[423] Nach Art. 73 der WRV mußte ein Volksbegehren auf ein „Gesetz", d.h. auf einen Akt materieller Rechtsetzung, gerichtet sein. Über die rechtliche, verfassungsmäßige Dimension des Volksbegehrens etc. informiert RUDOLF HUBER: Deutsche Verfassungsgeschichte seit 1789. Ausbau, Schutz und Untergang der Weimarer Republik), Bd. VII, Stuttgart/Mainz/Berlin/Köln 1981, S. 697ff.
[424] In getrennten namentlichen Abstimmungen über die verschiedenen Gesetzesabschnitte wurde der entsprechende Entwurf Paragraph für Paragraph abgelehnt. Der besonders kontroverse Artikel 4 wurde mit einer 311-zu-60-Stimmen-Mehrheit zu Fall gebracht. EBD., S. 701.
[425] VOLKER R. BERGHAHN: Der Stahlhelm. Bund der Frontsoldaten 1918-1935, in: Beiträge zur Geschichte des Parlamentarismus und der politischen Parteien, Bd. 33, Düsseldorf 1966, S. 130.
[426] Nur 5,8 von 42,1 Millionen Wahlberechtigten stimmten für das „Freiheitsgesetz" und damit gegen den Young-Plan. Siehe BERGHAHN, Stahlhelm, a.a.O., S. 130.

nen versuchten, eine klare Absage erteilt hatte. In der Absicht, den Opponenten des Haager Abkommens seine irreversible Pro-Haltung zum Vertrag klarzumachen, wurde das von ihm an Reichskanzler Müller gerichtete Schreiben vom 16. Oktober 1929 veröffentlicht. So konnte sich jedermann ein Bild davon machen, wie ernst es dem Reichspräsidenten war. Denn seine Bitte an den Regierungschef, allen an dem *Volksbegehren* beteiligten Parteien und Gruppen zu präzisieren, daß er sich von niemandem dazu drängen lasse, seinen persönlichen Standpunkt zum Referendum zum „jetzigen" Zeitpunkt publik zu machen, war nur allzu deutlich. Erst wenn die ganze „hochbedeutsame Frage zur Erledigung reif" sei, werde er seinen endgültigen Standpunkt zum Young-Plan offenbaren, erklärte er emphatisch[427].

Alle Versuche, Hindenburg zu einer vorläufigen Meinungsäußerung zum Young-Plan zu bewegen[428], scheiterten vorerst an seinem selbst angeordneten Stillschweigen. Auf keinen Fall wollte er in die Agitationskampagne der beiden streitenden Seiten zum *Volksbegehren* hineingezogen werden[429]. Noch am selben Kalendertag griff Reichskanzler Müller zur Feder und beteuerte dem Reichspräsidenten, daß inzwischen alle Maßnahmen getroffen worden seien, um ihn aus dem Meinungsstreit herauszuhalten. Ganz besonders verbunden wäre ihm die Reichsregierung, wenn er trotzdem seinen Standpunkt zum Paragraph 4 des *Volksbegehrens* öffentlich proklamieren würde, bekräftigte Müller[430]. Besagter Gesetzesabschnitt des *Volksbegehrens*, der den Reichskanzler und den Reichsaußenminister bei Unterzeichnung des Young-Plans oder ähnlicher Verträge automatisch unter die Anklage des Landesverrats stellte, war in der Tat von besonde-

---

[427] Dort schreibt Hindenburg u.a.: „[...] Ich habe im Gegenteil stets betont, daß ich mir meine endgültige Stellungnahme zu dem Youngplan bis zu dem Zeitpunkt vorbehalte, in dem diese hochbedeutsame Frage zur Erledigung reif ist und nach Maßgabe der Artikel 70, 72 und 73 der Reichsverfassung zur Entscheidung über eine Verkündung oder eine Aussetzung der Verkündung verfassungsmäßig zustande gekommener Gesetzesbeschlüsse an mich herantritt. Und hieran halte ich nach wie vor fest [...]". Schreiben Rpräs. v. Hindenburg an RK Müller, 16.10.1929, in: AdR, Kab. Müller II, Bd. 2, Dok.-Nr. 321, S. 1043f.; Zur veröffentlichten Abschrift dieses Briefes siehe Schulthess' Europäischer Geschichtskalender 1929, S. 190.

[428] Siehe WALTER GÖRLITZ, Hindenburg, a.a.O., S. 310ff.; Ebenso SCHULENBURG, Welt um Hindenburg, a.a.O., S. 159.

[429] Daß die Versuche des „Reichsausschusses", Hindenburg zu einer Stellungnahme zu bewegen, nicht fruchteten, lag an der schlechten Koordination; das Bild vom Reichspräsidenten, das sie lancierten, gestaltete sich widersprüchlich. Denn einerseits rückte die Hugenbergpresse den Reichspräsidenten in die Ecke der Young-Plan-Gegner, andererseits attackierte ihn die nationalsozialistische Presse wegen seiner vermeintlichen Unterstützung für das Haager Abkommen. Siehe DORPALEN, a.a.O., S. 156.

[430] Schreiben RK Müller an Rpräs. v. Hindenburg, Berlin 16.10.1929 [Mikrofilm-Nr. 373/hschr. Vermerk „Sofort!"], BA Koblenz, R 43 I/1889 [S. 107f.].

rer Tragweite und Brisanz[431]. Daß die Protagonisten des *Volksbegehrens* den Reichspräsidenten in dieser Passage bewußt übergingen, mag einerseits aus Respekt vor seiner Person, andererseits aus taktischen Überlegungen heraus erfolgt sein. Dabei bedienten sie sich des scheinheiligen Arguments, daß der kontroverse Passus nur dazu diene, den Reichspräsidenten vor der Politik des Reichsaußenministers zu schützen. Dieser Paragraph sichere nicht nur seine „Entschlußfreiheit", sondern garantiere ihm zudem das Recht, mit auswärtigen Mächten Verträge abzuschließen[432]. Wenngleich mit dieser Forderung sein außenpolitischer Einfluß gestärkt werden sollte, lehnte Hindenburg den dubiosen Artikel als unsachlichen und persönlichen Angriff ab[433]. Noch kategorischer verwahrte sich Stresemann gegen die dort herausgestellte Zuchthausstrafe, die den Regierungsmitgliedern bei der Unterzeichnung des Young-Plans angedroht wurde. Was Stresemann an dem vorgesehenen *Volksbegehren* so erregte, war nicht allein die scheinheilige Haltung des *Stahlhelms*, der einerseits so kämpferisch auftrat, andererseits seinen Ehrenvorsitzenden vor allen Restriktionen in Schutz nahm. Stresemann störte sich vielmehr an der Inkonsequenz des Reichspräsidenten, der trotz der sich zuspitzenden Situation keine Anstalten machte, von seinem Ehrenamt beim *Stahlhelm* zurückzutreten. Hierüber war der Außenminister derart echauffiert, daß er zumindest für einen Moment unter Inkaufnahme einer möglichen Staatskrise erwog, Hindenburg ultimativ dazu aufzufordern, seinen Ehrenvorsitz beim *Stahlhelm* niederzulegen, andernfalls werde er demissionieren[434].

Nicht gewillt, den Argumenten der Initiatoren des *Volksbegehrens* auch noch Gehör zu schenken, lehnte Hindenburg das Gesuch des DNVP-Parteiführers Hugenberg, der ihn am 18. Oktober unter vier Augen sprechen wollte, entschieden ab[435]. Dafür bat er einen Tag später dessen Parteikollegen Otto Schmidt-

---

[431] Siehe auch Ministerbesprechung, 18.10.1929, in: AdR, Kab. Müller II, Bd. 2. Dok.-Nr. 323, S. 1044.
[432] Allgemeine Begründung zum „Freiheitsgesetz", in: AdR, Kab. Müller II, Bd. 2, Dok.-Nr. 341, Anlage 2, S. 1113.
[433] Ministerbesprechung, 18.10.1929, a.a.O., S. 1046. Über Hindenburgs Stellungnahme zum § 4 des Volksbegehrens erstattete Reichskanzler Müller dem Kabinett Bericht.
[434] „[...] Er hatte diese Absicht seiner Fraktion noch kundgetan und zu Hause hierüber mit großer Bestimmtheit gesprochen [...]". So sein Sohn WOLFGANG STRESEMANN in den beiden Erinnerungswerken: Mein Vater Gustav Stresemann, a.a.O., S. 14 und: Zeiten und Klänge, a.a.O., S. 134. Näheres zum Verhältnis Hindenburg zum *Stahlhelm* bei LUCAS, Hindenburg, a.a.O., S. 51f.
[435] ALFRED KRUCK, Geschichte des Alldeutschen Verbandes, a.a.O., S. 176. Kruck führt Hindenburgs persönliche Aversion gegen Hugenberg darauf zurück, daß er sich von ihm „wie von einen Oberlehrer [...] der seinem Schüler Privatstunden gibt" behandelt fühlte. Genau um einen Tag vertan hat sich Hiller-Gaertringen, der die Unterredung zwischen Hindenburg und Hu-

Hannover, einen alten Freund aus hannoveranischen Tagen, zu einer Besprechung zu sich ins Palais. Ihm wurde das zuteil, was Hugenberg einen Tag zuvor nicht vergönnt war: ein vertrauliches Gespräch unter vier Augen. Natürlich nutzte der Reichstagsabgeordnete Schmidt-Hannover diese Gelegenheit, um die am selben Tag veröffentlichte W.T.B.-Verlautbarung des Reichspräsidenten anzusprechen, worin der Paragraph 4 des Freiheitsgesetzes in aller Schärfe verurteilt wurde[436]. Hatte Meissner ihm noch wenige Stunden zuvor versichert, daß die W.T.B-Veröffentlichung vom Reichspräsidenten genehmigt worden war, so konnte dieser sich im Verlauf des Gesprächs nicht mehr daran erinnern, sein Einverständnis dazu jemals gegeben zu haben. Um die etwas undurchsichtige Situation aufzuhellen, setzten sich beide an einen Tisch und formulierten eine Erklärung, in der Hindenburg sich von der letzten W.T.B.-Meldung öffentlich distanzierte[437], die buchstäblich eingeschlagen war wie eine „Bombe"[438].

III. Der Verfechter des Young-Plans und seine Forderungen und Konditionen

Als Reichsbankpräsident Hjalmar Schacht, der als Sachverständiger und Hauptdelegierter in Paris über den Young-Plan verhandelte, sich am 5. Dezember 1929 mit einem Memorandum an die Öffentlichkeit wandte, worin er gegen das Haager Abkommen optierte, wurde er seinem Ruf als „Enfant terrible" der deutschen Politik des Jahres 1929 mehr denn gerecht[439]. Dabei war seine Kritik am Young-Plan, den er nach wie vor für notwendig erachtete, nicht grundsätzlicher Natur. An seiner „Verfälschung" wollte er aufgrund inhaltlicher Kriterien nicht teilhaben[440]. Im Ausland müsse endlich davon Abstand genommen werden, von

---

genberg fälschlicherweise auf den 17.02.1930 datierte. Vgl. Aufzeichnung StS Meissner [B.d.Rpräs.], Berlin, 01.09.1931, in: Friedrich Frhr. Hiller v. Gaertringen: Die Deutschnationale Volkspartei, in: Das Ende der Parteien 1933 (Dokumentenanhang), Hrsg.: E. MATTHIAS/R. MORSEY, aus: Veröffentlichungen der Kommission für Geschichte des Parlamentarismus und der politischen Parteien, Düsseldorf 1960, Dok.-Nr. 1, S. 623 [Anm. 1].

[436] OTTO SCHMIDT-HANNOVER, Umdenken oder Anarchie, a.a.O., S. 245f.
[437] EBD., S. 246.
[438] Tagebucheintrag StS PÜNDER, Berlin, [o.D.; aller Wahrscheinlichkeit nach vom 19.10.1929], in: DERS., Politik in der Reichskanzlei, a.a.O., S. 16.
[439] So ANDREAS RÖDDER: Stresemanns Erbe: Julius Curtius und die deutsche Außenpolitik 1929-1931, in: Sammlung Schöningh zur Geschichte und Gegenwart, Hrsg.: Kurt Kluxen, Diss. München/Paderborn/Wien/Zürich 1996, S. 50.
[440] „[...] In meinem Memorandum verwies ich darauf, daß wir deutschen Sachverständigen den Young-Plan nur mit äußerstem Vorbehalt zugestimmt hatten. Nunmehr aber würden von den Deutschen Verzichte auf berechtigte Eigentumsansprüche und Zahlung zusätzlicher Beträge

der deutschen Wirtschaft immer weitere Sonderleistungen oder Verzichte „herauszupressen". Für Deutschland und für die Welt sei es nichts anderes als eine „Selbsttäuschung", wenn davon ausgegangen werde, daß über den Young-Plan hinaus noch weitere Milliarden gezahlt oder auf deutsche Eigentumsrechte verzichtet werden könne[441].

Natürlich hatte Schacht mit seinem Handstreich einen Keil zwischen das Reichskabinett und die Reichsbank getrieben, und seine Intention, den Reichspräsidenten zu einer Entscheidung gegen die „Zusätze" der zweiten Haager Konferenz zu bringen, war nur allzu offensichtlich. Wohlwissend, daß Hindenburg ihn protegierte, setzte Schacht ihn mit seiner Rücktrittsofferte, die er sich für den Fall der Ratifikation des Abkommens vorbehielt, sogar unter einen gewissen Druck, nicht zuletzt aufgrund der populistischen Wirksamkeit seines Vorstoßes[442]. Zur Vermeidung einer währungspolitischen Zuspitzung und zur Beruhigung der Öffentlichkeit im In- und Ausland unternahm der Reichspräsident am 6. März des Jahres 1930 ein letztes Mal den Versuch, Schachts Rücktritt aufzuschieben[443]. Doch Schacht, der die Ergebnisse der ersten Haager Konferenz zwar guthieß, die Zusätze der zweiten aber kategorisch ablehnte, argumentierte derart geschickt, daß Hindenburg es für notwendig erachtete, den Reichskanzler umgehend zu informieren. Nachdem er seinen Wortwechsel mit Schacht in Kürze zusammengefaßt hatte, bat er ihn, bewußtes Memorandum in der Einleitung zur dritten Lesung im Reichstag noch einmal anzusprechen. Dabei sollte Müller die von Schacht angesprochenen Neubelastungen thematisieren und die Widerlegung diverser, in seinem Memorandum aufgestellter Behauptungen forcieren:

---

verlangt, die weit über den Young-Plan hinausgingen [...]". Näheres hierzu bei HJALMAR SCHACHT: 76 Jahre meines Lebens, Bad Wörishofen 1953, S. 322f. u. MARTIN VOGT, Die Entstehung des Young-Plans, a.a.O., S. 56ff.

[441] Memorandum Dr. Hjalmar Schacht zum Young-Plan, 05.12.1929, in: UuF, Bd. 7, a.a.O., Dok.-Nr. 1638 a, S. 618. „[...] In Haag konnte ich nur feststellen, daß alle meine Bemühungen, den Young-Plan in seiner ursprünglichen Gestalt durchzubringen, vergebens waren [...]". SCHACHT, 76 Jahre, a.a.O., S. 325.

[442] Zudem forderte Hindenburg den Reichsbankpräsidenten dazu auf, aus seinem Demissionsgesuch alle Äußerungen zu streichen, aus denen eine einseitige Interpretation des Young-Plans hervorgehe. Schreiben Rpräs. v. Hindenburg an Hjalmar Schacht, 06.03.1930, abgedruckt in: SCHACHT, 76 Jahre, a.a.O., S. 326f. und in UuF, Bd. 7, Dok.-Nr. 1638 c, S. 619f.

[443] „[...] In erster Linie werde der Herr Reichspräsident den Reichsbankpräsidenten allerdings bitten, zur Vermeidung von Beunruhigungen in der Öffentlichkeit des In- und Auslandes bis auf weiteres im Amte zu bleiben. Wenn dieser Appell keinen Erfolg haben sollte, werde der Herr Reichspräsident zu erreichen versuchen, daß der Rücktritt in einer möglichst wenig aufsehenerregenden Form erfolgt. [...]". Niederschrift der Ministerbesprechung, Berlin, 04.03.1930, in: AdR, Kab. Müller II, Bd. 2, Dok.-Nr. 460, S. 1531.

„[...] Ich halte es für notwendig, daß noch einmal in aller Öffentlichkeit dargelegt wird, daß die Zusätze im Vergleich zur Gesamtbelastung des Youngplans zahlenmäßig nicht sehr bedeutend sind und daß auch Gegenleistungen oder Vorteile für uns diesen Zusatzbelastungen entgegenstehen. [...]".

Abschließend verlangte Hindenburg von der Reichsregierung, in ihrer abschließenden Stellungnahme die Beweisführung Schachts zu widerlegen. Er hingegen werde sich mit seiner persönlichen Stellungnahme bis zum Ende der Gesamtverhandlungen zurückhalten[444].

Von allen Young-Plan-Befürwortern schien Hindenburg den Motiven Schachts am wenigsten Verständnis entgegenzubringen. Als der Reichsbankpräsident seine Rücktrittsdrohung kurz vor Annahme der Young-Gesetze wahr machte und von der Regierungsfront zur nationalen Opposition wechselte, stellte er ihn als „Deserteur" hin, der auf dem „Höhepunkt der Gefahr" seinen Posten verlassen habe[445]. Für den Soldaten, dem Pflichtbewußtsein und Akkuratesse so heilig waren, hatte Schacht mit seiner Demission einen Loyalitätsbruch sondergleichen begangen, der in seinen Augen unverzeihlich war.

Als Hindenburg darüber informiert wurde, daß die Zentrumspartei in der dritten Reichstagslesung sich bei der Abstimmung über den Young-Plan der Stimme enthalten wollte, zog er einen Volksentscheid bei nur knapper Mehrheit für das Haager Abkommen ernsthaft in Erwägung[446]. Zur Klärung des Sachverhalts zitierte er den Fraktionsvorsitzenden des Zentrums, Dr. Heinrich Brüning, in sein Palais. In einem vertraulichen Gespräch betonte er, wie sehr ihm daran gelegen sei, daß der Plan im Reichstag mit „einer möglichst starken Mehrheit"

---

[444] Schreiben Rpräs. v. Hindenburg an RK Müller, 07.03.1930, in: AdR, Kab. Müller II., Bd. 2, Dok.-Nr. 466, S. 1544f.; MARTIN VOGT, Die Entstehung des Young-Plans - dargestellt vom Reichsarchiv 1931-1933, in: Schriften des Bundesarchivs, Nr. 15, Boppard am Rhein 1970, S. 58.

[445] Ferner soll Hindenburg bemerkt haben: „[...] Das werde ich ihm nie vergeben [...]". Vgl. HEINRICH BRÜNING: Memoiren 1918-1934, Stuttgart 1970, S. 233. In schlechter Erinnerung behalten haben dürfte Hindenburg gewiß auch die cholerischen Wutausbrüche Schachts: „[...] Am Montag nachmittag empfing dann der Herr Reichspräsident im Beisein von Herrn Meissner den Herrn Präsidenten Schacht. Die Besprechung verlief recht ergebnislos. Der Herr Reichspräsident war recht wenig erbaut von dem lauten Schreien des Herrn Schacht, während er doch ganz ruhig geblieben sei [...]". Siehe Tagebucheintrag StS PÜNDER, Berlin, 20.12.1929, in: DERS., Politik in der Reichskanzlei, a.a.O., S. 32f.; ARNOLD BRECHT: Mit der Kraft des Geistes. Lebenserinnerungen. Zweite Hälfte. 1927-1967 Stuttgart 1967, S. 112.

[446] Vermerk StS Pünder, 08.03.1930, in: AdR, Kab. Müller II, Bd. 2, Dok.-Nr. 466, S. 1545 [Anm. 4].

angenommen werde⁴⁴⁷. Falls dies aber nicht realisierbar sei, werde er die Young-Gesetze wegen ihrer „weittragenden Bedeutung" höchstwahrscheinlich zum Volksentscheid bringen. Daß er selbst über den Umweg eines Plebiszits[448] die Annahme des Young-Plans durchsetzen wollte, ist für sein starkes Engagement in dieser Angelegenheit geradezu kennzeichnend. Bevor es überhaupt zu einer weiteren Zerreißprobe kommen konnte, votierte das Zentrum bei der Reichstagsschlußabstimmung jedoch in buchstäblich „letzter Stunde"[449] für die Annahme der Young-Gesetze[450]. Daß Hindenburg hierbei einen kleineren Erfolg für sich verbuchen konnte, war das Resultat seiner unnachgiebigen Haltung gegenüber der Zentrumspartei, die er so wirkungsvoll unter Druck gesetzt hatte.

Jede Verhandlungsphase des Young-Plans verfolgte Hindenburg mit Argusaugen. Hierbei beließ er es nicht allein beim kontrollierenden und passiven Beobachten, sondern versuchte auch direkten Einfluß auf die Haager Konferenz zu gewinnen[451], was sein Verhalten während der „heißen" Young-Plan-Phase anschaulich illustriert. So fand Ende Mai 1929 auf sein Geheiß hin eine Besprechung auf seinem Amtssitz statt, zu der Stresemann und Müller geladen waren. Zu Beginn des Gedankenaustausches wies er darauf hin, daß Deutschland künftig nach Verbündeten Ausschau halten müsse, um unter anderem die Chance auf eine Wiedererlangung des Korridors zu wahren. Solange aber Briand und Poincaré noch „am Ruder" seien, käme Frankreich als Partner wohl kaum in Frage. Von daher spräche vieles für eine deutsch-englische Allianz. Doch auch ein Bündnis mit Italien sei in Erwägung zu ziehen, explizierte er in aller Offenheit. Stresemanns und Müllers Replik hierzu fiel recht moderat aus. Zwar teilten sie seine Ansichten, gaben aber zu bedenken, daß zunächst einmal die Beendigung

---

[447] Aktennotiz StS Meissner [B.d.Rpräs.], Berlin, 11.03.1930 [Abschrift], BA Berlin-Lichterfelde, R 601/693 [S. 249f.]. Parteiführerbesprechung, 11.03.1930, in: AdR, Kab. Müller II, Bd. 2, Dok.-Nr. 471, S. 1564.

[448] Die Rechtsgrundlage hierfür schaffte Art. 73 [Abs. 1] der WRV. Danach konnte der Reichspräsident ein vom Reichstag beschlossenes Gesetz binnen eines Monats zum Volksentscheid bringen.

[449] HANS LUTHER: Vor dem Abgrund 1930-1933. Reichsbankpräsident in Krisenzeiten, Berlin 1964, S. 143.

[450] Siehe auch die Rede Brünings vom 12.03.1930, in: UuF, Bd. 7, Dok.-Nr. 1640 a, S. 626ff.; In seinen Memoiren weist der damalige Fraktionsführer des Zentrums, Heinrich Brüning, darauf hin, daß ihm mitgeteilt wurde, Hindenburg dränge deshalb auf eine schnelle Annahme des Young-Plans, weil er die anstehenden Reformen mit einer anderen Regierung durchführen wolle. BRÜNING, Memoiren, a.a.O., S. 154.

[451] „[...] Die Haager Konferenz beschäftigt den Herrn Reichspräsidenten in ganz besonderem Maße [...]". Siehe Schreiben StS Meissner [B.d.Rpräs] an StS Pünder, Berlin, 07.08.1929, ADAP, B-XII, Dok.-Nr. 152, S. 331. Auch in AdR, Kab. Müller II, Bd. 2, Dok.-Nr. 260, S. 845f.

der Generalliquidation des Krieges Vorrang habe, alsdann könne man nach anderen Verbündeten Ausschau halten[452].

Wie sehr Hindenburg daran interessiert war, günstige Konditionen und klare Verhandlungsziele für den Young-Plan zu schaffen, versuchte Meissner dem Staatssekretär der Reichskanzlei, Hermann Pünder, nahezulegen, der zeitweilig der deutschen Regierungsdelegation in Den Haag angehörte. Bemerkenswert war hierbei seine Ankündigung, daß der Reichspräsident entsprechende Konsequenzen ziehen werde, falls die Anforderungen der Gläubigerstaaten und die politischen Bedingungen eine Annahme des Young-Plans unmöglich machen, was mehr oder weniger auf einen vorzeitigen Rücktritt hinauslief. Um seinen Standpunkt der deutschen Delegation beziehungsweise dem Reichsaußenminister unmißverständlich und pointiert darzulegen, faßte Hindenburg seine Forderungen in vier Punkten zusammen, die zu berücksichtigen waren, sollte der Young-Plan mit „seinem Namen und seiner Person" gedeckt werden[453]. In seiner ersten Forderung bezog er sich auf die Räumung des Rheinlands, die zu einem „nahen, kalendermäßigen bestimmten Termin" zu erfolgen hatte. Wegen des Saarlandes sei eine bindende Zusage Frankreichs erforderlich, in der baldige Sonderverhandlungen über die Rückgabe dieses Gebietes festgelegt werden sollten. Als dritte Voraussetzung verlangte er, daß „irgendwelche Kontrollmissionen, wie sie auch heißen mögen", abzuschaffen seien. Abschließend insistierte er, Deutschland dürfe keine bindenden Erklärungen abgeben, die den Young-Plan als „endgültige Regelung der Reparationen" definieren. Ebenso sollten Abmachungen, die künftige Reformen und Modifikationen des Young-Plans erschweren, tunlichst vermieden werden[454]. Interessanterweise hat Staatssekretär Meissner dem offiziellen Schreiben an Pünder noch eine persönliche und vertrauliche Anlage beigelegt, in der er unter anderem präzisierte, daß der Reichspräsident erst dann eine definitive Entscheidung über die Haager Beschlüsse treffen werde, wenn er das „Für und Wider der neuen Lösung der Reparationsfrage" abgewogen habe, wenn für ihn ein sichtbarer Erfolg der Konferenz absehbar sei[455].

Erst eine Woche später erläuterte Pünder dem Staatssekretär des *Büros*, daß die vier anwesenden Reichsminister die „Anteilnahme" des Reichspräsidenten

---

[452] Über dieses Zusammentreffen existiert keine Aufzeichnung. Überliefert wurde sie von Stresemanns Privatsekretär HENRY BERNHARD: Gustav Stresemann. Tatsachen und Legenden, in: Aus Politik und Zeitgeschichte. Beilage zur Wochenzeitung „Das Parlament", Bd. 41, (07.10.1959), S. 537.

[453] Schreiben StS Meissner [B.d.Rpräs.] an StS Pünder, Berlin, 07.08.1929, in: ADAP, B-XII, Dok.-Nr. 152, S. 331.

[454] AdR, Kab. Müller II, Bd. 2, S. XXI.

[455] Begleitschreiben StS Meissner [B.d.Rpräs.] an StS Pünder [Original], Berlin, 07.08.1929, BA Koblenz, NL Pünder, N 1005/82 [S. 71-72].

zwar zu schätzen wußten, dennoch aber guten Gewissens davon überzeugt waren, sich streng an den in Berlin umrissenen Rahmen gehalten zu haben. Da man seine Forderungen ohnehin teile und unterstütze[456], werde die deutsche Delegation mit ihm in „enger Fühlung" bleiben und eine fortlaufende Berichterstattung über den aktuellen Verhandlungsstand garantieren[457].

Nur wenige Tage vor der schriftlichen Fixierung des Young-Plans in Haag meldete Hindenburg mit Blick auf die im Abkommen vorgesehene Revisionsklausel letzte Bedenken an, weil dort seiner Auffassung nach die Optionen auf seine Revision nur unzureichend herausgearbeitet worden waren[458]. Fragwürdig schien ihm besagte Klausel, weil sie für den Fall einer deutschen Währungs- und Wirtschaftskrise eine Korrekturmöglichkeit des neuen Plans völlig außer acht lasse. Anvisiert werden mußte daher eine auf dem Verhandlungsweg ausgearbeitete „günstigere Fassung", die weiterführenden Interpretationen keinen Raum mehr lasse. Seinen Ausführungen zufolge war wegen der Zusammensetzung des Sonderausschusses, der den Gläubigerregierungen und der Bank Vorschläge zu unterbreiten habe, eine „einseitige Stellungnahme" zuungunsten Deutschlands nicht mehr gänzlich auszuschließen[459]. Daß ihn das bisher Erreichte bei weitem nicht zufriedenstellte und daß er weiterhin die Unterzeichnung der Young-Gesetze von der Erfüllung altbekannter Voraussetzungen abhängig machte, legte er dem Reichskanzler kurze Zeit später in aller Offenheit nahe. Danach mußten Punkte wie die Regelung der Saarfrage, die Festlegung der Grundzüge einer Finanzreform und die klare Trennung des polnischen Liquidationsabkommens vom „Neuen Plan" Berücksichtigung finden. Vor allem aber mußte sichergestellt werden, ob im Haager Abkommen wirklich ein prinzipielles Revisionsrecht integriert war. Nachdem die deutsche Delegation wunschgemäß über die neueste Entwicklung informiert worden war, nahmen auch die Verhandlungen in der Frage der Revisionsklausel einen so „günstigen Verlauf", daß man ein Papier entwarf, in dem das Revisionsrecht als alleinige Sache Deutschlands erhoben

---

[456] Schreiben StS Pünder [Rkei] an StS Meissner [B.d.Rpräs.], Scheveningen, 15.08.1929, in: ADAP, B-XII, Dok.-Nr. 176, S. 391.
[457] EBD., S. 391 u. 393. Dieses Schreiben wurde auch Hindenburg zugeleitet, der zu diesem Zeitpunkt einen Erholungsurlaub in Dietramszell verbrachte. Über die Ausführungen Pünders war Hindenburg insgesamt zufrieden. Siehe Schreiben MinRat Doehle [B.d.Rpräs.] an StS Pünder [Rkei], Berlin, 21.08.1929 [Durchschlag]; Schreiben StS Pünder an MinRat Doehle, Scheveningen, 23.08.1929 [Original], BA Berlin-Lichterfelde, R 601/691 [S. 7; S. 9]. Beide Schreiben liegen in Form von Durchschriften auch im BA Koblenz, NL Pünder, N 1005/82 [S. 52f. u. 97f.].
[458] WALTER GÖRLITZ, Hindenburg, a.a.O., S. 315.
[459] Vermerk MinRat Doehle, 07.01.1930, in: AdR, Kab. Müller II, Bd. 2, Dok.-Nr. 408, S. 1340f.; Vermerk MinDir Hagenow, Berlin, 07.01.1930 [Mikrofilm-Nr. 80], BA Koblenz R 43 I/305 [S. 142ff.].

wurde[460]. Insofern war diesem punktuellen Vorstoß Hindenburgs ein Teilerfolg beschieden.

IV. Der Advokat und sein Plädoyer

Klar und deutlich wurde im Artikel I des Haager Abkommens vom 20. Januar 1930 betreffend der Annahme des Sachverständigenplans geregelt, daß Deutschland gegenüber den Gläubigermächten die „feierliche Verpflichtung" übernimmt, die im „Neuen Plan vorgesehenen Annuitäten gemäß den darin enthaltenen Bestimmungen zu zahlen"[461]. Reichstag und Reichspräsident waren nun angehalten, das entsprechende Abkommen zu ratifizieren und zu verabschieden. Dies ging problemlos vonstatten. Nachdem der Reichstag das vorliegende Gesetz am 13. März 1930 mit 265 gegen 192 Stimmen angenommen hatte, erfolgte tags darauf die Ausfertigung und Verkündigung des Abkommens durch das Staatsoberhaupt. Noch am selben Tag schrieb Hindenburg dem Reichskanzler, daß die Reichsregierung wegen der Annahme der Young-Gesetze nun als „erste und dringlichste Aufgabe" die Finanzen des Reiches in Ordnung bringen müsse. Von der Regierung verlangte er zum einen, die Notlage der Landwirtschaft durch angemessene Aktionen zu beseitigen. Zum anderen erwartete er von ihr Anstrengungen, das Haushaltsdezifit auszugleichen und die Arbeitslosigkeit durch eine intensivere Subventionspolitik zu verringern[462].

Mit seinem wenige Tage nach der Unterzeichnung der Young-Gesetze erfolgten Aufruf an das deutsche Volk am 18. März 1930 rekapitulierte Hindenburg nicht nur die aus seiner Sicht wichtigen Etappen der Entstehungsgeschichte dieses Abkommens, sondern er startete zudem einen Rechtfertigungs- und Begründungsversuch für seinen irreversiblen Entschluß. Nur „schweren Herzens" und nach „reiflicher, gewissenhafter Prüfung" habe er den Young-Plan unterzeichnet, versicherte er. Stets habe er sich darum bemüht, das Für und Wider in seinen Überlegungen mitzuberücksichtigen. Trotz der schweren finanziellen Belastungen, die dieses Abkommen herbeiführen werde, halte er den Young-Plan im Vergleich zum Dawes-Plan alles in allem für besser, weil er Deutschland in wirtschaftlicher sowie politischer Hinsicht Vorteile biete. Da eine Zurückwei-

---

[460] Vermerk MinDir Hagenows über Telefonat mit StS Pünder, Berlin, 08.01.1930, R 43 I/305 [S. 144].
[461] Auszug betreffend Haager Vereinbarungen, in: UuF, Bd. 7, Dok.-Nr. 1639, S. 621.
[462] Schreiben Rpräs. v. Hindenburg an RK Müller, 13.03.1930, in: AdR, Kab. Müller II, Bd. 2, Dok.-Nr. 474, S. 1568f.; Mit Ausnahme des Teils X des VV.

sung dieses Gesetzwerkes für Deutschlands Wirtschaft nachhaltige Konsequenzen mit sich gebracht hätte, habe er aus dem Gefühl der Verantwortung gegenüber seinem Land heraus so entscheiden müssen[463].

An Versuchen, den Skeptikern des Young-Plans sein Handeln transparent zu machen, hat Hindenburg demnach nicht gespart. Seine von der Wortwahl her teils pathetisch, teils rational gehaltene Apologie konnte allerdings nicht verhindern, daß sich die Kritik am Young-Plan zunehmend auf seine Person fokussierte. Demgemäß gestalteten sich auch die Reaktionen auf sein Manifest. Wie zu erwarten war, bedachten alle Republiktreuen seine Ausführungen mit Beifall[464], wogegen seine Erklärung auf dem rechtskonservativen Spektrum heftigsten Tadel provozierte. So sprach Ludendorff seinem einstigen OHL-Gefährten in aller Öffentlichkeit das Recht ab, die feldgraue Uniform der Armee zu tragen, da er nunmehr als Reichspräsident alles das zerstört habe, wofür er als Feldmarschall einstmals gekämpft habe[465].

Wie festgefahren und uneinsichtig die Position der Rechten zum Haager Abkommen blieb, offenbart gerade der Beschluß des Bundesvorstands des *Stahlhelms*. Dort wurde knapp zwei Wochen nach Verabschiedung der Young-Gesetze dargelegt, daß man die Annahme des Young-Plans durch den Reichstag als nicht „verpflichtend" ansähe, und daß selbst die Unterschrift des Reichspräsidenten an dieser Auffassung nichts ändern könne[466]. Allerdings gab es vom rechten Spektrum durchaus auch Zustimmung. Graf Arnim-Boitzenburg etwa äußerte sich optimistisch über die Revisionschancen des Haager Vertrages, und der Kyffhäuser-Bund begrüßte Hindenburgs Unterzeichnung sogar ausdrücklich[467].

Waren die inländischen Reaktionen und Kommentare zum Young-Plan in ihrer Bewertung und Einordnung der Rolle des Reichspräsidenten gespalten, so

---

[463] Aufruf Hindenburg an das deutsche Volk nach Unterzeichnung der Young-Gesetze, 18.03.1930, in: HUBATSCH, Hindenburg und der Staat, a.a.O., Dok.-Nr. 70, S. 330. So gut wie alle Zeitungen druckten Hindenburgs Zeilen ab. Vgl. *Niedersächsische Morgenpost*, Nr. 62, 14.03.1930, BA Koblenz, ZSg. 103/97. Auch in der Rundfunkansprache vom 10.03.1932, die er anläßlich seiner erneuten Kandidatur für das Amt des Reichspräsidenten hielt, betonte Hindenburg abermalig, wie schwer ihm die Unterschrift gefallen sei. Siehe HUBATSCH, Hindenburg und der Staat, a.a.O., Dok.-Nr. 82, S. 317f.

[464] Schreiben Wolfgang Curtius an Harald Zaun, Krefeld, 07.07.1994 [Original] (Privatbesitz). Der Sohn des damaligen Reichsaußenministers: „[...] Mein Vater hatte durchaus Hochachtung vor Hindenburg. Ich erinnere mich noch an den Beifall meines Vaters zu der Rede des Reichspräsidenten anläßlich der Genehmigung des Youngplans [...]".

[465] Siehe JOHN WHEELER-BENNETT, Der hölzerne Titan, a.a.O., S. 344.

[466] Beschluß des Bundesvorstandes des *Stahlhelm* gegen den Young-Plan, 23.03.1930, in: UuF, Bd. 7, Dok.-Nr. 1643, S. 634.

[467] Zu diesem Brief, den Görlitz seinerzeit im Nachlaß Paul v. Hindenburg gesichtet hat, konnte kein Durchschlag etc. ermittelt werden. Vgl. WALTER GÖRLITZ, Hindenburg, a.a.O., S. 319.

wurde im Ausland hingegen seine Haltung einmütig begrüßt und entsprechend gewürdigt. Vor allem in England wurde seine Rundfunkrede vom 10. März 1932 an das deutsche Volk positiv aufgenommen[468], in der Hindenburg unter anderem gestand:

> „[...] Die Unterschrift ist mir wahrlich nicht leicht geworden. Aber ich habe sie gegeben in der Überzeugung, daß auch diese Etappe notwendig war, um zu unserer nationalen Freiheit zu gelangen, und ich glaube, ich habe recht gehandelt. Das Rheinland ist frei, die fremden Aufsichtsbehörden sind verschwunden. [...] Ich glaube nicht, daß wir bei allen Schwierigkeiten der außenpolitischen Lage heute so weit wären, wenn ich damals dem Rate, nicht zu unterschreiben, gefolgt wäre [...]"[469].

Aus dem Ausland meldeten sich auch deutschstämmige demokratische Gruppen, wie etwa die Deutsch-Republikanische Vereinigung für Brasilien, zu Wort, die den Reichspräsidenten zu seiner „großen Tat" und „gewonnenen Schlacht" beglückwünschten[470].

Verfehlt wäre die Unterstellung, Hindenburg hätte während der Haager Verhandlungen alle politischen Entscheidungen nur reaktiv „loyal" mitgetragen[471]. Genauso unpassend wäre der Vorwurf, er sei dem Kurs Stresemanns blindgläubig gefolgt[472]. Nein, die Unterzeichnung des Young-Plans war für ihn vielmehr mit einem sehr großen „Opfer" verbunden, wie es ein Zeitzeuge einmal auf den Punkt brachte[473].

Wenn Hindenburg die komplizierten Vorgänge und Fragenkomplexe des Young-Plans auch im einzelnen intellektuell nicht nachvollziehen konnte, so sah er doch in diesem Abkommen tatsächlich eine alternative Chance zur Abtragung aller Reparationslasten. Mit der dann de facto erfolgten vorverlegten Räumung des Rheinlands konnte er seine Kritiker auf einen ersten handfesten Erfolg verweisen, der auch ihn für weitere Aktionen bestärkt haben dürfte.

Eine völlig eigentümliche Dimension bekommt Hindenburgs Unterschrift unter das Young-Abkommen, wenn berücksichtigt wird, daß er während der ganzen Haager Verhandlungs- und Diskussionsphase permanent den Interventi-

---

[468] „[...] Die Rechtspresse dagegen tobte [...]". EBD., S. 320.
[469] Rundfunkansprache Rpräs. v. Hindenburg, Berlin, 10.03.1932, in: HUBATSCH, Hindenburg und der Staat, a.a.O., Dok.-Nr. 82, S. 317f.
[470] Schreiben Deutsch-Republikanische Vereinigung für Brasilien an RK Müller, Rio de Janeiro, 22.03.1930 [Original], AdSD Friedrich-Ebert-Stiftung Bonn, NL Müller, Tr. 4/1, Bd. IV, Nr. 59.
[471] WALTER ZECHLIN, Pressechef, a.a.O., S. 125.
[472] WALTER GÖRLITZ, Hindenburg, a.a.O., S. 310.
[473] Bericht RFM Paul Moldenhauer (Lebenserinnerungen, Ministerzeit), in: Politik und Wirtschaft in der Krise 1930-1932. Quellen zur Ära Brüning, Bearb.: ILSE MAURER,/UDO WENGST, Bd. 4/1, a.a.O., Dok.-Nr. 43, S. 101.

ons- und Einflußversuchen seiner „Freunde", der rechtsnationalen, monarchistisch gesinnten Kräfte ausgesetzt gewesen war. Außer Zweifel steht, daß genau diese enervierenden Attacken ihn innerlich sehr getroffen und aufgewühlt haben. Und bestimmt vermochten sie seine ohnehin vorhandenen latenten Bedenken und Sorgen wegen der deutschen Außenpolitik in Haag nicht zu lindern. Im Gegenteil, sie waren für ihn nur schwer zurückzustellen[474]. An die Öffentlichkeit konnte er sie nicht tragen. Auf privater Ebene hingegen kam dieser Konflikt deutlich zum Vorschein:

„[...] leicht waren die letzten Monate für mich nicht. Aufregung war es weniger als der Ärger darüber, daß gerade diejenigen Kreise, denen ich innerlich angehöre, es waren, die mir die meisten Schwierigkeiten bereiteten. Im übrigen glaube ich, daß es richtiger gewesen wäre, die heutige Episode Locarno-Haag, die ich bei meinen Amtsantritt schon eingefädelt vorfand, nicht so zu überstürzen, wie es geschehen. Unsere Gegner müßten sich sozusagen noch mehr abbauen, dann wäre vielleicht Machbares erzielt worden. Ich bin aus Liebe zum Vaterland und deshalb auf meinen Posten geblieben, weil ich es als alter Soldat für falsch hielt, ihn gerade dann zu verlassen, wenn die Lage anfängt, schwierig zu werden. Wenn ein Theil meiner Landsleute dafür Verständnis hat, so soll mich das freuen. Den übrigen kann ich nicht helfen. [...] ich [...] bin wenn nötig, zu neuen Kämpfen bereit [sic] [...]"[475].

Letztendlich gab Hindenburgs Einsicht, daß die Haager Abmachung trotz aller Unannehmlichkeiten und Bindungen eine langfristige Chance zur allmählichen Revision des Versailler Vertrages beinhaltete, den entscheidenden Ausschlag.

Fraglos war die Verabschiedung des Young-Plans die „letzte große Leistung der Weimarer Republik"[476], woran auch Reichspräsident von Hindenburg, der

---

[474] Der langjährige Pressechef der Reichsregierung, Walter Zechlin, der Hindenburg tagtäglich Vortrag gehalten hatte, schreibt hierzu: „[...] [Hindenburg] hat gewiß die Politik der Reichsregierung in der Wiedergutmachungsfrage, dem Dawes- und Young-Plan, loyal mitgemacht, aber doch seine schweren Bedenken und Sorgen darüber nie verhehlt. Wir haben darüber sehr oft gesprochen [...]". ZECHLIN, Pressechef, a.a.O., S. 125. Von „starken Bedenken" Hindenburgs gegenüber dem Young-Plan weiß auch MinRat Doehle zu berichten, dessen Aussage infolge seiner Tätigkeit im *Büro* hohen Zeitzeugenwert zukommt. Schreiben MinRat Doehle [B.d.Rpräs.] an StS Pünder, Berlin, 28.08.1929 [Original], BA Koblenz, NL Pünder, N 1005/82 [S. 51f.]. Ein kopierter Entwurf dieses Papiers ist im BA Berlin-Lichterfelde unter der Signatur R 601/691 [S. 10] zu finden. Der Hindenburg-Biograph WALTER RAUSCHER schreibt hierzu: „[...] Der sonst so ruhige und unbeirrbare Feldmarschall litt schwer unter den Vorwürfen des nationalen Verrats und der Entfremdung von seinen Offizierskollegen. [...] Er machte eine schreckliche Zeit durch. [...]". Siehe DERS.: Hindenburg - Feldmarschall und Reichspräsident, Wien 1997, S. 260.
[475] Schreiben Rpräs. v. Hindenburg an Dt. BS v. Neurath (Rom), Berlin, 30.04.1930 [hdschr. Original], BA Koblenz, NL v. Neurath, N 1310/171.
[476] ANDREAS DORPALEN, a.a.O., S. 160.

durch couragiertes und kämpferisches Auftreten, durch aktives Engagement sowie durch unnachgiebiges Festhalten an seiner Position entgegen allen Widerständen und aller Kritik von rechtsnationaler Seite einen nicht vermuteten „Zug staatsmännischer Größe" offenbarte[477], entscheidenden Anteil hatte.

E. Temporisieren als Strategie - Der Taktiker und seine Rolle beim deutsch-polnischen Liquidationsabkommen und bilateralen Handelsvertrag

Kam im Dezember 1929 das Schuldenabkommen mit Amerika, das Hindenburg zügig unterzeichnete[478], noch mühelos zustande, so lassen sich für die Verzögerung der Ratifikation des deutsch-polnischen Liquidationsabkommens innenpolitische Probleme ausmachen, an deren Entstehen er maßgeblichen Anteil hatte[479]. Von allen Liquidationsabkommen, mit denen das „unselige Kapitel der Beschlagnahme und Veräußerung deutschen Besitzes in ehemaligen Feindländern im großen und ganzen zum Abschluß kam", war dieser Kontrakt der ungleich wichtigste[480]. Langfristig gesehen war seine Bedeutung jedoch eher gering, da er nur eine temporäre Entspannung im deutsch-polnischen Verhältnis eröffnete[481]. Er kam zu einem Zeitpunkt zustande, an dem es um die bilateralen Beziehungen beider Staaten nicht gut bestellt war; denn neben ihren Wirtschaftsbeziehungen erregte damals besonders die diffizile Optantenfrage[482] und nicht zuletzt die Handhabung der umstrittenen Liquidationsfrage vielerorts in Deutschland die Gemüter[483]. Der delikate Charakter der Liquidationsfrage resultierte aus einer

---

[477] FRIEDRICH LUCAS, Hindenburg, a.a.O., S. 57.
[478] Cf. Gesetz über das deutsch-amerikanische Schuldenabkommen, 13.03.1930, in: UuF, Bd. 7, Dok.-Nr. 1642 a, S. 631f.; Über den Inhalt des Abkommens siehe Anlage b) dieses Dokuments.
[479] Vgl. HARALD V. RIEKHOFF: German-Polish Relations, 1918-1933, Baltimore/London 1971, S. 157.
[480] So PETER KRÜGER, Aussenpolitik, a.a.O., S. 501.
[481] CHRISTIAN HÖLTJE, Ostlocarnoproblem, a.a.O., S. 184.
[482] Siehe S. 443 dieser Arbeit.
[483] Siehe PETER KRÜGER, Aussenpolitik, a.a.O., S. 304. Laut Art. 296 und 297 des VV war Polen nicht berechtigt, zu Reparationszwecken das deutsche Eigentum im polnischen Staat zu liquidieren. Eine Sonderregelung gewährte Warschau aber das Recht, neben Staatsvermögen auch privates Vermögen zu liquidieren, was erwartungsgemäß zu Spannungen mit der deutschen Regierung führen mußte. Zu den öffentlichen deutschen Bedenken im Hinblick auf die schwebenden Verhandlungen konstatierte das *Berliner Tageblatt*: „[...] es muß damit gerechnet werden,

komplizierten Rechtslage, die ihre Basis im Friedensvertrag hatte[484]. Danach durfte Polen zwar das Privatvermögen und die Güter der in den früheren preußischen Gebieten lebenden Reichsdeutschen einziehen und liquidieren; im Gegensatz zu den Alliierten war es jedoch nicht berechtigt, deutsches Eigentum im eigenen Land zu Reparationszwecken aufzulösen, ohne den Besitzern eine angemessene Entschädigungssumme direkt auszuzahlen[485]. Trotz zahlreicher Sonderregelungen und Einschränkungen machte das polnische Liquidationskomitee vornehmlich durch große Aktivität von sich reden. Bereits bis Ende des Jahres 1926 hatte man annähernd 100.000 Hektar Landbesitz enteignet[486]. Im Zuge dieser undurchsichtigen Entwicklung wurden von deutscher Seite Forderungen nach einer genauen Regelung des Liquidationsproblems laut. Vor allem störte man sich in Berlin daran, daß Polen noch viele ausstehende Liquidationsüberschüsse nicht überwiesen hatte und immer noch deutsches Eigentum konfisziert hielt, ohne es liquidiert, das heißt verkauft zu haben[487].

Die Unterzeichnung des Liquidationsabkommens, das erst nach „schweren Verhandlungen" zwischen Polen und Deutschland vollzogen werden konnte und das parallel zum bilateralen Handelsvertrag urkundliche Gestalt bekam[488], stellt im Gegensatz zur Minderheitenfrage und zur Revision der Ostgrenzen eines der wenigen erfolgreichen Abkommen beider Seiten zwischen den Weltkriegen dar. Mit diesem Kontrakt, der zwischen dem deutschen Gesandten in Warschau, Ulrich Rauscher, und dem polnischen Außenminister Zaleski in geheimen Sitzungen ausgehandelt worden war, verzichteten beide Seiten auf alle mit dem Ersten Weltkrieg und dem Vertrag von Versailles zusammenhängenden finan-

---

daß 12 000 deutschstämmige Familien, deren Grundbesitz einen Wert von rund einer halben Milliarde Mark hat, Gefahr laufen, ihren Grund und Boden zu verlieren [...]". *Berliner Tageblatt*, 18.10.1929.

[484] Hierzu siehe Artikel 297 b) VV: „[...] behalten sich die alliierten und assoziierten Mächte das Recht vor, alles Eigentum, alle Rechte und Interessen, die sich [...] auf deutsche Reichsangehörige beziehen, [...] zurückzubehalten und zu liquidieren. Die Liquidation findet nach den Gesetzen des betreffenden alliierten oder assoziierten Staates statt. Der deutsche Eigentümer kann ohne die Einwilligung dieses Staates nicht über sein Eigentum, seine Rechte und Interessen verfügen, noch sie irgendwie belasten. [...]". Vgl. Der Vertrag von Versailles, a.a.O., S. 295f.

[485] MARIA OERTEL, Beiträge zur Geschichte, a.a.O., S. 180ff.; Jene Staaten, die Reparationsgläubiger waren - Polen wurde hierzu nicht gezählt -, mußten dem deutschen Reparationskonto alle Liquidationserlöse (z.B. Konfiszierung von deutschem Privateigentum auf ihrem Territorium) gutschreiben. Das Deutsche Reich mußte dann die Entschädigung der Eigentümer übernehmen.

[486] EBD., S. 191ff.

[487] ANDREAS RÖDDER, Stresemanns Erbe, a.a.O., S. 42.

[488] Näheres hierzu bei JULIUS CURTIUS: Sechs Jahre Minister der deutschen Republik, Heidelberg 1948, S. 98ff.

ziellen oder vermögensrechtlichen staatlichen und privaten Forderungen[489]. Von besonderer Wichtigkeit war das polnische Eingeständnis, alle schwebenden Liquidationsverfahren einzustellen, sofern die betroffenen Güter am 1. September 1929 noch in Händen deutscher Eigentümer waren[490].

Da das deutsch-polnische Liquidationsabkommen Bestandteil des Young-Plans war und demzufolge auch darüber in Den Haag zeitgleich verhandelt wurde[491], waren Reichstag und Reichspräsident dazu angehalten, das Vertragswerk möglichst zur selben Zeit zu verabschieden. Als am 12. März 1930 der Reichstag das deutsch-polnische Liquidationsabkommen mit einer knappen Stimmenmehrheit von 236:217 ratifiziert hatte[492], stand nur noch die Unterzeichnung durch den Reichspräsidenten aus. Doch Hindenburg zog das Inkrafttreten des Polenvertrages bewußt wie gezielt hinaus. Beseelt von dem Wunsch, daß seine Realisierung allen ostpreußischen „Stammesgenossen" Besitz und Existenz vertraglich garantiere[493], schaffte er ein indirektes Junktim, indem er seine Zustimmung zum Liquidationsabkommen von weiteren Hilfsmaßnahmen für den Osten abhängig machte[494].

Hatte er beim Locarno-Vertragswerk schon die Trennung des Sicherheitspaktes vom Völkerbundsabkommen für notwendig erachtet, so lag seiner Forderung nach einer separaten Behandlung des deutsch-polnischen Liquidationsabkommens vom Young-Plan ein handfestes Motiv zugrunde. Er erhoffte sich so bessere Erfolgschancen auf eine abermalige Revision des neuen Vertrages. Dazu war

---

[489] Artikel II des Liquidationsabkommens. Vgl. dazu KRÜGER, Aussenpolitik, a.a.O., S. 501. Zur besonderen Rolle Curtius' und Rauschers, die entscheidend zum Gelingen des Abkommens beigetragen hatten, siehe ANDREAS RÖDDER, Stresemanns Erbe, a.a.O., S. 168f. u. KURT DOß: Zwischen Weimar und Warschau. Ulrich Rauscher. Deutscher Gesandter in Polen 1922-1930. Eine politische Biographie, Düsseldorf 1984, S. 116ff.

[490] Am selben Tag verzichtete Polen in einer Note in Anbetracht bestehender Verträge deutscher Ansiedler mit der preußischen Ansiedlungskommission (Gesetz vom 26.04.1886) im Erbfall auf das Wiederkaufsrecht bis hin zur Verwandtschaft zweiten Grades. 12 000 deutsche Familien, mehrheitlich jene, die im preußischen Korridor lebten, profitierten von dieser Regelung. Der Wert des Grundbesitzes belief sich auf annähernd 500 Mill. Goldmark.

[491] ANDREAS DORPALEN, a.a.O., S. 158.

[492] Vgl. HARALD V. RIEKHOFF, German-Polish Relations, a.a.O., S. 157. JULIUS CURTIUS, Der Young-Plan, a.a.O., S. 108.

[493] Schreiben Rpräs. v. Hindenburg an RK Müller, 18.03.1930, in: AdR, Kab. Müller II, Bd. 2, Dok.-Nr. 480, S. 1580.

[494] So GERHARD SCHULZ: Von Brüning zu Hitler. Der Wandel des politischen Systems in Deutschland 1930-1933, in: Zwischen Demokratie und Diktatur. Verfassungspolitik und Reichsreform in der Weimarer Republik, Bd. III, Hrsg.: Erhard Schulz, Berlin/New York 1992, S. 26f.

seiner Ansicht nach unbedingt notwendig, den jeweils singulären Charakter beider Abkommen durch eine getrennte Ratifizierung hervorzuheben[495].

Bereits am 1. Dezember 1929 ergriff er die Initiative. Nach dem Vortrag des deutschen Gesandten in Warschau legte er seinem Gast in aller Offenheit seine persönlichen Vorbehalte gegen das Abkommen mit Polen nahe. Darum bemüht, Rauscher nicht alleine die „Schwächen" des geplanten Liquidationsabkommens aufzuzeigen und seine Skepsis an der Integrität der polnischen Führung vor Augen zu führen, schrieb er auch dem Außenminister, den er in aller Deutlichkeit spüren ließ, wie groß seine Zweifel an der Vertragstreue der polnischen Regierung waren. Eine realistische Gefahr sah er vornehmlich darin, daß künftige polnische Kabinette die gleichen Liquidationen auf dieselbe Art und Weise durchführen könnten wie alle vorangegangenen Regierungen. Deshalb wandte er sich mit Vehemenz gegen die polnischen Agrarreformgesetze und die Grenzzonenverordnung[496], die bei Anwendung ihres alten Wortlauts zu politischen Zwecken mißbraucht werden und ergo alle dort ansässigen Deutschen zur Abwanderung nötigen könnte. Da für ihn die mündlichen Zusagen des polnischen Außenministers Zaleski unzureichend waren[497], weil sie nur die gegenwärtige, aber nicht spätere Regierungen miteinbezogen, forderte er von Curtius ein Überdenken der Frage, „ob und durch welche Maßnahmen diese beiden Gefahren durch eine Ergänzung der bisherigen Fassung des Liquidationsabkommens beseitigt werden können"[498].

Die Frage, ob Hindenburg diese Worte selbständig verfaßt hat und welche Motive ihn zu diesem Schritt bewogen haben, gewinnt angesichts seines zu diesem Zeitpunkt engen Kontaktes zu Personen und Gruppen, die den deutschpolnischen Vertrag kategorisch ablehnten, an Gewicht[499]. Eine dieser Gruppen,

---

[495] Schreiben Rpräs. v. Hindenburg an RK Müller, 10.03.1930, Teilweise abgedruckt in: WALTER GÖRLITZ, Hindenburg, a.a.O., S. 315f.; Siehe auch Vermerk StS Pünder, 15.02.1930, in: AdR, Kab. Müller II, Bd. 2, Dok.-Nr. 445, S. 1459.

[496] Schreiben Rpräs. v. Hindenburg an RAM Curtius, Berlin, 04.12.1929, in: ADAP, B-XIII, Dok.-Nr. 176, S. 366. Siehe auch HUBATSCH, Hindenburg und der Staat, a.a.O., Dok.-Nr. 69, S. 299f.

[497] Dem deutschen Gesandten in Warschau, Rauscher, versicherte Zaleski, daß die polnische Regierung ihre neue Agrarreform keineswegs als politisches Druckmittel gegen die Deutschstämmigen einsetzen und instrumentalisieren werde. Bericht Dt. GS Rauscher, Warschau, 06.11.1929 [Original], R 82437/K 507563f.

[498] Schreiben Rpräs. v. Hindenburg an RAM Curtius, Berlin, 04.12.1929, in: ADAP, B-XIII, Dok.-Nr. 176, S. 366. Siehe auch HUBATSCH, Hindenburg und der Staat, a.a.O., Dok.-Nr. 69, S. 299f.; Über den Inhalt dieses Schreibens setzte Curtius den dt. Gesandten in Warschau, Rauscher, persönlich in Kenntnis. KURT DOß, Zwischen Weimar und Warschau, a.a.O., S. 113.

[499] Dazu gehören auch jene, die mit Hilfe von Interpellationen an den Reichstag sowohl auf die Reichsregierung als auch auf den Rpräs. Einfluß zu gewinnen versuchten. Die Eingabe der Interpellation vom 25.10.1929, die u. a. von Graf v. Westarp [DNVP] und seinen ihren

deren Mitglieder sich durchweg aus Gegnern eines deutsch-polnischen Arrangements rekrutierten, waren die ostelbischen Großagrarier, die in ihrer Ablehnung des Polenvertrages durch Radikalität auffielen. Zwar läßt sich anhand der Quellen nicht mehr verifizieren, wann und wie sie den Reichspräsidenten in ihrem Sinne beeinflußt haben; gleichwohl scheint die Vermutung von Kurt Doß, Hindenburgs Zuschrift an Curtius sei primär aufgrund ihrer Intervention zustande gekommen, vertretbar. Jedenfalls offenbarte er mit seinen Instruktionen an das Auswärtige Amt den Wunsch nach einer schärferen Gangart in den Verhandlungen mit Polen[500]. Bekräftigt wird diese These unter anderem auch durch seine Worte an den ostpreußischen Großgrundbesitzer Oberst a.D. Graf zu Eulenburg-Wicken, dem er tags darauf seine reservierte Haltung zum Polenabkommen skizzierte[501]. Dennoch erreichten ihn auch Stimmen, die zwar seine grundsätzliche Skepsis nicht zerstreuen konnten, die ihn aber ermutigten, das Liquidationsabkommen in der vorliegenden Form zu unterzeichnen. Der Vorsitzende des Verbandes der deutschen Ansiedler in Polen beispielsweise versicherte ihm, daß man über das Liquidationsabkommen ungeachtet anderslautender Berichte sehr zufrieden sei. Als Staatsoberhaupt möge er das in seiner Macht Stehende tun, um die bevorstehende Ratifizierung des Vertrages im Reichstag und sein Inkrafttreten zu verwirklichen[502].

Doch Anfang März 1930 meldete Hindenburg im Beisein des Abgeordneten Brüning gegen den deutsch-polnischen Handelsvertrag „starke Bedenken" an, der von der Regierung absichtlich mit dem Liquidationsabkommen zeitlich ver-

---

„Genossen" initiiert worden war, ist dafür bezeichnend. Dort forderten die angeführten Personen, Polen müsse im Hinblick auf das Liquidationsabkommen nun endlich offiziell auf jegliche Liquidationsansprüche von Privatpersonen verzichten. Ihrer Auffassung nach würde ein deutscher Verzicht auf die „Individualansprüche" der liquidierten Auslandsdeutschen auf eine Preisgabe des deutschen Rechts hinauslaufen und „schwere" Schäden nach sich ziehen, ja sogar deutsche „Existenzen" vernichten. Schreiben RTPräs. Löbe an RAM Curtius, Berlin, 25.10.1929 u. Anlage Interpellation Nr. 1387 RT, IV. Wahlperiode, PA AA Bonn, R 82436/K 507497-498.

[500] KURT DOß, Zwischen Weimar und Warschau, a.a.O., S. 112 u. 128f.; Zum grundsätzlichen Problem der Nachweisbarkeit des Einflusses der *Kamarilla* ab S. 117-134 dieser Arbeit.

[501] Zu diesem Brief, den Görlitz seinerzeit im Nachlaß Paul v. Hindenburg gesichtet hat, konnte kein Durchschlag etc. ermittelt werden. GÖRLITZ, Hindenburg, a.a.O., S. 314.

[502] Recht pathetisch fiel Reinekes Beschwörungsformel an Hindenburg aus: „[...] Zehntausende von Deutschen, denen es Herzenssache ist, ihr Volkstum in Polen zu erhalten, werden Euer Exzellenz in unauslöschlicher Dankbarkeit gedenken [...]". Schreiben des Vorsitzenden des Verbandes deutscher Ansiedler in Polen Reineke an Rpräs. v. Hindenburg, Berlin 19.12.1929, PA AA Bonn, R 82416/H 043-050.

knüpft worden war⁵⁰³. Hervorgerufen wurden diese Bedenken durch die Ankündigung des deutschen Gesandten in Warschau, Ulrich Rauscher, wonach der deutsch-polnische Handelsvertrag schon am 5. März zur Signierung ausgefertigt vorliege und abgeschlossen werden könne⁵⁰⁴. Nur zwei Tage nach dem Eingang der Depesche setzte Staatssekretär Meissner Ministerialdirektor Köpke davon in Kenntnis, warum Hindenburg die planmäßig anvisierte Unterzeichnung des Abkommens für verfrüht halte. Demzufolge konnte erst mit seiner persönlichen offiziellen Stellungnahme zum Vertrag gerechnet werden, wenn das Reichskabinett noch vor Abschluß der Warschauer Verhandlungen den Kontrakt einer präzisen Prüfung unterziehe⁵⁰⁵. In der Tat verzögerte Hindenburgs kleine Intervention den zeitlichen Ablauf der Verhandlungen spürbar. Während Rauscher angewiesen wurde, den Vertragstext per Sonderkurier nach Berlin zu schicken und mit der Vollziehung des Handelsvertrages so lange zu warten, bis ihm die ausdrückliche Ermächtigung zukam, wurde in Berlin an der von Hindenburg erwünschten Vertragsprüfung fieberhaft gearbeitet. Als das Papier umformuliert und unterschriftsreif war und alle Parteien sich auf den Gegenzeichnungsakt des Reichspräsidenten eingestellt hatten, zitierte dieser den Reichsaußen- und den Reichsernährungsminister kurzerhand zum Rapport in sein Domizil⁵⁰⁶, um vor dem Unterzeichnungsakt noch einige persönliche Anmerkungen anzubringen.

Hindenburgs reservierte Grundhaltung zum Handelsvertrag muß in Zusammenhang mit seiner besonderen Bindung an Ostpreußen gesehen werden. Nicht ohne Grund setzte er sich an die Spitze der „Ostpreußenhilfe"⁵⁰⁷, weil er so am

---

⁵⁰³ Aufzeichnung Heinrich Brüning, Berlin, 01.03.1930, in: Politik und Wirtschaft in der Krise 1930-1932. Quellen zur Ära Brüning, Bearb.: ILSE MAURER,/UDO WENGST, Bd. 4/1, a.a.O., Dok.-Nr. 24, S. 62.

⁵⁰⁴ Rauscher verwies noch auf den Umstand, daß alle führenden deutschen Abgeordneten, darunter Scholz, Frhr. v. Rheinbaben und Brüning etc., den Handelsvertrag als „Aktivum und Kompensation" zum Liquidationsabkommen vollauf begrüßten. Telegramm Dt. BS Rauscher an RAM Curtius, Nr. 35 v. 1/3 Warschau, 01.03.1930 (Ganz geheim!) [Kopie einer Abschrift], PA AA Bonn, R 28929k/E 096050-051.

⁵⁰⁵ Aufzeichnung MinDir Köpke, Berlin, 04.03.1930 [Kopie eines Originals], PA AA Bonn, R 28929k/E 096056.

⁵⁰⁶ Um die polnische Regierung weiter hinzuhalten, sollte Botschafter Rauscher eine plausible Erklärung für die verspätete Vertragsunterzeichnung abgeben. Dabei konnte er zwischen mehreren Versionen wählen. Zum einen konnte er offen die Wahrheit sagen, zum anderen erläutern, daß die Unterzeichnung des Handelsvertrages die Durchbringung des Liquidationsabkommens gefährden könne oder zum dritten pro forma anführen, daß der Text noch formal genehmigt werden müsse. Aufzeichnung MinDir Ritter, Berlin, 05.03.1930, in: ADAP, B-XIV, Dok.-Nr. 136, S. 327f.

⁵⁰⁷ Die „Ostpreußenhilfe" sah staatliche Maßnahmen zur Besserstellung der dortigen Landwirtschaft vor. Gemäß dem „Gesetz über Hilfsmaßnahmen für die notleidenden Gebiete des

effektivsten ostpreußische Interessen vertreten konnte. Andererseits bewahrte er sich so einen Überblick über die Entwicklung des deutsch-polnischen Handelsabkommens[508], in dem die bewußten ostpreußischen Anliegen in den Artikeln des Handelsvertrages Niederschlag finden sollten. Gerade infolge der desolaten Lage der ostpreußischen Landwirtschaft verknüpfte er mit dem anstehenden Handelsvertrag auch punktuelle wirtschaftspolitische Forderungen[509]. Als beispielsweise am 20. März 1930 ein Gesetzesentwurf anstand, mit dem die deut-

---

Ostens" vom 31.03.1931 wurde sie auf alle entsprechenden Gebiete östlich der Elbe ausgedehnt. Hindenburgs besonderer Einsatz für dieses Projekt läßt sich sicherlich mit seiner ostpreußischen Herkunft, aber auch mit dem engen Kontakt zu seinen großagrarischen Freundeskreis erklären. Näheres zu den politischen Hintergründen der deutschen Osthilfe siehe VOLKMAR KELLERMANN: Schwarzer Adler - Weißer Adler. Die Polenpolitik der Weimarer Republik, Köln 1970, S. 118ff.; LUCAS, Hindenburg, a.a.O., S. 62ff.; PETER HAUNGS, Reichspräsident, a.a.O., S. 252f.

[508] Daß Hindenburg schon Mitte 1927 die deutsch-polnischen Verhandlungen für den Handelsvertrag mit Interesse verfolgt hatte, läßt sich auch daraus erkennen, daß er auf Anraten Reichsminister Schieles beinahe seinen Urlaub vorzeitig abgebrochen hätte, nur um bei einer Kabinettssitzung, in der der deutsch-polnische Handelsvertrag auf die Tagesordnung gesetzt worden war, für ostpreußische Interessen einzutreten. Aufzeichnung StS v. Schubert, Berlin, 16.08.1927, in: ADAP, B-VI, Dok.-Nr. 118, S. 247f. und Aufzeichnung StS v. Schubert, Berlin, 15.08.1927 [Kopie einer Abschrift], PA AA Bonn, R 28922k/E 094357ff.; Welche Bedeutung Ostpreußen für Hindenburg hatte, geht sehr anschaulich aus einem Brief an RK Marx hervor. Sein Situationsbericht mag absichtlich in dramatischen Worten verfaßt worden sein. Andererseits spiegelte er seine Meinung und die vieler Zeitgenossen über Ostpreußen und den polnischen Nachbarn wider. So schrieb er unter anderem: „[...] Ostpreussen ist durch die Abtrennung vom Mutterlande in Verbindung mit seiner insularen und entfernten Lage in viel höherem Maße geschädigt, wie dies bei anderen Gebieten des Reichs durch den VV geschehen ist. Ostpreußen ist die preussische Provinz mit der größten landwirtschaftlichen Nutzfläche [...]. Die Arbeit und die Produktion der Landwirtschaft leidet [...] aufs schwerste, die politische Stimmung wird täglich erbitterter, die Notlage des Einzelnen immer grösser, und ich fürchte, dass, falls jetzt nichts geschieht, das verarmte und sich verlassen fühlende Land in verzweifelter Stimmung den Mut zur Selbstbehauptung verliert und eines Tages eine Beute des immer auf der Lauer liegenden polnischen Nachbarn wird. [...] Ostpreußen ist gefährdetes Grenzgebiet und gegenwärtig der schwächste Punkt im Deutschen Reiche. [...]". Schreiben Rpräs. v. Hindenburg an RK Marx, Berlin, 03.12.1927 [Durchschlag], BA Berlin-Lichterfelde, R 601/205 [S. 54-60].

[509] So führte er in der Ministerbesprechung vom 21. Dezember 1927 weniger politische als vielmehr landwirtschaftliche Argumente an, wie beispielsweise seine separate Forderung, „die ostpreußischen Interessen bezüglich Roggen, Kartoffeln und Schweinen" unter allen Umständen zu wahren. Niederschrift der Ministerbesprechung, Berlin, 21.12.1927, in: HUBATSCH, Hindenburg und der Staat, a.a.O., Dok.-Nr. 63, S. 283. An Reichsfinanzminister Köhler richtete er auch die eindringliche Bitte, alles in seinen Kräften liegende zu tun, damit der ostpreußischen Landwirtschaft alle erforderlichen Anleihemittel erhalten bleiben. Köhler entsprach diesem Wunsch. Aktennotiz StS Meissner [B.d.Rpräs.], Berlin, 02.06.1928 [Original], BA Berlin-Lichterfelde, R 601/205 [S. 221f.].

schen Subventionen für Ostpreußen geregelt werden sollten, beraumte er eine Ministerratssitzung an. Sieht man einmal von den dort erörterten außenpolitischen Nebensächlichkeiten ab, so fällt auf, daß er in dieser Besprechung nicht nur die meisten Wortmeldungen für sich verbuchte, sondern zugleich der einzige war, der den Konnex Polen und Ostpreußen, anders gesagt die aus seiner Sicht „destruktive" Rolle Polens herausstellte. Konzentriert, dafür aber mit „steinerner Miene" folgte er den Ausführungen der Minister[510], bis er dann Handlungsbedarf für die unter polnischem Druck stehende deutsche Provinz Ostpreußen anmeldete[511].

Im Hinblick auf das politisch bedeutsamere Liquidationsabkommen verweigerte Hindenburg unter Berufung auf Art. 70 der WRV[512] die Vollziehung des Gesetzentwurfes zur Regelung von Fragen des Teils X des Versailler Vertrages letztlich nur, damit eingehend geprüft werden konnte, ob das vorliegende Gesetz verfassungsändernd war oder nicht[513].

Über sein Vorhaben und Vorgehen setzte er den Reichskanzler höchstpersönlich in Kenntnis und fragte nach, ob er eine Prüfung dieses Sachverhaltes durch den Reichsjustizminister in Zusammenarbeit mit den Staatssekretären Joël, Pünder und Zweigert veranlassen könne[514]. Mit dem verfassungsrechtlichen Gutachten des Reichsjustizministeriums sollte geklärt werden, inwieweit eine zeitliche Distanzierung des Polenabkommens von den übrigen Young-Gesetzen rechtlich vertretbar war. Die erwünschte Aufklärung über den verfassungsändernden Charakter des Abkommens sollte – und darauf legte er recht großen Wert – in mündlicher und nicht in schriftlicher Form in Anwesenheit der Staatssekretäre Joël und Zweigert erfolgen[515]. Nur einen Tag später kam es dann im Reichsjustizministerium zu einer Besprechung mit den anwesenden Staatssekretären, in der die Anliegen des Reichspräsidenten erörtert und über eine passende Rückäu-

---

[510] Tagebucheintrag RJM Koch-Weser [Mikrofilm], Berlin, 20.03.1929, BA Koblenz, NL Koch-Weser, N 1012/39 [S. 29].
[511] Ministerratssitzung beim Reichspräsidenten, Berlin, 20.03.1929, in: AdR, Kab. Müller II, Dok.-Nr. 157, S. 501.
[512] An dieser Stelle heißt es: „[...] Der Reichspräsident hat die verfassungsmäßig zustandegekommenen Gesetze auszufertigen und binnen Monatsfrist im Reichsgesetzblatt zu verkünden. [...]".
[513] Schreiben StS Meissner [B.d.Rpräs.] an RAM Curtius, Berlin, 13.03.1930 [Durchschlag], BA Berlin-Lichterfelde, R 601/693 [S. 288]. Meissner berichtet obendrein, daß der Reichspräsident beabsichtige, über die Frage, ob das deutsch-polnische Liquidationsabkommen verfassungsändernden Charakter habe, sobald wie möglich „einen Vortrag des Herrn Reichsjustizministers bei ihm unter Zuziehung der beteiligten Herrn der anderen Ressorts" zu veranlassen. Cf. auch Vermerk StS Pünder, 13.03.1930, in: AdR, Kab. Müller II, Bd. 2, Dok.-Nr. 475, S. 1569.
[514] Schreiben Rpräs. v. Hindenburg an RK Müller, Berlin, 13.03.1930, in: AdR, Kab. Müller II, Bd. 2, Dok.-Nr. 474, S. 1568.
[515] Vermerk StS Pünder, 13.03.1930, in: AdR, Kab. Müller II, Bd. 2, Dok.-Nr. 475, S. 1570.

ßerung diskutiert wurde⁵¹⁶. Der Vortrag von Reichsjustizminister von Guérard am 17. März 1930 bestärkte Hindenburg in seiner Überzeugung, daß alle verfassungsrechtlichen Bedenken gegen das vom Reichstag verabschiedete Zustimmungsgesetz zum deutsch-polnischen Liquidationsabkommen nunmehr überflüssig waren. Noch am selben Tag gewann Staatssekretär Schubert bei seinem Vortrag beim Reichspräsidenten den Eindruck, daß von seiner Seite inzwischen keine Einwände mehr gegen den Polenvertrag beständen. Schuberts Version zufolge hatte Hindenburg die Vollziehung der Reichsgesetze für die nächsten Tage angekündigt. Auch Rauscher wurde von ihm ermächtigt, dem polnischen Außenminister kundzutun, daß alle verfassungsrechtlichen Bedenken abgeschlossen seien und der Vertrag somit innerhalb der nächsten Tage vollzogen werden könne⁵¹⁷.

Daß Hindenburg mit einer Verzögerung von fünf Tagen das deutsch-polnische Liquidationsabkommen gegenzeichnete, ausfertigte und verkündete, war primär ein taktisch dilatorisches Mänover, das im Zusammenhang mit dem zur Ratifikation stehenden Haager Abkommen gesehen werden muß. Wenn er schon für den Young-Plan seine Unterschrift hergab, dann wollte er doch mit dem zeitlichen Hinausschieben des ausstehenden Polenvertrages seinen „Freunden" zumindest symbolische Stärke demonstrieren und den drohenden Gesichtsverlust im Rahmen des Erträglichen halten. Vermutlich hat aber seine Gewissenhaftigkeit für seine Forderung nach einer Überprüfung der Verfassungsmäßigkeit des ihm suspekten Polenabkommens eine nicht zu unterschätzende Rolle gespielt⁵¹⁸. Wenn nach einem Hinweis Julius Curtius' der Reichspräsident „am schwersten um den Entschluß zur Unterzeichnung des Liquidations-

---

⁵¹⁶ Ferner nahmen an dieser Sitzung StS Pünder, MinDir Gaus, der Reichsminister der Justiz von Guérard sowie Reichskanzler Müller teil. Abschließend machte Reichskanzler Müller noch darauf aufmerksam, daß Hindenburg, wenn er „von der Richtigkeit der angehörten Darlegungen" überzeugt sein sollte, die Vollziehung so schnell wie möglich in die Tat umsetzen wolle, um eventuellen „außenpolitischen Pressionen" vom Ausland zuvorzukommen. Siehe Vermerk StS Pünder, Berlin, 14.04.1930, BA Koblenz, R 43 I/124 [S. 188f.]. Die Anregungen Hindenburgs betreffend des Teils X des VV brachte RK Müller dem Kabinett am 17.03.1930 zur Kenntnis. Siehe Niederschrift der Kabinettssitzung, Berlin, 17.03.1930, BA Koblenz, R 43 I/124 [S. 191]. Abgedruckt in: AdR, Kab. Müller II, Bd. 2, Dok.-Nr. 478, S. 1575ff.
⁵¹⁷ Telegramm StS v. Schubert an Dt. GS Rauscher, Nr. 48, Berlin, 17.03.1930, PA AA Bonn, R 28929k/E 090075. Hindenburg legte großen Wert darauf, daß die Presse vom Inhalt seiner Unterredung mit Schubert keine Kenntnis bekam.
⁵¹⁸ So GERHARD SCHULZ: Deutschland am Vorabend der Großen Krise, Berlin/New York 1987, in: Zwischen Demokratie und Diktatur. Verfassungspolitik und Reichsreform in der Weimarer Republik, Bd. II, Hrsg.: Erhard Schulz, Berlin/New York 1987, S. 466.

abkommens gerungen hat"[519], dann indiziert dies zum einen, welchen politischen Rang er dem Arrangement einräumte. Zum anderen wird daraus der Entscheidungskonflikt ersichtlich, dem er ausgesetzt war.

---

[519] So ANDREAS RÖDDER, Stresemanns Erbe, a.a.O., S. 66. HARALD V. RIEKHOFF, German-Polish Relations, a.a.O., S. 157.

Neuntes Buch: Hindenburg und der Niedergang der Weimarer Außenpolitik

A. Der *passive* Akteur der deutschen Reparations- und Abrüstungspolitik

I. Hindenburg, Brüning und die qualitative Veränderung der deutschen Außenpolitik

Der am 27. März 1930 vollzogene Regierungswechsel von der Großen Koalition unter Hermann Müller zum Kabinett Heinrich Brüning wäre auf innenpolitischer Ebene vielleicht ohne Zäsurcharakter geblieben, hätte er nicht das Ende des „Parteienstaates" und den Beginn der „Präsidentschaftsrepublik" eingeleitet[1]. Daß die neue Ära der Präsidialkabinette auch außenpolitische Veränderungen mit sich brachte, wurde nicht zuletzt von einem ihrer wichtigsten Protagonisten, Heinrich Brüning, vorgegeben, der stärker dem Primat der Außenpolitik huldigte als sein Vorgänger[2]. Der qualitative Wandel in der deutschen Außenpolitik, die unter seiner Reichskanzlerschaft ein unverkennbares Profil bekam, äußerte sich in einer stärkeren revisionistischen Ausrichtung. Im Stil und in der Methodik bekam seine Außenpolitik im Vergleich zu der seines Vorgängers eine andere Qualität, einen eigenen spezifischen Charakter[3]. Anstelle der „Verständigungspolitik" Stresemanns trat nun eine im Ton fordernde und rigorose Außenpolitik in den Vordergrund, die dem Europaplan Briands ein „Begräbnis erster Klasse" bereitete[4]. Für Stresemanns Methoden der Diplomatie und seinen eurozentrischen Ansatz war in Brünings außenpolitischen Konzept, das nunmehr eine

---

[1] WERNER CONZE: Die Krise des Parteienstaates in Deutschland 1929/30, in: HZ, Bd. 178 (1954), S. 47.
[2] Vgl. auch ANDREAS HILLGRUBER: Die gescheiterte Großmacht. Eine Skizze des Deutschen Reiches 1871-1945, Düsseldorf 1980, S. 73.
[3] Hierzu siehe HERMANN GRAML: Präsidialsystem und Außenpolitik, in: VfZ, Bd. 21 (1973), S. 134ff.
[4] DETLEF JUNKER: Heinrich Brüning, in: Die deutschen Kanzler. Von Bismarck bis Schmidt, Hrsg.: WILHELM V. STERNBURG, Frankfurt a. M. 1987, S 318. Näheres zur deutschen Position über den Europaplan bei Josef WINFRIED EWALD: Die deutsche Außenpolitik und der Europaplan Briands, Diss. Marburg 1961. ANDREAS HILLGRUBER: Kontinuität und Diskontinuität in der deutschen Außenpolitik von Bismarck bis Hitler, Düsseldorf 1969, S. 21.

starke machtegoistische Komponente hatte, kein Platz mehr[5]. Offen zutage trat dies mit seiner Idee einer deutsch-österreichischen Zollunion, die aber als Ausdruck der traditionellen deutschen Mitteleuropakonzeption unabwendbar mit dem französischen Vorhaben eines föderalen Gesamteuropa kollidieren mußte[6].

Priorität für die Außenpolitik, das bedeutete für den promovierten Staats- und Wirtschaftswissenschaftler, daß sich die Finanz- und Wirtschaftspolitik den Notwendigkeiten der Außenpolitik generell unterzuordnen hatte, damit alle Reparationen effektiv abgeschüttelt werden konnten[7]. Berücksichtigt man, daß Reichskanzler Brüning nach Curtius' Rücktritt vom 9. Oktober 1931 bis zum 30. Mai 1932 sogar selbst die Leitung des Außenministeriums innehatte, obgleich nicht er, sondern Staatssekretär Bernhard Wilhelm von Bülow das Gros der anfallenden Arbeit verrichtete (was darin gipfelte, daß im Auswärtigen Amt keine Personalakte zu Brüning angelegt wurde) –, dann wird plausibel, welch hervorragende Rolle er diesem Ressort zumaß, welch tonangebende Figur er zu diesem Zeitpunkt auf dem auswärtigen Gebiet war.

Als vordringliches Ziel seiner deutschen Innen- und Außenpolitik nannte Brüning in seiner ersten Regierungserklärung „ein wirtschaftlich gesundes, ein politisch freies und gleichberechtigtes Deutschland, das seinen Wiederaufbau im Schutze des Friedens vollenden kann". Hierbei ging es ihm nicht um eine starre kontinuierliche Fortführung der deutschen Außenpolitik. Was ihm vor Augen schwebte, war ihre „organische" Weiterentwicklung. Dazu war aber die Durchbrechung des Versailler Vertragssystems unabdingbar; erst danach konnte der Wiederaufstieg Deutschlands unter Anwendung friedlicher Mittel realisiert werden[8]. In diesem Punkt korrespondierten Brünings Absichten mit den Vorstellungen des Reichspräsidenten, der immer schon für eine konsequentere Gangart gegen die Versailler Bestimmungen plädiert hatte.

Wenn nach Peter Krüger die letzten Jahre der Weimarer Republik allgemein den „Untergang der Außenpolitik" bewirkt und erlebt haben[9], dann stellt sich hier die Frage, inwieweit Hindenburgs außenpolitische Arbeit davon betroffen war. Versucht man, die für den Niedergang der deutschen Außenpolitik verant-

---

[5] Nebenbei bemerkt traf dies auf alle folgenden Regierungen zu. CONSTANZE BAUMGART: Stresemann und England, Diss. Köln/Weimar/Wien 1996, S. 301 u. 314. ANDREAS HILLGRUBER, Die gescheiterte Großmacht, a.a.O., S. 73.

[6] ANDREAS HILLGRUBER, Die gescheiterte Großmacht, a.a.O., S. 73f.

[7] Vgl. ANDREAS RÖDDER: Dichtung und Wahrheit. Der Quellenwert von Heinrich Brünings Memoiren und seine Kanzlerschaft, in: HZ, Bd. 265 (1997), S. 79.

[8] „[...] Alle infolge der langwierigen Verhandlungen über den Young-Plan noch nicht erledigten finanziellen und wirtschaftlichen Maßnahmen müssen sofort durchgeführt werden. [...]". Regierungserklärung RK Brüning, 01.04.1930, in: UuF, Bd. 8, Dok.-Nr. 1662, S. 21ff.; ANDREAS HILLGRUBER, Die gescheiterte Großmacht, a.a.O., S. 74.

[9] PETER KRÜGER, Aussenpolitik, a.a.O., S. 507ff.

wortlichen polykausalen Faktoren zu bestimmen, so gewinnen verschiedene Aspekte an Bedeutung. Aufgrund der starken Stellung des Kanzlers, des wachsenden Einflusses der politischen „pressure groups" und der außenpolitischen Mißerfolge, wie beispielsweise des „eklatanten Reinfalls" der Zollunion[10], verlor das Auswärtige Amt stetig an Reputation[11]. Ein weiterer Grund lag in der schwierigen Umstellung von der „Erfüllungspolitik" Stresemanns zu einer Revisionspolitik, in der bei jeder außenpolitischen deutschen Aktion das Durchhalten zur Maxime deklariert wurde. Hinzu kam der bereits erwähnte innenpolitische Wandel. Denn fast zeitgleich mit dem Ende der Ära Stresemann zerfiel die Große Koalition. Der Wegfall der letzten parlamentarischen Regierung der Weimarer Republik leitete die Phase der Präsidialkabinette ein. Die daraufhin erfolgte Bildung des ersten Kabinetts unter der Leitung Brünings zog strukturell und qualitativ einschneidende Veränderungen nach sich, primär deshalb, weil nunmehr ehemalige Gegner des Young-Plans auf den Kabinettsstühlen saßen. Hinzu kamen die personellen Umbesetzungen im Auswärtigen Amt als Ergebnis des Revirements vom Frühjahr 1930, die nur allzu deutlich den außenpolitischen Wandel in Deutschland signalisierten. In den Vordergrund drängte jetzt eine Riege von Beamten, die gewiß keine Freunde des Völkerbundes waren. Es waren Persönlichkeiten vom Schlage eines Bernhard Wilhelm von Bülow, der den bei Hindenburg in Ungnade gefallenen alten Staatssekretär Carl von Schubert ablöste[12], oder Diplomaten wie Ernst von Weizsäcker und Constantin von Neurath, die für eine härtere, revisionistischere Gangart in der deutschen Außenpolitik eintraten[13].

Fraglos bedingte dieser außenpolitische Kurswechsel, der mehr methodischer als zielorientierter Natur war, auch eine spürbare Änderung in der Haltung Hindenburgs zur Außenpolitik. Allein die Tatsache, daß er nun eine Außenpolitik unterstützen konnte, in der nicht mehr die Utopie eines vereinigten Europas à la Stresemann und Briand, sondern die Revision des Versailler Vertrages die Richtung vorgab, fand bei ihm entschieden mehr Anklang.

---

[10] EBD., S. 519.
[11] Was nach SÖREN DENGG zu einem „Prozeß des Machtschwundes des Auswärtigen Amtes" führte. DERS.: Deutschlands Austritt aus dem Völkerbund und Schachts „Neuer Plan". Zum Verhältnis von Außen- und Außenwirtschaftspolitik in der Übergangsphase von der Weimarer Republik zum Dritten Reich (1929-1934), Diss. Köln 1985, in: Europäische Hochschulschriften: Reihe 3, Geschichte und ihre Hilfsmittel, Bd. 309, Frankfurt a. M. 1986, S. 424.
[12] „[...] dem das europäische Gleichgewicht wenig bedeutete [...]". HERMANN GRAML, Präsidialsystem und Außenpolitik, a.a.O., S. 136. ANDREAS HILLGRUBER, Die gescheiterte Großmacht, a.a.O., S. 73.
[13] MANFRED BERG, Gustav Stresemann. Eine politische Karriere, a.a.O., S. 130. Vgl. SÖREN DENGG, Deutschlands Austritt aus dem Völkerbund, a.a.O., S. 167. JOACHIM PETZOLD: Franz von Papen. Ein deutsches Verhängnis, München/Berlin 1995, S. 66.

Trotzdem kam es zu einem wahrnehmbaren – wenn auch nicht grundlegenden – Bruch im außenpolitischen Engagement des Marschallpräsidenten. Von den aufreibenden Verhandlungen um das Haager Abkommen sichtlich erschöpft, intervenierte er auf außenpolitischem Gebiet nach 1930 nämlich längst nicht mehr in dem Maße wie zu Stresemanns Zeiten. Teils mag dies daran gelegen haben, daß die Zielsetzungen und die außenpolitischen Entscheidungen der folgenden Kabinette seine Billigung fanden, teils hing dies sicherlich auch damit zusammen, daß er an der Integrität der außenpolitisch entscheidenden Persönlichkeiten dieser Ära[14] – anders als unter Stresemanns Ägide – nicht den geringsten Zweifel hatte und ihnen daher größeren Handlungsspielraum zugestand. Außerdem waren die außenpolitischen Herausforderungen nach der Ratifikation des Young-Plans in keiner Weise vergleichbar mit jenen, denen er sich seinerzeit stellen mußte. Dicht an dicht gedrängte Konferenzen, intensive Notenwechsel oder große personalpolitische Kontroversen respektive dualistische Auseinandersetzungen mit Stresemann, wie sie vor 1930 noch zum politischen Alltag gehörten, bestimmten in den Jahren der Präsidialkabinette nicht mehr die außenpolitische Agenda. Nachteilig wirkten sich außerdem die zusehends vermehrt einsetzenden körperlichen Ermüdungserscheinungen Hindenburgs aus. Blieb sein geistiges Urteilsvermögen nahezu unverändert[15], so waren es doch physische Beschwerden, die seine Aktivitäten merklich beeinträchtigten.

Dem Verhältnis Hindenburg-Brüning kommt in außenpolitischer Hinsicht ein signifikantes Gewicht zu, weil ihr politisches Denken und Handeln dem Primat der Außenpolitik unterworfen war[16]. Mag auf dem Gebiet der Auswärtigen Politik vieles zwischen beiden trennend gewirkt haben – auf gefühlsmäßiger Ebene ergaben sich dennoch Berührungspunkte, wie etwa ihr gemeinsames Mißtrauen gegen die polnische Regierungspolitik oder ihre unverhohlene Antipathie gegen den Völkerbund[17]. Im Gegensatz zu Stresemann fühlte sich der Reserveoffizier Brüning der Reichswehr eng verbunden[18] und bediente sich zur Beschreibung außenpolitischer Sachverhalte zuweilen einer militärischen Terminologie, die dem Vokabular Hindenburgs ähnelte[19]. So waren zumindest auf diesem Gebiet die besten Voraussetzungen für eine störungsfreie Konversation gegeben. Dagegen sah es auf fast allen anderen politischen Feldern anders aus. Denn mit Brüning und Hindenburg trafen nicht nur zwei weit voneinander entfernte Ge-

---

[14] Damit sind in erster Linie RAM v. Neurath und RK Brüning gemeint, die nach 1930 die zentralen außenpolitischen Akteure waren.
[15] Hierzu siehe 179-184 dieser Arbeit.
[16] WERNER MASER, Hindenburg, a.a.O., S. 264. Vgl. auch ANDREAS HILLGRUBER, Kontinuität und Diskontinuität, a.a.O., S. 21.
[17] JULIUS CURTIUS, Sechs Jahre Minister der deutschen Republik, a.a.O., S. 167.
[18] HEINRICH BRÜNING, Memoiren, a.a.O., S. 602.
[19] Siehe HERMANN GRAML, a.a.O., S. 134ff.

nerationen aufeinander, sondern auch zwei Menschen, die charakterlich und intellektuell, aber auch äußerlich sehr verschieden waren. Ein amerikanischer Hindenburg-Biograph notierte hierzu:

„*[...] A strange partnership, theirs! – Hindenburg, stern, gigantic, massive, from head to foot a soldier; Brüning, smooth, soft-spoken, almost saint-like in his ascetic clericalism. [...]*"[20].

Gehemmt und verzögert wurde der politische Dialog miteinander hauptsächlich durch die beträchtliche intellektuelle Diskrepanz zwischen beiden, da Hindenburg selbst unter größten Anstrengungen den komplizierten Gedankengängen Brünings nicht immer folgen konnte. Einerseits setzte der Reichskanzler beim Reichspräsidenten zuviel Fachwissen voraus, andererseits überforderte er ihn durch seine schwer verständliche wissenschaftliche Terminologie[21]. Brüning, der sich seiner intellektuellen Überlegenheit zutiefst bewußt war, machte sich gerade dies jedoch zunutze, indem er den ohnehin durch Einflüsterungen verunsicherten Reichspräsidenten in Zweifelsfällen unter Anwendung rhetorischer Mittel oft auf seine Seite zu bringen versuchte[22]. Sicherlich konnte Hindenburg nicht jedesmal nachvollziehen, worum es bei der Brüningschen Deflationspolitik im einzelnen ging. Verstanden hatte er aber immerhin den Kern seiner Strategie, durch eine „absichtlich herbeigeführte radikale Verschärfung der Wirtschaftskrise in Deutschland die Reparationen abzuschütteln" und im Gegenzug eine formale militärische Gleichberechtigung zu erreichen[23]. Die Zahlungsunfähigkeit Deutschlands als Waffe gegen die auferlegten Reparationsverpflichtungen einzusetzen, um gleichzeitig die militärische Position Deutschlands zu stärken, war eine taktische Vorgehensweise, die er verstand. Sie sagte ihm zu, weil sie mit seinen latent vorhandenen militärischen Instinkten in Einklang stand.

Ihr menschlicher Kontrast spiegelte sich ebenso in ihrer unterschiedlichen geographischen Herkunft wider. Dem ländlich geprägten *Ostländer* stand der

---

[20] THOMAS RUSSEL YBARRA: Hindenburg, the man with three lives, New York City 1932, S. 291.
[21] PA AA Bonn, NL Zechlin, [S. 65]. THEODOR ESCHENBURG: Die Rolle der Persönlichkeit in der Krise der Weimarer Republik. Hindenburg, Brüning, Groener, Schleicher, in: VfZ, Bd. 1 (1961), S. 47f.
[22] HANS SCHLANGE-SCHÖNINGEN: Am Tage danach, Hamburg 1946, S. 66.
[23] So SEBASTIAN HAFFNER: Von Bismarck bis Hitler. Ein Rückblick, München 1987, S. 216. „[...] Die vom *Primat der Außenpolitik* bestimmte Gesamtpolitik Brünings nahm bewußt eine Zuspitzung der Krisensituation im Innern in Kauf in der Erwartung, nach dem außenpolitischen Erfolg auch das Problem der Massenarbeitslosigkeit und des politischen Radikalismus lösen zu können. [...]". So ANDREAS HILLGRUBER, Die gescheiterte Großmacht, a.a.O., S. 75. DERS.: Kontinuität und Diskontinuität in der deutschen Außenpolitik von Bismarck bis Hitler, Düsseldorf 1969, S. 21.

städtisch geprägte *Westländer* Brüning gegenüber[24]. Ganz im Gegensatz zum eher hölzern, nervenlos wirkenden Marschallpräsidenten war der uncharismatische Reichskanzler von sensibler Natur[25]. Sein politisches Handeln war untrennbar verknüpft mit strenger Selbstdisziplin, die durch seine asketische und introvertierte Art noch stärker zum Vorschein trat[26] und die, wie ein Zeitzeuge beobachtete, mehr an einen katholischen Priester als an einen Staatsmann erinnerte[27].

Auf den ersten Blick scheinen die menschlichen und politischen Unterschiede einer effektiven politischen Kooperation im Wege gestanden zu haben, was jedoch im außenpolitischen Alltag überhaupt nicht zum Tragen kam. Denn ungeachtet aller Gegensätzlichkeiten fand Hindenburg Gefallen an dem Reichskanzler und Interimsaußenminister. Zumindest bis Anfang 1932 bestand für ihn kein Anlaß, seine Integrität und außenpolitische Kompetenz anzuzweifeln. In politischer und persönlicher Hinsicht herrschte lange Zeit ein ausgezeichnetes Verhältnis vor[28]. Nicht ohne Grund charakterisierte der Reichspräsident ihn einmal als außerordentlich „befähigten Mann von hingebender Vaterlandsliebe"[29], ein anderes Mal als den „trefflichsten Menschen", der ihm jemals begegnet sei[30]. In Brüning sah Hindenburg beileibe nicht einen Kontrahenten „seiner" Außenpoli-

---

[24] MAGNUS V. FRHR. BRAUN: Von Ostpreußen bis Texas. Erlebnisse und zeitgeschichtliche Betrachtungen eines Ostdeutschen, Stollhamm 1955 (2. Aufl.), S. 211. THEODOR ESCHENBURG, Also hören Sie mal zu, a.a.O., S. 286.

[25] So JOHN W. WHEELER-BENNETT: Der hölzerne Titan - Paul von Hindenburg, Tübingen 1969, S. 347. MAGNUS V. BRAUN schreibt hierzu: „[...] Hatte er die feinen Nerven seines sensitiven Intellekts, so Hindenburg die eisernen eines fälischen Bauern [...]". DERS., Von Ostpreußen bis Texas, a.a.O., S. 211.

[26] DETLEF JUNKER, a.a.O., S. 311. DORPALEN, a.a.O., S. 175. LUTZ GRAF V. SCHWERIN V. KROSIGK: Es geschah in Deutschland. Menschenbilder unseres Jahrhunderts, Tübingen/Stuttgart 1951, S. 131.

[27] ANDRÉ FRANÇOIS-PONCET: Als Botschafter in Berlin 1931-1938, Kupferberg 1949, S. 17.

[28] FRHR. WERNER V. RHEINBABEN: Kaiser, Kanzler, Präsidenten. Wie ich sie erlebte 1895/1934, Hrsg.: Hase/Koehler, Mainz 1968 (2. Aufl.), S. 295.

[29] „[...] der in einer sehr schweren Zeit Proben seines Könnens abgelegt und sich namentlich in den außenpolitischen Verhandlungen dem Ausland gegenüber eine beachtliche Stellung erobert hat [...]". Schreiben Rpräs. v. Hindenburg an GhRat Friedrich v. Berg-Markienen, Berlin, 25.02.1932 [Original], BA Koblenz, Kl. Erw. Nr. 332 -1 [S. 2]. Vgl. auch Schreiben Rpräs. v. Hindenburg an Oldenburg-Januschau, Berlin, 22.02.1932, in: THILO VOGELSANG: Reichswehr, Staat und NSDAP. Beiträge zur deutschen Geschichte 1930-1932, aus: Quellen und Darstellungen zur Zeitgeschichte, Bd. II, Stuttgart 1962, Dok.-Nr. 19, S. 443.

[30] In einer Unterredung mit dem DNVP-Vorsitzenden Hugenberg wies Hindenburg zudem mit Nachdruck darauf hin, daß der Reichskanzler „von bester vaterländischer Gesinnung beseelt" sei und mit „Tatkraft und Klugheit" arbeite. Aufzeichnung StS Meissner [B.d.Rpräs.], Berlin, 01.09.1931, in: Hiller v. Gaertringen: Die Deutschnationale Volkspartei, in: Das Ende der Parteien 1933 (Dokumentenanhang), Hrsg.: E. MATTHIAS/R. MORSEY, aus: Veröffentlichungen der Kommission für Geschichte des Parlamentarismus und der politischen Parteien, Düsseldorf 1960, Dok.-Nr. 1, S. 623.

tik. Nach außen wahrte er dem Reichskanzler, dem er ein hohes Maß an außenpolitischem Geschick und Fingerspitzengefühl attestierte, die Loyalität und versicherte ihm mehrfach volles Vertrauen[31]. Dies war für Brüning von existentieller Bedeutung, denn ohne Hindenburgs Protektion wäre ein Fortbestand seines Kabinetts undenkbar gewesen. Günstig wirkte sich Brünings militärische Vergangenheit auf das beidseitige Verhältnis aus. Hatte Stresemann immer mit dem Manko zu kämpfen gehabt, nie dem Militär angehört zu haben, so konnte Brüning als ehemaliger Weltkriegsoffizier und Träger des „Eisernen Kreuzes Erster Klasse" beim Reichspräsidenten entscheidende Sympathiepunkte verbuchen. Aber auch diese Medaille hatte ihre Kehrseite, da Brüning, der Hindenburg persönlich verehrte[32], in seiner Gegenwart meist ein Gefühl von militärischer Subordination verspürte, das er nur selten ablegen konnte.

II. Der Statist beim Hoover-Moratorium. Von der Widerlegung einer Legende

Zuweilen überrascht es sehr, wie ausgeprägt Legendenbildung in Memoiren und gleichermaßen auch in wissenschaftlichen Werken Niederschlag findet. Geradezu gepflegt wird auch heute noch die kolportierte Version, daß das sogenannte Hoover-Moratorium nur aufgrund des Hilfeersuchens des deutschen Reichspräsidenten und der deutschen Regierung zustande gekommen sei, welches wiederum den US-Präsidenten Herbert Clark Hoover zu bewußter Offerte inspiriert habe[33]. Untersucht man aber die vorhandenen Quellen zu diesem Themenkom-

---

[31] ANDREAS DORPALEN, a.a.O., S. 214. Als Hindenburg während einer Aussprache mit Hermann Göring Ende 1931 die Gründe für die heftige Kritik der Nationalsozialisten an Reichskanzler Brüning in Erfahrung bringen wollte, brachte er „mit besonderer Wärme" zum Ausdruck, welch „hohe Achtung und Verehrung" er für Brünings Person hege. Vermerk StS Meissner [B.d.Rpräs.], Berlin, 11.12.1931, in: AdR, Kab. Brüning I u. II, Bd. 2, Dok.-Nr. 599, S. 2092. Hierzu siehe noch Hindenburgs Äußerung im Beisein Walter Zechlins. Siehe ZECHLIN, Pressechef, a.a.O., S. 124.
[32] THEODOR ESCHENBURG, Die Rolle der Persönlichkeit, a.a.O., S. 17.
[33] Zur Legendenbildung dürfte besonders das Werk „Welt um Hindenburg" von DIETER V. DER SCHULENBURG beigetragen haben. An einer Stelle schreibt er: „[...] Sie [die deutsche Nation] hat nie erfahren, welche Schlacht er [Rpräs. v. Hindenburg] mit seinem Innern ausgekämpft hat, bis der den Entschluss gefasst hatte, den Brief an den Präsidenten der Vereinigten Staaten, von seiner Hand selbst geschrieben, mit dem Stempel von Neudeck abgehen zu lassen. [...] Die Bitte war nicht vergebens, der Appell traf nicht auf taube Ohren [...]". DERS., Welt um Hindenburg, a.a.O., S. 143. Auch WERNER MASER überrascht mit seiner Rezeption der Legende. DERS., Hindenburg, a.a.O., S. 270f.; Desgleichen gibt v. Papen den historischen Ablauf falsch wieder: FRANZ V. PAPEN: Der Wahrheit eine Gasse, München 1952, S. 163. Eine Auflistung von weiteren Werken, in denen die deutsche Initiative vorangestellt wird, findet sich in: WOLFGANG

plex genauer, dann löst sich die überlieferte Legende schnell in Luft auf. Denn weder die Reichsregierung noch der Reichspräsident initiierten das legendäre Hoover-Moratorium durch ihr Telegramm. Vielmehr reagierten sie nur auf eine Anforderung aus Washington D. C.[34], was neben anderen Zeitzeugen auch Hindenburg selbst klar und direkt bestätigte[35]. Sogar US-Präsident Herbert Hoover, der Initiator des Moratoriums, hat durch Auslassungen in seiner Autobiographie an der Legende mitgestrickt. Warum er den ihm sicherlich bekannt gewesenen Ablauf der Ereignisse lückenhaft wiedergibt, ist indes nicht minder verwunderlich als die verkürzte, mißverständliche Darstellung von Otto Meissner[36]. Jedenfalls bedarf auch die vom amerikanischen Präsidenten in die Welt gesetzte und von Brüning rezipierte Version, wonach der einjährige Zahlungsaufschub seine Verwirklichung ausschließlich einer „plötzlichen" Eingebung seinerseits, Her-

---

HELBICH: Die Reparationen in der Ära Brüning. Zur Bedeutung des Young-Plans für die deutsche Politik 1930 bis 1932, Berlin 1962, S. 82 [Anm. 53].

[34] Nach WOLFGANG HELBICH läßt sich der tatsächliche Hergang der Ereignisse „unter Ausschluß jeden Zweifels völlig lückenlos rekonstruieren". EBD., S. 82. Dem Urteil Helbichs schließt sich auch ECKHARD WANDEL an. Siehe DERS., Die Bedeutung der Vereinigten Staaten, a.a.O., S. 275.

[35] Hierzu Hindenburg: „[...] Als der amerikanische Präsident Hoover den Entschluß faßte, in der Reparationsfrage die Initiative zu ergreifen, die dann in dem sogenannten Hoover-Moratorium zum Ausdruck kam, ließ er mich ersuchen, ihm telegraphisch meine Auffassung über die Lage in Deutschland und einen Antrag von mir auf Eingreifen Amerikas zu übermitteln [...]". Schreiben Rpräs. v. Hindenburg an GhRat Friedrich v. Berg-Markienen, Berlin, 25.02.1932 [Original], BA Koblenz, Kl. Erw. Nr. 332 -1 [S. 7]. Diese wichtige Passage wurde von ERICH MATTHIAS in seiner Dokumentation „Hindenburg zwischen den Fronten", in: VfZ, Bd. 8, (1960), Dok.-Nr.1, S. 75-84 ohne entsprechenden Hinweis ausgelassen. Auch der Chefdolmetscher des AA, PAUL SCHMIDT, gibt den Ablauf knapp, aber korrekt wieder. Siehe DERS., Statist, a.a.O., S. 216. FRANZ V. PAPEN, Vom Scheitern einer Demokratie, a.a.O., S. 83f.

[36] „[...] I also found an official appeal from President v. Hindenburg stating that the Weimar Republic was in danger of collapse [...]". Hoover suggeriert mit diesem Satz, der im übrigen vom Kontext losgelöst allein im Raum steht, daß Hindenburg allein der Initiator dieses Schreibens gewesen sei. Was immer Hoover dazu bewogen haben mag, den Sachverhalt falsch darzulegen - die Tragweite der Zeilen Hindenburgs wurde von ihm jedoch nicht verkannt. In seinen Memoiren zitierte er den Wortlaut des Hindenburg-Gesuches jedenfalls in voller Länge. Vgl. HERBERT HOOVER: The Memoirs of Herbert Hoover. The Great Depression, 1929-1941, Vol. III, London 1953, S. 68. Dazu auch W. J. HELBICH, Reparationen, a.a.O., S. 82. WANDEL, a.a.O., S. 275. OTTO MEISSNER stellt in seinen Memoiren den Ablauf sehr mißverständlich dar. Danach hatte Hindenburg das Bittgesuch primär aufgrund einer Anregung des Reichskanzlers an Hoover gerichtet, was aber nicht mit den Ereignissen korrespondiert. Die Behauptung seines Sohnes, Hans-Otto Meissner (vgl. Personenregister), wonach sein Vater wegen des Hoover-Moratoriums extra nach Washington (D.C.) gereist war und dort mit dem US-Präsidenten höchstpersönlich „konferiert" hatte, konnte weder belegt noch widerlegt werden. Sie erscheint aber wenig glaubwürdig, zumal der Sohn des Staatssekretärs voranstellt, daß sein Vater über diese Reise bis zu seinem Tode Schweigen bewahrt hätte. Siehe OTTO MEISSNER, Erinnerungen eines Staatssekretärs, a.a.O., S. 194.

bert Hoovers, zu verdanken gewesen war, einer Relativierung, da sie nicht hundertprozentig mit den historischen Tatsachen korrespondiert. In Wahrheit entstand diese Aktion nicht allein während einer Besuchsreise Hoovers durch den Mittleren Westen der USA, auf der er erste Signale eines weltwirtschaftlichen Niedergangs erkannt haben wollte[37]. Auf die ersten Vorboten der europäischen ökonomischen Krise, die sich nun auch auf dem amerikanischen Kontinent manifestierten, hatten vielmehr zuerst die amerikanischen Großbankiers reagiert. Mit sorgenvollem Blick auf die finanziell angespannte Lage in Deutschland, wo es um die Sicherheit ihrer Investitionen und um die Zahlungsfähigkeit ihres größten Schuldners nicht gut bestellt schien, waren sie es, die von ihrer Regierung ein adäquates Vorgehen forderten[38]. Als die Krisenzeichen in Deutschland sich mehrten, beschloß Hoover unter Mitwirkung des Kabinetts, den schon seit Wochen mit seinen Ministern erörterten Gedanken eines einjährigen Moratoriums der Weltöffentlichkeit bekanntzugeben[39]. So erhielt der amerikanische Missionschef in Berlin, Frederic M. Sackett, die Order, die Reichsregierung darüber zu informieren, daß Washington im Begriff sei, Deutschland und anderen europäischen Staaten einen Zahlungsaufschub vorzuschlagen. Dem vorausgegangen waren allerdings auch Anstrengungen von deutscher Seite, namentlich von Reichskanzler Brüning, der sich schon im Vorfeld des von Hoover eingefädelten Schuldenfreijahres für ein mehrjähriges Moratorium ausgesprochen hatte[40] und diesbezüglich gemeinsam mit Botschafter Sackett initiativ wurde:

„Entscheidend für den Entschluß Hoovers zu einer Verkündung eines Moratoriums für alle interalliierten Schulden und deutschen Reparationszahlungen war die Tatsache, daß ich mit dem amerikanischen Botschafter Sackett vereinbart hatte, daß er um die gleiche Zeit in Washington Hoover die Unmöglichkeit eines weiteren Transfers deutscher Reparationen klarmachen sollte, an der ich in Chequers der englischen Regierung mitteilte, daß wir höchstens noch zwei Monate unsere Reparationsleistungen transferieren konnten. Während in der Heimat die Leute fast in Verzweiflung waren und von Tag zu Tag auf einen erlösenden Schritt warteten, konnte ich kühl abwarten, bis daß die Nachricht von dem

---

[37] So Heinrich Brüning, der diese Information vom US-BS Sackett erhalten hatte. Vgl. BRÜNING, Memoiren, a.a.O., S. 292. Telegramm GSRat Leitner an das AA [o.A.], Washington D. C., 19. Juni 1931, in: ADAP, B-XVII, Dok.-Nr. 193, S. 463.

[38] ECKHARD WANDEL, Die Bedeutung der Vereinigten Staaten, a.a.O., S. 285. WOLFGANG HELBICH, a.a.O., S. 82.

[39] Vgl. ANDREAS RÖDDER: Stresemanns Erbe: Julius Curtius und die deutsche Außenpolitik 1929-1931, in: Sammlung Schöningh zur Geschichte und Gegenwart, Hrsg.: Kurt Kluxen, München/Paderborn/Wien/Zürich 1996, S. 248. Telegramm GSRat Leitner an AA [o.A.], Washington D. C., 19. Juni 1931, in: ADAP, B-XVII, Dok.-Nr. 193, S. 463.

[40] Näheres hierzu und zur Vorgeschichte des Hoover-Moratoriums bei PHILIPP HEYDE: Das Ende der Reparationen. Deutschland, Frankreich und der Youngplan 1929-1932, Diss. Paderborn/München/Wien/Zürich 1998, S. 188-200.

Moratorium kam. Über alle diese Vorbereitungen und persönlichen Interventionen erwähnten wir gegenüber der Öffentlichkeit kein Wort [...]"[41].

Auf jeden Fall erhielt US-Botschafter Frederic M. Sackett von Washington die Instruktion, der deutschen Reichsregierung zu verdeutlichen, daß ein „Statement" des Reichspräsidenten in Form eines Hilfegesuchs dabei helfen könnte, die Durchbringung eines solchen Moratoriums im US-Kongreß zu beschleunigen[42]. Direkt nach dem Erhalt der Depesche aus dem State Department traf Sackett noch am selben Tag mit Reichskanzler Brüning um 17.15 Uhr zusammen, um weisungsgemäß mitzuteilen, daß eine an die Nationen der Welt gerichtete Botschaft des amerikanischen Präsidenten unmittelbar bevorstünde[43], in der Hoover der Weltöffentlichkeit ein Reparationsfreijahr unterbreiten werde. Um aber seinem Appell größere Dringlichkeit zu verleihen, benötige der Präsident zuvor eine „Anregung des Herrn Reichspräsidenten" in Gestalt eines Telegramms, das möglichst noch am selben Abend im Weißen Haus eintreffen solle. Der Text des noch auszuarbeitenden Appells des deutschen Reichspräsidenten, der von amerikanischer Seite sogar in groben Zügen schon abgesteckt worden war[44], sollte dabei so abgefaßt sein, daß Hoover das beabsichtigte Schuldenfreijahr im Kongreß überzeugend begründen und problemlos durchfechten könne[45].

Damit war das Startsignal für den bevorstehenden nächtlichen Arbeitsmarathon zur Ausformulierung des „Hindenburggesuchs" gegeben. Nachdem Staatssekretär Meissner auf Bitte Brünings hin die „prinzipielle Zustimmung" des

---

[41] Schreiben Heinrich Brüning an Otto Friedrich, 07.01.1958 [Durchschlag], Harvard-University-Archives (PL), Cambridge/USA, NL Brüning, HUG FP 93.10, Box 10.

[42] „[...] Nearest to what we have in mind would be a statement sent to President Hoover by President von Hindenburg which would indicate that the present situation in Germany is grave for the whole world as well as for Germany. This statement could well point out the present economic difficulties of the German people [...] such a statement should come from President von Hindenburg personally in order that it may have the effect which is desired". Telegramm US-Secretary of State Stimson an US-BS Sackett, Nr. 81, Washington D. C., 20.06.1931, in: FRUS, 1931, Vol. 1, Dok.-Nr. 81, S. 32f.

[43] Vgl. HERMANN PÜNDER, Politik in der Reichskanzlei, a.a.O., S. 101f.; Ebenso BRÜNING, Memoiren, a.a.O., S. 292.

[44] Telegramm US-Secretary of State Stimson an US-BS Sackett, Nr. 81, Washington D. C., 20.06.1931, in: FRUS, 1931, Vol. 1, Dok.-Nr. 81, S. 32f.; WOLFGANG HELBICH, a.a.O., S. 82. WOLFGANG RUGE: Hindenburg. Portrait eines Militaristen, (Ost-) Berlin 1974, S. 311.

[45] In dem Schreiben sollte außerdem eine allgemeine Skizze von der wirtschaftlichen Entwicklung und finanziellen Misere in Deutschland entworfen werden. Siehe Schulthess' Europäischer Geschichtskalender 1931, S. 145. Hoovers Moratoriumsofferte hatte auch eine ausgesprochen innenpolitische Komponente. Um seine Chancen auf eine Wiederwahl zum Präsidenten der Vereinigten Staaten zu wahren, brachte Hoover diesen Plan ganz bewußt ins Spiel. Letzten Endes ging es ihm u. a. auch darum, mit dem Moratorium bei der großen Wählergruppe der Deutschamerikaner Pluspunkte sammeln. Hierzu BRÜNING, Memoiren, a.a.O., S. 292.

Reichspräsidenten eingeholt hatte⁴⁶, verfaßte er zusammen mit einigen Kabinettsmitgliedern⁴⁷ in einem kleineren Kreis das erwünschte Schriftstück⁴⁸. Der „nach unendlichen Redaktionsschwierigkeiten"⁴⁹ und unter „dramatischen" Umständen ausformulierte Wortlaut des Telegramms, den Brüning dem Reichspräsidenten, der sich noch zu allem Überfluß außerhalb Berlins auf seinem Gut Neudeck aufhielt, telefonisch zur Kenntnis brachte, wurde mit demselben abgestimmt und an einigen Stellen korrigiert⁵⁰. Dabei gelang es dem Reichskanzler, Hindenburgs anfängliche Skepsis mit der Versicherung auszuräumen, daß der Text seiner Botschaft nicht zur Veröffentlichung freigegeben werde⁵¹. Noch am selben Abend wurde das streng vertrauliche Papier dem US-Botschafter gegen 22.00 Uhr überreicht⁵², der es sofort nach Washington D. C. depeschierte⁵³. Eigentlich sollte das im Namen des Reichspräsidenten abgesandte Fernschreiben gleichzeitig mit dem Hoover-Pronunziamento an die Öffentlichkeit gelangen⁵⁴, so daß zumindest äußerlich alles danach aussah, als sei diese Anregung allein von der deutschen Seite ausgegangen. Doch der vorgesehene Zeitplan geriet vollends durcheinander. Die vom amerikanischen Präsidenten im Weißen Haus am 19. Juni 1931 abgegebene vertrauliche Erklärung über seine geplante Moratoriumsofferte gegenüber den Vertretern der betroffenen Staaten erfuhr nicht die erwünschte diskrete Behandlung, da die amerikanische Presse unvermittelt von seinem Vorhaben Kenntnis bekam. Aus diesem Grunde ergriff Hoover die

---

⁴⁶ EBD.
⁴⁷ HERMANN PÜNDER, Politik in der Reichskanzlei, a.a.O., S. 102. Da man schnell handeln mußte, wurde keine Kabinettssitzung einberufen, sondern ein von StS Pünder verfaßtes Rundschreiben (21.06.1931) an die einzelnen Minister gesandt, worin der Text des Telegramms abgedruckt war. Neben StS Meissner waren noch Hans Schäffer, Ernst Trendelenburg und StS v. Bülow anwesend. Siehe PHILIPP HEYDE: Das Ende der Reparationen. Deutschland, Frankreich und der Youngplan 1929-1932, Diss. Paderborn/München/Wien/Zürich 1998, S. 196.
⁴⁸ „[...] It has had to be prepared under pressure as Von [sic!] Hindenburg is in East Prussia. [...]". Telegramm US-BS Sackett an US-Secretary of State Stimson, Nr. 86, Berlin, 20.06.1931, in: FRUS, 1931, Vol. I, S. 35.
⁴⁹ Tagebucheintrag StS Hans Schäffer, 20.06.1931, BA Koblenz, NL Schäffer, Kl. Erw. Nr. 614 -7, S. 78.
⁵⁰ Vgl. HEINRICH BRÜNING, Memoiren, a.a.O., S. 292. DORPALEN, a.a.O., S. 215.
⁵¹ EBD.; Siehe auch Rundschreiben von StS Pünder an alle Reichsministerien vom 21.06.1931, aus: AdR, Kab. Brüning I u. II, Bd. 2, Dok.-Nr. 341, S. 1232. [Anm. 1].
⁵² Tagebucheintrag StS Hans Schäffer, 20.06.1931, BA Koblenz, NL Schäffer, Kl. Erw. Nr. 614 -7, S. 79.
⁵³ „[...] der sehr zufrieden war [...]". So HERMANN PÜNDER, Politik in der Reichskanzlei, a.a.O., S. 101. Schon zuvor hatten StS v. Bülow und RK Brüning die Endfassung gemeinsam redigiert. Siehe BRÜNING, Memoiren, a.a.O., S. 292. Tagebucheintrag StS Hans Schäffer, 20.06.1931, BA Koblenz, NL Schäffer, Kl. Erw. Nr. 614 -7, S. 79.
⁵⁴ Telegramme, Berlin, 20. u. 21.06.1931, PA AA Bonn, Botschaft Washington D. C., 1267, Bd. 21/2].

Flucht nach vorn und gab eine öffentliche Erklärung zu seinem anvisierten Plan ab, der unter dem Druck der Ereignisse um einen Tag vorverlegt wurde[55]. Zu einem Zeitpunkt, an dem das Bittgesuch Hindenburgs noch nicht einmal seinen Weg über den Ozean angetreten hatte, berief sich Hoover bereits auf dasselbige[56]. So wurde die im Namen des Reichspräsidenten aufgegebene und abgesandte Depesche zur Farce, da es knapp viereinhalb Stunden nach Hoovers Rede nur als „Nachtusch" seinen Adressaten erreichte[57]. Aus der Erfahrung des ersten Malheurs versuchte Washington Konsequenzen zu ziehen. Große Anstrengungen wurden unternommen, um wenigstens sicherzustellen, daß das Telegramm des deutschen Reichspräsidenten nicht nachträglich zur Veröffentlichung, sondern nur als Ergänzung freigegeben wurde[58].

Obgleich Hindenburg das fingierte Bittgesuch mit wenig Begeisterung gebilligt hatte[59], erkannte er die Notwendigkeit, eigene latent vorhandene Bedenken den wirtschaftspolitischen Problemen seiner Zeit unterzuordnen, damit ein Weg zur Lösung der großen Reparationslast gefunden werden konnte. An der wichtigsten Stelle heißt es im „Bittgesuch":

---

[55] Nur eine Stunde vor der Bekanntgabe telegraphierte Außenminister Stimson mit dem amerikanischen Botschafter, daß Präsident Hoover seine Moratoriumsofferte alsbald publik machen werde. Siehe Telegramm US-Secretary of State Stimson an US-BS Sackett, Nr. 84, Washington D. C., 20.06.1931, in: FRUS, 1931, Vol. I, S. 33. Ursprünglich war dafür der Sonntag vorgesehen: „[...] Präsident [...] hoffe, daß dort durch diese Presseveröffentlichung nicht Eindruck entsteht, als ob durch Telephonmitteilung an Sackett angeregte Erklärung Herrn Reichspräsidenten gegenstandslos geworden sei. Herr Präsident Hoover hoffe vielmehr zuversichtlich, dass Herr Reichspräsident Erklärung abgeben werde, da diese hier als von sehr grossem Nutzen für die Sache empfunden werden würde [sic!]". Telegramm GSRat Leitner an AA [o.A.], (Cito!), Nr. 265, Washington D. C., 20.06.1931 [Mikrofilm-Nr. 82], BA Koblenz, R 43 I/312. GERHARD SCHULZ: Von Brüning zu Hitler, Bd. III, a.a.O., S. 416.

[56] Erklärung Hoovers abgedruckt in: FRUS, 1931, Vol. I, S. 33ff.; RUGE, Hindenburg, a.a.O., S. 311.

[57] So GOTTFRIED REINHOLD TREVIRANUS: Das Ende von Weimar. Heinrich Brüning und seine Zeit, Düsseldorf/Wien 1956, S. 234. Hindenburgs „Statement" wurde von Sackett um 12 p.m. nach Washington D. C. gekabelt. Der vollständige Text lag dort um 12.21 a.m. vor. Siehe Telegramm US-BS Sackett an Secretary of State, Nr. 87, Berlin, 20.06.1931, in: FRUS, 1931, Vol. I, S. 36f.

[58] Telegramm GSRat Leitner an AA [o.A.], (Cito!), Nr. 266, Washington D. C., 21.06.1931 [Mikrofilm-Nr. 82], BA Koblenz, R 43 I/312 [S. 26f.]. Der Ablauf der Ereignisse wird von amerikanischer Seite bestätigt. Telegramm US-Secretary of State Stimson an US-BS Sackett, Washington D. C., 22.06.1931 (1 p.m.), in: FRUS, 1931, Vol. 1, Dok.-Nr. 87, S. 38. Aufzeichnung StS v. Bülow [AA], Berlin, 22.06.1931, in: ADAP, B-XVII, Dok.-Nr. 196, S. 468f.

[59] „[...] Es ist mir damals außerordentlich schwer geworden, meinen Namen unter ein solches Bittgesuch zu setzen [...]". Schreiben Rpräs. v. Hindenburg an GhRat Friedrich v. Berg-Markienen, Berlin, 25.02.1932 [Original], BA Koblenz, Kl. Erw. Nr. 332 -1 [S. 7]. RUGE, Hindenburg, a.a.O., S. 311. Nach Ruge akzeptierte Hindenburg den Text nur „sauren Herzens".

„[...] Die Not des deutschen Volkes zwingt mich zu dem ungewöhnlichen Schritt, mich an Sie, Herr Präsident, persönlich zu wenden. Das deutsche Volk hat Jahre hindurch schwerste Notzeiten durchgemacht [...]. Die wirtschaftliche Erholung [...] ist nicht eingetreten [...]. Alle Möglichkeiten, die Lage durch innere Maßnahmen zu verbessern, ohne Hilfe vom Auslande, sind erschöpft [...]. Die Hilfe muß sofort kommen, wenn wir schweres Unglück für uns und andere vermeiden wollen [...]. Sie, Herr Präsident, [...] sind in der Lage, die Schritte zu unternehmen, durch die eine sofortige Änderung der Lage [...] herbeigeführt werden könnte [...]"[60].

Schließlich schlug der amerikanische Präsident in der mit großer Spannung erwarteten Rede dann den verabredeten „einjährigen Aufschub aller Zahlungen auf Schulden der Regierungen, Reparationen und Wiederaufbauschulden [...] bezüglich des Kapitals wie der Zinsen" vor[61]. Mehrheitlich werteten die deutschen Politiker und Diplomaten das Angebot Hoovers, alle Schuldnerstaaten für ein Jahr von allen Reparationen und Kriegsschulden zu befreien, als großen Erfolg der Brüningschen Politik[62], brachte es doch gerade für Deutschland eine direkte pekuniäre Entlastung von 1,593 Milliarden Reichsmark mit sich[63]. Übermäßig gefeiert wurde es jedoch nicht[64]. Trotzdem resümierte diesbezüglich der Reichspräsident Anfang 1932:

„[...] Heute könnte ich stolz darauf sein, nicht nur, weil dieser ungewöhnliche Schritt unserem Vaterlande in einem sehr schweren Augenblick wesentlich geholfen und den Anfang zur Aufgabe des Youngplans gebracht hat, sondern auch, weil meine Autorität dem amerikanischen Präsidenten Hoover half, in seinem Parlament Schwierigkeiten zu überwinden, die ihm infolge seiner hochherzigen Initiative erwachsen waren [...]"[65].

---

[60] Schreiben Rpräs. v. Hindenburg an US-Präsident Hoover, Berlin, 19.06.1931, in: UuF, Bd. 8, Dok.-Nr. 1703 b, S. 184f.; Schulthess' Europäischer Geschichtskalender, a.a.O., 1931, S. 491f.

[61] Auszug einer Erkärung des US-Präsidenten Hoover, 20.06.1931 Schulthess' Europäischer Geschichtskalender, a.a.O., 1931, S. 490 (u. S. 145). Siehe auch UuF, Bd. 8, Dok.-Nr. 1703 c, S. 185f.; Ausführlich geht Hoover auf die Beweggründe und Absichten der USA ein und hebt als „Kern des Vorschlages" hervor, daß so den Schuldnern Zeit zur „Wiedererlangung ihrer nationalen Prosperität" gegeben werde.

[62] „[...] Deutschland war naturgemäß der Hauptnutznießer des Schulden-Feierjahres [...]". So CURTIUS, Sechs Jahre Minister der deutschen Republik, a.a.O., S. 216; Dito PÜNDER, Politik in der Reichskanzlei, a.a.O., S. 101; Brüning dazu: „[...] So war das Hoover Moratorium für die Reparationen eine volle Überraschung, für die Welt und Deutschland [...]". Schreiben Heinrich Brüning an Frau Weber, Hartland/Vermont, 25.05.1957, NL Brüning, Harvard-University-Archives (PL), Cambridge/USA, HUG FP 93.10, Box 36.

[63] Runderlaß MinDir Ritter, Berlin, 22.08.1931, ADAP, B-XVII, Dok.-Nr. 146, S. 299.

[64] HEINRICH AUGUST WINKLER kommt zu dem Schluß, daß Brüning die historische Bedeutung des Hoover-Moratoriums ganz bewußt herunterspielte, weil ihm nach wie vor die Beseitigung aller Reparationen als Endziel vor Augen schwebte. DERS., a.a.O., S. 415.

[65] Schreiben Rpräs. v. Hindenburg an GhRat Friedrich v. Berg-Markienen, Berlin, 25.02.1932 [Original], BA Koblenz, Kl. Erw. Nr. 332 -1 [S. 7]. Auch beim amerikanischen Außenminister

Spekulativ bleibt die Frage, ob das Hoover-Moratorium überhaupt umgesetzt worden wäre, wenn der Reichspräsident den vorbestellten „Hilferuf" nicht abgesandt oder die Angelegenheit bewußt verschleppt hätte.

Wie auch immer, in Anbetracht der vorliegenden Fakten muß Hindenburgs Rolle beim Hoover-Moratorium relativiert und entgegen verbreiteter Legendenbildung dahingehend korrigiert werden, daß er nur eine passive Figur im Hintergrund war, die sich weder durch auffällige Eigeninitiative noch durch übermäßigen Eifer hervorgetan hat. Dem Hoover-Moratorium lag eben nicht ein deutsches „Hilfegesuch" zugrunde; ebensowenig war es ein auferlegtes „Betteltelegramm", wie ein Hindenburg-Biograph zu Unrecht konstatierte[66]. Wenn überhaupt, dann muß dem US-Präsidenten zugestanden werden, der wahre spiritus rector dieses Zahlungsaufschubs gewesen zu sein[67]. Mögen ihn andere auf die Ernsthaftigkeit der wirtschaftlichen Misere in Deutschland hingewiesen haben, letzten Endes war er es, der die politische Initiative ergriff.

Trotzdem kommt dem deutschen Reichspräsidenten wegen seiner kooperativen Haltung bei der Formulierung und der Unterzeichnung des Fernschreibens ein gewisses Verdienst zu. Denn er hat ohne Zweifel seinem amerikanischen „Kollegen" durch die Autorität seines Namens bei der Suche nach Mehrheiten im US-Kongreß geholfen und somit den parlamentarischen Konsens im Kapitol, der für die Durchführung des Schuldenfreijahres Voraussetzung war, beschleunigt. Das Hoover-Moratorium, das der deutsche Historiker Andreas Rödder in Anlehnung an Platon nahezu aphoristisch als *deus ex machina* bezeichnet[68], befreite die deutsche Regierung in der Tat eine Minute vor zwölf aus einem „reparationspolitischen Dilemma"[69], aus einer alles in allem finanziell delikaten Situation. Es trat nach einigen Komplikationen mit der französischen Regierung,

---

Stimson, der am 27. Juli 1931 im Reichspräsidentenpalais für eine halbe Stunde gastierte, bedankte sich der Reichspräsident für die wertvolle Unterstützung, die Deutschland „in dieser schwierigen Notlage" von amerikanischer Seite gegeben worden war. Siehe Aufzeichnung StS Meissner [B.d.Rpräs.], Berlin, 27.07.1931, in: ADAP, B-XVIII, Dok.-Nr. 80, S. 154. Dieselbe Niederschrift findet sich im Bundesarchiv Koblenz, R 43 I/98 [S. 275]. Siehe auch Aufzeichnung US-Secretary of State Stimson, Berlin, 27.07.1931, in: FRUS, 1931, Vol. I, S. 553.

[66] WOLFGANG RUGE, Hindenburg. Portrait, a.a.O., S. 311.

[67] „[...] Europa hat allen Grund, ihm dankbar zu sein. Für Deutschland bedeutet Hoovers Eingreifen eine wichtige Chance [...]". Aufzeichnung Reichsbankpräsident Luther, Berlin, 22.06.1931 [Original], BA Koblenz, NL Luther, N 1009/365 [S. 63]. Die Rolle Hoovers als politischer Initiator des Moratoriums ist in der Forschungsliteratur unumstritten und findet allgemeine Anerkennung. Siehe KLAUS HILDEBRAND, Das vergangene Reich, a.a.O., S. 541 und KRÜGER, Aussenpolitik, a.a.O., S. 545.

[68] Siehe ANDREAS RÖDDER, Stresemanns Erbe: Julius Curtius und die deutsche Außenpolitik 1929-1931, a.a.O., S. 244.

[69] PHILIPP HEYDE, Das Ende der Reparationen, a.a.O., S. 197.

dem wichtigsten Reparationsgläubiger Deutschlands, am 7. Juli 1931 in Kraft[70].

So schnell die psychologische Wirkung dieses Plans auch „*verpufft*" war[71] – die Initiative Hoovers, auf die Hindenburg entgegen seiner alten Gewohnheit, politische Entscheidungen dilatorisch zu behandeln, dieses Mal umgehend reagierte, leitete langfristig gesehen jedoch das definitive Ende der Reparationen ein[72].

III. Hindenburgs *Beobachterstatus* bei der Lausanner Konferenz vor dem Hintergrund der Demission Brünings

Mag Brünings Entlassung am 30. Mai 1932 in innenpolitischer Hinsicht einen „kritischen Wendepunkt" in der Geschichte der Weimarer Republik markiert haben[73], mag der Reichspräsident seinen außenpolitischen Endspurt „100 Meter vor dem Ziel"[74] gebremst haben – auf die Außenpolitik hatte all dieses rückblickend betrachtet nur eine kurze retardierende Auswirkung. Für die unmittelbar beteiligten außenpolitischen Akteure dagegen konnte die Entlassung Brünings vom Zeitpunkt her nicht ungünstiger sein, fiel sie doch praktisch mitten in die Lausanner Vorverhandlungsphase[75]. In einer Situation, in der stündlich mit der Annahme der Abrüstungsformel durch den französischen Ministerpräsidenten Herriot gerechnet wurde, platzte die Meldung vom Sturz des Kabinetts Brüning hinein[76]. Diese Hiobsbotschaft löste bei den Alliierten temporär große

---

[70] Auf französischer Seite begegnete man dem amerikanischen Vorgehen mit größter Skepsis. Das Moratorium könnte, so ihr Einwand, eine erneute Revision des gerade ausgehandelten Young-Plans einleiten. Näheres zur französischen Position siehe Telegramm Dt. BS Hoesch an AA [o.A.], Nr. 668, BA Koblenz, R 43 I/313, Mikrofilm-Nr. 82 [S. 70f.].

[71] HEINRICH BRÜNING, Memoiren, a.a.O., S. 298.

[72] Nach KARL DIETRICH BRACHER markierte er eine einschneidende Zäsur in der Reparationsgeschichte. DERS., Die Auflösung der Weimarer Republik. Eine Studie zum Problem des Machtverfalls in der Demokratie, 1978, S. 357.

[73] ANDREAS DORPALEN, a.a.O., S. 305.

[74] WILHELM VERNEKOHL (Hrsg.): Heinrich Brüning. Reden und Aufsätze eines deutschen Staatsmanns, Münster 1968, S. 127.

[75] Hierzu siehe Aufzeichnung Kuno Graf v. Westarp, 01.06.1932, aus: WERNER CONZE: Zum Sturz Brünings (Dokumentation), in: VfZ, Bd. 1 (1953), S. 287f.; Diese Niederschrift ist auch abgedruckt in: Politik und Wirtschaft in der Krise 1930-1932. Quellen zur Ära Brüning, Bearb.: ILSE MAURER/UDO WENGST (eingeleitet von Gerhard Schulz), aus: Quellen zur Geschichte des Parlamentarismus und der politischen Parteien, Dritte Reihe: Die Weimarer Republik, Hrsg.: KARL DIETRICH BRACHER/ERICH MATTHIAS/RUDOLF MORSEY, Bd. 4/2, Düsseldorf 1980, Dok.-Nr. 526, S. 1514ff.

[76] „[...] Mr. Gibsons Nachricht war mir, wie gesagt, durch den amerikanischen Botschafter am frühen Morgen des 31. Mai gebracht worden, eine Stunde vor dem für meine Unterredung mit

Irritation aus, was wohl auch damit zusammenhing, daß Brüning kurz vor seinem Sturz hinsichtlich der Erfolgsaussichten in Lausanne geradezu Optimismus versprühte, da er fest mit Hindenburgs Unterstützung rechnete[77]. Nach seiner Entlassung sah es für einen Moment danach aus, als hätte die deutsche Verhandlungsposition eine nachhaltige Schwächung erfahren[78], zumal viele mit dem Namen des neuen Reichskanzlers, Franz von Papen, herzlich wenig anzufangen wußten[79]. Sosehr das Ausland den überraschenden Abgang Brünings mit Bedauern, teilweise aber auch, wie etwa in London, mit Unverständnis zur Kenntnis nahm[80], – der Konferenzbeginn, der zuvor schon aus vielerlei Gründen mehrfach verschoben werden mußte, verzögerte sich durch die neue innenpolitische Konstellation in Berlin nur geringfügig. Zwei Wochen nach Papens Amtsantritt wurde die Reparationskonferenz eröffnet. Günstig auf den Verhandlungsverlauf wirkte sich die frankophile Einstellung des neuen Reichskanzlers aus, nicht zuletzt deshalb, weil der Schlüssel für die Umsetzung der deutschen Forderungen in Paris lag, wo Papen nun einmal höheres Ansehen genoß als Brüning[81].

Dabei muß Brünings Entlassung losgelöst von seiner außenpolitischen Arbeit gesehen werden, denn in dieser Hinsicht war Hindenburg mit ihm vollauf zufrieden. Nicht ohne Grund wollte er ihn „der Außenpolitik willen" unbedingt halten[82]. Sein Entschluß, ihn fallen zu lassen, war mitnichten wirtschafts- oder außenpolitisch motiviert[83], – er war primär innenpolitisch begründet[84]. Auf dem

---

dem Reichspräsidenten festgesetzten Termin. [...]". Schreiben Heinrich Brüning an Rudolf Pechel [o.O., o.D.], abgedruckt in: Deutsche Rundschau, Bd. 79 (1947), S. 10.

[77] „[...] In talking with him (Brüning) privately after the dinner, he told me of certain plans he had for attending the Lausanne Conference, and then, certainly as an afterthought [...] added: ‚Of course my movements are dependent on my receiving from the President tomorrow on his return public assurance of his complete confidence'. [...] he expected his full cooperation and he had no real suspicion of the extent of the intrigues which surrounded him. [...]". Siehe Schreiben US-BS Sackett to Secretary of State Stimson, Berlin, 08.06.1932, in: FRUS 1932, Vol. II, S. 301f.

[78] Vgl. auch KARL-D. BRACHER, Die Auflösung der Weimarer Republik, a.a.O., S. 485.

[79] „[...] bestürmten mich die Konferenzteilnehmer mit der Frage: ‚Wer ist Papen?'. Ich wußte es nicht und der Wirtschaftsminister auch nicht. [...]". So der ehemalige Finanzminister LUTZ GRAF SCHWERIN V. KROSIGK: Memoiren, Stuttgart 1977, S. 137.

[80] Genaueres zu den englischen Reaktionen auf Brünings Entlassung kurz vor der Lausanner Konferenz bei RUDOLF PFEIFFER: Die deutsch-britischen Beziehungen unter den Reichskanzlern von Papen und von Schleicher, Diss. Würzburg 1971, S. 1ff.; STEN NADOLNY: Abrüstungsdiplomatie 1932/33. Deutschland auf der Genfer Konferenz im Übergang von Weimar zu Hitler, in: tuduv-Studien - Reihe Sozialwissenschaften, Bd. 10, München 1978, S. 158.

[81] JOACHIM PETZOLD, Franz von Papen, a.a.O., S. 76.

[82] Aufzeichnung Kuno Graf v. Westarp, 01.06.1932, in: WERNER CONZE, Zum Sturz Brünings, a.a.O., S. 282.

[83] HEINRICH BRÜNING, Memoiren, a.a.O., S. 599. Schreiben Rpräs. v. Hindenburg an Oldenburg-Januschau, Berlin, 22.02.1932, in: Thilo Vogelsang: Reichswehr, Staat und NSDAP. Beiträge zur deutschen Geschichte 1930-1932, aus: Quellen und Darstellungen zur Zeitgeschichte, Bd. II,

außenpolitischen Feld ging Hindenburg mit dem Ziel Brünings konform, zunächst auf ein Ende der Reparationen hinzuarbeiten und erst danach die Rüstungsbeschränkungen des Versailler Vertrages anzugehen, wobei zwischen beiden, was naturgemäß wohl kaum ausbleiben konnte, hin und wieder Meinungsverschiedenheiten offen zu Tage traten[85]. Eine solche Meinungsverschiedenheit ergab sich Anfang 1931 hinsichtlich einer völlig anderen Frage, als Reichskanzler Brüning dem Reichspräsidenten das erste Mal von seinem langfristigen Vorhaben erzählte, eine Monarchie nach „englischem Muster" mit friedlichen Mitteln etablieren zu wollen:

„[...] *My first conversation regarding the possibility of re-introducing the Monarchy took place with President Hindenburg in the train going to Kiel for the lauching of the cruiser Deutschland. I had the chance of talking with him undisturbed for nearly three hours and I put before him my plans for the year to come. I asked him not to discuss these plans with anybody. He was very pleased at that moment with such an idea. [...]*"[86].

Mag Hindenburg den Gedanken einer Restauration der Monarchie in Deutschland lebhaft begrüßt haben, – von dem englischen Modell mit seiner konstitutionellen Ausrichtung, das Brüning vorschwebte, wollte er indes nichts wissen:

„[...] *In February, 1932, I talked with him for an hour explaining to him that after the Reparation Conference and after reaching agreement to the equality of armaments for Germany [...] I would propose to him to introduce a Bill for a Plebiscite which would establish him as Regent for his lifetime for one of the sons of the Crown Prince, after which this Prince would become automatically Emperor [...]. President Hindenburg rejected the whole idea then definitely, stating that he would never give his consent to a Monarchy based*

Stuttgart 1962, Dok.-Nr. 19, S. 443f.; Für die sich verschärfende wirtschaftliche Situation in Deutschland machte Hindenburg aber nicht Brüning, sondern die allgemeine Weltwirtschaftskrise verantwortlich. Hierzu siehe MAGNUS V. BRAUN, Von Ostpreußen bis Texas, a.a.O., S. 211f.

[84] Über die primär innenpolitisch motivierte Entlassung Brünings siehe RUDOLF VERNEKOHL/WILHELM MORSEY (Hrsg.): Heinrich Brüning. Reden und Aufsätze eines deutschen Staatsmanns, Münster 1968, S. 217. Dito BRACHER, Die Auflösung der Weimarer Republik, a.a.O., S. 449ff.

[85] „[...] Hindenburg machte mir schwere Vorwürfe, dass ich freiwillig auf eine stärkere Aufrüstung verzichtet habe [...]". Siehe Schreiben Heinrich Brüning an Heinrich Lübke, 15.11.1960 [Durchschlag], Harvard-University-Archives (PL), Cambridge/USA, NL Brüning, HUG FP 93.10, Box 20.

[86] Siehe Schreiben Heinrich Brüning an George Sylvester Viereck, 07.09.1938 [Durchschlag], Harvard-University-Archives (PL), Cambridge/USA, NL Brüning, HUG FP 93.10, Box 35.

upon a Plebiscite or with a controll by Parliament based on the English model. He said that that in his eyes would not be a Monarchy at all. [...]"[87].

Tatsächlich hatte Brünings Entlassung vielmehr ganz andere Ursachen. Fundamentalen Kredit büßte der Reichskanzler beim Reichspräsidenten bekanntlich wegen des Ausganges der zweiten Wahl ein. Unermüdlich hatte er ihm sekundiert und die meisten Wahlkampfreden energie- und hingebungsvoll bestritten[88]. Dennoch wollte bei Hindenburg über den errungenen Wahlsieg trotz allen Aufwandes und einer Stimmenmajorität von 53 Prozent keine rechte Freude aufkommen[89]. Nur schwer konnte er sich dem Umstand fügen, daß ihm nicht mehr als ein Pyrrhussieg gelungen war, hatten ihn doch seine alten Freunde und Standesgenossen offensichtlich im Stich gelassen und mehrheitlich für Hitler votiert[90]. Vor allen Dingen die von ihm beileibe nicht in einer solchen Intensität erwartete deutliche Kritik des gesamten rechten Flügels an seiner Wiederkandidatur hatte ihn innerlich tiefer getroffen, als dies aus seinem offenen Brief an Friedrich von Berg-Markienen hervorgeht[91]. Dabei fußte Brünings konsequentes Eintreten für die Wiederwahl Hindenburgs[92] auf der rationalen Überlegung, so

---

[87] EBD.; Hierzu siehe auch HEINRICH BRÜNING, Memoiren, a.a.O., S. 378 u. 454 sowie ANDREAS RÖDDER, Dichtung und Wahrheit, a.a.O., S. 79 u. 91ff. und WILLIAM L PATCH, JR.: Heinrich Brüning and the Dissolution of the Weimar Republic, Cambridge 1998, S. 199f.

[88] JOHN WHEELER-BENNETT, Der hölzerne Titan, a.a.O., S. 380.

[89] OTTO GESSLER, Reichswehrpolitik, a.a.O., S. 351.

[90] Laut Pressechef Walter Zechlin hatte Hindenburg damals hierzu geäußert: „[...] Wer hat mich denn gewählt? Ihre Leute, die Sozis, haben mich gewählt, die Katholiken haben mich gewählt, das ‚Berliner Tageblatt' hat mich gewählt. Meine Leute haben mich nicht gewählt [...]". So Zechlin bei einem Vortrag vor Studenten in Celle, 18.12.1947, PA AA Bonn, NL Walter Zechlin. Dieser Passus ist auch in seinen Memoiren so übernommen worden. ZECHLIN, Pressechef, a.a.O., S. 119. FRANZ V. PAPEN, Vom Scheitern einer Demokratie, a.a.O., S. 146. Vielsagend ist auch ein Brief Hindenburgs an Generalfeldmarschall v. Mackensen. An einer Stelle heißt es: „[...] So wie die Dinge augenblicklich liegen, ist es mir aber ein grosser Schmerz, von manchen alten Kameraden und Freunden missverstanden zu werden [...]". Schreiben Rpräs. v. Hindenburg an Generalfeldmarschall v. Mackensen, Berlin, 09.02.1932 [Original], BA-MA Freiburg i. Br., NL v. Mackensen, N 1039/272 [S. 66]. Ein Durchschlag hiervon findet sich im BA Berlin-Lichterfelde unter der Signatur R 601/21 [S. 6f.].

[91] In diesem Brief distanzierte sich Hindenburg von den Vorhaltungen aus dem rechtsnationalen Lager, wonach seine Kandidatur für die Wiederwahl nur aufgrund der Unterstützung der Linken bzw. der *schwarz-roten Koalition* erfolgt war, die er kritiklos „einseitig" entgegengenommen habe. Schreiben Rpräs. v. Hindenburg an GhRat Friedrich v. Berg-Markienen, Berlin, 25.02.1932 [Original], BA Koblenz, Kl. Erw. Nr. 332 -1 [S. 5f.]. Siehe VOLKER R. BERGHAHN: Die Harzburger Front und die Kandidatur Hindenburgs für die Präsidentschaftswahlen 1932, in: VfZ, Bd. 13 (1965), S. 64ff.

[92] Näheres zur Wiederwahl Hindenburgs siehe WOLFGANG KALISCHER: Hindenburg und das Reichspräsidentenamt im „Nationalen Umbruch" 1932-1934, Diss. Berlin 1957, S. 12ff. u. 34f.; BRACHER, Die Auflösung der Weimarer Republik, a.a.O., S. 418ff.

allen ausländischen Mächten ein Zeichen für die innere Stabilität Deutschlands zu geben.

Daß Brünings Sturz keine außenpolitischen Wurzeln hatte, belegt allein schon die Tatsache, daß Hindenburg ihn am Tag seiner Demission eindringlich darum bat, weiterhin als Reichsaußenminister zu fungieren[93]. In den Genuß einer derartigen Offerte, die mehr war als ein bloßer außenpolitischer Vertrauensbeweis, kamen nur wenige Diplomaten und Politiker unter Hindenburgs Ägide. Auch konnte von einer Konzession Hindenburgs an Brüning keine Rede sein; hier gaben realpolitische Überlegungen den Ausschlag. Bei allen innenpolitischen Entzweiungen hatte Brüning beim Reichspräsidenten als „Außenpolitiker" keinen Kredit verloren. Nach wie vor sah Hindenburg in ihm den außenpolitisch versiertesten Experten, der die deutsche Verhandlungsposition in der bevorstehenden Konferenz in Lausanne am besten vertreten konnte. Daß er ihn für die Übernahme des Außenministeriums gewinnen wollte, war nur die logische Konsequenz politischer Erfordernisse[94]. Gleich zweimal unterbreitete er explizit besagten Vorschlag während ihrer gemeinsamen letzten Aussprache am 30. Mai 1932; jedesmal lehnte Brüning ebenso entschieden ab[95]. Mit dieser Reaktion hatte Hindenburg insgeheim wohl schon im Vorfeld gerechnet, denn weitere Anstrengungen, ihn doch noch umzustimmen, unternahm er nicht[96]. Obgleich er Brüning schon beizeiten vor Augen gehalten hatte, daß er im Falle des Scheiterns seines Kabinetts als Regierungschef alleine die außenpolitische Verantwortung zu tragen habe[97], fühlte der Reichskanzler – auch wenn er seinen eigenen Sturz miteinkalkuliert hatte[98] – sich vom Reichspräsidenten hintergangen. In seiner letzten persönlichen Unterredung mit demselben packte er die Gelegenheit beim Schopf, um zur Außenpolitik kritisch Stellung zu beziehen. Dabei stellte er als

---

[93] „[...] Natürlich müssen Sie Außenminister bleiben! [...] Darf ich Sie noch einmal bei Portepee fassen, daß Sie das Außenministerium übernehmen? [...]". BRÜNING, Memoiren, a.a.O., S. 600 u. 602.

[94] Aufzeichnung Graf Westarp, 01.06.1932, in: WERNER CONZE, Zum Sturz Brünings, a.a.O., S. 282. Siehe auch WILHELM KEIL: Erlebnisse eines Sozialdemokraten, Bd. II, Stuttgart 1948, S. 445f.

[95] HEINRICH BRÜNING, Memoiren, a.a.O., S. 600 u. 602. Zuvor hatte ihn StS Meissner gefragt, ob er bereit sei, im Kabinett Westarp oder Lindeiner-Wildau die Leitung der Außenbehörde zu übernehmen. BRÜNING, Memoiren, a.a.O., S. 596; PÜNDER, Politik in der Reichskanzlei, a.a.O., S. 127.

[96] Tagebucheintrag STS PÜNDER, 29.05.1932, in: DERS. Politik in der Reichskanzlei, a.a.O., S. 128.

[97] Aufzeichnung REINHOLD QUAATZ, 06.05.1932, in: DERS.: Die Deutschnationalen und die Zerstörung der Weimarer Republik. Aus dem Tagebuch von Reinhold Quaatz 1928-1933, Hrsg.: Hermann Weiß u. Paul Hoser, in: Schriftenreihe der VfZ, Bd. 59 (1989), S. 189.

[98] „[...] Ich wußte, daß ich über kurz oder lang gehen mußte. [...]". So Brüning im Interview gegenüber dem Doktoranden WOLFGANG KALISCHER. Vgl. DERS.: Hindenburg, a.a.O., S. 34 [Anm. 98].

entscheidenden Grund für seine fehlende Bereitschaft zur Übernahme des Außenministeramtes das Verhalten der Generäle Werner von Blomberg und Kurt von Schleicher voran, mit denen eine konstruktive Außenpolitik kaum zu betreiben war. Wie Brüning später offen zugab, hatte ihn besonders Blombergs Visite beim Reichspräsidenten sehr verärgert: Blomberg, der der Genfer Abrüstungskonferenz als leitender Reichswehrvertreter der deutschen Delegation angehörte[99], hätte seinerzeit mit einem „völlig falschen Bericht" über seine Genfer Besprechungsergebnisse bewußt den Unmut Hindenburgs provoziert. Danach soll Blomberg diesem berichtet haben, daß der Reichskanzler die Chance auf eine deutsche Wiederaufrüstung leichtfertig verspielt habe, als er englischen Vertretern schon im Vorfeld der Verhandlungen zu verstehen gegeben hatte, daß seinem Dafürhalten nach die Idee einer deutschen Aufrüstung sinnvoller sei als die allgemeine Abrüstung[100]. Allerdings bedarf diese Interpretation Brünings der Relativierung, da er nur ein einige Monate zuvor den Sachverhalt völlig gegenteilig darstellte. Demzufolge hatte Blomberg auf einmal den Reichspräsidenten im Mai 1932 über den aktuellen Stand der Genfer Abrüstungsgespräche doch hinreichend informiert[101].

Wie auch immer man diesen Widerspruch bewertet, bestimmte Indizien sprechen dennoch dafür, daß Brünings Sturz, der für die meisten Außenstehenden überraschend kam, schon im April 1932 beschlossene Sache gewesen war. Schleicher beispielsweise vertraute dem französischen Botschafter in Berlin, François-Poncet, bestimmt nicht grundlos an, daß Brüning ein „toter Mann" sei, mit dem weitere Verhandlungen sinnlos seien, da sein Sturz nur noch eine Frage der Zeit sei[102], was den Franzosen wiederum dazu animierte, diese Neuigkeit in die Berliner Gesellschaft zu tragen[103].

---

[99] GÜNTER WOLLSTEIN: Vom Weimarer Revisionismus zu Hitler. Das Deutsche Reich und die Großmächte in der Anfangsphase nationalsozialistischer Herrschaft in Deutschland, Bonn/Bad Godesberg 1973, S. 25.

[100] Schreiben Heinrich Brüning an Friedrich Dessauer, 22.01.1947, Box 7. Siehe auch Interview - Brüning on the Rise of the Nazis to power, Box 16. Dort sagte Brüning u.a. aus: „[...] General v. Blomberg succeeded in informing President v. Hindenburg at Neudeck that my report of this acceptance was misleading, as he had been assured by the military experts of several foreign delegations that their governments would accept much larger armaments for Germany than had been proposed [...]". Harvard-University-Archives (PL), Cambridge/USA, NL Brüning, HUG FP 93.10. Schreiben Heinrich Brüning an Graf v. Brünneck, Cambridge, 12.10.1948 [Original], GStA Berlin-Dahlem, NL Brünneck, XX Rep. 300 Brünneck II, S. 22. Schreiben Heinrich Brüning an Rudolf Pechel [o.O., o.D.], abgedruckt in: Deutsche Rundschau, Bd. 79 (1947), S. 18.

[101] Schreiben Heinrich Brüning an Friedrich Dessauer, 29.05.1946 [Durchschlag], Harvard-University-Archives (PL), Cambridge/USA, NL Brüning, HUG FP 93.10, Box 7.

[102] Der mit Brüning befreundete französische Botschafter setzte den Reichskanzler über Schleichers Ausführungen in Kenntnis. Schreiben Heinrich Brüning an Graf v. Brünneck, Cambridge,

So begannen unter dem Vorsitz des englischen Premierministers MacDonald am 16. Juni 1932 die Sitzungen der Lausanner Konferenz, die schon im Vorfeld Hindenburgs Interesse erregt hatten[104]. Anstelle Brünings führte nunmehr der neue Reichskanzler Franz von Papen die deutsche Delegation an, der noch Reichsaußenminister von Neurath, Finanzminister Schwerin von Krosigk und Wirtschaftsminister Warmbold angehörten[105]. Papen, der eine Außenpolitik etablieren wollte, in der zum einen die deutsch-französische Annäherung und Aussöhnung und zum anderen die bewußte Ausklammerung Großbritannien realisiert werden sollte, mußte seinen illusorischen Plan jedoch schnell wieder ad acta legen, da der Schlüssel zur Lösung des Reparationsproblems in London und nicht in Paris lag[106]. Darum bemüht, die Deflationspolitik Brünings fortzusetzen, erzielte er nach wochenlangen schweren „hartnäckigen" Verhandlungen[107] mit dem Abschluß des Lausanner Abkommens am 9. Juli 1932 dennoch seinen ersten außenpolitischen Erfolg: Das Reparationsregime des Young-Plans wurde außer Kraft gesetzt; Deutschland wurde eine Schlußzahlung von *nur* drei Milliarden Reichsmark auferlegt[108].

12.10.1948 [Original], GStA Berlin-Dahlem, NL Brünneck, XX Rep. 300 Brünneck II, S. 20. Schreiben Heinrich Brüning an Graf v. Brünneck [o.O.; o.D.], [Durchschlag; einzelnes loses Blatt], Harvard-University-Archives (PL), Cambridge/USA, NL Brüning, HUG FP 93.10, Box 5, S. 3. BRÜNING, Memoiren, a.a.O., S. 600.

[103] WALTER GÖRLITZ, Hindenburg, a.a.O., S. 366.

[104] Bei einem Empfang des „deutschlandfreundlichen" Bankiers und „Philanthropen" Henry Goldmann durch Rpräs. v. Hindenburg am 20. April 1932, der auf „dringenden" Rat des Auswärtigen Amtes zustande kam, berichtete Goldmann von der vorherrschenden Meinung der amerikanischen Öffentlichkeit über die Reparationsschulden Deutschlands. Im Vergleich zu den Schulden Frankreichs und Englands seien die deutschen Reparationsverpflichtungen politisch aufgezwungen, während die Forderungen Amerikas an England und Frankreich Anleihen wären. Die öffentliche Meinung sei gegen eine „Verquickung" beider Forderungen. Auf Hindenburgs Frage, was er denn über die bevorstehende Lausanner Konferenz denke, erklärte Goldmann, die übereinstimmende Meinung der Welt wäre, daß Deutschland nie mehr bar Reparationen zahlen könne oder werde. Wie Meissner selbst in seiner Aufzeichnung ausführte, bekam er von Hindenburg die Instruktion, diese Mitteilungen Goldmanns dem Reichskanzler zu übermitteln. Aufzeichnung StS Meissner [B.d.Rpräs.], Berlin, 20. April 1932, BA Koblenz, R 43 I/337 [S. 242ff.].

[105] KARL-DIETRICH BRACHER, Die Auflösung der Weimarer Republik, a.a.O., S. 485f.

[106] Mehr dazu bei ZIMMERMANN, Aussenpolitik, a.a.O., S. 434f.

[107] AdR, Kab. Papen, Bd. 1, a.a.O., S. XXVIII und UuF, Bd. 8, a.a.O., S. 622. Näheres zum Ablauf und Ergebnis dieser Konferenz wiederum bei ZIMMERMANN, Aussenpolitik, a.a.O., S. 434ff.

[108] Im Artikel 1 heißt es: „Die deutsche Regierung übergibt der Bank für Internationalen Zahlungsausgleich fünfprozentige einlösbare Schuldverschreibungen der Deutschen Regierung in einem Betrag von drei Milliarden Reichsmark nach ihrem gegenwärtig gültigen Goldgewicht und Goldfeingehalt [...]". Lausanner Abkommen vom 09.07.1932, in: UuF, Bd. 8, Dok.-Nr. 1884 c, S. 631. Zur Rolle Papens bei der Lausanner Konferenz siehe STEN NADOLNY, Abrüstungsdiplomatie 1932/33, a.a.O., S. 159ff. u. JOACHIM PETZOLD, Franz von Papen, a.a.O., S. 75ff.; Zur

Die Bedeutung dieses Vertragswerks – das rechtlich nie in Kraft trat – lag darin, daß Deutschland der Reparationsschuld fortan de facto enthoben war und alle vorangegangenen Forderungen annulliert waren. Insofern konnte Papen mit diesem Abschluß einen wichtigen außenpolitischen Erfolg verbuchen, den auch der Reichspräsident honoriert hat. Letzten Endes war jedoch der relative Erfolg von Lausanne[109] seinem „Lieblingskanzler" in den Schoß gefallen[110], weil von Papen alleinig von Stresemanns und Brünings außenpolitischen Vorbereitungen profitierte[111]. Eine gewisse diplomatische Eignung kann ihm dennoch nicht abgesprochen werden, andernfalls wäre es ihm wohl kaum gelungen, einen französischen Konferenzteilnehmer mit seinem Plädoyer für eine deutsch-französische Annäherung in der Saarfrage zu beeindrucken[112].

Im Text des Lausanner Abkommens wird nicht der deutsche Reichspräsident als Vertragspartner angeführt, wie es bei derartigen multilateralen Regelungen ansonsten üblich war, sondern die deutsche Regierung[113]. Warum indes Hindenburg in der Rolle des passiven Beobachters ohne den Anflug einer Kritik das Geschehen in Lausanne kommentarlos zur Kenntnis nahm, kann damit erklärt werden, daß er mit dem Verlauf und dem Resultat der Konferenz einverstanden war und daß mit Reichskanzler Papen und Reichsaußenminister von Neurath zwei Männer an den Verhandlungen teilnahmen, die sein unbedingtes Vertrauen hatten. Ihnen gewährte er völlige Handlungsfreiheit.

War die Majorität der Beamten im Auswärtigen Amt gegenüber Papen und seiner Regierung sehr kritisch eingestellt[114], so entwickelte sich sein Verhältnis zum Reichspräsidenten von Anfang an günstig[115]. Dies resultierte aus der Gege-

---

Beurteilung der Lausanner Konferenz siehe RUDOLF PFEIFFER: Die deutsch-britischen Beziehungen unter den Reichskanzlern von Papen und von Schleicher, Diss. Würzburg 1971, S.94ff.

[109] PHILIPP HEYDE: Das Ende der Reparationen. Deutschland, Frankreich und der Youngplan 1929-1932, Diss. Paderborn/München/Wien/Zürich 1998, S. 444.

[110] So ERICH KORDT: Nicht aus den Akten..., Stuttgart 1950, S. 49.

[111] Brünings Fazit über Papens Politik in Lausanne war negativ: „[...] Nichts von meinen Vorschlägen ist in Lausanne von Papen aufgenommen, obwohl ich sie Planck alle in grossen Linien ausgearbeitet zurück gelassen habe [...] [sic!]". Schreiben Heinrich Brüning an H. F. Berger, Cambridge, 21.01.1951, NL Brüning, Harvard-University-Archives (PL), Cambridge/USA, HUG FP 93.10, Box 3. Vgl. MASER, Hindenburg, S. 288 u. HEINRICH AUGUST WINKLER: „[...] Papen heimste in Lausanne einen Erfolg ein, den er Brüning verdankte [...]". DERS., a.a.O., S. 488.

[112] Conversation de M. Laboulaye avec le chancelier du Reich, Lausanne, 01.07.1932, in: Documents Diplomatiques Français 1932-1939, 1re Série (1932-1935), Tome I, Dok.-Nr. 46 [Annexe IV], S. 74.

[113] Lausanner Abkommen vom 09.07.1932, in: UuF, Bd. 8, Dok.-Nr. 1884 c, S. 630.

[114] ERICH KORDT, Nicht aus den Akten, a.a.O., S. 49.

[115] Oft zitiert wird in der Memoiren- bzw. Sekundärliteratur die „rührende" Szene, daß Hindenburg bei der Verabschiedung Papens und der Überreichung eines Fotos mit der Widmung „Ich hatt' einen Kameraden" angeblich feuchte Augen bekommen haben soll. Siehe PAPEN, Wahr-

benheit, daß hier zwei Menschen aufeinandertrafen, die nicht nur in vielerlei Hinsicht „gleiches Empfinden, Streben und Pflichtbewußtsein" teilten[116], sondern darüber hinaus auch überzeugte Monarchisten waren. Auch Papens innenpolitische Zielsetzungen, die dahin tendierten, einen Staat mit ständischautoritärer Prägung als Vorstufe zur Restauration der Monarchie nach englischem Vorbild zu errichten, konnten Hindenburg von der Zielsetzung her kein Dorn im Auge gewesen sein[117]. Außerdem verstand Papen es, ihn mit seinem „bestechenden Charme" so zu umgarnen, daß dieser seine Gegenwart und seinen Rat immer zu schätzen wußte[118].

Gerade aus Lausanne zurückgekehrt, hielt Papen am 11. Juli 1932 in einer Ministerbesprechung vor dem Kabinett Rapport über den Ablauf sowie das Ergebnis der Lausanner Verhandlungen und zog ein alles in allem positives Fazit der vorangegangenen Ereignisse[119]. Über Inhalt und Verlauf seines Vortrages beim Reichspräsidenten am 14. Juli 1932 ist zwar keine Aufzeichnung mehr vorhanden, dennoch deuten Hindenburgs Dankesworte an Papen und die Mitglieder der Delegation für die „geleistete Arbeit in Lausanne" darauf hin[120], daß er mit dem Konferenzverlauf insgesamt zufrieden war.

Nach dem erfolgreichen Ende der Reparationskonferenz von Lausanne im Juni/Juli 1932 verlagerte sich der außenpolitische Schwerpunkt der Regierungspolitik. Fortan rückte das Problem der internationalen Abrüstung in den Mittelpunkt des Interesses. Aus deutscher Perspektive ging es nunmehr um die Gleichberechtigung in puncto Rüstung[121], ein Ziel, das nicht nur der deutschen öffentlichen Meinung, sondern auch Hindenburg am Herzen lag[122].

---

heit, S. 250; FRANÇOIS-PONCET, a.a.O., S. 45. Dementgegen steht die Behauptung Brünings, wonach Hindenburg in seinem Beisein über Papen „vernichtend" geurteilt haben soll. Schon bei seiner Abschiedsaudienz soll Hindenburg ihm anvertraut haben: „[...] Mit dem neuen Reichskanzler wird es nicht gehen. Sie hätten bleiben müssen. [...]". Cf. Schreiben Heinrich Brüning an Graf v. Brünneck, Warburg, 17.03.1955 [Durchschlag] u. Schreiben Heinrich Brüning an Athos v. Schauroth, Hartland/Vermont, 28.07.1952 [Durchschlag], Harvard-University-Archives (PL), Cambridge/USA, NL Brüning, HUG FP 93.10, Box 5 u. Box 30

[116] DIETER V. DER SCHULENBURG, Welt um Hindenburg, a.a.O., S. 184.

[117] Hindenburg begrüßte den Gedanken einer Restauration der Monarchie, lehnte aber das englische Vorbild ab. Hierzu siehe S. 513 dieser Arbeit.

[118] FRITZ GÜNTHER V. TSCHIRSKY: Erinnerungen eines Hochverräters, Stuttgart 1972, S. 136 u. 175.

[119] Ministerbesprechung, Berlin, 11.07.1932, in: AdR, Kab. Papen, Bd. 1, Dok.-Nr. 56, S. 195.

[120] W.T.B., 14.07.1932 (R 43 I/339, S. 57); Siehe auch Schulthess' Europäischer Geschichtskalender 1932, 14.07.1932, S. 118.

[121] PETER KRÜGER/ERICH HAHN: Der Loyalitätskonflikt des Staatssekretärs Bernhard Wilhelm von Bülow im Frühjahr 1933, in: VfZ, Bd. 20 (1972), S. 380.

[122] THEODOR ESCHENBURG/ULRICH FRANK PLANITZ, Bildbiographie, a.a.O., S. 102f.

B. Aktives Intermezzo beim Memelkonflikt

Viele außenpolitische Probleme und Spannungen, denen Berlin sich gegenübersah, waren in der letzten Konsequenz nur Ausdruck der Bestimmungen des Versailler Vertrages. Dies traf gewiß auch bei den gestörten deutsch-litauischen Beziehungen zu. Sosehr die deutsche Bevölkerung den territorialen Verlust des nordöstlichen Ostpreußens, jenem Gebiet nördlich der unteren Memel, das als Memelgebiet bezeichnet wurde, bedauerte – für Litauen bot sich hier die Gelegenheit, ihr ohnehin kleines Territorium ein wenig zu erweitern. Aber erst mit der Memelkonvention vom 8. Mai 1924 bekam Litauen nach all den Streitigkeiten das Memelland zugesprochen[123]. Wer davon ausgegangen war, die deutsche Regierung würde infolgedessen die diplomatischen Beziehungen zu Litauen kurzerhand abbrechen, sah sich getäuscht. Ungeachtet der aus ihrer Sicht gewaltsamen Annexion des Memellandes erfuhren die deutsch-litauischen Beziehungen eine Intensivierung. Urkundliche Gestalt bekam diese Entwicklung durch den 1928 unterzeichneten bilateralen Grenzvertrag und durch das ein Jahr später ratifizierte deutsch-litauische Handelsabkommen. Von der Prämisse ausgehend, daß ein starkes Litauen allemal besser sei als ein mächtiges Polen, tolerierte die deutsche Regierung das kleinere Übel. Solange Litauen den Autonomiestatus des Memellandes anerkannte, und solange Litauen und Polen sich gegenseitig in Schach hielten[124], konnte die deutsche außenpolitische Taktik aufgehen. Aber das labile Gleichgewicht währte nur kurz. Spätestens mit dem 1932 ausbrechenden Wilna-Konflikt zwischen Polen und Litauen geriet auch das Auswärtige Amt zwischen die Fronten. Eine Verwicklung Deutschlands in diesen Streitfall war zu erwarten, da das Auswärtige Amt besondere Rücksichten auf das frühere deutsche Memelgebiet nehmen mußte. Zwar hatte das Memelland seit 1924 Autonomiestatus, dennoch zählte diese Region, die auch im Brennpunkt des Interesses der Revisionisten in Deutschland und der Sowjetunion stand, schon seit längerem zur „krisenträchtigsten" ihrer Zeit[125]. Bis dato hatte Hindenburg, der von der Reichsregierung über alle Aktualitäten in der Memelfrage fortlaufend unter-

---

[123] Näheres zur Vorgeschichte bei CHRISTIAN HÖLTJE, Ostlocarnoproblem, a.a.O., S. 45ff.
[124] MANFRED HELLMANN: Grundzüge der Geschichte Litauens und des Litauischen Volkes, Darmstadt 1966, S. 156ff.; Eine polnisch-litauische Annäherung oder ein Anschluß Litauens an Polen hätte für Berlin zudem die Gefahr heraufbeschworen, daß Litauen möglicherweise als wichtiger „Flankenschutz Ostpreußens" und „Filter der bolschewistischen Gefahr", mit dem eine polnische Hegemonie im Baltikum verhindert werden sollte, verloren gegangen wäre. Siehe ERNST-ALBRECHT PLIEG: Das Memelland 1920-1939. Deutsche Autonomiebestrebungen im litauischen Gesamtstaat, in: Marburger Ostforschungen, Hrsg.: Hellmuth Weiss, Bd. 19, Würzburg 1962, S. 222.
[125] PETER KRÜGER, Aussenpolitik, a.a.O., S. 398.

richtet wurde[126], den außenpolitischen Kurs der Reichsregierung in der Frage der deutsch-litauischen Beziehungen linientreu mitgetragen[127]. Ob beim deutsch-litauischen Grenzvertrag von 1928 oder dem Handelsvertrag von 1929 – gegen die Normalisierung der Beziehungen zu Litauen legte er kein Veto ein[128]. Erst als der Memelstreit 1932 mit der Absetzung des verfassungsmäßigen Memeldirektoriums Böttcher durch Litauen einen neuen Höhepunkt erreichte[129], meldete er sich zu Wort, da seine Bereitschaft gering war, die undurchsichtige Situation auf sich allein beruhen zu lassen. Angetrieben von der Sorge, daß aus dem Konflikt für die deutsche Regierung, insbesondere für die Memeldeutschen, negative Konsequenzen erwachsen könnten, wies er Staatssekretär Meissner an, *seine* Bedenken der deutschen Delegation in Genf zukommen zu lassen. Nach Rücksprache mit Ministerialdirektor Köpke wurde den deutschen Völkerbundsabgeordneten depeschiert, daß der Reichspräsident über die Entwicklung des litauischen Konflikts „außerordentlich beunruhigt" sei und „schärfste Gegenmaßnahmen" erwarte. Der Reichskanzler sollte sich gemäß Hindenburgs Order gleich nach seiner Ankunft in Genf an Ort und Stelle über den momentanen Stand der Dinge selbst ein Bild machen und sich „nötigenfalls" in den Streit einschalten. Anschließend solle er Bericht erstatten[130]. Seine Forderung wurde von Brüning sogleich in die Tat umgesetzt, der sich an den Generalsekretär des Völkerbundes, Sir James E. Drummond, wandte, in der Hoffnung, daß dieser seinem Anliegen nachkommen und die Memelfrage auf die Tagesordnung des Völkerbundsrates setzen würde[131].

Daß Hindenburg indes seinem Freund Generalfeldmarschall August von Mackensen en passant mitteilte, wie sehr ihn neben Genf vor allem die Memelproblematik „reichlich" in Anspruch nehme, kam nicht von ungefähr[132]. Denn seine Dienststelle wurde zu diesem Zeitpunkt wie die des Reichskanzlers[133] wie-

---

[126] Vermerk MinDir Köpke, Berlin, 26.02.1930 [Mikrofilm-Nr. 98], BA Koblenz, R 43 I/382 [S. 253].

[127] Vgl. Aufzeichnung StS v. Schubert, Berlin, 25.02.1927 [Durchschlag], PA AA Bonn, R 27379/D 829582. Aufzeichnung StS v. Schubert, Berlin, 27.06.1928 [Durchschlag], PA AA Bonn, R 27381/D 830388.

[128] MANFRED HELLMANN, Grundzüge der Geschichte Litauens, a.a.O., S. 157.

[129] Näheres hierzu siehe ERNST-ALBRECHT PLIEG, Das Memelland 1920-1939, a.a.O., S. 68ff.

[130] „[...] Reichspräsident ist [...] in großer Besorgnis und hat [...] auf telefonischer Übermittlung seines Auftrages bestanden. [...]". Telegramm MinDir Köpke an Dt. Delegation in Genf, Nr. 60, Berlin, 07.02.1932 [Original], PA AA Bonn, R 24102.

[131] RK Brüning an Generalsekretär des Völkerbundes, Sir James E. Drummond, Genf, 08.02.1932 [Abschrift], PA AA Bonn, Po 3, Bd. 18.

[132] Schreiben Rpräs. v. Hindenburg an Generalfeldmarschall v. Mackensen, Berlin, 09.02.1932 [Original], BA-MA Freiburg i. Br., NL v. Mackensen, N 1039/272 [S. 66].

[133] ERNST-ALBRECHT PLIEGS Angaben zufolge gingen in der Reichskanzlei zwischen dem 12.02.1932 und dem 31.03.1932 summa summarum 28 Entschließungen von diversen Verbänden

der einmal von einer Welle von Zuschriften überflutet. Für viele deutsche Staatsbürger und Auslandsdeutsche war der „Befreier Ostpreußens" der Hoffnungsträger schlechthin, dem alleine zugetraut wurde, das politische und kulturelle Selbstbestimmungsrecht der Memelländer wiederherzustellen. Zahlreiche Privatpersonen, vor allem aber Interessengruppen und Verbände bildeten den Chor der Stimmen, die von ihm eine klare Reaktion erwarteten. Dergestalt war auch der Aufruf des „Deutschen Ostbundes" an den Reichspräsidenten, eine Volksbefragung aller „bevollmächtigten Memelländer innerhalb und außerhalb unserer Heimat" durchzuführen, mit dem Ziel, den Status quo Litauens, wie er vor dem Jahre 1923 gewesen war, auf demokratischer Basis wiederherzustellen[134]. Von größerem Gewicht waren aber die Zeilen der „Deutschen Adelsgenossenschaft" vom 12. Februar 1932, die aus der Feder des Vorsitzenden des Heimatbundes Ostpreußen, Friedrich Berg-Markienen, stammten, einem vertrauten Freund Hindenburgs. Geschickt und zugleich wohlkalkuliert versuchte Berg-Markienen seinen Freund an der Ehre zu packen und ihn dazu zu bringen, gegen Litauen „schärfste Maßnahmen [...] zum Schutze des dort um Leben und Kultur kämpfenden Deutschtums" zu ergreifen[135]. Mit einem Machtwort sollte er klarstellen, daß Deutschland sich nicht „zum Spielball kleinster Staatengebilde" machen lasse[136]. Wenngleich Hindenburg in den darauffolgenden Tagen noch etliche andere Briefe mit gleichlautendem Inhalt zu lesen bekam[137], so bewegte ihn

---

ein, worin ein härteres Durchgreifen gegen Litauen gefordert wurde. DERS., Das Memelland 1920-1939, a.a.O., S. 80 [Anm. 110].

[134] „[...] Durch neuen Gewaltstreich der Litauer sind deutsche Kultur und Selbstbestimmungsrecht im Memelland aufs Äußerste gefährdet. [...] Alle Befürchtungen, die wir als sachkundige deutsche Memelländer seit einem Jahrzehnt an verantwortlichen Stellen unermüdlich vortrugen, sind eingetroffen. [...]". Schreiben Präsidium des Deutschen Ostbundes an Rpräs. v. Hindenburg [o.D., o.O.; aus dem Quellenkontext ergibt sich, daß dieser Brief am 11.02.1932 aufgesetzt worden sein muß], [Durchschlag], PA AA Bonn, R 24105.

[135] Schreiben GhRat Friedrich v. Berg-Markienen an Rpräs. v. Hindenburg, Berlin, 12.02.1932 [Mikrofilm-Nr. 98], BA Koblenz, R 43 I/383 [S. 45].

[136] „[...] Das rechtswidrige Vorgehen der litauischen Regierung gegen die durch Memel-Konvention und Memel-Statut in ihren Minderheitsrechten geschützten deutschblütigen Einwohner des Memellandes hat in allen deutschen Volkskreisen, die sich für die Erhaltung deutschen Volkstums Verständnis erhalten haben, helle Empörung ausgelöst. [...]". Schreiben GhRat Friedrich v. Berg-Markienen an Rpräs. v. Hindenburg, Berlin, 12.02.1932 [Mikrofilm-Nr. 98], BA Koblenz, R 43 I/383 [S. 44f.]. Dieses Schriftstück wurde von StS Meissner zur Kenntnisnahme des Reichskanzlers an die Reichskanzlei weitergeleitet.

[137] Z.B. Schreiben Verein heimatdeutscher Ost- u. Westpreußen Nürnberg an Rpräs. v. Hindenburg, Nürnberg, 21.02.1932 [Mikrofilm-Nr. 98], BA Koblenz, R 43 I/383 [S. 169f.]. „[...] Wir verlangen daher Neuregelung der Memelfrage auf Grund einer Volksabstimmung aller hierzu berechtigten Memelländer [...]. Wir bitten daher den Herrn Reichspräsidenten, die Reichsregierung zu veranlassen, unverzüglich alle hierzu erforderlichen Schritte zu ergreifen und dafür den ganzen Einfluß seiner ehrwürdigen Persönlichkeit einsetzen zu wollen. [...]".

diese Zuschrift ohne Frage am meisten. Andernfalls hätte er seinen Staatssekretär gewiß nicht damit beauftragt, dem Reichskanzler die Zeilen Berg-Markienens zu übersenden[138]. Darüber hinaus erhielt Reichsminister Groener nur eine knappe Woche später von Hindenburg die Instruktion, dem Reichskanzler „seine ernsten Sorgen" in der Entwicklung der Memelangelegenheit mitzuteilen. Über den Verhandlungsstand in Genf dermaßen enttäuscht, zog er als Reaktion auf die litauische Aggression, in der er eine „bewußte politische Aktion gegen Deutschland" sah, sogar den Abbruch der diplomatischen Beziehungen in Erwägung[139]. Doch der diplomatische Kontakt zwischen Berlin und Kowno war trotz des eskalierenden Konflikts bei weitem nicht so schlecht, als daß diese Idee irgendwelche Befürworter gefunden hätte oder ernsthaft im Kabinett erörtert worden wäre[140]. Sein Vorschlag wurde stillschweigend übergangen. Es blieb bei diesem kurzen Vorstoß seinerseits – weitere Anregungen dieser Art sollten nicht mehr folgen.

C. Primat der Innenpolitik: Das außenpolitische Interludium Papens und Schleichers

Galt für Reichskanzler Brüning der Primat der Außenpolitik noch als obere Maxime der Politik, so war dagegen das Handeln und Denken seiner Nachfolger, Franz von Papen und Kurt von Schleicher, ganz dem Primat der Innenpolitik unterworfen[141]. Auf dem Außenressort waren beide lediglich die „Vollstrecker" und nicht die Mitgestalter der Brüningschen Außenpolitik[142]. Zudem gab zu jener Zeit mit Schleicher ein außenpolitisch völlig unbewanderter homo novus den Ton an[143], der auch zu Papens Kanzlerzeit als eigentlicher Kabinettschef

---

[138] Begleitschreiben StS Meissner [B.d.Rpräs.] an StS Pünder [Rkei], Berlin, 17.02.1932, [Mikrofilm-Nr. 98], BA Koblenz, R 43 I/383 [S. 49].

[139] Aufzeichnung MinDir Köpke, Berlin, 19.02.1932 [Mikrofilm-Nr. 98], BA Koblenz, R 43 I/383 [S. 72ff.]. RK Brüning wurde gemäß Hindenburgs Order über den Inhalt seiner Unterredung mit Groener informiert. Diese Niederschrift trägt Brünings Paraphe.

[140] ERNST-ALBRECHT PLIEG, Das Memelland 1920-1939, a.a.O., S. 222.

[141] Schulthess' Europäischer Geschichtskalender 1932, S. 99. Dies wirkte sich auch unmittelbar auf die Biographien aus, in denen die Reichskanzlerära Papens und Schleichers vornehmlich aus innenpolitischer Perspektive beschrieben wird. Vgl. PETZOLD, Franz von Papen, a.a.O. u. FRIEDRICH PLEHWE: Reichskanzler Kurt von Schleicher. Weimars letzte Chance gegen Hitler, Esslingen 1983.

[142] HERMANN GRAML, a.a.O., S. 144.

[143] „[...] Schleicher hat sich nie um Außenpolitik gekümmert, um Wirtschaftspolitik noch weniger, von der er auch nichts verstand [...]". Interview Dr. v. zur Mühlen mit Dr. Adolf Carlowitz,

„scheinbar alle Fäden präsidialer Regierungsgewalt in der Hand hielt und virtuos das chaotische Orchester der Parteien" dirigierte[144]. Schleichers spätere dreimonatige Amtszeit als Regierungschef war nicht nur die kürzeste aller Reichskanzler der Weimarer Republik, sondern auch in außenpolitischer Hinsicht die mit Sicherheit unbedeutendste, wohl auch deshalb, weil er dem Primat der Innenpolitik unbeirrt huldigte und das außenpolitische Terrain bewußt hintanstellte[145].

Papens Ernennung zum Reichskanzler durch Hindenburg gibt einen ersten Hinweis darauf, wie sich das Augenmerk des Marschallpräsidenten allmählich stärker auf die deutsche Innenpolitik richtete. Daß nunmehr nach und nach innenpolitische Themen sein Denken und Handeln dominierten, war nur eine zwangsläufige Konsequenz aus der inneren Krise in Deutschland. Im Grunde genommen paßte sich Hindenburg bloß den Erfordernissen der Tagespolitik an, denn große außenpolitische Entscheidungen wie in den Jahren vor 1930 bestimmten längst nicht mehr das politische Tagesgeschäft der Reichsregierung. Jetzt waren es innen- und wirtschaftspolitische Probleme, mit denen er sich notgedrungen auseinandersetzen mußte.

In seiner Regierungserklärung vom 4. Juni 1932 postulierte Papen dann auch ganz offen, daß die „Grundlage und Voraussetzung" für eine effektive Außenpolitik nur durch die „Herbeiführung der innenpolitischen Klarheit"[146] zu erreichen sei. Allerdings ließ er auch durchblicken, daß sich an der Substanz und Methode der Außenpolitik nichts ändern werde. Nur mußte in Lausanne seiner Ansicht nach den anderen Staaten verdeutlicht werden, daß eine endgültige Reparationsregelung im Interesse der gesamten europäischen Wirtschaft läge[147]. Daß die neue Regierung ohne Zögern Brüning in die außenpolitische Verantwortung nehmen wollte und nach dessen Absage von Neurath zum Außenminister bestellte, wurde nicht nur im Ausland mit Beruhigung zur Kenntnis genommen[148], sondern gab vor allem Hindenburg die Sicherheit, daß die Kontinuität der deutschen Außenpolitik gewährleistet war.

[o.O.] 07.02.1949 [Durchschläge einer Abschrift], BA Koblenz, Kl.Erw., Bd. 242/6 [S. 16f.] (Henning Graf v. Borcke-Stargordt - Schriftwechsel mit General a.D. Hans-Henning von Holtzendorff 1946/1949-1956).

[144] So JOACHIM PETZOLD, Franz von Papen, a.a.O., S. 63.

[145] „[...] Für Schleicher hatte der Primat der Innenpolitik durch die Lage Zwangscharakter bekommen [...]". So RUDOLF PFEIFFER, Die deutsch-britischen Beziehungen, a.a.O., S. 10. ANDREAS HILLGRUBER: Kontinuität und Diskontinuität in der deutschen Außenpolitik von Bismarck bis Hitler, Düsseldorf 1969, S. 22.

[146] Schulthess' Europäischer Geschichtskalender 1932, S. 99

[147] „[...] Was endlich die Außenpolitik der neuen Regierung betrifft, so bleibt ihr Kurs unverändert [...]". Schreiben RK v. Papen an BS des Heiligen Stuhl v. Bergen, Berlin, 06.06.1932, in: ADAP, B-XX, Dok.-Nr. 111, S. 243.

[148] STEN NADOLNY, Abrüstungsdiplomatie 1932/33, a.a.O., S. 158f.

D. Hindenburgs außenpolitische Inaktivität in der Konsolidierungsphase des NS-Regimes

I. Die außenpolitischen Konditionen an Hitler

Solange Hindenburg das Reichspräsidentenamt bekleidete, zählten das Auswärtige Amt und alle Fragen der auswärtigen Politik ohne Einschränkung zu seiner speziellen Domäne. Selbst Hitler mußte die Erfahrung machen, daß er auf diesem Terrain ohne seine Zustimmung vorerst nur wenig ausrichten konnte. Unter Hindenburgs Präsidentschaft schien ein Einlenken und Eingreifen in das deutsche Außenressort mit zu großem Aufwand verbunden und mit unkalkulierbaren Risiken behaftet[149]. Gleichermaßen bewußt wie gezielt verknüpfte der Marschallpräsident die Ernennung Hitlers zum „Reichskanzler" mit der einschneidenden Auflage, daß alle Angelegenheiten mit dem Betreff ‚Reichswehr', ‚Auswärtiges Amt' und ‚Besetzung der Auslandsposten' ausschließlich seiner Entscheidung vorbehalten bleiben[150]. Demzufolge waren alle Veränderungen im Auswärtigen Amt, ob sie nun die deutschen Botschafter- oder Gesandtenposten betrafen, einzig und allein von seiner Zustimmung abhängig[151]. Hierüber konnte Hitler nicht im entferntesten überrascht gewesen sein, hatte ihm Hindenburg doch bereits am 21. November 1932 unverblümt zu verstehen gegeben, daß er einer Regierungs- und Mehrheitsbildung nur unter bestimmten Voraussetzungen zustimmen werde. Neben innen- und wirtschaftspolitischen stellte er ganz gezielt außenpolitische Forderungen voran, die er Hitler kurz darauf sogar in schriftlicher Form präsentierte:

„[...] Persönlich halte ich mir die endgültige Zustimmung zu einer Ministerliste vor. Die Besetzung des Auswärtigen Amts und des Reichswehrministeriums ist in Wahrung meiner

---

[149] So HANS-ADOLF JACOBSEN: Nationalsozialistische Außenpolitik 1933-1938, Frankfurt a. M./Berlin 1968, S. 466.
[150] Vgl. HENRY PICKER: Hitlers Tischgespräche im Führerhauptquartier 1941-1942, Hrsg.: Percy Ernst Schramm, Stuttgart 1963, S. 368. Sowie HANS SERAPHIM, a.a.O., S. 466. Darüber hinaus setzte er seine „generelle Billigung der Ministerliste" voraus. Siehe GERHARD SCHULZ, Von Brüning zu Hitler, Bd. III, 1992, a.a.O., S. 1020. Verhandlungsniederschrift betr. Vernehmung v. Neurath, Nürnberg, 22.07.1946, in: IMG, Bd. XIX, S. 153.
[151] HEINZ GÜNTER SASSE: Zur Geschichte des Auswärtigen Amtes, in: 100 Jahre Auswärtiges Amt 1870-1970, Hrsg.: Auswärtiges Amt Bonn 1970, S. 40 u. H.-A. JACOBSEN, a.a.O., Nationalsozialistische Außenpolitik, a.a.O., S. 466. Cf. BRACHER, Die Auflösung der Weimarer Republik, a.a.O., S. 581ff.

verfassungsmäßigen Rechte als völkerrechtlicher Vertreter des Reichs und Oberbefehlshaber des Reichsheeres Sache meiner persönlichen Entscheidung. [...]"[152].

Tatsächlich vermochte Hindenburg durch beharrliches Festhalten an seinen Prärogativrechten Hitlers vorläufig anvisiertes Ziel, den Auswärtigen Dienst mit nationalsozialistisch gesinnten Beamten zu infiltrieren, zu blockieren. Hitler beugte sich gezwungenermaßen und nur widerstrebend den Realitäten, wohlwissend, daß ihm, solange Hindenburg im Amt war, auf dem auswärtigen Sektor einstweilen die Hände gebunden waren[153]. Darüber hinaus machte der Reichspräsident die Ernennung Hitlers zum „Reichskanzler" von zwei weiteren Bedingungen abhängig, mit denen er in aller Deutlichkeit signalisierte, daß er seinen außenpolitischen Einfluß auch unter einer von Hitler geführten Regierung zumindest auf personellem Gebiet gesichert sehen wollte. Der neue Regierungschef wurde angehalten, nicht nur Papen zum Vizekanzler ins Kabinett zu berufen, sondern daneben auch den amtierenden Außenminister von Neurath mit der Führung der Geschäfte des Auswärtigen Amtes erneut zu beauftragen[154]. Im übrigen rang Hindenburg dem *böhmischen Gefreiten* [155] noch eine weitere Konzession ab. Vereinbart wurde, daß er bei ihm nur in Gegenwart Papens Vortrag halten durfte. Auf diesem Wege erhoffte sich Hindenburg eine größere Handlungs- und Meinungsbildungsfreiheit zu bewahren und Papens politische Positi-

---

[152] Aufzeichnung über die Besprechung des Herrn Reichspräsidenten mit Herrn Adolf Hitler am 21. November 1932, BA-MA Freiburg i. Br., NL Schleicher, N 1042/31 [S. 32]. Bereits bei ihrem ersten Zusammentreffen am 13. August 1932 hatte Hindenburg betont, daß er in der Außenpolitik unter allen Umständen Auseinandersetzungen mit anderen Staaten vermeiden wolle. Eidesstattliche Erklärung Otto Meissner, 28.11.1945 [Abschrift], Niedersächsisches Hauptstaatsarchiv Magazin Pattensen (bei Hannover), Verfahrensakten Oskar v. Hindenburg, Nds. 171, Lüneburg, Nr. 689-694 / Paketnummer: 16689.

[153] Ernst Hanfstaengl, der einmal zufällig Zeuge einer Unterhaltung zwischen Hitler und Goebbels wurde, notierte hierzu: „[...] Durch die offene Tür des Eßzimmers in der Reichskanzlei hörte ich eines Abends Hitler sagen: ,Solange der alte Herr [Hindenburg] lebt, kann ich zwei Dinge nicht in die Hand bekommen: die Armee und das Auswärtige Amt' [...]". ERNST HANFSTAENGL: 15 Jahre mit Hitler. Zwischen Weißem und Braunem Haus. Memoiren eines politischen Außenseiters, München 1980 (2. Aufl.), S. 307. SÖREN DENGG, Deutschlands Austritt aus dem Völkerbund, a.a.O., S. 423. HEINZ GÜNTHER SASSE: 100 Jahre Botschaft in London. Aus der Geschichte einer Deutschen Botschaft, Bonn 1963, S. 64.

[154] Die von Hindenburg auferlegte Verpflichtung, v. Neurath ins Kabinett zu übernehmen, kam, so ein unmittelbar beteiligter Zeitzeuge, einem politischen Testament an Hitler gleich. Siehe OTTO DIETRICH: 12 Jahre mit Hitler, München 1955, S. 40.

[155] Nach Aussage von Oskar v. Hindenburg soll sein Vater diesen Ausdruck in seiner Gegenwart nie gebraucht haben. Zudem sei dieser Terminus unpräzise, da Hitler nie in Böhmen gedient habe. Sein Vater habe dies gewußt. Siehe Protokoll der mündlichen Verhandlung in dem Entnazifizierungsverfahren gegen Generalleutnant a.D. Oskar v. Hindenburg, Uelzen, 14.03.1949 (3. Verhandlungstag) [Kopie], BA Koblenz, NL Schwertfeger, N 1015, Bd. 264, S. 58.

on als Vertrauensperson und Vizekanzler zu stärken[156]. Mit seinen Konditionen verdeutlichte er dem „Reichskanzler" unmißverständlich zugleich seinen Wunsch nach außenpolitischer Kontinuität; ebenso bekundete er nachhaltig sein Interesse, an der Gestaltung der Außenpolitik auch weiterhin teilhaben zu wollen. Daß Hitler schließlich diese beiden Forderungen akzeptierte und ihm in der Personalpolitik des Auswärtigen Amtes und in reichswehrpolitischen Fragen die alleinige Entscheidungskompetenz überließ, hatte taktische Hintergründe.

II. Hitlers taktisches außenpolitisches Kontinuitätskonzept

In der Konsolidierungsphase des nationalsozialistischen Regimes spielte die Außenpolitik eine zunächst nur untergeordnete Rolle[157]. Alle Fragen und Angelegenheiten mit „auswärtigem" Betreff hatten den innenpolitisch anvisierten „Gleichschaltungsmaßnahmen" vorerst Platz zu machen. In Hitlers Plan oblag es der Innenpolitik, Deutschland innerhalb von vier Jahren im nationalsozialistischen Sinne umzugestalten; erst danach sollte eine Hinwendung zur Außenpolitik erfolgen[158]. Diesen Kurs deutete er schon am 27. Januar 1932 an, als er sich bei einem Vortrag vor westdeutschen Wirtschaftsexperten vom Brüningschen *Primat der Außenpolitik* offen distanzierte. Dieser müsse zugunsten des Primats der „Wiederherstellung eines gesunden, nationalen und schlagkräftigen deutschen Volkskörpers"[159] weichen. Mit anderen Worten sollte eine „totalitäre In-

---

[156] „Statements über Brüning und Hindenburg" von Hermann Pünder, 1964, HA Köln, NL Pünder, Best. 1304/852 [S. 4]. Verhandlungsniederschrift betr. Vernehmung v. Neurath, Nürnberg, 22.06.1946, in: IMG, Bd. XVI, S. 665 u. Bd. XIX, S. 153. FRANZ V. PAPEN, Wahrheit, S. 265. Einmal hätte der Reichspräsident Papens Abwesenheit beinahe zum Anlaß genommen, den großen Empfang für das Diplomatische Korps und der Reichsregierung abzusagen. FRITZ GÜNTHER V. TSCHIRSCHKY, Erinnerungen, a.a.O., S. 117 u. 234.

[157] Um es in Worten von KARL DIETRICH BRACHER auszudrücken, stand sie [die Außenpolitik] ganz im „Schatten" der Innenpolitik. Siehe DERS.: Die deutsche Diktatur. Entstehung - Struktur - Folgen des Nationalsozialismus, Frankfurt a. M./Berlin/Wien 1979 (6. Aufl.), S. 349.

[158] RUDOLF NADOLNY: Mein Beitrag. Erinnerungen eines Botschafters des Deutschen Reiches, Hrsg.: GÜNTER WOLLSTEIN, Köln 1985, S. 239. Ferner soll „Reichskanzler" Hitler nach Nadolnys Worten erklärt haben, daß das Auswärtige Amt eine Behörde sei, die nach alten Regeln verwaltet werde. Schließlich müsse er doch „nach oben Rücksicht" nehmen, womit fraglos der Reichspräsident gemeint war.

[159] „[...] So sehe ich denn das Mittel des deutschen Wiederaufstiegs im Unterschied zu unserer offiziellen Regierung nicht im Primat der deutschen Außenpolitik, sondern im Primat der Wiederherstellung eines gesunden, nationalen und schlagkräftigen Volkskörpers. [...]". Vortrag Adolf Hitler vor westdeutschen Wirtschaftlern im Industrie-Klub zu Düsseldorf, 27.01.1932, in: Hitler - Reden, Schriften, Anordnungen. Februar 1925 bis Januar 1933, Bd. IV: Von der Reichs-

nenpolitik" in den Dienst der neuen Außenpolitik treten. Der „unlösliche" Konnex von Innen- und Außenpolitik war nur allzu offensichtlich[160], denn die taktische Anwendung des innenpolitischen Primats sollte den inneren Konsolidierungsprozeß beschleunigen und den aggressiven Charakter seines langfristigen außenpolitischen Konzepts obendrein für eine Zeitlang überdecken[161]. Den militanten und kriegsorientierten Kern seiner Außenpolitik wußte Hitler gegenüber dem Auswärtigen Amt und dem Reichspräsidenten vorerst geschickt zu verbergen, obgleich er mehrfach vor Generälen und in Gegenwart von Vertrauenspersonen kein Geheimnis aus seinen expansionistischen außenpolitischen Zielen machte[162]. Von alledem hätte Hindenburg wohl nur Kenntnis bekommen können, wenn er Hitlers „Mein Kampf" studiert oder wenn ihn jemand über den Inhalt dieses Buches informiert hätte. Vermutlich hätte er aber den dort aufgeführten Eroberungsplänen sowie militärischen Fernzielen und wirren Gedankengängen Hitlers kaum Glauben geschenkt oder sie als Hirngespinste abgetan[163]. So jedoch mußte er die innenpolitische Situation Deutschlands und Hitlers außenpolitischen Absichten völlig falsch einschätzen, woran lancierte Falschmeldungen und sein naives Vertrauen in Hitler und von Neurath, daß diese den Ausschreitungen der nationalsozialistischen Bewegung konsequent entgegenwirken würden, ihren Anteil hatten[164]. Dabei ging Hindenburg, was die innen- und außenpolitischen Präferenzen betraf, von der umgekehrten Prämisse aus. Seiner Auffassung nach mußte Deutschland darauf hinarbeiten, zunächst

---

tagswahl bis zur Reichspräsidentenwahl Oktober 1930-März 1932. Teil 3: Januar 1932-März 1932, Hrsg.: Institut für Zeitgeschichte, München 1997, Dok.-Nr. 15., S. 110.

[160] KARL DIETRICH BRACHER, Diktatur, a.a.O., S. 315.

[161] Hierzu siehe auch KARL DIETRICH BRACHER: Das Anfangsstadium der Hitlerischen Außenpolitik, in: VfZ, Bd. 5 (1957), S. 66f.

[162] Hierzu siehe AXEL KUHN: Hitlers außenpolitisches Programm. Entstehung und Entwicklung 1919-1939, in: Stuttgarter Beiträge zur Geschichte und Politik, Bd. 5, Stuttgart 1970, S. 143f.

[163] Hierzu siehe EBERHARD JÄCKEL: Hitlers Weltanschauung. Entwurf einer Herrschaft, Stuttgart 1986 (3.Aufl.).

[164] Daß Hitler es verstanden hatte, den Reichspräsidenten zu umgarnen, geht aus folgenden Zeilen einer privaten Zuschrift Hindenburgs hervor. Dort schrieb er in völliger Verkennung der wahren Ziele Hitlers: „[...] Dass im Vaterlande ein Umschwung zum Besseren eingetreten ist, hat die Feier in der Potsdamer Garnisonskirche gezeigt. Ich danke Gott, dass wir nach langjähriger nicht leichter Arbeit so weit gekommen sind. [...]". Schreiben Rpräs. v. Hindenburg an August v. Cramon, Berlin, 23.10.1933, BA-MA Freiburg i. Br., NL v. Cramon, N 266/25 [S. 1ff.]. Eine beglaubigte Abschrift findet sich im: Niedersächsischen Hauptstaatsarchiv Magazin Pattensen (bei Hannover), Verfahrensakten Oskar v. Hindenburg, Nds. 171, Lüneburg, Nr. 689-694 / Paketnummer: 16691 [S. 165].

„nach außen hin" zur Ruhe zu kommen; erst anschließend galt es, „im Innern bessere Zustände" zu schaffen[165].

Zu seinen Lebzeiten richtete sich Hitler zumindest scheinbar nach den außenpolitischen Vorstellungen Hindenburgs, indem er dessen Faible für Fragen der Reichswehr und des Auswärtigen Amtes offen tolerierte. Solange Hindenburg an der Spitze der Staates stand, hielt Hitler sich an sein anfangs gegebenes Versprechen und überließ ihm die Kontrolle über beide Ressorts. Wenn der „Reichskanzler" außenpolitische Angelegenheiten zur Disposition stellte, dann waren der Reichspräsident und Außenminister von Neurath die beiden ersten zu konsultierenden Gesprächspartner, ohne die er keine definitive außenpolitische Entscheidung – zumindest zu diesem Zeitpunkt – fällte[166]. Bei alledem begegnete Hitler dem Reichspräsidenten, den er respektvoll als „alten Herrn" bezeichnete, mit demonstrativer und teils serviler Hochachtung[167].

Bei all seinen Vorträgen im Palais, in denen Hitler den Reichspräsidenten über die außenpolitischen Zielvorstellungen seiner Regierung orientierte, beschwor er die friedliche Ausrichtung seiner Außenpolitik so überzeugend[168], daß Hindenburg wirklich an ihre Fortsetzung im Sinne der vorangegangenen Präsidialkabinette glaubte. Er sollte sich täuschen. Spätestens mit dem „Röhm-Putsch", dem zahlreiche Personen zum Opfer fielen, die Hindenburg gekannt und geschätzt hatte, darunter Kurt von Schleicher, mußte er den aggressiven innen- sowie außenpolitisch verflochtenen Charakter von Hitlers taktischem Ränkespiel durchschaut haben. Vielleicht hatten ihm die Ereignisse des Sommers

---

[165] „[...] Es ist eine kritische Zeit nach aussen wie nach innen. Wir müssen zunächst nach aussen hin zur Ruhe kommen und brauchen daher etwas Zeit, um auch im Innern bessere Zustände zu schaffen. Ich bin überzeugt, dass der Herr „Reichskanzler" den besten Willen hat und nur im Interesse des Vaterlandes und reinen Herzens nur im Sinne der Gerechtigkeit arbeitet. Seine Unterführer schlagen leider noch oft über die Stränge, aber das wird sich mit der Zeit wohl auch beseitigen lassen. [...] Ich bin überzeugt, dass auch er den Willen hat, hier allmählich Besserung zu schaffen. Wir wollen nicht vergessen, welchen nationalen Aufschwung uns die neue Bewegung gebracht hat. Diesen grossen Vorteil müssen wir festhalten, und die Auswüchse müssen wir allmählich beseitigen [...]". Aufzeichnung bezgl. Besprechung Rpräs. v. Hindenburg mit RWM v. Hugenberg und stellvertretenden Führer der DNVP, Berlin 17.05.1933 [Durchschlag], BA Koblenz, NL Hugenberg, N 1231 [S. 174f.].
[166] Siehe „Notizen aus dem Leben des Reichsprotektors Constantin Hermann Frhr. v. Neurath" [Durchschlagexemplar eines Manuskripts], BA Koblenz, NL v. Neurath, N 1310/177 [S. XXXII].
[167] „[...] Ich glaube, daß der alte Feldmarschall von Hindenburg der einzige Mensch in Hitlers Leben gewesen ist, der effektiv Einfluß auf ihn besessen hat. [...]". Siehe OTTO DIETRICH: 12 Jahre mit Hitler, München 1955, S. 40 u. 41. Dietrich fungierte von 1933 von 1945 unter Hitler als Reichspressechef. Noch unter dem Eindruck der Ereignisse schrieb Dietrich während seiner britischen Gefangenschaft besagtes Oeuvre.
[168] OTTO MEISSNER, Erinnerungen eines Staatssekretärs, a.a.O., S. 325f.

1934, die mit dem „Juli-Putsch" in Österreich ihren Höhepunkt fanden, wirklich „den Rest gegeben", wie sein Sohn Oskar es einst darstellte[169]. Fakt war aber nun einmal, daß er den „Reichskanzler" in einem offiziellen Telegramm zu der Aktion gegen Röhm beglückwünschte. Was ihn immer dazu auch veranlaßt hat – effektiven Widerstand konnte er dieser Entwicklung ohnehin nicht mehr entgegensetzen, da sich die bei ihm vermehrt auftauchenden körperlichen Störungen nun zu einer ernsthaften Erkrankung verdichteten, die seine physischen und damit auch psychischen Aktivitäten zusehends lähmten[170].

Daß es in nationalsozialistischen Kreisen wohl durchdachtes Kalkül gewesen sein mag, Hindenburg in innenpolitischer Hinsicht zu instrumentalisieren und ihm im Gegenzug, sozusagen als Kompensation, das Feld der Außenpolitik zu überlassen, ist ein nicht ganz abwegiger Gedanke. Tatsache ist dennoch, daß der Reichspräsident in der Konsolidierungsphase des NS-Regimes, die auch während der letzten Monate seiner Präsidentschaft noch nicht abgeschlossen war, mehr auf innenpolitischer Ebene beansprucht wurde, obwohl er in außenpolitischer Richtung durchaus Freiräume hatte und sein Einfluß auf das Auswärtige Amt und die Reichswehr nach wie vor bestehen blieb. Demzufolge mußte er den Eindruck gewinnen, daß die außenpolitische Linie unverändert war.

Bestätigung erfahren haben dürfte Hindenburg sicherlich auch durch den Runderlaß des Staatssekretärs der Außenbehörde von Bülow, der an alle deutschen diplomatischen Vertretungen gerichtet war[171]. Darin wurden die deutschen Missionsleiter angewiesen, wegen der Bildung des Kabinetts Hitler „auf bisherige Auslandskommentare beruhigend einzuwirken" und mit einer gezielten Sprachregelung darauf hinzuweisen, daß die Kontinuität in der deutschen Außenpolitik gewährleistet bleibe[172].

---

[169] So nach einer Äußerung Oskar v. Hindenburgs gegenüber MAGNUS V. BRAUN. Siehe DERS., Von Ostpreußen bis Texas, a.a.O., S. 265.
[170] Als der damalige Außenminister v. Neurath am 19.07.1934 nach Berlin flog, um dem Reichspräsidenten über die aktuelle politische Entwicklung zu referieren, war Hindenburg schon so geschwächt, daß er seinen Ausführungen kaum noch folgen konnte. Siehe „Notizen aus dem Leben des Reichsprotektors Constantin Hermann Frhr. v. Neurath" [Durchschlagexemplar eines Manuskripts], BA Koblenz, NL v. Neurath, N 1310/177 [S. XXXVIII].
[171] Abgesehen von den Vertretungen in San Domingo und Panama.
[172] Telegramm Runderlaß StS v. Bülow, Berlin, 30.01.1933, ADAP, C-I-1, Dok.-Nr. 1, S. 1. GÜNTER WOLLSTEIN, Vom Weimarer Revisionismus zu Hitler, a.a.O., S. 29. SÖREN DENGG, Deutschlands Austritt aus dem Völkerbund, a.a.O., S. 197. WIPERT V. BLÜCHER: Gesandter zwischen Diktatur und Demokratie. Erinnerungen aus den Jahren 1935-1944, Wiesbaden 1951, S. 287.

III. Sukzessiver Kontroll- und Machtverlust

1. Der schweigsame Vertragspartner und Unterzeichner des Reichskonkordats vom 20. Juli 1933

Bemerkenswert und zugleich frappierend ist Hindenburgs Rolle beim Reichskonkordat vom 20. Juli 1933. Mit diesem Vertrag schlossen die deutsche Regierung und der Vatikan eine Vereinbarung zur dauernden Regelung der gegenseitigen Beziehungen. Von besonderer Wichtigkeit war der erste Artikel, in dem das Deutsche Reich für die Freiheit des Bekenntnisses und der öffentlichen Ausübung der katholischen Religion bürgte[173] und somit die Religionsfreiheit zusicherte. Zweifelsohne konnte Hitler mit diesem Abkommen nicht nur einen ersten außenpolitischen Erfolg und Prestigegewinn verbuchen[174], sondern auch seine Kritiker, die ihm berechtigterweise Kirchenfeindlichkeit vorhielten, wenigstens pro forma eines Besseren belehren. Berlin errang einen Abschluß von hohem moralischen Anspruch, der Deutschland vorerst aus seiner außenpolitischen Isolierung befreite, die infolge des Terrors gegen die Juden und gegen politisch Andersdenkende entstanden war[175].

Bedanken mußte Hitler sich bei seinem Vizekanzler Papen, der seine guten Beziehungen zum Vatikan geschickt auszuspielen verstand und es in den Verhandlungen mit Nuntius Pacelli an Verve nicht missen ließ[176]. Endlich einmal konnte er unter Beweis stellen, daß auch er, der so gerne Außenminister geworden wäre[177], über diplomatische Qualitäten verfügte.

Auch wenn Hindenburg in seiner verfassungsmäßigen Funktion als völkerrechtlicher Vertreter des Deutschen Reiches beim Reichskonkordat in der Präambel als Vertragspartner angeführt wurde[178] und besagtes Aktenstück höchst-

---

[173] Konkordat zwischen dem Heiligen Stuhl und dem Deutschen Reich (gez. von Eugenio Cardinale Pacelli, Franz v. Papen), Rom, 20.07.1933, in: ADAP, C-I-2, Dok.-Nr. 371, S. 662 [Artikel 1].

[174] Nach JÖRG V. UTHMANN war dieser Abschluß ein „unleugbarer Erfolg" der nationalsozialistischen Außenpolitik. Siehe DERS.: Die Diplomaten. Affären und Staatsaffären von den Pharaonen bis zu den Ostverträgen, S. 51.

[175] JOACHIM PETZOLD, Franz von Papen, a.a.O., S. 193.

[176] Schreiben Dt. BS v. Bergen (Rom) an RAM v. Neurath, Rom, 03.07.1933, PA AA Bonn, Botschaft Washington D. C., 1267, Bd. 1, H 8125/E 581652. Bergen weiter: „[...] die Erledigung offizieller Konkordatsverhandlungen in vier Sitzungen ist ein Rekord und Novum [...]".

[177] So nach Aussage seines Sekretärs. Aufzeichnung H. Krausnick über Unterredung mit Fritz Günther v. Tschirschky, München, 03.10.1954 [Original], IfZ München, Zeugenschriften, ZS 568 [S. 1].

[178] Siehe Einleitung zum Konkordat zwischen dem Heiligen Stuhl und dem Deutschen Reich, gez.: Eugenio Cardinale Pacelli, Franz v. Papen, Rom, 20.07.1933, in: ADAP, C-I-2, Dok.-Nr. 371, S. 662ff.; Die Tatsache, daß der Name des Reichspräsidenten in der Präambel angeführt wurde,

persönlich gegenzeichnete, fand seine Person während der ganzen Verhandlungsphase kein einziges Mal namentliche Erwähnung[179]. Seine Depesche an Papen, in der er den Vizekanzler zu seinem erfolgreichen Vertragsabschluß beglückwünschte[180], scheint wirklich sein einzig aktiver Beitrag zu diesem Kontrakt gewesen zu sein. Dennoch kann davon ausgegangen werden, daß er die Vertragsabwicklung auch aus religiösen Motiven begrüßt hat, in der Hoffnung, daß das Deutsche Reich so im christlichen Sinne den richtigen Weg einschlage, um zu einem Teil der Völkergemeinschaft zu werden[181]. Gewiß entsprach das Abkommen vom Inhalt her größtenteils seinen Vorstellungen, womit aber seine passive Haltung nicht alleine erklärt werden kann. Vielmehr scheint seine Rolle beim Reichskonkordat die These zu untermauern, daß er nach Brünings Demission seinen Einfluß in der Außenpolitik darauf reduzierte, Vertrauenspersonen wie etwa von Neurath oder Papen[182], von denen er sich bestens vertreten fühlte, entsprechend zu delegieren und zu instruieren.

2. *Zustimmung zum Völkerbundsaustritt als Replik auf die fehlgeschlagene Genfer Abrüstungspolitik*

Die wohl deutlichste Zäsur einer außenpolitischen Neuorientierung Berlins nach dem Ableben Stresemanns wurde am 14. Oktober 1933 mit dem Austritt Deutschlands aus dem Genfer Völkerbund markiert[183]. Das von Hitler initiierte und systematisch vorbereitete Verlassen der Abrüstungskonferenz, das im In- und Ausland allgemeine Überraschung hervorrief, war für sich genommen weder spektakulär noch sensationell, da bereits andere Staaten zuvor dieselbe Kon-

---

weist darauf hin, daß er zum Vertragsabschluß beigesteuert hatte. Siehe FRITZ STEFFEN, Die Auswärtige Gewalt und der Reichspräsident, a.a.O., S. 86.

[179] Dito KALISCHER, Hindenburg, a.a.O., S. 206f.
[180] Vorangegangen war die Übersendung eines knappen Fernschreibens von Papen, in dem der Vize-Kanzler auf das gerade unterzeichnete Abkommen verwies und zugleich „die herzlichsten Wünsche" von Papst Pius XI. übermittelte. Auch an Hitler telegraphierte Papen zeitgleich [14.45 Uhr]. Seine Nachricht via Draht an den „Reichskanzler" gestaltete sich inhaltlich jedoch länger und von der Wortwahl her überschwenglicher. PA AA Bonn, Botschaft Washington D. C., Bd. 1, 1267, H 8125/E 581691. Hindenburgs Telegramm an Papen ist abgedruckt in: Schulthess' Europäischer Geschichtskalender 1933, a.a.O., S. 182.
[181] So FRITZ GÜNTHER V. TSCHIRSCHKY, Erinnerungen, a.a.O., S. 234.
[182] Zur Rivalität zwischen beiden siehe JOACHIM PETZOLD, Franz von Papen, a.a.O., S. 224.
[183] Der deutsche Austritt aus dem Völkerbund markierte nach KARL DIETRICH BRACHER ein „folgenschweres Ereignis", da nun „Hitlers Außenpolitik" begann. DERS., Die deutsche Diktatur, a.a.O., S. 316. AXEL KUHN spricht von einem „Wendepunkt der deutschen Außenpolitik". Siehe DERS., Hitlers außenpolitisches Programm, a.a.O., S. 146.

sequenz gezogen hatten[184]. Ermutigt durch den japanischen Austritt und bestärkt durch Außenminister von Neurath, kündigte Hitler mit seinem „ersten Coup"[185] an, daß er nun die Außenpolitik in eigene Hände nehmen wolle. Daher darf sein Vorgehen nicht getrennt von seinem langfristigen kriegsorientierten außenpolitischen Konzept gesehen werden. Für ihn war das Verlassen des Genfer Völkerbunds aus ideologischem und machtpolitischem Kalkül seit langem beschlossene Sache. Schon in seiner vielbeachteten moderaten „Friedensrede" vom 17. Mai 1933, die im In- und Ausland eine vorübergehende Beruhigung schuf, hatte er einen möglichen deutschen Völkerbundsaustritt angedeutet[186]. Letztlich ging es ihm nur noch darum, einen günstigen Zeitpunkt abzuwarten, um den geplanten Schachzug auch stichhaltig rechtfertigen und begründen zu können[187]. Lange mußte er nicht warten. Eine „glänzende" Gelegenheit zum Handeln bot sich ihm, als der britische Außenminister Simon einen auf Drängen Frankreichs hin modifizierten Entwurf des MacDonald-Plans vorstellte[188], dessen Auflagen für Berlin jedoch noch ungünstiger ausfielen. Daß Deutschland demzufolge erst nach einer achtjährigen Probezeit mit seiner militärischen Gleichberechtigung rechnen konnte, lieferte Hitler das entscheidende Argument, um den Alliierten die Schuld für seinen schon vor geraumer Zeit geplanten Schritt zuzuschieben[189]. Als Hitler, der selbstredend nicht gewillt war, sich irgendwelchen Rüstungsbeschränkungen zu unterwerfen, die Initiative ergriff und den Austritt verkündete, hatte er die Mehrheit der Deutschen auf seiner Seite. Wie indes der Reichspräsident auf seinen eingefädelten Austritt aus dem Völkerbund reagierte, lassen die vorliegenden Primärquellen unbeantwortet. Schenkt man den Worten Hitlers Glauben, dann hatte Hindenburg sein Vorhaben ohne Zögern lebhaft

---

[184] „[...] Es war der erste politische Akt ganz im Hitler'schen Stil der brüsken Überraschung. [...]". So HERMANN RAUSCHNING: Gespräche mit Hitler, Zürich/New York 1940, S. 101. Zur Vorgeschichte des Völkerbundsaustrittes siehe GÜNTER WOLLSTEIN, Vom Weimarer Revisionismus zu Hitler, a.a.O., S. 147ff.; Dito CHRISTINE FRASER: Der Austritt Deutschlands aus dem Völkerbund, seine Vorgeschichte und seine Nachwirkungen, Diss. Bonn 1969, S. 177ff.; GREGOR SCHÖLLGEN, Die Macht in der Mitte Europas, a.a.O., S. 92.

[185] JOACHIM FEST: Hitler - Eine Biographie, Frankfurt a. M/Berlin/Wien 1973, S. 602.

[186] Hitlers „Friedensrede" vor dem Reichstag, 17.05.1933, in: Schulthess' Europäischer Geschichtskalender 1933, S. 129-138. Dito CHRISTINE FRASER, Der Austritt Deutschlands aus dem Völkerbund, a.a.O., S. 222f.

[187] Unüberbrückbar waren die Diskrepanzen, die zwischen der politischen Idee des Völkerbundes und der völkischen Weltanschauung des Nationalsozialismus lagen. Hitlers Haß gegen die Genfer Institution resultierte aus seiner allgemeinen Antipathie gegen die demokratische parlamentarische Herrschaftsform, die im Völkerbund ihren stärksten Ausdruck fand. Siehe CHRISTINE FRASER, Der Austritt Deutschlands aus dem Völkerbund, a.a.O., S. 189, 192, 200 u. 205ff.

[188] Hierzu siehe SÖREN DENGG, Deutschlands Austritt aus dem Völkerbund, a.a.O., S. 119.

[189] Dito CHRISTINE FRASER: Der Austritt Deutschlands aus dem Völkerbund, a.a.O., S. 196.

begrüßt[190]. Aber laut Staatssekretär Meissners Version hatte er bei seiner Zusammenkunft mit dem „Reichskanzler", der vom Vizekanzler und vom Außenminister begleitet wurde, allerdings Zweifel an der Zweckmäßigkeit eines solchen Vorhabens angemeldet und vor möglichen negativen Reaktionen des Auslands gewarnt. Erst nachdem Hitler mit dem Argument aufwartete, daß die Genfer Institution kein Vertrauen verdiene, weil sie immer noch ein Instrument der Siegermächte zur Sicherung eigener Ansprüche sei, habe er seine Zustimmung gegeben[191]. Daß Hitlers eindringlichen Worte bei Hindenburg überhaupt Wirkung zeigten, hing damit zusammen, daß er den Völkerbund bereits in der Vergangenheit mehr denn einmal als Instrument der Siegermächte abgewertet hatte, das die Revision des Versailler Vertrages verhindere[192]. Hitler wußte von seiner tief verankerten Aversion gegen die „internationale Quatsch-" und „Schwatzbude"[193], wie Hindenburg sich über diese Institution auszudrücken pflegte, und von seiner Enttäuschung über die spärlichen Resultate der internationalen Abrüstungskonferenz in der Schweiz, die so groß war, daß ihn auch ein Rudolf Nadolny nicht mehr umstimmen konnte[194]. Hinzu kam, daß der

---

[190] HENRY PICKER, Hitlers Tischgespräche im Führerhauptquartier 1941-1942, a.a.O., S. 369. Nach einer Bemerkung Hitlers soll Hindenburg sich über den Völkerbundaustritt „herzlich gefreut" haben. Hierzu siehe auch FRIEDRICH HOSSBACH: Zwischen Wehrmacht und Hitler 1934-1938, Wolfenbüttel/Hannover 1949, S. 12: „[...] Von seinem Verhältnis zu Hindenburg sprach Hitler öfter [...]". Als er [Hitler] im Herbst 1933 den Vorschlag zum Austritt aus dem Völkerbund machte, habe Hindenburg seine Zustimmung mit den Worten begleitet, er könne nicht verstehen, was wir in dieser unproduktiven Schwatzbude wollten; die Mitgliedschaft sei eine teure, mehrere Millionen Jahresbeitrag kostende Angelegenheit. [...]". Dito OTTO DIETRICH, 12 Jahre mit Hitler, a.a.O., S. 41f.

[191] „[...] Der Reichspräsident ließ sich überzeugen, stellte seine Bedenken zurück und erklärte sich - nachdem von Papen und von Neurath Hitlers Vorschlag zugestimmt hatten - mit der Austrittserklärung einverstanden. [...]". OTTO MEISSNER, a.a.O., S. 335. In der Literatur wurde Hitlers (GÖRLITZ, Hindenburg, a.a.O., S. 416; LUCAS, Hindenburg, a.a.O., S. 128) und Meissners Version (MASER, Hindenburg, a.a.O., S. 352; BÜTOW, Hindenburg, a.a.O., S. 314) adaptiert.

[192] So WALTER GÖRLITZ, Hindenburg, a.a.O., S. 416.

[193] WOLFGANG STRESEMANN, Mein Vater, a.a.O., S. 356.

[194] Exakt einen Tag vor dem Austritt empfing der Reichspräsident Botschafter Nadolny. Über den Gesprächsinhalt schreibt dieser in seinen Memoiren, daß Hindenburg ihn beim Empfang mit den Worten begrüßt hatte: „[...] ‚Na, in Genf ist wohl nichts los?'. ‚Im Gegenteil', antwortete ich, ‚da ist sehr viel los, und ich werde ordentlich zu tun haben'. ‚So', sagte er, ‚na was ist denn los?' [...]". Zum Ärger von Nadolny wurde der Austritt aus dem Völkerbund über seinem Kopf hinweg vollzogen: „[...] Und ich schimpfte und war wütend bis zum Platzen [...]". Siehe RUDOLF NADOLNY, Mein Beitrag, a.a.O., S. 253f.; Hierzu siehe auch FRIEDRICH HOSSBACH, Zwischen Wehrmacht und Hitler, a.a.O., S. 12f.: „[...] Als Hitler kaum in seine eigenen Räume zugekehrt sei, wäre er nochmals zum Feldmarschall in die Reichskanzlei befohlen worden. Hindenburg habe ihn stehend in seinem Arbeitszimmer mit den Worten empfangen: ‚Herr Kanzler, Sie nehmen wahrscheinlich an, daß ich umgefallen bin. Das trifft aber nicht zu, son-

Reichspräsident ab 1931 für die deutsche Gleichberechtigung auf dem Verteidigungssektor eine besondere Sensibilität entwickelte[195]. Alle Anstrengungen, die weltweite Rüstung auf ein Mindestniveau zu reduzieren und dabei einen Rüstungsausgleich zwischen den hoch- und abgerüsteten Staaten herzustellen, waren in seinen Augen utopisch und kaum realisierbar. Insbesondere der vom britischen Premierminister MacDonald am 16. März 1933 vorgestellte und nach ihm benannte Abrüstungsplan, der in der Tat „ein völlig neues Moment" in die Verhandlungen einbrachte, löste beim Reichspräsidenten keine Begeisterung aus. Dabei kam dieser seiner Forderung nach einer Nivellierung des allgemeinen Rüstungsstandards noch am weitesten entgegen. Denn zum ersten Mal wurde die Rüstungsstärke der einzelnen Länder ganz konkret beschränkt, was für die alliierten Truppen eine Reduktion auf maximal 200 000 Mann pro Staat für einen Übergangszeitraum von fünf Jahren bedeutete[196]. Doch die weitere Entwicklung, allem voran der Simon-Plan, der die militärische Gleichberechtigung Deutschlands von einer mehrjährigen Bewährungsfrist abhängig machte, nährte nur Hindenburgs Skepsis. Gerade diese Skepsis machte sich Hitler zunutze. Unmittelbar nach seiner Besprechung mit dem Reichspräsidenten beraumte er eine Ministerbesprechung an, bei der er nicht nur den beabsichtigten Völkerbundsaustritt für den nächsten Tag ankündigte, sondern auch ausführlich auf dessen Vorgeschichte einging, um dann beiläufig zu erwähnen, daß auch der Reichspräsident seine Auffassung vollkommen teile[197].

Alles in allem war Hindenburgs Zustimmung zum Völkerbundsaustritt weder oktroyiert noch eine Konzession an Hitler. Sie war die logische Konsequenz aus seiner Grundüberzeugung, die obendrein, wie das von Hitler „unter gewaltigem Propagandaaufwand" inszenierte Plebiszit später zu bestätigen schien, von der deutschen Bevölkerungsmehrheit geteilt wurde[198]. Zum Gelingen dieses Referendums hatte im übrigen auch der Feldmarschall beigetragen, indem er einen Tag

---

dern ich wollte Sie nur von folgendem in Kenntnis setzen: Der Botschafter von Nadolny war bei mir und hat vor dem Austritt aus dem Völkerbund gewarnt; ich habe ihn an Sie verwiesen' [...]".

[195] Siehe Aufzeichnung StS Meissner [B.d.Rpräs.], Berlin, 27.07.1931, in: ADAP, B-XVIII, Dok.-Nr. 80, S. 155. Eine weitere Kopie des Dokuments lagert im BA Koblenz, R 43 I/98 [S. 276]. MARTIN LÜDERS: Der Soldat und das Reich. Paul von Hindenburg - Generalfeldmarschall und Reichspräsident, Leoni am Starnberger See 1961, S. 241.

[196] Näheres hierzu bei SÖREN DENGG, Deutschlands Austritt aus dem Völkerbund, a.a.O., S. 227f.; AXEL KUHN, Hitlers außenpolitisches Programm, a.a.O., S. 144ff.

[197] Aufzeichnung ORegRat Thomsen [Rkei], über Ministerbesprechungen am 13./14.10.1933, Berlin, in: AdR Kab. Hitler, Teil I, Bd. 1, Dok.-Nr. 230, S. 905. SÖREN DENGG, Deutschlands Austritt aus dem Völkerbund, a.a.O., S. 296.

[198] So JOACHIM FEST, Hitler, a.a.O., S. 603. BRACHER, Diktatur, a.a.O., S. 349. THEODOR ESCHENBURG: Die improvisierte Demokratie. Gesammelte Aufsätze zur Weimarer Republik, München 1963, S. 203.

vor dem Volksbegehren den beschwörenden Appell an das deutsche Volk richtete, möglichst geschlossen gegen die Abrüstungspolitik des Völkerbundes zu votieren, damit Deutschland „künftig niemals mehr als Nation zweiter Klasse" behandelt werde[199].

3. Die letzte Amtshandlung als Folge des ‚Röhm'- und ‚Juli'-Putsches

Infolge seiner ab Mai 1934 zunehmenden körperlichen Gebrechen konnte der mittlerweile bettlägerige Reichspräsident seinen kontrollierenden Einfluß auf die Außenpolitik nicht mehr in dem Umfang zur Geltung bringen, wie er dies noch Jahre zuvor eindrucksvoll demonstriert hatte. Obendrein ließ die innen- und außenpolitische Informationspolitik der neuen Regierung in jeder Hinsicht zu wünschen übrig. Mal wurde ihm nur ein Teil der außenpolitisch relevanten Nachrichten zugespielt, mal wurde er bewußt desinformiert[200]. Einen Hinweis darauf gibt Nadolnys Besuch im Palais, der sich im Mai 1934 für einen deutsch-russischen Vertrag aussprach, was Hindenburg offensichtlich in Erstaunen versetzte, da ihm Hitler Gegenteiliges nahegelegt hatte. Zwecks Aufklärung dieses Widerspruchs verlangte er von Nadolny eine umgehende Besprechung mit dem „Reichskanzler" und Außenminister von Neurath. Nadolnys Erklärung, daß beide zur Zeit außerhalb Berlins seien, nahm er mit Unwillen, ja sogar mit großer Verärgerung auf. Daß er offen durchblicken ließ, wie sehr er sich von allen Seiten allein gelassen fühlte[201], war ein Vorwurf, der durchaus seine Berechtigung hatte. In jeder Hinsicht folgenschwer war nämlich das Versagen des Vizekanzlers und des Außenministers, die sein Vertrauen, das er in sie gesetzt hatte, in keiner Weise rechtfertigten. So wie Papens Kontakt zu ihm nach dem 30. Januar immer

---

[199] „[...] Wir haben die Abrüstungskonferenz und den Völkerbund verlassen, nicht um damit gegen den Gedanken der friedlichen Verständigung unter den Völkern zu demonstrieren, sondern um der Welt zu zeigen, daß es mit der bisherigen Methode der Unterscheidung zwischen Siegern und Besiegten, zwischen gerüsteten und abgerüsteten Staaten, zwischen freien und unfreien Völkern nicht weitergehen kann, und um zu bekunden, daß eine wirkliche Verständigung und ein wahrer Frieden nur auf dem Boden der Gleichberechtigung möglich ist [...]". Siehe diverse Tageszeitungen vom 13.10.1933 (u.a. auch Deutsche Zeitung).

[200] Pressechef Funk beispielsweise verstand es geschickt, bei seinen allmorgendlichen Pressevorträgen „manche für Hindenburg politisch unerfreuliche Nachricht zu entschärfen oder so zu präsentieren, daß sie keinen Anstoß erweckte". So ALBERT SPEER: Erinnerungen, Frankfurt a. M./Berlin 1969, S. 67.

[201] Erst nachdem er in seinem Notizblock vermerkt hatte, daß diese Unterredung unbedingt nachgeholt werden müsse, gelang es Nadolny, ihn zu beruhigen. Siehe Aufzeichnung Dt. BS a.D. Nadolny [o.O., o.D.], [Original], PA AA Bonn, NL Nadolny, Bd. 17/1447 [S. 22].

spärlicher wurde[202], verlor auch sein Verhältnis zu Constantin von Neurath seinen vertrauten Charakter. Kam ihr vorletztes Zusammentreffen Mitte 1934 auf seinen besonderen Wunsch zustande[203], so ist nicht ganz klar, ob ihrer letzten Begegnung am 19. Juli in Neudeck eine Einladung seinerseits vorausgegangen war. Bei diesem Zusammentreffen jedenfalls rang Hindenburg dem Außenminister immerhin ein weiteres Mal das Versprechen ab, Hitler auch in Zukunft nicht das außenpolitische Feld alleine zu überlassen[204]. Was er aber nicht bemerkte, war, daß von Neurath seiner Einflußsphäre mittlerweile gänzlich entrückt war. Der von ihm ursprünglich als „Bremser" der Hitlerschen Dynamik vorgesehene Außenminister hatte sich längst den neuen Gegebenheiten so gut angepaßt und dem System untergeordnet[205], daß er für ihn einer der am schwersten erreichbaren Minister wurde[206].

An den wenigen bilateralen Abkommen des nationalsozialistischen Regimes, die während seiner Präsidentschaft vertraglichen Niederschlag fanden, hat Hindenburg nicht mitgewirkt. Hatte er noch beim Liquidationsabkommen mit Polen 1930 den Verhandlungsablauf entscheidend mitgestaltet, so war sein Anteil an der Unterzeichnung des aufsehenerregenden deutsch-polnischen Nichtangriffsabkommens vom Januar 1934 gleich null[207]. In den betreffenden Akten taucht sein Name noch nicht einmal auf. Es bedarf schon akribischer Recherche, um überhaupt eine Meinungsäußerung von seiner Seite hierzu auszumachen. Nur dank eines Hinweises des früheren polnischen Botschafters in Berlin, Józef Lipski[208], besteht zu der Folgerung Berechtigung, daß er die deutsch-polnische

---

[202] FRITZ GÜNTHER V. TSCHIRSCHKY, Erinnerungen, a.a.O., S. 239.
[203] Siehe bleistiftgeschriebenen Handzettel Rpräs. v. Hindenburg, 12.05.1934 [hdschr. Original mit Paraphe], BA Koblenz, NL v. Neurath, N 1310/96.
[204] JOHN L. HEINEMAN: Hitlers first foreign minister: Constantin Frhr. v. Neurath. Diplomat and Statesman, Berkeley/London 1979, S. 80. GÖRLITZ, Hindenburg, a.a.O., S. 424. Inhaltlich substantielles zu diesem Treffen ist nicht überliefert. Siehe KALISCHER, Hindenburg, a.a.O., S. 264.
[205] KARL DIETRICH BRACHER, Anfangsstadium der Hitlerischen Außenpolitik, a.a.O., S. 69f.
[206] Ein Zeitzeuge wirft v. Neurath in puncto Außenpolitik sogar völliges Unvermögen vor: „[...] Ich habe nie beobachtet, daß v. Neurath sich in der Außenpolitik betätigte, bei der einzigen größeren außenpolitischen Frage, die damals das Kabinett bewegte [...], schickte er vorsichtshalber seinen Ministerialdirektor, meinen früheren Assessor Ritter vor. [...]". So Karl Schwarzkopf Erinnerungsmanuskript 1920-1945 [Mikrofilm], BA Koblenz, Kl. Erw., S. 143.
[207] Vgl. CHRISTIAN HÖLTJE, Ostlocarnoproblem, a.a.O., S. 226.
[208] „[...] I also exchanged a few conventional words with President Hindenburg on the subject of Polish-German relations. The President also expressed his satisfaction with the agreement reached, adding that he hopes things will remain as they are. [...]". Schreiben Pol. BS JÓSEF LIPSKI an Roman Debicki (Director of the cabinett of the Polish foreign minister), 08.02.1934, in: DERS., Papers and Memoirs of Józef Lipski, a.a.O., S. 130.

Vereinbarung, die weltweit großes Staunen auslöste[209], anscheinend kritiklos zur Kenntnis genommen hat.

In seinen letzten Lebenswochen fristete Hindenburg auf seinem Familiengut in Ostpreußen ein abgeschiedenes Dasein. Abgeschottet durch seine Ärzte und einige Vertrauensleute Hitlers, die als Chargen hinter den Kulissen agierten, und geschwächt durch körperliche Gebrechen, wurde Neudeck für ihn zur „Quarantänestation"[210]. Fast jeder Antrag auf Audienz wurde ab Mitte 1934 abschlägig beantwortet, da er seinen Amtsgeschäften beim besten Willen nicht mehr nachgehen konnte. Daß sich sein Gesundheitszustand ab Ende Juni 1934 rapide verschlechterte[211], war wohl auch die Folge politischer Ereignisse. Denn vieles weist darauf hin, daß sein körperlicher Verfall durch die Vorkommnisse des 30. Juni 1934 und die des „Juli-Putsches" in Österreich beschleunigt wurde. Sosehr ihn der „Röhm-Putsch" erregte, der in der Ermordung Schleichers gipfelte und der beinahe sogar Papen das Leben gekostet hätte – noch tiefer trafen ihn die Vorgänge vom 25. Juli 1925 in Wien, als österreichische Nationalsozialisten einen Putsch initiierten, bei dem der österreichische Bundeskanzler Dollfuß einem Attentat zum Opfer fiel. Um den sich verschärfenden Spannungen zwischen Wien und Berlin, den kritischen Stimmen des Auslandes, vor allem aber der großen Beunruhigung Hindenburgs angesichts der Ermordung Dollfuß' und der Ereignisse des 30. Juni wirksam entgegenzutreten, wurde die Entsendung eines Diplomaten nach Wien, der in Lage war, die Wogen zu glätten, unumgänglich. Für Hitler und von Neurath war Franz von Papen für diese Mission förmlich prädestiniert. Papens konservativ-nationale Gesinnung und guten Kontakte zum Vatikan und Mussolini, insbesondere aber dessen enges Vertrauensverhältnis zum Reichspräsidenten machten ihn zum Garanten des Ausgleichs[212]. Doch letzten Endes kam die überstürzte Entsendung Papens nach Wien vor dem Hintergrund der Marburger Rede mehr einer Strafversetzung gleich, auch wenn dieser nur wunschgemäß seines Vizekanzleramtes enthoben wurde[213]. Gleichwohl

---

[209] SÖREN DENGG, Deutschlands Austritt aus dem Völkerbund, a.a.O., S. 309.
[210] „[...] The President seems entirely isolated and never says a word. [...]". Telegramm US-BS Dodd an US-Secretary of State Stimson, Berlin, 21.07.1934, in: FRUS, 1934, Vol. II, S. 240. Mal wurde er als „einziger Insasse" des „kleinsten Konzentrationslager" der Welt, mal als „Captif de son Chancelier" bezeichnet. So CARL SEVERING: Mein Lebensweg, Band II. Im Auf und Ab der Republik, Köln 1950, S. 404. ANDRÉ FRANÇOIS-PONCET, Als Botschafter in Berlin, a.a.O., S. 131. WHEELER-BENNET, Der hölzerne Titan, a.a.O., S. 455. BÜTOW, Hindenburg, a.a.O., S. 317.
[211] Siehe Protokoll der mündlichen Verhandlung in dem Entnazifizierungsverfahren gegen Generalleutnant a.D. Oskar v. Hindenburg, Uelzen, 16.03.1949 (3. Verhandlungstag) [Kopie], BA Koblenz, NL Schwertfeger, N 1015, Bd. 266 [S. 212].
[212] FRITZ GÜNTHER V. TSCHIRSCHKY, Erinnerungen, a.a.O., S. 215.
[213] Bei dieser überstürzt erfolgten Ernennung wurden sogar völkerrechtliche Regeln verletzt, weil man es nicht für nötig erachtete, daß Agrément der österreichischen Regierung einzuholen. JOACHIM PETZOLD, Franz von Papen, a.a.O., S. 238.

erwies sich seine Mission in anderer Hinsicht als überlegter Schachzug, konnte doch so der über den Putsch in Wien so echauffierte Generalfeldmarschall noch am wirkungsvollsten beruhigt werden. Hitler leitete dies mit der Entsendung seines Staatssekretärs Lammers nach Neudeck ein, der angehalten war, auf Hindenburg beschwichtigend einzuwirken[214] und ferner dafür Sorge zu tragen, daß er die Ernennungsurkunde Papens und das Beileidstelegramm an die österreichische Regierung gegenzeichnete. Nach den vorliegenden Augenzeugenberichten der beiden anwesenden Leibärzte Hindenburgs, Prof. Sauerbruch und Prof. Adam, war der angereiste „Unterminister" wohl davon ausgegangen, die ganze Angelegenheit zügig unter Dach und Fach bringen zu können. In Erwartung, daß der bettlägerige Reichspräsident die vorbereiteten Dokumente in seinem Bett unterzeichnen würde, stellte sich Staatssekretär Lammers auf eine kurze Stippvisite ein. Doch es sollte anders kommen. Hindenburg weigerte sich partout, den obligatorischen Staatsakt im Bett zu vollziehen und bestand darauf, den Staatssekretär in seinem Arbeitszimmer zu empfangen. Da ihm die behandelnden Ärzte das Aufstehen für den Vormittag untersagt hatten, mußte sich Lammers bis zur Teestunde in Geduld üben, bevor er ihm seine Aufwartung machen konnte. Mit großem Erstaunen wird Lammers zur Kenntnis genommen haben, daß der Reichspräsident ihn nicht nur mit korrekter Garderobe begrüßte, sondern mit ihm sogar eine halbe Stunde Konversation betrieb. Dabei setzte Lammers ihm gemäß Hitlers Order auseinander, daß sich auch der „Reichskanzler" von dem Staatsstreich in Österreich distanziere und ihn als eine Störung seiner Außenpolitik scharf verurteile. Nach Otto Meissners Darstellung verkehrte sich der von Hitler erwünschte Effekt, den Reichspräsidenten zu beruhigen, aber ins direkte Gegenteil. Denn dieser nahm Lammers Vortrag keineswegs mit Erleichterung auf, sondern zeigte sich „ziemlich bedrückt" und warnte eindringlich vor möglichen außenpolitischen Komplikationen mit Italien[215] oder anderen Mächten. Um dem vorzubeugen, entwickelte er jedoch keine Eigeninitiative, sondern beließ es dabei, das von Hitler diktierte und Lammers vorgelegte Beileidstelegramm mitsamt der Ernennungsurkunde Papens zu unterzeichnen[216]. Gewiß, Hindenburgs Kraftakt mag imponieren. Angetrieben von seinem Pflichtbewußtsein, seiner eisernen Disziplin, hat er den Verfassungseid selbst in seinen letzten Lebenstagen bewußt eingehalten und seinen Namenszug nur unter Ein-

---

[214] WALTER RAUSCHER, Hindenburg, a.a.O., S. 321.
[215] Vor negativen Reaktionen aus Italien warnte Hindenburg bereits im Sommer 1934 im Beisein Hitlers. An ihn appellierte er nachdrücklich, den Italienern nicht zu sehr zu trauen und eine enge Bindung mit ihnen auf keinen Fall einzugehen. SCHWERIN V. KROSIGK, Es geschah in Deutschland, a.a.O., S. 199; OTTO MEISSNER, Erinnerungen, a.a.O., S. 341f.; ALBERT SPEER, Erinnerungen, a.a.O., S. 85.
[216] OTTO MEISSNER, Erinnerungen, a.a.O., S. 363; RUGE, Hindenburg. Portrait, a.a.O., S. 428.

haltung der Etikette dem Papier anvertraut[217]. Daß mit seiner Hilfe kausal gesehen zugleich aber auch die Grundlagen für die spätere nationalsozialistische Macht- und Expansionspolitik gelegt wurden, war ihm nicht bewußt.

---

[217] Schreiben Prof. Dr. Hugo Adam an Walter Görlitz, Göttingen, 05.05.1953 [Original], BA-MA Freiburg i. Br., NL Walter Görlitz, N 1753/36. Ferdinand Sauerbruch, a.a.O., S. 403. Aus der Sicht Wolfgang Kalischers ist die Darstellung der Ereignisse durch Sauerbruch zu schön gefärbt und daher kaum glaubwürdig. Siehe KALISCHER, Hindenburg, a.a.O., S. 264 [Anm. 22]. Kaum bekannt und was Hindenburgs Ärzte im nachhinein verschwiegen hatten, war der körperliche Zusammenbruch Hindenburgs, den er unmittelbar nach dem Unterzeichnen des Dokuments erlitten haben soll. Hierzu siehe FRITZ GÜNTHER V. TSCHIRSCHKY, Erinnerungen, a.a.O., S. 223. Ob Papens Sekretär, der von diesen Vorfall in seinen Memoiren berichtet, bei dieser Besprechung zugegen war, kann aus dem Quellenzusammenhang nicht geschlossen werden. Vermutlich wird er von einer anderen Person davon Kenntnis erhalten haben.

Resümee

Es war in der Tat eine der Grotesken und eigenartigen Ironien der deutschen Geschichte, daß mit Paul von Hindenburg ausgerechnet ein Generalfeldmarschall des Ersten Weltkrieges das höchste Amt der ersten deutschen Republik bekleiden sollte, der ganz und gar nicht in die Epoche zu passen schien, in die er berufen wurde. Als Vertreter einer untergegangenen Ära und als wohl apolitischstes europäisches Staatsoberhaupt seines Zeitalters war ihm das Terrain der Außenpolitik und der Diplomatie so fremd wie deren Klaviatur und Instrumentarium. Gemessen an der politischen Eignung, Neigung und Erfahrung, die für das Reichspräsidentenamt und alle damit verbundenen Obligationen mitzubringen waren, war er der denkbar ungeeignetste Kandidat, der in die Verantwortung genommen werden konnte. Das Ausmaß seiner geringen Qualifikation für die hohe Bürde des Präsidentenamtes offenbart sich in aller Schonungslosigkeit, wenn die „außenpolitischen" Defizite addiert werden, die sich im Verlauf seiner Amtszeit herauskristallisierten. Faktoren wie seine apolitische Attitüde und seine militärische Denkweise sowie seine einseitig soldatisch-pflichtorientierte Amtsauffassung, die einem höchst eigenwilligen Charakter entsprangen, und sein auffallend anachronistischer Kanzlei- und Arbeitsstil prädestinierten ihn auch in innenpolitischer Hinsicht nicht gerade für das höchste Staatsamt der Weimarer Republik. Plakative und stereotype Ansichten über andere Nationen und Völker, die auf persönlichen Kriegserlebnissen fußten, prägten ein provinziell ausgerichtetes Weltbild, in dem für multikulturelle und supranationale Reflexionen oder Ideen kein Platz war. Aus diesen Vorstellungen entwickelten sich wachsende Vorurteile, die sein Denken maßgeblich bestimmen sollten. Seine notorische Antipathie gegen den Völkerbund und seine ausgebildete Aversion gegen Polen mögen für sich stehen.

Auch wenn aus Hindenburgs Vita hervorgeht, daß er in seiner OHL-Zeit mit außenpolitisch verwandten Fragen in Berührung gekommen war, so deutete am Anfang seiner Amtszeit nichts auf das ausgeprägte außenpolitische Engagement der Spätzeit hin. Um so mehr muß es überraschen, daß er, der unpolitische Staatsmann par excellence, trotz aller charakterlichen und stilistischen Eigenarten ein außenpolitisches Bewußtsein entwickelte, das ihn in die Lage versetzte, viele dieser Defizite zu überspielen und anderen Akteuren auf dem Außenressort Paroli zu bieten. Wenn der auswärtige Geschäftsbereich zum eigentlichen Quell respektive zur Domäne seiner politischen Arbeit werden konnte, wenn er der Außenpolitik offensichtlich größere Präferenzen als anderen Teilgebieten zugestand, dann rührte dies daher, daß für ihn der Kampf gegen die rigorosen Auflagen und Restriktionen des Versailler Vertrages absolute Priorität hatte: Seine Revision bildete die Prämisse und die Triebfeder all seiner außenpolitischen Aktivitäten. Es war ganz gewiß kein Zufall, daß seine erste und letzte Amtshandlung als Reichspräsident einen direkten außenpolitischen Bezug hatten.

In der Praxis zeigte sich schnell, daß für ihn der vielbeschworene Primat der Außenpolitik keine leere Phrase war, sondern richtungweisenden Charakter hatte. Zugute kam ihm hierbei, daß er als Staatsoberhaupt kraft weitreichender verfassungsrechtlich verankerter Befugnisse zumindest auf dem Papier in außenpolitischer Hinsicht der entscheidende Macht- und Entscheidungsträger war, dem quasi als einzigem zuständigen Organ die Ausübung der gesamten auswärtigen Gewalt zufiel.

Entgegen anderslautender Aussagen und kolportierter Gerüchte brachte Hindenburg zumindest die physischen und psychischen Voraussetzungen für das arbeitsreiche „Metier" des Reichspräsidenten mit, denn die eindeutige Majorität der in- und ausländischen Zeitzeugen, die ihm in persona begegnet waren, war nicht grundlos von seiner körperlichen und geistigen Vitalität angetan. Aber nicht allein deswegen wäre es deplaciert, ihn mit dem Attribut „unzurechnungsfähig" zu versehen, um seine und Entscheidungen so etwa zu verurteilen oder zu entschuldigen. Nein, aufgrund der vorliegenden Indizien, die gegen eine *Senilität* und daraus resultierende Unzurechnungsfähigkeit sprechen, darf er nicht aus der politischen und moralischen Verantwortung entlassen werden: Er trägt die volle historische Verantwortung für sein innen- und außenpolitisches Handeln. Dies um so mehr, als eine außenpolitisch orientierte *Kamarilla* nicht in Form eines homogenen Verbandes, sondern nur in Gestalt von Einzelpersonen existiert hat, die aber allesamt entschieden bestritten, jemals einen wesentlichen Einfluß auf ihn gehabt zu haben. Infolge des Fehlens einer homogen strukturierten „außenpolitischen" Clique gewannen gerade jene Beamten an Einfluß, die in amtlicher, sozialer, persönlicher oder räumlicher Nähe zu ihm standen. Dabei waren es Persönlichkeiten vom Schlage eines Brockdorff-Rantzau, der sehr zum Unwillen Stresemanns seine Immediatstellung beim Reichspräsidenten konsequent nutzte, oder Mitarbeiter wie der machtbewußte Staatssekretär Otto Meissner, der als hinter den Kulissen lavierende Einzelperson in außenpolitischer Beziehung nachweislich den stärksten Einfluß auf ihn ausübte.

Vermutlich hat es in der Geschichte der Diplomatie nur wenige Staatsoberhäupter gegeben, die während ihrer Amtszeit weder einen anderen Präsidenten oder Politiker im Ausland in natura erlebt noch einem bilateralen geschweige denn einen internationalen Vertragsabschluß vor Ort beigewohnt hatten. Daß dies auf Hindenburg zutraf, war dabei nicht allein Ausfluß seines von den Alliierten oktroyierten *Kriegsverbrecherstatus* oder die Folge fehlender körperlicher Vitalität. Vielmehr drückt diese Immobilität, die darin gipfelte, daß selbst sein

Aktionsradius innerhalb Berlins, wo er sich nur selten in diplomatischer Mission bewegte, auf das Notwendigste beschränkt war, nur einen Aspekt seiner anachronistischen Arbeitshaltung und -weise aus.

Als Staatsoberhaupt entwickelte er Eigenarten und Maximen, die in keinem Verhältnis zu seinem Amt standen und die offenlegen, wie stark er in den Traditionen des 19. Jahrhunderts verwurzelt und wie militärisch geartet seine Denkweise war. Im Gegensatz zu seinen ausländischen „Amtskollegen" pflegte er eine Technikfeindlichkeit und Medienscheu, die ihresgleichen suchte. Anstatt das für einen Politiker damals bereits übliche Telefon zur Hand zu nehmen, entwickelte er ein umständliches Notizzettelsystem, und anstelle eines Autos oder Flugzeugs benutzte er lieber die altbewährte Eisenbahn. Anstatt der in- und ausländischen Presse Rede und Antwort zu stehen, gewährte er ab Mitte 1928 ohne die Angabe von besonderen Gründen in- und ausländischen Zeitungs- oder Rundfunkreportern prinzipiell keine Interviews mehr und stellte sich auch nicht länger für Film- oder Photojournalisten in Pose. Da, wo alle anderen Politiker und Staatsoberhäupter die zur Verfügung stehenden technischen Hilfs- und Kommunikationsmittel konsequent nutzten und mit professioneller, medienwirksamer Leichtigkeit auftraten, befleißigte er sich eines archaischen „Kanzleistils". Mit der Anwendung solcher nicht näher begründeter Richtlinien, die mit der Zeit sogar die Gestalt von regelrechten Axiomen annahmen, entzog er sich gängigen zeitgemäßen Spielregeln, die andere Staatsoberhäupter indes einzuhalten pflegten. Da, wo andere Politiker und völkerrechtliche Vertreter sich bemüht zeigten, engen Kontakt zur Regierung zu halten, nahm er eine überholte monarchenähnliche Haltung gegenüber dem Kabinett ein, die den politischen Dialog mehr gehemmt als gefördert hat. Wie weit sein Faible für das Altmodische ging, drückte sich auch in seiner Empfangspolitik aus, bei der er sich ganz im Gegensatz zu Ebert auf die zeremonielle Steifheit der verklungenen Hofetikette des 19. Jahrhunderts besann und antiquierte Requisiten wiederbelebte sowie strukturelle Veränderungen des Protokollapparates einleitete. Gewissenhaft im Aktenstudium, befleißigte er sich bei der Formulierung von diplomatischen Noten etc. in puncto Stil, Grammatik und Interpunktion einer akribischen Vorliebe für das sprachliche Detail. Seine Vorliebe für das Vereinfachen, das Kürzen und das Antikisieren von Entwürfen, Reden oder Briefen, sein Faible für das Anbringen von Marginalien wurde nur noch durch das von ihm praktizierte Notizblocksystem übertroffen.

Der mythisch verklärte und charismatische Marschallpräsident wußte um das Geheimnis seiner Wirkung. Ihm gelang es immer wieder, seine Gäste aus dem In- und Ausland in seinen Bann zu ziehen, sie mit seinem Fluidum buchstäblich einzuwickeln. Daß dies unter anderem auf Kosten politischer Konversation ging, dokumentieren mehrere Visiten diverser ausländischer Spitzenpolitiker in seinem Palais, bei denen er den Gesprächsverlauf gezielt in apolitische Bahnen lenkte. Statt den politischen Dialog mit ausländischen Diplomaten, Ministern, Journalisten oder Monarchen zu suchen, hat er in dieser Hinsicht nie seine Autorität in die Waagschale geworfen. Seine Gäste sahen sich einem politisch wortkargen Staatsoberhaupt gegenüber, das sich bei den Audienzen mit übertriebener Pedanterie und Akkuratesse auf das Protokollarische beschränkte.

Standen seine royalistischen und militaristischen Neigungen noch kurz vor und nach der Wahl zum Reichspräsidenten im Kreuzfeuer ausländischer, primär alliierter Kritik, so wurde er nur kurze Zeit später von denselben Staaten als Garant der Republik gefeiert. Wie groß das Vertrauen mit den Jahren zu ihm wurde, beweisen die verhältnismäßig zurückhaltenden Reaktionen des Auslands auf seine Tannenbergrede. Sie verursachte nur eine geringfügige vorübergehende Verstimmung.

Vom Selbstverständnis her eine „unpolitische Natur", vermochte Hindenburg es selbst als Reichspräsident nicht, die seit seiner Militärzeit bestehenden Vorbehalte und Aversionen gegen das Diplomatische und das Politische, insbesondere gegen die Parteipolitik, aber auch generell gegen Politiker, abzulegen. Seine tiefe Verwurzelung in soldatischen Traditionen und Tugenden und seine Verbundenheit zum Adel hat seine Gedankenwelt und sein Weltbild so grundlegend bestimmt, daß er sich auch als Reichspräsident stärker an militärischen denn an diplomatischen Maßstäben orientierte. Bei all den von ihm geleiteten Kabinettsratssitzungen und Audienzen mit Repräsentanten aus dem In- und Ausland kam diese militärische Attitüde immer dann zum Vorschein, wenn er geradezu turnusgemäß hochaktuelle politische Themen mit ganz persönlichen militärischen Erinnerungen verknüpfte. Möglicherweise hat er mit seinen militärischen Anekdoten und Episoden aber auch nur versucht, vorhandene politische und intellektuelle Defizite zu überspielen. Denn trotz aller vermeintlich schnellen Auffassungsgabe konnte er den elementaren Wesensinhalt bestimmter politischer Themen nur mühsam erfassen. Ihm komplizierte, kunstvoll konstruierte Vertragssysteme oder nationalökonomische Abläufe transparent zu machen, entpuppte sich selbst für „Spezialisten" auf dem Niveau eines Gustav Stresemann oder Heinrich Brüning als schwieriges Unterfangen. Seine intellektuelle Distanz zu den führenden Politikern seiner Epoche und seine theoretische Unbewandertheit und mangelnde außenpolitische Erfahrung fand in dem Fehlen einer außenpolitischen Programmatik wohl den stärksten Ausdruck. Außenpolitik hatte für ihn nichts mit Konzeption oder erstrebenswerten Idealen zu tun. Sie war nur Mittel zum Zweck, um die nationale Souveränität, die politische und finanzielle Freiheit sukzessive mit friedlichen Mitteln wiederzuerlangen. Mit visionären Zielsetzungen oder Ideen wie etwa der politischen und wirtschaftlichen Integration Europas oder dem Zusammenwachsen der Nationen im Völkerbund konnte er wenig anfangen. Für ihn lag der Sinn der deutschen Außenpolitik nicht darin, die europäische Annäherung und damit auch die Errichtung entsprechender Institutionen voranzutreiben. Ihm ging es ausschließlich um die Durchsetzung aller deutschen revisionistischen Forderungen, ein Vorsatz, aus dem er – und dies muß expressis verbis so betont werden – *die ganze Kraft für sein außenpolitisches Engagement schöpfte.*

Letzten Endes waren seine revisionistischen außenpolitischen Zielsetzungen und irreversiblen Grundüberzeugungen, die ihren gemeinsamen Nenner nur in ihrer zueinander bestehenden punktuellen Gleichgewichtung fanden, ausgesprochen abstrakt und heterogen. Eine punktuelle Gleichgewichtung anderer Art ergab sich dadurch, daß Hindenburg in den diplomatischen Beziehungen mit anderen Staaten weder franko- noch anglophile oder übermäßig prosowjetische Neigungen zu erkennen gab. War Stresemanns Westorientierung nur allzu offensichtlich, so war bei ihm in dieser Hinsicht keine eindeutig programmatische Tendenz erkennbar.

Daß Hindenburg trotz all dieser Defizite dennoch eine phasenweise sehr ambitionierte und in vielen Teilbereichen effiziente Außenpolitik betrieb, hing wiederum mit persönlichen Neigungen und arbeitsmäßigen Vorlieben zusammen, die er mit Beginn seiner Präsidentschaft entwickelte und intensivierte. Wenn er zusammen mit Stresemann auf dem außenpolitischen Gebiet zu den bestinformiertesten „Politikern" in Deutschland zählte, dann war dies auf das von ihm organisierte und etablierte sehr effektive Informationssystem zurückzuführen. Mit diesem schaffte er sich die Grundlage, um von seiner Dienststelle aus kontrollierenden Einfluß auf die Außenpolitik zu entfalten. Denn ohne über die zentralen Vorgänge und Vorhaben der Reichsregierung und ihrer Behörden regelmäßig und rechtzeitig unterrichtet zu sein, wäre ihm eine effektive Mitwirkung an der Außenpolitik in dieser Intensität nicht möglich gewesen.

Gleich mit Amtsantritt insistierte er auf die beschleunigte Vorlage aller eingegangenen politisch und wirtschaftlich wichtigen Telegramme und Berichte der deutschen Missionschefs sowie die direkte Übermittlung der Abschriften der Zirkulardepeschen und Weisungen des Auswärtigen Amtes an die deutschen Auslandsmissionen. Jegliche Personalveränderungen im Außenressort, ob sie die Missionschefs-, Botschaftsrats- oder Generalkonsulposten betrafen, mußten ihm schriftlich oder mündlich avisiert werden. Abgerundet wurde alles durch die ergänzenden regelmäßigen Vorträge seitens des Pressechefs der Reichsregierung, der Staatssekretäre Schubert und Pünder sowie der in der Wilhelmstraße 73 omnipräsenten deutschen Diplomaten. Hierbei bewährte sich Hindenburgs Direktive, wonach die in Berlin eingetroffenen deutschen Missionschefs ihn zum persönlichen Rapport aufzusuchen hatten: Auf diese Weise gelangte er schnell zu weiteren außenpolitischen Informationen aus erster Hand.

Darüber hinaus versäumte er es nicht, sich durch gründliches Zeitungs- und Aktenstudium einen Überblick über die jeweils aktuelle außenpolitische Lage zu verschaffen. Unterstützend stand ihm hierbei sein Stab zur Seite, allen voran Otto Meissner, der Leiter des *Büros* in der Wilhelmstraße 73, der mehr war als ein bloßer Mittelsmann zwischen seinem *Chef* und der Reichsregierung sowie dem Auswärtigen Amt. Er war im Palais der Koordinator und die Schaltzentrale in Personalunion, der, aufbauend auf seiner langjährigen Amtserfahrung, dem Reichspräsidenten nicht nur beratend zur Seite stand. Durch geschickte und nicht immer selbstlose Beeinflussung hat er seinen Vorgesetzten auch auf Stresemanns außenpolitischem Kurs gehalten.

Die Geschäftsordnungen, deren Paragraphen ohne die Zustimmung des Reichspräsidenten nicht verändert werden durften, bildeten das rechtliche Fundament und regelten den interadministrativen Informationsfluß, von dem Hindenburg, was das Außenpolitische anbelangte, stark profitieren sollte. Bei innen- oder außenpolitischen Entscheidungen von besonderer Tragweite berief er besonders zu Anfang seiner Amtszeit mehrfach den Kabinettsrat ein, der dann unter seiner Leitung meist in seinem Domizil abgehalten wurde. Stets hielt er, der regelmäßig mit allen wichtigen Ministern zusammentraf und dienstefrig korrespondierte, engen Kontakt zur Regierung. Wenn er einmal verhindert war, konnte er immer auf Staatssekretär Meissner zurückgreifen, der als „externes" Kabinettsmitglied turnusmäßig an allen wichtigen Ministerratssitzungen teilnahm. Nicht nur hier fungierte der „Unterminister" als sein Sprachrohr – auch auf der Korrespondenzebene ging sein Part weit über den eines gewöhnlichen Assistenten hinaus.

Kaum ein bedeutsames Aktenstück konnte sich Hindenburgs Bleistiftkorrekturen und Anmerkungen entziehen. Manchmal als Orientierungshilfe oder Meinungs- und Sprachrohr, meistens jedoch als Instruktion gedacht, war das Anbringen von Marginalien für den vom Schreibtisch aus agierenden Reichspräsidenten die effektivste Möglichkeit, sich in Erinnerung zu bringen und direkt in das außenpolitische Geschehen einzugreifen. Unter Zuhilfenahme seines Notizbuchs und seiner Arbeitsmappe machte er vor keiner Frage halt. Alle Antworten und Vorträge auf ihren Informationsgehalt und ihre Argumentationsstringenz hin überprüfend, konnte er so direkt Anmerkungen oder Weisungen an den „Mann" bringen. Sogar abseits von Berlin und jenseits behördlicher und journalistischer Kontrollzwänge fand dieses optimale Informationssystem seine Fortsetzung, denn auch auf seinem Gut Neudeck wurden alle technischen Voraussetzungen geschaffen, damit von hier aus die Amtsgeschäfte in vollem Umfange weitergeführt werden konnten.

Am wirkungsvollsten kompensierte er seine politischen Unzulänglichkeiten durch seinen starken personalpolitischen Einfluß auf die Auswahl und Bestellung der deutschen Missionschefs im Ausland und der Delegationen für die großen Konferenzen. Auf diesem Gebiet zeigte er sich zweifelsfrei von seiner kämpferischsten Seite. Was die Ernennung und Bestellung der deutschen Auslandsdiplomaten anbelangte, so zeichnete sich dieses Verfahren in der Regel durch konstruktive Zusammenarbeit und Routine aus. Dank der von ihm und Stresemann an den Tag gelegten kollegialen Disziplin konnte diese Aufgabe relativ störungsfrei abgewickelt werden. Gleichwohl zog Stresemann, dessen Gegenzeichnung bei jedem Revirement obligatorisch war, auf diesem Gebiet eindeutig den kürzeren, weil Hindenburg explizit Wert darauf legte, *ihm* persönlich genehme Vertreter vor Ort zu wissen. Da er aus dem Prärogativrecht des Reichspräsidenten zur völkerrechtlichen Vertretung des Reichs das Recht zur bestimmenden Einwirkung auf die Auswahl der Botschafter und Gesandten ableitete, versuchte er ausschließlich Männer seines persönlichen Vertrauens ins Ausland zu beordern. Wer als Repräsentant seiner außenpolitischen Vertretungsgewalt zu den wichtigen Brennpunkten des Erdballs beordert wurde, machte er demnach nicht von diplomatischen Referenzen oder fachlicher Eignung abhängig; bei der Auswahl seiner Schützlinge legte er so gut wie keine objektiven Maßstäbe an. Protegiert wurden von ihm dagegen jene für hochkarätige Auslandsposten in Erwägung gezogenen Kandidaten, die eine militärische Vergangenheit vorweisen konnten, deren Stammbaum aristokratische Wurzeln aufwies oder mit denen er irgendwann einmal persönlich näher zu tun gehabt hatte. Daß seine Personalpolitik hierbei auch *Manus-manum-lavat*-Prinzipien unterworfen war, dokumentiert sein Einsatz für General von Seeckt, dem er noch kurz vor seiner Entlassung das Versprechen gegeben hatte, ihm nach seinem Ausscheiden eine adäquate neue Stellung zu verschaffen. So war es kein Zufall, daß vor 1930 Diplomaten wie Rudolf Nadolny und nach 1930 konservative Persönlichkeiten wie von Neurath und von Papen zu seinen persönlichen Favoriten avancierten. Ihnen allein traute er zu, eine Außenpolitik in seinem Sinne, die er aufgrund seiner Immobilität nur aus der Ferne beobachten und kontrollieren konnte, zu vertreten.

Vermutlich wäre von Neurath ohne seine Fürsprache nicht Außenminister der Regierung Hitler geworden. Mit seiner Übernahme verfolgte er jedoch ein bestimmtes Ziel; Constantin von Neurath sollte der Hitlerschen Dynamik auf dem außenpolitischem Feld als „Bremser" Paroli bieten, um den Fortbestand der bis dahin friedlichen Revisionspolitik Berlins zu sichern. Losgelöst von den Instruktionen des Reichspräsidenten beschritt von Neurath allerdings eigene Wege und vernachlässigte den Kontakt zu ihm auf eklatante Weise. Es liegt mitunter in seiner Verantwortung, daß Hindenburg nach dem 30. Januar 1933 über außenpolitische Vorgänge nur unzureichend informiert war.

Ein aufschlußreiches stilistisches Merkmal der Hindenburgschen Außenpolitik war das von ihm geschickt eingefädelte Temporisieren politischer Entscheidungen. Sein dilatorisches Einwirken auf den außenpolitischen Prozeß, wie etwa sein Vorschlag in der Locarnophase, zuerst über den Sicherheitspakt abzustimmen und den Eintritt in den Völkerbund einem besonderen Gesetz vorzubehalten, oder seine Forderung nach einer vom Young-Plan separaten Behandlung des deutsch-polnischen Liquidationsabkommens, war bewußte Verzögerungstaktik. Dabei lag dieser Strategie nichts Improvisierendes zugrunde. Genauso wenig war sie Ausdruck seiner Gewissenhaftigkeit. Vielmehr intendierte er damit, nach innen und außen zumindest symbolische Stärke zu demonstrieren, unter anderem auch, um den drohenden Gesichtsverlust vor seinen Standesgenossen, denen gegenüber er ständig Legitimationsprobleme wegen seiner Unterstützung für die Außenpolitik Stresemanns hatte, im Rahmen des Erträglichen zu halten.

Trotz aller politischen Unerfahrenheit hat er während seiner Amtszeit hin und wieder politisches Raffinement bewiesen. Die von ihm mehrfach ausgesprochenen Rücktrittsofferten oder die von ihm mehrfach angeforderten verfassungsrechtlichen Gutachten dokumentieren, daß er sich ganz gezielt taktischer Mittel bedient hat, um eigene Zielvorstellungen konsequent durchzusetzen. Dies gelang ihm meistens wirkungsvoll.

Desgleichen zeigte er auch auf einem völlig anderen Gebiet symbolische Stärke. Um auch den Rang und die Dignität seines Amtes optisch zur Geltung kommen zu lassen, griff er auf dem Gebiet der Etikette und des Protokolls nicht nur auf altbewährte Requisiten zurück, sondern nahm mit überraschenden Instruktionen Einfluß auf den Ablauf und die Strukturen des Protokolls. Gewissenhaft um die Einhaltung der Etikette und der Courtoisie bemüht, sorgte er bei allen formalen, routinemäßigen „repräsentativen" Verpflichtungen dafür, daß die Maschinerie des Protokolls reibungslos lief. Bei Empfängen hochrangiger Politiker oder Monarchen, bei der Akkreditierung und der Verabschiedung der Auslandsdiplomaten erwies er sich als wahrer Zeremonienmeister und zog alle Register der Courtoisie, um seine Gäste zufriedenzustellen. Viele seiner inoffiziellen Begegnungen und der sich daran anschließenden Gespräche mit ausländischen Monarchen fanden in Abwesenheit des Außenministers statt, der, wenn das Staatsoberhaupt seinen repräsentativen Pflichten nachging, ob unbeabsichtigt oder nicht, anderweitig beschäftigt war. Den daraus gewonnenen Freiraum hat Hindenburg allerdings nie ausgenutzt, um eventuell mit eigenen politischen Anliegen vorstellig zu werden, die nicht für die Ohren des Reichsaußenministers bestimmt waren.

Zuweilen jedoch hat er in der Wahrnehmung seiner völkerrechtlichen Aufgaben seine verfassungsmäßigen Kompetenzen bis an die Grenzen des Erlaubten strapaziert. Der pompöse, kostspielige Empfang des afghanischen Königs Aman Ullah Chan in Berlin etwa mag nur stellvertretend dafür stehen, daß er für das Protokollarische oft wertvolle Zeit und viel Geld investiert hat, nur um seinen

Gästen zu imponieren. Fast unverzeihlich aber war, daß er bei seinen Begegnungen mit hochkarätigen ausländischen Politikern und Repräsentanten die Gelegenheit zum politischen Dialog oder Disput nie gesucht hat. Obwohl bei „Gipfeltreffen" dieser Kategorie politische Gespräche beinahe vorprogrammiert waren, machte er zum Leidwesen seiner hohen Gäste die Konversation über Alltägliches zum Prinzip seiner Empfangspolitik.

Solange Hindenburg das Reichspräsidentenamt bekleidete, zählten das Auswärtige Amt und alle damit verbundenen Fragen der auswärtigen Personalpolitik ohne Einschränkung zu seiner speziellen Domäne. Durch beharrliches Festhalten an seinen Prärogativrechten vermochte er Hitlers Absicht, den Auswärtigen Dienst mit nationalsozialistisch gesinnten Beamten zu infiltrieren, bis zu seinem Ableben zu blockieren. Dessen Berufung zum Reichskanzler verknüpfte er sogar mit der einschneidenden Auflage, daß das Auswärtige Amt und alle damit verbundenen Fragen weiterhin seiner Kontrolle unterliegen sollten. Hitler beugte sich nur notgedrungen und widerstrebend, wohlwissend, daß ihm, solange der Reichspräsident im Amt war, auf dem auswärtigen Sektor einstweilen die Hände gebunden waren. Darüber hinaus machte Hindenburg die Ernennung Hitlers zum „Reichskanzler" von weiteren Bedingungen abhängig, die indizieren, daß er seinen außenpolitischen Einfluß zumindest auf personellem Gebiet gesichert sehen wollte. Hitler wurde angehalten, nicht nur von Papen zum Vizekanzler ins Kabinett zu berufen, sondern daneben auch den amtierenden Außenminister von Neurath erneut mit der Führung der Geschäfte des Auswärtigen Amtes zu beauftragen und ihm persönlich nur in Gegenwart Papens Vortrag zu halten. Auf diesem Wege erhoffte er sich eine größere Handlungs- und Meinungsbildungsfreiheit zu bewahren und Papens politische Position als Vertrauensperson und Vizekanzler zu stärken. Mit seinen Konditionen signalisierte er dem „Reichskanzler" unmißverständlich den Wunsch nach außenpolitischer Kontinuität; zugleich bekundete er sein Interesse, wenigstens formell auch weiterhin an der Gestaltung der Außenpolitik teilhaben zu wollen.

In Anbetracht seines großen außenpolitischen Engagements in den Jahren bis zur Ratifikation des Young-Plans bedarf es einer Relativierung des Parts Stresemanns, denn die ihm in der Literatur so oft zugeschriebene Souveränität und Autorität läßt sich nach der Analyse des Quellenmaterials nicht mehr ohne weiteres aufrechterhalten. Zumindest in bezug auf die Person des Reichspräsidenten muß eine Korrektur dahingehend vorgenommen werden, daß Stresemann in viel größerem Maße als bisher angenommen, Hindenburgs außenpolitische Vorstellungen reflektiert hat und sich an seinen Vorgaben orientierte. Besondere Rücksichten auf ihn mußte der Außenminister bei der Gestaltung seiner Außenpolitik allein deswegen nehmen, weil Hindenburg aus seiner Stellung als völkerrechtlicher Vertreter des Reichs automatisch den Anspruch ableitete, zum Ressortchef der Außenbehörde einen Mann seines persönlichen Vertrauens zu bestimmen. Es hing also vom Geschick des Außenministers und seinem Verhältnis zum Reichspräsidenten ab, inwieweit er seinen Handlungsspielraum ausschöpfen und seine außenpolitischen Richtlinien ihm und dem Kabinett gegenüber prägend durchsetzen konnte, ohne Gefahr zu laufen, seinen Posten aufs Spiel zu setzen. Dabei waren die menschlichen, sozialen und politischen Unterschiede zwischen Hindenburg und Stresemann kaum zu übersehen. War für den Weltkriegsoffizier Heinrich Brüning aufgrund seiner militärischen Vergangenheit der Zugang zum Reichspräsidenten spürbar leichter, so erwuchs für Stresemann aus dem Umstand, daß er nie Soldat war, ein psychologischer Nachteil. Wollte er die menschlich und politisch trennenden Barrieren überwinden, mußte er immerfort eine neue Brücke zu ihm schlagen. Dies war für sein politisches Überleben existentiell, weil er sich auf keine *Langzeit-Blankovollmacht* des Reichspräsidenten berufen konnte. So mußte er seine Zustimmung für jeden wichtigen außenpolitischen Schritt einholen, was ganz gewiß auf Kosten seiner physischen und psychischen Stabilität ging. Womöglich wäre ja seine Außenpolitik um Nuancen geradliniger und effektiver gewesen, wären ihm der tagtägliche politische Kampf und die wöchentlichen Auseinandersetzungen mit Hindenburg nicht wortwörtlich „an die Nieren" gegangen. Denn trotz intensiver Vorbereitung auf die Sitzungen im Palais gelang es ihm selten, seine Hemmungen in Gegenwart des hochbetagten Generalfeldmarschalls des Ersten Weltkrieges, vor dem er immer große Ehrfurcht hatte und für den er tiefe Bewunderung hegte, abzulegen. Seine gesundheitsbedingt leichte Erregbarkeit und sein notorisches Lampenfieber taten das übrige, um den politischen Konsens zu erschweren.

Auf vielen Teilgebieten des auswärtigen Sektors hat Hindenburg in der Ära Stresemann zur Überraschung vieler Kabinettsmitglieder eifrig mitgemischt und dabei den Außenminister oft vor Probleme gestellt. Seine verfassungsmäßig starke Rolle in der Außenpolitik mit allen daraus abgeleiteten präsidialen Prärogativrechten und Geschäftsordnungsparagraphen konsequent ausschöpfend, hat er den Konflikt mit dem Außenminister nie gescheut, wohingegen Stresemann eher darauf bedacht war, möglichem Streit aus dem Wege zu gehen. Wenn der Außenminister auch während seiner Präsidentschaft immer noch alle Fäden in der Hand hatte und der deutschen Außenpolitik seinen Stempel aufsetzte, so war er dennoch seinen unermüdlichen Argusaugen ausgesetzt, die ihn auf Schritt und Tritt verfolgten. Von Locarno bis hin zum Young-Plan sah er sich einem kontrollierenden Reichspräsidenten gegenüber, der seine Konferenzpolitik nicht nur mit kritischen Kommentaren oder Verbesserungsvorschlägen begleitete, sondern der zuweilen sein Veto einlegte oder sogar auf offenen Konfrontationskurs ging. Dies kam insbesondere auf dem personalpolitischen Gebiet zum Tragen, wo beide als maßgebliche Akteure zwar den verfassungsrechtlichen Part des jeweils anderen bei der Bestellung der Auslandsvertreter durchweg anerkannten, bei denen aber ihre oft konstruktive Kooperation zeitweise von Disharmonien übertönt wurde. Spätestens mit der *Zweigert-Keudell-Kontroverse*, mit der Hindenburg explizit sein Prärogativrecht bei der Ernennung und Entlassung der deutschen Botschafter und Gesandten verteidigte, hatte er dem Kabinett und dem Außenminister die Grenzen ihrer personalpolitischen Befugnisse aufgezeigt und damit den Zündstoff für die nachfolgende *Nadolny-Rauscher-Kontroverse* geliefert. Die vorangegangenen verfassungstheoretischen Debatten mündeten nunmehr in einer der Geschichte des Auswärtigen Amtes einmalig handfesten Auseinandersetzung, bei der Hindenburg und Stresemann die Zentralfiguren waren. Ihr streckenweise heftiges Rencontre um die Moskauer Botschafternachfolge, bei dem sich beide in gegenseitigen Rücktrittsdrohungen übertrafen, endete zwar mit einem Remis, bildete aber den unumstrittenen Höhepunkt ihres Dualismus auf dem personalpolitischen Sektor. Doch selbst auf dem protokollarischen Gebiet fanden ihre Spannungen eine Fortsetzung, bei der Hindenburg sehr zum Unwillen des Außenministers seinen völkerrechtlichen Führungsanspruch mit Sonderverordnungen und Instruktionen zu reglementieren versuchte und alle Kabinettsmitglieder, wie von ihm beim Procedere des Neujahrsempfangs besonders eindrucksvoll arrangiert, zu Statisten degradierte. Auf der „repräsentativen" Bühne mimte er die Hauptrolle so formvollendet, daß Stresemann und alle anderen Anwesenden sich mit dem Part der Komparsen begnügen mußten.

Mit Stresemann ständig in einem Spannungsverhältnis stehend, das primär politisch motiviert war, jedoch auf menschlicher Ebene seine Fortsetzung fand, erkannte Hindenburg indes die realpolitische Seite von Stresemanns Konzept und schloß sich ihm äußerlich loyal an, ohne dabei seine innere Skepsis verbergen zu können. Trotz aller Differenzen und Schwierigkeiten unterstützte der während seiner ganzen Amtszeit hindurch verfassungskonform agierende Reichspräsident die Außenpolitik Stresemanns. Sein ausgeprägtes militärisches Pflichtgefühl gegenüber dem abgeleisteten Eid auf die Weimarer Verfassung hat ihn sicherlich auf Stresemanns Kurs gehalten. Wenn ihm dies auch sehr schwer gefallen sein mag, so hat er die Notwendigkeiten der Stresemannschen Völkerbundspolitik erkannt und mitgetragen. Andererseits blieb ihm in dieser Hinsicht keine Wahl, da er seinem Konzept nichts Gleichwertiges entgegensetzen konnte. Hindenburg stürzte sich gleich von Anfang an in die außenpolitische Arbeit, verschaffte sich inhaltlich und substantiell einen Überblick über die Vorverhandlungen des anstehenden Locarno-Paktes, führte in mehreren Kabinettssitzungen den Vorsitz, partizipierte direkt am interministeriellen Entscheidungsprozeß und konnte oft auch persönliche Anliegen wirkungsvoll einbringen. Die von ihm verfaßten und an die Reichskanzlei übersandten „Notizen für die Vorarbeiten der Londoner Konferenz" sind dabei nur eines von mehreren eindrucksvollen

Schriftstücken, das repräsentativ zu dokumentieren vermag, welche stark revisionistische Komponente seine Außenpolitik aufwies. Viele seiner dort aufgeführten Forderungen durchzogen wie ein roter Faden die ganze Ära Stresemann. Nur wenige Politiker und Diplomaten konnten ihm das Wasser reichen, wenn es darum ging, Streitpunkte wie die Truppenreduzierung, die Abkürzungen der Besetzungsfristen im Rheinland oder die Notwendigkeit des Widerrufs des Kriegsschuldparagraphen immerfort in Erinnerung zu bringen und zu thematisieren. Hier tritt ein signifikantes Merkmal seines außenpolitischen Stils offen zu Tage. Ob beim Locarno-Abkommen, beim Völkerbundseintritt oder beim Berliner Vertrag: Seine Forderungen, Verbesserungsvorschläge und Kritikansätze waren meist sehr gezielt und punktuell. Dies gilt sogar für seine gesamte Außenpolitik.

Mag seine Vorgehensweise manches Mal obstruktiv, ein anderes Mal dilatorisch gewesen sein – destruktiv war sie nicht: Keines der bedeutsamen Vertragswerke Stresemanns, keinen wichtigen bilateralen oder multilateralen Kontrakt der Weimarer Republik hat Hindenburg aufgrund seines Vetos zu Fall gebracht. Sogar zum Zustandekommen des in ideeller Hinsicht bedeutsamsten supranationalen Abkommens der zwanziger Jahre, des Briand-Kellogg-Paktes, hatte er beigetragen. Dies ist um so bemerkenswerter, weil dieses Abkommen nur einen moralischen Stellenwert und keine revisionistische Bedeutung hatte.

Nicht minder eindrucksvoll war Hindenburgs unerschütterliche Standhaftigkeit gegenüber den außenpolitischen Forderungen seiner militärischen und junkerlichen Standesgenossen. Vom Locarno-Pakt über das Berliner Abkommen bis hin zum Young-Plan und dem Liquidationsabkommen sah er sich von Jahr zu Jahr einer stetig wachsenden Opposition gegen die Vertragswerke Stresemanns gegenüber, deren Protagonisten sich zu seinem Leidwesen aus „seinen" Kreisen rekrutierten. Gegen alle suggestiven Einflüsterungen seiner alten „Freunde", die sich vor allem in Neudeck und Dietramszell die Türklinken in die Hand gaben, hat er die Außenpolitik Stresemanns, obwohl er sie persönlich nur partiell guthieß, mitgetragen und verteidigt. Wie schwer ihm dies gefallen sein muß, wird klar, wenn man sich vor Augen hält, daß er wirklich darunter gelitten hat, daß sie ihn mehr denn einmal als Landesverräter hinstellten, der seinen historischen Namen durch die Unterstützung des Young-Plans verspielt habe.

Unter den Disputen um die Vertragspolitik Stresemanns bildete der Streit um das Young-Abkommen in der Tat den unumstrittenen Höhepunkt. Denn während der ganzen Haager Verhandlungs- und Diskussionsphase war Hindenburg den Interventions- und Einflußversuchen seiner „Freunde", der rechtsnationalen, monarchistisch gesinnten Kräfte, permanent ausgesetzt. Bedingt durch die sehr enervierenden rechtsnationalen Attacken gegen den Young-Plan, die er noch abzublocken verstand, entstanden bei ihm dafür persönliche Bedenken und Sorgen, die er nur schwer zurückstellen konnte. An die Öffentlichkeit konnte er sie nicht tragen. Letztendlich gab aber seine Einsicht, daß diese Abmachung trotz aller Unannehmlichkeiten und aufgetragenen Obligationen eine langfristige Chance zur stufenweisen Revision des Versailler Vertrages beinhaltete, den entscheidenden Ausschlag. Die heftige Debatte und Diskussion um den Young-Plan und das damit verbundene Volksbegehren empfand er zu Recht als Mißtrauenskundgebung gegen ihn. Er fand sich in einer Rolle wieder, die ihm bis dahin gänzlich unbekannt gewesen war. Von einem Tag auf den anderen mußte er gegen seine alten Freunde, jenen adligen und militärischen Standesgenossen, deren Grundüberzeugungen er bis dato immer geteilt hatte und denen er auf gefühlsmäßiger Ebene eng verbunden war, zugunsten des Young-Plans Stellung beziehen, worüber er zutiefst echauffiert war. Anders als bei der Diskussion um den Locarno-Vertrag bildeten sie eine geschlossene Front und überschütteten ihn mit persönlichen und verletzenden Schmähungen sowie Verleumdungen, die er als desavouierend empfinden mußte. Seine Kritiker konnte Hindenburg, für den das Haager Abkommen eine wirklich alternative Chance zur Abtragung aller Reparationslasten implizierte, dank der vorverlegten Räumung des Rheinlands auf einen ersten handfesten Erfolg verweisen, der auch ihn für weitere Aktionen gestärkt haben dürfte. Dies war eines der wenigen Momente, an denen er de facto einen Zug staatsmännischer Größe an den Tag gelegt hat. Sein erfolgreicher Kampf für den Young-Plan war eine politisch bemerkenswerte Leistung.

Reichspräsident Paul von Hindenburgs Einwirken auf die deutsche Außenpolitik, seine aktive und passive Rolle im außenpolitischen Entscheidungsprozeß vollzog sich in zwei Phasen. Erstaunlicherweise entwickelte er unter Reichsaußenminister Stresemann die größte Aktivität. Vom qualitativen *Wandel* der deutschen Außenpolitik, *der* unter Brünings Reichskanzlerschaft ein unverkennbares Profil bekam, und *der* seinen stärksten Ausdruck in einer hervorstechenden nationalistischen und revisionistischen Ausrichtung fand, blieb auch Hindenburg nicht unberührt. Der außenpolitische Kurswechsel, der mit strukturellen und personellen Veränderungen im Auswärtigen Amt einherging, wirkte sich auf seine Haltung zur Außenpolitik aus. Allein die Tatsache, daß er nun eine Außenpolitik unterstützen konnte, in der nicht mehr die Utopie eines vereinigten Europas à la Stresemann und Briand, sondern allein die Revision des Versailler Vertrages die Richtung angab, fand bei ihm großen Anklang. Der neue Stil und die neue Methodik der Außenpolitik Brünings, die im Vergleich zu der seines Vorgängers eine andere Qualität, einen eigenen spezifischen Charakter annahm, weil anstelle der „Verständigungspolitik" Stresemanns nun eine im Ton fordernde und rigorose Außenpolitik in den Vordergrund trat, war ihm nur recht und billig. So kam es, daß der von den aufreibenden Verhandlungen um das Haager Abkommen sichtlich erschöpfte Reichspräsident am außenpolitischen Prozeß nach 1930 längst nicht mehr in dem Maße partizipierte wie zu Stresemanns Zeiten. Teils mag dies daran gelegen haben, daß die Zielsetzungen und die außenpolitischen Entscheidungen der folgenden Kabinette seine Billigung fanden, teils hing dies sicherlich auch damit zusammen, daß er an der Integrität der außenpolitisch entscheidenden Figuren dieser Ära – anders als unter Stresemanns Ägide – nicht den geringsten Zweifel hatte und ihnen daher größeren Handlungsspielraum zugestand. Durch den Wegfall der dicht an dicht aufeinanderfolgenden Konferenzen, intensiver Notenwechsel und größeren Revirements, wie sie bis 1930 noch zum politischen Alltag gehörten, veränderte sich die außenpolitische Agenda der Präsidialregierung und damit auch Hindenburgs Einstellung. Verstärkt wurde dies zudem noch durch den von Papen, Schleicher und Hitler propagierten Primat der Innenpolitik. Sukzessive mußte sich aber auch Hindenburg infolge der inneren Krise in Deutschland stärker mit innenpolitischen Themen auseinandersetzen, die seine volle Konzentration erforderten. Zusehends schwand sein außenpolitischer Impetus, was seine passive Rolle beim legendären Hoover-Moratorium anschaulich dokumentiert. Immerhin hatte er durch seine Billigung des fingierten Bittgesuchs eigene latent vorhandene Bedenken den wirtschaftspolitischen Problemen seiner Zeit untergeordnet und seinem amerikanischen Kollegen durch die Autorität seines Namens bei der Suche nach Mehrheiten im amerikanischen Kongreß geholfen.

So groß die innenpolitischen Diskrepanzen zwischen ihm und Brüning auch gewesen waren – Brünings Entlassung muß losgelöst von seiner außenpolitischen Arbeit gesehen werden. Letzten Endes war Hindenburg mit Brünings Außenpolitik vollauf zufrieden, was daran abgelesen werden kann, daß er ihn trotz der auferlegten Demission als Außenminister halten wollte. Noch deutlichere Konturen gewinnt das „reaktive" Moment seiner Außenpolitik nach 1930, wenn sein inaktiver Part beim Reichskonkordat, bei dem seine Person während der ganzen Verhandlungsphase kein einziges Mal namentliche Erwähnung fand, vor Augen gehalten wird. Seine Rolle hierbei untermauert vielleicht am deutlichsten die These, daß er nach Brünings Demission seinen außenpolitischen Einfluß peu à peu darauf reduzierte, Vertrauenspersonen wie etwa von Neurath oder Papen, von denen er sich zumindest bis zum 30. Januar 1933 bestens vertreten fühlte, in seinem Sinne handeln zu lassen. Von nun an kontrollierte, agierte und kämpfte er jedenfalls nicht mehr wie zur Zeit Stresemanns. Fortan reagierte er nur noch, wie seine Zustimmung beim Völkerbundsaustritt verdeutlicht. Sie war weder oktroyiert noch eine Konzession an Hitler. Sie war nur die logische Konsequenz seiner tiefsten Grundüberzeugung. Diese Antipathie gegenüber dem Völkerbund bestand schon seit langem, weil er ihn wie die Majorität der deutschen Bevölkerung als Kontrollinstrument der Siegermächte zur Durchsetzung eigener nationaler politischer Ziele betrachtete. Aber gerade hier zeigt sich, wie doppelbödig seine früheren Aussagen zu bestimmten außenpolitischen Themen waren. Mal ließ er seine Geringschätzung für die Genfer Institution nur allzu deutlich durchblicken, mal folgte er realpolitischen Eingebungen und setzte sich für den Eintritt Deutschlands in den Völkerbund ein.

Als Zeuge der ersten Vorboten einer sich anbahnenden Katastrophe hat Hindenburg, stets ein Gegner des Nationalsozialismus, der weder durch antisemitische Äußerungen noch durch eine derartige Gesinnung aufgefallen war, nach der „Machtergreifung" die Zeichen der Zeit entweder völlig verkannt oder sie nicht wahrhaben wollen. Insbesondere auf die antisemitische, menschenverachtende Politik des NS-Regimes zeigte er keine angemessene Reaktion. Sein hierbei unterbliebener Protest, vor allem aber seine ausweichende und verhaltene Antwort auf das Schreiben des Präsidenten des Roten Kreuzes, legt nur allzu deutlich offen, daß er den pathologisch-aggressiven, instrumentellen und inhumanen Charakter des nationalsozialistischen Antisemitismus bei weitem unterschätzte. Anstatt die von ihm selbst verurteilten Übergriffe gegen die deutschen Juden zumindest im Ansatz zu kritisieren, stellte er sie als rein innerdeutsche Angelegenheiten hin, in die sich kein Außenstehender einzumischen hatte. Damit begab er sich aber auf eine bequeme Mittelposition, die er nicht hätte beziehen dürfen.

I. Quellenverzeichnis[1]

1) Ungedruckte Quellen

Politische Archiv Auswärtiges Amt Bonn (PA AA Bonn)
[Internet-Adresse: www.auswaertiges-amt.de/6_archiv]

DELEGATIONEN, BEVOLLMÄCHTIGTE, KOMMISSIONEN
R 24042 - (Haager) Konferenz Allgemeines
R 24102 - Telegramme und Erlasse Berlin/Bd. 1 (1.32-2.32)

DELEGATION GENF 1930-32
R 24105 - Telegramme aus Genf an das Auswärtige Amt (1.32-2.32)
R 24968 - Handakten Graf von Bassewitz (1924-1928)

SCHULDREFERAT
R 26553 - Tannenbergrede Hindenburgs (9.27-11.27)

HANDAKTEN GAUS
R 27368 - Aufzeichnungen Staatssekretär v. Schubert/Bd. 2 (3.25-5.25)
R 27369 - Aufzeichnungen Staatssekretär v. Schubert/Bd. 3 (6.25)
R 27370 - Aufzeichnungen Staatssekretär v. Schubert/Bd. 4 (7.25-8.25)
R 27374 - Aufzeichnungen Staatssekretär v. Schubert/Bd. 8 (11.25-1.26)
R 27375 - Aufzeichnungen Staatssekretär v. Schubert/Bd. 9 (1.26-3.36)
R 27377 - Aufzeichnungen Staatssekretär v. Schubert/Bd. 11 (4.26-8.26)
R 27378 - Aufzeichnungen Staatssekretär v. Schubert/Bd. 12 (8.26-12.26)
R 27379 - Aufzeichnungen Staatssekretär v. Schubert/Bd. 13 (12.26-4.27)
R 27380 - Aufzeichnungen Staatssekretär v. Schubert/Bd. 14 (6.27-5.28)
R 27381 - Aufzeichnungen Staatssekretär v. Schubert/Bd. 15 (5.28-8.28)
R 27382 - Aufzeichnungen Staatssekretär v. Schubert/Bd. 16 (8.28-2.29)
R 27383 - Aufzeichnungen Staatssekretär v. Schubert/Bd. 17 (3.29-10.29)

BÜRO DES REICHSMINISTERS[2]
R 27966 - Presseangriffe auf RM/Bd. 1 (1.25-9.31)
R 27977 - Persönliche Angelegenheiten des Ministers/Bd. E (5.30-6.30)

---

[1] Berücksichtigt wurden hierbei nur jene Aktenbände, die für diese Arbeit verwertet wurden.
[2] Das „k" hinter den Bandsignaturen steht für Kopien; es besagt, daß in diesen Akten ausschließlich Kopien abgeheftet sind.

R 27984 - Reden, Interviews u. Aufsätze des RM/Bd. 3 (4.24-7.25)
R 27987 - Reden, Interviews u. Aufsätze des RM/Bd. 5 (3.26-7.26)
R 27988 - Reden, Interviews u. Aufsätze des RM/Bd. 6 (8.26-12.26)
R 27989 - Reden, Interviews u. Aufsätze des RM/Bd. 7 (12.26-4.27)
R 27990 - Reden, Interviews u. Aufsätze des RM/Bd. 8 (4.27-9.27)
R 27991 - Reden, Interviews u. Aufsätze des RM/Bd. 9 (9.27-12.27)
R 27994 - Reden, Interviews u. Aufsätze des RM/Bd. 12 (6.29-8.29)
R 27995 - Reden, Interviews u. Aufsätze des RM/Bd. 13 (8.29-12.29)
R 27997 - Reden, Interviews u. Aufsätze des RM/Bd. 15 (7.30-12.30)
R 28002 - Sammlung von Aufzeichnungen des RM/Bd. 2 (7.31-10.31)
R 28003 - Sammlung von Aufzeichnungen des RM/Bd. 4 (1.34-12.35)
R 28031 - Reden des Reichskanzlers über auswärtige Politik/Bd. 7 (1.31-3.33)
R 28034 - Reichspräsident - Reden und Vorträge bei ihm/Bd. 2 (4.25-9.27)
R 28035 - Reichspräsident - Reden und Vorträge bei ihm/Bd. 3 (9.27-12.33)
R 28042 - Auswärtiges Amt - Organisation, Personalfragen/Bd. 5 (12.24-27)
R 28043 - Auswärtiges Amt - Organisation, Personalfragen/Bd. 6 (9.27-6.30)
R 28043a- Auswärtiges Amt - Organisation, Personalfragen/Bd. 6a (4.24-10.29)
R 28044 - Auswärtiges Amt - Organisation, Personalfragen/Bd. 7 (6.30-2.31)
R 28045 - Auswärtiges Amt - Organisation, Personalfragen/Bd. 8 (3.31-10.35)
R 28060 - Kabinett - Protokolle/Bd. 2 (3.21-10.21)
R 28061 - Kabinett - Protokolle/Bd. 3 (11.21-7.24)
R 28063 - Kabinett - Protokolle/Bd. 5 (4.26-9.27)
R 28230k- England/Bd. 12 (1.32-12.35)
R 28362k- Besetzte Rheinlande/Bd. 13 (6.29-9.29)
R 28367k- Verhandlungen mit den Alliierten über einen Sicherheitspakt/ Bd. 3 (5.25)
R 28369k- Verhandlungen mit den Alliierten über einen Sicherheitspakt/ Bd. 5 (6.25-7.25)
R 28370k- Verhandlungen mit den Alliierten über einen Sicherheitspakt/ Bd. 6 (7.25-9.25)
R 28412k- Völkerbund/Bd. 14 (4.27-9.27)
R 28468 - Das Diplomatische Korps in Berlin/Bd. 2 (1.25-12.32)
R 28469 - Das Diplomatische Korps in Berlin/Bd. 3 (1.33-1.34)
R 28490 - Vereinigte Staaten v. Nordamerika/Bd. 4 (5.24-7.25)
R 28491 - Vereinigte Staaten v. Nordamerika/Bd. 5 (7.25-7.26)
R 28551 - Tschechoslowakei - Vergleichs- u. Schiedsgerichtsvertrag zwischen der Republik Österreich und der Tschech. Republik/ Bd. 2 (6.25-11.29)
R 28666 - Politische Schriftstücke aus dem Nachlass des Reichskanzlers betr. Reichsminister Stresemann/Bd. 5 (1.25-4.25)
R 28667 - Politische Schriftstücke aus dem Nachlass des Reichskanzlers betr. Reichsminister Stresemann/Bd. 6 (5.25-12.25)
R 28668 - Politische Schriftstücke aus dem Nachlass des Reichskanzlers betr. Reichsminister Stresemann/Bd. 7 (1.26.-9.29)

Quellenverzeichnis 559

BÜRO DES STAATSSEKRETÄRS
R 28922k- Polnischer Handelsvertrag/Bd 3,4 (3.27-12.27)
R 28929k- Deutsch-Polnische Vertragsverhandlungen/Bd. 10 (3.30-5.30)
R 29038k- Durchführung des Plans von Thoiry/Bd. 6 (11.26-1.27)
R 29077k- Kellogg-Pakt/Bd. 6 (7.28-8.28)
R 29078k- Kellogg-Pakt/Bd. 7 (8.28-4.29)
R 29089k- Garantieverhandlungen (Reichspräsidentenwahlen, Beneš in Warschau)/Bd. 7 (4.25-5.25)
R 29107k- Sicherheitsfrage: Konferenz in Locarno/Bd. 16 (10.25-10.25)
R 29108k- Sicherheitsfrage: Konferenz in Locarno/Bd. 17 (10.25-11.25)
R 29113k- Sicherheitsfrage: Unterzeichnung der Verträge in London/Bd. 19 (12.25-1.26)
R 29145k- Verhandlungen mit fremden Diplomaten/Bd. 1 (10.23-8.25)
R 29149k- Reichspräsidentenwahl/Bd. 3 (4.25-5.25)
R 29150k- Innere Politik/Bd. 4 (5.25-9.25)
R 29184k- Verhandlungen über die Beendigung der Interalliierten Militärkontrolle, Genfer Abrede, Paris/Bd. 11 (12.26-12.26)
R 29248 - Rückwirkungen der Garantiepaktverhandlungen auf die deutschrussischen Beziehungen. Persönliche Angelegenheiten des Botschafters Graf Brockdorff-Rantzau/Bd. 3 (7.25-1.26)
R 29249 - Rückwirkung der Garantieverhandlungen auf die deutsch-russischen Beziehungen/Bd. 4 (8.25-12.25)
R 29250 - Rückwirkungen der Garantieverhandlungen auf die deutschrussischen Beziehungen - Tschitscherin in Paris u. Berlin; Russischtürkischer Vertrag/Bd. 5 (12.25)
R 29256 - Deutsch-russischer Vertrag, Ausw. Ausschuss, Plenum des Reichstags, Aufnahme in die Öffentlichkeit, Rundfunkrede Stresemanns, Aalandsinseln [sic!]/Bd. 10 (4.26-4.26)
R 29274 - Einreise Trotzkis nach Deutschland/Bd. 23 (1.29-11.29)
R 29292 - Deutsch-russischer Gefangenenaustausch/Bd. 3 (5.26-8.26)
R 29326 - Personalia/Bd. 3 (10.22.-12.27)
R 29327 - Personalia/Bd. 4 (4.28-6.28)
R 29330 - Deutsch-polnische Beziehungen - Generalia/Bd. 3 (1.27-11.28)
R 29337 - Verkehr mit Reichsminister während dessen Aufenthalt in Locarno/Bd. 1 (4.26-7.27)
R 29338 - Briefverkehr mit Reichsminister/Bd. 2 (8.27-4.30)
R 29341 - Italienisch-jugoslawischer Konflikt wegen Albanien/Bd. 2 (3.27-3.27)
R 29361 - Türkei/Bd. 2 (4.26-3.30)
R 29375 - Doyenat im Berliner Diplomatischen Korps/Bd. 1 (11.29-5.30)
R 29381 - Völkerbund/Bd. 6 (11.26-9.28)
R 29385 - Völkerbund/Bd. 10
Film-Nr.- 4562 Russland

AKTEN STAATSSEKRETÄR VON BÜLOW
R 29449 - Aufzeichnungen StS v. Bülow über Diplomatenbesuche/
Bd. 1 (6.30-2.31)
R 29450 - Aufzeichnungen StS v. Bülow über Diplomatenbesuche/
Bd. 2 (1.31-7.31)
R 29451 - Aufzeichnungen StS v. Bülow über Diplomatenbesuche/
Bd. 3 (8.31-3.32)
R 29452 - Aufzeichnungen StS v. Bülow über Diplomatenbesuche/
Bd. 4 (4.32-10.33)
R 29454 - Aufzeichnungen StS v. Bülow über Diplomatenbesuche/
Bd. 6 (11.33-10.34)
R 29519 - Politischer Schriftwechsel Staatssekretär mit Beamten des
Auswärtigen Dienstes/Bd. 8
R 29520 - Politischer Schriftwechsel Staatssekretär mit Beamten des
Auswärtigen Dienstes/Bd. 9 (6.32-6.36)

ABRÜSTUNG:
R 31990 - Vorbereitende Kommission für die Abrüstungskonferenz in
Genf/Bd. 2 (12.26-9.30)

ABTEILUNG II F-M (MILITÄR UND MARINE)
R 33599 - Stellung der im Genfer Protokoll vom 12.12.1926 vorgesehenen
technischen Sachverständigen/Bd. 1 (1.27-7.28)

HANDAKTEN
R 35583 - Direktoren Köpke: Chronologische Aufzeichnungen Köpke,
Staatssekretär und Reichsminister (9.26-9.27)

POLITISCHE ABTEILUNG II ALLGEMEINES
R 70131 - Die Staatsoberhäupter und deren Familien (Aufzeichnungen für den
Reichspräsidenten)/Bd. 1 (3.20-12.34)

POLITISCHE ABTEILUNG III ALLGEMEINES
R 76901 - Personalien: Staatsoberhaupt und deren Familien/Bd. 1 (4.20-8.34)
R 76902 - Staatsoberhäupter, Gesprächsstoffe für den Rpräs./Bd. 1 (12.23-1.36)

POLITISCHE ABTEILUNG III ENGLAND
R 76982 - Politische Beziehungen Englands zu Deutschland/Bd. 8 (1.32-4.33)

POLITISCHE ABTEILUNG III ÄGYPTEN
R 77717 - Besuchsreisen des Könige Fuad von Ägypten/Bd. 1 (2.29-6.30)

Quellenverzeichnis 561

POLITISCHE ABTEILUNG III AFGHANISTAN
R 77942 - Besuchsreise des Königs von Afghanistan nach Deutschland/
Bd. 1 (9.27-12.29)
R 77943 - Besuchsreise des Königs von Afghanistan nach Deutschland/
Bd. 2 (9.27-12.29)

POLITISCHE ABTEILUNG III VEREINIGTEN STAATEN VON AMERIKA
R 80149 - Politische Beziehungen der Vereinigten Staaten von Amerika zu
Deutschland/Bd. 17 (7.30-4.31)

POLITISCHE ABTEILUNG IV POLEN
R 82416 - Beschlagnahme deutschen Eigentums in Polen/Bd. 38 (12.29-3.30)
R 82436 - Deutsch-polnisches Liquidationsabkommen vom 31.10.29/Bd. 1
(10.29-10.29)

POLITISCHE ABTEILUNG IV RUSSLAND
R 83638 - Gesprächsstoffe für den Rpräs./Bd. 1 (3.25-4.36)
R 83639 - Gesprächsstoffe für den Rpräs./Bd. 2 (3.25-4.36)

POLITISCHE ABTEILUNG IV JAPAN
R 85928 - Besuch des Prinzen Takamatzu in Deutschland 1930

REFERAT VÖLKERBUND
R 96427 - Europäische Verständigungsaktion des Dr. Nossig-Heile/Bd. 4
(3.27-12.28)
R 96722 - Investigationen/Bd. 3 (1.26-11.26)

PROTOKOLL
R 118850- Gesellschaftliche Veranstaltungen im Hause des Staatsoberhauptes/
Bd. 1 (3.22-12.28)
R 118930- Amtsantritt des Rpräs. Paul v. Hindenburg/Bd. 1 (1925-1931)
R 118931- Amtsantritt des Rpräs. Paul v. Hindenburg/Bd. 2 (1925-1931)
R 118934- Persönliche Angelegenheiten des Rpräs. v. Hindenburg/
Bd. 2 (7.30-10.32)
R 118936- Der Geburtstag des Reichspräsidenten v. Hindenburg

PRESSEABTEILUNG
R 120839- Reichspräsident, Reichstag, Reichsrat/Bd. 1 (12.25-12.29)
R 122389- Reichspräsident/Bd. 1 (2.27-12.32)
R 122390- Reichspräsident/Bd. 2 (2.27-12.32)
R 122392- Reichspräsident/Bd. 4 (2.27-12.32)

ABTEILUNG IB - VERWALTUNGSSACHEN
R 130116- Diplomatische Revirements sowie Anciennitätslisten und
Eidesleistungen der Legations-Sekretäre/Bd. 11 (1930-1933)
R 130174- Reichspräsidenten/Bd. 1 (1925)

BOTSCHAFTSAKTEN
- Botschaft London
- Botschaft Paris (Aktenverzeichnis der Deutschen Botschaft in Paris 1817-1944)
- Botschaft Rom
- Botschaft Moskau (Akten aus den Jahren 1921-1941)
- Botschaft Washington

NACHLAß GUSTAV STRESEMANN
Bd. 23   -   Allgemeine Akten / 7312 H (März 1925-April 1925)
Bd. 24   -   Allgemeine Akten / 7313 H (April 1925-Mai 1925)
Bd. 25   -   Allgemeine Akten / 7314 H (Mai 1925-Juni 1925)
Bd. 31   -   Konferenz von Locarno / 7321 H (Oktober 1925-November 1925)
Bd. 34   -   Konferenz von Locarno / 7324 H (Dezember 1925-Januar 1926)
Bd. 35   -   Konferenz von Locarno / 7325 H (Februar 1926)
Bd. 36   -   Konferenz von Locarno / 7643 H (Februar 1926-März 1926)
Bd. 39   -   Konferenz von Locarno / 7328 H (Juni 1926-Juli 1926)
Bd. 43   -   Konferenz von Locarno / 7332 H (September 1926)
Bd. 45   -   Konferenz von Locarno / 7334 H (Oktober 1926-November 1926)
Bd. 46   -   Konferenz von Locarno / 7335 H (November 1926)
Bd. 47   -   Konferenz von Locarno / 7336 H (November 1926-Dezember 1927)
Bd. 48   -   Konferenz von Locarno / 7337 H (Dezember 1926-Januar 1927)
Bd. 51   -   Konferenz von Locarno / 7340 H (Februar 1927-März 1927)
Bd. 52   -   Allgemeine Akten / 7341 H /9955 (März 1927-April 1927)
Bd. 58   -   Allgemeine Akten / 7347 H (August 1927-September 1927)
Bd. 59   -   Allgemeine Akten / 7369 H (September 1927-Oktober 1927)
Bd. 60   -   Allgemeine Akten / 7370 H (Oktober 1927-November 1927)
Bd. 61   -   Allgemeine Akten / 7371 H (November 1927-Dezember 1927)
Bd. 63   -   Allgemeine Akten / 7373 H (Dezember 1927-Januar 1928)
Bd. 64   -   Allgemeine Akten / 7374 H (Januar 1928-Februar 1928)
Bd. 65   -   Allgemeine Akten / 7348 H (Februar 1928-März 1928)
Bd. 69   -   Allgemeine Akten / 7378 H (Juli 1928-August 1928)
Bd. 71   -   Allgemeine Akten / 7349 H (September 1928)
Bd. 72   -   Allgemeine Akten / 7350 H (September 1928-November 1928)
Bd. 73   -   Allgemeine Akten / 7380 H (November 1928)
Bd. 74   -   Allgemeine Akten / 7381 H (November 1928-Dezember 1928)
Bd. 75   -   Allgemeine Akten / 7382 H (Dezember 1928)
Bd. 76   -   Allgemeine Akten / 7383 H (Januar 1929-Februar 1929)
Bd. 77   -   Allgemeine Akten / 7384 H (Februar 1929-März 1929)
Bd. 80   -   Allgemeine Akten / 7387 H (Mai 1929)
Bd. 82   -   Allgemeine Akten / 7389 H (Juni 1929-Juli 1929)
Bd. 272 -   Locarnotagebuch / 7129 H (1925)
Bd. 274 -   Politische Akten / 7131 H (1925/V)
Bd. 276 -   Politische Akten / 7133 H (1925/III)
Bd. 278a -   Politische Akten / 7137 H (1926/III)

Quellenverzeichnis

Bd. 279 - Politische Akten / 7138 H (1926/I)
Bd. 281 - Politische Akten / 7140 H (1926 II)
Bd. 284 - Politische Akten / 7143 (1927/IV)
Bd. 285 - Politische Akten / 7144 (1927/III)
Bd. 288 - Politische Akten / 7147 (1928/I)
Bd. 291 - Politische Akten / 7148 (1928/V)
Bd. 292 - Politische Akten / 7149 (1928/IV)
Bd. 293 - Politische Akten / 7150 (1928/III)
Bd. 295 - Tagebuchnotizen / 7355 (Januar 1929 -Juli 1929)
Bd. 302 - Politische Akten / 7155 (1929/I)

WEITERE NACHLÄSSE:
- Nachlaß Ulrich Brockdorff-Rantzau
- Nachlaß Herbert Dirksen
- Nachlaß Oswald Hoyningen-Huene
- Nachlaß Rudolf Nadolny; Nachlaß Rudolf u. Änny Nadolny
- Nachlaß Prittwitz u. Gaffron
- Nachlaß Walter Zechlin

PERSONALAKTEN:
- Personalakte Herbert v. Dirksen
- Personalakte Roland Köster
- Personalakte Rudolf Nadolny
- Personalakte Constantin v. Neurath
- Personalakte Friedrich Prittwitz und Gaffron
- Personalakte Oswald Schneider
- Personalakte Carl von Schubert
- Personalakte Friedrich Sthamer
- Personalakte Oskar Trautmann
- Personalakte Walter Zechlin

Bundesarchiv Koblenz (BA Koblenz)
[Internet-Adresse: www.bundesarchiv.de][3]

AKTEN DER REICHSKANZLEI:

R 43/I Alte Reichskanzlei
Bände: 66, 68, 69, 71, 82, 83, 84, 85, 98, 124, 196, 300, 304, 305, 337, 383, 429, 486, 502, 504, 509, 516, 517, 518, 519, 553, 576, 577, 578, 579, 580, 580, 581, 582, 583, 584, 585, 586, 856, 1243, 1306, 1307, 1308, 1309, 1405, 1425, 1793, 1794, 1889, 2420

R 43/II Reichskanzlei
Bände: 361, 362, 364, 365,a, 463, 600, 744, 856, 858, 859, 2647

KLEINE ERWERBUNGEN (FB. 1-6) (HIERIN: SPLITTERNACHLÄSSE)

STELLVERTRETER DES REICHSKANZLERS (R 53)

ZSG 103 (SAMMLUNG VON PRESSEARTIKELN)

NACHLÄSSE:[4]
- Nachlaß Max Bauer (N 1022)
- Nachlaß Magnus von Braun (N 1085)
- Nachlaß Hermann Dietrich (N 1004)
- Nachlaß Wilhelm v. Gayl (N 1031)
- Nachlaß Otto Gessler (N 1032)
- Nachlaß Alfred Hugenberg (N 1231)
- Nachlaß Erich Koch-Weser (N 1012)
- Nachlaß Friedrich Wilhelm von Loebell (N 1045)
- Nachlaß Hans Luther (N 1009)
- Nachlaß Constantin von Neurath (N 1310)
- Nachlaß Rudolf Pechel (N 1160)
- Nachlaß Hermann Pünder (N 1005)

---

[3] Wer die angegebene *Homepage* (*www*-Adresse) im Internet *besucht*, sollte, um zum gewünschten Archiv zu gelangen, die Option „*Search/Suchen*" nutzen. Dies gilt insbesondere für die folgenden *Links*.

[4] Jene verwerteten Nachlaßsplitter, die im BA Koblenz in den *Kleinen Erwerbungen* verzeichnet sind, wurden nicht separat aufgeführt (genauere Quellenzuordnung siehe jeweilige Anmerkung).

Quellenverzeichnis 565

- Nachlaß Reinhold Georg Quaatz (N 1247)
- Nachlaß Bernhard Schwertfeger (N 1015)
- Nachlaß Walther Schücking (N 1051)
- Nachlaß Wilhelm Solf (N 1053)
- Nachlaß Max von Stockhausen (N 1057)
- Nachlaß Theodor Wolff (N 1211)

Bundesarchiv Berlin-Lichterfelde[5]
[Internet-Adresse: www.bundesarchiv.de]

AKTEN AUS DEM BÜRO DES REICHSPRÄSIDENTEN/PRÄSIDIALKANZLEI (R 601)[6]
(*Akten aus dem ehemaligen Bundesarchiv Abt. Potsdam)*[7]

Abteilung B (Titel II)
Bd. 21   -   Persönlicher Briefwechsel des Reichspräsidenten von Hindenburg
              anläßlich seiner Kandidatur zur Wiederwahl
              (Bd. 1/1932 Jan-1932 Apr.)
Bd. 38   -   Zuständigkeit des Rpräs. - Allgemeines (Bd. 1/1919 Aug.-1933 Dez.)

Abteilung B (Titel VII)
Bd. 205   -   Ostpreußen (Bd. 1/1927 Juli-1929. Jan.)

Abteilung C (Titel I)
Bd. 682   -   Ausführung des Friedensvertrages (Bd. 12/1925 Mai-1927 März)
Bd. 687   -   Wirtschafts- u. Finanzkonferenz in Genua
              (Bd. 1/1922-Jan.-1922 Apr.)
Bd. 687/1- Sicherheitspakt - Vertragswerk von Locarno
              (Bd. 1/1925 Febr.-1926 Okt.)
Bd. 687/2 - Sicherheitspakt - Vertragswerk von Locarno
              (Bd. 1/1925 Sept.-1932 Okt.)
Bd. 688   -   Schuld am Kriege (Bd. 1/1919 Juli-1927 Apr.)
Bd. 689   -   Schuld am Kriege (Bd. 2/1927 März-1919 Juni)
Bd. 691   -   Haager Konferenz 1929 (Bd. 2/1929 Aug.-1930 Jan.)
Bd. 693   -   Haager Konferenz 1929 (Bd. 4/1930 Febr.-1930 März)

---

[5] Die aufgeführten Akten lagerten zuvor im Bundesarchiv Abt. Potsdam, das nunmehr aufgelöst wurde.
[6] Primär wurden nur die in den Findbüchern aufgeführten Hauptüberschriften angegeben.
[7] Zu beachten ist hierbei, daß Signaturänderungen infolge des Berlin-Umzugs zu erwarten sind. Beispielsweise ändert sich die Bestandsnummer eines Nachlasses, der vom BA Koblenz nach Berlin wandert, um die Größendifferenz von 1000. Mit anderen Worten: Ein Nachlaß mit der Koblenzer Signatur N 1220 würde in Berlin die neue Signatur N 2220 erhalten usw.; würde dagegen besagter Nachlaß beispielsweise ins Militärarchiv nach Freiburg verlagert, bekäme er die neue Bestandsnummer N 220.

Bd. 694 - Rüstungsbeschränkungen (Bd. 1/1930 Nov.-1933 Sept.)
Abteilung C (Titel II)
Bd. 695 - Eintritt Deutschlands in den Völkerbund
(Bd. 1/1925 Nov.-1926 Sept.)
Bd. 697/1- Investigationsrecht des Völkerbundes (Bd. 1/1925 März-1926 Dez.)
Bd. 699/9- Ständiger Internationaler Gerichtshof in Haag (ohne Bandangabe/
1926 Nov.-1939 Sept.)
Bd. 699/10- Kriegsächtungspakt, Weltfriedenspakt (Bd. 1/1928 Apr.-1934 Juli)

Abteilung C (Titel IV)
Bd. 706 - England (Bd. 1/1919 März-1929 Nov.)

Abteilung C (Titel VI)
Bd. 740 - Wochenberichte des Auswärtigen Amts über Angelegenheiten der äußeren Politik (Bd. 5/1929 Aug.-1931 Juni)

(Bände, die zuvor im Koblenzer Bundesarchiv lagerten)[8]

Bd. 3 - Berichtigung von Pressemeldungen über Angelegenheiten des Rpräs. (Mai 1925-Juli 1928)
Bd. 4 - Berichtigung von Pressemeldungen über Angelegenheiten des Rpräs. (Juli 1928-Dezember 1930)
Bd. 5 - Berichtigung von Pressemeldungen über Angelegenheiten des Rpräs. (Januar 1931-März 1932)
Bd. 6 - Berichtigung von Pressemeldungen über Angelegenheiten des Rpräs. (April 1932-1934)
Bd. 9 - Unlautere Reklame mit dem Namen des Rpräs. - Einzelfälle (Bd. 1/1925-1930)
Bd. 47 - Paul von Hindenburg: Persönliche Angelegenheiten des Rpräs. von Hindenburg (Bd. 2/Oktober 1930-1931)
Bd. 48 - Paul von Hindenburg: Persönliche Angelegenheiten des Rpräs. von Hindenburg (Bd. 3/Oktober 1930-1931)
Bd. 137 - Audienzen und Einladungen des Rpräs. - Telegrammwechsel mit ausländischen Staatsoberhäuptern (Oktober 1923-Januar 1929)
Bd. 138 - Audienzen und Einladungen des Rpräs. - Telegrammwechsel mit ausländischen Staatsoberhäuptern (Juli 1929- März 1934)
Bd. 140 - Essens- und Teeempfänge für ausländische Diplomaten beim Rpräs. (Dezember 1929-Februar 1934)
Bd. 146 - Audienzen beim Rpräs. für in- und ausländische Persönlichkeiten (Dezember 1929-September 1930)
Bd. 150 - Empfänge von Vertretern fremder Staaten beim Rpräs. (Bd. 1; Februar 1919-Dezember 1923)
Bd. 152 - Empfänge von Vertretern fremder Staaten beim

---

[8] Bitte beachten, daß Signaturänderungen möglich sind.

		Rpräs. (Bd. 3; Januar 1933-September 1933)
Bd. 153	-	Empfänge von Vertretern fremder Staaten beim Rpräs. (Bd. 4; Mai 1933- April 1934)
Bd. 154	-	Empfänge von Vertretern fremder Staaten beim Rpräs. (Bd. 5; Mai 1933- April 1934)
Bd. 156	-	Empfang fremder Staatsoberhäupter (1928)
Bd. 157	-	Empfang fremder Staatsoberhäupter (1928)
Bd. 161	-	Empfang fremder Staatsoberhäupter (Juni 1930-November 1929)
Bd. 163	-	Empfang fremder Staatsoberhäupter (Juli 1930-Oktober 1934)
Bd. 175	-	Mitgliedschaft des Rpräs. in Vereinen und Gesellschaften (1925-1934)
Bd. 189	-	Maler, Bildhauer und Kunstgewerbler, denen der Rpräs. v. Hindenburg Sitzungen gewährte (1933-1934)
Bd. 211	-	Interviews des Rpräs. für die deutsche und ausländische Presse (April 1934-Juni 1934)
Bd. 220	-	Ehrungen, Orden und Geschenke des Rpräs. v. Hindenburg durch ausländische Regierungen (1927-1934)
Bd. 229	-	Austausch von Neujahrsglückwünschen mit ausländischen Staatsoberhäuptern und der Empfang des Diplomatischen Chors am Neujahrstag (1919-Dezember 1924)
Bd. 230	-	Austausch von Neujahrsglückwünschen mit ausländischen Staatsoberhäuptern und der Empfang des Diplomatischen Chors am Neujahrstag (Dezember 1925-Januar 1928)
Bd. 231	-	Austausch von Neujahrsglückwünschen mit ausländischen Staatsoberhäuptern und der Empfang des Diplomatischen Chors am Neujahrstag (Dezember 1928-Januar 1931)

AKTEN DES REICHSARCHIVS (15.06)

NACHLAß HERBERT VON DIRKSEN (N 2049)

Bundes/Militärarchiv Freiburg i. Br. (BA-MA Freiburg)
[Internet-Adresse: www.bundesarchiv.de]

NACHLÄSSE:
Nachlaß August v. Cramon (N 266)
Nachlaß Paul v. Hindenburg (N 429)
Nachlaß Walter Görlitz (N 753)
Nachlaß August v. Mackensen (N 039)
Nachlaß Kurt v. Schleicher (N 042)
Nachlaß Hans v. Seeckt (N 247)

Public Record Office London (PRO London, Kew)
[Internet-Adresse: www.pro.gov.uk]

GENERAL CORRESPONDENCE - POLITICAL FROM 1906 (FO 371)

Harvard-University-Archives Cambrigde/USA (PL)
[Internet-Adresse: www.harvard.edu]

BRÜNING PAPERS (NACHLAß HEINRICH BRÜNING):
- General correspondence and other papers 1939-1970 (HUG FP 93.10)
- Journals, manuscripts, and personal papers 1930-1970 Varia (HUG FP 93.35)

Historisches Archiv der Stadt Köln (HA Köln)

NACHLAß WILHELM MARX (BEST. 1070)
NACHLAß HERMANN PÜNDER (BEST. 1304)

Geheimes Staatsarchiv Berlin-Dahlem (GStA Berlin-Dahlem)

NACHLÄSSE:
- Nachlaß Otto Braun
- Nachlaß Manfred v. Brünneck-Bellschitz (XX Rep. 300)

Niedersächsisches Hauptstaatsarchiv Magazin Pattensen (bei Hannover)

AKTEN BETR. SPRUCHKAMMERVERFAHREN OSKAR V. HINDENBURG, NDS. 171, LÜNEBURG, NR. 689-694 / PAKETNUMMER: 16689 / 16690 / 16691

Archiv der sozialen Demokratie der Friedrich-Ebert-Stiftung Bonn (AdsD Bonn)
[Internet-Adresse: www.fes.de]

NACHLÄSSE:
- Nachlaß Paul Löbe
- Nachlaß Otto Meissner
- Nachlaß Hermann Müller (Tr. 4/1)
- Nachlaß Carl Severing

Institut für Zeitgeschichte München (IfZ München)
[Internet-Adresse: www.wbl.de/iwbl/a/IfZ.html]

ZEUGENSCHRIFTTUM (ZS)
WEIZSÄCKER-PROZEß, INT. M. NÜRNBERG, WILHELMSTRAßEN-PROZEß, PROTOKOLLE
NACHLAß WERNER OTTO VON HENTIG

Archiv der Konrad-Adenauer-Stiftung Sankt Augustin
[Internet-Adresse: www.kas.de/histarchiv/frameset.html]

NACHLAß PRITTWITZ UND GAFFRON (I-138)

Public Library of New York City
[Internet-Adresse: www.nypl.org/]

Literaturrecherche nach seltenen amerikanischen Memoiren u. Biographien (z.B. THOMAS RUSSEL YBARRA: Hindenburg, the man with three lives, New York City 1932)

2) Gedruckte Quellen

a) Editionen (in Büchern und Zeitschriften)

AKTEN ZUR DEUTSCHEN AUSWÄRTIGEN POLITIK (ADAP) - Serie A: 1918-1925, Bd. XII bis XIV / Serie B: 1925-1933, Bd. I bis XXI / Serie C: 1933-1937, Bd. I bis II,2. (u. Ergänzungsband zu den Serien A-E. Gesamtpersonenverzeichnis, Portraitphotos und Daten zur Dienstverwendung, Anhänge, Göttingen 1995).

AKTEN DER REICHSKANZLEI (ADR) - Kab. Luther I u. II, Bd. 1, 2 / Kab. Marx III u. IV, Bd. 1, 2 / Kab. Müller II, Bd. 1, 2 / Kab. Brüning I u. II, Bd. 1, 2, 3 / Kab. Papen, Bd. 1, 2 / Kab. Schleicher, Bd. 1 / Reg. Hitler, Bd. 1, 2.

BERNHARD, HENRY (Hrsg.): Gustav Stresemann Vermächtnis. Der Nachlass in drei Bänden.
- Locarno und Genf, Bd. II, Berlin 1932
- Von Thoiry bis zum Ausklang, Bd. III. Berlin 1933.

DER VERTRAG VON VERSAILLES. Mit Beiträgen von SEBASTIAN HAFFNER / G. BATESON/J.M. KEYNES/HAROLD NICOLSON/ARNOLD BRECHT/W.I. LENIN U.A., München 1978.

DOCUMENTI DIPLOMATICI ITALIANI - Settima Serie: 1922-1935, Volume XII.

DOCUMENTS ON BRITISH FOREIGN POLICY 1919-1939 - First Series, Volume XXVII / Series IA, Volume I / Series IA, Volume II / Series IA, Volume IV / Series IA, Volume VI / Series IA, Volume VII / Second Series, Volume IV.

DOCUMENTS DIPLOMATIQUES FRANÇAIS 1932-1939 - 1re Série (1932-1935), Tome I.

DOCUMENTS DIPLOMATIQUES BELGES 1920-1940, Hrsg.: Ch. De Visscher/F. Vanlangenhove - La Politique de sécurite extérieure, Tome II, Période 1925-1931 (1964) / La Politique de sécurité extérieure, Tome III, Période 1931-1936 (1964).

ENDRES, FRITZ (Hrsg.): Hindenburg. Briefe, Reden, Berichte, Ebenhausen 1934.

GESCHÄFTSORDNUNG DER REICHSREGIERUNG VOM 03.05.1924, abgedruckt in: Fritz Poetzsch-Heffter: Vom Staatsleben unter der Weimarer Verfassung, in: Jahrbuch des öffentlichen Rechts der Gegenwart, Bd. XIII, Hrsg.: ROBERT PILOTY/OTTO KOELLREUTER, Tübingen 1925, S. 1-248.

HARTTUNG, ARNOLD (Hrsg.): Gustav Stresemann Schriften. Mit einem Vorwort von Willy Brandt, Berlin 1976.

HOFMANN, JOSEF (Hrsg.): Zwei Jahre am Steuer des Reichs. Reden aus Brünings Kanzlerzeit, Köln 1932.

HINDENBURG UND DER STAAT. Aus den Papieren des Generalfeldmarschalls und Reichspräsidenten von 1878 bis 1934, Hrsg./Bearb.: WALTER HUBATSCH, Göttingen/Berlin/Frankfurt a. M./Zürich 1966.

HITLER - Reden, Schriften, Anordnungen. Februar 1925 bis Januar 1933, Bd. IV: Von der Reichstagswahl bis zur Reichspräsidentenwahl Oktober 1930-März

1932. Teil 3: Januar 1932-März 1932, Hrsg.: Institut für Zeitgeschichte, München 1997.

LOCARNO-KONFERENZ 1925. Eine Dokumentensammlung, Hrsg.: Ministerium für auswärtige Angelegenheiten der DDR, (Ost-) Berlin 1962.

INTERNATIONALER MILITÄRGERICHTSHOF - Der Prozess gegen die Hauptkriegsverbrecher vor dem Internationalen Militärgerichtshof, Nürnberg 1947 (Bd.-Nr. etc. siehe jeweilige Anm).

MAURER, ILSE/WENGST, UDO (Bearb.): Politik und Wirtschaft in der Krise 1930-1932 (eingeleitet von Gerhard Schulz), aus: Quellen zur Geschichte des Parlamentarismus und der politischen Parteien. Quellen zur Ära Brüning, Dritte Reihe: Die Weimarer Republik, Hrsg.: Karl Dietrich Bracher/Erich Matthias/Rudolf Morsey, Bd. 4/1 u. 4/2, Düsseldorf 1980.

MORSEY, RUDOLF (Bearb.): Die Protokolle der Reichstagsfraktion und des Fraktionsvorstandes der Deutschen Zentrumspartei 1926-1933, Mainz 1960.

NIX, CLAIRE (Hrsg.): Heinrich Brüning. Briefe und Gespräche 1934-1945, Stuttgart 1974.

NIXON, EDGAR B. (Hrsg.): Franklin D. Roosevelt and Foreign Affairs. Volume I: January 1933 - February 1934, Cambridge/Massachusetts 1969.

PAPERS RELATING TO THE FOREIGN POLICY OF THE UNITED STATES (FRUS) - 1928, Volume II / 1930, Volume III / 1932, Volume II / 1933, Volume II.

PICKER, HENRY: Hitlers Tischgespräche im Führerhauptquartier 1941-1942, Hrsg.: Percy Ernst Schramm, Stuttgart 1963.

ROSENBERG, ARTHUR (Hrsg.): Aristide Briand. Frankreich und Deutschland. Mit einer Einleitung von Gustav Stresemann, Dresden 1928.

SCHULTHEß' EUROPÄISCHER GESCHICHTSKALENDER 1925-1934

SOVIET DOCUMENTS ON FOREIGN POLICY (Bearb. u. Hrsg.: JANE DEGRAS, London/New York/Toronto 1952) - 1925-1932, Volume II / 1933-1941, Volume III.

URSACHEN UND FOLGEN (UuF) - Bd. 6, Die Weimarer Republik 1924-1928 / Bd. 7, Die Weimarer Republik 1928-1930 / Bd. 8, Die Weimarer Republik 1930-1933.

VERNEKOHL, WILHELM (Hrsg.): Heinrich Brüning. Reden und Aufsätze eines deutschen Staatsmanns, Münster 1968.

DERS. (Hrsg.): Heinrich Brüning. Ein deutscher Staatsmann im Urteil der Zeit, Münster 1961.

VOGELSANG, THILO: Reichswehr, Staat und NSDAP. Beiträge zur deutschen Geschichte 1930-1932, aus: Quellen und Darstellungen zur Zeitgeschichte, Bd. II, Stuttgart 1962.

ZWOCH, GERHARD (Hrsg.): Gustav Stresemann. Reichstagsreden. Mit einem Vorwort von Walter Scheel, Bonn 1972.

b) Autobiographische Schriften

ARETIN, ERWEIN: Krone und Ketten. Erinnerungen eines bayerischen Edelmannes, Hrsg.: Karl Bucheim/K. Otmar von Aretin, München 1955.
BERNDORFF, H. R.: General zwischen Ost und West. Aus den Geheimnissen der Deutschen Republik, Hamburg 1952.
BERNHARD, HENRY: Aufzeichnungen und Betrachtungen, Stuttgart 1947.
BERNSTORFF, JOHANN H. GRAF: Erinnerungen und Briefe, Zürich 1936.
BLÜCHER, WIPERT VON: Am Rande der Weltgeschichte. Marokko-Schweden-Argentinien, Wiesbaden 1958.
DERS.: Gesandter zwischen Diktatur und Demokratie. Erinnerungen aus den Jahren 1935-1944, Wiesbaden 1951.
BONN, MORITZ JULIUS: So macht man Geschichte. Bilanz eines Lebens, München 1953.
BONNET, GEORGES: Vingt ans de vie Politique 1918-1938 de Clemenceau à Daladier, Fayard 1969.
BRAUN, MAGNUS V. FRHR.: Von Ostpreußen bis Texas. Erlebnisse und zeitgeschichtliche Betrachtungen eines Ostdeutschen, Stollhamm 1955 (2. Aufl.).
BRAUN, OTTO: Von Weimar zu Hitler, New York 1940 (2. Aufl.).
BRECHT, ARNOLD: Mit der Kraft des Geistes. Lebenserinnerungen. Zweite Hälfte. 1927-1967 Stuttgart 1967.
BRÜNING, HEINRICH: Memoiren 1918-1934, Stuttgart 1970.
BUTLER, NICHOLAS MURRAY: Across the busy years; recollections and reflections, First Edition, New York/London 1939.
CHAMBERLAIN, SIR AUSTEN: Englische Politik. Erinnerungen aus fünfzig Jahren, Hrsg.: Fritz Pick, Essen 1938.
CLAß, HEINRICH: Lebenserinnerungen. Wider den Strom, Bd. II, Heft 8, BA Koblenz, Kl. Erw. -499 F [Mikrofilm-Nr. FC 1734 N].
CURTIUS, JULIUS: Bemühungen um Österreich. Das Scheitern des Zollunionsplans von 1931, Heidelberg 1947.
DERS.: Sechs Jahre Minister der deutschen Republik, Heidelberg 1948.
DERS.: Der Young-Plan. Entstellung und Wahrheit, Stuttgart 1950.
D'ABERNON, VISCOUNT: An Ambassador of Peace-Lord D'Abernon's Diary, The years of recovery January 1924-October 1926, Vol./Bd. III, London 1930.
DIETRICH, OTTO: 12 Jahre mit Hitler, München 1955.
DITFURTH, HOIMAR V.: Innenansichten eines Artgenossen. Meine Bilanz, Düsseldorf 1989.
DIRKSEN, HERBERT VON: Moskau-Tokio-London. Erinnerungen und Betrachtungen zu 20 Jahren deutscher Außenpolitik 1919-1939, Stuttgart 1950.
DODD, WILLIAM EDWARD: Diplomat auf heißem Boden. Tagebuch des USA-Botschafters in Berlin 1933-1938, [o.O.] 1962.

DOEHLE, HEINRICH: Lebenserinnerungen, Teil II, Weimarer Republik, Badenweiler 1963 [unveröffentlichter Privatdruck]. BA Koblenz, Bibliothek [Sig.: B I Doehle 1].
EDEN, ANTHONY EARL OF AVON: Angesichts der Diktatoren. Memoiren 1923-1938, Köln/Berlin 1964.
ESCHENBURG, THEODOR: Also hören Sie mal zu. Geschichte und Geschichten 1904 bis 1933, Berlin 1995.
DERS.: Die improvisierte Demokratie. Gesammelte Aufsätze zur Weimarer Republik, München 1963.
FEDER, ERNST: Heute sprach ich mit [...]. Tagebücher eines Berliner Publizisten 1926-1932, Hrsg.: Cécile Lowenthal-Hensel/Arnold Paucker, Stuttgart 1971.
FRANÇOIS-PONCET, ANDRÉ: Als Botschafter in Berlin 1931-1938, Kupferberg 1949.
GÄRTNER, MARGARETE: Botschafterin des guten Willens, Bonn 1955.
GESSLER, OTTO: Reichswehrpolitik in der Weimarer Zeit, Hrsg.: Kurt Sendtner, Stuttgart 1958.
GROBBA, FRITZ: Männer und Mächte im Orient. 25 Jahre diplomatischer Tätigkeit im Orient, Göttingen/Zürich/Berlin/Frankfurt a. M. 1968.
HAAS, WILHELM: Lebenserinnerungen (unveröffentlicht), [o.O.] 1974, PA AA Bonn, Sig.: D 2004.
HANFSTAENGL, ERNST: Zwischen Weißem und Brauem Haus. Memoiren eines politischen Außenseiters, München 1970.
HEDIN, SVEN: Fünfzig Jahre Deutschland, Leipzig 1938.
HEUSS, THEODOR: Erinnerungen 1905-1933, Tübingen 1963.
HILGER, GUSTAV: Wir und der Kreml. Deutsch-sowjetische Beziehungen 1918-1941. Erinnerungen eines deutschen Diplomaten, Frankfurt a. M./Berlin 1955.
HILL, E. LEONIDAS (Hrsg.): Die Weizsäcker-Papiere 1900-1932, Berlin/Frankfurt a. M./Wien 1982.
HINDENBURG, PAUL VON: Aus meinen Leben, Leipzig 1920.
HOSSBACH, FRIEDRICH: Zwischen Wehrmacht und Hitler 1934-1938, Wolfenbüttel/Hannover 1949.
HOOVER, HERBERT: The Memoirs of Herbert Hoover. The Great Depression 1929-1941, Volume III, London 1953.
KEIL, WILHELM: Erlebnisse eines Sozialdemokraten, Bd. II, Stuttgart 1948.
KESSLER, GRAF HARRY: Aus den Tagebüchern 1918-1937, Hrsg.: Wolfgang Pfeiffer-Belli, Frankfurt a. M. 1961.
KIRKPATRICK, IVONE: The Inner Circle - Memoirs, London/New York 1959.
KÖHLER, HEINRICH: Lebenserinnerungen des Politikers und Staatsmannes 1878-1949, Hrsg.: Josef Becker, Stuttgart 1964.
KORDT, ERICH: Nicht aus den Akten..., Stuttgart 1950.
KROLL, HANS: Lebenserinnerungen eines Botschafters, Köln 1968 (7. Aufl.).
KÜHLMANN, RICHARD VON: Erinnerungen, Heidelberg 1948.

LEMMER, ERNST: Manches war doch anders. Erinnerungen eines deutschen Demokraten, Frankfurt a. M. 1968.
LIPSKI, JÓZEF: Diplomat in Berlin. Papers and Memoirs of Józef Lipski, Ambassador of Poland, Hrsg.: Waclaw Jedrzejewicz, New York/London 1968.
LÖBE, PAUL: Der Weg war lang. Lebenserinnerungen von Paul Löbe, Berlin 1954, (3. Aufl.).
DERS.: Erinnerungen eines Reichstagspräsidenten, Berlin 1949.
LOCKHART, SIR ROBERT BRUCE: The Diaries of Sir Robert Bruce Lockhart 1915-1938, Volume 1, Editor: Kenneth Young, London 1973.
LUTHER, HANS: Politiker ohne Partei - Erinnerungen, Stuttgart 1960.
DERS.: Vor dem Abgrund 1930-1933. Reichsbankpräsident in Krisenzeiten, Berlin 1964.
MANSTEIN, ERICH V.: Aus einem Soldatenleben 1887-1939, Bonn 1958.
MEISSNER, HANS-OTTO: Junge Jahre im Reichspräsidentenpalais. Erinnerungen an Ebert und Hindenburg 1919-1934, München 1988.
MEISSNER, OTTO: Ebert - Hindenburg - Hitler. Erinnerungen eines Staatssekretärs 1918-1945, München 1991 (2. Aufl.).
MUCKERMANN, FRIEDRICH: Im Kampf zwischen zwei Epochen. Lebenserinnerungen, Bearb.: Nikolaus Junk, in: Veröffentlichungen der Kommission für Zeitgeschichte, Hrsg.: Konrad Repgen, Reihe A: Quellen, Bd. 15, Mainz 1973.
NADOLNY, RUDOLF: Mein Beitrag. Erinnerungen eines Botschafters des Deutschen Reiches, Hrsg.: Günter Wollstein, Köln 1985.
NICOLSON, HAROLD: Tagebücher und Briefe. Erster Band 1930-1931, Hrsg.: Nigel Nicolson, Frankfurt a. M. 1969.
NOSTITZ, HELENE VON HINDENBURG VON: Hindenburg at home. An intimate biography, New York 1931.
NOVAK, KARL FRIEDRICH/THIMME, FRIEDRICH (Hrsg.): Erinnerungen und Gedanken des Botschafters Anton Graf Monts, Berlin 1932.
OLDENBURG-JANUSCHAU, ELARD VON: Erinnerungen, Leipzig 1936.
PAPEN, FRANZ VON: Der Wahrheit einer Gasse, München 1952.
DERS.: Vom Scheitern einer Demokratie 1930-1933, Mainz 1968.
PÜNDER, HERMANN: Politik in der Reichskanzlei. Aufzeichnungen aus den Jahren 1929-1932, in: Schriftenreihe der Vierteljahrhefte für Zeitgeschichte, Nr. 5, Hrsg.: Hans Rothfels und Theodor Eschenburg, Stuttgart 1961.
DERS.: Von Preussen nach Europa. Lebenserinnerungen, Stuttgart 1968 (2. Aufl.).
PUTLITZ, WOLFGANG GANS E. V.: Unterwegs nach Deutschland. Erinnerungen eines ehemaligen Diplomaten, Berlin 1956.
PRITTWITZ-GAFFRON, FRIEDRICH V.: Zwischen Petersburg und Washington. Ein Diplomatenleben, München 1952.
QUAATZ, REINHOLD: Die Deutschnationalen und die Zerstörung der Weimarer Republik. Aus dem Tagebuch von Reinhold Quaatz 1928-1933, Hrsg.: Hermann Weiß u. Paul Hoser, in: Schriftenreihe der VfZ, Bd. 59, München 1989.

RAHN, RUDOLF: Ruheloses Leben. Aufzeichnungen und Erinnerungen eines Diplomaten, Düsseldorf 1949.
RAUSCHNING, HERMANN: Gespräche mit Hitler, Zürich/New York 1940.
REDSLOB, EDWIN: Von Weimar nach Europa. Erlebtes und Durchdachtes, Berlin 1972.
RHEINBABEN, FRHR. WERNER V.: Kaiser, Kanzler, Präsidenten. Wie ich sie erlebte 1895/1934, Hrsg.: Hase/Koehler, Mainz 1972 (2. Aufl.).
DERS.: Viermal Deutschland. Aus dem Erlebten eines Seemanns, Diplomaten, Politikers 1895-1954, Berlin 1954.
SAHM, HEINRICH: Erinnerungen aus meinen Danziger Jahren 1919-1930, Bearbeitung von Ulrich Sahm, Marburg/Lahn 1958.
SAUERBRUCH, FERDINAND: Das war mein Leben, Darmstadt 1976 (2. Aufl.).
SCHACHT, HJALMAR: 76 Jahre meines Lebens, Bad Wörishofen 1953.
SCHLABRENDORFF, FABIAN VON: Begegnungen in fünf Jahrzehnten, Tübingen 1979.
SCHLANGE-SCHÖNINGEN, HANS: Am Tage danach, Hamburg 1946.
SCHMIDT, PAUL: Statist auf politischer Bühne 1923-45. Erlebnisse des Chefdolmetschers im Auswärtigen Amt mit den Staatsmännern Europas, Bonn 1949.
SCHMIDT-HANNOVER, OTTO: Umdenken oder Anarchie. Männer - Schicksale - Lehren, Göttingen 1959.
SCHULENBURG, DIETER VON DER: Welt um Hindenburg. Hundert Gespräche mit Berufenen, Berlin 1935.
SCHUMACHER, MARTIN (Bearb.): Erinnerungen und Dokumente von Joh. Victor Bredt 1914 bis 1933, in: Quellen zur Geschichte des Parlamentarismus und der politischen Parteien. Dritte Reihe. Die Weimarer Republik, Hrsg.: Karl Dietrich Bracher/Erich Matthias/Rudolf Morsey, Bd. I, Düsseldorf 1970.
SCHWERIN V. KROSIGK, LUTZ GRAF: Es geschah in Deutschland. Menschenbilder unseres Jahrhunderts, Tübingen/Stuttgart 1951.
DERS.: Memoiren, Stuttgart 1977.
SERAPHIM, H. G. (Hrsg.): Das politische Tagebuch Alfred Rosenbergs aus den Jahren 1934/35 und 1939/40, Göttingen 1956.
SEVERING, CARL: Mein Lebensweg, Bd. 2. Im Auf und Ab der Republik, Köln 1950.
SPEER, ALBERT: Erinnerungen, Frankfurt a. M./Berlin 1969.
STERN-RUBARTH, EDGAR: [...] aus zuverlässiger Quelle verlautet [...] Ein Leben für Presse und Politik, Stuttgart 1964.
DERS.: Drei Männer suchen Europa. Briand - Chamberlain - Stresemann, München 1948 (2. Aufl.).
STIMSON, HENRY L./MCGEORGE BUNDY: On active Service in Peace and War. New York 1971.
STOCKHAUSEN, MAX VON: Sechs Jahre Reichskanzlei. Von Rapallo bis Locarno. Erinnerungen und Tagebuchnotizen 1922-1927, Hrsg.: Walter Görlitz, Bonn 1954.

STRESEMANN, WOLFGANG: Mein Vater Gustav Stresemann, München 1979.
DERS.: Zeiten und Klänge. Ein Leben zwischen Musik und Politik, Frankfurt a. M./Berlin 1994.
STROOMANN, GERHARD: Aus meinem roten Notizbuch. Ein Leben als Arzt auf Bühlerhöhe, Frankfurt a. M. 1960.
TESKE, HERMANN (Bearb.): Köstring, General Ernst. Der militärische Mittler zwischen dem Deutschen Reich und der Sowjetunion 1921-1941, in: Profile bedeutender Soldaten, Hrsg.: BA-MA Freiburg i. Br., Bd. 1, Frankfurt a. M. [o. J., zirka 1966].
TREVIRANUS, GOTTFRIED REINHOLD: Das Ende von Weimar. Heinrich Brüning und seine Zeit, Düsseldorf/Wien 1956.
TSCHIRSCHKY, FRITZ GÜNTHER VON: Erinnerungen eines Hochverräters, Stuttgart 1972.
VOGEL, HUGO: Erlebnisse und Gespräche mit Hindenburg, Berlin, 1935.
WESTARP, GRAF KUNO: Am Grabe der Parteiherrschaft. Bilanz des deutschen Parlamentarismus von 1918-1932, Berlin 1932.
WEIZSÄCKER, ERNST V.: Erinnerungen, Hrsg.: Richard v. Weizsäcker, München/Leipzig/Freiburg i. Br. 1950.
ZECHLIN, WALTER: Pressechef bei Ebert, Hindenburg und Kopf. Erlebnisse eines Pressechefs und Diplomaten, Hannover 1956.
ZIEMKE, KURT: Als deutscher Gesandter in Afghanistan, Stuttgart/Berlin 1939.

c) Zeitgenössische Literatur bis 1945

ANSCHÜTZ, GERHARD: Die Verfassung des Deutschen Reiches (mit Kommentar), 1. Teil, Berlin 1933 (14. Aufl.).
BIELIGK, K.F.: Stresemann - The German Liberals Foreign Policy, London/New York/Melbourne 1943.
BLOEM, WALTER: Hindenburg der Deutsche, Berlin 1932.
BUND ZUR ERNEUERUNG DES REICHES (Hrsg.): Die Rechte des deutschen Reichspräsidenten nach der Reichsverfassung. Eine gemeinverständliche Darstellung, Berlin 1929.
GOLDSMITH, MARGARET/VOIGT, FREDERICK: Hindenburg. The Man and the Legend, New York 1930.
HINDENBURG, BERNHARD V.: Feldmarschall von Hindenburg. Ein Lebensbild, Berlin 1917.
HEUSS, THEODOR: Hindenburg, in: Die Hilfe. Zeitschrift für Politik, Wirtschaft und geistige Bewegung, Hrsg.: Theodor Heuss/Gertrud Bäumer/Walter Goetz, Nr. 16, Jg.40, 18.08.1934, S. 361-364.
KIMENKOWSKI, EWALD (Hrsg.): Hindenburg im Neuen Deutschland. Ein Denkmal des Dankes für den treuen Eckart des deutschen Volkes, Berlin 1934.

KOELLREUTTER, OTTO: Die Stellung des deutschen Reichspräsidenten, in: Deutsche Juristen-Zeitung, XXX/1925, S. 551-555.
LUDWIG, EMIL: Hindenburg - Legende und Wirklichkeit, Hamburg 1962 [1. Aufl.: Amsterdam 1935].
MAND, GUSTAV: Anekdoten um Hindenburg, Potsdam 1936.
MARCKS, ERICH: Hindenburg - Feldmarschall und Reichspräsident, in: Persönlichkeit und Geschichte, Bd. 32, Göttingen/Berlin/Frankfurt a. M. 1963 [1. Aufl.: Berlin 1932].
N.N.: Ein Tag aus dem Leben des Reichspräsidenten, Berlin 1925.
OLDEN, RUDOLF: Hindenburg oder der Geist der preußischen Armee, Hildesheim 1982 [1. Aufl.: 1935].
DERS.: Stresemann, Berlin 1929.
OSSIETZKY, CARL V.: Ein Jahr Hindenburg, in: Die Weltbühne, Nr. 17, 27.04.1926, S. 639-643.
POETZSCH-HEFFTER, FRITZ: Landkommentar der Reichsverfassung vom 11.08.1919. Ein Handbuch für Verfassungsrecht und Verfassungspolitik, Berlin 1928 (3. Aufl.).
REIBNITZ, KURT VON: Gestalten rings um Hindenburg. Führende Köpfe der Republik und die Berliner Gesellschaft von heute, Dresden 1928.
REICHSPRÄSIDENT HINDENBURG, Hrsg.: Hindenburgspende, Berlin 1927.
RHEINBABEN, WERNER VON: Von Versailles zur Freiheit. Weg und Ziel der deutschen Außenpolitik, Hamburg/Berlin/Leipzig 1927.
SCHMIDT-PAULI, EDGAR VON: Diplomaten in Berlin, Berlin 1930.
SCHMITT, CARL: Der Hüter der Verfassung, in: Beiträge zum Öffentlichen Recht der Gegenwart, Bd. 1, Tübingen 1931.
SCHULTZE-PFÄLZER, GERHARD: Hindenburg. Ein Leben für Deutschland, Berlin 1934.
SEECKT, GENERALOBERST VON: Wege deutscher Außenpolitik, Leipzig 1931.
STEFFEN, FRITZ: Die Auswärtige Gewalt und der Reichspräsident, in: Internationale Abhandlungen, Hrsg.: Herbert Kraus, Bd. 15, Berlin 1933.
WETERSTETTEN, RUDOLPH/WATSON, A.M.K.: The biography of President von Hindenburg, New York 1930.
WEHBERG, HANS: Die Völkerbundsatzung. Gemeinverständlich erläutert, Berlin 1926.
WERTHEIMER, RUDOLF: Der Einfluß des Reichspräsidenten auf die Gestaltung der Reichsregierung, Diss. Heidelberg 1930.
WHEELER-BENNETT, JOHN W.: Der hölzerne Titan - Paul von Hindenburg, Tübingen 1969 [1. Aufl.: 1936].
DERS.: The wreck of Reparations. Being the political background of the Lausanne Agreement 1932, New York 1933.
WUERMELING, F. J.: Die rechtlichen Beziehungen zwischen dem Reichspräsidenten und der Reichsregierung, in: Archiv des öffentlichen Rechts, Bd. 11 (1926), S. 341-390.

YBARRA, THOMAS RUSSEL: Hindenburg, the man with three lives, New York City 1932.
ZECHLIN, WALTER: Diplomatie und Diplomaten, Stuttgart/Berlin 1950 (2. Aufl.) [1. Aufl.: 1935].

d) Zeitungen etc[9]

Bayerische Staatszeitung
Berliner Börsen-Courier
Berliner Lokal-Anzeiger
Berliner Tageblatt
Daily Chronicle
Der Tag
Deutsche Zeitung
Deutsche Allgemeine Zeitung
Die Zeit
Frankfurter Allgemeine Zeitung
Frankfurter Volksstimme
Frankfurter Zeitung
General-Anzeiger (Frankfurt a. M.)
Germania
Hannover Kurier
Hannoversche Landeszeitung
Herald Tribune (New York)
Kölnische Volkszeitung
Kreuzzeitung
Le Temps
Magdeburgische Zeitung
Matin
Neue Zeitung
New York Times
Niedersächsische Morgenpost
Rote Fahne
Sunday Times
Tägliche Rundschau
The Times
Tribuna
Völkischer Beobachter
Vorwärts
Vossische Zeitung
Washington Post

---

[9] Zeitungsausschnitte, die aus Archivalien verwertet wurden, sind mit der entsprechenden Archiv-Signatur versehen. Dies gilt auch für jene Zeitungen, die aus edierten Quellen stammen.

II. Forschungsliteratur

ASPREY, ROBERT B.: The German High Command at War. Hindenburg and Ludendorff conduct World War I, New York 1991.

BACH, JÜRGEN A.: Franz von Papen in der Weimarer Republik. Aktivitäten in Politik und Presse 1918-1932 Diss. Düsseldorf 1977.

BAECHLER, CHRISTIAN: Gustave Stresemann (1878-1929). De l'impérialisme à la sécurité collective, Strasbourg 1996.

BARIETY, JACQUES: Der Versuch einer europäischen Befriedung-Von Locarno bis Thoiry (Diskussion), in: Locarno und die Weltpolitik 1924-1932, Hrsg.: Hellmuth Rößler, Göttingen/Zürich/Frankfurt a. M. 1969, S. 32-63.

BAUER, PETER: Die Organisation der amtlichen Pressepolitik in der Weimarer Zeit, Diss. Wuppertal 1962.

BAUMGART, CONSTANZE: Stresemann und England, Diss. Köln/Weimar/Wien 1996.

BAUSCH, HANS: Der Rundfunk im politischen Kräftespiel der Weimarer Republik 1923-1933, Tübingen 1956.

BECKER, JOSEF: Heinrich Brüning und das Scheitern der konservativen Alternative in der Weimarer Republik, in: Aus Politik und Zeitgeschichte, Bd. 22 (31. Mai 1980), S. 3-17.

BENZ, WOLFGANG (Hrsg.): Die Juden in Deutschland 1933-1945. Leben unter nationalsozialistischer Herrschaft, München 1988.

BERG, MANFRED: Gustav Stresemann. Eine politische Karriere zwischen Reich und Republik, in: Persönlichkeit und Geschichte, Bd. 36/36a, Göttingen/Zürich 1992.

BERG, MANFRED: Gustav Stresemann und die Vereinigten Staaten von Amerika, in: Nomos Universitätsschriften Geschichte, Bd. 3, Baden-Baden 1990.

BERGHAHN, VOLKER R.: Die Harzburger Front und die Kandidatur Hindenburgs für die Präsidentschaftswahlen 1932, in: VfZ, 13. Jg., Heft 1 (1965), S. 64-82.

DERS.: Der Stahlhelm. Bund der Frontsoldaten 1918-1935, in: Beiträge zur Geschichte des Parlamentarismus und der politischen Parteien, Bd. 33, Düsseldorf 1966.

BERNHARD, HENRY: Gustav Stresemann. Tatsachen und Legenden, in: Aus Politik und Zeitgeschichte. Beilage zur Wochenzeitung *Das Parlament*, Bd. 41 (07.10.1959), S. 529-537.

DERS.: Seeckt und Stresemann, in: Deutsche Rundschau, Jg. 79, (Mai 1953), S. 465-474.

BESSON, WALDEMAR: Friedrich Ebert: Verdienst und Grenze, Göttingen 1963.

BLOCH, CHARLES: Das Dritte Reich und die Welt. Die deutsche Außenpolitik 1933-1945, Hrsg.: Hans-Adolf Jacobsen und Klaus-Jürgen Müller, Paderborn/München/Wien/Zürich 1993.

BLÜCHER, WIPERT VON: Wege und Irrwege der Diplomatie, Wiesbaden 1953.

BRACHER, KARL DIETRICH: Das Anfangsstadium der Hitlerischen Außenpolitik, in: VfZ, 5. Jg., Heft 1 (1957), S. 63-76.
DERS.: Die Auflösung der Weimarer Republik. Eine Studie zum Problem des Machtverfalls in der Demokratie, Düsseldorf 1984 (2. Nachdruck der 5. Aufl.).
DERS.: Die deutsche Diktatur. Entstehung - Struktur - Folgen des Nationalsozialismus, Frankfurt a. M./Berlin/Wien, 1979 (6. Aufl.).
BROSZAT, MARTIN: Kurt von Schleicher, in: Die deutschen Kanzler. Von Bismarck bis Schmidt, Hrsg.: Wilhelm v. Sternburg, Frankfurt a. M. 1987, S. 337-347.
BRÜGEL, WILHELM/FREI, NORBERT: Berliner Tagebuch 1932-1934. Aufzeichnungen des tschechoslowakischen Diplomaten Camill Hoffmann (Dokumentation), in: VfZ, 36. Jg., Heft 3 (1988), S. 131-183.
BRÜNING, HEINRICH: Ein Brief, in: Deutsche Rundschau, Bd. 79 (1947), S. 1-22.
BUßMANN, WALTER: Das Auswärtige Amt unter der Nationalsozialistischen Diktatur, in: Demokratie und Diktatur. Geist und Gestalt politischer Herrschaft in Deutschland und Europa. Festschrift für Karl Dietrich Bracher, Hrsg.: Funke, Manfred/Jacobsen, Hans-Adolf/Knütter, Hans-Helmuth/Schwarz, Hans-Peter, Bonn 1987, S. 252-265.
BÜTOW, WOLF J.: Hindenburg. Heerführer und Ersatzkaiser, Bergisch Gladbach 1984.
CAMPBELL, GREGORY F.: Confrontation in Central Europe. Weimar Germany and Czechoslovakia, Chicago/London 1975.
CARSTEN, F.L.: Britain and the Weimar Republic. The British documents, London 1984.
CONZE, WERNER: Brüning als Reichskanzler. Eine Zwischenbilanz, in: HZ, Bd. 214 (1972), S. 310-334.
DERS.: Deutschlands weltpolitische Sonderstellung in den zwanziger Jahren, in: VfZ, 9. Jg., Heft 2 (1961), S. 166-177.
DERS.: Die Krise des Parteienstaates in Deutschland 1929/30, in: HZ, Bd. 178 (1954), S. 47-83.
DERS.: Hindenburg, in: Das Parlament, 18.03.1953, Nr. 11 (1953), S. 3.
DERS.: Rezension über das Werk von Walter Görlitz: Hindenburg. Ein Lebensbild, Bonn 1953, in: Politische Literatur, Bd. 3, Heft 3/4 (1954), S. 229-232.
DERS.: Zum Sturz Brünings (Dokumentation), in: VfZ, 1. Jg., Heft 4 (1953) S. 261-288.
CRAIG, GORDON A./GILBERT, FELIX: The diplomats 1919-1939, Princeton/New Jersey 1953.
DAHM, GEORG: Völkerrecht, Bd. 1, Stuttgart 1958.
DEMPS, LAURENZ: Berlin-Wilhelmstraße. Eine Topographie preußischdeutscher Macht, Berlin 1994.
DENGG, SÖREN: Deutschlands Austritt aus dem Völkerbund und Schachts 'Neuer Plan'. Zum Verhältnis von Außen- und Außenwirtschaftspolitik in der Übergangsphase von der Weimarer Republik zum Dritten Reich (1929-

1934), Diss. Köln 1985, in: Europäische Hochschulschriften: Reihe 3, Geschichte und ihre Hilfsmittel, Bd. 309, Frankfurt a. M. 1986.

DEUERLEIN, E.: Die informatorischen Aufzeichnungen des Auswärtigen Amtes 1918-1939, in: Zeitschrift für Außenpolitik, Nr. 4 (1953), S. 376-384.

DICHTL, KLAUS / RUGE, WOLFGANG: Zu den Auseinandersetzungen innerhalb der Reichsregierung über den Locarnopakt 1925 (Dokumentation), in: ZfG, Bd. 22 (1974) S. 64-88.

DORPALEN, ANDREAS: Hindenburg in der Geschichte der Weimarer Republik, Berlin/Frankfurt a. M. 1966.

DERS.: Rezension über das Werk von Walter Hubatsch: Hindenburg und der Staat, a.a.O., in: AHR, Volume 72., No. 1 (1966) S. 217-218.

DÖSCHER, HANS-JÜRGEN: Das Auswärtige Amt im Dritten Reich. Diplomatie im Schatten der Endlösung, Stade 1987.

DOß, KURT: Das deutsche Auswärtige Amt vom Kaiserreich zur Republik. Die Schülersche Reform, Düsseldorf 1977.

DERS.: Zwischen Weimar und Warschau. Ulrich Rauscher. Deutscher Gesandter in Polen 1922-1930. Eine politische Biographie, Düsseldorf 1984.

DYCK, HARVEY LEONARD: Weimar Germany and Soviet Russia 1926-1933. A Study in Diplomatic Instability, London 1966.

ENSSLE, M. J.: Stresemann's territorial revisionism. Germany, Belgium, and the Eupen-Malmedy question 1919-1929, Wiesbaden 1980.

ERDMANN, KARL-DIETRICH: Gustav Stresemann. Sein Bild in der Geschichte, in: HZ, Bd. 227/3 (1978), S. 599-616.

DERS.: Die Geschichte der Weimarer Republik als Problem der Wissenschaft, in: VfZ, 3. Jg., Heft 1 (1955), S. 1-19.

ERDMANN, KARL-DIETRICH/SCHULZE, HAGEN (Hrsg.): Weimar. Selbstpreisgabe einer Demokratie. Eine Bilanz heute, Düsseldorf 1980.

ESCHENBURG, THEODOR: Chronik eines Richtlinienstreites zwischen dem Reichskanzler Luther und dem Reichsminister des Auswärtigen, Stresemann, 1925. Zur Technik des Regierens im parlamentarischen System, in: VfZ, 36. Jg. (1988), S. 233-258.

ESCHENBURG, THEODOR/FRANK-PLANITZ, ULRICH: Gustav Stresemann. Eine Bildbiographie, Stuttgart 1978.

ESCHENBURG, THEODOR: Die Rolle der Persönlichkeit in der Weimarer Republik. Hindenburg, Brüning, Groener, Schleicher, in: VfZ, 9. Jg., Heft. 1 (1961), S. 1-29.

EWALD, JOSEF WINFRIED: Die deutsche Außenpolitik und der Europaplan Briands, Diss. Marburg 1961.

EYCK, ERICH: Geschichte der Weimarer Republik, Bd. 2, Stuttgart 1972.

FALTER, JÜRGEN: The two Hindenburg elections of 1925 and 1932: A total reversal of voter coalitions, in: CEH, Volume 23 (1990), 2/3, S. 225-241.

FEST, JOACHIM: Hitler - Eine Biographie, Frankfurt a. M/Berlin/Wien 1973.

FINK, CAROLE: Stresemanns Minority Policies 1924-29, in: JCH, Volume 14 (1979), S. 403-422.

FRASER, CHRISTINE: Der Austritt Deutschlands aus dem Völkerbund, seine Vorgeschichte und seine Nachwirkungen, Diss. Bonn 1969.
FROMMELT, REINHARD: Paneuropa oder Mitteleuropa. Einigungsbestrebungen im Kalkül deutscher Wirtschaft und Politik 1925-1933, Stuttgart 1977.
GATZKE, HANS W.: Von Rapallo nach Berlin. Stresemann und die deutsche Russlandpolitik, in: VfZ, 2. Jg., Heft 1 (1956), S. 1-29.
DERS.: Rezension über das Werk von Friedrich J. Lucas: Hindenburg als Reichspräsident, a.a.O., in: AHR, Volume 65, No. 4 (July 1960), S. 970.
DERS.: Rezension über das Werk von Walter Görlitz: Hindenburg, a.a.O., in: AHR, Volume 60, No. 4 (July 1955), S. 892-893.
Ders.: Russo-German Military Collaboration during the Weimar Republic, in: AHR, Volume LXIII (April 1958), S. 565-597.
Ders.: The Stresemann Papers, in: Journal of Modern History, Bd. 26 (1954), S. 49-59.
GAY, PETER: Republik der Außenseiter. Geist und Kultur der Weimarer Zeit in 1918-1933, Frankfurt a. M. 1989.
GEISS, IMMANUEL: Die manipulierte Kriegsschuldfrage, in: MGM, Bd. 33 (1983/1), S. 31-61.
GLASHAGEN, WINFRIED: Die Reparationspolitik Heinrich Brünings 1930-1931, Bd. 2, Diss. Bonn 1980.
GÖRLITZ, WALTER: Gustav Stresemann, Heidelberg 1947.
DERS.: Hindenburg. Ein Lebensbild, Bonn 1953.
DERS.: Rezension über das Werk von Walter Hubatsch: Hindenburg und der Staat, a.a.O., in: Historisch-Politisches Buch, Jg. 14, 1966, S. 97-99.
GOTTSCHALK, RÜDIGER: Großbritannien und der Völkerbund 1918-26, Diss. Köln 1991.
GOTTWALD, ROBERT: Die deutsch-amerikanischen Beziehungen in der Ära Stresemann, in: Studien zur europäischen Geschichte aus dem Friedrich-Meinecke-Institut der Freien Universität Berlin, Hrsg.: W. Berges/C. Hinrichs/H. Herzfeld/W. Schlesinger, Diss. Berlin 1965.
GRAML, HERMANN: Präsidialsystem und Außenpolitik, in: VfZ, Bd. 21 (1973), S. 134-45.
GRANIER, GERHARD: Der Reichspräsident Paul v. Hindenburg, in: GWU, Bd. 20 (1969), S. 534-554.
GRATHWOL, ROBERT P.: Stresemann and the DNVP, Reconciliation or Revenge in German Foreign Policy 1924-1928, The Regents Press of Kansas 1980.
GRIESER, HELMUT: Die Sowjetpresse über Deutschland in Europa 1922-1932. Revision von Versailles und Rapallo-Politik in sowjetischer Sicht, in: Kieler Historische Studien, Hrsg.: Braunert/Erdmann u.a., Bd. 10, Diss. Stuttgart 1970.
HAFFNER, SEBASTIAN: Im Schatten der Geschichte. Historisch politische Variationen, Stuttgart 1985 (6. Aufl.)
DERS.: Von Bismarck zu Hitler. Ein Rückblick, München 1987.

DERS.: Sein eigener Tucholsky. Heinrich Brünings Memoiren, in: Sebastian Haffner zur Zeitgeschichte, München 1982, S. 83-89.
HAUNGS, PETER: Reichspräsident und parlamentarische Kabinettsregierung. Eine Studie zum Regierungssystem der Weimarer Republik in den Jahren 1924-1929, in: Politische Forschungen, Bd. 9, Hrsg.: Dolf Sternberger, Köln 1969.
HAUSS, HANNS-JOCHEN: Die erste Volkswahl des deutschen Reichspräsidenten. Eine Untersuchung ihrer verfassungspolitischen Grundlagen, ihrer Vorgeschichte und ihres Verlaufs unter besonderer Berücksichtigung des Anteils Bayerns und der Bayerischen Volkspartei, in: Münchener Universitätsschriften, Hrsg.: Karl Bosl, Bd. 2, Kallmünz 1965.
HEFFTER, HEINRICH: Vom Primat der Außenpolitik, in: HZ, Bd. 171 (1951), S. 1-20.
HEHL, ULRICH VON: Wilhelm Marx, in: Die deutschen Kanzler. Von Bismarck bis Schmidt, Hrsg.: Wilhelm von Sternburg, Frankfurt a. M. (1987), S. 273-294.
DERS.: Wilhelm Marx. Eine politische Biographie, in: Veröffentlichungen der Kommission zur Zeitgeschichte, Hrsg.: Konrad Repgen, Reihe B: Forschungen, Bd. 47, Mainz 1987.
HELBIG, HERBERT: Die Moskauer Mission des Grafen Brockdorff-Rantzau, in: Forschungen zur Osteuropäischen Geschichte, Bd. 2 (1955), S. 288-344.
HELBICH, WOLFGANG: Die Reparationen in der Ära Brüning. Zur Bedeutung des Young-Plans für die Deutsche Politik 1930-1932, in: Studien zur Europäischen Geschichte aus dem Friedrich-Meinecke-Institut der freien Universität Berlin, Hrsg.: Berges/Hinrichs/Herzfeld/Schlesinger, Diss. Berlin 1962.
HEIDEKING, JÜRGEN: Areopag der Diplomaten. Die Pariser Botschafterkonferenz der alliierten Hauptmächte und die Probleme der europäischen Politik 1920-1931, Husum 1979.
HEINEMAN, JOHN L.: Hitlers first foreign minister: Constantin Frhr. v. Neurath. Diplomat and Statesman, Berkeley/London 1979.
HEINEMANN, ULRICH: Die Last der Vergangenheit. Zur politischen Bedeutung der Kriegsschuld- und Dolchstoßdiskussion, in: Die Weimarer Republik 1918-1933. Politik-Wirtschaft-Gesellschaft, Hrsg.: Bracher/Funke/Jacobsen, aus: Studien zur Geschichte und Politik, Bd. 251, Bonn 1987, S. 371-387.
DERS.: Die verdrängte Niederlage. Politische Öffentlichkeit und Kriegsschuldfrage in der Weimarer Republik, Göttingen 1983.
HELLMANN, MANFRED: Grundzüge der Geschichte Litauens und des Litauischen Volkes, Darmstadt 1966.
HEYDE, PHILIPP: Das Ende der Reparationen. Deutschland, Frankreich und der Youngplan 1929-1932, Diss. Paderborn/München/Wien/Zürich 1998.
HIDEN, JOHN: Germany and Europe, 1919-1939, London/New York 1977.
HIDEN, JOHN W.: The Weimar Republic and the Problem of the Auslandsdeutsche, in: JCH, Bd. 12 (1977), S. 273-289.

HILLER VON GAERTRINGEN, FRIEDRICH FRHR.: Die Deutschnationale Volkspartei, in: Das Ende der Parteien 1933, Hrsg.: E. Matthias/R. Morsey, aus: Veröffentlichungen der Kommission für Geschichte des Parlamentarismus und der politischen Parteien, Düsseldorf 1960, S. 543-652.
DERS.: Monarchismus in der deutschen Republik, in: Die Weimarer Republik. Belagerte Civitas, Hrsg.: Michael Stürmer, Königstein/Ts. 1985, S. 254-271.
HILDEBRAND, KLAUS: Das vergangene Reich. Deutsche Außenpolitik von Bismarck bis Hitler 1871-1945, Stuttgart 1995.
HILLGRUBER, ANDREAS: Die Diskussion über den Primat der Außenpolitik und die Geschichte der internationalen Beziehungen in der westdeutschen Geschichtswissenschaft seit 1945, in: Andreas Hillgruber: Die Zerstörung Europas. Beiträge zur Weltkriegsepoche 1914 bis 1945, Frankfurt a. M./Berlin 1988.
DERS.: Die gescheiterte Großmacht. Eine Skizze des Deutschen Reiches 1871-1945, Düsseldorf 1980.
DERS.: Kontinuität und Diskontinuität in der deutschen Außenpolitik von Bismarck bis Hitler, Düsseldorf 1969.
DERS.: Revisionismus. Kontinuität und Wandel in der Außenpolitik der Weimarer Republik, in: HZ, Bd. 237 (1983), S. 597-621.
HIRSCH, FELIX: Stresemann. Ein Lebensbild, Göttingen/Frankfurt a. M./Zürich 1978.
HOLZ, KURT A.: Die Diskussion um den Dawes- u. Young-Plan in der deutschen Presse, Diss. Frankfurt a. M. 1977.
HÖHNE, HEINZ: Franz von Papen, in: Die deutschen Kanzler. Von Bismarck bis Schmidt, Hrsg.: Wilhelm von Sternburg, Frankfurt a. M. 1987, S. 325-335.
HÖLTJE, CHRISTIAN: Die Weimarer Republik und das Ostlocarnoproblem 1919-1934. Revision oder Garantie der deutschen Ostgrenze von 1919, in: Marburger Ostforschungen, Hrsg.: Erich Keyser, Bd. 8, Diss. Würzburg 1958.
HÖMIG, HERBERT: Das Preussische Zentrum in der Weimarer Republik, in: Veröffentlichungen der Kommission für Zeitgeschichte, Hrsg.: Rudolf Morsey, Reihe B: Forschungen Bd. 28, Mainz 1979.
HÖPFNER, HANS PAUL: Deutsche Südosteuropapolitik in der Weimarer Republik, in: Europäische Hochschulschriften, Reihe III, Geschichte und ihre Hilfswissenschaften, Bd. 182, Diss. Frankfurt a. M./Bern 1983.
HÖRSTER-PHILIPPS, ULRIKE: Joseph Wirth. Eine politische Biographie, in: Veröffentlichungen der Kommission für Zeitgeschichte. Hrsg.: Ulrich v. Hehl, Reihe B: Forschungen, Bd. 82, Paderborn/München/Wien/Zürich 1998.
HÜRTER, JOHANNES: Wilhelm Groener: Reichswehrminister am Ende der Weimarer Rebublik (1928-1932), in: Beiträge zur Militärgeschichte. Hrsg.: Militärgeschichtliches Forschungsamt, Bd. 39, München 1993.
JACOBSEN, HANS-ADOLF (Hrsg.): Mißtrauische Nachbarn. Deutsche Ostpolitik 1919/1970. Dokumentation und Analyse. Düsseldorf.
DERS.: Nationalsozialistische Außenpolitik 1933-1938, Frankfurt a. M./Berlin 1968.

JACOBSON, JON: Die Locarno-Diplomatie, in: Gustav Stresemann, Hrsg.: Michalka/Lee, Wege der Forschung, Bd. 539, Darmstadt 1982, S. 209-221.

JÄCKEL, EBERHARD: Hitlers Weltanschauung. Entwurf einer Herrschaft, Stuttgart 1986 (3. Aufl.).

JASPER, GOTTARD: Die verfassungs- und machtpolitische Problematik des Reichspräsidentenamtes in der Weimarer Republik. Die Praxis der Reichspräsidenten Ebert und Hindenburg im Vergleich, in: Friedrich Ebert. Bilanz und Perspektiven der Forschung, Hrsg.: Rudolf König/Hartmut Soell und Hermann Weber, München 1990.

JENKE, MARTIN: Bonn - besser als Weimar?. Gustav Stresemann als Beispiel - In der Bundesrepublik wäre er nur ein Außenseiter, Göttingen 1985.

JOOST, WILHELM: Botschafter bei den Roten Zaren. Die deutschen Missionschefs in Moskau 1918 bis 1941, Wien 1967.

JUNKER, DETLEF: Heinrich Brüning, in: Die deutschen Kanzler. Von Bismarck bis Schmidt, Hrsg.: Wilhelm von Sternburg, Frankfurt a. M. 1987, S. 311-323.

KAISER, ANGELA: Lord D'Abernon und die englische Deutschlandpolitik 1920-1926, in: Europäische Hochschulschriften, Reihe III, Bd. 362, Frankfurt a. M./Bern/New York/Paris 1990.

DIES.: Lord D'Abernon und die Entstehungsgeschichte der Locarno-Verträge (Miszelle), in: VfZ, 34 Jg., Heft 1 (1986), S. 85-104.

KALISCHER, WOLFGANG: Hindenburg und das Reichspräsidentenamt im *Nationalen Umbruch* (1932-1934), Diss. Berlin 1957.

KAUFMANN, WALTER H.: Monarchism in the Weimar Republic, New York 1973.

KELLERMANN, VOLKMAR: Schwarzer Adler - Weißer Adler. Die Polenpolitik der Weimarer Republik, Köln 1970.

KIMMICH, CHRISTOPH M: Germany and the League of Nations, Chicago/London 1976.

DERS.: Germany and the League of Nations, in: The League of Nations in retrospect. Proceeding of the Symposium, aus: United Nations Library, Genf, Serie E: Guides and Studies, Nr. 3, Berlin/New York 1983, S. 118-127.

KIMMINICH, OTTO: Deutsche Verfassungsgeschichte, Frankfurt a. M. 1970, in: Lehrbücher des Öffentlichen Rechts, Bd. 5, Deutsche Verfassungsgeschichte.

KORDT, ERICH: Wahn und Wirklichkeit. Die Außenpolitik des Dritten Reiches. Versuch einer Darstellung, Stuttgart 1948 (2. Aufl).

KOSZYK, KURT: Deutsche Presse 1914-1945 - Geschichte der deutschen Presse, Teil III, in: Abhandlungen und Materialien zur Publizistik, Hrsg.: Fritz Eberhard, Bd. 7, Berlin 1972.

DERS.: Gustav Stresemann. Der kaisertreue Demokrat. Eine politische Biographie, Köln 1989.

KRACKE, F.V.: Rezension über das Werk von John Wheeler-Bennett, Hindenburg, a.a.O., in: Politische Studien, Bd. 14, S. 356-357.

KREKELER, HEINZ L.: Die Diplomatie, in: Geschichte und Staat, Bd. 110/111, München 1965.

KRUCK, ALFRED: Geschichte des Alldeutschen Verbandes 1890-1939, in: Veröffentlichungen des Instituts für Europäische Geschichte Mainz, Hrsg.: Josepf Lortz/Martin Göhring, Bd. 3, Wiesbaden 1954.
KRÜGER, PETER: Die Aussenpolitik der Republik von Weimar, Darmstadt 1985.
DERS.: Friedenssicherung und deutsche Revisionspolitik. Die deutsche Außenpolitik und die Verhandlungen über den Kellogg-Pakt, in: VfZ, Bd. 22 (1974), S. 227-257.
DERS.: Struktur, Organisation und außenpolitische Wirkungsmöglichkeiten der leitenden Beamten des Auswärtigen Dienstes 1921-1933, in: Klaus Schwabe (Hrsg.): Das diplomatische Korps 1871-1945, Boppard am Rhein 1985, S. 143-169.
DERS./HAHN, ERICH J.C.: Der Loyalitätskonflikt des Staatssekretärs Bernhard Wilhelm von Bülow im Frühjahr 1933, in: VfZ, Bd. 20 (1972), S. 376-410.
KUHN, AXEL: Hitlers außenpolitisches Programm. Entstehung und Entwicklung 1919-1939, in: Stuttgarter Beiträge zur Geschichte und Politik, Bd. 5, Stuttgart 1970.
LANGE, HELMUT: Julius Curtius (1877-1948). Aspekte einer Politikerbiographie, Diss. Kiel 1970.
LEE, MARSHALL: Gustav Stresemann und die deutsche Völkerbundspolitik 1925 bis 1930, in: Gustav Stresemann, Hrsg.: Michalka/Lee, Wege der Forschung, Bd. 539, Darmstadt 1982.
DERS./MICHALKA, WOLFGANG: German Foreign Policy 1917-1933. Continuity and Break, Leamington Spa/Hamburg/New York 1987.
LEOPOLD, JOHN A.: Alfred Hugenberg. The Radical Nationalist Campain against Weimar Republic, New Haven/London 1977.
LINK, WERNER: Die Beziehungen zwischen der Weimarer Republik und den USA, in: Manfred Knapp/Werner Link/Hans-Jürgen Schröder/Klaus Schwabe: Die USA und Deutschland 1918-1975. Deutsch-amerikanische Beziehungen zwischen Rivalität und Partnerschaft, München 1978, S. 62-106.
LIPKENS, W.: Europäische Einigungsidee 1923-1930 und Briands Europaplan im Urteil der deutschen Akten, in: HZ 203 (1966), S. 46-89 u. 316-363.
LÖWENSTEIN, HUBERTUS PRINZ ZU: Stresemann. Das deutsche Schicksal im Spiegel seines Lebens, Frankfurt a. M. 1952.
LOHE, EILERT: Heinrich Brüning. Offizier - Staatsmann - Gelehrter, in: Persönlichkeit und Geschichte, Bd. 51, Göttingen 1969.
LOHMANN, ALBRECHT: Das Auswärtige Amt, Düsseldorf 1973 (2. Aufl.).
LUCAS, FRIEDRICH J.: Hindenburg als Reichspräsident, in: Bonner Historische Forschungen, Hrsg.: Max Braubach, Bd. 14, Diss. Bonn 1959.
LÜDEMANN, RUDOLF: Reichspräsident von Hindenburg. Ein Dokumentarfilm, Hamburg 1964.
LÜDERS, MARTIN: Der Soldat und das Reich: Paul von Hindenburg, Generalfeldmarschall und Reichspräsident, Leoni am Starnberger See 1961.
MASER, WERNER: Hindenburg. Eine politische Biographie, Rastatt 1989.

MATTHIAS, ERICH: Hindenburg zwischen den Fronten. Zur Vorgeschichte der Reichspräsidentenwahlen von 1932 (Dokumentation), aus: VfZ, Bd. 8 (1960), Dok.-Nr. 1, S. 75-84.

MEGERLE, KLAUS: Deutsche Außenpolitik 1925 - Ansatz zu aktivem Revisionismus, Diss. Frankfurt a. M. 1974.

MENDELSSOHN, PETER DE: Zeitungsstadt Berlin. Menschen und Mächte in der Geschichte der deutschen Presse, Frankfurt a. M./Berlin/Wien 1983.

MENZEL, EBERHARD/IPSEN, KNUT: Völkerrecht, München 1979 (2. Aufl.).

MEYER, GERD: Die Reparationspolitik. Ihre außen- und innenpolitische Rückwirkungen, in: Die Weimarer Republik 1918-1933. Politik-Wirtschaft-Gesellschaft, Hrsg.: Bracher/Funke/Jacobsen, aus: Studien zur Geschichte und Politik, Bd. 251, Bonn 1987, S. 327-343.

MEYER, KLAUS: Nadolny und Russland, in: Russland-Deutschland-Amerika, in: Frankfurter Historische Abhandlungen, Hrsg.: Lothar Gall u.a., Bd. 17, Wiesbaden 1978.

MICHALKA, WOLFGANG: Deutsche Außenpolitik 1920-1933, in: Die Weimarer Republik 1918-1933. Politik-Wirtschaft-Gesellschaft, Hrsg.: Bracher/Funke/Jacobsen, aus: Studien zur Geschichte und Politik, Bd. 251, Bonn 1987, S. 303-327.

DERS.: Einleitung, in: Gustav Stresemann, Hrsg.: Michalka/Lee, Wege der Forschung, Bd. 539, Darmstadt 1982.

DERS.: Ribbentrop und die deutsche Weltpolitik 1933-1940. Außenpolitische Konzeption und Entscheidungsprozesse im Dritten Reich, in: Veröffentlichungen des Historischen Instituts der Universität Mannheim, Bd. 5, München 1980.

MILATZ, ALFRED: Eine neue Hindenburg-Legende. Rezension über das Werk von Erich Marcks: Hindenburg. Feldmarschall und Reichspräsident, a.a.O., in: Neue Politische Literatur, Jg. 9, Heft 1 (1964), S. 284-289.

MOMMSEN, HANS: Die verspielte Freiheit. Der Weg der Republik von Weimar in den Untergang 1918-1933, Frankfurt a. M./Berlin 1989.

DERS.: Beamtentum im Dritten Reich. Mit ausgewählten Quellen zur nationalsozialistischen Beamtenpolitik, in: Schriftenreihe der Vierteljahrshefte zur Zeitgeschichte, Hrsg.: Hans Rothfels/Theodor Eschenburg, Nummer 13, Stuttgart 1966.

MORSEY, RUDOLF: Zur Entstehung, Authentizität und Kritik von Brünings *Memoiren 1918-1934*, in: Rheinisch-Westfälische Akademie der Wissenschaften (Hrsg.), Vorträge G 202, Opladen 1975.

MÜHLEISEN, HORST: Das Testament Hindenburgs vom 11. Mai 1934, in: VfZ (1996), Bd. 44, S. 355-371.

MÜHLHAUSEN, WALTER: Das Büro des Reichspräsidenten in der politischen Auseinandersetzung, in: Friedrich Ebert als Reichspräsident. Amtführung und Amtsverständnis, Hrsg.: Eberhard Kolb. Schriftenreihe der Stiftung Reichspräsident-Friedrich-Ebert-Gedenkstätte, Bd. 4, München 1997, S. 61-107.

MÜLLER, HANS-JÜRGEN: Auswärtige Pressepolitik und Propaganda zwischen Ruhrkampf und Locarno (1923-1925): Eine Untersuchung über die Rolle der Öffentlichkeit in der Außenpolitik Stresemanns, in: Moderne Geschichte und Politik, Hrsg.: Gerhard Schulz, Bd. 8, Frankfurt a. M./Bern/New York/Paris 1993.

MÜLLER, KLAUS JÜRGEN: General Ludwig Beck. Studien und Dokumente zur politisch-militärischen Vorstellungswelt und Tätigkeit des Generalstabschefs des deutschen Heeres 1933-1938, in: Schriften des Bundesarchivs, Bd. 30, Boppard am Rhein 1980.

NADOLNY, STEN: Abrüstungsdiplomatie 1932/33. Deutschland auf der Genfer Konferenz im Übergang von Weimar zu Hitler, in: tuduv-Studien - Reihe Sozialwissenschaften, Bd. 10, München 1978.

OERTEL, MARIA: Beiträge zur Geschichte der deutsch-polnischen Beziehungen in den Jahren 1925-1930, Diss. Berlin 1968.

PATCH, WILLIAM L. JR.: Heinrich Brüning and the Dissolution of the Weimar Republic, Cambridge 1998.

PETZOLD, JOACHIM: Franz von Papen. Ein deutsches Verhängnis, München /Berlin 1995.

PFEIFFER, RUDOLF: Die deutsch-britischen Beziehungen unter den Reichskanzlern von Papen und von Schleicher, Diss. Würzburg 1971.

PFEIL, ALFRED: Der Völkerbund. Literaturbericht und kritische Darstellung seiner Geschichte, in: Erträge der Forschung, Bd. 58, Darmstadt 1976.

PHELPS, REGINALD H.: Aus den Groener Dokumenten. I. Groener, Ebert und Hindenburg, in: Deutsche Rundschau, Jg. 76, Heft 7 (1950), S. 530-541.

PHILIPPI, HANS: Das Politische Archiv des Auswärtigen Amtes. Rückführung und Übersicht über die Bestände, in: Der Archivar, Nr. 13 (1960), S. 199-218.

PLEHWE, FRIEDRICH: Reichskanzler Kurt von Schleicher. Weimars letzte Chance gegen Hitler, Esslingen 1983.

PLIEG, ERNST-ALBRECHT: Das Memelland 1920-1939. Deutsche Autonomiebestrebungen im litauischen Gesamtstaat, in: Marburger Ostforschungen, Hrsg.: Hellmuth Weiss, Bd. 19, Würzburg 1962.

POHL, KARL HEINRICH: Adolf Müller. Geheimagent und Gesandter in Kaiserreich und Weimarer Republik, Köln 1995.

DERS.: Ein sozialdemokratischer Frondeur gegen Stresemanns Außenpolitik Adolf Müller und Deutschlands Eintritt in den Völkerbund, in: Aspekte deutscher Außenpolitik im 20. Jahrhundert, Hrsg.: Wolfgang Benz/Hermann Graml, Stuttgart 1976, S. 68-86.

DERS.: Weimars Wirtschaft und Außenpolitik der Republik 1924-1926. Vom Dawes-Plan zum Internationalen Eisenpakt, Düsseldorf 1979.

POST, GAINES: The civil-military fabric of Weimar foreign policy, Princeton 1973.

PÜNDER, HERMANN: Der Reichspräsident in der Weimarer Republik, in: Demokratische Existenz Heute. Schriften des Forschungsinstituts für Politische

Wissenschaft der Universität Köln, Hrsg.: Ferdinand A. Hermens, Heft 2, Frankfurt a. M./Bonn 1961.

RAUSCHER, WALTER: Hindenburg - Feldmarschall und Reichspräsident, Wien 1997.

RECKER, MARIE-LUISE: England und der Donauraum 1919-1929. Probleme einer europäischen Nachkriegsordnung, Stuttgart 1976.

REVERMANN, KLAUS: Die stufenweise Durchbrechung des Verfassungssystems der Weimarer Republik in den Jahren 1930 bis 1933. Eine staatsrechtliche und historisch-politische Analyse, in: Aschendorffs Juristische Handbücherei, Hrsg.: W. Erman/H. Goerke, Bd. 62, Münster 1959.

RIEKHOFF, HARALD VON: German-Polish Relations 1918-1933, Baltimore/London 1971.

RIESENBERGER, DIETER: Die Satzung des Völkerbundes, in: GWU, Bd. 35 (1984), S. 380-392.

RIESSER, HANS EDUARD: Haben die deutschen Diplomaten versagt? Eine Kritik an der Kritik von Bismarck bis heute, Bonn 1959.

RÖDDER, ANDREAS: Dichtung und Wahrheit. Der Quellenwert von Heinrich Brünings Memoiren und seine Kanzlerschaft, in: HZ, Bd. 265 (1997), S. 77-116.

DERS.: Stresemanns Erbe: Julius Curtius und die deutsche Außenpolitik 1929-1931, in: Sammlung Schöningh zur Geschichte und Gegenwart, Hrsg.: Kurt Kluxen, Diss. München/Paderborn/Wien/Zürich 1996.

ROSENBAUM, E.: Rezension über das Werk von Martin Lüders: Der Soldat und das Reich, a.a.O., in: International Affairs, Bd. 38, S. 391-392.

ROSENBAUM, KURT: Community of fate. German-Soviet Diplomatic Relations 1922-1928, New York 1965.

ROSENFELD, GÜNTER [DDR]: Sowjetunion und Deutschland 1922-1933, Köln 1984.

RUGE, WOLFGANG: Grauer General, Kriegsverlierer und Ersatzkaiser-Die drei Leben des Paul von Hindenburg, in: Preußen. Legende und Wirklichkeit, Bearb.: Peter Bachmann/Inge Knoth, (Ost-) Berlin 1983.

DERS.: Hindenburg. Portrait eines Militaristen, (Ost-) Berlin 1977.

SASSE, HEINZ GÜNTHER: 100 Jahre Botschaft in London. Aus der Geschichte einer Deutschen Botschaft, Bonn 1963.

DERS.: Zur Geschichte des Auswärtigen Amtes, in: 100 Jahre Auswärtiges Amt 1870-1970, Hrsg.: Auswärtiges Amt Bonn 1970, S. 23-46.

SCHARLAU, WINFRIED: Mit ihm trug Preußen sich selber zu Grabe. Der Mythos Hindenburg und ein wissenschaftlicher Skandal, in: Der Monat, Nr. 268 (1971), S. 57-64.

SCHEIDEMANN, CHRISTIANE: Ulrich Graf Brockdorff-Rantzau (1869-1928). Eine politische Biographie, Diss. Frankfurt a. M./Berlin/New York/Paris /Wien 1998, in: Europäische Hochschulschriften, Reihe III: Geschichte und ihre Hilfswissenschaftnm Bd. 788.

SCHEUNER, ULRICH: Die Anwendung des Art. 48 der Weimarer Reichsverfassung unter den Präsidentschaften von Ebert und Hindenburg, in: Ferdinand A. Hermens u. Theodor Schieder (Hrsg.): Staat, Wirtschaft und Politik in der Weimarer Republik. Festschrift für Heinrich Brüning, Berlin 1967, S. 249-286.
SCHIEDER, THEODOR: Das Dokumentenwerk zur Deutschen Auswärtigen Politik 1918-1945, in: HZ, Bd. 218/1 (1974), S. 85-95.
SCHINKEL, HARALD: Zur Entstehung und Zerfall der Regierung Luther, Diss. Berlin 1959.
SCHÖLLGEN, GREGOR: Die Macht in der Mitte Europas. Stationen deutscher Außenpolitik von Friedrich dem Großen bis zur Gegenwart, München 1992.
SCHÖNE, SIEGFRIED: Von der Reichskanzlei zum Bundeskanzleramt. Eine Untersuchung zum Problem der Führung und Koordination in der jüngeren deutschen Geschichte, in: Beiträge zur Politischen Wissenschaft, Bd. 5, Berlin 1968.
SCHOT, BASTIAAN: Stresemann, der deutsche Osten und der Völkerbund, in: Institut für Europäische Geschichte Mainz Vorträge, Nr. 79, [Leiden] Stuttgart 1984.
SCHRÖDER, HANS-JÜRGEN: Deutsche Südosteuropapolitik 1929-36. Zur Kontinuität deutscher Außenpolitik in der Weltwirtschaftskrise, in: Geschichte und Gesellschaft, Nr. 2 (1976), S. 5-32.
SCHULZ, GERHARD: Deutschland am Vorabend der Großen Krise, Berlin/New York 1987, in: Zwischen Demokratie und Diktatur. Verfassungspolitik und Reichsreform in der Weimarer Republik, Bd. II, Hrsg.: Erhard Schulz, Berlin/New York 1987.
DERS.: Von Brüning zu Hitler. Der Wandel des politischen Systems in Deutschland 1930-1933, in: Zwischen Demokratie und Diktatur. Verfassungspolitik und Reichsreform in der Weimarer Republik, Bd. III, Hrsg.: Erhard Schulz, Berlin/New York 1992.
SCHULZE, HAGEN: Otto Braun oder Preußens demokratische Sendung. Eine Biographie, Frankfurt a. M./Berlin/Wien 1981 (2. Aufl.).
DERS.: Weimar. Deutschland 1917-1933, Berlin 1982.
SCHÜDDEKOPF, OTTO-ERNST: Das Heer und die Republik. Quellen zur Politik der Reichswehrführung 1918 bis 1933, Hannover/Frankfurt a. M. 1955.
SCHWARZMÜLLER, THEO: Zwischen Kaiser und *Führer*. Generalfeldmarschall August von Mackensen. Eine politische Biographie, Paderborn/München/Wien/Zürich 1995.
SCHWENGLER, WALTER: Völkerrecht, Versailler Vertrag und Auslieferungsfrage. Die Strafverfolgung wegen Kriegsverbrechen als Problem des Friedensschlusses 1919/20, in: Beiträge zur Militär- und Kriegsgeschichte. Hrsg.: Militärgeschichtliches Forschungsamt, 24. Band, Stuttgart 1982.
SEABURY, PAUL: The Wilhelmstrasse. A Study of German Diplomats under the Nazi Regime, Berkeley/Los Angeles 1954.

SEIDL-HOHENVELDERN, IGNAZ: Völkerrecht, in: Academia Iuris-Lehrbücher der Rechtswissenschaft, Köln/Berlin/Bonn/München 1980 (4. Aufl.).
SIEBERT, FERDINAND: Aristide Briand 1862-1932. Ein Staatsmann zwischen Frankreich und Europa, Stuttgart 1973.
SPENZ, JÜRGEN: Die diplomatische Vorgeschichte des Beitritts Deutschlands zum Völkerbund 1924-1926. Ein Beitrag zur Außenpolitik der Weimarer Republik, Diss. Göttingen 1966.
STAMPFER, FRIEDRICH: Die ersten vierzehn Jahre der Deutschen Republik, Offenbach-Main 1947.
STEHLIN, STEWART A.: Weimar and the Vatican 1919-1933. German-Vatican Diplomatic Relations in the Interwar Years, Princeton 1983.
STERN-RUBARTH, EDGAR: Graf Brockdorff-Rantzau. Wanderer zwischen zwei Welten, Berlin 1951 (2. Aufl.).
STERNBURG, WILHELM VON: Gustav Stresemann, in: Die deutschen Kanzler. Von Bismarck bis Schmidt, Hrsg.: Ders., Frankfurt a. M. 1987, S. 243-273.
DERS.: '*Es ist eine unheimliche Stimmung in Deutschland*'. Carl v. Ossietzky und seine Zeit, Berlin 1996.
STÜRMER, MICHAEL: Der unvollendete Parteienstaat. Zur Vorgeschichte des Präsidialregimes am Ende der Weimarer Republik, in: VfZ, 21 Jg., Heft 2 (1973), S. 119-126.
THIMME, ANNELIESE: Gustav Stresemann. Legende und Wirklichkeit, in: HZ, Bd. 181/2 (1956), S. 287-338.
TORUNSKY, VERA: Entente der Revisionisten. Mussolini und Stresemann 1922-1929, Diss. Köln/Wien 1981.
TURNER, HENRY ASHBY: Stresemann - Republikaner aus Vernunft, Berlin/Frankfurt a. M. 1968.
USLAR, H.V.: Rezension über das Werk von Emil Ludwig: Hindenburg. Legende und Wirklichkeit, a.a.O., in: Blätter zur deutschen und internationalen Politik, Bd. 8, 1963, S. 733-738.
UTHMANN, JÖRG VON: Die Diplomaten. Affären und Staatsaffären von den Pharaonen bis zu den Ostverträgen, Stuttgart 1988.
VIETSCH, EBERHARD VON: Wilhelm Solf. Botschafter zwischen den Zeiten, Tübingen 1961.
VOGT, MARTIN: Die Entstehung des Young-Plans - dargestellt vom Reichsarchiv 1931-1933, in: Schriften des Bundesarchivs, Nr. 15, Boppard am Rhein 1970.
WALSDORFF, MARTIN: Westorientierung und Ostpolitik. Stresemanns Rußlandpolitik in der Locarno-Ära, Diss. Bremen 1971.
WANDEL, ECKHARD: Die Bedeutung der Vereinigten Staaten von Amerika für das deutsche Reparationsproblem 1924-1929, Diss. Tübingen 1971.
DERS.: Hans Schäffer: Steuermann in wirtschaftlichen und politischen Krisen, Stuttgart 1974.
WEIDENFELD, WERNER: Die Englandpolitik Gustav Stresemanns. Theoretische und praktische Aspekte der Außenpolitik, Mainz 1972.

DERS.: Gustav Stresemann. Der Mythos vom engagierten Europäer, in: GWU, Nr. 24 (1973), S. 740-750.
WEßLING, WOLFGANG: Hindenburg, Neudeck und die deutsche Wirtschaft. Tatsachen und Zusammenhänge einer ‚Affäre' in: VfSW, Nr. 64 (1977), S. 41-73.
WEINBERG, GERHARD L.: The Foreign Policy of Hitler's Germany. Diplomatic Revolution in Europe 1933-1936, Chicago/London 1970.
WHEELER-BENNETT, JOHN: Die Nemesis der Macht. Die deutsche Armee in der Politik 1918-1945, Düsseldorf 1954.
WINKLER, HEINRICH AUGUST: Weimar 1918-1933. Die Geschichte der ersten deutschen Demokratie, München 1993.
WOLLSTEIN, GÜNTER: Eine Denkschrift des Staatssekretärs Bernhard von Bülow vom März 1933. Wilhelminische Konzeption der Außenpolitik zu Beginn der nationalsozialistischen Herrschaft, in: MGM, Bd. 1 (1973), S. 77-93.
DERS.: Rudolf Nadolny. Außenminister ohne Verwendung, in: VfZ, 28. Jg., Heft 1, (1980), S. 52-93.
DERS.: Vom Weimarer Revisionismus zu Hitler. Das Deutsche Reich und die Großmächte in der Anfangsphase nationalsozialistischer Herrschaft in Deutschland, Bonn/Bad Godesberg 1973.
ZEIDLER, MANFRED: Reichswehr und Rote Armee 1920-1933. Wege und Stationen einer ungewöhnlichen Zusammenarbeit, in: Beiträge zur Militärgeschichte. Hrsg.: Militärgeschichtliches Forschungsamt, Bd. 36, München 1993.
ZIMMERMANN, BERNHARD: Das Bundespräsidialamt, Frankfurt a. M./Bonn 1968.
ZIMMERMANN, LUDWIG: Deutsche Aussenpolitik in der Ära der Weimarer Republik, Göttingen/Berlin/Frankfurt a. M. 1958.
ZINN, KARL GEORG: Hans Luther, in: Die deutschen Kanzler. Von Bismarck bis Schmidt, Hrsg.: Wilhelm v. Sternburg, Frankfurt a. M. 1987, S. 295-309.

III. Bibliographische Hilfsmittel, Handbücher u. Fachlexika[1]

ANSCHÜTZ, GERHARD/THOMA, RICHARD (Hrsg.): Handbuch des Deutschen Staatsrechts, Bd. 2, Tübingen 1932.
BENZ, W.: Quellen zur Zeitgeschichte, Stuttgart 1973.
DELBRÜCK, JOST: Auswärtige Angelegenheiten, in: Deutsche Verwaltungsgeschichte, Bd. 4 (Das Reich als Republik und in der Zeit des Nationalsozialismus), Hrsg.: Kurt G.A. Jeserich/Hans Pohl/Georg-Christoph von Unruh, S. 147-156.
DERS.: Reichspräsident und Reichskanzler, in: Deutsche Verwaltungsgeschichte, Bd. 4 (Das Reich als Republik und in der Zeit des Nationalsozialismus), Hrsg.: Kurt G.A. Jeserich/Hans Pohl/Georg-Christoph von Unruh, S. 140-147.
EISENHARDT-ROTHE, ERNST V.: Hindenburg, in: Die Großen Deutschen. Neue Deutsche Biographie, Hrsg.: Willy Andreas/ Wilhelm v. Scholz, Bd. IV, Berlin 1936, S. 607-623.
GERHARD GRANIER/JOSEF HENKE/KLAUS OLDENHAGE (HRSG.): Das Bundesarchiv und seine Bestände, Boppard am Rhein 1997 (3. Auflage).
HINDENBURG-BIBLIOGRAPHIE. Verzeichnis der Bücher und Zeitschriftenaufsätze von und über den Reichspräsidenten Generalfeldmarschall von Hindenburg, Hrsg.: Deutsche Bücherei, Leipzig 1938.
HUBER, ERNST RUDOLF (Hrsg.): Deutsche Verfassungsgeschichte seit 1789. Bd. VI (Die Weimarer Reichsverfassung); Bd. VII (Ausbau, Schutz und Untergang der Weimarer Republik), Stuttgart/Berlin/Köln/Mainz 1981; 1982.
KIMMICH, CHRISTOPH M. (Hrsg.) German foreign policy, 1918-1945. A guide to research and research materials, Wilmington 1981.
MEISSNER, OTTO: Der Reichspräsident, in: Handbuch der Politik, Bd. III, Die politische Erneuerung, Berlin/Leipzig 1921, S. 41-44.
MENGES, FRANZ: Otto Meissner, in: NDB, Bd. 16, S. 702f.
MITCHELL, VALENTINE (Hrsg.): From Weimar to Hitler. Germany 1918-1933, in: The Wiener Library, Catalogue Series No. 2, London 1964.
MOMMSEN, WOLFGANG (Bearb.): Die Nachlässe in deutschen Archiven (mit Ergänzungen aus anderen Beständen), in: Verzeichnis der schriftlichen Nachlässe in deutschen Archiven und Bibliotheken, Bd. 1, Teil I u. II., Boppard am Rhein 1971.
MÜLLER, FRANK: Die *Brüning papers*. Der letzte Zentrumskanzler im Spiegel seiner Selbstzeugnisse, in: Europäische Hochschulschriften, Reihe III, Geschichte und ihre Hilfswissenschaften, Bd. 577, Frankfurt a. M./Berlin/New York/Paris/Wien 1993.

---

[1] Archivalische Findmittel bzw. Findbücher sind hierbei nicht berücksichtigt.

POHL, HEINRICH: Der Reichspräsident und die Reichsregierung. Wahl, Amtsdauer und persönliche Rechtsstellung des Reichspräsidenten, in: Handbuch des Deutschen Staatsrechts, Hrsg.: Gerhard Anschütz/Richard Thoma, Bd. 28/1, Tübingen 1930, S. 467-482.
DERS.: Die Zuständigkeiten des Reichspräsidenten, in: Handbuch des Deutschen Staatsrechts, Hrsg.: Gerhard Anschütz/Richard Thoma, Bd. 28/1, Tübingen 1930, S. 482-502.
RIESSER, HANS E.: Außenpolitische Memoiren, Aufzeichnungen und Briefe deutscher Staatsoberhäupter, Reichs-, Bundeskanzler, Außenminister und Angehöriger des Auswärtigen Amtes. Eine Bibliographie, Bonn 1966.
STACHURA, PETER D.: The Weimar Era and Hitler 1918-1933. A Critical Bibliography, Oxford 1972.
WALSDORFF, MARTIN: Bibliographie Gustav Stresemann, Düsseldorf 1972.
ZWOCH, GERHARD: Gustav-Stresemann-Bibliographie, Düsseldorf 1953.

Personenregister[1]

Adam, Hugo, Arzt, seit 1926 Hausarzt v. Rpräs. v. Hindenburg 80f.
Adenauer, Konrad (1876-167), Politiker (Zentrum), 1917-1933 OB v. Köln 145*
Addison, Joseph, engl. Geschäftsträger in Berlin 203, 208, 211
Aman Ullah Chan (1892-1960), Monarch, 1919-1929 König v. Afghanistan 22, 265, 268, 281, 548
Avenol, Joseph, Diplomat, stellvertretender Generalsekretär des Völkerbunds 430

Baligand, Albert v., dt. Diplomat, 1928-1931 GS in Lissabon (Portugal) 355
Bassewitz, Rudolf Graf v. (1881-1951), dt. Diplomat, 1932 VLegRat/GS Chef des Protokolls 266*, 268*
Becker, Oswald, Politiker, preußischer Staatsminister 299f.
Below, Otto v. (1857-1944), Offizier, 1914 preußischer General im Ersten Weltkrieg 73*, 133, 467
Beneš, Edvard (1884-1948), Politiker, 1918-1935 tschechoslowakischer Außenminister 115*, 198*, 461*
Berg-Markienen, Geheimrat Friedrich v. (1866-1939), ostpreußischer Adliger, bis 1927 Hausminister Wilhelms II., bis 1932 Adelsmarschall (Vorsitzender der Deutschen Adelsgenossenschaft) 134, 514, 522
Bergen, Diego v. (1872-1944), dt. Diplomat, 1920-1943 dt. BS beim Vatikan in Rom 531*
Bernhard, Henry, Privatsekretär v. RAM Stresemann (Publizist) 92*, 136, 297*

Bernstorff, Albrecht Graf v. (1890-1945), dt. Diplomat, 1924-1933 GSRat in London 203
Bernstorff, Johann Heinrich Graf v. (1862-1939), Politiker u. Dt. Diplomat (DDP), 1921-1928 MdR, 1926-1933 Mitglied der dt. Völkerbundsdelegation bzw. dt. Vertreter in Völkerbundsgremien 74*, 366, 442
Bethmann-Hollweg, Theobald v. (1856-1921), Politiker, 1909-1917 RK 68, 169*
Bismarck (Schönhausen), Otto Fürst v. (1815-1898), Politiker, 1871-1890 preußischer Ministerpräsident u. RK 101, 145*
Blomberg, Werner v. (1878-1946), Offizier, Reichswehrgeneral, 1927-1929 Chef des Truppenamtes, ab 1933 RWM 516
Borch, Herbert v., dt. Diplomat, 1925-1928 dt. BS in Tokio, 1928-1932 dt. GS in Peking 299*
Boris III. (1894-1943), 1918-1943 König v. Bulgarien 265, 267*
Bosdari, Graf Conte Alessandro de, ital. BS in Berlin bis 1926 78*, 212*
Bratman-Brodowski, Stefan, bis 1931 russ. BSRat in Berlin 322
Brandt, Willi (1913-1992), Politiker (SPD), 1969-1974 Bundeskanzler 143
Braun, Magnus Freiherr v. (1878-1972), Politiker, 1932 RNM 75*, 84, 91, 108*, 131
Braun, Carl Otto (1872-1955), Politiker (SPD), 1920-1932 preußischer Ministerpräsident (mit kürzeren Unterbrechungen) 85, 131*, 136*
Brauns, Heinrich, Politiker (Zentrum), 1920-1928 RASM 456*
Brecht, Arnold (1884-1977), Ministerialbeamter u. Staatswissenschaftler, 1921-1927 MinDir (Reichsinnenministerium) 63*, 91*
Breitscheid, Rudolf (1874-1944), Politiker (SPD), 1920-1933 MdR 219, 442*, 450*, 453, 454*
Briand, Aristide (1862-1932), Politiker, mehrfach Minister u. Ministerpräsident Frankreichs, 1925-1932 frz. Außenminister 99, 144, 220, 221*, 223, 286ff., 350, 410, 419, 457*, 461, 479, 497, 499, 553
Brissac, Octave, frz. Journalist, Korrespondent *des Excelsior* 198*
Brockdorff-Rantzau, Ernst Graf v. (1869-1930), preußischer Verwaltungsbeam-

---

[1] Aufgelistet wurden nur die im Fließtext (Haupttext) namentlich erwähnten wichtigen politischen Protagonisten u. Zeitzeugen samt ihrer(n) primären Amtsfunktion(en) zwischen 1925 u. 1934 (bei „historischen" Persönlichkeiten wie z.B. Otto v. Bismarck wurde desgleichen nur das wichtigste Amt etc. angeführt). Abgesehen von einigen Ausnahmen wurden die im Anmerkungsapparat aufgeführten Korrespondenzpartner, Politi-ker, Buchautoren, Historiker, Autobiographen etc. nicht berücksichtigt. Selbstredend gilt dies auch für die Hauptperson dieses Werkes: Paul v. Hindenburg. Das Sternchen hinter den Zahlen weist darauf hin, daß der Personenname im Anmerkungsapparat und nicht im Fließtext zu suchen ist.

ter, Zwillingsbruder v. Ulrich Graf v. Brockdorff-Rantzau 404f.
Brockdorff-Rantzau, Ulrich Graf v. (1869-1928), dt. Diplomat, 1922-1928 dt. BS in Moskau 135, 139, 182, 190, 239, 293f., 313-318, 322, 328, 331f., 403-409, 415f., 421f., 435, 437, 542
Brüning, Heinrich (1885-1970), Politiker (Zentrum), 1930-1932 RK (1931-1932 mit der Wahrnehmung der Geschäfte des Reichsministers des Auswärtigen beauftragt) 23, 28f., 33, 76, 79f., 82, 89ff., 94, 115, 121, 123f., 127, 129, 137, 140, 150, 168, 179, 289, 373-378, 490, 497-518, 522, 524f., 528, 533, 544, 550, 553f.
Brünneck-Belschwitz, Manfred Graf v. (1872-1957), ostpreußischer Adliger, 1916-1928 Landeshauptmann der Provinz Ostpreußen, befreundet mit Paul v. Hindenburg 125, 131, 466
Bülow, Bernhard Wilhelm v. (1885-1936), dt. Diplomat u. Beamter, 1923-1930 VLegRat Abteilung II AA, 1930-1936 StS im AA 172, 285, 290, 354f., 368, 376, 380, 498f., 531
Butler, Nicholas Murray (1862-1947), US-amerik. Publizist, 1931 Friedensnobelpreis 290

Carl v. Schweden, Prinz, Präsident des Schwedischen Roten Kreuzes 232
Chamberlain, Sir Austen (1863-1937), Politiker, 1924-1929 engl. Außenminister 210f., 213, 394, 410
Christian X. (1870-1947), Monarch, 1912-1947 König v. Dänemark 267
Churchill, Sir Winston Leonhard Spencer(1874-1965), engl. Staatsmann, Premierminister, Publizist (Literaturnobelpreis 1954) 198*, 347*
Claß, Heinrich (1868-1953), Publizist u. Politiker, 1908-1939, Vorsitzender des Alldeutschen Verbandes 133f., 233, 399
Coolidge, John Calvin (1872-1933), Politiker (Republikaner), 1923-1929 30. Präsident der USA 197*, 209
Cramon, August v. (1861-1940), Offizier, General im Ersten Weltkrieg 133, 465, 467
Curtius, Julius (1877-1948), Politiker (DVP), 1920-1932 MdR, 1926-1929 RWM, 1929-1931 RAM 28*, 140, 238, 338f., 341-344, 354, 368, 372-376, 464, 472, 489f., 494, 498

D'Abernon, Edgar Vincent Viscount Lord (1857-1941), engl. Diplomat, 1920-1926 engl. BS in Berlin 86*, 134f., 204, 210f., 214, 410
Davis, Norman (1878-1944), US-amerik. Wirtschafts- u. Finanzfachmann, Unterstaatssekretär 242*
Dawes, Charles Gates (1865-1951), US-Politiker, 1925-1929 Vizepräsident der USA, Initiator des Dawes-Plans, 1925 Friedensnobelpreis 462ff.
Dieckhoff, Hans-Heinrich (1884-1952), dt. Diplomat, 1922-1927 BSRat in Washington, 1927-1930 BSRat in London, 1930- 1935 MinDir u. Leiter der Abteilung III des AA 102*
Dirksen, Herbert v. (1882-1955), dt. Diplomat, 1925-1928 VLegRat im AA, 1928-1929 MinDir u. Leiter der Abteilung IV, 1929-1933 dt. DS in Moskau, 1933-1938 BS in Tokio 132f., 316, 322, 325, 336-339, 342, 346
Ditfurth, Hoimar v. (1921-1989) Zeitzeuge, Publizist u. vorbildlicher Wissenschaftsjournalist 447*
Dodd, Wilhelm Edward (1869-1940), US-Diplomat u. Historiker, 1933-1937 BS in Berlin 87, 258-263
Doehle, Heinrich (1883-1963), Beamter, 1919-1945 MinDirig im *Büro des Reichspräsidenten* 74*, 164, 319f., 330f.
Dollfuß, Engelbert (1892-1934), österreichischer Politiker, 1932-1938 Bundeskanzler 24, 539
Dommes, Wilhelm, Generaladjutant u. Hausminister des exilierten Kaisers in Doorn (Wilhelm II.) 82, 160*
Doumergue, Gaston (1863-1937), Politiker, 1924-1931 Präsident der frz. Republik 194*
Drummond, Sir Eric, Earl of Perth (1876-1951), engl. Diplomat, 1919-1933 Generalsekretär des Völkerbunds 442, 444, 521

Ebert, Friedrich (1871-1925), Politiker (SPD), 1919-1925 Reichspräsident 18, 28f., 43, 52, 54f., 70, 101, 110, 113, 135, 137, 145, 159, 163, 165, 201, 212, 240ff, 244, 247, 250, 277f., 302, 304, 330, 404, 543
Eden, Sir Robert Anthony (1897-1977), engl. Politiker, 1923-1957 Mitglied des Unterhauses u. führender Politiker der Konservativen Partei 289f.
Einem, v. Rothmaler, Karl v. (1853-1934), Offizier (Generaloberst) 133
Erdmannsdorff, Otto v. (1888-1978), dt. Diplomat, 1925-1928 ORegRat im *Büro des Reichspräsidenten*, 1928-1929 BSRat in Peking, 1929-1931 kommissarischer BSRat in Tokio 163, 352

Eschenburg, Theodor (geb. 1904), Politikwissenschaftler/Publizist u. Zeitzeuge 31*, 146, 158
Eulenburg-Wicken, Friedrich Graf zu (1874-1837), ostpreußischer Adliger 131, 490

Faisal I. (1885-1933), Monarch, 1921-1993 König des Irak 265, 266*
Feder, Ernst (1881-1964), Journalist u. Publizist, 1919-1932 Redakteur des *Berliner Tageblatts* 82*, 275
Foch, Ferdinand (1851-1929), frz. Offizier (Weltkriegsgeneral), 1918 Alliierter Oberbefehlshaber 73, 196*
François-Poncet, André (1887-1978), frz. Diplomat u. Politiker (Republikanische Partei), 1931-1938 BS in Berlin 136, 216, 287, 516
Franz, Günther (Professor) 82
Fuad I. (1868-1936), Monarch, 1922-1936 König v. Ägypten 265, 266*
Funk, Walther (1890-1960), Beamter (NSDAP), 1933-1945 Pressechef der Reichsregierung u. StS im Reichspropagandaministerium 148*, 536*

Gaus, Friedrich (1881-1955), dt. Diplomat u. Referent, 1924-1939 MinDir u. Leiter der Rechtsabteilung des AA 366*, 411
Gayl, Wilhelm Freiherr v. (1879-1945), ostpreußischer Adliger u. Politiker (DNVP), 1921-1933 Bevollmächtigter Ostpreußens zum Reichsrat, 1932 RIM 131, 134
Geßler, Otto (1875-1955), Politiker (bis 1927 DDP), 1920-1928 RWM 134, 293, 307, 358, 363, 401
Geilenberg, Wilhelm, Beamter, RegRat im *Büro des Reichspräsidenten* 164
Georg V. (1865-1936), 1910-1936 engl. König, ab 1911 Kaiser v. Indien 211
Gibson, Hugh, Führer der US-amerik. Delegation bei der Abrüstungskonferenz 511*
Gordon, George, US-amerik. BSRat in Berlin 87, 259
Goethe, Johann Wolfgang v. (1749-1832) 193*, 194*
Goldschmidt, Jakob (1882-1955), Bankier u. Danatchef 329
Grandi, Dino Graf (1895-1988), italienscher Politiker (Faschist), 1929-1932 Außenminister Italiens 289
Grobba, Fritz, dt. Diplomat, 1923-1926 Geschäftsträger in Afghanistan, 1932 GS in Bagdad/Irak 266*

Groener, Wilhelm (1867-1939), Politiker, 1928-1932 RIM, 1931-1932 RWM 121, 523
Grünau, Werner Freiherr v. (1874-1956), dt. Diplomat u. Referent, 1932-1936 MinDir u. Leiter der Abteilung I des AA 226*
Guérard, Theodor v. (1863-1943), Politiker (Zentrum), 1920-1930 MdR, 1928-1929 RVM, 1929-1930 RJM, 1930-1931 RVM 375, 494
Gülich, Ferdinand v. (1871-1970), dt. Diplomat u. Referent, 1923-1925 MinDirig/ GS des Sonderreferats E (Protokoll) 236*, 243*
Gustav V. (1858-1950), schwedischer Monarch, 1907-1950 König v. Schweden 234

Haas, Walter de (1864-1931), dt. Diplomat, 1923-1930 Dirigent u. Leiter der Abteilung III des AA (MinDir ab 1926) 203*, 266*
Hagenow, Viktor v., Beamter, 1927-1932 MinDir Rkei 115*
Hassell, Ulrich v. (1881-1944), dt. Diplomat u. Widerstandskämpfer, 1926-1930 GS in Kopenhagen (Dänemark), 1930-1932 GS in Belgrad (Jugoslawien), 1932-1938 BS in Rom (Quirinal) 160, 267, 352
Hatzfeldt-Wildenburg, Hermann Fürst v. (1867-1941), ab 1921 Reichskommissar für das besetzte Rheinland 347-351
Hedin, Sven Anders (1865-1952), schwedischer Asienforscher u. Publizist, 1927-1933 Leiter v. mehreren Forschungsexpeditionen nach Zentralasien 93*, 191*
Henderson, Sir Neville (1882-1942), engl. Diplomat, 1928-1929 GS in Paris, 1929-1935 GS in Belgrad 106*, 286
Hentig, Werner Otto v. (1886-1984), dt. Diplomat, 1928-1932 dt. Generalkonsul in San Francisco 279f.
Hergt, Oskar Gustav Rudolf (1869-1967), Beamter u. Politiker (DNVP), 1927-1928 Vizekanzler u. RJM 367*, 456*
Herriot, Edouard (1872-1957), Politiker u. Schriftsteller, 1925 Ministerpräsident u. Außenminister, 1932 Ministerpräsident Frankreichs 412*, 511
Heuss, Theodor (1884-1963), Publizist u. Politiker (DDP), 1932-1933 MdR (Dt. Staatspartei) 72*, 137
Hey, Siegfried, dt. Diplomat, BSRat in Moskau 202*, 337*
Hilger, Gustav (1886-1965), dt. Diplomat, 1923-1939 LegRat/BSRat in Moskau 322*, 338*

Hindenburg, Oskar v. Beneckendorff u. v. (1883-1960), einziger Sohn u. Adjudant des Reichspräsidenten 26, 106, 107*, 121, 123ff., 137f., 168, 177, 261, 271, 400, 530
Hindenburg, Paul Hubertus v. Beneckendorff u. v. (geb. 1928), Sohn v. Oskar v. Hindenburg 26, 93, 103*
Hindenburg, Sonny v., entfernte in Rom lebende Verwandte des Rpräs. 126*, 472*
Hitler, Adolf (1889-1945) Diktator und Demagoge 24, 28, 34, 85, 137, 169-172, 183, 192, 227, 228*, 231-234, 261, 353, 356, 377-385, 514, 525-540, 547, 549, 554
Hoesch, Leopold v. (1881-1936), dt. Diplomat, 1924-1932 dt. BS in Paris, 1932-1936 BS in London 171*, 202, 204, 206*, 221*, 223, 269, 310, 460
Hoetzsch, Dr. Otto, Professor in Berlin, bis 1930 MdR (DNVP) 366*
Hohenlohe-Oehringen, Christian Krafft Fürst zu (1848-1926), Offizier, preußischer General 402
Hoover, Herbert Clark (1874-1964), US-Politiker (Republikaner), 1929-1933 31. Präsident der USA 313*, 461, 503-511
Hougthon, Alanson B., US-amerik. Diplomat, 1922-1925 BS in Berlin 157
Hoyningen-Huene, Oswald Baron v. (1885-1963), Beamter, 1928 ORegRat, 1929-1934 MinDir im *Büro des Reichspräsidenten* 164, 166, 318-321
Hugenberg, Alfred (1865-1951), Großindustrieller/Politiker (DNVP), 1928-1933 Vorsitzender der DNVP, 1920-1945 MdR, 1933 RWM 121, 132, 229, 397, 399, 468ff., 472f., 475f.

Jarres, Karl (1874-1951), Politiker (DVP), 1923-1925 RIM, 1925 Präsidentschaftskandidat 154
Joel, Curt [Nachname manchmal auch *Joël* geschrieben] (1865-1945), Jurist u. Beamter, 1920-1930 StS im Reichsjustizministerium, 1931-1932 RJM 124*, 493

Kaas, Ludwig (1881-1952), Prälat u. Politiker (Zentrum), 1920-1933 MdR, 1928-1933 Vorsitzender der Zentrumpartei 370, 442*, 450*
Kaufmann-Asser, Heinrich Ritter v., dt. Diplomat, 1932 Leiter der Presseabteilung der Reichsregierung u. des AA 110*, 355
Keil, Wilhelm (1870-1968), Politiker (SPD), 1910-1932 MdR 82, 140*
Kellogg, Frank Billings (1856-1937), US-Politiker (Republikaner), 1925-1929 Außenminister der USA, Mitinitiator des ,Briand-Kellogg-Paktes', 1929 Friedensnobelpreis 457*, 459f., 460*,
Kempner, Franz (1880-1945), Beamter, ab 1925 StS Rkei 303, 394, 395, 419*, 425
Kessler, Harry Graf (1868-1937), Schriftsteller u. dt. Diplomat, vielseitig gebildeter Kosmopolit, der seiner Zeit voraus war 155, 200*, 227*
Keudell, Walther v. (1884-1973), Politiker (DNVP), 1924-1930 MdR, 1927-1928 RIM 305-308
Kiep, Otto (1886-1944), dt. Diplomat, 1925-1927 MinDir u. Leiter der vereinigten Presseabteilung der Rkei u. des AA, 1927-1931 BSRat in Washington 92*, 110*, 196*, 442*
Koch-Weser, Erich (1875-1944), Politiker (DDP), Mitbegründer u. Vorsitzender der DDP, 1920-1930 MdR, 1928-1930 RJM 76*, 85, 106*, 136, 155*, 352*, 355*, 393*, 401*
Köhler, Heinrich (1878-1949), Politiker (Zentrum) 1927 RFM, 1928-1932 MdR 70*, 147, 149*, 492*
Köpke, Gerhard (1873-1953), Beamter, 1923-1936 MinDir u. Leiter der Abt. II AA (West- u. Südosteuropa, Völkerbunds- u. Militärangelegenheiten im AA) 82, 319f., 322, 367, 443-446, 491, 521
Kordt, Erich (1903-1969), dt. Diplomat, 1933 zeitweise vertretungsweise Leiter des Konsulats in Genf 172*, 373*
Köster, Adolf (1883-1930), dt. Diplomat, 1923-1928 GS in Riga (Lettland), 1928-1930 GS in Belgrad 316
Köster, Roland (1883-1925), dt. Diplomat, 1925-1929 GS u. Leiter des Sonderreferats E (Protokoll), 1930-1932 Leiter der Personal- u. Verwaltungsabteilung (MinDir) 236, 243*, 244, 272, 354, 375f.
Krestinski, Nikolaj Nikolajewitsch (1883-1938), sowjet. Diplomat u. Politiker, 1921-1928 BS in Berlin 255, 283, 284*, 292, 294, 435
Krupp v. Bohlen u. Halbach, Gustav (1870-1950), Industrieller, seit 1909 Inhaber der Firma Friedrich Krupp, 1931-1933 Vorsitzende des Reichsverbandes der Deutschen Industrie 310*
Kühlmann, Richard v. (1873-1948), Politiker, StS AA 193*
Külz, Wilhelm (1875-1948), Politiker (DDP), 1926-1927 RIM 106*, 298, 427

Lammers, Heinrich (1879-1962), preußischer Beamter, 1933-1945 Chef der Rkei 540

Laval, Pierre Étienne (1883-1945), frz. Politiker, seit 1925 mehrfach Minister, 1931-1932 Ministerpräsident Frankreichs 99, 286ff.
Leitner, Rudolf, dt. Diplomat, 1931 BSRat in Washington D.C. 505*, 508*
Lerchenfeld auf Köfering u. Schönberg, Hugo Graf v. u. zu (1871-1944), dt. Diplomat, 1925 Leitung der dt.-spanischen Handelsvertragsverhandlungen, 1926-1931 dt. GS in Wien, 1931-1933 dt. GS in Brüssel 347f.
Lessing, Theodor (1872-1933), Kulturphilosoph 95*
Lindeiner-Wildau, Hans-Erdmann v. (1883-1947), Politiker (DNVP, seit 1930 Konservative Volkspartei), 1924-1930 MdR 354, 397*, 515*
Lipski, Josef, polnischer Diplomat, polnischer GS in Berlin 439*, 537
Litzmann, Karl (1850-1936), preußischer General u. Politiker, MdR 467
Lloyd George David (seit 1944 Earl of Dwyfor) (1863-1945), Politiker, engl. Premierminister 98*, 198
Löbe, Paul (1875-1967), Politiker (SPD) 1920-1933 MdR, 1920-1933 (mit kurzer Unterbrechung 1924), Reichstagspräsident 85, 97*, 122*, 271
Lockhart, Sir Robert Bruce (1887-1970), engl. Diplomat, Korrespondent, Schriftsteller u. Weltreisender (kannte u. a. auch H.G. Wells) 198
Ludendorff, Erich (1865-1937), preußischer General u. Politiker, 1924-1928 MdR (NSDAP), 1925 Präsidentschaftskandidat 62, 65, 68f., 224, 398, 483
Ludwig, Emil (1881-1948), Schriftsteller u. Publizist, Zeitzeuge u. Hindenburg-Biograph 36, 233
Luther, Hans (1879-1962), Politiker (parteilos), 1925-1926 RK, 1930-1933 Reichsbankpräsident, 1933-1937 dt. BS in Washington D.C. 82, 140, 156, 160, 177, 180, 208, 213, 215, 237, 302f., 305, 353, 392-396, 406, 414f., 421-425, 427ff., 436, 440

MacDonald, James Ramsay (1866-1937), engl. Politiker (Labour Party), 1929-1935 Premierminister 100*, 286, 517, 535
Mackensen, August v. (1849-1945), preußischer Generalfeldmarschall, befreundet mit Paul v. Hindenburg 133f., 370, 401, 467, 521
MacMahon, Patrice-Maurice Marquis de (1808-1893), Marschall Frankreichs, 1873-1879 Präsident der frz. Republik 200, 466

Maltzan, Adolf Georg Otto (Ago), Freiherr zu Wartenberg u. Penzlin (1877-1927) 1924-1927 BS in Washington D.C. (USA) 202, 309ff.
Marcks, Erich (1891-1944), Beamter u. Publizist, 1932-1933 Reichspressechef 36, 110*, 180
Marescotti, Graf Aldrovandi, ital. BS in Berlin 238
Margerie, Pierre de, frz. BS in Berlin 1922-1931 206, 212*, 255*, 258*
Marx, Wilhelm (1863-1946), Politiker (Zentrum), 1910-1932 MdR, 1923-1928 Vorsitzender der Zentrumspartei, 1923-1925 u. 1926-1928 RK, 1926 RJM 62*, 76. 115, 132, 140, 154, 156, 177, 200, 203, 211, 213, 269, 277, 307f., 361, 368f., 413, 432f., 446, 448
Mastny, Vojtech, tschechoslowakischer Diplomat, GS in Berlin 87
Matthaei, Fritz, Journalist, politischer Schriftleiter des *Hannoveranischen Kuriers* 150*, 314*
Meissner, Otto (1880-1953), Beamter, 1920-1945 StS u. Leiter des *Büros des Reichspräsidenten* 21, 28f., 33, 79, 82, 103, 109, 112, 120f., 127f., 135-138, 141f., 159-164, 166, 174, 176, 198, 231, 233, 261f., 273, 283, 285f., 305ff., 315, 320f., 325ff., 329f., 368f., 377, 389, 394, 401, 405, 422, 427f., 431, 433f., 434, 437, 441, 445f., 448, 452f., 455f., 468, 476, 480, 491, 504, 506, 521, 534, 539, 542, 546
Melchior, Carl Joseph (1871-1939), Bankier u. Völkerbundsdelegierter, 1933 Mitglied des Finanzausschusses des Völkerbunds 229, 288*
Mitre, Gorge A., argentinischer Journalist der Tageszeitung *La Nación* 88
Moldenhauer, Paul (1876-1947), Politiker, 1920-1932 MdR, 1929 RWM, 1929-1930 RFM 375*
Moltke, Hans Adolf v., dt. Diplomat, VLegRat Abt. IV AA, ab 1931 dt. GS in Warschau 322*
Müller, Adolf (1863-1943), dt. Diplomat 1919-1933 GS in Bern 30, 82, 139
Müller-Franken, Hermann (1876-1931), Politiker (SPD), 1916-1930 MdR, 1919-1927 einer der Vorsitzenden der SPD, 1920 u. 1928-1930 RK 140, 182, 318, 320f., 327, 338, 354, 372, 421f., 440, 474, 477, 479, 497
Mussolini, Benito (1883-1945), Anführer des italienischen Faschismus, 1922-1943 Ministerpräsident 86, 205, 289f., 451, 539

Nadolny, Rudolf (1873-1953), dt. Diplomat, 1924-1932 GS/BS in Konstantinopel, 1933-1934 BS in Moskau 313, 315-346, 377, 381, 383ff., 534, 536, 547, 551
Nadolny, Walter, Bruder von Rudolf, Rechtsanwalt 328f.
Neurath, Constantin Freiherr v. (1873-1956), dt. Diplomat u. Politiker, 1930-1932 dt. BS in London (Großbritannien), 1932-1938 RAM 24, 79, 103*, 126, 139f., 172, 188*, 229, 260f., 290, 310, 324, 332ff., 339, 345f., 351, 356, 363f., 369ff., 373, 376-384, 499 517f., 524, 526, 528f., 532f., 536ff., 547, 549, 554
Nicolson, Sir Harold George (1886-1968), engl. Diplomat u. Schriftsteller, u.a. 1928 BSRat in Berlin 88

Oberfohren Ernst, Politiker (DNVP), MdR 470
Offermann, Karl Eugen, Beamter, 1926-1927 Minrat Rkei 175*, 304*
Olden, Rudolf (1885-1940), vorausschauender Publizist, schrieb 1935 im Exil eine Biographie über Paul v. Hindenburg (auch über Adolf Hitler) 36
Oldenburg-Januschau, Elard v. (1855-1837), ostpreußischer Adliger u. Politiker, 1930-1933 MdR (Deutschkonservative Partei/DNVP) 128*, 130, 390, 469
Orsini Baroni, Luca, ital. BS in Berlin 289
Ossietzky, Carl v. (1889-1938), Publizist, 1927-1932 Chefredakteur und Herausgeber der Weltbühne, 1935 Friedensnobelpreis 62*, 71*, 77*, 95*

Pacelli, Monsignore E., Diplomat u. Geistlicher, 1926-1929 Nuntius u. Doyen des Diplomatischen Korps in Berlin 238*, 254f., 531
Painlevé, Paul, Führer der sozialistischen Republikaner in Frankreich, 1925-1926 Ministerpräsident 204
Papen, Franz v. (1879-1969), Politiker (ab 1932 parteilos), 1932 RK, 1933 Vizekanzler, 1934-1944 Diplomat BS in Wien 24, 82, 108, 121, 140, 176f., 345, 512f., 517-520, 523f., 526, 531f., 536-540, 547, 549, 554
Pechel, Rudolf (1882-1961), Publizist, 1919-1942 Herausgeber der Deutschen Rundschau 89ff.
Phipps, Sir Eric, engl. Diplomat, ab 1933 engl. BS in Berlin 184*, 289
Pilsudski, Josef, polnischer Marschall, seit 1926 Diktator u. Staatspräsident 317*
Planck, Erwin (1893-1945), Beamter, 1926-1929 RegRat in der Rkei, 1929 ORegRat in der Rkei, 1932-33 StS der Rkei, Sohn des berühmten Physikers Max Planck 445
Platon/Plato (428-348 v. Chr.), griechischer Philosoph 510
Poincaré, Raymond (1860-1934), frz. Politiker, 1926-1929 Ministerpräsident Frankreichs 220*, 223, 457, 460f., 479
Powell, Alexander, amerik. Schriftsteller 198
Prittwitz u. Gaffron, Friedrich Wilhelm v. (1884-1955), dt. Diplomat, 1921-1927 BSRat in Rom, 1927-1933 BS in Washington 230, 285, 298, 306, 309-314, 353, 381-385
Pünder Hermann (1888-1976), Beamter, 1925-1932 StS der Rkei 72*, 83, 136*, 141, 157*, 222*, 269f., 276, 305*, 306, 320f., 367, 431, 437, 441, 452, 480, 493, 545
Putz, Karl (o.A.) Kammerdiener v. Paul v. Hindenburg 80*, 176*

Quaatz, Reinhold Georg (1876-1953), Jurist u. Politiker (DNVP), 1920-1933 MdR 183*

Raumer, Hans v., Politiker (DVP), bis 1930 MdR 124*, 359*
Rauscher, Ulrich (1884-1930), dt. Diplomat, 1922-1930 GS in Warschau (Polen) 38, 298, 313, 316f., 322f., 325, 330ff., 338, 346, 487, 489, 491, 494, 551
Rauschning, Hermann (1887-1982), Politiker u. Schriftsteller, 1926-1934 Mitglied der NSDAP 83
Renner, Martin, dt. Diplomat, dt. GS in Madrid, seit 1926 GS in Athen 303*
Reventlow, Graf Ernst v., Politiker u. Publizist, MdR (NSDAP) 469
Rheinbaben, Werner Freiherr v. (1878-1975), dt. Diplomat u. Politiker, 1920-1928 MdR (DVP), 1926-1933 Delegierter des Dt. Reiches beim Völkerbund 109, 151*, 153*, 242*, 254*
Ribbentrop, Joachim v. (1893-1946), Beamter (NSDAP), seit 1933 außenpolitischer Berater Hitlers 183f., 356
Risner, Henry Clay, Journalist/Berichterstatter des Chicago Daily Tribune 197
Ritter, Karl, Beamter im AA, 1924-1937 MinDir der Handelspolitischen Abt. des AA 491*, 509*
Rödder, Andreas (geb. 1967), Historiker (Universität Stuttgart) 510
Roosevelt, Franklin Delano (1982-1945), amerik. Politiker (Demokrat), 1933-1945 32. Präsident der USA 87, 230, 259, 263

Rosen, Friedrich (1856-1935), dt. Diplomat, 1921 RAM 265*, 272
Rosenberg, Alfred (1893-1946), Politiker (NSDAP), 1930-1945 MdR, seit 1933 Leiter des Außenpolitischen Amtes 380*
Rosenberg, Frederic Hans von, Politiker, 1922 bis 1923 RAM 370
Rumbold, Sir Horace George Montagu (1869-1941), engl. BS in Berlin 86, 260, 286, 376
Rümelin, Eugen, dt. Diplomat, 1923-1939 dt. GS in Sofia (Bulgarien) 316

Sackett, Frederic Mosely, US-amerik. Diplomat, 1930-1933 BS in Berlin 87, 284, 285*, 505f.
Sahm, Heinrich (1877-1939), preußischer Verwaltungsbeamter, 1920-1930 Danziger Senatspräsident, 1931-1936 OB v. Berlin 101*
Sauerbruch, Ferdinand (1875-1951), Chirurg, Direktor der Charité Berlin 73*, 81, 266, 539
Sauerwein, Jules, frz. Journalist 196
Schacht, Hjalmar (1877-1970), Bankier u. Politiker, 1923-1930 u. 1933-1939 Reichsbankpräsident 229, 476ff.
Schäffer Hans (1886-1967), Beamter, StS im Reichsfinanzministerium 75*
Schlange-Schöningen, Hans (1886-1960), Politiker (bis 1932 DNVP), 1924-1932 MdR, 1931/32 RM ohne Geschäftsbereich u. Reichskommissar für die Osthilfe 72*
Schiele, Martin (1870-1939), Politiker (DNVP), 1925-1932 mehrfach RIM, 1927-1928 u. 1930-1932 RNM 452*, 492*
Schleicher, Kurt v. (1882-1934), Reichswehrgeneral u. Politiker, 1926 Leiter der Wehrmachtabteilung, 1929 Chef des neugegründeten Ministeramts, 1932 RWM, 1932-1933 RK 24, 120f., 176, 365, 516f., 523f., 529, 538, 554
Schmidt, Paul Otto (1899-1970), Beamter des AA u. Dolmetscher, ab 1924 beamteter wissenschaftlicher Mitarbeiter im Sprachendienst des AA 160
Schmidt-Hannover, Otto (1888-1971), Politiker (DNVP), 1924-1933 MdR 120, 475f.
Schneider, Oswald (1885-1965), Beamter, 1926-1930 MinDir im AA (Personal- u. Verwaltungsabteilung) 299f., 316, 318ff., 331
Schoen, Hans v. (1876-1969), dt. Diplomat, 1926-1933 GS in Budapest (Ungarn) 201*, 303*

Schröder, Ludwig v. (1854-1933), Admiral, 1925-1931 Vorsitzender des Nationalverbandes Dt. Offiziere 133f., 401*, 464f., 467f.
Schubert, Carl Theodor Conrad v. (1882-1947), Beamter u. dt. Diplomat, 1924-1930 StS des AA (MinDir), 1930-1932 BS in Rom (Quirinal) 78*, 83, 110*, 114*, 135, 141f., 180, 181* 210, 212, 273, 280, 310, 323, 343f., 355, 361, 363, 365ff., 373, 404, 408, 429f., 444, 456, 458, 460f., 494, 499, 545
Schulenburg, Friedrich Werner Graf v. der (1875-1944), dt. Diplomat, 1931-1934 GS in Bukarest, 1934-1941 BS in Moskau 384
Schultze-Pfälzer, Gerhard (1891-1952), Schriftsteller u. Journalist, 1932 publizistisch tätig für die Wiederwahl Hindenburgs, Hindenburgbiograph 97*
Schwerin v. Krosigk, Graf Johann Ludwig (1887-1977), Politiker, 1932-1945 RFM 517
Seeckt, Hans v. (1866-1936), preußischer General, 1920-1926 Chef der Heeresleitung, 1930-1932 MdR (DVP) 85, 357-365, 438, 547
Severing, Carl (1875-1952), Politiker (SPD), 1907-1933 MdR, 1930-1932 preußischer Innenminister 85, 473
Siddiq Khan, Ghulam, Politiker, Außenminister Afghanistans 279f.
Simon, John Viscount (1873-1954), Politiker, 1931-1935 engl. Außenminister 378*, 533
Simons, Walter (1861-1937), Jurist u. Politiker, 1920-1921 RAM, 1925 vorübergehend beauftragt mit der Wahrnehmung der Amtsbefugnisse des Reichspräsidenten (Interregnum 1925) 41*
Skoblewski (o.A.), sowjetischer Spion u. Inhaftierter in Berlin 60, 291-295
Solf, Wilhelm (1862-1936), dt. Diplomat, 1920-1928 BS in Tokio 268*, 376
Speer, Albert (1905-1981), Architekt u. Politiker (NSDAP), 1932 Mitglied der NSDAP, ab 1933 Hitlers Architekt 536*
Stampfer, Friedrich (1874-1957), Politiker (SPD), 1916-1933 Chefredakteur des Vorwärts, 1920-1933 MdR 108, 140*
Sthamer, Friedrich (1856-1931), dt. Diplomat, 1920-1930 BS in London (England) 183, 202, 211, 213, 324, 336, 346-350, 375
Stieve, Fritz (1884-1966), dt. Diplomat, 1922-1928 Leiter des Schuldreferates des AA, 1928-1932 GS in Riga (Lettland) 222*

Stimson, Henry Lewis (1867-1950), Politiker, 1929-1933 Außenminister der USA 87, 284f.
Stirum, John, holländischer Diplomat, 1934 GS in Berlin 87
Stockhausen, Max v. (1862-1944), Beamter, 1922-1927 StS der Rkei 69*, 83, 101*, 238
Stohrer, Eberhard v. (1883-1953), dt. Diplomat, 1924-1927 Leiter der Personal- u. Verwaltungsabteilung des AA (MinDir), 1927 GS in Kairo 177*, 265*
Stresemann, Gustav (1878-1929), Politiker (DVP), MdR 1914-1929, 1918-1929, Vorsitzender der DVP, 1923 RK, 1923-1929 RAM 18, 21ff., 27 30, 34, 83, 86, 112, 114, 136, 140-159, 175, 177, 180f., 183, 189, 194, 202, 210-214, 217, 219-221, 224, 235ff., 246, 269f., 273, 276, 280, 292, 297-301, 303f., 307f., 310, 311-338, 341-344, 346-351, 354-365, 367, 369, 371ff., 378, 387f., 390f., 393-396, 398, 400ff., 404-410, 414f., 420-423, 425, 430, 432f., 435f., 442, 446, 448f., 450-461, 464, 469, 475, 479, 484, 497, 499f., 503, 518, 532, 542, 544-554
Stresemann, Wolfgang, Sohn von Gustav Stresemann, Zeitzeuge, Musiker u. Publizist 145*, 158*, 326*, 327ff., 358*, 360
Suvich, Fulvio, italienischer Diplomat, StS im Außenministerium 290

Takamatsu, japanischer Prinz u. Thronnachfolger 237*, 265
Tappe, Wilhelm, Haushofmeister bzw. Hausinspektor im Reichspräsidentenpalais 169*
Tattenbach, Franz Graf v. (1896-1974), dt. Diplomat, 1929-1932 Leiter des Sonderreferats E (Chef des Protokolls), ab 1931 Status eines Gesandten 243*, 247*
Thälmann, Ernst (1886-1944), Politiker (KPD), 1923-1933 MdR, ab 1925 Parteivorsitzender, 1925 u. 1932 Präsidentschaftskandidat, 402, 403*
Tirpitz, Alfred v. (1849-1930), Großadmiral, 1924-1928 MdR (DNVP) 120, 133, 401, 467, 471
Trautmann, Oskar (1877-1950), dt. Diplomat, 1925-1928 Leiter der Unterabteilung IV, 1928-1931 Leiter der Abteilung IV (Ostasien) des AA, 1931-1935 GS in Peking 66*
Trendelenburg, Ernst, Politiker, ab 1930 RWM 507*
Treviranus, Gottfried Reinhold (1891-1971), Politiker (DNVP/Konservative Volkspartei) 1924-1932 MdR, 1930-1932 Reichsminister für die besetzten Gebiete/Minister ohne Geschäftsbereich/Reichskommissar für die Osthilfe/RVM 82, 91
Trotzki (oder Trotzky; eigentlich Leib Bronstein), Lew Dawidowitsch (1879-1940), russischer Politiker, 1929 aus der Sowjetunion ausgewiesen 295
Tschitscherin, Georgi Wassiljewitsch (1872-1936), sowjetischer Diplomat u. Politiker, 1918-1930 Volkskommissar für auswärtige Angelegenheiten 283, 284*, 294f., 328
Tucholsky, Kurt (1890-1935), Publizist u. Schriftsteller, 1926 (vorübergehend) Herausgeber der *Weltbühne*, außergewöhnlicher Satiriker, politischer Publizist, Gesellschaftskritiker u. Romancier 122

Vogel, Hugo, Maler u. Künstler 61*, 72*, 95*, 97*
Voretzsch, Ernst Arthur (1868-1965), dt. Diplomat, 1928-1933 dt. BS in Tokio 88*, 346

Wallroth, Wilhelm Theodor Erich (1876-1929), dt. Diplomat, 1923-1928 MinDir u. Leiter der Abt. IV AA 283, 284*
Warmbold, Hermann (1876-1976), Politiker (parteilos), 1931-1933 RWM 517
Weismann, Robert (1869-1942), Jurist u. Beamter, 1923-1932 StS im preußischen Staatsministerium 367f., 442*, 453
Weizsäcker, Ernst Freiherr v. (1882-1951), dt. Diplomat, 1928 Leiter der Sonderreferats Völkerbund, 1931-1933 Geschäftsträger in Oslo, 1933-1936 GS in Bern 68*, 150*, 381*, 450*, 499
Welczeck, Johannes Graf v. (1878-1972), dt. Diplomat, 1926-1936 BS in Madrid 278*, 310f., 345*
Wells, Herbert George (1866-1946), engl. Schriftsteller 198
Westarp, Graf Kuno v. (1864-1945), Politiker (DNVP), 1908-1932 MdR, 1926-1928 Vorsitzender der DNVP 86, 141*, 299*, 312, 370, 397*, 469
Wertheimer, Egon, Journalist, Korrespondent des *Vorwärts* in London (England) 368
Wheeler-Bennett, John W., Historiker u. Schriftsteller, Zeitzeuge u. Hindenburgbiograph 37, 69*, 92, 461
Wienstein, Adalbert Richard (1892-1937), Beamter, 1923-1932 ORegRat Rkei 214*
Wilhelm II. (1859-1941), 1888-1918, Monarch, 1888-1918 Dt. Kaiser u. König v. Preußen, seit 1918 im Exil im Haus

Doorn, Provinz Utrecht (Niederlande) 65, 72f., 76, 82
Wilson, Thomas Woodrow (1856-1924), US-Politiker (Demokrat), 1913-1921 28. Präsident der USA 50, 69
Wirth, Joseph (1879-1956), Politiker (Zentrum), 1914-1933 MdR, 1930-1931 RIM 375, 469f.
Wolff, Theodor (1868-1943), integerer Journalist u. Publizist (DDP), 1906-1933 Chefredakteur des *Berliner Tageblatts* 92*, 122*

Young, Owen D. (1874-1962),US-Großindustrieller u. Bankier, Reparationssachverständiger der USA u. Vorsitzender der 1929 berufenen Kommission zur Neuregelung der Reparationsfrage 462

Zaleski, August, Politiker, polnischer Außenminister 443, 487, 489
Zechlin, Walter (1879-1962), Beamter u. dt. Diplomat (SPD), 1926-1932 Reichspressechef, 1933 dt. GS in Mexiko 62*, 84, 110f., 120, 122*, 127*, 293*, 352, 355, 366, 399, 402
Zuar, Ralph E., engl. Journalist, Korrespondent 196
Zweigert, Erich (1879-1947), Beamter, 1923-1933 StS im Reichsinnenministerium 304f., 493

Sachregister[1]

Abrüstung 23, 144, 284, 364, 425, 450, 516, 519
Abrüstungskonferenz 184, 282, 284, 289, 290, 338, 345f., 360, 363, 365, 383, 450, 516, 532, 534
Affäre Neudeck 130
Affäre Skoblewski 60, 291-295
Afghanistan 269f., 273f., 278
Agrément 59, 256f., 303, 311f.
Akkreditierung 22, 59, 129, 240, 256, 258f., 262, 548
Alldeutschen 233, 471
Amerika (vgl. Vereinigte Staaten) 68, 155, 201f., 230, 259, 312, 486
Appeasement (-politik) 171
Arbeitsstil (H.) 98, 106, 108, 541
Artikel 16 der Völkerbundssatzung 388, 415, 418, 424, 426-429
Artikel 48 der WRV 43f.
Audienz/en (beim Rpräs.) 40, 112, 133, 243f., 258, 282, 544
Auslieferungsliste/n 98f.
Auswärtiges Amt 21f., 24, 27, 32, 54f., 58, 69, 104, 109f., 113f., 139, 141, 156, 158, 161, 163f., 167, 169-172, 175-178, 180-183, 202f., 219, 230, 242ff., 246ff., 250ff., 259, 261f., 272, 274, 276, 285, 292-295, 297, 299, 300, 302f., 310,, 314, 316f., 319f., 320, 323, 325f., 329, 331, 337ff., 341-345, 348, 350, 352, 354-356, 359, 362ff., 368, 372, 376f., 380, 384, 399, 404, 451, 454, 460, 490, 498f., 518, 520, 525-530, 545f., 549, 551, 553

Balkan 67, 455
Balkankonflikt 456
Bayern 367
Beglaubigungsschreiben 40, 58, 87, 113, 249, 256f., 260
Belgien 385, 389, 456
Berlin 21, 23, 25, 28f., 86f., 112, 118, 127ff., 134, 136, 175, 182, 203f., 206.

208, 210, 211f., 214, 249, 255, 258-263, 267-270, 273, 277, 282, 286f., 289, 291f., 294, 310, 321, 333f., 345, 349, 351, 364, 376, 384, 392, 394f., 404, 410, 412, 435, 439f., 455, 458, 481, 487, 491, 505, 512, 516, 520, 523, 531, 533, 537f., 545f., 548
Berlin-Umzug 31
Berliner Kongreß 286
Berliner Vertrag 23, 294, 387, 435-438, 462, 552
Bern 139, 421, 440
Briand-Kellogg-Pakt 23, 457, 460f., 552
Bulgarien 352, 384
Büro des Reichspräsidenten 25, 48, 159, 163, 165, 167, 228, 244f., 272, 285, 300, 319, 352, 454

Cap St. Martin 269, 273
Chef des Protokolls 236, 243ff.
Courtoisie 235, 264, 548

Dänemark 206
Dawes-Plan 197, 201, 462f., 465f., 468ff., 482
Deflationspolitik 501, 517
Demissioen/en 53, 147, 326f., 332, 250, 359, 369, 376, 381f., 385, 478, 511, 515, 533, 554
Den Haag (vgl. Haager Konferenz) 480, 488
Deutsche Demokratische Partei (DDP) 85
Deutsche Delegation/en 220, 229, 345, 395, 443, 445, 450, 452, 454, 481, 517
Deutsche Volkspartei (DVP) 143, 372
Deutschnationale Volkspartei (DNVP) 85, 119, 132, 312, 370, 396f., 417, 452, 469f., 472, 475
Dietramszell (H. Jagddomizil) 99, 120, 126ff., 133, 371, 552
Diplomatische Korps 22, 58, 87, 235, 241, 243, 247ff., 250ff., 254f., 263
Doyen 235, 250, 252-255
Doyenatsfrage 255
Dublin 182, 356

Elsaß-Lothringen 157, 417, 460
Entlassungsrecht (des Rpräs.) 52
Entlassungsurkunde 49
Entmilitarisierung 389, 418
Entwaffnung/Entwaffnungsfrage 189, 424f., 431-434, 447
Ernennungsurkunde 50, 325, 540f.

---

[1] Hierbei wurden nur die im Fließtext aufgeführten themenrelevanten und aussagekräftigen Stichworte berücksichtigt. Die im Text sehr häufig anzutreffenden Stichwörter *Reichspräsident, Reichsaußenminister* bzw. *Außenminister, Botschafter, Gesandte* wurden (ebenso wie Amtstitel etc.) nicht gesondert aufgelistet. Dies gilt auch für die in den Fußnoten erwähnten Amtsbezeichnungen und für die Quellenfundorte bzw. für die verwendeten Zeitungen.

Erster Weltkrieg 17, 61, 65, 94, 99, 108, 147, 204, 216, 218f., 231, 285, 287, 290, 409, 413, 487, 541, 550
Etikette (vgl. Protokoll) 22, 152, 235, 238, 240, 242, 244, 264f., 541, 543, 548
Eupen-Malmedy 151, 456
Europa 144, 151f., 194, 200, 215, 269, 387, 389, 458, 466, 497, 499, 544, 553
Europaplan Briands 497

Fakultativklausel 444-447
Fall Dodd 258
Fall Prittwitz u. Gaffron 298, 314
Fall Seeckt 357
Flaggen-Streit 19, 215f.
Foreign Office (London) 204, 211, 215, 289, 387
„Freiheitsgesetz" 473, 476
Freimaurerloge 394
Friedensvertrag 42, 71, 388, 487
Finnland 258
Frankreich 99, 193, 200, 204f., 210, 215, 221, 288f., 357, 389, 417, 439, 446, 449, 455, 457, 459ff., 479f., 533
Fürstenabfindung 19

Generalfeldmarschall 21, 34, 42, 64, 67, 71, 78, 81, 85, 99, 119, 131, 133f., 147, 155f., 158, 160, 187, 195, 200, 202f., 240, 282, 287, 354, 370, 398f., 401, 409, 431, 464, 467, 471, 473, 521f., 539, 541, 550
Genf 148, 219f., 224, 338, 346, 365-369, 389, 392, 418, 424, 438f., 441-445, 447-453, 455, 521f.
Gegenzeichnungsrecht 46, 49, 304, 334
Geschäftsordnung (der RReg.) 46-49, 51, 139, 302, 304ff., 546, 550
Gleiwitz 225f.
Gnadenerlaßrecht (des Rpräs.) 291f., 294
Griechenland 258
Großbritannien (vgl. England) 270, 389, 517
Große Koalition 499

Haager Konferenz/en 464, 472, 477, 479
Haager Internationaler Gerichtshof 374, 444ff.
Handelsvertrag 486f., 490ff., 520
Hintermänner (des Rpräs.) 117, 120, 130, 132, 135
Holland 72, 441
Hoover-Moratorium 24, 284, 503f., 507, 510f., 554

Immediatvorrecht 239, 314, 318, 403ff., 407ff., 542
Immobilität (H.) 99, 101, 112, 542, 547
Innenpolitik 19, 34, 39, 44, 57, 59, 68, 70, 79, 121ff., 134, 142, 144, 157, 169f.,

186, 208, 215, 232, 234, 270, 290f., 382, 441, 472, 486, 497, 499, 511f., 515, 519, 523f., 527f., 530, 541, 554
Interalliierte Militärkontrollkommission 432, 434, 447
Internationale Militärgerichtshof (zu Nürnberg) 379
Interviews (des Rpräs.) 100, 102, 195-198, 205, 221, 543
Investigationen/Investigationsbeschlüsse 424, 447ff., 456, 461
Italien 192, 290, 389, 439, 479, 539

Japan 362, 376, 439
Journalisten (in- u. ausländische) 59, 66, 79, 86f., 100, 127, 173, 186, 195f., 207, 219, 275, 338, 543f., 546
Judenpogrome 22, 227, 229-234, 531, 555
Jugoslawien 456
Juli-Putsch 530, 536

Kabinettsrat/Kabinettssitzung/en 48, 50ff., 71, 147, 161f., 293, 327, 361, 396, 408, 410-414, 433, 456, 544, 546, 551
Kaiserzeit 252, 370
Kamarilla 21, 77, 84, 117-121, 125, 131, 138, 206, 401, 542
Köln 29, 214, 348
Kommissar für internationale Abrüstungsfragen 357, 360f.
Kommunismus/Kommunisten (KPD) 229, 270, 291, 295, 368, 402f.
Konstantinopel 318, 324, 327, 353
Kopenhagen 267, 352
Korrepondent/en (vgl. Journalist/en) 186, 195-198, 206, 368
Korridor 129, 189, 430, 439, 479
Kredite (Auslandkredite) 155, 281, 389
Kriegsächtungspakt (vgl. auch Briand-Kellogg-Pakt) 458, 461
Kriegsschuld („Kriegsschuldlüge") 157, 185, 211, 216ff., 222f., 226, 284f., 355, 391, 413, 425
Kriegsschuldartikel 231 VV 185, 217, 219, 390, 413, 418, 434, 552
Kronprinzenbrief 151
Kyffhäuser 133, 483

Lausanne (Konferenz) 345, 511f., 515, 517ff., 525
Lettland 206
Liquidation (deutschen Eigentums) 449, 480, 486-489
Liquidationsabkommen 481, 486-490, 493ff., 538, 548, 552
Lissabon 355
Litauen 520-523
Locarno/Locarnovertragswerk/Locarnopakt 23, 132, 134f., 143, 189, 210, 227, 283, 288, 317, 387-404, 406f., 409-422,

424, 427, 429, 432, 435-441, 445, 455f., 460, 462, 467, 485, 488, 548, 550-553
London 29, 183, 201f., 207, 211, 213, 281, 333ff., 338, 346-351, 360, 368, 373, 375, 377, 387, 403, 411, 416, 420, 422, 512, 517
Londoner Konferenz 416f., 551
„Machtübernahme" 170, 183, 380f.
Madrid 360
Marginalien (H.) 105, 543, 546
Medien 100, 102, 199, 224, 543
Memelgebiet 520f.
Memorandum (09.02.1925) 412f.
Mexiko 352
Minderheiten (deutsche im Ausland) 189, 425, 443, 445, 487
Ministergärten 21, 173, 175ff., 178
Monarchist/Monarchismus/Monarch/en 45, 59, 65, 72, 93, 108, 143, 146, 172, 199f., 206, 211ff., 219, 237, 245, 264-268, 271ff., 378, 397, 469, 485, 513f., 519, 543f., 548, 552
Moskau 135, 182, 202, 207, 239, 255, 293ff., 313-318, 320-333, 336f., 339f., 342ff., 346, 358, 381, 383f., 403f., 407, 415, 435, 437
Mythos (H.) 19f., 61, 65f., 76, 187, 206, 282

Nationalsozialismus/Nationalsozialisten 17, 30, 81, 169-172, 183, 227, 232ff., 380f., 385, 527ff., 530, 538, 541, 549, 555
Nadolny-Rauscher-Kontroverse 298, 346, 551,
Neudeck (Gut H.) 99, 120, 127, 131, 133, 259f., 262, 266, 439, 469, 507, 537ff., 546, 552
Neujahrsempfänge 22, 58, 236, 240-241, 244, 247, 250-253, 551
Notizblocksystem 30, 106f., 114, 543, 546
Notverordnungen 43f.
Novemberrevolution 65
Nuntius 254ff., 531

Oberschlesien 225f., 288
Österreich 193, 288, 374, 530, 538f.
Oberste Heeresleitung (OHL) 68
Optanten (-frage) 443, 486
Osterbotschaft (des Rpräs.) 97, 187, 397
Ost-Locarno 288, 436, 445, 460
Ostpreußen 61, 130, 340, 344, 445f., 492f., 522, 538
Ostpreußenhilfe 491

Reichspräsidentenpalais 162, 171, 175, 196, 249, 268
Panzerkreuzer (-bau) 215f.

Paris 201, 204, 223, 269, 281, 362, 457-460, 462, 476, 512, 517
Parlament 44ff., 50, 57f., 97, 142, 338, 366-369, 407, 453, 473, 499, 509f.
Pechel-Brief 89ff.
Peking 352
Personalpolitik 22, 297, 308, 311, 338, 527, 547, 549
Personalstruktur (*Büro des Rpräs.*/AA) 21, 55, 163, 169, 171, 302, 309
Polen 129, 189, 324, 340, 389, 415, 436, 438ff., 441ff., 445, 452f., 487, 489f., 493, 520, 537, 541
Prärogativrechte (des Rpräs.) 20, 236, 298, 302f., 305, 327, 526, 547, 549ff.
Präsidialkabinett/e 23, 44ff., 117, 165, 379, 497, 499, 500, 529
Presse (In- u. Ausland; vgl. auch Medien) 30, 36, 77f., 100f., 110ff., 120, 143, 156, 164, 166, 178, 180, 183, 186, 195ff., 199, 201f., 206-209, 220, 222f., 225f., 244, 248, 270, 276ff., 312f., 338, 341f., 352, 355f., 366ff., 381, 398f., 403, 416, 447, 449, 452, 454, 468, 470, 472, 507, 543
Preußen 367
Primat der Außenpolitik 150, 179, 183, 497, 500, 524, 527, 542
Primat der Innenpolitik 523f., 554
Protokoll (vgl. Etikette) 147, 162, 235, 242, 379

Rapallo-Vertrag 189, 435
Reichsarchiv 25, 165
Reichsausschuß 467, 469, 472
Reichsbank 463, 477
Reichskabinett 48, 302, 304, 306, 445, 477, 491
Reichskonkordat 531ff.
Reichspräsidentenwahl/en 154, 199f., 204, 212
Reichspressechef 110
Reichsregierung 20, 39, 41, 45-49, 51f., 77f., 110, 139, 156, 160f., 178, 180, 244, 255, 271, 282, 300, 302, 304-307, 311, 318, 352, 356, 358, 361, 364, 366f., 372, 391, 411, 420, 423, 425-428, 430, 432ff., 438, 441, 446, 453, 454, 456, 474, 478, 482, 504ff., 520, 525, 545f.
Reichstag 20, 39, 43, 45, 50, 53, 56ff., 161, 283, 371, 398, 407, 421f., 470, 473, 477f., 482f., 488, 490, 494
Reichswehr 42, 272, 307, 357, 437, 500, 529f.
Reisediplomatie 98f.
Reparationen/Reparationspolitik 23, 218, 222, 289, 372, 375, 425, 462f., 465, 472f., 480, 484, 487, 497f., 501, 505f., 509, 511ff., 517ff., 520, 525, 553

Revirement 22, 147, 170, 300, 314, 334ff., 338, 344, 346, 354, 356, 373, 499, 547, 554
Revision (des VV) 150, 152, 179, 218, 226, 286, 389, 434, 479, 481, 485, 487f., 499, 534, 542, 553
Rheinlandnote 415
Rhetorik (H.) 102
Richtlinienkompetenz (des RK) 50f., 55, 304
Röhmputsch 530, 536, 538
Rom 126, 207, 330-334, 336, 338f., 343f., 363, 373, 382, 451
Rote Armee 357
Rundfunk 81, 100, 218
Rußland (vgl. Sowjetunion) 189, 207, 231, 273, 283, 293f., 316, 321, 324, 389, 392, 404f., 409, 416, 418

Saarland (Saarfrage) 151, 427, 451, 480f., 518
Schorfheide (Jagdgebiet H.) 128
Schweden 231f., 441
Schweiz 345, 366, 387, 393ff., 413, 417, 451, 534
Senilität (H.) 21, 77-82, 88, 91, 94, 117, 542
Siam 258, 266, 322
Sicherheitspakt (vgl. Locarno) 157, 195, 197, 202, 204f., 211, 389, 395f., 401f., 405, 407, 413, 415f., 420, 422, 429, 488, 548
Schleswig 267
Sonderreferat E (des AA) 243
Sowjetunion 25, 205, 255, 295, 314, 402, 406ff., 435f., 520
Spanien 439
Sparpolitik 168
Sozialdemokratie/Sozialdemokraten 76, 85, 108, 110, 205, 211, 271, 277, 323, 342, 452ff.
Staatsbesuch/e 114, 191, 245, 264f., 268f., 271f., 279ff.
Stahlhelm 133, 400, 475, 483
State Departement 259, 506
Südosteuropa 435
Südtirol 205, 340

Tannenbergsieg 61f.
Tannenbergrede (d. Rpräs.) 216, 220, 222, 225, 544
Thoiry 350, 455
Tischordnung/en 237f., 243,
Tokio 346, 360f.
Tschechoslowakei 389, 436, 441f.
Türkei 330

U-Boot-Krieg 68
Ungarn 205, 258

Vatikan 207, 255, 531, 538
Vereinigte Staaten (vgl. Amerika) 197, 202, 205, 209, 210, 285, 306, 381
Versailler Vertrag 55, 59, 150, 152, 156, 170, 179, 185, 188, 202, 217f., 225f., 388ff., 403, 414, 417f., 424, 426, 428 432, 434, 438, 447, 449, 456, 463f., 485, 493, 498f., 513, 520, 534, 542, 553
Verständigungspolitik 189, 275, 456, 497, 553
Vetorecht (des Rpräs.) 59
Völkerbund 21, 71, 157, 194, 219, 224, 229, 290, 350, 369, 388-392, 395, 406f., 412, 415, 418, 421f., 424ff., 428-432, 434, 437, 439f., 442f., 448, 450, 462, 500, 532ff., 541, 544, 548, 554f.
Völkerbundsaustritt (Deutschlands) 24, 532f., 535, 554
Völkerbundsrat 418, 424, 426, 439, 441, 443, 447, 448, 521
Völkerrecht 41, 49, 98, 256
Völkerrechtlicher Vertreter 22, 39, 50, 58, 234, 264, 283, 526, 531, 549
Volksbegehren/Volksentscheid 57, 466, 472-475, 478f., 536, 553

Wall Street 201
Warschau 316, 323, 440, 442, 487, 489, 491
Washington 102, 198, 201f., 209, 230, 259, 285, 306, 309-313, 353, 381f., 385, 504-508
Weltbild (H.) 21, 72, 77, 151, 191f., 194, 233, 271, 392, 541, 544
Weimarer Reichsverfassung 39, 43, 48, 291
Weltwirtschaftskonferenz (London) 229
Weltwirtschaftskrise 289, 463
Westalliierte 390
Westgebiete 389
Westorientierung 151, 403, 418, 435, 545
Wiederwahl (H.) 36, 78, 168, 216, 514
Wien 161, 201, 538f.
Wilhelmstraße 113, 123, 135, 162f., 169, 171, 173-176, 180, 201, 203, 248f., 261, 263, 284, 295, 299, 331, 335, 354, 362, 378, 381, 409, 452, 455, 545f.
Wilnakonflikt 520
Wirtschaftskrise 481, 501
Wirtschaftspolitik 51, 498

Young-Plan 120, 132ff., 286, 462-485, 488, 494, 499f., 517, 548ff., 552f.

Zentrumspartei 469, 478, 479
Zollunion (deutsch-österreichische) 288, 374, 376, 498f.
Zweigert-Keudelll-Kontroverse 22, 302, 305, 325f., 551

Nachwort

Tempus edax rerum (*die Zeit, die die Dinge zernagt* - Ovid: Verwandlungen 15,234)

Nichts hat die Menschheit auf ihrem langen Weg von der Wiege bis zum Homo Sapiens Sapiens mit derart vertrauter Zuverlässigkeit begleitet wie *die Zeit*. Jede Generation mußte ihren unaufhörlich voranschreitenden Pfeil als eine unabänderliche Tatsache hinnehmen. Um in ihrem reißenden Strom Halt zu finden und das erworbene Wissen nachfolgenden Geschlechtern zu überliefern, bedienten sich Menschen aller Kulturen und Epochen hauptsächlich der Schriftlichkeit. Ein Beispiel hierfür ist die vom Assyrerkönig Assurbanipal bereits vor 2500 Jahren in Ninive angelegte aus 25 000 Tontafeln bestehende Keilschriften-Bibliothek, in der Textfragmente mit wissenschaftlichem, politischem und literarischem Inhalt lagerten. Heutzutage speichern Archive, Museen und Bibliotheken gegenwärtiges und vergangenes Wissen, allerdings auf denkbar unvollkommene Art und Weise. Denn trotz aller innovativer Konservierungs- und Restaurierungsmaßnahmen nagt der mahlende Zahn der Zeit mit besonderer Vorliebe gerade an jenem Material, aus dem neuzeitliche und zeitgenössische Dokumente mehrheitlich bestehen: dem Papier.

Wohl deshalb sind mir während meiner langjährigen Archivrecherchen vergilbte Seiten, bröselnde Blätter und staubige Aktendeckel en masse zwischen die Hände geraten. Am stärksten betroffen sind davon meiner Beobachtung nach jene Originalbände von Personalakten, Nachlaßpapieren und politischen Dokumenten, die aus der Weimarer Republik und der nationalsozialistischen Zeit stammen. Gerade sie lösen sich langsam aber sicher in ihre einzelnen Bestandteile auf. Sieht man einmal von den hiermit verbundenen gesundheitlichen Risiken für den Benutzer ab (Schimmel, Sporen, Staub usw.), so drohen zudem irreversible Schäden an den Quellen. Dies ist um so bedauerlicher, da der Großteil der Akten von 1919 bis 1945 mit außenpolitischem Betreff nur zu einem geringen Teil verfilmt worden ist. Nicht zuletzt deshalb halte ich es unbedingt für erforderlich, daß wenigstens ein Teil der Schriftstücke, die im Politischen Archiv des Auswärtigen Amtes liegen, systematisch auf Mikrofilm erfaßt werden, da die altbewährte Methode der Mikroverfilmung sich gegenüber dem CD-ROM-Verfahren in punkto Lebensdauer nach wie vor als zuverlässiger erweist (im Gegensatz zu den sensiblen CD-ROM's halten Mikrofilme mindestens 500 Jahre ohne Informationsverlust). Von dem verfilmten Material sollte dann ein repräsentativer Querschnitt im *Zentralen Bergungsort der Bundesrepublik Deutschland* bei Freiburg i. Br. eingelagert werden, wo seit 1978 in einem 680 Meter langen Bergstollen das kulturelle Vermächtnis unserer Nation lagert. Eingebunkert und geschützt vor Kriegen, Naturkatastrophen, natürlichem Verfall und mutwilliger Zerstörung speichert hier ein Mikrofilmbestand national wertvolles Archivgut (beinhaltet z. Zt. über 560 Millionen Bilder), darunter primär politische Quellen aus den deutschen Bundesarchiven.

Als virtuelles Archiv der Zukunft präsentiert sich hingegen ein ganz anderes Speichermedium: das Internet. Es besteht kein Zweifel darüber, daß das Internet auch die Geschichtswissenschaft und das gesamte Archivwesen nachhaltig prägen wird. Schon in absehbarer Zeit werden sich innerhalb dieses Mediums Digital-Archive etablieren, in denen zumindest die wichtigsten historischen Quellen verzeichnet sein werden.

Daß dem Internet die Zukunft gehört, bestätigt auch der deutsche Wissenschaftsastronaut und Publizist Dr. Ulrich Walter, der gegenwärtig als digitaler Medienentwickler für IBM tätig ist. Infolge seiner *kosmischen* Erfahrung und derzeitigen Arbeit zählt er zu den wenigen Menschen, der die ungeahnten Möglichkeiten und die Weite sowie die künftige Rolle des *Cyberspace* richtig einzuschätzen vermag. Daher überlasse ich ihm, den ich im Juni dieses Jahres am Rande des G8-Gipfels in Köln persönlich kennenlernte, das letzte Wort: *„Auf allen Bereichen des Lebens wird sich das Internet durchsetzen. Aber noch dramatischer ist, daß sich das gesamte Wissen der Menschheit im Zuge der weiteren Globalisierung und Verbreitung des World Wide Web noch mehr in das Internet verlagern wird. Die Folgen sind unabsehbar"*.

Chris Lorenz
Konstruktion der Vergangenheit
Eine Einführung in die Geschichtstheorie
Mit einem Vorwort von Jörn Rüsen

Aus dem Niederländischen von Annegret Böttner
(Beiträge zur Geschichtskultur, Band 13) 1997. XV, 480 Seiten. Broschur. ISBN 3-412-14796-6

Auf den ersten Blick scheint die Geschichtswissenschaft wenig mit theoretischen Problemen zu tun zu haben. Viele Historiker sehen ihr wissenschaftliches Arbeiten überwiegend als eine theorielose Aktivität, wobei nüchtern erforscht und wiedergegeben wird, »wie es eigentlich gewesen ist«. Chris Lorenz untersucht anhand vieler Beispiele aus der Historiographie, inwieweit diese Vorstellung zutrifft, und macht dabei auf die wichtigsten theoretischen Ansätze und Begriffe, die Historiker zumeist intuitiv handhaben, aufmerksam – z. B. Vergangenheit und Gegenwart, Tatsache und Interpretation, Fakt und Fiktion, Wahrheit und Meinung, Beschreibung und Erklärung. Scheinbar selbstverständliche Unterscheidungen wie die zwischen Ursache und Zufall, Kontinuität und Diskontinuität, Individuum und Struktur sowie Objektivität und Subjektivität werden problematisiert. Zugleich zeigt der Autor, warum mehrere Deutungen der Vergangenheit nebeneinander existieren können und wie ernst man die – in der Postmoderne erneuerten – Zweifel an der Zuverlässigkeit historischer Erkenntnis nehmen sollte.
Das Buch – in den Niederlanden bereits ein Standardwerk – ist in erster Linie für Historiker und Studenten der Geschichte gedacht.

Theodor-Heuss-Str. 76, D-51149 Köln, Telefon (0 22 03) 30 70 21

Kurt Abels
Ein Held war ich nicht
Als Kind und Jugendlicher in Hitlers Krieg

Der Autor berichtet von seinen Erlebnissen in den Jahren des Zweiten Weltkrieges, insbesondere aus der Zeit, als er Luftwaffenhelfer in Düsseldorf und im Ruhrgebiet und Soldat in Dänemark und Kriegsgefangener in Schleswig-Holstein war. Ein vorangestelltes Kapitel handelt von den Bindungen des Jugendlichen an Familie, Kirche, Schule und seinen Erfahrungen mit der Hitler-Jugend.

Das Buch vermittelt einen Eindruck davon, wie ein Heranwachsender sich dem Zugriff der Organisationen des NS-Staates zu entziehen sucht und doch immer wieder dem Zwang der Verhältnisse unterliegt. Der Autor schreibt aus der Sicht des Jugendlichen von damals; er enthält sich der Urteile, die erst später, in Kenntnis der Verbrechen und der Greuel der nationalsozialistischen Herrschaft, gefällt werden konnten.

1998. 192 Seiten. 10 s/w-Abbildungen. Gebunden mit Schutzumschlag.
ISBN 3-412-01498-2

Theodor-Heuss-Str. 76, D-51149 Köln, Telefon (0 22 03) 30 70 21